Dom Deschamps

ドン・デシャン　哲学著作集

（全一巻）

野 沢　協 訳

法政大学出版局

まえがきと凡例

ドン・デシャンは三たび封印されようとしている。

ベネディクト会の修道士ドン・デシャン（「ドン」はラテン語のDominusの略で、「師」を意味するベネディクト会士の尊称である）、本名レジェ＝マリ・デシャン（一七一六―七四）は、生前、ひそかに書きためた夥しい量の哲学的手稿の一部を、直接または間接に、ヴォルテール、ルソー、ディドロ、ダランベール、エルヴェシウス等々、当時の名だたる啓蒙思想家たちに見せ、あわよくば彼らを自説に獲得しよう、少なくとも彼らの口利きで自作を公刊しようとした。このはたらきかけの経緯は本訳書の四三五ページ以下にある「真理をめぐる我らの哲学者の何人かへの工作」で一部は報告されており、そこで語られぬディドロへの「工作」も公刊されているディドロの書簡集その他から或る程度まで跡づけられる。ドン・デシャンと直接文通して手稿の冒頭部分を見せられたルソーがこの修道士の著作に並々ならぬ興味と関心を抱き、一度は彼に会いに行くことまで考えたことも、一七六九年夏に最低五回この修道士と面談したディドロが彼にすっかり敬服して、別れ際には「先生」と呼び、ドン・デシャンの描く未来社会の画幅について、「あの書き物がどれほど私を喜ばせずにおかなかったか御判断ください。いきなり、自分がそのために生まれた世界へ運ばれたからです」と第三者へ書き送ったことなどもそこから知られる。だが、このディドロに言わせても、宗教破壊にのみ精力を傾ける啓蒙思想の不徹底さを衝いて、宗教の廃絶と、宗教を必要とする現行社会体制（法の支配する不平等な階級社会）の廃絶との同時的な遂行を唱えるドン・デシャンの哲学的手稿は、「火刑に値しない文句は一つとしてない」ほどに「激しく独創的なもの」であり、ルソーも含めて、はたらきかけを受けた啓蒙思想家らはみな一様に、公表は危険であるから手稿の出版は思いとどまるようにとこの修道士を説得して、出版の口利きというような危ない橋をあえて渡ろうとはしなかった。こうしてドン・デシャンの「工作」はことごとく失敗に終わり、手稿はそのまま闇に葬られる結果となった。のみならず、ルソー、ディドロをはじめ啓蒙思想家たちの公刊された著作の内に「ドン・デシャン」の名が登場することすら一度としてなく、かような修道士がかつてこの世に存在したこともいつしか忘れられてしまった。主観的には著者本人の身の安全を慮《おもんぱか》ってではあれ、結果として、「危険思想」の封印がこれほど徹底的に、且つ成功裡に行なわれた例は少ない。現在ドン・デシャン再評価の旗振り役を務めているアンドレ・ロビネ氏は、これを「沈黙の陰謀」と呼んでいる。そのまま、およそ一世紀の時が流れた。

ドン・デシャンが死後約九十年にして初めて「発掘」されたのは、一八六二、六三年頃、当時ポワティエ大学文学部の教授だったエミール・ボーシールがポワティエ市立図書館でこれらの手稿の写本の一部を発見し、それに基づき、一八六五年に『フランス哲学におけるヘーゲル主義の先行者たち。ドン・デシャン、その体系と学派。十八世紀の或る手稿と未刊の書簡による』という一書を発表したことによる。くわしい経緯の紹介は本訳書巻末の「解説」に譲るが、ボーシールによるこの「発掘」は同時に「封印」を兼ねたものだった。もともと、哲学的にはヴィクトル・クザン門下の折衷学派、政治的には穏健共和派のボーシールにとっては、ヘーゲル主義（ここで「ヘーゲル主義」と呼ぶのは、ヘーゲル左派やそこから出たマルクスなども含む多分に包括的な概念で、社会主義思想とも重なり合うようなものだった）もそれの先駆とみなすドン・デシャンの哲学もともどもに排斥すべき「危険思想」であり、この本のそもそもの目的も、こうした面においてすらフランスはドイツに先行したと誇示することにあったから、発掘し紹介するドン・デシャンの写本を直接公刊して世に知らせることなどボーシールは全く考えもしなかった。こうして、写本はさらに約一世紀、図書館の埃の中で眠り続けることになる。もちろん、好意的なものではないにせよ、このボーシールの仕事にもそれなりの意義はあり、十九世紀の末以降、社会主義的思想の歴史を探査するごく一部の研究家は、このボーシールの書に基づいてドン・デシャンの社会理論、その無政府的平等社会の構想にそれぞれ一定の照明を当てた。ブノワ・マロンの『全的社会主義』（一八九〇―九一年）、邦訳もあるアンドレ・リシュタンベルジェの『十八世紀社会主義』（一八九五年）などがそうであり、現に訳者自身も、ドン・デシャンの名を初めて知っていたく興味をそそられたのはこのマロンやリシュタンベルジェの書を通じてであったから、間接的にボーシールから恩恵を蒙ってはいる。

この修道士に一躍華々しい脚光が当てられたのは、最初の発掘からさらに一世紀たった一九六〇年代末から一九七〇年代前半にかけてであった。啓蒙思想を不徹底な「半啓蒙」と切って捨て、さような微温的改革思想をそれが敵視する宗教もろとも打倒しようとしたドン・デシャンのラディカルな思想が、直接的には啓蒙思想への、間接的・結果的にはこの思想の流れを汲むまだ見ぬブルジョワ民主主義体制への痛烈な「左からの批判」として、一九六八年のいわゆる「五月革命」の熱気の中で一斉に注目を集めたのも自然であった。ドン・デシャンの写本の少なからぬ部分や生前出版した著作の一部が当時次々とフランスやベルギーの雑誌に発表または覆刻され、一九七二年一月にはこの修道士をめぐる国際的なシンポジウムがポワティエで開催されて、その記録が一九七四年に出版された。この記録『ドン・デシャンとその形而上学』の帯に当時はやりの「異議申し立て」(contestation)という言葉が躍っていたのも、こうした空気を伝えて余りある。

この熱気が一朝にして冷却したのは一九七五年頃からだった。いうまでもなく、政治的・社会的な熱気というのは洋の東西を問わず常に一過性のもので、そう長続きするはずもなく、また、制度化された「古典」に属さぬこの修道士のような存在はとかく「際物《きわもの》」とみなされて、保守的な学者世界には容易に受けいれられず、若い研究者がさようなものを研究テーマに選ぶのも就職その他を考えれば憚られるという事情も一般的な背景としてはあったろうが、何よりも大きな理由は、ヴェトナム戦争終結後、当時カンボジアに現出していたポル・ポトら「クメール・ルージュ」の支配体制の実態が徐々に明らかとなるに及んで、プノンペンを始めとする都市のゴーストタウン化、都市住民の農村への強制移住と強制労働、徹底した文化破壊《ヴァンダリスム》、実数は定かでないがいずれにせよ百万人単位の組織的大虐殺など、酸鼻を極めたそのありようが、ドン・デシャンの描く理想社会の状態と少なからぬ共通項を持つことだった。むろん、ドン・デシャン自身は大量殺戮など唱えていたわけではないが、極度に退行的な農本主義的改革プランという点で両者が近似するものだったことは間違いない。これ以後、ドン・デシャンは血塗られたポル・ポト体制の遠い「元祖」という不名誉の烙印を押され、思想的タブーとして有形無形の排斥を受けることとなった。この修道士を扱う研究書や研究論文のたぐいも一九七〇年代後半からは激減し、前記の『ドン・デシャンとその形而上学』で近刊を予告されていたドン・デシャンの作品集も出版は遅れに遅れて、ようやく刊行の運びとなったのは、実に二十年後の一九九三年にすぎなかった。この急激な風向きの変化、栄光から汚辱への劇的な転落は、遠いわが国でもほぼ同じ頃、「全共闘」運動がかもし出した社会的熱気が「連合赤軍」事件により一挙に冷却して、一部に残っていたラディカリスムへの共感もえてして恐怖と深い嫌悪感に席を譲ったのといささか類似する現象だった。この「まえがき」の冒頭でドン・デシャンは「三たび封印されようとしている」と述べたのは、今もなお進行中のこういう事態を指している。

もちろんそれは誤解である。ドン・デシャンの描く理想社会とカンボジアのポル・ポト体制とが少なからぬ共通項を持ったとしても、それは、両者に通有の農本主義に媒介された偶然の一致にすぎず、ポル・ポト体制がドン・デシャンの描く理想社会を範として形成されたとは考えられない。ポル・ポト、イェン・サリ、キュー・サムファンら「クメール・ルージュ」の指導者たちが第二次大戦直後のフランス留学組であり、当時のフランスではすでにジャン・トマとフランコ・ヴェントゥーリの編集したドン・デシャンの著作の一部が刊行されていた（一九三九年）とはいえ、ポル・ポトらがドン・デシャンの著作に接してそこからなんらかの「影響」を受けた可能性は限りなくゼロに近い。また、かりに万が一そうであっても、およそ殺戮など夢にも思わず、理想社会への移行も全員の合意に基づいて無血のうちに行なわれると考えていた（それがいかほど現実ばなれした考えであったにせよ）ドン・デシャンに、二百年後のポル・ポトらが行なう大量虐殺の責任を負う筋合いなどいささかもないことは、ナチスにその思想を利用され悪用されたニーチェにホロコーストの責任がないのと同じであろう。ポル・ポト体制がいかに悪逆無道なものだったとしても、とりわけ歴史家にとっては、それに「絶対悪」のレッテルを貼り、ただそれをタブー化すれば済む話ではないのだから、ましてや、偶然それの「元祖」と目されたドン・デシャンを「危険思想」としていたずらに封印し、思想の歴史からその存在を抹殺するのは到底許されることではない。

ここにお届けするこのささやかな訳書も、訳者個人とすれば、「微力」どころか全く無力とはいいながら、かような嘆かわしい潮流に精いっぱい棹さしたいというひそかな願いから発している。それは何よりも、「ドン・デシャンが発掘されれば十八世紀は様相を変える」とかつてイヴォン・ベラヴァル氏が言った（プレイヤード版

『哲学史』、第二巻序文、一九七三年）ように、ドン・デシャンの存在そのものがフランス十八世紀思想の見取図に根本的な変更・修正を迫るほど強烈で問題性に富むからであるし、さらに言えば、およそ思想的ラディカリスムの小気味よさ（「一面性」の裏返しでもある）とまた危うさをこれほどまでに体現した思想家は古今を通じて珍しく、訳者自身に引きつけて言うなら、ドン・デシャンの再評価がフランス本国で始まる前からいわば「秘めごと」として人知れず親しみ愛好し淫してきたこの思想家の書き物を最後の力を振りしぼってなんとか日本語へ移し替えることは、総じてラディカルなものに生涯惹かれ続けたおのれ自身を総括するよすがともなればと考えたからである。翻訳者として生きてきた者の最後の締め括りは、これまた翻訳という形でするのが至当であろうと思われる。

さような意味から、この訳書はドン・デシャンの不当な封印を力の及ぶかぎり解くために、この思想家の著作を直接あるがまま提示することだけを目的としたもので、ドン・デシャンの生涯や思想について新たな解釈なり知見なりをもたらそうとするものではない。アンドレ・ロビネ氏が「偏執狂の文体」と形容した、極度に難解として定評のあるこの思想家の文章を、能うかぎり原意に忠実で、且つ誰にも一読して理解可能な日本語に移し替えることだけを訳者はもっぱら心掛けた。私事にわたるが、訳者が前後三十年近くを費した『ピエール・ベール著作集』全九巻の翻訳に当たっては、各巻にそれぞれ長大な解説文を付し、そこではベールをめぐる一般的な通念を可能なかぎり覆すことに努めたけれども、解説の内容自体の当否は別として、簡便ゆえにその解説のみがもっぱら読まれ、ベールの著作の本体はかえって読まれなくなる結果を招いたさようなやりかたは、翻訳者が本来具えるべき「透明性」を著しく損なうもので、翻訳というものの趣旨からすれば全くの「邪道」であったと、今の訳者は痛切に反省している。この訳書ではかような自省の上に立って、いたずらに「研究家」面《づら》などせず、横のものを縦にする翻訳者の役割に徹した。またそもそも、手稿の各部分の執筆時期すら一部を除いて正確には画定されず、ドン・デシャンの書簡集が近く刊行の予定と伝えられても、いつのことやらそれも定かでない現状*では、ベールの場合と違い、およそドン・デシャンについてまともな「研究」などする物質的基盤が今もって全く未整備であることが、かような選択を余儀なくさせたという事情もある。

＊

この訳書は、現在までに発見されたドン・デシャンの哲学的著作（ほかに、若い頃書いた地方史関係の文書がいくつかあった）のすべてを全訳したものである。それは大きく分けて二つの部類からなる。

A　この修道士が生前、合法的に出版した二点の著作で、それらはなぜか、一九九三年に出版されたドン・デシャンの『哲学作品集』にも収録されていない。それは左のようなものである。

1、一七六九年に出版された『**時代精神についての手紙**』（Lettres sur l'esprit du siècle, à Londres, chez Edouard Young, M.DCC.LXIX）。全六十一ページの匿名の小冊子で、翻訳の底本としては、アントワープで発行される雑誌『対話』（Dialoog）の一九六九年度第五、第六号に載ったそれの覆刻を用いた。

2、翌一七七〇年に出版された『**当代の理性、特に《自然の体系》の著者のそれに反対する理性の声、問答による**』（La Voix de la raison contre la raison du temps, et particulièrement contre celle de l'Auteur du Système de la Nature, par Demandes et par Réponses, à Bruxelles, chez Georges Frick, M.DCC.LXX）。全百三ページからなる同じく匿名の薄い本で、翻訳の底本としてはパリのアルスナル図書館所蔵本の複写を用いた。

この二作は、前者はロンドン、後者はブリュッセルで出版と扉に表記されているが、実際の刊行地はともにパリと思われる。少なくとも前者については、パリのデュシェーヌ未亡人書店から出たことを、後者の「まえがき」で著者自身が語っている。

これら公刊された二点の著作はどちらも啓蒙思想を攻撃したもので、第一作はヴォルテール流の「純粋有神論」（「理神論」と言い換えてもよい）を、第二作は標題も示すとおりドルバックの『自然の体系』（一七七〇年）に代表される無神論的唯物論を主たる標的としたものだった。ドン・デシャンの著作を、公刊したものと生前未刊の手稿とに機械的に二分して、「公教的」（exotérique）な前者は「宗教擁護」の「仮面」をかぶり、「秘教的」（ésotérique）な後者は宗教批判を含む「開明的無神論」を存分に展開したものと見る向きもないではない（『哲学作品集』からこれら二作が排除されたのも、そういう見かたから来るのかもしれない）が、過度な単純化は避けねばならない。現行社会体制のもとでは宗教はこの体制の支えとして必要不可欠なものだから、宗教を必要とする社会体制そのものを変えようともせぬ啓蒙思想家たちの宗教攻撃は、原因には手を触れずに結果のみを攻撃する浅薄なもので、有害無益な馬鹿騒ぎとして排撃せねばならないというのはドン・デシャンの心からなる確信だったから、公刊した著作に見る「宗教擁護」の姿勢は「仮面」などではけっしてなかった。だが同時に、公刊した著作にも手稿で述べる思想の一部が小出しながら頻繁に顔をのぞかせ、結果として著作をひどく晦渋な、謎めいたものにしていたことも事実であったし、とりわけ第二作の『……理性の声』が手稿の一部をなす「形而上学的・道徳的な謎のこころを当代の神学・哲学に適用す、問答による」と内容的に酷似しており、いわばそれの「公表版」にすぎなかったことは双方のテキストを読みくらべれば一目瞭然だから、「公教的」な著作と「秘教的」な著作とは実際には連続し互いに重なり合っていた。

B　生前未刊に終わった夥しい量の手稿の写本で、ドン・デシャンの哲学的著作と言う場合、この写本が主体をなすことは疑いない。写本は大別して二つのグループに分れる。

一、最初のグループは「**真理または真の体系**」（La Vérité, ou le vrai système）という総題を掲げたもので、五巻六冊のノートからなる。これはもともと、同じベネディクト会の修道士でサン＝シプリアン僧院に属し、その後ポワトゥー州の修史官を務め、一七九二年にポワティエ市立図書館が創設された際その館長に就任したドン・ユーグ・マゼ（一七四三―一八一七）の文書中にあったもので、ドン・マゼが死んだ一八一七年に故人の文書全部とともにその相続人から同図書館へ売却され、今もこの図書館に所蔵されている。筆蹟は明らかにドン・マゼのもので、同図書館の目録もこの文書をドン・マゼの著作としていたが、一八六二、六三年頃にそれを最初に発掘したエミール・ボーシールは、それがドン・マゼの著作ではなく、写本の文中にD・Dと略記されたドン・デシャンの著作であり、ドン・マゼは単に、今は失われたドン・デシャンのオリジナル原稿かそれの写しを筆写したにすぎないことを突き止めた。このグループの文書は、発見の時期によりさらに二つに大別される。

1、ボーシールによる最初の発掘にかかるもの。二冊に装丁された三巻四冊のノートからなり、一七七五年

（ドン・デシャンが死んだ翌年）という筆写の年代が付されている。内訳は左のとおり。

第一巻、ノート一　**形而上学的・道徳的な謎のこころ**（Le Mot de l'énigme métaphysique et morale）

内容　**わが同類なる人間たちへの献辞**（Epître à mes semblables les hommes）――但し、あるのは八行の詩句だけで、献辞の本体は欠けている

序文（Préface）

形而上学的予備考察（Réflexions métaphysiques préliminaires）

展開された真理の鎖（Chaîne des vérités développées）

第一巻、ノート二　**四つのテーゼにまとめた形而上学的・道徳的な謎のこころの要約**（Précis en quatre thèses du mot de l'énigme métaphysique et morale）

内容　**お知らせ**（Avertissement）

四つのテーゼにまとめた形而上学的・道徳的な謎のこころの要約

前記のものを支える追記（Additions à l'appui de ce qui précède）

第二巻、ノート三　**形而上学的・道徳的な謎のこころを当代の神学・哲学に適用す、問答による**（Le Mot de l'énigme métaphysique et morale, appliqué à la théologie et à la philosophie du temps, par demandes et par réponses）

第五巻、ノート六　**真理をめぐる我らの哲学者の何人かへの工作**（Tentatives sur quelques-uns de nos philosophes, au sujet de la Vérité）

一見して明らかだが、この文書群には第三巻と第四巻、ノートでは四と五が欠けていた。

2、一九〇七年に新たに発見されたもの。この年、ロシア人の女性研究者エレーナ・ザイツェーワが同じポワティエ市立図書館のドン・ユーグ・マゼ関連文書中に、ボーシールの目に触れなかった別の写本群を発見したが、その発見が当時公表されず、みつけた写本も刊行されなかったために、その発見を知らぬジャン・トマとフランコ・ヴェントゥーリがほぼ三十年後に同じものを更めて再発見して、一九三九年にその一部を刊行した。この写

本群は装丁されない四冊のノートからなり、最初のノートの冒頭には「ドン・マゼ／形而上学考（二部）／道徳考（二部）／形而上学的・道徳的な謎のこころ（二部）／全部でノート五冊〔正しくは四冊〕／一七七二年」と書いた小さな紙片が挿入されていた。この文書の内訳をまとめられた順序どおりに並べれば左のとおりである。

ノート五　**形而上学考**（Observations métaphysiques）

ノート四　**道徳考**（Observations morales）

ノート一　形而上学的・道徳的な謎のこころ

内容　序文

形而上学的予備考察

展開された真理の鎖

ノート二　四つのテーゼにまとめた形而上学的・道徳的な謎のこころの要約

つまり、ザイツェーワが発見しトマとヴェントゥーリが再発見したこの写本群は、かつてボーシールが発掘した写本には欠けていた「真理または真の体系」第三巻、ノート四の「道徳考」と第四巻、ノート五の「形而上学考」のほか、ボーシール発掘文書にもあった第一巻、ノート一の「形而上学的・道徳的な謎のこころ」と第一巻、ノート二の「四つのテーゼにまとめた形而上学的・道徳的な謎のこころの要約」とを重複して収めたものだった（ザイツェーワがこれらの文書をドン・マゼではなくドン・デシャンの作と同定できたのも、この重複のお蔭であった）。ただ、このように一部重複するとはいえ、ボーシール発掘文書の全体が一七七五年にドン・マゼが筆写したものであったのに対し、ザイツェーワ発掘文書は同じドン・マゼの筆写にかかるものではあっても、筆写の年代は一七七二年（ドン・デシャンが死ぬ前々年）と、それより三年早かった。字体も一七七二年のものは乱雑で、一七七五年のものはずっと丁寧なところから見て、どうやら、一七七二年にドン・デシャンの手稿の予備的な筆写を始めたドン・マゼは、何かの理由でその作業を最後までやりとげず、ノート二からノート三を飛ばしてノート四、五へと移り、さらにノート六を手つかずのまま残したが、その三年後、ドン・デシャンもすでに鬼籍に入ったこととて更めて写本の決定版の作成（今度もまた、一七七二年に筆写した「下書き」だけでなく、ドン・デシャンのオリジナル原稿かそれの写しを目の前に置いていたらしい）に取りかかり、ノート一、ノート二、ノート三と進んだあと、三年前に筆写済みのノート四、ノート五は後回しにして、三年前には手をつけなかったノート六へと移ったようである。もちろん、これは散佚という事態がなかったとしての話で、一七七二年もしくは一七七五年に、またはこの双方でドン・マゼが「真理または真の体系」の全篇を書き写したものの、その後写本の一部が失われた可能性も全面的には排除できない。いずれにせよ、ザイツェーワが発見しトマとヴェントゥーリが再発見したものをボーシールが最初に発掘したものと合わせれば、ドン・デシャンの哲学的手稿の最大部分を占める「真理または真の体系」はようやく全巻が揃うこととなった。とりわけ、ドン・デシャンの形而上学と社会理論をそれぞれ最もまとまった形で述べて哲学的手稿の中核をなす「形而上学考」と「道徳考」の発掘はきわめて有意義なものだった。

二、写本の第二のグループは「**井戸の底から引き出した真理**」（La Vérité tirée du fond du puits）という総題を付したものである。これは、一九七一年十一月に、ドン・デシャンの『哲学作品集』の編者ベルナール・デローム氏が、ドン・デシャンとゆかりの深いダルジャンソン家のレ・ゾルムの館に伝わる古文書類を調査した際新たに発掘したもので、その古文書類のすべてと同様、今はポワティエ大学図書館に所蔵されている。これもドン・デシャンのオリジナル原稿ではなく、それを筆写した写本で、筆写の年代は記されておらず、筆記者の署名もないが、ドン・デシャンの弟子の一人でモントルイユ＝ベレ（ドン・デシャンの所属する小僧院のあった村）の城の持ち主だったボーシール・ド・ラ・シュヴァルリが筆写したのかもしれないとデローム氏は推測している。写本の内訳は以下のとおりである。

わが同類なる人間たちへ（A mes semblables les hommes）

序文（Préface）

予備的所見（Observations préliminaires）

後続する考察のまえがき（Avant-propos des réflexions qui suivent）

井戸の底から引き出した真理　神についてわれわれが根本的に持つ観念に関する考察（La Vérité tirée du fond du puits. Réflexions sur les idées que nous avons foncièrement de Dieu）

これらの考察の謎のこころ（Mot de l'énigme de ces réflexions）

男女からなる或る個人的集まりでした講演　学問・技芸・才能は人間たちに有害以上に有益かという問題について（Discours prononcé dans une société particulière, composée des deux sexes, sur cette question: *si les sciences, les arts et les talents, sont plus utiles que nuisibles aux hommes?*）

『社会契約論』批判（Critique du *Contrat social*）

これらの文書の内、最初の「わが同類なる人間たちへ」は明らかに献辞で、「真理または真の体系」の冒頭にあった献辞に対応するが、「真理または真の体系」の献辞が八行の詩句だけで献辞の本体を欠くのに対し、こちらはほぼ同じ（但し、三、六、七行目がやや異なる）八行の詩句の後に献辞の本体を具えていた。次の「序文」も「真理または真の体系」第一巻、ノート一の「序文」に対応しており、それの原型と考えられる。「真理または真の体系」の「序文」にドルバックの『自然の体系』への批判が含まれるところを見ると、その「序文」は『自然の体系』が出版された一七七〇年以後に、ドン・デシャンが「井戸の底から引き出した真理」の「序文」に更めて手を入れて書き直したものらしい。同じく、第三の「予備的所見」も「真理または真の体系」第一巻、ノート一にあった「形而上学的予備考察」の原型と思われる。第四、第五、第六の文書は第五を中心とする一体のもので、第五の文書の標題がこの文書群全体の総題であるのを見ても、この文書がデローム発掘写本の中核をなすことが分る。この第五の文書「井戸の底から引き出した真理」は、二部構成や節への区分の仕方など、結構が「真理または真の体系」中の「道徳考」（第三巻、ノート四）、「形而上学考」（第四巻、ノート五）とよく似ており、ドン・デシャンが「道徳考」、「形而上学考」と並ぶ一つの中心的文書としてこれを書いたことは疑いない。第二部第十七節で著者が自ら言うように、執筆されたのは「道徳考」や「形而上学考」より後で、その時期を一七七二年三月頃と推定するデローム氏は、この「井戸の底から引き出した真理」をドン・デシャンの思索の最終段階を示すものと考えている。第七の「講演」、第八の「『社会契約論』批判」も、「真理または真の体系」に対応するテキストはない。

この八点の文書のほか、『哲学作品集』ではその後に、同じくダルジャンソン家の古文書の中でみつかったドン・デシャンの自筆原稿二点が活字に起こされているので、本訳書では「第三部　自筆稿」としてそれを最後に置いた。内容は、

或る道徳書から抜萃した政治的考察（Réflexions politiques extraites d'un ouvrage moral）と、

スピノザの体系への単純・簡潔な反駁（Réfutation simple et courte du système de Spinoza）（第一、第二稿）

だが、第一のものは「道徳考」の冒頭部分の要約である。

一七六六年四月十八日にドン・デシャンがヴォワイエ・ダルジャンソン侯爵に送った手紙によると、ドン・デシャンはその時までに最低四稿のスピノザ反駁文を書いたらしいが、発見されたのはその内の二つだけで（それ以外は破棄するようにドン・デシャンは同侯爵に求めたという）、「第二稿」と呼ばれるのは実際には四番目（おそらく最後）のものらしく、ドン・デシャンから同侯爵に送られた一七六六年七月十一日付の手紙によると、それを書き上げたのは同年七月はじめのことと思われる。

このように、それらの文書の内にはドン・デシャンによる執筆の時期を或る程度推定できるものもある。後段に訳出した「真理をめぐる我らの哲学者の何人かへの工作」（「真理または真の体系」第五巻、ノート六）に見るとおり、ドン・デシャンが啓蒙思想家たちを自説に獲得するためのはたらきかけを行なったのは一七六一年から六二年にかけてしたルソーへの「工作」が最初で、偽名を使ってルソーに初めて手紙を送ったのは一七六一年四月だから、すでにその頃には自己の体系を大筋において確立していたものと思われる。したがって、自らの形而上学と社会理論を最もまとまった形で述べて哲学的手稿の中核をなす「形而上学考」（「真理または真の体系」第四巻、ノート五）と「道徳考」（同第三巻、ノート四）はそれ以前に書き上げていたはずである（但し、晩年の一七七〇年以後に更めて手を入れたらしい）。また、「真理をめぐる我らの哲学者の何人かへの工作」の冒頭にある「お知らせ」には、「この人〔ルソー〕はすでに私の思弁の二つの〈献辞〉と〈序文〉を見ていた」と述べられており、「二つの献辞」とは「真理または真の体系」の先頭にある「わが同類なる人間たちへの献辞」

（八行の詩句だけ）に今は失われた献辞本体を合わせたものと、「井戸の底から引き出した真理」の先頭にある「わが同類なる人間たちへ」（八行の詩句と献辞本体）の二つを指すのか、またはデローム氏が考えるように「わが同類なる人間たちへ」と、同じく「井戸の底から引き出した真理」の中にある「予備的所見」とを指すのか二通りの解釈が成り立つが、いずれにせよ、ドン・デシャンが「二つの献辞」と呼ぶものが一七六二年以前に書かれたことは間違いない。また、そのくだりで言われる「序文」とは「井戸の底から引き出した真理」の「序文」であろうから、これも一七六二年以前に執筆されたもので、すでに述べたとおり、それに手を入れて一七七〇年以後に書き改めたのが「真理または真の体系」の「序文」であった。

「真理または真の体系」の第一巻、ノート一の最後を占める「展開された真理の鎖」は、ドン・デシャンが他者への「工作」の最後の一鐶として、やがて『若きアナカルシスのギリシャ旅行』（一七八八年）を発表して流行作家となるジャン゠ジャック・バルテルミ師（一七一六―九五）のために一七七三年（死ぬ前年）に書いたもの、また同じく「真理または真の体系」の第一巻、ノート二をなす「四つのテーゼにまとめた形而上学的・道徳的な謎のこころの要約」は、「真理をめぐる我らの哲学者の何人かへの工作」の「お知らせ」でドン・デシャンが自ら言うとおり、『百科全書』の形而上学関係の諸項目を執筆した開明的なカトリック聖職者クロード・イヴォン師（一七一四―九一）のために一七七二年に書いたものだった。

「真理または真の体系」の第二巻、ノート三をなす「形而上学的・道徳的な謎のこころを当代の神学・哲学に適用す、問答による」の少なくとも今見る形のものは、冒頭の「お知らせ」で言われるとおり、一七七〇年に公刊した『当代の理性、特に《自然の体系》の著者のそれに反対する理性の声、問答による』を母胎として、それに加筆したもので、原註（五九）、（六八）等によると、一七七二年に執筆した前記の「……要約」より後に書かれた文書だった。写本群「井戸の底から引き出した真理」の中心をなす同名の文書が一七七二年三月頃の執筆と推定されていることも、「スピノザの体系への単純・簡潔な反駁」の「第二稿」が一七六六年七月はじめに書き上げられたらしいこともすでに述べた。

「井戸の底から引き出した真理」の中の「『社会契約論』批判」がルソーの『社会契約論』が出版された一七六

二年四月以後に書かれたことは言うまでもない。

これらの写本の翻訳に当たっては、現在までに発見されたドン・デシャンの哲学的手稿のすべてを活字に起こしたベルナール・デローム編のドン・デシャン『哲学作品集』(Léger–Marie Deschamps (1716–1774), Œuvres philosophiques. Introduction, édition critique et annotation par Bernard Delhaume. Avant-propos de André Robinet. 2 vol, Librairie philosophique J. Vrin, 1993) 所収のテキストに主として依拠した。特に、「真理または真の体系」の第五巻、ノート六をなす「真理をめぐる我らの哲学者の何人かへの工作」と文書群「井戸の底から引き出した真理」、さらにその後に置かれた自筆原稿二点については、ほかに活字化されたものがないため、『哲学作品集』所収のテキストを全面的に底本とした。

しかし、「真理または真の体系」の第一巻から第四巻までのかなりの部分は、『哲学作品集』以前にもすでに活字化されていた。具体的には、第一巻、ノート一の「わが同類なる人間たちへの献辞」と「展開された真理の鎖」、第一巻、ノート二の「四つのテーゼにまとめた形而上学的・道徳的な謎のこころの要約」(先頭の「お知らせ」と最後の「前記のものを支える追記」を除く)、さらに第三巻、ノート四の「道徳考」は、ドン・デシャンの手稿を部分的ながら初めて活字に起こしたものである、ジャン・トマとフランコ・ヴェントゥーリが一九三九年に出版した『真の体系、または形而上学的・道徳的な謎のこころ』(Dom Deschamps 1716–1774, Le Vrai système ou le Mot de l'énigme métaphysique et morale, publié par Jean Thomas et Franco Venturi, Librairie Droz, 1939, collection ‹Textes Littéraires Français›) に収められており、第二巻、ノート三の「形而上学的・道徳的な謎のこころを当代の神学・哲学に適用す、問答による」はパリで出ている雑誌『十八世紀』(Dix-huitième siècle) の第四、第五号(一九七二、七三年)に、第四巻、ノート五の「形而上学考」はアントワープで発行される雑誌『対話』(Dialoog) の一九七二―七三年度第一、第二号にそれぞれ発表されていた。したがって、それらの文書の翻訳に当たっては、これら先行する活字化テキストをも参照して、それと『哲学作品集』所収のテキストとを照合しつつ訳出した。また、すでに述べたとおり、第二巻、ノート三の「形而上学的・道徳的な謎のこころを当代の神学・哲学に適用す、問答による」は「刊行書」の部で別個に訳出した一七七〇年刊行の『当代の理性、特に《自然の体系》の著者のそれに反対する理性の声、問答による』を原型としているから、それの訳出に際しては当然ながら『……理性の声』の対応個所をも参照した。デローム氏が編集した『哲学作品集』は訳者の見るところけっして万全のものではなく、ドン・マゼの写し間違いやデローム氏の起こし間違いと思われる所も散見するので、これらの並行テキストに基づき、または内容自体に即してテキストを補正した個所もある。さような際は、訳註ないし割註で必ずその旨をことわった。

なお、「真理または真の体系」の第一巻、ノート一の「形而上学的・道徳的な謎のこころ」と同ノート二の「四つのテーゼにまとめた形而上学的・道徳的な謎のこころの要約」とは、エミール・ボーシールが最初に発掘した文書群と、ザイツェーワが発見しトマとヴェントゥーリが再発見した文書群とに重複して収められており、『哲学作品集』では、一七七五年に作成された写本の決定版と思われる前者の文書群にあるテキストに概ね依拠して、下書きとみなす一七七二年に作成された後者の文書群にあるテキストとの異同を編註で指示している。また、どちらの写本にも少なからぬ文法上の誤りがあるため、活字化に際してはそれらの誤りを訂正して、同じく編註でその旨をことわっている。しかし、本訳書ではいたずらに煩瑣になるのを避けるため、これらの編註は概して訳出しなかった。ただ例外として、「真理または真の体系」第五巻、ノート六の「真理をめぐる我らの哲学者の何人かへの工作」中の「『百科全書』の形而上学者イヴォン師との文通」の冒頭に置かれた「ヴォワイエ侯爵夫人とイヴォン師とドン・デシャンの間の討論」（一七七二年十月七日夕食後）については、ダルジャンソン家の古文書の内にドン・デシャン自筆の討論記録があり、「……工作」所収の記録より明らかに前のものであるこの自筆の記録が『哲学作品集』の編註の中に全文掲げられているので、この訳書でも、「……工作」所収のテキストを底本としつつ、二つの記録の間の異同を訳註で逐一指示した。

さらに、ポワティエ市立図書館に所蔵されるドン・フォントノー関連写本群の中には、当時何者かがドン・デシャンの思想を批判し揶揄した「**自然の体系**」（Système de la nature）と「**〈真の〉と形容される体系の要約**」（Précis du système qualifié de vrai）という年代も筆者も指示されぬ二つの文書があるらしく、デローム氏は『哲学作品集』の「付録」として巻末にそれも活字化しているので、本訳書でもそれに従い、巻末に「付属資料」としてこの二つの文書の邦訳を収めた。

＊

以下は凡例として

一、行間に（一）、（二）、（三）……とあるのは、ドン・デシャン自身が付けた原註を受ける個所である。順序を示す符号は、生前に刊行した二点の著作では（1）、（2）、（3）……と数字を使い、生前未刊の手稿では（a）、（b）、（c）……を使って、（z）まで来ると次は（a）に戻るという方式によっているが、この訳書ではすべて漢数字に統一した。原註は本文各章節の後に置いた。

一、行間に〔一〕、〔二〕、〔三〕……とあるのは、訳註を受ける個所である。番号は全巻にわたる通し番号とし、訳註そのものは巻末にまとめて置いた。

一、本文および原註の中で〔 〕印によって囲まれた部分は、訳者が補足したものである。ごく簡単な語句の説明や、文意を理解しやすいように訳者が補った語句からなる。

一、固有名詞以外の片仮名書きの部分は、ラテン語の語句、文章の訳である。カトリック教会の正経であるヴルガタ聖書（ラテン語）やラテンの古典からの引用が多い。ヴルガタ聖書のくだりを一部変更したものも含まれる。

一、本訳書では、「全一体」、「全一者」、「法律状態」、「習律状態」等々、ドン・デシャン独特の耳慣れぬ用語（訳語はみな訳者の造語である）が頻出するが、読者がそれにとまどわぬように、この「まえがきと凡例」のすぐ後に「用語解説」を置いて、それぞれの原語を示し、意味内容を説明しておいた。

一、ドン・デシャンの文章はきわめて論理的とはいえ、しごく難解・晦渋で、そのまま直訳すれば全く意味不明な日本語にならざるをえない。それを一読して理解可能な日本語に移すためには、原文で過度に多用される代名詞（「これ」、「それ」、「そう」、「前者」、「後者」等々）を元の名詞や形容詞に戻したり、長い一センテンス中にやたらと多くのものを詰め込んだアルカイックな綜合文をいくつかの意味単位に分割したり、文中〔 〕に入れて適当な語句を補ったり、parce que（なぜなら）などに先立たれる節が前文のいかなるものの理由を言うのか明示されない場合、その節がかかる語句を重複して掲げるなど、様々な手段を講じるほかなかった。もちろん、こうした手法は通常の翻訳でも用いられるものだが、ドン・デシャンの翻訳ではそれに訴える頻度が通常よりはるかに高かった。結果として、雄勁で多分に謎めいた原文の文体が邦訳では過度に平易となり、訳文がいささか説明的に流れたのではないかと危惧しているが、さような文体上の問題より、文意を正確に伝えることを優先した。

一、「写本」の部にある「道徳考」は、本訳書と同じ法政大学出版局から一九九七年十二月に出版された『啓蒙のユートピア』の第三巻で訳者によってすでに訳出されている。今回、その旧訳に全面的に手を入れて新訳を作ったが、両者の間にさほど大きな違いがあるわけではない。ただ、旧訳では各節に付せられていた中見出し（これはドン・デシャンが書いたものではなく、一九三九年にこの写本を初めて活字化したジャン・トマとフランコ・ヴェントゥーリが読者の便宜のために付けたものだった）はすべて取り去り、作品の結構を写本にあるがままの姿に戻した。刊行書も写本も含めてドン・デシャンの哲学的著作のすべてを集め、本国フランスで刊行されている『哲学作品集』（前述のとおり、これにはドン・デシャンが生前刊行した二点の著作は収められていない）より内容的にいっそう完備した（他国語という決定的なハンディキャップはあれ）著作集を作成することは、訳者にとって「道徳考」訳出以来の重い課題だったが、およそ十年にしてようやくそれを達成できたことに、今の訳者は人知れず安堵している。

＊ 後記――この「まえがきと凡例」の作成後、本書の校正作業を進めている最中に、ドン・デシャンの書簡集がフランスで出版されたらしいとの情報に接した。『哲学作品集』にくらべて刊行が意外に早かったのは喜ばしいが、本書の校正が終盤を迎えた二〇〇六年十二月末現在、訳者はこれをいまだに入手しておらず、今回の翻訳にそれを生かすことは残念ながらできなかった。

ドン・デシャン　哲学著作集／目次

第二部　写　本

I　真理または真の体系　103

第三部　自筆稿

付属資料

用語解説

ドン・デシャンの著作には、その体系の鍵をなす多くの独特な概念・用語が使われており、慣れない読者がそれにとまどうおそれがあるので、ごく中心的なもののみに限って、それらの意味内容を説明しておく。便宜上、「形而上学」の面と、社会理論を意味する「道徳」の面とに分ける。

(形而上学)

全一体(le Tout)――この訳語は訳者の造語だが、内容は自然の全体を言い、「**宇宙**」(univers)、「**世界**」(monde)、「**自然**」(nature)、「**物質**」(matière)とも言い換えられる。「全一体」は様々な部分(宇宙にある諸存在)から構成される集合的な「一」であり、「**一なる存在**」(être un)、「**有限者**」(le fini. 宇宙に存在する諸々の有限物の総和・総称だから)、「**肯定的実在**」(existence positive)、「**関係性による実在**」(existence par rapport)ともいわれる。

全一者(Tout)――この訳語も訳者の造語である。自然または宇宙を指す点ではこれも「全一体」と同じだが、但し「全一体」がそれを部分からなる集合的な「一」として捉えたのに対し、「全一者」はそれを非集合的な「一」として、つまり部分との関係性抜きでそれ自体として捉えたものである。「全一体」と「全一者」は「**実在**」(existence)の相反する二つの相で、自然または宇宙という同一物の両側面をなすが、「全一者」という相は、自己以外のあらゆる存在を否定する否定的な相で、「全一体」という肯定的な相をも、それを構成する諸部分をもことごとく否定するものとされる。「全一者」は「**唯一の存在**」(être unique)、「**それ自体による存在**」(être par soi)、「**無限者**」(l'infini)、「**否定的実在**」(existence négative)、「**関係性なき実在**」(existence sans rapport) などといわれる。

また、「全一者」は否定的な存在であるから、「**無**」(rien) または「**虚無**」(néant) でもあるとされる。

さて、ここで「全一体」と訳した le Tout は日常用語では「全体」の意味、「全一者」と訳した Tout は日常用語では「すべて」の意味で、どちらもあらゆる国語で広く使われる言葉である。このことは、人間が本来的に「全一体」と「全一者」の観念をみな等しく本有観念として持つ証拠とされており、著者の思弁はそれらの観念を明確化し展開したものにすぎないとされる。このような無自覚的、且つ断片的な正しい考えの表出を著者は「**真理の叫び**」(cri de la vérité) と呼び、日常言語の内にその様々な例をみつけている。

なお、宗教が言い広く社会的に受けいれられている「神」の観念は、人間が本有観念として本来的に持つ「全一体」と「全一者」の観念から派生したもので、互いに峻別すべきこの二つの観念を混同し一緒くたにして、「神」という単一の存在に帰着させ、さらに、人間に象《かたど》った「**知能**」(intelligence) と「**道徳性**」(moralité) という虚妄な性質をその存在に付与したものにすぎないとされる。

「神」との関係では著者自身もしばしば、「全一体」を「**創造者たる神**」(dieu créateur) と呼び、「全一者」を「**創造者でない神**」(dieu non-créateur)、「**創造以前の神**」(dieu avant la création)、「**端的に言った神**」(dieu simplement dit) などと呼ぶが、これらは著者も認めるとおり十分厳密な言いかたではない。また、著者の体系では「**創造者**」(créateur) と「**被造物**」(créature) 一般とは同じものであり、どちらも「全一体」を言うにすぎないことを忘れてはならない。そもそも、「全一体」、「全一者」を語るのに誤解のおそれの多い「神」、「創造」、「創造者」、「被造物」などの単語を用いるのは、キリスト教徒の読者に合わせた妥協的な表現にすぎないように思われる。

形而上学（métaphysique）――アリストテレスと同様、著者にとっても、形而上学とは実在を一般的・普遍的に考究する学問で、諸存在を物理的・個別的に研究する他の諸々の学問とは異なる。或る存在を形而上学的に見るとは、その存在が他のすべての存在と厳密に共通して持つ「**基調**」（fond）または「**事物の根底**」（fond des choses）において見ることであり、それに対し、或る存在を物理的に見るとは、その存在を特殊にその存在たらしめている、「基調」の上に浮かぶ様々な「**色合い**」（nuances）において見ることである。したがって、たとえば人間も、物理的に見れば他の諸存在と異なるものとしての人間だが、形而上学的に見ればもはや人間としての人間ではなく、「全一体」の一部としての、つまり自然の一部、物質の一部としての人間にすぎないとされる。このように、著者の言う形而上学は、キリスト教世界で俗に言われるような、非物質的な「神」や「魂」を対象とする学問の謂ではない。「神」についてはは前述のとおりであり、「魂」については、さようなものの存在を著者は認めない。

たしかに、宗教の言う「神」も世界の全体に遍在する普遍的な存在で、あらゆるものの根拠とされる存在だから、著者のする形而上学の定義に則っても、宗教には或る種の形而上学が具わってはいる。しかし、神を普遍的・形而上学的存在とみなしつつも、同時にそれを物理的・道徳的存在（人格神）に仕立て上げる「宗教の形而上学」は、著者によれば全くはきちがえた形而上学にすぎない。

およそいかなる社会体制にも、それを基礎づけそれに裁可を与えるなんらかの形而上学が必ずあるもので、現に、宗教に具わるこのはきちがえた形而上学こそが、本質的に「欠陥品」である現行の社会体制（後段に説明する「法律状態」）を基礎づけそれに裁可を与えている。したがって、現行の社会体制を打ち壊し、新たな社会体制（後段に説明する「習律状態」）を打ち立てるためには、この「宗教の形而上学」を打破して真の形而上学に取って替える必要があり、自分はまさにその作業をしているのだと著者は言う。

また、形而上学をおしなべて軽蔑し排斥する「当代の哲学」（啓蒙思想。ヴォルテールがその典型とされる）は、まさにそれ故に、いかなる社会体制の基礎づけもできぬ浅薄で無益な思想、宗教の破壊に狂奔するのみで何も打ち立てられぬ（また、何も打ち立てられぬから破壊することすらできぬ）不毛な思想とされ、はきちがえたものとはいえそれなりの形而上学を具える点で、かような思想よりも宗教を著者はより高く評価し、それにより多くの親近感をおぼえている。啓蒙思想を著者がおしなべて「**半啓蒙**」（demi-Lumières）と嘲り、啓蒙思想家たちの「**純粋有神論**」（théisme pur. ヴォルテールに代表される）や無神論（ドルバックに代表される）に自らの「**開明的な無神論**」（athéisme éclairé）を対置した所以もそこにある。

悟性（entendement）――形而上学的認識を担う人間の知的能力で、「**知性**」（intellect）と同義。それは物理的認識を担う個々の「**感覚**」（sens）の反対語で、すべての感覚が寄り集まったものとみなされて、「**協力・一致した感覚**」（les sens de concert et d'accord）とも呼ばれる。また、或るものを「認識する」とはそのもの「である」こと（たとえば、人が太陽を見るとは、太陽の粒子が目を通じてその人の身体構成の内に参入することであるとされる）だから、普遍的実在を認識する悟性はとりもなおさず普遍的実在そのものであるとされる。

空無論（riénisme）――これは多義的な言葉で、何物も客観的に実在しないとする説や、既存のいかなる体系にも同意しない立場を指すものとしても用いられたらしいが、ドン・デシャンによると、真の「空無論」とは「無」（rien）が存在の否定ではなく、「全一者」として実在するという自己の思想の謂で、それは時に「**虚無論**」（néantisme）とも呼ばれる。

「**真理**」（Vérité）、「**真の体系**」（Vrai Système）――大文字で（本訳書では「　」に入れて）書かれる時は、著者自身の体系を言う。

不合理なもの（l'absurde）――ほとんどの場合「宗教」を意味する。「宗教」というストレートな言いかたを避けたのは、修道士という立場上必要な政治的配慮からであろう。

（道徳）

未開状態（état sauvage）――通常言われる「自然状態」に相当する。社会が形成される以前の人間の状態で、森の中の獣の状態と基本的に変わらない（「未開」と訳した sauvage は、語源的には「森の」を意味する）。「**団結なき不団結の状態**」（état de désunion sans union）と定義され、次の「法律状態」にくらべればその方がまだましとされるが、ルソーの場合と違って特にこの状態が讃美はされず、それへの回帰が説かれるわけでもない。

法律状態（état de lois）――この訳語は半ば訳者の造語で、「法律が呈するあれこれの状態」の意味ではなく、「法が律する社会状態」の意味で使っている。その限りでは「法治状態」という訳語の方が分りやすいが、次の「習律状態」と訳語を揃えるため、あえてこう訳した。

社会を律するその法にも二種類ある。一つは「**人間の法**」（lois humaines）で、未開状態の内に現出した強者の支配を固定化するための世俗的な法を意味する。「法律状態」のごく初期には、この「人間の法」のみが社会の規範をなし、さような社会状態は「**人間的法律状態**」（état de lois humaines）と呼ばれるが、しかし程なく、この「人間の法」の支えとして、言い換えればもっぱら政治的支配の道具として、「**神の法**」（lois divines）と詐称する宗教と宗教的な法が支配者により例外なく捏造されたから、人間社会はこれら二重の法に律せられる「**神的・人間的法律状態**」（état de lois divines et humaines）となった。現在見られる人間社会はみなそれである。この社会状態の根幹をなすのは「**道徳的**（社会的）**不平等**」（inégalité morale）と「**所有**」（propriété）（私的所有、私有財産の意味で、「**君のもの、私のもの**」（le tien et le mien）とも言い換えられる）であるから、「法律状態」はまた「（**道徳的**）**不平等状態**」（état d'inégalité (morale)）とも「**所有状態**」（état de propriété）とも呼ばれる。このように、「法律状態」は実態的には今で言う「階級社会」に当たるが、これは、人間が団結して社会を作りつつも、その内部で相互に反目し敵対し合う社会であるから、「**団結の内での不団結の状態**」（état de désunion dans l'union）と定義される。

文明状態（état policé または état de police）――「法律状態」が最も進化した（「進化」は改善ではなく、矛盾の深刻化、一層の悪化を意味するが）状態で、当時の「文明国」、つまりヨーロッパ諸国の状態を指す。これは「法律状態」の最終段階で、次の「習律状態」へ移行する前夜と考えられている。

習律状態（état de mœurs）――著者の社会理論の鍵をなす概念だが、この訳語は訳者の造語である。「法律状態」が「法の律する状態」を意味したように、「習律状態」は「習俗の律する状態」、丁寧に言えば「法ではなく社会的習俗によって法的強制なしにおのずから律せられる社会状態」を意味する。この「習律状態」は著者が構想する理想社会で、「法律状態」の根幹をなすのが「道徳的（社会的）不平等」であるのと同様に、「習律状態」の根幹をなすのは「**道徳的**（社会的）**平等**」（égalité morale）とあらゆる財貨の共有であるから、この状態は「（**道徳的**）**平等状態**」（état d'égalité (morale)）と呼ばれる。またそれは、「皆が平等に暮らし、平等に楽しめ」、「自分がされたくないことは他人《ひと》にもするな」、「他人を自分の臣下・下僕・奴隷にするな」という「**道徳的自然法**」（loi naturelle morale）がおのずから実行される社会であるから、「**道徳的自然法状態**」（état de loi naturelle morale）とも言い換えられる。「未開状態」や「法律状態」と同じ言葉を使って「習律状態」を定義すれば、これは「**不団結なき団結の状態**」（état d'union sans désunion）で、その意味からもまた「**本当の社会状態**」（véritable état social）とも言われる。「習律状態」における人間生活のありようについては、本訳書中の「道徳考」、特にその第二部にくわしい。

なお、「未開状態」から「法律状態」への歴史の流れは不可逆的で、今の「法律状態」から往時の「未開状態」へ人間が戻ることは不可能とされるから、「習律状態」というこのより良き社会はどうしても過去ではなく未来に設定されねばならないという（著者がルソーを評価しつつも、それと立場を異にするのはその点である）。またそもそも、「習律状態」を実現するには、第一に、この「**道徳的**（社会的）**真理**」（vérité morale）を根拠づける「**形而上学的真理**」（vérité métaphysique）（著者の体系のこと）の発見（それは「文明状態」でのみ初めて可能なものであった）と、第二に、「法律状態」の種々な悪弊や不都合の自覚、という二つのものが不可欠の要件をなすが、それらはともに「法律状態」やそれの最終段階である「文明状態」の存在を前提とするから、人間は「法律状態」とそれによる不幸を経験した上でしか、またその経験を通じてしか「習律状態」に到達できないとされている。「習律状態」はこうして「未開状態」に始まる人間の歴史の終着点となるが、そこへ到達すればもはや歴史は消滅し、社会は完全に安定して、そこにはいかなる変化もなくなり、過去の記憶も痕跡も地上から一掃されると言われている。「法律状態」の所産である都市も都市文明も、諸々の学問・技芸もそこではことごとく消滅して、書物という書物は火にくべられ、著者自身の本も、この「習律状態」へ人類を首尾よく誘導した暁には、まっさきに竈《かまど》の焚き付けと化すのだという。

ドン・デシャン　哲学著作集

第一部　刊行書

時代精神についての手紙（一七六九年）

オオ時世ヨ、オオ習俗ヨ〔一〕

まえがき

これらの手紙では、今はやりの哲学体系が首尾一貫せず、打ち壊すだけで何も打ち立てないことをお見せするだけに止まらず、それに対抗して、宗教に関しても統治に関しても首尾一貫した、この両者を支えるために必要と思う一つの体系を打ち立てます。この体系、と申すより健全な理性のこの叫びは、いつの世にも或る程度まで耳にされたものでしたが、十分聞こえたためしはありませんでした〔二〕。我らの哲学者〔啓蒙思想家〕たちがここでされる挑戦を受けて立つなら、もっともっとはっきりそれを聞かせてやるつもりです。

まずしなければならなかったのは、応報神〔三〕〔善に報い悪を罰する神〕を認めるように無神論者を仕向けるため、類としての宗教、つまり宗教一般、または有神論を証明することでした。また次に、種としての宗教、つまり個別の諸宗教へと彼らを導くため、類としての宗教だけでは十分でないのを証明してやることでした。著者がしたのも、無信仰に歯止めをかけるため絶対すべきだと思ったのもそのことです。その点が証明されたら、唯一残るのは、それこそ真の宗教である種としての宗教は何かということだけでしょう。ですから、キリスト教もそこを出発点として、自分の証拠を出さなくてはなりません。キリスト教の証拠はすでに十分すぎるほど出されていますから、それだけにいっそう、そういうものを出すという目的が著者の目的となるはずはありませんでした。しかし、キリスト教の証拠に対置できるものが他の諸宗教の証拠だけになったら、キリスト教の証拠はどれだけ強力にならないでしょうか。事実、〔種としてのなんらかの宗教の必要性が証明されたら、〕戦うべき相手としてキリスト教の証拠に残されるものは他の諸宗教の証拠だけになりましょう。

本文でも言う予定ですが、類としての宗教と種としての宗教が我らのえせ哲学が加える打撃から守られたら、キリスト教もそれから守られるでしょう。我らの哲学者たちがキリスト教を打ち壊そうとするのは、キリスト教徒の心の中で宗教全体を打ち壊すためにすぎないからです。著者の意図をよく理解するため、このことに特別注意を払われるようお願いします。宗教においても統治においても最も嘆かわしい革命へとすべては向かっており、すべてがそこへ向かうのは、もっぱら、世に風靡する独立心によるわけですが、この有様が痛感されるのに比例して、著者の意図もさらによく理解されましょう。

これらの手紙で表現される道理がもしも傾聴されたら、さような大変動も人々の目に必要と映るどころか、人々にとってはもはや恐怖の的にすぎなくなりましょう。けれども、この道理に耳を傾けるためには、道理の表現よりも道理そのものに目を向けなくてはなりません。道理そのものには、うまく書く術が欠けているからです。それもおそらく、これが一個の術であるからでしょう。我らのえせ哲学にこの術が欠けていないのは、この術がそれ用に出来ているからで、この術がないとえせ哲学は無に帰してしまうからです。

第一の手紙

俗世の外にいるとされる修道士も必然的に俗世の内におりますし、また俗世の内にいれば、在俗聖職者〔司祭・司教など、教区付きの聖職者〕と同様、或る程度まで俗世の風習に染まらざるをえません。修道士たちを修道会創立当初の状態へ呼び戻すことは、不幸にも彼らが今いる抑制の利かない時代を創立時代の調子に合わせなければできることではありますまい。しかし、そんなことは不可能ですから、宗教熱心からにせよ政略からにせよ、諸々の修道会をそれぞれの出発点へ戻らせようと意地を張るのは、それらの修道会に破壊の最後の一撃を浴びせることになります。知恵はいつでも破壊から遠いもので、それは時勢や状況に合わせること、現状との関係で常に中庸を選ぶことにあります。

でも、一種類より二種類の聖職者〔在俗聖職者と修道聖職者〕を必要とするあらゆる理由——政治的理由すら——を無視し、ヨーロッパ最古の諸君主制の起源にまで遡るそれら修道会のあれこれが持つ淵源をも顧みず、修道会の打ち壊しが計られていると言われます〔四〕。もしそうなら、今日あえて声を上げている、哲学的と言うより破壊的と言った方がはるかによいあの精神〔時代精神〕に、修道士たちの滅亡をやかましく要求し、その目的を達せんものと彼らに汚辱を吐きかけるあの精神に、耳を傾けているかに見えるかもしれません。しかし、そんなことがどうして考えられましょう。それの言うことを聞いたが最後、この精神がおのれの本性自体からしても、私たちを連れて行こうとする大変動の連続からしても、遂にはあらゆるものを覆すところまで行かざるをえないというのが、私たちにとっては全く自明なはずなのですから。異論の余地のないことですが、これはあらゆる精神の内で、私たちが最も反対すべき精神です。それが立てる破壊の目論見に私たちが賛同するどころか、それを破壊することに私たちが最も利益を感じる精神です。それに糧《かて》を与えないため、自分と同感なのではという疑いをそれからかけられるおそれすら私たちが避けるべき精神なのです。

この精神は修道士たちと同様、カトリック教を、ローマ〔法王庁〕を、我らの司教たち・司祭たちをおおっぴらに攻撃しますが、とりわけ目の敵にするのは修道士です。それと特別相容れないのは修道士の精神ですから。カトリック教やローマや我らの在俗聖職者と修道聖職者は、ヨーロッパの諸カトリック君主制の本質に属しています。かつてはイギリスの君主制も同じでしたが、それはこれらとともに息絶えました(一)。そのことをこの精神は自らに隠しておらず、ですからそういう君主制には執着しません。この精神の目的は、そういう君主制の廃墟の上に、イギリス風の政体か何か同種の政体を打ち立てることのようです。この精神から生まれたいろんな著作を読んでみるだけでも、そのことはなんら疑いを容れないでしょう。但し、この精神の目的と私が言うのは、いちばん外に現われた目的のことです。こんな精神が、私たちをローマと絶縁させ全員イギリス人のようにすることだけに止まるはずはありませんから。かような精神は人に努力をさせる時、中途でやめるということはないものです。

しかし、時代精神が立てる大口の破壊の体系を見る前に、私たちの間にいる軽薄皮相な頭の持ち主がなんとも愚かに採用する小口の破壊の体系について考えてみましょう。人間たちが今いる文明状態の中で、なんらかの大変動からどんな仕合わせを人々は期待すべきでしょうか。なんにもありはしません。今声高にその必要性をあえて証示しようとなどされているこのような変動は、それを惹き起こす人々におそらく与える僅かな楽しみと引き換えに、いつでも、今いる多数の人間たちの不仕合わせを作るもので、しかも、将来の人間たちの仕合わせを作ることは絶対にできません。というのも、正直なところ、たとえばフランスに今と同じ宗教も、今と同じ統治もみつからなくなるからといって、私たちの子孫がそれでいっそう仕合わせになるものでしょうか。今の宗教、今の統治のかわりにみつけるものが、子孫にとって今のものより有利だと――それが目的だと仮定しても――期待できるでしょうか。我らの今日日《び》の哲学者たちは、実際には自分の哲学で名をなすことしか狙っておらず、子孫の仕合わせを口実に使っているにすぎないのですが、この連中が醜い面からしか見ない私たちの諸政体より、ことさらに美しい面から見るあれこれの政体の方が上だとして私たちに持ち上げて見せても無駄というものです（文明状態では、本質的に良い面・悪い面を持たない政体がどこにありましょう）。彼らがこんなことをするのは、私たちの諸政体を打ち壊すためにすぎません。それを証拠立てるのは、いつでも情念の刻印を帯びていて知恵の刻印を帯びることなど一度もない彼らの筆致自体です。また、起こりうるどんな大変動からも人間たちが得るものは何もないという、歴史的な知識に基づいて彼らがいやでも持たざるをえない確信です。実際、少しでも正直だったら彼らも認めるはずなのは（内容は後段で証明しますが）、それのもとでは他の政体のもとより人類が決定的に仕合わせだと言えるような政体は文明状態では存在しえないということ、それほどまでにこの文明状態では人間たちの諸情念がみな同じで、また同じ程度に昂《たか》ぶっているということ、またはお望みなら、或る初源的欠陥〔法律状態のこと〕のみが私たちをそこまで連れて行けたこの文明状態が、文明状態に含まれる種々の状態〔種々の政体のこと〕のどれにくらべても人間たちが仕合わせだと言えるような単純な社会状態〔習律状態のこと〕からそれほど遠く隔たっているということです。

我らの哲学者たちはこのことに同意すべきなのに、きっと同意しないでしょう。彼らの哲学は打ち壊すために逆の所から出発しているので、同意すれば自分の哲学を否認することになるでしょうから。それでも、彼らはこのことを感じています。だからこそ、カトリック教とカトリック諸君主制を攻撃するだけに止まらず、彼らは既存の宗教全体と既存の統治全体を攻撃するのです。

自らの説く純粋有神論によって彼らが既存の宗教全体を攻撃し、また既存の統治全体を攻撃するのは、自分らの有神論が現行のいかなる統治の宗教ともなりえないのを知らずにいられないからです。さて、人間たちを首尾よく今より仕合わせにするためには、はじめ一見破壊を唱導するかに見えるものよりはるかに多くのものを打ち壊さねばならないと内心感じていなかったら、また、文明状態が存在するかぎり（文明状態は現にある今、存在するのをやめられるでしょうか）、私たちは今より良くなると期待すべくもないことを感じていなかったら、彼らは破壊の体系をどうしてそこまで推し進めるでしょうか。彼らはきっとこう言うでしょう。しかじかの宗教、しかじかの政体が打ち壊されることも、人間たちの仕合わせにとって必ず何かにはなるのだ、と。でも、そう思っているなら、どうしてこの破壊の先回りをするのでしょうか。もっと前へ進み、現行のあらゆる宗教に代るものとして自らの有神論の樹立を語るのは、この破壊が行なわれた後まで待たないのでしょうか。大口の破壊を唱導することで、自分らの小口の破壊を夫子自らあまり信用してないことを証明している、という事実を彼らは見るべきではないでしょうか。それでも我らの哲学者たちは、自らの破壊的体系に最小限の一貫性を持たすことも考えず、直接的な度合には多い少ないがあるものの、みんなたえず掘り崩し、たえず打ち壊して行きます。彼らが見ているのはどんな人でも同じように見ているもので、それは地上に悪があるということです。あらゆるものを覆そうと企てるためにはそれだけで沢山だ、と彼らは信じているわけです。そんなことが成功すると思い込んでいるなら、もっと良くなるという希望をいつでも裏切られながら新しいものばかり、変化ばかり追い求める私たちの不幸な傾向に当て込みすぎているにきまっています。

それにしても、彼らの言う純粋有神論という観念は、なんという観念でしょう！　まず、賞罰を与える神を信じない、少なくともそういう神が存在するのを疑っている人々が、なんらかの宗教を説くというのはなんとも奇妙なことではないでしょうか。同じく、自らの疑いに基づいて、次のことが彼らの目に入らないというのは奇妙なことではないでしょうか。それは、自分らの有神論が人間たちの理性の内で必ず暗礁にぶつかって、自分と同じような質《たち》の哲学者を輩出させるおそれがあり、この有神論が支えるという世俗法に敵対するその哲学者らが、人類をこの有神論から覚醒させて、唯一そこでは習俗を裁可するものがない、実は動物たちの体系でしかないようなあの忌わしい体系の内に人類を投げ込もうと全力を上げるだろうということです。私が言いたいのは無神論のことですが。さらに、私たちの習俗がいつまでも腐ったままであれば、自分らの有神論もひとたび打ち立てられたら、私たちを必然的に今あるようなたぐいの諸宗教へ連れ戻すはずなのを見落とすというのは、なんとも奇妙なことではないでしょうか。有神論は必ずや、私たちをそこへ連れ戻してしまうでしょう。それも、現存の諸宗教が当初必ず母として持った単純な宗教によって私たちがそれらの諸宗教へ導かれたよりもずっと急速に、です。しかし、一部はありえぬことを仮定してのもので、我らの哲学者たちの目論見が偽りなのをはっきりさせるためだったこういうことを考えに入れなくても、有神論を打ち立てることなど心証的に全く不可能で、そんなことを考えるのは絵空事の最たるものだと申しましょう。なぜなら、有神論は最初の人間たちの宗教たりえても、今日の人間たちの宗教とは絶対なれないということに異論の余地はないからです。最初の習俗と今の習俗の間には雲泥の差があるのですから。さらに言えば、私たちの習俗も私たちの諸宗教も一旦存在してしまったのですから。

今問題の有神論を打ち立てることが可能であるためには、以下に述べることの不可能性が実際は存在するのに存在しないことが必要でしょう。それは、私たちの諸宗教がことごとく偽りで排斥すべきものであるのをこの有神論によって論証することです。私たちの習俗を原初の習俗へ引き戻すことです。今の人間を変質させて、当初あったがままのものにすることです。道徳的〔社会的〕不平等と所有（これらの欠陥は初源的欠陥〔法律状態のこと〕によって存在するものですが）から、最初あったのにくらべて今日では過度にあるすべてのものを除去することです。またしたがって、今あるどんな種類の統治の本性をも変えることです。というのも、この有神論が存在しうると仮定して、これがあれば、人間たちも王たちもせいぜい狩人、耕作者、羊飼いでしかありえないでしょうから。たとえば無垢の状態〔原罪以前の状態〕にあった人間の宗教というような或る単純な宗教があれば、それと同様に単純な習俗を人が持たないことはかくもありえない話なのです。

しかし、我らの哲学者たちの純粋有神論が最初の人間たちの宗教だったと仮定するのは、いや、それどころか、純粋有神論が存在するのは可能だと仮定するのさえ、根拠もなしにしていることです。外的崇拝〔祭祀〕のない、宗教的な法のない約定的な宗教はいまだかつてありませんでしたし、ありえませんが、ここで問題なのは、社会を作った人間たちがそれしか持てぬ約定的な宗教です。あの有神論は、それ以外の宗教的歯止めを一切盲目的に拒むあれこれの人間〔個人〕の宗教たりえても、人間たち〔社会〕の宗教とはなれません。したがって、いかなる政治的統治の宗教ともなれません。その点で有神論は、反対物である無神論と同じだとすらあえて言えます。無神論も、これらの統治のいかなるものの体系ともなれないのですから。

でも、我らの哲学者たちが金看板にする自然法だけで、自然宗教だけで十分なはずではないでしょうか。さよう、私たちが天使だったらそうでしょう。私たちをその自然法の枠内に抑えておくため、私たちの堕落が必然的に個別的な法を必要としなかったらそうでしょう。初源的罪〔一般的には原罪を指す言葉だが、著者の思想に即して言えば、前出の「初源的欠陥」と同じく、法律状態を指している〕のせいで道徳的〔社会的〕不平等と所有の上に形作られた状態の中で、人間たちが身分の低い者も高い者も、貧乏人も金持も相ともに暮らすため自然法しか必要でないなどと、我らの哲学者たちはどうして主張できるでしょうか。そういう主張に道理のどんな影すらあるでしょうか。ああ、すべきであったこの点の考察を十分したというところから彼らはなんと遠いことでしょう！　また、私が後段で述べることがみな、この考察を押し拡げるのになんと役立つはずでしょう！

今になって或る単純な宗教を望むのは、正しく言えば宗教が教義も法もふんだんに具えないようにと望むのは、人間が今いる堕落状態にないのを望むことです。堕落した人間に関係する様々な秘義、様々な展開、様々な法の内に存在するがままの宗教は、必然的に存在すべき宗教で、私が追って論証するそれの異論の余地なき必然性は、悲しい結果を行ける所まで推し進められた或る初源的罪の、いつまでもなくならぬはっきりした証拠なのです。ここで私が言うのは各種の宗教のことごとくです。私の目的は、我らの哲学者たちにあれこれの個別宗教を証明してやることではなく、彼らとしても拒めないような理性に基づく証拠によって、なんらかの個別宗教を承認するように、またそれと同時に、自らの破壊的な体系が哲学的にだけ見てもその後《あと》に引き連れてくる法外な矛盾と恐るべき結果を見て取るように彼らを促すことなのですから。そこまで来て初めて、彼らもキリスト教について振り返り、証拠が具える明証性に十分即してこの宗教を見られるようになりましょう。ああいう精神にある思い上がりや独立心とか、自分が不幸にもその中に生まれた偽りの宗教から来る盲目さ、かたくなさとかのせいで、それを深く考えることができなくなっていない者なら、誰であれ、キリスト教の証拠を明証的と思うものです。しかし、キリスト教の証拠はどれほど有無を言わさないものでも、我らの哲学者たちを全然納得させません。調べる前から反対と決め込んでいる以上、そうならざるをえないわけです。でも、反対と決め込むのはどうしてでしょうか。それは、追ってお見せするとおり、実際は宗教全体に対して反対と決め込んでいるからです。それゆえ、宗教〔一般〕の必要性、なんらかの宗教の必要性を理性によってちゃんと論証してやるところまで行かなくてはなりません。神の目論見が果たされて、彼らが今までと全く別の精神でキリスト教の証拠を深く考えられるようになったら、これはさらに、唯一の宗教の必要性にまで進むでしょう。これまでと別の精神でその証拠を考えられるように持ってゆくのが、彼らに対して使い続けようとする手段からとりわけ私が望む結果です。ただ少なくとも、類としての宗教と種としての宗教が彼らの加える打撃から守られたら、キリスト教も同じくそうなるでしょう。なぜなら、彼らがキリスト教を打ち壊そうとするのは、キリスト教徒の心の中で宗教全体を打ち壊すためにすぎないからです。

我らの哲学者たちは啓示宗教など要らないと言いますが、彼らの有神論も啓示宗教の一つです。そもそも、崇めるべき創造神、応報神があることとすら、啓示がなければ私たちに分るでしょうか。むろん、その神は宗教全体の基となるこの原理を私たちの心の中に刻み込みはしましたが、それに加えて、この原理を私たちに啓示する必要がありました。そうしなかったら、この原理は多くの人の内で、そこから生じるべき帰結まで人々を導くに十分なほど展開されずに止まったに相違ないからです。さて、彼らの有神論がそれ自体一つの啓示宗教なら、自らの有神論を作る基本的諸教義と内的崇拝を私たちに啓示したその同じ神が、私たちが信じるべきだったその他の諸教義や、私たちを相互の力で神への恐れと愛の内に留め置くために私たちからしてほしいと思った外的崇拝〔祭祀〕や、私たちが従うべきだった諸々の法をも私たちに同じく啓示したのがなぜいけないと言うのですか。彼らはおそらくこう言うでしょう。それは、これらすべての帰結がそれを導き出す原理のようには私たちの心の中に刻み込まれていないからだ、と。むろん同じように刻み込まれてはいないでしょうし、原理と帰結は違うのですから当たり前です。しかし、このような原理が私たちにとってなんらかの帰結を伴わずにいられましょうか。また、私たちの腐った社会状態ではそんなことはありえないという一事からしても、この原理が必然的にいろんな帰結を求めていたということが有無を言わさず証明されないでしょうか。そんなことはありえないというのは心証的に全く確実で、諸々の宗教の存在が現在までそれを証明してきたわけですが、それがありえないのを我らの哲学者たちが否定するなら、私はこう言ってやりましょう。君らはそれを自分自身には否定していない、なんと言おうと君ら自身、啓示されたと今まで言われてきたもの全体の内に自らの有神論をも含めているだけに、われわれが今いるような腐った状態の中では啓示が必要なことをますます強く確信しているのだ、と。実際、彼らは自らの有神論をもそれに含めています。私たちがするようにそれをいっそうよく肯定するためではなく、ほかの啓示一切とともにそれを否定するためなのですが。というのも、彼らの本の上っ面《つら》だけ読んだのでなければ、自らの有神論に彼らが執着していると思ってはならないからです。それに執着しているなら、神の手で私たちの心の中に実際刻み込まれたものとそれをみなしているなら、彼らはこの有神論を不動の原理として持つはずです。しかし、追ってお見せするように、彼らはそんなところから遠く遠く隔たっています。これは、彼らが自らの有神論をも、啓示されたと今まで言われてきたすべてのものと同格に置いている異論の余地なき証拠です。

彼らの説のもう一つは（打ち壊すためなら、彼らはどんなものにもとびつきますから）、どんな崇拝の仕方でお願いしようと神にはどうでもいい、神はあらゆる崇拝の仕方を等しなみに受けいれる、というものです。しかし、それでは有神論以外の崇拝の仕方も認めることになるのは言わないとしても、私たちを創造した義にして善なる神が、告白する宗教の違いといった人間間の分裂の大きな源を存続させようとするとか、宗教は単一であれということが神の決定の内に入っていないとか推定すべきでしょうか。それに、我らの哲学者たちの口車に乗ってこの説を信じることが私たちにできるでしょうか。自分らがいずれも神性の代弁者で、神の意を受けてそう告げていると彼らは思わせたいのでしょうか。われわれがそう告げるのは理性の代弁者としてだ、と彼らはきっと言うでしょうが、しかし私はこう言います。理性だけで或る宗教体系を打ち立てようとするのはあらゆる理性に反することだが、彼らの説も御多分に洩れず一つの宗教体系だ、宗教的無差別を打ち立てるとはいえ、正しく言えば宗教的無差別を打ち立てるからこそそうなのだ、と。加えて私は、この体系は理性の内にないとも言います。なぜなら、宗教的無差別は今日《きょう》啓示され人々の間で合意されたと仮定しても、人間の法にあまりにも反するので、明日にはなくさざるをえなくなるからです。また、こんなものを啓示したとされる神は賢明な神ではない、そういう神は想像しただけの存在だと誰でも内心感じるため、無神論へ導く力をこれほど具えたものはないからです。以上のような様々の真実を、我らの哲学者たちは深く考えないとはいえ、不幸にも感じすぎるほどに感じています。「不幸にも」と言うのは、それらの真実は本来ならガラスに疵を一切つけないように彼らを促すべきなのに、実際はガラスを完全に叩き割り、宗教全体を打ち壊すように促しているからです。でも、そうしたところで彼らは前へ進むわけではないでしょう。なぜなら、ガラスは存続せねばならないこと、宗教が必要なこと、そうでなければ人間たちが地上で散り散りになって獣のような暮らしをするほかないことを私は見せてやるはずですから。宗教に関するこちらの知識と、同時にそちらの知識でもって君たちを追いつめてやる、と連中は言いますが、「そちらの知識」と呼ぶのは私たちの神学について持つごくごく皮相な認識のことです。そんな認識より前に、その認識が始まる所で終わり、さながら手を取るかのようにその認識へ導き、彼らが加える打撃から永久にその認識を守る――彼らが不信者から異端者になるのでなければ――別の認識が色々とあります。彼らに全面的に欠けているのも、私がここで彼らに与えようとするのもその種の認識です。

人間たちがなんらかの宗教なしには社会生活ができないのは、我らの哲学者たちには残念でならないことです。宗教なしにも社会生活を営む能力が人間たちにあったら、連中は大喜びでしょうから。それは、宗教全体に対して抱く、何かを打ち立てるような顔をするためやむなく打ち立てるにすぎない有神論に対してすら抱く嫌悪感のせいです。実際、彼らが自らの有神論を打ち立てるのはもっぱらこのようにしてで、彼らの哲学の基調も結果も、単にあれこれの宗教の観念のみならず、宗教一般の観念をも、単に様々な種の観念のみならず、彼らの有神論がそれである類の観念をも人間たちの内部で打ち壊すことにあります。以上が、彼らの哲学を見るべき真の観点で、そういう観点からこの哲学の虚妄と危険をますますはっきりお見せするのも私にはたやすいでしょう。

それにしても、我らの哲学者たちが或る単純な宗教〔純粋有神論〕を説きながら、それに即応した習俗を説かないのは、なんとも首尾一貫しないことではないでしょうか。連中がそんな矛盾に陥るのは、宗教に執着せず、宗教を排斥すると同時に、〔習俗の〕現状にはいたく執着しているからです。現状に執着するのは、その現状の本性をなす様々な学芸のせいで、また、〔現状から〕自分自身へと単に〔執着の対象を〕転換できるから〔つまり、自分可愛さから〕にすぎません〔五〕。彼らの一人〔二〕はこの状態に反対する書〔六〕を著わし、人間たちに持たせたいと思う宗教に劣らぬほど単純な習俗を人々に持たせようとしました（少なくともこの点では、我らの哲学者たちより首尾一貫しています）。そして、別の面では破壊のための何より強力な助太刀をしているのに、同僚たちがみんなこぞって自分に反対するのを目にしています。でも、この人が同僚たちにする過ちはそれだけに止まりません。この人は彼らの言う有神論の使徒で、〔彼らと違って〕それを信じていますし、しかも、私たちの様々な宗教に対して種々手加減しています。それらの宗教の必要性を或る程度まで垣間見ており、反対だとあまり決めつけることはしません。同僚たちはそれをけっして許さないでしょう。

しかし、この人について言えば、同氏の不平等論〔七〕はいかに雄弁でも、これ以上無益で悲しくなるものがあるでしょうか。始めにあったとして未開状態の存在を根拠なく仮定し、今日の私たちにはその状態へ戻ることはできないとするなら、未開状態に留まっていたら得したはずだと苦心惨憺して見せてくれたとて何になりましょう。我らの哲学者たちは不合理な度合が最少の場合にすら道理に適うとはまず言えないことを認めざるをえません。

さようなら。敬具

（一）　ボシュエ氏〔八〕はイギリス王妃〔九〕の棺前演説〔一〇〕の中でこう言っています。あの王国で〔カトリック〕教会の権威が揺らぎ始めた時、この一点を揺るがすとすべてが危うくなるだろう、後続の時代は歯止めがなくなって羽目をはずすだろう、と賢人たちは予告した。賢人たちはそう見越したが、ああいう逆上の時代に賢人の言葉など信じてもらえようか。賢人の予言など笑いの種にならないだろうか――と。イギリスの離教〔宗教改革〕から生じた恐ろしい結果について、同じ演説でこの人が言っていることも全部お読み願います。近時の様々な異端という異端にうんざりし、これほど多くの宗派《セクト》によって引き裂かれた宗教の尊厳をもはや認められなくなって、惰眠と全き独立性を宗教的無差別論ないし無神論の内にみつけるような人を、ボシュエ氏は当時、一定数しか目にしていませんでした。でもその後、この数はなんと激増したことでしょう。またその連中の声も、当時とくらべてなんと高くなったでしょう。今となっては、それを黙らせなくてはなりません。これらの手紙の目的もそこにあります。

（二）　ジャン＝ジャック・ルソー。

第二の手紙

我らの哲学者たちには、有神論という観念よりさらに奇妙な或る観念があります。人それぞれが好きなように考える自由を持つべし、というものです。その自由はたしかにどんな人間にもありますが、法の支配のもとでは、約定に基づく外的な結果を持つことはできません。だいたい、法に則らないことも人間たちの自由だったら、どんな法を人々に作ってやれるでしょうか。また、求められる自由で問題なのは、疑いもなく、人間たちがそういう自由を持つこと、つまり、すべての人間を法の判定者にし、法に則るも則らないも自由にするような最初または最後の法があるべしということです。そもそも、考えはしてもそれにしたがって行動はしないことだけが問題だったら、そんな自由を求めたとて何になりましょう。好きなように考える自由は人それぞれに〔もともと〕あります。法の支配は思考には全然及ばず、もっぱら行動にしか及びません。たとえば、法に合致しないのが分ったり、法に反対したりする考えを表明することにしか及びません。私がここで、我らの哲学者たちが求める対象を大変一般化しているのは分っています。しかし、そうする根拠があることを後段でお見せしましょう。

それにしても、自分らの哲学はたとえばプロテスタント教と同じような立場にある、と連中は考えているのでしょうか。国内にただ一つの宗教しかいまだかつて知らなかったこの国の君主制としては、プロテスタント教に自由を与えるのは自己の本性に反することではありますが、すべてを考え合わせれば、プロテスタント教もフランスで自分のために自由を求めることはできます。でも、それができるのは自分が一個の宗教だからです。一方、連中の哲学は宗教全体を打ち壊すもので、そんなものならいかなる場所でも寛容の対象にはなれません。自分らの哲学が宗教全体を打ち壊すのを彼らが否定して、純粋有神論があるではないかと反対したら、私としては、彼らの本から取ってきたいろんな証拠で圧倒しようとしたりはせず、御冗談でしょうと言ってやるだけに止めるでしょう。そういう証拠を突き付けられたら、私が誤解などしてないことが連中にもよく分るはずです。

しかし、あらゆる宗教の共通の土台であるため私が宗教と呼ぶ彼らの有神論を連中が信じている、私たちを創造した上に、あらゆる善、あらゆる義の創出者として私たちがそれにすべてを帰すことを欲しており、しかも私たちに賞罰を与える神なるものを連中が信じているとしばし認めてやっても、だからといって、彼らが宗教全体を打ち壊すということが本当でなくなるわけではありません。というのも、すでにお見せしたように、宗教というものは人間たち一般にとっては様々な種、様々な複合物によってしか存在しえない以上、そこから、なんらかの個別宗教である宗教の様々な種を打ち壊すことは、人間たち一般にとっては宗教を打ち壊すことになり、まさにその面から、私が彼らの哲学について、これは宗教全体を打ち壊す、これはいかなる場所でも寛容の対象になれないと言うのは正しいことになるからです。

自らの有神論だけで満足していたら、彼らもあれこれの人間の内で宗教を打ち壊しはしないでしょうが、実際は不幸にも、賞罰を与える神なるものの存在について、そんなものは信じないとひけらかしたり、少なくともそれを疑ったりして、宗教を打ち壊しすぎるほど打ち壊します。しかし、私たちの社会状態が、それを構成するすべての人間の心の内に、今より安価に或る宗教的基調が具わることを求めるかぎりでしか、あれこれの人間にこの際なんの重要性がありましょう。でも、疑うわけにいかないように私たちの社会状態がそういう宗教的基調を求めるなら、またそういう宗教的基調だけでは存在できないなら、我らの哲学者たちが永遠の沈黙を自らに課すどんな理由がありましょう。そこ〔その宗教的基調〕から出発して、唯一の種の宗教を立てる理由を自分自身に証明するのは彼らにとっていかにたやすいことでしょう。この唯一の種というのは、もはや一つの種ではなく、もはやキリスト教ではなく、まさに宗教そのものでしょう。宗教そのものがそれだけで存在するならの話ですが。国内にただ一つの宗教しか許容しない国家は、すべての人間には同じ宗教だけあればよく、私たちの社会状態の内に種々異なる宗教が見られることは特大の欠陥、特大の悪だという異論の余地なき原理に則って、首尾一貫した行動をしています。けれど重ねて言いますが、すべての人間に同じものとして必要とされる宗教に唯一なりうるのは、〔我らの哲学者たちが言うような〕有神論ではなく、帰結という帰結を伴う、祭祀と宗教的な法を伴う有神論なのです。

我らの哲学者たちはカトリック教とキリスト教そのものを打ち壊しますが、ほかのいかなる宗教もかわりに置きません。その上、ほかのあらゆる個別宗教を打ち壊し、「類としての宗教」、つまり自らの有神論をかわりに置きます。次に宗教そのものを打ち壊し、かわりに何も置きません。彼らの哲学がこういう段階を踏むこと〔段階があるとしてですが。この哲学はどんな論理もなしに打ち壊しますから〕は、一見どれほど首尾一貫しないように見えても、なおかつ首尾一貫しています。なぜなら、いろんな種をうまく打ち壊せるように、類を打ち立てるような顔をしなくてはならず、次には、類がそのいろんな種へまた引き戻さないように、類を打ち壊さねばならなかったからです。いろんな種はどうしても御免蒙りたいもので、しかも種は類と不可分だと内心感じているのですから。

こうして、なんと、我らの哲学のお蔭で、私たちにはどんな宗教もなくなってしまうのです！　この哲学の理論が実践と化す心配はどう見てもありませんから、そういう観点からすればこの哲学は危険でもなんでもありませんが、ただそれは、非常に多くの人間が自分の宗教を嫌い軽んじ、少なからぬ人がどんな宗教も持たないようにしてしまいます。その点で、この哲学は実際とても危険なのです。そこから、私がすでにしたように個別宗教の必要性をこの哲学に証明してやるだけでなく、これからするように宗教そのものの必要性も証明してやる義務が生じます。後者の証明は、もう一方が十全な力を持つためにどうしてもなくてはならないものです。自分の宗教の軛を取り去れるものには何であれ耳を藉すというのは堕落した人間には実に自然なことですし、自分の宗教を軽んじることからどんな宗教も持たないことへと移るのはそういう人間として実に筋の通ったことですから、君たちには宗教と或る〔個別〕宗教が必要だと人々に論証してやり、我らの哲学者たちとその哲学を一度限り永久にやりこめるために、神学に先立って理性の声が聞かれすぎることはありますまい。我らの哲学者たちがあれほど力んで要求し、それを拒むことを暴政の最たるものとみなすあの自由に話を戻しても、これから引き続き語るのはもっぱらその理性なのです。

我らの哲学者たちが言うのを聞くと、連中がこんな自由〔好きなように考える自由〕を求めるのは世俗法についてではなく、彼らに言わせると理性を戦慄させるらしい宗教の法と教義についてだけだそうです。しかし、宗教の法と教義についてそんな自由を求めるのは世俗法についてそれを求めることだというのがどうして分らないのですか。宗教の法や教義と切り離せないということが、私たちの堕落状態が存在させるような世俗法の本性に属するからです。実際、こういう世俗法はそれらと全く不可分で、それらなしには存在しえず、両者は性質が違うかに見えても実は同じ本性のものだと常識的には言えるほどです。我らの哲学者たちも、首尾一貫したらこのように言うべきでしょう。なにしろ、宗教的な法と教義は人間たちの拵え物だと思っているわけですから。でも、そう思うなら、それらの法がもう一方と不可分なのを見落とすことがどうしてありえましょう。〔彼らに倣って、宗教の内に人間の手を、人間の手だけを仮定するとして〕その手が軽々しく不必要に入ったとでも思っているのでしょうか。それは間違いも甚しいでしょう。しかし、私が証示する両者の不可分性は彼ら自身が証明してくれます。というのも、彼らがする宗教への攻撃は同じく統治にも向けられており、なんと言おうと、彼らが求める自由はこの二つの対象に同時に及ぶからです。

世俗法は宗教について勝手気儘にさせておいたら、自分自身についてもそうせざるをえませんし、自分自身について勝手気儘にさせておいたら、自分から一切の力と存在自体を奪い、宗教について勝手気儘にさせておくことで宗教からも同様に奪うものを自分自身から奪うことにならざるをえません。

人間たちは宗教の法に従うも従わぬも自由ではない、というのは世俗法の本質に属します。宗教の法でも特に、一様な秩序を必然的に要請する、とりわけ根本的な法についてはそれが言えます。たとえば、キリスト教では司教や主任司祭や司祭の裁治権を外面的に承認すべしとか、子供に洗礼を受けさすべしとか、教会の見ている前で結婚すべしとか、求められた宣誓をすべしとかいうことです。したがって、キリスト教の法が本質的にそれに基づく諸教義を外面的に採用するのも斥けるのも人間たちの自由にならない、ということが世俗法の本質に属します。霊的〔宗教的〕

権力と世俗権力という二つの権力は、必然的に支え合うように出来ており、この二つが合わさったものが私たちの社会状態の礎《もとい》をなします。人間たちには法が要ると言う時は、人間の法に劣らず神の法、宗教的な法のことも言っているのです。

しかし、ついでに指摘しておけば、今言ったものほど一様な秩序を要求しないかに見えるその他の宗教的な法について、世俗法が前々から与える過大な自由もおよそ政治的〔にうまいやりかた〕ではなく、今日こうも声高に宗教が軽んじられる一因をなすことは言いようもないほどです。けれども、世俗法自体にもはねかえってくるこの過大な自由やこの軽視について、世俗法を非難するどういう理由があるでしょうか。こういうことがみな、抑制の利かない我らの哲学がもたらす結果、法の軛を振り払う方へいつも本性的に傾いている人心に対してその哲学が揮う影響力の結果にすぎないというのが本当ならばです。実際、それは本当なのですが。この不幸な影響力は実にひどいもので、おそらくそれに対しては統治〔政府〕ももはや全く歯が立たず、私がここで開陳できると期待するような道理しかその結果を食い止められないほどなのです。

我らの哲学者たちが要求し、世俗法がそれを彼らに与えたら自らの本質に反することにならざるをえず、さらには法というもの全体を打ち壊すことにならざるをえない自由というのも、実は、宗教と統治に反対して語り書く自由以外のものではありえません。法から独立して生きることを要求したら、精神病院へ直行することになるからです。しかし、そんな自由が自分に与えられることは絶対ありえないと彼ら自身にも分っている以上、そんな自由を要求して何になるでしょうか。この要求の目的は何でしょうか。ずばり言いましょう。それは実は、法から独立して生きるという目的と同じもので、本来なら〔精神病院行きという〕同じ結果をもたらすべきものです。なのに、我らの哲学者たちはその自由をふんだんに、全然罰を受けることなく簒奪しているわけですから、簒奪する図々しさに要求する図々しさを今さら加えなくてもよかりそうなものです。私としては、連中とその諸説について今する考察が、自前で考える能力のない人々の頭の中にひとたび入ったら、そういう自由を連中に与えてやるでしょう。その時は、彼らもこの自由を行使するのを固く控えるはずだと思います。彼らの哲学もその際はもう、〔法の軛を振り払おうとする〕私たちの傾向という目でではなく、正しい理性の目で見られ、もはや彼らの言うことなど耳を藉されなくなるでしょうから。「彼らの下男、靴屋、仕立屋」に至るまで、神々を信じないおそれはなくなりましょう。現状では、そういう者にも彼らはその危険を冒させているのですが。もっとも、そういう者にその危険を冒させるとは全く首尾一貫しない話です。そういう者は神々を信じてほしいと連中は思っているのですから。

彼らは叫ぶでしょう。なんだと、哲学者に耳を藉さなくなるだって？　哲学者は俗人を超える英知で、宗教の虚偽のすべてを知り、すべてを開示し、宗教がもたらした、今でも日ごともたらしている悪弊という悪弊、害悪という害悪も同じく認識・開示してるではないか――と。さよう、宗教が彼らの見るようなものだと仮定しても、やはり私の言うとおりなのです。宗教を打ち壊そうと努めることで、彼らは多大の悪しかなしえないのですから。沢山の人々から、他者の安全には肝要な歯止めを取り去ることしかできないのですから。しかも、自分の哲学のすべてを以てしてもせいぜい、夥しい異端の教祖がしたことしかやりおおせない以上、いかなる善もなしえません。異端の教祖がしたこととは、既存の宗教を同種の別な宗教に変えることで、それの悪用を防ぐことはいつまでもできないのです。

しかし、宗教に宗教を接木《つぎき》することは戦争と流血によるほかできませんが、我らの哲学者たちもせいぜい宗教に宗教を接木することにしか行き着けませんから、結果として、矛盾の最たるものですが、連中はあれほど当然にも嫌う宗教戦争を再発させるという立場に自らを置くことになります。そのことにもし注意したら、これもまた彼らに永遠の沈黙を課すはずのものでしょう。しかし、連中は語りたい書きたいという狂おしい欲求であれほど盲目《めくら》になっていますから、それに注意を払えません。また、その欲求の根本的な理由もただ、自分らはほかの人間と別格で、「彼らの下男、靴屋、仕立屋」のように簡単に騙せる相手でないことを知られずにおきたくないという、これも狂おしい欲求にしかありません。自分が語り、書き、そうする自由を求めるのは人間たちの仕合わせのためでありたいなら、連中はどうしても、とんでもない思い違いをしていたと認めるか、そうでなければ、私が反対して言うことをみなことごとく論破しなくてはなりません。彼らがそうしようと企てるのは私としても望むところで、それについてなら、彼らに自由を与えてほしいと私がまっさきに要求しましょう。ただ、それには条件があります。〔宗教一般の必要性という〕私が指定する枠からはみ出て、あれこれの宗教についての異議や悪口をやたらと述べ立てないことです。さような宗教論争なら、異論の余地なく、政治的にも道徳的〔社会的〕にも何より肝要なものでしょうし、私が提案する条件で彼らがこの勝負をする気があったら、その時には、自由に行動する場を彼らに与えてほしいと私は要求するものです。私がここで播くのはほとんど思想の種《たね》だけですが、時が来ればその種は芽を出すでしょう。

さようなら。敬具

第三の手紙

エジプトやギリシャやローマにあったような古代の諸宗教は私たちのそれほど血を流させず、野心家の口実や狂信者の糧《かて》にもならなかったとしてもかまいません。そこからどんな結論が出てくるのでしょうか。古代の諸宗教へ戻ることができない相談ならば、です。また、今日の私たちは自分のような知性的存在に真にふさわしい性質の宗教しかもう持てないように出来ていますが、そういう性質は知性的であればあるほど、それに対して肉が反抗すればするほど、ますますいっそう宗教を論争に委ねてしまうならば、です。こういう性質そのものを私たちはなんともひどく悪用しているわけですが、完成された宗教、感覚的なものの外部で捉えられた宗教というのは、どうしてもそういう性質のものであらざるをえませんでした。我らの哲学者たちも哲学者であるからには、この宗教を敬うべきでしょう。この宗教の始まりは神にあるとしないなら、先行した時代の哲学の内に始まりがあると見なくてはならないからです。しかし、連中はキリスト教以上にこの哲学を敬うわけではありません。それも、キリスト教はこの哲学から出てきた、この哲学はせいぜいキリスト教を垣間見ることしかなかったと思っているからです。最近プラトンは、彼らの一人〔一一〕からなんと馬鹿にした扱いをされたことでしょう。彼らがプラトンを馬鹿にする根拠があるのは、どんな資格によるのでしょう、どんな真理を発見したからなのでしょう。さらに言えば、かりに真理を手にしていても、そんなことをする根拠が彼らにあるでしょうか。いいえ、慢心が侮辱しつつ打ち壊すところでも、真理は敬意を表しつつ打ち壊すはずです。同じ人はあの哲学者〔プラトン〕に反対して、最高善などないのは最高の深紅がないのと同じだと言いました。〔一二〕道徳から一切の根拠を奪うこの一言《ひとこと》から、時代の哲学を判断してほしいものです。

むろん、宗教的な論争や、それが流させた血に対しては、いくら非を鳴らしてもしすぎることはありますまい。しかし、そのことで宗教を非難すべきでないのは、人間的法律状態〔人間の法で律せられる社会状態のことで、世俗国家を言う〕がそれで惹き起こされる諸悪の故に非難されないのと同じです。非難すべきは人間たちか、そうでなければ法律状態一般が欠陥品だと言わなくてはなりません。そう言うならそれを証明すべきで、そんな証明をやれるものならやってみよと我らの哲学者たちの全員に言ってやりましょう。それでも、彼らはそう言い、それを証明するところまで来ざるをえません。そうしないで、罪は宗教にあると私たちに証明することなどけっしてできないでしょうから。

宗教が私たちから受け取る悪い面を我らの哲学者たちは申し分なく見ていますが、宗教に対して不機嫌なあまり、宗教がそれ自身から受け取る良い面も同様に見るということができません。彼らはもっぱら宗教を、往々にして困った、時には恐ろしい結果を招く原因として見ています。迷信の原因、偽善の原因といったものです。宗教は事実そういうものの原因ではありますが、それは遠隔的な意味からで、ちょうど、人間に与えられた最初の法があらゆる犯罪の原因だったのと同じです。しかし、そういう結果は彼らとしても、宗教への違反、宗教の悪用としか見るべきではありますまい。その点で攻め立てられ、神学に無知なため返す言葉がなくなっても、それでも賢い人間として、そういう結果をこのようにしか見るべきではありますまい。狂信と闘うには、こういう見かたさえあれば十分です。代替物を持たない時は、習俗の土台に手を付けないことがそれほどまでに肝要なのです。

社会生活をする人間の状態は、必然的に、始めから一個の法律状態――神の法であれ、人間の法であれ――でしたし、今日間違いなく法律状態なのは、始めからそうだったためにすぎません。それが人間の法による法律状態だったとしても（しばしそう仮定してもかまいません）、神のものと想定される法なしにその状態が存続できたことはありえませんでした。つまり、法の支配のもとで無神論者の社会が永続できたことはありえませんでした（それがありえなかったのを否定したら道理に悖らざるをえませんが、このことは、私たちの習俗には物理的なもの以外に支点が要ることをどれほど証明していないでしょうか）。さて、我らの哲学者たちはどちらを向こうと、宗教の必要性を認めるか、それとも宗教を打ち壊しつつ、物理的なもの以外に、宗教的な支点より安全で有利な支点を私たちの習俗に持たせるか、どちらかでなくてはなりません。両方ともできないなら、自分らの一人〔ルソー〕がするように未開状態を哀惜し、そこへ帰って行くことです。それもまたできないなら、沈黙するか、少なくとも、自分らが求める自由を権力が与えるのではなく、自分らを黙らすため権力が使える手段に文句など言わないことです。宗教裁判という手段を使うところまで、どうか権力が行きませんように！　でも、権力がかりにそこまで行ったとしても、とりわけ責めらるべきなのは、そんな手段の最大の敵となるもっともな理由を多々持ちながら、そういう手段を使うように権力に強いるおそれがこんなにある彼ら自身でなかったら誰なのでしょうか。

　宗教が「真理」〔著者自身の体系を言う〕ではなく、「真理」がたまたま登場したら、「真理」は宗教にこう言うでしょう。「貴方は今まで私の席に坐っていました、坐るのが当然でした。社会状態はどうしても貴方と私のどちらかを求めていましたし、貴方を通らずには誰も私のところへ来られなかったからです。私を探し、私をみつける道の上に立たせられたのは貴方だけだったのです」と。実際、私の仮定では「真理」が宗教にそう語るでしょうし、私はそこから出発して、自分らを叩くためこんな仮定に訴えざるをえなくしたのに赤面するに相違ない我らの哲学者たちにこう言うでしょう。宗教のかわりに「真理」を置くか、宗教のかわりに置くべき「真理」が手に入るまでは、さしあたり宗教を敬い、宗教については黙っていたまえ、と。ただ、それにしても、宗教と同様に人間から最高存在へ、完全な実体への関係性を言うものでなかったら、習俗の礎《もとい》として宗教以外のどんな「真理」を彼らはみつけられるでしょう。そのことを彼らに質問します。これは道理を語るもので、ここでは自分らに道理しか言ってないと我らの哲学者たちが認めなかったら、それこそ盲目の極みでしょう。

　彼らはおそらくこう言うでしょう。でも、「真理」をみつけるためにやれる努力を公然と伝え合う自由がなかったら、その「真理」をどうやってみつけるんだね、と。おやおや、（一三）諸君、君らに言わせるとそんな「真理」はどこにも存在しないいんだから、少なくとも人間用に出来てはいないんだから、〔みつけようと〕努力などして何になるのかね。

また、その「真理」は人間用に出来ていないんだから、われわれがかわりに絶対持つべきもの〔宗教〕を奪おうとなどして何になるのかね。でも、とことん追いつめられまいとして、もしかすると君らは認めるかもしれないね、その「真理」が存在しうることも、みつける可能性があることも。そうかい、みつける可能性があって、君らが全く根拠もなしに——宗教がその「真理」でないと言うことに根拠がありうるのはその「真理」によるしかないんだから——好んで主張するように宗教がその「真理」でないなら、自分の悟性の奥まった所にその「真理」を探すんだね。その場合は、悟性だけが唯一頼りになるはずだよ。でも、君らがその「真理」をみつけるまでは、われわれが宗教を信じるのを邪魔しないでくれないか。なぜって、われわれはどうしても何か根本的なものを信じる必要があるんだし、君らがわれわれの習俗に宗教と別な土台を持たせるまでは、さしあたり宗教を固く守る義務がわれわれにはあるにきまっているんだから。

　すると諸君は言います。うへえ！　でも、宗教を信じる手段なんてあるのかい、と。いや、あるよ、諸君。宗教を信じるのに、われわれには理性的な手段がいくらもあるし、私からそれを進呈しよう。ほかの手段のことは言わないとしても、こういう手段だけでわれわれには十分すぎるほどだ。もっとも、宗教では何もかも謎だってことは分ってるさ。われわれはそのことを知ってるし、白状もするよ。宗教がしてきたことやそれのいろんな秘義について君らがひっきりなしに山ほど持ち出す異議やら反論やらで、われわれが足止めされるべきかどうか、それどころか、そんなものに答えること自体われわれとして一種の矛盾じゃないかどうか、そこから判断してほしいね。宗教を信じるように誰も君らに強制はできないさ。君らの内面は人間たちから独立しているからね。でも、人間たちと一緒に生活することが君らの気に入っているかぎりは、言葉でも、行動でも、特に書き物でも、人間たちが宗教を信じるのに反対はしないでくれ。宗教については黙っててくれ。そうでなければ、もう一遍言うけど新たな光か、少なくとも、宗教など一切なくて済ませられる今よりましな習俗を与えてくれないか。それなしには、君らがどんなに努力したって、いくら技巧をこらして書いたって、どうしても或る信仰を必要とするわれわれのような社会生活をする存在に、宗教を信じるべきでないと論証することなんていつまでもできないからさ。

　不平を鳴らしたい、打ち壊したいと君らは思っているようだが、宗教を打ち壊すのは人がする行為を打ち壊すようにはいかないから、君らはどうして、民衆という部類からはみ出た人の習俗をやっつけるだけにしないんだね。材料はたっぷりあるじゃないか。ただ、それでも、私が君らの立場だったら、それをやるのは農夫や乳母たちに任せるね。君らも同意するだろうけど、そうする権利が誰かにあるとしたら、それはこういう人たちだからさ。君らも農夫になることだね。そうしたら、時代の習俗に不平を鳴らす根拠があることになるよ。でも、君らみたいな才人〔文学者〕は、君らみたいな国家に枢要な人物は、修道士を畑仕事へ追いやって〔一四〕も、自分がそれへ追いやられるようには出来てないし、修道士を結婚させても、わが身が大事なら自分が結婚するようには出来てないんだ。けれど、諸君、教えてくれないか。君らが修道士を結婚させるのは、主権者の友としてなのかい、臣民の数を増やすためなのかい。私が大いに危惧するのは、そうじゃないってことさ。君らがそんなことをするのは、ひとえに修道士などいなくなるようにするためだってことさ。そういう人種が君らは大嫌いだからね。そういう人種は誰より以上に、君らが好まぬ宗教を見せつけるからだ。

　あの御仁たちは、打ち立てる力など自分にないのを実にはっきり証明しています。打ち立てる、打ち立てると称しつつ、実際は全然打ち立てず、いつでも打ち壊してばかりいるからです。それは、私たちがいつでも、かわりに何を置くのかと問うてばかりいるのと同じです。それにしても、連中はあまりにも打ち壊したため、正しく言えばあまりにも打ち壊しを試みたため（打ち立てないのでは、打ち壊すことにもなりませんから）、今では材料不足を来たし、もはや同じものにばかり執拗に付きまとって、年がら年中同じ打撃を与えては、かすり傷ばかり負わせているような有様です。

　自分が生まれついた宗教こそ彼らがいつでも破壊の主たる対象にするものですから、その宗教に固有の武器を彼らに向けても無駄でしょう。そんなものに連中はただ冗談口を叩くだけで、天才的な気質〔一五〕などなんら要らない普段常用の武器を使うことしかしません。そこでとうとう、〔類としての〕宗教の武器庫自体の奥の奥から取ってきた別種の武器を彼らに向けねばなりませんでした。そういう武器なら彼らもおそらく愚弄などしないでしょうし、またそれは〔類としての〕宗教の武器であると同時に、その様々な種の武器ともなります。ただ、重ねて言えば、そういう武器は彼らに対して使われるためにだけ出来ています。連中はまさしく、神的にも人間的にも人間たちにとって最も神聖なものをその心から根こそぎにすることへと向かい、現に私たちの目の前であまりにもそれに成功しているのですから、こういう武器に頼ることがどれほど肝要でなかったでしょうか。それでも、類としての宗教と種としての宗教〔の必要性〕は証明されましたから、次に連中の哲学を辿ってみましょう。

我らの哲学者たちは、深く哲学しようとなどすると、人間は今より仕合わせでありえないとします。そして、道徳的悪の必然性〔一六〕を証明するため、物理的悪の必然性〔一七〕から証拠を取ってきます。まるで、道徳的悪の必然性が物理的悪の必然性から帰結するかのようです。また動物たちの本性からも証拠を取ってきます。動物も互いに害を及ぼし合い、物を所有し、共有など知らないではないか、と。まるで、道徳的状態など一切持たず、私たちからも理性を与えられない動物たちが、道徳的・理性的な人間との関係で証拠になれるかのようです。しかし、そういう誤りは彼らに固有のものではありません（私たちの社会状態の根本的な欠陥である所有や「君のもの」、「私のもの」の必然性を主張する段になると、道理もなければ神学的でもありませんが、いつもきまって動物たちが証拠として持ち出されるからです）から、それには足を止めないことにして、我らの哲学者たちは、人間はありうるかぎり仕合わせだという自分の原理と矛盾を来たさずに、人間を今より仕合わせにしようとどうやって努めるのでしょうか。

事物の根底に関する必然的な無知というものを彼らは原理として立てており、不合理にも立てたその無知に基づいて、形而上学もなければ、〔その形而上学から導かれる〕道徳〔社会理論〕もないと考える所まで行きますが、しかし、この必然的な無知というのはあらゆる原理の内で最も首尾一貫しないものです。いかに不合理であれ、これはそれ自体一個の形而上学的原理ですから。しかし、物理的なものだけ、感覚的なものだけ、唯一存在する諸々の個物だけ（実際、彼らは事物の根底など承認しませんから）立てることで、彼らはいっそうよく神なるものへの信仰を掘り崩してしまいます。おしなべて排斥するあらゆる宗教の源であるとして、この信仰を斥けるのです。首尾一貫しない点で、この体系にくらべられるものはピュロン主義〔一八〕しか見当たりません。

我らの哲学者たちが必然的と称する無知は、実際には、事物の根底に関する自分自身の無知にすぎません。最高存在や、私たちとそれとの関係性に関する彼らの無知にすぎません。自分ではおそらくそれに注意を払わないでしょうが、この無知を原理として立てることにしたのは、間違いなく、自分らから哲学者という肩書を剥ぎ取るために、この無知が自らに対する武器として使われかねないと感じているからです。この原理こそ彼らの哲学のすべてをなしています。しかし、もっと直接的にこの原理を打ち壊そうとここで企てる（それは彼らが考えるより容易でしょうが）のではなく、彼らにこう言ってやるだけにしましょう。哲学者なるものを作れるのは、人間たちが考えたこと、したことをめぐるごく低次元な知識でも、散文ないし韻文で物を書く技術でも、感覚を言い表わし情念を表現する技巧でも、計算に関する種々の学問でも、自然学でもなく、形而上学と道徳〔社会理論〕なのだ、と。私が言うのは、自らの悟性に基づいて人間たちが何を考え何をなすべきかという認識です。悟性は人間たち全員に同じものとしてあり、人間に欠けることはありません。人間の方がそれに背くのです〔一九〕。

そういう認識がない時に哲学者を作れるものが何かあるとしたら、それはこの認識を得ようと努めること、または少なくとも、賢明で開明的な政治のような目をこの世の事物に向けることでしょう。しかし、我らの哲学者たちは正反対な道を通って哲学者たらんとしています。根本原理をみな打ち壊すこと以外に根本原理を持たず、俗人を上回る数学や自然学の知識で哲学者たらんとするのです。俗人には自分に必要な知識が全部具わっているので、その手の知識の価値は分らず、分るはずもないのですが。ベールやニュートンが哲学における彼らの花形になっているのもこういう事情から来ます。しかし、私もベールを哲学者の部類に入れますからこの人のことは言わないとして、連中がいくらニュートンを哲学者に仕立て上げ、その発見を人間たちの幸福をもたらせるかのように持て囃しても無駄でしょう。しばし正気に返った時には、彼らも必ず、ニュートンなどより針を発明した人の方が上だと思うものです。

彼らの哲学はその本性自体からして、首尾一貫しない点や矛盾撞着が山のようにありますから、ここで彼らに反対してする根本的な考察——道理に適った反論をできるものならしてごらんなさい——に加えて、今さらそんなことをして何かの役に立つのなら、私もそういうものを集めて分厚い本を作るところでしょう。でも、そう言ってはなんですが、そんな本はあの御仁たちに歯が立ちますまい。連中は自分が首尾一貫しないこと、自家撞着に陥っていることを論証されても、持ち出す事実のあらかたを正当に否認されても平気の平左で物ともしませんから、かりにそういう本を書いたところで、冗談と嘲弄しか返ってこないでしょう。それも、答えてくれるとしての話です。

彼らの口、彼らの筆に乗る時は人道というのもただ言葉だけで、しかもそれは、同類の人間たちの中でも宗教がとりわけ自分に結び付ける者ら〔聖職者〕に対して往々きわめて非人道的に、きわめて不正に振舞う口実として使われます。そのことを疑う人は、彼らの本を読んでないか、ひどく読み間違えたのでしょう。福音についても同じことが言えます。連中は厚かましくも、ローマ法王の世上権や聖職者層の富を攻撃するために福音の権威を使いますが、実際は福音を信じておらず、教会の子らを母親に反抗させるのが、ローマ法王と聖職者層を卑しく貧しくすることで福音を軽蔑すべきものにするのが狙いであるにすぎません。連中はこう言うでしょう。違う違う、われわれは福音を信じてないが、それを信じる者に対し福音を権威として使うことはできる、相手の原理を使って人を攻めるということはいつでも許されるんだから、と。〔私は彼らにこう答えます。〕まず福音を信じたまえ。福音に間接的な打撃を与えるために福音の権威を利用するのはやめたまえ。そうしたら、君らの疑懼〔ローマ法王の世上権や聖職者層の富が福音に反するのではないかという〕にも答えてやるよ。私の話を聞くだけの健全な理性と賢明な政治的思慮が君らにあればだが。こんなことを言うのは腹立たしいけど、君らはあれほど声高に、あれほどしょっちゅう大声で攻撃する狂信者たちに優るとも劣らないほど、君らなりに狂信的ときてるんだから。

我らの哲学者たちとその書き物について人を盲目にしてしまうのは、彼らにないとするわけにはいかない才能です。

虚偽を役立てる技術です。でも結局のところ、納得していただきたいのは、道理が才能なしにもありうるなら、また逆に、才能も道理なしにありうること、才人たちの歪みも、それを快く、いやもっともらしくすらできるどんなものに飾られていようと、それで歪みでなくなるわけではないことです。今そのことが疑われるなら、これほど人目を引くものはありえないほどの実例に反することになりましょう。自分らのような大物は宗教など持たないのだ、と言えば宗教に打撃を与えられると思う満足感を、この手紙が我らの哲学者たちから完全に奪い去ることができるようにと希望しつつ、筆を擱くしだいです。

さようなら。敬具

第四の手紙

我らの哲学者たちとけりをつけ、連中の破壊の体系の内でもとりわけひけらかされているものを熟視するという当初の目的へ立ち戻るために、ここでもう一度彼らに言ってやりましょう。色々な種の宗教を全部残らず打ち壊し、その廃墟の上に自分らの有神論を打ち立てることで人類の病《やまい》に彼らが付けようとするかに見える根治薬は絶対に使えない薬であらゆる道理に反しますし、さしあたり出す一時抑えの薬にしても、世に受けいれられた宗教の内に大変動を求める以上、病気よりもっと悪いのです。そんな薬からは今ある病が必ず生じますし、私たちの子孫がそれで仕合わせになるわけでもないのですから。実際、習俗の同じ基調が存在したら、物事の上っ面《つら》だけ変わったとて子孫がどれだけ得するでしょう。そして、太古の昔からそうであるように、習俗の基調は同じものとして存在し、彼らの哲学のようなものはかりに王座へ昇っても、それにどうすることもできないでしょう。いやいや、王座ではありません。彼らの哲学は王座へ昇るには共和主義的すぎますし、自分の一存でどうにでもなるなら王座など一つも存在しなくなるはずですから。共和制国家の方が君主制国家より優るというのは、彼らの哲学にはそれほどまでに論証済みなのです。もっとも、その論証を引き出すのは、自分にとってはその方がましだという観念からにすぎませんが、この哲学にはそれだけで十分なのです。

「君主制にとって、幽霊を信じていた時代はなんと仕合わせだったか！」と現代の或る失脚した大臣〔二〇〕は言っていました。これは失寵の中でも寵遇を受けていた頃に劣らず君主と祖国に献身的だった人ですが、今日爆発的に風靡して燎原の火のように燃え拡がる無信仰と独立の精神が私たちをどこまで連れて行きかねないか実によく見きわめていて、死期が迫るのをえてして喜んだほどでした。この人がああ言ったのは全く正しかったのです。さような時代はいずれも君主制の支えであるに相違なく、それはちょうど、今の時代が君主制の破滅であるのと同じなのですから。「君主制的、貴族制的、民主制的統治などの内、どれがいちばんいいか」という本質的に切りがなく、切りがないこと自体でくだらぬことを証明しているあの問題を、この人は学院の演説練習のテーマにでもしたらいいと言っていました。この人は次のように考えましたが、それが良識というものでした。人間たちが取れる最善の道は生まれた国家の政体を守ることで、公益という口実を使って政体の性質を変えようと努力する者が中にいたら、そんな連中は実際には落ち着きのない精神しか、慢心か野心しか原理としていない、さような変動は多大の禍を通じてしか起こりえず、次には万事がほぼ前どおりの状態に戻ってしまうから、そんな者は口実に使う公益にじかに反することをしているのだ、と。また付け加えて、このことがなんらかの例外を容れるとしたら、それはもっぱら、どこかの大国から虐げられる狭い領土で、孤立した位置と、支持してくれる同盟国と、とりわけ純朴な習俗があれば、そういう所は周囲のすべてから独立した小さな共和国を作れる、と言っていました。それでも暴政から逃れるには多量の血を流さなくてはならないが、少なくともその血は贖われる、とも。

「今日のわれわれは、理屈を捏ねずに信じていたああいう素朴な時代を懐かしがるような状態へ追い込められているのではないか」と、昔フランス各地の教会や劇場で上演された聖史劇《ミステール》〔一二〕について、エノー法院長殿〔一三〕はしごく賢明にも言いました。真の原理に立脚する人はそのように考えるもの、昔から考えてきたもので、そういう人が本当の意味の大人物なのもとりわけそのためです。あの高名な作家がローマ法王の世上権について書いた僅か数行を、この権力をめぐって今打ち鳴らされている警鐘という警鐘と比較して、その上で判断してください。今では我らの哲学者たちの、そして世人の餌食にされているかに見える修道士たちのようにこの哲学者らに刃向かう力がないことも、ローマ法王や在俗聖職者の力のようにこの哲学者らがほとんど恐れもしない力しか持たないことも、たしかに気持がいいことではありません。しかし、一寸の虫でも彼らの力をゼロにでき、これらの手紙を書いているのもそういう虫の一匹なのを連中に知ってもらいたいものです。

彼らに反対してすでに言いましたし、いくら繰り返してもしすぎることはありませんが、文明状態では、そのもとにいればほかの政体のもとにいるより人間たちが仕合わせだと断定することに道理があるような政体はありえません。少なくとも、自分の政体を手放してそれを採用するように国民を持ってゆくことに道理があるほど、それの持続を望むべきであるような政体はありえません。

たとえば、文明状態では、人間たちの自由にとって有利な政体が長持ちできると期待すべきでしょうか。否です。むしろそれより、単に外見だけでなく本当にそれに有利な政体がみつかるかどうか、またこの外見自体、本性上必ず後《あと》に引き連れてくるあらゆる不都合のため、その政体の内在的な欠陥ではないのかどうか尋ねましょう。そんなものは幻で、早晩最も破壊的な実態をさらけ出すおそれがあります(三)。

要するに、ほかの様々な政体より実際優っているような政体が、正しく言えば単に最善なだけでなく最も不変なこと（その両方が必要ですから）を精神的〔心証的〕な厳密さを以て論証できるような政体が文明状態にあったら、その政体は必然的に優勢となり、他の政体のもとに人間たちを暮らさせようとしても無駄なほどになるでしょう。何千年来、文明状態は互いに異なる各種各様な政体のもとで存在していますが、それで私たちは前へ進んだでしょうか。現実に存在したものでも理念として存在したものでも、それについて私たちの意見が一致するような政体が一つでもあるでしょうか。それらの政体が経験したすべての変動から私たちに残されたものは、あらゆる種類の犯罪・兇行・禍を盛った歴史以外にあるでしょうか。人間の血にまみれた年代記以外にあるでしょうか。

諸々の帝国も共和国もほぼきまって最も文明化された時代に、人々がそれなりに最も教養があり、それなりに最も物を考える時代に終焉を迎えているのを、それらの歴史で見るのは悲しいことです（またその点では、今の時代より劣らないどういう時代があるでしょうか）。しかし、言われるように人間たちの仕合わせにとってそれらの時代に或る内在的な価値が事実あったら、普通見られるように次には粗野と無知の時代が来るものでしょうか。そういう時代は最も稀な時代どころか、そのままいつまでも存続するはずではないでしょうか。人間たちは一般に最善のものについてはあまりにも慧眼で、それをあまりにも望みますから、最善のものがたしかにあるとなれば、それが目に映らないことはなく、それを固く守らないこともありません。ほかより良い政体が実際あるとすれば国家の政体についても、国家の政体の中での習俗についてもそうです。さらにあえて言えば、人々を純粋に有用な知識と、彼らがいつも根本的には志向するアダム時代の習俗より先まで過度に運び去ってしまうような時代の内に、人間たち一般にとって最善のものなど絶対にありえません。しかし、そんな時代が狂っていることを才人たちの権威自体で証明するのはなんと易々たることでしょう！　才人たちはそういう時代を今あるがままに作り出しており、そこからしてもそれを人一倍称讃しなくてはならないのに。

我らの哲学者たちの或る者は〔二三〕こう言います。イギリスの政体の方が好ましいのを示す一つの証拠は、イギリス人がいつも自分の幸多き政体を褒めそやすのに、ヨーロッパのほかの民族はみな今と違う政体を望んでいることだ、と。イギリス人についてはこれ以上漠然とした、これ以上証明不十分なものがあるでしょうか。ヨーロッパのほかの民族についてもこれ以上軽率な主張があるでしょうか。この人が出すその他の証拠も、弊害や不都合を全部取り去った形で物事を示すかぎりでしか有効ではありません。でも、この人にしろその同類たちにしろ、たぶらかすだけが目的で、誰のために書くのかあまりにもよく知っているため、物事からは取ってきたいものしか絶対に取ってこず、彼らにあっては賛成論はいつも反対論なし、反対論は賛成論なしときています。時には一見中庸を守って、有罪を立証するためにも無罪を立証するためにも書くかのように見えますが、それはただうまく叩くための手にすぎず、彼らがする公平な検討ほど公平でないものはありません。それでも、総体として見れば、彼らの著作には賛成論も反対論も欲しいだけみつかります。みつかるも何も、彼らに反対して証示することをことごとく彼ら自身の本を使って立証してみせるとあえて保証したくなるほどです。自分の一貫性のなさや矛盾撞着を私たちから隠しおおせるなら、また、私たちがもはや彼らにしたがってしか物を考えないほど自己の体系の虚妄と危険について私たちを盲目にしてしまうなら、連中の技巧はよっぽど魔術的なものに相違ありません。それとも、最も文明化された時代こそ、人間が最も人間でなくなる時代に相違ありません。

　しかし、連中からの揚げ足取りをことごとく封じるため、ここで言ってやるのを大いに喜びとするものですが、私とて、文明化されたどんな政体の内でも善悪の総量が〔いつも〕完全に同じだなどと主張するわけではありません。私が主張するのはただ、この総量は同一性があまりにも高く、配分があまりにも雑然として、あまりにも偶然に左右されやすく、正確な計算などあまりにも不可能なため、善または悪の総量はしかじかの政体の内では他のしかじかの政体の内より恒常的に多いと断定するのが賢明とは言えないということ、たとえば、イギリス人が自分はフランス人より仕合わせだとか、フランス人が自分はイギリス人より仕合わせだとか思うわけにはいかないということです。もっとも、一方が他方より仕合わせだと思ってもかまいません。それは狂気とはいえ、自分にも自国の統治にも有益たりえます。しかし、一方が他方を自分より仕合わせと思い、自国民を今のフランス人またはイギリス人から、イギリス人またはフランス人に変わるように仕向けるため努力などするのは、個人的・公共的な有益性を一切欠くばかりか、きわめて有害でもある狂気です。かりに、他方の国民が今自国民より仕合わせなことが自分に論証されている（そんなことはありえませんが）場合にも。

　それでも、こういうのが我らの哲学者たちの狂気なのです。あの連中は今ヨーロッパで集団をなそうとしており、党派精神をよろず毛嫌いしながらも一つの党派を作っています。あの才人たちは自分の才能を悪用して、我らの諸君主制の内部でまでそれらを打ち壊す力を最大限に具えた声をあえて上げ、しかも同時に、自分こそ君主制の最大の忠臣だとあえて自称などしています。あの共和主義かぶれたちは、自らの哲学に捧げる臣従の誓いの第一として、本質的にカトリック諸君主に身を捧げる、政治的に言っても宗教的に言っても在俗聖職者とともに玉座の一番の藩屏である各修道会を犠牲に供することを求めています〔二四〕。あの心情的・精神的自由思想家《リベルタン》たちは、時代を腐敗させつつ、各修道会すらこの腐敗の影響を受けるようにしています。そして今日この頃、世間をリードするのはこういった精神なのです！　オオ時世ヨ、オオ習俗ヨ！

以上が、閑な何時間かを費して書いてあげるとお約束した考察です。これに御満足いただけたら、お好きなようにお使いください、それは貴方の御自由です。こいつは公表に値する、私たちを現実に脅かす諸悪の効果を食い止めるのに資する力がある、と貴方から判断していただけるように願っています。とにかく、我らのえせ哲学がヨーロッパ、とりわけフランスで伸びていることこそ、これらの諸悪の主たる原因なのですから。

敬具

(三)　ビュルラマキ氏〔二五〕はこう言っています。イギリスに目を投じると、ロンドンに見るのは、職業学校や商店や銀行にいる二万人もの良家の子弟に支援された下層民である。それが政府を規制している。議会はそれの叫びや脅しで包囲され、それが審議の指図をしないまでも、少なくとも審議を打ち切らせてしまう。それどころか、往々議会の内にも一派があって、そういう叫喚をそそのかす。猛り狂ったこの民衆は、その気になれば最高の君子をも罵り、家に火をつけ、最も神聖な人の像をもスキャンダラスに侮辱する。こういう自由な人々の意志に反した判決は司法も下す勇気がなく、それに賛成せざるをえない。そういう暴行は処罰されず、罰したら国民の自由の侵害になろう。暴君たちの治世の罪状にもそれ以上ひどいものはないのに、イギリス人は真に自由な民族と見られている。しかし、自由という言葉で羽目をはずした放縦を言うのでなければ、そんな意見に私は賛成できない——と。

完

当代の理性、特に『自然の体系』〔二六〕の著者のそれに反対する理性の声、問答による（一七七〇年）

法ハ高ク挙ゲラレル〔二七〕

まえがき

これからお目にかけている問答のきっかけは、ロンドンのエドワード・ヤング書店という名を使ってパリのデュシェーヌ未亡人書店から一七六九年に出版された『時代精神についての手紙』という小冊子を人が集まった席で読んだことだった。

ここでする答は、理性と神学の初源的な大原理から逸脱するかに見える時ですら、それに則っていると思う。それらの答は、展開に関しては新しい、しかも同時に真実な哲学を与えなければ目的を逸してしまう。その場合は、今言った手紙の著者の方がもっとよくこの目的を達することになるだろうが、この著者の言うことを解釈しつつ、少なくともそうすることを考えつつ、この著者と腕くらべをし、いわば相手の作品と一体化しようと思ったのである。

この著者とは或る点で意見を異にするけれども、著者を責めるよりは検閲官を責めたい。というのも、この人から与えられた光〔知識〕に基づいてここで御覧に入れるつもりのものはみな、この人としても十中八、九見抜いていたに相違ないからである。但し、光といってもこの人はそれを半分しか表明しなかった。ぼんやりした薄明かりを見せれば、もっと大きな光が欲しいと思わせられる、読者も沢山つくと考えたのなら、時代の精神、時代の哲学をあんまりよく知らないのである。「コノ魚ハミンナガ食ベルモノデハナイ。〔二八〕」

私もこの著者同様、我らの哲学者たちとわれわれの間の問題が真の所在へ還元されるのは、彼らを理性の枠内に留めておくかぎりでだと思う。というのも、実際彼らにしてやらねばならないのは、ユダヤ人やマホメット教徒にキリスト教を証明するようにあれこれの宗教を証明することではなく、宗教〔一般〕となんらかの〔個別〕宗教という、彼らが一見われわれの宗教〔カトリック教〕だけに反対するかに見える時でも実際はそれに反対しているものの必要性を証明することだからである。

これからするように根本へと還元され根本的に扱われれば、我らの哲学者たちとわれわれの間の問題は永久に決着がついたのが分るはずでないかどうか、またしたがって、その上はもはや、万人にとって同一の哲学しかないはずだ――万人にとってもはや同一の宗教しかなくなるのを待ちつつ――と考える根拠がないかどうかは、物の分った人々の判断に任せよう。

無神論という項目は、それをきっかけにして展開された様々の根本的真理によってとりわけ注目に値する。『自然の体系、または物理的世界と道徳的世界の法則』と称する無神論の新たな法典が今またしても世の人を汚染しているだけに、この項目はますます時宜に適っている。

「純粋有神論〔二九〕」または「自然宗教」という言葉では、賞罰を与える神なるものへの信仰を言う。（形而上学的自然法と区別すべき）「道徳的自然法」という言葉では、初源的な社会的大原理を言うが、その原理とは、皆が道徳的（社会的）に平等に暮らし、全員平等に楽しむこと、自分がされたくないことは他人《ひと》にもしないこと、他人を自分の臣下・下僕・奴隷にしないこと、などからなっている。これらの諸原理が十全な意味で、社会生活をする人間の原理になっていないことから、人間が法律状態にあり道徳的悪が地上に存在するという結果が生じる。しかし、これらの諸原理は社会生活をする人間の原理になれるだろうか。その判断は読者に任せよう。

論証しようと目論めるのも、これからお読みになる内容の帰結となるはずなのも、理性は百パーセント宗教を支持し、当代の哲学に反対するということに尽きる。神学はそれ以上何も理性から期待できないし、それ以上の何を望めよう。一見すると真の原理からはみ出たかに見える危険すら冒してこれほど深く掘り下げたのは、我らの破壊的な哲学に傷だけつけるのではなく、根底から打ち壊そうと思ったからである。

以下の問答は、はじめ人が集まった席でしたもので、その後、公表するために整理・増補した。或る答が他の答を参照させるのは、その過程で生じたことである。

「形而上学」という語が何を言い表わすかは、これまで漠然としか知られてこなかった。みな単純な道からそれて、森羅万象とは別なもの、物理的なものを個別・色合いとする一般・基調とは別なものをその語に表現させてきた。今日、この語が不快を催させるのもそのためである。形而上学を斥ける無神論者たちは、実際、宗教全体が形而上学に基礎を置くため形而上学を斥けているにすぎないが、彼らもそうとは知らずに形而上学者であり、およそ無神論の体系は形而上学体系でしかありえぬことをお見せするはずである。

この本に探すべきものは美辞麗句より物自体である。まだされたことがないほど底まで掘り下げて扱われた一次的〔形而上学的〕理性の対象が求めるような極限的論理と細心な厳密さは、読んでもらうためには今日必要とされるような、短い句からなる流暢な気取った文体とは相容れない。しかし本書は短いし、おそらくどんな本より最後まで読まれるように出来ているだけに、短いことはますます大きな利点になる。こんな本を私が書く気になったのは、到る所に氾濫する我らの思い上がったえせ哲学にうんざりしたからにすぎない。このえせ哲学が反撥する理性を強いてとうとう沈黙を破らせ、そんなものがあえて理性と称しても理性はそんなものではないことを、たぶらかされた人々に示させるのだ。そんなものからは本当の「自然の体系」など生じはしない。本当の「自然の体系」とは、前記の本の著者がしたように体系を枝葉で捉えたものではなく根っこで捉えたもので、そのように捉えることにすべてはかかっているのである。

体系の枝葉はこの著者から「物理的世界の法則」と呼ばれているけれども、もっと物が分っていたら、この人はそれを「形而上学的世界の法則」と呼んで、形而上学を斥けるのではなく、自らも形而上学者を自任したろう。「物理的世界の法則」などと標題に掲げた本は、物理学〔自然学〕の様々な部分を残らず網羅して、各部分に固有の法則を説明するような本しか予告できない。あの著者が物したような、様々な存在の一般的体系を網羅して、それらの存在のすべてに等しく共通する法則を説明するような本は予告されない。あの著者は、物理的世界ではなく形而上学的世界の法則であるそういう法則を知っていたとしても、道徳的世界の法則、つまり社会生活をする人間たちの法則などまるで知らなかったことを後段でお見せしよう。なぜなら、形而上学的世界や物理的世界があるような意味で道徳的世界があるわけではないからである。

この本をしまいまで読むこと、読者たちが私の言を正しく理解することだけを心掛け、反対したくなるかもしれぬ或る種の命題に最初はあまり足を止めないことが望ましい。全部読んで註もおろそかにしなかった時しか、私を裁いてはならないのである。

当代の理性、特に『自然の体系』の著者のそれに反対する理性の声、問答による

問一

我らの哲学者たちがさかんに説く純粋有神論または自然宗教だけで、人間たちにはどうして十分でないのですか。そこから帰結する或る実定宗教が、人間にはなぜその上に必要なのですか。

答

賞罰を与える存在〔神〕という観念だけで、様々な宗教が各自の実定法によって、その存在が何に報い何を罰するか言わず、神や人間たちとの関係で何が善か、何が悪か決めなければ、その観念は実りのない観念、何も言わない観念になるからです。だから、純粋有神論だけでは足りません。そこで、宗教が欲しければ有神論者自身にも、自己の有神論から帰結する或る〔実定〕宗教がどうしても要るのです。

問二

自然宗教から、「純粋有神論から」帰結する宗教というのは、自然法とは別物のはずですか。我らの哲学者たちは自然法をその〔自然〕宗教と切り離しませんけど。

答

我らの哲学者たちが「自然宗教」と呼ぶものを「自然法」と呼ぶものと一緒くたにして、その宗教とその法を同一物としかしてないのは事実です。それによって知らず知らず、自然宗教に或る宗教を加えているのも同様に事実です。その意味では、自然法をなす初源的な社会的大原理は、神から発した実定法、神が何に報い何を罰するか言う法にす

ぎませんし、そうでしかありえないからです。しかし、追ってお見せするとおり、自然法は自然宗教を、つまり賞罰を与える神なるものへの信仰を排除しますから、どうしても有神論からは自然法とは別の法が生じなくてはなりません。そうであるなら、純粋有神論者である我らの哲学者たちに反対して、自然法以外に有神論から帰結する何か別の宗教が要り、自然法以外の神の法を全部捨象した純粋有神論を説くのは無神論を説くものだと結論しなくてはなりません。この真実に証拠など必要だったら、それは事実の内にあります。自然法とは別に、有神論から帰結する様々な宗教が、始めはいくら単純なものでありえてもとにかく昔からありましたし、そういうものが今日もあるのは昔からあったためにすぎないのです。賞罰を与える普遍的存在という観念は、それ自体によって必然的に、宗教的な様々の法となんらかの祭祀を導き出すものなのです。

問三

何が善で何が悪か人間たちに教え、人を善の内に押し留めるには、良心の声だけで十分なはずではないですか。

答

良心は実定法にしたがってしか、何が善で何が悪かわれわれに言い渡しませんし、言い渡せませんでした。それらの法が原初に神なるものから発したにせよ、未開状態から出て今の社会状態を形成した際のわれわれ〔人間〕の内にしか原因・原理を持たないにせよ。良心、つまり正邪の、道徳的善悪の観念をわれわれが持つためには、どうしてもそういう〔実定〕法が必要でした。応報神という観念をわれわれが持てたのも、もっぱらこの〔正邪・善悪の〕観念によります。自然法を遵守せよという掟を内に含んだそれらの〔実定〕法――この掟はそれらの法の反対に遭うとはいえ、それらの法の本質に属しています――が原初に神なるものから発したなら、正邪の観念と応報神の観念は一方が他方なしには存在できませんでした。しかし、それらの法が人間から発したものなら、二つの観念の第一〔正邪の観念〕が第二〔応報神の観念〕に先行することも、最初は或る人間が他の人間に作り与えた法の結果にすぎなかったこともありえたのです。そういう法でも神なるものの法と同じく、それ自身によって正邪の観念を導き出していたのですから。

問四

「課す権利のある者から発した法に従うのは正しいことだ」という先立つ原理がわれわれの魂に刻み込まれているのをみつけなかったら、法はいつになっても正邪や道徳的善悪の観念をわれわれに与えることができたでしょうか。

答

この先立つ原理と称するものが後続する原理、一旦存在した法から帰結した原理で、絶対にそうでしかありえないということが本当だったら、法は疑いもなくそうできたでしょう。さて、実際にもそうなのです。というのも、「法」とは何かを知り、立法者という観念を持ち、それの権利を判断し、それの法に従うことが正しいか正しくないか決めることができる立場にわれわれを置けたのは法だけなのですから。またしたがって、反論として挙げられた原理のように法そのものを対象とした原理をわれわれに与えることができたのも法だけなのですから。われわれが法のもとにあるのも、色々な法に従うのも法によるわけで、法に従うことが正しいか正しくないか判断できるのも法のもとにあるかぎりでなのです。しかし、われわれが今日〔法に従うことは正しくないという〕否定的な判断を下しても無駄というもので、法律状態がそれで存続しなくなるわけではなく、これは相変らずわれわれの状態でしょう。そもそも、この〔法律〕状態に対して、色々な法に従えという法をわれわれに課す法に対して、われわれの個人的判断に何ができるというのですか。

問五

では、およそ道徳律の観念は、正邪や道徳的善悪の観念は、またしたがって賞罰を与える存在〔神〕という観念は、習得観念でしか絶対にありえないのですね。

答

さよう、われわれが法のもとに創造されたと仮定してもです。なぜなら、その場合、われわれが法という観念を持つのは常に、法を与えられ教えられたせいでしょうから（一）。人間が正義の観念を持つためには、したがってまた「課す権利のある者から発した法に従うのは正しいことだ」という原理を持つためには、どうしても法のもとにいなくてはなりませんでした。その観念を持つ能力はむろん人間にありますが、その観念自体が〔本有的に〕あるわけではありません。それが人間にあるためには、どうしても法が人間にそれを与えなくてはならず、法が人間に教えられなくてはならないからです。あれこれの法によって法というものが人間に知られていなかったら、人間が法のもとに創造されても無駄でしょうから。道徳的な意味で捉えた法とは個別的な集合名辞で、個々の道徳律がなかったら何も意味しないでしょう。

（一）　道徳律という〔人類なる〕一つの種にだけ固有な法の観念は、形而上学的な法〔則〕というすべての存在に共通する法の観念のようにはいきません。後者の観念は本有的で、自然の内に一般的で、自然についてわれわれが持つ観念までがそれであるほど自然そのものですが、もう一方の観念は習得されたもの、自然の内では個別的なもの、法律状態のもとで社会生活をするわれわれの自然〔本性〕であるもの以外ではけっしてありえません。この二つの観念をペアーにするのは、類を混同することでしょう。

問六

人間の内に正義という本有観念があるのを否定することは、世に受けいれられた原理に反しませんか。

答

その観念を否定して、それを習得する能力しか人間に残しておかないと、神学の根本原理に抵触するように見えるのは分っています。しかし、正邪や道徳的善悪の、賞罰を与える存在の観念は本有観念だということが本当だとすると、この観念はどうしてもその内に、それから帰結する様々な神学的・道徳的観念を含むはずです。そうでないと、この観念は不毛そのもので、純然たる理性存在〔頭の中にしかないもの〕になってしまいますから。さて、そういった様々な観念もそれらを内に含むこの観念と同様に本有的なら、その場合、啓示は何の役に立つのですか、神学は何の役に立つのですか。けれど、この観念から帰結する様々な神学的・道徳的観念は神学以外のどこにあるでしょうか。

そういった様々な観念は、それらを帰結させたこの観念とともに神学そのものなのですよ。

　正邪や賞罰を与える神なるものの観念は本有観念だ、この観念は神なるものが人間に作り与えた最初の法の結果ではない――ということを神学は原理として持ちませんし、持てません。この原理は神学と相容れないもので、神学はそれを、自分がなんの共通点も持つべきでない反神学的な哲学者たちに委ねるべきです。この哲学者たちは本有観念をおしなべて否定するくせに、なんとも首尾一貫しない話ですが、この観念は神の手でわれわれの魂に刻み込まれたなどと言っています。自分が使ったのでは首尾一貫しなくなるこんな原理が哲学者たちの原理なのは、神学は余計なものだということをこの原理によって証明できると彼らが信じているからにすぎません。さて、この原理が真実だったら彼らは事実そのことを証明してしまうでしょうから、したがって、この原理は神学の原理たりえない、神学はこの原理を哲学者たちに委ねて、そんなものがもう問題にならないようにすべきだということになります。彼ら自身、そんな原理はじきに放り出してしまうでしょうから。

　我らの哲学者たちのこの原理に好感を持つように誘うのは、彼らが本有的と称するこの〔正邪・善悪や応報神の〕観念の内に、自然法をなす初源的な道徳的大原理〔皆が平等に暮らし平等に楽しむこと、自分がされたくないことは他人《ひと》にもしないこと、他人を自分の臣下・下僕・奴隷にしないこと、など〕を含めており、それらの諸原理をも同じく本有的なもの、われわれの魂に同じく刻み込まれたものとしていることです。しかし、それらの諸原理もこの観念以上に本有的ではありませんし、不合理を犯さずにそれらをこの観念の内に含めることはできません。すでに言いましたし、追って証明する予定ですが、それらの諸原理しかないような所には、この観念などないはずだからです。それらの諸原理しかないような所とは、つまり、習律状態、自然法状態〔自然法の諸原則のみに律せられる社会状態〕という、法律状態をことごとく絶対的に排除するような状態が存在する所のことですが。

　今反対論を述べた我らの哲学者たちのこの原理は、重ねて言えば、神学のためにならないだけに神学の原理たりえませんし、神学はそれを支持すべきであるどころか、それの虚偽が論証されるのを喜ばなくてはなりません。それにしても、ああいう〔正邪・善悪や応報神の〕観念を本有的なものとしては人間から剥奪すること(二)で、私が人間をただの動物にするわけではないことを、神学によくよく見てほしいものです。その観念を習得するという動物たちにはない能力を、私は人間に残しておくからです。その能力こそがとりわけ人間をその他の諸存在から区別するもので、人間がその能力を持つのは、人間を道徳的・知性的存在ならしめた存在《もの》のお蔭なのです。

(二) 追ってお見せするように、物理的・道徳的な面では本有的なものは何もなく、それがあるのは形而上学的な面だけに限られます。正しく言えば、すべてにおいて到る所で常に同一な実在しか、形而上学的実在しか本有的なものはありません。子供は物理的なもの、道徳的なものを父母から受けていますが、父母から受けるものを「本有的」と形容することはできません。

問七

人間的法律状態〔人間が作った法に律せられる社会状態〕は必然的に支えとして神的法律状態〔神から与えられたとされる法、即ち宗教に律せられる社会状態〕を必要とするのでしょうか。

答

そうです。この状態〔人間的法律状態〕は、それがわれわれ〔人間〕から発していて、それの内には人間の手になるもの以外何もないことがわれわれに論証されたら存続できなくなるからです(三)。人間たちは人間の法だけで治めることができるという原理は、我らの哲学者たちが証明もしてないくせに、証明したかのようにそれに基づいて宗教全体を打ち壊しているものですが、この原理が真実でありうるのは徒刑囚のように棒で打たれ鎖につながれた何人かについてだけで、文明化された人間たち、法の支配のもとで自由に暮らす人間たちについてではありません。物理的な力だけでもたしかに何人かを奴隷にすることはできますが、広く人間たちを奴隷にするためには、その力に〔別の〕或る力が加わらなくてはなりません。心情と精神を虜《とりこ》にするためには、物理的な力を裁可するものが、つまり、人間たちを自分自身に服従させることでその〔物理的な〕力に服従させる或る宗教が必要なのです。この真理は全くの真理で、宗教はどんな攻撃を受けてもあらゆる時代に、あらゆる統治のもとで存在したという事実によって実によく論証されますから、ここでするようにそれを提示するだけで証明になります。でも後段では、この真理についてどんな疑いも残らないようにしましょう。

（三） そのような論証はもし可能なら、宗教という土台から人間的法律状態を掘り崩すでしょう。なぜなら、その状態はもはや物理的な力でしか自らを支えられなくなり、自分を支えるもの自体が自分を打ち壊すものとなるでしょうから。その状態はこの〔物理的な〕力によって始まったとしても、それを維持するためには、人間たちをこの力に服従させるためにはどうしても宗教が必要でしたし、宗教を攻撃するのはその状態を攻撃することなのです。こういうことを見落とした我らの哲学者たちは、神的法律状態の打ち壊しを試みる時、盲目にも、人間的法律状態を救い出すつもりでいます。でも、彼らがするのはなんという試みでしょう！ 人間たち――とりわけ、民衆に模範を示して法を尊重させるべき立場の人たち――の心の中に次々と弘める法律軽視以外、その試みはどういう結果に行き着くでしょう。この法律軽視は革命へ必然的に導きますから恐るべきものですが、しかし、それを惹き起こす我らの哲学者たちの本と同様、法律状態一般を叩く力はありません。

問八

なんらかの宗教なしに社会生活をいとなむ民族はないのですか。

答

そういう民族は、存在するなら明らかに人間の法を持たず、持つ必要もなく暮らしています。彼らの社会は疑いもなく、家畜の群や耕地ではなく狩りや漁で必要なものがふんだんに得られる場所に、各人が隣人の羨望の的になりそうなものを何ひとつ私有しない場所に、人々が寄り集まっただけのものでしょう。我らの哲学者たちがするように、そういう動物的な民族が宗教なしにも生活できるということから、われわれにも同じことができる、それも、そういう民族のような立場に身を置かずにもできるという結論を出すのは、未開状態から社会状態へ、文明化された社会状態へと論結するのとほぼ同じです。

でも、もっと真実でもあり、同時にもっと神学的でもある語りかたをして、こう言いましょう。そういう民族の内には、実はそれぞれの義務の否定も、法の否定も、宗教の否定すらもないのです。とにかく、集まって暮らすわけですし、言語を使うわけですし、物を考えるわけですし、互いに結婚という関係を取り結ぶわけですし、群を創出した初代の頭《かしら》の子孫である首長を必ずや戴くわけですし、自分らに禍福をもたらせる何かが上にあるのを目にしているわけですから。そういう民族には書かれたものは何もありませんが、彼らの社会状態は従うべき法をどうしても必要とし、それらの法が正邪や道徳的善悪の観念を彼らに与え、その観念は上にあるものへの恐れによって支えられます。というのも、そういう恐れの念が凝視する天空の造りと秩序、またおそらくは首長が吹き込む恐れに加わると、それは彼らを、自分たち全部より強力な或る存在の観念へ、われわれと同じく心の内にその概念を持つ或る最高存在の観念へ導いて行き、(四)その存在に応報者という観念を結び付けるように仕向けるからです。そこからして、こういう民族にとっても或る宗教が存在することになるのです。極度に純朴な彼らの習俗にあっては、これらはいわば萌芽としてあるにすぎませんが、存在することに変わりはありません。そういう民族から遠く隔たっているため、われわれが事実によってこのことを納得できなければ、健全な理性がそれを補わなくてはなりません。

(四) 最高、完全、つまりは普遍的全体〔全一体〕という観念がなかったら、われわれはどうして、感覚で捉えられる諸存在は最高でない、完全でないと判断するでしょうか。この普遍的全体については、いまだされていない認識を追って与えられると期待しています。この〔普遍的全体の〕観念は常にわれわれの内で、自分の外部にある諸存在をも自分自身をもわれわれがそれとたえず比較する最初の範型をなしますから、この観念を否定するためには理性を一切放棄しなくてはなりません。形而上学的な面でわれわれが本質的に持っており、形而上学的な最高・完全へと向かう、われわれの常にはたらく自然な志向にほかならぬこの観念は、社会を作って神なるものの道徳律のもとにある物理的存在としてのわれわれにとっては道徳的な面でも存在しています。そこから、最高・完全なものにわれわれが結び付ける形而上学的で同時に道徳的な観念が生じます。最高・完全なものとはつまり、それによってわれわれがもともと存在する存在《もの》のことですが、そこからこの存在には「創造者」という名が付けられました。われわれがそれに結び付ける道徳的観念から「神」という名が付けられたのと同じです。形而上学的観念は本有的なものですが、道徳的観念は信仰に属します。しかし、ここで証示するすべてのことが展開されるはずなのも、私の様々な観念のつながりと真実性をちゃんと見るためにそれらをすべて互いに近づけ合わねばならないのも、最後まで行ってからでしょう。

問九

最初の一家は人間的法律状態のもとに、父親の統治のもとにあっても、神的法律状態のもとにはないということがありえなかったでしょうか。

答

それが常識的に可能だったとしてもいいです。しかし、そういう最初の人間的法律状態は、形成された社会状態がその後要求したものにくらべたら何でありえたでしょう。そういう最初の家族は、その後生まれた無数の家族にくらべたら何でありえたでしょう。その後の数えきれぬ家族は、法律状態であるかぎり必然的に不完全な自らの社会状態が抱える種々の不都合自体のため、法からの離脱を図るような立場に、したがって宗教という歯止めを必要とするような立場にますます立たざるをえなかったのです。最初の一家族から無数に増えた家族へ、みな多かれ少なかれ利害が分れ、異なる様々な身分、様々な国民を形成する家族へと論結するのは、我らの哲学者たちの一人〔三〇〕がするのを耳にしたように個別から一般へと論結することです。宗教がわれわれの法律状態の内に存在するのは、全く必然的にそこへ入ってくるからにすぎませんが、宗教がそこに存在する以上、全く必然的にそこへ入ってくる以上、しかも、神的なものとしての宗教に対置されるのは蓋然的な説ばかりで、厳密に論証されたものは何もない以上、宗教を打ち壊そうと試みるのは全く道理に反します。

宗教には作り話や迷信や種々の不都合が見られるかもしれません。こういうものは宗教に反対して語り書く人たちに攻撃の手掛りをふんだんに与えるかに見えますが、実は、人間の手の中で見た宗教の本性に属するもので、宗教の存在を非とする力は全然ありません。それどころか、こういうものが宗教自身の本性に属するとしばし仮定しても、数多の不合理の集積にすぎぬ一個の恐ろしい不都合として宗教を見るところまで行っても、自分にいちばん不利なそういう観点から見た時ですら、宗教を人間的法律状態の一つの不都合としかみなせないのは確実です。さて、宗教がこの状態の一つの不都合なら、必然的な不都合なら、この状態が打ち壊せないものだとすると宗教を打ち壊すどういう手段があるでしょうか。宗教と、したがって宗教が抱える様々な不都合の張本人であるこの状態を攻撃するのではなく、宗教とそれの不都合だけ攻撃するのはどうしてでしょうか。下品な表現を使えば、そういうのは投げつけられた石に咬みつく犬の役を演じることではないでしょうか。

私が今した仮定は、いかに不愉快なものでも、我らの哲学者たちにきっと喜ばれるでしょうが、私がそこから帰納する結論が同じように喜ばれることはないでしょう。とはいえ、彼らの破壊的な精神もこの帰納の真実性にいやでも屈するほかありませんし、その真実性に強いられて彼らとしても、自分がいくら努力しても宗教には全然歯が立たないこと、それだけでなく、その努力を人間的法律状態と闘うことには向けず、宗教と闘うことにだけ向けるのは、自分らとして道理も勇気もない振舞なのに同意するほかありません。

宗教なんか嫌いだ、宗教は邪魔っけだし、迷惑だ、人間たちにとっても迷惑だから、俺たちはその復讐がしたいんだ——などと彼らが言っても無駄でしょう。彼らのために私が今してやった論法は、宗教は彼らが主張するようなものにすぎないと仮定しても、恐ろしい不都合、不合理の集積にすぎないと仮定しても、なおかつ宗教には罪がないことを証明して見せましたから、この論法を聞いた上でも彼らがまだそんなことを言うのにもはや根拠などありはしません。ただ、それにしても、彼らのする復讐はどれほど無益か、それは間接的に人間の法に打撃を与え、この法の支配の内に混乱を投じるだけに、彼らに対するこの法からの復讐を惹起するおそれがどれほどあるかを、この論法は彼らにどれだけ見せつけるはずではないでしょうか！

宗教は神なるものが作ったのなら人間の法の原因でしょうが、人間たちが作ったのなら人間の法の結果、それも必然的な結果でしょう。さて、宗教を人間たちから発したものとしか見ない我らの哲学者たちは、宗教を攻撃しながら人間の法を敬うことで、あらゆる大間違いの内で最も法外な大間違いに陥っています。それでは、原因を温存しつつ結果を打ち壊そうとすることになるからです。しかし、少しでも理性に照らされ誠意に導かれたら自分でも否定しようのないこの大間違いは、一体どこから来るのでしょうか。半ばは無知から、半ばは世俗の雷霆〔三一〕への恐れから来ます。

とりわけ、〔教会の破門宣告などそう怖くもなくなった〕今日、人間的法律状態に直接手を触れる者〔統治を攻撃する者〕の方が、神的法律状態に手を触れる者〔宗教を攻撃する者〕などより雷霆をはるかに恐れなくてはならないからです。宗教全体の破壊によって支配全体の破壊へとわれわれを故意に導く、などと言って彼らを非難したら間違いでしょう。彼らの意図はそこまでは行きません。連中は法を求めつつ、宗教など要らんと言うのです。一方抜きで他方を求めるのは矛盾することをついぞ考えもせずに。(五)

(五) 我らの哲学が王座に昇り、宗教全体を廃棄することが自分に可能になった時のことを見てみたいものです。その可能性を現実化したら、我らの哲学はじきに、一度廃棄したものをまた立て直す必要を感じるでしょう。その時こそ、宗教に基礎を置かない王座は砂上の楼閣であることが自分自身の経験から分るでしょう。

問十

万人が道理を弁えていたら、人々は法の必要もなしに社会生活をし、全員一致することができないでしょうか。

答

そう仮定すればきっとできるでしょうけれど、そんな仮定をすべきでしょうか。その際人間たちに必要になるはずの最高度の理性など、そもそも人類の内にあるでしょうか。われわれはどうしても法律状態から出発せざるをえなかったことを私は論証するつもりで、その状態から自然法状態へ移れると期待すべきかどうかは後段でお見せします。自然法状態というのは、人間の法もなく、自然宗教もなく、自然宗教の様々な子孫〔種々の実定宗教〕もなく、そもそもいかなる道徳的悪もない以上そんなものを含むはずのない、あの習律状態のことですが。

問十一

自然宗教は自然だと、どういう意味で言えるのですか。

答

対象は道徳的なものですから、厳密な意味では、形而上学的な意味ではそう言えませんが、自然宗教が宗教全体の土台であるという意味でなら、またしたがって、われわれが宗教面での初源的な能力としてその土台を認識できるという意味でならそう言えます。（六）神なるものの法によってその能力がわれわれの内で現実化した〔その土台を実際にわれわれが認識した〕ということはひとつの秘義です。しかし、対象の性質上私がその範囲に止まる理性だけではその根本的な秘義を証明できないとはいえ、我らの哲学者たちはこの秘義に反対して堅固なことを何も言えない、根本的に反対しようとすれば一歩進むたびに困難どころか、足もとに穿たれた深淵をみつけざるをえない、と私が断定することに変わりありません。（七）

（六）もう一度言いますが、この能力はわれわれの魂に刻み込まれた観念〔本有観念〕ではありません。宗教自身に言わせても、立法者にして応報者である普遍的存在〔神〕を人間が認識するためには、無垢な〔原罪以前の〕人間に神が自らを啓示して、一人の妻しか持つなとか、父母から離れてその妻と一緒になれとか、善悪の知識の木に触《さわ》るなとかいう色々な実定法を与えたことが必要だったからです。正邪や道徳的善悪を認識する能力について言えば、人間の内でその能力を現実化させせえたのは人間の法だけでした。人間にとっては人間の法以外の法があったためしはないとか、つまり、神の法も実際には純然たる人間の法にすぎないとかいうことがありえたら、或る応報者をわれわれが承認するのはもっぱらそういう法〔人間の法〕によるはずです。

（七）我らの哲学者たちは形而上学的〔に捉えた〕人間とそれの様々なはたらきの内に、自然の諸結果しか、あらゆる存在に共通する諸々の一般法則しか見ませんが、そんなことをしても無駄というものです。私が示してやるつもりなのは、道徳的〔に捉えた〕人間について推論するためには結果を認識することだけがすべてなのではなく、原因を認識しなくてはならないこと、連中はその原因を全然認識していませんが、悟性には実によく認識される一つの原因があることです。しかし、彼ら自身も自然をその諸結果やその一般法則と区別する以上、或る原因を認識しないでいるべきでしょうか。今言った形而上学的人間についてここで連中に指摘してやらねばなりませんが、自らの思弁の内で見ているのは物理的人間だと彼らが思うのは謙遜のしすぎで、それによって彼らは、自分たちの脈を取ったり自分たちと医術について論じたりする医者と同じレヴェルに立ってしまいます。連中はいかに反形而上学者でも、物理的人間しか見てないつもりの時も実際見ているのは形而上学的人間なのだということがいずれ分るでしょう。

問十二

たとえば「自分がされたくないことは他人《ひと》にもするな」というようなあれこれの道徳原理が自然法に属すると、どういう意味で言えるのですか。

答

そう言えるのはもっぱら、それらの道徳原理は社会的な第一の法をなし、完全な社会状態の本質にあまりにも属しているため、そういう状態の中では言うまでもないことで、わざわざ人間たちへの掟にする必要はないという意味でです。それらの原理を持つためには社会を作っている必要がありましたから、そのこと自体からしても、それらの原理は厳密な意味で、形而上学的な意味で自然なものではありません（八）し、今のような社会状態ではわれわれがそれらを完全には実行できないということほど、われわれの幸福がこの世のものではないことをよく証明するものはありません。それらの原理を実行しないでわれわれが罪を犯すのは、もっぱら、自分に可能なかぎりそれを実行しないことによります。道徳的な完成はわれわれの社会状態、われわれの法律状態にはなく、宗教自身に言わせても、そこでは義人でさえ罪を犯さぬわけではないのですから。

（八）　厳密な意味での自然法とは、それから逸脱できるのは自然に反するような法、人間の本質に属するような法のことです。自分にとって可能なかぎり最善なことを、自分の欲望を十分に充たすことを常に目指すといったようなもので、こういう志向は、無生物のように見える諸存在に関してはわれわれが「中心へ向かう傾向」〔重力のこと〕と呼ぶ普遍的なものです。社会的人間にとっては、われわれが不適切にも「自然法」と約《つづ》めて呼ぶ道徳的自然法を志向することが、つまり同類たちと一体化しようと目指すことが形而上学的自然法に属します。同じく、自己の原理を愛し、たえずそれを志向することも、社会的人間にとって形而上学的自然法に属します。しかし、法律状態のもとにある社会的人間にとってその原理は形而上学的であると同時に道徳的なものなので、宗教は社会的人間から、あらゆる存在に共通するこの形而上学的愛以外に、宗教によってのみ、信仰によってのみ糧《かて》を得られる道徳的愛を要求します。この愛は「自然宗教」と呼ばれるものの内には入りますが、「自然法」と呼ばれるものの内には入りません。なぜなら、そういう〔道徳的自然〕法の内にある人間が自己の原理に関して抱く愛は、同じ原理へと向かう形而上学的志向にすぎないとはいえ、ありうるかぎり知性的で、ありうるかぎり充足され、ありうるかぎり完全なものだからです。福者たち〔天国へ行った人々〕について、彼らは原理と一体化していると言われるのも、そういうところから来ています。道徳的自然法という言葉で何を考えるか、考えるべきかは、「まえがき」ですでに述べました。

問十三
〔道徳的〕自然法の内にある人間は、自然宗教を持つでしょうか。応報神を認識するでしょうか。

答
重ねて言いますが否です。その認識はどうしても正邪の認識を必要とするので、人間がいるその状態とは相容れないはずだからです。この状態はその時にはいかなる道徳的悪もなしに存在するはずで、言い換えれば、あまりにも正に基づき道徳的善に基づくため、邪が存在しないので正があってもあるとは言えないほどになるはずですから。人間に正邪の認識を与え、正に報い邪に復讐する普遍的存在の認識を与え、その存在を宗教的存在たらしめるためには法律状態が必要でした。したがって、いずれもこの認識から発する、有神論者たちには考えも及びませんがそこから必然的に発する諸々の〔実定〕宗教は、ただ法律状態によってのみ存在するのです。さて、諸々の宗教はただこの状態によってのみ存在する以上、最大限の拡がりで捉えた道徳的自然法の内にある人間には諸々の宗教など存在しないことになります。この法は法律状態と矛盾するからです。
以上のことを、われわれは全員多かれ少なかれ感じています。まただからこそ、苦労してその軛を負う宗教からわれわれを引っ張り出そうとするあらゆるものに、なんともやすやすと耳を藉してしまうのです。しかし、われわれは自然法の内にいるのでしょうか。賞罰を与える材料もなく、したがって宗教がなくても済ませられるようなあの法の内にいるのでしょうか。また、その内にいないなら、今とは違う道徳状態〔社会状態〕の内にいられるでしょうか。我らの哲学者たちに私はこういう質問を呈し、こんな状態から脱して自然法のもとで暮らす手段を彼らが与えてくれるのを待ちましょう（九）。しかし、連中がそんな手段を考え出すことなど思いもよりません。漠たる観念しか持たぬその〔自然〕法を語る時ですら、彼らはわれわれを人間的法律状態のもとにほったらかし、神的法律状態をどうしても後《あと》に引き連れてくるその状態が習律状態と、自然法と絶対的に両立できないことを考えもしないのです。しかし、それを考えるためにはこの〔自然〕法を認識しなくてはならないでしょうが、重ねて言えば、彼らはそれについて漠とした観念しか持っていません。連中がもしも、法律状態からわれわれを引っ張り出す手段を考え出そうと企てるような人間だったら、さような試みが功を奏する――それが今日可能であるとした場合――ためには必然的に何が必要か、また、そこで必要となるものが彼らの奉じるような哲学よりどれほど上にあり、その力をどれほど超えるかを私は彼らに見せてやるはずですし、また実際にもそうするでしょう。

（九）人間には次の三つの状態しかありません。未開状態または森の中の獣の状態と、法律状態と習律状態です。第一の状態は道徳的〔社会的〕団結なき、社会なき道徳的不団結の状態、われわれが今いる第二の状態は団結の内での極端な不団結の状態、第三の状態は不団結なき団結の状態です。この第三の状態は、異論の余地なく、地上で人間の力と幸福を可能なかぎり作れるはずの唯一の状態で、人間たちの内でも最も不幸な部類の者、つまり権力者や金持や教養人という部類の者が、民衆という部類の者よりはるかに強く望むはず――一見逆に見えますが――の状態です。しかし、心労はもうなくなり、したがって物理的悪〔ここでは体の病気〕もぐっと減るそういう状態は期待すべきものでしょうか。それはわれわれの状態になれるでしょうか。われわれはいつまでも、黄金時代やいにしえの田園生活の画幅でそういう状態の観念を与えられ、それがもたらす快感をただ味わうだけで、そんな状態を自分が享受できるとはついぞ考えもしないのではないでしょうか。

問十四

自然法の原理とは何にあるのですか。

答

今まで正しく見定められてきませんでしたが、その原理とはまさに、われわれの社会状態のそれとは逆の道徳原理にあります。つまり道徳的〔社会的〕平等と、（一〇）自然から与えられた欲望が求めるすべてのものを共有することにあります。不幸にも今は無力な理論〔的建前〕しかないそれらの原理を実践してのみ、われわれは完全な社会状態を、いかなる道徳的悪もない、不団結なき団結の状態を持てるでしょう。この〔道徳的〕悪は、われわれの社会状態の二つの根本原理をなす道徳的不平等と所有に源があるのですから。しかし、そういう原理を実践することは人間に可能でしょうか。人間は法律状態から習律状態へ移れるでしょうか。自らの道徳面を正しく理解し、所有という欠陥を除去して、動物たちと可能なかぎり異なったものになれるでしょうか。これは問題で、追って御覧に入れるように、それを解くには事物の根底〔形而上学的真理〕の認識にまで遡らなくてはなりません。

（一〇）　道徳的〔社会的〕に平等だったら、われわれは今よりずっと物理的〔身体的〕にも平等になるでしょう。これは間違いないことで、くわしく調べる力がつけばつくほど、誰でもますますそのことを納得するでしょう。それにしても、よくよく頭をはたらかせて、われわれの社会状態が抱えるあらゆる不都合と数知れぬ悪の源へ遡ってください。そういう不都合と悪が最初にみつかるのは人間の邪悪さの内ではなく、われわれの社会状態のそもそもの欠陥の内、道徳的不平等と所有の内でしょう。この二つこそ人間の邪悪さのいつまでもなくならぬ原因で、それらを支えるためにこそ法が存在するのです。神学自体に言わせても、人間が罪を犯さなかったら、万人が平等で財貨が共有され、人間が自然法のもとにいるというのが摂理の最初の目論見でした。宗教がたえずわれわれに説き続け、初代のキリスト教徒が模範を示してくれた平等と無私無欲もそこから来ます。それでも宗教は、平等と財産放棄を説くと同時に、道徳的不平等と所有の支えでもあります。でもそうなるのは、そうでしかありえないのは、法律状態の本性によるのです。宗教はそれ自体が法ですから、法を打ち壊すようには出来ていません。せいぜいやれるのは、人間たちが法の重荷に耐えるのを助け、相互の力でできるだけそれを軽くし合うように人々を持ってゆくことくらいです。聖ヨアンネス・クリュソストモス[三二]その他多くの公認著作家の口を借りて宗教が「君のもの」、「私のもの」〔私的所有〕に抗議するのも、それが生みだす悪という悪を見せつけるのも、それを打ち壊すためではありません。それを打ち壊したら、自分自身を打ち壊すことになるでしょうから。そうではなくて、できるだけそれの行き過ぎを減らし、それの伸張を食い止めるためなのです。以上が、宗教について人が持つべき正しい観念です。この観念に基づいて、宗教は自分自身に反していると見られたら、宗教は自分が軽減しようとする悪の原因なのだと判断されたら、自分は二次的な原因にすぎない、責められるべきは自分ではなくて神の意志か人間的法律状態だ、と宗教は答えなければならないでしょう。

問十五

では、法律状態は実際に自然法の実践を阻む障害なのですね？

答

王や主人や持てる者は、自分が身代りになりたくない臣下や使用人や持たざる者を伴います。それによって彼らは、単に自然法に反するばかりか、それへの違反という違反を惹き起こします。違反はみなそこから発するのですから。

さて、彼らがその〔自然〕法に反するのは神と人間の法の権威のもとで、すでに打ち立てられていた社会状態の原理に合わせたためです。こうして、法律状態はそれ自体によって自然法の実践を阻む障害なのです。但し、生まれつき良い素質があったり、しかるべく宗教に導かれたりする一部の人はその限りでなく、そういう人はわれわれの社会状態が許せるかぎりでそれを実践しますが。ここから、もともと王も主人も持てる者も要らなかったのだと法律状態を否定する結論を出したら、これはあらゆる帰結の内でいちばん出しやすいものでしょうが、ただ同時にいちばん無考えな帰結でしょう。なぜなら（よくよく注意してください）、人間たちは法律状態によってのみ自然法を認識することも、それを或る程度まで実践して、十全な実践を目指すこともできたのですから[一一]。人間たちはもし自然法から出発できたら、ほかの法を持つことも望むこともたえてなかったでしょう。人間たちにとって自然法が存在しなかった証拠は、今それが存在せず、人間たちが法律状態のもとにあることです。重ねて言いますが、自然法を人間たちが認識し希望するようにさせえたのは法律状態だけだったのです。

（一一）　この志向は、宗教が人間たちにする約束に有利な証拠となります。宗教が天国で約束する状態は、この志向が十全な効果を上げたものですから。

問十六

法はなぜ、自分を追放する自然法を自ら追放しないのですか。

答

自然法は道徳全体の土台なので、いくら法でもそれを追放はできません。それの実践を妨害するとはいえ、法はどうしても、それを実践せよという一つの法をわれわれに作り与えねばなりません。しかし、法が作り与えるその法は、法であるからには自然法と相容れないので、必然的に、〔作り手である〕法の本性によって制限されます。なぜなら、もしも制限されなかったら、もしも〔作り手である〕それらの法が、自分がされたくないことを他人《ひと》にもしないという原理をわれわれに命じるだけに止まらず、その原理からたえて逸脱しない唯一かけがえのない手段をも命じたら、

〔つまり〕皆が平等であれ、何物も私有するなとなんの制限もなしに命じたら、〔作り手である〕法は自分自身に反することになり、自分の支配を打ち壊すことになるからです。そんなことをしたら、法は自分を追放する自然法の真の基礎を打ち立ててしまいますから。それゆえ、全範囲にわたる自然法を法がわれわれに一つの掟として作り与えるなどというのは、自然法の根本原理——そんなものが存在しないからこそ法が存在するというのに——を打ち立てることを法が目的とするなどというのは法の本性に反します。法の本性に反することは、むろん法の知恵にも反します。だいたい、人間は法律状態のもとにいることなしに社会を作っていられるでしょうか。

問十七

自然法が始めにわれわれの法でなかったのはどうしてですか。

答

どの面から見ても、そうではありえなかったからです。天上の強者、つまり神という面から見ても、地上の強者、つまり、最初に自分の同類を隷属させた人間という面から見ても。社会状態が存在しうるためには、それの始めに弱者が強者に服従させられる必要がありました。これは異論を許さぬ真実で、われわれが今そのもとで暮らす法律状態はそこから来るのです。われわれが悪用したため、この法律状態はわれわれにとって鉄のごとき抑圧状態と化しましたが。神は人間を創造した際それを自然法のもとに置き、人間に法など全然与えないこともできたろう、とわれわれのか弱い理解力には思われます。そうすれば、人間は必ずや安定した状態に置かれ、自分の境遇に満足していられたでしょう。でもその場合、人間から神へのどんな道徳的従属があったでしょうか。疑いもなく、そんなものはどこにもありはしなかったでしょうが、また疑いもなく、動物の本性とは全く違う人間の本性にはそういう従属が必要でした。こういう〔神への〕従属が神の理性ではないわれわれの理性を驚かすなら、それが理性〔道理〕に反することを論証するか、それにわれわれの理性を服従させるか、どちらかしかありません。しかし、それが理性に反することを論証し、立法者たる普遍的存在〔神〕という観念を打ち壊す——明証的にすら——ことがかりに可能でも（我らの哲学者たちには、そんなことは可能でないにきまっていますが〕、自然法は、習律状態は始めにわれわれの状態たりえなかったことがそれでいっそう明証的に論証されるだけでしょう。天上の強者のかわりに、神的立法者のかわりに、われわれは必然的に地上の強者を、人間的立法者を、つまりは弱者に法を作り与えた強者をみつけるはずだからです。その時は、この地上の強者だけが、われわれの法律状態・社会状態が持ちえた唯一の原理となりましょう。このことは認めざるをえないでしょうが、それに加えて、人間的立法者の支えとして神的立法者を登場させる必要性が証明されているのですから、〔神への従属は理性に反することが論証されたという〕そういう仮定に立ってもなお、われわれがそのもとで暮らす神の法は必要なことになるでしょう。さて、こういう純人間的な観点から神の法の必要性が証明されたら、これは我らの哲学者たちにとっても、神の法の真実性に有利な証拠としてなにがしかの重みを持つべきものではないでしょうか。しかし、それに持つべきかぎりの重みを持たせることなどあえて考えずに、私はいつまでも、神の法の必要性が証明されたという自分の観点だけに止まりましょう。我らの哲学を永久に武装解除し、また同時に、そんなものを信用する軽薄な人々の目を覚まさせるには、それだけで十分なはずです。神の法が必要だという証拠は、昔から政治が常に感じ取ってきたものでした。だからこそ、世俗法はいつの世でも無信仰を弾圧してきたのです。しかし、その証拠はいまだかつて十全な力で提示されたことはありませんし、十全な力でそれを提示することが今日ではかつてないほど肝要なのです。無信仰がすでにそれで脅かすだけに止まらぬ害悪を、できれば回避するために。

問十八

道徳的〔社会的〕人間、社会を作って法律状態のもとにある人間の始まりを見るためには、どんな源へ遡るべきですか。

答

中間はありません。その始まりは、自らの法のもとに人間を創造して、その法自体によりこの瞬間から人間と社会を作った神の内に直接見るか、それとも未開状態の内に、われわれの諸種の必要から生じた強い者の弱い者への、巧みな者の巧みでない者への支配の内に見るか、どちらかでなくてはなりません。しかし、未開状態の内にその始まりを見ることは、人間たちから宗教を一切奪うばかりでなく、人間にとって法律状態を耐えがたくすることなしにどうしてできるでしょうか。それどころか、その場合は物理的〔身体的〕不平等〔腕力の違い〕だけが原因となる法律状態から、道徳的〔社会的〕不平等から人間たちを引き剥がすことなしにどうしてできるでしょうか。われわれの道徳状態〔社会状態〕の内には人間に由来するものしかなく、法律状態もわれわれから発しており、強者の支配と弱者の隷属こそが本当の意味でわれわれの初源的罪をなす、あらゆる宗教はみな一致してこの点に関しわれわれを欺いている、この点をわれわれから隠すことが宗教の利益だし、宗教の本質自体でもある(一二)——こんなことが人間たち一般に論証されでもしたら、すでに述べたように法律状態は存続できず、人間は未開状態へ逆戻りするか、習律状態へ到達するか、どちらかしかなくなるでしょう。しかし、社会状態がすでに存在している現在、未開状態への逆戻りは不可能ですし、我らの哲学者たちが習律状態へわれわれを導くこともけっしてありますまい。これは、人間の法が神の法を支えとして持つ必要性のなんという証拠——論証とまでは言わないとしても——でしょう！　また、我らの哲学者たちがその必要性を否定して、それにより人間たちの心の中で人間の法の力を殺《そ》いでしまうのは、われわれをその法のもとに放置する彼らとしてはなんという誤りでしょう！　この必要性に私はたえず立ち戻りますが、立ち戻りすぎるということはありません。この点についてなんの疑いも残さぬことが、今日それほどまでに重要なのです。

（一二）　人間は未開状態から社会状態へ移ったという想定の内ですら或る初源的罪が考えられていることを、我らの哲学者たちは見るべきです。この想定では、その移行こそがわれわれを法律状態のもとに置いたことになり、それの邪曲を今われわれが担わされるそもそもの過誤ということになるからです。むろん盲目的に犯した過誤ではありますが、過誤であることに変わりはなく、とりわけわれわれ文明人との関係ではそうです。われわれ文明人は異論の余地なく、当初の習俗の純朴さから極度に隔たってしまったため、道徳的悪の極みにあるわけですから。その移行は過誤とは言えない、それは人間たちの仕合わせになったのだと我らの哲学者たちが言うなら、その時は法律状態が未開状態より優ると判断するわけですが、そんなことが真実なのは、法律状態のみがわれわれを自然法状態へ導いて行けるかぎりでしかありません。それがなければ法律状態は異論の余地なく未開状態より悪いはずで、とりわけ文明人にはそうだからです。さて、始めに法律状態が必然だったことを私が証明した以上もう疑うわけにいかないように、法律状態のみがわれわれを自然法状態へ導いて行けるなら、この世でそこへ導いて行けるとわれわれは期待すべきでしょうか。その点をはっきり言えと、更めて我らの哲学者たちに求めましょう。今は彼らも、自然法について持てる唯一真なる観念を持ち、今や〔真の〕哲学者となる途上にあるわけですから。それでも、ここで注意しておけば、彼らの哲学の蒙を啓《ひら》く唯一真なる手段とは、私が展開するものを展開し、その展開に当たっては真理への細心の注意を私が推し進める点まで推し進めることでした。神学も政治もともどもに、皮相な判断を下さなければ得になるわけですから、以上の点を見失わないことが肝要です。

問十九

強者の支配は今も続いており、今も続いている以上はそれが社会状態の原理だったと思われますが、この支配によって社会状態がすでに打ち立てられている現在、法律状態がその後《あと》に引き連れてくる際限のない不都合や諸悪を目にして、われわれの社会状態のこういう未開な原理を打ち壊し、飼い慣らされて社会性が出てきたら鎖をはずされる動物のようにわれわれを扱うことはできないでしょうか。法律状態を打ち壊し、かわりに習律状態を、自然法状態を打ち立てることはできないでしょうか。

答

我らの哲学者たちの何人かはそれができると主張しますが、しかし、自然法とは何か知りもせずにそう主張しており、しかも自分自身、人間的法律状態を不可欠なものとみなし、道徳的〔社会的〕平等を絵空事とみなしている以上、自然法を打ち立てるその同じ手で自然法を打ち壊しつつそう主張しているわけです。それができるのだったら、この人たちが習律状態について、法律状態の一切の観念を、サトゥルヌスとレアの治世〔二二〕——正しく言えば、人間が法のもとにあった無垢の状態〔二三〕——の観念すらも払拭したような観念を与えてくれるのみならず、その観念が絵に描《か》いた餅ではなく、論証的な仕方で現実化されえなくてはなりません。

したがって、われわれの理性を完全に屈服させるためには、この人たちが申し分ない証拠によって、われわれの法律状態が持つ神的な道徳的土台を打ち壊すこと、立法者たる普遍的存在〔神〕というあまねく受けいれられ深く根を張った観念をわれわれの心の中で打ち壊すことが必要です。その観念が破壊し残され、後段で見るように証明など全然しない我らの無神論しか敵として持たないうちは、法律状態はいつまでも力を保ち、何物もそれを揺るがすことはできないでしょうから。

こういう条件（ほかのいくつかの条件についてはここで言いません）が具わっていたら、我らの哲学者たちにも打ち壊しをする根拠があるかもしれませんし、私が彼らを待ち受けるのもそこでです。私は遠くまで彼らを引っ張って行くに相違なく、それは必ずや彼らができる範囲をも超えていましょう。しかし、どうしても彼らはそこまで来なくてはなりませんし、そうでなかったら彼らの哲学は宗教に屈し、宗教は想像したよりずっとずっと力があると認めなくてはなりません。

それでも指摘しておきたいのは、神はもしかすると今日でもわれわれを法律状態から引き出して自然法のもとに置けるかもしれないこと、またそうだったら、この恩典をわれわれに得させるため、我らの哲学者たちにはまた一つ道が開かれるはずだということです。そうしてくれと彼らが神に祈ることもできるでしょうから。こんな手段に訴える気があるかどうかは彼らしだいです。この手段を使うにはあらかじめ神を信じなくてはなりませんし、信じているなら、神に祈ることができると考えなくてはなりません。彼らの間には、神を信じるのはいいが神に祈るのは駄目だと思っている者も見られるからです。

むろん彼らは、信仰など持つよりむしろ、神的法律状態の源は人間的法律状態にあり、人間的法律状態の源は未開人の種々な必要にあると考えようと決めるでしょう。でも、重ねて言えば、そんな意見を抱く根拠があるためには、前もっていかに夥しい困難を解消せねばならないでしょうか。われわれがこの世で不幸であるだけに、また善人であればあるほど、人間たちの裁きとは別の裁きをたえず求めたくなるだけに、こういう意見はますますもって人を絶望させるものです！　でも、こんな意見に彼らが固執してもかまいません。自分の内だけに留まっていたら、この考えもおそらく自分にしか害を及ぼさないでしょう。でも、だからといって、宗教が必要なこと、人間的法律状態には土台と裁可するものが必要なことを認める義務が減るものでしょうか。彼らはわれわれをこの状態のもとに放置するのですし、原理を欠いたその体系は恣意的な道徳しか与えず、また絶対に与えることはできないのですから。

でも、もしかすると、彼らは私自身の武器を使って、私が今しがた彼らに認識させたような自然法の内に、無神論者の社会が存続できるのを証明するため今まで自分に欠けていたものをみつけるかもしれません。私が言うのは宗教など一切必要としない道徳、彼らの無神論と同盟を結ぶ道徳、にもかかわらず同時に最も完全で、唯一それだけがいかなる種類の不都合もないような道徳のことです。

もしそうなら、その道徳が空虚な思弁ではなくて人間たちの道徳となりうるために今しがた要求した条件へ私は彼らを呼び戻すでしょうし、さらに進んで、その道徳が彼らの無神論の内に形而上学的土台を持つのを見せてくれと同じ根拠を以て要求するでしょう。連中はその種の土台を一切斥け、根本的な土台など何も知りはしないのですが。

彼らはきっとこう言うでしょう。自然法に形而上学的土台など探して何になる、道徳的〔社会的〕平等と財貨の共有の内に実に堅固な道徳的土台があるのだから、と。〔答えましょう。〕それはなぜかというと、追ってお見せするはずですが、物理的なものと同様、道徳的なものも形而上学的なものの内にどうしても土台を持たねばならず、人間たちの道徳面がいかに完全であっても、事物の原理を知らないと道徳面にとってもいろんな不都合が生じるからです。われわれの道徳面は神を土台としますが、神というのは宗教によると形而上学的であると同時に道徳的な存在です。神など要らないというなら、その時はどうしても、純形而上学的な存在の内に道徳面の土台をみつけねばなりません。そうでないと、道徳面は支点がなくなって、堅固さを欠くでしょう。しかしながら、神のかわりに置くべきそういう土台も持たないで、そういう土台の明証性により人間たちの観念の内で神の観念を打ち壊しもしないで、神など要らんと言うことに根拠があるのを人間たちに見事論証することなどどうしてできますか。(一四)

（一三）　宗教が語ることから出発すれば、正真正銘な無垢の状態または習律状態は法以前にしか存在しなかったと考えられます。なぜなら、法がそれ自体によって道徳的善悪を人間に教え、それにより人間を無垢から引き剥がしたことは全く明証的だからです。善悪の知識の木というのは法でしかありえず、その木に触わるなという禁令は法律状態を避けよ、習律状態で暮らせという人間への警告でしかありえませんでした。こういう意味は理性に最も合致するかに見えますが、是非の判断は神学に委ねなくてはなりません。でも、この意味ですら、そこにはまだまだ神秘がありそうです。

（一四）　神などいないと言うことは、道徳的な普遍的存在などないと言うこと、それに象《かたど》ってわれわれが道徳的存在として作られている最高存在などないと言うことで、信仰に反する言いかたです。でも、それによって同時に、形而上学的な普遍的存在などないと言わんとしたら、これは道理に反する言いかたで、不合理を語ることでしょう。そういう存在が在るのを論証して、いずれこのことをお目にかけるはずですが。

問二十

今はやりの作家を話題にすれば、『自然の体系』の著者はそういう考えかたからひどく隔たってますね。私も御多分に洩れず、この人の本にはすっかり熱を上げてたんですが、白状すれば、今なさるように間接的な形で、これほど有無を言わさぬように見える理由を挙げて貴方が反駁なさったために、私の熱狂もガタ落ちになりました。特殊にあの人をどう思われますか。

答

あらかじめ決めた理性という枠の中で、純粋有神論と無神論という我らの哲学者たちの二大体系を私は両方叩いているわけで、特殊にあれこれの作家を考えてはいませんが、『自然の体系』の著者を語れという御要望ですから、申しましょう。この人は先輩たちみなと同じく道徳的な面でも形而上学的な面でも原理を持たず、打ち壊すのがたやすいという不幸な事態を先輩たちと同様に利用しますが、先輩たちに輪をかけて手加減しません。また、原理を欠くとそれ自体のため有益なものを何ひとつ打ち立てず、作品は立派な道徳的格率や説教師そこのけの大演説が見られるとはいえ、危険だという非難を濯ごうとしていろんな理由を挙げているものの、百害あって益なしということにしかなれません。

内容で私が見たところもっともなのは、社会集団を作った民族で宗教のないものは一つも存在せず、無神論が諸国民をいつか征服することは望むべくもないということです。さらに、純粋有神論はそれ自体によってあれこれの宗教を必然的に生みだす萌芽になるということも載っていました。これは私も証明したことですが、その点を別にすれば、道徳的な面で私は著者を宗教の猛烈な敵としか見られませんでした。この人は宗教を無数の悪の原因と主張しますが、社会にもたらす善と利益という面から宗教を見ることは厳に差し控えます。そんなことをしたら、宗教を人々の目に忌わしく見せるというそもそもの狙いを逸することになったでしょうから。

人がする悪用という面からだけ宗教を見ようとしたら、この狙いは実に獲物の多い、実に易々たるものですから、この人はわれわれの習俗から宗教を打ち壊す材料をふんだんに手に入れました。しかし、こんなふうに宗教を打ち壊すことが何かを打ち立てることだと思ったら、いや、宗教をそれ自体と神というそれの原理によって打ち壊すためのありとあらゆる推論によって、自分が現に何かを打ち立てている、何かを証明していると思ったとしても、それはなんという間違いでしょう！　この人に言わせると良き習俗は宗教と共存できないようで、それは無神論としか共存できないという結論がそこから導かれます。もしそうなら、その無神論とはこの人が言うような原理なき無神論ではないにきまっています。

この人の体系を作るのが初源的〔形而上学的〕真理でないことは次の点からも証明されます。この真理はこれまで存在しなかったのが存在するようになったのなら、打ち壊すにしても間接的にしかやらず、自分が提示されることだけでそれはおのずと行なわれ、どうしても真理に先立ち真理へ導くように出来ている誤謬に対して当然払うべき配慮をいささかも欠くことはないはずで、この人がするように直接的に、逆上した仕方で打ち壊したりしないものだということです。

当人の言によると、この人が執筆したのはもっぱら善人のためで、自分の原理によって安らぎをおぼえた善人がたった一人でもいたら、自分の努力も無駄ではなかったと思うそうです。いやはや、なんとも無私無欲な努力ではありませんか、それも大変な努力ではありませんか。でも、この人の本は公刊されて、善人も悪人も読むように出来ています。つまり、善人一人に対して少なくとも二十人の悪人が読むように、とりわけ、自分を拉し去る情念の激発を正当化するものをひたすら探す若者たちが読むように出来ています。さて、悪徳がいつも徳より栄える今のような習俗の状態では、この人の道徳がこの人の破壊的ドグマと同等の効果を読者に及ぼし、同じように読者がそれに追随することなど期待できたでしょうか。そんな期待はきっと持てなかったでしょう。では、何の目的であんな本を作るのですか。そうしたのは人々の仕合わせだけが目的だったとわれわれに納得させることは、思い違いなど最もすべきでない事柄でも自分は思い違いをする人間だと同時に確信させることなしにどうしてやれるでしょうか。自分の良心をよく分析してみたら、そこにはおそらく種々の個人的動機しかみつかりますまい。この人の同類たちもみな同じですが。

いよいよとなれば、この人もおのが体系に魅せられた無神論者たる父親ないし友人として、息子ないし友達にそっと、あそこで書いたようなことを耳打ちしてもよかったでしょう。それも、相手は道理を弁えた人間だとよくよく確信して、自分の教えは悪用されないとよくよく安心できる場合にです。しかし、おおっぴらにあんなことを言うのは、人々に向かってあんなことを言うのは、根をおろした偏見を取り除いて諸国民の病を癒やせるとは望むべくもないのを自分自身も認めるだけに、ますますもって知恵のない行動でした。考えるべきだと思ったのは人間たち一般ではない、哲学と道徳を身につける能力のある者だけだ、などと言ってもここから脱することはできますまい。そんなことを言ったら、次のように答えてやるのが最大の道理というものでしょうから。君の本は白昼公然と世に出るように作られたのだから、人間社会をこそ君は対象とすべきだった、二、三の住民の仕合わせを図るため町に火をつけるなどというのは、犯罪を犯さずにできることではないのだ、と。

明証性はどこにも火をつけたりはせず、相手の無知に打ち克つことで、相手に道徳を教示することで万人の仕合わせをもたらすでしょう。しかし、道徳的にも形而上学的にも明証性などこの人には見られません。そのことは、この人個人を特に考慮に入れないで、これからますますはっきりお目にかけるとおりです。

問二十一　根をおろした偏見を取り除いて諸国民の病を癒やすのは無理だとしても、せめて、宗教の手であんなにしょっちゅう引きずり込まれた様々な行き過ぎに諸国民が再び陥るのを防ごうと努める義務がある、とくだんの著者が言うのにも三分の理がありませんか。

答

それを防ぐ手段があの本とは愉快な話ですね。まるで、あの本が諸国民に権威を持たなくても、その無神論が効果を上げなくても——効果を上げられないことは自分でも認めてるんですよ——諸国民にそういう効果だけは及ぼせるみたいです。正しい論理に基づくなら、それを防ぐには狂信とその行き過ぎに反対する宗教自身が公認した良書があればよかったわけで、この人にしてもそのことだけに仕事を限って、神にも宗教にも手を触れないでおくべきだったんです。神にしろ宗教にしろ、いつか滅ぼせるという期待は持ってなかったんですから。この人の本が世の専制君主をおしなべて無神論者にしたところで、専制君主らはそれでますます、単に宗教を支持するばかりか、迷信や狂信も或る程度温存するようになるだけかもしれません。ことほどさように、民衆の服従はおのが信仰への愛着にかかってますし、その愛着は彼らの手の届く信仰と同時に、それに対して示される熱心・熱意・熱狂にもかかってますから。この著者も、あれほど無神論者じゃなくてもっと政治家だったら、このことを見落としはしなかったでしょうに。

この人は無神論に有利なようにと、これ以上空疎なものはありえないのに昔から言い古された論拠を使います。無神論者はいまだかつて国家に混乱も戦争もなんらかの流血も惹き起こしたことはない、惹き起こしたのは逆に神学者たちだ、宗教的狂信だ、というものです。無神論者と神学者をこんな面でくらべるとは、なんとお粗末な比較でしょう！　その滑稽さを示すには一言《ひとこと》で十分です。申しましょう。

無神論者というのは非社会的なその説の本性自体からしても、世に受けいれられた宗教の結果からしても、昔から常に、人間たちの群の中にこっそり隠れ、お互い同士の間ですら正体を明かさなかったほんの一握りの連中で、その名に付きまとうおぞましさすらそれを証明するように諸国民にはいつも蛇蝎視され、支持してくれる権力など一度も持たず、持てもせず、この著者自身も認めるとおりその原理は民衆のためにあるのでも、軽佻浮薄な精神のためにあるのでも、野心家や陰謀家や乱を好む者のためにあるのでも、教育のある多数の人のためにあるのでもない以上、神学者たちが自分を支持してくれた、支持するだけの国家理由がきっとあったにちがいない権力を通じてしたことを、そんな無神論者がいかにしてやれたでしょうか。かような論拠を使い、宗教に反対するためあのようにそれをつっかえ棒にするとは、我らの無神論者らもよっぽど追いつめられたに相違ありません。なのに、自作の公刊を正当化し、それに対して政府を安心させるため、彼らの挙げる理由というのがこれなのです。

しかし、神学者たちがしたことを無神論者がやれなかったとしても、無神論者のドグマが神学のドグマほど争いの種になるおそれがないとしても、いや、それどころか、無神論者が及ぼす害悪、及ぼすおそれのある害悪については、神学者たちが残念ながら必然的に及ぼしてきた、また異端と離教の時代には今後とも及ぼしかねない害悪ほどはっきりした証拠は出せないとしても、だからといって、彼らの無神論が極度に危険で禁圧すべきでないことには全然なりません。それは甚大な害悪の原因になりうるからです。間近に迫る革命によってそのことを証明するだけにしましょう。慧眼な人なら誰もが、宗教と習俗の面でも統治の面でもわれわれが今日革命に脅かされていることをいささかも疑いません。大衆は勘づいていませんが、その革命の主たる源は間違いなく現下の哲学的精神にあるでしょうし、また、その革命は異端をきっかけにした革命でもやれないほど多くの害を及ぼし、はるかに大きな激動を招くおそれがあります。異端をきっかけにした革命と言いましたが、無神論が宗教の仮面をかぶってこっそり主役を演じるなら別で、そういうことは一度ならずありましたし、イギリスの国王殺し[三四]という破局でもおそらくそれがあったのでしょう。この著者もあの事件を語っており、それをもっぱら狂信のせいにしていますが。

でも、その革命はまだ始まっていないでしょうか。不幸な犠牲者[三五]をまだ生みだしていないでしょうか。すでにして、破壊と凌辱と非道な虐待が宗教の楯の一部〔修道士〕に降りかかり、別の一部〔在俗聖職者〕にも降りかかろうとしているではありませんか。すでにして、ローマと聖職は至聖所の中でまで傷つけられているではありませんか。この点についてヨーロッパ諸国は誰に主たる恩義があるのか、と我らの哲学者たちに訊いてごらんなさい。連中も秘密にはせず、大恩人は俺たちの哲学だと悦に入って言うはずで、言われてもそれを打ち消すのは間違いでしょう。しかし、成り行きに任せておいたら、連中の哲学がわれわれをどこへ連れて行くか分るはずです。

この哲学を人がはじめ好むのは自分自身のためです。自分の情念を正当化して、後悔せずにそれに身を委ねるためです。この哲学が及ぼすおそれのある害はあまり気にかけませんが、それは、人間たちを自己中心的にする（今日この頃、人はどれほど自己中心的でないでしょうか）というこの哲学の大の不都合の一つがもたらす結果です。しかし、そこからじきに宗教とその聖職者たちが嫌いになり、それらが自分たちに置く障害や、少しでも窮屈にさせればその不自由を唾棄するようになります。(二五)そうなると、どんなことでもやりかねません。とりわけ、なんらかの権力を手にしている場合は。

無信仰が弘まれば弘まるほどますます生みだしかねぬ多大の害悪を確信したからこそ、法の雷霆は無信仰に対していっときも鳴りやまなかったのです。時代によって無信仰がいっそう力をつけ、いっそう広く分け持たれるようになるのも、政府の弱い手の中でその雷霆が力をなくすかぎりでしかありません。そういう真実は我らの哲学者たちにこうまで恐怖を与えるものですから、彼らに強いられてそれを明かさざるをえないのは私としても彼らのために残念です。しかし、そういう真実に彼らはずっと目を被ってきたのだ、自分が宗教を打ち壊すのには根拠があり、人がそれに文句を言うのには根拠がないと無邪気にも信じているのだ、と言って或る程度まで彼らの罪を軽くしてやるのが公正というものでなかったら、私はもっともっと残念に思うでしょう。ああいうのは大方が狂信者で、大の善行をしているつもりで大の悪事をはたらいているのです。しかし、手綱が弛んでしまった今、彼らの狂信が残酷であってはなりませんが、実際は、彼らが考える以上にそれは残酷なものです。彼らの同類の何人かに対しかつて鉄火による弾圧が行なわれたとしても、彼らは非難のお返しをしてはなりません。神の法の執行者にしろ人間の法の執行者にしろ、彼らを弾圧することにはきまって根拠がありますが、彼らがそういう執行者を弾圧することに根拠などあったためしはありません。私はそのことを実に正確な比較によって彼らに証明してやるところです、その比較が彼らにとって耐えがたすぎなかったなら。

『自然の体系』の著者に話を戻せば、無神論の原理は野心家や陰謀家や乱を好む者のためにあるのではないとこの人は言います。御多分に洩れずその点も間違っているに相違ありません。でも、その誤りはどこから来るのでしょうか。それは、この人が自分の無神論法典の内に道徳原理を入れており、その原理がたしかにああいうたぐいの人間のためにあるのではないからです。しかし、そういう道徳原理をあそこに入れるのは道理に反します。というのも、それがためにはこれらの原理がこの人の〔無神論の〕ドグマから帰結しなければなりませんが、実際はそれから全く独立しており――それ以上は言いませんが――そこにある良いものはことごとく宗教に属するほどだからです。

我らの無神論者たちはいまだ一度として、自己の無神論から帰結する道徳を持ったためしはありません。もしも十分首尾一貫していたら、道徳面での無神論者とは、置かれた状況や自らの利益がそうであれと求めるものにすぎないでしょう。素寒貧の無神論者が、そんなことをしても罰を受けないと十分安心していられる場合、隣人を犠牲にして貧乏から脱するのを何が防止できるのか知りたいものです。防止するのは創造によらぬ永遠の正義、即ち自然だ、とこの著者は答えますが、ついでながらそこから結論を引き出せば、この人はそれにより、自分自身の原理に反して、道徳的な或る普遍的存在を認めているのです。正義というのが道徳的存在なのは分りきったことですから。防止するのはちゃんとした教育と、無神論者がいつも抱くにちがいない露見を恐れる気持だ、とこの人はさらに答えます。不利な証拠にしかならぬ後者の下卑た動機にはこちらの方が恥ずかしくなりますが、それにはこう言い返しましょう。とすると、無神論者が貧乏から脱するのを防止するものは自己の無神論の帰結ではないことになる、と。また付け加えて、ちゃんとした教育が無神論者を厳正な意味で善人にする場合、無神論者は自分がおそらく考える以上に宗教に恩義があるのだ、と。ちゃんとした教育の内には宗教がいつでも大いに入ってくるもので、いくら消そうと努めても、それが全面的に心から消えることはけっしてないからです。明証性すらそれを完全に消し去ることはないでしょうから、まして、我らの無神論者たちが立てるような原理なき体系においておやです。あの御仁たちは自分を無宗教と思っていますが、それは間違いというものです。それだけの確信など連中にはありませんし、ありえもしません。年をとり死期が迫ると、普通そんな気はなくなるものです。

（二五）ヨーロッパの王国と町で宗教の軛がいちばん軽いのは、異論の余地なくフランスとパリですが、宗教が公然たる敵をいちばん多く抱え、哲学がいちばん激しく宗教を攻撃するのもまさしくそこです。しかし、このことは一見考える以上に辻褄が合っています。我らの哲学者たちは大きなお手本でわれわれをたぶらかすため、また無信仰への競争心をわれわれの心に掻き立てるため、哲学の国としてイギリスを持ち出しますが、それは嘘です。イギリス人は哲学者である作家を何人か持ちますが、自分が哲学者なのではありません。

問二十二

貴方がこれまで無神論をやっつけたのは、もっぱら道徳の面から、また併せて、この無神論の一貫性のなさやまずい理屈や危険性という面からですね。形而上学的な面からも同じようにやっつけることができますか。無神論は形而上学的なものなど一切知りませんけれど。

答

そう訊かれると遠くの方まで連れて行かれそうですが、まあいいでしょう。形而上学的なものを一切知らないというまさにその面から無神論を検討して、無神論の肯定的な面をなすのは形而上学的なものなのを見せてやることで、それの一貫性のなさ、正しく言えばその点での無知を証明してやりましょう。無神論にあるこの形而上学的なものは原理を欠いていることをそれに論証してやりましょう。それには、無神論にとって最も意想外な体系を、自然の体系という真の形而上学体系をそれに対置することです。私がこの体系を汲み出すはずなのは宗教が持つ形而上学的な面そのものからで、もし私が成功したら、その時には、宗教が別の仕方で示せるのは矛盾であるものを信仰の目で見るためのの可能なかぎりの動機が自分にもある、と我らの無神論者たちも認めざるをえませんよ。ここで言うのはつまり、それがわれわれの習俗の本質をなすからにはそれを見ることをわれわれの習俗が絶対的に要求する、形而上学的であるともに道徳的な神なるものです。

現今の哲学者たちの無神論は、物理的諸存在のそれと異なる一切の実在を否定して、それらの諸存在が厳密に共通して持つもの、つまり、それらのすべてに等しく固有な法則を時にはうまく展開し、さらに、そういう形而上学的法則（物理的法則ではありません。物理的法則とはあれこれの類、あれこれの種に特有な法則のことですから）を人間の諸能力にも当てはめることにあります。無神論者は人間から、他の諸存在とのあらゆる種差を絶対的に剥ぎ取ろうとしますから。しかし、そういう展開は原理を欠くため主要な現象の説明も物足りませんが、本当は土台として或る原理を持つべきで、それが欠けている以上、道徳面では永久に実りがなく、『自然の体系』の著者がする展開のようにいくらうまくいっても、打ち壊す力はなくなります。

無神論は神なるものを否定することで一つの原理を、それも人間たちには最も実り豊かな原理を否定します。さて、否定するその原理のかわりに何も置かないなら、原理がないと言われても仕方がありません。自然を置くんだとこの人は言うでしょうが、でも自然とは何でしょうか。それは一切言いません。自然の法則を云々し自然のメカニズムを或る程度説明するのがそれを言うことだと思ってはならないからです。私がこの問いをするのは全体的な、トータルな自然、総体として、ひとまとめに捉えたそれ自体としての自然についてで、自然の法則についてではありません。満足がいくように答えてくれとこの人に求めるのは二つの形而上学的存在である有限者と無限者〔著者の形而上学の根幹をなす全一体と全一者のこと〕についてですが、一方、有限な諸存在は物理的なものです。

無神論者たちに私はこう言ってやるでしょう。君らは形而上学など要らんて言うんだね、時と所を問わず形而上学の存在が認められてきたのに、そういう一致した声に背を向けて、厚かましくも形而上学を排斥するんだね。でも、形而上学反対というその乱暴な立場は、第一に、形而上学的なものを原理とする宗教への嫌悪と、第二に、自分の知らない原理は存在しないということを原理として立てて糊塗しようとする自分の無知から来るんでなかったら、一体どこから来るんだい。原理の欠如というのが君らの無神論の根本的な欠陥で、その無神論は或る道徳状態の体系ではありえないから、内容的には獣の哲学でしかないんだよ。獣は物を考えも書きもしないから、形式的にはそうじゃないけれどね。君らにこの欠陥があるかぎり、君らが建てる建物はみんな、上っ面《つら》しか見ない者には実にしっかりしたように見えても、実際は土台などなんにもなくて、岩の上にいつも載ってる宗教は、これまでもずっとそうしたようにそんな建物など物ともせず、微動だにしないはずだよ。勇気があったらその期《ご》に及んでも、宗教がいつまでもなくならないのに驚いてごらんな。今もそうしているように、それはわれわれが愚かだからだと非を鳴らしてごらんな。人間たちにはそもそもの始めに形而上学が要るんだよ、以来ずっと要ったんだよ。それは、形而上学的な或る原理が存在して、人間たちの悟性がそれを肯定しているからさ。

　それにしても、排斥するその学問〔形而上学〕をめぐる自分の盲目ぶりと深い無知がどこまで行くか見てごらんよ。君らは形而上学など要らんて言うけど、一般化できる限りまで一般化することは、たとえば「自然の内には完全なものも完全に等しいものもない」とか、「そこでは何物もそれ自体として存在するのではない」とか、「そこではすべてが多いか少ないかで、相対的だ」とかいう、けっして異論が出ない全称命題を述べることは、形而上学的に語らずには絶対にできないんだよ。これほど真剣な問題で冗談など言うのが許されるなら、君らは知らずに散文を喋ってた「町人貴族」〔三六〕と同じじゃないか。いや、もっとひどいよ。「町人貴族」も自分の喋る散文が存在するのを否定しなかったからね。君らは無神論者としては形而上学者なのに、自分がそうなのを否定するほどそのことに無知なのさ。自分はいかにして形而上学者なのかと君らが訊くなら、それはしごく簡単なことだよ。無神論の体系というのは形而上学体系以外ではありえないからさ。無神論者という資格では、君らはたとえば建築書や法律書を著わす建築家や法律家がするような物理的な仕方でも道徳的な仕方でも行動していないからさ。そのことが君らに見えないのは、まさしく、前にも言ったように君らの体系が形而上学的原理を欠いているからだよ。しかし、そういう原理を持たなくたって、君らは自然の一般法則というその原理の帰結を把握してるわけだろう。その帰結は君らが言うもののみたいにどれだけ下位のものだろうと、やはりその原理と同じく形而上学的なものなのさ。君らはその帰結を絶対的と思うのに、形而上学的とはしたがらず、それを物理的なものと区別もしない。でも、物理的なものの内には絶対的なものなんてけっしてないことを君らもきっと認めるだろう？　これほどおかしな矛盾があるのかい。

形而上学的原理が君らに欠けてるのは、その原理の帰結だけ見ることに自分を限ってるからさ。原理自体を見なくちゃだめだよ。原理は実際それの帰結にすぎないといっても、原理を知らないために原理から帰結へ、同じことだが帰結から原理へ結論を導くことができないんじゃあ何も手の中になくなるよ。この原理は「それの帰結にすぎない」と言ったことについてここで思い出してほしいのは、われわれが神について「原理と帰結はそれの内で一つにすぎない」と言ってることさ。君らも神学を滅ぼそうとなどするより、こういう神学の真理を深く考える方がよかったはずだね。神学はあらゆるものを自分の力に変えるわけで、神学に反対する君らの努力すらそうなんだよ。君らの努力はひどく強そうに見えながら、実はそれほど弱いんだ。

それにしても、無神論の体系は形而上学体系でなかったら何だっていうのかい。人間の諸能力にも当てはめられる物理的一般体系、と君らは言うんだろうね。でも、物理的一般体系とは形而上学体系でなくて何なのさ。形而上学的なものとは、物理的なものの一般性以外でありうるのかね。違う見かたをしたんなら大間違いで、形而上学的なものをまだ知らんと言われても仕方がないよ。学校〔スコラ学〕はそれを原理として、「物理的なもの一般」と呼ぶそれの帰結と区別しており、その区別はしていいけれど、重ねて言えば、そんな区別があっても原理はそれの帰結にすぎないし、帰結は原理にすぎないんだよ。これは追って証明するとおりだ。

天文学者、医学者、博物学者の小口の体系、総じて自分の学問〔分野〕にだけ話を限るあらゆる物理学者〔自然学者〕の体系は、個別的であれこれの対象しか包含せずそこから出ないという意味で物理的なものだけど、君らの体系は諸存在の全体系を包含して、人間をも爾余の存在と全く種差がないものと見るんだから、そのためこれは一般性に大小のある物理的諸体系という部類からはみ出て、形而上学的原理を欠くとはいえ、やはり形而上学的なものなのさ。

形而上学的原理を欠く点ではニュートンの体系も同じだけど、あの哲学者は君らより賢いもんで、自分が発見した普遍的法則の原理は知らないと認めてたし、知らないからってそれを否定しはしなかったよね。

君らが把握するよりずっと高度な或る形而上学的なもの〔著者の考える全一体と全一者〕があって、それを摑んだら君らももっと正当な資格で形而上学者という名を貰えそうなことは分ってるよ。そういう形而上学的なものは、実在の真の観念を持つためにも、君らには謎である多くのものや、それどころか、たとえば善悪の必然性といった〔二六〕君らがそのわけを知ってるつもりのあらゆるものを説明するためにも知らなくちゃいけないものだ。しかし、君らが把握する形而上学的なものも君らに欠けている形而上学的なものの一部をなすことに変わりはないし、それの一部をなすことを君らが知らないのは、君らに欠ける形而上学的なもののせいでしかないんだよ。でも、認識させてくれと君らに求めた大口の〔全体的な〕自然に話を戻そう。それを「大いなる全体」と呼んで、これは抽象的な存在だとそれについて言えば、君らは十分語ったつもりになってるけど。

全体として捉えた普遍的実在は、部分部分で捉えた実在のように個々の感覚の対象になれるだろうか。むろん、なれはしないさ。なれるんだったらその場合、普遍的実在は自分の本性に反して、部分部分で捉えた実在にすぎなくなるからね。個々の感覚はそういう〔部分的に捉えた〕実在と同一本性のものとして、そういう実在に対してのみ作用するわけだから。したがって、普遍的実在はわれわれの内にある別個な能力の対象なんだよ。その能力によってわれわれは、普遍的実在は部分部分で捉えた実在とは別な本性のものだという最大の明証性を得るわけだ。だからわれわれの内には、形而上学的なものに充てられる能力と物理的なものに充てられる能力という二つの能力があるんだよ。正しく言えば、われわれは形而上学的に存在すると同時に、物理的に存在してるんだよ。そもそも、この二つの能力というのは、この二つの存在〔様式〕でなくて何なのさ。その内一方は色合いで、人間としてのわれわれ、もう一方は基調で、もはや人間としてのわれわれではなく、普遍的総体としてのわれわれだが。われわれは基調においてはその総体だ、あるいは同じことだけどその総体の一部〔二七〕だということから、「物ノ側デノ」普遍と「精神ノ側デノ」普遍〔三七〕

は同じもので、この二つの普遍をめぐって論争など起こったのは、両者の間に区別を設けた無知の結果にすぎなかったことを見るべきだね——と。

すると、我らの無神論者たちは、相変らずどんな形而上学的原理も承認しまいとしてこう言うでしょう。でも、普遍的実在とは個別的実在のすべてでなかったら何なのかい、と。〔答えましょう。〕たしかにそれは個別的実在のすべてですが、それらの〔個別的〕実在から一つの〔普遍的〕実在が、一つの形而上学的原理が出来るのです。つまり、物理的または感覚的な何物でもなく、彼ら〔無神論者たち〕でも私でも、太陽でも地球でもなく、必然的にその諸部分の全体である一つの実在が、ちょうど彼らが自分の〔体の〕諸部分の全体として各々が一個の存在であるように一つの存在が出来るのです。さて、そうであるなら、彼らはわれわれにこの実在を説明せねばなりませんし、それを原理としてそこからそれの一般法則を導き出すか、あるいは同じことですがそれの一般法則からその実在へと論結せねばなりません。

しかし、この実在を彼ら自身にたとえた今の比喩については誤解のないように願います。この実在の諸部分は、この実在の諸部分としては、この実在と同様に形而上学的なもので、概念はされても目で見るものではありません。この実在とそれの諸部分との区別がわれわれにとって存在するのは、各部分という物理的なものによるにすぎません。われわれの体の諸部分も、体の諸部分としては物理的なもので、それは諸部分の全体にしても、諸部分を全部合わせたわれわれの体にしても同じです。しかし、同じ諸部分もそれらの全体〔われわれの体〕も、普遍的実在の諸部分として見れば、つまり、可能なあらゆる諸部分と絶対的に共通な面で、他の諸部分との差異がもはやなくなるような面で見れば物理的なものではありません。形而上学的原理の帰結はこの原理と同じく形而上学的なものだ、無神論者たちが自らの体系の内に包含する一般法則は形而上学的なものだ、帰結と原理は同じものだ、と言うことで、私はすでにこの真実を述べました。

（一六）我らの無神論者たちは善悪の必然性を語る時、その必然性の内に道徳的なものも物理的なものも一緒くたにします。

まるで、前者も後者と同じく必然的であるかのようです。しかし、そのことで彼らの理解が増すわけではなく、この点に関する彼らの無知は一次的理性〔形而上学的理性〕のあらゆる対象に関する無知の帰結なのです。なのに、ほかならぬそういう対象について、彼らは人々を啓蒙するなどと称しています。なんたる教師でしょう！　あらかじめここでお知らせしておきますが、真理〔著者自身の学説〕はもうじきさらに赤裸な形で登場し、使う言葉も後段では前段よりいっそう耳慣れないものになるでしょう。そういう仕方でしか姿を見せられないのは真理のために残念ですが、美辞麗句にばかりどれほど目が行く読者も、通念の範囲外へ運ばれるのをどれほど好まない読者も、この真理の重要さと簡潔さに免じて赦してくれなくてはなりません。

（一七）　物理的に在るとはあれこれの個別的または物理的全体の部分だということで、形而上学的に在るとは普遍的または形而上学的総体の部分だということです。さて、われわれは多くの個別的全体の部分で、この地球の部分でもありますが、同時に普遍的総体〔宇宙全体〕の部分でもあります。故に、われわれは物理的に在ると同時に形而上学的にも在るのです。ほかの諸存在も普遍的総体の部分であることは絶対的にわれわれと共通でわれわれと等しく、故にもうわれわれと区別されず、故にわれわれはその総体の部分としてほかの諸存在と一つのものをなすにすぎません。故に、いかなる存在も形而上学的に見ればこの総体なのです。しかし、何か感覚的なもののようにこの総体を思い描こうとなどせぬよう、よくよく気を付けてください。この総体は普遍的実在で、純粋に知性的なものなのですから。

問二十三

貴方の体系からは、無神論が主張するように神と自然は一つだということになりませんか。

答

神と自然が一つであるのは疑いありません。なぜなら、追ってお目にかけますが、一方が他方を否定する二つの観点から同じものを見たということをいずれ私が論証する[一八]もの〔全一体と全一者〕以外に二つの普遍的実在があるというのは矛盾だからです。でも、神を部分から構成する[三八]とは、物理的な諸部分というそれと異質な部分から構成することではありません。私がここでして後段ではいっそう明らかになる本質的且つ斬新な説明がないと、そう考えるおそれがいつでもありそうですが。この点には、いくら注意してもしすぎることはありません。

神学が普遍的実在をいまだかつて十分はっきり見たことがないのは、複合的な〔部分から構成された〕神というものをいつも斥けてきたのは、いまだかつて自分自身の原理に、私が払ったほどの注意を払わなかったからです。神学は道徳的存在としての神、特殊に人間と関係のある存在（一九）としての神を扱うほどには、宗教の形而上学的な面を、形而上学的存在としての神を扱いません。この一次的〔形而上学的〕対象は実際、神学より理性に属します。あの学問は、形而上学的にも道徳的にも必然的にそれの土台をなす理性が終わる所から始まるように出来ていますから。理性がすべてを語ったら、神学は無用の長物になります。

（一八）その論証が自然の謎のこころを教え、真の形而上学体系と無神論の間にある極度の相違を見せてくれるでしょう。

（一九）宗教が言うような神は、人間のほか、自然にあるどんな存在にとっても道徳的なものではありません。ほかの諸存在にとっては神は純粋に形而上学的なもので、それらと形而上学的な関係性しか持ちませんし、それらも神とそういう関係性しか持ちません。神を物理的なものだと言うのは最大の不合理を犯さずにはできませんが、道徳的なものが物理的なものにすぎなかったら、〔三九〕神を道徳的なものだと言うのは物理的なものだと言うことでしょう。人間は物理的、形而上学的、道徳的なものですが、それは同時に個別的にも普遍的にも社会的にも存在するからです（そこから、人間が話す諸国語も、物理的なもの、形而上学的なもの、道徳的なものを言い表わす用語で構成されるのです）。しかし、神と人間では事情が違います。神は普遍的および道徳的にしか存在しません。理性に即して言えば普遍的に、信仰に即して言えば人間との関係で道徳的または社会的に存在するのです。形而上学的な人間はもはや人間ではなく普遍的存在であること、人間の形而上学的観念は人間の形而上学的実在にほかならないことを見失ってはなりません。その観念を展開したものは物理的なものですが。

問二十四

たとえば太陽の諸部分からは〔太陽という〕感覚的な全体が出来ますが、それと同じように、あまねく諸部分の全体から、部分のあれこれと同じ本性の物理的な全体、感覚的な全体がどうして出来ないのですか。

答

まるで、普遍的な全体から一つの個別的な全体がどうして出来ないのかとお尋ねのようですね。物理的なものは個別的なもの、形而上学的なものは一般的なものですから、諸々の個別的全体は感覚で捉えられますし、物理的なものです。しかし、諸々の個別的全体を部分とする普遍的全体は悟性でしか捉えられず、形而上学的なものでしかありえません。そのわけは、それが可能なあらゆる物理的なもの、あらゆる感覚的なもの、そしてあらゆる感覚を包含するから、自分の諸部分としか関係を持てず、なんならこう言ってもいいですが、諸々の個別的全体やそれの諸部分のように自分の外に物理的な比較点を持つことが一切ないからです。諸々の個別的全体が、たとえば地球や或る山が、自分の内と同様に自分の外にも物理的な様々の比較点を持つからこそ、初めてそれらは感覚的なものになり、形而上学的な部分であると同時に物理的な部分でもあるのです。つまり、「全一体」または自然の部分であると同時に、ちょうど地球が太陽の渦巻き〔四〇〕の部分であるように、或る〔物理的〕全体の部分でもあるのです。そういう様々な比較点こそが、共通の総体〔全一体または自然〕の中でそれらの個別的全体を相互に区別するわけですが、この共通の総体は、物理的に捉えた諸々の個別的全体や、部分なき存在つまり非物質性〔全一者〕としか区別されません。

問二十五

では、形而上学的存在には物質的なものと非物質的なものと二つあるのですね？

答

そうです。あるいはむしろ、この二つの存在（有限者と無限者）は同じ存在を関係性と非関係性という相反する二つの相で見たものなのです。慣用的な用語を使えば、それは創造者たる神と、創造者でない、または創造以前の神です。純粋に自分の管轄であるそういう対象については完全無欠な明証性を与えてくれる悟性に基づいて、そのことはこれから要約してお目にかけましょう。ただ、そのことを十分納得するためには、悟性というこの能力を研究する術《すべ》を知る必要があります。この能力だけが、われわれの内にあって唯一欺かないものなのです。感覚という能力はその本性からして必然的に人を欺くものですから。私が言うのは個々の感覚のことです。協力・一致した感覚は悟性ですし、明証性ですし、真理ですし、形而上学的実在ですから。相反する二つの相で見た実在でも〔二〇〕。

神学者たちや宗教的な哲学者たちは、実在について今まで抱かれてきた全く誤った観念、正しく言えば全く漠然とした観念に支配されているため、人々が「物質的」と呼ぶ存在〔自然〕の内に我らの神を私がみつけるのに恐れをなし、「非物質的」なものと同じくこの存在をも知らぬ我らの無神論者たちと私を一緒くたにするという不正なまねをするかもしれません。しかし、以下に述べることをよく見てくれたら、そんなことはゆめゆめ起こらないでしょう。それは、〔物質的という〕名称が諸部分を含意する時はいつでもそうであるように関係性で見たこの存在が、物質であっていくらかの物質ではなく、有限者であっていくらかの有限物ではなく、始めと終わり、アルファとオメガ、原因と結果、運動と静止、充満と空虚、形而上学的なあらゆる面での多と少であって、われわれが物理的に或る始めと或る終わり、或る発端と或る終局、或る原因と或る結果、或る運動と或る静止、或る充満と或る空虚、或る多と或る少などと呼ぶいかなるものでもないことです。こういう名辞はみな形而上学的には同じものしか言っておらず、対立物であって反対物ではないのです（二一）。

物質的存在または「全一体」は、創造者または原因として、物理的諸存在に一般的に当てはめられる様々な名称または属性を常に一般的に、形而上学的に取ります。それは、これらの〔物理的〕諸存在が部分と名付けられる時は「全体」、それによって存在するこれらの諸存在が被造物と名付けられる時は創造者、これらの諸存在が結果と名付けられる時は原因、それらの諸存在が自分の内で数あるものとして見られる時は統一、これらの諸存在が有限なものとして見られる時は有限者、これらの諸存在が自分以下のもの、偶然的なものとして見られる時は最高存在で必然的存在、これらの諸存在が色合い、外見、変様であるものとして見られる時は基調、現実、基体です（二二）。これらの諸存在が種々の原因と結果であるもの、始めと終わりのあるもの、時間または様々な時の内にあるものとして見られる時は原因と結果、始めと終わり、時間などですし、これらの諸存在が様々な対立物、様々な両極と中間、たとえば、「時間」と呼ばれる形而上学的存在を与える過去・現在・未来という三つの時であるものとして見られる時は、なんらかの形而上学的対立物、両極と中間、「最高《スムス》ト中間《メディウス》ト最低《ウルティムス》」、つまり最大と最少と、より多くもより少なくも一方より他方でないものです。これらの諸存在が生みだされたものとして見られる時は諸存在の最初の胚種、共通の胚種です。生みだされたものとしてというのは、いつでも本質的に「全一体」によって在るものとしてということですが、「全一体」によって在るとはつまり、諸存在の各々を生みだすのにいつでも多かれ少なかれ協力する諸存在のすべてによって在るということで、その各々がたとえば動物のようにあれこれの存在〔父と母〕のみによって生みだされたかに見える時ですらそうなのです〔二三〕。

「全一体」は純粋に相対的なものですから、対立物の一方、たとえば形而上学的な原因または胚種であれば、必ず対立物のもう一方、形而上学的な結果や産出物でもあります。つまり、「全体」であれば必ずその諸部分でもあります。そこから、神学ではそれについてしごく正当にも、それはすべてに浸透しすべての内にあり到る所に現前すると言われる〔四一〕わけで、それの存在について私が証示することはみなこの真実に帰着しますし、私はいかなる点でもこの真実からはずれません。

「全一体」の諸部分が「全一体」によって存在するように、「全一体」もその諸部分によって存在します。それは諸部分の結果であり原因であり、最初の結果であり最初の原因でもあります。われわれは創造者を被造物によってしか認識しない、と聖パウロが言った〔四二〕のもそのためです。聖パウロはこう付け加えることもできました。被造物が創造者によってのみ存在するのと同じく、創造者も被造物によってのみ存在する、と。むろん、それは端的に言った神として、原因でない存在〔全一者〕としてではなく、創造者たる神として、被造物の原因である存在としてです。重ねて言えば、真の神学的原理によると、この二つの存在は同じ存在を相反する二つの相で見たものなのです。

神を原因として見ながら結果として見ないのは、結果と別な物理的原因のように、建てた家とは別な建築家のように神を想像するという不合理によるにすぎません。神は自らの結果でもあり、私が神を同時に原因としても結果としても見るのは、神はその相対的な形而上学的実在によって、一方であれば必ず他方でもあるからです。しかし、神は自分自身と別のものではないこの実在をどこから手に入れるのでしょうか。もう一度言いますが、それを手に入れるのは物理的実在からです。つまり、自らの内に本質的に含む物理的なあれこれの原因・結果からです。こういう物理的な原因・結果は関係・比較にすぎません。存在する感覚的なものはことごとく、それ以外のものではありませんから。相対的な自然は現に与えてくれるものしか与えることはできません。様々な相対的真理しか、様々な現象しか与えられないのです。

事物の原理について人間は昔から常に種々の困難を抱えてきましたが、そういう困難が生じたのは、感覚的なものをどこにでもみつけたがることと、単純なものからいつも遠ざかることが原因です。それらの困難が御覧のように取り除かれた現在でも、気を付けないと同じ原因がまたぞろ同じ困難を惹き起こすでしょう。しかし、神学はいまだかつて、その面では〔神の内には〕感覚的なものを認めたためしがありませんし、私が語るのも正しく解釈されたそれの言葉にすぎません。そのことを証明するために典拠が必要なら、何巻にものぼるものを提供しましょう。無神論はどうかといえば、それはこういう困難にほとんど煩わされませんでした。自分には解決できないのを見て取って、そんなものを背後へ置きざりにし、気にすることも潔《いさぎよ》しとせずに、そういう困難の対象が存在することすら否定して進みました。でも、こちらはこちらの対象へ戻って、相変らず、それだけが真実と言える仕方で解釈された神学の言葉で続けるとしましょう。実在の基調（le fond）と色合いは今見たところですから、残るは、事柄をうまく言い表わす用語を使えば「底の底」（le fin fond）をお見せすることです。

今見たように、諸存在との関係で見た、創造者として見た存在については肯定的なことしか、絶対的なことしか言えないとすれば、この関係性を抜きにして見た、創造者でないもの、または創造以前のものとして見た存在については否定的なことしか言えません。われわれがそれに与える「無限な」、「永遠な」、「測り知れない」、「分割できない」、「唯一の」などという否定的な諸属性はそこから来ます。〔二四〕これらの属性は常に、創造者としての、諸存在と関係を持つものとしての存在に当てはまる属性を否定したものです。

関係性なき存在はもはや「全一体」〔原語の le tout は日常的な意味では「全体」ではなく、ほかのあらゆる存在を否定する言いかたですが「全一者」〔原語の tout は日常的な意味では「すべて」〕です。そこからわれわれも、神を関係性抜きで見る時に、神は「すべて」〔著者の用語では「全一者」〕だと言います。一方、自分との関係で見る時には、神は「われわれのすべて」(notre tout)だと言います。ついでながらここで指摘しておけば、実在に関するこの相反する二つの観点の内にこそ、われわれの言語でも承認されている「全体」から「すべて」への、「全体」と「すべて」の間の違いの理由を見ねばなりません。この理由はおそらくいまだかつて目にとまったことはなかったでしょうが。「全一体」は諸部分を含意しますが「全一者」はそれを一切含意せず、「全一者」は感覚的なものの否定ですがもう一方はそれの肯定です。これらの真理に付け加えれば、われわれは「全一体」の内にあり、「全一体」は「全一者」の内にあります。われわれは時間の内、現在の内にあり、時間も現在も否定的に取った永遠の内にあります。(二五) われわれは有限者の内にあり、有限者は無限者の内にあります。われわれは一〔集合的な一〕なる存在の内にあり、一なる存在は唯一〔非集合的な一〕の存在の内にあります。以下同様です。

「すべてはすべて」(Tout est tout)というのが、「全一者」を語る、全体〔全一体〕と諸部分を一緒にしたものを語る形而上学的な公理です。この観点からすると、もはや諸存在の間に区別は存在しません。世界が存在する前にあった渾沌《カオス》というものが作られたのは「全一者」の観念からで、それどころか「無」(le rien)が作られたのもそこからです。「無」が実際には「全一者」であることは、これからお見せするとおりです。

「無」はあらゆる実在の否定と思われてきましたが、否定的な或る実在があるのですから、その実在の否定ではありえません。それを否定したら自分自身を否定することになりますが、これは矛盾だからです。したがって、それは感覚的実在の否定でしかありません。実際、「無」という言葉もわれわれが口にする時、感覚的なあれこれのものの否定しか言いません。壺の中に酒が無いとか、財布の中にお金が無いとか、部屋の中に家具が無いとかです。さて、「全一者」または関係性なき存在も同じく感覚的実在の否定で(そこから、有限者を否定する「無限な」とか、時間を否定する「永遠な」とか、一なる存在や数ある諸存在を否定する「唯一の」とか、互いに一方が他方によって存在する存在と諸存在を否定する「それ自身によって」とかいうそれの属性が生じるのです)、ですから「全一者」と

「無」は同じものなのです。ですから、諸存在は無から引き出されると神学が言うのは正しいのです。諸存在も、それらの原型である創造者たる存在、原因である存在〔全一体〕すらも、無である神から、虚無そのものである神から引き出されるのですから。神はそれらの諸存在との関係で見られない場合、創造者または原因として見られない場合、単純にそのものとして、創造以前の神を神学がさようなものと見るように永遠の安らぎの内に独り存在するものとして見られる場合は、まさに無であり虚無そのものであるのです。[二六]

御覧のとおり、理性が行けるのは無が存在するという証明まで、まだはっきりと認識されていなかった否定的実在の証明までで、形而上学的にその先まで行けるということは矛盾しています。このように、「しかり」を否定し感覚的なものを否定する「否」または無があるのですから。このように、「全一体」を否定し、それを否定すると同時に肯定する（無限者は有限者を否定すると同時に肯定しますから）ので矛盾そのものである「全一者」があるのですから。

それにしても、神が無であり虚無そのものであることを今日いかにして得心できるでしょうか。それに成功するためには、まず、私がここで「神」という語によって〔道徳的存在ではなく〕形而上学的存在しか考えてないのを思い出し、次に、私が今しがた無についてした異論の余地のない定義と、その定義が当てはまるのは「全一体」ではなく（誤解なきよう）、「全一体」とは違った語尾変化をする「全一者」であるという、これも同じく異論の余地のない証明について一再ならず思いを凝らす必要がありましょう。

また、神と物質が一つのものにすぎないのを得心できるためには、物質というものを、私がそのもとで提示したような相対的な形而上学的観点から見て、次のことをよくよく自分に言い聞かせる必要もありましょう。それは、われわれがこれまで個別から一般へ、それどころか或る本性〔物理的本性〕から別の本性〔形而上学的本性〕へと結論を導いて、物質の内に見えるものから、土とか泥とかいった物質の様々な外見から、「見える」ものと対立した「在る」存在へ、「物質」、「宇宙」、「自然」、「世界」、「空間」、「延長」等々と名付けられる現実的存在へと論結してきたのはわれわれの無知の純然たる結果だということです。この現実的存在は、「現実的」、「絶対的」、さらには「普遍的」というような肯定的属性を持つ以上、あるいは、「物質」、「宇宙」、「自然」等々のような部分を含意する名称を持つ以上、「全一体」であって「全一者」ではないのですが（二七）。

話を戻してもう一度繰り返せば、「全一体」とは、いかなる形而上学的面からであれ全き完成を言い表わすあらゆる属性がそれに当てはまる実在で、お望みなら相対的な形而上学的真理と言ってもいいでしょう。そのような完成は、諸部分の補完物である「全一体」にしか属せないからです。この実在は唯一豊饒なもの、この世界の諸事物に唯一当てはめられるものですが、それは、この実在が相対的なものだから、それと反対の実在〔全一者〕はそうではないからです。われわれの祭祀の内にはどこでも打ち立てられている被造物から創造者への大きな関係性はそこから来ますし、我らの無神論に対する神学の勝利もそこから来ます。私が言ったこと、さらに言えるはずのこと一切からも来るように。

唯一豊饒なこの実在から自然の一般法則が流れ出るわけですが、この一般法則から必然的に、個別的または物理的なあれこれの法則が流れ出ます。十分に深められ十分に筋を通したこの実在の認識によってこそ、人間たちに今まで解決できなかった、またたえず人間たちに再生してくる無数の困難も解決が得られるのです。今や、人間たちは自力でそれらの困難を解決する道に立っています。その仕事は彼らに残しておきましょう。私の目的は何もかも揃った形而上学書をここで出すこと、つまり、今提示した真理の様々な適用までお見せすることではないのですから（二八）。物質とは別なものとしての神を対象とする種々の巨大な困難はどうかといえば、そういうものはことごとく十分解決されました。物質の外にある無限の神なるもの、物質と本性を異にしながら物質に作用する神なるもの、時間の内に創造しながら時間など一切知らぬ神なるもの、等々――そんなものを〔そんなものは不合理だとして〕無神論者たちももう反論としてわれわれにぶつけるわけにはいかないでしょう。

（二〇）「協力・一致した感覚」というのは、いかなる諸存在とも協力・一致した人間全体のことで、そういう観点から見ると人間はもはや人間ではありません。その場合、人間は自分を人間たらしめる自己の色合いでではなく、すべてにおいて到る所で同一な基調で見られているからです。人間たちに形而上学的真理を展開してやる際の不都合は、この真理を人間に適用せねばならないのに、人間をその真理〔普遍的実在〕と区別するかのように、人間を相変らず人間として見るかのように見えずにはそれができないことです。実際は、人間をその真理と区別していないのに、人間をもはや人間として、あれこれの物理的存在として見ているのではないのに。人間を人間として見るのをいかにしてやめられるか、けっして死なない形而上学的実在という面で人間を見ることがいかにしてできるか、と訊かれたら答は簡単で、自分に言い聞かせるのがたやすいことを言い聞かせればいいのです。それは、人間と残りのものを合わせれば宇宙というただ一つのものしか出来ないということです。形而上学的真理が今まで十分認識されなかったのは、あまりに単純だからにすぎません。道徳的真理についても同じことが言えます。

（二一） 可能でもあり実際に存在もする唯一の反対物は、実在についての互いに相反する二つの観点です。そこから、自然の内にはただの対立物しか、多いか少ないかしかなく、いかなる否定または欠如も肉体の目にしか、感覚によってしかないということになります。空っぽな壺の中に酒の否定を見させたり、お金が見えない財布の中にお金の否定を見させたりするのは感覚なのです。個別的ないかなる物体も、多かれ少なかれ他のすべての物体から構成されないものはありません。

（二二） 諸々の存在は無限な実体の変様だとスピノザは言いますが、これからお目にかけるように、その実体〔著者の体系では全一者〕が一切の変様を否定すること、互いに区別されたものとしての基体も様態も、「全一体」もその諸部分も否定することを知りませんでした。有限者または「全一体」である実体が原理なのですから、無限な一つの実体しか知らないということ自体で、これは原理なき無神論者なのです。無限の実体は唯一の実体で、それ自身以外のあらゆるものを否定し、一切の複合を否定するのです。

（二三） 「全一体」はまた、それの起源を知ろうと皆があれほどまでに、しかもあれほど無駄に努めてきた善と悪でもありますが（四三）、但し物理的善悪でも道徳的善悪でもなく、形而上学的善悪です。悪は善の対立物、善の最少にすぎず、善の否定ではありません。物理的な対立物がもともとそこから発する形而上学的な対立物は、すべて互いに一方は他方に帰着し、一つをなすにすぎません。対立物の統一こそが対立物の中間、先程言った「より多くもより少なくも最少より最大でないもの」です。形而上学的な最大は最少を含意し、最少は最大を含意しますが、それは両者の間の違いが「まるっきり」〔原語は du tout au tout で、表記の意味で使われる慣用句だが、著者の体系に即して直訳すれば「全一体から全一体への」となる〕だからです。この表現は他の多くの表現と同様、真理の叫び〔「叫び」とは無自覚的で断片的な表出のこと〕がわれわれの言語に言わせたもので、「全一体」をしか意味しません。付け加えれば、肯定的な様々の一般的集合名辞はみな、対立語を持つにせよ持たないにせよ、ことごとく「全一体」しか、諸部分との関係で見た普遍的実在しか言い表わしませんし、普遍的実在がそのように見られるのは、それとそれの諸部分とが区別または分離されるからにすぎません。諸部分が存在するのは感覚にとってですから、この区別は感覚によって惹き起こされるものですが、実在の本性の内にはそういう区別があると同時にありません。実在については相反する二つの観点があるからです。さらに付け加えれば、創造とか、諸存在の始まり、最初の原因、最初の胚種とか、善悪等々とかに関するあらゆる困難は、私が与える「全一体」または相対的実在の認識によって十分に解決されます。

（二四）　重ねて言えば、この関係はあれこれの存在によって、物理的なものの実在によってしか生じません。この実在を捨象したら、もはや否定的な実在しか、それと切り離されてそれとの関係で見られるいかなる部分もない諸存在の一般的総体しか、関係性なき存在、または唯一の存在しか、それ自体としての、それ自体による存在しかないからです。これはそれ自体としての、それ自体による唯一の存在で、したがって、真実の実在ではなく――「真実の」という属性は肯定的なものですから、「真実の実在」という言葉は「全一体」にしか当てはまりません――形容詞抜きの「実在」だと言える唯一の存在です。捨象という点についてここで指摘しておけば、形而上学的なやりかたをする時は物理的なものを捨象しますが、逆に物理的なやりかたをする時は形而上学的なものを捨象するわけで、したがって、捨象ということで物理的なものが形而上学的なものを非難するいわれはどこにもありません。物理的なやりかたをする時はいつでも形而上学的なものを捨象するほか、行動の対象であるもの以外、他のあれこれの物理的なものも捨象しますが、この捨象は実際には形而上学的なものの捨象、爾余の事物の捨象にすぎないとすら言えます。われわれはいまだかつて捨象によってしか行動しないもので、明証性のあらんかぎりを以て行動できるのは形而上学的に行動する時、またはそうしているかに見える時にすぎません。たとえば幾何学者たちが、自然の内には多くまたは少なくしかない正確なもの、完全なもの〔正確な円、完全な正三角形など〕を仮定してするような際です。形而上学的真理は全くの真理で、偏見を洗い流した魂には展開も実に明瞭且つ簡潔でしょうから、習律状態が存在しえたら、道徳的真理がわれわれの習俗となりえたら、習律状態の中でそれを若者に教え込むほどたやすいことはないでしょう。

（二五）　「永遠」は「始めも終わりもないもの」と定義する時は否定的に取っていますが、時間と同じように定義する時、「常にあったし、今あるし、常にあるはずのもの」とそれについて言う時、先行した永遠や後続する永遠を語る時には肯定的に取っています。「永遠」は時間と混同されますから、われわれの言語では「無限」の方が「永遠」よりさらにはっきり否定的です。しかし、「無限性の多少」と言わないようにに「永遠性の多少」とも言いませんし、特にこの点で永遠とは否定なのです。「善の多少」、「充満度の多少」、「複合度の多少」と言われるように「悪の多少」、「空虚さの多少」、「単純さの多少」と言われなかったら、「悪」、「空虚」、「単純」などは「善」、「充満」、「複合」の否定でしょう。「悪」が「善」の最少であるように、「空虚」は「充満」の最少、「単純」は「複合」の最少で、こういう相対立する一般的集合名辞はみな、重ねて言えば相対的存在、「全一体」しか言い表わしません。諸々の存在はこの「全一体」の形而上学的多少で、この多少から感覚的または物理的なあれこれの多少が生じるのです。一般は個別なしにはありませんから。すべては物理的に存在し、すべては形而上学的に存在するのです。

（二六）　創造者たる神、または「全一体」は、創造者でない神、「全一者」とともに永遠ですが、それはもっぱら、一方は他方なしに存在できない、両者は不可分だという意味からにすぎません。創造者たる神、または関係性による神は時間で、創造者でない神、または関係性なき神は永遠性だからです。

（二七）　それらの名称を否定的に取ろうと思ったら、普通するように、「全体〔全一体〕の諸部分」と言うのと同じような具合で「物質の、宇宙の、自然の諸部分」などと言うべきではないでしょうし、あれこれの事物が「全体〔全一体〕の内に」あると言うのと同じような具合で、それらが物質の内、宇宙の内、自然の内、世界の内、空間の内、延長の内にあるなどと言うべきでもないでしょう。

（二八）　これらの真理を支えるべきそういう適用は本書に載っていません。人間が自然法のもとで生活できるということを支えるべき、その法のもとでの人間の習俗の詳細がこれまでの記述に欠けているのと同じです。しかし、本書を読んでそういう適用や詳細をお望みでしたら、いずれお届けしましょう。〔四四〕本質的なことは本書に載っていますが、ただ、それを読む術《すべ》を知らなくてはなりません。残念ながら、われわれが生きているこの時代にはすべてが上っ面《つら》だけで、哲学に至っては特にそうです。真理は赤裸な姿で現われるように出来ている、飾りなどみなそれと無縁だ、と昔から言われてきましたが、赤裸だと外目には肉付きなど全然ない骸骨しかお目にかけられず、そのため、おそらくは拒絶され無視されるほど真理が損害を受けるということには考え及ばなかったのです。これほど単純で、これほど文法どおりで、言葉遊びをしているにすぎないように見えるものが真理だなどとどうして思えるでしょうか。

問二十六

今明かしてくださった根本思想は実に斬新で、哲学の面目を一新させるものですね。今や、形而上学的存在が本質的に存在する二つの相のもとで知られたわけです。この二つの相は一方が他方を否定すると同時に肯定するもので、これまではせいぜい宗教の根本原理の内に垣間見られたにすぎませんでした。そういう原理が展開された上で、あと残るのは、相対的な形而上学的存在を、創造者または原因を道徳的存在とみなして、それをあらゆる点で根本的に宗教が教えるとおりのものと見ることです。そういう観点からこの存在を論証することがおできですか。この観点からやれば、無神論は完全にやりこめられるはずですが。

答

宗教自身に言わせると、理性単独では不十分で啓示に頼らなくてはいけないのはまさにここですね。しかし、これまでの記述のすべてからして、我らの無神論者たちにとっても啓示に頼るのはあまりにも理由のあることですから、彼らとしても神なるものを認めるのを拒むことは難しいでしょう。神なるものを認めるとはつまり、その語に結び付く観念を部分的に言い表わせば、相対的な形而上学的存在を道徳的な相のもとに見ることですが[二九]。

無神論者たちが今となって神なるものを認めるのを拒めるためには、相対的な形而上学的存在は、形而上学的原理は道徳的なものたりえぬことを論証して、その存在が道徳的なものでないのになおかつ道徳的なものの土台であることを示さなくてはなりません。なぜなら、その場合道徳的なものはもはや物理的なものにすぎなくなりますが、物理的なものはみな必然的に形而上学的なものを土台にし、形而上学的なものが基調で、物理的なものはそれの色合いなのですから。

我らの無神論者たちがこの課題に取り組んだら、道徳的なものという物理的なものと全く別物に見えるありかたがなおかつ物理的なものにすぎず、ほかのあらゆる物理的なものと同様に形而上学的なものを土台にするという今言った矛盾を論証してくれたら、その時は連中の言うことを信じましょう。

でも、そのためには、純形而上学的なものにある道徳的なものの土台を特別な仕方で見せてくれなくてはなりません。道徳的なものは彼らが考えるように物理的なものでも、非常に特殊な物理的なもので、土台の内でも特別に見られることを求めるからです。彼らはおそらくこう言うでしょう。道徳的なものが物理的なものとこれほど別物に見えるのは、別物どころか類を異にするとさえ見えるのは、われわれの道徳状態〔社会状態〕が狂っている結果にすぎないのだ、と。しかし、私はこう答えなくてはいけないでしょう。ここで問題なのはもうわれわれの道徳状態ではない、道徳状態〔社会状態〕にはもう一つ、私が彼らに認識させた習律状態、自然法状態というものがあり、ほかならぬそれの土台を純形而上学的なものの内に君らはみつけなければならないのだ、と。また、前述のとおり、この完全な道徳状態が存在しうること、それが存在するのを阻むものはわれわれの無知だけであることも、彼らとして証明しなければなりません。なぜなら、その証明がなければ、われわれの道徳状態〔今の社会状態〕は神という形而上学的・道徳的な土台とともにいつまでも存在して、無神論者たちのあらゆる努力も今そうであるように有害無益なものにすぎないはずだからです。

もう一度言いますが、私は無神論者たちを遠くまで引っ張って行き、そこまで穴を掘らされることがありうるとは彼らが夢にも思わなかったような底まで掘り進んでいます。でも所詮、彼らも打ち壊したいなら打ち立てなくてはなりませんし、私が求める条件を充たさずに打ち立てられるなら打ち立ててみよと、私は彼らの全員に挑戦するものです。今や、あらゆる困難はその条件だけに帰着しているのですから。道徳的な面でも形而上学的な面でも私は理性を行ける所まで推し進めて、破壊的な目的へ導く力を最大限に具えた道の上に無神論者たちを立たせました。目の前に開かれたこの道から何か利益を引き出して法律状態の打破へ向かえるかどうか、正しく言えば、この状態は今やかつてないほど強力で、彼らの手からはペンが落ち、生涯二度と持ち直すこともできないはずでないかどうか、それを見るのは彼ら自身の仕事です。

彼らの無神論よりはるかに開明的な無神論によって、破壊が許されるためにはそれを充たせと私が求める条件を充足できる場合にさえ、彼らの無神論はやりこめられてしまうでしょう。そういう際にも、私が見せてやったことを彼らが見るのに変わりはないからです。それは、この〔開明的な〕無神論がない時はどうしても神の法が必要だったこと、神の法を通じてしかこの無神論へは来られなかったこと、無知で原理なき彼らの無神論が神の法を打ち壊し、その後釜に坐るなどと称することに道理の影すらなかったことです。この想定では無神論が無神論をやりこめることになりますが、私がこんな想定をするのは、彼らの無神論がどれほど無考えなものか、彼らがそれをひけらかすのはいかに間違いかを、我らの無神論者たちによくよく示すためなのです。(三〇)

さらに進んで、この開明的な無神論が今日発見され開示されたとした場合、それが自らの明証性のすべてを以てしても法律状態を打ち壊せるかどうか、われわれが住む地球上に法律状態がこれほどあまねく、これほど強固に打ち立てられているのにそんなことができるものかどうか、我らの無神論者たちに訊いてみましょう。彼らもきっと肯定する決心はつかないでしょう。(三一)ならば、そこから、この法律状態がいかに磐石か判断して、その判断を出発点に、自分らの努力の虚しさ、無意味さ、そして同時に危険性をよくよく痛感してほしいものです。それにしても、彼らにどんな逃げ道も残さぬようにするため、なんとおかしな想定に頼らなくてはならないのでしょう。

ここまで来た今、我らの無神論者たちも、存在として原理としての普遍的実在を認め、十分に傾聴されはしませんでしたが神学が教えてくれるとおり、その実在を肯定的および否定的なものと認め、さらには神学がわれわれの理性を超える教義を教えるのには根拠があると認めるのをもはや拒めないと白状せねばなりません。彼らは自己の悟性にしたがって物を書きますが、悟性は彼らにあっても私にあっても同じもので、違いはそれを展開する物理的能力が多いか少ないかにすぎません。この悟性の価値を彼らが今や余すところなく認識し、私がそこから明かして見せたものを辿ってほしいと思います。形而上学的原理から自分らにとっても種々の帰結が生まれてくるのを見れば見るほど、その原理〔全一体〕とそれの否定〔全一者〕を知らずに、それどころか真の道徳原理すら知らずに考えを決め物を書いたことに、彼らはますます赤面するでしょう。われわれが宗教など持つのは馬鹿の骨頂だと彼らは思っていたわけですが、馬鹿の骨頂はどちらだったか考えてほしいものです。無神論が論証され、(三二)それによって今、宗教は虚偽だと論証された場合でさえも。

私が今スケッチした哲学は、それの真実性を証明するのに論理学も寄与するはずのものですが、それが扱うきわめて本質的な問題は今まで解明されずにいたもので、解明されないということから、純粋有神論者や無神論者といった我らの無信仰者たちに、われわれ〔キリスト教徒〕に対抗する或る種の力を与えていました。しかし、そういう問題も今や納得がいくように解明され、我らの無信仰者たちも宗教へ呼び戻されはしないにせよ、少なくとも沈黙はするだろうと私は期待しています。これは私が彼らを連れて行きたい場所で、私が到達しようと狙ったのも彼らを黙らせることでした。それに成功したなら、私は宗教のためやれるかぎりのことをしたことになります。同時に哲学のためにしたことは言わないとしても。

それでも、哲学者たちの蒙を啓こうとしただけなのに、意に反して彼らを怒らせかねないような書きかたをしてしまったのなら、御寛恕願いたいものです。

（二九）　もう一方の相が「形而上学的」〔語源的には「メタ物理的《フィジック》」〕と呼ばれるように、こちらの相は「メタ道徳的《モラル》」と呼ばれるべきでしょう。神はあちらの相では物理的なものの最高であるように、こちらの相では道徳的なものの最高ですから。

（三〇）　開明的な無神論は無知な無神論のように危険などころか、人間たちが常識的に望みうる最も有利なものでしょう。事物の根底に関する彼らの無知を打破し、道徳的真理とそれを実践に移す可能性を論証することで、人間たちを永久に幸福に、今まで不幸だったのと同程度に幸福にするはずなのですから。連続的な楽しみである幸福は、原理に基づく習律状態によってしか地上には存在できません。しかし、幸福は現世のためにあるのでしょうか。それはこれから決めることです。

（三一）　形而上学的・道徳的な明証性だけが、法律状態を習律状態に変えられるでしょう。明証性はいくら強力でもそれをなしとげられまいと言うことに根拠があるためには、明証性はすでに登場したがその変化を起こせなかったというのでなければなりませんが、明証性は現在に至るまで登場しませんでした。明証性が開示されても人間は拒むだろう、と言われたのは間違いでした。幾何学的な明証性に人はいつでも服してきましたし、こちらの明証性にも認識すれば必ずや服すでしょう。人間の幸福は幾何学的な明証性に依存すること少ないのと同程度に、こちらの明証性には依存しているからです。

（三二）　我らの無神論者たちがそれと隔たること遠い無神論の論証だけが、破壊をなしとげられるのです。ほかの手段がどれも宗教に対して何もやれなかったのは、何もやる力がなかったからです。

書き上げた後《あと》で寄せられた三つの質問をここに加えます。

問一

個別的な実在と普遍的な実在が、物理的な実在と形而上学的な実在が、諸部分と全体が存在するのはどうしてですか。

答

別々に捉えたこの二つの実在を否定して、それだけがこれらのかわりに概念できる「全一者」または「無」が、すでにお見せしたとおり、一緒に捉えたこの二つの実在だからです。

この二つの実在が互いに区別されるかされないかに応じて、そこから関係性による実在か関係性なき実在か、肯定的な実在か否定的な実在かが生じます。

問二

関係性による実在と関係性なき実在、肯定的な実在と否定的な実在、「全一体」と「全一者」が存在するのはなぜですか。

答

一方が消えれば必ずきまって他方がそのかわりになる以上、この二つの実在がないというのはそれ自体矛盾だからです。今の御質問のきっかけになれるのは無という観念だけですが、その観念はこの二つの実在の一つに当てはまるからです。一つというのは関係性なき実在のこと、「全一者」のことで、それは関係性による実在の、感覚的な実在の、「全一体」の存在の否定であるため無であり、虚無そのものであるわけです。

関係性による実在は関係性なき実在を、自己を否定すると同時に肯定する無の存在を根拠にしますが、逆にこの〔関係性なき〕実在も自己を肯定する関係性による実在を根拠にします。「しかり」が「否」を根拠にするように、「否」も「しかり」を根拠にするからです。つまり、有限者が無限者を根拠にするように、無限者も有限者を根拠にするからです。

問三

何かがあるのはなぜですか。なぜ実在があるのですか。

答

無が何かだからです。「全一者」である以上、無は実在ですからね。

こういういろんな質問が出たのは無の観念が展開されてないからですが、その観念が展開されたらこんな質問は永久に禁じられるはずです。無の観念は抱けないと昔から思われてきましたけれど、上記のいろんな質問が証明するように実際は抱かれていたのです。ただ、同じ質問がこれも証明するように展開されてはいませんでした。それを展開したということほど人間たちに肝要なものはなかったのです。〔展開された〕この観念によって、人間たちは事物の根底についての認識を得るのです。その点をめぐる人間たちの無知が、いかに多くの誤謬と禍を生みだしたことでしょう！　このことははじめ想像もつかないでしょうが、形而上学的・道徳的な真の体系が得られた今はよくよくそれを考えてください。

完

第二部　写本

Ⅰ　真理または真の体系

（第一巻、ノート一）

形而上学的・道徳的な謎のこころ

汝ラ、上ニアルモノヲ念《オモ》エ、（四五）地ニ
アルモノヲ聡《サト》ク念ワンガタメニ

わが同類なる人間たちへの献辞

自然の謎の
得がたきこころを受け取られよ。
そのこころが神々から永久に失わすものは、
みな、おんみらが利子付きで手に入れる。
自らの恥、法なる歯止めよりおんみらを解き放つゆえ、
法がそこにて失うものは、
司祭と王の軛から自由となりし習俗が、
みな、あり余るほど手に入れる。

序文

「わが同類たちへの献辞」のような書き出しをした上は、予告する〔謎の〕「こころ」が本当の「こころ」でなくてはならないが、実際そうだと私はあえて断言する。最初一瞥しただけではお疑いかもしれないが、二度、さらには三度見ていただきたい。しごく単純とはいえ目新しいもので、再読三読を要するからである。真剣な検討と賢明な議論さえしてもらえば、それを読むように出来た読者の目にもこの「こころ」は私の目に映るとおりのものになり、明証性そのものになり、動物のあらゆる種の中でも最も不幸なものの幸福がそれ一つにかかる発見になるはずである。人間たちのことを言っているのはお分りであろう。口調がひどく断定的だと言われようし、それに反撥する人もいよう。でもお読みになれば、別の口調で言えたかどうかお分りになろう。

開明的な世の人がここに予告する「こころ」を私と同じ目で見なかった場合、私は言いようもなく驚くだろうが、さりとて自分の確信が十全でなくなりはしないだろう。その時はただ、われわれの無知が思った以上に打ち克ちがたいものだと分るだけだろう。それでも、打ち立てることなく打ち壊すため誠に正当にも危険なものとみなされる当代の哲学的半啓蒙と、これは一緒くたにされまいと私はあえて期待している。これは異論の余地なく打ち立てるからである。

私は誠心誠意真理を探し、確実に真理をみつけた。おそらくそれを公にするだろう。どうして拒もうとなどされよう。ここで私の使う口調は一次的〔形而上学的〕明証性の抗しがたい支配力のみが与えたものだが、この明証性は専制君主のようなもので、公表され多少の時さえ与えられればどんな障害にも打ち克つのである。その明証性の力について私の抱く観念が間違っていたら、人間たちは今後とも今のような状態を続けるだろうが、それでも、この明証性はそれ自体としてそうであるもの、それを展開した私にとってそうであるものでなくなるわけではなかろう。真理を手に入れるには目新しいものが要ったから、ここには目新しいものがあると覚悟すべきである。初読では必ずや、出てくる斬新な考えのため読むのは疲れるだろう。でも、めげないでほしい。読むのに要した時間と苦労を後悔なさることはあるまいと保証できる。われわれに欠けている哲学書がいきなり読んでも分りやすいなどと考えるべきだろうか。その書には事実も典拠も載っておらず、そこでは私の理性だけが人々の理性に語るはずである。人々の理性も根本では私の理性と違わないのだから。

それの外では道理に適った思考も行動もついぞできない点というのは一つしかなく、その点とは真理である。その点からはずれるものはみな疑いでしかなく、またそうでしかありえない。人間たちは様々な説、様々な信念に賛同しようと努め、賛同すると言い、それのため自らの血を流すほどそう思い込むけれども、実際はなおかつけっしてそれに賛同しておらず、一皮剝けばあるのは疑いだけである。だいたい、そんなものにどうして賛同できようか。人が賛同できるのは真理だけで、真理だけが確信を与えられるのである。

深く究めようとした人（そういう人の数は古来、考えるよりずっと少なかった）の中でも、いちばん道理に適っていたのは今までのところ、自分に欠ける光の訪れを待ちながら賢明に疑うだけに止めた人だった。肯定したり否定したり、打ち立てたり打ち壊したりした人は、盲人のようにそれをした。だから、彼ら以前に問題だったことは、みなことごとくいまだに問題なのである。

われわれを定言論者《ドグマティック》にすることに根拠がありえたのは、認識された真理だけだった。その認識を待つ間は、さしたり賢明な懐疑しかあるべきではなかった。しかし、そういう懐疑はごく少数の頭にしか入れなかった。

自らも打ち壊されるためにある新説を打ち立てるためあえて打ち壊した人たちがそれを罪とされたのも、そのため死刑にされたり社会から隔離されたりする者が出たのも、当節の哲学〔啓蒙思想〕がなんと言おうと全く正しいことだった。それは、真理を打ち立てることでしか打ち壊さない者をそのように扱うのが不正なはずなのと同断である。

真理というのはこの世で最も打ち壊しがたく、注意せずにも人が最も一致して望むもの、それを認識することが人間たちに最も重要なものなのだから。私の与えるものが真理でなければ、ここで言うことは私に不利にはたらくが、真理であれば有利にはたらく。

われわれは普通、自らの社会状態の悲惨を一つずつ、二次的な原因の内でしか見ないが、ここで問題なのはそれをまとめて一次的な原因の内で見ることである。一次的な原因とはわれわれ全部に共通する無知で、それは今の法律状態の生みの親としてこの恐ろしい状態を維持し、この状態も逆にそれを維持している。この観点を欠いたら、われわれはおのれの無知の必然的な結果に対してあらずもがなの叫びを上げ、今あるような人間たちをやっつける大演説をぶち、自分らの宗教や習俗を弾劾することしかできない。責めるべきは原因としてのおのが無知であってその結果ではないこと、打破しようと努めるべきはこの無知であることをついぞ考えもせずに、われわれはいつでもそんなことばかりしている。

なんだ、宗教や習俗から被害を受けてるのに、それを攻撃できないのか、と言われよう。さよう、できないのである。われわれの無知のこういう一般的な結果は、それらの結果自体から生じる一つの結果、たとえばわれわれ個人にされる不正などとは話が違うからだ。そういう二次的な結果はわれわれの叫びで抑止できるが、おのれの無知が打破されずに残るかぎり、われわれの宗教や習俗はそんな叫びを浴びても常に持ちこたえ、われわれはいつも、叫んでも無駄だったことになるだろう。

今風靡するような哲学〔啓蒙思想〕は、宗教や統治の内に革命を惹き起こすことはたしかにできるが、その半啓蒙を以てしてはそれ以上のことは何もできない。無益であるとともに危険なものとして常に避けるべきその革命も、神的・人間的法律状態が存続して、その状態に起因する道徳的悪が色合いこそ違え同じ力を持って存在するのを妨げないはずであるから。

わけも分らず破壊にいそしむこんな哲学が今四方から溢れ出しているため、反撥する理性が遂に沈黙を破って、たぶらかされた人々に、あの哲学はあえて理性と称するが理性とはあんなものではないことを示さざるをえない。そこから出てくるはずなのは、まさしく、私が別の言葉で予告するもの、「自然の真の体系」〔四六〕にほかならない。ただこれは、ミラボー〔四七〕の名を借りた或る作家〔ドルバック〕がしたように体系を枝葉で捉えたものではなく、根っこで捉えたものである。そう捉えることにすべてがかかっていたのだ。

体系の枝葉はこの作家に「物理的世界の法則」と呼ばれている。もっと事情が分っていたら、この人はそれを「形而上学的世界の法則」と呼んだはずで、そういう法則を扱う学問を排斥したり、知らぬ間に形而上学者であったりするのではなく、無神論の体系とは形而上学体系でしかありえないのを見抜いたはずである。

「物理的世界の法則」などと標題に掲げた本が予告できるのは、物理学〔自然学〕の様々な部分をすべて網羅し、それらの各々に特有な法則を説明するような本にすぎない。あの作家のもののようにすべての存在に共通する一般法則を収め、それを特殊に人間へ当てはめるたぐいの本は予告されない。あの作家はそういう法則を或る程度認識しても、道徳的世界の法則を認識したとはとても言えないこと、それを認識するにはもっともっと深く掘り下げなくてはならなかったことがいずれお分りいただけよう。

〔修道士という〕自分の立場からしても、そうそう人に伝えられるものではない本書の性質からしても、見識のある心友の批評という、およそ物書きには常に必要な助けを私は欠いている。そこから、本書はそうありうるほどには言葉遣いが正確でもなく正しくもなく豊かでもないという結果になろう。そのことをあらかじめおことわりしておくのは、形式面ではみつかりかねぬ、いや間違いなくみつかるはずの欠点から、内容を非とする結論が出されないようにするためである。それでも、この本は読まないか全部読むか、どちらかにしてほしい。軽々しく判定さるべきでないような性質の本であるから。

人間の様々な臆説に私は一切足を止めなかった。そんなものは遠くへ残して、真実なもの、単純なものへ直行した。真実で単純なものも、その本性が求めるとおり赤裸な姿で登場しよう。これまで扱われなかったほど余すところなく深く扱われる一次的〔形而上学的〕理性の対象が求めるような厳密な論理と細心な正確さは、今日読まれるために必要であるような論弁の華やかさも凝った文体も容れない。私は教えるかぎりでしか気に入られまいし、納得させるかぎりでしか教えまい。

折にふれ作った色々な断片を基にして、私は形而上学的・道徳的真理を与えるだろう。端的に言った〔形容詞抜きの〕真理は言うまでもない。だから、繰り返しが山と生じよう。主題の性質からおのずと生じるものは言わないとしても。しかし、それだけますますこの真理は展開されよう。これは展開されすぎることはないはずで、また赤裸な姿で登場するように出来ているため、何より単純であらゆる読者の手に届く表現を必要とする。この真理がないからこそ、あらゆる雄弁が、あらゆる学殖が、あらゆる典拠が、また真に有用なものからはみ出るあらゆる学問、あらゆる技芸が存在するのである。

お読みになる中で難しさを感じることもありえようが、それにはあまり足を止めないでいただきたい。すべては互いに証明し合い解明し合うので、はじめ理解しにくく見えるものも後《あと》ではそう見えなくなるはずだから。真理がそれと闘うべき今支配する不合理なもの〔宗教〕の結果、真理はプロテウス〔ギリシャ神話中の人物。ポセイドンの従者で、変身能力があるとされた〕のようなものになった。それが捉えられるのは、いろんな形で姿を見せた末のことにすぎまい。しかし、ひとたび捉えられたら、明証性そのものと判断されよう。

真理によってこそ〔謎の〕「こころ」は得られよう。その「こころ」はひとたび見抜かれたら、今まで人間たちに謎だった一切の「こころ」であるのが分ろう。これまで解けなかった様々な問題の解決が得られるのは真理によってである。存在と諸存在についても、実在と本質についても、精神と物質についても、無限なものと有限なものについても、始めと終わりについても、静止と運動についても、充満と空虚についても、不可能なものと可能なものについても、現実と外見についても、宇宙を支配する秩序と無秩序についても、必然と偶然と自由についても、形而上学的なものと物理的なものと道徳的なもの、またそれらを否定する実在についても、本有観念と習得観念についても、感覚とそれを惹き起こす対象の間の関係性についても、無限可分性と無限順進についても、諸存在の生殖についても、延長についても、空間についても、引力についても、相対的な、または「他のものによる」ものと、関係性なしに、または「自らによって」在るものについても、「実在」と「無」についても、他の諸々の真理の価値についても、総じて個別の学問の対象からはみ出るすべてについても。われわれの内にある種々な矛盾の理由が分るはずなのも、不合理なもの〔宗教〕が地球の全面を被い尽くす深い闇から人が脱するはずなのも、それを知らないがためソクラテスやテオフラストス〔四八〕のような人たちが長期にわたる研鑽のあげく、自分は何も知らないと言ったすべてのものが知られるはずなのも、それが認識されなかったため世界が今あるようなものであるすべてが認識されるはずなのも、ド・ヴォルテール氏の次の詩句に含まれる諸問題が解決されるはずなのも真理による。

私は誰か、どこにいるのか、どこへ行くのか、どこから引き出されたのか。〔四九〕

それに一行加えれば、

人間は邪悪に生まれついたのか、人間は啓蒙できるのか。

さらに、甲斐なき努力のあげく今では不適切にも明かされえないと判断される一切が遂に明かされるはずなのも真理による。私は「不適切にも」と言うが、だいたい、今までの努力が無駄だったからとて、今後の努力も無駄だと結論できるのか。この点を推測する材料は山とあっても、断定する材料があることにはならない。そのことに読者も注意してほしい。

人間たちの口にも本にも真理はひっきりなしに顔を出すが、効果はない。話の中でも本の中でも真理がたえず発する叫びに、または同じことだが、人間があらゆる存在と共通に持ち、人間の協力・一致した感覚である自らの存在の「基調」が語ることに、人間たちはしかるべく耳を藉したためしがないからである。この知はひとたび展開されたら、われわれが理由は分らぬながらあまねく同意する多くの真理を説明してくれる。そういう様々な真理は「悟性」から汲み出したものである以上、実際そうであるように時と所を問わぬ真理でなくてはならないこと、かといって、それらが深く究められたということも、それらの基礎が何なのかかつて知られたということも必然でないのを論証してくれる。この知はまた、真なるもの、美しいもの、単純なものについて最良の作家たちが与えてくれた観念に適用されれば、それらの観念の根本的な支えであるのが分る。その知の言語が採用されたら、われわれの頭脳からも諸国語からも不合理なもの〔宗教〕がそこへ自分の分として持ち込んだものが取り除かれたら、この知は親から子へとたやすく伝えられよう。この知は実は、われわれがしょっちゅう口にする肯定的および否定的な一般的集合名辞の応用にすぎないのである。口にするとはいっても、われわれはそれに、結び付けるべきだった正確な観念はおろか、正確とは言わぬただの観念さえ結び付けなかったから、その点でこの知は一見わけが分らぬように見えかねない。重ねて言えば、それにめげてはならないのである。

われわれの目にこの上なく明証的に見えるものをこの上なく明証的だと思わせるあれこれの偏見をこの知によって打破することが問題の時ほど、この知がわれわれの側からの障害にぶつかることはありえない。この知はおのが全貌を現わさぬかぎり、なんであれ偏見を根底から打破することはできない。統治する人々も、打ち壊そうとばかりする数多の体系とこの知とを全面的に区別すべきである。それらの体系をも、それに対置される体系をも、おしなべてこの知は斥けるが、それらを純化することしかしないから、そのどれをも否定はしない。この知はあらゆる道徳律を打ち壊しはするが、もしも人間たちに開示されたら、自由思想家が信仰者に対して勝ち誇る理由となるより、信仰者が自由思想家に対して勝ち誇る理由となろう。この知が所有された暁には、思弁的なジャンルで今最高に持て囃される様々の本も、みなことごとく、昼の光の中では輝きも消える燐光のようにみなされよう。「形而上学」や「道徳」とこれまで呼ばれてきたものとくらべても、この知はほとんど似たところがないだろう。この知は極度に単純だから、それを把握する人でさえ、あんなに探し求めてきたものがこれだと思うのにためらいを感じるおそれがあろう。この知が多くの人に理解しにくいのは、その手に余るこの単純さのせいにすぎないだろう。

この知の原理は、ひとたびしかるべく把握されたら、たやすくすべてのものに適用され、適用されすぎることはありえまい。この知の直接的な帰結はその原理にほかならず、この知は証示するものにどんな制限も容れず、健全な理性の目に異論の余地のないものしか証示しない。事物の個別性で捉えたいかなる比較も、個別から一般へという形のいかなる論結もこの知は拒む。不合理なもの〔宗教〕の内にいる人間たちに感じ取れるようにするためには、どうしてもこの知を種々異なる関係のもとで人々に提示せねばならず、その関係の各々のもとにすべての関係がよく把握されるのに比例して、この知もますますよく把握されるはずで、この知を認識することがいかに肝要だったか痛感されるのに比例して、この知はますます高く評価されよう。

真理の認識はこれまでずっとわれわれに欠けていたものだが、常にそうだったように今日でも、それだけが独占的にわれわれのあらゆる思弁、あらゆる探求の「ココガ行キ止マリ」なのは読めば分る。それがわれわれに欠けていたことから、われわれはそれを得るようには出来ていない、それどころか真理の認識はわれわれに無用だ、という結論が引き出された。しかし哲学的な慢心には、啓蒙すると称する相手に劣らず根本的には自分も無知であることから自分に不利な結論が導かれないようにするために、ほかにどういうやりかたがあっただろうか。

私は自分の言うことがよく分るし、自分の言うことがよく分るからこそ、人にも分ってもらえるはずである。しかし、真理が今まで展開されなかったのと同じ理由から、その展開は最初把握しにくいように見えるかもしれない。その理由は真理の本性自体にある。真理はわれわれの感覚で捉えられないが、われわれのあらゆる偏見の創出者である今の法律状態が、真理をいつも部分的には感覚的な観点からわれわれに提示し、その観点がいわば、「悟性」が提示する観点と合体してしまったからである。無神論はこの感覚的な観点を否定し、われわれが「神」と呼ぶものを否定するから、その点で宗教のあらゆる偏見より優っているが、ただ無神論にも、この観点が消滅したら神から何も残らないとする、つまり、普遍的原理としての真理は存在しないとする偏見が残っている。信仰者たちの頭にある宗教のあらゆる偏見よりも、無神論の内にあるこの偏見の方が、おそらく真理に反対する力は強いだろう。われわれの無知が立てるこういうすべての障害物を乗り越えるのは明証性の仕事である。

無神論と「真理」の共通点は一切の宗教を斥けることしかない。無神論はすべてを打ち壊すが、何も打ち立てない。それは、二、三の一般法則の認識だけから出発して、その法則を人間の諸能力に当てはめるから、あるいは、無限に変様する一つの実体という不合理だけから出発して、盲目的に否定する神に代えるべき肯定的な原理を何も持たないからである。形而上学的真理が駄目ならせめて道徳的真理だけでも持っていたら、支えである神的法律状態を打ち壊すからそうとは知らずに全面的に打ち壊している人間的法律状態に代えるべき習律状態、平等状態、または道徳的自然法状態を持っていたら、無神論から道徳的〔社会的〕平等状態が帰結するのは原理がないからにすぎず否定的な形でにすぎないとはいえ、それでも無神論は有神論と闘う強い力を持ったはずである。しかし、御多分に洩れず我らの無神論者たちにとっても、そういう状態はいまだかつてただの理性存在〔頭の中にしかないもの〕でしかなかった。正しく言えば、いまだかつて目に留ったことはなかった。人間の身体機構はそれほど、自分の不幸を全部作り出す法律状態または道徳的〔社会的〕不平等状態の調子に合わされているのである。

「真の体系」と無神論の間にある極度の相違は、「真の体系」が有神論の道徳的な面を否定しながらそれの形而上学的な面を肯定し、そこから道徳的な面へと結論を導くのに対し、原理というものを一切知らぬ無神論は両者をともに否定し、なんと言おうと恣意的な道徳しかわれわれに残しておかないことである。

無神論は有神論の反対物だが、「真の体系」は制限付きでしかそうではなく、なんらかの体系を否定するような名を持てない。あらゆる体系の内に真理は多かれ少なかれ顔をのぞかせており、あらゆる体系は真理の坩堝で純化されることしか求めていないからである。では、どんな名を持てるのか。「真理」、「真の体系」、またはこれに類するもの以外、それを定義するような名をみつけられたらみつけてみるがいい。深く考える気のある人から見れば、そのこと自体、この体系を是とするなんという証拠であろう！　「真の体系」はいわば唯物論であると同様に非物質論であり、形而上学的なものと物理的なものであると同様に両者の否定でもある。

私の言うことが分って、私の思弁に賛同しないことはありえない。宗教の道徳を好んで、私の打ち立てる道徳を好まぬことも同様にありえない。私の打ち立てる道徳が宗教の道徳を純化し自己自身と一致させたものにすぎないことは真だからである。基礎こそ異なるが、このことは私の打ち立てる道徳がいっそう好まれるようにするはずである。基礎が異なるというのは、それの基礎と宗教の道徳の基礎との間には、真理と不合理との違いがあるからだ。事物の「基調」についての私の論証や、「実在」についての私の展開を少しでも把握し、それをますます深く理解しようと少しでも努めれば、誰でもそのことに同意しよう。

ここで隠すべきではないが、私は自分の書き物を読んでもらうため我らの哲学者〔啓蒙思想家〕の何人かに色々工作したけれども、ほとんどみな無駄に終わった。形而上学的真理とか、存在としての普遍的実在とか、道徳的〔社会的〕平等とかいうものを彼らは受けつけず、自分が受けつけないものを打ち立てる著作があると告げられるだけで拒否的な態度を示した。その著作は斬新で十分な注意に値するとか、宇宙〔五〇〕の存在もスコトゥス〔五一〕から想像するような仕方では証示されていないとか、道徳的〔社会的〕平等は今まで未知の原理に立脚しているとか、彼らにいくら言っても駄目だった。「彼らはいつも同じように聞く耳を持たず」、彼らの答はよく分析するとみな、打ち立てることなど考えるべきでない、打ち壊すことだけ考えればいいというたわけた原理に帰着してしまう。そこで私は向きを変えて、自惚れのない良き精神の持ち主や道理を弁えた神学者たちを相手にしたが、真理探求への好みも真理の認識に必要な心構えも哲学者以外の場所にみつけて、哲学者のために赤面したものである。

私の著作が刊行されて好意的なセンセーションでも起こさないかぎり、哲学者たちは私のものを読む決心がつくまい。そうなる前は、彼らがみな反対するだろうと私は思ういわれがある。多くの人には哲学者が権威をなし、それに判断を預けたりそれを盲信したりする者が沢山いるだけに、この点で彼らの先回りをすることに私は格別の利益を感じる（本書の末尾を参照）。

本書で使われる「不合理なもの」という用語は、誤謬と十分区別されるために意味すべきものを意味するだろう。それは事物の「基調」、形而上学的なものとそれを否定するものについてのあらゆる誤解を意味するだろう。「誤謬」とは事物の色合い、つまり物理的なものについてのあらゆる誤解である。付け加えれば、不合理なもの、矛盾するものは言葉の内にあるだけで、それ以上のものではない。なんなら、本質的な対象に関する健全な論理がないためにあるにすぎない。だが、その不在が道徳的〔社会的〕な不都合をなんと沢山引き連れてくることか！

「悟性」（Entendement）という言葉で私が言わんとするのは、「知性」（intellect）、「本有観念」、「母なる観念」、「純粋概念」、「協力・一致した感覚」、人間たちがすべての存在と共通して持つと言った前述の「実在」の「基調」のことである。「悟性」とは「実在」であり、人間とはかような個別的実在であるから、普通の言いかたに合わせるために「人間の悟性」とか「われわれの悟性」とか言う時も、それでなんら人間に特有なものを考えてはいない。人間に特有なのはその知能（intelligence）、その観念、その思考などである。

「全一体」（Le Tout）〔日常用語では「全体」〕と「全一者」（Tout）〔日常用語では「すべて」〕は、私がしょっちゅう使うはずの基本的で表現力に富む二つの用語である。真実の叫び〔「叫び」とは断片的で無自覚的な表出のこと〕はこれらの用語をわれわれの言語に持ち込み、われわれが深く考えたことは一度もないが、いつでもこの二つを区別させてきた。「全一体」は様々な部分を含意するが、「全一者」はそれを含意せず、両者は語尾変化の仕方も違う。「全一体」、「全一体の」、「全一体に」、「全一体により」などとも、「全一者」、「全一者の」、「全一者に」、「全一者により」などとも言われる。だが、可能なかぎりの拡がりで捉えたこの二つの単語によって、私は何を言わんとするのか。「全一体」という語で言わんとするのは宇宙の全体、宇宙、物質、世界、自然、自己を構成する数ある諸存在による「一」なる存在、関係性で見た実在、発端と終局、始めと終わり、原因と結果、運動と静止、充満と空虚、善と悪、秩序と無秩序などであり、「全一者」という語で言わんとするのはそれ自体としての実在、それ自体による実在、つまり、その時はもう諸存在と区別されぬ同じただ一つの存在しか作らぬものとみなされた、「唯一」の、したがって関係性なき存在、または前述のとおりそれ自体以外による存在を持たぬ存在であるものとしてみなされた実在である。なぜなら、関係性で存在するとは、「全一体」がそれの諸部分によって、同じくそれの諸部分が「全一体」と諸部分相互によって存在するように、他のものによって存在することであるから。否定的実在であり無限者である「全一者」については、肯定的または絶対的実在であり有限者である「全一体」について肯定するものを私が常に否定するのが見られよう。形而上学的または普遍的存在はこの「全一体」のみで、有限なあれこれの存在は物理的であり個別的であり、「全一体」とは本性を異にする。ここで言っておけば、「全一体」も「全一者」も観念的な存在しか持たないが、この存在はそれらの本質に属しており、追ってお見せするとおりそれらが「実在」でなくなるわけではない。形而上学的真理であり最初の関係性の対象である「全一体」から道徳的真理が発するが、この道徳的真理については申し分なく説明するはずである。「全一者」または「唯一」の存在は、原理である「全一体」の否定だという理由から、いかなる帰結も与えない。

「形而上学的対立物」という言葉で私が言わんとするのは、互いに肯定し合って「全一体」をなす可能なかぎりの両極限であり、「反対物」という言葉で言わんとするのは、一方が他方を否定することで肯定し、「全一体」と「全一者」、有限者と無限者等々である「実在」に関する二つの観点である。

真理は一個の存在としては存在せず、あるのは色々な真理だけだと言う者もいれば、真理は人間のためにあるのではない、物理的・感覚的なものからはみ出すすべてについてわれわれの無知は打ち克ちがたく、その点では実際上懐疑こそ取るべき態度だと言う者もいる。こういう偏見をまず最初に打ち壊すのが適当であろう。私が与えようとする明証性に人が服するのを、そういうものがいささかも邪魔せぬようにするためである。それが、この後に続く「予備考察」の目的となろう。そこでは、あとのものをみな純然たる知識にすぎなくしてしまう、唯一存在するかけがえのない知の展開とは何にあるかを説明する予定である。もし成功したら、それだけですでに、「真理」へ向かって巨大な一歩を踏み出したことになろう。

形而上学的予備考察

事物の「基調」について何かがよく分っていたら、すべてのことが分ったはずである。「形而上学的」という語があんなに昔から存在するのは真理の叫びの結果だが、言葉は存在しても、それが何を言い表わすか、何に当てはめられるかはいまだかつて分らなかった。それでも、この言葉を説明して、それを森羅万象にのみ、「宇宙」と呼ばれる存在にのみ当てはめるのはしごく簡単なことだった。「物理的」という語を個々の事物に、配分的に捉えた宇宙の諸部分に当てはめるのと同じである。しかし、あらゆるものが寄ってたかって、かくも単純なこの適用からわれわれを遠ざけ、宇宙を存在として、形而上学的真理それ自体であるものとして見るのを妨げてきた。宇宙が形而上学的真理なのは、感覚的または物理的なあらゆる真理の結果という資格でで、それは、この結果が実際に、感覚で捉えられるあれこれの真理、あれこれの存在とは本性を異にするからである。或る存在を他の存在と区別するいかなる性質も宇宙にはありえないのだから。

「形而上学的」なものは、自分自身について人間を啓発するためのほか、特殊に人間を対象とするものではない。それどころかこれは、様々な存在を大口で、一般的に、トータルに見ることしか目的としないし、しえない。一般的に、トータルに見るとは、諸存在をすべてが厳密に共通して持つもの、その各々について等しく言えるもの、それらを同一ならしめるもの、「悟性」の目に映るものにおいて見ることであり、いずれも事物を小口で、個別的に、細かく見ることとしか目的としない知識の圏域より上まで昇ることである。個別的に、細かく見るとは、諸存在をすべてに共通する関係性で見るのではなく、相互の間の関係性で見ること、相互の違いや類似性で見ること、それらを個別化するもの、肉体の目に映るものにおいて見ることを言う（一）。

形而上学者が目的を十分達するためには、それより先まで行くのは矛盾であることが自らに論証されるほど元まで遡り、深く掘り下げねばならない。解明すべきものが何も背後に残らぬようにせねばならない。「実在」の「基調」と、打って付けの用語を使えば「底の底」を見ねばならない（「実在」には種々の色合いがあるように、「基調」と「底の底」があるから）。事物の原理と、その原理の否定とを同時に論証せねばならない。真理に依存するあらゆる現象が説明し尽くされねばならない。自分の管轄に属するあらゆる問題が解決され、自分のする適用が健全な理性の言うことに、あまねく経験されることにいつでも合致せねばならない。

　こういう定義をした上で、この定義がおのずとそこへ導いて行く自らの対象へやって来て、私は次のように言うものである。真理の十全な認識を持つこと、真理についての本有観念を持つことは人間に可能で、その本有観念は真理そのものにほかならず、人間にとって問題なのはそれを展開することだけなのだ、と。（二）なぜなら、真理の十全な認識が自分にあるのをかりに人間が否定しても、そうすることにもしも根拠がありえたら、その認識によってのみそれを否定できるという矛盾によるしかないからである。このことは後段でお見せしよう。

　しかし、真理の十全な認識を持つこと自体からしても、様々な物理的真理について人間が同様の認識を持てるということは矛盾している。これは、それらの真理の本性自体による。それだけが絶対的・無条件的な真理である形而上学的真理は、それらの〔物理的〕真理が条件付きで、多かれ少なかれ相対的に真理であるにすぎないことを論証するからである。（三）

　われわれが〔形而上学的〕真理の十全な認識を持つことも、物理的諸真理について同様の認識を持てるというのは矛盾していることも二つながらに知らなかったため、真理は人間のために出来ていないとわれわれは言い、そう言うことに十分な根拠があると思ってしまう。だが、重ねて言えば、われわれが根拠を持ってそう言えたら、真理の認識それ自体が、真理は人間のために出来ていないと断定するための手段になるという矛盾が生じざるをえないではないか。われわれがするように漠然とそう言うのではなく、ここで必要な厳密さを以てそう断定するためには、この認識という手段以外にどんな手段を挙げられようか。深く考える気のある人に、誰彼かまわず私はこう問いたい。

真理は人間のために出来ていないことが真理なら、この点でまた一つ矛盾がある。それが真理なら、真理は人間のために出来ていることになるのだから。それは一つの真理であって真理ではないのだ、と言われよう。しかし、この真理は一つの真理なら、全き厳密さで一つの真理なら、[四]それは真理なのである。というのも、形而上学的諸真理と物理的諸真理では事情が違うからだ。物理的諸真理は数あるものだが、形而上学的諸真理は一つのものである。問題は、すべての形而上学的真理を同じ真理の内に見ること、一つの真理の内に見ることにすぎない。真理の展開とはそこにこそある。常に同じ真理を百もの異なる相のもとに見せる必要がなかったら、真理は僅か二行で提示されよう。不合理なもの〔宗教〕はこれらの相の間に、実は用語の内にしかない相違を見る。[五]たとえば「運動」、「時間」、「空間」、「延長」等々は、不合理なものによれば「宇宙」や「物質」とは違うものである。しかし、真理によればそうではない。真理はあらゆる形而上学的存在の内に、肯定的なあらゆる普遍的集合名辞の内に同じ存在しか見ないのである。

私は或る友人に以下のような手紙を書いたことがある。御所望の[五二]本をお返しいたします。その本について君の意見を聞かせてくれと貴方はさらにおっしゃいますから、手短かにこう申しましょう。

この本で著者は、真理は人間のために出来ていないということを原理として立て、その原理を異論の余地のない一つの真理によって証明している。つまり、われわれは感覚によっては何事についても厳密に確信は持てないのを証示することで、その証明を行なうのである。[六]権威によってもそれを証明するが、理性だけが語るべきところでは、権威など常に余計なものだ。

形而上学的な厳密さが形而上学的な対象の外に見られるというのは矛盾しており、そういう厳密さを含まぬこと、つまり、物理的だから形而上学的でなく、個別的だから普遍的でないことが物理的対象の、感覚の対象の本性に属する——ということをもし知っていたら、その場合著者は、物の分った形而上学者として、原理という肩書自体からしておのが原理を打ち壊すような原理を立てることも、[七]同じくおのが原理を打ち壊すような証拠を用いることもしなかったであろう。前述のとおり、われわれは感覚によっては何事についても厳密に確信は持てないというこの人の出した証拠は、異論の余地のない一つの真理、形而上学的真理だからである。

異論の余地のない、あまねく経験されるこの真理こそ、われわれがそれを切り離してしか見ない時、それだけ見るに止まる時、それを形而上学的真理の内で見ない時、常にわれわれをピュロン主義[五三]〔懐疑論〕へ導くはずのものである。それは、物理的対象、感覚で捉えられる対象の十全な認識を持たないなら、ましてわれわれは形而上学的対象についてそういう認識を持たないはずだ、または同じことだが、われわれの感覚に限界があるなら、われわれの悟性はなおさらだという、この真理が引き出すように誘う誤った帰結による。これは個別から一般への論結で、論理学全体に反するものだが、知性的な事柄について推論をする時、われわれはいつもそういうやりかたをしてしまう。

ピュロン主義というのは、形而上学的対象に及ぼされる時はあらゆる体系の内で最も首尾一貫しないものだし、物理的対象に及ぼされる時は最も馬鹿げたものである。お分りいただけようが、私が言うのは賢明なピュロン主義のことではない。万人が賢明なピュロン派であってほしいと私は思う。そうなれば、真理が障害に出会うこともなくなるだろうから。

広くそうされてきたように形而上学的な一つの真理を承認すること、いつもそう努めてきたようにその真理を認識しようと努めること、たとえば二つの実体が存在するというようなあれこれの根本原理にいつも依拠してきた以上いつもそう考えてきたように、その真理を半ばは認識していると考えること、[八]その真理の帰結であるのをいずれお見せする、誰にも異存のない種々の全称命題を頻繁に口にすること――こうしたことは、真理がわれわれの手の届くところにあり、われわれのために出来ており、それを認識するためわれわれに欠けているのはそれを展開したことだけだという証拠ではなかろうか。

でも、その真理なるものは「精神ニヨッテ」しか存在しえない、われわれの観念の外では実在性を持てない、もっと一般的な言いかたをすれば、事物の内にはわれわれがそこに置くものしかありえない、と言われる。事物の内にはわれわれがそこに置くものしかありえないということは私も認める。ただ、注意してほしい。

物理的な事物の内にはわれわれがそこに置くものしかありえないが、われわれ全員の置きかたが多かれ少なかれ違うのはそれらの事物の本性と、物理的に捉えたわれわれの本性に属するから、そういう事物はわれわれ一人一人にとって多かれ少なかれ異なっている。物理的なものについては以上のとおりで、これはそうしたものの存在を証明することにも寄与する。

次に形而上学的なものだが、それの内にもわれわれがそこに置くものしかありえないことを同様に私は認める。また、われわれが全員そこに同じように置くというのは、形而上学的に捉えたわれわれの本性にほかならぬ形而上学的なものの本性に属するから、形而上学的なものはわれわれの誰にとっても常に同一である。もっとも、われわれ一人一人の内では、物理的に捉えた、人間として捉えた、つまり他の諸存在とわれわれを異ならせるところで捉えたわれわれの内では、展開のされかたに多い少ないがあるけれども(九)。さて、そうであるなら、真理の内にはわれわれがそこに置くものしかないとはいえ、真理がわれわれのために出来ていることに変わりはないということになる。しかし、これまでの考察に以下のものを加えてほしい。

神が自らを認識するように人間が神を認識することはできない、と言われる。言うはやすしだが、できないということはどこで論証されているのか。これは論証されているかいないか、どちらかである。論証されていなければそう断定すべきでなく、賢明にそれを疑わねばならない。論証されているなら、神が自らを認識するように人間も神を認識していることになる。だいたい、人間はその認識による以外、その認識ができないことをいかにして自らに論証できたろうか。でも事柄自体に矛盾があるのだ、と言われるかもしれない。だが、それはもっぱら、神が自らを認識するように人間が神を認識することはできない、または同じことだが、人間は神がそうであるものでありえない、ということを原理として立てるからであり、その原理は不合理だからである。

神が自らを認識するようにに神を認識するとは、異論の余地なく、神がそうであるものであること、神であることであろう。かくのごとく、私が攻撃する命題では、「認識する」という語は「である」ということしか意味せず、この命題は実際には「神がそうであるものであることは人間にできない」というものである。そこから私は、人間を人間として、物理的または個別的な存在として見る時はその命題に同意するけれども、人間を「悟性」によって、すべての存在と共通に持つ「基調」によって見る時は、また神をその「基調」自体であるもの、それ以上の何物でもないものとして見る時は、もはやその命題に同意しない。その時は、私にとって人間はもう人間でなく、神もまたそうである。人間と神の内に私は同じ存在しか見ない。「神もまたそうである」などと言うのは、そうすることに根拠があるといつも考えてきたようにわれわれの物理的・道徳的な似姿として神を作ったため、われわれは神を一人の人間にしてしまったからだ。神を産んだ処女たちと同じようなものである。それでも、われわれが神の観念の内に置いた人間的なものを取り去って、この存在を「全一体」と「全一者」、関係性による実在と関係性なき実在であるものとしてしか見なくなれば、私がここで証示することに人は反撥するどころか、道理に適うもの以外何もそこには見ないであろう。しかも、私が証示するものからは最も健全な道徳が帰結として出てくるはずだという私の約束に注意していただきたい。

「認識する」という語は物理的な一能力を言い表わすもので、その能力は形而上学的存在とは、その存在との関係で見た人間、形而上学的に見、形而上学的に捉えた人間とは相容れない。その存在が自己を認識したら、また人間を認識し、人間に認識されたら、それらはすべて習得観念によって行なわれるはずだが、さような観念は純人間的なものである。神を認識すると人間について言う場合、言わんとするのは疑いもなく、これは習得観念による、つまり、一本の木を認識するという意味で神を認識するということではあるまい。このように、神との関係で見た人間はもはや、一本の木との関係で見た人間と同じ本性のものではなく、もはや同じ存在ではないのである。それはもはや様々な習得観念の複合物ではなく、本有観念そのものである。この観念は「在ル」であって「シカジカデアル」ではなく、それが「実在」の「基調」なのだ。われわれはこの「基調」から神なるものを作ったのだが、但しわれわれに象《かたど》って作り、悪徳と同じくわれわれの法律状態によってしか存在しないわれわれの様々な徳を神に持たせ、さらにわれわれの知能や、果てはわれわれの外形まで持たせた。

以上のことを考慮せずに、神が自らを認識するように人間が神を認識することはできないと断定するのは人間が自己の限界を知っているからだと言われたら、存在としてではなく人間としては自分に限界があるのをむろん知っている人間が、神との関係で自分の限界を示す正確な点を、形而上学的な点を、つまり、概念すると認める神を概念できなくなる限度を指定してくれと求めよう。その点を指定するのは実際矛盾だが、それを指定できないならどうして、神との関係で自分には限界があると人間は認識できるのか。このことを私が問うのは人間の「悟性」にであって、人間の感覚にではない。その点では自己の感覚など何物でもないことを人間は認めているからである。限界があるのは人間の感覚であって、人間の「悟性」はそうではないのだ。

しかし、永遠というものをみつけようとして想像裡に何百万年また何百万年と積み重ねたあげく、探すものをいつまでもみつけられない人間が自分には限界があるという結論を出すのは根拠のあることではないのか。いや、そうではない。人間がそれを探すというのは不合理だが、その不合理な意味で探すものがもしみつかったら、その時こそまさにこういう帰結を人間は引き出すはずだからである。われわれは「実在」の限界を概念できないこと自体によって、「永遠」、「無限」、「測り知れなさ」などと名付けられる否定的存在の十全な観念を持っている。その十全な観念とは、「すべてにおいて到る所で同一」な「実在」の「基調」でなくて何だろうか。永遠というものを概念しなかったら、われわれは永遠を語るだろうか、定義するだろうか、それを時間と区別するだろうか。永遠というものを概念できないと言う時も、それには始めも終わりも概念できないということのほかわれわれは何も言ってはいない。しかし、それこそまさしく、われわれは永遠というものを概念している、概念できる唯一の仕方で概念していると言うことなのだ。なぜなら、永遠とは一切の始め、一切の終わりの否定にすぎず、時間という肯定的実在を否定する実在にすぎないからである。われわれはこの二つの実在の観念から神なるものを作り上げた。しかし、これら二つの実在は「在る」が、追ってお見せするとおり神なるものではない、つまりわれわれの物理的・道徳的な似姿としてあるのではない。

神（ここでは形而上学的存在を言っている）は完全なものとして概念されるが不完全にしか概念されない、というのは矛盾である。われわれは不完全にしか神を概念しなければ、神の完全な概念を持たなければ、神についてそれは完全だと断定することも、われわれがけっして完全には概念できない物理的または感覚的な対象についてそうする以上にすべきではあるまい。感覚的な対象についてそう断定すべきでないのは、そもそも完全ではなく、ほかのあれこれの感覚的対象にくらべてより多く、またはより少なく完全であるにすぎないということがそういう対象の本性に属するからである。完全なものの観念が不完全な観念だということには矛盾があろう。

神が自らを概念するように神を概念するためには、神を完全なもの、絶対的なものとして、さらには無限で永遠で測り知れない等々のものとして概念せねばならないが、これは全然違うことである。さて、自分でも認めるとおり、われわれがそのように神を概念していることは間違いない。だから、神が自らを概念するようにわれわれは神を概念している（一〇）。だから、われわれはおのが本性の「基調」によって神なのである。だから、真理はわれわれのために出来ているのである。真理とはわれわれが不合理にも神の内に置いた人間的なものを剥ぎ取られた、そういう神にほかならないのだから。

「完全な」、「絶対的な」、「無限な」などの属性は、われわれが口にする時はただの言葉にすぎないが、そういうものをわれわれの言語に持ち込んだ真理の叫び〔「叫び」とは断片的・無自覚的な表出のこと〕がもっとよく聞き分けられたら、それらは言葉ではなく物となり、当てはめられる物それ自体となろう。もっとよく聞き分けられたらというのは、道徳性の観念を不合理にもそれと結び付けたりしなかったら、ということである。道徳性の観念というのは、われわれに種々の徳と悪徳を持たせたわれわれの偽りの習俗によってのみ存在する観念で、その習俗から写し取られたものだからだ。一切の道徳性を捨象すれば「実在」に当てはまるこういう属性のほかに、「義《ただ》しい」、「善なる」、「賢明な」、「慈悲深い」、「復讐する」というような純道徳的な属性があるけれども、追ってお見せするように、そういうものを「実在」に与えるようにさせたのは不合理なもの〔宗教〕だけだった。「知性的」、「予見する」、「摂理の配剤をする」、「考える」など、人間の物理的な面から取った属性についても同じことが言える。

われわれは無限なものが存在するのを概念するが、無限なものは理解できないと言う。これは矛盾である。理解できないなら、何を根拠にそれが存在することに同意するのか。われわれが無限なものを理解し概念する証拠に、その知がなくては有限なものの観念を持つこともできないのである。（一一）不合理な仮定をして、われわれが一方の観念を持ちながら他方の観念を持たないとしたら、われわれが持つ観念は有限なものの観念でも無限なものの観念でもなくなってしまおう。それでは二つの内の一つを持ち且つ持たないことになってしまうが、それは矛盾である。存在するのは、またしうるのは「有限者」（そこから有限な諸存在が出てくる）と「無限者」しかなく、どちらも全く必然的に存在している。「無」はなんら知覚されないと不合理にも思われているけれども、いずれお目にかけてわれわれの無知を大いに驚かすはずだが、「無」とは実はこの二つの内の一つ〔無限者〕だからである。

無限なものは理解できないとわれわれが言うのは、無限なものとは何か知らないせいである。しかし、それが何か知らないからとて、それを概念できないことにはならない。それが何か自分に展開して見せなかったということにしかならない。だから、「全一者」または感覚的なものを否定する実在である無限者を理解できないと言うのはやめ、無限なものとは何か自分に展開して見せなかったと言うことにして、それを展開すべく努めよう。

有限者についても同じことが言える。有限な諸存在を認識しているために、こちらは最もよく認識するとわれわれは思っているが、実際はこれについても無限者以上によく知るわけではないからである。ここで言っておけば、それら有限な諸存在が有限なものとして存在するのはただ外見上、肉体の目にそう映るにすぎず、それらを肯定する有限者とそれらを否定する無限者がこの外見の下に存在し、「悟性」の目には存在する。そのことに一点の疑いも抱かず、諸存在は根本的には相互につながっていると断定するためには、次のことを考えるだけでよい。それは、諸々の存在はみな相互に切り離されているように、空間の内、延長の内に散在する物体にすぎないようにわれわれには見えるが、同時にそれらは「実在」を形作るということである。空間の内、延長の内とはつまり、「宇宙」と呼ばれる総体の内ということで、この総体を私は、関係性で見るか関係性抜きで見るかという見かたに応じ、「一」なるものとして、あるいは「唯一」のものとして、「全一体」あるいは「全一者」と呼ぶのだ。ここでお知らせしておこう。私の思弁を正しく把握するためには、「実在」に関するこの相反する二つの観点を正しく把握することが全体の鍵をなすけれども、諸存在の総和というものが本質的にあって、その総和は純粋に知性的なものだから見られるようにではなく概念されるように出来ていると自分に言い聞かす気のある人にとっては、誰にもそれほどたやすいことはないはずである。そうすれば、われわれがそれが完全で無限な神なるものを作ったのはこの総和からだ――それをわれわれに象《かたど》って作った際に、われわれの内に置いた人間的なものを一切捨象すれば――ということが分るだろうし、私の書き物もここでは想像できないほどやすやすと読めるであろう。このお知らせは絶対肝要なものである。

神はいつの時代にも問題にされてきたし、今でも問題にされており、それ〔の存在〕を論証する作業は日々行なわれている。もっとも、さながらそれが論証済みであるかのように、われわれの習俗は神を土台にしているのだが。このことは、神を認識する能力が自分にあるとわれわれが感じている証拠ではあるまいか。しかし、その能力はどうしてこれまで現実化しなかったのか。それは、われわれ全員を法律状態へ導いた未開状態または自然状態では、その能力が現実化されうることは不可能だったからであり、また、われわれの法律状態が必然的に神について、正しく言えば「実在」についてこの上なく誤った観念をわれわれに与え、そういう観念の渾沌《カオス》の中で真理を見分けるのが容易でなかったからである。真理はわれわれにとってこの渾沌《カオス》の中から出てくるほかなかったのだが。

全篇を読了する前にも納得していただけるかぎり以下のことを納得していただくためには、これらの「考察」で十分すぎるほどだと思う。それは、真理は人間のために出来ているということ、真理がわれわれにとって常に謎だったのも、遠くにありすぎる物理的事物よりさらに大きな謎だったのも、それはもっぱら、ほかのあらゆる存在と同じくわれわれが全員等しく持つ真理の観念を十分展開したためしがなかったからだということである。真理とはその観念自体であり、〔「全一体」と〕「全一者」であるから。

ほかならぬその観念を私はだんだん展開してゆくつもりだが、とりわけ読者にお願いするのは、私の言うことを正しく理解しようと思ったら、読者が「神」と呼び私が「実在」と呼ぶ存在の内に、物理的・道徳的な人間を見るのをもうやめてほしいということである。世に受けいれられた偏見に基づき、宗教に基づいて、そこに人間を見ようとあくまでもしたら、私の言うことは全然理解できなくなるはずだから。また、私が対象とするのは諸存在の総和であって、その総和は部分部分の内でしか感覚的なものを何も提供できないということも見落としてはならない。この総和はいまだに考察されたことがないものだが、真理を手にするために考察すべきだったのはまさにそれだった。

今したように、これまでしてきたように、真理は人間のために出来ているのを証明したからには、真理が存在として在るのも証明された。だから、私がこれから挙げる「全一体」と「全一者」の存在を示す数々の証拠に、それと切り離せないこの基本的な証拠を加えねばならない。その「実在」は肯定的および否定的な真理だからである。神についてそれは真理そのものだと言うのはまさにそのことを感じたからで、この神とは「全一体」と「全一者」の観念から理性の叫びによって形作られたものなのが分る。信仰または宗教の目的は、この観念から、われわれに象《かたど》った或る普遍的存在を作り上げることでしかなかったのだ。

（一）　思弁的幾何物も諸存在を形而上学的に見る。対象が対象だから表面的にだが。

（二）　展開するのは人間で、展開されるのは人間があらゆる存在と共通に持つ基調である。特殊に人間の内まで降りていって、ほかのどんな存在の内にも等しくある真理をそこに見ようとすると、私はどうしても怪しげな表現の仕方をせざるをえないが、そういう表現法を正しく解釈するためにはこのことを念頭に置かねばならない。

（三）　人間としての人間、別個な存在としての人間は物理的または個別的な存在にすぎず、そうであれば全き厳密さを以てはいかなる真理も持てない。だから、物理的なものの内には厳密に論証されるものも論証できるものも一つとしてない。

真理の展開も物理的なものでしかありえないが、真理の展開は物理的なものでしかありえないのを真理に基づいて証示すること自体によって私が真理を展開すること、したがってその明証性を非とするような結論はそこから何も出てこないことに注意してほしい。

（四）　真理は人間のために出来ているのでないという自称「真理」は、むろん物理的なものでも道徳的なものでもなかろう。だがそれなら、形而上学的なもの以外でありえようか。これは啓示された真理だと言うなら、私は形而上学的・道徳的真理へと差し向ける。それの前では啓示など一切消えてなくなるのである。

（五）　私が追ってするような展開が真理に必要なのは、われわれを統《す》べる不合理なもの〔宗教〕のせいにすぎない。われわれが自分の子供を誤った刷り込みなど何もないように育てたら、子供らにとっては真理の展開など余計なことであろう。そ道徳的真理についても同じことがますますもって言える。その真理がわれわれの習俗だったら、その真理について何も言うことはなくなるはずだから。

（六）　この先、私が単純に「感覚」と言う時は、毎度きまって、切り離された感覚、個々の感覚、なんなら別々にはたらくものとしての五感のそれぞれを考えているはずである。集まった感覚、相互に協力・一致した、またその時はほかの事物とも協力・一致した感覚は「悟性」であり、「すべてにおいて到る所で同一な」「実在」である。

（七）　断定することでなんらかの真理を打ち立てるつもりなら、真理は人間のために出来ていないなどと断定すべきではない。

（八）　創世記は「元始《はじめ》に神、天地を創造《つくり》たまえり」という冒頭の言葉で神なるものの存在を土台に置いている。しかし、創造する神、それによって被造物が存在する神とは何かも、創造以前に神はどうだったかも全然言わない。その神とは諸部分がそれによって存在する「全一体」と、諸部分がそれによって存在しない「全一者」なのをお見せすることで、私はそのことを語るつもりである。だが、創世記の筆者はそう理解していたろうか。そうではない。しかし、真理の叫びは彼の内でも或る程度は聞かれ、おのが神を打ち立てるために彼はそれを利用したのである。筆者の主たる目的は、神が自国民に対する脅しの材料になっておのれの権力に役立つようにと、神を物理的・道徳的な存在に仕立て上げることにあった。七日間で世界を建設するこの筆者の神については、物理的な観念、建築家という観念以外にどんな観念を持てようか。しかし、ここで私は承認しがたい想定をしている。不合理なものがなんらかの観念を与えうるとしているからだ。

（九）　この展開に多い少ないがあるため、今日では、各自に各自の形而上学があって万人共通の形而上学はないなどと言われる。また、この展開がこれまでなされなかったために、真理が発見されなかったことから真理は発見できないという結論が、かなり一般的に、しかし非論理的に引き出された。あれほど多くの偉人が探してもみつからなかったものを君はみつけたと称するが、なんたる妄想的な思い上がりか、と我らの哲学者〔啓蒙思想家〕の一人は私に言ったものだった。そういう偉人たちが内に宿したのと同じ書物を私も内に宿しており、それを読む直接的な権利は私にも同じくあり、あれほど明敏とされる偉人たちよりもっと単純な形で私がそれを読んだかもしれないことを、この人は考えなかったのである。

「オオ、人間タチノ盲目ナ精神ヨ！」

（一〇）　神についてそれは完全なものと自らを概念すると言うことは、神についてわれわれはそれを完全なものと概念すると言うこと、つまり、われわれは神がそうであるものだと言うことである。「認識する」という語についてすでに言ったように、「概念する」という語は神との関係では「である」ということを意味する。でも、われわれは自分が見るものではないのだから、なぜ自分が概念するものなのか、なぜ「概念する」と「である」は同じことなのか、という反論がここで出るかもしれない。お答えしよう。われわれが物理的対象を見るのは、その物理的対象の内で自分が見るものであるかぎり、その対象が自分自身の諸部分〔諸粒子〕によってわれわれを構成するかぎり、したがって、「見る」とは「見られる」対象の内で自分が見るものであること、正しく言えば、部分的にはその対象によって構成されることであるかぎりでしかない。われわれは太陽ではないけれども、部分的には、太陽の内でわれわれに見える僅かなものなのである。私の思弁で疑念は全部取り除かれよう。

（一一）　「無限なもの」と「完全なもの」は二つの存在、というよりむしろ、追ってお見せするとおり一方が他方を否定する二つの相で同じ存在を見たものである。「完全なもの」なのは「有限者」で、だからわれわれも作品の完全性を言いたい時は、「それは完成している」〔原語の fini は「有限な」の意〕と言うのである。付け加えれば、「無限なもの」を概念できないと言うようには「有限なもの」を概念できないとわれわれが言わないのは、「有限なもの」という語を人間とか地球とかいった有限な〔あれこれの〕ものという意味に取るからである。「有限者」は有限な〔あれこれの〕ものではなく、一般的集合名辞、形而上学的名辞で、有限なあらゆるもの、有限なもの全体を言い表わし、この名辞は「無限者」という名辞によって否定されると同時に肯定される。真理の展開とは、肯定的なものであれ否定的なものであれ、あらんかぎりの一般性を具えた一般的集合名辞の数々に観念を、それらに適合する唯一正確な観念を結び付けることにしかなかった。

展開された真理の鎖

人間が社会状態へ導かれたのは団結の必要と体の有利な形、とりわけ十本の指のお蔭だったが、社会状態へ移るには未開状態または自然状態を通るほかなかった。形成された言語を持つ前には、未開状態は人間にとって単なる寄り集まりの状態、社会が出来たての状態だった(一)。大人になりきって、ちゃんと道徳を持ち、ちゃんと物を言う人間を神なるものの手から出てこさせることなどできたのは、ひとり不合理なもの〔宗教〕だけだった。その言語は、社会が今あるようなものへ変わるにつれて〔徐々に〕形成されたのである。

個別的ななんらかの始まりでは、社会状態は必然的に法律状態、または同じことだが道徳的善悪、正邪のある状態だった。今日でもそうなのは、始めにそうだったからにすぎない。エバやパンドラの神話もそこから生じた(二)。

われわれの社会状態が道徳的または社会的不平等を持つのは、自己を構成するものとの関係で捉えた「全一体」または宇宙の諸部分の本質に属する物理的不均等〔身体的不平等〕、つまり、強い者の弱い者に対する、巧みな者の巧みでない者に対する支配力のせいである。この道徳的〔社会的〕不平等はわれわれの社会状態を作りなすもので、それが過度にまで推し進められた結果、数千年来この社会状態は、それ以上忌わしいものはありえぬような社会状態と化してしまった。もっとも、そこにも福利や種々の利点がありうるし、必然的にあることはある。それがなければ、この社会状態は立ち行かないはずであるから。こういう社会状態にくらべれば、人間たちの最初の寄り集まりの方があらゆる点で好ましいものであろう。但し、人間たちがこの社会状態によって、つまり、この社会状態が感じさせるより良い状態を考える必要によって、この社会状態によってしか持てなかったものを持たなかったならばである。それは即ち、こんな社会状態から脱して道理に適った社会状態へ移るという希望で、これは人間たちが思うほど絵空事ではない。この道理に適った社会状態を私は「習律状態」または平等状態、ないし真の道徳的自然法状態と呼ぶけれども、これは異論の余地なく未開状態より好ましいものである。社会を作る、または団結する〔動物の〕種《しゅ》は、それにより他の種に対していっそう強力になるが、その社会は理解を誤れば共通の利益になるどころか全然逆のはたらきをし、害を及ぼしかねない外のものと闘う力を奪うことすらしてしまう。

道徳的〔社会的〕平等がひとたびしっかり確立されたら、今の法律状態では乏しい者が弱い者に対してこれほどしばしば悪用する物理的〔身体的〕不平等もなんらその障害にはなるまい。この不平等の悪しき結果も、道徳的不平等の結果にくらべれば何物でもない。道徳的不平等または法律状態は、戦争の際を除いて物理的不平等の結果を可能なかぎり抑止することを目的とはしているが。

人間には二つの状態しか存在しない。一つは本能的団結以外の団結はない不団結の状態で、未開状態が或る程度までそうである。また、団結の内での極端な不団結の状態で、われわれの法律状態がそうである。もう一つは不団結なき団結の状態で、習律状態、法のない社会状態がそうである。この最後の状態へわれわれを導いて行けるのは真理だけで、われわれは一度もそういう状態にいたことはないのにそこからますます遠ざかってしまったが、これまで不幸だったのと同程度に幸福であろうと思ったら、人間たちはほかならぬこの状態で暮らさねばならない。しかし、私が語るのは今いる人間たちのためよりも、未来の人間たちのためである。真理は開示されても、望みどおり急速に効果を上げることはできないからだ。

人間は習律状態というものを全く知らない。知っているのは未開状態から生まれた今の法律状態と、それに未開状態という、唯一目にする二つの状態だけである。家畜は人間の法のもとにあり、同じく人間はすべてである権力の法のもとにある。

社会状態が成長と支配の一定段階に達し、言語がひとたび形成されると、成文法が出来る前にも、社会状態は必然的に人間の法の支えとして、神のものと想定される法を必要とした。それは、こういう法がそれに必然的に先立った人間の法と力を合わせて、この社会状態の根本的な欠陥をいっそう強固ならしめるようにするためだった。根本的な欠陥とは人間たちの無知と、道徳的〔社会的〕な不平等と、われわれの欲望が向かうなべての財貨に対する所有〔私有〕である。人間の法ももっぱらそういう欠陥を支えるために存在するのだが、物を考え始めた夥しい数の人間を抑え隷属させるにはそれだけでは足りなかったので、どうしても道徳的悪に神的な起源を与えなくてはならなかった。そんな悪は人間的法律状態のせいでしか存在せず、この状態こそが真の初源的罪なのを人間たちは知る由もなかったからである。そのことをもし知っていたら、人間たちは金輪際こんな法律状態に耐える気はなかったろうし、それが一定の重みに達したら、未開状態、自然状態へ戻ることは自分に不可能な以上、彼らはきっと習律状態へ移り、われわれが将来するはずのことをその時にしたであろう。われわれが将来そうするのも、道徳的悪の真因があまねく認識され、必然的な帰結として、支配は神権的なものでないことをわれわれが知るようになってからであろう。

人間は現在、不幸にも自称「神の法」のもとにあるが、そういう法がある前には、初源的〔形而上学的〕真理がなくても習律状態は今より容易に存在できた。だが今日では、そういう法を消滅させるにはこの真理が要る。消滅させるのは、そういう法がどれほどわれわれを不合理ならしめ、支配に最大の力を加えることでどこまでわれわれを隷属させたか想像もつかないからだ。それらの法はわれわれが「道徳的悪」と呼ぶものにより、物理的悪を途轍もなく増大させた。習律状態で生き死にするのと法律状態で生き死にするのはなんという違いであろう！

自称「神の法」の知性的な原因は、肯定的および否定的実在についてわれわれが持つ、「そのもの自体である」内的な観念だった。肯定的および否定的実在とは、「一」なるものと「唯一」のもの、完全または有限なものと無限なもの、諸部分を含意し時間である存在と、諸部分を含意せず永遠性である存在、知性的な「しかり」と「否」、感覚的なものと、感覚的なものを否定し感覚的なもののみを否定する「無」、同じ存在を相反する二つの相で見た「全一体」と「全一者」のことである。また、自称「神の法」の感覚的な原因は法律状態のもとにある人間であり、徳と悪徳を持ち、十分展開されない自らの観念からおのれに象《かたど》った知性的・道徳的な存在を作り上げ、それを立法者たらしめた上、建築家で応報者たる神なるものに仕立て上げた人間だった。実際、その観念から、社会によって知性的にも物を考えるようにもなった人間が物理的・道徳的な面でそこへ持ち込んだ人間的なものを取り除けば、そこに見られるものはもう諸存在の総和、「全一体」と「全一者」、関係性による、または諸存在による実在と、関係性なしの、またはそれ自体による実在だけであろうし、それこそ私が展開するものなのである。もう一度言うが、そこに見られるものはもはやこれだけであろう。われわれは神について、それは「われわれのすべて」であるとも、それは「すべて」であるとも等しく言う。関係性による存在と関係性なき存在の観念がこう言わせるのだが、再度言えば、この観念はそのもの自体なのである。

真理が存在しない時は、社会生活をする人間には人間的・神的法律状態が存在するのは必然だった。真理が存在するためにはその状態が必要だったし、その状態だけが真理へ導くことができた。人間が当初の習俗の純朴さから脱し、単なる寄り集まりの状態から脱して以来、人間の法と神の法は互いにぴったり歩調を揃えているから、神の法をあらしめた人間の法を維持しつつ神の法を打ち壊そうとなど思うのは絵空事の最たるものである。自由思想家である我らの哲学者〔啓蒙思想家〕たちは、人間の法を攻撃するかわりに神の法を攻撃するが、それは原因を攻撃するかわりに結果を攻撃することである。

真理とそれの帰結である習律状態まで人間が来ることは、間違った様々な説や、法律状態の巨大で無数の不都合が必然的に促すはずの思索によるほか不可能だった。この思索の成功は容易でなく、あらゆるものが寄ってたかって邪魔したので、真理は今日まで井戸の底から引き出されなかったのである。

真理と、一切の法、一切の不都合を排除する習律状態まで人間が来ることは今言った思索によるほかできなかったから、したがって、無知がどうしても知に先立たざるをえなかった。偽りの習俗と、その習俗からしか与えられない諸々の技芸（真理と習律状態が存在するためには、そういう技芸が要ったのだ）からわれわれは出発せざるをえなかった。人間は法による隷属から来る無理な状態に置かれなければ、その状態から脱却することも、初源的〔形而上学的〕真理とそこから発する道徳的真理を手にすることもできなかった。ほかならぬこの二つの真理のみによって、人間の無知と邪悪さが根底から打破され、真に有用なものからはみ出したあらゆる学問、あらゆる技芸が無に帰し、事物の根底に依存するあらゆる現象がはっきり説明され、われわれの様々な基本的諸体系がことごとく純化されて「真の体系」に還元されるのが見られるのである。

人間が邪悪なのは、たえず自分に異を立てる法律状態のせいにすぎない。単なる寄り集まりの状態では人間はあまり邪悪でなかったし、習律状態、真の道徳的自然法状態で人間が邪悪であるのはまず不可能であろう。その状態では、邪悪であるいかなる理由も人間にはなくなり、対立も妬みも嫉《そね》みも、われわれを最も道理に悖る、形而上学的自然法によって志向する幸福から最もかけ離れた動物種ならしめるああいう人工的情念のいかなるものも存在しなくなるからである。

こういう種々の情念や、総じて人間が自己の欲望に持ち込んだ人工的なものがあるからこそ、とりわけ人間の多大の知能と、手で作り頭で作ったものにある驚異的な、というよりも行き過ぎたすべてのものが存在するのである。人間の道徳面はあまりにもたわけているため、物理的なものなのに別個の類をなすかに見え、物理的なものとは本性を異にするようにさえ見える。それは実際別な本性のものだというわれわれの抱く観念もそこから来る。

われわれの社会状態は今あるように自称「神の法」という不合理に立脚しているから、今の法律状態から習律状態になるためには、どうしても初源的〔形而上学的〕真理まで遡ることが必要だった。自称「神の法」という不合理を根底から打ち壊せるのも、上っ面《つら》の学識しかなかったわれわれを深い学識の持ち主に変えられるのもこの真理だけなのである。私が最大限細かく述べる道徳的真理または習律状態も、相互に支え支えられる初源的〔形而上学的〕真理を伴わずに登場したら、こういう自称「神の法」にいつも邪魔されたろう。〔三〕それらの法は道徳的真理にとってなんたる障害物であろう！　今日見るほど深く根をおろした神なるものの観念もなんたる障害物であろう！　人間は法のもとにいよ、権力に支配されよ、と神なるものは言うのだから。

初源的真理と道徳的真理が合体したら、それだけが初源的〔形而上学的〕明証性と、人間たちの最大の利益が持つ明証性とをともにもたらせる。二つの真理が功を奏する可能性は、この二重の明証性から生まれる。その明証性がひとたび白日のもとに開示され、それを把握する能力のある教養人たちに公然と議論されたら、それに抵抗しようとしても無駄であろう。それらの教養人は羊に対する羊飼いのように、必ずや背後に大衆を引き連れて行き、大衆もむろん反抗などしないだろう。もっとも、大衆は教養人ほど習俗を変える必要を感じていない。大衆の習俗は教養人の習俗より純朴で、退屈も嫌気もひどい心労もずっと少ないからである。大衆には見かけの良さはないけれども、ああ、われわれは見かけの良さにどれほど高い代償を払わされていることか（四）！

真理を把握して効果あらしめるように出来ている人間たち、文人も含めて王侯から財務まで、法律状態から生じた種々の人工的身分を充たしている人間たち――そういう階級は疑いもなく、見かけは逆だが、概して自己の動物性を最も利用できないでいる階級である。だから、真理が功を奏するのをその階級が邪魔すると思うのは当を得ない。その階級が障害になれるのは真理の明証性と闘うために団結する時だけだが、そんなまねをしない理由がその階級には山とあるのだから、それはありえないことであろう。しかも、この階級ほど結束がなく、利害が分れ、気質も精神も性格も互いに異なるものはない。強情からか、身分のせいか、その他なんらかの動機から、本来なら必然的にこの階級が結束する点となる明証性と闘おうとする者が一部にいても、そんな連中はほかの人たちの笑いものになり、結局はそれに追随せざるをえなくなろう。

道徳的悪をなくす効果がそこから何も生じない幾何学的明証性にも人は服するのだから、ましてや、この悪を根こそぎ打ち壊す初源的〔形而上学的〕明証性には服するはずである。そんな主張は絵空事だ、そんなことを言うのは無謀で常軌を逸した思い上がりだ、と言われるだろう。だがそれは、いまだ登場していないこの明証性が、まず、それを展開した者の手で人間たちに開示され、次に、幸福にはなんら役立たぬものとして人間たちに斥けられた時にせいぜい言えることである。法律状態はあまりにも偽りだから、外見がそれに有利なほどますます偽りなのである。

（一）　人間の社会の始まりについても、人間の存在の始まりと同様、絶対的に正確なものはどこにもない。物理的または個別的なものはみな、その普遍的全体がそうであるもの、「全一体」または有限者がそうであるものの相対的に多いか少ないかである。どのような面からにせよ、絶対的に正確なものは「全一体」だけで、「全一体」だけが絶対的な中間として（絶対的な両極でもあるから）、物理的諸存在の、有限な諸事物の始まり、発端、原因、胚種、類、中心、形而上学的完成である。「全一体」がそれら諸存在の肯定なのは、「全一者」、「無」、または無限者がそれの否定なのと等しい。しかし、こういう耳慣れぬ言葉が分るためには、私が書くものをお読み願わねばならない。

　諸存在の総和は部分的・配分的に捉えた諸存在とは実際本性を異にするが、いまだかつてそれ自体としても、個別の諸存在との関係でも考察されたことはなかった。しかし、真理を手にするためにはもっぱらこの総和を考察すべきだったのである。その本性からして純粋に理念的または知性的なこの総和は、異論の余地なく存在するが、相反する二つの相を、一方が他方を否定する二つの相を持っている。一つは肯定的な、または初源的関係性による相対的な相で、これが「一」なる存在または「全一体」を与える。もう一つは否定的な相で、これが「唯一」の存在または「全一者」を与える。一方は形而上学的な唯一の存在である有限者の相で、他方はこれを否定する無限者または「無」の相である。「全一者」はこの総和で、すべてが「全一者である」のは、それぞれのものは個別の存在を持つように見えても、実際はほかのすべてのものと切り離せないからである。すべてのものを同じ一つのものに、すべての存在を一つの宇宙にする、または同じことだが、すべてのものが基調では同じ実在を持つようにするこの不可分性は、「すべてにおいて到る所で同一な実在」であり、それを人間の内で見れば、但しその時はもう人間ではなく存在である人間の内で見れば、「悟性（Entendement）」、知性（intellect）、純粋概念、本有観念、協力・一致した感覚である。この「実在」または知性が展開されえたのは、純粋に物理的な能力である知能（intelligence）による。われわれはけっして死なぬこの「実在」から、また同時に、われわれの習得観念・思考・感覚である自分の身体機構の種々のバネから、体が死んでも生き残る魂なるものを作ったのだ。

　この註は、初源的真理、形而上学的真理、一言《ひとこと》で言えば「真理」を軽くかすかにスケッチしたものである。その「真理」をここでざっと紹介しておくのが適当だったからだ。これから述べることもこのスケッチに当てはめていただきたい。すべてがそれの展開を目的としている。

（二）　この始まりは、「全一体」へ、形而上学的原理へ遡らぬかぎり厳密には決定しがたい。「全一体」が内に含み、「全一体がそれらによって存在するように」もともと「全一体」によって存在するすべての存在は、相互に一方は他方から出、一方は他方に帰着し、多かれ少なかれたえず互いに構成し合う。「それらの全体（全一体）」と同様、こういう諸存在も関係性にすぎず、比較にすぎず、現に与えるものしか、様々な現象、様々な像しか与えられない。

（三）　この二つの真理を全面的に欠く我らの破壊的な哲学者〔啓蒙思想家〕たちに、ここで、神と諸々の宗教を倒そうとする自分らの試みがいかに無力で場違いで無益なものか、また、人間的法律状態を存続させておく以上、つまり、普遍的で道徳的な存在〔神〕も諸々の宗教もそれの結果である原因を存続させておく以上、自分らがいかに目的を達せられないか、成功から程遠いかを見てほしいものである。打ち壊すばかりで打ち立てないと哲学者らはいつも非難されてきたが、その非難に対置すべき理に適ったものをいまだかつて何も持たなかった。それは、前人未踏の目的地を目指す二つの真理が彼らには絶対的に欠けていたからである。この二つの真理がなければ彼らがしえたのは半啓蒙だけで、この二つの真理がなければ努力はみな無駄になるほかなかったのだ。

(四) 民衆に属する人はみなほとんど物を考えない。いつも手いっぱいで、何を措いても必要な仕事、暮らしを立てる仕事に追われている。しかし、民衆に属する人に軍配を上げる私の僅かな発言の内にも、そういう人に有利なものがどれほど沢山含まれていることか！ 民衆に対するわれわれの暴虐によって、民衆の幸福から何が奪い去られているかを私は残らず知っている。だがそのことは別として、法律状態のもとにずっと、自分が生まれ変わるとしたら、私は大領主、大親王、大王、または大天才に生まれるより、良き農夫、良き職人、それどころか良き日雇い労働者に生まれたい。こういう卑しめられたしがない身分を是とし、名誉を独占する人工的なあらゆる身分を非とするものがなんと沢山あることであろう！

四つのテーゼにまとめた形而上学的・道徳的な謎のこころの要約

（第一巻、ノート二）

お知らせ

以下の「要約」は、私の思弁の概要をX氏〔五四〕に提示して、同氏が上っ面《つら》だけ読んで作った実に不正確な要約に対置するため作ったものである。この人は自分が作った要約の終わりで、普遍的なものの存在を否定していた。

私の思弁を一目《ひとめ》見ただけで起こる大の反論は、私が自分の創造にかかる諸存在を実在化しているということだが、単にいくつかの推論だけでなく、拙作の全篇がそんな反論を無に帰して、普遍的なものが存在するのを証明している。あまねく経験されるすべてによって、そこから発する道徳的真理によって、漠然と受けいれられた「実在」のあらゆる観念によって、肯定的および否定的な一般的・普遍的集合名辞にそれしか結び付けられなかった観念によって、その「実在」を否定したら一歩行くごとに陥る矛盾によって、そのことを立証しているのである。

そんな反論をするほど漠として無考えなことはなく、同時にそれほどたやすいこともないが、反論する人たちにここで知ってもらいたいのは、相手にするのが拙作の全篇で、反論に根拠があるのを証明するには互いにつながり合う拙作のあらゆる部分と闘わねばならないことである。

だが、それにしても、物理的諸存在の総和であるものとして宇宙が存在するのを、分別のある人が否定することなどできるだろうか。けれども、普遍的なものを否定すれば、まさにそのことが否定されるのだ。この総和は存在している。追ってお見せするとおり、それは肯定的観点から見た現実そのものであり、われわれはそれを部分において見るように全体において概念している。この総和の存在は、総和を構成する個別的諸物の存在と同じく、われわれによって考察されるように出来ている。考察されるように出来ているとはどうしてか。この総和の存在は、それがないこと、「全一体」と「全一者」が存在しないことは矛盾を含むようなものだからである。それが存在するという真理はあまりにも真理で、それを認識することはあまりにも肝要で、感覚的なものを超える何か、知性的な何かについていつの時代にもわれわれが抱いてきた観念はみなあまりにもそれと一致するから、そんなことが問題視されるとは哲学者らにとって恥ずかしいことである。いや、彼らは問題視すらしていない。それを一刀両断し、そんなのは絵空事だ、理性存在〔頭の中にしかないもの〕だと言うのである。この総和の存在に対して、彼らはまさしく寓話〔五五〕の狐の役をしている。あの狐は本心を偽っていたが、哲学者らは本心からそう思っていると考えてもいい。しかし、無知がそこまで過剰でむかつく程になると、こちらも憤慨せざるをえない。

　啓発を求める賢明な読者よ、どうか彼らのまねをしないでほしい。最も単純な真理である「諸存在の総和は存在する」ということを、ここで自分に言い聞かせてほしい。そうすればもう残るのは、その総和とは何か知ることしかなくなり、拙作を読むため立たねばならぬスタートラインに貴方は立てよう。〔この点を〕納得していなければ、読んでも分らないだろう。

　貴方もやがてそういう結論を出せるようになるはずだが、人間たちがあれほど多くの物理的・道徳的存在を人格化したのは、形而上学的存在を人格化して、森羅万象から、諸存在の総和から神なるものを、自分に似た存在を作り上げたという不合理の結果にすぎなかった。内的感覚の対象（感覚そのものである対象）がひとたび自分に象《かたど》って形作られたら、五感の対象を同じように形作ることなどもはやお安い御用だったのである。

四つのテーゼにまとめた形而上学的・道徳的な謎のこころの要約

テーゼ一

普遍的「全体〔全一体〕」は実在する一つの存在である。(一) それは「基調」で、感覚的諸存在はそれの色合いである。（先の「形而上学的予備考察」はこれから証示することの支えだし、また逆に、これから証示するすべてもその「考察」の支えだから、その「考察」を見失わないことが肝要である。）

＊

おお、私に反対する今日日《び》の哲学者よ、一つの軍の全体は間違いなくなんらかの形の観念を抱かせるのに、その軍が一つの全体として、一つの存在として在る一つの全体なのを君は望まない。望まないのはさだめし、軍を構成する諸部分が相互に十分つながり合っているようにも、一つの全体を、十分密集した統一体を形作っているようにも見えず、或る部分が他の部分にと互いに十分帰着し合いもしないからであろう。しかし、君が不合理にも全き厳密さで君に固有なものと考え、そこから自分ひとりで「君」なるものを作り上げる君自身の全体、不適切な用語を使えば君という個人や、またその個人がそれのごく部分的な一部である地球(二)は一つの軍とは事情が違うとして、この両者は物理的全体であってもいいとしている。それどころか、この点では否定しがたいあれほど多くの哲学者の意見にも抗《さから》って、それらの物理的全体をきわめて現実的な存在とすら呼んでいる。(三) だから、それらの個別的全体から出発して、次のように自分に言い聞かせてもらいたい。君という人がそうであるような地球を構成する諸部分から地球のような一つの個別的全体が結果するのと同じく、可能なあらゆる部分から一つの普遍的全体が、完全な統一体が結果するのだ、と。この可能なあらゆる部分は、常に、それらの普遍的全体がそうであるものの多いか少ないかで、形而上学的ないかなる面から見てもそうなのである。いずれお目にかけるように、この全体は形而上学的なものなのだから。それにしても、宇宙と名付けられる存在が在るという真理以上の真理がどこにあろう[四]。

一つの軍はそれを構成する兵士たちにすぎない、と君は言う。それはそうである。およそ全体は、形而上学的なものとはいえ普遍的「全体〔全一体〕」すらも、いまだかつてその部分のすべてでしかありえないからだ。しかし、その部分のすべてだからといって、全体が全体でなくなるわけではないのは、君という人や地球が示すとおりである。同じように、一つの軍もそれを構成する兵士たちだからといって、一つの全体でなくなるわけではない。だが、重ねて言えば、軍というのは部分の間のつながりがあまりに少ない全体だからそれは措くとして、もっとはっきりした全体に話を限ろう。

本当なら君もそうすべきだったのだが、実際は、こうした方が私に反対しやすいと思って、君はあんなふうに、一つの軍のような隙間だらけの全体や、人間たちや木々の一般性というような散らばった物体の一般性にしがみついた。そういう一般性は、君という人もその一部である「地球」と名付けられた一般性の部分でしかない。そして「地球」という一般性は、可能なあらゆる他の天体やそれの渦巻き〔恒星系〕と一緒になって、もはや個別的または物理的なものではなく普遍的な、形而上学的な一つの一般性を与えるのである。

天体も散らばった物体で、実際は互いに分け隔てられている、と君は言うだろう。だが、それは君の目が言うことで、目は君を欺いているし、限られたその本性からしても、個別的存在という資格からしても欺くにきまっている。互いに分け隔てられているように君には見える天体も、実際は互いにつながり合っており、それらを相互につなぐ渦巻きとともに、普遍的な一般性、「宇宙」と名付けられる形而上学的存在を与える。自然の内に断絶があるのは肉体の目にとってだけで、そこには何ひとつ別個な、または独立したものはない。そこに何か個物があるのはわれわれの感覚のあれこれによってにすぎず、それらの感覚が一緒に語る時、あらゆる存在に共通する声しか持たなくなる時には、そのあれこれは常に感覚全部によって打ち消される。

君の話を聞いていると木一般は存在しないらしいが、まるで、木々の一般性は存在しないと言っているかのようだ。そもそも、木一般とは木々の一般性でなくて何だろうか。さて、木々の一般性が存在するなら、諸存在の一般性が、または同じことだが存在一般がどうして存在しないのか。木々の一般性から一本の木が結果しないこと、個別的なものがそれの一般性から結果しえないことは分っている。だから私も、普遍的な一般性から或る個別的存在が結果するなどとは主張しないし、そんな主張は矛盾であろう。結果するのはこの一般性そのものである一般的または普遍的存在なのだ。

　存在一般というものを君は絶対受けつけまいとするから、君に言わせるとそんなものは精神の内にしか存在しないらしい。しかし、こうも漠然と君が私の顔に投げつけるその精神とは何なのか。普遍的存在を概念するものとしての精神または魂とは、「悟性」でなくて何なのか。但し、「悟性」という語は私がこれから言う意味に取ってほしい。また、習得観念からも、哲学的に捉えた精神からも、「われわれの思考」と呼ぶものからもこれほど区別された能力であるこの「悟性」とは、あの普遍的存在自体、物理的なものの様々な色合いの下に「すべてにおいて到る所で同一なもの」として存在するあの形而上学的「基調」でなくて何なのか。われわれは原理であるものとして、古代の哲学者たちが分りもせずに「世界霊魂」と呼んだものとしてこの普遍的存在それ自体を見るかわりに、そこから原理としての神なるものと、われわれ一人一人にある不滅の魂を作り出したのだ。スコトゥス(五六)のことは無視してほしい。あの人は間違いなく、この普遍的なものを終始認識しなかった。それが配分的に捉えた自らの諸部分と本性を異にすることも、それが第一原理であり、最高善であり(五)、形而上学的意味という可能な唯一の意味での唯一の完成であることも(六)、また後段でお見せするとおり、今ここでそれを見ている肯定的観点とは反対の観点のもとにも存在しているということも(七)、ほかのすべての人と同様に知らなかった。

　すべてのものがすべてでなく、すべてのものが一つでないのは矛盾である。でも、すべての人間はすべてだが、すべての人間は一人の人間ではないだろう、と君は言うはずである。私もそれは認める。だから、別な用語を使ってすでに言ったように、すべてのものは個別的な一つのものを与えるのではなく、普遍的な一つのものを与えるのだ。
人間たちの一般性は一つのものだが、一人の人間ではない。それは、これのみが全き厳密さで一般性と言える普遍的一般性の内にある個別の一般的なものである。そういう一般的なものは、個別的であるからには物理的なもので、それを構成する人間たちと変わりない。多かれ少なかれそれを思い描けるからだ。そういう一般性や、その他あらゆる個別的一般性を普遍的一般性と同列に置くのは、類を混同することである。

テーゼ二

普遍的「全体〔全一体〕」または宇宙は、その部分の各々と本性を異にする。したがって、それを見たり思い描いたりすることはできず、ただ概念することしかできない。

*

一人の人間とか人間たちの一般性とかいった個別的全体は、それの諸部分と本性を同じうする。それ自体が別の個別的全体つまり地球の一部で、地球も太陽の渦巻き〔太陽系〕の一部だからである。けれども、普遍的「全体〔全一体〕」はそうではなく、それはその部分のあれこれと同じ本性のものではない。それは可能なあらゆる部分の全体または統一体なので、それ自体が部分であるとか、なんらかの形を持つとか、あれこれの色、あれこれの大きさのものだとか[八]、それを思い描けるとかいうことは矛盾だからである。

頭のまんなか、目に見えない内面で起こる行為としての思考は、外面的な印《しるし》を介してしか見られず、見られえない。しかし、大体のところは思い描ける。クラヴサンの鍵盤がする絃への作用を思い描けるのと同じである[九]。形而上学的または超自然的なものは、思い描けない諸事物の総和しかない。

普遍的「全体〔全一体〕」はそれの諸部分と同じく純粋に相対的な存在で、諸部分がそれを相対的ならしめるが、それが諸部分を相対的ならしめてもいる。自らの諸部分と同様、それは関係性にすぎず、比較にすぎないが[一〇]、その部分のあれこれと本性を異にすることに変わりはない。それが証拠に、普遍的「全体〔全一体〕」はそれ自身である「悟性」で、協力・一致した感覚で捉えられるが（一一）、一方、その部分のあれこれは、それ自体が部分であるわれわれの各感覚で捉えられ、各感覚との関係性、各感覚に対する作用、各感覚への合体などに比例してわれわれの各感覚なのである。

物理的なものの集合体、つまり普遍的「全体〔全一体〕」が「悟性」でしか、協力・一致した感覚でしか捉えられないのは、それが自己の外には比較すべき点を一切持たず、また持てず、もっぱら自己の内にそれを持つというのが全くの真理だからだが、一方、それを構成する物理的または個別的な各存在は、関係すべき点、比較すべき点を常に自己の内にも外にも持っており、そうしたものがそれを感覚で捉えられるようにするのである、つまり、それを多かれ少なかれわれわれ自身と合体させるのである。そもそも、物理的または配分的に捉えた感覚とは、常に他の物体によって構成され、逆に他の物体を構成してもいるわれわれの身体または物理的実在でなくて何だろうか。ここで言っておけば、感覚とそれを惹き起こす対象の間の関係性という神秘がこれによって説明される。私の展開を見ていただけば、あらゆるものがわれわれに語る内容がそこに御覧になれよう。それはつまり、配分的に捉えた様々な物体が持つあれこれの存在は、われわれの各感覚個々から受け取るもの以外になく、これらの物体がそれ自体として存在すると言うのはもとより、それらの持つ存在が絶対的または現実的だと言うことも不合理で、あまねき経験に反するということである。なぜなら、それらの持つ存在は相対的に多くまたは少なくそうであるにすぎず、それらが条件付き、制限付きにそうであるもので無条件にあるのは、絶対的、現実的なもの、関係性の第一の、また真実の対象であるそれらの全体だけだからである。それらの全体が自己の存在をわれわれの協力・一致した感覚から受け取るのは、それらが自己の存在をわれわれの各感覚から受け取るのと等しいが（一二）、それは、諸物体がわれわれを形式において作りなすように、諸物体の全体がわれわれを内容〔基調〕において作りなすからである。そこから、この全体の存在はわれわれ一人一人にとっても、存在するすべての個別的なものにとっても同じだが、一方、諸物体の存在はわれわれ一人一人にとっても、存在するすべての個別的なものにとっても多かれ少なかれ異なることになる。だが、この真理が教えるのは、われわれは形而上学的には互いに異ならず、その点では全員同じ理由しか持たず、物理的には常に多かれ少なかれ異なるということ以外の何だろうか。この真理はあまりにも真理なので、百もの異なる言いかたのもとでどこにも姿を見せている。宗教ですら、われわれは神について全員同じ内的感覚を持つと言うけれども、一方、感覚的な事物の見かた、考えかたではわれわれ全員が互いに異なることに分別のある人が同意しないわけにはいかない。

形而上学的なものはあらんかぎりの一般性によって一般的なもの、自己の諸部分とは自己自身のことだから自己の諸部分と本性を異にするのではなく、自己の諸部分の諸部分と、つまりあれこれの部分と本性を異にするものである。それは諸存在が全く等しくそうである面での諸存在で、「宇宙」、「世界」、「自然」、「物質」と呼ばれる相対的な存在である。それの内ではすべてが純粋に関係であるから、何物もこの存在以上にそれ自体としてあることも、それ自体によってあることもない。

物理的なものは集合的に取れば形而上学的なものだから、配分的に取れば個別的なものである。あれこれの事物であるもの、一人の人間、一本の木、一個の天体であるもの、また人間たち、木々などの一般性であるものである。但し、様々な天体の一般性であるものではない。前述のとおり、そういう一般性は宇宙そのものだからである。形而上学的な中心である宇宙は、必然的にその内部に様々な物理的中心がちりばめられており、そういう物理的中心はみな相互に多かれ少なかれ異なり、また多かれ少なかれ分離しがちである。均等性、安定性はそれらの〔形而上学的〕中心にしかない。

形而上学的なものと物理的なものというこの二つの類は、一方がなければ他方もなく、互いに切り離せないが、それは、追ってお見せするように、この二つを否定し、否定することで肯定する存在がこの二つと切り離せないのと同じである。このように、すべてのものは同時に形而上学的にも物理的にも存在する。われわれが「われわれの〈私〉」と言うものはこの二つの類で、一方の形而上学的なものはすべての存在に共通し、他方の物理的なものはわれわれに個人的なもの、人間としてのわれわれである。こう呼んでよければ「形而上学的な私」と、同じくわれわれの「物理的な私」、つまりわれわれの身体機構の様々なバネからわれわれは魂なるものを作り上げ、「形而上学的な私」とわれわれの「道徳的な私」から形而上学的で道徳的な神なるものを作り上げた。私はわれわれの「道徳的な私」をわれわれの「物理的な私」と区別するけれども、これらは全く相互に帰着し合うものである。だから、われわれは自分がそうであるような形而上学的・物理的・道徳的な神なるものを作り上げたのだ。

形而上学的な「私」と、道徳的な「私」を含む物理的な「私」というこの二つの「私」よりもっと先に、後述する「それ自体としての私」がある。追ってお見せするように、これは「全一者」であってもはや「全一体」ではなく、「すべてはすべて〔全一者〕である」ということを最後の真理として与え、そう言った時すべては言い尽くされる。われわれはこの「私」から同様に神を作り、形而上学的なものと物理的なものを肯定しつつ否定する存在〔全一者〕を作ったが、この「私」によって、前二者と不可分でそれらを内に含む、存在する第三の仕方が得られる。

われわれの諸国語が形而上学的・物理的・道徳的用語からなる複合物なのは、われわれが形而上学的にも物理的にも道徳的にも存在しているからである。形而上学的にはすべてとつながったものとして、爾余の諸存在とともに同一の存在しか形作らぬものとして、また物理的にはすべてから切り離されて見えるものとして、また人間として、さらに道徳的には社会を作って法律状態のもとにある人間として、だ。そしてこの法律状態が、それから必然的に発する正邪と道徳的善悪によってわれわれに種々の徳と悪徳を与え、道徳性なるものを、または同じことだが社会的なありかたをわれわれのために作った。このありかたは一切の道理を欠いたもので、道徳的悪を物理的悪より限りなく厄介なものにしている。（二三）

存在としての普遍的「全体〔全一体〕」が在るのが否定されたのは、それを思い描けなかったから、それが悟性に何ひとつ感覚的なものを提示しなかったからにすぎない。同じ理由から、私はそれの存在を肯定するのだ。それは抽象的な存在だ、形而上学的な存在だと言われたが、そのことは私も言っている。ただ、ほかの人がそう言ったのは、そう言えばその存在から現実性を奪えると思ったからにすぎないが、それは間違いというもので、「形而上学的」という語に結び付けるべき観念をたえて知らなかったのである。それを知っていたら、それを存在させた真理の叫びをよく聞き取っていたら、みんなすべてを知り尽くしたはずなのだが。

テーゼ三

形而上学的な唯一の存在、唯一の原理、唯一の真理である普遍的「全体〔全一体〕」は道徳的真理を与え、この真理は常に形而上学的真理を支え、またそれに支えられる。

*

普遍的「全体〔全一体〕」が形而上学的な真理または原理であり、関係性の第一の、また真実の対象であるところから、存在するすべての感覚的なものはそれから直接発することになる。またしたがって、人間たちや社会を作る他のあらゆる種が互いの間に持つべき社会的関係性である道徳的〔社会的〕真理もそこから直接発することになる。道徳的真理はまた、普遍的「全体〔全一体〕」の展開がその後《あと》に引き連れてくる破壊からも間接的に生じる。この破壊とはわれわれの習俗の破壊であり、われわれを下敷にして、「神」の名のもとに作られたこの習俗の道徳的原理の破壊であるから。

　形而上学的原理が与える道徳的原理は、自分がされたくないことは他人《ひと》にもしないこと、他人を自分の臣下・下僕・奴隷にしないことなどを必然的に帰結とするはずだが、この原理は道徳的〔社会的〕平等ということで、何であれすべての財貨の共有を内に含む。さて、この原理はまさに、われわれの習俗がそれに拠って立つ道徳的〔社会的〕不平等という原理の反対物だし、この不平等という原理が異論の余地なく源となって、その不平等を支えるためにしか存在しない法律状態も、われわれの邪曲、および例外なくあらゆる道徳的悪も生じるのだから、形而上学的原理は道徳的〔社会的〕平等の内に真の道徳原理をわれわれに与えることになる（一四）。

われわれは今生活する唾棄すべき社会状態から遂に脱したかったら、初源的〔形而上学的〕真理に基づいて首尾一貫したかったら、形而上学的にそうであるように道徳的〔社会的〕にも「一」なるものとなり、それぞれが、すべてを自分に帰着させよう、自分が中心であろうとするおのが志向を、もっぱら、同類たちの志向をもはや邪魔せず、それからもはや邪魔されないような共通の志向ならしめねばならない。さて、そういうことは道徳的〔社会的〕平等によってしか起こりえないから、われわれはあの形而上学的平等を、初源的秩序を、したがって健全な社会的理性を原理とするこの道徳的〔社会的〕平等に至らねばならない。

道徳的〔社会的〕平等が原理とするのはほかならぬこの健全な理性で、これは拙作が詳細に、またはっきりとお見せしている。この点では、形而上学的な面より道徳的な面の方が言うべきことはずっと多いからである。形而上学的な面は、それが打ち壊すものにくらべて打ち立てるものでは、知って有益なことがずっと少ない。われわれの一次的〔形而上学的〕理性が二次的〔社会的〕理性の障害になるもの、二次的理性が自力ではけっして打ち壊せないものを打ち壊す必要がなかったら、一次的理性などなくても二次的理性だけでこと足りたろう。しかし、全員平等に暮らせとか、それを邪魔する法の歯止めをなくせとか二次的理性がいくら叫んだところで、法律状態が持つ既得権は別としても、常に神なるものが、人間を法のもとに置いた神なるものが反論として立ちふさがり、二次的理性は全力を揮ってもそれには屈せざるをえない。しかし、二次的理性が一次的理性にひとたび支えられたら、もうそんなことはなくなろう。あの恐るべき障害物は二次的理性の前から取り払われ、二次的理性の力が殺《そ》がれることはもうなくなろう。

道徳的〔社会的〕平等状態を描く私の展開を見ていただきたい。未開人が有利な体の造りと、とりわけ十本の指に助けられ、必然的に物理的〔身体的〕不平等を通じて道徳的〔社会的〕不平等に至ったこと(二五)、また社会的人間が、おのれの不幸のすべてを作り出すこの不平等から道徳的〔社会的〕平等へ移行できること、それも、この不平等が抱える不都合の十分な論証と、人間の破滅的な無知をそれだけが打破しうる形而上学的・道徳的明証性の専制的な力によってのみそれができるということを、そこで御覧願いたいものである。

テーゼ四

部分を含意しない「全一者」が存在し、部分を含意する普遍的「全体〔全一体〕」と切り離せない。「全一者」は「全一体」の肯定であると同時に否定である。「全一者」と「全一体」は「実在」の謎の二つのこころで、(一六) 真理の叫びはそれをわれわれの言語に持ち込んだ際も両者を区別した。「全一者」と「無」は同じものである。

*

普遍的「全体〔全一体〕」をそれの諸部分とともに同じ一つの存在しか作らぬものと見る時は、部分を全体との関係で見たり、同じことだが全体を部分との関係で見たりするために部分を全体と切り離すことはもうなくなるが、そういうふうに見た場合、普遍的「全体〔全一体〕」はもはや「全一体」ではなく、「全一者」である。(一七) もはや部分からなる諸存在の総体ではなく、部分なき総体であり、もはや原理または原因である存在ではなく、原理でも原因でもない存在であり、もはや関係性による存在でも、肯定的または絶対的な存在でも、物理的諸存在の存在を肯定する形而上学的な「しかり」でもなく、関係性なき存在、否定的な存在、「しかり」を同時に否定し肯定する「否」であり、もはや見えるものとの関係で在る存在ではなく、ただ在る存在であり、もはや有限者、または有限な諸存在の結果ではなく、無限者であり、もはや完全なものではなく、(一八) 否定的な意味に取った不完全なものであり、(一九) もはや時間、または様々な時の結果ではなく、永遠性であり、もはや数ある諸存在によって存在する「一」なる存在でも、様々な物体によって存在する「物質」と呼ばれる存在でもなく、自分以外のあらゆる存在を否定する「唯一」の存在、非物質的な存在、個的で創造によらぬ存在であり、もはや物理的なものによって存在する形而上学的存在でも、個別的なものによって存在する普遍的存在でもなく、それ自体によって存在し、諸部分を見る観点の違いに応じてもう一方〔全一体〕につき肯定されるものを否定することしかできぬ存在であり、(二〇) もはや感覚的なもの、または感覚的な諸存在の結果ではなく、唯一存在して感覚的なものの否定でしかありえぬ「無」、虚無そのものである。これは否定的な実在だが、誰もそれが分っていなかったのは肯定的な実在と甲乙なかった。スピノザも例外としない。この人は実体というものに無知だったため、不合理にも無限の実体を変様させるが、実体とは有限者または完全なものなのである。

今言ったように見た場合、普遍的「全体〔全一体〕」はもはや原因と結果、始めと終わり、アルファとオメガ、善(二一)と悪、秩序と無秩序、充満と空虚、現実と外見、運動と静止、多と少でも、「全一体」を意味してそれ以上の何も意味せず、われわれ自身もそれを形而上学的存在と呼ぶなんらかのあらゆる形而上学的対立物ないし両極でもなく、それらの対立物を肯定しつつ否定するものである。無限者は自らが否定する有限者を肯定するからである。そのことが無限者を否定的反対物として矛盾そのものたらしめる。

やはり今言ったように見た場合、普遍的「全体〔全一体〕」はもはや最初の胚種、あらゆる存在に共通の胚種ではなく(二二)、あるいは、これ以外に正確な観念を結び付けられぬ慣用的な用語を使えば、もはや「創造者」たる神ではなく、「創造者でない」または創造以前の神である(二三)。拙作の内でも後段でもする私の展開を御覧願いたい。

「全一体」と「全一者」というこの二つの存在は物理的実在のみによって異なるものだが、われわれの法律状態と真理の叫びの聞き間違いのせいで、われわれはこの二つから否定的属性と肯定的属性を持つ神なるものを作り上げ、しかも、これらの属性の一方〔肯定的属性〕をもっぱら形而上学的なものと取り他方〔否定的属性〕を形而上学的なものと物理的なものの否定として取るのではなく、不合理にも双方を道徳的なものと取っている。さて、この二つの存在は相互に一方が他方によって証明されるもので、片方の相対的なもの〔全一体〕は自らの諸部分によっても同様に証明されるが、今日まで人間たちには謎だったものがことごとくこの二つによって説明される。反対に、この二つの存在とわれわれの道徳性との複合物、われわれが「神」と呼ぶ複合物は、人間たちにとって不合理の集積にすぎず、したがってありとあらゆる困難の集積にすぎない。「一」なる存在と「唯一」の存在をみつけるには物質の胎内から出る必要があったのに、物質の外へ出るのは御法度だったのだ。

われわれが作り上げて自分に与えた神から生じる実にひどい不合理は、用語の意味にすら抗《さから》って、神に与える否定的な属性を肯定的なものにしよう、たとえば、「無限に完全な（infiniment parfait）」（「無限に」という語を厳密に取って）という二語を程よく両立させようとすることである。実際は、「完全」は「全一体」、「無限」は「全一者」だから、「無限」は「完全」の否定なのに。こんな不合理の原因は、神なるものをそれから作り上げた肯定的および否定的実在に、われわれが道徳性を、つまり叡知・慈愛・義・慈悲・復讐等々を与えたという不合理にある。そんなことをしたら、その実在の内に肯定的以外のものを見る術《すべ》があったろうか。われわれに欠けていたのは、神を「メタ道徳的《モラル》」な存在と呼ぶことだけだった。われわれに言わせると、神は物理的なものをも道徳的なものをも超えて在るもので、道徳的にも形而上学的にも完成だからである。しかし、正しく言えば、われわれは終始神をごく漠然としか見なかったから、神はわれわれにとって全く何物でもない。だからこそ、神はわれわれにとっていっときも問題であるのをやめなかったのだ。自分は神を信じるとわれわれは思っているが、そう思うのは常に疑いもなく、神が存在してほしいという欲求の結果というより、はるかに多く教育の結果、恐れの結果である。確信の結果であることは一度としてなく、またありえない。

神は始めに天地を創造したとモーゼは言ったが、神とは何かは全然言わず、それを言うことはわれわれに任せた(二四)。あの立法者の言葉が解釈される仕方によると、諸々の存在が出てきたのは無からだという。正しく解釈されたら、私が証示することをモーゼは垣間見たのだと言えないだろうか。「創造者でない」神、それ自体による存在は「無」であり虚無そのものであるということ、感覚的な諸存在が無から出てきたとモーゼが言った意味は、それらがこの存在から出てきたということ、またはお望みなら、「全一者」または「唯一」の存在であるこの存在が自らの内に「全一体」と諸部分を、「一」なる存在と数ある諸存在を含むということにほかならぬ、ということである。諸存在がそこから出てきた無または渾沌《カオス》とは、「全一者」でなくて、「唯一」の存在でなくて、または、諸存在がそれから出てきたと皆が認める神でなくて何でありえよう。

時間がある前には「すべて〔全一者〕」が無だったと言われるが、それで言うのは、「全一者」は存在する感覚的な何物でもなかった、「全一者」はその点では「無」だったし、それが「無」でありうるのはその点でだけだ、ということ以外の何でありえよう。そういう意味でなかったら、〔五七〕この主張はその場合「無」を否定するものになろう。たとえば「すべてが全一体でなかった」と言ったら、「全一体」を否定するものになるのと同じである。しかし、そんな意味はむろんこの主張の意味ではないから、この主張は実際私が言うように、時間がある前には「すべて〔全一者〕は無だった」という意味である。この主張の内で余計なものは〔動詞の〕過去〔形〕しかない。時間以前に過去を定立することなど、不合理を犯さずにはやれないからだ。この言明は正確に言うと、「時間または感覚的なものを捨象すれば、〈全一者〉は感覚的な何物でもない、〈全一者〉は〈無〉だ」ということである。もしかすると、こう言われるだろう。「無」という言葉の意味は一切の実在の否定だから、「無」は単に感覚的実在、肯定的実在の否定だけでなく、感覚的なものを否定する実在の、否定的実在の否定ですらある、と。それに対してはこう答えよう。「無」は感覚的なものを否定する実在の否定ではありえない。それでは、現に否定する感覚的なものを否定するものの否定になり、したがって自分が否定するということの否定になってしまうからだ。否定的実在の否定だったら、それは否定の否定になり、自己自身を否定することになるが、それはあまりにも矛盾だから、その点を納得するにはこの数行だけで十分であろう。われわれは「無」を知覚していなかったら、こんなにいつも「無」という言葉を口にするだろうか。またその言葉は、われわれが口にする時、感覚的なあれこれのものの否定以外を一度として意味するだろうか。壺の中に酒が無いとか、財布の中にお金が無いとか、家具が見えない部屋の中に家具が無いとかである。

「無」は「すべて〔全一者〕」だから、それを「すべて〔全一者〕」の反対物にすることはできない。「すべてか無か」とは言えない。「無」を反対物にさせられる相手は相対的または感覚的な実在だけで、だから、われわれが「すべてか無か」と言うのは感覚的なものについてにすぎない。

神なるものは自分とは別の所から諸存在を引き出すのにそれを無から引き出すという今まで解決不能だった難問は、この神が無そのものであるのが分れば解決される。この世の物事についてそれは全くの無だとわれわれが言うのも真理の叫びによる。

「すべてであるのは何物でもないこと」と諺風に対句で言われるが、そう言うのはもっぱら感覚的なものについてである。言わんとするのは、すべてであること、あるいは、たとえばすべてを知っていると称することは、そうだと称するものの何物でもないことだ、「ナンデモ屋ハナンニモデキヌ」ということにほかならぬからである。「すべてと無は同じものだ」と書かれたことも言われたことも思われたことも、たぶん私以前にはたえてなかったろう。今まではずっと、「無」はあらゆる実在の否定だと不合理にも考えられてきた。否定的実在については、みなずっとこの上なく深い無知の状態だった。真理から何十億里《リュー》も遠く隔たり、あらんかぎりの不合理に陥り、あるいは十分知りもしないのにこの不合理と闘うには、それ以上のものは要らなかった。「あるいは」以下は無神論がすることである。理神論も不合理と闘うが、ただ制限付きで、根本的な不合理には目をつぶっている。

「無」という言葉では、感覚的なものの、相対的なすべてのものの否定のほか何を理解できようか。それを定義するために私が使う単語自体の、それが持つ名前自体の否定のほか何を理解できようか。全然何も理解できないと言われようが、「無」という言葉で全然何も理解できないのは私も御同様である。「無」についてそれは「全体〔全一体〕」の否定だと私は言っているからだ。この言葉にはどんな観念も結び付けられないと言い返されようが、しかし、「無」についてそれは感覚的事物の存在を否定すると言うのは、この言葉に一つの観念を結び付けることではないのか。そんなのは否定的な観念だとさらに言い返されようが、無限者の観念、有限者と有限な諸存在を否定する存在の観念が否定的な観念でも、なおかつわれわれは無限者〔無限の神〕が存在することを認めるから、「無」の観念が否定的だということは「無」が存在しない理由にはならない。「無」は有限者の否定であるように無限者の否定でもある、したがって私が主張するような無限者であるわけでも「全一者」であるわけでもないなどと言ったら、またまた「無」は否定の否定になってしまうが、それは不合理である。

われわれが「無」を知覚しないという考えは、われわれがそれの感覚的知覚をしないことに基づくが、「無」は感覚的なものの否定だから、「無」の感覚的知覚などというのは矛盾であろう。「全一者」または無限者の知覚についても同じである。それが存在するのをわれわれが認めるのに、同じように「無」が存在するのを認めようとしないのは、神についてそれは「すべて〔全一者〕」だとか無限なものだとか言ってきたようには、それは「無」だと言ってこなかったからである。しかし、同じようにそう言わなかったのはどうしてか。それは、われわれがあらゆる道理に反して無限者を肯定的なものにしようとしたから、「無」以外に否定的実在は要らないと思ったからである。ただ、否定的実在とはいっても、「無」はあらゆる実在の否定だとわれわれは考えていた。こんな不合理な考えを存在させたのも、またその原理となったのも常に、否定的実在について、また「全一者」がその実在であることについてわれわれが終始無知だったことである。それでも、「無」が存在するという、また「無」・渾沌《カオス》・無限・測り知れなさ・永遠等々が同じもので、「全一者」で、「唯一」の存在として見た神だという有無をいわさぬ証拠はなんという証拠であろう！　さらに、常にされてきたとはいえ今まで認識されなかった「全一体」から「全一者」への、「全一体」と「全一者」の間の相違の証拠もなんという証拠であろう！

　神についてそれは「われわれのすべて」だと言う時、われわれは神を自分との関係で見ているが、神について「それはすべて」だと言う時はもうそうではない。その時は自分を神の内に含め、もう神しか見られないからである。いつも多かれ少なかれ聞かれる真理の叫びに基づいたこういう言いかたを、私がする「実在」の定義に当てはめてほしい。また、私が「全一者」の存在を証明することで「全一体」の存在を証明し、「全一体」の存在を証明することで「全一者」の存在を証明していることも見失わないでほしい。

　「全一者」は「全一体」をおのが存在の理由とし、「全一体」も同じく「全一者」と、同時に自己の諸部分をおのが存在の理由とする。そこから、「全一者」は「全一体」と関係することになる。この関係性を持つのも、それが「全一者」の持つ唯一これしかない関係性なのも、すでに証示したとおり、「全一者」は「全一体」を否定することで肯定するからである。

　「全一者から全一体への」関係性は純粋に否定的なもので、私が「全一者」についてそれは関係性なしに在ると言うのも、肯定的な関係性なしにという意味である。「全一者から全一体への」否定的な関係性は、必然的に「全一体」の存在を肯定し、またしたがってそれの諸部分の存在をも肯定する。それは有限者を同時に否定し肯定する無限者であり、感覚的実在を同時に否定し肯定し、したがって矛盾そのものである「無」である。「全一体」の内にあるすべて（但し、あれこれのものではない）は「全一体」で、「全一体」の内にあるすべてと「全一体」とは「全一者」である。なんなら、有限者の内にあるすべては有限者で、有限者の内にあるすべてと有限者とは無限者だ、時間の内にあるすべては時間で、時間の内にあるすべてと時間とは永遠性だ、と言ってもいい。ここでは永遠性という語を否定的な意味に取っている。なぜなら、先行する永遠とか後続する永遠とか言う場合には、永遠性を「始めも終わりもないもの、あらゆる始めとあらゆる終わりを否定するもの」と定義するのではなく、「常にあったし、今あるし、常にあるはずのもの」と定義する場合には、永遠性という語を肯定的な意味に取っているからで、こういう肯定的な定義は時間にしか当てはまらないからである。「全一体」が部分の全体であるように、「全一者」は「全一体」の全体である。同じ存在を相反する二つの相で見たこの二つの存在こそが唯一の知で、あとはみな知識にすぎない。この唯一かけがえのない知、または「真理」はあまりにもわれわれ自身であり、また存在するすべてであるから、それがわれわれの目を打つ時、その明らかさはいまだかつてわれわれには想起としか思えない。

「神」という語はわれわれの諸国語から除去すべきである。道徳性の観念と知能の観念がその語に結び付けられてきたからだし、「全一体」の観念と「全一者」の観念がその語の内で混同されてきたからだ。神は無限で完全だなどと言うのがそうで、こんなことは同一の存在について言えるものではない。相反する二つの相で見た実体を言い表わすには、どうしても二つの名前が要る。実体は一方の相で否定するものを、もう一方の相では肯定するからである。

（一）　宇宙は存在として実在すると自然哲学が断定するのを聞かされない人はいない。しかし哲学者たちが言うには、実在するのは諸々の存在だけ、彼らの言葉を使えば個物だけだという。なるほど、だがそれらの個物は、肉体の目にはみな互いに切り離されているように見えても、「悟性」の目には互いに全面的につながり合い、総和を作り、理念的なものとはいえ全体を作っている。その総和が普遍的「全体〔全一体〕」または宇宙で、私の目的もそれを認識させることにあり、それとそれを否定する存在〔全一者〕が認識されることがこの上なく肝要なことだった。

　諸々の存在がそう見えるとおり実際にも互いに切り離されていると考え、〔宇宙という〕現実的な存在がそこから結果しないという結論を出すのは、空虚について不合理にも抱かれてきた否定的な観念による。しかし、追ってお見せするとおり、空虚というのは充満の対立物で、充満の否定ではない。否定的な意味では空虚などないのだから、相対的にここではあそこよりも充満が多くまたは少なくあるとはいえ、ともかくすべては充満しており、あらゆる存在は基調では「同じ存在」にすぎないことになる。だが、それならどうして運動があるのか。それは、運動も静止も、充満も空虚も、およそこういう形而上学的存在はみな普遍的「全体〔全一体〕」で、この「全体」は初源的な関係性の相対的な本性からして、それの両極または形而上学的な両対立物であり、その両極は一つのもので、それの統一が中間だからである。このことは拙作の文中で展開するので、それを御覧願いたい。

〔二〕　自然の内には、普遍的「全体〔全一体〕」の内には、他の諸物体から独立して自分だけに属するような物体はない。なぜなら、そうなるとその物体は他の諸物体の否定ということになるけれども、純粋に相対的な存在として、それら自身も純粋に相対的な他の諸物体によってしか存在しない物体として、それは矛盾だからである。われわれが、「われわれ個人」と呼ぶものは様々な部分の複合物で、それらの部分は或るものが他のものにと相互に属し合いつつ、物理的な一義性によっては地球に属し――地球というものを細かく取るにせよ一般的に取るにせよ――形而上学的な一義性によっては普遍的全体という球体に、普遍的なものに属する。だから、或る物体の存在は必然的にほかのあらゆる物体の存在とつながっており、だから、あらゆる物体は相互に依存し合い、反対の説は無に帰すのである。

〔三〕　現実的存在は普遍的「全体〔全一体〕」で、それは現実であり外見である。それの内にあるものはみな例外なく、多くまたは少なく現実だったり見かけだったり（それは同じことだ）、真実だったり嘘だったりするにすぎない。

〔四〕　「先ニ感覚ノ内ニナカッタモノハ、何ヒトツ知性ノ内ニナイ」という公理については、昔のスコラ学が今日でも大目に見られるのはどうしてだろうか。それは本有観念とは何か知らないため、みな本有観念など要らんと思っているからである。それでも本有観念は一つあり、肯定的および否定的な面で私が展開するのを追ってお見せするような「実在」がそれなのである。

〔五〕　ド・ヴォルテール氏はプラトンに反対して、最高善などないのは最高の深紅がないのと変わりないと言い〔五八〕、それによって、普遍的または形而上学的な集合名辞である善を、個別的または物理的な集合名辞である深紅と並べている。善は、または同じことだが最高善は深紅という色以上にそれ自体として存在するわけではないと言ったのなら、それは正しかったろう。善という形而上学的存在は普遍的「全体〔全一体〕」で、あの色ともその他あらゆる色とも同様に相対的な存在しか持たないからである。しかし、認識された真理からしか発しえないそのような命題は、我らの哲学者〔啓蒙思想家〕たちの内にはみつからない。

（六）　完成を全体の内以外へどうして探しに行ったのか。普遍的「全体〔全一体〕」は疑いもなくその諸部分の完成である以上、そこにこそ完成が本質的にある諸事物の補完物の内以外へどうして探しに行ったのか。道徳的な最高の完成などというものを人が不合理にも欲しがらなかったら、拙作で論証されるわれわれの社会状態の欠陥が、われわれ全員が等しく持つ普遍的「全体〔全一体〕」の内的な観念を、すぐれて強者で王の王で人間のそれとは全く異なる正義の分配者で廉潔且つ最高に聡明な審判者として報い罰するような、われわれに象《かたど》った一存在〔神〕と化すことを求めなかったら、人は形而上学的なもの以外へ、普遍的「全体〔全一体〕」の内以外へ完成を探しに行ったりしなかったろう。

　強者の支配に基づき、またそこから法律状態、邪悪状態になってしまったわれわれの社会状態の結果、われわれはこの状態の支えとしてさような存在を想像したのである。しかし、邪悪になる材料がもうなくなり、道徳的悪がもはや知られなくなる本当の社会状態が、習律状態が現出したら、その結果、この存在はもう実際そうであるものにすぎなくなり、追ってお見せするとおり善・秩序・調和・平等・団結で、形而上学的なあらゆる面での完成であり、物理的なものと同じく道徳的なものの原型である普遍的「全体〔全一体〕」にすぎなくなろう。なぜなら、道徳的なものは実際には物理的なものにすぎず、たわけた本性からして物理的なものとこれほど区別されるように見えるわれわれの偽りの道徳面ですらそうだからである。

（七）　われわれとも、感覚で捉えられるものとも異質な最高存在〔神〕を、第一原理であるような存在を欲しがる理由は、普遍的「全体〔全一体〕」がいずれ明らかにするように事実われわれとも、感覚で捉えられるものとも異質で、実際に第一原理であることから来る。徳と悪徳のあるわれわれの状態、われわれの法律状態は、不合理にもこの存在に道徳性を持たせるようにさせ、それをわれわれと同一本性のものにしてしまうが、もともと自分と異質のものが欲しいのだから、これは本来の意図に反している。しかし、こんな矛盾に陥ることは、そもそも無知を土台にし、自分の支えとして宗教なしには済まされぬ法律状態の本質に属していた。

　「一」なる存在である普遍的「全体〔全一体〕」は、別の観点から見れば「唯一」の存在〔全一者〕となるだろう。この存在を私は認識していただくはずで、それにより普遍的「全体」の証明も完結するだろう。それでもなおこの「全体〔全一体〕」の存在が疑われたら、私の展開がお見せするように、純粋に相対的でありながらきわめて現実的なそれの存在を原理とする、いずれもあまねく経験される数知れぬ真理を見た上でもなおその存在が疑われたら、「実在」そのものを疑うことになってしまおう。この明証性はそれが存在するということだから。

（八）　普遍的「全体〔全一体〕」は長さも幅も奥行きもない。それが三つの次元なのは、過去・現在・未来という三つの時なのと同じである。この三つの時は、時間または現在と名付けられる形而上学的存在という相のもとに普遍的「全体〔全一体〕」を与えるが、この三つは過去・現在・未来の様々な存在、様々な運動にすぎない。三つの時と様々な存在、三つの時と様々な運動は不合理にも区別されてきたけれども実際は同じもので、様々な運動も三つの時と同じように様々な存在にすぎないのである。

普遍的「全体〔全一体〕」は存在であり運動であり、同じく時間であり現在である。それが何であるかは、その諸部分が見られる種々異なる相との関係でそうなのである。それの内にある各事物は一瞬ごとに多かれ少なかれ自己自身と異なってゆくが、普遍的「全体〔全一体〕」のみは常に同じで、常に自己自身と等しい。それは完全な統一であり、初源的な美である。「シカモ、アラユル美ノ形ハ統一デス。」〔五九〕（聖アウグスティヌス）

（九）　内部を見たわれわれの頭とクラヴサンとが一再ならず比較されるのはもっともなことだが、これは考えるという行為を思い描けることを証明している。実際、その行為を考察する時は、みんなそれを思い描いているのだ。それほど感じないがもっと感覚的な他の多くの対象にくらべて、度合は極端に少ないけれども。その行為について人が持つ感覚は、それを惹き起こす行為と同じく物理的なもので、その感覚を持つことはそれを見ることと等価である。この点については、私のする「実在」の論証が正しく把握されたらなんの疑いも残すまい。しかし、もっと細部まで立ち入ることは後段に譲って、人間としての人間の内には物理的なもの、感覚的なものしかないのをそこでお見せしよう。

（一〇）　それ自体によって在る存在、前述した「唯一」の存在とは何かは、テーゼ四で御覧に入れよう。それにしても、物理的なもの、道徳的なものに唯一適用できる相対的な実在の論証によって、どれほど多くの真理が明かされ、どれほど多くの現象が説明されることか。それらの真理が明かされそれらの現象が説明される私の展開を見た上でも、なおその実在をあえて否定してみるがよい。この実在はその本性からして、実際に与えるものしか、様々な現象、様々な像しか与えられないのである。

ここで言っておけば、あらゆる物理的善とあらゆる物理的悪がそこから発する形而上学的な善と悪が説明されるのもこの実在による。道徳的な善悪も物理的な善悪の一部をなすが、それの一部をなすのはわれわれの不幸な社会状態の欠陥のせい、われわれの法律状態または道徳的〔社会的〕不平等状態のせいにすぎない。その状態がわれわれ一般を必然的に、団結の内でも相互に全く不団結な、相互に全く対立し合った存在にするからである。道徳的悪がもしなかったら、浴せるはずの道徳的〔社会的〕平等にもしわれわれが浴したら、道徳的悪がないため、道徳的善があってもそれがあるとは言えなくなろう。それにしても、善悪一般または形而上学的な善悪とは何だろうか。追ってお見せするように、それは相対的実在そのものであり、普遍的「全体」であり、「全一体」なのである。

（一一）　協力・一致した感覚、形而上学的に取った感覚とは、存在するすべてのものの協力・一致である。それはわれわれの各感覚がするようにそう見えるものを表わすのではなく、そうあるものを表わす。自らがそうあるものしか表わさず、すべての存在と厳密に共通して持つ面で、それらの存在とわれわれとの一切の違いを排除する面でわれわれがそうあるものしか表わさない。協力・一致した感覚とはもはやあれこれの個別的実在の協力ではなく「実在」の協力であることを深く考えて見て取らぬ人には、誰であれこのことは分りづらく見えよう。しかし、それは真理の運命である。真理を人間の諸能力に適用する時は、あらゆる偏見が含まれるそれらの能力に充てられた言葉を真理の展開のために用いる時は、必ずそういうことになるのだ。真理は個別のあれこれの種に適用されるようには出来ていない。それは形而上学的な類である「実在」そのものである以上、等しくあらゆる種だからである。原理からして必然的に欠陥品である自らの社会状態のせいで人間がその中に沈淪している不合理なもの〔宗教〕こそが、真理を自らに展開しつつ自らに適用すること、しかもそれを、自分の本性を別個に扱うために人間が作り出した個人的な文体ですることを求めるのだ。

　一次的〔形而上学的〕な実在で見た人間、または同じことだが「普遍的実在」との関係で見た人間は、もはや人間ではなく、もはや自分を人間たらしめるものではなく、自分を存在たらしめるものである。「在ルハ、シカジカデアルニ先立ツ」だ。人間が人間なのは二次的〔物理的〕な実在で見た、自分を人間たらしめるもので見たかぎりでしかない。つまり、他のあれこれの種との関係で見たかぎりでしかない。人間は有限だとか、始めと終わりがあるとか、宇宙の一部だとか言うように、人間について言うことが他の諸存在についても等しく言える場合には、きまって、物理的または感覚的な存在としての人間は見失われ、人間は形而上学的に見られ、「悟性」にしたがって、協力・一致した感覚にしたがって語られている。われわれは自分で思うよりずっと形而上学を語り、自分のすべての感覚の一致または声にしたがって語っており、あらんかぎりの一般性を以て一般化する時には毎度そういうことが起こるのである。そのことがわれわれに分らないのは、われわれがそうとは知らずに散文を喋るのは〔六〇〕、形而上学的なものとは何かをいまだに認識してないからである。形而上学者とされる人たちですら例外としない。

（一二）　存在としての宇宙は自己の存在をわれわれから受け取るから、「精神ニヨッテ」存在するのだと言われる。それはそうだが、それはもっぱら私がここで説明するような意味からである。「実在」について言われることにはみな真実があるけれども、その真実には真理の坩堝が必要だった。

（一三）　道理に適った社会に生きる人間たちには、法ではなく正しい理性に統《す》べられる人間たちには、諸々の道徳的存在など存在しなくなろう。そういう社会状態を、私は法律状態と対比して「習律状態」と呼んだり、「平等状態」、「道徳的自然法状態」と呼んだりするが、この「道徳的」という用語では「社会的」ということしか考えるべきでない。形而上学的なものと道徳的なものについての無知が打破されて初めて、われわれはその状態へ導かれることが可能になるが、打破さるべきこの無知を通ってしかその状態へは至れなかった。拙作を御覧になって、この作品はひとたび公にされたら、それの明証性が持つ専制的な力によって必ずや時とともに功を奏するはずだという証拠を見ていただきたい。

　人間は不合理な無数の説を産み落とした末に、道徳世界の秩序と幸福がそれの展開に結び付く原理をいつの日か発見するだろう、と『精神論』〔六一〕の著者は言う。私が書いたものを読まれた上で、その予言が成就しなかったかどうか判断するのは、私の読者たちの仕事であろう。

（一四）　法律状態のもとにある人間は道徳的〔社会的〕平等状態からあまりに恐ろしく隔たっているから、哲学者たちに至るまで道徳的〔社会的〕平等を絵空事扱いする。だが、彼らはそれをよく考えたのだろうか。それを〔形而上学的〕原理の内で、またそれ自体として見たのだろうか。それの原理が打ち壊すものを見た上で、神とわれわれの法律状態が打ち壊されるのを見た上で、それについてあえて宣告を下すのだろうか。

（一五）　原理としての神なるものの観念が打ち壊され、普遍的「全体〔全一体〕」に席を譲ったら、未開状態が社会状態に先立ったことについても、いまだにそうであるように昔から道徳的または社会的不平等状態だったこの社会状態が、物理的事物の本質に属する物理的不均等〔身体的不平等〕を源とし、未開状態で強い者が弱い者に対しこの不均等を悪用したことについても、疑いひとつ残らなくなるに相違ない。だが、社会的未開状態はどこまで遡るのか。遡るのは未開状態までである。未開状態には社会の否定はなく、社会的な胚種が存在するのだ。では未開状態はどこまで遡るのかと訊かれたら、それは人間を生みだした種《しゅ》から種へと遡って、普遍的「全体〔全一体〕」まで行くのである。普遍的「全体〔全一体〕」こそあらゆる種の胚種で、始めと終わりで、過去・現在・未来に存在するあらゆる原因とあらゆる結果の最初の原因にして最初の結果なのだ。追って論証するとおり、この真理は否定的な観点で見れば無限者〔全一者〕を与えるのだが、ともかくこの真理の内には、神なるものによって数千年前に生みだされた最初の人間とか最初の種《たね》とかいうものは一切見られない。しかし、それが見られないのは慶賀すべきことである。そんなものがあったら、真なるもの、単純なもののかわりに、いまだに不合理しか喰《くら》うものがなくなるからだ。宗教が言う意味で最初の人間がいたというのは、大衆にはしごく単純なことに見える。しかし、感覚的なものに身を委ね、絶対的なものなどないところに絶対的なものを欲しがる大衆は、自分が承認するこの最初の人間を宗教が生みださせる仕方についてはほとんど考えない。その仕方は真理が打ち立てる仕方と同じく知性的なものなのだが、人間の製作者を物理的にはたらく存在に仕立て上げることで、人はそこに感覚的なものを持ち込んでしまった。そしてこの感覚的なものが、いかに不合理であれ、人の心を虜《とりこ》にしてしまうのである。

（一六）　「すべて〔全一者〕」と「全体〔全一体〕」では語尾変化が違う。「すべて」、「すべての」、「すべてに」、「すべてにより」などと言われるし、「全体」、「全体の」、「全体に」、「全体により」なども言われる。われわれはそうとは知らずに、この二つの語によって二つの観点で見た「実在」を言い表わしているが、二つの語の違いの理由を深く掘り下げようとはついぞ考えなかった。私はそれをしようと思ったわけで、真理が（全幅の確信に基づいて、あえてこう言う）それの成果だった。この二つの語の唯一かけがえのない意味がみつかったからには、私の仕事はもう、展開し適用することと、とりわけ習俗に関してそこから帰結を引き出すことしかなかったのである。

（一七）　「諸存在は存在の内に、有限者の内に、時間の内に、現在の内にあり、存在または〈全一体〉は、有限者は、時間は、現在は無限者の内に、永遠性の内にある。百万年も一瞬間以上にそれ自体としてあるわけではなく、何物もそれ自体としては高くも低くも良くも美しくも等々でもない。〈全一体〉の内のすべて〈〈全一者〉の内にすべてがあるのと同じく、〈全一体〉の内にもすべてがあるから〉は始まっては終わり、終わってはまた始まる。それの内には完全なものも、完全に等しいものもなく、すべては多かれ少なかれ相対的である、等々。」以上が真理から結果するそれらの感じ取られた真理である。

（一八） 完全に見える作品のことをわれわれが「完成している」〔原語の fini は、本来的には「有限な」の意〕と言うのも真実の叫びによる。

（一九） 「不完全」というのは、われわれの言語では完全性の否定ではなく「不十分な完全性」を意味する。「完全性の多少」とか「多くまたは少なく完全」とか言うように、「不完全性の多少」とも「多くまたは少なく不完全」とも言う。悪、空虚、静止などのように「多い少ない」を容れるものはみな、絶対に否定的反対物ではありえず、それのみが否定的反対物である「全一者」ではありえず、ただ対立物、一方の極でしかありえない。「多くまたは少なく無限」とか「多くまたは少なく永遠」とか言わないのは、それらの語が有限者の否定、時間の否定だからであり、「全一体」を否定する「全一者」という存在する唯一の否定だからである。われわれの目にたえずどう見えようとも、たとえば闇が光の否定のように見えようともそうなのだ。付け加えれば、「全一体」の内に否定があるように見えても否定が存在しないのは、たとえば人体の内に金《きん》があるようには見えないがそれでも金の否定がないのは、「全一体」の内のいかなるものも、「全一体」の内に存在するすべてのもので多かれ少なかれ構成されないものはないからである。

（二〇） それの諸部分を部分として見る時は、「全一体」は全体であり、それの諸部分を種々の存在、種々の物体、種々の有限物、種々の運動、種々の時、種々の結果等々であるものとして見る時は、「全一体」は存在、物質、有限者、運動、時間、原因等々である。肯定的または絶対的なもので「全一体」でないものはなく、肯定的または絶対的なもので相対的でないものはない。肯定的に見た、原理として見た神が関係性にすぎないことが見落とされたのは、否定的な観点からはそれ自体として在る神が、肯定的な観点からもやはりそれ自体として在るはずだと思われたからである。神について人々が不合理な観念を抱き、神があらゆる面で諸存在から独立しているとか、無限であると同じく完全であるとか、永遠性であると同じく始めと終わりであるとか考えたからである。

（二一） われわれが良き原理と悪しき原理、神なるものと悪魔なるものを作り上げたのは、形而上学的な両極または両対立物から、善一般と悪一般からだが、神なるものも悪魔なるものも不幸な法律状態のせいでわれわれが持つ徳と悪徳を下敷にしていた。「不幸な」と私は言うが、そもそも法律状態は人間たちを、わけても文明人をなんという無理な状態に置いていることか。法律状態の不都合は持続的なもので、われわれは一歩行くたびにみな多かれ少なかれそれを経験する。にもかかわらず法律状態が存在するのは、われわれの無知のお蔭でその存在が持続するからである。それは存在している以上、いつまでも必然的にその存在は持続するはずで、真理が認識されてもどうにもなるまい、とおそらくは言われよう。真理が人間たちに認識されていて、それでも世界が相変らず現行どおりだったら、そう言うのも正しいだろう。その時は経験に基づいて語ったことになるからである。しかし、真理はいまだ人間たちに認識されていないのだから、真理を以てしてもどうにもなるまいなどと断定するのはきわめて軽率な――それ以上は言わないとしても――ことであろう。われわれの神的・人間的法律状態の存在が真理の明証性に耐えられるなどということに真実味はない。私もさんざ聞かされてきたようにそのことを否定したり、または疑ったりするのは、私がしたほどそのことを考察したとは到底言えないからである。幾何学的な明証性に人はいつでも服してきたのだから、どうして真理を拒むだろうか。

（二二） すべての存在は或るものが他のものからと相互に発し合い、或るものが他のものへと相互に帰着し合う。それらは類を異にしていても、普遍的な〔単一の〕類の様々な種にすぎない。そういう種はあちこちで亡んでも、たとえばわれわれの地球という種が彗星〔との衝突〕その他なんらかの大事故で亡んでも、必ずその滅亡から、亡んだ種と多くまたは少なく似た他の種が生じる。諸々の存在はいかに死んだように見えてもみな生命があり、死は生命の相対的な最少であって、生命の否定ではない。「全一体」の内にあるすべては、関係性でしか存在しない「全一体」の本質そのものにより、それなりの仕方で雄と雌である。すべては多かれ少なかれ動物であり、なんなら植物または鉱物である。すべては多かれ少なかれ火であり空気であり水であり土である。われわれの感覚が三つと四つに還元したこの三界〔動物界・植物界・鉱物界〕と四元素も、「悟性」がする還元によれば実際は形而上学的統一にすぎず、唯一等質的な存在にすぎないのだから。これはわれわれの感覚が実に強力に打ち消すことだが、この点をめぐる私の展開を御覧いただき、とりわけ、明証性がここで与えるような「実在」の論証に頼っていただきたい。感覚が声高に反対すればするほど、それに頼る必要がますますあるわけだが、御多分に洩れずこの点でも多い少ないがある。「全一体」は最も相対的なもので、それの内ではすべてが相対的に多くまたは少なくあり、それ以上のものではないからである。

（二三） 「創造以前」と私は言うが、これはもっぱら、時間以前に過去を見るというわれわれの不合理な見かたに合わせるためにすぎない。否定する「唯一」の存在と肯定する「一なる存在とは、「全一者」と「全一体」とは、一方なしに他方はないからである。両者は同じ存在で、「実在」を二つの相で見たものだから。「創造者でない」神と「創造者たる」神の観念は真なる観念ではあるけれども、この上なく怪しげな仕方で感じ取られてきた。それでも、こういう感じかたと、人間的法律状態を支えるためにそれに不合理にも纏わせた感覚的なものの上に、この人間的法律状態は立てられている。この状態は疑いもなく神的法律状態の前から存在していたが、神的法律状態がなかったら存続することも拡大することも文明化することもけっしてできなかったろう。

ここで指摘しておかねばならないが、神と物質に関する今まで解決不能だった難問はことごとく解決されるし、私が打ち壊すのも打ち立てつつ、背後に何も残さずにそうするのである。根拠を持って打ち壊すには、人間たちを無知から脱却させ幸福にするという希望を抱きつつそうするには、これしかやりかたがなかったのだ。

（二四） モーゼのこの教義には、なんという真理の火花があることか！ また、人間がそれに触れると、付与されていた無垢の状態を失わざるをえない善悪の知識の木という教義にも、なんという火花があることか！　私の展開を御覧になれば、あえて言えばそこに全宇宙が見られよう。今は、不合理なもの〔宗教〕に遮られたそれの薄明かりしかどこにもありはしないのだが。

前記のものを支える追記

第一項

話を戻せば、「全一体」（「全一者」）はひとたび認識されたら、真理の展開にもはや何の役も演じず、適用が可能なのは相対的な実在（全一体）だけなのだから）は初源的な関係性を持つ存在で、「いくらかの有限物」、「いくらかの運動」、「いくらかの物質」ではなく、「有限者」、「運動」、「物質」である。さらに言えば、「全一体」は最初の原因であると同時に最初の結果である。「全一体」はそれの諸部分によって存在し、それの諸部分も「全一体」によって存在し、「全一体」は集合的に捉えたそれの諸部分と同じく、それ以外の存在は持たないのだから（一）。「全一体」の内にあるすべては、ほかのいかなる形而上学的面で、ほかのいかなる極または対立物のもとで見ても、多かれ少なかれ原因であり、多かれ少なかれ結果である（二）。われわれに見える原因・結果も、われわれの目に隠されている原因・結果もそこから来る。隠されている原因・結果とは、たとえばわれわれの体や、とりわけ、そこに五感が集中するわれわれの頭という機構を動かすバネの内に存在するようなもので、そういうバネがわれわれに固有の感覚であり、われわれ自身のすべてでもある。「われわれに固有の感覚」と言うのは、前述のとおり、「全一体」の内にあるすべてはそれなりの仕方で感覚を持つからだ。生きたものでも死んだものでも、およそ他の諸存在にわれわれが感覚を与えないのは、まさしく、他の諸存在がわれわれに感覚を与えないようなものである。他の諸存在はわれわれではないから、この点でわれわれのことを決めつけられないなら、他の諸存在でないわれわれがどうして他の諸存在について決めつけるのか（三）。自分の能力はほかの種の能力と本性を異にするなどとわれわれが称するのは不合理な話で、「全一体」の内にあるすべては同じ本性のものであり、互いにあるいは少し、あるいは大いに、あるいは極度に相違するものは色合いしかない（四）。

それにしても、最初の原因がこれほど単純なもので、しかもそれが最初の結果だなどとどうして考えられようか。単純なものから極端に隔たり、様々な偏見の内にある人々には、このことは非常に呑み込みにくいだろう。被造物を創造者によって存在するものといくら定義しても、だからといって誰も、同じように創造者を被造物によって存在するものと定義する気にはならない。それでもこれは同じことで、実際は、「全一体」によって存在する諸部分と、諸部分によって存在する「全一体」のことにすぎない。この真理をひとたび認めたら、もう誰も、形而上学的な存在を一個の建築家にするようなことはなくなるだろう。これはなんとも不合理なことだが、創造者という語に「全一体」の観念以外のものを結び付け、被造物という語に部分の観念以外のものを結び付けたら、そうしないのは不可能なのだ。しかし、以上のことを考えず、どんな原因も必然的に原因を持ち必然的に結果なのも見ずに（五）、創造者は被造物以前に在り被造物を創造したから被造物によって存在するのではないと言われるかもしれない。

ここからでも目に見えるようだが、こんな不合理を正当化するために感覚的なものから譬えを借りて、父親は息子によって存在するのではないなどと言われよう。しかし、事は形而上学的なものなのだから、感覚的なものから譬えを借りるということがそもそも不合理の上塗りである。私の展開を拙作で見てくだされば、父親として、息子の原因としての父親は息子によってしか、結果によってしか存在せず存在しえないことも、人間としての父親は息子以前に存在しても、結果から受け取る存在以外は持たず持てない最初の原因とは事情が違うこともお分りいただけよう。

創造者たる神は被造物がある前から神として存在するとわれわれが思うのは、「全一者」と「全一体」について抱く内的だが展開不十分な観念によるにすぎない。「全一者」は「全一体」の彼方に概念されるが、しかし、「全一者」は「全一体」が肯定する諸存在をも「全一体」そのものをも否定する。こうして、「全一体」が問題の時は、つまり、「全一者」を概念する際のように諸存在を捨象するのではなくあれこれの存在を捨象して概念する存在が問題の時は、どうしても「全一者」を見失うことにならざるをえない。

自分の各感覚が与えうるものを手に入れるためわれわれが各感覚によって行動する場合、物理的・感覚的なものに作用してそれに身を委ねる場合、われわれは形而上学的なもの、知性的なものを捨象する。自分の感覚が協力・一致して与えるものを手に入れるために各感覚を沈黙させる場合、形而上学的なものに作用してそれに身を委ねる場合には、逆に物理的なものを捨象する。したがって、捨象という点で物理的なものが形而上学的なものを非難するいわれなど全然ない。形而上学的なものの肩を持つため付け加えれば、われわれが形而上学的なものに作用するのも、目的は物理的なものにある。形而上学的なものに作用するのは自己を啓蒙しようとしてそうする時だけで、感覚的なものをいかに利用したらいいか知るため、道理に適った形で、自分がなんら後悔せずにも感覚的なものに身を委ねられるよう、神と法がたえずするそれへの妨害などより優ったものを何かみつけるためにすぎないのだから。

道徳的真理を手に入れるためには初源的〔形而上学的〕真理が、永遠の真理が必要だったが、その真理へは嘘を通ってしか、われわれのそれのような偽りの社会状態を通ってしか来られなかった。したがって、こういう社会状態が様々な学芸を発明して過度に推し進め、それを手段としてわれわれが真実の社会状態へ難なく入れるようにすべきだったのである。この真実の社会状態では、諸々の学芸から除去すべきものはもう、そこに見られる厖大な量の余計なものしかないだろうが、だが結局のところ、学芸がなければわれわれはそういう社会状態へけっして入れなかったであろう。私の展開を拙作で御覧願いたい。

お見せしたとおり、初源的な関係性の対象〔全一体〕は初源的な真理で、それから道徳的なものが発する。しかし、その対象が「真の体系」の場合のように正しく見られるか、有神論の場合のように誤って見られるか、無神論の場合のようにはねつけられるかに応じて、その道徳的なものも真実だったり偽りだったり恣意的だったりする。さて、真の道徳的なものは社会を作る人間にとってすべてだから、初源的な関係性の対象を正しく見るのは人間にとって肝要なことである。とりわけ、人によってその対象が見誤まられたりはねつけられたりすることから一切の不幸が生じるような社会状態で暮らす人間にとっては。

幸福な物理的存在をわれわれに与えられるのは道徳的なものだけだから、道徳的なものがなければ真理を展開しても何になろう。この展開はわれわれの偽りの道徳状態から来る結果でしかありえなかったし、その目的もこういう状態の原因を打ち壊すことでしかありえないのだ。

第二項

人が欲しがる神なるものとは、われわれとも、われわれの個別の感覚で捉えられる諸存在とも本性を異にするものである。物理的・道徳的なものの第一原理で、創造者で、または意味するところは同じでしかありえぬが最初の原因で、至高の完成、最高善、絶対的秩序、調和そのもので、始めと中間と終わり、「最高《スムス》ト中間《メディウス》ト最低《ウルティムス》」で、三つのありかたをする「一」なるものである。こういうのは異論の余地なく「全一体」だ。

加えて、人が欲しがる神なるものとは、無限で、永遠で、測り知れず、立ち入りがたく、分割できず、独立し、それ自体によって在り、なんら複合的なものではなく、（こんな用語を使えば）創造以前にも存在でき、というよりは存在し、すべてを無から作ったもの、諸存在を無から引き出したもの、「唯一」で三つのありかたをするもの、自らの内にすべてを、形而上学的なものも物理的なものも、宇宙も配分的に捉えたそれの諸部分も含むものである。あえて言えば、こういうのは異論の余地なく「全一者」だ。

だから、いかに努力しようと、われわれが全員等しく持つ「全一体」と「全一者」の観念以外の場所に、神の真実な観念（われわれも認めるとおりわれわれの内にあり、理性の対象となる観念である）をみつけられるならみつけてみるがよい。神がわれわれに不可解だったのも、不可解ならざるをえなかったのも、建築家として、王の王として、物理的・道徳的な存在としてで、それの存在が信仰の対象だったのは神学的存在としてだった。形而上学的存在として、「一」なる存在として、「全一体」としてでも、端的に言った存在として、「唯一」の存在として、「全一者」としてでもなかったのである。

「神」（不合理で不正確なこんな用語を使えば）という語に結び付ける物理的・道徳的な観念からしても、〔六〕「神」なるものを欲しがりつつ、それが私の論証するとおりのものなのを望まないということは、盲目にならずにはもはやできないことであろう。偏見の目から見れば、私が神からすべてを取り去ってしまうことは分っている。神について抱く無考えな観念の内にわれわれが混ぜ合わせている自分の道徳性や、同じく自分の知能を、私は神から取り去るからだ。しかし、もう一度言うが、われわれが自分の道徳性を神に持たせたのは、神を偽りの道徳状態の原理たらしめるためにすぎなかったし、今は、われわれの道徳性を剥ぎ取られてあるがままの存在に還元された神の内に、われわれは真の道徳状態の原理を持っているのである。

この原理は感覚的なものを何も持たないから、それ自体としては習俗にとってさしたる重要性はなさそうに見えるだろうが、〔七〕この原理を見ることがわれわれの大きな利益になるのは、前述のとおりそれによって、われわれの二次的な理性、健全な社会的理性が存分に力を揮えるからである。人間的法律状態に必然的に与えられ、それなしにはこの状態が存続できない神的な土台は不合理だという論証が得られるのも、まさしくこの原理によるのだから。

この論証によってわれわれの神的・人間的法律状態が打ち壊されたら、〔八〕われわれに残るのはもはや、それがないためあらゆる法が存在する習律状態、道徳的〔社会的〕平等状態しかない。その状態しかもうわれわれに残らないのは、社会を作っている現在、未開状態へ逆戻りすることはわれわれに不可能だからだし、未開状態の外にある人間には法律状態と習律状態しかないからである。〔九〕未開状態は法律状態より優るが、習律状態は未開状態よりはるかに優る。私の展開を拙作で御覧願い、それまでは当面、習律状態とその可能性を否定するような判定は一切下さないでいただきたい。そこに種々の不都合や無理を見ることにどれほど根拠があるとお思いになっても、である。この習律状態は常に垣間見られてはきたが、いまだかつてちゃんと見られたことはなかった。実際は法にすぎないわれわれの習俗とはあまりにかけ離れているため、連続した考察に値するとは思われなかったのである。

われわれが作り上げた神なるものの観念を打ち壊し、われわれを習律状態へ導くために必要だったのは、形而上学的原理の内にわれわれが持つ形而上学的真理だけではなかった。われわれにはさらに、形而上学的真理を同時に否定し肯定することで得られる「それ自体による」真理、または永遠の真理が必要だった。というのも、「それ自体による」真理がなくては、「全一者」の、または同じことだが「無」――それのいかなる知覚も持たないとわれわれは不合理にも言うが――の存在の認識がなくては、形而上学的真理について、「全一体」の存在について疑う〔「疑う」は写し間違いか〕いかなる根拠もわれわれにはなくなり、偽りの社会状態の土台をなして、あまねく人間たちの幸福のためそれを打ち壊すことがかくも肝要な神なるものの観念(一〇)も半ばしか打ち壊されなかったはずであるから。

長いこと私は、「全一体」の、有限者の存在を見ながらも、「全一者」の、無限者の存在は見なかった。それでも、「実在」をそれの諸部分と区別せずに見るほど簡単なことはなかったのだが、それほど簡単なことはなかったからこそ、そういう観点に私は立てなかったのである。ここに述べる真理についてもおそらく同じことが言えよう。それの極度の単純さが覆いになって、読む能力を唯一具えた多くの教養人の目から真理を隠してしまうおそれがあろう。とりわけ、かねて真理の探求に携わってきて、真理をめぐる、または真理の存在に反対するなんらかの説を立てたような人たちからは(一一)。真理にふさわしいのは、真理について自負するところのある人たちより、むしろ、そういう自負のない善良な精神の持ち主であろう。それでも、真理は実に明証的だから、教養人にせよ、羊が羊飼いに依存するように大衆がそれに依存するすべての人々にせよ、ほぼ同じように真理にふさわしいはずである。

「強い精神《エスプリ・フォール》」〔自由思想家〕と称して、真理のお蔭で浴するいくばくかの薄明かりを頼りに、ありとあらゆる祭祀を排し、来世への恐れを一切はねつける人も少なくない。しかし、そこから往々にして起こるのは、様々な情念が自分に有利な論拠に力を添えるような年齢を過ぎると、そういう人が後悔を胸に、かつてはねつけたものへ立ち戻ってしまうという図である。強いなら強いで安定した確固たる考えかたができるのは、精神的自由思想《リベルティナージュ》の疑いなど一切からぬような考えかたができるのは、真理の十全な光によるほかないのである。

第三項

様々の個別的全体は一個の天体、一本の木、一人の人間といった感覚的な像を与え、その像はわれわれには一つに見える。そこから、われわれの言語に必要で物理的には正確な「私」、「君」、「彼」などという言いかたが生じる。だがそれから、一つに見えるものが実際一つだとか、感覚の言語が悟性の言語だとかいう結論を出してはならない。

統一体は一つに見えるすべてのものの総和で、したがって外見的または個別的なあれこれの統一体ではない。一つなのは相対的に見た宇宙である。一つなのはこのように見たあらゆる部分であって、あれこれの部分、あれこれの全体、あれこれの個別的総和、一時間とか一日とか一週間とか一年とか一世紀とかいったものではない。自分の外のいかなるものとも関係を持たぬ宇宙は、内に含む様々な形または存在によってしか感覚できない。「形または存在」と言うのは、同時に基体と様態を兼ねないような存在は、或る様態の基体で別の基体の様態でないような存在は一つとしてないからである。木材は基体とする土の一様態だが、同時に、球状であれば円さという「別の」様態の基体でもある。

基体一般と様態一般は互いに異なるものではなく、物理的にはわれわれは常に様態を基体と区別してきたが、実際はそれらをたえて同一物としか、「宇宙」、「物質」と呼ぶ同一存在としかしてこなかった。いくら誤解があろうと、この存在はわれわれにとって全く形而上学的なものだから、それが形を持つなどと道理を弁えた人が思ったためしはないのである。

第四項

個別的なものからあらんかぎりの一般性を具えた一般的なものへと論結するのが不合理なのは、そんな結論を引き出せると、或るものに特有な或る性質から、ほかのあらゆるものにも同じ性質があると結論されざるをえないからである。

「全一体」の諸部分が物質で延長があり有限だ等々から、「全一体」は物質で延長で有限者だ等々と結論するのは正しい論結である。その場合、「全一体」の諸部分は、われわれがする形容の仕方にしたがって、すべてが共通に持つ面で、つまり形而上学的にしか見られない面で捉えられているから、これは一般から一般への論結である。しかし、それらの諸部分が特有のものとして持つ面で、たとえば道徳性とか知能とか円さとか白さとか、物理的にしか見られない面で捉えられる時は、もうそういうわけにはいかない。物理的なものから形而上学的なものへの論結は何もできず、できるのは形而上学的なものから形而上学的なものへの論結である。だから、真実の叫びがわれわれにこう言わせるのだ。原理も帰結も神の内にしかない、と。

これこれの物質、これこれの空間、これこれの様態、これこれの時、これこれの現在、これこれの延長、これこれの有限物、これこれの原因と結果、これこれの始めと終わり、これこれの善と悪、これこれの運動、これこれの静止、これこれの充満と空虚、等々――こういうのは物理的なものである。だが、物質、様態、時間、現在、空間、延長、有限者、原因と結果、始めと終わり、善と悪、運動と静止、充満と空虚等々は形而上学的なもので、外見的に用語の上でしか違わない上記のあらゆるこれこれの総和である。だから、今までされてきたほど不合理に、たとえばあれこれの物質または様態だというようなそれの持つ特有の面で捉えられた物質の諸部分から物質を判断するのはもうやめてほしい。こういう本質的な面で個別から一般へ論結することはこれっきりやめてほしい。どんな面でもそういう論結をするのは、あらゆる正しい論理学の受けいれられた規則に反するからである。

有神論者らが物質を軽蔑し、物質の内に泥があるからといって物質を泥扱いし、自分が有限だからといって物質を有限だと言う（物質は有限者なのである）のは、この不合理な論結による。そんな論結をしなかったら、彼らも物質の内にあるがままの最高存在をみつけただろう。なぜなら、そんな論結をしなかったら（この点に御注意あれ！）、その存在に道徳性や知能や、果ては人間の姿まで与えることはなかったろうし、その存在を人間と化したりしなかったはずであるから。「悟性」は感覚なしには存在しないが、前述のとおり、「悟性」であるのはばらばらな感覚ではなく、感覚の協力・一致である。感覚がばらばらな状態で与えるものから、合一した状態で与えるものへと論結するのは、個別から一般へと論結することで、そこから論結する個別がそれへと論結する一般と本性を異にするだけに、この論結はますますもって不合理なのだ。

第五項

あらゆる個別的実在の内にも、また普遍的実在の内にも、われわれがそこに置くものしかないが、ただ違いは、重ねて言うなら、あらゆる個別的実在の内にわれわれはみな多かれ少なかれ違った置きかたをするのに対し、普遍的実在の内にはみな等しい置きかたをすることである。それぞれの存在を多かれ少なかれ違ったふうに見つつ、普遍的実在をみな同じように概念することである。

太陽と月の存在とかコペルニクス説とかのように、感覚的な事物の内にわれわれが等しい置きかたをすればするほど、それらの事物はますますわれわれにとって真実となる。したがって、われわれがみなそこに厳密に等しい置きかたをする時、それはわれわれにとって十全な真理となる。太陽も月も見ず、コペルニクス説も知らない人がいても、真理はそういう人のためにもそうでない人のためにも等しくある。だが、感覚的な事物の内にわれわれがみな等しい置きかたをすることはできるだろうか。それはできる。感覚的な事物をそれが厳密に共通して持つ面で見る時には、そうすることが実にしばしばあるようにあらんかぎりの一般性を以て一般化する時には、われわれは毎度そうしているのである。

われわれがみな等しい置きかたができないのは真理の展開の内にであって真理の内にではないが、真理の展開がもしわれわれに認識されたら、われわれは感覚的な何物の内にも真理の展開の内以上に等しい置きかたをしないはずである。それは、われわれはこの展開の対象の内にみな等しい置きかたをするけれども、ほかのあらゆる対象の内には等しさに多い少ないのある置きかたしかたえてできないという理由による。ほかのあらゆる対象とは物理的な対象のことで、そういうものは絶対に、いかなる面でも、形而上学的な厳密さを容れえない。幾何学者がするように不合理を仮定して、そういう厳密さをそれらに付与するならともかく。

「実在」はそれ自体としてあるもの〔全一者〕、それに形而上学的〔全一体〕および物理的という三つのありかたを持つからといって、「実在」を異なる仕方で概念できるということにはならない。この三つのありかたは相互に他のものがなくては存在しない以上、相互に他のものなしにも概念できるというのは矛盾だからである。あらゆる宗教の内で「実在」について抱かれた観念も、「実在」について種々異なる概念を持てる証拠にはならない。エピクロスやスピノザ（一二）のような幾多の哲学者が「実在」について抱いたこの観念は、その物の観念ではあるが、出来そこないの観念だからである。

人は真理についてのみ概念を持つ。あれこれの説の概念を持つと想像する時も、実際はそんなものを持っていない。しかし、宗教が教えるような応報神の概念を持つと想像する者はなんと少ないことか！ 神を信じる者はなんと少なく、無神論をひけらかす手合は別としても、われわれの間にはなんと無神論者が多いことか！ われわれ教養人が全部揃って、内心ではほぼ全員がそれに抗議しながらも、互いにそれを余儀なくさせ合ってそんなものの虜《とりこ》になっている宗教の外面的な軛の下から脱したら、その時は、自分が執着していたのはほとんどこの外面的な軛だけで、われわれが概して十分持っていたのは宗教というより宗教の仮面だったことがわれわれには分るはずである。

第六項

物理的明証性があれこれのものの欠如をわれわれに示す所では、なんにもないと言っていいし、好きなだけ否定していい。だからといって、否定することに実際根拠があると思ってはならない。感覚にとって否定がある所ではどこでも、「悟性」がこの上なくはっきりと感覚を打ち消すからである。感覚にとって肯定がある時は事情が異なる。その場合、「悟性」は感覚を打ち消さないが、十全な肯定について自分が打ち消すなら何事も制限付きでしか肯定しないように、と感覚に言う。感覚の対象を利用できても、この対象について十全な肯定がありうるのは、いまだかつて物理的明証性によるにすぎないからである。

否定も肯定と事情は同じだが、ただそれは、肯定の反対物であるものと取った否定ではなく、肯定の対立物、肯定の最少であるものと取った否定である。感覚的な場では、否定はそういうものでしかないし、またありえない。否定が肯定の反対物なのは、無限者から有限者へ、「全一者」から「全一体」への場合しかないからである。

このように取った否定については、「悟性」は感覚に肯定について言うのと同じことを言う。感覚はいつでも多かれ少なかれ間違うおそれがあるから、したがって、否定するにも節度を以て、肯定するにも賢明にせよ、つまり、外見があまりに強力で、それを拒むことが物理的にできない時にそうせよ、と言うのである。

感覚とそれを惹き起こす対象の間に関係性があるのを否定したら、またはなんなら、そんな関係性は全然ないと断定したら、それは軽率と同時に不合理である。この関係性は疑いもなく存在するからだ。しかし、その点について自分の意識を信頼する気がないかぎり、あるいは、事物の原理を知らないために、対象がわれわれに及ぼす作用と、われわれが対象について持つ感覚とを、物理的原因とその結果とを区別する時と別様に区別するかぎり、このことはけっして分らないであろう。

第七項

われわれの知能（intelligence）を、私は「悟性」（Entendement）、「知性」（Intellect）と区別する。後者については、それは「すべてにおいて到る所で同一な実在」だと言うからである。さて、われわれは自分のこの知能を、原理である「神」なるものをそれから作り上げた形而上学的存在に、最高度にとはいいながらなんとも不合理に持たせるが、知能などこの存在とは矛盾している。矛盾しているとはいえ、自分の知能と、同じく自分の道徳性をこの存在の内に見るのをやめるためには、われわれはあらんかぎりの苦労をせねばならない。だが、正直のところ、最高原因は、調和そのものはその二次的〔物理的〕結果のあれこれと本性を異にする以上、それは人間でありえようか。われわれが「われわれの知能」と呼ぶこの物理的能力を持てようか。それを使って私がここで「悟性」を展開するこの能力は、われわれ個人に属して調和がとれたりとれなかったりする一つの様態にすぎず、すぐれて調和を作りなし、「全一体」を作りなし、その「全一体」と異なるものではない形而上学的諸様態の一つの感覚的様態にすぎないのである。

われわれをこれほど過度に知能のある存在ならしめるものも、形而上学的なもの〔全一体〕とそれを否定するもの〔全一者〕の物理的な展開を私にさせたものも、道徳的真理を私に展開させるものも、ほかならぬわれわれの習俗の狂気であるのを知ったら、われわれは自分の知能をこんなに自慢しなくなり、「全一者」である最高原因に、それの結果が一般的にそうで、ほかのあらゆる結果と同じく〔特殊に〕自分がそうではないものを与えはしなくなるだろう。

最高原因が完全な調和であるように完全な知能であってほしかったら、それのあらゆる結果について、それらは調和がとれていると言うように、それらには知能があるとも言おう。しかし、われわれが排他的にひとり占めする能力は、どんなものでも最高原因に与えないようにしよう。なぜなら、多くの哲学者が感じ取ってきたように、最高原因をわれわれの物理的似姿のような存在と化すのは全く不合理だからである。神は自分に象《かたど》ってわれわれを作ったと宗教は言っており、ここでもすべてがそのことを証明している。問題は、おぼろげにしか見られなかったものをはっきり見せることだったのだ。

われわれの知能は物理的な結果しか生みださないのに、われわれはそれが結果と本性を異にしてほしいと思っている。外部の対象の指が触れるのに応じて、一本一本が互いに指となってはたらかせ合うわれわれの脳の繊維のはたらきとは違うものであってほしいと思っている。なんたる不合理であろう！

しかし、私の言うことがよく分らなかったため、こんな反論が起こるかもしれない。最高原因は物理的な結果を生みだすのに、それが結果と本性を異にしてほしいと君は思っているのか、と。しかし、最高原因が物理的な結果を生みだすなどということを私は否定する。ここで言うのはあれこれの結果のことである。最高原因が生みだせるのは、自分と同じく形而上学的な結果にすぎない。物理的または個別的なのは最高原因の結果ではなく、その結果の結果なのだ。それは「全一体」の諸部分ではない。「全一体」の諸部分は、その各々の故に「全一体」と区別されるとはいえ、なおかつ「全一体」そのものである。それは「全一体」または自然の結果として見た結果である。それを生みだすのに自然の内のすべてが協力したような存在は、もはや物理的にではなく、形而上学的に見られているのだから。そうなると、これは一つの結果であるのをやめ、一個の知性的存在となる。つまり、自然の結果であるという点では他の諸存在と厳密に共通な存在となるのである。

われわれの間にある奇蹟と称するものは物理的な結果で、その原因も結果と同じく物理的なものである。それが超自然だと叫ばせるほどわれわれを驚かすのは、その原因がわれわれに隠されているかぎりでしかなく、われわれがそれを可能なものの内についぞ見ないかぎりでしか、また、自然の内には否定的な意味に取った不可能なものはないから、すべてが多かれ少なかれ可能なのをわれわれが知らないかぎりでしかない。形而上学的または超自然的な原因とされる神なるものによって、それとは本性を異にする結果、つまりあれこれの出来事やあれこれの存在を生みだささせる説ほど不合理なものはどこにもない。こういう出来事や存在は常に、或る物理的原因の、または、この神によって自分とは異なる本性から構成された原因の直接的な結果なのである。この神を物体的なものとはしたがらぬくせに、人は神に体を持たせる。この不合理は有神論者にあっては一方で不敬なものだが、他方では彼らの説の帰結でもある。そして、精神が物体に作用するという、あれほど何度も、あれほど弱々しくしか反対されなかった見解を教義化したのも、まさにこの不合理だった。

第八項

人間の内には形而上学的なものしかない。もう一度言えば、「悟性」または「知性」は、その語に私が与える、また与えうる意味では「すべてにおいて到る所で同一な実在」にすぎず、その「実在」を関係性で見るか関係性抜きで見るかによって「全一体」か「全一者」にすぎないからである。われわれが自分の体のすべての部分で、自分を取り巻く様々な物体について持つ感覚は、われわれが同じそれらの物体からなる複合物だということにすぎない。口からにせよ、目からにせよ、耳からにせよ、鼻からにせよ、物体の粒子に向かって常に開かれている毛孔という毛孔からにせよ、われわれはたえず周囲の物体から栄養を摂っているのだ。

われわれの思考、知能、感覚などはわれわれ自身で、われわれの身体機構の様々なバネがする隠れたはたらきなのだから、それらの本性は物理的だということがひとたび論証されたら、それについて自分が何を経験するか、何を意識するかということ以外に、これらに関して知るべきことはわれわれに何もありえない。

体中どこを取っても、われわれに何かを思い出させないものはない。われわれの脳の繊維の相互作用によってとりわけ起こるこういう回想は、ほぼ同じ原因がほぼ同じ結果を生みだすということ以外の何であろうか。

第九項

こういう様々な真理が今まで疑問視され、嘘の重みで圧殺すらされてきたのも、知性を除くわれわれの様々な能力がわれわれの身体機構とは別なもの、それと本性を異にするものと見られてきたのも、それらの能力が「神」なるものに与えられてきたのも、それは原理が欠けていたからである。しかし、その原理が明証性のすべてを以て登場した今は、疑問視されてきたものももう疑問視されるべきではない。不合理なもの〔宗教〕は、その結果生じたすべて、つまり現行の世界ともども、絵空事の圏域へ帰らねばならない。知の姉である無知に基づくわれわれの法律状態だけが、それなしには済ませられない支えとするために、この不合理なものをかつてそういう圏域から引き出せたのだが。

もうお気付きのはずだが、「真理」はどんな体系も否定せず、あらゆる体系をもっぱら純化することで、それらを統合するのである。そうであれば、「真理」かその同義語以外の名前をそれのため探してみるがよい。人間の様々な能力の分析とか、人間の観念や感覚の腑分けとかによって、真理をみつけたと思われてきた。この対象について形而上学と称するものが作られてもきた。結果、形而上学にみな嫌気がさし、形而上学の存在まで否定されるほどになったのである。

第十項

体系的な神学者、哲学者たちにいつでも欠けていたのは、自分の言うことが自分で分ることだった。これはそういう人に正当にも浴びせられてきた非難だが、私に同じ非難をする根拠はなかろう。間違いなく、私は分っているからである。そこから、ほかの人にも分ってもらえるはずだと結論しよう。原理においても帰結においても拙作の全体が正しく把握されたら、(一三)それだけでおのずと、私が抱くような全幅の確信が与えられよう。ここに掲げるそれの「要約」も、読む気を起こしてもらうため拙作が大いに必要とするあの強い関心を吹き込めるだろう。何よりもそう考えて、私はこの「要約」を作ったのである。

一目《ひとめ》見ただけでは、これは無神論の要約と思われるかもしれない。宗教というものがここでは全部打ち壊されているからだ。しかし、よく考えれば、そんなものではないことが分るはずである。道徳的・知性的な神というのは、たしかに他のあらゆる人間に優る一人の人間という観念しか与えないから、そんな神を私は打ち壊すけれども、それのかわりに、習俗の原理となる形而上学的な存在を打ち立てるからである。習俗もその場合、かような原理を欠いてわれわれを無知の内、人間的法律状態のもとに放置する我らの有神論におけるような恣意的なものではさらさらなく、まさに道徳的真理そのものとなる。われわれの無知を打破することによって、我らの無神論が与えることなど到底できぬ形而上学的・道徳的真理を与えるような思弁をあの手の無神論と混同するのは、私の言うことが分らないか、一切の正義に悖るか、どちらかであろう。

我らの無神論がするように、この思弁もわれわれから天国の喜びと地獄への恐れを奪い去る。しかし、それについていかなる迷いもわれわれに残さないというのは、我らの無神論がやらないことである。さらに、疑いもなくこれが最も肝要なことなのに、これもまた我らの無神論がやらないし、やれもしないことがある。それは、我らの天国をそこしかできない場所で自らに与えるための唯一の道をこの思弁がわれわれに開いてくれることである。そこしかできない場所とは、この現世のことだ。(一四)

第十一項

なんらかの道徳を持つためには、宗教もしたように実体を二つ認める必要があった。宗教はその二つの見かたを誤ったにすぎない。宗教によるとこの二つの実体とは「神」と「物質」だが、「真理」によれば、それは形而上学的存在である「物質」と、物理的存在である「いくらかの物質」または「あれこれの物質」である。この二つの実体のほかに、「それ自体として」の、または「それ自体による」実体、何も生まない実体〔全一者〕があるが、宗教はそれの存在を知りつつ、それについても同様に誤った。それを時間以前、物質以前に存在して物質を創造した神なるものとしたからである。ここで言っておけば、この実体の観念と、形而上学的実体〔全一体〕の観念と、配分的に捉えた物理的諸実体の観念とは、「実在」の観念をなす三つの観念だが、三位一体の観念もそこから生まれた。実は一つのものにすぎずその統一が中間である形而上学的両極の観念からも生まれたのだが。

それにしても、宗教がそれらについて誤解しているとはいえ、宗教の第一義的な諸教義の内には、宗教と戦うと称する無神論のそれとくらべてなんたる深さがあることだろう！　宗教と無神論の深さの違いがこれほどまでに大きかったら、したがって、「真理」と無神論の間にはなんたる深さの違いがあることだろう！　宗教は無神論の後を継いだが、無神論は宗教の後を継げなかった。人間たちがひとたび社会を作ったからには、それができるのはひとり「真理」しかない。宗教が無神論の後を継いだのも、無神論が必然的に、未開人の機械的な哲学だったからである。それが覆そうとするものを捨象して、ただそれ自体としてのみ見れば、無神論は今でも同じく、およそ禽獣の哲学なのだ。このように見れば、無神論が何事も掘り下げず、いかなる社会状態も与えないことははっきりしている。宗教を打ち壊すという点で無神論も「真理」と共通しているが、それは宗教がそれ自体によっても、人間たちを隷属させるというその目的からしても、攻撃の余地を非常に与えるからである。しかし、上っ面《つら》な多少の自然認識を手段として無神論がする破壊は乱暴な仕方で行なわれ、かわりに何を置くでもない。一方「真理」は、神の内で打ち壊すべきものだけ打ち壊し、打ち立てるためにのみ打ち壊す。

禽獣は必然的に無神論者だが、それは、社会状態など全然持たず、そのため神々を自分に作り与えるような立場にも、しかるのち事物の真の原理を自らに展開して見せるような立場にもないという理由による。禽獣は思索も推論もしないが、無神論者らが思索し推論したのも、それはただ禽獣が立つ地点まで来るため、つまり、原理というものを全然知らないようにするためにすぎない。だから、自然に対する彼らの見かたからはいかなる道徳状態〔社会状態〕も結果しえない。私がここで彼らに反対して言うことは昔から常に感じ取られてきたことだが、彼らの有罪を立証することにはいまだかつて誰も成功しなかった。それは、神の内に不合理な存在しか見ず、それを彼らに原理として与えようとしたからである。

今日、無神論者らは形而上学の存在を否定している。まるで、無神論の体系が形而上学体系でないかのようである。自然の普遍的法則を、自分も絶対的と認める法則を彼らは「物理的世界の法則」と呼ぶが、まるで、あれこれの種に特有な法則を語るかのようである。そういう法則を彼らはなかなかうまく人間の諸能力に当てはめ、人間が実際には他の諸存在となんら異ならないのを示すが、これらの法則こそ人間が認識できる最も深いものだということを彼らは証示する。まるで、そういう法則が原理なしにもありうるかのようである。そういう法則には原理がないかのようである。あるいは、原理を認識するのは人間には不可能だということが論証されたかのようである。事物の根底に対するなんたる無知であろう！　自然の一般法則の内に二、三の形而上学的帰結しか持たず、なんとも無知な話だがそれを物理的原理として提示するような体系とは、またそれ自体によっては、信者たちの社会の内に不信者を作るという多大の悪しか行なえないような体系とは、なんという体系であろうか！　無神論は唯物論とともに、思考するのはあれこれの仕方で組織された物質だといみじくも言うが、無神論が推測したこの真理を以てしても、「物質」とは何かが、また「物質」こそが「悟性」であり、つまり、可能なあらゆるありかたまたは組織のもとでも「すべてにおいて到る所で同一な存在」であることがよく分るわけではない。

我らの無神論者たちは、自然の一般法則の認識によって道徳的悪の原理としての神的法律状態を打ち壊すと称している。しかし、道徳的悪の原理なのは神的法律状態ではなくて人間的法律状態で、それが自らの支えとして神的法律状態を必要とするのである。宗教とその道徳は攻撃の余地をいくらでも与えるから、この絶好の場を彼らは精一杯利用するが、打ち壊そうという差し迫った必要がなかったらそんなことはしないであろう。一次的〔形而上学的〕理性を上っ面《つら》だけ展開した上で、彼らは宗教を弾劾し、宗教攻撃の大演説をし、宗教に対して当然すべき手加減をいささかもしない。人間的法律状態は宗教なしでも済ませられると彼らは愚かにも思っており、この絵空事の状態のもとに人間を放置し、そんな状態でも幸福が人間の手から逃げ去ることはありえないとしている。彼らが人間に説く道徳はどこにでもみつかるもので、根底が欠陥品である以上、どんな病気も治せないような代物である。自然は「創造によらぬ永遠の正義」(『自然の体系』〔六二〕を参照)だなどと彼らは言い、そう言うことで自然を一個の道徳的存在に仕立て上げる。神を知らない彼らが、である。

私の思弁によって放逐される無神論者らの思弁というのは、帰するところ以上のようなものである。この思弁が彼らを魅了するのも、彼らにこれほど新たな賛同者を作るのも、宗教の軛に耐えるのに誰もが苦労しているから、われわれの一次的〔形而上学的〕理性も二次的〔道徳的〕理性もたえず心の中で、そんな軛を振り払えと叫んでいるからである。道徳的真理を意味する二次的理性は彼らの無神論の直接的な帰結ではないとはいえ、彼らは自らの無神論の支えとしてこの二次的理性を持つこともできた。道徳的真理はそれ自体によって宗教を一切排除するから、無神論者の社会が存続できると証明するにはこれしか方法がなかったのである。それがなければどうしても彼らの説は忌わしく排斥すべきものになるから、自説の名誉と成功のためにはこの方法を持つことが彼らには肝要だったが、肝腎なこの方法すらも彼らには欠けていたのだ。

無神論者の社会というものがありえたら、それは間違いなく人間の法の上に立てられよう。法のない社会状態、習律状態が可能だなどということは、無神論者には思いもよらないからである。しかし、それらの法の悪用や、誰もが生まれながらに抱くそれへの嫌悪感は、この法が神のものとされた法に基礎付けられないことと相俟って、やがては人間の法の破壊を惹き起こし、社会は解体してしまうだろう。その期に及んで社会が習律状態へ到達するか、それとも体系を取り替えて、無神論のかわりになんらかの宗教を置くかするのでないかぎりは。無神論者の社会が取るのは、間違いなくこの最後の道であろう。それは、人間の法を裁可する必要があるからでもあり、また、この社会が奉じる形而上学〔無神論〕の欠陥からでもある。とにかくそれは悪の起源の認識をなんら与えず、何事につけ十分満足のいくものではないため、まさにそのことから、宗教的ドグマをいとも自由に入り込ませ、法の受託者たちに、自らの支配の支えとしてなんらかの宗教を打ち立てる絶好の機会を与えるはずなのだから。その社会では推論を一切しないことが必要だろう、と言われるかもしれない。しかし、法について、法の根拠について人が推論することなしに法律状態がありうるだろうか。推論しない状態というのは、推論などしなかった未開状態と、推論する必要などもうなくなる法なき社会状態〔習律状態〕しかないのである。

第十二項

ここまでお読みいただいたら、もう残るのは、私がする展開を拙作で御覧になることとしかない。それを是非していただきたい。人から理解してもらうことを私がとりわけ強く望むのは、いかに謹厳な人の目の前でも、神と人間の法を打ち叩くことに赤面しないで済む方法はそれしか私にないからである。だが、人間たちが明日にでも法なしになったらどんな状態が現出するか、という反論が起こるだろう。以下が私の答で、これには最大限の注意を払ってほしい。

その状態は習律状態、道徳的〔社会的〕平等状態であろう。すでに述べたとおり、人間たちが社会状態から未開状態へ逆戻りするのは不可能だし、未開状態の外にある人間たちには法律状態と習律状態しかないからである。我らのあらゆる人間観察家《モラリスト》たちと声を揃えて、きっと逆の主張がされるだろう。その状態は、人間たちが欲望の対象を奪い合い、そのために殺し合いをする状態だろう、と。しかし、そんな主張には道理の影さえないだろう。なぜなら、殺し合いが可能な状態は未開状態と今の法律状態の二つしかないけれども、この状態は未開状態でも法律状態でもなく、道徳的〔社会的〕平等状態だからである。それはわれわれが全員志向する状態で、或る程度まで初代キリスト教徒や修道会の創立者たちの精神でもあったあの財産放棄の精神にすっかり充たされた人間たちが、そこでは何も私有せず、互いの間ですべてを共有するような状態であろう。法が弛むと（だから法律状態が必要だという結論が不適切にも引き出されるが）、人間たちが抑えられなくなって羽目をはずすとしてもいいが、そもそも法の弛緩は法律状態でしか起こらないから、私が証示する真理に反する帰結はそこからなんら引き出せない。真理とは、人間たちは明日にでも法なしになったら必然的に習律状態の内に、道徳的〔社会的〕平等の内に置かれるということである。

法なき人間というものはこういう真実の観点から見るべきであったのに、そう見られたことはいまだかつてなかった。かような観点は、それを打ち立てる〔形而上学的〕原理が据えられたことと相俟って、法を打ち壊す思弁をお許しいただく理由となるはずである。一目見ただけでは、この破壊がどれほど反撥を招くとしても。

第十三項

本質的な「真実」はあまりにも単純で、もう一度言えばあまりにも「われわれ」自身だから、われわれの子供らの頭にこれを教え込むのは容易であろう。それは、われわれの不合理な考えかたを教え込むのが、つまり、子供らの脳の繊維を哲学的・神学的・道徳的なわれわれの狂った調子に合わせるのが困難なのと同じであろう。人間たちの行為も歩みも思考の結果だが、思考とはいまだかつて、調和がとれたりとれなかったりする脳の繊維のはたらき以外のものではないからである。思考を精神的なものとし、それに形而上学的存在を与えるためになんと言われ、なんと思われたとしても。

私が自らの「悟性」を展開するのは私の思考によるのであって、私の展開がうまくいくのも、私の脳の繊維が、不合理なもの〔宗教〕がそこへ持ち込んだ不協和音におのずから抵抗し、この点について見事調子を揃えられたかぎりでにすぎない。有限者と無限者、感覚的なものと「無」との鮮明な認識を持つに至ったかぎりでにすぎない。

存在する唯一の知について私が獲得し与える認識が目新しいのは、それが世に受けいれられた様々な観念を全く目新しい仕方で照らし出すからにすぎない。そういう観念はあまねく、また異論の余地なく受けいれられるのに比例してますます受けいれられた観念となるが、諸々の宗教が存在についてわれわれに一致して与えようとする道徳的な観念、道徳的であること自体で物理的な観念は、そういう観念の部類に入れてはならない。この観念はどれほどあまねく受けいれられているように見えても、実際はそんなことは全然なく、われわれ一人一人の理性の内でいつも多かれ少なかれ異議を申し立てられるからである。私の言うあまねく、また異論の余地なく受けいれられた観念とはいかなるものか御覧になるには、拙作をお読みいただかねばならない。

諸国民の神学が、とりわけ最も形而上学的なわが国の〔カトリック〕神学が、肯定的で否定的な存在〔神〕の観念の内へ持ち込んだ人間的な要素と、その不合理の結果として生じた、健全な道徳と人間たちの幸福に反するものを除去すれば、その場合、この神学が帰着するはずの哲学が、つまりはそれの道徳と形而上学が正確に、私が今述べたものであることはこの神学にとって全く明証的であろう。「正確に」という言葉を私が正確に使っていることに御注意願いたい！　しかし、道徳的「真理」の展開は拙作で御覧いただくとしよう。

私の応用や帰結は私の原理から正確に引き出されており、原理はそれらの真実性を証明し、逆に原理の真実性はそれらによって証明される。それらはみな相互に証明し合ってもいる。私のするこの断言が道理に基づいていたら、私の思弁は攻めようにも攻められない。だから、私について判定を下すためには、以上のことを検討し議論せねばならない。また、「実在」が私の論証するとおりでないことに、われわれがそれの十全な知を持たないことに矛盾がないかどうかも見ねばならない。異論の余地なくその中に閉じこもるべきこの輪の外へ誰かが出て、あれこれの帰結だけに、たとえば人間の様々な能力について私が言ったことだけに私との議論を固定しようとし、原理をも、その帰結が他の諸帰結とのつながりから引き出す力をも考慮せずにそうしても、そんな人に私は答えないだろう。まして、私の思弁に神的体系〔神学体系〕を対置して、私の思弁がするそれの大口の破壊を考えもせず、その体系を一歩一歩〔細部にわたって〕打ち壊してみよなどと言う人には、なおのこと答えないだろう。この「要約」のきっかけを作った人〔六三〕を相手にした時も、私はまさしくこの二つの立場に置かれた。私の言うことが分るとか、自分にも論理は欠けていいないとかその人は称していた。ここでこんな感想を述べるのは、同じことを二度と言いたくないからである。この人がとりわけ呑み込めないのは、普遍的なものが存在として在ることらしい。その点について私がした答は以下のとおりだが、これは私に反対しようとするすべての人にも同じく宛てられるものである。

（イヴォン師〔六四〕への手紙）

拝啓、お分りでしょうが、私を攻撃する本当の仕方はこちらからお教えしています。貴方のまわりに私は輪を描《か》きましたから、その中に貴方が閉じこもってくださることが私たちの論争を早期に終わらせる方法なのです。

原理がちゃんと証明されたら帰結はなれるものになる、自分から砲火を浴びせられても私が「実在」の論証を持ちこたえられたら私の帰結は全部認めよう、と貴方は続けて、近《ちか》々その論証に自分の重砲を向けるつもりだとおっしゃいます。

急《せ》いてはいけません。誓ってもいいですが、貴方は戦うつもりの相手をまるで御存知ないのですし、それでは依然無駄骨に終わるからです。

私がする「実在」の論証を別個に攻撃するという御計画がその証拠です。この論証を形作るのは拙作の全体であることに異論の余地はないのですから。注意するお気があったら、貴方もお分りになったはずですが。

実際、私がする「実在」の論証に重砲を向けることとは、その論証から引き出す帰結やその論証の応用をも同時に標的にしなければどうやってやれるのか教えてください。私が言うのは論証それ自体ではありません。それ自体はあまりにも根拠があって、貴方も矛盾を犯さずにはそれを攻撃できないほどです。それだけに話を限ってほしくないのは、ここでの私の目的が、戦おうとはやるお気持にこちらからブレーキをかけるため、その論証への攻撃は拙作全体を攻撃せずにはやれず、論証はそれ自体として攻めるに攻められないものでも、同じくその委細顛末のすべてによってそうなのをお見せすることにあるからです。

私の帰結の内でも本質的なのは道徳的真理ですが、それらの帰結がその原理から正確に導き出されていて、そういう帰結が引き出される原理そのものにすぎず、異論の余地のない、あまねく経験される真理なら、それらの帰結を存続させておいたままその原理を打ち壊すことなどどうしてできましょう。貴方はどうしても帰結を攻撃すべきですし、その義務を課す根拠が私にはあります。この場合、帰結は原理の力をなすからです。原理が証明されたら帰結を認めよう、ですと？　それはまるで、原理が証明されたら原理の証拠は認めようとおっしゃるようなものです。帰結が原理の証拠で原理そのものなのに異論の余地はないのですから。貴方の間違いの元は、それらの帰結が漠然とした原理から出てくるその他多くの帰結と同じようなものだと思っておられることです。その誤りから目を覚まされたら更めて違いが分り、それらの帰結をそうでないすべてと混同されることもなくなりましょう。

拙作のあらゆる部分は互いにつながり合っていますから、貴方が相手になさるのは拙作の全体です。私の目的に話を戻せば、「全一体」という拙作の原理を論証する方法と反対の方法を使わずに、貴方がその原理と戦えるなら戦ってごらんなさい。反対の方法とはつまり、私がそこから引き出す帰結は原理から正確に導き出されておらず、そういう帰結が引き出される原理そのものではなく、異論の余地のない、あまねく経験される真理でも全然ないのを証明するような主張をして、ということですが。私は相変らず、自分がした「実在」の論証それ自体のことは言っていません。理由は前述のとおりですが、このことを見失わないでください。

それに加えて、貴方はさらに、われわれが漠然と抱いてきた「実在」の観念に私が真理を応用したこととも戦わなくてはなりませんが、それをやりとげるには、こういうあらゆる応用がそれらの観念を明らかにしないことを示さなくてはなりません。

それだけではありません。私はあらんかぎりの一般性を具えた肯定的および否定的な一般的集合名辞に、なぜかは分らぬながら人がかなり一般的に口にする、形而上学的存在を言い表わす名辞に色々な観念を結び付けました。それは結び付けるべき観念でないこと、なんならそういう名辞にはどんな観念も結び付けるべきでないことを貴方は示さなくてはなりません。それをした時には、相互に証明し合っている私の言う「実在」の二つの相を貴方は否定なさるでしょうが、御自分の悟性の内にいやでもこの二つの相をいつもみつけることとなしにそんなことができるかどうかお分りになりましょう。この二つはいつでも実に切り離しがたいもので（御注意ください）、一方を私に認めるか否むかすれば、もう一方も認めるか否むかするほかないのです。

それでもまだ全部ではありません。私がいくら言っても貴方がなおかつ無視された「形而上学的予備考察」があって、そこで私は、十全な真理は人間のために出来ており、これまで人間に欠けていたのはそれを展開することだけだったのを矛盾律を使って論証しています。われわれの問題にとって実に本質的なこの「予備考察」が打ち壊せるもので、自分がそれを打ち壊すことを貴方は示さなくてはなりません。

付け加えれば、私の思弁はどんな体系の反対物でもなく、どんな体系も否定せず、逆にあらゆる体系を自分の坩堝で純化することしかしませんから、あれこれの体系の反対物としてそれを特徴付けるような名前を持てません。たとえば、有神論との関係で無神論とか、非物質論との関係で唯物論とかいったものです。さて、私が言うような理由でそうした名前を持てないなら、「真理」、「真の体系」、「真の学説」のほかどんな比較名がそれに当てはまるでしょうか。当てはまるのは別の比較名でこちらは当てはまらないことを貴方は示さなくてはなりません。また、「真理」に依存する現象とは何かを検討して、それらが自分の思弁で説明されるという私の主張に根拠がないことも示さなくてはなりません。スピノザの体系では現象は説明されませんし、これはベールが実に正当にもこの説に浴びせる非難なのです。

それでもまだ、貴方にはすることが残っていましょう。それは、初源的〔形而上学的〕真理から発してそれを支える私の言う「習律状態」が人間の本当の社会状態ではなく、本当の社会状態は法律状態で、その状態に反対して言えること、私が言ったことはみな、私の言う状態の証明にも、それを是とする証明にもならないのを示すことです。

そんな状態は存在しえないということに貴方が立てこもられるなら、そんな状態は色々不都合を抱えると主張なさるなら、貴方はそれを証明する必要がありますし、証明できるならしてほしいものです。以上のような条件を貴方は充たさなくてはなりませんが、これらの条件は互いに不可分なものです。問題になる対象は単純で一体をなし、すべての部分はそれぞれ自分自身のみならず、互いに他の部分からも力を得ているのですから。

それでもここまで来れば、しかるべく考察されるなら貴方にも御覧になれるでしょう。私が「真理」と呼ぶものが全くの「真理」で、あらゆるものがそれを証明するほどなのが。それと戦おうとする者に「真理」が必然的に課す条件までが「真理」の証明になるということが。

それを武器に私と戦うおつもりのペンが手から落ちないようにするために、今や貴方はどうなさるでしょうか。普遍的なものは存在として在るのではない、それは現実的なものではない、現実的なのは配分的に捉えた様々な物体だけだ、などとまだ言われるのでしょうか。われわれの無知が打ち克ちがたい一点がある、われわれに全くは理解できない神なるものがある、道徳的で知性的な神なるものがある、その神なるものの法のもとでわれわれは必然的に生きており、その神なるものはほかの動物と同じくわれわれにも血と肉と骨を与え、ほかの動物にあるのと同じ種々の必要を与えたが、同時に、われわれをほかの動物と異なる本性ならしめる魂を授けてくれた、などとまだ言われるのでしょうか。そんなことをおっしゃったら、自分の考え以外のものは分らなくしてしまう貴方の間抜けさに私は笑ってしまうでしょう。貴方のお考えと戦うのは厳に差し控えるつもりです。それと戦えと貴方は私にお求めですが、まるで、私の考えによって貴方のお考えがすでに無に帰しているのでないかのようです。

普遍的なものは観念としての存在だと貴方は言われるのでしょうか。私もそう言いますが、それは貴方のようにそれの現実性を否定するためではなくて肯定するためです。普遍的なものは無だと言われるのでしょうか。私もそう言いますが、普遍的なものを否定的な相で捉えているのです。御存知のように、私は肯定的な「実在」を立てても、同時に否定的な「実在」を立てるのですから。

聞き及んだところでは、私たちの文芸庇護者《メセナ》〔一六五〕がかつて私にした「なぜ、どうして何かが存在するのか」という問いに、私が自分の原理によって解答を出していない、と貴方は相変らず言い張っておられるそうですね。私が解答を出しているのをこれからお目にかけましょう。解答を出すのに用いる原理と貴方が一戦交えられるのを待ちつつも、です。

貴方もきっと同意なさるでしょうが、「全一者」と「無」は同じものだということを私は証示しています。理由は、「無」は一般的にも個別的にも感覚的なものの否定でしかなく、そうでしかありえず、「全一者」もこの同じ否定だからです。

また、これにも貴方はきっと同意なさるでしょうが、「なぜ何かが存在するのか」と問うのは、「なぜ存在があるのか」、「なぜ無ではないのか」と問うことです。ですから、私がしたように「何かが存在するのは、〈無〉が何かだという理由による。〈無〉は〈全一者〉だからだ」と答えれば、私の原理によって問題に解答を出していることに貴方も同意なさらねばなりません。問いは「なぜ、どうして何かが存在するのか」ですが、この問いでは「どうして」は「なぜ」しか意味しえず、「なぜ」に答えたことは「どうして」にも答えたことになります。いかにして事物は存在するのか、または「実在」とは何かという質問でしたら、拙作をお読み願ったでしょう。

いいですか、私の思弁に対してはまっさらな魂でお臨みください。それが真実であるのも結局は可能なのだということを頭に叩き込んで、それと戦おうとするのではなく、分ろうとしてください。戦おうとなどなさったら、それはいつでも貴方の論理を難破させる暗礁となりましょう。私が申すのは無理な注文ではなく、もっぱら論理学と文法の問題です。「真理」の発見とはそれ以外の何物でもありえません。

私はよく分っていますし、納得もしています。私の言うことがお分りになれば、貴方も同じく納得なさるでしょう。私の発見の真価を感じ取るには、納得される必要があります。納得してくだされば、道徳的悪を、したがってまた物理的悪の八分の七を根底から打ち壊すためには、事物の根底に関する、一次的〔形而上学的〕理性と二次的〔道徳的〕理性の対象に関するわれわれの無知を打破することにすべてがかかっていたのがお分りになりましょう。

追伸――「要約」は思っていたより長くなりましたので、その分拙作から削りました。それでも、繰り返しが沢山見られましょう。単純な対象について、形而上学的にも道徳的にもほぼきまって同じことを言わねばならぬ主題について、どうすれば繰り返しをせずにいられましょう。「真理」の展開を行なえるのは繰り返しによるほかないのです。

(一) 配分的に捉えた諸部分は互いに或るものは他のものによって存在し、諸部分の間に存在する見かけの区別だけが、「全一体」とその諸部分との、形而上学的なものと物理的なものとの違いを作る。その違いは絶対的に全きものだから、「まるっきりの」〔du Tout au Tout. 著者の体系に即して訳せば「全一体から全一体への」〕違いを与え、同一物を与えるのである。しかし、ここでもう一度繰り返すが、集合的に捉えた物理的なものは、一般によって存在し一般と等価な個別で、あれこれの存在、たとえば人間を語る時にするように配分的に捉えた物理的なものとは、一般と等価な個別の、形而上学的個別のそのまた個別にすぎない。物理的なものの存在は純粋に相対的だから、物理的なものは配分的にあることなしには集合的にありえない。「全一体」であるすべての部分が互いに或るものは他のものなしにありえず、一つに見えることはわれわれの目に映るように数あるものと見えることなしにありえず、すべては同時に形而上学的にも物理的にも存在し、また否定的にも存在して、「全一者」というただ一つの存在しか作らないのはそのためである。

(二) 両極または絶対的な両対立物は一つのものにすぎず（そこから「まるっきりの」〔著者の体系に即して訳せば「全一体から全一体への」〕違い」という表現が生じる）、それらの中間こそがそれらの統一である。それは、より多くもより少なくも最少より最大でないもの、より多くもより少なくも一方の極より他方の極でないもので、ただ一語で言い表わせば「全一体」である。なぜなら、たとえば完成、善、調和、均等〔平等〕の最大と最少との統一は完成、善、調和、均等

〔平等〕をもたらし、それらの属性は形而上学的中間または「全一体」で、道徳的・物理的な様々の中間がそれらの両極より優るのも、もとはといえばそこから来るからである。われわれの大の格率の一つは中庸を守れということだが、道徳的なはたらきにおいては、相ともに社会を作る仕方においては、われわれは〔言われなくても〕かなり自然に物理的中間を守る。

道徳的な真の中間は団結〔結合〕であり、道徳的〔社会的〕平等〔均等〕であり、それの源は形而上学的な結合と均等にある。われわれの社会状態は不平等と不団結の状態で、こういう社会状態の内にわれわれが物理的にいるのが見られるのは、かつての物理的〔身体的〕不平等・不団結の状態、つまり未開状態でそうだったより道徳的〔社会的〕にもっとばらばらであるため、もっと劣ったものであるためにすぎないように思われる。それなら、われわれが一般にこれほど不幸な存在なのに驚く必要があろうか。

たとえば動物たちには物理的善の方が物理的悪より格段に多い（われわれにとってもそれが同じく真だとは言えない。われわれは道徳的悪の圏域におり、そこでは同類の人間たちほど日々恐れるべきものはないからである）のは、動物の志向が悪の回避を、可能な最善を、つまり「彼らの全体〔全一体〕」がそうあるようなものであることを目指すからである。

われわれの習俗の内ではこの志向が実に歪んだ方向に向けられていて、われわれが自分に隷属させたもの〔家畜〕も含めて動物の種の中では、われわれほど自分の動物性を役立てないものはないと言えるほどである。ここで言っておくが、「不平等」、「不団結」、「死」、「悪」、「無秩序」、「空虚」、「静止」などの語は否定的なものでは全然なくて、平等・団結・生・善・秩序・充満・運動の最少しか意味しておらず、したがって、最も単純な見かたをして中間とみなされた「全一体」は「平等」、「善」、「団結」、「生」、「秩序」、「充満」、「運動」、つまり形而上学的なあらゆる面での完成なのである。

「全一体」の内、形而上学的中間の内では何物もそれ自体としてあるのではなく、そこではすべてのものが「全一体」と同じく相対的で、「全一体」がそうである現実性の多い少ないにすぎないから、したがって、そこでは何物も多くまたは少なく現実的にしか存在しないことになる。しかし、現実と外見は一つのものにすぎず、外見は現実性の最少だから、したがってまた、「全一体」の内には外見の多少しかなく、存在の外見が生の内ではより多く、死の内ではより少ないということにすぎなくなるし、そこではすべてが多かれ少なかれ夢ないし嘘で、眠りによって脳の繊維の間の一致が破られ、或る繊維が忙がしくはたらいても別の繊維ははたらかない夜はその度合が大きく、その一致がより多く存続する昼間はその度合が少ないということにすぎなくもなる。

人間たちの目には自分の生と死ほど現実的、肯定的、絶対的なものは何もなく、みんな、自分の死は自分の生の否定だという矛盾したことすら考えているが、しかし御多分に洩れず、生と死の内にも多い少ないしかないのである。

（三）　他者についてこの点で決定を下すのは認識された真理によるほかできなかったが、真理はわれわれにこう告げている。自然の内の何物についてであれ何ひとつ否定することはできないから、自然の内のすべてのものは感覚、生命、思考、知能を、つまりは運動を、みなそれなりの仕方で持っているのだ、と。そもそも、これら様々な語は、実のところ、われわれを構成する諸部分〔諸粒子〕の作用ないしはたらきのほか何を意味しているだろうか。その作用はほかのあらゆる作用といくら異なるとしてもいいが、しかし絶対的に異なること、「まるっきり」異なることはけっしてなく、ましてや、それを否定するという形で異なることはないのである。われわれの物理的諸能力と他の動物の能力との違いは、植物や鉱物の能力との違いにくらべて格段に少ないけれども、われわれのありかたが植物や鉱物のありかたとこれほど大きく異なる以上、それは当たり前である。

　しかし、われわれが「真理」を、または「実在」を自らに展開して見せる能力を持ち、他の諸存在がそれを持たないのはどうしてだろうか。それは、われわれの社会状態が、言語を駆使して相ともに推論できるような立場にわれわれを置きながらも、未開な始まりからしてどうしても欠陥品だったその社会状態の欠陥を支えるためにわれわれが歪んだ推論をしてしまい、その誤った推論の仕方にますます騙され、その犠牲となったため、もっと正しく推論しようとたえず努めてきたからである。「理性」はわれわれにとって、数世紀来そうであるおのが非理性の極みからしか生まれえなかった。「理性」が生まれたら、その時初めて、われわれはほかの動物より理性的で幸福だと言えるようになろう。ほかの動物とわれわれに「理性」が等しく生まれえないのは、ほかの動物が社会を作っていないからだが、彼らに対するこの優越にわれわれは勝ち誇ったりしないようにしよう。ほかの動物はわれわれにくらべて、そんな優越などなくても済ますのがはるかに容易だからである。「理性」がわれわれに訪れた暁には、それがないためわれわれがしがみついてきたあらずもがなな学芸の座をそれが奪った暁には、「理性」はわれわれになんとも高くついたことになろう。ああ、自分が「理性」からどれほど遠く隔たっているか、遠く隔たっているためにどれほどの悲惨を背負《しょ》い込んでいるか、また「理性」によってどれほど幸福になれるはずかがわれわれに分ったならばいいものを！　「理性」こそわれわれにとって最大の価値だと確信するために、それはいくら知っても知りすぎることはないのである。神と人間の法に服従すれば人間たちは幸福になるだろう、と言われる。しかし、人間たちがそこまでしつけられることがありえたとしても、奴隷のように服従して幸福になることがありえたとしても、幸福になるべき人間たちがその場にいるだろうか。幸福への志向が強すぎて、法律状態から幸福の手段を提供されたら人間たちは拒めないが、そんな手段は当人たちに不十分に見えるだろうとみな痛感したため、天国の喜びをそれに加えざるをえなかったのだ。しかし、地獄への恐れと同じく、そんな希望に何ができようか。それを判断するには、人間たちをあるがままに見るだけでいい。とりわけ、そこまで遡れるなら成文法が出来て以来の人間たちを。

　人間たちが社会を作った時に、道徳的〔社会的〕な従属関係は一切あるべきでなかったのである。男女間にすらそうだ。あるべきだったのは道徳的〔社会的〕平等で、それさえあれば習律状態が存在して、人間たちは今するように、法律状態の不断の不都合の結果、習律状態をたえず志向するという立場に置かれなくても済んだろう。法律状態の内で、人間たちはいっときも自分の境遇に満足できない。境遇は必然的に同じものとして存在するからである。

（四）　ほかの種について推論し、物を感じる能力など、わがものとする或る種の物理的能力が他の種にあるのを自分の物差しに基づいて否定する時、自分自身の訴訟で自分がどれほど裁判官と当事者を兼ねているか、どれほど不合理な推論をしているかがわれわれには分らない。自分には意志と自由があるとわれわれは言うけれども、普遍的な全体〔全一体〕の内で、意志するとは、自由であるとは何なのか。その全体の内では、実はすべてが同じ仕方で行なわれ、いかなる行為も或る物理的原因の、自分と同じ本性を持つ原因の必然的な結果でないものはないのである。自分にある意志と自由をわれわれが信じるのは、一、神なるものを信じるという不合理の結果、その神なるものに対して功罪を負う魂が自分にあるとしているから、二、相互作用によって、そのことを他のあれこれより欲し行なうようにわれわれを決定づけ、それを必然とする自分の身体機構の内的なバネがわれわれに見えないから、である。自分を構成するものと自分を区別するというわれわれの流儀に合わせるために、ここで私はそれらのバネとわれわれを区別するように見えるけれども、実際は両者が区別されないことを見失ってはいけない。この区別はわれわれがおのずとするもので、自分に分らぬその原因がいつでもわれわれにとってわれわれという人間の一つの謎をなしてきたが、こういう区別は或る全体の諸部分とそれらの全体の間に存在する区別によってしか起こらない。われわれという人間はわれわれの諸部分の全体で、それをわれわれは「われわれ」と言い、われわれの諸部分と区別するのだ。

「全一体」はそれの内に多くまたは少なく現われるものとの関係では必然的な存在だが、それがそれ自体として、存在する必然性によって存在するのは、「実在」を見る他の二つの観点〔物理的観点と形而上学的観点〕と切り離せない一つの観点〔否定的観点〕があるかぎりでしかない。自由という語でわれわれが言い表わすのはただ、われわれの内で必然とされる度合が少ないように見えるもの、外部の事物がわれわれにする作用からもっと独立しているとわれわれが判断するものにすぎない。しかし、いつでも多かれ少なかれあるその作用とは独立して、われわれの諸部分がわれわれの諸部分にする作用、われわれの繊維がわれわれの繊維にする作用があって、この作用はいかに細かくても、われわれの目にいかに隠されていても、もう一方の作用と同じくわれわれに必然性を課すのである。われわれにはそれが見えないとはいえ、この作用によってわれわれは実は、任意の或る物体がわれわれの見ている前で他の物体に押され、現に行くのが見られるような方向へ動く必然性を課されるのと変わりないのだ。われわれは自分で自分に必然性を課すとは言えるが、それはもっぱら、「われわれ」であるもの、われわれを構成するものがわれわれに必然性を課すという意味でにすぎない。

われわれは自分を下敷にした神について、それは予見すると言うけれども、さような意味では「全一体」は何も予見しない。「全一体」の内ではすべてが多かれ少なかれ可能だが、そこではどんな出来事も、起こってしまえば必然的に起こったとはいえ、起こる前にはあらゆる存在にとって偶然的でないものはない。それでもなお、自分の日数は数えられている〔「余命いくばくもない」の意〕などと信じてみよ。実生活で最も強く打ち消されることだが、自分の命を引き延ばしたり縮めたりするために自分には何もできないなどと信じてみよ。

〔救霊か遺棄を〕運命づける知性的な最高存在がいるという意味での、運命が物事の連鎖とは別のものだという意味での予定など信じてみよ。摂理というのは、われわれが自力で何もできない時しかそれに従うことを絶対にしないものだが、この摂理も予知と同じく神の属性としては存在しない。摂理が人間たちに説かれるのは、彼らの無理な状態がそれを説くよう求めるからで、不平不満や絶望を防止するためだが、〔実際は逆に、〕摂理を信じることこそが法の軛と無知の支配のもとに人間たちをつなぎ止め、つまりは愚鈍と隷属の内につなぎ止めて、彼らをこういう無理な状態に置いているのである。或る出来事がどんなふうに起こったかは、どんなふうに見られるかに左右される。出来事には絶対的にこれこれだという起こりかたは、つまり、われわれ一人一人にとって厳密に同じであるような起こりかたはけっしてないという理由による。あらゆる出来事の原因である「全一体」のみが唯一絶対的なものだからである。同じ事実を目撃した人の間でも往々不一致が生じるのはそのためだし、歴史がいつもわれわれを多かれ少なかれあやふやな状態に置くのもそのためである。われわれの習俗ほど複雑怪奇なものはなく、歴史自体がこの習俗のたわけた結果の一つなのだから、ますますそうならざるをえないのだ。

（五）　宇宙がそれによって作られた存在は誰が作ったのか、という誠に理に適った質問がかつてはされたものだが、そんな問いはもうしなくてもよい。原因である以上、それは存在なのである。だいたい、その存在は自らの結果によって原因なのでなかったら、自らの結果がそれを原因ならしめるのでなかったら、どうして原因になれようか。「原因」と「結果」の二つは相関的なもので、一方は他方によってしか存在できない。「全一体」は最初の原因と最初の結果を兼ねるのであり、同時に最初の原因と最初の結果を兼ねるのは、自らの結果から受け取る存在以外に存在を持たないからである。われわれは被造物によってしか創造者を認識せず、創造者は被造物によってしか存在しないが、逆に被造物も創造者によってしか存在せず、したがって両者は互いに一方が他方によって存在する。真実の直観から、我らの詩人ルソー〔六六〕は神を語る中で、「それはそれのみでその子であり、その父である」と言ったが、この真理の内に見るべきものを全部は見ていなかった。しかし、色々な本の内に散在しつつも、たえて深められなかったため不毛に終わったこの種の真理がなんと沢山あることだろう！

（六）　神なるものを以てすれば、それの意志と知能と全能の力を以てすれば、万事を一刀両断し、万事を漠然と説明するのはたやすい。現にそうしているとおりである。しかし、近くへ寄ってよく見ると、半分はわれわれの悟性、半分はわれわれの知能であるもののやりかたを検討すると、この神なるものの内にある種々の矛盾に目を留めて、そこからあえてそれの存在へも好奇の目を向けると、形而上学的にも道徳的にも解きがたい困難が色々とみつかり、そんなものでは実際には何も説明がつかないのを認めざるをえなくなる。

かような主題でかような細部まで降りるのを自らに許せるなら、当代の某作家〔六七〕がしたように旧約聖書に載っている事実をつなぎ合わせて読みやすくまとめるほど聖書に実害を与えることはありえなかった。そんなことをすると、ユダヤ人の神の行ないにある様々な矛盾が顕在化して、ユダヤ教徒やキリスト教徒でも分別のある人はみな反撥し、無神論へ転落するか嘲弄的な態度を取るかするようになるからである。われわれ全員が内に宿す書物にこそ真理を探すようにと、若い頃から私を仕向けたのもあの作品だった。

（七）　形而上学的原理の認識は、人間たちを本当の社会状態へ導いた上で、ひとたびそこへ到達したら、未開状態から出て以後のわれわれのように事物の根底について推論するという立場に彼らが置かれるのを防ぐだろう。しかし、人間たちはこの単純な認識を自分らの間で永続させねばならないだろう。そのためには、父親の口から子供の口へと受け渡される手短かな教育だけで足りるだろうし、彼らが受ける口頭の教育はそれだけだろう。とはいえ、実を言うと、彼らの習律状態はそれ自体によって全く腐朽を免れており、そこでは誰も推論など全くしないから、こんな教育すらほとんど必要ないだろう。とりわけ、われわれの偽りの習俗の遺物が彼らには何ひとつ存在しなくなり、それを思い起こさせるおそれのあるものがことごとく絶滅してしまったならば。

（八）　われわれの神的・人間的法律状態は、道徳的真理のみによっても、私が述べる習律状態の詳細によっても、つまり二次的理性によっても打ち壊される。ここではその二次的理性を一次的理性〔形而上学的理性〕ほどには開陳しないので、私がする展開は拙作で御覧いただきたい。

（九）　未開状態は団結なき、社会なき不団結の状態、法律状態は、とりわけ文明状態は団結の内での極端な不団結の状態、習律状態は不団結なき団結の状態である。この最後の状態は、人間たちが自分の状態、自分の境遇に唯一満足できる状態だが、そんな状態はありえないとなおも言われるであろう。しかし、よくよく胸に刻んでいただきたいが、われわれの法律状態はあまりにも偽りなので、外見はそれに味方すればするほどますます偽りなのである。初源的〔形而上学的〕明証性が法律状態に譲るように出来ているのではなく、既得権はそちらの方にあるとはいえ、法律状態こそそこの明証性に譲るように出来ているのだ。

　それでも、ここであらかじめ習律状態を自らに描いて見せようと思ったら、人間たちが都市を離れて、不都合もなく、法もなく、いかなる対立もなしに、田園生活と道徳的〔社会的〕平等と、女性の共有を含む財貨の共有がもたらせる、また必然的にもたらすはずの豊かさのすべて、健康のすべて、自分に有害となりかねないあらゆるものに対抗する力のすべて、心の安らぎのすべて、幸福のすべてを享受する様を想像してみればいい。そんな状態はお偉方、金持、教養人などが下層の民衆や農民ほど望むものではないと思ったら、見かけで判断して間違うことになろう。身体的な苦労は後者の人々のためにあるが、そのかわりこの人たちはいつも仕事に追われて退屈など知らないのに対し、身体的な苦労などよりずっとひどい心労は疑いもなく前者の人々のためにあるからである。

　今言った女性の共有は一目《ひとめ》見ただけでは反撥を招くが、それが習律状態の本質に属するのは女性を共有しないことが法律状態の本質に属するのと変わりない。女性の共有に対する偏見が凄じいのは、それを習律状態の内で見るのではなく、法律状態、所有状態〔私有財産制〕の内でしか見ないからである。習律状態では女性の共有がなんの不都合もなく存在するはずだが、一方、法律状態では女性の非共有が逆の結果を伴って存在する。雌を排他的に物にするため森を血で染める動物たちの例も、女性に対する所有〔私有〕が厳密に自然に適っていることを証明しはしない。それが証明するのはただ、互いの間で社会を作っていないため、合意によって共同で享受する手段を一切欠き、したがって各自が自分だけを目的にしようとする動物たちの本性にそれが適っているということにすぎない。

地上の財貨と、それ自体この財貨の一部である女性の所有〔私有〕は、疑いもなく、法律状態では未開状態でそうだったより多くの不都合と禍を引き連れてくる。未開状態では所有が力に基づいたのに対し、法律状態では法に基づくからである。この所有は法的なものとなることで、道徳的悪の契機となった。それはまたなんとひどい悪であろう！　物理的悪のなんという上乗せであろう！

（一〇）　神なるものの観念は人間たちの正義とは別の正義を望むほかない有徳な魂には大きな慰めになる、と言われるだろう。それは或る程度まで本当だが、それが本当なのはもっぱら偽りで邪悪なわれわれの習俗の内でのことにすぎない。この習俗は神なるものの観念によってのみ存続するが、さて、それがこの観念によってのみ存続するなら、それがもはや存続せぬようにするためにはこの観念を打ち壊さねばならない。少数の人にとってそれがどれほど慰めになっても、である。この観念がそれ自体によっても、われわれの隷属や人間の法にそれが与える支えによっても、父から子へとそれが永続させるわれわれの無知によっても、実際には、それに対する慰めとなる悪を自ら生みだしていることがその人たちには分らないのである。とはいえ、それが生みだす悪について無神論者らがこの観念をじかに攻撃するのは適当でない。自らの支えとしてこの観念を必然的に要求した人間の法をこそ彼らは攻撃すべきであって、法を打ち壊すことから始めるべきなのである。神なるものの観念は未開状態にはそぐわなかったし、習律状態にもそぐわないはずだから、それを存在させえたのは法律状態だけなのである。

われわれの習俗の内では、神と人間の法を敬わねばならない。そこではこれらの法が真理のかわりになっているが、しかしこれらの法のみが、熟慮反省の尽きせぬ源となるその不合理とその様々な不都合によって、われわれをこの真理へ導いて行けたのである。むろん、真理まで犠牲にするほどそれを敬うべきではないけれども、それ以外のあらゆる犠牲はこれらの法に捧げるべきだった。私が言いたいのは、これらの法に反対する我らの哲学的半啓蒙のすべて、いかに言い古された、いかにしやすいものであれ我らの反論や嘲弄のすべては犠牲にすべきだったということである。そうしていれば結果として、精神的・心情的な自由思想《リベルティナージュ》が今見るほど過度に支配せず、人々の頭脳も真理を迎え入れる用意がもっとあったであろう。真理は不信者よりも信仰者のために出来ている。信仰者には原理があるが、不信者にはないからである。

（一一）　「神」という語も含めて自然の謎を解くこころは、ギリシャの哲学者以来、いやもっと以前から今に至るまで色々とあった。しかし、それらすべてと全く異なる本当のこころはまだ言われていなかった。それこそ（あえて再び断言するが）私がここで言うもの、帰結については拙作でもっとくわしく展開するものである。ギリシャ人を通じてわれわれが継承したエジプト人の言うこころは「三」という数だったが、すでに御覧になれたとおり、これからも御覧になるとおり、そのこころも真理の現われかたが格別劣るものではない。

（一二）　スピノザはおのが実体を「唯一」の実体と呼んで、それを「一」なる実体と区別しないため、有神論者と同じ不合理に陥ってしまった。有神論者はこの二つの観点から、あるいは「実在」の相反するこの二つの実体から、「神」と呼ぶただ一つの存在を作り上げたわけだが。

あの無神論者はおのが実体について、それは唯一で無限に変様すると言う。「唯一」、「無限」という語が一切の変様の否定であること、変様または諸存在は「全一体」または有限者の部分にほかならず、前述のとおり同時に様態でもあり基体でもある「一」なる実体を構成する数にほかならないことを知っていたら、そんなことは言わなかったであろう。

（一三）　私の言う帰結の一部はどこにでも見られ、別の一部は何人かの哲学者に見られるが、第三の一部はどこにも見られない。どこにも見られないのは「全一体」という原理も同じである。そういう帰結はみな同じようにこの原理から出てくるが、それだけが帰結を豊沃にする原理がないため、帰結だけ持っていてもそれは不毛そのものだ。このように、帰結が出てくる原理を発見し知らしめることに、すべてはかかっていたのである。

（一四）　われわれが天国への希望に執着する度合は、地獄への恐れに執着する度合より格段に少ないから、したがって、地獄をもう恐れないことで得るものの方が、天国をもう望まないことで失うものよりずっと多い。地獄など全然信じない無神論者は、地獄を信じる宗教的な人ほど真理を必要としていない。宗教的な人は地獄を信じる結果、現世でもたえず窮屈な思いをしているからだ。それゆえ、「真理」が重要なのもとりわけそういう人にである。残りの人間全部の幸福がそれによってはかられるのを待つ間は。

（第二巻、ノート三）

形而上学的・道徳的な謎のこころを当代の神学・哲学に適用す、問答による

汝ヲ、上ニアルモノヲ念《オモ》エ、地ニアルモノヲ聡《サト》ク知ランガタメニ〔六八〕

お知らせ

これからお見せする問答は、はじめ、今風靡する哲学〔啓蒙思想〕に反対して神学を支持するために、それも、実際の狙いは神学によって今の哲学を打ち壊すと同時に神学そのものも打ち壊すことにあったとはいえ、見た目には神学に手を触れないような形でそうするために書かれた。しかし、私が取ったそういう持って回った方法は、これらの問答を読みづらく分りにくくするという結果しか生まなかった。そこで私は目的地へまっすぐ直行することにしたが、それでも同じ方法を踏襲し、書き替えや加筆でそれを修正するつもりである。このことを見失わないようにすべきであろう。とりわけ、私が神学の哲学を使って無神論を叩くのが見られるような場合には。そういう際は、付けた註が誤解を防ぐのに役立とう。

「純粋有神論」または「自然宗教」という言葉では、賞罰を与える道徳的な神なるものへの信仰を言う。いずれお目にかけるように自然宗教とも、われわれが漠然と「自然法」と呼ぶものとも、「形而上学的自然法」とも区別すべき「道徳的自然法」という言葉では、初源的な社会的大原理を言うが、その原理とは、皆が道徳的〔社会的〕に平等で全員平等に楽しむこと、したがって、自分がされたくないことは他人《ひと》にもしないこと、他人を自分の臣下・下僕・奴隷にしないことにある。深く考えてくださるなら誰にとっても疑いないように、これらの諸原理が社会生活をする人間の原理になっていないことから、人間が法律状態という無理な状態、隷属状態のもとにあり、道徳的悪が地上に存在するという結果が生じる。しかし、これらの諸原理は社会生活をする人間の原理になれるだろうか。終わりまでお読みになったら、それを疑う人はいないであろう。

人間たちは目の前にある二つの状態しか知らない。自らの法律状態と、互いの間で社会を作らない動物たちの状態である。今人間たちに知らしめるべきは、「道徳的自然法」状態の内にある第三の状態である。〔一度それに浴したら〕誰でもそれを固く守ったはずだから、その状態は今存在しない以上いまだかつて存在したためしがなく、人間たちが「自然法」と呼ぶものの内に垣間見られただけにすぎない。今の社会状態の原理とは全く異なる原理を持つこの社会状態こそが、道徳的真理なのである。この真理は形而上学的真理を土台にしており、そこからしてこの二つの真理は切り離せない。

愛する宗教のために論証しようと私が目論めるのも、これからお読みになる内容の帰結となるはずなのも、理性は百パーセント宗教を支持し、当代の哲学に反対するということに尽きる。宗教はそれ以上何も理性から期待できない。えせ哲学を凱旋車にくくりつけたら、宗教は自分に対抗するものとして健全な哲学だけを持つという利点に恵まれる。

以下の問答は、はじめ人が集まった席でしたもので、その後、公表するために手を入れた。そこでは第一に純粋有神論を、第二に無神論を叩くはずだが、両者を叩きつつ真理を打ち立てるような仕方でするつもりである。

形而上学的・道徳的な謎のこころを当代の神学・哲学に適用す、問答による

問一

当節の哲学者たちがさかんに説く純粋有神論または自然宗教だけで、人間たちにはどうして十分でないのですか。そこから生じるなんらかの宗教が、人間にはなぜその上に必要なのですか（一）。

答

賞罰を与える存在〔神〕という観念だけで、様々な宗教が各自の実定法によって、その存在が何に報い何を罰するか言わず、神や人間たちとの関係で何が善か、何が悪か決めなければ、その観念は実りのない観念、何も言わない観念になるからです。だから、純粋有神論だけでは足りません。そこで、なんらかの宗教が欲しければ有神論者自身にも、自己の有神論から生じる或る〔実定〕宗教がどうしても要るのです。

（一）人間たちは自然宗教だけに限るべきだとして、その自然宗教の内に自然法を不適切にも入れるような体系を攻撃することからまず始めます。私の狙いは、この〔自然〕宗教は純粋にそれだけでは存在できないのを示して、それ以外の宗教は要らないとするこの体系の支持者たちを真理へ導くことにあります。

問二

自然宗教から、純粋有神論から発する貴方がお望みの宗教は、自然法とは別物のはずですか。哲学者たちは自然法をその〔自然〕宗教と切り離しませんけど（二）。

答

有神論者の哲学者たちがそれを切り離さず、こうして「自然宗教」と呼ぶものと「自然法」と呼ぶものを一緒くたにして、その宗教とその法を同一物としかせず、それらが等しく神の手でわれわれの魂に刻み込まれたと言っているのは事実です。

そこから、哲学者たちが知らず知らず、自然宗教に或る宗教を加えていることになります。その意味では、自然宗教が原理であるところ、自然法をなす社会的諸原理はこの〔自然〕宗教から生じる実定法にすぎませんし、そうでしかありえないからです。なんなら、神が何に報い何を罰するかを神自身の言として語る法、と言ってもいいでしょう。

しかし、神学や哲学がしてきたのとは全然違って正しく理解された自然法というものは、追ってお見せするとおり、賞罰を与える神なるものへの信仰を排除しますから、どうしても純粋有神論からは正しく理解された自然法、私が「道徳的自然法」と名付けるものとは別の法が生じなくてはなりません。そうであるなら、純粋有神論者の哲学者たちに反対して、自然法以外に有神論に基づく何か別の宗教が要り、その〔自然〕法以外の実定法を全部捨象した純粋有神論を説くのは理性存在〔頭の中にしかないもの〕を説くものだと結論しなくてはなりません。[三] この真実に理性が与えるもののほか証拠など必要だったら、それは事実の内にあります。自然法とは別に、有神論に基づく様々な宗教が、始めはいくら単純なものでありえてもとにかく昔からありましたし、そういうものが今日もあるのは昔からあったためにすぎないのです。賞罰を与える存在という観念が、それ自体によって必然的に、宗教的な様々の法となんらかの祭祀を導き出すのは、『自然の体系』[六九]の著者がいみじくも指摘したとおりです。[四]

〔二〕 哲学者たちも自然法とは何か知っていたら、それを自然宗教と単に切り離しただけでなく、自然法によって、それと相容れないこの〔自然〕宗教を滅ぼしたでしょう。

〔三〕 自然宗教を欲しがる哲学者たちの言う意味では、良心も一つの宗教でしょうし、それは疑いを容れません。さて、正しく理解されたこの〔自然〕法がその宗教を排除するなら、この法がその宗教から発するということがどうしてありうるでしょうか。われわれが取る意味ではこれも一つの宗教だ、とその哲学者たちは言うかもしれません。私はそれにこう答えるでしょう。しかし、そういう意味でだって、自分がされたくないことを他人《ひと》にもするなということを君らはそれの原理にしているだろう。私にあってはこの原理も〔習律状態の〕単なる帰結にすぎないけど、君らもいずれ見るように、神的・人間的な法律状態ではこの原理が厳格に遵守されることは起こりえないんだよ。したがって、君らが自然法と言う時の怪しげな意味に即しても、自然法は自然宗教を排除するじゃないか――と。

（四）　私がこの著者を引くのは、いずれじかにこの人を叩くはずだからです。その本は悪書ですが、真実がいくつか見られるのを妨げません。

問三

何が善で何が悪か人間たちに教え、人を善の内に押し留めるには、良心の声だけで十分なはずではないですか。

答

良心の声は実定法にしたがってしか、何が善で何が悪かわれわれに言い渡しませんし、言い渡せませんでした。[五] それらの法が原初に神なるものから発した（それは不合理ですが）にせよ、未開状態から出て今の社会状態を形成した際のわれわれ〔人間〕の内にしか原因・原理を持たないにせよ。権威がいくら逆のことを言っても、理性が語る所では権威など何物でもありません。

正邪の、道徳的善悪の観念をわれわれが持つためには、どうしても実定法が必要でした。応報神という観念をわれわれが持てたのも、もっぱらこの〔正邪・善悪の〕観念によります。それらの〔実定〕法が原初に神なるものから発した（もう一度言いますが、それは不合理です）なら、正邪の観念と応報神の観念は一方が他方なしには存在できませんでした。しかし、実際そうであるようにそれらの法が人間から発したものなら、この二つの観念の内でも第一のもの〔正邪の観念〕が第二のもの〔応報神の観念〕に先行し、第二のものはその後第一のものの支えとして出来たもので、また第一のものは或る人間が他の人間に作り与えた法の結果だったことになります。そういう法からは、それを守るのが善を行なうことで、守らないのが悪を行なうことという結果が生じるわけで、その法は必然的にそれ自体によって善悪・正邪の観念を導き出していたからです。[六] 神なるものの法――こんなに不合理なことを仮定すれば――についても事情は同じだったでしょうし、したがって、善悪の知識の木というのは、それ自体によって善悪の知識を与えたその法にほかならぬことになりましょう。その場合、人間に無垢の状態を喪失させたのは、あるいは同じことですが善悪の認識を人間に与えたのは法への不服従ではなく、法そのものということになります。また実際、人間がその認識を持てたのは法による以外絶対にありえませんでした。

この点について、ソルボンヌの某博士（七〇）はこう言いました。「話は全然あべこべである。善悪・正邪の観念が実定法の原理なのであって、それがなければこれらの法も良心に義務づけることはなく、強い者勝ちということがその原理になってしまおう。」

理性へのなんたる平手打ちがこの博士から出てくることでしょう！　そんな平手打ちをくわすのはなぜでしょうか。強い者勝ちが実定法の原理だったことにしたくないからです。まるで、神なるものから発したと仮定した場合ですら、これらの法がそれ以外の原理を持ちえたかのように。この人は強い者勝ちということから色々と悲しむべき帰結を引き出しますが、それは現行の世界をこの目で見ている私にしても御同様です。だからこそ、明証性を手に、私はこの強い者勝ちを打ち壊そうと試みるのです。つまり、習律状態または「道徳的自然法」状態をかわりに置くため、法律状態を滅ぼそうと試みるのです。この博士にはいずれ話を戻して、深遠な対象についてはソルボンヌでもよそ以上に正しく物を考えるわけではないのをお見せしましょう。

（五）未開状態から社会状態へ移ったものとして人間を見れば、人間は社会状態によってしか、法律状態によってしか善悪の意識〔良心〕を持てなかったことが疑いなくなるでしょう。

（六）ひとたび屈服させられるや、人間は「私より強い者に従うのは正しいことだ。その人が私の力をなすのだから」と言いました。人間たちが盲滅法に歩んでいたそもそもの始めにそんなことがありえたなら、強い者が弱い者の力をなしても弱い者を屈服させず、両者が道徳的〔社会的〕に平等だった方がよかったでしょう。

問四

「課す権利のある者から発した法に従うのは正しいことだ」という先立つ原理がわれわれの魂に刻み込まれているのをみつけなかったら、法はいつになっても正邪や道徳的善悪の観念をわれわれに与えることができたでしょうか。

答

きっとできたでしょうね。法だけがその観念をわれわれに与えたんですし、この先立つ原理と称するものも後続する原理、すでに存在する法から帰結した原理でしか絶対にありえなかったんですから。「法」とは何かを知り、立法者という観念を持ち、それの権利を判断し、法に従うことが正しいか正しくないか決めることができる立場にわれわれを置けたのは法だけなのです。またしたがって、反論として挙げられた原理のように法そのものを対象とした原理をわれわれに与えることができたのも法だけなのです。われわれが法のもとにあるのも、色々な法に従うのも法によるわけで、法に従うことが正しいか正しくないか判断できるのも法のもとにあるかぎりでなのです。

問五

では、およそ道徳律の観念は、正邪や道徳的善悪の観念は、したがって賞罰を与える存在〔神〕という観念は、習得観念でしか絶対にありえないのですね。

答

さよう、われわれが法のもとに創造されたという不合理な仮定をしてもです。その場合ですら、われわれが法という観念を持つのは常に、法を与えられ教えられたせいでしょうから(七)。人間が正義の観念を持つためには、したがってまた「課す権利のある者から発した法に従うのは正しいことだ」という原理を持つためには、どうしても法のもとにいなくてはなりませんでした。その観念を持つ能力はむろん人間にありますが、その観念自体が〔本有的に〕あるわけではありません。それが人間にあるためには、どうしても法が人間にそれを与えなくてはならず、法が人間に教えられなくてはならないからです。あれこれの法によって法というものが人間に知られていなかったら、人間が法のもとに創造された(それは不合理ですが)としても無駄でしょうから。自分を集合的存在ならしめる個々の法がなかったら、法などありはしないでしょう。

（七）道徳律という人間や社会を作る他のあらゆる動物種に固有な法の観念は、形而上学的な法〔則〕というすべての存在に共通する法の観念のようにはいきません。後者の観念は本有的で、自然の内に一般的ですが、もう一方の観念は習得された、法律状態に固有なものでしかありえません。

問六

人間の内に正義という本有観念があるのを否定することは、世に受けいれられた原理に反しませんか。

答

その観念を否定して、それを習得する能力しか人間に残しておかないと、神学の根本原理に抵触するのは分っています。しかし、正邪や道徳的善悪の、賞罰を与える存在の観念は本有観念だということが本当だとすると、この観念はどうしてもその内に、それから帰結する様々な神学的・道徳的観念を含むはずです。そうでないと、この観念は不毛そのもので、純然たる理性存在〔頭の中にしかないもの〕になってしまいますから。さて、この観念が本有的で、後続するこういう他のあらゆる観念を内に含み、それらの観念もまた同様に本有的なものになると、その場合、啓示は何の役に立つのですか、神学は何の役に立つのですか。けれど、それらの観念は神学以外の場所にあるわけではなく、それらを帰結させたこの観念とともに神学そのものなのですよ。

正邪や賞罰を与える神なるものの観念は本有観念だということを、神学は或る意味では原理とすべきではないでしょう。それが本有観念だということは、言い換えれば、この観念は神なるものが人間に作り与えた最初の法と、その法が破られたこと――そこから人間には善悪の知識が生じたことになりますが――の結果ではないということで、神学がそんな原理を持つのは矛盾だからです。神学はこの原理を純粋有神論者たちに委ねるべきでした。ここで言っておけば、純粋有神論者も大半は、本有観念をおしなべて否定するくせに、なんとも首尾一貫しない話ですが、この原理またはこの観念は神の手でわれわれの魂に刻み込まれたなどと言っています。でも、別の意味では、自分が使うといかに首尾一貫しなくなるにせよ、この原理を神学は持たねばなりません。この原理がないと、神学は存続できなかったからです。逆の原理を立てると、事実そうであるように法こそ罪だと神学は証示せざるをえなくなりますが、明白に自分自身を傷つけずに神学はそんなことを証示できないでしょう。たしかに神学は自らの原理〔正邪・善悪や応報神の観念は本有的だという〕によって自らを傷つけており、その原理は敵対者たちに神学を攻撃する手掛りを与えています。しかし、そのことを論証的に神学に証明してやるためには、まさしく真理が必要だったのですし、真理の出現を神学が恐れるいわれはほとんどありませんでした。(八)

純粋有神論者たちは神学の原理によって、神学は余計なものだということを証明する根拠があると信じているだけに、神学の原理はますますいっそう純粋有神論者の原理となります。さて、この原理が真実だったら彼らは事実そのことを証明してしまうでしょうから、したがって、この原理はしかるべき根拠を持って神学の原理となることはできない、神学はいかにリスクがあってもこの原理を純粋有神論者たちに委ねて、そんなものがもう問題にならないようにすべきだということになります。彼ら自身、そんな原理はじきに放り出してしまうでしょうから。

神学者たちと純粋有神論者たちのこの原理に好感を持つように誘うのは、前述のとおり、彼らが本有的と称するこの〔正邪・善悪や応報神の〕観念の内に、自然法の諸原理と呼ぶものを含めており、それらの諸原理をも同じく本有的なもの、神の手でわれわれの魂に同じく刻み込まれたものとしていることです。しかし、それらの諸原理もこの観念以上に本有的ではありませんし、不合理を犯さずにそれらをこの観念の内に含めることはできません。すでに言いましたし、追って証明する予定ですが、正しく見られ正しく実践されたそれらの諸原理しかないような所には、この観念などないはずだからです。それらの諸原理しかないような所とは、つまり、習律状態、「道徳的自然法」状態という、神的・人間的法律状態をことごとく絶対的に排除するような状態が存在する所のことですが。(九)

今反対論を述べた原理は、重ねて言えば、神学のためにならないだけに神学の原理たりえませんし、神学は今それを支持すべきであるどころか、自分自身より真理の方が大事だったら、それについてまっさきにおのが非を認めるべきです。それにしても、ああいう〔正邪・善悪や応報神の〕観念を本有的なものとしては人間から剥奪することで、(一〇)

私が人間を動物と同格にするわけではないことを、神学によくよく見てほしいものです。その観念を習得するという動物たちにはない能力を、私は人間に残しておくからです(一一)。

(八)　われわれの深い無知こそ常に、神学が安眠する枕でした。哲学は異端のように神学の不安の種になったことは一度もなく、この二つは大違いでした。ですから、神学が主に警戒するのも総力を上げるのも異端に対してなのです。

(九)　神学者たちや純粋有神論者たちによると、自然法の大原理は自分がされたくないことは他人《ひと》にもしないということです。しかし、「道徳的自然法」では言うまでもないこの原理は、「道徳的自然法」の、お望みなら道徳的〔社会的〕平等と財貨の共有というそれの道徳原理の帰結にすぎません。この道徳原理のほかに、「道徳的自然法」には形而上学的な原理がありますが、これはいずれお知らせしましょう。

(一〇)　追ってお見せするように、物理的・道徳的な面では本有的なものは何もなく、それがあるのは形而上学的な面だけに限られます。正しく言えば、「すべてにおいて到る所で同一な実在」しか本有的なものはありません。子供は同時に父と母から実在を受け取りますが、父母から受けるものを本有的と形容することはできません。

(一一)　動物たちにその能力がないのは、相互の間で社会を作っていないからです。社会を作った場合でも、この能力を持つためにはさらに、その社会がわれわれの社会のように法律状態でなければならないでしょう。

問七

自然宗教は自然だと、どういう意味で言えるのですか。

答

対象は道徳的なものですから、厳密な意味では、形而上学的な意味ではそう言えませんが、自然宗教が宗教全体の土台であるという意味でなら、またしたがって、われわれが宗教面での初源的な能力としてその土台を認識できるという意味でならそう言えます。

もう一度言いますが、この観念は原初にわれわれの内に刻み込まれた観念〔本有観念〕ではありません。宗教自身に言わせても、立法者にして応報者である原理〔神〕を人間が認識するためには、無垢な〔原罪以前の〕人間に神が自らを啓示して、一人の妻しか持つなとか、父母から離れてその妻と一緒になれとか(一二)、善悪の知識の木に触《さわ》るなとか(一三)

いう色々な実定法を与えたことが必要だったからです。

（一二） 所有と道徳的〔社会的〕不平等のこの最初の法、つまり、一人の妻だけに限り、父母から離れてその妻と一緒になれという法は、地上の楽園で、禁断の実を食べるなという法より前に与えられたものでしたが、楽園でアダムがそれを破るということはありえませんでした。アダムには父も母もなく、もともと妻も一人しかいなかったからです。当時はこんな法などアダムにはどうでもよかったのですが、アダムの子孫たちにはこれがひどく苛酷なものになり、せいぜいアダムの堕罪の懲罰としか言えなくなったのです。

（一三） この木は哲学的な意味を示しています。これに触《さわ》るなという禁令は、道理に則れば、法律状態を避けよという警告しか意味しえないからです。さような状態のみが善悪の知識を与えることができ、その知識が人間にはあまりにも禍の元になったのですから。

問八

たとえば、自分がされたくないことは他人《ひと》にもするなというようなあれこれの道徳原理が自然法に属すると、どういう意味で言えるのですか。

答

そう言えるのはもっぱら、それらの道徳原理は社会的な第一の法をなし、完全な社会状態の本質にあまりにも属しているため、そういう状態の中では言うまでもないことで、わざわざ人間たちへの掟にする必要はないという意味でです。それらの原理を持つためには社会を作っている必要がありましたから、そのこと自体からしても、それらの原理は厳密な意味で、形而上学的な意味で自然なものではありません[一四]。

厳密な意味での自然法とは、それから逸脱できるのは自然に反するような、それから逸脱するのは不可能であるような法[一五]、人間の本質に属するような法のことです。自分にとって可能なかぎり最善なことを、自分の欲望を十分に充たすことを常に目指すといったようなもので、こういう志向は、無生物のように見える諸存在においてはわれわれが「中心へ向かう傾向」〔重力のこと〕と呼ぶ普遍的なものです。

社会的人間にとっては、われわれが不適切にも「自然法」と約《つづ》めて呼ぶ「道徳的自然法」を志向することが、つまり同類たちと一体化しようと目指すことが「形而上学的自然法」に属します。同じく、「全一体」という自己の原理を愛することも、つまり、たえずそれを志向することも、社会的人間にとって「形而上学的自然法」に属します。しかし、純粋に形而上学的なその原理は、法律状態の内にある社会的人間にとっては不合理にも道徳的なものとされますから、宗教は社会的人間から、あらゆる存在に共通するこの形而上学的愛または形而上学的志向以外に、父に対する子の愛といったような道徳的愛を要求します。この愛は宗教によってのみ糧《かて》を得られるものですが、宗教はそれを与えるのにほとんど成功していません。この愛は、普遍的存在が人間との関係で父として絶対的に見られる自然宗教と呼ばれるものの内には入りますが(一六)、「道徳的自然法」の内にはいささかも入りません。なぜなら、そういう〔道徳的自然〕法の内にある人間が自己の原理に関して抱く愛は、同じ原理へと向かう形而上学的志向にすぎないとはいえ、心証的にありうるかぎり知性的で、ありうるかぎり充足され、ありうるかぎり完全なものだからです。福者たち〔天国へ行った人々〕について、彼らは原理と一体化していると宗教が言うのも、真理の叫び〔断片的・無自覚的な表出〕によるのです。でも、ここで前述の博士に話を戻しましょう(一七)。

「自然法とは、厳密な、または形而上学的な意味では、それから逸脱できるのは自然に反するような法のことである」とこの人は私をなぞって言いますが、「殺人を犯せるというのは自然に反することではないから、したがって殺人は自然法に反しない」と反論します。むろん、そうではないのです。殺人は「形而上学的自然法」に反するわけではありませんし、私の命題からあの博士が理解し論結すべきだったのもそのことです。しかし、厳密な意味、形而上学的な意味での自然法から形容詞抜きの自然法へと非常にまずい論結をしてこの人が仄めかすように、殺人が「道徳的自然法」に反しないなどというのは、この人が理解すべきでも論結すべきでもなかったことです。何事も自然に反し自然の一般法則に反するわけにはいきませんが、あれこれの個別的法則、たとえば社会の法に反することはできます。殺人もそういう法に反するわけで、自然に反する愛〔同性愛〕も生殖の法〔則〕に反するわけです。

(一四) 法律状態のもとでは、そういう原理をわれわれはごく不完全にしか実践できません。これらの原理は道徳的〔社会的〕平等と財貨の共有との帰結にすぎないのです。

（一五）　われわれは毎日のように「道徳的自然法」から逸脱しますから、これは、われわれがそれから逸脱できることが不可能な「形而上学的自然法」と同列には置けません。この二つの法についてわれわれが持つ二つの観念を同列に置くのは、類を混同することでしょう。

（一六）　人間の内で宗教の動因であるはずのものは、愛よりむしろ恐れです。宗教に言わせると、神は始めに法の圧制のもとに人間を置いて、人間に自分を恐れさせたからです。しかし、同じく宗教によると人間は自己の存在を神に負うている、と言われるでしょうか。でも、それが自分にとって不幸であったら、嫌悪すべきこの恩恵なるものが何だというのですか。

こういう否定的な証拠を真理のために私は使いますし、使い続けるつもりです。肯定的な証拠によって不合理なもの〔宗教〕を打ち壊すのと並行して、不合理なものを不合理なもの自体によって打ち壊すことも適切だからです。しかし、その面では最も本質的なものだけに話を限って、当節の哲学のようにこの方法を濫用はしないでしょう。これは宗教を叩くいちばん安易なやりかたで、今の哲学はほとんどこれしか知りません。

肯定的および否定的な証拠のほかに、打ち壊すためには、真の原理を宗教と道徳の根本原理に適用するというやりかたがあります。これは「対人」論法で、私の目的には肝要なものです。

（一七）　王命検閲官のあの博士は、私のことを、スピノザを叩いてはいるがスピノザ主義者だなどと言いました。これは、二次的〔道徳的〕理性の対象と同じく一次的〔形而上学的〕理性の対象もよく分っていない証拠です。しかし、偏見を持たずに本をそれ自体として読もうとしたら、ここで誤解することなどありうるでしょうか。

問九

「道徳的自然法」の内にいる人間は、なぜ自然宗教を持たないのでしょうか。立法者であり応報者である普遍的存在〔神〕をなぜ知らないのでしょうか。この点をもっとはっきりさせてください。

答

理由はこうです。その認識はどうしても正邪の認識を必要とするので、人間がいるその状態とは相容れないはずだからです。この状態はその時にはいかなる道徳的悪もなしに存在するはずで、あまりにも正に基づき道徳的善に基づくため、邪が存在しないので正があってもあるとは言えないほどになるはずですから。

人間に正邪の認識を与え、応報者である普遍的存在の認識を与え、その存在を宗教的存在たらしめるためには法律状態が必要でした。したがって、いずれもこの認識から発する、純粋有神論者たちには考えも及びませんがそこから必然的に発するあらゆる〔実定〕宗教は、ただ法律状態によってのみ存在するのです。さて、すべての宗教はただこの状態によってのみ存在する以上、「道徳的自然法」の内では宗教など存在しないことになります。この法は法律状態と矛盾するからです。

以上のことを、われわれは全員多かれ少なかれ感じています。またただからこそ、苦労して生まれつきその軛を負う宗教からわれわれを引っ張り出そうとするあらゆるものに、なんともやすやすと耳を藉してしまうのです。しかし、われわれは「道徳的自然法」の内にいるのでしょうか。賞罰を与える材料もなく、したがって宗教がなくても済ませられるようなあの法の内にいるのでしょうか。また、その内にいないなら、法律状態とは違う道徳状態または社会状態の内にいられるでしょうか。破壊的な哲学者たちに私はこういう質問を呈し、こんな状態から脱して習律状態のもとで、「道徳的自然法」のもとで暮らす手段を彼らが与えてくれるのを待ちましょう（一八）。しかし、連中は到底そんな手段を与えてくれることはできません。非常にかすかな観念しか持たぬその〔道徳的自然〕法を語る時ですら、彼らはわれわれを人間的法律状態のもとにほったらかし、神的法律状態をどうしても後《あと》に引き連れてくるその状態が習律状態と、「道徳的自然法」と絶対的に両立できないことを考えもしないのです。

（一八）　人間には次の三つの状態しかありません。未開状態または森の中の獣の状態と、法律状態と習律状態です。第一の状態は団結なき、社会なき不団結の状態、われわれが今いる第二の状態は団結の内での極端な不団結の状態、第三の状態は不団結なき団結の状態です。この第三の状態は、異論の余地なく、人間たちの力と幸福を可能なかぎり作れるはずの唯一の状態で、人間たちの内でも最も不幸な部類の者、つまり権力者や金持や教養人という部類の者が、民衆という部類の者よりはるかに強く望むはず――一見逆に見えますが――の状態です。しかし、心労はもうなくなり、したがって物理的悪〔ここでは体の病気〕もぐっと減るそういう状態は、法律状態にいるわれわれには一個の理性存在〔頭の中にしかないもの〕で、われわれはいつまでも、黄金時代やいにしえの田園生活などの画幅でそういう状態の不完全な観念を与えられ、それがもたらす快感をただ味わうだけで、そんな状態を自分が享受できるとはついで考えもしないのです。

問十
「道徳的自然法」の原理とは何にあるのですか。

答

今まで正しく見定められてきたとはとても言えませんが、その原理とはまさに、われわれの社会状態のそれとは逆の道徳原理にあります。つまり道徳的〔社会的〕平等と、[一九]自然から与えられた欲望が求めるすべてのものを共有することにあります。

それらの原理を実践してのみ、われわれは完全な社会状態を、いかなる道徳的悪もない、不団結なき団結の状態を持てるでしょう。この〔道徳的〕悪は、われわれの社会状態の二つの根本原理をなす道徳的不平等と所有に源があるのですから。

しかし、「道徳的自然法」の原理を実践することは人間に可能でしょうか。人間は法律状態から習律状態へ移れるでしょうか。自らの道徳面を正しく理解し、所有という欠陥を除去して、生を役立てる手段という面で動物たちより可能なかぎり優ったものになれるでしょうか。その可能性を私は疑いませんが、それがはっきり感じられるようになるためには色々と詳細を述べねばならず、さらに、事物の根底〔形而上学的真理〕の認識にまで遡る必要があります。

さしあたり、よくよく頭をはたらかせて、われわれの法律状態が抱えるあらゆる不都合と数知れぬ悪の源へ遡ってみましょう。その源が最初にみつかるのは人間の邪悪さの内ではなく、われわれの法律状態のそもそもの欠陥の内、道徳的不平等と所有の内でしょう。この二つこそ人間の邪悪さのいつまでもなくならぬ原因で、それらを支えるためにこそ法が存在するのです。

神学に言わせると、人間が罪を犯さなかったら、万人が平等で財貨が共有され、[二〇]人間が「道徳的自然法」のもとにいるというのが摂理の最初の目論見でした。宗教がたえず説き続け、初代のキリスト教徒が模範を示してくれた平等と無私無欲もそこから来ます。それでも、宗教が平等と財産放棄を説くと同時に道徳的不平等と所有の支えでもあるのは、法律状態の本性からしてそうであり、そうでしかありえないからです。宗教はそれ自体が法で、法の支えとして設けられたものですから、法を打ち壊すようには出来ていません。せいぜいやれるのは、人間たちが法の重荷に耐えるのを助け、相互の力でできるだけ法を軽くし合うように人々を持ってゆくことくらいです。

聖ヨアンネス・クリュソストモス〔七二〕その他多くの公認著作家の口を借りて宗教が「君のもの」、「私のもの」〔私的所有〕に抗議するのも、それが生みだす悪という悪を見せつける（二一）のも、それを打ち壊すためではありません。それを打ち壊したら、自分自身を打ち壊すことになるでしょうから。そうではなくて、できるだけそれの行き過ぎを減らし、それの伸張を食い止めるためなのです。

以上が、正しく導かれた宗教について人が持つべき観念です。この観念に基づいて、宗教は自分自身に反していると見られたら、現にそうしているように道徳的不平等と所有を聖別することで宗教は自分が軽減しようとする悪の原因なのだと判断されたら、自分は二次的な原因にすぎない、責めらるべきは自分ではなくて神の意志か、支えとして自分を必要とする人間的法律状態だ、と宗教は答えなければなりません。そこまで来たらもう、宗教が自分に対する断罪に甘んじて服するようにさせるには、神の意志とは不合理だということを証明してやるしかありません（二二）。

（一九）　道徳的〔社会的〕に平等だったら、われわれは今よりずっと物理的〔身体的〕にも平等になるでしょう。

（二〇）　神学がこの教義を立てるのは首尾一貫しているように思えません。父母から離れて妻と一緒になれ、自分のものとして一人の妻を持て、という人間に作り与えられたあの最初の法の内にも、すでに道徳的不平等と所有があるからです。しかし、真理の内以外の場所に一貫性を求めるべきでしょうか。

神学はいまだかつて財貨の共有の内に女性の共有を含めませんでした。けれども、女性は間違いなく、男にとっては地上の財貨の筆頭の一つです。

（二一）　「君のもの」、「私のもの」が、道徳的不平等が例外なくすべての社会悪を生みだすことは異論の余地がありません。ですから、すべての社会悪を打ち壊そうと思ったら、そういうものを打ち壊して、財貨の共有を、道徳的平等をかわりに置かねばなりません。

（二二）　ここで挙げる宗教を非とする二次的〔道徳的〕な理由は最大の力を持つものですが、それでも、非とする理由に欠けるものがないよう、一次的〔形而上学的〕な理由にまで行かなくてはなりません。

問十一

法律状態は本当に間違いなく、それ自体によって、「道徳的自然法」の実践を阻む障害なのですか。

答

王や主人や持てる者は、自分が身代りになりたくない臣下や使用人や持たざる者を伴います。それによって彼らは、単に「道徳的自然法」に反するばかりか、それへの違反という違反を惹き起こします。違反はみなそこから発するのですから。さて、彼らがその〔道徳的自然〕法に反するのは神と人間の法の権威のもとで、現に存在するような社会状態の原理に合わせたためです。こうして、法律状態は実際それ自体によって「道徳的自然法」の実践を阻む障害なのです。但し、生まれつき良い素質があったり、しかるべく宗教に導かれたりする一部の人はその限りでなく、そういう人はわれわれの社会状態が許せるかぎりでそれを実践しますが[一二三]。

ここから、もともと王も主人も持てる者も要らなかったのだと法律状態を否定する結論を出したら、これはあらゆる帰結の内でいちばん出しやすいものでしょうが、ただ同時にいちばん無考えな帰結でしょう。なぜなら、人間たちは法律状態によってのみ「道徳的自然法」を認識することも、それを或る程度まで実践することも、十全な実践に到達することもできたのですから。人間たちはもし「道徳的自然法」から出発できたら（それは彼らには不可能でしたが）、ほかの法を持つことも望むこともたえてなかったでしょう。人間たちにとって「道徳的自然法」が存在しなかった証拠は、今それが存在せず、人間たちが法律状態のもとにあることです。重ねて言いますが、この状態のみが、自らの恐ろしい不都合の結果によってより良い状態を思索すべく、またそれを希望すべく人間たちを誘《いざな》い、それで「道徳的自然法」を彼らに認識させせえたのです。

（一二三）　われわれの社会状態では、同類たちの世話をやき、同類たちのためになることをするには、生まれつき素質がいいか、よほどの徳性を具えているかする必要があります。それでもこれが今の社会状態で人が果たせる最良の役割ですし、真の満足を最も多く与えるものです。この社会では一歩歩むごとに不幸な人をみつけないことはありえませんし、われわれの法律状態の不都合でないようなものはほとんど何ひとつ目にも耳にもできません。今は全く目に映らない自分らの禍のこの原因を、人間たちが遂に見られるようになってほしいものです！

問十二

法はなぜ、自分を追放する「道徳的自然法」を自ら追放しないのですか。

答

「道徳的自然法」は原理においても帰結においても全くの道徳的真理ですから、いくら法でもそれを追放はできません。それの実践を妨害するとはいえ、法はどうしても、それを実践せよという一つの法をわれわれに作り与えねばなりません。そうでないと、法は明らかに、人間たちの団結と仕合わせという見かけの目的に背を向けて、人間たちの不団結と不幸のいつまでもなくならぬ原因という実際あるがままの姿をさらけ出してしまいますが、それは必然的に自らを打ち壊すことになるからです。

しかし、この〔道徳的自然〕法を実践せよという、法がわれわれに作り与える法は、必然的に、〔作り手である〕法の本性によって制限されます。なぜなら、もしも制限されなかったら、もしも〔作り手である〕それらの法が、自分がされたくないことを他人《ひと》にもしないというような「道徳的自然法」の帰結をわれわれに命じるだけに止まらず、その帰結からたえて逸脱しない唯一かけがえのない手段である「道徳的自然法」の原理をも命じたら、〔つまり〕皆が平等であれ、何物も私有するなとなんの制限もなしに命じたら、[二四]〔作り手である〕法は自分自身に反することになり、自分の支配を打ち壊すことになり、それによって、自分を追放する「道徳的自然法」の真の基礎を打ち立てることになるからです。

全範囲にわたる「道徳的自然法」を法がわれわれに一つの掟として作り与えるというのは、つまり、「道徳的自然法」の根本原理を打ち立てることを法が目的としうるというのは法の本性に反しますが、法がその〔道徳的自然〕法を追放できるということも同じく法の本性に反します。それを追放したら、法は自分自身をも追放することになるでしょう。「道徳的自然法」を十全な形で説いて、それの根本原理を打ち立てたら、自分自身を追放してしまうのと同じです。

今、私の目の前には、前世紀〔十七世紀〕に国王付きの常任説教者だった某司教〔七二〕の説教集がありますが、この人は四旬節の第四日曜日のための施しに関する説教の第二点でこう言っています。「摂理の最初の目論見は地上のあらゆる財貨を共有にすることで、もしもアダムが罪を犯さなかったら、この世には富める者と貧しい者の区別などなんら存在しなかったでしょう。生活条件の不平等があるとしても、責めらるべきは罪です。……すべての人間がこの世の財貨に対して同じ権利を持つのですから、罪が破壊した平等を人間の間で回復させるのはキリスト教的な愛徳の仕事です(二五)。……誕生時代の教会で使徒たちはそれに携わり、同じ心、同じ魂しか持たぬキリスト教徒たちがまた同じ欲求しか持たないようにしました。たしかに、あの平等を全面的に回復させようとするのは手に余ることで、富める者にとっては忌わしい道徳を説くことでしょう。しかし、施しを命じることで、愛徳が平等にできるかぎりの拡がりを持たせようと努めるということは依然として確かなのです。」

「平等を回復させるのはキリスト教的な愛徳の仕事」とこの説教師は言います。私はそこでこの人を制して、こう質問しましょう。なぜそれをしないのですか、今するように施しを説くだけに止まらず、回復させるべきだと自らも認めその効力も全面的に認識している平等を回復させるべく全力を上げて努めないのはどうしてですか、と。「それは手に余ることで、富める者にとっては忌わしい道徳を説くことになる」からだ、とこの人は言います。しかし、平等ほど人間たちの幸福に肝要なことが問題の時に、キリスト教的な愛徳は限度を認めるべきでしょうか、こんな遠慮をすべきでしょうか。それでは、看板にする性格からはずれ、権力者や富者への手加減によって、自分が実際にはその連中の権力と富の支えにしかすぎないことを証明しはしないでしょうか(二六)。でも、もう一度重ねて言えば、キリスト教的な愛徳はそうあらざるをえないのです。つまり、一方では外見上平等を支え、もう一方では実際上不平等を支えるということです。

キリスト教的な愛徳は施しを命じるだけに自らを限ることで、首尾一貫しえたら十分にするはずのことを半分しかしていません。いや、「半分」ではなく、全然していないのです。われわれの習俗の性質上、どうしても施しが行なわれねばならないのですから。ありえない話ですが、もし行なわれなかったら、貧乏人が金持を粉砕して、必ずや真実の社会状態〔習律状態〕が現出してしまうでしょう。社会状態から未開状態への逆戻りは不可能だからです。施しの余地などなくなる方法を説くのではなく、施しだけ説くというのは不平等を温存することなのです。

現代の哲学〔啓蒙思想〕に反対する別の司教の本には、野心的な思い上がり（バベルの塔の建設）（二七）が罰せられた話で啓示が民族分裂の時期を人間たちに明かすのは、人間がただ単に人間でヨーロッパ人でもアジア人でもアフリカ人でもアメリカ人でもまだなかったら、人間たちはもっと幸福なはずだということを思い出させるためだ、と書いてあります（二八）。

私がこのくだりを引くのは、正確で哲学的な次の考察ひとつのためにすぎません。人間がただ単に人間でヨーロッパ人等々でまだなかったら、つまり、話を行くべき所まで拡げて言えば、今のようにあらゆる面で分裂しなかったら、人間たちはもっと幸福なはずだということです。

同じ司教は言っています。人となった神の子〔キリスト〕は諸国民を新たな連合にまとめ上げたが、この新たな連合が作られたのはとりわけ、使徒行伝によると初代のキリスト教徒たちが心も魂も一つにし、「君のもの」「私のもの」を知らず、仲間の内には貧しい者など一人もいなかった当初の時期だ、と。また、こうまでうまく作られた状態なら、内でも外でも等しく磐石なはずだ、とも付け加えています（二九）。

ですから、人間たちの社会状態があるべきものであるためには、彼らが初代のキリスト教徒のような状態にまで、正しく言えば道徳的〔社会的〕平等と財貨の共有にまで来なければなりませんし、この帰結はあの司教としても否定しないでしょう。それにしても、宗教は真実の習俗の邪魔をしますが、それと同時に、宗教の内ではあらゆるものが真実の習俗になんと手を貸していることでしょう！

宗教がわれわれに与える大きな様々の道徳律は宗教の強みをなすものですが、われわれの無知の結果、それらは宗教との間の首尾一貫性を全く欠いているため、いざ全面的に実践されれば、宗教とともにでは実践不可能なものとして宗教を打ち壊さざるをえません。宗教は存在理由を持つためにそれらの掟を採用しわれわれに与えなくてはなりませんでしたが、重ねて言えば、それらを実践する十全な手段を採用することもわれわれに与えることもできませんでした。宗教はその本性からして不平等と所有の支えだからです。われわれが相ともに仕合わせに暮らすためなすべき最善のことを宗教は必ずわれわれに説きますし、一見われわれを幸福への道に立たせるように見えますが、この外見はわれわれをその道からますますそらすことしかしていません。そのことを深く考える力のある人なら誰にとってもこれは最大限明証的なことのはずで、私に言わせれば、そのことが正しく把握されたら、宗教は立ち直れないほどの打撃を浴びせられます。結局のところ、不平等と所有が道徳的悪の唯一の原因で、宗教はわれわれの社会状態が持つこの二つの根本的欠陥を支えるもの、それを権威づけ聖別するものだという全くの道徳的真理を否定せずして、宗教はどうして立ち直ることができるでしょうか。

（二四）　様々な宗教は武力で打ち立てられるのではなく、最初は新しい信者を獲得するため、皆が平等であれとか、何物も私有するなとか人々に説きます。しかし、伸張するにつれ、その点ではトーンを落としてゆきます。だいたい、色々な帝国が自分の支えとしてその宗教をひとたび採用したら、宗教が元のトーンをそのまま維持する方法などあるでしょうか。われわれのために、また完全には自己を否認しないために宗教がやれるのはせいぜい、説教壇ではそのトーンを或る程度保つことと、そのトーンに伴う苛酷なものすべてのためそれの犠牲者であるいくつかの修道会を設立することくらいです。

　宗教が首尾一貫しえたら公然と留保なしに宗教のトーンとなるはずのこの道徳的トーンは十全な意味で私のトーンですし、追ってお見せするとおり、宗教の形而上学的トーンもやはり私のトーンでしょう。では、道徳的・形而上学的な根っこで捉えた、理性が捉えうる唯一の仕方で捉えた宗教に対して、私は一体何者でしょうか。私は宗教の解釈者なのです。宗教を解釈することでのみ、私は枝葉の部分で宗教を打ち壊すのです。このことをお見落としなきよう！

（二五）　いずれお目にかけるように、初源的罪とは物理的〔身体的〕不平等という未開状態にすぎません。この不平等が人間を道徳的〔社会的〕不平等へ導き、以来ずっと人間はその内にいたのです。

（二六）　もっとずるい説教師でしたら、この点には触れなかったでしょう。宗教は自分が持つべき目的を持たぬ純然たる政治にすぎないことを、これはあまりにも明らかにしてしまうからです。

（二七）　アダムの罪という神話がすでにあった以上、人間たちの分裂の原因としてバベルの塔の神話は何の役に立ったでしょうか。しかし、この二つの神話やそれに類するどんな神話も、われわれの社会状態の今に至るまで永続する原初の欠陥という、私が述べるこの分裂の真因に太刀打ちできましょうか。

（二八）　現代の哲学者たちは仲間の内でそれへの信仰が磐石な積極的教義を一つも持たない、一致するのは神の啓示を打ち壊すことだけで、かわりに何を置いたらいいか分っていない、とその司教は言います。論争相手の哲学者たちを非とする点では、この司教の言うとおりです。実際、彼らは打ち壊すことしかしてないのですから。しかし、哲学者たちが同時に打ち立てる術《すべ》を知っていたら、打ち壊すもののかわりに形而上学的・道徳的な真理を置くことができたら、彼らの側にこそ全面的に理があったでしょう。

教会の牧者たちは今時キリスト教の原理を証明させられている、本当ならこの原理は今どんな攻撃も免れているはずなのに、と同じ司教は嘆いています。しかし、それらの原理はいまだかつて大方の人間の心情も精神も満足させなかったこと、証拠がないためにいつも問題視されてきたこと、不合理なもの〔宗教〕がいくら古さというものを味方につけても、古さはけっして真理を時効にできないことに、この人は注意を払っていないのです。

（二九）　「君のもの」、「私のもの」に、道徳的〔社会的〕不平等に宗教が抗議するのは、いつでも非常に弱々しい声でです。そうでないと、宗教はこういうものを聖別するという自分の目的にあまりにも正面切って反対することになりますし、自分の一貫性のなさがあまりにも見え見えになるからです。

問十三

「道徳的自然法」が始めにわれわれの法でなかったのはどうしてですか。

答

そのためには人間たちが、法律状態の不都合について蒙を啓かれ、皆が平等に共有で暮らそうと合意する必要があったはずだからです。しかし、法律状態を知らないのに、それの不都合について蒙を啓かれることがどうしてできたでしょうか。分り合うこともほとんどなく、機械的な社会を作っている者が、始めに皆で合意することがどうしてできたでしょうか。

社会状態は今存在するような仕方でしか、人間が他の人間に従属するという状態からしか、法律状態からしか始まれませんでした。この状態こそ、われわれが今全員それの邪曲を担わされている真の初源的罪なのです[三〇]。その罪にはどうしても神話的な初源的罪〔キリスト教の言う原罪〕という仮面が要りました。諸々の宗教は、自分に弓を引き自分を打ち壊すことなしに、その罪をあからさまにわれわれに示すことがどうしてできたでしょうか。

人間の真の初源的過誤は、むろん盲目的に犯したものではありますが、犯したことに変わりはなく、とりわけわれわれ文明人にとってはそうです。われわれ文明人は異論の余地なく、当初の習俗の純朴さから極度に隔たってしまったため、道徳的悪の極みにあるわけですから[三一]。

未開状態から法律状態への移行は過誤とは言えない、それは人間たちの仕合わせになったのだと言うなら、その時は法律状態が未開状態より優ると判断するわけですが、そんなことが真実なのは、法律状態のみがわれわれを、待望すべき真の贖い主である「道徳的自然法」状態へ導いて行けるかぎりでしかありません。その点を除いたら、法律状態は異論の余地なく、われわれ文明人にとって未開状態より悪いからです[三二]。

（三〇）　われわれはみな初源的罪があるのを感じていますが、その本性が何かは知りません。だからこそ、根本的には常に不合理を真理に加えたものにほかならぬ諸々の宗教は、自分が想像したような初源的罪をわれわれに説いて歓迎されたのです。でも、想像する必要があったのでしょうか。さよう、あったのです、そうするのが宗教の本質だったように本当のものを隠すためです。道徳的悪には何か原因が要りましたし、それは人間の過ちにあるとする必要があったのでした。

（三一）　この純朴さは、それでも本当の社会状態〔習律状態〕からは程遠いものでしたが、道理を弁えた我らのあらゆる人間観察家《モラリスト》たちがそれをどれほど愛惜していないでしょうか。『俗人』[七三]の著者のようにわれわれの習俗に満足して、情念がたぎる無経験な年齢ではそれを持ち上げる若者たちも、その年齢が過ぎるとこの習俗を毛嫌いし、それを壊しにかかります。人間というものが分った上では特にそうです。

（三二）　社会状態がすでに存在している現在、未開状態へ戻ることは人間たちに不可能ですが、未開状態よりずっと好ましい習律状態へ行くことは意外なほど可能です。神的・人間的法律状態は物理的〔身体的〕不平等しか原因として持たないことをひとたび明白に論証されたら、もう存続できないのですから。

問十四

人間には社会状態より前に未開状態が存在して、われわれは獣の状態から社会状態へ移ったというのは本当に確かなのですか。

答

社会状態以前に未開状態がわれわれの状態でなかったとか、人間たちがすでに形成された言語を持って、文明民族のような社会とは言わないまでもせめてホッテントット人のような社会を作りつつ天から降ってきたとかいうのは、物理的に全く不可能なことです。一人の男〔アダム〕と一人の女〔エバ〕が、法を受け取ってそれに従うために、大人になりきりちゃんと物を言う状態で神なるものの手から出てきたという不合理な教義がなかったら、このことは誰も全然疑わないにきまっていますし、問題にされることすらないでしょう。

社会状態は、どのような観点からその始まりを見るにせよ、存在するには必ず、何人かの未開人が自分に従属させたほかの何人かの人間を指揮または誘導したということが必要でした。有利な体の造りから石と棒を使えたこととも相俟って、狩りをしたり二、三の種の動物と闘う必要があったりしただけで、そういう事態を現出させるには十分でした。今あるどんな強国もそこの臣民も、この最初の人間たちの子孫です。社会状態のこの始まりほど単純なものはありませんし、われわれの今の状態からでもこれほど理解しやすいものはありませんが、その一方、宗教が考え出した始まりはあまりにも不合理で理解を絶します。

われわれのような造りの種《しゅ》(三三)が地上に見られるようになったのは長い時間をかけてのことで、ほかの様々な種の血を享けてのことにすぎませんが、われわれが必要に迫られて未開状態から、成文法が出来て以来のような社会度へと知らず知らずに移ったのは、自然から与えられた有利な体の造りと、特に十本の指の結果でした。われわれがする世界の見かたにはなんたる不合理があることでしょう！　世界の段取りが付けられるのをわれわれは一瞬にすぎぬ五、六千年の内に見ていますが、こんなものは、常に存在した時間または世界にくらべれば無にしか数えられません。

われわれを未開状態から社会状態へ移らせるには棒を使うだけでも十分でしたし、われわれがそこから出発したということには真実らしさ以上のものがあります。〔国王の〕笏杖や〔将校の〕指揮棒が太古の昔から使われたり、棒で打たれることに隷属の観念が常に結び付いたりするのはその証拠ではないでしょうか。棒を使えるのはわれわれの社会状態の主因である指のお蔭で、その後生まれたあらゆる技術にしても同じでした。だいたい、指がなければ頭があっても何の役に立ったでしょう。自分の内に含まれる五感を使ってむろん頭が指を導くのですが、頭に導かれるためには指がなくてはなりませんでした。

　社会状態や言語の形成の内には自然なものしかありません。ジュネーヴのルソー氏が〔七四〕したようにそこに神秘をみつけたのは、それを進歩の原因である始まりの内で見るのではなく、われわれには失われてしまった進歩の内で見ようとしたからです。でも、その始まりとは何でしょうか。それは動物のあらゆる種に存在する社会の胚種で、それが人間という種ではほかの種以上に成長したのです（三四）。この特殊な対象について言うべき哲学的なことはほぼ以上の内容で尽くされており、何ひとつ有益なものに行き着けぬ細部のいろんな思弁でそんなことを長々と論じようとするのは、ルソー氏がそうだったように、不思議など何もない所に不思議を見るという立場に自らを置くことです（三五）。あの著者は、人間の起源を知るためには哲学者たちが地球上を旅することがしごく肝要だとみなしていますが〔七五〕、自分自身がもっと哲学者でしたら、自分の理性の内でそんな旅はもう済んでいる、原初には未開状態が人間の状態だったという確信を得るには、オランウータンがわれわれの種であるかないかを健全な哲学が実験することなどどうでもいいと思ったでしょう。

　団結へのわれわれの志向、有利な体の造り、強い者が弱い者を、巧みな者が巧みでない者を、親が子を支配することと――こうしたものの結果としてわれわれは社会を作ったのです。社会の形成ということにある単純で自然なものは間違いなくこれですが、そうなった上では、どんな段階を通ってわれわれは言語を形成するようになったか、今あるあらゆる知識を得るに至ったかを探るのは全くどうでもいいことです。数千年来われわれがいる地点まで来るのには莫大な時間を要したように見えても、時間を出し惜しみすることはなく、数千世紀でもかけましょう。かかった時間など何程のこともありません。

社会状態が始まりから遠ざかるにつれて、言語は増え知識も獲得されてゆきました。そうでしかありえなかったわけで、重ねて言えば、そこに不思議をみつけようとするのは単純なものから離れることです。でも、われわれは無知なのですから、深く掘り下げようとするとあらゆるものに不思議をみつけるというのも、ごく自然なことではあります。

人間の基調は形而上学的、外形は物理的、暮らしかたは道徳的なものですから、どの国語も必然的に、今あるとおりこの三つの類〔の言葉〕で構成されざるをえませんでした。われわれが話す諸国語の神秘はすべてこの一点に帰着します。道徳的な類は余計なもので、そんなものが存在するのはわれわれの習俗が狂っているからにすぎません。この習俗がわれわれに道徳的な存在や道徳的な用語を色々と創造させたのですが、法律状態の外ではわれわれもそんなものをもう知らなくなりましょう。道徳的な面は、習律状態ではその状態の物理的な面にすぎないでしょう。それは同様に法律状態の物理的な面にすぎなくもありますが、この状態の物理的な面というのはこの状態そのもので、それはあまりに道理を失しているため、一見すると物理的なものからはみ出て固有の類をなすかのように見えるのです。

社会状態を〔これから〕形成できる者はもう野獣しか、とりわけ狩りをする野獣か、猿のように指のある野獣しかおりません。家畜の状態は人間と一緒に住むように形成されており、人間は家畜を従属させ法律状態のもとに置く技術を身につけていたわけで、この法律状態の内に家畜は留まらねばならないからです（三六）。ただ、野獣に社会状態を形成する力があるといっても、それは遠い彼方にある力で、ないも同然とどれほど言えないでしょうか。それはわれわれが自らの社会状態によって野獣に対抗する力を与えられており、われわれに対して力を持とうと野獣の方が何を試みても、それに自分の力をぶつけるからです。その点で事は間違いなく今あるような状態のまま、われわれの地球に何か大変動が起こるまで続くでしょう。その変動で万事が様変わりするかもしれませんが、事物の根底は不動で、何も変わりはしないでしょう。

同じ大陸に同時に社会を作る動物の大きな種が二つはありえません。もし二つあったら、一方が他方を滅ぼさなくてはならないでしょう。ですから、そういう種が一つしかないのは意外ではありませんし、その種がわれわれ人類なのは、人類が実際そのために必要なものをことごとく象、牛、ライオン、熊など以上に具えているからです。しかし、その「以上」の分や、人類がしてきたそれの悪用は、あらゆる面で単純なもの、有益なものからはみ出ることで、人類をなんと狂った、なんと不幸な種にしたことでしょう！　自分が「知能」と名付ける純物理的なこの能力の過度な進歩は人類の誇りですが、それは同時に、自分が思う以上に人類の不幸の元でもあります。それに、自分の社会状態が狂っているためでなかったら、この過度な進歩は何のお蔭でしょうか。狂った社会状態こそが、いろんな必要の数を増し、自分を自分から引き剥がす必要をますます強く感じさせることにより、技術や知識の面でありとあらゆる行き過ぎへと人類を赴かせたのです。真理を認識することでなれるようなもので始めからありえたら、人類の知能も必要なもの、有益なものに限られて、しかるべき中庸を踏み越えることはたえてなかったはずですが。

（三三）　この真理の証拠は形而上学的真理にあります。そこでは、相対的実在または「全一体」があらゆる種の共通の胚種で、あらゆる種が相互に或るものが他のものから出、或るものが他のものに帰るのが見られるからです。そのことがわれわれの感覚で捉えられないのは、われわれの感覚があらゆる時代にわたるものではないからですが、あらゆる時代にわたる「悟性」にはそのことが捉えられます。反対のことが証示されたら、そこには不合理しかみつけられないほどにです。

（三四）　自然というのは相対的に［その諸部分との関係で］捉えれば絶対者ですが、自然の内には絶対的なものは何もありませんから、人間は絶対的に社会のために出来ているものでも、絶対的に未開状態のために出来ているものでもなく、とりわけ社会を作っている現在は未開状態より多く社会のために出来ているにすぎません。

（三五）　我らの哲学は部分的には、神秘など何もない所に神秘を見ることにありますが、それによって、宗教が人間たちに信じさせる様々な神秘［秘義］を支える以外に何をしているでしょうか。

（三六）　社会的になった人間は、社会が与えてくれる力を使って、必要な際に自分を助けてくれたり、自分が身を守るのに役立ったり、自分の食料になったりする多くの種の動物を自分に従属させることで得をしました。でも、そのためには、逆に自分がその動物たちに従属せねばなりませんでした。動物たちを食べさせたり看護したり守ったりする苦労がそれです。付け加えれば、地球を見舞う何か大きな事故によって人類が亡んだら、長期的に見れば別な種の動物が社会を作り、ほかの種より優位に立つでしょう。

問十五

人間的法律状態〔人間が作った法に律せられる社会状態〕は必然的に支えとして神的法律状態〔神から与えられたとされる法、即ち宗教に律せられる社会状態〕を必要とするのでしょうか。

答

そうです。この状態〔人間的法律状態〕は、それがわれわれ〔人間〕から発していて、それの内には人間の手になるもの以外何もないことがわれわれに論証されたら存続できなくなるからです。そのような論証はひとたび与えられたら（本書では、すべてがそれを与えることを目指しています）、宗教という土台から人間的法律状態を掘り崩すでしょう。そうなると、自分を支えるためには物理的な力しか残らなくなり、この忌わしい支えは支えるものを打ち壊すことになりましょう。疑う余地のないようにその状態はこの〔物理的な〕力によって始まったとしても、人間たちをこの力に服従させることでその状態の伸張を助けるためにはどうしても宗教が必要でしたし、宗教を攻撃するのはその状態を攻撃することなのです[三七]。

人間たちは人間の法だけで治めることができるという原理は、無神論者たちが証明もしてないくせに、証明したかのようにそれに基づいて宗教全体を打ち壊しているものですが、この原理が真実でありうるのは徒刑囚のように棒で打たれ鎖につながれた何人かにとってだけで、教養のある、文明化された、法の支配のもとで自由に暮らす人間たちにとってではありません。

物理的な力だけでもたしかに何人かを奴隷にすることはできますが、すべての人間を奴隷にするためには、その力に〔別の〕或る力が加わらなくてはなりません。心情と精神を虜《とりこ》にするためには、人間たちをそれ自身に服従させることでその〔物理的な〕力に服従させるためには、物理的な力を裁可するものが必要なのです。(三八) この真理は健全な理性の日には全くの真理で、しかも、宗教はどんな攻撃を受けてもあらゆる時代に、あらゆる人間社会で存在したという事実によって実によく証明されますから、問題とされるべきではありますまい。今日この頃、様々な宗教は後《うしろ》に引き連れてくる法と教義のすべてによって、われわれには極度の負担になっていますが、しかし、われわれが今のように行き過ぎた程度にまで文明化して初期の習俗の純朴さから遠ざかれば、宗教も同じく初期の単純さから遠ざからざるをえなかったのです。今ほど混み入ってない宗教が欲しければ、人間たちを初期の習俗へ連れ戻すことですが、でもそれは、未開状態へ連れ戻すのとほぼ同様に、試みても無駄なことでしょう。人間たちを連れて行ける場所は、今ではもう習律状態しか、「道徳的自然法」状態しかないのです。

(三七) こういうことを見落とした無神論者の哲学者たちは、神的法律状態の打ち壊しを試みる時、盲目にも、人間的法律状態を救い出すつもりでいます。でも、彼らがするのはなんという試みでしょう！ 人間たち——とりわけ、民衆に模範を示して法を尊重させるべき立場の人たち——の心の中に次々と弘まる法律軽視以外、その試みはどういう結果に行き着くでしょう。この法律軽視は革命へ必然的に導きますから恐るべきものですが、しかし、それを惹き起こす哲学者たちの本と同様、法律状態一般を叩く力はありません。

(三八) 人間の法が廃止されずに神の法が廃止されるということがかりにありえても、秘密の犯罪が増えることだけで、じきに人間の法も廃止されてしまうでしょう。しかし、それの廃止にはあらゆるものが力を貸すはずですから、この鎖ではいろんな鐶《わ》を別々に見てはいけませんし、そもそも、神の法が廃止されて人間の法が廃止されなかったらというのは、ありえない仮定に基づく推論なのです。

問十六

なんらかの宗教なしに、それでも社会生活をいとなむ民族はないのですか。

答

そういう民族は、存在するなら明らかに人間の法を持たず、持つ必要もなく暮らしています。彼らの社会は、家畜の群や耕地ではなく狩りや漁で必要なものがふんだんに得られる場所に、各人が隣人の羨望の的になりそうなものを何ひとつ私有しない場所に、人々が寄り集まっただけのものです。一部の哲学者がするように、そういう動物的な民族が宗教なしにも生活できるということから、われわれにも同じことができる、それも、そういう民族のような立場に身を置かずにもできるという結論を出すのは、未開状態から社会状態へ、文明化された社会状態へと論結するのとほぼ同じです。

でも、もっと真実な語りかたをして、こう言いましょう。そういう民族は、仲間内で守るべきなんらかの義務を銘々が持たずには、色々な法となんらかの宗教を持たずには、集まって暮らすことはできないのです。とにかく、分り合うために言語を使うわけですし、物を考えるわけですし、結婚という関係を取り結ぶわけですし、それぞれが小屋や家具や道具を持つわけですし、群を創出して自分らを未開状態から引き出してくれた(三九)初代の頭《かしら》の子孫である、なんでもいいから或る首長を必ずや戴くわけですし、自分らを驚かせ、感嘆させ、往々にして怯えさせる何かが上にあるのを目にしているわけですから。そういう民族には書かれたものは何もありませんが、彼らの社会状態は従うべきなんらかの法と、死者に対するものにすぎなくてもとにかくなんらかの宗教的義務をどうしても必要とします。それらの法とそれらの義務が正邪や道徳的善悪の観念を彼らに与え、その観念は上にあるものへの恐れによって支えられます。というのも、そういう恐れの念が凝視する天空の造りと秩序、またおそらくは首長が吹き込む恐れに加わると、自分たち全部より強力な或る存在の観念へ、われわれと同じく心の内にその概念を持つ或る最高存在の観念へ導いて行き(四〇)、その存在に応報者という不合理な観念を結び付けるように仕向けるからです。そこからして、こういう民族にとっても或る宗教が存在することになるのです。極度に純朴な彼らの習俗にあっては、これらはいわば萌芽としてあるにすぎませんが、存在することに変わりはありません。そういう民族から遠く隔たっているため、われわれが事実によってこのことを納得できなければ、健全な理性がそれを補わなくてはなりません(四一)。

(三九) 未開状態から出てきたことを人間たちに何よりもよく証明するものは、現にそのもとで暮らす法律状態です。しかし、この［法律］状態は神なるものから来ると宗教は彼らに言い、彼らはそんな不合理を貪り食わねばなりませんでした。こういう不合理を貪り食わせるのは、法律状態の当然の帰結だったからです。宗教はこの状態からすべての力を引き出しており、また、この状態は必然的に宗教を必要とするのですから。

(四〇) 最高、完全という観念がなかったら、われわれはいかにして、感覚で捉えられる諸存在は最高でない、完全でないと判断するでしょうか。この観念はわれわれの内で、自分の外部にある諸存在をも自分自身をもわれわれがそれとたえず比較する最初の範型をなします。純粋に形而上学的なこの観念がわれわれにとって道徳的な面で〔も〕存在するのは、道徳的な最高存在がわれわれを統《す》べると信じる不合理の結果です。そこから、道徳的にも形而上学的にも最高のものに、完全なものに、つまりはわれわれがそれによってもともと存在する「全一体」に、われわれが結び付ける形而上学的で同時に道徳的な観念が生じます。形而上学的観念は本有的なもので、道徳的観念は信仰に属しますが、信仰に属するものはすべて不合理です。

(四一) オランウータンは人間の法も迷信も持たないと言われたらそれは信じますが、今問題の諸民族についてはそうはいきません。それでは習律状態になってしまいます。

問十七

最初の一家は人間的法律状態のもとに、父親の統治のもとにあっても、神的法律状態のもとにはないということがありえなかったでしょうか。

答

あったでしょうね。人間的法律状態以外のものから社会が始まりえたというのは矛盾するからです[四二]。しかし、そういう最初の機械的な人間的法律状態は、形成された社会状態がその後要求したものにくらべたら何でありえたでしょう。そういう最初の動物的な家族は、その後生まれた無数の文明化された家族にくらべたら何でありえたでしょう。その後の数えきれぬ家族は、法律状態であるかぎり必然的に不完全な自らの社会状態が抱える種々の不都合自体のため、法からの離脱を図るような立場に、したがって宗教という歯止めを必要とするような立場にますます立たざるをえなかったのです。最初の一家族から、数が増え、増えれば増えるほどますます抑えにくくなった家族へ、みな多かれ少なかれ利害が分れ、異なる様々な身分、様々な国民を形成する家族へと論結するのは、揺籃の内にあるかないかの社会状態から、成長しきった社会状態へと、それどころか(極端に違うためそう言ってもいいのですから)一つの状態から他の状態へと論結することです[四三]。

（四二）　人間たちが神的法律状態まで来るには、人間的法律状態も、会話し物を考える能力も様々な進歩をしなくてはなりませんでした。宗教を措いて理性にだけ耳を傾けることを少しでもしたら、誰もそのことを疑いますまい。

（四三）　哲学で今はやりの或る人物がそういう結論の出しかたをし、あくまでも言い張るのを聞いたことがあります。宗教の敵として、文明人は人間の法だけで治められるとそれほど思い込んでいたのでした。

問十八

この頃は公々然と宗教攻撃が行なわれますが、そんなことをする根拠があるのですか。

答

宗教がわれわれの法律状態の内に存在して、それの一部をなすのは、全く必然的にそこへ入ってくるからにすぎませんが、宗教がそこに存在する以上、全く必然的にそこへ入ってくる以上、また、神的なものとしての宗教に対置されるのは蓋然的な説ばかりで、厳密に論証されたものは何もない以上、宗教を敬わないのも、それの二、三の悪弊をあえて取り上げる際に慎重且つ敬虔なやりかたをしないのも全く道理に反します。

宗教には作り話や迷信や種々の不都合が見られるかもしれません。こういうものは宗教に反対して語り書く人たちに攻撃の手掛りをふんだんに与えるかに見えますが、宗教の存在を非とする力は全然ありません。でも、こういうものは宗教の本性に属するのだ、と言われるでしょう。それは私も認めますし、それどころか、私は宗教を数多の不合理の集積にすぎぬ一個の恐ろしい不都合としか見ていません。[四四]でも、宗教は人間的法律状態のそれでなかったら何の恐ろしい不都合なのですか。また、宗教がこの状態の一つの不都合なら、疑う余地のないように必然的な不都合なら、この状態を存続させておきながら宗教を打ち壊すどういう手段があるでしょうか。宗教と、したがって宗教が抱える様々な不都合の張本人であるこの状態を攻撃するのではなく、宗教とそれの不都合だけ攻撃するのはどうしてでしょうか。下品な表現を使えば、そういうのは投げつけられた石に咬みつく犬の役を演じることではないでしょうか。

私が今した宗教に不利なこの告白は哲学者〔啓蒙思想家〕たちにきっと喜ばれるでしょうが、私がそこから帰納する結論が同じように喜ばれることはないでしょう。とはいえ、彼らの破壊的な精神もこの帰納の真実性にいやでも屈するほかありませんし、その真実性に強いられて彼らとしても、人間的法律状態を存続させておく以上、自分がいくら努力しても宗教には全然歯が立たないこと、それだけでなく、宗教を必然的に必要とするこの状態と闘うことにはその努力を向けず、宗教と闘うことにだけ向けるのは、自分らとして道理も勇気もない振舞なのに同意するほかありません。

宗教なんか嫌いだ、宗教は邪魔っけだし、迷惑だ、人間たちにとっても迷惑だから、俺たちはその復讐がしたいんだ——などと彼らが言っても無駄でしょう。彼らのために私が今してやった論法は宗教に罪がないことを証明して見せましたから、この論法を聞いた上でも彼らがまだそんなことを言うのにもはや根拠などありはしません(七六)。ただ、それにしても、彼らのする復讐はどれほど無益か、それは直接的に人間の法に打撃を与え、この法の支配の内に混乱を投じるだけに、彼らに対するこの法からの復讐を惹起するおそれがどれほどあるかを、この論法は彼らにどれだけ見せつけるはずではないでしょうか(四五)。

宗教は道徳的な従属関係を打ち立てますから、神なるものが作ったのなら人間の法の原因でしょうが、人間たちが作ったのならそれらの法の結果、それも必然的な結果でしょう。さて、宗教を人間たちが作ったものとしか見ない哲学者たちは、宗教を攻撃しながら人間の法を攻撃しないことで、あらゆる大間違いの内で最も法外な大間違いに陥っています。それでは、原因を温存しつつ結果を打ち壊そうとすることになるからです。宗教全体の破壊によって支配全体の破壊へとわれわれを故意に導く、などと言って彼らを非難したら間違いでしょう。彼らの意図はそこまでは行きません。連中は法を求めつつ、宗教など要らんと言うのです。一方抜きで他方を求めるのは矛盾することをついぞ考えもせずに(四六)。

(四四) 宗教というものはこのように見るべきですが、宗教がこのようなものなのは、いや宗教が存在することさえも、原因は原初の人間的法律状態にあります。ですから、宗教を攻撃するのではなく、この状態を攻撃しましょう。また、宗教を非とするために明証性を用いるところまで来た時ですら、語るのは常に明証性で精神的自由思想《リベルティナージュ》ではないようにしましょう。精神的自由思想《リベルティナージュ》というのは場違いなもので、叡知も公正も同じくそれを排斥します。「公正」などと言うのは、宗教とそれの不合理な教義・習俗によってしかわれわれは真理まで来られなかったからで、そういうものが真実を深く考えるという立場にわれわれを立たせたからです。

精神的自由思想《リベルティナージュ》は宗教にまるで歯が立ちませんから、宗教はいつでもそれを馬鹿にしてきましたが、一方で推論というものは恐れてきました。恐れるのは根拠があったと見ねばなりません。

（四五） 哲学者たちがするように半分打ち壊せば現在の状態の内に混乱が投じられますが、全面的な打ち壊しならそうではないでしょう。そこから生じる結果は人間たちの団結のはずですし、その時は力ではなく、共通の利害が持つ明証性だけがはたらくはずですから。しかし、この真理を正しく把握するには、おしまいまで読んでいただかねばなりません。

（四六） 宗教など要らんと言う哲学が王座に昇った時のことを見てみたいものです。宗教を消滅させることが自分に可能で、その可能性を現実化したら、哲学はじきに宗教をまた立て直す必要を感じるでしょう。その時こそ、宗教に基礎を置かない主権は砂上の楼閣であることが自分自身の経験から分るでしょう。だからこそ、あらゆる権力は神から来るということを原理としない、またすべきでない主権などありはしないのです。支配というものを全体として打ち壊さずには、法律状態から習律状態へ移らずには、宗教を打ち壊すことはできません。

問十九

強者の支配は今も続いており、今も続いている以上はきっとそれが社会状態の原理なのですが、この支配によって社会状態がすでに打ち立てられている現在、法律状態がその後《あと》に引き連れてくる際限のない不都合や諸悪を目にして、われわれの社会状態のこういう未開な原理を打ち壊し、飼い慣らされて社会性が出てきたら鎖をはずされる動物のようにわれわれを扱うことはできないでしょうか。法律状態を打ち壊し、かわりに習律状態を、「道徳的自然法状態」を打ち立てることはできないでしょうか（四七）。

答

それができるのだったら（四八）、習律状態について、法律状態の一切の観念を、サトゥルヌスとレアの治世（七七）――またはお望みなら、人間が法のもとにあった無垢の状態と称するもの（四九）――の観念すらも払拭したような観念を与えてくれるのみならず、その観念が絵に描《か》いた餅ではなく、論証的な仕方で現実化されえなくてはなりません。したがって、われわれの理性を完全に屈服させるためには、申し分ない証拠によって、われわれの法律状態が持つ神的な道徳的土台を打ち壊すこと、立法者たる普遍的存在〔神〕というあまねく受けいれられ深く根を張った観念をわれわれの心の中で打ち壊すことが必要です。その観念が破壊し残され、後段で見るように証明など全然しない我らの無神論しか敵として持たないうちは、法律状態はいつまでも力を保ち、何物もそれを揺るがすことはできないでしょうから。

こういう条件と、私が追って述べるほかのいくつかの条件が具わっていたら、我らの無神論者たちにも打ち壊しをする根拠があるかもしれませんし、私が彼らを待ち受けるのもそこです。私は遠くまで彼らを引っ張って行くに相違なく、それは必ずや彼らができる範囲をも超えていましょう。しかし、どうしても彼らはそこまで来なくてはなりませんし、そうでなかったら彼らの哲学は宗教に屈し、宗教は想像したよりずっとずっと力があると認めなくてはなりません。(五〇)

それでも、彼らが私自身の武器を使って、「道徳的自然法」の内に、無神論者の社会が存続できるのを証明するためこれまで自分に欠けていたもの、つまり法など一切必要としない道徳をみつけると仮定しましょう。その場合にも、その道徳が空虚な思弁ではなくて人間たちの道徳となりうるために、私は相変らず同じ条件を彼らに求めるでしょうし、さらに進んで、その道徳が彼らの無神論の内に形而上学的土台を持つのを見せてくれと同じ根拠を以て要求するでしょう。連中はその種の土台を一切斥け、根本的な土台など何も知りはしないのですが。

「道徳的自然法」に形而上学的土台など探して何になる、道徳的〔社会的〕平等と財貨の共有の内に実に堅固な道徳的土台があるのだから、と彼らはおそらく言うでしょう。それは、物理的なものと同様、道徳的なものも形而上学的なものの内にどうしても土台を持たねばならず、人間たちの道徳面がいかに完全であっても、事物の原理を知らないと、たとえば物理的善悪や地球に起こるあらゆる事故の起源を認識しないと、道徳面にとってもいろんな不都合が生じかねないのを見てないからです。このことは追って私がお見せするはずです。(五一)

われわれの道徳面は神を土台としますが、神というのは宗教によると形而上学的であると同時に道徳的な存在です。道徳的なものとしてのこの存在が要らなくても、形而上学的なものとしてのこの存在が要らずに済むことはありえませんし、その場合は、今までずっとしてきたように道徳面の土台をこの存在の道徳面に置くのではなく、それの形而上学面に置かねばなりません。そうでないと、〔人間の〕道徳面は根本的な支点がなくなるでしょう。しかしながら、神のかわりに置くべきそういう土台も持たないで、そういう土台の明証性により人間たちの観念の内で神の観念を打ち壊しもしないで、神など要らん、つまり道徳的な普遍的存在など要らんと言うことに根拠があるのを人間たちに見事論証することなどどうしてできますか(五二)。

（四七）　習律状態のことは、私がいずれ述べるそれの詳細を見ない先に性急な判断をしないでください。実に怪しげな観念しか持てないでしょうから。みんなそれほど、今の状態の法律状態と、森の動物からはっきり分る未開状態しか見えもせず知りもしないように出来ているのです。

（四八）　それができるのを私は疑いませんが、ただ註以外では、無神論者たちに対して、それを疑っているかのようなやりかたをします。目的をいっそうよく達するためです。

（四九）　人間がかつて無垢の状態にあったのは未開状態の内だけで、今後そうなれるのはもはや習律状態の内だけです。法律状態のもとで、人間は無垢な性格を失ったのです。

（五〇）　我らの哲学〔啓蒙思想〕がするもののほかにも、宗教と闘うには様々な努力が必要でしたが、勝敗を左右するのはただの揚げ足取りではなく、根底的な反対弁論だったことを見ねばなりません。

（五一）　未開状態では、人は思索もせず推論もしませんでした。その必要がなかったからです。法律状態では、人は思索し推論します。その必要があるからです。習律状態では、人は思索も推論もしないでしょう。もうその必要はないでしょうから。

（五二）　神などいない、つまり道徳的な普遍的存在など、それに象《かたど》ってわれわれが道徳的存在として作られている最高存在などないと言うことは、信仰に反して道理を語ることです。でも、それによって同時に、普遍的存在など、形而上学的存在などないと言わんとしたら、これは道理に反する言いかたで、不合理を語ることでしょう。

問二十

今はやりの作家を話題にすれば、『自然の体系』の著者はとてもじゃないですが、そんなに遠くまで見てなかったですね。特殊にあの人をどう思われますか。

答

あらかじめ決めた理性という枠の中で、私は特殊にあれこれの作家を考えてはいませんが、『自然の体系』の著者を語れという御要望ですから、申しましょう。この人は先行したあらゆる無神論者と同じく道徳的な面でも形而上学的な面でも原理を持たず、打ち壊すのがたやすいという不幸な事態を先輩たちと同様に利用しますが、原理を欠くとそれ自体のため有益なものを何ひとつ打ち立てず、作品は立派な道徳的格率や説教師そこのけの大演説が見られるとはいえ、危険だという非難を濯ごうとしていろんな理由を挙げているものの、百害あって益なしということにしかなれません。

内容で私が見たところもっともなのは、社会集団を作った民族で宗教のないものは一つも存在せず、無神論が諸民をいつか征服することは望むべくもないということ、純粋有神論はそれ自体によってあれこれの宗教を、あれこれの外的崇拝〔祭祀〕を必然的に生みだす萌芽になるということです。

これは私も証明したことですが、その点を別にすれば、道徳的な面で私は著者を宗教の猛烈な敵としか見られませんでした。この人は宗教を人間たちの不幸の原因と言い、彼らの目に宗教を忌わしく見せるのを狙いにしています。その先まで見なければ、この狙いは実に獲物の多い、実に易々たるものですから、この人はわれわれの習俗から宗教を打ち壊す材料をふんだんに手に入れました。しかし、こんなふうに宗教を打ち壊すことが何かを打ち立てることだと思ったら、いや、宗教をそれ自体と神というそれの原理によって打ち壊すためのありとあらゆる否定的推論によって自分が現に何かを打ち立てていると思ったとしても、それはなんという間違いでしょう！　この人に言わせると良き習俗は宗教と共存できないようで、それは無神論としか共存できないという結論がそこから導かれます。もしそうなら、その無神論とは、良き習俗つまり「道徳的自然法」すら知らぬこの人の無神論のようなものではありません。

当人の言によると、この人が執筆したのはもっぱら善人のためで、自分の原理によって安らぎをおぼえた善人が一人でもいたら、自分の努力も無駄ではなかったと思うそうです。いやはや、なんとも無私無欲な努力ではありませんか、それも大変な努力ではありませんか。でも、この人の本は公刊されて、善人も悪人も読むように出来ています。つまり、善人一人に対して少なくとも二十人の悪人が読むように、とりわけ、自分を拉し去る情念の激発を正当化するものをひたすら探す若者たちが読むように出来ています。さて、悪徳がいつも徳より栄える今のような社会状態では、この人の道徳がこの人の破壊的ドグマと同等の効果を読者に及ぼし、同じように読者がそれに追随することなど期待できたでしょうか。そんな期待はきっと持てなかったでしょう。では、何の目的であんな本を作るのですか。そうしたのは人々の仕合わせだけが目的だったとわれわれに納得させることは、思い違いなど最もすべきでない事柄でも自分は思い違いをする人間だと同時に確信させることとなしにどうしてやれるでしょうか。自分の良心をよく分析してみたら、そこにはおそらく種々の個人的動機しかみつかりますまい。この人の同類たちもみな同じですが。

いよいよとなれば、この人もおのが思弁に魅せられた無神論者たる父親ないし友人として、息子ないし友達にそっと、あそこで書いたようなことを耳打ちしてもよかったでしょう。それも、相手は道理を弁えた人間だとよくよく確信して、自分の教えは悪用されないとよくよく安心できる場合にです。しかし、おおっぴらにあんなことを言うのは、人々に向かってあんなことを言うのは、根をおろした偏見を取り除いて諸国民の病を癒やせるとは望むべくもないのを自分自身も認めるだけに、ますますもって知恵のない行動でした。考えるべきだと思ったのは人間たち一般ではない、哲学と道徳を身につける能力のある何人かだけだ、などと言ってもここから脱することはできますまい。そんなことを言ったら、次のように答えてやるのが最大の道理というものでしょうから。君の本は白昼公然と世に出るように作られたのだから、人間社会をこそ君は対象とすべきだった、二、三の住民の仕合わせを図るため町に火をつけるなどというのは、犯罪を犯さずにできることではないのだ、と。[五三]

（五三）明証性はどこにも火をつけたりはせず、相手の無知に打ち克つことで、相手を法の手からもぎ取ることで、人間たちの仕合わせをもたらすでしょう。ですから、明証性に基づく破壊的著作と、明証性を基礎とせずに打ち壊す本とを一緒くたにしないでください。

問二十一

根をおろした偏見を取り除いて諸国民の病を癒やすのは無理だとしても、せめて、宗教の手であんなにしょっちゅう引きずり込まれた様々な行き過ぎに諸国民が再び陥るのを防ごうと努める義務がある、とくだんの著者が言うのにも三分の理がありませんか。

答

それを防ぐ手段があの本とは愉快な話ですね！　まるで、あの本が諸国民に権威を持たなくても、その無神論が効果を上げなくても――効果を上げられないことは自分でも認めてるんですよ――諸国民にそういう効果だけは及ぼせるみたいです。正しい論理に基づくなら、それを防ぐには宗教公認の良書があればよかったわけで、この人にしてもそのことだけに仕事を限って、神にも宗教にも手を触れないでおくべきだったんです。神と宗教をいつか滅ぼせるという期待は持ってなかったんですから。

この人の本が世の専制君主をおしなべて無神論者にしたところで、専制君主らはそれでますます、単に宗教を支持するばかりか、迷信や狂信も或る程度温存するようになるだけかもしれません。ことほどさように、民衆の服従はおのが信仰への愛着にかかってますし、その愛着は彼らの手の届く信仰と同時に、それに対して示される熱心・熱意・熱狂にもかかってますから。この著者も、あれほど無神論者じゃなくてもっと政治家だったら、このことを見落としはしなかったでしょうに。

この人は無神論に有利なようにと、これ以上空疎なものはありえないのに昔から言い古された論拠を使います。無神論者はいまだかつて国家に混乱も戦争も流血も惹き起こしたことはない、惹き起こしたのは逆に神学者たちだ、宗教的狂信だ、というものです。

無神論者と神学者をこんな面でくらべるとは、なんという比較でしょう！　その虚偽を示すには一言《ひとこと》で十分です。申しましょう。

無神論者というのは非社会的なその説の本性自体からしても、あまねく打ち立てられた宗教の結果からしても、昔から常に、人間たちの群の中にこっそり隠れ、お互い同士の間ですら正体を明かさなかったほんの一握りの連中で、その名に付きまとうおぞましさがそれを証明するように諸国民にはいつも蛇蝎視され、味方してくれる権力など一度も持たず、持てもせず、この著者自身も認めるとおりその原理は民衆のためにあるのでも、軽佻浮薄な精神のためにあるのでも、野心家や陰謀家や乱を好む者のためにあるのでも、教育のある多数の人のためにあるのでもない以上、神学者たちが自分を支持してくれた、支持するだけの国家理由か良心上の理由がきっとあったにちがいない権力を通じてしたことを、そんな無神論者がいかにしてやれたでしょうか。かような論拠を使い、宗教に反対するためあのようにそれをつっかえ棒にするとは、無神論者たちもよっぽど追いつめられたに相違ありません。なのに、自作の公刊を正当化し、それに対して政府を安心させるため、彼らの挙げる理由というのがこれなのです（五四）。

『自然の体系』の著者は、無神論の原理は野心家や陰謀家や乱を好む者のためにあるのではないと言います。御多分に洩れずその点でも間違っています。でも、その誤りはどこから来るのでしょうか。それは、この人が自分の無神論法典の内に道徳原理を入れており、その原理がたしかにああいうたぐいの人間のためにあるのではないからです。しかし、そういう道徳原理をあそこに入れるのは道理に反します。というのも、この人の法典は形而上学的原理のみならず道徳原理すら欠いている以上、それらはけっしてこの法典の帰結ではないからです。

無神論者たちは自己の無神論から帰結する道徳を持ちませんし、持てません。もしも十分首尾一貫していたら、道徳面での無神論者とは、置かれた状況や自らの個人的利益がそうであれと求めるものにすぎないでしょう。素寒貧の無神論者が、そんなことをしても罰を受けないと十分安心していられる場合、隣人を犠牲にして貧乏から脱するのを何が防止するのか知りたいものです（五五）。防止するのは創造によらぬ永遠の正義だ、とこの著者は答えますが（五六）、ついでながらそこから結論を引き出せば、この人はそれにより、有神論者たちとともに、自分自身の原理に反して、世界を統べる或る道徳的存在を認めているのです、神なるものを認めているのです。正義というのが道徳的存在なのは分りきったことですから。防止するのはちゃんとした教育と、無神論者がいつも抱くにちがいない露見を恐れる気持だ、とこの人はさらに答えます。立てても不利な証拠にしかならぬ後者の卑しい動機にはこちらの方が恥ずかしくなりますが、それにはこう言い返しましょう。とすると、無神論者が貧乏から脱するのを防止するものは自己の無神論の直接的な帰結ではないことになる、と。また付け加えて、ちゃんとした教育が無神論者を厳正な意味で善人にする場合、無神論者は自分がおそらく考える以上に宗教に恩義があるのだ、と。ちゃんとした教育の内には宗教がいつでも大いに入ってくるもので、いくら消そうと努めても、それが全面的に心から消えることはけっしてないからです。明証性すらそれを完全に消し去ることはないでしょうから、まして、無神論者たちが立てるような純粋に推測的な、原理なき体系、恣意的な道徳しか与えない体系においておやです。あの御仁たちは自分を無宗教と思っていますが、それは間違いというものです。それだけの確信など連中にはありませんし、ありえもしません。年をとり、自分の情念の内から論拠を汲み出せなくなったり、死期が迫ったりすると、普通そんな気はなくなるものです。

（五四）　打ち壊すものが沢山あるのを哲学者たちはよく見ており、もともとこれは見やすいものですが、事情を十分知らないのに、すべてを打ち立てるためにすべてを打ち壊すわけでもないのに打ち壊すのは大きな悪だということは見ていません。そういう現実的な悪のため、哲学者たちの諸体系を神学が是としないのと同様に健全な哲学も是としないのは根拠があるのです。

　自分らの哲学が今日この頃、これ見よがしな精神的・心情的自由思想《リベルティナージュ》をどれだけ生みだしているかを目撃したら、また、この自由思想《リベルティナージュ》が真の哲学と相容れず、それ自体下卑たものなので、真の哲学の証拠にはいかにならないかを感じたら、哲学者たちはまっさきに赤面するでしょう！　信じるように無知がわれわれを持って行く時代の方が、何も信じないように半啓蒙がわれわれを持って行く時代よりまだましです。習俗もそこではより純朴で、人間たちもより限られた場にいるため、不幸な度合もより少ないのですから。

（五五）　私に対してはこんな反論はできません。無神論者にはない原理が私にはありますし、自分の原理に基づいて、そもそもこんな反論をする材料がなくなるようにすることが私の目的だからです。有神論も無神論に対してはこの反論を使えますが、真理に対しては使えません。

（五六）　「永遠」と「創造によらぬ」は形而上学的なもの、物理的なものの否定であると同様に道徳的なものの否定ですから、したがって、永遠で創造によらぬ正義などありはしません。

問二十二

貴方が無神論をやっつけるのは道徳の面から、また併せて、この無神論の一貫性のなさやまずい理屈という面からですね。形而上学的な面からも同じようにやっつけることができますか。無神論者は形而上学的なものなど一切知りませんけれど。

答

そう訊かれると知性的な世界へ連れて行かれそうですが、注意さえ払えばその世界では感覚的な世界よりずっとはっきり物が見えます。形而上学的なものを一切知らないというまさにその面から無神論を検討して、無神論の肯定的な面をなすのは形而上学的なものなのを見せてやることで、それの一貫性のなさ、正しく言えばその点での無知を証明してやりましょう。無神論にあるこの形而上学的なものは原理を欠いていることを論証してやりましょう。それには、無神論にとって最も意想外な体系を、自然の体系という真の形而上学体系をそれに対置することです。私がこの体系を汲み出すはずなのは宗教が持つ形而上学的な面そのものからで、したがって、この体系を展開するため私は神学的哲学の口調を使うでしょう。神学は必然的に或る哲学を原理として持つからです。私がこれから用いるその原理(五七)は誰もが知っているものではありませんが。

無神論は物理的諸存在のそれと異なる一切の実在を否定して、それらの諸存在が厳密に共通して持つもの、つまり、それらのすべてに等しく固有な法則を時にはうまく展開し、さらに、そういう形而上学的法則(『自然の体系』の著者は物理的法則と呼びますが、そうではありません。物理的法則とはあれこれの類、あれこれの種に特有な法則のことですから)を人間の諸能力にも当てはめて、人間は諸存在一般とあらゆる点で同じ本性のものだという結論を導くことにあります(五八)。しかし、そういう展開は原理を欠くため主要な現象の説明も物足りませんが、本当は土台として或る原理を持つべきで、それが欠けている以上、道徳面では永久に実りがなく、いつまでも問題のままに残されるでしょう。

無神論は神なるものを否定することで一つの原理を、それも法律状態のもとにある人間たちには最も実り豊かな原理を否定します。さて、否定するその原理のかわりに何も置かないなら、原理がないと言われても仕方がありません。「自然」をかわりに置きはしますが、でも「自然」とは何でしょうか。それは一切言いません。自然の法則を云々し自然のメカニズムを或る程度説明するのがそれを言うことだと思ってはならないからです。私がこの問いをするのは全体的な、トータルな自然、総体として、ひとまとめに捉えたそれ自体としての自然についてで、自然の法則についてではありません。満足がいくように答えてくれとこの人に求めるのは二つの形而上学的存在である「有限者」と「無限者」〔著者の形而上学の根幹をなす全一体と全一者のこと〕についてですが(五九)、一方、あれこれの存在は物理的なものです。

無神論者たちに私はこう言ってやるでしょう。君らは形而上学など要らんて言うんだね、いつの時代にも形而上学の存在が認められてきたのに、そういう一致した声に背を向けて、形而上学を排斥するんだね。でも、そんなものは要らんて言うのは、第一に、形而上学的なものを原理とする宗教への反感と、第二に、自分の知らない原理は存在しないということを原理として立てて糊塗しようとする自分の無知から来るんでなかったら、一体どこから来るんだい。君らの無神論には原理が欠如するというのがそれの根本的な欠陥で、そんな無神論は或る道徳状態の、或る社会状態の体系ではありえないから、獣の哲学でしかないんだよ。君らにこの欠陥があるかぎり、君らが建てる建物はみんな、上っ面《つら》しか見ない者には実にしっかりしたように見えても、実際は土台などなんにもなくて、宗教はこれまでもずっとそうしたようにそんな建物など物ともせず、微動だにしないはずだよ(六〇)。人間たちにはそもそもの始めに形而上学的なものが要るんだよ、以来ずっと要ったんだよ。それは、形而上学的な或る原理が存在して、人間たちの悟性がそれを肯定しているからさ。

それにしても、排斥するその学問〔形而上学〕をめぐる自分の盲目ぶりがどこまで行くか見てごらんよ。君らは形而上学など要らんて言うけど、一般化できるかぎりまで一般化することは、たとえば「自然の内には完全なものも完全に等しいものもない」とか、「そこでは何物もそれ自体として存在するのではない」とか、「そこではすべてが多いか少ないかで、相対的だ」とかいう（六一）、けっして異論が出ない全称命題を述べることは、形而上学的に語らずには絶対にできないんだよ。これほど真剣な問題で冗談を言うのが許されるなら、君らは知らずに散文を喋ってた「町人貴族（七八）」と同じじゃないか。いや、もっとひどいよ。「町人貴族」も自分の喋る散文が存在するのを否定しなかったからね。君らは無神論者としては形而上学者なのに、形而上学の存在を否定するほどそのことに無知なのさ。自分はいかにして形而上学者なのかと僕に訊くなら、それはしごく簡単なことだよ。形而上学体系と無神論の体系は一方が他方なしにはありえないから、別の言いかたをすれば、無神論の体系というのは肯定的な面では形而上学体系以外ではありえないからさ。無神論者という資格では、君らはたとえば建築書や法律書を著わす建築家や法律家がするような物理的な仕方でも道徳的な仕方でも行動していないからさ。そのことが君らに見えないのは、まさしく、前にも言ったように君らの体系が形而上学的原理を欠いているからだよ。しかし、そういう原理を持たなくたって、君らは自然の一般法則というその原理の帰結を把握してるわけだろう。その原理の帰結はその原理と同じく形而上学的なものなのさ。君らはその帰結を絶対的と思うのに、形而上学的とはしたがらず、それを物理的なものと区別もしない。でも、物理的なものの内には絶対的なものなんてけっしてないことを君らもきっと認めるだろう？　これほどおかしな矛盾があるのかい。

　形而上学的原理が君らに欠けてるのは、その原理の帰結だけ見ることに自分を限ってるからさ。原理自体を見なくちゃだめだよ。原理は実際それの帰結にすぎないといっても、原理を知らないために原理から帰結へ、関係性は完全に同一だから同じことだが帰結から原理へ結論を導くことができないんじゃあ何も手の中になくなるよ。「この原理はそれの帰結にすぎない」と言ったことについてここで思い出してほしいのは、われわれが神について「原理と帰結はそれの内で一つにすぎない」と言ってることさ。君らも神学を滅ぼそうとなどするより、こういう神学の真理を深く考える方がよかったはずだね。神学は自分に反対する君らの努力から、君らが考える以上の力を引き出しているんだから。君らの努力はひどく強そうに見え〔七九〕ながら、実はそれほど弱いんだ。

それにしても、無神論の体系は形而上学体系でなかったら何だっていうのかい。人間の諸能力にも当てはめられる物理的一般体系、と君らは言うんだろうね。でも、物理的一般体系とは形而上学体系でなくて何なのさ。形而上学的なものとは、物理的なものの一般性以外でありうるのかね〔六二〕。違う見かたをしたんなら大間違いで、形而上学的なものをまだ知らんと言われても仕方がないよ。

天文学者、博物学者、医学者の、総じて自分の学問〔分野〕にだけ話を限るあらゆる物理学者〔自然学者〕の体系は、個別的であれこれの対象しか包含しないという意味で物理的なものだけど、君らの体系は諸存在の全体系を包含して、神などないこと、人間も爾余の存在と別な本性のものではないことを証明しようとするんだから、そのためこれは物理的な部類から、または一般性に大小のある物理的諸体系からはみ出て、形而上学的原理を欠くとはいえ、やはり形而上学的なものなのさ。形而上学的原理を欠く点ではニュートンの体系も同じだけど、あの哲学者は君らより賢いもんで、自分が発見した普遍的法則の原理は知らないと認めてたし、知らないからってそれを否定しはしなかったよね。

疑いもなく、君らが把握するよりずっと高度な或る形而上学的なもの〔著者の考える全一体と全一者〕があって、そういう形而上学的〔六三〕なものは、「実在」の真の観念を持つためにも、君らには謎である多くのものや、たとえば善悪の必然性といった君らがそのわけを知ってるつもりのものを説明するためにも知らなくちゃいけないものだ。しかし、君らが把握する形而上学的なものも君らに欠けている形而上学的なものの一部をなすことに変わりはないし、それの一部をなすことを君らが知らないのは、君らに欠ける形而上学的なもののせいでしかないんだよ。でも、認識させてくれと君らに求めた大口の〔全体的な〕自然に話を戻そう。それを「大いなる全体」と呼んで、これは抽象的な存在だとそれについて言えば、君らは十分語ったつもりになってるけど。

全体として捉えた普遍的実在は、部分部分で捉えた実在のように個々の感覚の対象になれるだろうか。むろん、なれはしないさ。なれるんだったらその場合、普遍的実在は自分の本性に反して、部分部分で捉えた実在にすぎなくなるからね。個々の感覚はそういう〔部分的に捉えた〕実在と同一本性のものとして、そういう実在に対してのみ作用するわけだから。したがって、普遍的実在はわれわれの内にある別個な能力の対象なんだよ。その能力によってわれわれは、普遍的実在は部分部分で捉えた実在とは別な本性のものだという最大の明証性を得るわけだ[六四]。だからわれわれの内には、形而上学的なものに充てられる能力と物理的なものに充てられる能力という二つの能力があるんだよ。正しく言えば、われわれは形而上学的に存在すると同時に、物理的に存在してるんだよ。そもそも、この二つの能力というのは、この二つの存在〔様式〕でなくて何なのさ。その内一方は色合いで、人間としてのわれわれ、[八〇]〔もう一方は基調で、もはや人間としてのわれわれではなく、〕普遍的総体としてのわれわれ、あるいは同じことだけどその総体の一部としてのわれわれだが[六五]。そこから、「物ノ側デノ」普遍と「精神ノ側デノ」[八一]普遍は同じもので、この二つの普遍をめぐって論争など起こったのは、両者の間に区別を設けた無知の結果にすぎなかったことになるよ——と。

すると無神論者たちは、相変らずどんな原理も承認しまいとしてこう言うでしょう。でも、普遍的実在とは個別的実在のすべてでなかったら何なのかい、と。〔答えましょう。〕たしかにそれは個別的実在のすべてですが、それらの〔個別的〕実在から一つの〔普遍的〕「実在」が、一つの形而上学的原理が出来るのです。つまり、感覚的な何物でもなく（それの外には何もないのですから、それは誰に感覚できるでしょう）、彼ら〔無神論者たち〕でも私でも、太陽でも地球でもなく、必然的にその諸部分の全体である一つの実在が、ちょうど彼らが自分の〔体の〕諸部分の全体として各々が一個の存在であるように一つの存在が出来るのです。さて、そうであるなら、彼らはわれわれにこの「実在」を説明せねばなりませんし、それを原理としてそこからそれの一般法則を導き出すか、あるいは同じことですがそれの一般法則からその実在へと論結せねばなりません。

しかし、この実在を彼ら自身にたとえた今の比喩から誤解が生じないように願います。この実在の諸部分は、この実在の諸部分としては、この実在と同じく形而上学的なもので、概念はされても目で見るものではありません。この実在とそれの諸部分との区別がわれわれにとって存在するのは、各部分、あれこれの物理的存在、なんならそれの部分の部分、二次的部分によるにすぎません。（六六）われわれの体の諸部分も、体の諸部分としては物理的なもので、それは諸部分の全体にしても、（八二）〔諸部分を全部合わせたわれわれの体にしても〕同じです。〔しかし、同じ諸部分もそれらの全体も、〕普遍的実在の諸部分として見れば、つまり、可能なあらゆる諸部分と絶対的に共通な面で、他の諸部分との差異がもはやなくなるような面で見れば〔物理的なものではありません〕。形而上学的原理の帰結はこの原理と同じく形而上学的なものだ、無神論者たちが自らの体系の内に包含する一般法則は形而上学的なものだ、帰結と原理は同じものだ、と言うことで、私はすでにこの真実を述べました。

（五七）　形而上学的に捉えた、それ自体として捉えた神について宗教が言えるすべてのことを私は言うつもりです。ここであらかじめお断りしておけば、神を定義するために宗教が使う、または使えるあらゆる表現を私は無制限に採用します。不合理なもの〔宗教〕が「神」と呼ばれる普遍的存在の内に道徳的なものと形而上学的なものをすっかり合体してしまったため、両者を切り離すのには非常な苦労が要るでしょう。それでも、私の言うことを理解するにはそれをしなくてはなりません。私は道徳的なものを切り離すだけでなく、不合理の最たるものとしてそれを消滅させるのですから。

（五八）　人間はあらゆる点で他の諸存在と同じ本性のものだ、と無神論者たちが言うのは正しいのですが、そのことを論証するには、彼らがするよりずっと先まで遡らなくてはなりません。

（五九）　追ってお見せするとおり、また「要約」ですでにお見せしたとおり、「有限者」とは肯定的な形而上学的存在で、「無限者」とは否定的な形而上学的存在、つまりいかなる肯定的属性も持たず、形而上学的という属性すら持たない存在です。

（六〇）　無神論は「地獄の門」（八三）で、それが信仰に勝つことはないでしょう。

（六一）　自然の内では何物もそれ自体としてあるのではないからこそ、そこではすべてが相対的に多いか少ないかだからこそ、百万年も一瞬間以上にそれ自体としてあるわけではないのです。多くまたは少なくあるものはみな数学の対象で、だからこそ、数学は自然の内に存在するすべてのものを対象に含めるのです。付け加えれば、自然は自然の内にあるものと区別される時、「自然の内」と言われる時、「自然の内」にあるものとの関係で見られますが、「それ自体として」自然を見るためにはもうそういう区別はされません。

（六二）　諸存在の総和も一つの存在で、あれこれの存在とは別な本性の存在です。私の形而上学全体も、それの帰結である私の道徳もそのことを証明します。

（六三）　無神論者たちは善悪の必然性を語る時、その必然性の内に道徳的なものも物理的なものも一緒くたにします。まるで、道徳的善悪も物理的善悪と同じく必然的であるかのようです。しかし、そのことで彼らの理解が増すわけではなく、この点に関する彼らの無知は一次的理性〔形而上学的理性〕の対象に関する無知の帰結なのです。

（六四）　私が宇宙または普遍的実在について、神学が神について言うことを言っているのを見失ってはいけません。つまり、それはわれわれとも、他のあれこれの感覚的存在とも別な本性のものだということです。宇宙は事実別な本性のものであることを私が証明したら、宇宙と神学の言う神とは、不合理である神の道徳性を別にすれば同一の存在にすぎないことになるでしょう。実際、この二つは同一の存在で、私が「実在」について言うべきことを全部言った暁には、それを相反するあの二つの相〔肯定的な相と否定的な相〕で見せた暁にはびっくりするほどなのです。

（六五）　物理的に在るとはあれこれの個別的または物理的全体の部分だということで、形而上学的に在るとは普遍的または形而上学的総体の部分だということです。さて、われわれはそれ自体が〔普遍的総体の〕部分である多くの個別的全体の部分で、動物界の部分でもあればこの地球の部分でもありますが、同時に普遍的総体の、宇宙の部分でもあります。故に、われわれは物理的に在ると同時に形而上学的にも在るのです。ほかの諸存在も普遍的総体の部分であることは絶対的にわれわれと共通でわれわれと等しく、故にその総体の部分としてはもうわれわれと区別されず、故にわれわれはほかの諸存在と一つのものをなすにすぎません。故に、各存在は形而上学的に見れば諸存在のすべてであるこの総体で、故に、この総体の部分であろうがこの総体であろうが、それは同じことなのです。

（六六）　この区別は、物理的なものの総体である「実在」の本性の内にあり、この区別のみが「実在」を相対的存在ならしめます。この相対的存在には絶対的または肯定的なあらゆる属性が帰属しますが、「実在」を構成するものにはそれらの属性も多くまたは少なくしか帰属しません。

問二十三

貴方が証示されることからは、無神論が主張するように神と自然は一つだということになりませんか。

答

無神論が漠然と主張することには立ち入らずに申しますが、感覚で捉えられる諸存在がそれらから結果する存在と、われわれが「自然」と呼ぶ存在と同じ本性のものだということは矛盾しています。その存在が原理または原因である神にほかならないことにはわれわれも同意するでしょう。われわれが神について正しい観念を持っていたならば、ですが。それをあれこれの存在とは異なる本性のものとして、自分と本性を同じうする部分、自分自身である部分からのみなるものとして見ていたならば、ですが（六七）。

（六七）　御覧のとおり、私は神学と意見が一致しています。神学も、感覚で捉えられるものからなる神など欲しませんから。しかし、神学は一方でそんな神を欲しないのに、もう一方では自分の神に道徳性と知能を与え、その神をわれわれに象《かたど》って作ることで、そういう神を欲しています。
　人間は物理的、形而上学的、道徳的なものですが、それは同時に個別的にも一般的にも社会的にも存在するからです（そこから、人間が話す諸国語も、物理的なもの、形而上学的なもの、道徳的なものを言い表わす用語で構成されるのです）。しかし、普遍的存在と人間では事情が違います。普遍的存在は物理的に存在するのでも道徳的に存在するのでもなく、これをそのように存在させることには矛盾があります。普遍的なものを個別的なものにしてしまいますから。

　形而上学的な人間はもはや人間ではなく、もはや自分をかような存在たらしめるものではなく、自分を在らしめるものであること、人間の形而上学的観念は人間の形而上学的実在にほかならないことを見失ってはなりません。その観念を展開したものは物理的なものですが。

問二十四

たとえば太陽の諸部分からは〔太陽という〕感覚的な全体が出来ますが、それと同じように、諸部分の全体から、部分のあれこれと同じ本性の物理的な全体、感覚的な全体がどうして出来ないのですか。

答

まるで、普遍的な全体から一つの個別的な全体がどうして出来ないのか、またはなんなら、普遍的な全体はどうして一つの個別的な全体でないのか、さらになんなら、可能なあらゆる物理的なもの、感覚的なものもあらゆる感覚も自らの内に含む全体は、どうして自らの内に含むものの部分ではないのか、あれこれの大きさ、あれこれの形、あれこれの色を持たないのか、あれこれの存在でないのか、とお尋ねのようですね。

　普遍的な全体は、たとえば地球や或る山といった個別的な全体やそれの部分が持つような自分の外にある物理的な比較点を何ひとつ持ちません。感覚的な何物でもないのはそのためです。個別的な全体やそれの部分を感覚的ならしめるのは、つまり、共通の総体〔全一体または自然〕の中でそれらが相互に区別されるようにするのは、それらが自分の外に持つ様々な比較点、関係手段だからです。この共通の総体は、物理的に捉えた諸々の個別的全体や、部分なき存在つまり非物質性〔全一者〕としか区別されません。

問二十五

では、諸々の存在と異なる本性の存在には、物質的なものと非物質的なものと二つあるのですね？

答

そうです。あるいはむしろ、この二つの存在（有限者と無限者）は同じ存在を関係性と非関係性という相反する二つの相で見たものなのです。慣用的な用語を使えば、それは「創造者たる神」と「創造者でない神」です。純粋に自分の管轄であるそういう対象については完全無欠な明証性を与えてくれる「悟性」に基づいて、そのことはこれからお目にかけましょう(六八)。ただ、そのことを十分納得するためには、「悟性」というこの能力を研究する術《すべ》を知る必要があります。この能力だけが唯一欺かないものなのです。感覚という能力はその本性からして必然的に人を欺くものですから。私が言うのは切り離された感覚、別々の感覚のことです。集まった感覚、協力・一致した感覚は「悟性」ですし、真理ですし、明証性ですし、相反する二つの相で見た「実在」そのものですから。実際、「協力・一致した感覚」というのは、いかなる諸存在とも協力・一致した人間全体のことで、そういう観点から見ると人間はもはや人間ではなく、もはやあれこれの感覚によって獲得された観念の複合物ではなく、「実在」という常に存続する、すべてにおいて到る所で同一な観念、「実在」自体にほかならぬ観念なのです(六九)。でも本題へ戻って、まず物質的存在を見てみましょう。

神学者たちや宗教的な哲学者たちは、「実在」について今まで抱かれてきた全く誤った観念、正しく言えば全く漠然とした観念に支配されているため、人々が「物質的」と呼ぶ存在〔自然〕の内に我らの神を私がみつけるのに恐れをなし、「非物質的」なものと同じくこの存在をも知らぬ無神論者たちと私を一緒くたにするという不正なまねをするかもしれません。しかし、以下に述べることをよく見てくれたら、そんなことは起こらないでしょう。それは、〔物質的という〕名称はその存在がそれと関係を持つ諸部分を含意する以上、その存在は関係性によって存在するもので、「物質」であっていくらかの物質ではなく[七〇]、「有限者」であっていくらかの有限物ではなく、「始めと終わり、アルファとオメガ、原因と結果、運動と静止、充満と空虚、形而上学的なあらゆる面での多と少」であって、われわれが物質的に或る始めと或る終わり、或る発端と或る終局、或る原因と或る結果、或る運動と或る静止、或る充満と或る空虚、或る多と或る少などと呼ぶいかなるものでもないことです。こういう名辞はみな形而上学的には、つまり〔定〕冠詞 le または la を付ければ同じものしか言っておらず、対立物であって反対物ではないのです。

　私が「全一体」（Le Tout）と呼ぶ物質的存在は、創造者または同じことですが原因として、物理的諸存在に一般的に当てはめられる様々な名称と属性を常に一般的に、形而上学的に[七一]取ります。[七二]それは、これらの〔物理的〕諸存在が「部分」と名付けられる時は「全体」（Le Tout）、自分もそれらによって存在するのと同様にそれらも自分によって存在するこれらの諸存在が「被造物」と名付けられる時は「創造者」、これらの諸存在が「結果」と名付けられる時は「原因」、これらの諸存在が「有限なもの」として見られる時は「有限者」、これらの諸存在が自分を第一とする「数」として見られる時は「統一」、これらの諸存在が「自分以下のもの」、「偶然的なもの」として見られる時は「最高存在」で「必然的存在[七三]」、これらの諸存在が「色合い」、「外見」、「変様」であるものとして見られる時は「基調」、「現実」、「基体」です。これらの諸存在が「種々の原因と結果」であるもの、「始めと終わりのあるもの」、「時間または様々な時の内にあるもの」として見られる時は「原因と結果」、「始めと終わり」、「時間」などですし、これらの諸存在が「様々な両極と中間」であるものとして見られる時は「なんらかの対立物」、「形而上学的な両極と中間」、「最高《スムス》ト中間《メディウス》ト最低《ウルティムス》」、つまり「最大」と「最少」と「より多くもより少なくも最少より最大でもないもの」です。これらの諸存在が「生みだされたもの」として見られる時は「諸存在の最初の胚種、共通の胚種」です。「生みだされたもの」としてというのは、いつでも本質的にそれによって在るものとして、またはお望みなら、諸存在が一見あれこれの存在のみによって生みだされたかに見えても、実は諸存在の各々を生みだすのにいつでも多かれ少なかれ協力する諸存在のすべてによって在るものとしてということです。一本の草もいわば自然全体と協調せずには成長できない、とド・フォントネル氏[八四]は言いました。「いわば」は余計で、せっかくの真実も同氏にあっては本能によるもので原理に基づくものではないことを証し立てています。

「全一体」は形而上学的な両対立物または両極だという意味で両方の原理です。それの起源を皆があれほどまでに、しかもあれほど無駄に探ってきた善と悪です。私が言うのはあらゆる善、あらゆる悪の総和である善と悪のことで、物理的・道徳的善悪という言葉で考えられるもののことではありません、それらの総和ではありますが。悪は善の対立物、善の最少にすぎず、善の否定ではありません。物理的な対立物がもともとそこから発する形而上学的な対立物は、すべて互いに一方は他方に帰着し、一つをなすにすぎません。対立物の統一こそが対立物の中間、先程言った「より多くもより少なくも最少より最大でないもの」[七四]です。形而上学的な最大は最少を含意し、最少は最大を含意しますが、それは両者の間の違いが全的で「まるっきり」〔原語は du tout au tout で、表記の意味で使われる慣用句だが、著者の体系に即して直訳すれば「全一体から全一体への」となる〕だからです。この表現は他の多くの表現と同様、真理の叫び〔「叫び」とは無自覚的で断片的な表出のこと〕がわれわれの言語に言わせたもので、「全一体」をしか意味しません。完成、善、運動その他、「全一体」について対立的に言えるあらゆるものの最大と最少は一つのものにすぎません。さて、完成の最大と最少の統一からは、完成以外の、自分より多くまたは少なく完全な自らの諸部分との関係における「全一体」以外の何が結果しうるでしょうか[七五]。

肯定的な一般的集合名辞はみな、対立語を持つにせよ持たないにせよ、ことごとく「全一体」しか、自らの諸部分との関係で見た普遍的実在しか言い表わしませんし、普遍的実在がそのように見られるのは、それとそれの諸部分とが区別または分離されるからにすぎません。諸部分が存在するのは感覚にとってですから、この区別は感覚によって惹き起こされるものですが、「実在」の本性の内にはそういう区別があると同時にありません。「実在」については相反する二つの観点があるからです。

「全一体」は純粋に相対的なものですから、対立物の一方、たとえば形而上学的な原因または胚種であれば、また運動であれば、必ず対立物のもう一方、形而上学的な結果や産出物でもあり、運動の可能な最少である静止でもあります。つまるところ、それは「全一体」であれば必ずその諸部分でもあるということです。そこから、「神」という名で「全一体」について、それはすべてに浸透し到る所に現前しすべての内にあると言われるのです。「全一体」の存在について私が証示することはみなこの真実に帰着しますし、私はいかなる点でもこの真実からはずれません。神学は神を事物の根底であるもの、或る人、或る木などとは異質であるものと見ています。私も「全一体」をそのように見ますし、これは実際そうなのです。

「全一体」はその諸部分によって存在し、諸部分は「全一体」によって存在します。「全一体」は諸部分の結果であり原因であり、最初の結果であり最初の原因でもあります。われわれは創造者を被造物によってしか認識しないと聖パウロが言った〔八五〕のはそのためですが、同じ理由から、被造物が創造者によってのみ存在するのと同じく創造者も被造物によってのみ存在すると言うこともできたでしょう。被造物によって存在するというのは、むろん端的に言った存在として、原因でない存在として、創造者でない神としてではなく、創造者たる神として、被造物の原因である存在としてです。重ねて言えば、真の神学的原理によると、この二つの存在は同じ存在を相反する二つの相で見たもので〔七六〕、二つの相の一方は諸物の存在を肯定し、もう一方はそれを否定するのです。

（六八）　真理の叫びから生まれたこれらの用語は正しく理解されていませんが、私がこれから述べる以外の意味は持てません。道理に適った別の意味を持たせられるなら持たせてみるがいいでしょう。私の「要約」を参照してください。

（六九）　真理を展開する際の不都合は、自分を見る不合理な見かたから人間を引き離すため真理を人間に適用せねばならないのに、人間をその真理〔普遍的実在〕と区別して相変らず人間として見るかのように見えずにはそれができないことです。実際は、人間をその真理と区別せず、人間をもはや人間として、あれこれの存在として見るのではなく、ただ在るものとして見ているのに。人間を人間として見るのをやめ、在るものとして、ただ在るものとして見ることがいかにしてできるか、と訊かれたら、答は簡単で、人間と残りのものを合わせれば宇宙というただ一つのものしか出来ず、人間は万物と切り離されているように見えても実際は万物と一体で、人間を構成するのに協力しないものも、それを構成するのに人間が協力しないものもない、と自分に言い聞かせればいいのです。肯定的なものでも否定的なものでも、形而上学的真理が今まで認識されなかったのは、それが単純なものだから、われわれの感覚の一つ一つがそれを被い隠し、われわれの法律状態がその真理からわれわれを遠ざけてきたからにすぎません。

（七〇）「物質」とはあれこれの界〔動物界、植物界、鉱物界〕、あれこれの元素、あれこれの種ではなく、三界であり四元素〔地水火風〕でありすべての種です。これは異論の余地のないことですが、さて、そうであるなら、物質とは何か感覚的なものでありうるかどうか、通常されるように物質の内にある物理的なものから物質自体へと結論を導けるかどうか、神秘主義者がするように物質を泥のようなものとみなせるかどうかお尋ねしましょう。

（七一）物質的存在または「物質」とは、一般的存在、形而上学的存在を言います。

（七二）物理的諸存在も、一般的に捉えられる時は形而上学的に捉えられます。「諸存在」とか「およそ在るもの」とか言うのは形而上学的な語りかたで、一般化できるかぎり一般化したあらゆる命題で現にそうされています。一般的に真であるそれらの命題はみな、真の形而上学体系を根拠にしており、それは、一般的に合意されている真の道徳原理が、形而上学的真理を土台とする、または同じことですが形而上学的に取った神、信仰ではなく理性によって捉えた神を土台とする道徳的真理を根拠にするのと同じです。

（七三）自然の内では何事も予見されず、または運命づけられませんから、すべてのことは起こる前には偶然的で、起こってしまえば必然的に起こったのです。人間にあって自由な行為と言われるものは、当人が自分の脳の内にその動因を見ていない行為、人間に必然性を課しつつも、人間の一部をなしているために、自分が自分に必然性を課していると人間に思わせるような行為にすぎません。

（七四）幾何学は、両極は可能な最終段階まで推し進められると一つになり、両者の統一がその中間だと言った時に、真理にまで身を高めました。しかし、幾何学は皮相な形而上学にすぎないため、この真理が何に当てはめられるべきか知りませんでした。

（七五）両極であるものとして「全一体」をよく見た上は、ただ一つの観点しか与えない中間という観点からそれを見なくてはなりません。

（七六）「実在」の互いに相反するこの二つの相こそが、可能でもあり実際にも存在する唯一の反対物です。そこから、物質の内にはただの対立物しか、多いか少ないかしかなく、いかなる否定と欠如も肉体の目にしか、感覚によってしか存在しないということになります。あれこれの物が見えない場所にその物の否定を見させるのは感覚なのです。前述のとおり、いかなる物体も多かれ少なかれ他のすべての物体から構成されないものはなく、また逆に、多かれ少なかれ他のすべての物体を構成しないものはありません。

問二十六

創造者が被造物によって存在するというのはどうしてですか、父親は息子によって存在するわけではないのに。

答

父親も父親としては息子によって存在します。人間としては息子より存在が先行しますが、それは父親である前から人間だったからです。(七七)しかし、被造物との関係における創造者、つまり自らの諸部分との関係における「全一体」については事情が異なります。「全一体」はそれの諸部分より存在が先行しませんし、先行することはありえません。それは諸部分の全体にすぎず、集合的に捉えた諸部分ということにどうしてもなるからです。創造者が被造物より存在が先行するとされたのは、時間である創造者以前には時間などなかったのですから不合理ですが、この先行性は一つの真理に、つまり創造者でないものという相で見た創造者に、じきにお話しする「全一者」という相で見た「全一体」に源を発しています。この二つの相は、神学も創造者たる自己の神と創造以前の自己の神について認めているものです。(七八)

神を原因として見ながら結果として見ないのは、神を物理的に見るという、結果と別な物理的原因のように、建てた家とは別な建築家のように、また「創造者」という用語は原因である存在、それによって諸物が在る存在をしか意味しえないのに、この言葉にいかなる反省的観念も結び付けずに一個の「創造者」のように神を想像するという不合理によるにすぎません。神は原因であると同じく結果であり、その両方であるのは、神はその相対的実在によって、一方であれば必ず他方でもあるからです。神は結果でなければ原因でもないでしょう。それは神の内にあるどんなものとも同様ですが、ただ、神の実在はすべてを包含しますから、神に特有なのは自らの諸結果以外のものの結果とはなれないことで、ですから神は必然的に自らの諸結果の結果なのです。自らの内にあるものと相関的な実在ということから、神はあらゆる結果とあらゆる原因の、存在する感覚的なもの一切の原因であり結果であるのです。これらのすべては神と同じく関係・比較にすぎず、あまねき経験がわれわれに示すものしか与えることはできません。様々な実在しか、様々な相対的真理しか、様々な像しか、様々な現象しか与えられないのです。

事物の原理について人間は昔から常に種々の困難を抱えてきましたが、そういう困難が生じたのは、感覚的なものをどこにでもみつけたがることと、(七九)法律状態のせいで単純なものからいつも遠ざかることが原因です。それらの困難が御覧のように取り除かれた現在でも、気を付けないと同じ原因がまたぞろ同じ困難を惹き起こすでしょう。しかし、単純な意味での神学的哲学はいまだかつて、神の内に感覚的なものを認めたためしがありませんし、私が語るのも正しく解釈されたそれの言葉にすぎません。そのことを証明するために典拠が必要なら、何巻にものぼるものを提供しましょう。無神論はどうかといえば、それはこういう困難に全然煩わされませんでした。自分には解決できないのを見て取って、そんなものを背後へ置きざりにし、気にすることも潔《いさぎよ》しとせずに、そういう困難の対象が存在することすら否定して進みました。

でも、こちらはこちらの対象へ戻って、相変らず、それだけが真実と言える仕方で解釈された神学的哲学の言葉で続けるとしましょう。(八〇)「実在」の基調（le fond）と色合いは今お見せしたところですから、残るは、事柄をうまく言い表わす用語を使えば「底の底」（le fin fond）をお見せすることです。

今見たように、諸存在との関係で見た、創造者として、諸存在を肯定するものとして見た存在については肯定的なことしか、絶対的なことしか言えないとすれば、この関係性を抜きにして見た、創造者でないものとして、諸存在を否定するものとして見た存在については否定的なことしか言えません。(八一)われわれがそれに与える「無限な」、「永遠な」、「測り知れない」、「分割できない」、「立ち入りがたい」、「唯一の」などという否定的な諸属性はそこから来ます。これらの属性は常に、創造者としての、諸存在と関係を持ち諸存在を肯定するものとしての存在に当てはまる属性を否定したものです。

関係性なき存在はもはや「全一体」〔原語の Le Tout は日常的な意味では「全体」〕ではなく、ほかのあらゆる存在を否定する言いかたですが「全一者」〔原語の Tout は日常的な意味では「すべて」〕です。そこからわれわれも、神をわれわれとの関係性抜きで見る時に、自分を神の内に含める時に、神は「すべて」〔著者の用語では「全一者」〕だと言います（この点に注意してください）。一方、自分との関係で見る時には、自分を神と区別して神との関係で見る時には、神は「われわれのすべて」(notre tout) だと言います。われわれの言語でも承認されている「全体」から「すべて」への、「全体」と「すべて」の間の違いの理由も、「実在」のこの相反する二つの相にあります。「全一体」は諸部分を含意しますが「全一者」はそれを一切含意せず、「全一者」は感覚的なものの否定ですがもう一方はそれの肯定です、等々。

何よりも深遠な公理は「すべてはすべて」(tout est Tout) というものです。この公理は「全一者」を、存在する感覚的なもの一切を、あらゆる関係を捨象してまとめて捉えたあらゆる時またはあらゆる存在を、永遠性を語るもので、(八二) その観点からすれば、もはや諸存在の間の区別も全体も部分も存在せず、あるのはただ、ほかのあらゆる存在を否定する同じ唯一の「存在」、すべて〔全一者〕である無限者です。

世界が存在する前にあった渾沌《カオス》というものが作られたのは「全一者」の観念からで、それどころか、世界がある前の「無」(le Rien) が作られたのもそこからです。(八三) なぜなら、「無」は「全一者」だからです。与える明証性を補って、「実在」の十全な認識にそれ以上不足がないようにするため、これからそのことをお見せしますが。

「無」はあらゆる実在の否定と思われてきましたが、否定的な或る実在があるのですから、その実在の否定ではありえません。それを否定したら自分自身を否定することになりますが、これは矛盾だからです。したがって、それは肯定的・感覚的実在の否定でしかありません。実際、「無」という言葉もわれわれが口にする時、感覚的なあれこれのものの否定しか言いませんし、言えません。畑の中に小麦が無いとか、葡萄園に葡萄の実が無いとかです。さて、「全一者」も同じく肯定的実在の否定で(そこから、有限者を否定する「無限な」とか、時間を否定する「永遠な」とか、一なる存在や数ある諸存在を否定する「唯一の」とか、互いに一方が他方によって存在する存在と諸存在を否定する「それ自身によって」とかいうそれの属性が生じるのです)、ですから「全一者」と「無」は同じものなのです。ですから、諸存在は無から引き出されると神学的哲学が言うのは正しいのです。諸存在も、それらの原型である創造者たる神、または原因である存在〔全一体〕、宗教用語では「御言葉」〔キリスト〕と名付けられるものすらも、

「無」である神から、虚無そのものである神から引き出されるのですから。神はそれらの諸存在との関係で見られない場合、創造者または原因として、「全一体」であるものとして見られるのではなく「全一者」であるものとして見られる場合、またはお望みなら単純にそれ自体として、慣用的な用語を使えば永遠の安らぎの内に独り存在するものとして見られる場合は、まさに「無」であり虚無そのものであるのです（八四）（先の「要約」を参照）。

理性が行けるのは「無」が存在するという証明まで、否定的実在の証明まで——それも含めてですが——で、その先まで行けるということは矛盾しています。この実在の内には矛盾そのものがあるのですから。それは肯定的または感覚的実在を否定すると同時に肯定するという点です。なぜなら、「無限者」が「有限者」を否定すると同時に肯定し、「全一者」が「全一体」とその諸部分を否定すると同時に肯定することには異論の余地がないからです。そこから、「形而上学的」、「物理的」および「それ自体としての」という三つの実在は相互に収斂し合って同一物をなし、「実在」とはこの三つの実在であるということになります。三つの実在は常に認められてはきたものの、いまだかつて認識されたことはありませんでした。

それにしても、神が「無」であり虚無そのものであることを今日いかにして得心できるでしょうか。それに成功するためには、私がここで「神」という語によって創造を一切捨象した「それ自体としての実在」しか考えてないのを思い出し（八五）、次に、私が今しがた「無」についてした異論の余地のない定義と、その定義が当てはまるのは「全一体」ではなく、「全一体」とは別の語尾変化をする「全一者」であるという、これも同じく異論の余地のない証明について一再ならず思いを凝らす必要がありましょう（八六）。

また、神と「物質」が一つのものにすぎないのを得心できるためには、物質というものを、私がそのもとで提示したような肯定的な形而上学的観点から見て、次のことをよくよく自分に言い聞かせる必要もありましょう。それは、われわれがこれまで個別から一般へ、それどころか或る本性〔物理的本性〕から別の本性〔形而上学的本性〕へと結論を導いて、物質の内に見えるものから、土とか泥とかいった物質の様々な外見から物質〔そのもの〕へと論結してきたのはわれわれの無知の結果だということです。物質〔そのもの〕とは、「見える」ものと対立した「在る」現実的存在で、それにしか十分当てはまらない「現実的」という属性は、したがって関係的〔八七〕な一属性にすぎません。

私が「全一体」と呼ぶこの存在は、いかなる形而上学的面からであれ全き完成を言い表わすあらゆる属性がそれに当てはまる「実在」で、お望みなら相対的な形而上学的真理と言ってもいいでしょう。そのような完成は、諸部分の補完物である「全一体」にしか属せないからです。この実在は唯一豊饒なもの、この世界の諸事物に唯一当てはめられるものですが、それは、この実在が諸事物と相関的なものだから、もう一方の実在〔全一者〕はそうではないからです。われわれの祭祀の内にはどこでも打ち立てられている被造物から創造者への大きな関係性はそこから来ますし、無神論に対する神学的哲学の勝利もそこから来ます。私が言ったこと、さらに言えるはずのこと一切からも来るように。

唯一豊饒なこの実在から自然の一般法則が流れ出るわけですが、この一般法則から必然的に、個別的または物理的なあれこれの法則が流れ出ます。十分に深められ十分に筋を通したこの実在の認識によってこそ、人間たちに今まで解決できなかった無数の問題も解決が得られるのです。形而上学的な厳密さを知らないため、そんな厳密さは自然の内の何物にも見られず、感覚的なものの内ではすべてが多いか少ないかにすぎないことが分らないために、人間たちにはこういう問題がたえず再生してくるのですが。

物質とは別なものとしての神を対象とし、創造とか、、諸存在の始まり、最初の原因、最初の胚種とか〔八八〕、善悪等々とかをめぐって生じた種々の巨大な困難はどうかといえば、そういうものはことごとく十分解決されました。物質の外にある無限の神なるもの、被造物と本性を異にしながら被造物に作用する創造者たる神なるもの、時間の内に創造しながら時間など一切知らぬ神なるもの、善の創出者でありながら悪の創出者〔張本人〕ではなく、悪の創出者〔悪魔〕を自分と闘う原理とする神なるもの、等々――そんなものを〔そんなものは不合理だとして〕無神論者たちももう反論として有神論者にぶつけるわけにはいかないでしょう。

（七七） 息子が父親の内に人間を生むわけではないというのは物理的な真理ですが、息子は父親である人間の内に父親を生む、それどころか底まで掘れば、息子は父親が自分を生んだ行為の原因だった、息子は父親たることの原因である、ということすら形而上学的な真理です。どんな結果であろうと、自己の原因のそのまた原因なのを厳密に否定できるものはなく、自然の内には何ひとつ否定的なものはありません。しかし、今はそこまで形而上学談義はせず、こう言うだけに止めましょう。父親と息子では二人だが、創造者と被造物は一つにすぎないから、この比較は成り立たない、と。

（七八） 初源的〔形而上学的〕真理のかすかな光は、無神論の内よりはるかに多く神学的哲学の内に見られますが、それは当然のことでした。神学的哲学には或る原理が必要でしたが、無神論は愚かにも、原理などなくても済ませられると常に思ってきましたし、それによって、そうとは知らずにわれわれを未開状態へ引き戻していたからです。たしかにこの〔神学的〕哲学が自己の原理を道徳的で知性的な存在に仕立て上げたのは不合理でしたが、われわれの法律状態の内ではどうしても、不合理なものが真理に加わらざるをえなかったのです。

（七九） 普遍的存在についてそれが感覚的だと言えるのは、感覚的なものの結果だという意味からです。しかし、その際は感覚的という言葉を形而上学的に取っていることになります。

（八〇） 私が神学を打ち壊すのは神学の哲学を使ってするのですから、神学者たちも私への賛同を拒むには自分の哲学を捨てるほかありませんが、それは自己の神学から土台を取り去ることなしにやれるものではありません。私の手から逃げようとして神学者がいかにもがこうと、私はどうしても彼らをつかまえて放しません。神学の哲学が神学を打ち壊すからには、純粋に神学的なものなどもはや問題たるべきでないからです。理性がすべてを語る所では、信仰は黙さねばなりません。

（八一） 神学者たちに言わせると、諸存在は神の決定の内にあったから、創造以前の神も諸存在を否定しなかったそうです。しかし、神の決定というのは不合理で、「創造以前の」という言葉も同じです。

（八二） 永遠は「始めも終わりもないもの」と定義する時は否定的に取っていますが、「常にあったし、今あるし、常にあるはずのもの」とそれについて言う時、先行した永遠や後続する永遠を語る時には肯定的に取っています。永遠は時間と混同されますから、われわれの言語では無限の方が永遠よりさらにはっきり否定的ですが、しかし、「無限性の多少」と言わないように「永遠性の多少」とも言いませんし、特にこの点で永遠とは否定的なものなのです。「善の多少」、「充満度の多少」、「複合度の多少」と言われるように「悪の多少」、「空虚さの多少」、「単純さの多少」と言われなかったら、悪、空虚、単純などは善、充満、複合などの否定でしょう。静止が運動の最少であるように、悪は善の最少、空虚は充満の最少、単純は複合の最少で、こういう相対立する一般的集合名辞はみな相対的存在、「全一体」しか言い表わしません。この「全一体」は中間として、形而上学的なあらゆる面で、他の諸存在が相対的に多くまたは少なくあるものの最大で、一般は個別なしにはありませんから、この関係からあれこれの存在の間の物理的関係が発するのです。すべては形而上学的または一般的に存在し、すべては物理的または個別的に存在しますが、これは関係性によるにすぎません。「それ自体として」は形而上学的実在も物理的実在もないからです。ここで私が扱う「全一者」は「それ自体としての実在」で、無限者で、形而上学的なものでも物質的なものでもありません。その「実在」を私が「形而上学的」と呼ぶとしても、考えているのは、「有限者」であり「全一体」である「肯定的な形而上学的実在」を否定する「否定的な形而上学的〔実在〕」なのです。

（八三）　世界は様々な結構のもとで常にありましたし、これからも常にあるでしょう。それは「全一体」で、その内部ではすべてのものが多かれ少なかれ変化しますが、それ自体は「全一者」とともに永遠です。但し、ともに永遠というのはもっぱら、一方は他方なしにありえない、両者は不可分だという意味からです。「全一体」は時間で、「全一者」は永遠性だからです。「実在」を関係性で見るか関係性抜きで見るかに応じて、「全一者」は「全一体」となり、「全一体」は「全一者」となります。真理の叫びによって昔からわれわれは、相反するこの二つの相のもとでそれらを見てきましたが、必ずと言っていいほど怪しげな仕方ででした。今私の手もとにあるヤング〔八六〕の『夜』の次のようなくだりがその証拠です。「宇宙とともに始まった時間の治世は宇宙とともに過ぎ去り、永遠性が独り君臨する。死すべき人間にとって永遠性とは一つの夢にすぎなかったが、今や、永遠性を除いてすべては夢なのである。」

（八四）　神学的な言葉の内には真理のかすかな光しかありません。私がそれを字義どおり取るかに見えても、それはあくまで、私の展開がその言葉を解釈するかぎりでにすぎません。

（八五）　私は相変らず、可能なかぎり神学的な口調で語り続けます。無神論を神学によって叩き、神学を神学自身によって叩くことがよくできるようにするためです。

（八六）　「全一体」と「全一者」は一般化できるかぎり一般化した二つの一般的集合名辞で、一方は肯定的、他方は否定的なものですが、両者は「実在」の相反する二つの相を最もよく、最も単純に言い表わしています。「全一体」（Le Tout）が肯定的で諸存在を肯定し、「全一者」（Tout）が否定的で諸存在を否定するのは、「全体（le Tout）の部分」とは言っても「すべて（Tout）の部分」とは言わないからです。

（八七）　もう一度言えば、その関係はあれこれの存在によってしか、物理的実在によってしか生じません。それ自体純粋に相対的なこの実在を捨象すれば、もはや否定的な実在しか、諸存在の総体しか、関係性なき、または「唯一」の存在しか、「それ自体として」の、または「それ自体による」存在しか、それだけがそうである独立した存在しかないからです。

（八八）　それぞれの種にそれ〔固有〕の最初の胚種があったのではなく、あらゆる種がそれらの全体の内に、共通する最初の胚種を持つのです。あらゆる種は等しく、万物の創造者たる神の内に自らの原理を持つと言った際、われわれが言わんとしたのもそのことでした。

問二十七

諸部分と「全一体」が存在するのはなぜですか。

答

別々に捉えたこの二つの実在を否定して、それだけがこれらのかわりに概念できる「全一者」または「無」が、すでにお見せしたとおり、一緒に捉えたこの二つの実在だからです。

この二つの実在が互いに区別されるかされないかに応じて、そこから関係性による実在か関係性なき実在かが生じます。区別されればそれは二つですが、区別されなければもはや、自分以外のあらゆる実在を否定する「唯一の実在」しか、無限者しかありません。「すべてはすべて」〔著者の体系に即して言えば「すべては全一者」〕という言葉で言い尽くされます。(八九)

(八九)「全一体」の内にはすべてがあり、「全一者」の内にもすべてがあります。「全一体」の内にあるすべては「全一体」と区別され、「全一者」の内にあるすべては「全一者」と区別されません。

問二十八

関係性による実在と関係性なき実在、肯定的な実在と否定的な実在があるのはなぜですか。「全一体」と「全一者」が存在するのはなぜですか。

答

一方が消えれば必ずきまって他方がそのかわりになる以上、この二つの実在がないというのは矛盾だからです。(九〇)御質問のきっかけになれるのは「無」という観念だけですが、その観念はこの二つの実在の一つに当てはまるからです。一つというのは「関係性なき実在」のこと、「全一者」のことで、それは関係性による実在の、感覚的な実在の、「全一体」の存在の否定であるため「無」であり、虚無そのものであるわけです。

関係性による実在は関係性なき実在を、自己を否定すると同時に肯定する「無」の存在を根拠にしますが、(九一)逆にこの〔関係性なき〕実在も関係性による実在を根拠にします。「しかり」が「否」を根拠にするように、「否」も「しかり」を根拠にするからです。つまり、有限者が無限者を根拠にするように、無限者も有限者を根拠にするからです。

（九〇）　有限者を考えない所では、必ず無限者を考えています。初源的〔形而上学的〕な思弁の対象は有限者と無限者しかありません。

（九一）　関係性による実在、または「全一体」は、自らの諸部分の存在をも根拠にしています。

問二十九

何かがあるのはなぜですか。なぜ実在があるのですか。（九二）

答

「無」が何かだからです。「全一者」である以上、「無」は「実在」ですからね。

こういういろんな質問が出たのは「無」の観念が展開されてないからですが、その観念が展開されたらこんな質問は永久に禁じられるはずです。「無」の観念は抱けないと昔から思われてきましたし、「無」のいかなる知覚もないということを学校〔スコラ学〕も公理にしてますが、しかし、われわれに欠けていたのはその観念、その知覚ではなくて、それの展開だったのです。それが証拠に、注意する気があれば分りますが、「なぜ無ではいけないのか」、または同じことですが「なぜ実在があるのか」と自問して、とどのつまりは空無論者《リエニスト》、観念論者《イデアリスト》、非物質論者《イムマテリアリスト》（八七）になるような立場に人は置かれていたのです。そういう所へ導かれたのは感覚的実在の考察からでした。感覚的実在というのはいろんな像しか、いろんな現象しか提示せず、それの内にはそれ自体としてあるものも、独立した実在として存在するものも一つとして見られず、それどころか現実的、肯定的、絶対的なものすらなく、感覚的実在であるこれらの相対的な諸属性はその実在の内に多くまたは少なくしかないからです。（九三）

（九二）　先の二つの質問はこの質問を目指すものでした。それをした人は、「なぜ実在があるのか」といつでも自問するような質《たち》だったのです。

（九三）　私が展開する形而上学的で永遠の真理は、なんなら「一」にして「唯一」の真理と言ってもいいですが、これは全くの真理で、それに対置できるものは何もないほどです。この真理の展開は実に簡潔で、偏見を洗い落とした魂には実に分りやすいはずですから、習律状態の内では、父親がこの真理を子供に伝えるほどたやすいことはないでしょう。不合理なもの〔宗教〕がわれわれを法律状態のもとに押さえ込んでいる今日、習律状態へ連れて行けるのはこの真理だけなのです。でも、もしかすると、これほど単純でこれほど文法どおりのものが、あんなに望まれあんなに探し求められた真理だと納得するのはどれほど大変なことでしょう！　真理は赤裸な姿で現われるように出来ている、飾りなどみなそれと無縁だ、と昔から言われてきましたが、そう言ったのは正しかったことを私が証明しなかったかどうかの判断はお任せします。私がこの真理を神学的哲学に当てはめたように、幾何学者たちも自分の初等的学問(八八)にそれを当てはめられますが、幾何学者にそれの適用ができるのは無限までにすぎませんし、しかも無限は含まれません。無限はあらゆる計算の否定だからです。

問三十

今明かしてくださった根本思想は実に斬新で、哲学の面目を一新させるものですね。今や、「実在」が本質的に存在するその二つの相のもとで知られたわけです。この二つの相は一方が他方を否定すると同時に肯定するもので、これまでは神学の土台となる哲学の内に垣間見られたにすぎませんでした。そういう根本思想が展開された上で、あと残るのは、形而上学的存在を、創造者または原因を道徳的存在とみなして、それをあらゆる点で根本的に宗教が教えるとおりのものと見ることです。そういう観点からこの存在を論証することがおできですか。この観点からやれば、無神論者たちは完全にやりこめられるはずですが(九四)。

答

宗教自身に言わせると、理性では不十分で啓示に頼らなくてはいけないのはまさにここですね(九五)。無神論者たちがそれに頼るのを嫌うなら、神など要らんとあくまでも言うなら、形而上学的存在は、形而上学的原理は道徳的なものたりえぬこと、その存在が道徳的なものでないのになおかつ道徳的なものの土台であることを、明確な証拠によって論証する義務が連中にはありますよ。なぜなら、その場合道徳的なものはもはや物理的なものにすぎなくなりますが、物理的なものはみな必然的に形而上学的なものを土台にし、形而上学的なものが基調で、物理的なものはそれの色合いなのですから。

道徳的なものは彼らが考えるように物理的なものにすぎなくても(九六)、非常に特異な物理的なもので、土台の内でも特別に見られること、つまり、形而上学的原理からそれだけ別個に詳細な形で引き出される帰結であることを求めます。[九七] 彼らはおそらくこう言うでしょう。道徳的なものが物理的なものとこれほど別物に見えるのは、別物どころか本性を異にするとさえ見えるのは、われわれの道徳状態〔社会状態〕が狂っている結果にすぎず、われわれの道徳状態が道理に適ったものだったら、われわれはもうそれを物理的なものと区別しないだろう、と。[九八] そうなると彼らは、習律状態に、「道徳的自然法」状態に立てこもるほかなく、その状態の土台を純形而上学的なものの内にみつけなければならないでしょう。[九九] それをなしとげたら、あと彼らに残るのは、この完全な道徳状態が存在しうること、それが存在するのを阻むものはわれわれの無知だけであることを証明することでしょう。[一〇〇] なぜなら、その証明がなければ、われわれの道徳状態〔今の社会状態〕は神という形而上学的・道徳的な土台とともにいつまでも存在して、無神論者たちのあらゆる努力も今そうであるように有害無益なものにすぎないはずだからです。

疑いもなく、私は無神論者たちを遠くまで引っ張って行き、そこまで穴を掘らされることがありうるとは彼らが夢にも思わなかったような底まで掘り進んでいます。でも所詮、彼らも打ち壊したいなら打ち立てなくてはなりませんし、私が求める条件を充たさずに打ち立てられるなら打ち立ててみよと、私は彼らの全員に挑戦するものです。今や、あらゆる困難はその条件だけに帰着しているのですから。[一〇一] 私は理性を行ける所まで推し進めて、破壊的な目的へ導く力を最大限に具えた道の上に無神論者たちを立たせました。目の前に開かれたこの道から何か利益を引き出して法律状態の打破へ向かえるかどうか、それを見るのは彼ら自身の仕事です。それができなければ、この〔法律〕状態が自分にも傷つけられぬほどの力を持つのを彼らも認めなくてはなりませんし、そうなると彼らの手からはペンが落ち、二度と永久にそれを持ち直すことはできないでしょう。

彼ら〔八九〕の無神論よりはるかに開明的な無神論によって、破壊が許されるためにはそれを充たせと私が求める条件を充足できる場合にさえ、彼らの無神論はやりこめられてしまうでしょう。そういう際にも、この〔開明的な〕無神論がない時はどうしても神の法が必要だったこと、神の法を通じてしかこの無神論へは来られなかったこと、無知で原理なき彼らの無神論が神の法を打ち壊し、その後釜に坐るなどと称することに道理の影すらなかったことを彼らが見るのに変わりはないからです。この想定では無神論が無神論をやりこめることになりますが、私がこんな想定をするのは、彼らの無神論がどれほど無考えなものか、彼らがそれをひけらかすのはいかに間違いかを、無神論者たちによくよく示すためなのです。[一〇二]

さらに進んで、この開明的な無神論が今日発見され開示されたとした場合、それが自らの明証性のすべてを以てしても法律状態を打ち壊せるかどうか、われわれが住む地球上に法律状態がこれほどあまねく、これほど強固に打ち立てられているのにそんなことができるものかどうか、無神論者たちに訊いてみましょう。彼らもきっと肯定する決心はつかないでしょう。[一〇三]ならば、そこから、この法律状態がいかに磐石か判断して、その判断を出発点に、自分らの努力の虚しさ、無意味さ、そして同時に危険性をよくよく納得してほしいものです。

ここまで来た今、無神論者たちも、存在として原理としての「普遍的実在」を認め、神学的哲学が教えてくれるとおりその実在を肯定的および否定的なものと認め、習俗にそれなしには済ませられなかった或る原理を与えるこの〔神学的〕哲学の方が、そういう原理を否定する[一〇四]自分らの哲学などよりずっと高級なこと、与える原理について神学的哲学が思い違いをしたことがありえてもなおかつそうであることを認めるのを、自分はもはや拒めないと承認するほかありません。

彼らは自己の悟性にしたがって物を書きますが、悟性は彼らにあっても私にあっても同じもので、彼らが私ほどそれを展開しなかっただけです。この悟性の価値を彼らが今余すところなく認識し、私がそこから明かして見せたものを辿ってほしいと思います。形而上学的原理から自分らにとっても種々の帰結が生まれてくるのを見れば見るほど[一〇五]、その原理〔全一体〕とそれの否定〔全一者〕を知らずに、それどころか真の道徳原理すら知らずに反宗教という態度を決めそれを見せびらかしたのは間違いだったと彼らはますます判断するはずです。われわれが宗教など持つのは馬鹿げたことだと彼らは思っていたわけですが、そうする根拠があったかどうか考えてほしいものです。真理の発見に

よって今、宗教は虚偽だと論証された場合でさえも。〔一〇六〕

愛する宗教のために、私はできるだけのことをしました。われわれの法律状態の内では宗教の存在が必要なのを論証し、その存在が不合理で不都合だらけでも責めるべきは宗教ではなく、自分の支えとしてどうしても宗教を必要とした人間的法律状態なのを証明し、宗教の敵たちをやりこめ、そんな連中より宗教の方が優位に立つのを余すところなくお見せしました。宗教の原因である人間的法律状態と同様に、宗教を私が同時に打ち壊すとしても、私にそれを強いるのは真理と人倫ですし、〔一〇七〕今見る哲学的な慢心と、それがもたらす害悪なのです。われわれが今いる半啓蒙の時代には、われわれの無知が打破されることが殊のほか必要です。真理が人間たちに与えられると、それが革命を惹き起こすかもしれませんが、その革命はわれわれを脅かす革命を防いでくれるでしょうし、その時は絶大な善が大きな悪を回避することになるでしょう。この仕合わせな革命は一挙には起これませんが、真理が開示されて次から次へ人々に承認されてゆけば、人心はそれへと向かい、別の革命など望まなくなるでしょう。

われわれの不幸な法律状態は、ありとあらゆる悪をなんと沢山日々に生みだしていることでしょう！〔九〇〕病気には必ず薬を付けようとするものですが、この薬までがそれ自体病気なのです。ですから、この病に効く真実で唯一の薬をはねつけないようにしましょう。しかし、かりに一部の人が、自分らはそれで損をするという全く誤った考えからこの薬をはねつけようとしても、それは無駄というもので、明証性はすでに語りましたし、これからも語り続けるでしょう。

これまでの答にはヴェールをかぶせているかに見えましたが、これからの答にはそんなヴェールはなくなります。

（九四）　私にはできませんし、できないばかりか、今までの話からもうそれを疑うべきでないように、こんな観点は不合理です。それでもこれから、その点については自分の考えを説明せず、無神論者を追いつめようとする哲学者的神学者であるかのようにお答えしましょう。自分の考えをもっとはっきり説明するのは、この答の次に来る答の中でします。

（九五）　道徳的・知性的な神なるものを根拠にする時、神学は哲学からはみ出て、純然たる神学に、純然たる絵空事になります。それでも、あらゆる諸国民、わけても文明諸国民の習俗は、この絵空事に基づいているのです。

（九六）　彼らがそう考えるのには理由がありますが、その理由は彼らにあっては深められていません。

（九七）　私はむろん、この帰結を別個に詳細な形で引き出さずにはおかないでしょう。

（九八）　私がここで無神論者に言わせることほど真実なものはありません。われわれの道徳状態または社会状態は、その極度の狂気のため、事物の通常の流れからあまりにもはみ出し、本来あるべきものとはあまりにも法外に異なるため、それの内には物理的なものしかない、われわれのあらゆる徳もあらゆる悪徳も偽りの社会状態がわれわれの身体機構のバネを調整する仕方の結果にすぎない、とわれわれが想像するのを常に拒んでいるのです。

（九九）　習律状態は形而上学的存在を、「全一体」を土台にし、法律状態は道徳的・知性的なものと不合理にも見たこの存在を土台にします。

（一〇〇）　そのことは後段で証明します。

（一〇一）　そういう条件を私が持ち出すのは、自分がそれを充たせるのをお見せするためにすぎません。

（一〇二）　「開明的な無神論」は危険などころか、人間たちが望みうる最も有利なものです。事物の根底に関する彼らの無知を打破し、道徳的真理とそれを実践する可能性を論証することで、人間たちを永久に幸福に、今まで不幸だったのと同程度に幸福にするはずなのですから。連続的な楽しみである幸福は、原理に基づく習律状態によってしか地上に存在できませんし、そういう状態へ連れて行けるのは「開明的な無神論」だけなのです。なんだ、無神論者が無神論者たちをやっつけるのか、と言われるでしょう。しかし、私は無神論者たちに対して、私の無神論の帰結でないようなことは一言たりとも言いませんでした。それにしても、有神論の道徳的な面だけを打ち壊し、有神論の形而上学的な面を論証して、そこから真の道徳状態を導き出し、道徳的悪をその源から消滅させる者に、「無神論者」という忌わしい肩書はなんと不似合いなことでしょう！

（一〇三）　形而上学的・道徳的な明証性は、開示されれば法律状態を習律状態に変えるでしょう。そんなことはなしとげられまいと言うためには、明証性は開示されたがその変化を起こせなかったというのでなければなりませんが、明証性が開示などされなかったことは誰もが認めるでしょう。

（一〇四）　ありうるだけでなく、事実そうなのです。

（一〇五）　否定的実在、それ自体としての実在、または無限者からはいかなる帰結も生じませんから、ひとたびその実在が論証されたら、それについてはすべてが言い尽くされたのです。形而上学的原理から生じる様々な「帰結」は、いずれ、これまでよりもっと詳細にお目にかけましょう。

（一〇六）　いくら打撃を与えられても宗教がこれまできまって優位に立ってきたのは、真理がまだそれに打撃を与えていなかったからです。

（一〇七）　真理の展開から生じる利益は、今生きている人々よりその子孫たちのためにあります。ですから、残念ながら、その利益が今生きている人々とその子孫との両方のためにある場合にくらべて、今生きている人々はこの展開にずっと僅かな利害関係しか持ちません。しかし、利害関係のなさなど明証性にはどうでもいいことで、こんなものはそれの前進を遅らすことしかできないでしょう。

問三十一

貴方が証示されて今は私にも理解できるような形而上学的原理は、きっと道徳的なものではありえないのでしょうね？

答

形而上学的原理が何か物理的なものでありえないことも、われわれの偽りの社会状態である道徳状態が物理的なものでしかありえぬことも、私がこれまで証示したすべてのことからあまりにも明瞭ですから、ここではその対象に関連する二、三の考察をするだけでお答に代えましょう。

人間たちは、自分自身を最も高く買うような、同時にまた最も誤った自己の観念を与えるあの法外な知能とともに様々な徳と悪徳をもたらした法律状態の結果として、二つの原理または形而上学的対立物から、善一般と悪一般から、神なるものと悪魔なるもの、良き原理と悪しき原理を作り上げました。善一般と悪一般というのは、つまり「極大」と「極少」、形而上学的両極で、それらは一つのものにすぎませんし、その中間という一つの原理しか与えません。それの相対的な実在はすでに論証しました。

人間たちはそれにより、自分らの道徳的な似姿としてこの二つの原理を形作り、一方には自分らのあらゆる徳を、もう一方には自分らのあらゆる悪徳をそれぞれ最高度に与えました。こうして、「全一体」は人間たちによって、自己の本性と矛盾する道徳性を獲得したのです。同じく人間たちから与えられた彼らの知能を獲得したように。実際、道徳性というのは「全一体」の本性と矛盾しています。なぜなら、この存在が、道徳的な善悪をその一部とする物理的な善悪がそこから発する形而上学的な善と悪だと言うことも、それが徳高いとか悪徳の塊だとか言うことも、不合理を犯さずにはできないからです。「全一体」はそれの内に存在するすべてのものの初源的原理であるように、「徳」、「悪徳」と名付けられるわれわれの物理的なやりかたの初源的原理でもあるのですが。

形而上学的原理または「全一体」に人間たちが恵んだほかならぬこの道徳性から、あらゆる宗教が生まれました。

さて、この道徳性というのは不合理ですから、あらゆる宗教は不合理なものに立脚することになります(一〇八)。でも、人間たちはどうしてこんな悪癖に陥ったのでしょうか。それは、陥らないことはありえなかったからです。社会生活をする人間たちには習律状態か人間的・神的法律状態しかなく、第一の状態へは第二の状態を通ってしか来られなかったのですから(一〇九)。本当の道徳的美徳が言うまでもなくなるその第一の状態にひとたび置かれたら、人間は徳も悪徳も知らなくなり、したがって神も悪魔も必要としなくなるでしょう。

無知で法律状態のもとにある人間では、あらゆるものが寄ってたかって、道徳的・知性的な種々の存在を想像させました。神々とか悪魔たちとかいう感覚的ならざる感覚的な存在です。法律状態に次いでそれにいちばん力を貸したのは、二つの原理または「全一体」の十分展開されない観念でした。その観念に人間は感覚的な諸観念を、物理的・道徳的な諸観念を結び付けましたが、とりわけ結び付けたのは、社会生活をして人間的法律状態のもとにある自分に関係した諸観念でした(一一〇)。

同様に、自らの法律状態の結果として、また、けっして死なずすべてにおいて到る所にあり最大・最少の善——最少が「悪」と呼ばれるのですが——である形而上学的実在に関する十分展開されない考えの結果として、人間は体と別の魂を、現世では二つの原理がたえず闘う道徳的で不死の魂を自らに与えました。体のメカニズムもそれに力を貸しました。その理由は、自分の知能、自分の思考、自分の感覚等々について考えをめぐらした上でも、しごく単純なことを自分に言い聞かせるだけの分別が人間になかったからです。しごく単純なこととは、これらはすべて自分であり、他の諸物体によりたえず動かされ構成される自分の身体機構の隠れたバネである以上(一一一)、これらすべてについては、現に自分が経験すること、現に自分が感じること以上に自分にとって知るべきものは何もありえず、したがって、その面での探究にはいかなる理由もないということでした(一一二)。

(一〇八) そこから、習律状態を是とし法律状態を非とする間接的な証拠が得られますが、法律状態の不都合という証拠と同じく感覚的な証拠であるこういう間接的な証拠のほかに、知性的な直接の証拠があります。そこへはこれから行きますが、その証拠は軽々しく読んではいけないものです。

（一〇九）　あれやこれやの不合理に人間たちはどうして陥れたのかと自問されますが、宗教がひとたび存在したら、人間たちがそういう不合理に陥るのは結果として当然だったからです。

（一一〇）　人間は内にある自らの物理的なものを二つの原理に与え、それらに自分の道徳性と自分の知能を持たせましたが、さらに加えて、外にある自らの物理的なものをも与え、人間の形のもとにそれらを描いたり表象したり、それらを受肉させたりしました。

（一一一）　われわれが諸々の物体について持つ観念や感覚は、それらの物体からわれわれを構成するもの、それらの物体からわれわれに作用するものにほかなりません。

（一一二）　私が言うのは、思考や感覚に物体〔身体〕とは別の本性をみつけることを対象とした探究のことです。誠に不適切にも「形而上学」と呼ばれてきたかような対象は退屈を催させることしかできませんでしたが、逆の対象はそうではありません。

問三十二

道徳的真理または習律状態が、真理から、または同じことですが形而上学的原理から発するのはどうしてですか。

答

形而上学的原理である「全一体」または相対的実在は、形而上学的ないかなる面でも同時に等しく秩序・調和・善・団結・平等・完成の最大および最少で、またそこから、これは二つの原理だと言えるのですが、さて等しく最大であり最少であるということは、より多くもより少なくも一方より他方でないということ、両極の統一、即ちそれらの中間であるということです。（一一三）それゆえ「全一体」は形而上学的な中間、なんなら点、中心等々で、したがって形而上学的ないかなる面でも完成なのです。完成の最大と最少の統一からは、前述のとおり完成しか結果しえませんから。

「全一体」の内にあるすべてのものが目指すのは「全一体」の完成ですし、「全一体」であることです。あるいは同じことですが、配分的に捉えたすべての存在が根本的に目指すのは、可能なすべてのものを享受すること、すべてのものを自分に帰着させること、自分の内に集中させることです。われわれにある神への志向が語られた時にはきまって、言わんとしたのはこのことでした。重ねて言えば、そもそも、原理として捉え原理として見た神とは「全一体」でなくて何でしょうか。「全一体」は異論の余地なく、物理的諸部分の形而上学的補完物または形而上学的完成で、それらの部分の知性的集合体なのです〔二一四〕。

われわれは昔から、自分にある神への志向から人間たちのための道徳を導き出してきました。〔神という〕この存在に道徳性を付与せず、それをわれわれの道徳的さらには物理的〔身体的〕な似姿として作らず、相対的な普遍的存在であるものとしてのみ、道筋がまっすぐかどうかは別にして各存在がそれの完成を目指す「全一体」であるものとしてのみ見ていたら、そうすることも道理に適っていたはずですが〔二一五〕。

社会生活をするすべての動物が同類たちと持つべき道徳的な関係性を正しく見るためには、どうしてもその関係性をあらゆる関係性の原理の内で、「全一体」の内で見ねばなりません。各存在は「全一体」の完成を、個別の諸存在を通じて、とりわけ同じ種のもののような自分に最も類似した諸存在を通じて目指すのです。さて、「全一体」は「一」なる存在ですから、したがって、同類たちと可能なかぎり最大の関係性を持ち最大の団結をして、「全一体」が形而上学の面でそうであるものを道徳の面で再現することが、社会生活をするすべての動物の完成に属します。社会状態が偽りの原理の上に形作られている今日には、以上の原理がとりわけ当てはめられるのは人間たちですが、そこで人間たちにこの原理を当てはめれば、人間たちは自分らを団結させるこの社会の内に、自分にとってこの社会を「全一体」の鮮烈な似姿に、知性的団結の、形而上学的像の感覚的な似姿にしうるすべてのものを、つまり社会状態としてこれ以上のものは望めないようにしうるすべてのものを注入すべきだということになります。

「団結ハ力ナリ」で、形而上学的な統一・団結を源とするこの原理によってこそ、道理に適ったすべての社会状態は存在せねばなりません。今そうでなければ、そうならねばなりません。したがって人間たちは、一人一人が他の者に対して、また、自分らに害を与えたり必要になったりするかもしれぬ〔他の〕様々な種や自然力に対しては全員が、今は僅かしか持たぬ力を十分具えようと思ったら、精神的〔心証的〕な厳密さを以て一体となることを遂に考えなければならないのです。

「それぞれの人間はほかのあらゆる物理的存在と同じく多かれ少なかれ中心で、多かれ少なかれ中間で、すべてを自分に帰着させることを、すべての中心・中間であることを、「全一体」であることを常に目指しますが、この志向が社会状態の中でしっかりと、また完全に自分を幸福にする方へ向かえるのは、それが同類たちにもある同じ志向を妨害しないかぎりででしかありません。自分が同類たちと団結して、自分個人の志向と同類たちの志向から、自然の内に根本的に存在するような一つの共通の志向を、その対象も今の習俗の内でのようにまちまちではなく同一であるような志向を作るかぎりででしかありません。そうなれば、自分の志向も同類たちの志向から力を得、今の不幸な法律状態の内では常にそうであるように同類たちの志向によってたえず邪魔され弱められることはなくなるでしょう。

　他人がわれわれの幸福を通じて自分の幸福を目指してほしければ、われわれも他人の幸福を通じて自分の幸福を目指さねばなりません。一般に最も愛されない人というのは、次のような人でなければ何でしょうか。いちばん直接的に物事を自分に関係づける人、同類たちのことをいちばん意に介さず、自分自身を愛するのに、利己的であるのに反比例して同類たちを愛さない人（二一六）、われわれが神秘家的な文体をそれから作った形而上学的文体でそのことを言い表わせば、「全一体」からそれの諸部分への関係性がそれの諸部分から「全一体」への関係性と絶対的に等しいのが分る普遍的体系からいちばんひどくはみ出る人です。しかし、ここで言わせてもらえば、人類と個別社会の疫病神であるその種の人間がなんと沢山いることでしょう、また、それがほぼきまって最も富み栄えた人間だというのは、人類にとってなんと恐ろしいことでしょう！　そういう連中の繁栄は厚顔無恥の純然たる結果で、彼らを恐れるという弱さをわれわれに与えはしますが（二一七）、それでもこの繁栄は、他人の不幸を作ることで当人の幸福を必ずしも作りません。実際、そういう連中はいくら成功しても、普通は道徳的美徳を具えた少数の人ほど幸福ではないからです。その少数の人とは、物事を他人に関係づけることによってしか自分に関係づけず、同類たちを愛し、野心家たちがするように不平等を通じてではなく平等を通じて平等を目指す人ですが（二一八）。

　道徳的真理は純粋に相対的な観念ですから、われわれが等しく持つ「全一体」の観念の、あるいは同じことですが秩序・調和・団結・平等・完成の観念の結果でしかありえません。この観念は真なる観念で、個別に存在する相対的なものはみなそれの内に見なければならないのです。

もう一度言えば（これほど真実でこれほど単純な主題では、私も繰り返ししかできませんから）、最高存在が模範として示される時、模範として示されるのは「全一体」なのです。「全一体」のみが、それ自体純粋に相対的なもの（二一九）である自らの内に存在する相対的なすべてのものの真の原型であるのと同様、習俗の真の原型でもあるのです。しかし、最高存在または「全一体」を道徳的存在のように、われわれに賞罰を与える主人のようにもう見なくさせるためには、知性的なものの内に感覚的なものを見るのに慣れたわれわれの頭脳から、今になってどれだけ深く刻まれた痕跡を消し去らねばならぬことでしょう！

団結の状態または社会状態は統一と団結そのものである「全一体」の帰結ですから、人間たちも自らの最大の利益のため、そういう状態で暮らさねばなりません。でも、それが団結の状態であると同時に不団結の状態でもあると、それでは首尾一貫せず、その状態はもう人間たちに有利なものとはなれません。ですから、その状態の内にそれが求める帰結を余すところなく注入し、実際にも団結の状態、道徳的〔社会的〕平等の状態にすぎないような団結の状態ならしめることが人間たちの利益です。「全一体」は統一であるように平等でもあるのですから。

友情とか個人的なつながりとかいうものは、相互に固く団結しようとする志向が人間たちにあることを証明しています。われわれの習俗の内にそういうものが存在するのは、全般的な友情、全般的なつながりがないから、先に述べたあの共通の志向がないからにすぎず、その志向が効果を上げるために求めるのは、よく考えた上で原理に基づいて道徳的不平等と所有を廃止することだけです。所有の廃止というのは、われわれの団結の状態の内に道徳的悪を持ち込んだ、地上の財貨と女性という二つの不幸な面でともに行なわれるものですが（二二〇）。

今お見せしたように、習律状態の一次的な理由は「全一体」にあり、二次的な理由は道徳的平等と財貨の共有にあります。後者は感覚的な理由、もう一方は知性的な理由です。現に存在する法律状態の理由はどうかといえば、それは力に、道徳的不平等と所有に、「全一者」と「全一体」が神に変わった不合理な変身にあります。

（一一三） それのみが自分自身と等しいと神について言われますが、そう言うのが真であるのは「全一体」についてです。

（一一四） 私が証明したことを見失わないでください。物質が、物質的諸部分の全体が知性的実在以外の実在を持てるのは矛盾するということです。

（一一五） われわれの志向は内容的には常に完全なものですが、形式的には、つまり共同の福利とわれわれ自身の福利との関係ではそうでありません。

（一一六） 今風靡する精神は人々を独立であるように仕向けますが、同時にまた、利己的であるように、自分の所有〔財産〕に執着するように仕向けます。そこから、この精神が形をなすのを権力が恐れる理由は全然なく、権力が自分の力を行使したくなったら、その力を使ってこんな精神を懲らしめ、さらには絶滅させる道が存分に開け放たれます。この精神は専制だと喚き立てますが、自分はどこまでやれるか認識する立場に権力を置くことで、専制を惹き起こすおそれが自分自身にあることを考えもしないのです。

（一一七） われわれの習俗の中では、羞恥心を持ちつつ繁栄を求めたりしてはなりません。羞恥心はほぼ常に厚顔無恥と鉄面皮によって圧し潰されます。

（一一八） 注意してほしいのですが、野心家が第一の目的とするのは同類たちより優越することではなく、同類たちの内で自分より優越し優位に立つ者が一人もいないようにすることです。野心家は平等を目指し、道徳的〔社会的〕独立を目指します。あらゆる支配の軛を可能なかぎり振り払おうと努めるのは、平等と独立を目指すことだからです。不平等を通じてそれを目指すのは、われわれの法律状態の性質上、自分が主人でなければ主人なしでいられないからです。野心家が平等〔対等〕な者など要らないと言うのは、もっぱら、そういう者が平等〔対等〕という立場から脱して自分の主人になるのを恐れるからにすぎません。主人など要らないと言うのは、自分自身が主人を持たないためで、道徳的〔社会的〕平等がない以上、自分にとってはそれしか主人なしに暮らす方法がないからです。ひとたび自分の支配が消滅したら従属状態に陥るだろうと心配せずにも玉座から下りられるなら、国王たちもさっさと玉座から下りるでしょう。そのことに同意しなくても、よくよく考えればいやでも同意するはずです。

（一一九） それ自体としてあるのは、端的に言った「実在」であるのは「全一者」または無限者だけだということを見失ってはなりません。有神論が無神論に優る点は、二つの実体と呼ぶ二つの実在を垣間見たこと、その一方の内に関係づけの第一の対象を見たことです。その第一の対象に道徳性と知能を与えることで有神論が不合理に陥ったとしても、それは、われわれの法律状態と、無神論とも共有する無知が、必然的に、不合理であることを求めたからです。有神論はそうあらざるをえなかったわけで、無神論は有神論を敬って当然でした。

（一二〇） 女性の共有について私の考えの是非を判断するには、少し待って終わりまで読まなくてはなりません。地上の他の財貨に不足することがなければないほど、われわれはますます女性の所有に執着します。女性たちが所有の強力な対象なのは、何よりも富める者の間で、富める者のため、富める者によってなのです。

問三十三

法律状態があるのはなぜですか。習律状態があるのはなぜですか。

答

人間たちは「自然状態」と呼ばれるものを脱したからです。社会を作ったからです。法律状態によってしか社会を作れなかったからですし、習律状態によってしかこの嘆かわしい状態から出られないからです。自然状態を脱したのを悦ぶことに根拠があるのは、この習律状態の内だけですが。

問三十四

法律状態から習律状態へ移ることは人間に可能ですか。

答

その可能性はじかに証明するよりも、私が与える形而上学的・道徳的な明証性と、習律状態で人間たちが一緒に暮らすはずの仕方は法律状態での暮らしかたとくらべてどうかという詳細によって〔間接的に〕証明する方が向いています（一二一）。

法律状態から習律状態への移行を不可能と思うのは、その不可能性を打ち立てる感覚的・表面的な理由を見るだけで、逆のもの〔可能性〕を打ち立てる深い理由を見ない人だけでしょう。

現に存在するということを法律状態が味方につけるとしても、習律状態は明証性を味方につけており、それの明証性は十分に開示されたら、それの持つ専制的な支配力と、人間たちの何より明らかな利益とを同時に味方につけるでしょう。われわれはみな多かれ少なかれ法律状態の存在を嫌っています。法律状態はわれわれをお互いの手で不幸にしますし、それの存在を永続させるのはわれわれの無知なのです。

社会状態は物理的〔身体的〕な不平等によってしか、強い者の弱い者に対する、巧みな者の巧みでない者に対する支配力によってしか存在できませんでしたし、物理的〔身体的〕な不平等からは道徳的または社会的な不平等しか発せませんでした。さて、そうであるなら、道徳的〔社会的〕平等が存在できるのは後者の不平等によってのみ、それのあらゆる不都合の結果としてということになります。

ここでおそらくこう言われましょう。道徳的〔社会的〕平等の内でも物理的〔身体的〕不平等は依然としてなくならず、この平等を打ち壊すおそれがある、と。しかし、お答えすれば、そういう不平等は道徳的〔社会的〕不平等によって、法律状態によって今でももう非常に抑制されていますから、習律状態へ移った暁には必ずやないも同然になって、道徳的〔社会的〕平等に対しては絶対何もできなくなるはずです。というのも、その不平等が自らの利点を利用してこの平等から脱しようとするどんな理由もないはずなのは異論の余地がないからです。しかも、その不平等は男と男、女と女の間では今あるほどのものでは全然なくなるはずです。それが今これほどあるのは、偽りの習俗がわれわれの間に持ち込む極度の差異の結果にすぎないのですから。

法律状態から出られはしないよ、と外見は言いますが、われわれの習俗の根底はあまりにも偽りなので、外見はそれに味方すればするほど、ますますいっそう偽りなのです。人間たちをこの状態から出させるにはただその蒙を啓くだけでよく、それに同意しないことに根拠があるのは、人間たちはすでに蒙を啓かれたが無駄だった、と事実と違うことを言えるかぎりでしかないでしょう。われわれの無知とわれわれの偽りの社会状態は、本当の社会状態とそれを享受する可能性についてずっとわれわれを盲目にしてきました。黄金時代やいにしえの田園生活などの画幅にある真の社会状態の不完全な描写も、われわれには終始、美しい寓話にすぎませんでした。そういう描写は異論の余地なく、見せられるとなんとも快い感覚をわれわれに起こさせるため、それを「美しい」と言うのにはますます根拠があるわけですが。

人間たちを法律状態から習律状態へ移らせられるものは、私が出すような一冊の本しかありません。その本もひとたび出て効果を上げたら、ほかのあらゆる本と同じく、竈《かまど》の焚き付けというような何か物理的な用途にしかふさわしくなくなりましょう。われわれの中でその本を人一倍必要とする者は、異論の余地なく教養人です、民衆という部類からはみ出て民衆を支配する人たちです。だいたい、そういう人以上にわれわれの社会状態の不都合を、ひどい心労を、耐えがたい退屈を、社会への興味のなさを、生への嫌悪と死への恐怖を経験する者がどこにいましょう！　人類の悲惨が実によく描かれるあの本という本を作るのは、そういう人でなくて誰でしょうか。また、自分の悲惨以上にどんな悲惨が、それでも書き尽くせない彼らの筆に素材を提供するでしょうか。民衆の習俗よりはるかに偽りではるかに負担になる習俗のため、われわれに欠けている本を最も必要とする人たちこそ、まさに、自らの習俗の帰結として、その本を読み、理解し、実効あらしめるように出来ているのです。

疑いもなく人間たちの四分の三は、その本を読んでそこに盛られた真理を自力で確信できる立場にはないでしょうが、しかし、食《は》む草をみつけるにはどこへ行くべきか、狼から守られるにはどうすべきかを羊の群が知る必要はありません。羊飼いが知っていれば十分で、この場合羊飼いとは、真理を把握する能力があり、それを実効あらしめることに最も利害関係のある人々です。あとの者は羊に当たりますが、その時ほど羊飼いの声が羊たちによく届くことはないでしょう。

人間たちを法律状態から習律状態へ移らせられるのは教養人たちの協力だけで、そういう人を全員力を合わせてそれに協力させるため必要なのは、彼らを必ずや圧服する明証性の力でそうする必然性を課すことしかありません。しかし、そういう人は身分も習俗も性格もあまりにもまちまちで、あまりにも互いに切り離されているため、一緒に協力することなどできはしない、と言われるかもしれません。お答えすれば、だからこそ協力するはずなのです。なぜなら、そういう人は〔ばらばらなので〕互いに一致して自分の確信を隠蔽することはありえず、そもそもあらゆる道理に反するそんな一致が生じえない以上、彼らは真理に同意する必然性を互いに課し合い、その真理が自己の明証性によって彼らの全員に必然性を課し、こうして彼らは一緒に協力するはずなのですから。拒否する者がいたとしても、その連中には四方を取り囲む納得した人々に向かって自分の言い分を根拠づける義務がありますが、そんな連中もその言い分も皆が感じる憐みにどうして太刀打ちできましょう。互いに支え合う一次的〔形而上学的〕な明証性と二次的〔道徳的〕な明証性が与える明証性に対しては、一部の人間は抗《さから》えますが、人間たちは抗えません。人間たち（*les hommes*）を相手にして、一部の人間（*des hommes*）、つまり出来の悪いいくつかの頭など何でしょうか。

しかし、習律状態まで来るには誰か一人が音頭を取って他の人を動かさなくてはいけないが、誰が音頭を取ってくれるのか、とさらに言われるかもしれません。〔お答えすれば、〕人間たちは一致して互いに音頭を取り合い、事はおのずと進むのです。またはお望みなら、異口同音に湧き起こる叫びが、すべての口から出る声があまねく音頭を取るのです。その声を呼び起こす誰かが真理には必要でしたが、しかしひとたび呼び起こされたら、その声は十分効果を上げるためもはや自己の明証性しか必要としません。現在まで、すべてを左右してきたのは打破すべきわれわれの無知でした。言い換えれば、それだけがわれわれを法律状態から習律状態へ移らせられた形而上学的・道徳的手段の認識だったのです。

地上のお偉方のように道理に適った習俗の純朴さから遠く隔たっていればいるほど、そこへやって来るのはますます難しそうに見えますが、ここでは外見を信用してはなりません。牧歌は昔から、宮廷でも市中に劣らず、いや市中以上にはやってきました。

お偉方を羨むのは、この人たちについて正しい観念を持つことではありません。お偉方を近くから眺め、表に現れたものを透かしてその幸福をそれ自体として注視すれば、これについてどう考えるべきか分ります。習律状態がもしどこかに存在したら、そのためにすべてを抛《なげう》つことではお偉方も人後に落ちまいというのは賭けてもいいことです。

その〔習律〕状態の利点が私にはあまりにもよく感じられますから、その状態で暮らすか、今の〔法律〕状態の中で不幸な度合がいちばん少ない人になるか、どちらかを自分で選べたら、私は躊躇なくその状態で暮らす方を選ぶでしょう。その状態がいつの日か自分のものとなる希望を私はいささかも抱きませんが、ただ、重ねて言えば、真理がもしも人間たちに知られたら、その状態は必然的に人間たちの状態となるでしょう。そもそも、その認識がひとたび得られたら、人間たちが法律状態に留まる方法などあるでしょうか。そんな方法をみつけられるならみつけてみよと、私は人間たち全部に言ってやります。それでも私が求めるのは、人間たちがこの点を必要なだけ深く考えること、真理の認識から必然的に生じるはずの大きな変化を残らず見て取ること、宗教の破壊という必要不可欠な最初の変化だけでも見、この破壊だけでも後《あと》に引き連れる破壊のすべてを直視することです。卜占官が二人鉢合わせすると笑い出さずにはいられないようになるのは、真理が認識された時でしょう。そうなれば、彼らの身分も迷信も存続する方法はなくなります。

私が書いたものを読み、われわれの不合理と諸悪の総体を一目《ひと》で見る能力のある人たちこそ、私がここで賛同を求める相手です。だいたい、大衆を引っ張って習俗を変えさせられるのも、不合理なもの〔宗教〕に好き勝手に統治され、自分個人の悲惨しかまず目に入らず、それも一つずつ個別にしか見られないあの人間たちの群に手本を示せるのも、そういう人たちでなくて誰でしょうか。しかし、そういう人の賛同を私が求めるまでもありません。明証性には彼らも賛同を拒めませんから。

習律状態の内にもいろんな不都合を見て取り、長い目で見ればそういうものが法律状態へ人を連れ戻すおそれがあると思うのは、習律状態について正しい観念を持たないかぎり、その鎖のあれこれの環を見るだけで、鎖全体を考慮に入れないかぎりでにすぎません。つまり、それぞれのものをほかのすべてのものとのつながりの中で見ず、システム全体を捉えず、未開状態や現行の社会状態について持つ観念を今問題の〔習律〕状態へ及ぼすかぎりでにすぎません。でも、一言《ひと》で言えば、習律状態にどんな不都合がありうるでしょうか、その状態は実際、未開状態と法律状態の種々な不都合が取り除かれたもの、物理的〔身体的〕不平等が完全に武器を奪われたもの、それの結果である道徳的〔社会的〕不平等が全面的に打ち壊されたものにすぎないのに。そこには絶対的にどんな不都合もないでしょうし、それがもたらす楽しみは法律状態の楽しみよりどれだけ優ることでしょう！

人類からそれを支配するすべての道徳的悪徳を消し去り、最大の極悪人をも習律状態にふさわしい人間たらしめるには、道徳的〔社会的〕不平等と所有のかわりに道徳的平等と財貨の共有を打ち立てれば足ります。そもそも、ありとあらゆる極悪人や悪徳まみれの人間を作り出すのは、道徳的不平等と所有でなくて何でしょうか。原因が打ち壊されれば、結果も打ち壊されましょう。

　真の原理を深く会得した或る人が、男女からなる一万人のごろつきを募って海を渡り、無人の無主地でともに新たな植民地を創設したとしましょう。上陸と同時に道徳的平等と、いかなる財貨にも及ぶ共有を打ち立て、まず自分がほかの人々に範を垂れて、最初のうちは助言をしてそのコロニーを助け、自分の英知でそのコロニーを啓発する権利だけを自分のために取っておくとしましょう。保証しますが、一万人の移住者はじきにその人の望みどおりの暮らしをするようになり、その人も、彼らも、彼らの子孫も堕落することはないでしょう。拒否する者がいたとしても、それは頭がおかしい人間にきまっており、そんな手合はみな一致して、われわれが狂人を監禁するのと同じように扱うでしょう。

　すべての真理を手中にしたらその内一つを洩らすようなことは絶対にしまい、とド・フォントネル氏〔九二〕は言っていたと伝えられます。洩らすべきだったのはむろん一つや二つの真理ではなく、全部か無かでした。孤立した真理には全然力がありません。真理がほかの真理による支えを欠くと、人はいつでもそれに抵抗できますし、言った者を罪に問うこともできます。しかし、その支えがあれば、もうそんなことをする方法はなく、その時は納得が得られ、それで得することが人々にも十分わかり、言った者も好意的な目で見られて、明証性が効果を上げるのです。

（一二一）　その詳細は後《あと》で述べます。そうすれば、習律状態についても、それが存在する可能性についても正しい判断ができるでしょう。

問三十五

　今証示された可能性は私にも理解できます。打ち壊すことに根拠があるためにはそれを充たせと無神論者たちに要求される条件を、貴方御自身が充たされたのは分ります。私に残るのはもう、習律状態について詳細な観念を持つことと、御一緒に形而上学的真理をまた取り上げて、そこから多くの帰結を得ることだけです。そういう帰結を、おそらく私は自力では把握できないでしょうから。

答

それについては「道徳考」、「形而上学考」という題で書きましたから、後続の巻でお読みください。

道徳考

（第三巻、ノート四）

第一部

I

われわれの社会状態は団結の内での不団結の状態だが、理由は、社会的なあらゆる道理に反して、われわれが相互に異なるのみか極度に不調和な種々の身分に分れていること、それ自体によって役に立つ身分と、緋の衣〔王侯〕、教会〔聖職者〕、剣〔軍人〕、法服〔法官〕、金融などのように、われわれの習俗の狂気によってのみ、われわれがそのもとで暮らす法律状態によってのみ役に立つ人工的な身分に分れていること自体にある。

強い者が支配するだけで、始めに頭《かしら》が立てられただけで、当初は未開だった人間たちを異なる身分へ持って行くにはこと足りた。習律状態の利点を、つまり皆が同じ身分であることの利点を法律状態の不都合以外から知りえたら、人間たちはけっして王など持たなかったろう。そもそも、法律状態がそれの支えとして存在する根本的な欠陥で、人間たちの邪悪さと地上にある道徳的悪の真因をなす道徳的〔社会的〕不平等も所有〔私有〕も存在しなかったら、そこに王などいても何の役に立ったろう。その場合、王がいるのは矛盾だったろう。

異なる身分への人間たちの分裂が、人間たちの弱さと王たちの強さを作り、われわれとわれわれの財産をことごとく、われわれに対する支配の支えと化してしまう。この分裂によってこそ、われわれはお互い同士、隷属のもと、法の圧制のもとで暮らすのを余儀なくさせ合うのである。

人間たちにはたえず団結が説かれているが、不団結の原因・下地をいつまでも存続させつつそうしているから、道徳的不平等と所有というこの欠陥だらけな下地を宗教で聖別すらしつつそうしているから、団結を説いたところでどうしてもうまくいかず、そんな道徳を王たちは全然恐れもしない。もしもあまねく実行されたら、その道徳は王たちの存在を消滅させるはずである。実際、消滅させるはずなのだが、それは王たち自身にとっても、ああいう名だたる不幸者にとってもなんと仕合わせなことか！　善良な農夫でさえ、王の運命を羨んだら間違いだから(一)。

人間たちに与えられる真の道徳原理も、一部の人にしか歯止めとなれない。統治の道徳、つまり、神と人間の法(二)の酷《むご》い軛のもとにわれわれをますます固くつなごうとする政治が、いつまでもなくならぬ障害となって、それらの原理が十全な効果を上げられなくしてしまう。十全な効果は今の法律状態ではとても上げられるものではなく、上げられるのは習律状態でであろう。但し、その状態ではこういう原理を与える必要もなくなるのだが。人間たちが遂に、社会の内であるべきものに実際なるためには、王も高位の聖職者もその手下ももはやただの人間にすぎなくならねばならない。

(一)　人間たちは概して、役に立つ身分より人工的な身分に属する方が不幸である。

(二)　神の法も人間が作ったものである。おのが支えとしてそれを必然的に要求した人間の法と同じく。

II

マキャヴェリが公然とした「支配センガタメ分割セヨ」という勧めには抗議の叫びが上がったが、あの勧めが不愉快に思われたのは、統治の根本原理は開示されると忽ちそれ自体によって人を反撥させるからである。支配のバネは隠す必要があり、人間たちに知られたらはたらかなくなってしまう。

君主は王座の上に自分を維持しようと思ったら、つまり近隣諸国に対しても自分の臣民に対しても強力であろうと思ったら、どんなやりかたにせよ分裂を保つこと、自己の利益が求めるに応じてそれを増しさえすることがどうしても必要である。近隣諸国にせよ自分の臣民にせよ、互いに仲が良すぎると、君主の力と均衡するばかりかそれを破壊するおそれすらある一つの力が形成されるからである。だからあらかじめ、身分の相違と不平等によって臣民がみんな互いにばらばらで、みんなライヴァル同士で、それどころか互いに敵対し合っていなくてはならない。だが、それはわれわれの法律状態の本質に属することで、そこから、自己の利益が求めるに応じて臣民の間の分裂を増すため、あらゆる手段が君主に開放されるのである。

君主の臣民が様々な身分に分れることは君主の支配の大きな支点だが、この支点はいかに大きくてもそれだけでは足りない。君主は勢力を保つため、互いに反目さすべきあれこれの臣下を常に持つことがどうしても必要である。大臣の仕事の秘訣をなすこういう暗黙の分裂を民衆は知らず、分裂させられるお偉方や要人すら知らないことがほとんどだが。(三)

君主はほかの道徳を持てない以上、非難すべきは君主の道徳ではなくて君主である。しかし、君主を非難するのはひとえに習律状態へ移行するためでなくてはならない。法律状態が存続するかぎり、君主を敬いそれに服従するのが知恵というものだからである。宗教とそれの道徳についても同じことが言える。(四)

(三) 最高の位にあった某大臣の死後、或る大都市のトップだった三人の人が一堂に会して、何年もの間自分らを反目させたその大臣の手紙を見せ合っているのを私は目撃したことがある。

(四) 「宗教の道徳」と言うのは理性の道徳のことではない。宗教の道徳は或る程度まで理性の道徳を採用しつつも、なおかつそれの障害となる。私が言うのは宗教に特有な道徳である。

III

君主たちの間の世界的な平和が語られて久しい(九二)が、各君主が近隣諸国だけ恐れることが可能であればそれもありえよう。しかし、君主は自分自身の臣民を恐れねばならない。臣民も本来的には自由で、支配の軛のもとに生まれたとはいえ、支配に服するようにさせうるものは力しかないからである。こうして、君主には臣民を服従させておく軍隊が要る。しかし、軍隊を維持するのはその目的のためだと一目《ひとめ》で分らせるわけにはいかない。その目的が表に出たら、自分らが力の支配のもとにあり、お互い同士あらゆる面でそこにいさせ合っていることが臣民の目に映りすぎるからである。それゆえ、この軍隊は有事の際に国内で使えるように、その時は百戦錬磨であるように、国外で使わねばならない。したがって、君主は近隣諸国と戦争をしなければならない。以上の理由が疑いもなく、君主らの間の恒久平和計画が絵空事だと異論の余地なく言える主たる理由なのである。唯一の理由とまでは言わないが。

社会状態の未開な当初にも共同の防衛のため兵士は存在したし、その頃は一人の頭《かしら》のもとで皆が兵士だった。しかし、その防衛の必要がその後もずっと存在したのは、何よりも頭たち、君主たちがその必要を維持することを必要としたからである。それは、こういう理由を隠れ蓑にして、臣民に対して自分を強力ならしめる臨戦態勢の軍隊をいつまでも持ち、国内のお偉方を戦争という職業に携わらせるためだった。君主たちがますます絶対的な支配権を獲得するのに比例して、その必要は彼らにとってたえず増大していった。

君主が臣民に対して必要とする多数の兵員を保つためには秩序維持という理由だけでは足りそうもないので、したがって国防という名目が君主には要る。しかし、秩序維持という理由自体も純粋に君主から見てのものにすぎない。秩序維持の目的は一《いつ》に、民を自分の勢力に従わせ、自分の法に服従させることだからである。(五)

軍隊は全部君主の護衛だが、その中でも、君主の身を守りその勢威の飾りとなる特別の部隊〔親衛隊〕がある。いちばん反撥を招くのもそういう部隊で、理由は、君主の個人性や民への不信の念がそこからひときわ透けて見えるためである。自分の中で安全の声が政略の声より強くなかったら、強くあるべきでなかったら、政略は君主にこんな部隊を禁じ、君主は民に守られるに任すであろう。

強者の法というのが実際われわれの法なのは、未開状態と変わりない。われわれはその点で未開状態を永続させてきた。その法に対抗する法もそれ自体強者の法、すべての力を一身に集めようとする君主の法にすぎない。

同じ君主の臣民の間で戦いがあまりないのは君主がそういう戦いを望まないからだが、互いの間では戦いよりずっとひどいことが行なわれる。戦うのは国民対国民で、君主たちが戦う気になれば忽ちそうなる。こんな社会状態は実際、ありうるかぎりの不都合を未開状態の不都合に加えた以外のものかどうか、その状態がもたらす人工的な楽しみもそういう不都合を相殺するかどうか、教えてもらいたいものである。

（五）　秩序の維持からはむろん、われわれの習俗の内に何か秩序の影のようなものが生じる。それはそうでしかありえない。それがなかったら、われわれの習俗はいっときも立ち行かないからである。しかし、こういう秩序の影のようなものは無秩序の内にしか、大本から欠陥だらけな状態の圏内にしか存在しない。そこから現にあるような世界が生じる。そこから最も不合理な社会状態が生じる。私が言うのはとりわけ、文明化された社会状態のことである。

IV

主権との関係で言うと、兵隊と司祭の外見上の違いは、司祭が君主を自分の臣民から守り、兵隊が君主を近隣諸国から守ることにある。だが、重ねて言えば、兵隊が君主を近隣諸国から守るような立場にあって、もっぱらそのためにあるかのように見えるのも、実は君主を自分の臣民から守るためにすぎない。こうして、兵隊も司祭と同じく実際は君主を自分の臣民から守っている。だから兵隊についても、見かけに基づく不適当な言いかたでなければ、国防のためにのみ(六)、民の安全のためにのみ存在するなどともう言ってはならず、教会〔聖職者〕も剣〔軍人〕も実際は同じ役をする二つの身分としかもはやみなすべきではなくなる。同じ役とはつまり、自分の臣民に対抗する、したがって教会と剣自体にも対抗する君主の力を作りなすことだ。

武器の違いが司祭と兵隊の違いをなす。精神的なものと感覚的なものというその違いは絶対的に見えるけれども、見えるとおりのものではない。精神的なものも実は人間たちが作ったもので、それにある感覚的なものによってしか存在しないからである。

教会は、無知で隷属した人間の心情と精神を隷従させるためにあるというその武器の性質上、王座を守る軍隊の筆頭にある。体しか隷従させられない剣は第二位にある。兵隊は同僚の司祭に一歩譲るべきで、君主は司祭を第一に保護せねばならない。

司祭も兵隊も実際には君主への御奉公という同じ仕事しかしておらず、聖職に入るのも軍隊に入るのも王に仕えるためである。
暴君だろうが君主には服従せよと説く宗教はみな、どんなものであれ、栄えるための必要条件を全部具えている。原理としての存在、または「全一体」は、「王の王」〔神〕という不合理な名を冠されるかぎりでは王以外のものではない。われわれの法律状態では王がすべてで、到る所にいる。君主国のように一人だろうと、共和国のように複数だろうと。

天というのは教会が君主に仕えるための仮面で、民の防衛というのは君主が剣に仕えられるための仮面である。人間たちにとってはあらゆる仮面の内で最も重要なこの二つの仮面こそが、民衆に対する教会と剣の力を作ると同時に、君主が自分の主たる力をこの二つの身分から引き出すようにし、この両身分が他の人工的身分より前を歩くようにする。他の人工的身分とは、法服〔法官〕や金融といった、この二つと同様に主権によってしか、われわれの法律状態によってしか存在しない身分である(七)。

君主という身分はそれ自体が人工的な身分だから、そこからどうしても、羊飼い・農夫・職人といった本当に役に立ち、道理に適った社会状態ではそれだけが存在するはずの身分は、ほかのあらゆる人工的身分の後しか歩むべきでなく、すべての身分の内で最低の、最も卑しい身分でなくてはならない。われわれのたわけた習俗の内では事実そうである。

われわれの習俗の根底をなすのは道徳ではなく政治で、われわれの法の精神から必然的に生まれたその政治は自動的に動き、理論などいささかも関与しない。つまり、王もその大臣も教会も剣も法服も、哲学者さえもそれを根本的には認識せず、いかに有能な者でもそれを垣間見るだけだということである。細部に難癖はつけても、総体に手をつけられるとは思いもよらないのだ。われわれがそのもとに生まれる法律状態は、われわれにはそれほど磐石に見えるのである。

(六) 軍人については、国家に仕えると言うより王に仕えると言った方がいい。国家という言葉は一方で、すべてである

「王」を意味するが、他方では王を意味せず「国民」を意味するからである。

（七） 私がここでするように人工的な身分を全部叩くか、どれも叩かないか、どちらかにせねばならない。哲学者〔啓蒙思想家〕たちが緋の衣〔王侯〕や剣や法服を敬いつつ、教会には執拗な攻撃を加えるのを見ると笑ってしまう。まるで、教会だけ攻撃すれば、それを消滅させられるかのようだ。教会がほかの人工的身分以上に理性を反撥させ、あらゆる道理に反して理性を従属させようとするのは認める。しかし、それらの身分も教会なしには立ち行かないのだから、それらの身分を敬うなら教会も敬わねばならない。

V

前にも自分でしたことのある反論をここで更めて繰り返し、喜んでもう一度基本的な答をしておけば、人間たちが明日にでも法なしになったらどんな状態が現出するか。それは習律状態、道徳的〔社会的〕平等状態であろう。すでに述べたとおり、人間たちが社会状態から未開状態へ逆戻りするのは不可能だし、未開状態の外にある人間たちには法律状態と習律状態しかないからである。我らの人間観察家《モラリスト》たちと声を揃えて、きっと逆の主張がされるだろう。その状態とは、人間たちが欲望の対象を奪い合い、そのために殺し合いをする状態だろう、と。しかし、そんな主張には道理の影さえないだろう。なぜなら、殺し合いが可能な状態は未開状態と今の法律状態の二つしかないけれども、この状態は未開状態でも法律状態でもなく、道徳的〔社会的〕平等状態だからである。それはわれわれが全員志向する状態で、或る程度まで初代キリスト教徒や修道会の創立者たちの精神でもあったあの財産放棄の精神にすっかり充たされた人間たちが、そこでは何も私有せず、互いの間ですべてを共有するような状態であろう。法が弛むと（だから法律状態が必要だという結論が不適切にも引き出されるが）、人間たちが抑えられなくなって羽目をはずすとしてもいいが、そもそも法の弛緩は法律状態でしか起こらないから、私が証示する真理に反する帰結はそこからなんら引き出せない。真理とは、人間たちは明日にでも法なしになったら、必然的に習律状態の内に、道徳的〔社会的〕平等状態の内に置かれるということである。法なき人間というものはこういう真実の観点から見るべきであったのに、そう見られたことはいまだかつてなかった。かような観点は、それを打ち立てる〔形而上学的〕原理が据えられたことと相俟って、法を打ち壊す思弁をお許しいただく理由になるはずである。一目見ただけでは、この破壊がどれほど反撥を招くとしても。

未開状態では人間たちが欲望の対象を奪い合って殺し合いをしていた、と言われる。しかし、「君のもの」、「私のもの」が出来る前には、対象といってもあまりにも簡単で、あまりにも限られた、あまりにもみつけやすいものだったから、大規模な流血の因となることはなかった。だが、欲望の対象があの頃とは正反対になり、それを奪い合うためいずれ劣らずよこしまなあの手この手を不断に使うわれわれが、必ずと言っていいほど利害が分れ、公然の〔対外〕戦争であれ内戦であれたえず戦争状態にあるわれわれが、未開状態にそんな反論を呈せるのか。

宮廷や都会の人は田舎の人より相互の戦争状態がずっとひどく、田舎の人もかつての未開人よりずっとひどい。未開人は、自分に害を与えるおそれがあったり食料になりそうだったりするほかの種の動物と闘うために群をなすことしかしなかった。(八) しかし、私が今の法律状態を比較したいのは、未開状態よりもわれわれの習律状態とである。

(八)　必要のため、また防衛のため群をなすことで、人間は今あるような社会度にまで達した。同じ種の動物同士の群がりはみな社会の始まりで、なんらかの言語を伴う。必要なものだけに限られたその言語は、むろんわれわれの言語ほど豊かではないが、われわれがこんなに自慢する今の言語も、われわれの最初の群がりがこの上なくたわけた社会状態へわれわれを連れて行くかわりに、もしも習律状態へ連れて行けたら、今ほど豊かなものだろうか。われわれも今ほどお喋りだろうか。われわれと身体組織を異にして、賢明にも自分の必要だけに限られている動物たちは、われわれの言語など話さず、一緒に会話のための会話などしない、故に彼らは物を言わず、互いに分り合うこともない——われわれはこんな結論を下したのであり、それを恥じてもいないのである。自分の狂った習俗を基準にして、われわれはいつでも動物に不利な判定を下すが、本当は逆に、それを基準にしていつでも動物に有利な判定を下すべきであろう。われわれが動物に優る点といえば、われわれの社会状態が与えてくれる動物以上の力しかない。一人っきりで武器を持たない人間は、自分より強いがつがつした動物の前に立ったら、その餌として恰好なただの獣にすぎない。

VI

われわれは野生動物の本性の内から証拠を取ってきて、所有〔私有〕という欠陥は自然の内にあり、したがってその欠陥には歯止めをかけることしかできなかった、自分が主張するようにそれを法律状態がしたのだと証示しようとする。(九) しかし、その欠陥は未開な本性〔自然〕とそれが生みだしたわれわれの法律状態の本性には属していても、未開なものなどもはやかけらもない習律状態の本性には属さないはずだから、所有という欠陥のために野生動物を楯に取るのは適当でない。(一〇) われわれは未開状態の根本的な欠陥をわれわれの社会状態へ持ち込んだが、いまだかつてこの二つの状態しか知らないので、その欠陥は自然の内にあると言い、恥ずかしくも動物の例でそれを正当化したりするのである。ほかの点では動物に似たいなどと夢にも思わないくせに。

土地を耕した者がその土地を排他的に享受するのは自然だとも言われる。それが自然なのは所有が存在するわれわれの習俗の内でのことだが、土地が等しく万人のものになり、万人が協力してそれを耕し共同で享受するような習俗の状態では、一人の人間が自分のために土地を耕し堀で囲うのは自然に反すること、というよりもあらゆる道理に反することであろう。

法律状態は所有という欠陥に未開状態で持てたよりずっと大きな活動力を与えた。それが証拠に、この欠陥は法律状態であらゆる道徳的悪徳とあらゆる人工的情念を生じさせた。それの中には自然な欲望も入れられる。自分の内に欲望を掻き立て、それを充たそうと、われわれは凝りに凝り技巧をこらすからである。

男女間の自然な欲望だけでも見てほしい。法律状態がその面でわれわれをお互いどれほど自然の外へ投げ出したか、われわれをどれほど窮屈にしたか、それでどれほど禍の種を生んだか見てほしい。あの自然な欲望が動物たちに流させた血の総量も、それがわれわれに流させたものにくらべれば無に等しく、それがわれわれに流させた血も、その欲望にわれわれが加えた羞恥心とか独身とかいう酷《むご》い拘束や、それよりさらに酷い結婚という拘束によってわれわれが日々背負《しょ》い込まされる各種各様の禍にくらべれば、それでもまだ無に等しい。(一一)

本当の社会状態の外では、とりわけ、あらゆるものが寄ってたかってわれわれの欲望を掻き立てる今の社会状態では、雌は雄にとってこれまでずっとそうだったようなものでしか絶対にありえない。不和の種、反目の種、いつでも互いに奪い合おうとする享楽の対象物でしかありえない。（一二）女性に関する所有の法はわれわれがたえず抗議してやまない法で、われわれは総じて、誰がそれをいちばん破るか競い合っていると言っていい。地上の他の財貨に関する所有の法についても同じである。しかし、いつも束縛となり、意志によるにせよ結果によるにせよたえず破られる法とはなんたる法か！

（九）　所有という欠陥は動物的自然の内にあるが、それについて自然の内にあると言うのは漠然とした言いかたである。自然の内に存在すると言うために自然の内にあると言うなら、その時は正確な言いかたとなろう。ここで付け加えれば、「自然に反する」ようなものは自然の内に何もなく、この表現は厳密な意味にはけっして取れない。〔「自然に反する罪」と呼ばれる〕男色が「自然に反する」のは、生殖に反するという意味である。川のほとりの樫の木がどんぐりを水中へ落とすようなものだ。

（一〇）　われわれは所有という欠陥に執着するが、その欠陥こそがそれに起因する道徳的悪によって、それがもたらす物理的享楽の数々をこれほど高値で求めさせるということをついぞ考えもしない。そういう享楽も習律状態では全く別物になり、代価など全然要らなくなるはずだが。

（一一）　比例的に言えば、結婚の絆の方が修道誓願より多くの不幸者を作る。それが修道誓願ほど攻撃の的にならないのは、法律状態がそれを必然的に要求するからである。一人の男と一人の女が似合いでないのにいつまでも一緒に暮らすというのは、なんと恐ろしい絆であろう！　また、似合いの夫婦はなんと稀であろう！　どの世帯でも中へ入ってみれば、想像もつかない無数の禍が見えてこよう。想像もつかないのは、みんなこっそり耐えているからである。

（一二）　雄が雌にとって、雌が雄にとって反目の種なのは、今のような欠陥だらけの社会状態でしか見られないことである。

VII

器量・不器量、上品・下品、頭の良し悪し、利巧・馬鹿等々は、今のような習俗のためにあるにすぎない。非常に雑多で極度に複合的なわれわれの習俗こそが、必然的に、顔つきにも体つきにも外形にも好みにも気質にも性格にも精神にも著しい多様性を生じさせるからである。

習俗が同じになればなるほど（そのためには、こうも異なる習俗をもたらす人工的な身分が消滅せねばならないだろう）、人間たちはますます互いに似かよい、ますます外形も等しくなり、精神も性格も類を同じうするようになろう。つまり、今とは反対になろう。今は、国王から羊飼いに至るまで、人間たちはあらゆる面でなんと違っていることか！　なんと雑多なことか！　誰それと他の誰それはなんと似てないことか！　これ以上言う必要があったら、言うべきことはあまりにも多いだろう。

同じ習俗（同じ習俗は真の習俗でしかありえない）はいわば、男たち、女たちを同じ一人の男、同じ一人の女ならしめよう。私が言いたいのは、長期的に見れば、互いに最も似かよっている同じ種の動物たち、森の動物たちの間よりずっと多くの類似性がわれわれの間に見られるだろうということだ。道徳的〔社会的〕平等状態では、女性にとっては男性の共有、男性にとっては女性の共有にいかなる障害もないよう、すべてのものがどれだけ力を合わせるかがそこからも判断できる。われわれの習俗の内でこういう共有が反撥を招くのは、この習俗の本質に反するからにすぎない。

食っていくため共有されよう、春をひさごうとする娘たちが黙認されるのは彼女らが必要だからだが、しかし、法が自己の本性の欠陥のためせざるをえないこの黙認によって自らを打ち消すことは言わないとしても、そういう娘がいる必要性は女性に関する所有の法をどれほど傷つけるものであろう。また、この法の不都合をどれだけ証明するものであろう。人妻や娘たちの防波堤として必要でなかったら、そういう女は、こともあろうに宗教の中心のローマですらも黙認されようか。彼女らがいなかったら、みんな人妻や娘たちに襲いかかるだろう。そういう女が軽蔑されるのは、働いて暮らしを立てることもやればできるからだと言われるが、彼女らが働いて暮らしを立てる途をみつけたら、その権限を持つ政府が彼女らに強制して今の商売をやめさせたら、彼女らなしにやっていけない我らの町々はどうするのか。われわれの習俗ではすべてが矛盾で、矛盾たらざるをえないのである。

庶民階級の外にいる女性たちが「美しき性」〔女性の呼称〕などと呼ばれる恩典に浴するのは、とりわけ、われわれ〔男性〕とはまるで違う育てられかたや、われわれの気に入ろうとして使う技巧に負うている。彼女らの容貌や物腰で普通われわれの気に入るものはそれのお蔭である。彼女らの無知すらそうで、子供の無知と同じく、われわれはそれを「愛すべき」などと形容する。その考えは意外に的を射ており、われわれには意外に有難くないものだが。

女性の習俗や仕事は概して、われわれのそれほど真実の習俗から隔たっていない。それは当たり前だった。女性が身体的な造りのせいで家の中に縛りつけられるという理由だけでなく、女性を自分に従属させることで自分にとって好ましい存在にしようとしたわれわれの目的がそうさせたのである。われわれ男性は、今の習俗の中で愚かにも演じる人工的な役割のため真実の習俗から極度に遠く隔たるとはいえ、それでも常に真実の習俗を愛しているのだ。

自然は女性を身体的にわれわれより弱く作ったが、われわれはそれにつけこんで女性に対する道徳的〔社会的〕な優位を不当に手に入れるべきだったのか。われわれと社会的に平等であるという女性の持つ権利を奪うべきだったのか（一三）。女性が今ほど不完全でも、女性のせいでわれわれが極度に不完全でも、女性が嘘つきで、よこしまで、身の程知らずで、身体面でわれわれを引きつけるのと同時に精神面でわれわれに嫌悪を催させても、責めるべきはわれわれ自身でなくて誰であろう。われわれが女性を支配し、それによって、この支配に復讐するため、この支配から脱するため、今度は自分がわれわれを支配するためあらゆる策を弄するような立場に女性を置いてしまったのである。

プラトンは『国家論』で女性の共有を打ち立てたが、存続させておく法律状態とこの共有が相容れないのが分らなかった。実際、相容れないのである。この法律状態は所有の支えにほかならず、地上の他の財貨に関する所有は必然的に女性に関する所有を生じさせるからである。財貨の共有が女性の所有〔私有〕と共存する方が、女性の共有が財貨の所有と共存するより可能性は高そうで、この〔財貨の〕所有を伴ったこの〔女性の〕共有ほど人を反撥させるものはないのも、それがわれわれの習俗の本性に反し、存在の可能性をいささかも持たないからである。

女性の共有についてそれは自然に反すると言う時、社会的ならざる、または未開な自然と社会的自然を区別せねばならないし、さらに、合理的な社会的自然とそうでない社会的自然を区別せねばならない。合理的でない社会的自然とはつまり、われわれの理性の一切がそれによって合理的な社会的動物になれるというわれわれの持つ能力だけに限られるような、そういうわれわれの社会的自然のことである。（一四）いっときも見失ってはならぬこういう区別をすれば、女性の共有はもう自然に反しなくなり、特定の自然に、未開な自然と不合理な社会的自然に反するだけになる。

　地上の財貨と女性に関する「君のもの」、「私のもの」は、われわれの習俗の狂気によってのみ存在し、その習俗の内に現に支配するすべての悪を生みだしている。われわれの社会状態がそれに基づくのはあらゆる道理に反してである。われわれはみな大なり小なりそのことを感じており、だからこそ暗黙の内にたえず苦情を申し立てる。種類ややりかたこそ千差万別だが、われわれの大部分が盗みをはたらくのもこの苦情の仕業である。盗みの中には人妻や娘に対する盗み、姦通や私通も含まれる。不名誉の汚点とか投獄とか体刑とかでそれを防げると思っているが、そういう手段はそれ自体多大の悪で、われわれの社会状態の欠陥に目を開かせるはずだし、そもそもほとんど無力なのである。苦情はそれほどまでに自然なのだ。天国の約束や地獄の脅しもそれ以上に有効ではなく、こんな忌わしいインチキな手段にもかかわらず、いつでも文明人の少なくとも四分の三が背徳漢だというのは、あまりにも確かなことにすぎない。

　多情多感で趣味が良く気転も利くような男性は、年頃の娘や若い人妻の内に習律状態を思わせる、誰もが好むあの晴々した様子や、子供のような穏やかさ、無邪気さ、純真さ、純朴さを表わす容貌をみつけると、自然のみずみずしさや色艶をみつけると、忽ち我にもあらず、自分でもわけが分らずに、その容貌が思い浮かばせる真実の習俗に調子を合わせてしまうだろう。法の歯止めなど見失い、それが邪魔すれば暴虐と思い、唾棄するだろう。「この対象は良いもので、よその男に劣らず俺にもそれへの権利がある。俺からそれを奪おうとするのは横領だ。俺はこの対象の内に、女性に望めるすべてのものをみつける。これを物にしたい」と思うだろう。成功の見込みが多少ともあれば、目的を遂げようと全力を尽くすだろう。われわれの法もそれを防ぐことはけっしてできまい。人々を抑えること、というよりも人々の一部を抑えて一部を抑えないことは、それを防ぐことではないからである。

女性に関する一切の障害が取り除かれ、女と付き合っても陰険な仕返しをなんら恐れるに及ばなくなる習律状態では、男性はひたすら女性へと向かうだろう。多くの男がよそへ向かったり〔男色、獣姦など〕自分自分に頼ったり〔オナニー〕するのは、もっぱらわれわれの習俗によるからである。だが人類の内には、われわれの習俗の欠陥のせいで存在するのでないような悪徳ひとつ、欠点ひとつあるだろうか。また、この習俗は良くないと私が言うのは、毎日のように言われること、我らのあらゆる人間観察家《モラリスト》が口をすっぱくして語ることを述べただけではなかろうか。もちろん私は、今の習俗の邪曲を根底で捉えているから、普通より先まで進んでいるのは分っている。しかし、欠陥だらけな根底まで遡らないのは道理に適ったことだろうか。いくら説教を垂れても効果がなかったという経験を踏まえて、われわれの習俗がかたくなに邪曲を押し通すのは邪曲な根底によるしかないことを遂に見抜くべきではあるまいか。原因は人間の邪悪さにあるといつも言われる。だが、なぜそう言われるのか。その邪悪さの先まで遡ることも、われわれの社会状態の根本的な欠陥の内に、道徳的〔社会的〕不平等と所有の内にその原因を見ることも知らないせいである。

（一二三）ここで女性との関係で男性について言うことは、子供との関係で親についても言える。ただ、一見そう見えるが、私は親も男性も非難はしない。始めにされたことはみな将来を考えずにされたのだし、その後されたことはみな始めにされたことの帰結だったからである。何事によらず強い者は弱い者に勝つのだと言われよう。それは或る程度まで真実である。しかし、社会状態が存在せねばならないのは、もっぱらその不都合を避けるためなのだ。そもそも、弱い者を強い者と同じ水準に置く以外、社会状態は人間たちにとってどんな幸福目的を持ちえよう。われわれの法律状態もその目的を持つかに見えるし、弱い者の防波堤のような観を呈する。しかし、法律状態それ自体が強い者で、それによってわれわれ全員が多かれ少なかれ弱い者なのだ。弱い度合の相対的に多い者が少ない者を相手にしたら災難で、後者は通常前者にとって、法律状態が万人にとってそうであるようなものとなる。前者は後者に圧し潰されるほかなく、そこから逃れられるのは稀な幸運にすぎない。われわれの法律状態についてそれが強い者だと言うのは、法律状態から力のすべてを得る権力者すら鉄鎖につながれているからである。

（一四）　合理的な社会的動物になれるというわれわれの能力がほかの動物にないのは、その能力を持つためには社会生活を、不合理な社会生活をせねばならないからで、ほかの動物にはそういう利点がないからである。この利点がわれわれの人生の不幸をも、子孫の不幸をも作るのだが。

IX

われわれがいるような社会状態とは、なんと恐ろしい状態であろう！　互いに暴虐を揮いやすいように、互いに喉を掻き切りやすいようにわれわれを互いに近づけるにすぎない団結とは、なんと不実な団結であろう！　そんな団結しかないために、地球の表面は盗賊行為の舞台と化した。我らの詩人の一人が言うように、

禍《まが》々しい土牢の中で、
互いに助け合えるのに、互いに死闘を演じ合い、
縛られた鎖で撲り合う、そんな徒刑囚を見る思いがする。〔九三〕

舞台は人間の血で一面染まり、同類ほど恐れるべきものはないという酷《むご》い立場にわれわれを日ごと立たせる。（一五）不幸な社会状態が背負《しょ》い込ませる精神的・肉体的なあらゆる禍、あらゆる苦労を通じて、たしかになにがしかの福利は得られ、後段で示すとおりそれはそうでしかありえないが、それらの福利も禍をますます強く感じさせ、享受できるはずの連続した福という仕合わせから自分がいかに隔たるかをいっそう痛感させるほか何の役に立とう。そういう福利をいくら持て囃しても、われわれは分別をはたらかせて自分の生涯を顧みる時、こんな人生を二度と送りたくない、生まれた甲斐がなかったと思う根拠があることに変わりはない。〔九四〕われわれの悲惨を対象とした多くの書き物の中でも、ジャン＝ジャック・ルソーのあの『人間不平等起源論』の註七を見てほしい。そこでは、私がお見せできるよりよく、

われわれの社会状態と結び付く不幸のすべてが見られよう。しかし、そこではこの不幸が未開状態の幸福と対比して見られるにすぎないが、それでは十分というに程遠い。その不幸は本当の社会状態の幸福と対比して見なくてはならない。本当の社会状態とは不団結なき団結の状態で、その状態は疑いもなく、団結なき不団結の状態、未開状態より人間に限りなく有利なものである。

ルソー氏についてここで言っておくと、氏の論説が持てるかぎりの価値を持つためには肝要な三つのものが欠けていた（四番目の形而上学的真理については言わないでおこう。その四番目があれば、あとの三つも与えられたはずだが）。第一は、未開状態の欠陥を、つまりその状態の弱みをなす団結または社会の欠如を見なかったことである。第二は、あらゆる宗教がわれわれの団結の欠陥を聖別することしか目的とせず、またしえなかったのを見なかったことである。それを見ていたら宗教をことごとく斥けたはずだが、実際にするのは宗教を片手で倒し片手で起き上がらせることである。第三は、それがあれば第一と第二も与えられたはずだが、未開状態とわれわれの偽りの社会状態を見て取りながら、真実の社会状態を見なかったことである。〔一六〕

真実の社会状態を見なかったからこそ、この人は前記の註の末尾で仮定する反論をあれほど不十分にしか切り抜けられず、論説から引き出せる唯一合理的な帰結も未開状態へ帰れということになってしまう。〔九五〕しかし、そんなことが不可能なのは、明証性が与えられればわれわれの偽りの社会状態から真実の社会状態へ移ることが可能なのに劣らないから、結果として、この人は無益な作品しか作らなかったことになる。それどころか、持ち前の筆力でわれわれの習俗を描きながら、それに対する救済策を与えないことで、われわれの悲惨をいっそう加重したことにすらなる。〔一七〕

人間が本性的には善で、邪悪にしたのは不平等と所有の仕業だとこの人は認めているが、それでも矛盾したことに、市民が貢献の度合に応じて特別扱いされ優遇されるのは配分的正義に適うなどと言って、それらの欠陥を市民社会の内で制度化している。〔一八〕あるべきで、ありうるはずの市民社会を見ていたら、習律状態を知っていたら、きっとそんなことはしなかったろう。道理に適った有益な仕方で主題を扱うためにはその認識がどうしても必要だったが、事物の

根底を知らずには、一次的〔形而上学的〕理性を自らに展開して見せずには、それは持ちようがなかったのである。(一九)

(一五) この長科白《ぜりふ》は度を越していると思われるかもしれないが、私が日ごとするようにわれわれの忌わしい社会状態の大小、内外、過去・現在のあらゆる悲惨を注視したらそうは思われまい。人々は普通、それらの悲惨を一つずつしかまず見ないで、大方については笑って済ませる。しかし、私はそれの総体を見ており、どれ一つとして笑いはしない。自分がなめる悲惨を時に笑うのでなかったら。

(一六) ルソー氏が見たのは未開状態より、むしろ初期の社会状態だった。

(一七) もっと深い思弁をし、目立つより教える方を好んだら、ルソー氏はあらゆる思弁的著作であれほど雄弁にはならなかったろう。雄弁はあらゆる諧調と同じく、今いる無理な状態の中で、われわれを気持よくわれわれ自身から引き離すためにあるから、雄弁を愛するのはいい。だが、雄弁には警戒しよう。娘は娘でも、それは真理の娘ではない。

(一八) 道徳的〔社会的〕平等の内では、社会への貢献の多少などもう問題になるまい。皆が一緒になって共同の仕合わせに協力し、人より役に立つなどと称する者はどこにもいまい。しかし、この真理を十分把握するためには、習律状態が今の法律状態とまるっきり違うのを見なくてはならない。そのことはだんだんとお目にかけよう。

(一九) ほかの哲学者〔啓蒙思想家〕と同じく、ルソー氏にも習律状態はきっと絵空事に思われたろうが、この人がもしも習律状態を認識し、その認識に基づいて雄弁な作品ではなく良い作品を出していたら、私が与えるものとして残されるのは、その作品の支えとなる〔形而上学的〕真理だけ、一次的〔形而上学的〕理性だけであろう。

X

支配の野望はもともとは未開状態のもので、われわれの社会状態はそれに由来し、またそれはこの社会状態の中でますます増大した。この真理を感じ取ったからこそ、劇場で声高に言われる次のような詩句が生まれたのである。私がここで言うすべてを僅かな言葉で力強く言い表わした、法を攻撃する詩句だ。いわく、(二〇)

不吉な野望よ、忌わしい偏執よ、
不正と暴虐の母よ、

汝が最初にこの世界を血で充たし、
人々を恥辱と鉄鎖の内に投じた。
常に不法な汝の狂躁から、
王杖と犯罪が同時に生まれた。〔九六〕

支配の野望ははじめ体にしか及ばなかったが、この唯一の目的を達しやすいように、その後宗教と法という手段を使って精神にまで及び、人間たちの隷属と不幸にはもはや何ひとつ欠けるものはなくなった。反目と戦争の、当初からあった二つの対象（地上の財貨と女性）だけに止まらず、人間たちは宗教問題と習俗から第三の対象を作り出した。そして、秘密のものであれ公然のものであれ、この第三の対象はなんたる禍を生みだしたことか、今でも日々生みだしていることか！　今日、我らの哲学〔啓蒙思想〕はこの第三の対象を激しく弾劾するけれども、これは自分が存続させる原因の必然的な結果なのが分っていない。原因とは、未開状態では打ち克ちがたかったわれわれの無知と、その無知が今でもわれわれを鎖でつなぎ留めている法律状態のことである。（二一）

人間たちの間に道徳的〔社会的〕平等がひとたび打ち立てられたら、もう野心家などいなくなり、皆が等しくそれを喜び、自分より辛そうに見えるあれこれの境遇との比較という手をいつも使って一時的にのみ自分の境遇に満足するという悲しい立場にわれわれが置かれなくなるのは全く明証的なことである。

（二〇）「法の無意味ながらくたは火にくべよう」とヴォルテールは言った。法律状態を射る同様の矢は、古今の詩人にどれだけ沢山あることか！　しかし、そういう矢を放ったのは真理というより真理の直観だったから、矢はかろうじてかすめるにすぎない。軛の下から目を上げて、われわれはそういうものを詩人の才気のほとばしりとみなし、それを詩人にだけは許すのである。

（二一）人間には法が要る、と我らの人間観察家《モラリスト》たちはたえず言う。つまり、彼らの言う意味ですら、人間には鎖が要るということだ。しかし、人間を以前の未開な存在から社会的なものにするために鎖が要ったとしても、人間の社会がすでに形成され、その無知を打破できる今はもっと多くの鎖が要る。

鎖を断ち切るも断ち切らないも人間しだいなのである。われわれはお互い同士鎖でつなぎ合っているからだ。

XI

われわれが「未開」と呼ぶ諸民族の社会状態も、またわれわれの社会状態も、二つながらに欠陥を抱えているが、欠陥はわれわれの社会状態の方が彼らのより格段に大きい。それはわれわれが陥ったありとあらゆる行き過ぎのせいで、われわれが彼らの文明化を試みて成功したら、同じ行き過ぎに彼らも連れて行かれて非常な不幸に遭うだろう。それなら、ああいう民族の社会段階をこれほど過度に越えてしまったことでわれわれが果たして得したかどうか御判断願いたい。未開状態から文明化された今の社会状態へ来るまでの道のりの中で、われわれもかつてはああいう民族に似ていたのである（一二）。

ヒューロン人〔北アメリカのセントローレンス川から五大湖周辺にいたインディアンの種族〕やカフィール人〔喜望峰からアフリカ南東部にかけて住む原住民の種族〕のような民族は、習律状態との隔たりがわれわれより多いと同時に少ないが、われわれより隔たりが少ないからこそ隔たりが多いのである。それは、われわれがそれらの民族より隔たりが多いからこそ隔たりが少なく、習俗の純朴さと無知の安らぎの中でそれらの民族が持てるより千倍も多くの必要と到達手段を持って、彼ら以上に習律状態を志向するのと変わりない。それらの民族がわれわれの目に未開に見えるのは、われわれの技芸や学問を修めていないから、つまり、われわれほど途方もなく未開状態から隔たっていないからにすぎない。しかしそれらの民族にしても、こんなに未開状態から隔たったら、所有と不平等という欠陥をわれわれほど行き過ぎた程度まで推し進めずに済んだろうか。したがって、今なめるより千倍も多くの禍を背《しょ》負い込まずに済んだろうか。われわれはそれらの民族を馬鹿にするけれども、彼らの状態がわれわれの状態より不合理な度合がずっと少ないのは事実である。しかし、自分の国の農民をもわれわれはそれ以上に大目に見るだろうか。

われわれの文明状態の狂気のすべて、おぞましさのすべてを痛感したら、それらの民族の誰かがわれわれの間で暮らした末、次にわれわれと訣別して元の民族へ戻るのに拍手を送らない者が、またわれわれの誰かがそれらの民族の習俗に馴染んでそれを守るのを非難する者が、われわれの間に一人でもいるだろうか。分別のある宣教師たちが、私たちがカナダの未開人の方へ赴いたのは宗教熱心からですが、これから先も現在もそこにいるのは彼らの習俗が好きだから、それを愛するからです、と言うのを私は聞いたことがある。とはいえ、私がそれらの民族を持ち上げることから、私の狙いはわれわれを、彼らがそうであるような意味での未開人にすることだという結論は出さないでほしい。前にした未開状態と習律状態の比較と同様、今している彼らの状態とわれわれの状態の比較からも、われわれの社会状態が人間に可能なあらゆる状態の中で最悪なのを私はお見せしようとしているにすぎない。われわれは二度と未開には戻れない、カフィール人がそうであるような意味でも、熊がそうであるような意味でも。われわれに残された唯一の可能性はわれわれの偽りの社会状態から真実の社会状態へ、われわれの法律状態から習律状態へ移ることで、明証性の力によってその可能性を現実化することが私の目的なのである。

（二二）　それらの民族を未開人扱いできるのは、言葉の厳密な意味からではない。それらの民族も形成された言語を持ち、社会を作り、互いの間に法があるからだ。彼らとわれわれの違いは、われわれの間にもある村落の住人と宮殿の住人の違いとほぼ変わりない。彼らがわれわれにとって未開なのは、われわれも彼らと共通に持つ最初の状態〔未開状態〕からわれわれよりずっと多くのものを受け継いでいるためである。

XII

われわれの習俗の内では、犯罪人を殺したり社会から隔離したりすることが必要悪だが、ありとあらゆる犯罪人や悪人がいるように社会状態が作られているのはなぜか、と犯罪人が質問する根拠がありはしまいか。（二三）

人間たちに与えられる教育は、概して、彼らを善へのみ赴かせるはずであるかに見える。手本による教育が口頭による教育に対応していたら、習俗が格率と一致して、理論的には善人だが実践的には悪人である必要を課さなかったらそのとおりであろう。若い男女にとって、出て行く学院や修道院と、入って行く世間とはなんと途方もない違いであろう！

われわれに与えられる口頭による教育はよこしまな習俗の証拠で、手本による良き教育を欠くわれわれの習俗のためにあるにすぎない。本来なら手本による教育だけがあるべきで、習律状態ではそうなるだろう。だが、口頭による教育はよこしまな習俗の証拠であると同時に、われわれがみな真実の習俗の観念を持つ証拠でもある。この教育はその観念に基づいてしか存在せず、存在しえず、その観念はわれわれの習俗にたえず抗議しているのだから（二四）。

現に与えるような真の道徳原理を人間たちに与えることが道理に適っているとしても、それの効果がかくも薄いのに驚くことは道理に適わない。そういう原理を受け取った人は、おのがじし、その原理が真実なこと、われわれがみな一致してそれを実行するのが共同の幸福のため望ましいことに同意できる。しかし、そんな一致が成り立たないかぎり、それどころかこれらの原理がわれわれの法律状態に反対されるかぎり、その原理を求めるとおり実行するのはまず不可能ではなかろうか。

真の道徳原理を私に命じる人々に、私はこう言うだろう。それを実行する人たちと一緒に暮らさせてくださいな、そうしたら、命じられるまでもなく実行すると請け合います、でも、それの実行を阻む最大の障害物を土台とした、不平等と所有に基づく社会状態の中で、そんなものをどうして実行できますか――と。

（二三）　大方の人が死刑にならずに済むのは、死刑の危険を冒す勇気がないからにすぎない。そういう人は大きな悪を犯せないので、自分にできる小さな悪をよろず行なう。盗賊や人殺しのような強い魂があったら、大きな悪を犯すところだが。そういう小さな悪は罰せられないけれども、われわれの悪の総体の中で、それらにくらべたら大きな悪など何だろうか。概して一番のワル、一番の危険分子はそう見られている者ではなく、そう見られていないのに、そういうレッテルを貼られていないのにそうであるような者だ。実際、その数の方がどんなに多いことか！

（二四）　人間たちに与えられる口頭による教育の中で良いものといったら、その一部をなす真の道徳原理しかないが、われわれはほとんどそれの帰結しか採用しなかった。これらの道徳原理だけが、真実の習俗の観念がわれわれにもあることを証明している。神と人間の法への服従もこの教育の中に入ってくるが、それはこの教育の矛盾である。すでにお見せしたとおり、真の道徳原理とそれの帰結はこういう服従としごく不完全にしか混ざり合えないからだ。

XIII

真の道徳原理を実行するのにわれわれの社会状態では障害が見られるからこそ、それを実行することは功績になるのだ、その褒美を自分は来世に約束するのだ、と宗教は私に言う。結構な話である。しかし、それ自体障害をなす宗教は、私にそう言うためにあるのであって、そのことを私に納得させるためにあるのではない。私の目に映るのは、ほぼすべての人々が外面的には宗教を実践し、内面的にも宗教に愛着を寄せるかに見えながら、心の中では宗教に抗議し、宗教がなんと言おうが、現世の確かさを来世の不確かさより好んでいることである。それどころか、人々の中には（疑いもなく、それこそ邪曲の極みだが）、いっそう安全に、罰せられずに目的を遂げるため宗教を利用する者がどれほどいることか。さて、こんなことを目にするからには、私としても宗教をどれだけ信用できようか。宗教を非とするものがそれ以上何も見当たらないとしても、宗教に対置すべき一次的〔形而上学的〕理性と二次的〔道徳的〕理性を持たないとしても。

宗教を、それがする約束と脅しを人間たちが一般にあまり信用しないのは、心の中では宗教をほとんど分相応にしか買っていないこと、宗教は真の道徳原理を、正しく言えばその原理の帰結を人間たちに説くとはいえ[二一五]、その原理を彼らに実行させられるのは宗教ではないことを証明している。それを実行しないのは人間たちが悪いのだ、といつも言われる[二一六]。だが、そう言わざるをえないのである。法律状態が悪いのだなどと、法の使徒たちがどうして言えよう。

（二一五）　真の道徳原理を、社会の真の格率を宗教が人間たちに説くのも、皆が平等であれとか、何も私するなとか説くのも、終始弱々しく制限付きでするにすぎない。力強く無制限でそうしたら、あまりにも歴然と矛盾を来たしてしまおう。宗教が存在するのは不平等と所有を聖別するため、法律状態の支えとなるためにすぎないからだ。法律状態では理論が実践とかくも異なるが、習律状態では理論が実践にすぎなくなろう。

(二六) 人間たちの無知が悪い、無知が彼らをそこに置き、引き続きそこにつないでいる状態が悪い、と言わねばならない。人間たちが悪いと言われるのは、別々に捉えた人間たち一人一人が悪いという意味だが、これ以上無考えなことは言えない。あれこれの人間が自分のせいであれこれの過ちを犯すことはありうるが、過ちを犯しやすいのは自分のせいではなく、自分の無知と、法律状態によって自分が置かれる無理な状態のせいなのである。

XIV

文明諸国民の習俗は今あるよりも、数千年来あったよりも悪くはなれない。われわれが逆の考えかたをするのは、事をあれこれの人間の内でしか見ないためである。あれこれの人間は他のあれこれの人間ほど悪くないが、そうなることもできるはずだから。しかし、習俗がいかによこしまでも、人間がみな同程度に悪くはないということがその習俗の本質に属する。だからそこから、私の主張に反する結論は何も出せない。

法は個別的には、悪さの度合が相対的に少ない個々の習俗も常に作ってきたし、今も作っているとはいえ、長い目で見ると一般的には可能なかぎり最悪の習俗を作り出した。でも法のためには、それが個別的に作り出す、悪さの度合がより少ない習俗を考慮してやるべきではないか、と言われるかもしれない。否である。法が一般的に作り出す最大も、法に起因する最大という圏内で個別的には法が作る最少なしにはありえないからだ。お望みなら法のために、それがあれこれの事件で私に正当な権利を認めてくれたことを考慮してやってもいい。「お望みなら」と言うのは、時に正義が行なわれなければ法は立ち行かないからである。しかし、法のみが惹き起こし、法がなければ起こりもしない色々な事件によって正義や不正が行なわれねばならないということ自体を、私は法に対して許さない。

われわれの間には法律状態による不幸の度合が他より少ない者もいるが、もう一度繰り返せば、それはそうでしかありえない(二七)。しかし、それでもなお真実なのは、これももう一度繰り返せば、一般に文明人がこの状態のせいで可能なかぎり最も不幸だということである。法の結果は善の外見、善だという外見を纏った悪である。だからこそ、法の支配下では、ここはあそこより悪の度合が少ないということはあっても、一切合財が悪なのである。それゆえ、人間たちをより善良に、またはより幸福にする力が法にこれほどなくてももう驚いてはならず、人間たちを責めたり、人間は本性からして欠陥品だと思ったりすることはこれを最後にやめねばならない。

法律状態は協約状態ではけっしてなかった。それを形作ったのは力であり、維持しているのも力である。習律状態のみが協約状態たりうるもので、それをあらしめられるのは明証性だけ、何の不都合も伴わぬそれの利点に対する確信だけだから、習律状態はいかなる流血も伴わず、そればかりか平和と和合の内におのずと樹立されるはずである。

(二七) 人間たちが法律状態のせいでみな等しく不幸だったら、法律状態は立ち行くまい。

XV

われわれの社会状態の内に心情と精神の反抗が常に存在してきたのも、一切の道徳的従属から、わけても宗教の歯止めからできるだけ脱しようと人間たちが常に試みてきたのも、それは人間たちの自然な欲望と理性に対して法が常にはたらいてきた乱暴の結果にすぎなかった。だから、法は人々の心情と精神を固定するために出来ているなどともう言ってはならない。われわれ全員をつないでおく隷属によってそれと正反対のことをするために法はあるのである。

われわれの法はわれわれの最も自然な傾向に歯止めをかけてたえずそれに反対するが、われわれの法にいつも反対されるわれわれの傾向は法に対して反抗し、法に反してでも自由にしたがる。さて、そこからは、われわれがたえずわれわれ自身と対立しお互い同士も対立し合うという無理な状態が生じざるをえない。そんな状態のため、われわれはいつでも警戒し、仮面をかぶり、窮屈な思いをし、同類たちを恐れてそれから遠ざかり、やろうと思えばできる良いことをしてやらないだけでなく、相手からされた悪いことに仕返しするためであれ、相手がしかねない悪いことを回避するためであれ、自分の利益を計るためであれ、とにかく同類たちに悪いことをするような立場に置かれる。

われわれの置かれるそういう無理な状態こそが、真の社会的美徳をわれわれが必要なだけ実践するのを不可能にし、常に勧められてきたあの愛と平和と団結の状態でわれわれが暮らすのを妨げているのである。但し、その状態を勧められてきたといっても、そこで暮らす本当の手段はついぞ与えられたためしがなく、正しく言えば、われわれがそこで暮らすのに不断の障害となる〔不平等と所有という〕あの本質的な欠陥を相変らず存続させつつそれが勧められてきたわけだが。(二八)表面的に見られ漠然と勧められてきたその状態を私は描くつもりだが、その状態の利点という利点を正しく把握するためには、法律状態によってわれわれが置かれている無理な状態をちゃんと見る必要があろうし、また、それをちゃんと見るためには、もう一度言えば、今いる状態をもっと無理な他の状態との比較において見るだけでなく、私が紹介しようとする状態との比較においても見なければならないだろう。その時には、王たちですら自分が今いる状態よりその状態の方を好まないかどうか判断できよう。王たちは人間の内で不幸な度合がいちばん少ないと仮定しての話だが。(二九)

法律状態が全盛期を迎えて以来、われわれは鎖につながれた漕役囚にも譬えられる。お互い同士辛い漕行を余儀なくさせ合い、しかも同時に、頭上にいつも振り上げられた棍棒によってそれを余儀なくさせられている、そんな漕役囚の群である。われわれが歩むのは王たちの棍棒の下だが、多くの面で王たちもわれわれの棍棒の下を歩んでいる。自分の棍棒の下にわれわれを歩ますというのは、王たちにとってなんたる境遇、なんたる従属であろう！　王たちが臣民から独立しているというのは見かけで、相互依存が実態なのだ。

(二八)　お互い申し分なく団結して暮らすのが人間たちの利益ではなかろうか。また、一人一人にとってこんなに重要な事柄で、人間たちが自分の真の利益を知らないなどと言えようか。だから、人間たちの不団結を責めるべきは彼らの社会状態にある根本的な欠陥であって、彼ら自身ではないのである。

(二九)　「王のように仕合わせ」と言うのは、「王」というものを最も感覚的な観点から、つまりは外見で捉えるからである。王たちは概して、長い目で見れば間違いなく羊飼いより自分の状態に退屈している。

事物の根底と可能なかぎり最善の社会状態をわれわれが思索するようになれたのも、もっぱら、われわれの不合理な考えかたと偽りの習俗のせいだった。だから、母親の胎内から出てきたばかりの子供とほぼ同様にそういう悲しむべき手段を欠いていた未開人は、社会状態へ移るに当たってこの思索ができなかった。それどころか、できるようになったのはずっと後で、悲惨の程度が今ほどに達してからにすぎなかった。この真理を垣間見たからこそ、当代の某作家〔九七〕も言ったのである。人間は道理を弁える以前に、考えつくかぎりの狂気を全部使い果たさねばならなかった、と。

社会状態は始めから立てかたがまずかったが、人間たちはそのことを知らず、社会状態をいいものと思っていた。だから最初にしこの状態はわれわれには涸れることなき悪の泉だが、当時の人間にはそうではなかったからである。そこから、神の法が人間の法の支えとしてやって来た。そして、ともに欠陥だらけなこの二つの始まりかたから、過去・現在に存在するありとあらゆる人間の法とありとあらゆる宗教が生まれ、そういうものがわれわれの習俗の内にこれほど途方もない多様性を持ち込んでいる。われわれの体も容貌もこうまで雑多なのは、前述のとおりその結果である。

残念ながらそうはなれなかったが、未開状態から出る時にわれわれがもし真実から出発していたら、われわれの歩みも真実の帰結となって、法も犯罪も一切存在しなかったろう〔三〇〕。本書が功を奏したら、本書のお蔭で人間たちが全き団結を保って暮らし、住んでいる地球上で一体をなし、同じ国語と同じ習俗しか持たず、平等に暮らして何も私有しないという利点を享受するようになったら、法も犯罪もなくなるはずなのと同じである。その利点から人間たちにはどれほどの力が生じ、地上で害を与えかねないすべてのものと対抗できるはずか！　一緒に何かをする際も、ほかの種と闘う際も、お互いの力で真に強力になれるのはその時であろう。

（三〇）　最初の犯罪〔九八〕は最初の法によって存在し、この最初の法がなかったら人間はいまだに無垢の状態にいるだろう。そこで、最初の犯罪のきっかけになるとともに、生まれさせたあらゆる法によってほかのあらゆる犯罪のきっかけにもなったこの最初の法の所以が問われる。そうなると、不合理なもの〔宗教〕は不合理な答しかできないが、それでも答えるには答え、皆それに満足してしまう。それよりましなものを何も知らないからで、しかも、最初の犯罪は最初の法によって存在するという教義の内に真実の下地を垣間見るからである。

パスカルは、われわれの内にある様々な矛盾やわれわれの悲惨のすべてによって初源的な罪を証明した。私もそのようにして証明する。パスカルと異なるのは、その罪の本性についてにすぎない。あの人は教理問答の内にそれをみつけているからだ。

XVII

われわれがみな平等を目指す証拠に、自分より幸福な人も幸福でない人もけっして見られないような状態で暮らしたくなかった者はわれわれの間に一人もいない。自分より幸福な人については結構だが、自分より幸福でない人は別だ、われわれほど幸福でない人がいたところでわれわれにはどうでもいいではないか、と言われるかもしれない。しかし、そういう人がいないのはわれわれにとって実に大事なことで、そういう人はもしいたらみんな間違いなくわれわれを妬み、われわれの敵になり、そんな連中にわれわれは取り囲まれてしまうのである。幸福になるためにはわれわれは相互に依存し合っており、罰せられず、楽しむものを奪われるおそれもなしに享受する唯一の方法は平等に享受することなのである。

万人が平等で財貨が共有だったら、誰ひとり同類を羨まず、同類より上に立とうとも何かを私しようともせず、したがって、妬み・野心・利己心といったかくも有害で破壊的な悪徳は生じないだろう。これは分別のある人なら誰でも服するはずの真理で、これを述べるだけで私の道徳に異論の余地がないことは十分に示せよう。

妬み・嫉《そね》みは動物が染まる最初の悪徳で、とりわけ家畜と、わけても人間に著しい。人間たちがごく自然にそういう悪徳に染まらざるをえないのは、道徳的〔社会的〕平等と財貨の共有が彼らの間にないという理由による。われわれの子供たちが妬み屋で嫉妬深く所有欲が強いのは、そのような父母から、そうあれと求める社会状態の内に生まれたためである。

XVIII

人間が諸々の四足獣より身体的に優越することは否定できないから、この利点自体によって形成された社会のお蔭で、人間が地球の表面をいわば征服したことも、その手で色々なものを作り、それで地表を飾ったことも驚くに当たらない。しかし、人間は程々に享受する術《すべ》を知っていたら、単に地表を耕して家を建て、防備を固めるだけに止めたろう。しかし、各種の贅沢で擢でることを間違って功績になどしてしまったため、人間は様々な技術で行き過ぎに陥り、またそれが一因となって、自分自身についてもこの上なく誤った意見を抱くようになった。自分は自然の王だとか、宇宙に存在するものはみんな自分のためにだけ存在するとか、ほかの感覚的存在にない魂を自分は特典として持っており、自分の知能もその魂のお蔭だとかいう馬鹿な主張はそこから来る。完全な自然学者、偉大な幾何学者、有名な天文学者、優秀な詩人、等々の肩書が高く評価されるのもそこから来る。またこの高い評価から、人間は自分の持つ知識をますます行き過ぎへと推し進める。(三一)

確かなのは、われわれの知識は民衆の知識の圏外へはみ出ればはみ出るほど、対象がわれわれの外にあればあるほど、われわれの目の下、手の下、足の下になく、遠方にあればあるほど、ますます空虚になることである。そこからして、われわれがこうまで知識を推し進めたのも、現にするようにそれをもっと先まで推し進めようとたえず努めるのも気違い沙汰だということになる。われわれの習俗のごく自然な結果として、われわれの必要も増加した。われわれは案外それに騙されているが、必要が過度になったからこそ、われわれは今日あらゆる研究で行き過ぎに陥り、本当の幸福とは無縁な種々の知識を詰め込まされる。そんな知識が存在するのは、肝腎な知識がわれわれに欠けているから、肝腎な一冊の本がないからにすぎない。その一冊の本の不在が他の諸々の本の存在を永続化させるのだが、この一冊の本も他の諸々の本によってしか存在しえなかったのである。

あらゆる種類の偏見・不合理の海に沈んだ人間たちは、そこから出よう、正しく言えば自分から出ようと、たえず前に倍する努力をする。自分の内にみつけるのは自分でも解きほぐせない渾沌、いっときも心穏やかでいられない観念と問題の錯綜、互いに相対立してたえず自分に反対する多くの利害にすぎないからである。自分から出れば出るほど、人間たちはますます強く揺さぶられるが、それは自分から出たいという極度の必要を感じた結果である。そのためにする努力は、そもそも自分の内にも他者の内にもみつける種々の障害から生まれたものだが、そういう努力の結果として、人間たちは度を越した、したがって長続きさせぬ熱意を燃やして、心を領する対象へと向かって行く。色恋にもほかの情念にも狂ったように夢中になるのはそのためである。ほかの情念という中には自然の欲望であるようなものも、野心・利己心・復讐心・貪欲・賭け事・見世物のように純然たる人工的な情念もあるが。

人間たちが概して極端にはしることはめったになく、程々の域からまず出ないのは分っている。しかし、彼らの状態はいるのが望ましい状態にくらべたらやはり極端で、幸福〔九九〕になるにはどうしてもその望ましい状態まで来なくてはならない。地上の楽園の描写とか、黄金時代・アストライアの御代の描写とか、いにしえの田園生活の物語とかで示される幸福の画幅は、常に垣間見られ常に望まれてきたあの状態にわれわれを近づけてくれるものの写しである。そして、われわれがあの状態を志向する証拠に、こと習俗にかけてはそういう画幅ほどわれわれをうっとりさせるものはなく、道理を弁えた人ならそれを読んで、そういう画幅に描かれる状態と今の自分の状態を喜んで取り替えたいと思わぬ者はいない。だが、その状態とて最も純朴な法律状態で、本当の社会状態の純朴さと完全性よりはまだまだはるか手前にある。本当の社会状態はその状態のように快く描けるどころか、描くに当たってどれほど飾りをなくしてもしすぎることはない。飾りや詞華《はな》は雄弁以上に根本的真理のためにあるのではない。

（三二）　われわれの知識はほとんどみな、健全な理性の目から見れば余計なものである。この理性は、われわれが今日持つ度を越した必要との関係でこうした知識を見るのではなく、真理が不合理なもの〔宗教〕に取って代ったら、法のかわりに習俗があったらその時われわれが持つはずの僅かな必要との関係で見るからである。

学問が習俗に有害なことをルソー氏は証明したが、学問を必要とする習俗の中でそんなことを証明したところで何になろう。この人が反対して立ち上がるべきだったのは、こういう習俗の根底〔一〇〇〕に対してであって、結果に対して〔一〇一〕ではなかった。この人の論説は、不平等に関するもう一つの論説と同じく、私の書き物の内に土台が得られた今初めて有益になれるのである。われわれの習俗に毒づきながら、われわれの法律状態というそれの根底には手を触れない古今の多くの本についても同じことが言える。われわれの習俗をこんなものにしているのも、習律状態は人の心をこの上なく単純にするはずなのに、今はそれを世界一こみいったものにしているのもこの法律状態なのだから。しかし、そんな本はみな何になろう。それらをあらしめたわれわれの法律状態が消滅した暁には何になるはずであろう。私はむろん、この状態を攻撃する自分の本も例外としない。この本も御多分に洩れず法律状態のお蔭で存在しているからである。

　ここで指摘しておけば、有害とみなす学芸を自ら磨くのは筋が通らぬとルソー氏は非難された。しかし、この人も学芸を磨かなければ、学芸をそう見ることができたろうか。また、学芸をそう見ることから、学芸を磨くのは筋が通らぬと結論できようか。世に受けいれられた習俗を弾劾しつつその習俗に合わせて行動するのに筋が通らぬところなどなんにもなく、そうしないのは往々にして気違い沙汰ですらあろう。ルソー氏を筋が通らぬとみなしてよい唯一のケースは、習俗が変わって学芸がもう磨かれなくなった時にも、この人が依然としてそれを磨き続ける場合だけであろう。でも、哲学者なら規則とともにお手本も示すべきだ、と言われよう。それはそうである。だがそれは、われわれの習俗の内でも悪徳と認められた悪徳が問題の場合だ。野心・吝嗇・羨望などを弾劾しながら、自分が野心家・守銭奴・妬み屋だったら筋が通るまい。こういう区別をするためには、人々が普通するより頭をはたらかさねばならない。

XIX

人間たちはあるべき考えかた、生きかたから遠く隔たっていれば、どうしても、たえず哲学し道徳を論じる立場に置かれざるをえないが、そういう考えかた、生きかたがひとたびちゃんと打ち立てられたら、すべてが言い尽くされてしまい、哲学することも道徳を論じることももうなくなるだろう。する材料がなくなったのに、どうしてそんなことをするだろうか。人間たちは自分が今いる状態よりましなものは何も目に入らないので、いとも自然にその状態を守るだろう。われわれが自分の状態の悲しい不幸な結果をたえず経験しているため、その状態を守らないのが自然なのと同じである。

　人間は浮気なもので、同じ状態を続けられない、何にでもうんざりし、飽きが来、いつも愚痴ばかりこぼす、ふらふらしないようにどれほど立派な格率を与えても、そんなものは一向に効果を上げない、とたえず言われる。だが、もう一度言うが、責めるべきは人間だろうか、むしろ人間が置かれている無理な状態ではなかろうか。自然な状態に置いてやれば、人間は全く別人になるのが見られよう。木でも無理やり或る方向へ伸ばされたら、加えられる乱暴に苦痛を感じ、その乱暴があるかぎり楽になれず、それから脱しようと努力するような立場に置かれる。

退屈はわれわれの習俗から生まれた暴君である。退屈から逃れるために人と交際しようとしても、そこで出会う真実・安全・利益の乏しさから、われわれはそこでも退屈をみつける。しかも、年の功で人間について経験を積むほど、その乏しさはますますひどくなる。感覚的な快楽に耽っても、それが心に残す空虚や、やりすぎたり、それで往々体をこわしたりして感じる嫌気から、やはり退屈が快楽に付いて回るのをみつける。引きこもって自分自身を相手にしても、悲しみと落胆しか感じさせない将来の見とおしや、まだ残る去ってきた世間への未練や、自分の内に見いだす、日々の長さを利用する手立ての乏しさから、そこでもやはり退屈をみつけてしまう。退屈が近づけない状態は習律状態だけである。われわれの習俗から生まれたほかのあらゆる暴君についても同じことが言える。暴君の一人が近づけないようにするためには、あらゆる暴君が等しく近づけないようにすべきであるから。

XX

われわれの習俗の内では、教育とは人間の心身をこの習俗の調子に合わせるために使う手段である。しかし、道理に適った習俗の内に生まれたら、人間の心身は子宮の中からすでに良好な素質を具えているため、おのずとしかるべく調整されよう。さような習俗の内で人間が受ける唯一の教育は、目の前にある種々の手本によるもののほかは、まさに道徳的でも物理的でもないような教育である。私が言わんとするのは、事物の根底についての知〔形而上学〕を人間に展開して見せるような教育のことだ。実在そのものを対象とするこの展開は、社会を作った存在にとってしか有益たりえず、どうしても口頭による教育を必要とするからである。今は、文書による教育が、それもはるかに大規模なものが必要とされるが、これは不合理なもの〔宗教〕が支配するせいである。今の教育には道徳的なものが含まれざるをえないけれども、道理に適った習俗の内では道徳的なものがあるべき姿となるはずだから、教育に道徳的なものが含まれることはなかろう。私が本書でしているのもまさにそのような教育で、そこから本書は、間違った教育を受けてきた人々、つまり例外なくすべての人間たちに宛てられた新たな教育論とみなすこともできる。この教育論は疑いもなく、すべての部分がつながり合って、攻撃される弱い個所などどこにもない唯一の教育論である(三二)。

いちばん広い意味に取れば、教育とは、事物の現状の中で良きにつけ悪しきにつけ――この状態は実際そうであるように善と悪からなっているので――われわれが必然的に受ける感化のすべてである。この定義から出発して、私はこう言おう。われわれの子供たちも善しか見なかったら善しか好まぬはずで、悪を好むのは、悪を見せまいと人がどれほど手を尽くしても悪を見るから、悪を認識させることが子供に与えられる教訓自体の本質をなすからだ、と。子供には生まれつきいい子もいれば悪い子もいると言われるが、これは当を得ない。この言いかたは、子供は生まれる以前から良きにつけ悪しきにつけ最初の教育を受けている、教育でまずければ最初の感化を受けている、ということでなければ何物も意味しない。生まれる前から教育ないし感化を受けているというのは、或る程度まで真実である。子供は善悪がしみついた父母から生まれるのだから。

われわれは自分の気質に応じ、自分がどう変様されているかに応じて良い感化も悪い感化も受けるのだ、とさらに言われる。だが、それでも、われわれがそういう感化を受けるのが教育によることに変わりはない。われわれにとって善悪は、同類たちから受ける、または同じことだが同類たちと作る社会から受ける教育の結果にすぎないし、そうでしかありえないからである。それに、われわれのあれこれの気質を作る上で教育の果たす役割は極度に大きい。われわれ自身の全体に、われわれの身体機構をあれこれの仕方で調整できるもの一切に教育が影響を与えることは事実だからである。

前述のとおり、道徳的悪の源は「君のもの」、「私のもの」と道徳的〔社会的〕不平等にあるけれども、人類からこの道徳的悪を取り除いたら、われわれの子供たちもみな善への傾斜しかもはや持たなくなるだろう。しかし、考えるよりずっと多くの物理的悪を惹き起こすこの障害物が存続するかぎり、これまで同様かなり一般的には、子供を立派に育てるために取る手段と逆の結果しか見られないのを覚悟しよう。子供の最善の育てかたを論じた本などから、何も期待しないことにしよう。

（三二）　ルソー氏の『エミール』は一つの体系にすぎず、われわれの社会状態の内では実行不可能な上に、この状態の外で実行されても、人間たちが今あるのとほぼ同じようになるのを防げるものを何も持たないという欠陥を抱えている。同書のメリットも、この作家が物したほかの多くの著作のメリットも、われわれの習俗を変える極度の必要性を見させてくれることにある。

XXI

今の習俗のせいで味わうにすぎない心労を一切免じてくれるような習俗というのは、人間にとってなんという仕合わせであろう！　そういう心労は下層の民衆や農民よりわれわれがずっと多く味わうもので、こんなにひどく、こんなに夥しく、こんなに強く感じられる以上、われわれが実際には人間たちの中で最も不幸な部類なのになんの疑いも残さぬはずである。外見は逆だが、これほど偽りな習俗の内では外見を信用することなどきっぱりやめよう。外見が強ければ強いほど、ますます信用しないことにしよう。下層の民衆や農民がわれわれを妬んでも、それは間違いなくわれわれが互いに妬み合うほどではないし、彼らも今よりよくわれわれを見たら、われわれ自身が彼らについてするように上っ面《つら》でわれわれを判断しなかったら、またほとんどがわれわれの悲惨と、往々われわれのありかたに対する彼らのそれの優越性を盛っているわれわれの書物を読めたら、われわれを妬むことはさらに少なくなるはずである。われわれは彼らの生活をできるかぎり辛いものにしているが、それはそれとして、彼らはわれわれほど不幸ではなく、人間たちをそこへ誘《いざな》うのが私の目的である習俗の変更まで来る必要もわれわれほど感じていない。

それでも、所によって多い少ないはあれ、この必要は全般的なもので、全般的に充たされなければ充たされることはありえない。全般的に充たされるとはつまり、すべての人間か、ほかの者と袂を分った一定数の人間が法律状態を捨てること、徳の認識が対立する悪徳の滅亡によって消え去ることだが(三三)。

少しでも頭をはたらかせれば同意しない人はどこにもいないが、人間たちの社会は誰ひとり安全ではない森のようなもので、そこでは一般に悪の総量が善の総量よりはるかに上回り、したがって本来ならば、善の総量が悪の総量よりはるかに上回る状態では生が死よりも好まれるのと同程度に、そこでは死が生よりも好まれるはずなのである(三四)。しかし、そのわけを尋ねても人は知らない。救済策を問うても分らない。だから、わけを教え、救済策を示す必要があったのである(三五)。

(三三)「百科全書序論」には次のような言葉が見られる。「こうして、私たちが同胞の悪徳によって経験する禍いが、これらの悪徳に対立する美徳の反省的知識を私たちのうちにうみ出すのであり、この知識は貴重だが、もし私たちが完全に和合し平等であったならおそらく私たちにはなかったものであろう。」〔邦訳、岩波文庫『百科全書』、二六ページ、橋本峰雄訳〕

　ダランベール〔「序論」の筆者〕は私の批判にこう答えた。「たしかに、〈貴重な知識〉の〈貴重な〉は余計で、私たちは平等で相互に独立し、悪徳も美徳もそんな観念を持つ必要もなかったらもっと幸福でしょう。しかし、それを言うのはあまりにデリケートで、くだらない争いをしたくなかったのです。」

　それは言うべきでなかったというのはいいが、しかし、なぜ反対のことを言うのか。そう思っておらず、そう強制されてもいないのに、人々を啓発するのが目的なのに、なぜあんな言いかたをするのか。これはミスに相違ない。だが、ダランベール氏のこの告白には目をつむって、前の告白だけ見ることにしよう。それは私がお墨付きにできるものだろう、個人のお墨付きが必要だったら。

(三四)習律状態にとっては、「道徳的」〔罪への罰〕と今呼ばれる純粋に物理的な悪しか問題たりえない。

(三五)私がその両方をするのは、同じことを何度も繰り返してである。しかし、私の主題ほど形而上学的にも道徳的にも単純な主題は、うんと繰り返すことでしか扱えない。あまりに目立ちすぎる繰り返しだけは私に非難できるが、内容がこれほど本質的な著作だから、形式に多少の欠陥があってもかまいはしない。

第二部

I

人間が同類と作る社会のお蔭で強くなるのは、寓話〔一〇二〕に出てくる槍が一緒に束ねた他の槍のお蔭で強くなるのと同じである。だから、人間は自分の福利のためにも、生涯を通じた安全のためにも、自分に害を与えかねないすべてに対して最大の力を持つためにも、自分の幸福のためにも、社会を作って暮らす方がよい。とはいえ、それらの利益を享受するには、社会を作って暮らすだけでは足りない。その社会状態が、別の社会状態を望んだり一人きりで暮らしたいと願ったりできないようなものでなくてはならず、社会状態が実際にそれらの利益を得させなくてはならない。そうでないと、その状態は人間にとって今あるようなものでしかありえなくなる。つまり、それ自体としては良いものだが、誤解されたため、有利であるよりはるかに多く有害なものでしかありえなくなる。（三六）

個人の幸福は全体の幸福によってしか存在しえない。それは皆が同意する真理だが、われわれの社会状態が今のような基礎を持つかぎり、無知と道徳的〔社会的〕不平等と所有〔私有〕がそれの原理をなすかぎり、われわれにとってはいつまでも不毛な真理であろう。われわれがいずれ劣らず不完全な種々の個別社会しか作れず、自分たちを結ぶ絆を悪用して、市民対市民であれ、国対国であれ、互いに迫害し合い滅ぼし合うことしかできず、歯止めとしては一次的〔形而上学的〕および二次的〔道徳的〕な理性のかわりに、この上なく間違った体系と、この上なく不合理な教義と、この上なく滑稽な作り話と、この上なく暴虐な法しか持てないのは、みんなこの不幸な基礎のせいである。（三七）

（三六）　人間たちが不死だったら、今より幸福になることも、そうなりおおせようとシャカリキになることも大事だろうが、所詮僅かな年数しか生きられないのだからどうでもいいではないか、と言われるかもしれない。しかし、それだけが人間に利害関係のあるその僅かな年数にとっては、それが大事なことなのである。でも、真理の発見が今生きているわれわれに功を奏したところで、その恩恵にわれわれが与る度合は子孫たちよりずっと少ないだろう、子孫が自分より幸福になろうがなるまいがわれわれにはどうでもいいではないか、と言い返されるかもしれない。それがわれわれにとってほとんど重要性を持たないことは率直に認めよう。しかし、そこからどういう結論を出すべきなのか。真理を探求すべきでなかったということか。だとしたら間違いであろう。人間の好奇心にふさわしい研究があるとしたら、間違いなくそういう研究だということは認めざるをえないからである。その研究がひとたび終わったら、それも成功裡に終わったら、研究した者が篋底に秘めておくべきだった、と結論するのか。真理を人間に知らせると人間に不利益が生じるのだったら、そういう結論も引き出せよう。しかし、人間に生じるのが利益だけだということは確かなのである。自分が不死な時ほどその利益が大きくないとしても、それがわれわれのためより子孫のためにあるとしても。

（三七）　われわれにとって議論の基本的なテーマをなす一切についての賛成論と反対論は、われわれが支点として真理を持たないかぎりいつまでもなくなるまい。真理はあそこよりここに多くあるとか、しかじかの本は他のしかじかの本以上に真理を与えるとか思ったところで無駄である。真理は宝籤の当選番号のようなもので、はずれていたら近い番号もいちばん遠い番号と同じことなのだ。

II

真理が展開され開示されても、それが遮る雲を突き抜けて散らし、世界中をあまねく照らし、法を消滅させてかわりに習俗を置くことは時間をかけてしかできまい。そういう時代を仮定してそこに身を置き、その時あるはずの人間社会を見てみよう。ただ、あらかじめ指摘しておくべきだが、あるべき考えかた、生きかたについてなんらかの細部に立ち入れるのは、ほとんど、われわれが今する考えかた、生きかたとの比較によるにすぎない。あるべき考えかた、生きかたはあまりにも単純で、それ自体によっては論じる材料を僅かしか提供しないからである。

子供たちをあらゆる不合理な感化から守り、その澄んだ理解力の鏡が曇らされるのを防ぎ、またしたがって、今日われわれの内部で消さねばならぬ数多の誤った観念を彼らの内部で事後的に消さなくてもよくするためには、言語と習俗だけでこと足りよう。それでも、物理的善悪の原因についての認識を彼らに伝えておくのがよかろう(三八)。ただそれは、書物の助けを借りずにである。読み書きを習うという面倒で疲れる仕事に子供を縛りつけることなどもう問題ではならないからだ。

ひとたび習律状態に置かれるや、隷属も戦争もないとはいえ、われわれは自由学科〔文法・修辞学・弁証法・算術・幾何・天文学・音楽〕が発明される前、純粋に役立つ技術、必要不可欠な技術から、あらゆる面で陥った行き過ぎのため存在するにすぎないような技術へと人間たちが移る前とほぼ同様のものになるだろう。その時われわれが置かれるはずの生活状態をいちばんはっきり示す例は、〔旧約聖書に述べられる〕族長時代の生活である。例としてはそれでもまだひどく不完全だが。

そういう生活状態へ入るためには、なんであれわれわれの書物、証書、書類などを焼き捨てるだけでなく、美術品などと呼ぶものも全部打ち壊さねばなるまい。たしかに犠牲は大きいだろうが、いたしかたない。もうなんの役にも立たず、子孫たちにわれわれの知能を証明することでわれわれの狂気を証明し、われわれの習俗を思い出させる一切から子孫たちを遠ざけるという彼らにとって有益な目的を損いすらする、そんな遺物を残しておいたとて何になろう。こんなことを言うと、人間たちの中でいちばん優秀と称する部分、教養人と呼ばれる部分の考えには抵触する。民衆から截然と区別され、民衆を支配して、生活の資も利便も奢侈も民衆から引き出しながら、民衆の理性よりずっと高級な理性が自分にあると思っているあの小部分である。だが、私が証示することはその部分も否定できないし、今問題の犠牲は私が証示することの帰結なのである。

考えれば考えるほどよく分るはずだが、われわれの書物というのは、最も高く評価される自然学や形而上学の本ですら、ほかのあらゆる本と同様、真理がないがために、われわれの根本的な無知とそこから来る悲しい結果のせいで存在するにすぎず、習律状態ではそんなものは全然必要なくなろう。われわれの職人や農夫の場合と同じく、親が実地にすることが子供にはいつでも開かれた本になり、やりかたが改良されても、そんなことは書くまでもなく伝えられるからである。

ここで言っておけば、われわれの諸々の書物はただ一冊の本を必要としていた。その一冊とは、それらの書物が余計なもので、自分自身も、自分の手でひとたび人間たちの蒙が啓かれたら余計なものになることを証明するような本だった。この本はそれらの書物によってしか存在しえなかったから、われわれが自分に欠けた認識を持つに至ったのは、それに先立った不合理で余計な諸々の知識によるほかなかったことになる。私にしても、正しい理性と対立するものをあれほど見たり読んだり聞いたりしなかったら、われわれの考えかたや動きかたの内にあれほどの矛盾を捉えなかったら、そもそも思索などしたろうか、こんな考察などしたろうか。人間たちは本質的な何事についても意見が一致せず、あんなに自慢する自分の知能や知識の価値についてすら一致しないが、それでもあまねく意見の一致を見ることが一つだけある。自分たちが根っから無知で、お互い同士極度に不幸にし合っているということだ。今いる状態の中で、互いに意見が一致できるのは事実その点しかないのである。

あらゆる種類の実験や観察、いとも高度な幾何学、いとも博大な学殖、いとも不屈な学芸の陶冶——そうしたもので事物の根底についての無知を補えると思われてきたが、それは大間違いだった。自分自身をあんなに偉く見せあんなに誤解させるそうしたものも、みなこの無知のせいで存在したにすぎず、この無知がひとたび打破されたらもう問題にもならなくなるのは事実だからである[三九]。

(三八) そのために必要なのは、形而上学教育をする二つの単語だけ、「全一体」と「全一者」を、特に「全一体」を子供らに認識させることだけであろう。

(三九) われわれの過度な悲惨に少しでも目を投じ、弱い者が必ずと言っていいほど強い者に負け強い者すら安全ではいられない円形闘技場でしか地球の表面がなくなっている現状を見たら、われわれの無知を私が打破しようとするのを犯罪視するどころか、それに拍手を送らずにいられる人が一人でもいるだろうか。

III

人間の合理的な必要の限度は、同類たちと安全な社会を作り、健康的で気持のいい居住地に住み、簡素な家と簡素な寝床を持ち、けっして追いまくられない有益な仕事に適度に携わり、衣食にも共に楽しむ相手にも恵まれることでなくて何だろうか。これらの必要を超えるものも、これらの必要を充たす際にわれわれがする凝りようも、すべてこれ余計なもので、それがわれわれを殺すのである。物の本にあるほどかつては人間たちが長寿だったというのが事実なら、その原因たりえたのは一《いっ》に、習俗と生きかたの純朴さだった。だが、その純朴さもまだ、本当の習俗のそれからどれほど遠く隔たっていたことか！

命令も服従も知らぬ本当の習俗の支配下にひとたび入ったら、われわれは「君のもの」も「私のもの」もなく、必要なものは潤沢に持ちつつその日その日を送るだろう。勤勉だが疲れはせず、安楽だが金はかからず、質素だが嫌気はささず、官能的だが飽きはせず、健康だが医者はおらず、長命だが老衰はせず、仲はいいが個人的なつながりはなく、社交的だが互いに恐れ合ったり、われわれの社会ではざらに見られるように恩を仇で返されたりはせず、画一的だが退屈はせず、平穏だがなんの不安も心労もなく、今の状態を失うのではと危惧することも、仕合わせが減るのを恐れることも、もっと仕合わせになるのを望むことも、平等が支配するからには同類の境遇を羨んだりすることもない。

自然を研究するのも、そうすることがわれわれに必要不可欠なかぎり、効用がわれわれからそれを求めるかぎりでしかあるまい。その場合は、自分からいちばん距離の近い対象、いちばん分りやすく、われわれ個人といちばん類似した対象の内で自然を研究するにすぎないだろう。社会の共通の必要がわれわれの仕事の唯一の目的となり、われわれはおのがじしそれに協力し、どんな種類の仕事も大体において各人に等しく向くようになるだろう。仕事といっても簡単で、凝ったところはまるっきりないからである。各自があらゆることに従事して、作業から作業へ移るから、人間たちが異なる身分に分れるという狂った有害なありかたは完全に消滅しよう。役に立つ身分についてすら、それは消滅するはずであるから。

われわれが今の文明状態でその状態の狂気自体によって享受するにすぎぬ快楽や利益は、そこでは享受されなくなろう。笑いと涙（四〇）、過度に楽しませることで力を萎えさせる強い情念——そういう痙攣的な状態にわれわれを投げ込む芝居の印象などは感じられなくなろう。恋を成就した恋人、戦《いくさ》に勝った英雄、成り上がった野心家、桂冠に飾られた芸術家、財宝を見つめる守銭奴、肩書や家柄にふんぞり返るお偉方——そういう者の強烈だが常に一時的な感覚は味わわれなくなろう。愛らしい女たちも、豪壮な宮殿も、見事な家具も、魔法のような庭も、大庭園も、広々した並木道も、凝った料理も、高価な宝石も、ガラス張りの馬車等々もなくなろう。そんなものは、持つ人の幸福を持たない人の不幸ほどには作り出さないからである。しかし、人間の真の必要という部類からはみ出し、そのため多くの不快感や不都合を伴うこういう人工的な利益や享楽はみな、それよりずっと現実的で、ずっと持続性があり、その価値もずっと高い享楽や利益で穴埋めされよう。それに、こういう人工的な利益や享楽がなくても苦痛を感じることはなかろう。そんなもののほんのかすかな観念すら持たないのだから。

（四〇）　習律状態では人は笑いも泣きもせず、どの顔にもあまねく、晴々した表情が漂っていよう。また前述のとおり、容貌は誰でもほぼ同じだろう。男の目から見ると女と女は瓜二つで、女の目から見ると男と男は瓜二つだろう。そういう理由からも、それと力を合わせる可能なあらゆる理由からも、そこでは男性にとっての女性の共有、女性にとっての男性の共有に反対するものは何もないだろう。この真理を否定したり疑ったりするのは、法律状態か未開状態の観念を習律状態へ持ち込むかぎりでにすぎまい。

IV

習律状態では、われわれの間で見られるように人間たちが別々の家族に分れることはなく、子供らも一人の男と一人の女に個別に属するのではなくて、人々の自然な居住地のそれぞれ、つまり各村が擁する全体家族に属するだろう。誰もが自分の同類の内に自分と対等な者、社会が自分より多くも少なくも与えていない人間しか見ないだろう。したがって野心もなく、嫉妬もなく、競争もなく（四一）、憎悪もなく、或る者が持ちすぎ他の者が持たなすぎることからいつも必然的に生まれる犯罪もないだろう。自分と対等な人たちの仕合わせに協力したい、その仕合わせを図ることで自分の仕合わせも図りたい、社会に役立つ労働をその人たちと分ち合いたい、という必要しか誰もが感じないだろう。

重ねて言えば、そこでは女性が男性にとって、男性が女性にとってそうであるようなものだろう。つまり共有財産ということだが、そこから些小の不都合も、些小の反目も生じるおそれはなかろう。なぜなら、古今東西の歴史に山ほど見られ、あまり頻繁に見られるのでわれわれがほとんど注意もしないあらゆる不都合が湧き出る源は、それの反対物が存在すること、つまり、この基本的な点でも「君のもの」、「私のもの」があることだからである。しかし、女性の共有の利点を、それがわれわれにとってどれほど平和と団結の手段になるかを正しく思い描くためには、もう一度言えば、人間たちを今あるような姿で見るのではなく、この共有が彼らに存在する時にそうなるはずの姿で見なければならない。つまり、「君のもの」、「私のもの」に基づく現在の状態で見るのではなく、逆の状態で見なければならないのである。

法律状態が性的欲望に歯止めをかけて、それにまつわることにどれだけの狂気を持ち込ませたかは想像もつかないほどで、それを描ききる力は私にもない。そして、想像しにくいという一事だけが、その欲望も飲食や睡眠の欲望以上に充たしにくくも不都合を伴いもしないような人間社会がいつか存在できるという考えからわれわれを遠ざけられるのである。習律状態でも法律状態や未開状態と同じように男は女を奪い合うはずだ、と人はいつでも考えたがるだろう。けれども、そう考えさせる外見が強ければ強いほど、そう考えることはますます道理を欠くだろう。地上の他の財貨についても同じことが言える。しかし、所有に関する外見の強さから、それを信頼するのは道理を欠くと私が結論するのはどうしてか。それは、その二つだけがわれわれの感覚で捉えられる未開状態と法律状態とが、この点では習律状態と全く対照的だからである。

「君のもの」、「私のもの」の廃墟の上に立てられた習俗の連鎖の内に女性の共有が必然的に入るのは、「君のもの」、「私のもの」に基づく習俗の連鎖の内に女性を共有しないことが必然的に入るのと同じである。だいたい、「君のもの」、「私のもの」と、したがってまたすべての法を打ち壊そうというなら、それをあらゆる面で打ち壊すのではなく、女性だけ除外するとはひどい矛盾ではないか。女性はわれわれに最もたやすい享楽を得させるため、われわれの欲望の一つ、それも最も強烈で自然なものを充たすため、われわれの種を永続さすため、われわれと一緒に暮らすため、女性に関する「君のもの」、「私のもの」の結果としてこれまでずっとしてきたようにわれわれを互いに反目させるのではなく、われわれを相互に団結させるのにできるかぎり、自分自身の満足のためにも協力するためにあるというのに！ その団結からは、今は極度に欠けている女性同士の団結も生まれよう。女性が女性として反目し合うのは、女性がわれわれを反目させるのと同じ理由によるからである。

女性の労働は男性の労働とは異なるだろうが、男女ともみな一緒に共同生活を送るだろう。地上でもいちばん恵まれた場所にだけ住む自由があるから、望めるかぎり有利な位置に、きわめて堅牢な縦長の家を作って住むだろう。そういう長い家の一つ一つが、家畜小屋や納屋や貯蔵庫とともに、今ある都市の残骸の上にも田園にも、われわれが村と呼ぶものを形成するだろう。すべての村は距離の近さに比例して互いに助け合い、粉挽き場や鍛冶場などいろんなものを共同で持つが、区域についても何についてもたえて争うことはないだろう。実際、平等状態では争いの種などどこにありえよう。そこでは、動物性による最も非理性的な欲望・必要を充たすだけでなく、懶惰に流れず最も快適な生活を送るためにも必要なものがふんだんにあるのだから。人が人を羨むようなものは何もないのだから。女性は疑いもなく今より健康で、容姿もすぐれ、若さをずっと長く保ち、神秘めかした様子もなく、美人とも醜女《ぶす》とも言われず、相手によって差をつけずに、常にたやすく不快感を後に残さぬ享楽を得させるのだから。生まれた村より、誕生以来慣れ親しんだ人の社会より優るものなど誰も知らないのだから[四二]。さらに、よしんば相手が自分に何かの傷を負わせたり、自分の手足を折ったりしても、そんな事故は不注意からしか起こりえないから、それで他人を疎ましく思う気持など誰の心にも芽生えないほどの団結の域にすべてが達しているのだから。

（四一） 習律状態にはどんな面でも競争はないだろう。この状態の正しい観念を抱くためには、そのことをよく見るといい。

（四二） 或る村がほかの村より恵まれた位置にあっても、そのために人口過剰になることはなかろう。どの村も分を守り、その点での申し合わせは言うまでもあるまい。

V

祭祀も従属関係も戦争も政治も法学も金融も徴税も商業も詐欺も破産も、どんな種類の賭け事も盗みも人殺しも道徳的悪も刑罰法規も知られなくなろう。例外なしにあらゆる人工的情念が、あらゆる頽廃した趣味が、あらゆる種類の狂気がみな未知のものとなり、常に賢明な節度を守る自然な欲望は、道理と健康と長寿が設けよと求める限度をけっして越えまい。

われわれが全員身を処す仕方は、真理によって等しく蒙を啓かれた男女が、暮らしを立てるに必要なものを携えて無人島なり無人の地なりへ運ばれた時にするのと同じであろう。しかし、こうして運ばれたそれらの男女を想像して、前にはやむなくそうだったものから忽ちみなどれほど異なるものになるか、歴史に出てくるホッテントットの青年〔一〇三〕のように、みなどれほどの熱意を込めてわれわれの法も習俗も慣習も捨てるか一瞥してほしい。開示された真理がもし当代に功を奏したら、われわれも全員そのようになるだろう。次にそれらの男女の子孫を想像すれば、その時は、われわれの父祖がもしも真理の松明に照らされていたらわれわれが今日あるはずの姿が見られよう。現在の状態が消滅している度合は、その状態に生まれ暮らしたその人たちよりその子孫の方がずっと大きい以上、その人たちと子孫の間には必ずや違いがあるはずだから。

それでも、道理を弁えたそれらの男女には、今の自由・平安・安全・団結・平等と、かつてその中で暮らした隷属・動乱・不安・心労・不団結・不平等をその時くらべてみることがなんという楽しみであろう！　長く鎖につながれていたり、苦しい病床にあったりした末、自由になったり回復期に入ったりした人が比較して喜ぶように、そういう男女もその時同じ比較をし、同じ喜びを味わうだろう。地上のお偉方、この世の幸福者はそうではあるまい、と言われるかもしれない。地上のお偉方がいるのは分るが、幸福者というのはどこにいるのか。またいるとしたら、お偉方の内にみつかるのか。たしかにわれわれの習俗の内でも、家柄が格別に良く、ほかの人以上にすべてがほほえみかけるような人もいる。しかし、そういう人の幸福も同類たちの幸福との比較によってあるにすぎず、本当の社会状態の幸福との比較によってあるのではない。すべてを味わい尽くした末にその空虚を認めない者、人生では一瞬の快楽も多くの苦労で買わねばならず、何事につけ苦労は快楽を上回るという悲しい真実に同意する立場にない者は、彼らの内に一人としていないのである。

VI

習律状態では人それぞれ自分の傾向に従うだろうが、傾向は全員ほぼ同じだから、いつも正しい理性に則り、社会の調和に適っていよう。そこには全き信頼が漲り、慎重さも、それに類する他の美徳も知られまい。そういう美徳は対立する悪徳と同様、われわれの間にある関係の薄さ、今の習俗がわれわれに余儀なくさせる相互不信のせいで存在するにすぎない。誠にもっともなその不信感こそが、われわれ全員に仮面をかぶらせ、われわれの傾向と法の間にある持続的な矛盾によって常に存在しつつ、われわれをたえず束縛し窮屈にしている。

そこでは、「自然」法とわれわれの呼ぶ法が、常に垣間見られつつ一度もはっきり見られなかったあの社会的な法にすぎなくなろう(四三)。つまり、健全な形而上学がわれわれをそれへと誘《いざな》い、われわれの個人的・全体的な利益がそれに従うよう求め、それからはずれたら幸福から遠ざかって道徳的悪をあらしめざるをえぬ、あの平等と団結の法である。

それ以外の法はなくなるが、その法自体も今のような意味での法ではなくなろう。正しく健全な社会的理性がその法を自らに作り与えるからである。それ以外の法がなくなれば、どの日もみな似かよっていよう。人々は安らかに起きては寝、自分にも同類たちにも常に満足し、自分の状態にも常に満ち足りていよう。その状態は明日にでもわれわれに存在したら、われわれが身につけた習俗や習慣にもかかわらず、やがてはわれわれの無上の楽しみになるはずである。重ねて言えばそれはまさしく、最も望ましいものとしてわれわれが垣間見る状態なのだから。自分に欠けているとわれわれが感じる状態なのだから。われわれが自分の状態について不利な判定を下し、それは頽廃していると言い、声に出そうが出すまいがみな多かれ少なかれするようにその状態を嘆き呪う時、知らず知らず比較の対象にしている状態なのだから。(四四)

(四三)　自然法とは形而上学的な厳密さで取れば、人がそれからはずれうるということが矛盾であるような法で、「全一体」の平等・団結・完成へと向かう各存在の志向である。また、自然法とは道徳的な厳密さで取れば、この志向が人間の内で、社会の共同の利益になるように、つまり、各人の志向が万人の志向であるように方向づけられたものである。基本的な様々の面でわれわれの志向がその点にまで達したら、その目的は成就したわけで、われわれはみなお互いについて十分満足し合うだろう。

(四四)　われわれの習俗の中でいちばん良い、いちばん賢いやりかたは、自分の境遇にいつも満足しているような顔をすることである。だが不幸にも、できるのはそういう顔をすることにすぎない。とびきり賢明な人たちの良心に訴えよう。そういう人は自分が不幸だとは言わないけれども、人間たちは不幸かどうか、われわれの法律状態ではあらゆるものが各種各様の不都合と悪に、果てしない矛盾に充ちていないかどうか訊いてみたら、そうだと認めぬ者は一人もいない。だから、こんな状態を捨てようではないか。この状態から逃れることが自分の一存でできないなら、それのみがわれわれにそう強制できる明証性を信頼しようではないか。

VII

子供たちは幼年期にわれわれの子供とは全然違う養育をされ、今よりずっと負担にならず、一度乳離れしたら、あとはおのずから育つだろう。手をはたらかすことも、目の前でして見せるほかは教える必要もなしに学ぶだろう。役に立つ仕事は一つ残らず、外科医がするようなものでさえ、子供たち一人一人が長じては社会の必要が求めるに応じて行なえるだろう、また実際に行なうだろう。子供たちは社会しか知らず、唯一の所有者である社会にのみ属するだろう。われわれが生まれる時より疑いもなく健康で逞しく生まれ、母親の命を奪うことも少なく、本当の習俗への傾きも強いだろう。(四五)

女性は妊娠せずにも乳が出るはずで、自分の子かどうかなど気にせず、どの子にも分け隔てなく乳房を含ませよう。

その点について未開状態で見られる排他性は、習律状態では法律状態以上にないはずだから。法律状態でも、金で雇われた女たち〔乳母〕が、自分の子供と、金を払ってその手間と苦労を免れる母親たちの子供に乳を与えている。習律状態ではむろんその種の母親はいなくなろう。乳母になって子供にも老人にも乳を与えない母親は一人もいないはずだから。その乳を吸って、子供は体力をつけ、老人は若返るのだ。でも、母親がそれぞれ自分の子を私しないか、と言われよう。否、である。そういう所有〔私有〕は子供たち自身が実にしばしば父母に対して罰する〔両親への虐待〕ものだが、個別の所帯や別々の家庭などなくなり、すべてが共有になり、一人一人の母親がわが子の内に望みうるものを、つまり自分への好みや好意や性愛[四六]すらもすべての子供の内にみつけられたら、そんな所有などあるはずがないではないか。

（四五）　子供たちは生まれる時に或る程度まで父母の道徳面を、怒りっぽいとか執念深いとか嫉妬深いとか所有欲が強いとかいうその精神を受け継いでいる。しかし、そんな精神は習律状態にはもうないから、子供たちはその状態にすっかり合った形で生まれるだろう。今はわれわれの〔法律〕状態にすっかり合った形で生まれるように。

（四六）　近親相姦はこの上なく自然に反すると言われる。反するのはわれわれの習俗の自然〔本性〕にであって、それ以上の何物でもない。近親相姦を犯罪にしえたのは法だけである。それは未開状態にも習律状態にもあって、実は法律状態に反するにすぎないのだから。

VIII

諸々の存在は結合すればするほどますます大きな力を持つから、私が仮定するような人間たちは社会を作って互いに愛し合うだろう。しばしばわれわれを捉える独《ひと》り暮らしへの好みは、われわれの社会に見られる団結・調和・関係・真実・利益の少なさにのみ起因するから、そんな好みを彼らが持つ理由は全然なく、実際持ちはしないだろう。

各人は自分の安全と、自分の欲望が求めうるすべてのものの得やすさを他者から引き出すだろう。

それぞれが年齢・体力・男女の別に応じて必要な仕事を分ち合い、競ってその労働に従事するが、必要といっても数は少なく、例外なしに全員仕事に携わるため働き手の数が多いので、忙しさなどまるで感じまい。何事によらず秩序・整頓・便利・清潔を好むので、することはいつでもあり、同じ労働にいつも複数の人が一緒に当たるという利点があるため、われわれがしょっちゅう仕事で感じる嫌気も気落ちも知らないだろう。

ほぼ四六時中疲れきったか退屈しきったわれわれには睡眠の必要が実に強いが、彼らはそんな必要をごく僅かしか感じないから、労働に充てる時間がわれわれより多いだろう。労働の量もわれわれよりずっと少なく、特に田園での仕事は、暑さその他の原因から必要な場合、昼より夜にするだろう。睡眠を取る際も合理的な中庸を守るから、われわれがいつも眠りすぎや睡眠不足で廃疾者になったり死んだりするようなことはなくなろう。われわれは何事でも過小か過大かどちらかの欠陥に陥るのだが。

IX

習律状態ではおぼえやすい国語が話されよう。言葉をおぼえる際に父祖の不合理や悪癖を伝える今の諸国語にくらべると、その国語は単語の量も極度に少なく、ずっと簡単なはずだからである。子供たちも使うだけでそれをおぼえ、教科書など一切要らないだろう。読み書きに子供を縛りつける必要もなくなるだろう。子供にはひどく辛いが、当人には全く役に立たないそんな義務に縛りつけたとて何になろう。われわれのあらゆる書き物、あらゆる本が存在するのは、われわれの習俗の狂気のせいにすぎない(四七)。

各国語は余計な単語が全部なくなって、おのずから浄化されよう。真理の光に照らされて、推論する材料もなくなり、われわれがするような会話のための会話などせず、われわれの人工的な情念も、欲望の対象の内に持ち込んだ人工的なもの一切も、虚しい知識もあらずもがなな技術も知らぬ人間たちには、余計な単語がなんと沢山あることか！習律状態が存在するところ、どこにも同じ国語しかないのが望ましかろうが、言葉がそんなに簡単になり、人間たちが異なる国民に分れずに、近くから遠くへ全員が交流し合う状態では、それもたやすいことだろう。その国語が変化したり、訳の分らぬ言葉に堕したり、われわれの諸国語のようにたえず純化されたり豊かになったりするおそれはあるまい。国語は安定し、けっして変わらないだろう。

習律状態で人間たちが完璧に分り合うのは、われわれが分り合わないのと同じだろう。みんな筋の通った精神を持つが、われわれの論理学の規則など必要なく、頭脳をしかるべく組織するという真理だけが持つ力によるだろう。(四八)雄弁術・詩歌・音楽・絵画その他の自由学科の授業がそういう人間に無用なのは、文法や論理学の授業と同じであろう。肝要な知識だけに限られるはずだから、したがって彼らの少年期はわれわれの少年期や青年期のように虐げられて、今のように理性や気分のむらのなさや安らぎや健康を大きく損うことはないだろう。

雄弁や詩歌のようにわれわれが概していちばん重んじる芸術は、真理とその帰結である習俗がないからこそ存在するにすぎない。真理は赤裸な姿で登場するように出来ていると昔から言われてきたが、それの及ぶ範囲は考えられてきたよりずっと広い。真理が言葉の飾り〔雄弁〕のみならず、有用なものからはみ出す人工的な諧調〔詩歌〕もおしなべて斥けるのは事実だからである。われわれが雄弁家・詩人・歌手・舞踏家・画家などを持つのは、精神病院の狂人がわれわれから見て狂っているより千倍も、習律状態の人々から見てわれわれが狂っているからにすぎない。この真理は辛いものだが、もう一度言えば悪いのはわれわれではなく、われわれの社会状態である。

芸術はわれわれの習俗の内に必然的に入ってくる因子で、われわれがそれを必要とするのは精神的・肉体的な疲れを癒やすため、退屈を紛らわすため、自分を構成する部分〔粒子〕相互の不協和音の内になんらかの協和音を響かせるため、都市の内では味わえない自然の美によるにせよ、そうする力のあるほかのどんな対象によるにせよ想像力を楽しませるためである。しかし、好みと利益からする楽な労働に誰もが従事する習俗の内では、それ自体の力でわれわれを幸福にし、競争の的になりそうなすべてを拒む習俗の内では、その種の芸術が一体なんの役に立つだろう。

(四七) たえず物を書き仕事をするのは、なんらかの法や命令に伴う不都合になんとか手を打とうとするからで、そういう不都合は存続させておく法の本性の内にあるから、書く材料、仕事をする材料はいつでもあるだろう。われわれの習俗の内では、すべてが問題にされる。そこでは王と人民の権利も、王座と聖職の権利もまだこれから決めねばならない。この二つの対象について漠然としたものしか何もないのは、もっぱら下地が欠陥品だからである。

(四八) 真理の効果はわれわれの頭脳を、今不協和なのと同程度に調和のとれたものにすることでしかありえない。

X

社会における理性の法だけにひとたび従うようになるや、人間たちは徳も悪徳も知らなくなり、公正で賢明で有徳で常に相和しても、お互いに他人のことをそうだとは言えなくなろう。今は比較の材料がいくらもあるが、その時は互いにその材料がなくなるから、どうしてそんなことが言えようか。比較の材料が彼らに何かあるとしたら、それは不完全なのがどうしても目につく動物たちによるほかありえまい。私が言うのは特に野生動物である。家畜の場合は、その時は今よりずっと待遇が良くなり、今のようにわれわれとの接触からいろんな不完全性に染まることもなくなるため、われわれの習俗の内で持つ反目する理由、相互に闘う理由も全部は持たなくなるからである(四九)。

われわれの非理性のたえざる糧となり、多くの憎しみと無秩序を生みだしている、種々様々でいつまでも続く議論や論争の種は彼らには消滅しよう。彼らにとっては、過去の時代など存在しなかったも同然であろう。人間たちが合理的な社会状態に達する以前、難しいことをするというたわけた手柄を立てようとして有用性の域からはみ出していたことは、言い伝えによるか、われわれの習俗の名残りである何かの物理的痕跡がたまたま土中から発掘されるかして、一般的に知られるにすぎなくなろう。

人間たちは裸体を恥じはしないだろうが、それでも雨風に当たらぬように、また人間が持つようなむきだしの「毛のない」体が裸のままだと蒙りかねぬあらゆる事故を防ぐために、それを衣服で被うだろう。それどころか、われわれ同様彼らにとっても、身を被うことは、つまり、隠されていればいるほど自分がそちらへ赴く時はいっそう大きな快楽をもたらす対象をいつもは目に晒さずにおくことは楽しみでもあるだろう。しかし、彼らの服はなんと簡素で着心地が良く、ふんだんに手に入れるのもたやすいことか！　男も女も身を飾るものとしては、手入れした髪と、体も服も清潔なことしかないだろう。

役にも立たぬ富を掘り出すために、苦労して地中深く穴を掘ることはなくなろう。今あるような宮殿を建てて飾ったり(五〇)、城壁や要塞を建設したり、彼らにも有用な鉄だけは除いて(五一)その他の金属を溶かしたり、互いに相手から身を守り互いに滅ぼし合うために到る所で自然に強制したり、一生かかって不合理なことを研究したり、自分の品行をそれに従わせるためたえず無理をしたりすることに携わりもしないだろう。

質素な生活の必要に見合った耕地、歩きやすい道、役に立つ溝や生垣や干拓や堤防、この基本的な点では申し分なく完備して最大の清潔と最高に衛生的な空気をどこにも保つ水利、有害な動物を滅ぼすための武器、総じて合理的で永続的な福利のために必要な一切が彼らの労働の唯一の対象となるだろう。その労働はかりに辛くても怠ける者も不平を言う者もいないだろうが、実際は大したものではないだろう。奢侈も余剰もなくなるし、各人が仕事に従事し、われわれの間には掃いて捨てるほどいるような、ほかのことに従事したり、自分は何もせずに他人の労働からうまい汁を吸ったりする者は一人もいなくなるからである(五二)。

家具といったらほぼ腰掛けと棚とテーブルだけだろう。健康のためでもあり、今あるようなベッドがなくても不如意と思わないせいでもあるが、寝床としては共同の大部屋の両側に沿って、床《ゆか》より高い板の上に敷いた藁しかないからである。大部屋のまんなかのストーブが、適度の温かさをいつも保っているだろう。消費量がそんなに少なければ、薪はどれほど豊富にあることか！　窓ガラスを使う必要はなく、そんなものはなくて済ませるだろう。過度の技術が要るよろずのものも同じであろう。

銃も火薬も要らなくなり、要るのは矢、罠その他の武器だけであろう。そういうものがあまり加工を要しないのは、銃や火薬が多大の加工を要するのと同じであろう。銃や火薬で起こる事故については言うまでもない。そういう武器と恵まれる余暇を利用すれば、害を与えかねない動物を全部居住地から一掃し、もしかするとその種族を絶滅させるのもたやすいだろう。われわれが支配下に置いた草食動物は保存されるが、今われわれの間に見るほどその数を増やすことはないだろう。そういう動物の必要性も今よりずっと少なくなるからだ。放牧用の土地が減るので、したがって穀物や各種の野菜、材木などに充てられる土地は増えよう。

彼らが耕す土地は、われわれの耕す土地がそうであるより、ありうるよりずっと地味が肥えていよう。そのことを異論の余地なく証明するのは、耕す土地が彼らのもので、全員がそれを耕すことである。「君のもの」、「私のもの」はそれが引き連れてくる法律状態によって、どうしても多大な数の人間を真に有用な対象から奪ってしまうが、土地の所有者なのはそういう人間であって土地を耕す者ではなく、そこから、財貨の共有がもたらすはずの豊饒にくらべると驚くほど土地が痩せてしまうのである。その豊饒は人間についても、人間に役立つほかのあらゆるものについても言えることで、土地に住む人の数は今よりずっと多くなろう。その結果、また近くから遠くへとすべての村の間に漲る全般的な和合の結果、人間はかつてなかったほど地球の表面の支配者となり、自己の安全と福利が出会いかねないどんな障害に対しても今よりずっと大きな力を持つだろう。

人口の多寡は彼らしだいで、どんな偏見がそれを止めることもないだろう。各村の男女の人数は、その土地が供給できる富にいつでも比例するだろう。土地は彼らの手の下で、われわれの手の下にある今とは比較にならぬほど肥沃なはずだが。

（四九）　ここで特に問題なのは犬である。犬はわれわれの所有財産を守るという役目からして、家畜という家畜の中でもいちばんわれわれと関係が深く、またいちばん所有欲が強く、互いにいちばん反目し合う。飼い主への愛着が強いのもそのためで、役に立つにもかかわらずわれわれが犬を軽蔑するのもそのためである。

（五〇）　未開人に当てはめられる次の二行の詩句が、真に当てはめられるはずなのは習律状態の人間たちであろう。

彼らのあいだではすべてが共有、彼らのあいだではすべてが平等、

宮殿もなければ救貧院もない。〔一〇四〕

（五一）　彼らの役に立つもので、いちばん技術を要するのは鉄

であろう。彼らは所々に溶鉱炉を持ち、そこにはこの金属の溶融・加工に携わる人がいて、出来たものをきまった一定数の村へ配るだろう。それらの村はお返しに、衣食の面で必要な一切をその人たちに与えるだろう。しかし、今のわれわれにくらべると、この金属の消費量はなんと僅かなことだろう！　合金を作れるほかの金属と混り合って現在地上にある鉄だけで、数世紀にわたって彼らには十分なはずだから、わざわざ鉱山に頼る必要はないだろう。彼らの建物には鉄は使われず、道具類もみな土製か木製だろう。泥棒も人殺しも恐れる必要はないから、われわれの門も錠前も彼らには無用だろう。

（五二）　消滅さすべき馬鹿な仕事がなんと沢山あることか！　本当は犠牲に供すべきなのに、それにくらべて農民や職人をわれわれが卑しい身分とみなすような身分がなんと沢山あることか！　絶滅さすべき無為徒食が、したがってまた悪の源がなんと沢山あることか！　この考察ひとつでも、われわれが本当の習俗からどれほど遠く隔たっているかが分り、この惨めな社会状態の内でわれわれが蒙らされる各種の悪の甚しさにもう驚くことはなくなる。

XI

われわれほど気が散らず、われわれより頭がはっきりしているため、彼らは心の中でけっして薄れぬ喜びを感じつつ自然の景観を楽しむだろう。彼らの目には自然のすべてが今より生きいきと見え、われわれが見逃す美や可能事も彼らには見えるだろう。自分の行動やはたらきの内に常に再現される〔自然の〕秩序と調和の像は、われわれが芸術という手段でそうされるよりはるかに強い快感を彼らに味わわせるだろう。自分の習俗と同様に自分の趣味の対象も自然の内にあって、われわれの趣味のように人工的なものに集中していないから、彼らは間違いのない、誰でもほぼ同じ趣味を持つだろう。

感覚の分析を研究対象にしたりはせず、感覚を味わいそれに身を任せるに止まるが、味わいかたには賢明な節度があるから、感覚は鈍磨せず、いつまでも鮮烈で魅力に溢れているだろう。われわれにくらべると極端なほど、何事につけ同じやりかたを守るだろうが、かといって、われわれが動物に対してやるように、そうするのは理性と知能の欠如だという結論は出さないだろう。（五三）彼らが向かう対象はわれわれより少ないが、われわれより全的に対象に打ち込み、それをわれわれ以上に味わうだろう。

有益な知識だけが子孫に伝えられるだろう。だいたい、われわれが技芸という手段でそうするように事実など子孫に伝えて何になるのか。〔習律状態では〕習俗にも行動にもやりかたにも時代による違いなどなく、人間たちはいつも同じ姿で子孫の内に再現されるからである。

野良仕事と家事、皆が一緒に力を合わせて共同体のため気を配るという思いのほか甘美な喜び——こういうものが連続した楽しみを彼らにもたらし、心にはなんらの空虚も残らないだろう。われわれの場合は、いつも充たされるのを求める空虚があって、しかも、自然の外へ出れば出るほど、自分を自分から引き離すのに手を貸せるものへ身を委ねれば委ねるほど、空虚を充たそうとしてもますます充たせなくなるのだが。われわれの技術の内で彼らが保存するのは、ほぼ、われわれの農民や下層の民衆が生きるのに、われわれより仕合わせに生きるのに必要とするものだけに限られよう。われわれのたわけた目に最も価値あるものと映る技術を保存することなど、彼らの習俗とは相容れまい。(五四)

われわれの命を奪う悲しみ・後悔・不安・心配などが彼らの屋根の下に住むことはあるまい。そこに漲るのは、どんなに派手な美点よりわれわれから愛される権利を常に多く持つあの穏やかな晴朗さ、自然な陽気さ、素直な無邪気さ、愛すべき純朴さであろう。身体面でも精神面でも、彼らをしかるべく描くことは私の力を超えるだろう。彼らがあるはずの姿とわれわれが今ある姿の間には、あらゆる面で極度の違いがあるからである。

彼らには何も苦労ではなくなるだろう。労働はいつも遊びに、楽しみになるはずだから。日用品を作る色々な仕事場があって、彼らは時々の好みに応じ、共同の必要が求めるに応じて仕事場から仕事場へ移るだろう。簡単な、いつもほぼ同じ食べ物を日に四回適度に摂り、寝る時間も起きる時間も決まっているが、それでも規則に縛られはしないだろう。使ったら次には家畜用に回す新鮮な藁が体に良い共同の寝床になって、そこで休息を取るだろう。寝る位置は特にきまっておらず、別に寝る病人や老人や子供に用便をさせ寝かしつけたら、女たちも男にまじって寝るだろう。そうしたければ並びかたに順序をつけ、男女交互にしてもいいだろう。すべてが協力して行なわれれば、それだけで万事上々になり、皆が満足するからである。習律状態のあらゆる利点を作り出すのは、法律状態では不可能なこの協力なのだ。

われわれのように水泳を習う必要もなく、(五五)彼らは生まれつき泳げるだろうが、こうして泳ぐ川や、ふんだんに手に入る水が共同の浴場を提供してくれるだろう。内風呂がいつもあるようにして、それを立派に維持することも容易であろう。こんなに簡単で有益なことが今は大方の人には困難で不可能に近いが、彼らにはそういうこともなくなろう。われわれと同じく、彼らも自分の福利だけを目的とするが、それを味わうためにわれわれの取る道が遠回りなのと同程度に、彼らの取る道はまっすぐだろう。

(五三) いつも同じ仕方ではたらくことが自然にとっては一つの完全性だと認める人間たちが、動物の場合にはそれが不完全性だなどとなぜ言うのか。それは、人間たちがさようなはたらきかたから過度に隔たっているから、また傲慢にも、矛盾を意に介さず、その隔たり自体を自分の利点にしてしまうからである。しかし、不合理なもの〔宗教〕の内にいる人間たちは矛盾の塊以外でありえようか。

(五四) 教養人たちは、必需品を対象とするたやすい労働よりずっと優るかのように学問や芸術を持ち上げる。いつも同じ仕方で行動するのは動物にあっても、むろん下層民にあっても不完全性だと言うのは、唯一理屈を捏ねるその連中である。しかし、この問題では彼らが裁判官と当事者を兼ねているから、発言にはなんの権威も持たすべきでない。

(五五) 人間が無理な状態にある一つの証拠は、泳ぐのにすべきむらのない自然な動きという、あらゆる運動の内でいちばん簡単でやさしいものも出来るようになるのが至難なことである。法律状態の結果として抱く死への過度な恐怖のせいで、人間はそういう時に冷静を失い、動物や、われわれが未開人と呼ぶ人々のようにむらのない動きで目標を目指すのではなく、ばたばた水を打ったり、不揃いで無秩序な動きをしたりするため溺れてしまう。しかし、死の恐怖など感じない子供でも、動物のように生まれつき泳げないのはどうしてか、と言われよう。それは、子供がその恐怖を感じないというのは事実ではないからである。子供はわれわれから生まれるが、そのわれわれが死の恐怖を感じ、それを感じるからこそ、動物が自分の子供にするほどには、泳ぐためにすべき体の動きの習慣をわが子に伝えられないのだから。精神的なありかたはわれわれから体の最も自然な姿勢まで奪ってしまう。だから、われわれがそういう姿勢を取れるようになるのも、技術によるほか、踊りの先生の助けによるほかないのだ。習律状態ではそういうことはあるまい。そこでは人間が体の造りの利点を残らず味わい、またそれを味わうのに技術を必要としないだろう。

地球の形を決定するとか、海を越えての移動や移住、食料・衣服・家具・道具などの探索のため船を建造するとかいう仕事に彼らが携わるのは見られまい。(五六) 自分の目の下、手の下、足の下に自然が有用なものを置いてくれること、それをふんだんに持つには僅かな労働と、それだけに自分を限る知恵さえあればよく、遠方でみつかるのは余計なものだけだということが彼らには分るだろう。(五七)

生まれた場所と、今住む地球の部分の産物だけに限って、彼らはよそへ行きたいとも、今ある以上のものを持ちたいとも思うまい。同じ習俗がどこにも存在し、ほかの居住地でも自分の居住地でみつかるものしかみつからないことを知っているだろう。われわれの都市とそれを構成するよろずのもの、神殿、ルーヴル〔王宮〕、要塞、兵器廠、裁判所、弁護士席、修道院、市場、銀行、商店、学校、塾、剣道場、馬場、精神病院、救貧院、監獄等々――そういうものの観念は彼らには一切存在しないだろう。ことほどさように、この観念はそれ自体として狂っており、正しい理性に基づく彼らの習俗と相容れないはずであるから。

木材・鉄・陶器・石などの有用なものは、近くから遠くへと、それを自力で入手できない村々へ送られ、それらの村も必要ならかわりに他のものを与えるが、交換での損得などたえて問題にならないだろう。川に住んで必要なものを陸の住民から得、陸の住民に不足するものを運んでやる人もいるかもしれない。お蔭で誰もが自分の立場に満足し、ほかの立場など望まないだろう。今の位置から去る自由があること自体、去る気をなくさせる一助となろう。

肉も魚も塩も香辛料も、どういう強い酒も用いず、食事はパン・水・野菜・果物・乳類・バター・蜜・卵だけの簡素なものだろう。そういう食事はいちばん合理的で体に良く、調理も手間も労働もあまり要しない。一方われわれの食事は、諸機能を変質させ命を縮めるくせに、そういうものを驚くほど必要とする。多くの葡萄畑や広大な牧場や、それに要する無数の広い道で穀物の豊饒を妨げることは言わないとしても。

人間たちに必要なのは主に穀物だが、全員にそれが行き渡ることはほとんどなく、しかも大部分の者はなんと粗悪なパンを食べていることか！　穀物が一年でも不足すれば、われわれの都市も農村も窮乏に陥るほかなく、連続二、三年も不足したら万事休すである。しかし、習律状態ではなんと大違いで、不作の年にもこの必需品がなんと豊富にあることだろう！　凶作が心配なことなどたえてあるまい。そこではとびきり滋養のある最良のパンを食べ、ライ麦〔黒パンの原料〕しか取れない土地も耕作と肥料のお蔭で小麦の取れる立派な土地に変えられよう。手近になければ入手に手間をかけて、水もいちばん良質のものを飲むだろう。

（五六）　陸上で虐殺し合うだけではこと足りず、海上でも虐殺し合うため、われわれにはさらに船が要る。空中で戦える方法をみつけたら、空中でまで虐殺し合うだろう。

（五七）　余計なものの探索は戦争に劣らぬほど人命を奪うから、そんな探索はやめようではないか。また、われわれがそんな探索をするのも、不断の戦争状態にあるのもわれわれの習俗の結果だから、こんな習俗を捨てようではないか。玉座から下りてわれわれと対等になるように、君主たちに手を差し伸べることを始めようではないか。平等状態と今の自分の状態を少しでもくらべてみたら、真理があらんかぎりの明証性を以てひとたび開示されれば拒んでも無駄なことが少しでも分ったら、君主たちもそれを拒みはしないだろう。

XIII

習律状態では人間たちの驚きの的になり、奇蹟だ、超自然だと叫ばせるほどのものは、宇宙に何もありえないだろう。異常なものも、すべてが多かれ少なかれ可能な事物の秩序の内にあることが分るだろう。どんな出来事、自然のどんな所産の内にも、自分に隠された度合には必然的に大小のある様々な原因の結果しか見ず、自然の豊かさの多少の内にも、相対的な事物の本質に属してそれらの事物そのものである多い少ないしか見ないだろう。

ほかのどんな動物、どんな存在とも共通でないような本質的、形而上学的ないかなるものも自分の内に知らず、したがって自分自身については持つべき正しい観念しか持たないだろう。しごく単純なことだが、たとえば植物は人間の仕方と自分のそれとの間に見る著しい相違も、両者の二つのありかたの間に見る著しい相違にすぎず、植物は人間と大いに違い人間も植物と大いに違うから生育の仕方でも両者は著しく違わざるをえず、われわれが思うように両者の生育の仕方が全然同じでないとか、人間における生命が植物における生育と本性を異にするとかいうことではないのを知っていよう。

われわれを無知な者から不合理な者にするのにあれほど与った物理的な善悪も、彼らには本質的に自然の内にあるものと見られよう。われわれのようにそれを推論の対象にするようなことはせず、常に最も単純な方法で善を目指し悪を避けるだけに止まるだろう。

天についても、それが提示するいちばん認識しやすいことしか研究しないだろう。それ以上深く研究しても、彼らには何の役に立つだろう。コペルニクス、ニュートン、カシニ〔一〇五〕などの学問が彼らになんで必要なのか。彼らは日や年を数えることなど考えもせずに生きるだろう。そのため、自分が生まれた時期も知らず、最期の瞬間を予見することも少ないだろう。体が不自由になることもなく、その瞬間には覚醒から睡眠へ移るように生から死へ移るだろう（五八）。

掛時計も懐中時計もなしで済ませるわれわれの農民にくらべても、彼らの方がずっと頭がはっきりし気が散ることもずっと少ないから、そんな技術の産物の助けを借りなくても、それを使った場合に劣らず生活の仕方は規則正しいだろう。時刻や四季を区別するのもそうすることが自分に役立つかぎりで、年月日など何も決める必要はなかろう。程々の状態にあるから彼らが知るべきものは少なく、その少ないものはまさにいちばん知りやすいものだろう。われわれの場合のように日の流れが休日で断ち切られることはないだろう。その結果、必要が僅かでもっぱらそれを充たすためにすべての労力が使われることとも相俟って、彼らはけっして仕事に追いまくられはしないだろう。老人は不意に訪れる死の時まで、子供はごく早いうちから、それぞれ能力に応じて働くだろう。有益で必要なものならなんでも最大限に研究されるから、いつでも仕事の対象はあるだろう。研究しなければ対象はなくなるはずだが、なくなってはならないからだ（五九）。

彼らは様々な天体の内にも、それを構成するすべての物体と同じく「全一体」の一部をなす広大な物体しか見ないだろう。普遍的な中心〔全一体〕の内にある諸々の個別的中心としかそれらをみなさず、したがってそれらの内には規則性と安定性の大きな外見しか見ないだろう。全く真実なそのような観点から、彼らは天体なるものを、よそへ移動さすことも、それを構成する種《しゅ》をいきなり他の種に変えることもできる様々な変動を蒙るものと判断し、人間が今存在するのもさような変動によるにすぎず、いつかは人間もみなその変動のため亡び、時の連続の中でおそらくは種から種へと再生産されるのを疑うまい。だからとて怯えはしないだろう。(六〇)

われわれは昔から自然について誤った観念を抱いてきたが、そんな観念を抱くには彼らはあまりに啓発されているから、われわれが自然の驚異と呼ぶものについても健全な判断を下すだろう。たとえば、海が岸を穿ったり侵蝕したり、または岸から遠ざかったりしても、潮の干満に全き規則性が欠け、占める区域に十分な安定性が欠けるため、水の塊が普段の位置から離れて徐々に大陸を被うのだ、その大陸はもともと昔の水の痕跡に被われているのだとしか思うまい。自分の目にはほとんど感じられないほどにしかされないことが、彗星の過大な接近や地震や噴火や地崩れで一挙に起こるおそれがあることも知っていよう。真実に即したそういう物の見かたが、彼らには恐怖の的にならず、ただの有用性から一歩も出ないその自然学の土台をなすだろう。

自然を研究するのもごく僅かな必要が求めうるかぎりでだから、彼らがするその研究は、愚かにも正しい限界を越えて推し進めたり自分からあまり遠くへ飛躍したりすると出会う数多の困難から脱するだろう。研究する事柄が研究する者に触れる度合が減り、その人間の外にあり、その人間と無縁になればなるほど、困難はますます大きくなり、成功はますます役に立たなくなるからである。

われわれが持つ予定という不合理な観念のかわりに、彼らは必然性という真実の観念しか持たないだろう。どんな出来事も必然的に在るのは現に在る時だけで、それらはけっしてそれ自体として在るのではなく、他との関係において在り、起こることはみな必然的な結果だが、今度はそれが必然的な原因になり、どんな出来事もそれが起こる時ですら厳密にこう起こったという起こりかたを持たないから、出来事はいかなる存在によっても多くまたは少なくしか予見されえない――ということを彼らは知っているだろう。

（五八）　若いというかつて持った利点の代価を、年とってから普通どれだけ高く払わされるかと思うと、われわれ法律状態の人間は戦慄を禁じえない。その点をくわしく語ろうと思ったら切りがあるまい。それもまたわれわれの悲惨の一つだが、今はついでに触れるだけに止め、詳細はわれわれの考察や書物に譲ろう。

（五九）　社会生活をする人間は、いつでも軽度の仕事をしているように、それも社会の共通の福利のためそうするように出来ている。人間が閑な時間を持ったり、多くの悪徳の豊かな源である懶惰を知ったりするのは、未開状態とそこから発する法律状態のせいである。

（六〇）　世界の終末というあまねく流布する観念は、その真理を垣間見たことに発する。しかし、神話、古代史、伝承、オギュゴス[一〇六]やノアやデウカリオン[一〇七]の洪水、太陽の車を御すファエトン[一〇八]の墜落で起こった全面的な大火、現在まで続く彗星への恐怖などを顧みた上で、今日あるような地表に開明的な一瞥を投じれば、地球が蒙った何か大事故の多少の記憶が今も残り、その痕跡が今も目にされるのが容易に納得されよう。多くの面で、神話は歪められた歴史にすぎない。

XIV

昼間は今と比較にならぬほど長閑《のどか》で平穏だから、夜も今より快く、休息の中でまで、往々目覚めた後ですら人を不安にし疲れさせるああいう夢は見ないだろう。夢を解釈して吉凶を占おうとなどしないだろう。夢というのは脳の繊維の撓みにばらつきが出来たため繊維同士の協調が崩れたものとしか見ないだろう。それにしても、彼らの眠りはなんと安らかで、夢はなんとかすかなことか[六一]！

唯一すべき簡単な手術を人体に施すために必要な解剖の僅かな知識は全員が具えていよう。或る程度難しい手術があったら、それは自然に任せ、局部薬その他の薬で自然のはたらきを助けるだろう。それでも、体の病を治す方法に特殊に携わる人が、各居住地にそれぞれ二人いてもいい。そういう人はいつでも弟子を残すだろう。

健康をあらゆる楽しみの源をなすものとみなし、どんな行き過ぎも禁じる健全な理性の結果としてそれを大事にするだろう。われわれが不合理にもそうするように体の病を罰と見ることはなく、事物の連鎖の内に入り込む事故とみなし、何事につけする用心と研究によっても、生活の仕方の簡素さによってもそれをできるだけ避けるだろう。薬に頼らざるをえない時は、手近に薬草をみつけ、それだけで済ますだろう。しかし、薬に頼ることはなんと少なく、自分で自分の医者になることが各自になんと容易なことか！　われわれが「心労」と呼ぶ病は神経と繊維に起こる痙攣にすぎないが、そんなものは彼らにはないだろう。だいたい、生きることを負担に思わせ健康を害し命を縮めるのにあれほど与るそうした病は、過度に偽りでたえずわれわれをいじめ虐げる今の習俗からでなければどこから来るのか。

　彼らは生まれ、生き、死んでゆくが、そこには自然の流れの中にあるものしか何も見ないだろう。その流れの中では、すべてが始まり、続き、また終わり、ついで他の形のもとに、まわりにある様々な物体すべての内に再生産されるのである(六二)。体が不自由で、生きるのが自他にとって煩わしくなり、生より死の方が自分に好ましくなれば、誰でも自由に生きるのをやめられるだろう。但し、われわれを圧しひしぐ各種の病からはこの上なく守られているので、生より死を好むような立場に置かれることはまずないだろう(六三)。

　かつて死んでいたこと、つまり、自分の諸部分〔諸粒子〕が過去に人間という形で存在しなかったことをなんとも思わないのはわれわれと同じだが、われわれより首尾一貫しているため、同様に、この人間という形で将来在るのをやめることもなんとも思わないだろう。だが、その点でわれわれが彼らと事情を異にするのはどうしてか。人間という形で存在しなくなることをわれわれが重大事と思うのはどうしてか。それは、今のような習俗の内では、われわれを構成する諸部分〔諸粒子〕が分解する時、乱暴されずに済むことがまずありえず、恐れても無理のない苦痛や、来世への怯えが分解に先立たざるをえないからである。われわれの諸部分の結合があるべき形でなされていたら、壮年期の後に訪れるそれらの分解も感じられないほど徐々にしか起こらず、われわれは気付かぬうちに、それへの恐れなど何も感じずに死へ赴くだろう。今日われわれを生へつなぎ止める絆は、織りかたが実にまずく、実に錯綜し、同時にきわめて強力だから、生と別れることはわれわれにとって非常な大問題である。但し、われわれを生につないでいたすべてのものが病気のため自分の内で弱められ薄められた末に、その病気がわれわれを死へ導く時はその限りではない。われわれが死を恐れるのはまず、溢れる力で死を思う時、健康で元気な頃か病気の初期だけである(六四)。

（六一）　健全な考えかたと健全な習俗を私が人間たちに与えたが最後、われわれにあるような悪癖に彼らが陥らなくなることは言うまでもない。では、こんな細部にどうして立ち入るのか。本当の習俗とわれわれの習俗とのコントラストを十分感じてもらうためには細かい話が必要だからである。

（六二）　物体は、厳密に言って自分に固有であるような個別的なものを何も持たない。物体はみな相互の結果で、そう見えるようなものなのも互いによるにすぎない。たとえば動物が互いに他の動物から生まれる仕方、生まれうる仕方をめぐるあらゆる問題は、真の原理が永久に消滅さすべき問題である。

（六三）　自殺するほど人間にたやすいことはなく、無理な状態に置かれた時は、そのたやすさを利用するほど人間に自然なこともない。しかし、自殺を犯罪にするのは、人間をそういう無理な状態に置く法の本質に属する。権力が欲しがるのは生きている臣民、死ぬならもっぱら権力のために死ぬか、天寿を全うして死ぬ臣民なのだ。

（六四）　「死ぬのがこんなに楽だとは思わなかった」とルイ十四世[一〇九]は言った。そう言った時、ルイ十四世は死にかけていたからである。

XV

習律状態の人間たちにとって、死は晴れた日の夕暮にすぎないだろう。われわれの死が普通そうであるように、それに先立って病気で苦しい思いをしたり、聴罪司祭や医者や公証人や悲嘆にくれる家族を見て胸を締めつけられたり、そういう時にわれわれを虐げて事切れさすのに極度に与る心労という心労を味わわされたりすることはないからである。みんな、送ってきた生活と同じ穏やかな死にかたをするだろう。われわれが、送ってきた生活と同じ辛い死にかたをするはずなのと同じである。

埋葬は家畜のそれとなんら異なるまい。儀式などみな余計だから、家畜の場合以上に仰々しいことはされまい。しかし、その点でもわれわれよりどれほど優っていることか！　われわれの場合はいつも、空涙にせよ本気にせよとにかく大量の涙が、やりきれないほどの堅苦しさと儀礼がついてまわる。では、家畜を愛する以上に相互の愛着もないのか、と言われるかもしれない。それにはこう答えよう。生きている家畜は生きている同類より自分にとってずっと下に置かるべきだと彼らに言うのと同じ道理が、死んだ同類は死んだ家畜より自分にとって上に置かるべきでないと言うはずなのである。彼らもわれわれと同様、相互に相手が必要だから互いにつながっているが、その必要はもはやわれわれの習俗の内でのようにあれこれの人にあるわけではないから、彼らは相手の死を自分の損失とみなして悼むほど、個人としてのどんな人ともつながらないだろう。(六五) 重ねて言うが、なんであれ個人的な友情やつながりや結合が存在するのは、万人が志向する全体的な友情・つながり・結合がないからにすぎない。ただ、万人が志向するとはいっても、今まではそれに達する手段がなかった。私が万人に与えるのがそれであり、疑いもなくそれが唯一の手段なのである。

その手段とは、無知に取って代わる知に、法律状態または道徳的〔社会的〕不平等状態に取って代わる習律状態または道徳的〔社会的〕平等状態に、したがって、不都合が到る所から湧き出るような社会状態に取って代わる、どんな不都合も伴わぬような社会状態に帰着する。なぜなら、更めて言うが、われわれの社会状態のあらゆる不都合、あらゆる悲惨の本源にまで遡れば、それは異論の余地なくわれわれの無知と道徳的〔社会的〕不平等の内にみつかるし、それらはわれわれの法律状態の常に存続する原因だからである。

われわれはこの不幸な状態を改善すべく何物も惜しまないできたが、この状態はそれ自体からしてあまりにも欠陥品なため、われわれの努力はことごとく徒労に終わった。しかも、われわれとしてまさに盲目の極みだが、われわれはこの状態の欠陥をいまだかつて自分の邪悪さの内にしか見ないのである。この状態自体の内に欠陥を見、自分の邪悪さをこの状態から必然的に発する結果とみなすのではなくて。

私が今スケッチしたような習律状態または法なき社会状態こそ、社会生活をする人間の本当の状態である。これを読み、われわれの無知が打破された上にこれが立てられたのを見てもなお、それは法律状態と取り替えられないとか、実際は不可能だとか、色々な不都合を伴うとか、神的・人間的法律状態の方がそれより好ましいとか言う者がいたら、そんな者には返事として、もう一度読んで考えてみろと言ってやるだけの価値しかあるまい。(六六)

別な答えかたに値する唯一の読者は、私の形而上学的・道徳的な思弁に満足して、もっぱら説明だけ求めるような人である。その種の読者が沢山みつかることを願っている。求めて与えられる説明〔一一〇〕によってこそ、私の思弁の展開は十分な力を持てるようになり、功を奏するために真理が求めるほど全般的に、その確信がやがては人心を捉えることになるのだから。

真理を手にすれば、いかなる面でも真理に依存するものを残らず説明するほどたやすいことはないから、著者が自己の原理をどのように利用したかは後続する様々な書簡〔一一一〕に見られよう。

（六五）　われわれが悼むのは死んだ人ではなくて自分であり、その人が死んだため自分が失うものである。しかし習律状態では、人間はほかの人が死んでも何も失いはしないだろう。だから、惜しむものなど何もあるまい。だが、得することもないだろうから、われわれとは全く違って、誰の死を望むような立場にも一度として置かれまい。それにしても、誰が死のうとなんの得にもならなければ、訴訟のいかに無尽蔵な材料が、憎悪のなんたる源が消滅することであろう。

（六六）　ありえないことだが、自分の姿を見えなくする能力その他、お互いに相手の命と幸・不幸を支配する能力を人間たちが明日にでも手に入れたら、彼らは道徳的〔社会的〕平等の内に生きようと取り決めを結ばないかぎり社会生活をもう送れなくなるだろう。道徳的〔社会的〕平等こそ、そんな能力を用いるいかなる動機もなくなって実際その能力を用いなくなる唯一の手段なのである。だから、現実的、空想的なあらゆる理由が人間たちをそういう平等状態へ誘《いざな》うのだ。

形而上学考

（第四巻、ノート五）

第一部

I

「全一者」と「全一体」が存在することはこれまで述べたことから十分証明されたので、次にその証明から出発して、以下のような考察をしよう。それらは、この証明に基づいて私がしえたすべての考察と同じく、いずれもこの証明の支えとなろう。すでにした考察の一部を、他のものと一体化させるため再説するのも厭わないつもりである。

物理的存在として道徳的存在としてわれわれに象《かたど》ってでっちあげられた神は、また「全一者」および「全一体」の観念から、「形而上学的」、超自然的な存在としてもでっちあげられた。そのため、われわれは否定的諸属性と肯定的諸属性を同時に神に与えた。われわれは、神は無限で、測り知れず、永遠で、分割できず、立ち入りがたいなどとか、比較を絶するとか、唯一だとか、始めも終わりもないとか（それが真なのは「全一者」についてである）言うが、また、神は完全、最高、絶対などとか、われわれが真に比較すべき点だとか、われわれの原型だとか、一だとか、始めと終わりだとか（それが真なのは「全一体」についてである）言う。

神についてそれは「すべて」(Tout) だとわれわれが言うのは「全一者」(Tout) の観念によるが、神についてそれは「われわれのすべて」(notre Tout) だと言うのは「全一体」(Le Tout) の観念による。なぜなら、神については「すべて」だと言うのは、何物も神と区別せず、神をそれ自体として、または同じことだがいかなる関係性もなしに見ることで、それは「われわれのすべて」だと言うのは、われわれを神と区別し、神をわれわれとの関係で見ることだからである。この関係性はわれわれから神へでも神からわれわれへでも同じことで、したがって、諸部分から全体〔全一体〕への違いはなく、あるのは或る部分から他の部分への違いだけだという真理が生じる。(一)

「すべて」〔全一者〕である神にわれわれが与える否定的な諸属性は、その場合、いくつかの形而上学的または肯定的な属性を否定するだけだが、例外なくすべての肯定的属性を否定するのではなく、完全、最高、絶対というようないくつかの肯定的属性をわれわれが神に与えるべく取っておくのは、もっぱら、われわれがそれらの属性を形而上学的と同じく道徳的にも用いるから、また、叡知・義・慈悲などの道徳的諸属性を神に与えた以上は、それらを否定するようないかなる属性を神に与えることも厳に差し控えたからにすぎない。

昔から常に神がわれわれにとって「信仰上の」ものだったのは、正しく言えば常にわれわれにとって理解を絶する「対象」だったのは、何よりも、われわれが神に道徳的な諸属性を与えたから、それによって神を別のわれわれ自身に仕立て上げたからである。そのことの明証的な証拠も今では見られるに相違ない。私がするようにそういう不合理な諸属性を脇へのければ、われわれにとって神ほど理解できるものはないからである。ここで神と言うのは、われわれがそれから神を作り上げた「実在」に関する相反する二つの観点のことだが。(二)

〔神の〕道徳的諸属性の否定をわれわれは悪魔または悪しき原理の属性に回してしまったが、そうしたのはそうするほかなかったのである。だいたい、真理を知らぬ無知の中では、その無知の結果だった徳と悪徳のある社会状態〔法律状態〕の中では、神と悪魔を実際そうであるとおり相対的に存在させるような、単なる対立物である純粋に形而上学的な諸属性のかわりに、相反する道徳的諸属性を両者に与えずにおく方法があったろうか。

神と悪魔は存在するが、それはもっぱら、この二つが両極または絶対的対立物であり、形而上学的な最大と最少、完成・秩序・善・現実性・平等・団結・美・運動等々の最大と最少である、という意味からにすぎない。たとえば、「善」という属性だけに限って言えば、「善」についての「少」はわれわれが「悪」と呼ぶものである。「善の多少」と同じく「悪の多少」とも言う以上、悪は善の対立物であって善の否定ではないのだから。

しかし、「良き原理」、「悪しき原理」という名でもっとよく言い表わせる、(三)不合理なもの〔宗教〕が創造した「神」と「悪魔」という名前に物理的・道徳的な観念を、人間的な〔人間に象《かたど》った〕観念をわれわれが結び付けるため、そういう名前、そういう観念の内で、この両極は、形而上学的な最大と最少はなんと歪められることか！　ほかにやりようがないので、われわれは「神」と「悪魔」に形而上学的または超自然的な観念をも結び付けるが、そんな観念は、神と悪魔への恐れを抱かせて感覚的なものを刺激するもう一方の〔物理的・道徳的な〕観念によってほぼ全面的に蔽い隠されている。

神の道徳的諸属性を否定するものとしたように、われわれが悪魔を神のあらゆる属性を否定するものとしたら、悪魔は一方では〔神の〕否定的諸属性を否定し、他方では肯定的諸属性を否定するものとなったろう。否定的諸属性を否定するのは矛盾だし、肯定的諸属性を否定したら、悪魔は否定的な普遍的存在〔全一者〕に、無限の存在になったろう。しかし、どうしていいか分らず、何がなんでも悪魔を神の反対物にしたいため、われわれはそれを、道徳的な神を否定する形而上学的・道徳的な下位の存在にしてしまった、絵空事を否定する絵空事にしてしまった。重ねて言えば、それは法律状態がわれわれにもたらした様々な悪徳と徳の結果だったのである。われわれによれば、神である「正」なる者と、悪魔である「不正」な者とは、この〔法律〕状態から生まれた道徳的な対立物にすぎない。

（一）　諸部分から「全体」〔全一体〕への違いという可能な最後の違いがみつかるのは、或る部分から他の部分への違いによる。諸部分から「全体」への違いは可能な最後の違いだから、完全な等しさを与える。

（二）　未開状態ではこの二つの観点は知られていなかったが、ライオンや熊の今の状態と同じく未開状態でも、われわれの形而上学よりよっぽどましな、理論化されぬ本能的な形而上学はあった。もっとも、われわれの形而上学だけが、その不合理性やあらゆる不都合によって、真の形而上学とその帰結である道理に適った習俗へわれわれを連れて行けたのだが。

（三）　良き原理と悪しき原理は相対立する二つの相で見た「全一体」で、これらの相は互いに一方が他方に帰着するから、一つのものにすぎない。それは善の最大と最少で、それらの統一によって善を与える。

II

有限なものから無限なものへ遡るべしと昔から常に言われてきたが、「有限なもの」という言葉で有限に見えるもの〔感覚的存在〕ではなく、理解すべきもの〔全一体〕を理解していたら、そう言うのも正しかったろう。有限に見えるものが有限に見えるからこそ、無限者に劣らず知られていない存在である有限者〔全一体〕へ遡り、有限者を通じて無限者〔全一者〕へ遡るのである。

有限に見えるものから無限者へいつも飛躍しようとしたために、中間項が見失われてしまった。中間項とは有限者であり、無限者という非断絶の内での最後の断絶点である。

神に付与する物理的・道徳的なものを考慮せず、神の肖像を等身大で描く時、われわれが神を構成するのは有限者と無限者の観念からである。だから、われわれがその時用いる筆致は相互に矛盾した形ではたらき、矛盾した形で目を打つからこそ深くわれわれの目を打つのである。それらは相互のコントラストによって、有限者と無限者の深い観念をわれわれに同時に提示するのだから。

われわれが創造者たる神と、創造者でない神、または創造以前の神を作ったのも、やはりこの観念から、または同じことだが「全一体」と「全一者」の観念からである。

「創造者」という用語はそれによって諸存在が在るような存在しか意味しえないが、さて、「全一体」の部分である諸存在が「全一体」によって在るというのは真実だから、「全一体」こそそのような存在である。しかし、諸存在が「全一体」によって在るなら、必ず逆に「全一体」も諸存在によって在る。こうして、「全一体」は同時に創造者であるとともに被造物であり、または同じことだが最初の原因で最初の結果、形而上学的な原因・結果である。そこから物理的な様々の原因・結果が発し、さらにそこからわれわれの感覚で捉えられる一切のものが発する。感覚で捉えられるのは物理的な様々の原因・結果だけだが、それらは形而上学的な原因・結果と同じく純粋に相対的なものであるから。

創造者と被造物は「全一体」と諸部分にすぎないと判断するためには、建築家が建てた家より、父親が息子より先立って存在するのと同じく、建物を建ててその建物より存在が先行する物理的存在のように神を見るのをやめさえすればよい。それはわれわれの理性の負担になることではないはずである。そもそも、さような観点から創造者を見ると、そこからなんと夥しい不合理が、したがって矛盾が生じることか。これは秘義で、われわれの理性には何も理解できないと言われるけれども、そこにある真実をわれわれの理性はちゃんと理解し、それを不合理なものと分離するのだ。

諸存在は存在によって在り、存在の結果または被造物だという真理は、いつの時代にも顔をのぞかせ受けいれられてきた真理で、われわれの様々な祭祀の土台をなす真理でもあるが、その土台を根底から崩壊させる、存在は諸存在によって在り、諸存在の結果または被造物で、諸存在は存在の創造者だという真理はそうではない。だから、諸存在の原因である存在は創造によらないものだと人は絶対にしたがるが、そういうことは矛盾している。原因と結果は相対的な二つのもので、一方は他方によってしか在りえない以上、存在は諸存在の結果でなければ原因たりえぬからである。

だが、この二つの真理が顔をのぞかせる度合が等しくなかったのはどうしてか。それは、存在を原因、諸存在を結果とする方が、同時に存在を結果、諸存在を原因とするよりも深く考える必要がずっと少なかったからである。元へ元へと遡って、原因のない最初の原因を立てる方が、何がそれの原因たりえたか探るより手っとり早いとわれわれが思ったからである。諸々の原因がそれの結果の結果とはわれわれに見えないからである。それらすべての上に、原因でも結果でもない、創造者でも創造されたものでもない或る存在を概念しつつ、われわれが不合理にも、その存在のみが創造をしたと判断したからである。「元始《ハジメ》ニ神、天地ヲ創造《ツクリ》タマエリ」という創世記冒頭の言葉もそこから来る。この書き出しによって、或る存在が創造しないものだったのが創造者となり、時間を否定するものから時間となるのが見られるが、それが創造したという以外人間たちには何も語っていないから、この存在はしごく漠然と立てられたにすぎない。

創造によらぬ存在を創造者になどしなかったら、われわれはその存在を「等しく」創造によらず創造者でもないと言ったはずである。われわれの原理自体における神、創造と称するもの以前の神がそれだった。われわれがそれを創造者でなかったものから創造者ならしめたのは不合理のなせる業《わざ》だが、その不合理はまた、この存在について、それは時間を知らないが時間の内に創造したとか、それは無限だが、それが創造した物質はその存在でもなく、その存在の内にもなく、その存在の外にもないとか、矛盾したことを言うようにわれわれを仕向けた。そこで、では物質とは何か、どこにあるのかと問われるが、それへの答は何もない。無知の状態ではどうして答えられようか(四)。

他の諸々の結果の原因であることがあらゆる結果の本質に、または同じことだがそれの存在に属するように、他の諸々の原因の結果であることがあらゆる原因の本質に、存在に属するから、最初の原因も必然的に結果である。しかし、それは最初の原因なのだから、おのが結果自体の結果でなかったらどんな原因の結果たりえよう。それは最初のものであるおのが結果によって最初の原因なのである。こうして、最初の結果が最初の原因によって存在するように、最初の原因も最初の結果によって存在する。そうでなかったら、両者の一方がそれぞれ他方によって存在するどんな理由もなくなろう。最初の原因は最初の結果によってしか最初の原因たりえず、最初の結果は最初の原因によってしか最初の結果たりえぬからである。両者の間の十全な関係性のみが両者を存在させている。

生みだされたものではない、または創造によらない原因、結果でない原因というのは矛盾している。或る観点から見て原因であるものは、別の観点から見れば必然的に結果であり、結果であるものは必然的に原因である。最初の原因は最初の結果であり、最初の結果は最初の原因であって、そこから発する一切は多かれ少なかれそれぞれの結果の結果、それの原因の原因である。「全一体」の内では、自分が他のものにとって多かれ少なかれそうであるものが、他のものが自分にとって多かれ少なかれそうであるものでないようなものは存在しない、というのが全き真実性を具えた原理だからである。そうでなかったら、そこでは或るものについて肯定することを他のものについて否定できることになるが、諸部分についてさように言うことは矛盾である。諸部分は諸部分としては多かれ少なかれそれらの全体でしかけっしてありえず、または同じことだが、どのような面からであろうと、或る部分は多かれ少なかれ他の部分でしかけっしてありえないのだから。しかし、原因を一部分おのが結果の結果と見るために原因を分解しなくてはいけないのか、と言われるかもしれない（「要約」を参照）。なるほど、しかし原因は分解せずにもまるごとさようなものとして見られる。なぜなら、単純に取った、つまりできるかぎり複合的でない形で取った原因とは、どのような観点から見ても、おのが結果の純然たる結果だからである。その場合、これは「全一体」であり、その諸部分の原因にして結果であって、「始め」と「終わり」、「善」と「悪」、「充満」と「空虚」、「過去の極点」と「未来の極点」等々、可能なあらゆる対立的観点から見て絶対にそうでしかないのである。(五)

それ自体として見た神、われわれの不合理な言語で言えばあらゆる創造に先立って見た神は、諸存在との関係性を持たぬ、比較を絶したものであるが、創造者として見た神はそれ自体として見た神の肯定的な反対物である。その場合、神は諸存在との関係性によって、比較によって見られているからだ。この二つの観点にある真理の薄明かりは、諸々の宗教を打ち立て支えるのに大いに貢献したものだが、さて、相反するこの二つの観点から見た神というのは、「全一者」と「全一体」を垣間見たものでなかったら何だろうか。それ自体によって存在する「唯一」の存在と、数ある諸存在によって存在する「一」なる存在でなかったら、原因でも結果でも、創造者でも創造されたものでもない存在と、原因であり結果であり、創造者であり被造物である存在でなかったら何だろうか。だが、どうして被造物なのか。なぜかというと、「創造者」という名称を唯一の捉えかたである単純性の限りにおいて捉えた場合、創造者は被造物によってしか存在しえず、被造物によってしか創造者たりえぬから、または同じことだが、おのが結果によってしか原因たりえぬからである。そんなのは言葉遊びだと私は言われたが、それは私の証示すること、真なることを見ていなかったからである。それは即ち、創造者または「全一体」はその名称の単純性の限りにおいてしか捉えられないこと、またはお望みなら、おのが部分である諸存在による以外は何物でもないということだ。(六)

「全一体」が原因であり結果であるのは、純粋に相対的なものなので一方でなければ他方でもありえぬようなものであるのは、諸々の原因および結果であるものとして見た自己の諸部分による。「全一体」の関係性は自己から自己自身へのもので、完全な唯一の関係性であり、「まるっきり」(du Tout au Tout)〔直訳すれば「全一体から全一体へ」〕の関係性である。そこからして、完全な等しさは「全一体」から「全一体」への間にしか見られず、「全一体」は自己自身と等しい唯一のものである。一方、「全一体」の内にあるすべては多かれ少なかれ等しく、多かれ少なかれ似ているにすぎない。

「原因」、「結果」という二つの形而上学的単語は、絶対的な対立物を言い表わすほかのあらゆる単語と同じく、同一物しか語っていない。その理由は、両者の違いは絶対的であり、違いが絶対的で厳密に全面的な所にはもはや違いはないからである。なんなら、「全一体」はすべての部分ですべての部分は「全一体」だというごく単純な理由からと言ってもいい。物理的または個別的な様々の原因・結果のみが、実在一般を、形而上学的な原因・結果である一個の相対的存在ならしめる、より一般的に言えば、諸部分について等しく言えるすべてのことのみが、実在一般を、たとえば運動である、有限なものである等々、諸部分について等しく言えるすべてのことの可能な最大および最少である一個の相対的存在ならしめるのである。関係性を取り去れば、この実在はもう同じものではなく、この実在を否定する実在となる。もはや「全一体」ではなく、「全一者」となる。そこからして、いくら繰り返しても繰り返しすぎることはないが、肯定的なあらゆる一般的集合名辞は、対立語があるにせよないにせよ、みな同じものしか、「全一体」しか表現せず、無限・永遠・測り知れなさなど、それらを否定する名辞も同じものしか、「全一者」しか表現しないことになる。私が「全一体」についてそれは世界、宇宙、物質、空間、延長、自然だと言うのは、全体〔全一体〕の部分と言うように世界の、宇宙の、物質の、空間の、延長の、自然の部分と言うのが慣用だからである。

肯定的実在または「全一体」は、われわれの諸国語では、諸部分を言う一般的集合名辞と、様々な属性または性質を言って当然ながらそれぞれが対立語を持つ同様の名辞によって同時に表現される。この実在は形而上学的な二つの対立物で、それを構成する諸部分をわれわれが見る形而上学的観点に応じて、善と悪、秩序と無秩序、運動と静止、現実と外見、始めと終わり、原因と結果だからである。純粋に相対的で相互に肯定し合うそれらの対立物の中には、字面《づら》では一方が他方の否定である「完全」と「不完全」という二つもあるが、しかし、「悪の多少」と言うように「不完全の多少」とも言う以上、悪が善の最少しか意味しないように、不完全も完全の最少しか意味しない。

どちらももう一方の否定だといわれるのは、とりわけ道徳的に捉えた形而上学的対立物に見られることだが、形而上学的対立物を道徳的に捉えたのはわれわれの無知のせい、われわれの偽りの習俗のせいにすぎず、そういうものがわれわれに道徳的な二つの反対物を、良き原理と悪しき原理を、神なるものと悪魔なるものを想像させたからである。現実と外見、運動と静止、充満と空虚といったその他の形而上学的対立物はどうかといえば、それらは反対物だとわれわれが思ったのは感覚に基づく。「始め」と「終わり」、「原因」と「結果」という対立物についてはそう思わなかったのは、それらの対立物を神から物質への関係で捉えたからであり、神の被造物とされる物質について、それが神の否定だとは言えなかったからである。また、私は「全一体」についてそれは自己の発端と終局、自己の原因と結果だと言うけれども、同じことをわれわれは神について言うからでもある。(七)

(四) 真理の外では何もかも漠然としており、何もかも不合理である。十万もある例の中から一つだけ顕著なものを挙げるため、ボシュエ氏の次のくだりを引いておこう。「……時間を時間と、尺度を尺度と、限界を限界と比較したら無に帰すとすれば、時間を永遠と比較したらどういうことになるでしょうか。永遠の内には尺度も限界もないのです……」ボシュエ氏もこういう大仰な言葉を漠然と使い、鬼面人を驚かす表現に仕立て上げるだけでなく、そういう言葉をよくよく考えたら、時間を時間と比較しても無に帰しはせず時間に帰着すること、時間を尺度も限界もない永遠と比較するのは、肯定的なものを否定的なものと、または「無」と比較するにほかならないことが分ったであろう。

(五) 「単純な度合が多い少ない」と言われるからである。「単純」という言葉で私が考えているのは、できるかぎり複合的でないもので、複合なきものではない。その意味では、単純な存在とは「全一体」である。

(六) 被造物から生まれた創造者というのは、われわれの受肉の秘義にある真理の薄明かりのようなものである。ほかの多くの宗教もわれわれの宗教とこの秘義を共有している。

(七) 「全一体」は自らの原因である自己の諸部分のすべてであるから、自らの原因である。「全一体」は自らの結果である自己の諸部分のすべてであるから、自らの結果である。それは、またそれのみが自らの息子であり、自らの父親であり、自らの終局であり、自らの発端である。それは真理であって、その真理の叫びがわれわれに、神という名のもとでそれについてかような真実を言わしめたのである。

自然の内では何物も完全ではなく、完全な度合が多いか少ないかだけだ、という観念をわれわれが持つのは、完全そのものの観念、「全一体」の観念によるにすぎない。「全一体」の部分である個別の諸存在を、われわれはたえず「全一体」と比較する。個別の諸存在を相互に比較するだけと思ってはいるが[八]。

われわれは諸存在について完全な度合が多い少ないとか、善の度合が多い少ないとか、調和する度合が多い少ないとか言うが、無限な度合が、永遠な度合が、測り知れない度合が多い少ないなどとは言わない。それは、こういう否定的な属性は関係性と比較による属性ではない、完全な神は無限な神ではない、他のものによる存在はそれ自体による存在ではない、「全一体」は「全一者」ではないと常に感じてきたからである。「全一体」と呼ばれるかわりに創造者たる神とか御言葉〔キリスト〕とか呼ばれる存在が、「全一者」と呼ばれるかわりに「それの父」とか「永遠の父」とか呼ばれる存在よりはるかに多くわれわれの宗教的崇拝の対象となるのも、心の中でそう感じるせいである。

父と子と聖霊、つまりキリスト教の言う——なんなら、プラトンやエジプト人も言う——三位一体（Trinité-Unité）は、半ばは、「実在」である「全一者」、「全一体」、「諸部分」の三者についての本有観念から、また半ばは、三つのものからなる一であり、形而上学的な両極と中間であり、神について言われたように「最高《スムス》ト中間《メディウス》ト最低《ウルティムス》」である「全一体」についての本有観念から生まれた教義である。そこからして、三位（trinité）〔通常はこれだけで「三位一体」を意味する〕の観念には二つの源があることになる。それは否定的なものと肯定的なもの、同時に「全一者」であり「全一体」であり「諸部分」である「全一者」と、形而上学的な両極と中間である「全一体」とをともに源とするのだから。

父と子を結ぶつなぎ〔聖霊を言う〕の観念も、そのつなぎが父と子から等しく発するという観念も、形而上学的中間の観念からしか生まれえなかった。中間は両極のつなぎまたは統一で、「発する」という言葉を使って分りやすく言えば、両極の双方から等しく発する。両極が中間によって在り、一方の極が他方の極によって在るように、中間も両極によって在るのだから。

われわれの聖体の秘義もまた形而上学的なものを源としている。「シオンヨ、〔救主ヲ〕称エヨ〔一一三〕」と『アンリアード〔一一四〕』の次のくだりだけからも、そのことを確信できる。

……………………

タダノ印《シルシ》デ、物デハナイ
様々ナ見カケノ下ニ、
至高ノ物ハ隠レテイル。

……………………

グラックコトナク、思イ出セ、
カケラノ下ニモ全体ノ下ニ劣ラズ
在ルモノガ隠サレテイルコトヲ。

……………………

物ガ分ケラレルコトハナク、
印《シルシ》ダケガ細分サレル。
印ノ下ニアルモノノ
様モ大キサモ減リハセヌ。

……………………

なくなったパンの下に神をみつけさせる。（九）

（八）起きていようと眠っていようと、生きていようと死んでいようと、われわれは形而上学的に取れば「全一体」との比較、関係性にすぎないし、物理的に取れば〔全一体の〕あれこれの部分との比較、関係性にすぎない。

（九）われわれの宗教〔カトリック教〕がほかの諸宗教より形而上学的であることは我らの哲学者〔啓蒙思想家〕たちもちゃんと見抜いたが、創造の秘義を含むわれわれの様々な秘義に対して彼らが言えたのはせいぜい、それらはひどく歪められた真理を内包するということだけだった。だが、そう言うためにはそれらの真理を知る必要があったが、哲学者たちには昔からその認識がなかったのである。

ここで指摘できるのは、信仰の対象は私がするように論証されたら、同時に信仰の対象としては打ち壊されずにいないことである。カトリック教が三位一体を唱えることでアリウス派〔一一五〕の宗教やイスラム教より、さらにはギリシャ〔正〕教より優位に立つことも指摘できる。カトリック教の言う聖体も、改変者〔プロテスタント〕たちがかわりに立てたものより内容が形而上学的である。

IV

「全一者」は永遠性で、始めも終わりもないものである。「全一体」は時間で、アルファとオメガであり、始めと終わりである。でも、始めと終わりである存在は始めも終わりもないのでは、と言われるかもしれない。お答えするが、それでは矛盾している。同一存在について一方で否定することを他方で肯定することになるからである。或る存在が始めと終わりであるのを肯定すれば、その存在についてそれが始めと終わりのあるものの結果であることを肯定することになるが、その存在について一切の始めと一切の終わりを否定すれば、その存在がこの結果であるのを否定することになり、したがって同じ存在について同じことを肯定し否定することになってしまう。

そういうことをよく考えなかったため、永遠性についてされる肯定的な定義と否定的な定義の二つが同じことを言うもののように思われてきた。つまり、或る存在についてそれが常にあったし今あるし常にあるはずだということを肯定するのは、その存在についてそれが始めも終わりもないのを肯定することだと思われてきた。しかし、「常に」というのは一日一日と関係する日々の総和であり、時間なのである。

始めと終わりだということは、始めと終わりのあるものとの関係性によって存在することで、始めでも終わりでも、始めと終わりがあるものでもないということは、その関係性なしに存在することである。関係性を取り去ったら、始めと終わりである存在は、そのどちらでもなく始めも終わりもない存在となろう。でも、その二つの存在は一方が他方なしには存在しえないから、したがって、始めと終わりである存在ももう一方のように始めも終わりもないだろう、と言われよう。だが、私はその帰結を否定する。理由はしごく簡単で、一方は関係性によって、もう一方は関係性なしに見られているからである。「実在」を見るこれら相反する二つの見かたは「実在」の本性自体の内にあるもので、それを私は二つの存在、二つの実体とするのである。現在まで、「創造以前の神」と「創造者たる神」の名でそうと知らずに、また「神」と「物質」の名でそうと知りつつ皆がやってきたのと同じことだ。

先行する永遠とか後続する永遠とか言われるのも、われわれが自分について永遠の内にいると言うのも、肯定的な意味でしか、永遠とは時間だという意味でしかありえない。永遠とは時間の否定だという意味でそう言ったら不合理であろうから。われわれがいるのは有限者の中、時間の中、現在の中だが、そういう相で自分を見るためにも自分を形而上学的な部分として見なくてはならない。物理的な部分としてわれわれがいるのはあれこれの有限物の中、あれこれの時の中、あれこれの現在の中であるから。

「元始《はじめ》に神、天地を創造《つくり》たまえり」という創世記の書き出しにも真理は顔をのぞかせた。そこでの神は、始めの前には神として独《ひと》り存在し、始めになってやっと創造者として存在するにすぎないからである。ただ、始めを持続の内に設定する「始めの前」という馬鹿げた言葉で間違えないようにしてほしい。始めは常にあったわけではないなどと考えないでいただきたい。始めは永遠ではなく、永遠ではないからこそ常にあったから、またはお望みなら、始めは「常に」を、または自己自身を否定するもの〔全一者〕ではないからこそ、いまだかつて在ることなしにあったためしはないからである。(一〇)

「主ハ永遠《トコシエ》ノ内ニ、マタソレヲモ越エテシロシメシタマエリ(一一六)」というモーゼの言葉に意味がありうるのは、「永遠《とこしえ》」という語で肯定的な永遠または時間が言われ、「それをも越えて」が否定的な永遠を言うかぎりでしかない。これらの言葉がわれわれに強い印象を与えるのは、それが時間である存在と、時間ではなく、時間ではないのに時間を内に含む存在との両者について真実の観念をともどもに思い出させてくれるからにすぎない。神についてわれわれに与えられる偉大な観念のすべて、たとえば、神の前では千年も過ぎ去った昨日のようなものだという観念なども同じである。そういう観念がわれわれを強く打つのは、われわれがそれの内に見て取る初源的〔形而上学的〕真理の内容によるにすぎない。時間または「全一体」との関係では千年も一瞬間以上に多くあるわけではなく、一瞬間も千年もそれ自体としてあるのではなくて、自分がそれの一部である時間と同じく相対的に存在するにすぎないからにほかならない。

否定的な意味にも肯定的な意味にも同時に取れるという点では、単純という属性も永遠という属性と共通しているが、但し違いは、「永遠な度合が多い少ない」とは言わないが、単純な度合が多い少ないとは言うことである。この属性は「複合的でない」という意味の時は「全一者」に当てはめられ、複合性が最も少ないという意味の時は「全一体」に当てはめられる。

「永遠」と「単純」という属性は、まるで「全一体」にも「全一者」にも等しく当てはまるようにわざと作られたかのようである。それらは、否定的な響のある「無限」や「測り知れない」という属性のように、それ自体では否定を表わさないからだ。しかし、それらが肯定的な意味にも否定的な意味にも無差別に取られるのは、相反する二つの存在から「神」と呼ぶ同じ一つの存在を不合理にも作り上げたからにすぎない。

「全一者」と「全一体」が切り離しがたいことが理解され、「全一者」が「全一体」を含むという真理も同じく理解されたため、スピノザの体系では唯一実体の名のもとに、宗教的な諸体系では「神」の名のもとに、両者は互いに一緒くたにされた。

有神論もスピノザ主義も同じように、物理的な諸実体を形而上学的な一つの実体から発するものと見ているが、この一つの実体の見かたは同じではない。有神論はその実体の内に道徳的なものを見るが、スピノザ主義はそれを見ず、この見かたの相違が原因で、有神論からは摂理と祭祀と道徳が結果として生じ、スピノザ主義からはそれが全く生じない。

（一〇） いまだかつて在ることなしにあったためしはないとか、常にあったとか言えるのは、「始め」または「時間」のような関係性による存在についてにすぎない。「永遠な度合が多い少ない」とは言わない以上そう取るべきように否定的に取った永遠について、そんなことを言ったら不合理であろう。こういうのはみな文法どおりだが、肯定的および否定的な一般的集合名辞に結び付く観念によってしか、それも可能な唯一の正しい観念によってしか、事物の根底は展開されえなかったのである。

V

可能なものとは関係性抜きに捉えれば「全一者」で、否定的な実在または現実性だが、可能なものも関係性によって捉えれば「全一体」で、肯定的な実在または現実性である。それの内ではすべてが多かれ少なかれ現実的で、現実的とは見えないものすらそうである。それの内には現実性の否定は絶対にありえないからだ。不可能なものとは矛盾するものである。この言葉で肯定的な可能事を否定する可能事を言わんとするなら別だが。

われわれがあれこれのものについてそれは不可能だと言う時、言わんとするのは、人間としてのわれわれにはそれができない、それはわれわれの力を超えている、それは困難以上だ、ということ以外の何物でもない。「全一体」の内にはそれ自体として不可能なものは何もなく、あるのはただ可能な度合が多いか少ないかにすぎないからである。むろん、われわれには可能な範囲から完全にはみ出るように見えるものもあるが、それは極少から極大までの形而上学的な距離の結果である。この距離は段階的なものだが、諸存在間の階梯という説〔一一七〕で想像されたようなものではない。

或るものについてそれは矛盾すると言えなければ、それは可能な範囲からはみ出ると厳密には言えないし、私が証示する真理に反対するもののほか何物も矛盾していない。しかし、こういう矛盾は習俗にとってどれほど嘆かわしい結果を招こうと、所詮は言葉の上のものでしかありえない。

人間は望むこと、望む力のあることを全部はできないが、それは、自分に可能なものの彼方にも可能なものを常に望み見るから、自己の物理的実在がそれだけに自己を限る可能なものの彼方まで、形而上学的存在として常に目指しているからである。ほかのあらゆる個別的存在と同じく、人間がすべてを自分に帰着させよう、すべての中心であろう、「全一体」であろうとするのはこの志向による。この志向に基づく宗教の体系で、人間の欲求は神から、人間の力能は人間からと言われるのもこの志向のせいである。（一一）

（一一）　パスカルたち、マールブランシュ〔一一八〕たちすらも人間のこの志向の対象を見誤ったが、ともかくこの志向は「常に」、宗教を証明するため用いられた大きな手段の一つだった。

VI

「全一者」はそれ自体として必然的な存在だが、「全一体」の方は相対的にしかそうではなく、最も必然的な存在にすぎない。それの内にあるすべては多かれ少なかれ必然的に存在するが、それ自体としての必然性によって、否定的な、または打ち克ちがたい必然性によって存在するわけではけっしてない。だからこそわれわれは常に、たとえば悪徳分子に自己を矯正する必然性を課すなどの手段を成功裡に使えるのである。

必然性の多少について常に無知だったため、正しく言えば、相対的必然性はその本性自体によりはたらきにも常に多い少ないがあることを知らなかったため、われわれは、自分が必然性を課されないケースと課されるケース、自分が自由なケースと自由でないケースがあるように思った。それ自体としての必然性の観念をわれわれは持つが、そういう必然性を自分の内に見て取らず、見て取れないことも自由という観念をわれわれに抱かせるのに力を貸した。自由という観念は不合理な観念だが、それは、自分の外にある何物も自分に必然性を課すように見えない時ですら、われわれが自分で自分に必然性を課しているのを否定できないからである。でも、自分で自分に必然性を課すのが自由であるということだ、と言われよう。そのとおりであろう、但し、われわれという人間がそれを構成する諸部分〔諸粒子」から独立していれば、この諸部分そのものでないならばだが。われわれを構成する諸部分は、常に外部の事物から必然性を課され、また常に相互に必然性を課し合って、あれこれのことをしたりしなかったり、欲したり欲しなかったりする必然性を常に自らに課すのである。

「自由」という語が「必然性」と同じくあらゆる存在に当てはめられる用語だったら、可能な最少の運動を「静止」と呼ぶように、可能な最少の必然性を「自由」と呼ぶこともできようが、「自由」という語はそうではない。この用語はいまだかつて人間にしか当てはめられたことがなく、人間が自分に象《かたど》って神や天使たちを作り上げ、それらにもこの言葉を当てはめたのだ。

自分は自由だと人間たちが言ったり思ったりしたのは、自分の行為の総体の内には、それへの必然性を課される度合がほかよりずっと少なく見えるものがあるからである。だが、それは当然のことで、自分には見えない自分の内部で自分に必然性を課すものは、自分に見える外部でそうするものほど見えにくいことから、自分の脳の或る繊維がする他の繊維への作用は、外部の或る物体がする他の物体への作用ほど見えにくいことからもっぱら来るにすぎない。

人間の自由と呼ばれるのは、人間に与えられる独立した意志によって、することもしないこともできると思う能力のことである。しかし、人間にそんな能力があると思うのは、感覚的なあらゆるものと同様に人間も本性上、あれこれの仕方で動かされたり動かされなかったりするというごく簡単なことを見落としているからにすぎない。

人間は自己を構成する諸部分によっても自己を取り巻く諸部分によっても等しく動かされ、自己の内にあるすべても自己の外にあるすべても人間に必然性を課している。人間のいかなる行為も様々な原因の必然的な結果で、それらの原因もまた他の様々な原因の必然的な結果だった。必然性を課されない個別の存在がもしあったら、そんなものは他の諸存在から作用を受けない存在、存在しない存在となろう。存在とはそれに対する他の諸存在の作用、また逆に、他の諸存在に対するそれの作用にすぎないからである。

VII

出来事の必然性は起こった後《あと》にしかけっして存在できない。起こる前には、あらゆる出来事は常に多かれ少なかれ偶然的である。

それのみが出来事を作りなす関係性は個別的なものだから、出来事は厳密にこれこれという存在の仕方をけっして持てない。しかし、それを目撃する様々な目から見てどういう仕方で起ころうと、出来事は起こってしまえばいつも必然的に起こったのである。太郎から見れば必然的にこれこれの仕方で、二郎から見れば必然的に他のこれこれの仕方で、というふうに。同じものとして、厳密にこれこれとして常に存続する出来事または相対的な事実とは、関係性が普遍的な「全一体」のことで、だから「全一体」は常に「厳密に」、その諸部分のどれにとっても等しく「これこれ」として存在するが、一方、個別的な出来事は諸部分の各々にとって常に異なる仕方で存在する。ここでは起こったのに、よそではまるで起こってないかのようだという程、その仕方は相異なる。地球上の生き物も月の生き物にとっては、一万年前の生き物がわれわれにとって死んでいるのと同程度に、またそれ以上に死んでいるのである。

起こることはみな初源的〔形而上学的〕な相対的必然性を以て必然的に起こると言っていいが、それは、その出来事が起こるということが事物の連鎖の内に入っていたからである。かといってそこから、事物の流れに闇雲に身を委ねるという結論を出してはならない。流れの中で事物を必然ならしめるか否かは多かれ少なかれわれわれにかかっており、それらの事物の一部としてのわれわれが、流れに始動を与えるか否かは多かれ少なかれわれわれ次第なのに応じて、常に多かれ少なかれその始動を与えるからである。

われわれの日数は数えられている〔「余命いくばくもない」の意〕と言われるが、それは不合理である。〔生きられる〕日数を数えた、または数えられる計算者である知性的存在などどこにもいはせず、持って生まれた体質の良し悪しを別にすれば、寿命がいつまで続くかはもっぱら、たとえば食べ物というような外部の諸部分がわれわれを構成する諸部分に及ぼす影響や、われわれの諸部分が相互に及ぼし合う影響に依存している。そこから、寿命がいつまで続くかは部分的にはわれわれ次第だという結論を引き出そう。われわれに影響を及ぼす外部の諸部分にわれわれが常に或る程度まで影響を及ぼすことも、われわれが自分を構成する諸部分であることも事実だからである。

私がなんらかの危険に陥る場合、私は部分的には私自身によってそれに陥る必然性を課せられていたわけで、「逆ノ場合」もそうだが、その出来事が起こる前には、私がそれに陥るであろうとか陥らないであろうとか絶対的には言えなかったし、その段階では事は偶然的だった。私がそれに陥ることも陥らないこともありえたし、それについては何ひとつ決定されたものはなかったのである。

物事を予見する神なるものとか運命とかをわれわれが想像したのは、自分の無知とわれわれの法律状態がさせたことで、それさえなかったらわれわれはごく単純に、必然性の内に偶然性を見、偶然性の内に必然性を見るだろう。われわれが抱く神なるものの観念と矛盾すらする自由というあの絵空事の存在はどうかといえば、われわれはどこにもそんなものを見ないであろう。重ねて言えば、自由とはわれわれが感覚的なあらゆる存在と共通に持つ、あれこれの仕方で動かされたり動かされなかったりするという能力、あれこれの行為への必然性を課される度合が他のあれこれの行為より少なく見える、たとえば、自分の脳の繊維の内に原因が隠されている行為の方が、肱鉄砲をくわされたという外に現われた原因を持つ行為よりその度合が少なく見えるという能力にすぎないからである。

予見できるのは個別的なことだけで、個別的な何事も個別的なものによってしか、各存在によってしか予見されえない。各存在はその本性自体によって、お望みならば未来へのたえざる志向によって、常に多かれ少なかれ物事を予見する。未来には過去が常に役立ち、必然的にその比較点となる。人間たちがほかの動物より物事を予見するのは、観念の伝達、経験、観察、自らの社会状態に由来する数知れぬ必要などのお蔭で、有利な身体組織のお蔭でもある。人間たちの社会状態はこの身体組織の結果なのだから。

実際、「全一体」こそわれわれの最初の比較手段、最初の比較点なのだが、（一二）個別から一般へ、物理的なものから形而上学的なものへと論結して、われわれに特有なものから「全一体」へと結論を導く時には、われわれこそが「全一体」の最初の比較手段・比較点としてわれわれ自身を立てるのである。われわれに特有なものから「全一体」へと結論を導く時というのは、つまり、われわれが自分の知能・意志・自由・徳・情念などと呼ぶものから、「全一体」にある同じ能力へと結論を導く時のこと、われわれが自分のような姿のもとに「全一体」を表象したり、多くの宗教で「全一体」を神なるものに変身させてそうしたように、「全一体」がわれわれの姿を取ったと断定したりする時のことだ。

それがわれわれの姿を取ったとわれわれが断定するつもりなのは「全一体」についてではないし、われわれのような形のもとに、われわれのような種々の能力を具えたものとして表象するつもりなのも「全一体」ではないが、それでも、〔どう思おうと〕事実はそうなのである。われわれが自分と関係を持つ神なるものを作り上げたのは、実際には「全一体」からなのだから。そのことを実際に証明するのは、神をわれわれと比較する時、われわれがいつでも神にわれわれに与える以上のものを与え、神に与える最大のものがいつでも最も可能なものだということである。指摘すべきは、われわれが神を自分と比較すると同時に、神は比較を絶するとも言うことで、そのことは、われわれが神を「全一者」と「全一体」の観念から同時に作り上げたということをも「等しく」証明している。そんなことは、神を定義するに当たって陥るあらゆる矛盾に陥らずにはそもそもできないことだった。

たとえばパンの形〔二一九〕など、あれこれの形のもとに神を崇める諸宗教は偶像崇拝をしているが、もっと単純に神を崇めて偶像崇拝をするとは思わぬ他の諸宗教もやはり偶像崇拝をしている。人間の様々な能力を具えた神を思い描き、そうとは知らずに神を人間と化すからである。

それぞれの種には人類と同じく自分の種の「全一体」を作る権利があるはずだが、こんなたわけた権利をほかの種は行使しないので、われわれが代理でそれを行使して、多くの国がしたように動物、植物などの姿を神に与えた。「全一体」はあらゆる形であって、そのどれでもないから、われわれは「全一体」をその部分においてしか思い描けない。われわれは物理的なものを通じてしか、感覚的な道を通ってしか「全一体」を目指せない。感覚的な道は常に多かれ少なかれ「全一体」がそうであるところのもので、エジプトでは他のあれこれの野菜より玉葱が、太郎には美味《うま》い酒より美女が、二郎には「ソノ逆」というふうに、われわれがそこに他のもの以上の魅力をみつけるのに応じて、それがわれわれには他のもの以上にそうなるのである。われわれの無知が「神」という名で「全一体」にあれこれの物理的実在を与えたのは、部分的にはこの真理を感じ取ったからだ。

われわれが「全一体」を他のあれこれの姿より人間の姿のもとに表象するのも、それを植物より人間として生まれさせるのも、われわれが人間だからである。われわれは自分が執着する「われわれ」である以上、他のどんなものよりわれわれに執着するからである。

（一二）「全一体」は諸存在の原型としてバウマン博士〔一二〇〕に垣間見られた。「全一体」は諸存在にとって関係性の最初の対象だから、これは実際そうであるものとして垣間見られたということである。

IX

神はわれわれを無から引き出した、だから、われわれが何であれ、それはみな神による、さて、われわれは善と悪、運動と静止等々の複合物である、故に、われわれがそういう複合物なのも神による――と言われる。この論法に有神論者は合理的な答が何ひとつできず、この論法から、神は自らの似姿としてわれわれを作ったという同じく神について言われることをさらに加えて、神も善と悪、運動と静止等々だという結果が得られる。「全一体」という相での神は実際このようなものなのである。「全一体」は形而上学的なあらゆる面で絶対的な最大・最少なのだから〔一二一〕。

われわれが物理的な善と悪の複合物なのは事物の本性によるが、道徳的な善と悪の複合物なのはわれわれの本性、正しく言えばわれわれの偽りの社会状態の本性による。形而上学的な善と悪は道徳的な善と悪の結果ではなくて物理的な善と悪の結果であり、物理的な善と悪が容れ物で、もう一方〔形而上学的な善と悪〕はその中味なのである。だから、私が「全一体」についてそれは善と悪だと言う時も、それを道徳的な意味ではなく（それではメタ道徳《モラル》的な意味に取ることになるが、そんな用語は当然ながら使われたためしがない）、形而上学的〔メタ物理《フィジック》的〕な意味に取らねばならない。

自分の道徳的な似姿として神と悪魔を作り上げたという狂気のせいで、われわれはそうとは知らずにこの両者を「メタ道徳《モラル》的」な存在にしてしまった。つまり、物理的善悪におけるありようを道徳的善悪にも最高度に転位したような存在にしてしてしまった。前述のとおり、それは実際には物理的なものの最大と最少、形而上学的な最大と最少にすぎないからである。それにしても、もう一度言えば、この形而上学的な最大と最少は、「神」と「悪魔」という名によって、その名に結び付けられる「メタ道徳《モラル》的」な観念によってなんと歪められたことか！　その名はまるで、一方はこの上なく良い、もう一方はこの上なく悪い二人の人間を言い表わすかのようである。

道徳的なこの上ない善とこの上ない悪は、精神的にしか、精神的〔心証的〕な厳密さを以てしか存在しえない。前者は真実の習俗であろうし、後者はわれわれの習俗である。

（一三）　絶対的な最大と最少は互いに一方が他方に帰着し、両者は一つのものにすぎない。両者の一致こそが両者の中間なのである。そうでなかったら、同一物でない二つの絶対的なものがあることになるが、それは矛盾している。両極端は相通じるという公理があるのも、もともとこの真理の叫び〔無自覚的・断片的な表出〕のお蔭で、代数計算が両極限の一致の内にその中間をみつけるのもこの真理による。但し、代数学者も代数学者としては、両極限とは何かを知らないし、知るはずもない。両極限とは「全一体」だと知りうるのは、形而上学的真理のみによるからである。

X

「全一体」はそれの部分であるあらゆる存在の内で有限な度合の最大と最少、分割できる・能動的・固い・弾力的・可変的・可入的・複合的等々の度合の最大と最少であり、「全一体」の内にある一切はその度合が多いか少ないかである。なぜなら、そこにある一切は、「全一体」が内に含むものについて等しく言えるすべてとの関係で「全一体」について言えるすべてのことが多いか少ないかなのだから。しかし、「全一体」が形而上学的なあらゆる面でそうである最大と最少の間には絶対的に極度の距離があり、その距離に含まれるものの内に様々な関係性や可能事を見たければ、また、しばしばそう見えるように実在がないかに見える所にも実在を見たければ、この距離を見失ってはならない。だから、ここで思い違いをしないためにはどうしても真の原理に頼らねばならない（一四）。

「全一体」は様々な時の結果であり、時間であるが、この観点からすれば諸存在も諸事物も、様々な運動・静止・数・原因・結果等々も様々な時にすぎず、同じく様々な時もそうしたものにすぎない。したがって、過去・現在・未来の時と言う場合、それはさながら過去・現在・未来の諸存在・諸事物、様々な運動・数・原因・結果と言うかのようである。

過去と未来は互いにたえず一方は他方に帰着し、常に現在しか、または同じことだが時間しか与えない。基調は常に同じだが、色合いは常に異なる時間である。過去と未来なのは、互いに継起するあらゆる対象なのはこの色合いである。

現にするようにわれわれについて常に現在の内、時間の内にいると言う時は、われわれを形而上学的に見ており、そうとは知らずに形而上学的な真理を言っているのである。

「ソレノ内ニワレワレハ生キ動キ在ル（一一）」というのは現在の内、時間の内、「全一体」の内ということで、聖パウロの言った神の内ということではない。「汝ノ見ルモノ、汝ヲ動カスモノ、ミナコレユピテルナリ（一二）」というルカヌスの言葉も同じく「全一体」のことと解すべきである。

過去も未来も常に多かれ少なかれ存在しており、過去はもう存在せず未来は全然存在しないと言えるのは物理的にのみである。厳密な意味でのかような否定は「全一体」の内には「全く存在せず」、存在するとしたら矛盾であろう。

「全一体」はその種の否定を一切含まぬからである。われわれが「現在の瞬間」と呼ぶものは常に、われわれとの関係では過去である度合、未来である度合がより少ない瞬間にすぎない。

われわれは常に現在の内にいると言って現在をそうするように過去と未来を形而上学的に取れば、その場合、過去と未来は形而上学的な両極で、現在がそれの中間、それの統一ということになろう。神についてそれは現在だと言われるが、それは時間だと言われないのはどうしてか。理由は、現在を形而上学的に、時間を物理的に取るからだ。しかし、時間も現在に劣らず形而上学的な存在で、現在とは時間のことなのである。

時間は相対的に存在するだけだから、百万世紀も一瞬間以上にそれ自体として在るわけではなく、それ自体によっては一瞬間より長いわけでも出来事が豊富なわけでもない。われわれの目にはより少なく見える数や大きさや割合と比較したあらゆる数、あらゆる大きさ、あらゆる割合についても同じことが言える。太陽の球も藁一本以上にそれ自体として在るのではない。(一五)

(一四)　真の原理を知らないからこそ、われわれは真の原理によってしか解決できぬ、または厳密に解決される性質のものではないと論証される数多の問題を際限もなく論議するのである。また、形而上学的なものを物理的なものと分つ性質の違う複数の区域を知らないからこそ、われわれは本質的に論理を欠き、推論に当たって実にしばしば気付かずにそうするように区域と区域を混同するのである。真の原理がひとたび知られたら、われわれの理性は今まで饒舌なのと同程度に寡黙になり、われわれはもう推論などしなくなろう。

(一五)　最も広く感じられ承認すらされる様々な真理が形而上学的な真実という源からいかにして発するかが、だんだんお分りいただけるに相違ない。

XI

「全一体」はそれの部分である諸存在の内で最大と最少であり、諸存在はそれより大または少、最少として見た「全一体」よりは大で、最大として見た「全一体」よりは少である。「全一体」のこの二つの見かたは、「全一体」についてそれは原因であり結果であると言うものだが、この二つは互いに一方は他方に帰着する。最大と最少は十全な対立、「まるっきり」（du Tout au Tout）〔直訳すれば「全一体から全一体へ」〕の相違の故に、絶対的には同一物だというのが真実だからである。(一六)

絶対的な最少であるからには絶対的な最大でもあるというのが「全一体」の本質に属する。(一七)「全一体」は純粋に相対的で、その関係は絶対的である以上、「全一体」は絶対的な最少「であることなしには」絶対的な最大「でありえない」からである。この最大はこの最少によってしか存在しえず、「逆モマタ真」であるから。

「全一体」はそれの部分である諸存在の内で有限な度合の最大と最少であり、諸存在はそれとくらべてもお互い同士をくらべても有限な度合が多かったり少なかったりする。それ自体として有限なものは何もなく、あらゆる限界は相対的で、無限者は有限者のヴェールに隠されている。

静止と運動は一つのものにすぎないから、「全一体」についてそれは運動だと言えるように、それは静止だとも言える。それは静止だと言うなら、それの内のすべては多かれ少なかれ静止していると言わねばならない。それは運動だと言うなら、それの内のすべては多かれ少なかれ運動していると言わねばならない。物質はその運動のいくらかを毎日失うとか、運動はそれにとって偶有的なものにすぎない、「それ」とは物質のこと、などと言う物理学者は不合理なことを言っている。こんなことは言わずに済ますこともできよう。そもそも、この問題は物理学の管轄ではないからである。しかし、形而上学的なものを物理的なものと分つ境界が知られたためしがあったろうか。真理を知らない以上、その境界を知らなかったのも当然の結果だった。

充満または物質と運動とは同一物である以上、すべてが充満しているからには、すべてが運動しえたのである。実際、充満と運動とは、われわれにとってあれこれの形而上学的相のもとで常に存在するあの「全一体」という存在を言い表わす二つの一般的「集合」名辞にすぎないのだ。

「全一体」を見られる真の相とは、たとえば運動といった、あらゆる存在に共通する普遍的特性という相であって、運動の個々の色合いにすぎず、たとえば音とか光とかいった個別的集合名辞しか与えない、普遍性の劣る特性という相ではない。美と醜、秩序と無秩序、調和と不調和、善と悪を私が普遍的特性の内に数え、それらを「全一体」に当てはめるのは、これらの特性を存在する相対的なもの一切に押し拡げるから、これらを運動の一般的色合いであるものとして、運動それ自体であるものとして見るからである。原因と結果、始めと終わり、充満と空虚、現実と外見、形而上学的なあらゆる面での最大と最少についても同じである。

悪い意味に取って否定的であるかに見える対立物も、きまって、良い意味に取った肯定的なものの最少であるにすぎない。無秩序とは秩序の最少、悪とは善の最少であって、この相での「全一体」は秩序であり善である。秩序の最大と最少、善の最大と最少が一致することからは、秩序と善しか結果しえないからである。「全一体」を見るこの最も単純な意味では、「全一体」とは形而上学的な中間であり、われわれが自分との関係で常に神をそこで見る中間もこの意味である。但し、神についてそれは両極であるとか、われわれの始めと終わりであるとか言う時は例外だが。

(一六) 真理は常に或る程度まで顔をのぞかせたし、必然的にのぞかせざるをえなかったが、「まるっきりの相違」という言いまわしがあるのも真理の叫び〔無意識的・断片的な表出〕のお蔭である。この表現は可能なかぎり最大の相違を言い表わすものだが、「全一体から全一体への」という言いまわし自体からしても、これはもはや相違ではない。

(一七) 本質と実在は形而上学的には同じものである。付け加えれば、「全一体」が絶対的な両極であるからこそ、たとえばしごく明瞭な物について、それは最初の〔「第一級の」の意〕明瞭さを持つとも最後の〔「最高度の」の意〕明瞭さを持つとも等しく言うし、しごく幸運に恵まれた人について、幸運の最初の度合にあるとも最後の度合にあるとも等しく言う。もう一度言えば、真実はわれわれが思うよりはるかに多く、われわれの物の言いかたに顔をのぞかせるのである。

XII

絶対的な両極は一つのものにすぎないので、そこからしたがって、「全一体」は一方の極である以上に他方の極であることはなく、真実の叫び〔無意識的・断片的な表出〕から物質について言われるように、無差別に運動も静止もするもの、等しくそのどちらでもあるもの、より多くもより少なくも一方より他方でないものである。「全一体」はこういうものであるからこそ、両極であるのと同じく中間であり、神について言われるとおり「最高《スムス》ト中間《メディウス》ト最低《ウルティムス》」である。

関係性の故に中間なき両極はなく両極なき中間はないから、絶対的な両極が存在する以上、絶対的な中間が存在する。またはお望みなら、「全一体」は同時に絶対的な中間であるものとして見られることなしに絶対的な両極であるものとして見られることはありえない。「全一体」を見るこの三つの見かたは一つのものにすぎず、「全一体」が内に含む諸存在を物理的な両極および中間という観点から見るようにさせる。道徳的な両極および中間もそれの一部である。

最大、最少、より多くもより少なくも一方より他方でないもの〔中間〕――これらが「全一体」であり、またこれらのみが、これらを構成するあらゆる〔物理的〕最大、あらゆる最少、あらゆる「より多くもより少なくもない」ものの内で唯一完全に相等しいものである。神についてそれのみが自己自身と等しいとか、それの内にある三つの個格《ペルソナ》〔父と子と聖霊〕は相等しいとか言われるのもそこから来る。肯定的な観点からすれば、三つの個格《ペルソナ》とは「全一体」に当てはまる三つの定義にすぎない。

両極について全き厳密さでそれらは相等しいと言う（そう言えるのは形而上学的な両極についてだけである）のは、全き厳密さでそれらはより多くもより少なくも一方より他方でないと言うことで、したがって、それらは中間だと言うことである。そもそも中間とは、より多くもより少なくも一方の極より他方の極でないものでなくて何であろうか。

物理的な両極および中間は必然的に分たれた互いに別々のものだが、これらの両極および中間のすべてが、必然的に全体として、一つのものでしかない二つの極と一つの中間を与える。

中間として見た「全一体」について、「一般的な容れ物」について、それは自らの部分より、自らの中味より大であるとか、形而上学的なあらゆる面で最大であるとか言うのは絶対的に真だが、個別的な様々の全体、様々の容れ物についてそう言うのも同じく絶対的に真であるわけではない。それらについては制限付きでしか何事も断定できないからである。個別的な全体がそれの諸部分より大に見えるのは、何よりも、最も単純で誰にも最も等しく捉えられる大きさという観点からだが、この観点からでさえ絶対的にそうではないのをいずれお目にかけるはずである。

「神」という名で普通するように、「全一体」についてそれは現在・静止・秩序・調和・真理・美・現実・相同・団結・統一・善・完成等々だと言う時は、「全一体」を中間として見ている。その際は、ただ一つの観点からのみそれを見ているからである。こういう種々の属性または性質を挙げるのではなく、かわりに「全一体」・存在・実体・自然・宇宙・物質・空間・延長等々と名付ける時も同じである。

「全一体」は形而上学的なあらゆる面で等しく完成の最大および最少だが、さて、等しくこの最大および最少だというのは、一方以上に他方ではないということ、より多くもより少なくも一方より他方でないということで、したがってごく端的に完成だということである。重ねて言えば、完成の最大と最少が一致することからは完成しか結果しえないからだ。

形而上学的な中間はそこで統一される両極より優位に立つため、「全一体」の知性的な像は普通、両極より中間に多く見られる。なんなら、人は一般に両極より中間を目指す、事物の秩序の内にある様々な偶発事さえなければ完成はより多く中間にみつかると言ってもいい。

形而上学的な中間の知性的な像こそが、何であれ物理的な中間の原像となる。常に見られるその像こそが真の中心であり、あらゆる志向の第一の対象であり、常に存在する比較点である。何事につけ極端に陥るな、多すぎも少なすぎもともに避けよ、よろず中庸を守れ、「汝ハ中間ニオイテ最モ安全ニ歩ムナラン。物事ニハ中間アリ」（一一三）、万事程々にするのが幸福への最も安全な途、徳は中間にあり、などという世に受けいれられた真理ももとはといえばそこから発する。これらは物理的な面でも道徳的な面でも等しく真理である（一八）。

諸部分が「それの全体」を、自らの絶対的な中間を、部分全体の完成を目指す志向を、われわれは中心への、秩序への、幸福への、完全な福祉への、平等への、可能なかぎり最善への、直線を辿ることへの、常に同じ仕方ではたらくことへの、最も単純な方法で作用することへの[一九]、安定した状態への、可能なかぎり最少の作用への、全き静止への志向と呼ぶ。この志向は諸部分から「全一体」への関係性にすぎず、諸部分そのものにすぎないから、たえず次々と起こるわれわれの欲求も、またはお望みなら、完璧に楽しみたい、それぞれのものの内にすべてのものをみつけたい、「申し分」のないようにしたい、自分の願いが「内で」完全に充たされるようにしたいという常にはたらくわれわれの傾きもわれわれ自身にすぎず、われわれの形而上学的本質と異ならぬわれわれの形而上学的実在にすぎない。

　志向というのは内容的には常に完全なもので、完全でないのは形式の上、様々な物理的色合いの上でにすぎない。どのような面からであれ人が右へ行くとか左へ行くとか、推論が正しいとか正しくないとか、首尾一貫するとかしないとか評されるのも、もっぱら、あれこれの仕方で見たその形式によるのである。内容的には、われわれはみな等しく首尾一貫しているからだ。われわれには首尾一貫しないかに見える観念も、それが発する観念から必然的に結果として出てくる点では、首尾一貫して見える観念に劣らないのだから。出来の悪い頭というのも、それ自体として出来が悪いわけでも、実際に出来が悪いわけでもなく、出来が悪いのは見かけの上にすぎず、慣習的に出来がいいとされる頭と合わないからにすぎない。この慣習も御多分に洩れず人間たちにあっては、人間という種から見て「全一体」の調和や現実性や完成に最も近いと思われるものに源を発している。

（一八）　われわれが中間を守りそこなうのは道徳的な次元でのことで、物理的な次元でのことではない。物理的な次元では、「全一体」の他の諸部分が実にあまねく中間を守るのを目にするため、われわれも身体組織が少しでもちゃんとしていればおのずと中間を守るからである。

（一九）　自然または「全一体」は常に同じ仕方ではたらき、常に最も単純な方法で作用するが、自然の内のすべてがそのようにはたらき作用するのは多くまたは少なくにすぎない。この真理は、自然は常に同一だが、自然の内のすべては多くまたは少なくしか同一でない、ということのほか何事も語っていない。

「ある」と「見える」の違い（「ある」と「見える」、「現実」と「外見」は同じものだから、この違いが存在するのは実際には個別的な様々の外見によるにすぎないが）は常に感じられてきたが、いまだかつて深く掘り下げられたことはなかった。しかし、深く掘り下げられた形而上学的な側面など一つとしてあるだろうか。肯定的、否定的な一般的集合名辞を人は毎日のように口にはするが、それにいかなる観念も結び付けない。だから、最も理解されない単語を定義したかったら、最もよく使われる単語を定義すべきだろう、と現代の或る作家〔一二四〕が言うのは正しいのである。今日では、そういう単語にどんな観念も結び付けてはいけない、最高善など存在しないのは最高の深紅が存在しないのと変わりない〔一二五〕、と主張する根拠があると思われており、そういう単語にいろんな観念を結び付けようとしたためにプラトンが罵倒されている。だが、それはどこから来るのだろうか。神など要らないと思い、そういう単語のもとに神がみつかるのを恐れるからである。それらの単語が何を言い表わすか分ったら、崇拝など求めない肯定的および否定的な形而上学的存在しかそういう表現のもとに見なくなったら、むろん事情は異なるだろう。われわれも根本的にはそういう形而上学的存在で、われわれに欠けていたのはそれを知ること、われわれ自身がわれわれ自身に展開されること、形而上学者たることだけだったのだ。

「全一体」の内でわれわれが現実とみなすものと純然たる外見とみなすものの間には、たとえば目覚めている時に見るものと眠っている時に見るものの間には見かけの違いしかないから、「全一体」の内ではすべてが現実に似ると言おうと、すべてが夢に似ると言おうと同じことである。この世の物事を人によって夢とみなしたり、しごく現実的なものとみなしたりするのも、この真理から生じる結果である。それらを純然たる無とみなす人はもっと深い見かたをしているが、知らずにそうしているのである。真理の直観は真理の展開ではないのだ。

過去は夢であり、未来も同じく夢であろう。絶対的に現実なのは「全一体」しかなく、それ自体として存在するのは「全一者」しかない。

XIV

それの内ではすべてが原因であり結果であるということが「全一体」の本性に属するから、生殖は何であれ「全一体」の本性に属する。そもそも生殖とは、常に生みだされたものであるように常になんらかの仕方で生みだす、すべてが「それらの全体〔全一体〕」という同一の原因しか持たぬ様々な原因の様々な結果でなくて何だろうか。この〔同一の〕原因〔全一体〕は様々な原因によってしか生みださず、様々な原因によってしか原因でなく、それが様々な原因のすべてであるように、様々な原因のすべてがこの原因なのである。われわれは感覚的なものに捉われているため、この原因の観念を実に見逃しやすいから、それをわれわれに理解できるようにするため、これをいくら力説してもしすぎることはあるまい。この観念に不利なのは、「全一者」の観念と違って複合的なことである。だから、一見すると「全一者」の観念の方がわれわれには捉えやすく、われわれも「すべてはすべて」(tout est Tout)〔直訳すればすべては全一者〕とは言うが、同じようにして「すべては全体」(tout est Le Tout)〔直訳すれば「すべては全一体」〕とは言わない。しかし、そう言っても同じことなのである。すべてのものは等しく「全一体」であり「全一者」であって、問題は関係性で見るか関係性抜きで見るかにすぎないのだから。

XV

社会生活をして真の原理を知らぬ人間たちに来世という観念を抱かせるのも、その観念を心の内に根付かせるのも易々たることだった。それは第一に、死者がそれを打ち消すことはできないから、第二に、外形以外に自分の何も死にはせぬと根本的に確信することが人間の人間たるところだから、第三に、自分の欲求を充たそうと人間たちがたえず目指すから、第四に、欲求の充足、志向の可能な最終段階は物理的なものの内にはなく、ありえもしないと人間たちが内心感じるから、第五に、すでに御覧いただいたはずだが、人間たちの社会状態が自分の支えとしてこの観念を必要としていたから、である。

XVI

それぞれの物体は多かれ少なかれ他の諸物体を自分の方へ引っ張り、またそれに引っ張られるが、これは他の諸物体との間にある関係性の多少による。それは一個の形而上学的真理で、数学に属する計算がそこから発するのだが、この真理は、物体間の引力という説で〔スコラ学の言う〕「隠れた性質」を復活させるとするニュートンへの非難に答えるものとなる。

「全一体」の内にはもともとそれに関係づけられぬものはなく、「全一体」は、すべてが重力により種々の物理的中心へと引かれつつ、同じく重力によりそれへとたえず引かれる形而上学的中心である。「全一体」は、われわれをそこへ導くのに最適と思われる道を通って、われわれがそこへ到達しようとたえず努める真の点である。そこから、人間の形而上学的志向というあまねく弘まる観念が生じたが、この観念は十分な熟慮を伴わないため不合理なもの〔宗教〕へしか導かなかった。人間に、自分がその一部である「全一体」とは別な対象〔神〕を目指させ、また、ほかのあらゆる存在を排除して自分にだけその志向を持たせることへしか導かなかった。ありかたは様々でも、この志向はすべての存在の内に同じものとしてあるのに[二〇]。

個別的なものがなんらかのものへ向かおうとする「個別的」な志向はいまだかつて絶対的に完全ではなく、またけっしてそうではありえず、完全な度合が多いか少ないかである。または同じことだが、個別的な何物も「全一体」の完成には多くまたは少なくしか到達できない。だから、完全に規則的な物事の流れも、絶対的に安定したありかたも、厳密に正確な均衡・中心・中間・現在・静止も、完全に相等しい二つのものも、いかなる例外もない規則も、絶対的に正確な比較も、全き厳密さを以て論証できる物理的真理――コペルニクス説のようなものですら――も、どんな面から見ても常に同じである人も、絶対的に完全ななんらかのものも自然の内には存在しない。

自然の内で色々な発見をしようと努める人が真の原理を肝に銘じたらその時は分るはずだが、自然の内に厳密に正確な何かを探し求めても、形而上学的な厳密さを探し求めてもそれは無駄というもので、自然の内にみつかる真理は、欠けたものが絶対何もないほどの真理ではけっしてありえないのである。「全一体」の内ではすべてが可能だから、経度や円積法〔円と等積の正方形を作る作図不能問題〕や永久運動がみつかることもありうるが、それは常に近似的なものにすぎない。化金石がみつかることすらありうるが、人工の金は自然が形作った金といかに等しく見えようと、正確に同じではないだろう。あれこれの金は、自然が形作ったものですら、正確には、自然が形作った他のあれこれの金ではけっしてありえない。完全な等しさというのは自然「で」あって、自然の「内に」はないからである。このことはいまだに知られていない。だから人は、完全に等しい二つの物体など存在したためしがないと言う時も、「おそらく」という留保を付けてしか絶対に言わないのである。幾何学者たちはそういう物体の存在を仮定しており、そのことが彼らの学問に実践にとっては必要ない形而上学的な厳密さを与えるが、幾何学者は不合理なことを仮定しているのである。

(二一〇) ありかたは様々でも諸存在の志向は同じだと言うのは、ありかたは様々でも諸存在は「同じ」だと言うことである。もう一度言うが、諸存在と、諸存在すべての本質に等しく属するものとの間には違いなどないからである。たとえば思考といった運動のあれこれの色合いは、人間の本質に属するが人間のすべてではない。しかし、運動はすべての存在の本質に属し、それらの存在となんら異ならないのである。

XVII

形而上学的なものと物理的なもの、一般的なものと個別的なものは関係性という理由によって存在しており、物理的な場ですべてが存在するのもこのようにしてである。白があるのは黒や他のあらゆる色があるからにすぎず、熱さがあるのは冷たさがあるから、求心力があるのは遠心力があるから、風があるのは凪ぎがあるから、光があるのは闇があるから、昼があるのは夜があるから、生があるのは死があるから、雄《おす》があるのは雌があるから、あれこれの種があるのは他の様々な種があるから、等々にすぎない。

諸々の存在はわれわれとの関係で中間にあればあるほど、また一で、単純で、美しく、調和がとれ、大がかり等々であればあるほど、ますますいっそう、われわれとの関係で絶対的な中間に、統一に、完全な単純性に、美に、この上ない調和に、最高の偉大さに接近し、異なる数多の相で常に現前する存在〔全一体〕に与えうるあらゆる性質に接近する。この存在こそ、われわれがそれの内に感覚的な諸事物を見る最初の現象、最初の像である。

たとえば、天体などの諸存在をわれわれが普遍的な運動の中で見るのに比例して、それらがする運動はわれわれにいっそう規則正しく、いっそう不変なものに見えるはずである。地球の運動の内にわれわれが見、地球を構成する諸物体の個別的な運動の内には見ない秩序と正確さはそこから来る。太陽の渦巻きの運行がそこに含まれる星々の運行より、または一般的に、但し配分的に言えば、「天体」と名付けられるすべての大きな個別的全体、すべての広大な中心の運行より規則的なのもそこから来る。天体がその歩みで守るかに見える極度の規則性も、われわれが見るそれらの状態の長期にわたる持続もそこから来る。秩序そのものであるかのようにわれわれが想像する感覚的な天の秩序もそこから来る。但し、それが秩序そのものなのはその普遍性においてにすぎず、知性的に、形而上学的存在として見た時にすぎないのだが。この身近な秩序の観念に基づいて、宗教は感覚的な天の秩序の彼方に知性的な秩序を見、天を支配する調和がそこから発する至高の秩序である神なるものを見る。この調和は最高存在の栄光を告げると宗教はわれわれに言うけれども、「栄光」というのはこの存在にふさわしくない道徳的用語である。

感覚的には地球がわれわれの全体・統一・原理・最初の原因で、われわれが運ばれてゆく一般的な運動だが、この球体の向こうにまで目を上げれば、われわれは自分がさらに広大な全体の部分または結果であるのを見る。それは黄道帯の全体で、われわれの目にはそちらの方がこのちっぽけな地球などより極度に優って普遍的全体に似ている。それよりもっと広大な全体がわれわれの視野に欠けているわけではなく、あってもわれわれの視力が欠けているのである。そこから出発して、自らの「悟性」に基づきわれわれが容易に結論できるように、われわれに見えるものと見えないものの最後的な終着点は、実際にはわれわれの全体・統一・原理・最初の原因で、地球とともにわれわれが運ばれてゆく普遍的な運動である。しかし、この運動は運動なのか。そうではない、静止である。可能な最高度の運動なのだから、またはお望みなら、もはや違いなど存在しない、すべてが互いに帰着し合う点なのだから。

XIX

空気の平原に様々な天体がなぜ散在するのかと訊かれたら、理由はこうである。「全一体」の内のすべては流動性が多いか少ないか、またはお望みなら固さが多いか少ないかで、より固い部分は必然的に、固さの劣る部分の中で個別的な様々の全体または中心を形成するはずだからである。土は空気より固いから空気の中で一つの中心を形成し、空気は水より流動的だから土を取り巻き、水は空気ほど流動的でないから土の一部をなし、土ほど固くないから土の表面に浮き上がる。水が空気中を上昇するのも、雲と名付けられる様々な中心をそこに形作るのも、遠心力が求心力と同じく、形而上学的な二つの対立物である「全一体」の本質に属するからである。(二二) 私はここで現にそうであることしか言っていないが、私がするように形而上学的な語りかたをする時は、現にそうであることを言いながら、本質的にそうであることを言っているのだ。

あらゆる物体の内と同じく天の内にも、相対的にほかより中心・中間である度合が大きい様々な中間、様々な中心がある。作用も生命も、本性上蒙りがちな種々の偶発事がなければそれらの各々に固有な他のあれこれの性質もそこにより多く存するこれらの中間は、常に志向の強い対象をなし、それを中間とする諸々の天体にとってはそれを引き付ける強力な力となる。この志向を異論の余地なく証示することが形而上学の仕事であるように、それを観察し計算するのが物理学の仕事である。

本質的な真理の外では真実らしさしか得られないが、真実らしさもわれわれにより強く見えるのに比例して、われわれにとってはますますその真理となる。たとえば、ニュートンの観察と計算の内にわれわれがみつける真実らしさがそうである。しかし、そういう真実らしさがわれわれから見て本質的な真理にどれほど近似していようと、今ある偽りの形而上学的・宗教的諸体系にくらべても、それらはこの真理をわれわれに与えるところからはるかに遠く隔たっている。それらは感覚的なものからわれわれを超出させないが、あちらはわれわれをそこから超出させ、知性的なものへと引き上げるからである。

重ねて言えば、そういう偽りの体系こそが、自ら垣間見た（二二）形而上学的・普遍的な秩序から、物理的な秩序の創造者である神なるものを作り上げたのだ。そのことを証明するのは、至高の秩序の創造者である神は、もはや慈愛・義・慈悲など道徳的な観点から見た神のようにわれわれとだけ関係を持つのではなく、あらゆる存在と等しく関係を持つことである。原因・始め・原理などという観点も同じで、そういう観点から見た神はわれわれと同様に他の諸存在とも関係を持ち、形而上学的存在であって、それ以上の何物でもないのである。

宗教的諸体系が神の内で道徳的なものを形而上学的なものと分離したがらないことは分っているが、それでもこれらの体系は、純粋に知性的なものとして、人間を、または特殊に人間と関係を持つ神を視野から消し、神を一般的に見る時には必ず、心ならずもこの両者を分離している。それらの体系がどのような観点からであれ神に知能を持たせることも承知しているが、しかし、人間の知能をできるかぎりコピイしたこの知能が人間の知能でないことは自ら白状するところでさえある。さて、純粋に物理的性質のものである人間の知能でなかったら、最高度に神に持たせるこの知能は形而上学的なもののほか何でありえよう。秩序と調和そのもののほか何でありえよう（二三）。

（二一）「全一体」を空気一般または同質の空気であるとみなした場合、他の諸元素や〔動物・植物・鉱物の〕三界は空気の変様にすぎず、異質の空気にすぎない。それは密度または稀薄度も多かれ少なかれまちまちで、極大から極少まであり、したがって可能なあらゆる形を取れる。ここでは光る天体、あそこでは光を通さぬ物体で、よそでは総じて流動的な物質である。過ぎ去る天からは新たな天が出来るが、天の体系の基調は常に同じで、私が対象とするのももっぱらこの基調である。

（二二）　真理の薄明かりが最も多く見られるのも、見られるはずだったのも、根本的な宗教的諸体系の内である。そういうものを前にしては哲学全体が蒼ざめるはずだったし、現に今まで蒼ざめてばかりいた。こういう宗教的諸体系だけが、産み落とした下位のあらゆる宗教的諸体系〔個々の神学体系〕をはやらせてきたのである。

（一二三）　宗教は一般にあらゆる存在を、つまり諸存在の形而上学的な面を神に創造させるが、その神が形而上学的な個別の存在をも創造でき、その種の存在、たとえば人間にも直接作用できるようにしようとする。それは不合理な話で、神または「全一体」はすべての存在を合わせたものだから、一個一個の存在のように物理的にはたらくことは全然できない。奇蹟の観念など一切捨てて、普遍的実在を打ち消したりせず、神は第二原因〔自然的原因〕が作用するに任せると言う時には、宗教は真実にもっと接近する。

第二部

I

絶対的複合物である「全一体」の内では、あらゆるものが相互にたえず〔互いに互いを〕構成し合う。土は物理的基調が土である自らの様々な個体を構成し、土の様々な個体は互いに構成し合いつつ、反対に土〔地球〕を構成する。地球の構成にはあらゆる天体が同時に多かれ少なかれ、近いものから順に協力し、地球も逆にあらゆる天体の構成に多かれ少なかれ協力する。

土の諸部分が土から構成されるように、土は「全一体」から構成されるものである。お望みなら、「全一体」が基調で、それの内にはこの基調から構成されないものは何もないと言ってもいい。われわれはあらゆる知識の萌芽を内に持つとか、各存在は宇宙の縮図だとか、すべての事物は互いに似ており、互いに帰着し合うとか、草一本でも爾余の自然と協力せずには成長できないとかいう種々の真理もそこから来る。事物はどれほど異なって見えても、常に比較の材料を相互に提供し合えるとか、それぞれの事物は他の諸事物に変身するという特性を多かれ少なかれ持つとかいうこともそこから来る。そこからも、私が証示する形而上学的なあらゆる点からも、可能なあらゆる形而上学的帰結が出てくる。

II

「全一体」の内には関係性によって存在するのでないものは何もなく、否定的なものは一切存在しないから、生まれつきの盲人の内にも視力の否定はなく、最も深い闇の内にも光の否定はなく、最も死んだように見える動物の内にも生命の否定はない。その点について感覚に「悟性」を打ち消す根拠があるなら、「悟性」にはなおのこと感覚を打ち消す根拠がある。

生まれつきの盲人の親たちも、自分たちから構成されたものであるこの息子に、自分が目を通じて受け取って自分を構成するのに協力した感覚のなにがしかを必然的に伝えたから、息子の内にはそれらの感覚の否定などなく、息子はそれらの感覚自体によって息子なりに目があり、おそらくは人が考えるよりはるかに多く、自分自身が考えられるよりはるかに多く昼と夜や様々な色の観念を持っている。この観念は最も深い闇の中にいる人の内にも存在するから、したがってその人にとっては、この闇の内にも光の否定はありえない。この闇はそれ自体によって存在する、したがって否定的なものだ、それ自体によって存在するのが否定的である唯一の仕方だから、などと言ったら、この闇について光との関係性を一切否定することになり、不合理に陥る。この闇を絶対的と言うことすら不合理であろう。絶対的なもの、または可能な最少の光というのも、この闇の内には多くまたは少なくしかけっしてありえぬからである。

生まれつきの盲人も親たちに基づいて目が見える。かつては目が見えたのにその後失明し、かつて見えたということに基づいてしかもう目が見えず、われわれが夢の中でも、または目をつぶっても見えるのと同じく想起によって目が見える人――こういう人と生まれつきの盲人をくらべても、両者の間には程度の差しかありえない。でも、この二種類の盲人には今ある対象物が見えないだろう、と言われるかもしれない。しかし、それらの対象物は多かれ少なかれ相互に同じなのだから、彼らにも多かれ少なかれそれが見えるし、その点は目あきとも共通している。目あきも今ある対象物が多かれ少なかれ見えるにすぎないというのが形而上学的な真実なのだから。「見る立場にある」人、見る能力を持つ人も、目に触れない対象物に関しては盲人のような立場にある。想起または比較によってしか、外の目の結果である内なる目によってしか対象物が見えず、それは盲人が見るのと同じだからである。でも、なんと言おうとその人には目があって盲人には目がないだろう、と言われよう。しかし私は、盲人にも見る能力を否定できない以上、盲人も目があるようには見えないが実は目があるのだ、と言うものである。

この見る能力というのは触覚の一つの変様にほかならないが、触覚とは自然の内に本質的にある、諸部分の諸部分に対する作用である。触覚のこの変様が多かれ少なかれ他の様々な変様であるように、触覚の他の様々な変様も多かれ少なかれこの変様なのだから、(二四) 盲人の内にこの変様を否定することはできない。相対的なものについては、否定とはいまだかつてより少ない肯定にすぎず、またそうでしかありえない。われわれが肯定できるように否定できるのはそういう意味でのみである。

死んだ動物も、その内に一切の生命を否定できるような仕方で死んではいない。その動物の諸部分〔諸粒子〕は一つ一つが生命のある部分で、植物を繁殖させるのに適しているからである。正しく言えば、一つ一つが小型の胚種状の動物で、元の動物が死ぬとそれらが成長するからである。「全一体」も、〔動物・植物・鉱物の〕どの界に属するにせよ「全一体」の内にあるそれぞれの全体も、みな微小動物からなる複合物とみなせるのだから。(二五) しかし、空っぽでカラカラな壺の内には酒という酒の否定がないだろうか、空の財布の内にはお金《かね》というお金の否定がないだろうか、以下同様である。だが、そうではない。壺や財布やその中の空気を構成するのにいかに僅かとはいえ協力しなかった、また協力していない酒もお金もないからである。

今いるいかなる人の内にも多かれ少なかれ存在しないような、またその意味では死んでも生きていないような過去の人は一人もいない、というのが形而上学的な真理である。しかし、これは感覚には見えないことで、感覚はそれを否定する。感覚的な場でわれわれが否定することはみな同様であり、それは常に、われわれに見えないことであっても、そこにないことではない。パリへ行ったことがありますかと私が或る人に尋ね、ないですとその人が答えたとする。行ったことがなければそう答えるのは正しい。それでも、近いものから順を追って、その人が結局はパリに隣接するということも、たえず自分から発散する粒子によって多かれ少なかれパリにいたし今もいるということも、この人を構成するのにパリが寄与するのと同じく、パリを構成するのにこの人が寄与するということも形而上学的には真なのである。人間は人間としては厳密な意味で一なる存在ではけっしてなく、まして個的または単一の存在ではない。

しかし、そうだと思い、そうであるかのような言いかたを常にするほど、人間は自分に執着する。自分に執着するのは、おのが複合物がいかなる変化を蒙ろうとも、その複合物と自分とは常に同一物だからである。そこから、一瞬ごとにたえず自分自身と異なりつつも、「私」が常に存在することになる。

（二四）「全一体」の内ではすべてが触覚である。生きている人がそれなりに触覚を持つように、死んだ人もそれなりに触覚を持つ。

（二五）顕微鏡に微小動物がないのではなく、微小動物があっても顕微鏡〔の見る力〕がないのである。なんなら、すべては動物、植物、または鉱物だと言ってもいい。この三界はそれぞれが他の二つに帰着して、三者の基調が同一なほどである。四元素〔地水火風〕についても同じことが言えるが、私が述べるのは「宇宙」と言う時、これらすべてを形而上学的統一へ還元する時に言われていることである。

III

目やほかのあれこれの感覚で捉えられるものはみな、多かれ少なかれ異なる見かたにしたがってしか、それについて抱かれる観念にしたがってしか存在しない。その観念がどれほど一般的に見えようとそうである。われわれが自分の感覚についてそれは人を欺くと言う時、感覚の対象についても同じように言わねばならない。感覚とそれの対象とは同じ本性のものであるから。

目で見るものの中には絶対的なものは何もないと判断するためには、否定しようもない以下のことを自分に言い聞かすだけでよい。われわれが見るものは、われわれがそれをよく見たのに比例して、また他の人々によりいっそう広く同じ仕方で見られるのに比例して、われわれにとっての確実度がますます高まることである。さらに、太陽の存在のように感覚的な面でわれわれにとって真であるものも、ほかのあらゆる存在にとって等しく真であるわけではなく、ほかのあらゆる存在にとって等しく真であるものしか、それらの形而上学的実在しか絶対的なものはないことを自分に言い聞かすだけでよい。

対象が厳密に言ってわれわれ全員に普通そう見えるとおりのものではないと判断するために真の原理に訴える必要

があればあるほど、われわれはますますその対象を絶対的と判断する。「全体はその部分より大きい」、「二たす二は四」、「物体は同時に複数の場所にはありえない」といった公理をわれわれが全き真実性を具えたものとみなすのもそこから来る。そういう物理的公理と形而上学的公理の間にある絶対的な相違に、われわれはたえて注意を払わないのだ。

個別的な証拠はほかにいくらも挙げられるはずで、いずれも外見が不利なだけに原理を見ることを常に求めるようなものだが、そういう証拠を述べるのは控えるとしても、今言った公理も制限を受けることを証明するのは、顕微鏡は裸眼に映る全体より部分を大きく見せられることである。病気やくたびれた時の四分の三里《リュー》の方が、健康な時、くたびれてない時の一里《リュー》よりずっと長く思われかねないことである。遠くから見た全体は、それから切り離して近くから見たその一部ほど大きく見えぬかもしれないことである。二と二からは四が生じると或る人が見る所にも、別の人は八とか、その他あらゆる数を見るかもしれないことである。眼が病んで切子ガラスのような効果を生じると、物体が同時に複数の場所に見えるかもしれないことである。でも、ああいう公理はそのため真実でなくなるわけではない、と言われるかもしれない。それ自体として真実だとも、絶対的に真実だともみなしさえしなければ、お好きなだけ真実としてもいい。

「同じものが同時にあってないことはありえない」という公理も、「全一体」という絶対的なものに当てはめられたかぎりでしか厳密に真ではありえない。いかなる感覚的存在にとっても同時に等しく常に存在する厳密に同じものとは「全一体」しかないからである。(二六)

絶対的なもの、完全なものをそんなものがない所に仮定するからこそ、たとえば或る全体とそれの部分が絶対的に全体と部分であると仮定するからこそ、われわれの幾何学の公理は実際には物理的な価値しかないのに形而上学的な価値を帯びるのである。しかし、幾何学者たちがそれらの公理に与える価値など何になろう。正確・完全・同一・等しい力などという彼らの仮定が何になろう。理念的な幾何学が飾りに付けてひけらかすこういう不合理な贅沢品は、実践的な幾何学にはなんら必要ないのである。

（二六）　子供はこの公理を知らないとロックは考え〔二六〕、本有観念を否定する結論をそこから引き出す。しかし、習い覚えるように出来ているこの公理の用語は別として、公理自体は子供も哲学者以上に知らないわけではない。表現はしないにせよ、子供も乳を吸う時は乳を吸っているのを知っている。乳を吸うこととそれを知ることは同じだからだ。したがって、乳を吸う時は自分が乳を吸ってないことは物理的にありえないのを子供も知っているのである。哲学者と子供の間に見える違いを作り出すのは習得観念だけである。つまり、子供も哲学者と同じくそれを知る立場にあるが、ただ表現はできないものを、哲学者が表現するようにさせるのは習得観念だけなのである。子供が知っていても表現できないものとは、くだんの公理などがそうで、それはこの公理を感覚的な公理とみなそうと形而上学的な公理とみなそうと同じである。

　子供は国語を知らないが、物理的公理を与える感覚と、形而上学的公理をそれだけが与えうる悟性は、哲学者と同じく子供にもある。

IV

　異常なものとは通常さのより少ないもので、それ以上の何物でもなく、さようなものとして事物の本性の内にあるから、また「全一体」はその内に自然なもの以外何も含みえないから、どれほど不思議に、どれほど超自然的に見える出来事が起こっても、奇蹟だなどとけっして叫んではならない。

　何事もそれ自体として異常ではなく、われわれの目にほかよりそう見える事柄も、それを生みだした自然な原因がわれわれから隠されているため、われわれにとってそうであるにすぎない。この真理を知らなかったために、この真理に異を立てうるあらゆるものに身を任せたために、われわれはずっと、神異や預言でわれわれを欺こうとした連中に騙されてきたし、異常な出来事をいつでも神格化してきた。また今でも、教えられる教義をそれで支える不思議な事柄の内に盲目的にはまりこんでしまうのである。教義は不合理だからこそ、そんな事柄で支えられる必要があるのだ。

　われわれの目にどれほど超自然的に見える事柄でも、最も自然に見える事柄に劣らず或る物理的原因から自然に発している。われわれにとっての違いは、われわれの知らないそれの原因の内にしかない。いかなる出来事でも、事物の連鎖の外にあるというのは矛盾しており、「全一体」の内に起こることが「全一体」から発しないというのも矛盾している。

神異に対するわれわれの迷信的な信仰は、われわれの想像力を狂わせて、われわれに神異を見させるのに極度に寄与する。しかし、真の原理をひとたび肝に銘じたら、われわれは、たとえ死んだ友人が目の前に現われるのを見、それがわれわれに話しかけて、たとえば天国または地獄から出てきたなどと言うのを聞いても、そういう出来事を自分には原因が分らない自然な結果、様々な原因や様々な仕掛けが生みだせた結果としかみなすまい（二七）。

預言をして、その預言が適中することはありうる。結局のところ、未来の世紀の話をして、過去の世紀の話をするのと同程度に、またそれ以上に成功する可能性はある。さて、そうであるなら、いかに成就したかに見える預言からも、預言者はたまたまうまく言い当てたという以外にどんな結論を引き出せよう（二八）。

物理的なものは形而上学的な厳密さを容れないから、そのような厳密さを以て物理的な何事も論証することはできない。たとえば、我らの賢明な歴史家ド・トゥー〔一二七〕が同時代の歴史を知っていた度合の方が、たわけたノストラダムス〔一二八〕が未来の世紀の歴史を知っていた度合より優ることも、コペルニクスの方がプトレマイオスよりこの世界のシステムをよく知っていたことも厳密には論証できない（二九）。しかし、全き厳密さを以ては論証できないたぐいの事柄の内にも、万人の理性に対してほかより格段に優って論証できる事柄はある。この「格段に優って」ということが、物理的、なんなら人間的と言ってもいい厳密さを以てする論証を与え、幾何学の証明や事実の証明を与えるのである。

（二七）　そういう出来事が自分に起こったら、私はその友人に言うだろう。本当に君だったら、脳の繊維の或る変調が私を欺くのでなかったら、よく来たね、歓迎するよ。でも教えてくれないか、死んだと思ってた君が生きてるのを見るとはどうしてなんだい、どんな仕掛けがあるんだい——と。

（二八）　預言することが起こるはずだと請け合うのは、事物の今の流れからそれが起こると推測できなければできないほど、ますます狂ったことであろう。しかし、全く狂っていても成功することはありうる。それに、預言や各種のペテンといったたぐいのことでは、一度成功すればそれだけで、成功しなかった他の二十もの事例をわれわれは愚かにも見失ってしまい、当人は驚くべき人とされるのである。

（二九）体系に捉われた精神の持ち主が、〔厳密には論証できないという〕この不可能性をどれほど悪用して、背理を言いふらしたり常識に抵抗したりするかは考えられないほどである。だが、この不可能性を知らないことが我らの物理学者らをどれほど断定しすぎる人種にしてしまうかも、やはり考えられないほどなのだ。

V

運動と静止もそうだが、充満と空虚も様々な相の一つにおける形而上学的な最大と最少にすぎない。それは「全一体」のことで、「全一体」の内ではすべてが多かれ少なかれ充満し、多かれ少なかれ空虚なのである。または同じことだが、その内では物体が多かれ少なかれ結合して凝縮し、また分離して稀薄化するのである。真空機の中の空虚も物質の否定ではなく、そうだったら矛盾していよう。それは、この機械の中に閉じ込められた空気が、猛烈な力によって部分〔粒子〕が互いに分離して可能なかぎり稀薄化し、部分がばらばらになったため物体を押し返す力が弱まり、それらが落下して中心へ向かうのを許し、入ってくるものは自由に入らせ、それを邪魔しなくなり、羽毛をも鉛の玉以上に拒まなくなったのである。動物をこの機械に入れると事故が起こるのは、空気の諸部分がばらばらになったため、動物が本来の生存環境の外に置かれたせいにすぎない。

釣合いのとれない社会とか、統治の行き届かない民族とか、上下関係のない軍隊とか、その他堅牢さを欠くあらゆるもの、物理的にも道徳的にもばらばらで、ちぐはぐで、無秩序で、脆弱な、頭に浮かぶかぎりのものも、みな真空機の中の空気と同じである。与えようとするどんな感化も受けやすく、原理原則がなく、他人に倣ってしか物を考えたためしのない頭などについても同じことが言える。そういう人の脳の繊維には関係性も協力一致も欠けており、頭が弱いのも抵抗力が乏しいのももっぱらそれが原因なのである（三〇）。

物体の力や抵抗や充満を作るのは物体の結合である。充満論者の物理学者を驚かす物体の落下という現象も、固体の諸部分が空気の諸部分より相互にまとまって一体をなし、したがって力も強いことから来るのであって、真空論者が不合理にも主張するように空気の諸部分の間に充満の否定があるからではない。

私の考察も千巻の書のあちこちに散らばっていては真理を展開できまいが、一巻にまとめられたら展開できる。光線も散らばっていたら力がないが、同じ焦点に集められればどんなに固い金属も溶かす。「合一セル力ハサラニ強シ」である。だが、団結とは何か、力とは何か。これらは形而上学的存在で、中間として見た「全一体」を意味し、存在を意味する。そしてこの存在から、われわれのような社会生活をする諸存在のための不団結なき団結の状態〔習律状態〕へと結論を導くのだ。（三一）

我らの物理学者たちが自然の内に見、自然の神秘とみなす様々な力も、事物がお互い同士によって、みな一緒ならそうなるようなものであろうとする志向、全き団結への志向にすぎない。この志向はわれわれが「引力」、重力などと呼ぶもので、様々な相に応じて様々な名を持つ。ニュートンがしたように単純なものの中でそれを観察するのに比例して、この志向はますますよく感知され、ますます正確に計算できる。健全な理性の目から見れば、ニュートンは偉大だが無用な物理学者・幾何学者で、針を発明した人の方がそれより上とされるのだが。（三二）

（三〇）　不合理なもの〔宗教〕があまりに固い胼胝《たこ》を作ってしまい、真理を入り込ませる口をみつけるには、どんな感化にも開放された頭のようなものだったらまだましなほどの頭もある。知識を沢山詰め込んで、自分の知識しか信じず、人が道理を聞かせようとしても聞くために自分の理性すら用いない頭がそれである。

（三一）　私が自分の道徳に与えた形而上学的な土台と、そういう土台を据えた結果だった、われわれの習俗の土台とその習俗自体を非とする考察とをここで振り返っていただきたい。あの知性的土台の明証性を裏書きするため、それの支えとしてああいう考察が必要だったのだ。

（三二）　ニュートンに対するヴォルテールの熱狂は哲学的とはまず言えない。あの物理学者・幾何学者がみつけた真理をこの人は語っているが、口調はまるで、われわれを不合理なもの〔宗教〕とその結果たる偽りの習俗から引き離してわれわれに有益たりうるのはそういう本質的真理だけだと言わんばかりである。だが、これは目立ちたがり屋の詩人で、納得させることを意図した人ではないのではないか。詩人というのは何よりも、虚偽か懐疑を人の頭に根付かすためにあるもので、プラトンが自分の構想した国家から詩人を追放したのはもっともだった。

物理的な面でも道徳的な面でも、中間を守ることから通常結果する秩序と、中間が守られるのに比例してそれがわれわれにもたらすますます大きな快感とは、実際われわれにとって、物理的中間という道を通って自分がたえず目指す形而上学的中間の感覚的な像にすぎない。

VI

生殖そのものである「全一体」の内でたえず多かれ少なかれ行なわれる様々な生殖の正確な観念を得るためには、そういう生殖が「全一体」の内で起こるすべてと同じく様々な原因の結果にすぎず、諸々の存在が物理的中間という道を通って形而上学的中間を目指す志向の結果にすぎないことを知るだけでよい(三三)。あれこれの生殖に明らかに充てられた種々の道ないし中間が必然的にあって、諸存在が普通辿るのもそういう道である。だがどんな道でも、本道から一見どれほど離れていようと、自然が本道を通ってはたらくようにその道を通ってはたらくことが絶対にできないほど矛盾してはいない。私が言うのは、自然がたとえば人間の個体を通常の道以外の道を通っては絶対に与えられないほど、という意味である(三四)。しかし、それも可能なことの部類に入るとはいえ、それを現実化しようと企てるのは狂気の沙汰で、それでは、金を形成するのに自然が使う道以外の道で金を作ろうとしたり、土星へ運ばれて行くことも可能とはいえ実際そこへ運ばれて行ったりするのと甲乙なかろう(三五)。

生殖の快感はすべての快感の中で最も強烈なもので、あらゆる存在がみなそれぞれの仕方で味わうが、これはわれわれ〔雄《おす》、男〕の内に起こる自己の中間〔性器〕を目指す強い志向の結果にすぎない。この志向は次に雌の中間〔性器〕を目指すが、そこはわれわれの胚種にとって、種子にとっての大地に当たる。この強い志向は、実際には、われわれを構成する諸部分の間にその時見られる絶大な関係性(この関係性のため、われわれの体の全機構が快楽を味わう。関係性はこの快楽自体なのである)の結果にすぎないが、この強い志向が原因となって、事故さえなければ自分に似た結果〔胎児〕を必然的に生みだす。別の言いかたをすれば、生殖に結び付く強烈な快感とは、われわれを構成する有機的諸部分がそれぞれ自己の結果を生みだそうと協調し合うことで、これらすべての結果が、自分を生みだす諸原因の中間を、共通の中心をみな目指すことで、その諸原因と同じつながり、同じ堅さを「ほぼ」必然的に帯びて、われわれが「子供」と呼ぶ一つの結果をもたらすのである。それらの結果の諸原因が、相互のつながり、相互の間の関係性によって、われわれが「人」と呼ぶ一つの原因をもたらすように。

健康なこと、体の有機的諸部分のそれぞれから発する射出物が協調し合い、同じ中心を目指し、共通の中間へ赴いてそこで同化し合い、協力して一緒に快楽を味わうこと、今いる状態からいつまでも出ないのを望むこと、その状態の中で、憧れの的である絶対的中間の、完全な調和の、全き静止のすぐそばにいると思うこと――そういうことの度合が増すにつれて、生殖の条件もますます良くなる。繰り返し言えば、性行為で味わう強烈な快感はそこから来る。そしてこの快感からは、まさしく別のわれわれ自身が結果する。その結果に対する自然のひそかな作用の末にではあるが(三六)。

五感が合する所で、したがってよそ以上に動物の知能が宿る頭が一方の極で、足がもう一方の極である。これは、通常異性の最大の魅力をなす部分〔性器〕との関係で言うことで、とりわけ人間という身体組織がよく出来た動物にあってはその部分が体の中間を占めるため、それが体の最も有機的な結果〔精液や胎児〕と最も有機的でない結果〔排泄物〕の中心〔器官〕となる。動物が必要とする飲食と同じく、ちゃんと規則どおりにはたらく自然の内では、そういう結果を排出することも一つの快感なのである(三七)。

(三三) 様々な雄雌《おすめす》の複合物であるとして見た「全一体」は、形而上学的な雄雌である。様々な原因・結果の複合物であるとして見た時は形而上学的な原因・結果であるように。

(三四) これに基づいて、なんらかの種の絶対的な始まりも「全一体」の内以外の場所に探してみるがいい。

(三五) われわれも他の物体も土星の諸部分〔諸粒子〕から構成されるように、土星もわれわれや他の物体の諸部分でたえず構成されるから、その意味ではわれわれも土星へ運ばれて行く。われわれが全身まるごと土星へ運ばれるのは、何か異常な原因のせい、地球がその中心からはずれる何かの変調のせいである。こういう主張は大変奇異に見えようが、否定というものが全然ない所では、すべてが多かれ少なかれ可能なのである。

（三六） この秘密を研究するのは浪費する時間のある物理学者の仕事であって、われわれにはどうでもいい。事物の根底を極限までできるだけ詳細に見ることがわれわれに大事でなかったら、ここで生殖について記す内容を知るのもやはりどうでもいいことであろう。

（三七） 動物の真の中心があるのも、その力の主たる座があるのも胸郭の内である。人間も当初から道理に適った習俗を持てたら、身体組織も今よりさらによく出来ていて、今日存在するのとは逆に、自分自身の両極よりも中間にはるかに多く存在するであろう。われわれの習俗は腕と脚とりわけ頭の疲労をどれだけ惹き起こさないだろうか。それによりわれわれは、胃と生殖器がそれをもたらすためにある快楽をどれだけ奪われないだろうか。われわれの習俗の内では、すべてがわれわれの存在をその本当の座からそらすのに協力している。

VII

無限順進や物質の無限可分性について多大の困難が生じるのは、あらゆる道理に反して、その順進の内にあれこれの種〔のみ〕を見ようとするからにすぎない。本当はそこにあらゆる種を全部一緒に見るべきで、物質の無限可分性の内にも可能なあらゆる物体を全部見るべきなのである。しかし、「無限順進」、「無限可分性」という言葉で、私は肯定的なもの以外何も考えておらず、考えるべきでもない。考えているのは、極大から極少まで、極少から極大まで常に行なわれる、またはお望みなら、無限にまで至るが無限は含まない順進や可分性である。無限は一切の順進、一切の可分性を否定するのだ。

それぞれの結果には必然的に原因があり、それぞれの原因は必然的に他の原因の結果である——これが無限順進で、つまり、これまで常に行なわれてきたし、今も行なわれ、今後も常に行なわれるはずの順進である。相対的な事物を今まで個別化してきたのと同程度に一般化し、小口に見るのではなくて大口に見、健全な形而上学が求めるとおりに考察すれば、それらすべての原因とすべての結果が相互に帰着し合って、唯一の原因と唯一の結果、物質と諸物体、「全一体」とそれの諸部分しか与えないのが分るはずである。

人は前へ前へと遡って、それぞれの種に始まりを探す。誰から生まれたのでもない最初の人間を探して、あらゆる良識に反することだが、そういう人間が一人いたにちがいないと考えさえする。それは、「あらゆる」種が同じ一つの類しか与えないほど相互に帰着し合うのを知らないためである。その類とは形而上学的な始まりであり、「全一体」または宇宙なのだが。

もしも不合理を仮定して、それぞれの種に最初の者がいたとするなら、それぞれの種が別個の宇宙になってしまおう。

始まりの内に神秘が見られるのは、始まりを知性的なもの、一般的なものの内に探すのではなく、感覚的なもの、個別的なもの、たとえば人間という種の内に探すからである。

様々な種に絶対的な始まりをみつけるためには、不合理にもこれまでずっとされてきたようにそれをあれこれの種の内に探すのではなく、全部の種の内に探さねばならない。それでも、その時みつかるのは純粋に相対的な始まりにすぎない。それは諸事物の最初にして同一の始まり、最初にして同一の原因、あらゆる種の最初にして同一の胚種である。どうしてそれは相対的でしかないのか。それが始まりなのは、それに始まりがあるからにすぎないためである。

世界についてそれは始まったし終わるであろうと言う時、そうとは知らずに人が対象とするのは、世界の内に見える今のありかた、今の秩序である。なぜなら、世界または「全一体」は常に同じものとして存在するが、それの内ではすべてが始まり終わるからである。世界は基調、そのありかたは色合いなのだ。

或る種が終わる可能性は想像しやすいが、それが始まったことは同じようには想像できない。それはどこから来るのか。その種が実際には、人が想像したいような意味で始まったのではなく、夢にも思わないことが色々起きた時代から時代への流れの中で、ほかの様々な種から出てきたためである。種もそれに属する各個体と同じであって、同じ意味で始まりと終わりがある。種は種として、個体より持続期間はずっと長いが（三八）。

それぞれの類〔二二九〕は最初の類〔二二九〕が大口でそうであるものを小口にしたようなもので、最初の胚種が可能なあらゆる胚種の胚種であるように、他の様々な胚種の胚種である。だが、この最初の胚種は形而上学的なもので、感覚にはそれを捉える手掛りを与えない。だからわれわれはそれを見分けられなかったので、またかから、我らの半啓蒙〔啓蒙思想のこと〕はそこから「創造者たる神」なるものを作り上げたのである。

自らの内部に様々な胚種を無限に（但し無限は含まずに、という意味だが）含むと言えるのは、最初の胚種、形而上学的な胚種についてだけである。形而上学的な胚種が自らの「内部」に十全に含むものを、物理的な胚種は自らの「内」に多くまたは少なくしか含まない。

あれこれの種がいつの時代にもあったとは言えないが、いつの時代にも様々な種があったとは言える。そういう種が変身に変身を重ねて、われわれの目に今存在するあれこれの種をもたらしたのだ。

ほかのあらゆる個別的存在と同じく、人間の最初の起源も「全一体」にあるが、かといってそこから、いつの時代にも人間がいたという結論を出してはならない。それでは「全一体」を、つまり、可能なあらゆる種、あらゆる個体の形而上学的な類を一人の人間と化すからである。

われわれの目に今日あるものは、常に今あるとおりのものだったし、今後とも常にそうであろう。しかし、それには「多かれ少なかれ」という制限が付く。この制限が事物の内にどれほどの相違をもたらさないだろうか、もたらせないだろうか。

様々な種は時がたつうちに通常著しい変質を蒙るもので、今ある多くの種も一億年前に存在した種から出たとはいえ、この先祖が再び現われたらそれとは似ても似つかないだろう。

一億年など一瞬間にしか数えられない。今あるのとすべてがどれほど異なったか正しく感じ取るためには、十億を無数に重ねた数の世紀の間に可能な事態が惹き起こしうる一切を見ねばならない。天体が運行中にぶつかった衝撃とか、天体内部で起こる噴火とか、なんらかの異常な原因とかで生じたあらゆる大事故を見ねばならない。そして次には、そういう大事故があれこれの天体にその時いた種を突然滅ぼしたこと、またその滅亡が起こる際には、その滅亡自体から、滅ぼされた種と多かれ少なかれ似たほかの種が出てこざるをえないことを見ねばならない。多かれ少なかれ似ていることについて付け加えれば、かりに或る人が地球から別の天体へ移ったとしても、そこでも地球上で見たものを思い出させないようなもの、自分にとっては地球上で見たものと比較可能でないようなものは何も見かけないはずである。だが、そこで人間を見かけるだろうか。そうかもしれないし、そうでないかもしれない。それを知るのは全くどうでもいいこととすべきである。

（三八）　私がここで証示することの真実を十分感じ取るためには、われわれがそれのかわりに置くものを見なくてはならないし、かわりに置くものを呑み込むことが理性に可能かどうか見なくてはならない。

Ⅷ

「全一体」の内ではすべてが多い少ないにある。人間たちの有利な体の造りと、その結果一緒に作る社会（社会はほかの種に対抗する驚くべき力を彼らに与える）とはこの「多い」の一つで、彼らがほかの動物より一見上に立つのもそれだけが原因である。自分には原因が分らなかったこの優越性が一因となって、人間たちは自分の内に、ほかのどんな種も、類を同じうする種ですらも持たない魂があると想像した。だが、魂とは何か、この言葉で何を考えるかが一度として分ったためしがあるだろうか。また、この問題で立てたあらゆる説は、本性上、解きがたい困難を山と抱えていないだろうか。

物理的な魂と形而上学的な魂がある。物理的な魂とは生命であり、われわれの身体機構を作りなす様々なバネのはたらきである。形而上学的な魂とは、物理的な魂と常に混同され、実に不合理な言いかたを常にされてきた存在だが、これはわれわれがあらゆる存在と厳密に共通して持つもので、形而上学的実在そのものである。この実在は物体とみなされようと魂とみなされようと、必然的に物理的実在という被いの下に隠されているが、物体とみなそうと魂とみなそうとどちらでもいい。自然の内にはそれなりに生命を、物理的な魂を持たぬ物体は一つもなく、物理的な魂とは実は物体そのものにすぎないからである。常に或る程度まで感じられてきたこの深遠な真実に基づいて、またそれの極端な誤用から、詩歌は人が呼ぶところでは物体に魂を、魂を物体に与えるのである。

自らの物理的・道徳的〔社会的〕な実在に基づいて、またこの実在の結果自分に生じた知能と力に基づいて、われわれは自分をほかのあらゆる種より根本的に上に立つものと判断し、魂やさらには感覚までも自分にだけ授け、自分に象《かたど》って神々を作った。または同じことだが、自分は神々に象って作られたのだと言った。しかし、われわれの慢心はそれでも、自分の劣等性を認められないほどわれわれを盲目にしたことはなかった。物理的・道徳的な実在が一方でわれわれをたとえば動物たちより上に立たせるとしても、同時に他方では、その道徳的〔社会的〕実在に見られる欠陥自体のため、自分を動物たちよりずっと下に置くこと、自分の動物性、自分の物理的実在を楽しむ度合が動物たちよりはるかに劣ることをわれわれは常に感じてきた。そこから、われわれが自分について抱く崇高で同時に下等な観念が生じるのである。

自分は他の諸存在より根本的に上に立つとか、神々に象って作られたとか、自分たちは神々だ、「ワレワレハミナ神」だとかわれわれに思わせるのに物理的・道徳的な実在に劣らず寄与したのは、自己の形而上学的実在の観念が十分展開されないことだった。自分は根本的には存在するすべてのものだと、その観念はたえずわれわれに叫ぶからである。アブラムシ一匹についてもその観念は同じことを叫ぶが、そういう時、われわれは聞く耳を持たないのだ。

IX

「全一体」の内にはそれなりに感覚器官を持たないもの、どれほど死んだように見えても感覚と生命を持たないものは何もない。生命または生長作用は「全一体」の本質に属し、「全一体」、自然そのものだからである。「生命」や「生長作用」という集合名辞を形而上学的に取ればだが。

われわれが諸々の存在に感覚を付与するのは、動物たちのようにその存在がわれわれに似ているかぎりでにすぎず、それでもできるなら感覚を与えずにおきたいと思う。〔三九〕〔一三〇〕しかし、われわれの目には動物でない存在が感覚を持たないと誰が言ったのか。われわれがそういう存在になり代って、それを判断できるのか。そういう存在がわれわれと同じ感覚の印《しるし》を示さないからとて、感覚がないという結論を下していいのか。われわれはそういう存在とあまりにも異なるから、感覚の印も同一のはずがない。または同じことだが、われわれがそういう存在の内に自己を見いだすことができるはずはない。そういう存在とわれわれの相違を好きなだけ捉えてもいいが、絶対まで行くべきではなく、まして否定まで行くべきではない。

　われわれは自分から見た無生物について感覚がないと言うけれども、それはこれらについて運動しないと言うのと同じである。しかし、そう見えるからそう言っているだけの証拠に、われわれにはそれらに運動を付与しない根拠など何もないのである。そういう存在はどれ一つとして、すべて運動でないものはない。その運動がわれわれにはいかに感覚できなくても同じことだ。冷たい所、熱い所に置けば、われわれと同じく冷たさ、熱さを感じるだろうし、それを押せば、われわれが押される時と同じく或る場所から他の場所へ移るだろう。押されなくても移れるという、それにないものが自分にあるとわれわれが思うのは、自分の内にあって自分を押すものがわれわれには見えないからである。でも、そういう存在にも自分の内にあって同じように自分を押すものが何もないのか、と言われよう。その存在がわれわれだったら、われわれにあるものはそれにもあるはずだが、ありかたがこうまでわれわれと違う以上、この存在はわれわれではありえない。付け加えれば、それの存在がわれわれの目に下等に見えるのは、それがわれわれでないからにすぎない。それがわれわれの論理なのである。〔四〇〕

　植物や鉱物にわれわれが思考と感覚と記憶を与えないのは、われわれとそれらの間にある極度の物理的相違のせいで、それ以上の何物でもない。われわれにはわれわれなりにそういう能力があるように、それらにもそれらなりに同じ能力がある。植物・鉱物のありかたはわれわれとこうまで違う以上、同じ能力でもわれわれと非常に異なるというのはしごく簡単なことである。

思考と感覚と記憶は運動の変様だが、動物以外の種にそれがあるのを否定できるほど動物に固有のものではない。木も石も鉄も動物と同じく複合物で、動物と根本的に異ならず、動物と同様におのが複合物についての思考と感覚と記憶を持つ。思考・感覚・記憶と複合物がそれら自身にすぎないのは動物の場合と変わりない。動物にあっても、その体、その思考、その感覚、その記憶は全く一つのもので、それをわれわれは「そいつ」と呼ぶのだから。

われわれが体と別物と称する能力も実際は体そのものにすぎないが、そういう能力をわれわれが動物たちに付与するとすれば、それは動物がわれわれに似ているお蔭である。それでも、われわれはどうしてそんな能力を動物に付与しよう。その点では自己の感覚と経験をどれほど打ち消そうとせずにいよう。こういう過度な不条理へわれわれを赴かす理由は、そんなことをするとそこから、動物たちにも形而上学的な魂が、われわれの言語で言えば霊的な魂があるという結論が出されるのを恐れるからで、そんな魂が動物にもあるのをわれわれは絶対に望まぬからである。それでも、動物にもわれわれと全く同様、われわれと同じ形而上学的な魂がある。形而上学的実在は「すべてにおいて到る所で同一」だからである。われわれがその魂を動物に与えず、それを自分だけで独占するのは、その魂を認識しないためであり、それがどこでも物理的なもののヴェールに隠された形而上学的なものにほかならぬのを知らないからである。しかし、神とは「すべて」だということを原理とする以上、われわれはどうしてそれを知らずにいられよう。

われわれが自分を動物とすら区別したがり、自分の能力が動物にあるのを否定までするとは誠に奇異なことである。動物はわれわれと全く同じく血と肉と骨からなり、われわれと同様、動物らしいあらゆる振舞をするというのに。われわれには動物にない知能があって、それは御同慶の至りだが、逆にわれわれには動物にある知能がない。われわれの主張に根拠があるためには、動物の内に一切の知能を否定できなくてはなるまい。しかし、自己の種について持つ排他的な観念からそうしたいのは山々でも、そんなことはわれわれにできない。そこから、結局のところわれわれにはより多くの知能しかないことになるが、そんな「より多く」など、動物をわれわれと同じ本性のものと考える莫大な数の動機とくらべたら何であろう。それにまた、われわれがこんなに自慢するそのより多くの知能というのも、われわれの社会状態の欠陥から来るのでなければどこから来るのか。この欠陥はわれわれの無知から生じたもので、無知がそれを何事につけ度を越させ、その結果われわれを動物たちほど理性的でも幸福でもないものにしてしまったのだ。動物にはなるほどわれわれのような知識はない。動物は祭壇にもベンチにも説教壇にも玉座にも裁判官席にも登りはしない。動物は推論などせず、幾何学者、天文学者、印刷屋等々も持たない。しかし、われわれにあって動物にはない各種各様の不合理・必要・悲惨によって、その埋め合わせは十分されていないだろうか。

人間の体の有利な造りと、知ってもなんにもならぬその他様々の物理的原因が、人間を社会状態へ導いた。この状態が必然的に、社会生活をしない動物たちより優る知能を人間に与えた。つまり、必要な衣と住の手段、種を播き収穫しほかの種の動物から身を守り技術を発明し推論する手段を与えた。しかし、その社会状態が始めから必然的にまずい運びになったため、人間は愚かにも作り上げた無数の必要を充たすため、その知能を過度にまで持って行かざるをえなかった。つまり、知識や技術を合理的な限度をはるかに越えて進ませてしまった。そしてこの過剰な知能は、幸福という面で人間を動物たちより上に立たせたどころか、それよりも下に置き、その境遇を最初の状態、未開状態にあった時より仕合わせでなくしてしまった。それでもなお、人間たちが自分の知能を、動物と本性が異なる証拠になどするのか。獣に優る幸福が自分にあると思っても道理に悖らないのは、われわれが自分の物理的な利点に道徳的〔社会的〕な利点をプラスする時だけであろう。

（三九）　動物に感覚を付与するのは、あらゆる存在に感覚を付与することである。すべては多かれ少なかれ動物で、動物がいない所などどこにもないからだ。われわれの体は微小動物からなる複合物にすぎず、死ねばそれらが程度の差はあれ成長し、最後は食い合いを演じるのだ。

（四〇）　神というのは純粋に知性的な存在だから、敬うべきでも馬鹿にすべきでもないが、われわれが神を敬うのは自分に象《かたど》って神を作ったからにすぎない。存在するすべてのものにわれわれがいつも当てがうのは自分の物差しで、物事についての根本的な判断は終始それに基づいてしかしないのである。

X

人間の体の仕組みや感覚や認識能力について根本的に考えるためには、こうしたすべてが物理的に捉えた人間にすぎず、それは人間の知が形面上学的に捉えた人間にすぎないのと同じであるのを見るためには、人間を「全一体」の内で、「全一体」の部分として見なければならない。実際、人間としての人間を視界から消すそういう形而上学的観点から見た人間とは、多かれ少なかれ「全一体」である存在、または同じことだが多かれ少なかれ他の諸存在である存在以外の何であろうか。人間が他の諸存在に対してするように、他の諸存在もみな多かれ少なかれ人間を構成するのにたえず協力してきたし、今でも協力しているからである。

人間とは一《いっ》に、諸存在が自分を作るとおりのものである。感覚で捉えられる諸存在について人間が抱く観念は、自分に作用し自分を構成するのに協力する諸存在自体にすぎない。感覚的なあれこれの存在が自分にとってあるというのは、自分の肉体の目、自分の感覚器官、自分の毛孔という毛孔、物理的に捉えた自分自身のすべてによるにすぎない。それらの存在はみな部分的には自分で、自分によってしか自分にとっての現実性を持たず、それの見かけの実在、または個別的な実在は必然的に実際の実在、または一般的な実在から帰結するのだが、それらの諸存在が自分にとって多かれ少なかれ存在するのも、それらが自分に作用する仕方、自分を構成する仕方、自分の身体機構のバネを動かす仕方、自分がそれらを見る仕方に応じてにすぎない。(四一)

われわれが自分に属するものから自分を区別する時、われわれがあれこれの変状、ありかた、部分などから区別するのはわれわれの個別的な全体であって、それ以上の何物でもない。「私」とは私の体全体のことで、たとえば私はこれこれの感覚を持つと言う時、私の全体、それが私である私の諸部分の集合がこれこれの感覚を持つということ以外何も言っていない。

われわれは自分を作りなすあれこれのものから自分を区別できるけれども、自分を作りなすすべてのものから自分を区別することはできない。それでは、われわれの全体をそれ自体から区別することになるからである。われわれに属するすべてのものとはわれわれのことだが、われわれに属するあれこれのものはそうではない。それは常に多かれ少なかれわれわれであるにすぎないからだ。

人間としてのわれわれが問題の場合、「私」という語でわれわれの体の全体以外のものを表現させようとするのは不合理を欲することである。しかし、人間として、あれこれの存在であるものとしてのわれわれがもはや問題でない場合、「私」という語もそうそんなものを意味せず、「実在」を意味する。人間としてのわれわれがもはや問題でない場合というのは、言い換えれば、われわれがすべての存在と共通に持つものをわれわれについて言うためにその語を用いる場合で、「私は有限である」、「私は有限者〈全一体〉である」、「私は無限者〈全一者〉である」、なんなら「私は部分である」、「私は〈全一体〉である」、「私は〈全一者〉である」というような命題がそうである。「私」という語の意味を認識するためにはこういう区別をすべきだったが、これはいまだかつてしごく漠然とした仕方でしかされなかった。その仕方とは、「私は体である」、「私は魂である」と言うことに、したがって世にも単純なものを混乱させることにあるのである。

（四一）　絶対にそう見えるとおりだとわれわれがみなすものがあるのは、そういうものがわれわれにとって現実にきわめて近いことから来る。われわれに見えるその見えかたが実に明らかだからとか、すべての目が一致してわれわれと同じように見ているからとか、理由は色々あろう。そういう一致は、そのものは絶対にわれわれが見るとおりだ、たとえば太陽は絶対にわれわれに見えるとおりだ、とわれわれに思わせる力を極度に増す。重ねて言えば、真なるもの、現実的なもの、絶対的なものは事物の根底の内に、あらゆる事物が厳密に共通して持つものの内に、物理的なもの一般の内に、形而上学的なものの内にある。それ以外は何物も多かれ少なかれ真、多かれ少なかれ現実的、多かれ少なかれ絶対的であるにすぎず、それも、われわれがそこに何を置くかによるのである。

XI

物体についての物理的な観念はみな感覚を通じてやって来る。その観念は、われわれが周囲の物体から刻印を押され、それらの物体がわれわれの複合物〔体〕に影響を与え、どういう仕方であれその複合物と混り合うかぎりでのわれわれにほかならぬからである(四二)。

物体の粒子がわれわれの粒子と相性《あいしょう》が良ければ、われわれは快感をおぼえ、そこに共感が生じる。相性が悪ければ不快感をおぼえ、反感が生じる。ほかのあらゆる物体と同様、われわれの体もたえず、それに作用してそれを構成するのに協力する様々な物体に調子を合わせたり合わせなかったりする(四三)。

物体はたえず多かれ少なかれ相互に混り合うが、その合体がわれわれの内で起こって、その物体について持つあらゆる感覚を惹き起こす。腐った死体の臭気がわれわれに苦痛なのはどうしてか。それは、その死体から粒子が出てきて、そんなものとは相性の悪い、われわれを構成する生きた諸部分と混り合うからである。また、われわれがそれの記憶を持ち続けるのはどうしてか。それは、死体の粒子が嗅覚を通じても視覚を通じてもわれわれの粒子と混り合い、それでわれわれの脳の繊維を或る調子に合わせるが、われわれの諸部分相互の作用や、われわれの諸部分に対する外部の諸部分の作用がそれを惹き起こすのに応じて、同じ調子がまた蘇るからである。この点についてはまだまだ沢山言うべきことはあろうが、自分自身に言い聞かせられるよう、次のことを知っておくだけで十分である。それは、われわれが様々な物体の感覚と思い出を多かれ少なかれ持つのは、われわれが多かれ少なかれそれらの物体であるからにすぎず、われわれの諸器官を通じても、それらの物体に開かれている毛孔という毛孔を通じても、それらの物体がたえず多かれ少なかれわれわれの糧《かて》となるからにすぎない、ということだ。われわれはあれこれの道を通じてしか摂食も排泄もしないように見えるが、実際は自分の全体によってそれをするからである。

火傷《やけど》をすると苦痛なのは、火の諸部分がわれわれの諸部分に対して非常に不協和な作用をするからにすぎず、暖を取ると快いのは、その時はこの作用がさほど強くなく、もはや不協和でないからにすぎない。

知っている人の肖像がその人の観念を呼び起こすのは、描かれた人が以前生みだしたのとほぼ同じ物理的結果をその肖像がわれわれに生みだすからにすぎないし、肖像がわれわれの目に対する作用によって、その人を見ることがかつてしたのとほぼ同じようにわれわれの〔脳の〕繊維をはたらかせるからにすぎない。その際には必ず一部始終を思い出すもので、そういう時はきまって多かれ少なかれ、その人を見た時と所、色々な状況などが頭に浮かぶ。つまり、われわれの身体機構は多くの面で、その人が目の前にいた時とほぼ同じ調子に合わされるのである。

或るものが別なものをわれわれに思い出させるのは、そのものと思い出されるものとの間の関係性のせいにすぎない。この両者がほぼ対等で同じ二つの原因となって、その内今ある原因が、かつてあった原因とほぼ同じ結果を、われわれの脳の繊維の内にほぼ同じはたらきを、われわれを構成する諸部分の内にほぼ同じ作用を生みだすから、生みださざるをえないからにすぎない。この作用というのは、外部の諸部分の作用によって、それらがわれわれの諸部分とたえず合体することによって常に惹き起こされるものだが。

外部の諸部分がわれわれの諸部分に作用することも、われわれの諸部分が相互に作用し合うことも疑う人はいない。我らの哲学の目にこの二重の作用が人間の全部を作りなしてこなかったのは、われわれが人間というものをこの作用から区別したため、この作用こそがわれわれの観念であり、思考であり、感覚であり、なんらかの能力であり、われわれ自身の全部であるというしごく簡単に見られることを見なかったためである。われわれは人間というものをその身体機構の外に探すことで、人間を人間の外に探してきた。肉と血と骨と繊維と神経からなるおのが複合物が、人間が現にあるものを百パーセント作っていること、人間の内で実際に存在するすべてであること、また感覚そのものであることをわれわれは理解しなかった。そうであれば、われわれの能力のすべてがわれわれにとって一つ一つ神秘と化したのも不思議ではない。

われわれの観念や感覚と、それらの対象とは同じものである。但し、われわれがたとえば太陽について抱く観念が太陽だという意味ではなく、その観念は太陽の内で、われわれにとって太陽に属するもののすべてだという意味である。この説明を忘れないでほしい。

或るものの感覚を持つことと、その感覚を持つと知ることとの間には、火傷《やけど》をすることと、火傷をすると知ることとの間にはなんの違いもない。

自分を他の諸存在から区別する見かけの「私」にもかかわらず、自分は存在する感覚的なすべてのものの複合物で、すべてのものとつながっており、外見上はすべてのものと切り離されていても実際はすべてのものと一体だと考えたら、われわれは自分たちを互いに全く別個な存在とみなすのをやめ、したがって、われわれと外部の事物とが、われわれの感覚とそれの対象とが同一物でないと思うのもやめるだろう。

形而上学的な実在は形而上学的な知そのものだから、形而上学的に在るとは、形而上学的な面で私が証示するものを余すところなく知ることである。形而上学的な面で私が証示するものについて物理的に在るとは、私が証示するものの真実性を多かれ少なかれ感じること、私の言うことが多かれ少なかれ分ることである。それは、私が証示するもので多かれ少なかれあること、それになることを意味する。私の本を読むこと、読むのを聞くことは、私の著作で自己を構成することであり、その時、拙作は目や耳を通じて脳の繊維に物理的に作用し、与える印象に応じてその繊維をあれこれの調子に合わせるからである。

真理の展開は良質な頭にとって、根本的には、良質な耳にとっての良い音楽、オペラのすぐれた合唱などに当たるだろう。物の価値とは常にわれわれにとって、そこから自分の内に生じる物理的な調和《ハーモニー》にすぎず、一般的に言えば「全一体」であるその調和《ハーモニー》は、それらの物の内でわれわれを構成するのに協力するものがわれわれを構成する諸部分と類似するかぎりでしか生じないのである。

(四二) われわれの体は他の様々な物体の複合物にすぎず、体を構成する諸部分自体もたえず相互に構成し合うから、またはお望みならたえず相互に作用し合うから、母親が胎内にある子供の体に、「妊娠中」強い印象を与えた物の形を刻印するおそれがあるのも自然なことである。とりわけ、今の習俗のせいで実に弱くなり狂ってしまったわれわれの本性にあってはそうだ。かといって、その力によるとされる事故という事故がそれを原因とするわけでは毛頭ないが。

(四三) 様々な物体がわれわれを構成する仕方は、物体相互の違いや、われわれの器官と親の器官との違いなどによって実に多種多様だし、また飲食によって行なわれる以外の仕方は実に繊細で感知しにくいから、いちばん賢明なのは、様々な物体がわれわれを構成する、われわれはそれらの複合物にすぎないと真の原理に基づいて言うだけに止め、その仕方を物理学者として説明することなど意に介さないことであろう。われわれが様々な物体について持つ感覚は、それらの物体がわれわれの身体機構をそれに合わせる調子にほかならない。そのことを知らなかったがために、われわれは自分の感覚とそれを惹き起こす対象の間の関係性を最大の神秘と化してしまい、自分自身について哲学しようとすると自分のすべてに驚くのである。実際、その無知の結果、または同じことだが自分の感覚を自分の体と区別するという無知の結果、われわれにとってわれわれ自身ほど不思議なものはなくなってしまった。どうしてそうならずにいられたろう、その区別によってわれわれはいつも、物自身である物の理由を探す羽目になるからである。われわれの感覚の理由はわれわれの感覚であって、われわれはなぜ感覚を持つのかと訊くのは、われわれはなぜいるのかと訊くに等しい。そうなれば、それを語るのは「悟性」である。なぜあれこれの感覚を持つのかと訊かれたら、私はそのわけを説明できようが、なぜ様々な感覚を持つのかと訊かれたら、私は本性からしてすべてこれ感覚だ、なんならすべてこれ感覚という名の運動だ、と答えるだろう。なぜ本性からしてすべてこれ感覚なのか、なぜ「私」と感覚は同じものなのか、と次に訊かれたら、それには「私の書を読みたまえ」と答えるだろう。

XII

物の感覚を持つということは、持つ感覚に比例してその物であるということだから、その物を多くまたは少なく見、多くまたは少なく判断するということは（実際われわれは、そういう仕方で常に物を見、物を判断しているが）、多くまたは少なくその物であるということで、それ以上の何物でもない。しかし、なんと多くの偏見がこの真理に反対することか。この真理は感覚とそれを惹き起こす対象を同一物とし、存在するかに見えるという意味での「私」なるものを破壊するからである。それはわれわれ自身だという理由からしても、それは爾余の事物と全く別物だと思う偏見からしても、「私」というのはわれわれが世界一執着するものだというのに。(四四)

感覚できる度合が最大のものから最少のものへ、乳・パン・肉などからなるおのが複合物から、感覚で捉えられるすべてからなるおのが複合物へと結論を導く術《すべ》を知っていたら、「在る」と「感じる」の間に違いを設けなかったら、人間たちは、自分にとって今これほど大きな神秘をなすものほど、感覚とそれを惹き起こす対象の間の関係性ほど簡単なものはないことが分ったはずである。

（四四）　一部の哲学者が不合理にも、確信を持てるのは自分が存在することだけで、物体というのは実は現象にすぎないから、もしかすると自分らの外に存在しないかもしれないなどと主張するのは、存在するかに見えるという意味での「私」なるものが自分にあると思う誤った観念のせいである。もっと啓蒙されたら、自分の体の存在が必然的に他の物体の存在に依存することが彼らにも分るであろう。物体が自分らの外に存在しないということが真だとしたら、それはもっぱら、すべての物体は自分らにとって、それについて自分らが知っているものにすぎない、つまり、その物体に属して、自分らを構成し今あるようなものにするのに協力するものにすぎない、という意味からである。

XIII

われわれの内でも外でも、すべてはバネであり運動である。われわれの物理的諸能力のすべてであり、われわれの複合物〔体〕のすべてであるそれらの関係性（一三二）と運動は、それ自体によって在るのではないが、さりとて「魂」と呼ぶ動因が要ることにはならない。それらは必然的に相互によって在るからである（四五）。

「全一体」の内では、すべては比較によってのみ存在し、すべては比較にすぎない。だからわれわれもそれにすぎず、だから自分の比較の原因・結果にすぎない。つまり、われわれの感覚も判断も比較にすぎず、またはお望みなら、われわれの諸部分と外部の諸部分との、あるいはわれわれの諸部分相互の間の関係性にすぎない。この関係性は、「全一体」という可能なかぎり最も完全な関係性を常に目指すそれらの諸部分自体なのである（四六）。

われわれは自分の内に何が起こるか知っていても、いかにしてかは知らない。そして、それを知るには、この点について形而上学に携わるには人間を観察すればいいと思ってきた（四七）。しかし、一般的原理の助けを借りずにどうして成功できたろうか。自分と自分の内に起こること、自分の諸能力とは同じものかもしれないと疑うことはたしかにできたが、それを論証するには原理が要った。そして、その原理が常に欠けていたのである。

人間の物理的な魂、つまり「その感覚」は、人間にとって最大の不思議である。だが、もう一度言うが、この不思議はどこから来るのか。もう一度言うのはいくら繰り返してもしすぎることはないからだが、理由は、人間の物理的な魂とは人間そのものだからである。それは自分自身なので、人間が望みどおりそれをつかまえられるのは、いつも垣間見はするものの一度もちゃんと見たことのない一般的原理によるしかないからである。

われわれの諸部分に対する諸部分の作用は否定しようがないけれども、その作用が思考なのはどうしてかと問われる。しかし、真の原理をすでに証示した以上は、それは脳の繊維の相互作用が脳の繊維の相互作用なのはどうしてかと訊くようなものだ、という以外何と答えられようか。その作用が思考なのであり、思考とはその作用なのである。だからといって物質が思考することにはならず、物質の「いくらか」が思考するのである。集合的に取った物質はわれわれの体とは本性を異にするからだ。

私が君に言い表わす私の思考は、いやでも、君が私に言い表わす思考を生じさせるが、そういうことは私の側からの音声ないし記号によってしか起こりえない。この音声や記号が必然的に、君の脳の繊維をあれこれの調子に合わせるのである。なぜなら、私以前にもすでに言われた〔一三二〕ように、但し原理を欠いたため推測でしか言われなかったように、われわれの繊維というのはクラヴサンの鍵盤、われわれの思考というのはその鍵盤が作動したものにすぎないからだ。この作動が常に多かれ少なかれ和声的〔調和《ハーモニー》がある〕（四八）なのは、それが多かれ少なかれ「全一体」であり、「全一体」は調和《ハーモニー》そのもの、秩序そのものだからである。

（四五） われわれは自分で自分を作ったのではないと言われるし、むろんそれほど真実なことはない。物がみな相互に他から発すること、親が子を作ること等々は事物の本性に属するからである。

（四六） 人間について形而上学的に語るためには、どうしても、人間とその諸能力とを区別するかに見えざるをえない、そんな区別をすべきでないと証示する時ですら。しかし、なぜ人間について形而上学的に語るのか。あらゆる存在に当てはまるものを、なぜ特殊に人間に当てはめるのか。それは、人間こそが私の論題だからである。私が打破すべきものは、人間が自分自身について持つ偏見だからである。

（四七） 人間の観念・知覚・感覚をめぐる我らの観察者たちは、あらかた、形而上学に携わるつもりで、ただの言葉しか与えなかった。形而上学が今日不評に「陥った」のはそのためである。これまでさんざんされてきた人間の思弁的解剖は、いまだかつて何も教えなかったのだ。

（四八）狂った頭は、鍵盤がわれわれの耳と一致せぬクラヴサンである。「われわれの耳と」と言うのは、一致の欠如などそれ自体としてはないからだ。出来のいい頭、出来の悪い頭が出来が良かったり悪かったりするのも相対的なことにすぎない。この真実こそが、頭の内に繊維のはたらきだけを示すことで、その頭は出来がいいとか悪いとかわれわれに言わせるのである。

XIV

「全一体」は調和そのものだという理由から、あらゆるものに多かれ少なかれ調和が見られる。天体の歩みにも、人体にも、果ては草一本にまでそれが見られる。人間の様々なはたらきにもそれが見られ、このはたらきに基づいて、知性的な或る普遍的存在〔神〕があるという結論を人間たちは導き出した。まるで、自分らの知能、または調和のとれた自分らのありかたが「全一体」のありかたであるかのようである。「全一体」は調和だが、調和のとれたありかたなどなんら持たないのに。

計画とか知能とかいう観念は「全一体」の観念の内には入ってこない。入ってくるのは秩序と調和の観念で、計画・知能の観念はそれの一つの変様である。無神論者らはそのことを感じたため、また知性的な神なるものの内に人間の似姿を見た（それが彼らを反撥させたのだ）ために、計画と知能と神そのものに代えて宿命・運命・偶然を唱えた。「全一体」の調和が人間の知能でないのは、自己の中心を目指す石の知能でないのと甲乙ない。いつでも自分を下敷にして普遍的存在を考えたため、人間たちは、どこでも異なりはするものの自分には解きがたい困難を同じように山と抱えた神学を作り上げてしまった。

知性的な最高存在を支持する人は、その存在に自分らの知能を最高度に与えるが、最高度といっても所詮は自分らの知能にすぎない。そこから出発して、または同じことだがその存在の力から出発して、そういう存在だけが人間のそれのような身体機構を作れたのだと彼らは証示しようとする。それでも、この身体機構を作ったのは人間〔自分の親〕であって、最高存在または「全一体」がそこに入ってくるのは、人間を構成するすべてのものが多かれ少なかれ協力せずには人間の内で何も作られないかぎりでにすぎない。でも、人間は指を使って、たとえば泥を捏ねて、人間のそれのような身体機構は作れまい、と彼らは必ずや言いたいであろう。それは私も認めるが、同時に、この身体機構はそんなふうに作られるものではないことも認めねばならない。ほかのあらゆる個別的事物と同じく、人間も最高存在の結果、自然の結果ではあるが、それはもっぱら、人間が自然の結果なのは自然の個別的な諸結果のあれこれによるという意味でにすぎない。人間が自然の直接的な結果だったら、人間は自然の結果のすべてになり、自然そのものになってしまおう。

技術は人間の一つの結果で、人間は自然の一つの結果だから、技術も自然の結果であり、したがって技術と自然は相互に帰着し合うことになる。

われわれが技術によって作業をする時も、それは根本的には自然によるにすぎない。作業をするのも自然に基づいてにすぎないからである。作業をすることから、自分には物質にない知能があるという結論を引き出したら、われわれは不合理にも自分を物質から除外し、物質に対して不正をはたらくことになる。われわれもわれわれの知能も物質の変様にすぎず、われわれは物質に基づいてしか作業をしないからである。だが、われわれがそんな結論を引き出すのはどうしてか。それは、作業をする技術という点で自分がそれより優らないものを物質の内に何も見られないからである。しかし、その優越なるものを信じるわれわれの慢心には目をつぶっても、その優越からは「より多く」という以外のどんな帰結が生じようか。また、「より多く」とは最大なものの一部でなくて何だろうか。そして、この最大なものこそ物質という相対的な形而上学的存在で、それにより、またそれの内ですべてが行なわれるのである。

われわれは今まで物質を、感覚で捉えられる物理的な諸物体という相でしか見てこなかった。そういう狭い見かたをしたために、われわれはそれらの物体と異質の存在を物質の内に見分けられず、われわれの知能と呼ぶ物質のありかたの原因・原型を物質の外に探し求めたのである。

形而上学的なあらゆる面で、完成を与えるのは完全性の多いと少ないの合一だけだが、この合一は「全一体」の内以外どこでみつかろう。「全一体」はそれの部分のあれこれが物理的にそうであることを形而上学的な面へ移したものである。そして、合一が「全一体」の内にみつかるなら、人間はどんな種類の完全性を持てようと、もともとはそれを「全一体」から貰っている、人間を人間として作りなす一切と同じく自分の知能も「全一体」から貰っているということにならないだろうか。(四九)「もともと」などと言うのは、人間が現にあるようなものなのは単に自分の親や自分のありかたによるばかりでなく、存在するすべてのものによることを言い表わすためである。行なうこと一切において人間は自己自身によって在るかに見えるが、「見える」ものが「ある」ものなのは常に多かれ少なかれにすぎない。「全一体」の内の小さな原子である人間は、(五〇)何ができようとみな「全一体」によってできるのである。だが人間に言わせると、人間は驚くほど能力のある存在らしい。それなら、人間も「全一体」の力を「全一体」に属する知によって判断してほしい。自分にある力から、自分を含む全体である存在にも同じ性質の力があると結論してほしくない。つまり、彼即ち人間が作業するのと同じ仕方で作業する力を、宮殿を建てたり飾ったり本を作ったりする力をその存在に与えてほしくない。それでは、今までずっと不合理にもしてきたことをし続けることになり、普遍的存在を一個の人間と化し続けることになるからである。

（四九）　人間があらゆる存在について、それらは「全一体」の似姿として、人間好みの言いかたをすれば神の似姿として作られていると言ったら、真理を語ったことになったろう。すべての存在は、「全一体」という形而上学的な像の物理的な像だからである。だが人間は、「全一体」の似姿として作られた存在は自分だけだと言った。これは不合理を語ることで、それがますます人間を、「全一体」を自分に象《かたど》って作るように仕向けたのである。

（五〇）　人間を小さな原子として扱うのは相対的にであって、人間はそれ自体としては大きくも小さくもない。それは「全一体」の内の小さな原子だと言う時、私が人間を比較するのは「全一体」とではなく、地球とか太陽の渦巻き〔太陽系〕とかいったあれこれの部分とである。「全一体」と比較した時、それは大きいということも小さいということも人間について肯定できない。その場合は人間を形而上学的に見ており、そういう観点からすれば、人間は見ようによって多かれ少なかれ大きくも、多かれ少なかれ小さくもあるからである。

なぜこれこれの物があるのか、なぜ体の組織がこんなにうまく出来た人間という種があるのか、なぜ目が二つ、耳が二つ、胃が一つあるのか、と言われる。この「なぜ」の理由は問い自体の内にある。われわれの体の造りが今と違っても、多かれ少なかれ調和がとれていたら、いつでもこの問いが同じように発せられよう。

諸々の存在はどういう造りに見えようと必ず、多かれ少なかれ調和がとれて見えるに相違ない。あそこには調和が多く見られるが、ここには少なく、よそには全然見えないというふうに。「全一体」は調和そのもので、その内にあるすべては多かれ少なかれ調和がとれているからである。

世界を好きなだけ自分なりの仕方で作ってみるがいい。どう作ろうといつでも「なぜ」の材料はあるだろう。そこにはいつでも調和がみつかり、調和のとれた自分のありかたに基づいて君らが計画とか知能とか呼ぶものもみつかろう。なぜこれこれのものがあるのか、なぜそれよりそれがあるのか、と君らはいつでも問うだろう。

あれこれの仕方で在るのが見られるすべてについての一般的な理由は、先行したあらゆるものの結果として必然的にそれがあらねばならなかったということである。事物は必然的にあれこれの仕方であらねばならないということである。「全一体」の内ではすべてが可能だということである。そこではすべてがそれ自体としてではなく、相対的に存在するということである。そこで或るものについて肯定することを別のものについて否定することはけっしてできず、頭から足までの人間について肯定することを木の葉一枚、藁一本についてすら否定できないということである。

世界が今日「ある」ように存在し、地球に人間たちが住む個別的な原因を探り、人間は陸生動物である前には魚だったかどうかなど探るのは、もっぱら推測を追い求めること、無駄なものを追っかけることである。事が自分から遠く隔たっていればいるほど、この隔たりがどういう意味でも、われわれはますます、共通の原因である最初の原因の内にそのことの原因を見るだけに止めねばならない。

死は生を否定するように見えるが、実際は否定などせず、生の否定的反対物ではなくて、生の対立物である。死が生によってしか存在しないように、生も死によってしか存在しないからだ。そこから、「全一体」の内ですべてのものの異なりかたがそうであるように、生と死も多かれ少なかれ異なるにすぎなくなる。

生きているとか死んでいるとか言われるものも、そう見えるだけでしかありえない。物理的なものは変化するが、形而上学的なものは常に同一である。そこから、われわれには死ぬ体があるが死なない魂があるとか、体自体も死ぬことで形を変えるにすぎず、いかに分散してもその諸部分によって自然の内にいつまでもまるごと存在するとかいう観念が生じる。

今生きているものは何ひとつ、前に死んだすべてのもので構成されないものはない。「全一体」の内ではすべてが死に、すべてが過ぎ行き、すべてが終わり、多かれ少なかれ似た別の形で生まれ変わる。それは不断の輪廻、可能な唯一の輪廻である。肉の復活という説が捏造されたのもそこからだ。しかし、拒みようのないこの輪廻を現にしたようにに承認し、魂の輪廻も、魂はけっして死なないこと（五二）も承認することで、実際は何も死なないことを人は承認したのではなかろうか。でも魂と体の分離はあるし、死が生の否定なのはその点だ、と言われる。この説は事物の根底に関するわれわれの無知と、死体の内に生命を一切否定する外見と、またわれわれの習俗から生まれたものだが、神と魂について、形而上学的なものと物理的なものが分離できないことについて私が証示した一切によって不合理だと証明される。

死とはきわめて著しい一つの変化にすぎない。この変化がわれわれの内に起こるのはわれわれの諸部分が互いに分離する結果で、この分離に続いて分解と腐敗が起こるのである。それはなんなら、生きている人間のすべてである物理的な魂の死と言ってもいいが、前述のような〔魂と体の〕分離ではない。こんな分離がでっちあげられたのは諸々の宗教を支えるため、人間の法の軛のもとに人間をますますいっそうつなぎ止めるためにすぎない。付け加えれば、生死を問わぬ人間の物理的な魂が生死を問わぬ人間そのものであるのと同じく、世界または「全一体」の魂とは世界そのものである。そのことはずっと見落とされてきたし、また「そこから」、世界霊魂と世界とが、運動または動かす精神と物質とが不合理にも区別されたのである。

生と死は最も広い意味に取れば、つまり、すべての生とすべての死の全体、なんなら可能なすべての始まりとすべての持続とすべての終わりの全体を言い表わす相対立した一般的集合名辞として取れば、その意味での生と死は絶対的なもので、二つの反対物ではけっしてなく、互いに絶対的に肯定し合う。しかし、それほど広くない意味、普通取るように動物と植物にしかまず当てはまらない二つの名辞という意味に取れば、それらはけっして絶対的なものではなく、どう見えるかに応じて多かれ少なかれ絶対的なだけである。何であれ絶対的に死ぬことはありえず、それの生の内にも死の内にも多い少ないがないことはありえないのはそこから来るし、死んだという絶対確かな印《しるし》がないわけもそこから来る。

生きるのも死ぬのも多かれ少なかれである。死についてそれを証明するため、異論の余地のないことを述べよう。死は生から遠ざかるにつれて、それの確かな印があるにつれて、死んだとされる体が死んでから時がたつにつれて、残されたその体の痕跡が少なくなるにつれてますます確定的になることである。「これこれの人はここではあそこほど死んでいない、これこれの記憶の中では他のこれこれの記憶の中より生きている」というような言いかたがされるのは、死んだとされる人も死んだのがわれわれの近くでか遠くでか、われわれに近接していたかいなかったかによって、われわれの内で生きている度合にいつも多い少ないがあるということが真だからにすぎない。しかし、その人はいかにしてわれわれの内で生きているのか。それは、その人の諸部分がわれわれの諸部分に作用することで残したその人の痕跡による。その人の諸部分でわれわれの諸部分を構成するのに協力したものによる。すでに述べたように、すべての物体はわれわれを構成するのに多かれ少なかれ協力し、同じくわれわれもそれらを構成するのに協力するからである。

生と死は、他のなんらかの二つのありかたと同じく多かれ少なかれ一方が他方である二つのありかた以外の何だろうか。それでも死は生とこんなに違うではないか、と言われよう。それはそうである、とりわけ、視覚と触覚にはすでに明々白々なその違いに嗅覚が上乗せする時、視界の外にあるその動物が土に埋められたり灰になったりした時、死んでから長い時間がたち、もはやその記憶もほとんど残っておらず、その動物からわれわれの複合物〔体〕の中へ入ってきたものがもうほとんど感じられないほど消え去った時、亡くした際にわれわれが苦痛を感じたとしても、その苦痛がほぼ完全に消散した時には。それというのも、われわれが人や犬や鳥を悼むのは常に、それらがわれわれにとって死んだ度合に比例して、つまり、われわれが受け取る習慣をつけていたそれらのものの印象が更新されないため時とともに弱まり、その対象がないためわれわれが別の対象に身を任せたのに比例してだからである。

生きているわれわれの内でも死は生きているが、それはわれわれが糧《かて》とする様々な死んだ養分による。死んだわれわれの内にも同じく生があるけれども、それは、われわれがその時蛆の集積にすぎなくなり、蛆の中でも成長したものがしてないものを啖《くら》うからである。死と生は相関的な二つのありかたで、一方は他方に帰着し、一方は他方によってある。

塵と化したわれわれの体は、化す前そうだったのと同じく、やはり土〔地球〕の部分である。そういう体についてそれはもうないと言われるのは、もう消えてしまった、体の諸部分は結合する前、人間という形を取って現われる前の状態へ戻った、ほかの体の中にあちこち分散してそれを生かしている、という以外の何事も意味しない。前述のとおり、また誰もが認めるとおり、〔五二〕何物も生まれ変わるためにしか死なないからである。

生の否定という意味に取った死は、同じく物理的な死と物理的な生の否定でもあろうし、生と死の否定である「全一者」または無限者であろう。「われわれの後《あと》には虚無」〔死んだらおしまい〕というのは不正確な言いかたで、「無」または虚無は「全一者」だが、死んだ体は「全一体」の内に存在するのだ。

ここで死んだとされるあれこれの人がよそでは生きているとされる、ここで死んだ以上に生きているとされることはありうる。それでもその人は死んだか生きているかどちらかだろう、と言われよう。それは物理的な意味で言うのだろうし、その意味でなら私も認める。だが、同時に認めなければならないのは、その人は死んだとしても生の否定などないような仕方で死んだこと、生きているとしても死の否定などないような仕方で生きていること、その人の死の内にも生の内にも絶対的なものすら何もないことである。絶対的なものとは、あらゆる存在にとって等しく現実的であるようなものということだ。われわれは周囲にあるすべてのものとの関係では生きているが、自分から遠く隔たったものとの関係では死んでいるのだ。

それにとってわれわれが生きているような存在にくらべて、それにとってわれわれが死んでいるような存在がどれほど多いことか！　だが、そういう存在にとっていかに死んでいようと、われわれはなおかつ生きているだろう、とわれわれは言うはずである。結構だが、そこに形而上学的な断定を持ち込んではならない。事は純粋に物理的なものだから、形而上学的な断定を容れないのである。われわれは多かれ少なかれ生きており、多かれ少なかれ死んでいる――形而上学的な厳密さを以てわれわれが断定できることはそれしかない。自分が生きられる時にも、われわれは死んで土に埋められていないという絶対的な確信をなんら持たない。「全一体」の内ではすべては現象にすぎず、すべては外見にすぎない。ボシュエ氏〔一三三〕は或る棺前演説で、個別的な事物だけが真に存在すると言ったが、それは不合理を語ったのであって、真に存在するものはそれらの事物の一般性しかない（五三）。

人生は夢にすぎないと言われるが、もっともである。実際、われわれは人間としては様々な像の複合物にすぎず、死は生から多かれ少なかれ遠のくにしたがって、それらの像を多かれ少なかれ消し去るからである。

われわれが生につながるのは、とりわけ、五感が合する場所である頭（そこからこの部位は魂の座だと言われた）の像によるが、眠り、老齢による痴呆、病気、自殺の因となる絶望など様々な原因でそれらの像が薄れるにつれて、われわれはますます生につながるのをやめてゆく。

われわれは極度の快感を通じても極度の苦痛を通じても、絶対的な静止とそれの像である死へと向かう。極度の快感と極度の苦痛は可能なぎりぎりの両極で、一つにすぎないからである。喜びで死ぬ、恋で死ぬ、愛人の腕の中で死ぬなどと俗に言われるのはそのためで、大きな快楽や大きな苦しみに続いて眠りが来るのもそのためである。

われわれの偏見の結果、死ぬのはわれわれにとって実に恐ろしいことだが、その一方で、われわれはほかの人の死、とりわけ動物の死をほとんどなんとも思わない。それでもひとたび死にきったら、われわれは自分が死んだのも知らずに死んでいるのである。つまり、同時に生き且つ死んでいるかのようにそれを知ることもなく、またはお望みなら、われわれが死んだのを見る人たちが知るようにそれを知るという物理的な意味で矛盾を含むことをすることもなく死んでいるのである。

人間は不合理にも死をかくも大きな怪物に仕立て上げてしまったが、死は人間にとって生の禍福の物理的な喪失にすぎない。禍が福よりずっと優勢な状態にいれば、つまりわれわれが今いるような文明状態にいれば、またその上に、われわれの惨めな社会状態では老いれば見舞われる病弱や厄介事しかもはや目に映らぬような年齢になったり、それに近づいたりしたら、その時は生より死を好むのは筋が通っている。習律状態や、われわれが不適切にも未開と呼ぶ民族の状態ですらそうであるような、福が禍よりずっと優勢で老いることも負担にならない状態では、死の方を好むのは筋が通らないのと同断である。しかし、筋を通そうと思ったら、生に結び付ける絆に力一杯抵抗せねばなるまいが、それは容易なことではない。いくら偏見から脱していても、偏見は依然その絆の一部をなし、いやでもその声を聞かせる。不合理なもの〔宗教〕が一度しみついた人間は腐った酒がしみついた壷のようなもので、その匂いはけっして抜けないのである(五四)。

真理の叫びは宗教のどんな叫びも当たって砕ける岩礁で、死とその後についていくら身の毛のよだつ画幅を描いても、真理の叫びの方がそういうあらゆる描写より強く、当然のことながら、現在の生こそがほぼあまねくわれわれの唯一の対象をなす。それでも、かような画幅はわれわれに或る程度強い印象を与え、死を恐れさす力になる。しかし、いつも聞かれる真理の叫びが普通われわれを安心させ、その結果われわれは、同類の人間が死ぬのをほかの動物が死ぬのに劣らず平静な目で見られる。感情を掻き立てるのは自分の死だけだが、それに強い恐怖を感じるのもありったけの力でそれを考える時、健康な時にすぎない。

病気になりたての頃には死の観念に震えおののくのに、病で体力が衰え、生に結び付ける物理的な絆が身体機構の衰弱とバネの弛みで弱まると死を呼び求める人がなんと多いことか。そういう例を私は一再ならず見てきた。自分の死を極度に恐れる人が同類の死には笑ったり冗談を言ったりするのもしょっちゅう見てきた。自分の終わりを恐れ且つ恐れないのは、一方には「われわれ」とわれわれの偏見があり、もう一方には真理の叫びがあるからである。だが、繰り返せば、その叫びはわれわれに何と言うのか。死は事物の秩序の内にどうしてもあるもので、われわれは死によって生まれる前のものになるということだ。「死後イズコニ横タワルベキカヲ汝ハ問ウカ、生マレザル者ガ横タワレル場所ニ」〔一三四〕である。

（五一）　魂が場所を変えることを承認するのは、魂の輪廻を承認することである。

（五二）　あまねく無制限に認められる真理はみな、それが肯定する真の原理から生まれるもので、真の原理がなければ何の役にも立てないだろう。

（五三）　私のあらゆる思弁は、ここではもっぱら、関係性で見たこの一般性〔全一体〕をめぐるもので、それを異論の余地なく証明している。重ねて言えば、この一般性と今あるような人間から、われわれと関係を持つ神なるものが作られたのである。ボシュエ氏がもし生きていたら、私はボシュエ氏自身に訴えるだろう。氏の告白は氏の神学全体を打ち壊すものだが。

（五四）　自殺する決心をしたら、いちばんいいのは燃えさかる炉が手近にあればそれにとびこむことであろう。体、特に頭を瞬く間に灰にしてしまうためである。そうすれば、自分の死体を近親たちが持てあましたり、司直の餌食にしたりしなくても済もう。もっと本質的でもっとわれわれと関係の深いことを言えば、そうすれば確実に死ねるし、死ぬ前にも後にも苦しまないことが確かになるし、自分が埋められる音を聞いたりする危険も冒さずに済もう。死んだとされるのに十分死んでないおそれも大いにあるからである。だが、この註は今のような習俗にしか通用しない。

XVII

言語を真理の調子に合わせるためには、形而上学的な第二の観点〔全一体に関わるもの。第一は全一者に関わるもの〕ないし第二の段階の調子に合わせねばなるまい。この観点のみが、初源的な関係性を与えるものとして、形而上学的なあらゆる面での完成を与えるものとして、「全一体」と、またしたがって人間たちに必要な物理的善悪の認識を与えるものとして、生活上の事柄に唯一適用できるのである。だから、われわれが実際はいつもそれに基づいて物事を判断する初源的な「原型」について現にするように黙すのではなく、たとえば或るものは他のものより美しいとか、調和がとれているとか、真実だとか、現実的だとか、現在的だとか、静止しているとか、中間にあるとか、完全だとか言うのではなく、或るものは他のものよりわれわれにとって美である、調和である、真理である、現実である、現在である、静止である、中間である、完成であると言わねばなるまい。こういう言表の仕方をすれば、「全一体」は常に、その様々な相のもとで、実際そうであるようにわれわれの最初の比較手段、最初の比較点となり、それを言い表わす様々の肯定的な一般的集合名辞のもとに、われわれはいつでも「全一体」を目の前に置くことになろう(五五)。それに、われわれは自分との関係でしか物事を断定しなくなろう。「そうである」のかわりに「私にはそう思われる」と言う適切な語りかたに見るとおりである。われわれの間でこれほど普通にされ、これほど多くの不都合を抱えている、決めつけるような実に断定的な口調は、われわれにも同類の人間たちにも、存在するすべてのものにも等しく関係する形而上学的なことにしかもはやほとんど使われなくなろう(五六)。しかし、道理を弁えた暁には、われわれはもう形而上学など語らなくなろう。

　われわれの道徳的な良い性質、悪い性質を言い表わすのに今日使われるすべての用語は、われわれの言語から追放すべきだろう。われわれを不適切にもほかの事物から区別するあらゆる用語すらそうであろう。それらの用語のいくつかが残されたとしても、それを物理的な意味にしか取らず、われわれだけが排他的にそれを私しないことが必要だろう。人間たちが真実の言語を持つのは、自分の内に、ほかのあらゆるものにあると同じくそこにも事実あるもの、つまり形而上学的なものと物理的なものしか見なくなる時だけであろう。

われわれの諸国語が形而上学的な観念を表現できるまでになったことにみな驚いている。まるで、一般化するのも個別化するのに劣らずわれわれに自然なことでないかのようである。しかし、一般化するのがわれわれに自然だったのと同程度に、それらの一般性についてしかるべく考察することも、それに正確な観念を、いや正確と言わずただ観念を結び付けることも、自分の目に真理を展開して見せることもわれわれに自然なことではなかった。

個別から、われわれはただ単に肯定的な一般へ、「全一体」へと、また肯定的な一般から否定的な一般へ、「全一者」へと昇ったにすぎないが、それらまで昇ったということとそれらを認識したということはわれわれにとって全く別である。感覚的なものからはみ出るそれらの本性によっても、われわれの人間的・神的法律状態によっても、われわれはそれらを誤解するように出来ていた。

健全な思弁が遂にわれわれを健全な実践へ導いたら、われわれの必要が度を越しているのと同程度につましくなったら、今はこんなにあり余るほどあるわれわれの知識が正当な限度まで減らされたら、われわれの言語から削るべきものが沢山あり、改めるべきものは少ないだろう。われわれの無知、所有と不平等を柱とするわれわれの社会状態、この社会状態を支えるためにやって来た不合理なもの〔宗教〕――そういうものがわれわれの単語の数を過度にまで増やしたのである。自己の保全と福利のために必要な工芸や知識でわれわれに途方もなく度を越させたり、或るものは兵法のように殺し合いに使われ、或るものは葡萄酒や強い酒と同様の効果で、今いる無理な状態から気をそらせ、次には前にも増してそこへ再び突き落とす、そういう各種の自由学科を誕生させたり、いずれ劣らず狂った種々の学問なるものをでっちあげたり、この上なくたわけた道徳性を創造したり、言語や推論に至るまですべてを技術に還元したりすることで。(五七)

時がたつうちどこでも同じになるはずの国語がひとたび真理の調子に合わされたら、われわれの偽りの道徳性がそこへ自分の分として持ち込んだものがことごとく一掃されたら、今は真実の預り手でない国語も今そうでない度合をはるかに越えてそうなり、不合理なものを今伝えるよりさらに大きな支配力を似て真実を伝えるだろう。

われわれは言語の上では自分が思うよりずっと形而上学者だが、それでも十分にではない。十分にそうでないからこそ、実際そうであるほどそうだと思わないのである。われわれはたえず形而上学的用語を口にするが、それが全然分っていない。それが分らず、本でも会話でも形而上学的なものを物理的なものといつも混同しているのだから、互いに分り合うことがどうしてできよう。

言語が或る程度まで真理の叫びに基づいて形成されるのは、言語を決定するのはあれこれの人間ではなくて人間たちの一般性だから、真理の叫びを最もよく聞き取るのは、常に聞き取るはずなのは人間たちの一般性だからである。言語をなれるかぎり完全にし、また単に有用なものだけに還元するのは、ひとたび「それのみ」が採用された健全な形而上学の仕事である。その形而上学自体も純然たる文法にすぎない。「健全な形而上学」とは、肯定的および否定的なあらゆる形而上学的用語の説明であるから。

（五五）「全一体」とそれの様々な相の表現は、この存在の本性がわれわれに未知だったのと同程度に、昔からわれわれに身近なものだった。この存在と、またしたがってその反対物である「全一者」または無限者に関するわれわれの無知は、種々の不合理しか生みだせなかったし、それらの不合理はまた今のような社会状態しか生みだせなかった。それにしても、われわれの無知はなんと打破しにくいものだったろう！ それは常に有神論者にも無神論者にも等しく共有されていたからである。

（五六）私が証示したとおり、肯定と否定（否定は肯定の対立物として、肯定の最少として取っており、「全一者」または「無」であるものとして取ってはいない）は、全き厳密さでは、形而上学的な面でしか起こりえない。この世の物事がいつでも多かれ少なかれ疑う余地を与えるのはそのためである。

（五七）われわれはともに会話する能力を持つが、そこから動物たちより優るという結論を出すのは大間違いである。法律状態の狂気のためわれわれがそれを極度に悪用できる立場にあるという面からこの能力を見たら、動物たちにもわれわれと同じくそれなりにこの能力があり、しかも悪用はしないことを考えたら、われわれは全然別の結論を出すだろう。ここでわれわれの会話能力について言うことを、よそではわれわれの知能について言った。

終わりにしよう。それでも、この本が終わる所から別の本を書き出そうとしたら、この本に基づいて、またこの本を支えるために、人間精神を啓蒙するのに最適としてわれわれが持て囃すいろんな本の直接的な批判をしようとしたら、またとりわけ、それらの本の内にある自分に有利なものでこの本を権威づけようとしたら、この本に基づいて私はどういう本が書けないだろうか。しかし、この本が自力で功を奏さなかったら、それに基づいて書かれた千冊の本によっても功を奏すまいと私は確信しているから、そんなことをしようとして何になろう。

私は形而上学的真理によって道徳的真理をじかに証明した。今までされてきたように神なるものの内に、人間と同じく同時に形而上学的でも物理的でも道徳的でもあるような関係性の第一の対象を人間たちに差し出すことが、彼らにとって感覚的なものにしようと不合理にも努められてきた対象を人間たちに差し出すことが私の証明に欠けているのは、真理は形而上学的な対象しか人間たちに差し出せないからである。その対象は事実、形而上学的なものにすぎないのだから。さて、対象はそれ以外のものでない以上、神なるものと、宗教と、それらから発する習俗との破壊がそこから間接的に結果する。そしてこの破壊と、それこそが法にほかならぬわれわれの習俗の数知れぬ不都合と諸悪から、形而上学的真理に負けないほど明証的に道徳的真理が、または習律状態が結果として出てくる。

拙作では、すべてが道徳的真理を打ち立てるのに協力している。私も探求に当たって、この望ましい真理以外のいかなる対象を持ちえたろうか。

むすび

以上のように真理が展開されたのは、根本的には私が真理であるからにすぎず、私の同類たちの内で私の書を読み理解する力のある人が読んで理解した上で「まさに真理だ、明証的だ」と言うはずなのは、その同類たちも私と同じく真理であるからにすぎない。

今展開されたことを残らず把握した上で、これぞまさしくわれわれが概念するすべてであり、われわれが別なふうに概念するのは矛盾していると、よくよく自分に言い聞かそう。また次に、われわれは必然的に自分が概念するものだと言い聞かそう。そうすればわれわれも容易に、自分が真理であるのに同意するだろう。だが、もう一度言うが、われわれはいかにして自分が概念するものなのか。それは、すでにお見せしたように、われわれが個々の事物の観念や記憶を持つのは自分が多かれ少なかれそれらの事物であるからにすぎないのと同じく、同様に（一方は他方なしにはいかないから）、われわれが事物一般の観念を持ち事物一般を概念するのも、われわれがすべての事物と不可分なものとして、それらの事物そのものだからにすぎないためである。(五八)

真の原理に基づいて自分を見れば分るはずだが、この世の事物と呼ぶ一切をわれわれは不完全にしか認識できないけれども、そういう事物の部類からはみ出すすべてのものは、初源的〔形而上学的〕真実性を持つすべてのものは完全に知っており、初源的真実の観念はわれわれ全員に同じものとしてあり、その観念とその真実は同一物にすぎず、問題はそれを自分に展開して見せること、それを感覚的ならしめんがために私が与えるような、いやそれよりもさらに完全な物理的存在〔書かれた書物〕をそれに与えることにすぎなかった。

すでに証示したとおり、真理とそれの展開とは別である。真理はそれ自体によってあるが、真理の展開は相対的にすぎず、人間たちに特有な関係性にかかっている。その結果、真理は展開という点でわれわれに依存しており、展開されたものとしては約定的な真理でしかありえない。このことは白状しよう。だが、真理から帰結する一つの真理であるこの告白自体によって私は真理を展開し、それによってピュロン主義(一三五)〔懐疑論〕を壁際へ追いつめる。なぜなら、この告白によって私はピュロン主義にその面で持つ唯一の糧《かて》を残してやるが、それを残してやりつつも、相手がもうそれを用いられないほどそれを取り上げてしまうからである。

形而上学的・道徳的真理の展開がもしも人間たちに知られていたら、常識の語る第一の真理も文句なくそれであろう。しかし、その時は習俗があるべきものであるはずだから、父から子へ伝えらるべきものは形而上学的真理の展開しかないだろう。また、その展開から帰結する習俗を持ち、真理がないために存在するあらゆる謬説、あらゆる作り話を知らなくなった暁には、それを伝えることもいかに容易なはずであろう！　その展開は私にとっては一冊の書だったが、その時にはもうそんなものではなくなろう(五九)。

不合理にも今まで存在してきたような独断論は、常に、また当然ながら多くの人を反撥させてきた。しかし、独断論はそういう人を、あまりにも多く存在するような筋金入りのいやらしいピュロン派〔懐疑論者〕にするべきではなかった。そこから結果すべきだったのは、もっぱら賢明な懐疑だった。だから私も、真理が何より入りやすいのはそのような懐疑が住まう頭だということを経験している。

哲学者の中には、事物の根底についての無知は必然的で打ち克ちがたいと証示する者がいる。その無知なるものが、それを打破しようとする甲斐なき努力のあげく、打破できるという希望を残していなかっただけに、そういう説はいかに不合理でも、一見ますます根拠ありげに見える。これらの哲学者たちは、感覚で捉えられる物理的諸実体からは「実体」とは何かの鮮明な観念をわれわれは持てないとか、「実体」とは何かを自分に展開して見せることはたえてできなかったとか称する。彼らは自分の無知を打ち克ちがたい必然的な無知に仕立て上げたが、それは事物の根底について自分も他の人以上に知らないことを赤面しなくてもいいようにするためだった(六〇)。

われわれの物理的および形而上学的実在は、いつでも見誤りはされたものの、いつでも認められてきた。人間から感覚的諸存在へ、人間から神へという二重の関係性が承認されたのはそのためである。われわれが自己の感覚と呼ぶものと、知能と区別する自己の悟性または知性と呼ぶものがあるのも、われわれの習得観念と本有観念があるのも、われわれの体とわれわれの魂、死ぬ体と死なない魂があるのもそのためである。われわれの諸国語が今あるように、自分の目で、自分の感覚のそれぞれで捉えられるものを言い表わす単語と、自分の悟性で、等しくあらゆる感覚で捉えられるものを言い表わす単語とで、諸部分やそれらの個別的集合を言い表わす単語と、それらの肯定的および否定的な二つの普遍的集合、「全一体」と「全一者」を言い表わす単語とで構成されるのもそのためである。

御覧いただけたはずだが、形而上学的真理はその展開によってあらゆる形而上学体系を純化する。それも、あらゆる形而上学体系が、一見どれほど相対立していても、みなこの真理に帰着するのが見られるような形で純化する。この真理が論証するのは、「精神ノ側デノ」普遍と「物ノ側デノ」〔一三六〕普遍がまさに同一物だということ、われわれの感覚はわれわれの知能と同じくわれわれの身体組織にすぎないということ、あらゆる個別的組織は「全一体」という組織自体の一部だということ、「全一体」のどんな部分にも感覚の、生命の、動物性の、またいかなるものの否定もなく、あるのはただ極大から極少まで至る多くと少なくだけだということ、われわれが対象について持つ感覚と観念は、われわれを構成するものとしてのその同じ対象にすぎないということ、それらの対象はわれわれの諸部分に作用し、われわれの諸部分も常に互いに作用し合い、そこから記憶・精神・判断などが生じ、それらはこの作用、この構成自体にすぎないということである。この真理が論証するのは、「全一体」の内ではすべてが相互にたえず構成し合い、「全一体」は普遍的な複合物だということ、形而上学的なものと物理的なもの、一般的なものと個別的なもの、「全一体」と諸部分は関係性によってしか、比較によってしか存在せず、関係性と比較にすぎないということである。またこの真理が示すのは、創造以前の神なるもの、諸存在を無から引き出す創造者たる神なるもの、われわれからその神なるものへの関係性、三位一体、魂、習俗への裁可等々につき人間たちが作り上げた観念はみな、原初にはそうあらざるをえなかったように見誤られ十分展開されなかったこの真理に、われわれと他の諸存在を形而上学的に捉えたものであるこの真理に源を発しているということ、形而上学的に捉えたとは言い換えれば、われわれすべてを厳密に等しくするものの内で、われわれすべてが厳密に共通して持つものの内で、われわれを相互に厳密に結び付け、そこから一つの存在しか結果しないようにするものの内で捉えたということであり、そこから結果する一つの存在は、関係性で見るか関係性抜きで見るかによって「一」なるものか「唯一」のものか、「有限者」か「無限者」か、肯定的実在か「無」か、「全一体」か「全一者」かどちらかになるということである。(六一)

不合理なもの〔宗教〕が包み込んでいた闇の中から何年にもわたる労苦の末にようやく引き出せた数々の真理をほんの数時間で読める文書で知らしめ、それらの真理に足りないのはせいぜい二、三のもっとうまい言いかたにすぎず、それらの真理はすべてを説明し尽くし、それで決着のつかぬ大問題は一つもなく、それらの真理のみが初源的〔形而上学的〕な明証性の力で現行の世界をあるべき世界に変えられることを分別のあるすべての人に認めさせるに十分なことを、おそらく十分以上のことを私は語ったと思う。

これらの真理の力は相互の結合、相互の同一性から来る。この結合と同一性のため、その内一つを認めるか否定するかすればほかのすべても認めるか否定するかせざるをえなくなり、それらを否定すればあまねき経験に属する一切も、人が概念する一切も打ち消さざるをえなくなり、少しでも推論によってそれらを否定しようとすれば、それらを否定することでそれらを肯定するという結果にすらならざるをえない。これらの真理が今まで知られなかったのは、第一に外見というヴェールに被われて、第二にそのヴェールの厚さに極端な上乗せをする更なるヴェール〔宗教〕に被われて、これらの真理が極度に見えにくかったせいであり、第三に、それを統合して一体にさせられるほど十分にこれらの真理を見て取るのがきわめて難しかったせいである。統合して一体にすることのみが、事物の結合が与える
〔一三七〕力という理由から、読んで理解する能力のある人々にこれらの真理を論証して見せる唯一真なる方法だからである。(六二)

不合理なもの〔宗教〕が打ち壊されれば真理が残り、偽りの習俗が打ち壊されれば真実の習俗が残る。

お読みいただいた上は、いかに納得されたかたでもさらに読み返していただきたい。今お目にかけたほど斬新な考えは、それに親しまなければならないからである。

(五八)　様々な存在を相互に分ける分割または分離はそれ自体としてあるのではなく相対的なものにすぎないから、すべての存在はそれ自体としては「全一者」という同じただ一つの存在にすぎない。さて、「全一者」とは真理であるから、したがってすべての存在は真理である。神を認識するには神自身であらねばならないと言われたが、御覧のように神が認識されたのはわれわれが神だからである。実際、われわれの告白自体からしても、神とは「全一者」でなくて何であろうか。

(五九)　「〈全一体〉の内では何物も、いかなる面でも、多くまたは少なくしか完全でない。〈全一体〉はあらゆる面での完成で、概念はされても見ることはできない。そしてこれは、それの諸部分ともはや区別されない時は〈全一体〉であるのをやめて〈全一者〉となり、関係性によって在るのをやめて関係性抜きで在るものとなり、〈二〉なるものであるのをやめて〈唯一〉のものとなり、肯定するのをやめて否定する。」

　習律状態における真理の展開は、ほぼ以上の内容に帰着しよう。これが子供らに真に教えるべき唯一の教理問答である。それでもこの教理問答を、われわれが子供らに教える教理問答と比較していただきたい。

(六〇)　そういう哲学者の一人であるダランベール氏は、宇宙とはもしかすると一つの大きな真理にすぎないのかもしれないと言った[二三八]。宇宙について持つ鮮明な観念を自らに展開していたら、「もしかすると」などとは言わなかったろう。この人はよそでも、万人が形而上学を知っているか誰も知らないかだとか、形而上学的な真実はすべての精神がその萌芽を内に宿す真実だとか、形而上学の良書で教わることはみな、われわれの魂がすでに知っていたことの一種の想起にすぎないようだとか言った[二三九]。こんな告白をした上で、われわれは「実体」とは何かの鮮明な観念を持てないなどとどうして考えるのか。形而上学の良書も頭に対して、巧みな楽器造りの手がクラヴサンやオルガンに対してすることしかしない。仕組みは根本的に同じである。

(六一)　五感の協力が第六感で、それによればわれわれはみな厳密に同一の存在である。この第六感を私は「悟性」と呼ぶ。「真理」を明るみへ出す前に、より確実にそれを明るみへ出せるよう「見者」教団というようなものを作ったら、その教団の秘法は人間の内での第六感の発達と呼べるかもしれない。

(六二)　真理に効果あらしめるためにも、われわれの法律状態を習律状態に変えるためにも、そういう人々だけで十分である。

（第五巻、ノート六）

真理をめぐる我らの哲学者の何人かへの工作

汝ラ、上ニアルモノヲ念《オモ》エ、地ニアルモノヲ聡《サト》ク知ランガタメニ

お知らせ

我らの哲学者〔啓蒙思想家〕の何人かにした工作の首尾をお知らせすると前にお約束した。以下のものをお見せするのは、その約束を果たすためである。偉ぶらない善良な精神の持ち主や、分別も誠意もある幾多の哲学教授・神学教授への工作は、いずれもみな成功していた。

ジュネーヴのルソー氏

は、拙作を読むように仕向けるため私が最初に工作した人である。取りかわした手紙からも、二人の文通が相互の信頼で支えられかけていたのが分ろう。この人はすでに私の思弁の二つの「献辞」と「序文」を見ており、真理を愛する者が事物の根底を学びたいと切に思うほどの興味を私はこの人に起こさせていた。本当なら、拙作を間違いなくこの人に見せたはずである。しかし、『エミール』とその著者の発禁・追放でこの文通は中断され、今に至っている。残念なことである。あのアクシデントがなければ、私は自分の哲学をこの人に知ってもらったろうが、ルソー氏がそれをどう受け取ったかは今もって読者に分らないからである。あの事件のため、この人はやむなく再び筆を執るようになった。お目にかけるとおり、二度と筆を執るまいと決心していると言っていたのに。

ド・ヴォルテール氏

は、もう長らく本を読む気がなく、疑うことしかしたがらない。事物の根底に関する新たな光には、よろず反対の肚を決めている、固く肚を決めている。第三者を介したこの人への工作は、三通の手紙に同じ数だけの結構な返事を貰うだけの効果しかなかった。ダランベール氏も同じである。これが我らの哲学者たちなのだ……

『自然』という書を書いたロビネ氏〔一四〇〕

は、私との文通がいちばん長く続いた哲学者の一人で、その文通は過去および未来のあらゆる反対者への答としても使えるので、ここで紹介するのが特に有益なものである。未来のというのは、この種の反対者が現われることがありうるとしての話だが。まず最初に、拙作を見せられる前にこの人が伝聞に基づいてした反論をお目にかけよう。それには私の返事を添えておく。この人と私の関係はほぼ常に第三者のヴォワイエ侯爵殿〔一四一〕を介していた。私の思弁を読んでもらった上でこの人を真理へ獲得するためにした努力も残らずお目にかけよう。すべては全く無駄に終わったが。

イヴォン師〔一四二〕

は『百科全書』の形而上学者で、手近にいたためこの人への工作はいちばんしたが、今までのところ効果はなかった。俎上に上った問題についてこの人自身が論じるのを聞いたら、後段で紹介する「討論」や、私とヴォワイエ侯爵殿の返事に引かれるこの人の手紙の抜萃を全部読んだら、そのことに驚く人はいないだろう。侯爵殿が同師を回心させるのにひどく御執心だったため、この人は侯爵殿に無理を言って、私の考えがよく分るようにと、私の思弁の写しを一冊届けさせたりもした。

拙作の冒頭でお目にかけた「要約」は同師のために作ったものである。その「要約」の最後にある「手紙」は、私に反対したがる者が誰であれ一読再読すべきものだが、この手紙も同師に宛てたものだった。

*

……光アリキ、而シテ暗黒《クラキ》ハ之ヲ悟ラザリキ……〔一四三〕

ジュネーヴ市民ルソー氏への手紙と返事

〔一四四〕
手紙一

拝啓、今まであれほど探し求められてきたあの形而上学的真理が、すべてを説明し尽くして、それなしには異論を許さぬ道徳などない真理が遂に存在するようになり、ほんの数時間で読める手稿の内に展開されている、しかも、そこから必然的に出てくる習俗は、貴方が著作でわれわれをそこへ呼び戻しておられる習俗とほぼ同じものだ——ということがもし確かでしたら、貴方はさぞかしその手稿を読みたくおなりになるでしょう。それは、貴方がその真理を知るにふさわしいおかたであるのに劣らないでしょう。さて、これは事実なのです。そういうものが存在しているのです。誰よりも進んで貴方に私はそう耳打ちして、まず手始めに手稿の「序文」をお送りいたします。

今回はこの数行だけに止めます。御返事をください。私はおそらく、貴方から信頼のお返しを頂く価値が最もある者の一人ですから。

敬具

〔一四五〕
返事

拝啓、貴方の「序文」を受け取った時は体調が良くなかったので、読める状態になるまで御返事を延ばしました。なんとも奇妙な謎をかけて読む者を当惑させ混乱させるおつもりだったら、こと私に関しては貴方は完全に成功されたことになります。こんなふうに世捨人の安息を乱すことなど、貴方はおそらくしないでも済ませられたでしょうに。貴方が相手になさるのは、各種の禍の中でも慰藉としてはおのが信仰の素朴さしかなく、現世で慰めてくれるのは来世の希望しかないような者なのですから。哲学者を相手にしていると貴方はお考えですが、それは間違いです。私は非常に学のない男で、学を積もうなど思ったこともありません。ただ良識は時としてあり、いつでも真理を愛しています。

それでも、貴方の「序文」について何か言えとおっしゃるのですね。さあ、なんと申しましょうか。貴方がそこで予告なさる説はあまりにも理解を絶し、あまりにも多くのものを約束するので、どう考えたらいいか私には分かりません。それについて私が抱く混乱した観念を何か既知のもので言い表わすとしたら、スピノザの説と関係づけるところでしょう。しかし、スピノザの説から何か道徳が出てくるとしても、それは純粋に思弁的なものでしたが、貴方の道徳には実践的な法がおありのようです。それは、これらの法を裁可する何かを前提にしています。

貴方は御自分の原理を最大の抽象の上に立てておられるようにお見受けします。しかし、一般化し抽象するという方法が私にはひどく胡散臭いのです。われわれの能力とはあまりにも釣り合いませんから。われわれの感覚は個物しか示しません。注意がそれらの個物を分離し終え、判断力がそれを相互に比較できますが、それで全部です。すべてを統合しようとするのはわれわれの悟性の力を超えることで、乗っている舟を外のものに何も触れずに押そうとするようなものです。われわれは帰納によって部分から全体を或る程度判断しますが、貴方は逆に全体の認識から部分の認識を演繹なさろうとするようですね。私にはそれが全然分りません。分析的な方法は幾何学では結構ですが、哲学では全く無価値だと思われます。この方法が誤った原理によって不合理へ導いても、哲学ではそれが十分感じられないからです。

貴方の文体はとても結構で、内容に即しています。御本がよく書けていることを私は疑いません。貴方には思考力と英知と哲学がおありです。こんなふうに御自分の体系を予告なさると、その体系は興味深いものに、不安すら誘うものになりますが、それでもなお、所詮は夢物語だと私は確信しています。貴方は私の意見をお求めでしたが、意見は以上のとおりです。(一)

敬具

(一)　私の「序文」をよく考えたら、それが告げるものについてルソー氏はもっとましな予測をしたはずだと思う。この人はわれわれの悟性の力について決めつけているが、その力こそ私がこの人に認識させようとするものなのだ。その認識があったら、この人は悟性の対象に舟の例など、つまり感覚的　対象の例など当てはめはしなかったろう。

手紙二〔一四六〕

拝啓、貴方の安息を乱すつもりなど私には毛頭ありませんでした。そんなことをしたなら、心から申し訳なく存じます。私にとって貴方は大事なかただからです。貴方は真理を愛しておられる、真理を認識することを熱望しておられる、と私は思っただけなのです。そう思って、胸の内を打ち明けたのでした。御返事にあった真理を愛するという告白を信じるなら、貴方の印章にある「真理ノタメニ命ヲ捧ゲル」〔一四七〕という銘を信用するなら、私がそう思ったのも間違っていませんでした。けれども、学を積もうとなど思ったこともない、慰めの理由を乱すことなど私はしないでもよかったろう、とおっしゃることとその告白や銘を並べてみると、もうどう考えたらいいか分らなくなります。私の考えを決めてくださるのは貴方の方です。私の主たる部分をなし、私の形而上学もひとえにそれのお蔭だった私の論理を満足させるような仕方でそうしてくださるのを期待するしだいです。

拙作の内容をめぐる貴方の推測には何もお答えすることはありません。ただ一つだけ申しておけば、貴方に予告した「真の体系」はスピノザの説でも、既知のいかなる哲学者の説でもありません。この体系の展開が間接的に、つまり他の諸説という飾りなど必要とせずに論証するのは、ほかの諸説はいかに対立し合うように見えてもみな極度に誤っていること、また、私がこの体系を全面的に開示することによってのみ、貴方がまだ御存知ないためあまりにも性急に対置なさったお考えも修正できることです。

私の「序文」の文体や、私の「体系」とお呼びのものの予告法を貴方は褒めてくださいます。もっと先まで進まれて、ああいう「序文」は真理を発見した結果でしかありえないと判断してくださるものと私は思っておりました。それはたぶん間違いだったのでしょう。貴方は反対に、「序文」の対象は夢物語にすぎないと判断なさるからです。でも、そう判断なさるなら、おっしゃるようにそう確信すらされるなら、あの「序文」が貴方の安息を乱したなどということがどうして起こりうるのでしょうか。

あの「序文」は精神的な放蕩にすぎないのではないか、あんなものを書いたのはなんとも奇妙な謎をかけて読む者を当惑させることだけが狙いだったのではないか、と貴方は疑っておいでです。そんな間違った考えはお捨てください。「序文」は拙作が果たさないような約束は何もしておりません。いやいや、そうではありません。間違った考えをお捨てになるのが怖かったら、捨てると損をするとお思いなら、お捨てになってはいけません。患者が錯乱状態を喜んでいた場合、そんな状態から患者を引き出した医者は間違っていたわけで、貰った報酬に値する〔反語〕ことをしたのです。それでもお教えください、私は貴方に助言を求めます。拙作に約束どおり真理の発見が含まれていたら、また至って自然な帰結ですが、最も健全で最も異論の余地のない、人間たちにも最も有利な道徳が含まれていたら、私は拙作をどう使うべきなのですか。

敬具

〔一四八〕返事

拝啓、このところずっと体調が最悪で、今でもたえず痛みに襲われ、字を書くこともままならないのを御存知いただけたら、御返事が遅れたこともお赦しくださるでしょう。

私が愛する真理は形而上学的というより道徳的なものです。私が真理を愛するのは嘘を嫌うからで、その点で首尾一貫しないのは不誠実な時だけでしょう。形而上学的な真理がわれわれの手の届く所にあると思えば定めしそれも愛するでしょうが、そんなものが書物にあるのを見たことがないので、そこにみつける希望をなくし、本による教育など私は馬鹿にしています。われわれに役立つ真理はもっと手近にあって、それを手に入れるのに学問のあんな大がかりな装置は要らないと確信するからです（二）。

哲学者がみんな約束しながらやりそこなったあの論証を御本が与えてくれることもありえましょうが、知らない理由に基づいて方針を変えることはできません。それでも、貴方の自信には頭が下がります。あれほど多くのことを、あれほど声高に約束なさるのですから。しかも、貴方の書きぶりは実に正確で実に道理がありそうにお見受けしますから、同じものが貴方の哲学になかったら驚きでしょうし、遠くまで目が届かない私としては、人が見られると思わなかったものが貴方には見えているのかもしれないと危惧すべきでしょう。その疑いが私を不安にするのです。と申すのも、私の知っている真理、私が真理と受け取る真理はあまりにも愛すべきものなのですから。その結果、私はとても安らかな状態にあって、損をせずにそれをどう変えられるのか見当もつきません。私の意見が論証済みのものならば貴方の御意見に不安を感じることも少ないでしょうが、正直に言って、私は納得する割には確信がありません。信じてはいますが、自分に欠けている知の良し悪しさえ知らないのです。その知を手に入れた上で、「私ハ天ノ高ミニ光ヲ探シ、ソレヲミツケタ末ニ呻イタ」〔一四九〕と言う羽目にならないかどうかも。

以上が、お叱りを受けた一貫性のなさの解消法です、少なくともその釈明です。それでも、求められて意見を言ったのに弁解せねばならないとはひどいことだと思います。私があえて貴方を批評したのは、貴方に喜んでいただくためにすぎません。私が間違ったということもむろんありえますが、誤りは私の咎ではないのです。

なのに貴方は、とても重大な問題についてなおも私に助言を求めておいでです。おそらく、私はまたまたトンチンカンなお答をすることになるでしょう。でもさいわい、その助言は、著者がすでに方針を決めている時にしかまず求めないようなものです。

最初に指摘したいのは、御本の仮定には真実が含まれるとはいえ、その真実は貴方に特有なものではないことです。それはどんな哲学者にも共通のもので、だからこそみんな自作を発表するのですし、真理は依然発見さるべく残されるのです。

付け加えれば、書物がそれ自体で含む良いものを見るだけでは不十分で、惹き起こすおそれのある悪いものも秤量しなくてはなりません。良い心ばえの読者は悪しき心や出来の悪い頭ほど多くはみつからないことを考えなくてはなりません。出版する前に、その本がなしうる良いことと悪いこと、利益と弊害をくらべてみなくてはなりません。二つの効果のどちらが優るかによって、出版の適不適が決まるのです。

貴方を存じ上げていたら、貴方の境遇や身分やお年を知っていたら、おそらく貴方に即したことも何か申せるでしょう。若いうちは危険を冒してもいいでしょうが、壮年期以後は生活の安らぎを危うくするのは無分別です。書物というものは悲しみほどの喜びを著者にもたらしたためしがない、と今は亡きド・フォントネル氏〔一五〇〕が言うのを聞いたことがあります。仕合わせ者のフォントネルがそんなことを言っていたのです。私の場合は、四十歳まで賢かったのですが、四十で筆を執り、五十前に擱きました。愚かな自惚れから筆を執った日のことを、幸福も安息も健康も雲散霧消して回復の見込みもなくなった日のことを、生涯呪わない日とてありません。御本の出版について貴方が助言をお求めの相手は、こういった人間なのです。

敬具

（二一）　書物の内に真理がみつからない時は自分の内に探すべきで、少なくとも賢明に疑って、真理の有用性を否定する結論など何も出さないようにすべきである。我らの人間観察家《モラリスト》的な哲学者たちが習俗に役立たぬとして形而上学を排斥するのを聞くと、私は毎度笑ってしまう。笑うのは、そういう時の彼らと、手の届かない葡萄の房を排斥した寓話〔一五一〕の狐がよく似ているからである。ルソー氏のように習俗の作り直しを目的としながら、そのためには習俗の彼方まで遡らねばならないこと、習俗の土台の作り直しから始めるべきで、習俗の唯一堅固な土台は健全な形而上学であり真の教義であることを知らないなどということがありうるだろうか。土台のない、少なくとも満足のいくような土台のないああいう破壊的な書物はみな、偽装にせよ本当にせよこの無知のせいなのである。それでも、打ち壊すのが目的の本ほど本来そうであってはならないものがどこにあろうか。

　この註を書き終えようとしていた時、私は一通の手紙を受け取った〔一五二〕。或る友人が、ダランベール氏に宛てたプロイセン王直筆の手紙を見たと教えてくれたのである。その手紙で同

王はあの哲学者に、形而上学をやっつける貴方の議論が気に入った、精神に大量の誤謬を詰め込むしか能のないものとして私はあんな学問を捨てる、と言っているという。この一事から、我らの哲学を判断してほしい。今世紀が哲学の世紀と名付けられるのが正しいかどうかも判断してほしい。形而上学は道徳の土台なのだから、形而上学を排斥することで哲学を作りなす一切を排斥するのかどうか——その点はまだ分らない。形而上学を或る者は戯言《たわごと》扱いし、或る者は虚妄にすぎないと言い、おのがじし、そこまで手が届かなかったのに復讐するため形而上学を罵倒する。手が届かなかったくせに、それでもきまって、無知と思い上がりから人にこう信じ込ませるのが狙いなのである。哲学者、それも特大の哲学者であるには形而上学など要らないということ、そのために必要なのは幾何学と自然学だけ、事実についての知識だけ、人間たちとそれの最も明白な誤謬についての知識だけ、俗衆の考えかたから何段か上に昇る力だけ、威厳ありげな口調と一般受けする文体で書く才能だけだということを。われわれの教義や、教養に基づくわれわれの習俗を弾劾しながら、その支点

たるべき形而上学を持たず、形而上学がそれに必要だとすら思わないのは、ただ弾劾するためにのみ弾劾することである。だから、当今の哲学者の大半はいずれもただの弾劾屋で、それ以上の何物でもないとみなさねばならない。そんな連中よりも私は常に、彼らがいかに馬鹿にしようと、開明的で誠実な信仰者の方を好むだろうし、真理にしても、哲学者よりこういう信仰者の内にはるかに良い話し相手をみつけることは疑いない。信仰者の方がここで言う哲学者などより真理をいっそう必要とし、したがって真理の価値をいっそう認識できる立場にないだろうか。その理由は、哲学者たちがすでに軛を振り払い、したがって、まるでそうする十分な根拠があるかのように自分の傾向と安心感に身を任せるのに対し、信仰者の方はいつも自分の傾向と矛盾を来たし、また自分自身に対してあまりにも誠実なので、哲学者を満足させる理由にも自分は満足できず、いつも窮屈な思いをし、いつもびくびくしているからである。さらに付け加えれば、信仰者には原理があるから、それに基づいて一緒に物を考えられる（これが非常に肝要なことだ）が、我らの哲学者たちの考えかた、行動の仕方の特徴は、根本的な対象については原理など一切持たないことにあるのである。

〔一五三〕手紙三

拝啓、〔二通の〕お手紙を拝見して、御本を読んで感じていた貴方への関心がいや増すのを覚えます。お手紙から浮かび上がるのは、大きな才能に恵まれながらも素朴で慎しい君子の姿です。でも残念ながら、健やかな人の姿は見られません。私が心底胸を痛めるのもその点です。目指す目的を達するための有効な手段とこの文通をみなさなかったら、御返事をくださるだけでもお疲れになるのを考えて、お手紙を差し上げるのも控えるところでしょう。目的が目的なので筆を執りますが、まず最初に、くれぐれも信じてください。私の目的は首尾一貫しないと貴方を責めることでも、貴方に弁明を求めることでもありませんでした。私の反論で目的地まで貴方をお連れすることだけが狙いだったのです。

貴方が道徳的真理を愛され嘘を嫌っておられることを疑えるのは、貴方の御本を読んでない者だけでしょう。私もそれを疑わないからこそ、貴方が愛されるものと嫌われるものを是非とも貴方にちゃんと認識していただきたいのです。ちゃんと認識してるさ、と貴方はおっしゃるでしょう。いいえ、そうではありません、私が主張するように、よくよく考えれば貴方も同意なさるように、形而上学的真理の正確な認識だけが道徳的真理の正確な認識をもたらせるということが本当ならば。ここで、パスカルの次の考えが思い出されます。「われわれの希望しうる永遠の善があるかないかによって、われわれのあらゆる行為と思想は異なる道をとらなければならないので、われわれの究極目的たるこの一点を見て歩みを定めることをしないならば、思慮分別のある歩みを踏み出すことは不可能である。それゆえ、われわれの第一の関心、第一の義務は、この問題について自己の眼を開くことである。われわれのあらゆる行為は、それの如何にかかっている。〔一五四〕」この考えを私は、形而上学的な確実性によってしか道徳でも確かなものは何も得られないという真理に還元します。昔から「宗教と習俗」と言われてきましたが、よく分析すれば、これは「形而上学と習俗」という意味でしかありません。健全な形而上学こそが真の宗教で、習俗を真に、またしっかりと裁可するものはこれだけなのです。

しかし、健全な形而上学がなくても、人間たちの習俗をできるだけ純化しようと努めるのが常に良いことではないでしょうか。私は何も否定しませんが、ただ、それでは空中楼閣を作るようなもので、やりかたとしても漠然としているのを貴方もお認めになるでしょう。はっきりした証拠をお見せすれば、習俗を変える必要を何よりよく感じさせてくれる貴方の御本も含めて、我らの人間観察家《モラリスト》たちの書物という書物も、あらゆる道徳原理が、少なくとも現状ではそれを実行に移す必要に関してはいまだに問題視され、われわれの同類の人間たちがすべての面できわめて不完全な存在であるのを妨げないではありませんか。

健全な形而上学が道徳にとって有益なこと、必要でさえあることに二人の意見がひとたび一致したら、もはや問題は、その健全な形而上学が現に展開されているかいないかということだけでしょう。そうなれば貴方も、私が書いたものを読みたくおなりにならざるをえないでしょうし、私もそうなってほしいと思います。でも、それは貴方の得になるでしょうか、損になるでしょうか。光を得たことで貴方は得をなさるでしょうか、なさらないでしょうか。それは貴方がどういう感情をお持ちかによりますし、これは私によく分からないので、その点については御満足いただくわけにいきません。貴方を啓発した上で、同じように啓発された人間たちの社会へ貴方を移住させられたら、得をなさると断定的に言えるでしょうが、そんな人間は存在しないのでそれはできません。真理の認識が人に利益をもたらせるのは、その人に固有の光がまわりの人々にも固有のもので、その認識を周囲と共有するかぎりでなのです。

真理を発見したと本心から主張した哲学者が一人でもいたとは思われません。なぜなら、人一倍独断的なエピクロスやスピノザも含めて、哲学者たちはみなそれぞれ、真理に依存するあらゆる現象を自らの体系で説明しているわけではなく、解明すべき無数のものを後《あと》に残していることを、無知によるのでないかぎり自分に隠せなかったからです。これはベールがスピノザの体系にする非難〔一五五〕です。あの先生たちももっと道理を弁えていたら、すべてを明らかにしないなら何も明らかにしていないこと、無神論のように恣意的な道徳しか出てこない体系はみな真の体系でないことを感じたはずで、したがって、十分啓発されることも十分きちんとした生きかたを相互にすることも永久にできないという人々の絶望感を、著作を公にすることで増幅するようなことはしなかったでしょう。

物を書きたいというかつてのお気持をあんなに黒々とした筆で描かれ、そんな気持はもうないなどとおっしゃるとは、私は貴方を呪います。書かれた御本は貴方の最大の名誉をなすもので、それを弾劾した小人たちも今ではそうしたことを恥じています。ですからどうか、御本を違った目で御覧ください。しかるべき人々の楽しみをなす著作の数々が著者には責苦で、おそらくその病苦の一因をなすなどと言ってほしくないのです。

敬具

返事〔一五六〕

拝啓、手紙をお読みになって私に好意を寄せてくださるのを大変嬉しく存じます。貴方のお手紙が私に及ぼした効果から見て、これは当然のお返しでしょう。動くことも書くこともままならぬ状態なので、今はもうほとんど誰にも返事を出さず、概して高くは買っていない文人宛の返事など特にそうですが、それでも貴方にだけは正確にお答えするのを相変らず喜びとも義務ともしております。これは事実で、そこから帰結を引き出すのは貴方のお仕事です。

最初のお手紙と、とりわけ貴方の「序文」を拝見した時から、お書きになったものを読みたい、御本を入手したいと私は熱望しておりました。こんな状態で、根を詰めることがまず不可能なのに、その欲求は今も私から去りません。

もっとはっきりその気持をお伝えしなかったのは、ああいう御本に対しては慎みがそれを許すと思わなかったからです。公表なさる前によくよくお考えくださいと前に御忠告しましたし、同じことは今でも申しますが、私個人としては、ゆっくり御本が読めるように、それを思索できるように、出版の近からんことを願っています。ですから、その欲求を私に吹き込むのがお手紙の目的だったら、とうに貴方は狙いを達しておられます。

私と同じく貴方の原理を採用した人たちと一緒に暮らしたら、それを採用することは私の得になるだろう、と貴方はおっしゃいます。それはそうでしょう。でも、そういう条件を付けたら、どんな道徳でも論証されてしまいます(三)。善には善で返したら徳が人類の幸福をなすことは火を見るよりも明らかですが、悪人たちの間にいてしかも善人であることが現実的・現世的な利益になるなどというのは化金石をみつけるようなものでしょう(四)。

書いたものが私に悲しみを与えたとしても、それは一般読者からでも批評家からでもないとお考えください。一般読者には私は満足しきっておりますし、批評家のものは絶対一行も読まないことを鉄則にしていますので、そういう人が私の安息を乱すことはありません。私の悩みはもっと胸にこたえるものです。心の通い合いの内にだけ幸福を求めてきた人間にとって、取るに足らない評判のせいでそういうつながりがことごとく断ち切られ、愛してくれていた友人たちがライヴァルに、不倶戴天の敵になり、自分の幸福をなしていた友情の鎖のかわりに、四方八方から背信の罠に搦められてしまったというのは、なんとも酷《むご》い話ではありませんか。私のような者には心の慰めなどたえてなく、初めて筆を執った日のことを生涯呪わぬ日とてないような禍とはこういうものです。無名で愛されていた頃の私は仕合わせでしたが、名が出た今は最も惨めな存在として生きています。このまま死んでゆくのでしょう。

敬具

(三) 良いもの、道理に適ったものであるのを論証できる唯一の道徳とは、真の形而上学的原理から出てくる道徳である。そういう道徳によってのみ人は幸福になれるし、真の形而上学的原理に導かれてそれを実践するようになった人々とともに暮らせば、確実に幸福になるはずである。

(四) 悪人たちの間にいてしかも善人であるのが現実的・現世的な利益になるということがけっして論証できないのは、このテーゼがその本性からして、好きなだけ賛成も反対も言えるからである。しかし、精神的〔心証的〕な厳密さを以て論証でき、現に私が論証したのは、悪人も背徳漢ももういなくなり、相互に平等な万人が互いに善には善で返し合うように協力し、ほかのやりかたなどできなくなる手段である。ルソー氏はこのことを把握しなかった。それが一因で、前註の問題とも相俟って、次の手紙に見るような仕方で私はこの人に答えたのである。

〔一五七〕手紙四

では、私のものをお読みになりたいのですね？　それなら、作品を発表しなくてもできるでしょう。取りあえず、冒頭にある二つの「献辞」の写しをお送りします。

これらの「献辞」を貴方はなんとおっしゃいますか。私の方はこう断言します。拙作がしっかりと、実に明白・明瞭に裏付けないことを「献辞」は何ひとつ言っていない、と。それを納得なさるには二度読まれる必要も、一度目に大汗をかかれる必要もないほど明白に、です。

真理というのはこの世でいちばん単純なものですが、われわれの社会状態の運びがまずく、われわれは単純なものからひどく隔たった存在ですので、真理を発見するため私は何年も考えに考えましたし、さして厚くない本一冊を書き上げるのに千枚以上の紙をまっ黒にしました。今は出来栄えを楽しんでいるところです。自分には大変手間がかかりましたが、他人にはあまり手間がかからないほど実によく論証され、実にはっきり表現されているのが見られますから。

拙作は発表されたら、誰がなんと言おうと功を奏するものと思います。上げない効果などどこにありましょう。とにかくそれは、人の世を綺麗さっぱり大掃除して、最も基本的な道徳関係〔社会関係〕が人間たちの間に存在するのを阻むあらゆるものに終止符を打つわけですし、それの明証性からは明らかに、習俗をほぼまるまる変えるという結果が生じるのですから。ただ、効果がいっそうよく、いっそう速かに上がるには、本にして人間たちの上から雨と降らせる必要がありそうですが、今の私の立場では、そういう手段にはまるで手が届きません。一度印刷するだけでもどうしたらいいか分らないほどだからです。新聞雑誌に匿名で二、三泡沫文書を載せたほか、私は何も活字にしたことはなく、知り合いの印刷屋など一人もいません。貴方のようなおかたにはもう知られても怖くありませんから、ここで仮面の名前を申しましょう。私は……といいます。身体面でも精神面でも自分をありのまま描いて差し上げれば……です。これだけでももう自分のことを喋りすぎましたから、貴方に話を戻しましょう。

形而上学的真理を貴方に認識していただいた上で、同様にそれを認識する人々の社会へ貴方を運んで行けたら、その真理を認識することで貴方は定めし得をされるだろう、と申し上げたことについて、お手紙にはいくつかの道徳的考察が載っています。その考察については何も申しませんが、ただそれは、二人の間で問題になっていることを貴方が皆目御存知ないのを証明していることだけは言わせてください。そのことを知らないかぎり、形而上学的ないし道徳的な考察をしたところで、正確でありうることは不可能なのです。貴方の形而上学的考察についてはすでにそのことを申しましたから、道徳的考察についてもまた同じことを言うのをお許しください。私の申すことを貴方の考察への批判、性急すぎた判断への批判と御覧になりませんように。事情がもっとくわしく分るまでそんな考察や判断を手控える真当な理由とみなしていただきたいのです。これまで貴方としてきた考察をここで逐一思い出してください。それは純粋に予備的なものですが、予備的にすぎないからとて効用が減るわけではありません。ですから、私たちの手紙は拙作の巻頭を飾るのに打って付けで、とりわけ、書信の半分は貴方のものと一般読者が知れば、こんなに素晴しい予告篇は拙作にありえないほどでしょう。私の目的は、お手紙を差し上げて貴方から信頼を得ることにありました。拙作を御覧になるまでもなく、そこには真理が盛られていると確信なさるほどの信頼、と言いたいところですが、読まれた上でなければそれは無理なのでそうは申しません、真理が盛られていると賭けてもいいと確信なさるほどの信頼です。

こんな名もない私にはとりわけ、書いたものを読みたいという気持を貴方に持っていただくのに、ましてや、私たちの手紙が拙作の前置きになった場合、ほかの人たちにも同じ気持を持たせるのに、これに優る方法は使えなかったということを貴方もお認めになりましょう。

私の形而上学が打ち立てる真の中庸に基づいて、私の道徳も何事によらず中庸を求めますが、貴方の方は極端にはしっておられるようにお見受けします。なんたることですか！　貴方が感じやすいお心の割にはとても激しい悲しみの種を抱えておられるからとて、貴方がそれに負けてしまわれ、厭人癖《ミザントロピー》に立てこもってあらゆる社会から御自分を隔離なさらなくてはならないことになるのですか。さあ！　御自分の理性を呼び戻してください。お心を理性の叱責に晒してください。人間とは所詮あんな造りのものなのですから、その背信を貴方ほど深く悲しむのは人間というものを買い被りすぎるのだと、よくよく御自分に言い聞かせてください。かりに貴方のおそばにいたら、たとえば貴方が私に会いに来られたら（馬鹿げた申し出です。ギリシャの哲学者たちは探す真理をみつけるためインドまで行くのも恐れなかったわけですが、今はもうそんな時代ではないのですから）、私はきっと、貴方はどんなに大人物でもただの子供にすぎないのをお見せして、泣いた御自分を笑いたいような心境におさせしようとするでしょう。　敬具

〔二五八〕返事

〔二五九〕御本を出版なさりたいのはよく分りますし、お持ちでない便宜を図って差し上げるだけでしたらお安い御用で、貴方にも、おそらくは世の人にもささやかながらお役に立てるでしょうが、ただ、貴方になんの危険もないことを立証してくださらなければ、そんなことを金輪際私から期待なさってはいけません。

〔二つの〕「献辞」は面白く拝見しましたが、一つは余計です。御本を世の人と友人に同時に捧げることはできません。詩形式のものにある「神々」という単語は、読む者をおじけづかせます。大胆とさえ言えるそういう率直さは嫌いではありませんし、私も時にはそれを発揮します。発揮しても別段どうということもないのは、私には係累がないからで、また思い切ってすべての人を最悪の立場に立たせるからです。でも、貴方が同じことをおっしゃるわけにはいきません。

人間たちから保護されるというお考えは、私にはいささかロマネスクに見えます。人類に保護される人などいたら、その保護は全く名ばかりのものでしょう。人類など何物でもないからです。何物かであるのは権力だけですが、貴方

もきっと御存知なくはないように、この世の何事についても権力は世人と同意見ではありませんし、ありえません。「序文」のあちこちで前にも気が付いていましたし、「人間たちへの献辞」でもまた気が付きましたが、貴方の文章は時々多少ごたごたしています。特に形而上学の本では、その点に御注意ください。貴方の文体ほど明快なものは知りませんが、文章をもう少し切り代名詞をいくつか削ったらもっと明快になるでしょう。

お手紙を読んで私は貴方が好きでしたが、肖像を拝見してもっと好きになりました。書き手が公平を欠くことすら警戒してはおりません。それはまさしくこの人の肖像だからで、この人が考える良い点はむろん全部信じます。慎しいといって貴方が褒めてくださったのはおぼえており、それは嬉しいことですが、でも白状すれば、慎しくしないだけの勇気のある人たちが私はいつも大好きでしょう。貴方はきっとお書きになった肖像に似ておられるものと確信します。これは大変喜ばしいことです。それに、自分で自分を描いた時は必ずやよく描かれているに相違ありません、似ていない時でさえも。

貴方はたいそう御親切に、推論が不正確だと私を叱りつけられます。お気付きになりましたか、私は或る種の物が実によく見えるのですが、それを比較する腕はないのです。命題はかなり豊かに湧き出るくせに、帰結は一向見えないのです。貴方の神々に当たる秩序とか方法とかいうものが、私には恐怖の的なのです。なんでも個々ばらばらにしか目に映らず、手紙でも自分の考えを連結するかわりに香具師《やし》のような跳び移りをし、貴方がた大哲学者はそれでまっさきに騙されてしまわれるのです。

会いに来たらというお申し出は馬鹿げたものとは思いません。人生というのはそういうことに使うためにしかないのですし、知恵と称するものがやる愚かな使いかたこそ馬鹿げていると思われます。ただ、その計画は馬鹿げていないかわりに実行不可能ではないかと私は大いに恐れます。第一に、「オシノビ」というのが至難に思われます。逃げ出しても気付かれない仕合わせな立場にあるという幸福に私はもう恵まれておりません。事業や損得による係累がないとはいえ、それでいっそう自由なわけではなく、友情というもっと強いしがらみがありますし、しがらみに見えるだけなのにそれでも私をがんじがらめにしたしがらみすらあります。さらに、或る種の名声のため多くの目が私に注がれていて、自分の行動をそれから隠すのは容易ではありません。ささやかな世帯のようなものもあり、十四年間仕えてくれてお蔭で私が生きていられる家政婦もいます。どこへ行くか言わずに私が出て行ったら、彼女は捨てられたと思うでしょうし、口の堅い女とはいえ、行く先を私が言ったら秘密を守れないでしょう。それに、私は変名を使うこともミサへ行くこともしたくありません。こういうことが「オシノビ」と両立できたら、そんなに嬉しいことはありません。文筆家のすすけた空気は私に毒で、私を殺します。こんな呪われた雰囲気からいつか外へ出られたら、死ぬまでにもう一度胸いっぱい呼吸できるでしょうが、そんな希望はもう持っておりません。この中で窒息して死ぬほかありません。

しかし、最大の困難(五)は嘆かわしい体調から来ます。こんな有様では本当に、旅行の計画などおしなべて気違い沙汰になりますが、快方に向かうのを期待する理由ももはやほとんどありません。御存知ですか、これを書いている今も非常に痛い排出管《ソンデ》を体に入れていて、部屋の中を四歩歩くのがやっとですし、それを使うのを八時間以上やめたら、とたんに膀胱が完全に閉じてしまうのです。なんとも旅行に便利なものではありませんか。どうですか、御意見は？この状態が変わらないかぎり、今はどう見てもそんなことを考えるわけにいきません。この冬がどう過ぎるかも分りません。発作だけでも大変長引きますし、進行したら治まることはもうないでしょう。

これが大の障害で、ですから春までは何も決められません。今のところは、お会いしに行くことを心から望んでおり、その気持はこれからも変わらないでしょう。あとのことは私の一存ではどうにもなりません。

(五) ルソー氏にはもっと大きな困難が何かあるのではなかろうか。私には分らない。こういう人の誠意に疑いをかける勇気はない。

〔一六〇〕
返事

（それが答えている元の手紙は写しを保存していない。この人の『教育論』〔『エミール』〕が今印刷中だというのは本当かどうか尋ねたものだった。)

親愛なる哲学者、貴方のことが気がかりでしたが、お便りを頂き、私を思い出してくださったのを知って安堵しました。この冬より多少体は持ち直しましたが、旅行を企てられるほどではありません。その旅は私を未知の国へ連れて行くはずとはいえ、その国はきっと貴方が主張なさるほど遠方ではないのでしょう(六)。というわけで、当にすることをあんまり学んでいない奇蹟でも起きないかぎり、残念ですが、おそばで味わえると期待していた喜びは諦めます。教育をめぐる夢想を集めた本を印刷に付したのは事実で、話によると今にも出るそうです。しかし、その本はもうずっと前に出来ていたもので、貴方から初めてお手紙を頂いた頃にも、すでに原稿はとうの昔に私の手から離れていました。一年有余も本屋の手にあります。『社会契約論』という小論も同じで、それもオランダで印刷させたものですが、『教育論』より先に出るはずでした。しかしその本の話は聞かず、どうなったか分りませんし、心配してもおりません。本当を言うと、この二作はほかよりずっと落ちるからです。こんなものが貴方の哲学の目に触れるのを私は願っておりません(七)。こういう惨めな状態のため、書類入れに残っているものを味噌も糞も利用するように強いられなかったら、私はおそらく発表したりしなかったでしょう。

なお、貴方がおっしゃる全五巻の版とは何のことか分りません。私はこれまで自分の著作集など作ったことも見たこともありません。ただ、命があったら、今後二、三年のうちに一度だけ作るつもりです。これも前述の理由からです。その後《あと》は、何が起ころうとも、世間の人が私の噂を聞くことはなくなると保証いたします。だいたい、筆を捨ててもうじき三年になりますし、生涯二度と執るまいとこれまで以上に決心しているのですから。

さようなら、親愛なる哲学者。もうただの老人にすぎないとはいえ、私はいつまでも人の真価と才能を愛するでしょう。一度はお寄せいただいたのですから、いつまでも私に友情をお持ちくださり、時々は消息をお知らせください。

敬具(一六二)
ジャン゠ジャック・ルソー

（六）　おやおや！　私の哲学を知らないくせに、この面で起こりうることがなんで分るのか。

（七）　私の手紙からこの人はきっと、その二作は内容的に私の賛同を得られまいと判断したのであろう。その判断は正しかった。後段で紹介してもいい、拙作に関連する断片の中でもっとくわしくお見せできるとおりである。

私の思弁への興味を掻き立てるためヴォワイエ侯爵殿がした三度の理論的工作に対するド・ヴォルテール氏の返事

返事一

フェルネの城にて、一七七〇年十月十二日

拝啓

貴方のような宿場長が〔一六二〕『自然の体系』〔一六三〕の著者をあんなに手きびしくやっつけられるのは意外ではありません。フランスの宿場長というのは皆さんとても頭がおよろしいようですが、お手紙の発信地のシャントルー〔一六四〕の城はまた格別です。レ・ゾルム〔一六五〕の城のありようも同じで、とても楽しい数日をそこで過ごしたのを覚えております。

コルマールで御機嫌伺いをした時は、貴方が哲学者とは存じ上げませんでしたが、今はれっきとした哲学者でいらっしゃいます。私など足もとにも及びません。私は疑うことしか知らないのですから。シモニデス〔一六六〕という男を御記憶ですか。お手紙にあるようなことをどう思うかとヒエロン王〔一六七〕に訊かれて、答えるのに二カ月、次に四カ月、次に八カ月と猶予を求め、こう倍々にしていって、遂に意見を持てずに死んだ人です〔八〕。

それでも真理というものはありますし、神、魂、創造、物質の永遠性、必然、自由、啓示、奇蹟、等々、等々について人がどういう意見を持とうが、または持つふりをしようが、物事の流れは変わるまいと言うのもおそらくその一つでしょう。そんなことで支払命令書どおりに金が払われるわけではありませんし、インド会社〔一六八〕が再建されるわけでもありません。来世についての議論はいつまでも続くでしょうが、現世ではみんな我勝ちに逃げるのです……

お送りくださった著作を拝見して、私は著者を大いに尊敬いたしますし、こんなに離れているのをいたく残念に思います。[九] 老齢と病弱のため著者と再会する希望は持てませんが、息を引き取る瞬間まで、著者とその御一家への尊敬と愛着は抱き続けます。

ヴォルテール

（八） ド・ヴォルテール氏は意見を持たないから、問題はそれを持たせてやることだった。しかし、この人はそんなものは要らない、問題の件について人が意見を持つことすら望むまいと決めている。それでも、この手紙の口調からすると疑っているようである。

（九） その著作は、ヴォワイエ侯爵殿が自分の作としてド・ヴォルテール氏に送ったのではなかった。それは神学的なヴェールをかぶった私の思弁または真理の抜粋で、手紙ではそのヴェールを持ち上げて見せたのである。

返事二

一七七〇年十一月六日

拝啓

フランドルやドイツで御従軍の際、ペルシウス[一六九]の『諷刺詩』を携行なさったことがおありですか。今の問題にぴったりの、面白い句がありますよ。

つまらぬことだが、ユピテルをどうお思いか?[二〇]

御覧のように、ああいう問いは大昔からされているのです。それでも、私たちが当時より前へ進んだわけではありません。愚劣なあれやこれやが実在しないのを私たちは非常によく知っていますが、何が在るかについてはごくごく僅かな確信しかありません。[二一] 互いに啓発し合うのではなく、互いに分り合うということを始めるためにも、実に何巻もの本が要るでしょう。口にする単語一つ一つにどういう明瞭な観念を結び付けるかよく知らなくてはいけませんが、それだけではまだ不十分で、その単語が相手方の頭にどんな観念を浮かばせるかも知る必要があるでしょう。[二二] そういうことが全部済んだら初めて議論できますが、一生議論しても何事につけ合意などできはしません。

このささやかな問題が手紙で扱えるものかどうかお考えください。それに、御存知のとおり、公使が二人で交渉する時、どちらも自分の秘密の半分も相手に言うものではありません。

問題の件が真剣に取り組む価値があるのは認めます。でも、「錯誤と弱さに気を付けよ！」です（一三）。

一つだけ、慰めになるかもしれないことがあります。必要なものはほぼ全部自然が与えてくれていて、私たちが或ることを理解しないのは、おそらく理解する必要がないからだということです。

或る物が絶対的に必要なら、すべての人がそれを持つでしょう。すべての馬に足があるのと同じです（一四）。どこであれすべての人に絶対必要でない物は誰にも必要でないというのは、十分確信していいことです。この真理は安眠できる枕で、あとのことは永久に賛否の議論の種でしょう（一五）。

賛否を容れず、異論の余地のない真実性を持つのは、私が尊敬をこめた心からなる愛着を貴方に抱いているということです。

老いたる病人

（一〇） 問題は神をどう思うかド・ヴォルテール氏に問うことではなく、どう思うべきか氏に教えてやることだった。あの高名な作家には、華々しい引用や才気のほとばしりにくらべたら論理の欠如など物の数ではないのである。

（一一） 愚劣なあれやこれやが実在しないのを「非常によく」知るには、何が在るか学ばねばならない。

（一二） 認識させてやろうとすることに賛成する気があったら、互いに分り合うほど楽なことはないのがド・ヴォルテール氏にも分ったろう。真理と真理でないものでは事情が違うから、持つべきは真理の認識である。だが、真理にとって生憎《あいにく》なことに、判断が先に立ち、真理をはねつけるような立場に立たせてしまうのだ。

（一三） もっと気を付けるべきなのは、ここで問題の件につき、今知っていること以上に知るべきものはないと思う先入観である。

（一四） 真理は必然的に万人の内にあり、彼らにとって問題なのはそれを展開することにすぎない。絶対必要でないのはこの展開であって、ド・ヴォルテール氏がなんと言おうと、馬ですら足があることにこのような必要性はない。しかし、絶対的または形而上学的な必要性がないとはいえ、道徳的な必要性はあり、ド・ヴォルテール氏もそれは認めた。どんな作家もこの人ほど人間たちの蒙を啓こうと努力したことはないからである。

（一五）ド・ヴォルテール氏は懐疑という立場を選んだが、それでもここで、今証示した真理なるものは「安眠できる枕」で、「あとのことは永久に賛否の議論の種」だと断定している。我らの懐疑家的な哲学者たちはみな実に首尾一貫せず、自分の無知を打破できなかったのを理由に、われわれの無知は打ち克ちがたいと信じようと肚を決めている。しかし、真理の発見を告げてやる時、あらゆる人間の内で彼らをいちばんいやらしいと思わずに済む方法があるだろうか。前にも言ったとおり、私はそのことを予期していた。テストしてみたかったのだが、もうそれを疑っていない。

この人をさらに追いつめた手紙への返事三

一七七〇年十二月十四日

拝啓

お知らせしたつもりですが、私はとって七十七で、十二時間中十一時間半は加減が悪く、曠野が雪に蔽われると視力もなくなり、『市民日誌』（一七〇）がなんと言おうとパンにこと欠くこの小村で自分の墓のまわりじゅうになまじ時計工場など設立したため、自分の不幸以上に他人の不幸で圧しひしがれる始末ですし、物を書く体力も時間もめったになく、まして哲学者になる力などありはしません。サン゠テヴルモン（一七一）がウォラー（一七二）にした返事を私も貴方に申しましょう。生死の境をさまよっている時に、永遠の真理と永遠の嘘をどう思うかとウォラーに訊かれて、サン゠テヴルモンはこう答えたのです。「ウォラーさん、貴方は私を自分に都合がいいように考えすぎておいでですね」と（一六）。

貴方に対する私の立場もそれとほぼ同じです（一七三）。貴方はウォラーに負けないほど頭がおよろしいようで、私もほとんどサン゠テヴルモン並の年寄りです。あれほど物知りではありませんけれど。

私が六十年間虚しく探し求めてきたものを、暇つぶしにお探しになるといいでしょう。自分の考えを書きとめて、はっきり確かめ、自分を啓発しつつほかの人も啓発するというのはとても楽しいことです。

青年期から出たばかりの人に教わるのを恐れるような老人もいますが、それとは違うと私は自負しています。明日死ぬ運命にあっても、今日真理を貫えたら大喜びするでしょう。

今後とも、御家来衆を仕合わせになさり、昔からの僕《しもべ》たちを教育なさってください。（一七）しかし、アリストテレス、プラトン、聖トマス〔・アクイナス〕、聖ボナヴェントゥラ〔一七四〕などがいずれも鼻をへし折った事柄を手紙で貴方と論じることなど金輪際いたしません。そんなことより、私は怠け者の老人で、この上なく深い尊敬心を抱きつつ、心から貴方に愛着をお寄せしていると申し上げたいのです。

（一六）　重ねて言えば、問題はこの人の考えを訊くことではなく、どう考えるべきかこの人に言ってやることだったから、この小話はますますもって場違いだった。目的はこの人の好奇心を掻き立てて、それを充たしてやることだったのである。天分や才気や学識が必ずと言っていいほど推論に有害でなくてはならないのか。

（一七）　教育を受けられると当人が思ってもいないのに、教育する方法などあるのか。また、教育してくれと言いながら、教育しようと持ちかけるときまって逃げを打ち、受けいれないのはどうしてか。この人にとっての問題は、読書によって教育されたいと願うことだけで、予告されたものを論じることではなかったのだ。再三言ってあったから、この人としてもそれを疑うわけにはいかなかった。しかし、事物の根底をめぐる新たな光にはことごとく反対しようとこんなに肚を決めている人には、信頼の念などかけらもなかったのである。

ヴォルテール

『自然』という書を書いたロビネ氏との文通。私の思弁を読む前

MR〔「ロビネ氏」の略。以下同じ〕 DD〔「ドン・デシャン」の略。以下同じ〕の原理について話に聞いたところでは、「全一者」は関係性のない存在だそうですね。しかし、この人の原理によってすら、「全一者」と「全一体」の間には必然的な関係性があるじゃありませんか。

DD 「全一者」、または肯定的実在を否定する実在は、物理的なものとの関係性がない存在で、それ自体による存在です。「全一体」または肯定的実在の方は、物理的なものとの関係性による存在で、物理的なものによる形而上学的な存在で、物理的なものと同じく関係性と比較にすぎない存在です。

「全一者」から「全一体」へ、無限者から有限者へ、「唯一」のものから「一」なるものへ、永遠性から時間へ、測り知れなさから尺度へ、等々の関係性は否定的なものですが、「全一体」からその諸部分への関係性は肯定的なものです。

「全一者」から「全一体」への否定的な関係性は、必然的に「全一体」の存在を、したがってまた諸部分の存在を肯定します。それは「有限者」を同時に否定し肯定する「無限者」です。感覚的実在を同時に否定し肯定し、それゆえに矛盾そのものである「無」なのです。

「全一体」と「全一者」は、本質的に相反する二つの相で根本的に見た「実在」です。相反するものはそれしか存在せず、あとはみな対立物にすぎません、形而上学的な対立物であれ、物理的な対立物であれ。この「実在」の観念から、われわれは創造以前の神なるものと、創造者たる神なるものを作り上げました。同じく、物理的な人間と、道徳的な人間または法律状態のもとで社会生活をする人間の観念から、われわれはその神を、知性的で様々な道徳的完

全性を具えた存在に仕立て上げました。道徳的完全性を具えたというのは、つまり、われわれの様々な徳を最高度に具えたという意味ですが、そういう徳は、われわれが悪魔（一八）に持たせた自分の様々な悪徳と同じく、われわれの不幸な法律状態のせいで、われわれが未開状態または自然状態（一九）から出てしまったせいで存在するにすぎないのです。

（一八）「全一体」は二つの原理であり、二つの原理は一つのものにすぎないが、それらは形而上学的なもので、道徳的なものではない。

（一九）未開状態は法律状態の元であり、法律状態は習律状態の元に唯一なりうるものである。われわれが〔未開状態から〕社会状態へ移った時、道徳的〔社会的〕不平等を作り出したのは物理的〔身体的〕不平等とわれわれの必然的な無知だった。そして、不都合に充ち溢れるこの不平等からこそ、そしてわれわれの無知の打破からこそ、なんらかの不平等ではなく道徳的〔社会的〕平等が生まれうるのである（MRを相手に私がこういう詳細に立ち入ったのは、氏の好奇心を掻き立てて、私が書いたものを読むように誘《いざな》うためにすぎなかった）。

MR　「全一体」なしに存在できなかったら、「全一者」は絶対的な存在ではありえません。さて、DDの考えによると、「全一者」は「全一体」なしに存在できません。ですから、「全一体」と「全一者」の間にはどんな種類のものであれ必然的な関係があるわけで、ですから「全一者」は関係性なき存在ではありません。

DD　DDの原理では、「全一者」はけっして絶対的な存在ではありません。そういう存在なのは「全一体」の方で、それは形而上学的なあらゆる面で、配分的に捉えたその諸部分が制限付きにそうであるもので絶対的にあるわけですし、それはその諸部分の完成で、諸部分は相対的に多くまたは少なくしか、「全一体」がそうであるものでありえないのです（自然の内に多い少ないがあり、またそれ以上の何物もないのはそのためです）。「絶対的」という属性は肯定的な属性ですが、「全一者」は否定的な属性しか持てません。「全一体」に当てはまる肯定的な諸属性を否定する属性のことです。「全一体」に当てはまるというのは、なんなら、形而上学的真理である存在に当てはまると言ってもいいのですが、その形而上学的真理から道徳的真理ももともと発しているのです。

たしかに、DDの考えによると、「全一者」は「全一体」なしに存在できず、それは「全一体」がその諸部分なしに存在できないのと同じです。だから、「全一体」と「全一者」の間にはどんな種類のものであれ関係がある、だから「全一者」は関係性なき存在ではない、と反論されます。それに対してDDは、最初の反論にした答を参照させます。「全一者」は肯定的な関係性を持たず、それから「全一体」への関係性は否定的なものにすぎないという内容です。それでもここで、DDはこう注意するでしょう。事情に通じた人たちを自分に負けないほど十分納得させられるのは自作の全体しかないのだ、と。

MR　「全一者」から「全一体」への否定的な関係性はある、とDDも最初の反論への答で認めているようですね。だったら、「全一者」はいかなる関係性も持たないわけではないでしょう。

DD　肯定的なあらゆる関係性を否定する関係性しか持たないのは、いかなる関係性も持たないことです。さて、「全一者」はそういう関係性しか持ちません。あらゆる面で、「全一体」または現実（純粋に相対的な存在です）が肯定的にそうであるもので否定的にあるのですから。（二一〇）

（二一〇）「全一体」は形而上学的存在である現実と外見を兼ねている。さて、両者を兼ねるということは、より多くもより少なくも一方より他方でないということで、したがって形而上学的中間だということである。この中間は「現実」を意味する。外見は現実の最少にすぎないからである。しかし、中間が現実を意味するのはどうしてか。それは、現実の最大と最少との統一または相同からは現実しか結果しえないからである。ほかのあらゆる形而上学的対立物または形而上学的両極についても同じことが言える。善と悪、充満と空虚、運動と静止などもその中に入る。

それは万物の始め、終わり、中間

とヴォルテールが訳したオルフェウス（一七五）の詩句も、「全一体」に当てはめられるべきである。

MR　「全一者」から「全一体」への否定的な関係性が「全一体」の存在を、したがってまた諸部分の存在を必然的に肯定するなら、「全一体」はどうして絶対的な存在になれるでしょうか。その諸部分の完成または結果だというのに。

DD　「全一体」はその諸部分の完成または結果で、そうであるのが絶対的だということだからです。「全一体」は集合的に捉えたその諸部分のすべてで、それの関係性は自分から自分自身へのもので、「全一者」を「全一体」ならしめる種々の個別的関係性によってしか生じないからです。「全一体」は配分的に捉えたその諸部分と本性を異にし、配分的に捉えたその諸部分は集合的に捉えたその諸部分の帰結だからです。「絶対的」という属性は肯定的または形而上学的な属性でしかありえず、物理的なものとの関係性を言う属性でしかありえず、物理的なものには多くまたは少なくしか絶対的、肯定的なものはなく、その種の属性はみな「全一体」にしか当てはまらないからです。この属性を本来の意味に反して否定的な意味に取りたかったら、たとえば「独立」という属性の意味に取りたかったら、それを「全一者」の方へ移すべきでしょう。「全一者」も「全一体」と同じく理念的な存在ですが、だからといって存在しないわけではありません。「全一体」も同様です。

絶対的な存在とは、形而上学的なあらゆる面で、物理的諸存在が見かたによって多くまたは少なくしかそうでないもの、そうでありえないもので絶対的にあるような存在です。さて、その存在は「全一体」または形而上学的普遍で、「全一者」またはそれ自体としての普遍は同時にそれの否定であるとともに肯定です。それを否定することは、それを肯定しないかぎりできませんから。「全一者」である無限者または「否」は、「全一体」である有限者または「しかり」を否定すること自体によって肯定するのです。

MR 絶対的な存在とそれ自体による存在、「全一体」と「全一者」の間に違いを設けられるのは、形而上学的というよりおそらくスコラ的な区別と抽象の力によるようですね。

DD 「全一者」と「全一体」の、諸部分から独立して在る存在と諸部分に依存して在る存在の違いほど簡単なものはありません。でも、知っておくといいのは、諸部分からの独立というのも抽象でしかなく、抽象でしかありえず、「全一者」と「全一体」と「諸部分」は切り離せないもので、必ず一緒に存在していることです。

「実在」については本質的に相反する二つの見かたがあります。それ自体によって見るか、それを構成するものによって見るかです。それ自体によって見れば、部分を含意しない「全一者」になりますし、それを構成するものによって見れば、部分を含意する「全一体」になります。真理の発見とは、「実在」をこの二つの相で見て、次に両者を展開することにあったのです。

第一の相、つまり否定的な相で見る時はいかなる部分も捨象され、第二の相、つまり肯定的な相で見る時は部分のあれこれ、物理的なあれこれ、個別的なあれこれが捨象されます。私のする区別はこういうことに帰着するのです。ですから、「全一者」と「全一体」の間に違いを設けられるのは、形而上学的というよりおそらくスコラ的な区別と抽象の力によるのではなく、ごく簡単な区別と、「実在」の本性の内にあるその区別が必然的に求める二つの抽象〔捨象〕によるのです。

MRにしろ、道徳的・知性的な神なるものを不合理として脇へのけておくすべての良識人にしろ、「全一者」と「全一体」以外のどんな観念を「実在」について持てますか、作れますか。われわれは個物しか概念しない、とこの人たちは言うかもしれません。いいでしょう、「個物」という語を厳密に取らなければ、です。「個物」と呼ぶものが彼らにとって、実際そうであるもの、つまり様々な存在や、正しく言えば様々な部分にすぎないならば、です。というのも、個的〔語源的には「分けられない」の意〕なのは「全一者」しかなく、ほかのあらゆる存在は「全一体」も含めてみな複合物だからです。「全一体」はそれを構成する諸存在と本性を異にしますが。

そこで質問しますが、この人たちもたとえば自分に見えたり、想像力が自分に示せたりするあらゆる個物よりさらに先にある物として、どこまでも個物を概念しないでしょうか。つまり、自分が概念する個物の総体に限度を概念するでしょうか。必ずやノーと答えるでしょう。とりわけ、空虚は充満の形而上学的対立物で、充満の最少で、充満の否定ではないとか、「無」は「全一者」であるとかいう、私が論証することを知る時には。さて、概念する個物の総体に限度を概念しなければ、必然的に無限者を概念することになります。否定的存在である無限者について存在しうる唯一可能な観念は、否定的な観念だからです。

「全一者」が無限者であるように「全一体」である有限者はどうかといえば、この人たちはそれも同じく概念しています。概念しているのを見るためには、個物の総体をもはや単一のものとしてではなく、それを構成するもの、つまり部分として捉えた個物との関係で見るだけでもういいのですから。

でも、この総体とは何でしょうか。物理的なものの全体、または全部の個物とは何でしょうか。それはすべての存在です。そのすべてが「実在」をなし、関係性抜きで見るか関係性で見るかによって「唯一」の存在にも「一」なる存在にもなるため、「全一者」にも「全一体」にもなるのです。

しかし、否定的および肯定的なこの全体、この一般性、この普遍性はひと塊をなすのでしょうか、一体をなすのでしょうか。そうです。それは「実在」をなすのですし、「実在」は必然的に「唯一」か「一」かだからです。でも、一体をなすなら感じ取れるようにしてくれ、とおっしゃるのですか。物理的なものにこんなに身を任されて、貴方がたがそれに御執心なら、私としてもそうしてあげたいところですが、ただ、その全体が感覚的なものでありうるようにしてください。それを協力・一致した感覚（二二）の対象から、あれこれの感覚へ、あれこれの感覚の対象へ変身させてください。そうしたら、貴方がたが不合理に欲しがるものも得られましょう。その全体は貴方がたなのです、私なのです、存在するすべてなのです。それについて持つ概念はそれ自体にすぎないのです。私もそれだからこそ、それを展開するのです。それは貴方がただからこそ、貴方がたがそれを把握なされば、それの展開は貴方がたにとってただの想起にすぎないのです。

（二二）　私が「悟性」と呼び、「概念する」という語をそれに当てる諸感覚の協力は、初源的〔形而上学的〕真理であるものを与える。つまり、諸存在がみな厳密に共通して持つもの、われわれには個々の感覚によってあるにすぎないああいう感覚的な相違を諸存在の間から消滅させるもの、関係性で見るか関係性抜きで見るかによって諸存在〔の総体〕を無限者または有限者、「全一者」または「全一体」という相のもとに示すものである。事物の根底については、私も諸感覚の協力に基づいてしか何も書かず、何も証示していない。

MR　私は自分自身に対して十分誠実ですから、反論するすべてが自分にそう思われるのは肝腎の体系を知らないからだと思いますし、そのため、もっと深く究めたいという実に強い欲求を感じます。著作を見せてもらえたら、心から真理を愛する者に著者は大いに役立つでしょうし、それを容易にすることがヴォワイエ侯爵殿にはお出来でしょう。著作の明証性に私が兜を脱ぐか、この議論の重要性に見合った応答をして、強情を張る理由を申し述べるか、どちらかになりましょう。(二二)

(二二) そう約束してMRは私のノートをせしめたのだが、そんな約束を私が当にすべきだったかどうかは追って分ろう。

『自然』という書を書いたロビネ氏との文通。私の思弁を読んだ後

MR 侯爵殿、DDの形而上学的原子《アトム》の最後の渦巻きを同封いたします。言葉どおり信じてくださってもかまいませんが、私は全体系を一度ならず、何度も繰り返し読みました。ノートを取りながら読むことすらしました。「巨大ナ論争主題」です。今まで見たあらゆる形而上学の中でも、これほど洗練されたもの、これほど精緻なもの、これほど魅力的なもの、これほど巧妙なものはありません。というのも、ほかのあらゆる体系の皮を剥《む》いて、それを自分自身に変形してしまう体系とは、なんとも巧妙なものだと思うからです。それでも、私は納得しておりません（なんなら、恥ずかしながらそう申しますが）。まだ皆目分らないものがあるからです。たとえば「無」が実際に存在するとか、そこから結果するすべてとか。

さしあたり、二つのことを残念に思います。第一は、この形而上学の作者と口頭で意見を交換できないこと、第二は、この人の学識溢れる原稿を読んで私がした考察をきちんと整理する暇がないことです。御存知のとおり、編集者、共著者として企画した『百科全書』の補遺に時間を全部取られるからです。DDが希望されるなら、あの人の全体系もそれに載せましょう。ただ、そのためには短くして、冗長な繰り返しをなくし、もう少し秩序立った簡潔なものにする必要があるでしょう。あの人の言う習律状態は限りなく気に入りましたが、そこへ行く道は困難だと思います。貴方にとって困難なわけでも、私にとって困難なわけでもありませんが、それを打ち立てるには説得が至難な人たちの協力が要るからです。誰が鈴を付けるのですか。(一一三)

（一一三） 私のものを読んだくせにこんな質問をするとは、ありうる話だろうか。この人は前にも同じ質問をしており、私は自分が証示したとおりに、初源的〔形而上学的〕な明証性と、人間たちの最大の利益が持つ明証性こそが必然的に鈴を付け

るのだとすでに答えていた。応答ぶりからしてこの人は、私の答にあるものを全部見て取るという状態から程遠いようである。私の言う明証性がこの人には全然存在しないのだから、どうしてそれを見て取れたろう。明証性に圧服された上でなければ、明証性の力など分らないのである。

DD

MRの洞察力を高く買う私としては、あの人は私のノートを読むに際してこちらが当にしたほど注意を払わなかったのだろう、仕事にかまけてきっと払えなかったのだろう、と思います。注意さえしたら、全部理解したはずなのです（現にそうだったのをこれからお見せするように、本質的なものを見落としたら何も理解せずに終わるのですが）。次のことをはっきり見て取ったはずなのです。私に反対したら矛盾に陥るほかないということを。あの人も承認する私の道徳は私の形而上学の、もっぱら私の形而上学の帰結で、一方を承認すれば必然的に他方も承認するのだということを。私が十全な明証性を与えていたということを（それは初源的〔形而上学的〕な明証性からしか起こりえません）。かりに自分が負けて逃げ出す口を探しても、そんな出口はどこにもないような思想の円環の中に私が閉じこもっていたということを。そしてあの人は、私のノートを読み終えた時、単に納得しただけでなく、あえて言えば確信を持ったはずなのです。まだ分らないものがある、たとえば「無」が実際に存在するとか、そこから結果する一切だ、とあの人は言います。ここで篩にかけて、それを吟味してみましょう。私が「無」に存在の現実性を与えないばかりか、「無」は存在の現実性一切の否定だと言っていることを、拙作の二十個所もであの人が見たはずだということは異論の余地がないからです。だから「無」は存在しないのだ、という結論をあの人は引き出すのでしょうか。そんなことをしたら、私のものを読んでも読まなかったということをまたまた証明してしまいましょう。これほど重要な真理を見落としたら、きっと、真理の連鎖を見て取って確信を抱くという状態からは程遠いのでしょう。その時は私の思弁も、形而上学的原子《アトム》の渦巻きにすぎなくなるにきまっています。現にMRの目にはそう映っているようです。あらかじめそうなると見越していたら、私としても、あの人には到底見えない原因の、つまりは明証性の必然的な結果を証明してやろうと、あらかじめわざわざ努力などしなかったでしょう。あの人が私を気違いとみなさなかったただけで御の字です。
〔『百科全書』の〕補遺に私の体系を載せることをあの人は提案しています。(二四) 私の言うことを理解して拙作を価値相応に評価しないかぎり、そんな提案を受けいれるわけにはいきません。理解しないため価値も分らず、説明もできない人に拙作を委ねるのは間違いでしょう。口頭で私と意見を交換できるようになるまで拙作を一切使わないように、そこから写したものは全部火にくべるように、できればそれを忘れてくれるように私は要求すらします。あの人の誠実さも私に代ってそれを要求するでしょう。

賛同を拒む場合は強情を張る理由を申し述べるとあの人は約束しましたから、当然私は、あの人と自分の間でそれをめぐって文書による論争が起こるものと期待していました。拙作をあの人に見せるのを許そうと決めたのも、果たされたら素晴しい場を与えてくれるその約束があったからにすぎません。(二五) なのに今になって、仕事にかまけて約束を果たせないとあの人は弁解する始末です。

予期しなかったこの弁解から、私は二通りの結論を出します。心から真理を愛するとあの人が書いたものを私は持っていますが、本当は真理などあの人にはどうでもいいのか、拙作が真理を認識させてくれるという希望をあの人がなくしたかです。その点にほんの僅かでも望みがあれば、心から真理を愛する者として、自分の仕事を多少削ってもそれに打ち込んだに相違ないのですから。(二六)

最後にあの人は、拙作はもっと秩序立った簡潔なものにしなければ、冗長な繰り返しをなくさなければ、と言います。こういう著作にそれほどの秩序が要るのですか。また繰り返しですが、真理の展開は繰り返しによってのみ存在しうるのを見落としてよかったのですか。あの人相手では、これでもまだ繰り返しかたは足りません。なにしろ、「無」は現実性一切の否定だと拙作で二十回も言ったのに、それでもあの人は私が「無」に現実的存在を与えているなどと言い、たぶん、「無」が存在するのをあくまでも認めまいとしているのですから。

私はたしかにMRの僕《しもべ》ではありますが、あの人にこう言ってやるのを許してほしいと思います。『自然について』の著者からは何かもっとましなものを期待していた、書物を信用するのはもうやめる、今までそれを信用したのも、大体において、メセナのヴォワイエ侯爵殿にあまり反対したくなかったからにすぎない、と。

MRが私の思弁に多少の讃辞を呈してくれたことには感謝します。しかし、自分の思弁への讃辞は確信から来るものしか受け付けないことをあの人に知ってもらうべきでしょう。そういう讃辞に値しなかったら、世に受けいれられる諸体系からはみ出たようなほかのあらゆる思弁と同じく、私の思弁も火にくべる価値しかありはしません。

（二四）『百科全書』補遺の分厚い七巻本を一杯にするためMRには埋め草が必要なので、自分が担当する巻を拙作で充たせると判断したのだ。あの人の好奇心にはそういう目的しかなかったのである。その後、諸般の事情から私はそう思わざるをえなくなった。

（二五） 私の考えを理解することと私に反対することは互いに相容れない。だから、反対されるたびごとに、自分の考えが理解されていないのを示すということが私の答とならざるをえない。これは事実であって、証拠書類も机の上にある。

（二六） 更めて言えば、あの人は拙作の中から自作のための埋め草を取ってくることしか考えていなかった。

MR DDの原理では、それ自体としての実在、否定的な実在は一個の現実のようですね。実際、それは現実か絵空事か、どちらかでしょう。個的な唯一の存在、あの人に言わせると「無」ですが、それが絵空事とはあの人も言いますまい。それは一つの存在なのです。またDDの原理でも、存在とは現実なのです。私の場合、「無」が存在だとはなかなか信じられません。もしかすると、ここでも私は間違っているかもしれませんね、自分が言うことも、貴方〔ヴォワイエ・ダルジャンソン侯爵〕の学識豊かな形而上学者〔ドン・デシャン〕に言わせることも。

DD たしかにMRは間違っています。まず、DDが立てる二つの存在の内、一方は現実的で、もう一方はそうではありません。両方とも「悟性」の内に存在して、「悟性」とはこの両者で、それが「実在」なのです。すべてはすべてなのですから。MRは次の点でも間違っています。「現実的」または「現実」というのは、それの対立物によってしか、「見かけの」または「外見」によってしか存在しない属性で、したがって純粋に相対的なものだということを、あの人は再三読んだはずでしょう。相対的というのは肯定的である唯一のありかた、「現実的」なものがそうである唯一のありかたで、「現実的」とは「肯定的」と同義なのです。そこから、この属性は相対的な実在にしか、部分を含意する「全一体」にしか当てはまらず、したがって、関係性なき実在の内に、部分を含意せぬ「全一者」の内に、「無」の内に、虚無の内に自己の否定を持つことになります。さて、その属性が唯一個的なこの「実在」の内に、「それ自体としての実在」または否定的な実在の内に自己の否定を持つなら、それがこの実在に当てはまるとは言えません（二七）。

「全一者」・「無」、「無限者」などは存在しますが、存在すると言うだけに止めるべきです。いかにして存在するか言おうとしたら、それは否定的にしか、「全一体」に当てはまる肯定的な諸属性を否定することでしか言えません。たとえば、「全一体」が唯一の形而上学的存在である有限者という相で見られるなら、もう一方〔全一者〕は形而上学的実在を否定する無限者という相で見なくてはなりません。ここで形而上学的実在と言うのは、あれこれの物理的または感覚的存在によってのみあるもので、自分の内に存在するすべてと同じく関係性、比較であるにすぎないものです。同じくと言っても、関係性の最初の対象だという違いはあるのですが。この〔形而上学的〕実在は一般的・相対的に捉えた物理的なもので、このように捉えた物理的なものが形而上学的なものなのです。それは肯定的存在または「全一体」で、それの内にあるすべては多かれ少なかれ「全一体」がそうであるものなのです。両極または両対立物は、形而上学的なあらゆる面での最大と最少は「全一体」なのですから。極大と極少は一つにすぎず、それはより多くもより少なくも一方より他方でないもので、両者の中間である両者の統一なのです。形而上学的真理に依存するあらゆる現象の説明がそこから得られます。

「無」が存在だとMRはなかなか信じられないようですね。それなら、無限者が存在だともなかなか信じられないでしょう。というのも、「全一者」と「無」が同じもので等しく否定的な実在だという、私が求めるもの、証示するものには、あの人もきっと同意してくれるでしょうから。少なくとも、それに同意するのに十分な程度には私のものを読んだと想定すべきですし、したがって、それを証明してやることは省《はぶ》かなくてはいけません。それに、この点が今問題なのではありません。

「無」は一つの存在で、それは「全一者」です。一般的または形而上学的に捉えた感覚的なものも一つの存在で、それは「全一体」です。「全一者」、「全一体」というこの二つの存在は同じ存在にすぎず、「実在」をそれの総和において、本質的に相反する二つの相で見たものにすぎません。二つの相とは「否」という相と「しかり」という相、部分を含意しない相と含意する相、自分以外の諸存在を否定する相と肯定する相です。「実在」にこの二つの相があるのを合理的に否定できるでしょうか。「実在」はそれを構成する諸部分を捨象して見ることもできれば、捨象せずに見ることもできるということは明証的なのに。その捨象をするかしないかによって、「実在」は「唯一」のものにも「一」なるものにも、関係性のないものにも関係性によるものにも、無限者にも有限者にも、「全一者」にも「全一体」にもなるということは明証的なのに。

MRはいくらでも知能を振り絞ればいいでしょう。それでも、「全一者」と「全一体」の存在以外の可能な実在を自分の知性の内にみつけられるならみつけてごらんなさい。それを見まいとする、または別のものを見ようとする時でさえ、気が付けばそれしか見ていないことにならずに済むなら済ましてごらんなさい。「全一体」が存在することは「全一者」が存在することよりあの人も容易に呑み込めるようですが、「全一体」の存在はそれ自体によってもすでに、適用の面でも出すべき本質的な帰結の面でも、初源的な関係性の対象をあれほど多く提供します。しかし、この「全一体」の存在は「全一者」の存在なしにありうるでしょうか。有限者は無限者なしに、時間は永遠性なしに、「一」なるものは「唯一」のものなしに、肯定的なものは否定的なものなしに、関係性によるものは関係性抜きのものなしに、感覚的なものは「無」なしに、それを否定するもの、それのみを否定するものなしにありうるでしょうか。(二八) ですから、MRは返事でするように、「宇宙を関係性抜きで見て何になりますか。純粋な否定に存在を与えて何になりますか」などともう言うべきではないのです。

(二七) 否定的な実在は肯定的な実在を否定すること自体によって必然的に肯定することを、MRは見失わないでほしい。無限者は有限者を否定すること自体によって肯定するのである。

(二八) 「無」は感覚的なものしか否定しないし、否定できない。それをわれわれが口にするのもそのためにすぎない。「無」が存在するということが私の思弁でショックを与えるのは、否定的な実在についてわれわれがずっと無知だったからにほかならない。「無限な」、「永遠な」、「測り知れない」、「唯一の」、「すべて〔全一者〕」などの名でわれわれはしばしばこの実在を口にはするが、それを理解していない。しかし、肯定的な実在についてもわれわれはそれ以上によく認識したろうか。それを言い表わすものをわれわれはもっとしばしば口にするけれども。肯定的なものと否定的なものの観念が神なるものに変身し、しかもその神がわれわれに象《かたど》って作られたため、すべてが台なしにされてしまった。われわれが否定的なもの自体に、無限者に或る肯定的な観念を結び付けたのも、否定的な実在がわれわれの目に笑うべきものとさえ映るのも、みんなこの観念のせいなのである。

MR　自分の言う否定的実在でほかの諸体系を純化して、DDがそれらを自分の体系へ組み込んでしまうのは知っています。でもそれは、否定的実在を打ち立てる十分な理由になるのですか。

DD　いいえ、否定的実在が私の創作だったら、ほかの諸体系を純化して私の体系に帰着させる十分な理由にはならないでしょう。でも、その実在はあるのですし、それはそれ自体による実在、「それ自体としての実在」なのです。ですから、それを打ち立てる私の理由は十分どころか十全です。

それにしても、拙作であれほど論証され、それに依存するあらゆる現象をあれほどよく説明する「全一体」の存在が、「全一者」の存在についてMRに疑念を残したのはどうしてでしょうか。いや、それだけではありません。「全一体」が存在することにMRは反対しませんが、その存在をちゃんと把握したなら、それに強いられていやでも、形而上学的および道徳的な真理が発見されたのを認めなかったのはどうしてでしょうか。あの人の考えでは「全一体」だけで十分なように見えます。あの人は私の道徳を承認しますが、なのに、もう十分だ、納得したと言うどころか、それについてはだんまりを決め込むのです。「全一者」または「無」で足止めをくわされるのだ、とあの人は言うかもしれません。でも、あの人に言わせると「無」の存在は私の思弁で余計なものですから、その存在に足止めをくわされるはずはありません。遅蒔きながら説明してくれるといいのですがね。不毛な存在を認識すれば足りる「無」のことはここで言わないとしても、形而上学面と道徳面で私が証示するものをあの人は実際に承認しているのでしょうか。

私の原理が存在することを、「全一体」が存在することを認めているのでしょうか。道徳的な真理がそれの帰結であることを認めているのでしょうか。私の帰結の全部が私の原理で、私の原理がそれらの帰結の内で、全員意見が一致するすべての真理を与えることを認めているのでしょうか。漠然と受けいれられている肯定的実在の様々な観念に私が自分の原理を適用するのは正確なこと、私の原理によってそれに依存するあらゆる体系の説明が得られることを認めているのでしょうか。どう思ったらいいか私に分らせてくれたかったら、こういうことを私はあの人に質問します。「無」の存在だけであの人は足止めをくわされたようですが、もしそうなら、この答だけで十全な賛同をしてくれるはずです。「全一者」または「無」を承認せずには「全一体」を承認できないことがあの人には分らなかったわけですが、「全一体」を承認せずには「全一者」を承認できない――承認すればですが――ことがきっと分るようになり、あの人にもその方がずっと明証的になるはずです。

MR　「無」の存在が道徳の、またはDDの言う習律状態の樹立に肝要とは思えません。「全一体」が習律状態の原理ですから。

DD　たしかに、道徳的真理または習律状態は、形而上学的真理から、普遍的原理から、「全一体」の存在から出てきます。「全一体」はその内に存在するすべてが持つ関係性の最初の対象で、形而上学的なあらゆる面での完成ですから。しかし、「全一体」という相は必然的に「全一者」または「無」という相を引き連れて来ます。ですから、私も目的を果たすために、後者の相ももう一方と同じく展開せねばなりませんでした。

完全で無限な神なるものの観念は、われわれ皆の内にある「全一体」、「全一者」の観念の代替物で、そこから、またわれわれの物理的・道徳的な似姿として作られたこの神から、今あるような世界が生じるのです。それゆえ、世界をあるべきものにするという、つまり人間たちの無知を打破するという目的からしても、私は世界を今あるようなものにする観念を全面的に打ち壊さなくてはなりませんでした。しかし、「完全」なものと「無限」なものの本当の観念を与えずにどうしてそれができたでしょうか。「完全」なものとは「有限」なものですが、もしも「完全」なものの観念を与えながら「無限」なものの観念を与えなかったら、「無限」なものの観念を与えよと私は求められたでしょう。われわれは「有限」なものに劣らず「無限」なものの内的な観念も持つのですから。そこで先手を打って、それもう一方とともに与えたのは、ですから正しかったわけです。「有限」なものの観念は、自分についていささかの疑念も残さぬように、「無限」なものの観念を支えとして必要としましたから。神なるものの存在が人間たちの精神にこれほど根をおろしている以上、それにいかなる門戸も開放してはならなかったのに、展開すべき「無限」なものの観念を後に残したら、その門戸が一つ残されたでしょうから。現在まで無神論がしてきたことはまさにそれで、だからこそ無神論のあらゆる努力は有神論に対して無効だったのです。しかし「完全」なものも、原理を知らずに支えとして持てた道徳的真理さえも、無神論にとって謎だったのは「無限」なものに劣りませんでした。

MR　「無」の存在というのは純然たる屁理屈で矛盾そのもののように思われますが。

DD　私のものを読んだと言っているMRが、「無」の存在は矛盾そのもののように思われるなどと言いに来るとはいい〔反語〕ですね。拙作で私が再三証示したことをきっと忘れたんでしょう。それは、この存在はあの人が思うとおりのものだということ、それは「有限者」を同時に否定し肯定する「無限者」で、「全一体」または「一」なる存在を同時に否定し肯定する「全一者」または「唯一」の存在だということです。

こういうことを今読んだ上では、MRがこれからする答を読者も予期しないだろうと思います。私も応答するのに忍耐力のありったけが要りました。我らの哲学者〔啓蒙思想家〕というのはなんたる哲学者でしょう！　あの先生たちはなんたる論理家でしょう！　自分の思想の圏外にあるものにはなんたる読みかたをするのでしょう！

MR　普遍的な「全一体」は認めますし、習律状態も認めますが、それでも私は相変らず、「なぜ無が？」という質問に立ち帰ります。「全一者」に、「無」に、「虚無」に、「無限者」に存在を与える決心がつかないのです。こういうものは存在の、実在の純然たる否定ですから。

DD　MRへの応答としては、すでに答えたことをもう一度見させるほかあるでしょうか。私たち双方のメセナ〔ヴォワイエ・ダルジャンソン侯爵〕があの人の答えかたに驚いて、本当に私のものを読んだのかどうか知りたくなり、私の答をあの人が自分の手で書き写して、あの人の手紙に御自分が答えるようにそれに一項ずつ答えてくれと求められました。その要求の結果を私は待っているところです。ああまで言われたら、MRもようやく、お返しとして払うべき注意を私に払ってくれるでしょうし、今後とも同じように払い続けてくれるものと期待します。今までのところ、「無」は、「無限者」は、「全一者」は存在しないとあの人は言うだけでした。哲学者としてはそれだけ否定すれば十分ですから、これからは証明しなくてはいけません。また、自分を尊敬し遅ればせながら論争相手にも敬意を払う論理家として証明するためには、私が挙げている「無」が存在する理由に反対して、とりわけ、私の理由に反対する理由と思うものにどれだけの価値があるのか見なくてはいけません。そのためには、私の答を振り返り、以下に述べることを多少注意して読みさえすればいいのです。そうすれば、自分が分らずに、したがって読みもせずに反対しているのがはっきり分るでしょう。だいたい、読んだのに分らないということがありうるでしょうか。読んだ読んだとあの人はいつまでも言うでしょうけど。

でも、正確を期しましょう。拙作が予告されただけで、あの人は反撥とは言わないまでもそれに偏見を持ったに相違ありません。そして、儀礼上やむなく読むような読みかたをしたにちがいないのです。

DD MR 非存在が存在すると言えますか。

言えません。言ったら不合理を語ることになりますし、私は不合理を語らずに、不合理を打ち壊すからです。相対的または感覚的な実在を否定する実在は存在しますし、相対的な実在と切り離せないとはいえそれ自体として存在しますが、非存在というのは矛盾を含みます。そんな質問をするかぎり、分りもせずに私に反対していることを貴方はいつまでも証明することになるでしょう。私が言うことをよくよく考えるようにとこちらが貴方にお願いすべきであって、自分の言うことをよくよく考えるようにななどと貴方が私に促すべきではありません。これにどう答えますか。

MR　「全一体」はその諸部分と全く必然的な関係を持ちますから、この関係性抜きでそれを見るのは絵空事を考え出すことで、それに存在を与えることではないと思われますが。

DD　おっしゃるとおりです。たしかに、部分との関係性抜きで「全一体」を見るのは絵空事でしょう。しかし、私の考えが理解されていたら、そんなことを私が言わなくてはいけないのですか。そんなことを貴方が私におっしゃるのですか。私のものを読んだと貴方は断言されますが、私が「全一体」を部分との関係性抜きで見ているなどということをどこで御覧になりましたか。貴方は「全一体」を「全一者」と混同しています。もう一度言えば、この二つの存在は同じ存在を本質的に相反する二つの相で見たものですが、その両者を混同するかぎり、貴方はいつまでも空《くう》を打つだけで、懐疑を用いよと根拠もなく私を誘うばかりでしょう。もっぱら懐疑のお蔭で、私はもう疑わないというのに。これにどう答えますか。

MR　「全一者」であり「無」である関係性なき実在というのは、現実性のない屁理屈に耽り慣れた精神の最後の努力のように見えます。

DD　おやおや！　見えるものなど信用しないで、在るものを見ようと努めてくださいな。でも、「無」の存在を除いたらなんでも認めてくださる貴方が、そんなふうに私の精神に名誉を与える〔反語〕ことがどうしてできるのですか。私が耽っている唯一現実性のない屁理屈というのは、貴方に言わせると「無」の存在でしょう。その存在を除いたら、私が証示するような実在の内ではすべてが現実的なのですから、多かれ少なかれ現実的なのですから。これにどう答えますか。

MR　体系の要点は、美観を損なうあんな抽象がなくても済ませられるように思われますが。

DD　先の答を読んだのに、まだそう思われるとはどうしてですか。もう一度あの答を見てください。貴方は本当に読んだのですか。全然そうは見えませんけど。体系の要点は「無」または無限者の、部分を捨象して見た実在の存在という抽象なしには済まされなかったのを証明するため、私はそこでいろんな理由を挙げています。そういう理由に貴方は傷をつけられますか。その「無」が神だと言うことは、物を消滅させたのに名前は残すことでしょう。

DD MR 「無」が存在する、どう答えます？

DD MR 「無」が神だとは言っていません。「全一者」と「全一体」から、「無限者」と「有限者」から、「無」と「感覚的なもの」から、「関係性による存在」と「関係性なき存在」から人は神なるものを作り上げた、しかもその神を知性的で罰を加える者と想像して、それをわれわれの物理的・道徳的な似姿にしてしまった、と言っているのです。これにどう答えますか。

「神ハイマサヌ」となぜおおっぴらに言わないのですか。

DD MR それでは言いすぎになるからです。われわれは神というものをほとんど感覚的な面からしか、自分が不合理にも作り上げた物理的・道徳的な観念からしか見ませんが、われわれが神の内に持ち込んだわれわれ自身のもの、神をほぼ全部われわれ用にしているものを捨象すれば、神とは「全一体」と「全一者」、「有限者」または「完全なもの」と「無限者」なのですから。私はたしかに「ワレワレノ物理的・道徳的ナ似姿トシテノ神ハイマサヌ」とは言いますが、それ以上求めてはいけません。その点を別にすれば、私は「神ハイマス」と言うからです。それは関係性で見るか関係性抜きで見るかによって「有限者」、「完全なもの」にも「無限者」にも、「一」なるものにも「唯一」のものにも、「全一体」にも「全一者」にも、形而上学的に捉えた「感覚的なもの」にも「無」にもなる存在だ、と言うからです。その場合、「神」という語は不適切で、私がするように「実在」と言うべきなのは認めますが、無制限に神を否定はできないということが真実でなくなるわけではありません。私はどんな体系も否定せず、「真の体系」の坩堝であらゆる体系を純化するのですから。これにどう答えますか。

MR DDが「全一者」について言う幾多のことは「全一体」に帰せるのではないかと疑われます。「全一体」はそれの諸部分と本性を異にするだけに、そう考えるのがいっそう合理的でしょう。

DD 「幾多のこと」とはいいですね。まるで、私が「全一体」に帰す一切を「全一者」が等しく否定するのでないかのようです。それだけが両者を区別する相反する二つの見かたによって本質的に相反するこの二つの存在の間に、何か共通のものがありうるかのようです。「全一体」はそれの諸部分（もちろん配分的に捉えた）と本性を異にするということから、私が「全一者」について言う幾多のことは「全一体」に帰せるという結論を貴方は出すのですか。言わせていただけば、「全一者」も「全一体」もよっぽど見誤っておいでですね。「全一体」がそれの諸部分と本性を異にするからといって、「全一者」に当てはまることが「全一体」に当てはまりうることになるのですか。「全一者」は部分を含意しませんから、部分と本性を異にするとは言えないのですよ。「全一者」の本性は何物との比較も含まず、それがあれこれだとは否定的にしか言えないのですよ。「全一体」が「全一者」たりうるのは、自己の諸部分と全然区別されない時だけです。諸存在の総和をもはや部分を含意する「全一体」であるものとしてではなく、部分を含意しない「全一者」であるものとして見る時だけです。「全一者」とは「全一体」と諸部分とを一緒に捉えたもの、またはお望みなら、総体と諸存在とのいかなる区別もない諸存在の総体なのです。これにどう答えますか。

MR　DDには、あらゆる学問的な偏見から、とりわけ、真理をみつけたという思い込みから解き放たれた精神で、私の言う理由をよくよく考えてほしいと思います。

DD　その思い込みから解き放たれよなどと貴方が言われるのはどうしてですか。「全一体」の存在についても習律状態についても、つまり形而上学的真理についてもその帰結である道徳的真理についても私の思弁を承認して、私にそういう思い込みをさせるのに自分自身一役買っているくせに。貴方もきっと、私の原理を盲滅法、事情も知らずに承認されるわけではないでしょう。承認する前によくよく読んで、よくよく考えたのでしょう。拙作を読んでそれに基づき、この原理の内にあるものを全部見きわめられたのでしょう。それなら、私と同様貴方にも次のことが論証済みのはずです。形而上学的真理または「全一体」が道徳的真理を与えること、道徳的真理はわれわれの偽りの習俗とそれの土台が打ち壊される結果でもあること、のみならず、形而上学的真理はそれに依存するあらゆる現象の説明も与えており、思弁的な面で今まで人間たちに神秘だった一切が、人間自身も含めて、それにより拙作で明らかにされたことが。

同じく、私と同様貴方にも次のことが論証済みのはずです。「全一体」は有限者で、完全なもの、至高のもので、秩序で、調和で、善で、初源的な関係性の対象で、絶対的なもので、始めと終わりで、最初の原因と最初の結果で、発端と終局で、アルファとオメガで、両極と形而上学的中間で、「最高《スムス》ト中間《メディウス》ト最低《ウルティムス》」で、「まるっきり（du Tout au Tout）」〔直訳すれば「全一体から全一体へ」〕の相違で、この相違からは「全一体」しか結果しない、等々のことが。またしたがって、われわれが人間に関係するものとしての「神」を作ったのは「全一体」からで、われわれがそれを道徳的・知性的な存在に仕立て上げたことが。さて、貴方は私にしたがって私の形而上学的・道徳的真理を承認なさる以上、こういうことは私と同様貴方にも論証済みのはずですが、それならどうして、何よりも真理をみつけたという思い込みから解き放たれよとか、私の精神は現実性のない屁理屈に耽り慣れているとか私に言う気を起こされるのですか。私にはそう思い込む根拠があると貴方がお思いになるためには、何が私に必要なのですか。それに加えてさらに「全一者」の、「無」の、「無限者」の認識が要ると私が自分に言うのは正しいのですが、貴方が私にそう言われることはよもやありますまい。貴方によれば否定というものは存在せず、そんなものは私の思弁では余計で、その美観を損なうため、私はそれを投げ捨てるべきだからです。また、たとえば潮の干満のような物理現象を私の思弁が説明できないということも貴方はおっしゃらないでしょう。貴方はあまりに開明的なかたですから、知ったところでわれわれの幸福には全く役立たぬこういう低次元の現象は初源的〔形而上学的〕真理に依存しないのが分らないはずはありませんから。では、なんとおっしゃいますか。これにどう答えますか。

いいですか、私のものをこんなふうにしか読まなかったこと、読んだのもヴォワイエ侯爵殿の希望を叶えたような顔をするためにすぎなかったことを率直にお認めください。何を、誰を相手にするかまるで考えていなかったこと、承認するのもこんなふうにしかしてないことをお認めください。こういう判断をお許し願いたいものです。実際、私のものを真剣に読んだら、「全一体」の存在を承認するのに「全一者」の存在を承認しないことなどありえないのが貴方にもよくお分りでしょう。あの善良な神父《アベ》〔一七六〕に至るまで、貴方が一方を承認してもう一方を承認しないのは一貫性を欠くとみな言っていますよ。実際、一貫性を欠くと思わない方法があるでしょうか。それも不合理なほどに、こんなに愚かなほどにです。とりわけ、私がこれまで槍玉に上げた、私の思弁に通じておられないのをはっきり証明している思い違いの数々を見た上では。ですから私は、貴方はこんなふうにしか私のものを読まなかったのだと思い続けます、断乎として思い続けます。私と闘うには健全な論理でしなければなりません、貴方が問題に関心をお持ちならば、私たち二人のどちらが相手に譲るべきかはっきりさせたいとお思いならば。

ヴォワイエ侯爵殿からロビネ氏への手紙（一）

拝啓、「無」または「無限者」をめぐるDDの思弁を、現実性のない屁理屈に耽り慣れた精神の最後の努力とお思いのようですね。この点に関する貴方の御感想の内に捉えた矛盾を、DDは十分詳述してないように私には思われます。「無限者」についての思弁を除いて、DDの思弁を貴方は全部承認しておいでです。それなら、現実性のない屁理屈に耽るというあの人の精神の習慣は何に基づくのでしょうか。その習慣はきっと、貴方が承認なさるものに基づくわけではないでしょう。それではあまりに歴然たる矛盾ですから。では、何に基づくのですか。お尋ねします。

「無限者」の存在を除けば貴方もあの人と意見が一致されますが、「有限者」の存在をお認めになる以上、「無限者」の存在を否定したら矛盾に陥らずには済まないように思われます。ですから、あの人の精神が「無限者」の存在を考えて現実性のない屁理屈に耽っているとしても、それは現実性のない屁理屈に耽り慣れた精神から来ると貴方はおっしゃるわけにいきません。あの人の精神のその習慣は、かりに存在するとしても、「無限者」を除いてあの人の思弁を全部承認なさる貴方にとっては存在するはずがないもので、あの人が非難する矛盾から貴方がいかにして身を守れるか私には皆目分りません。いや、それだけではありません。DDの思弁によると「全一体」は現実で、「全一者」または「無限者」はけっしてそうではありません。さて、「全一体」の存在をめぐるあの人の思弁を承認しながら、したがって、現実とは一部始終とともにあの人が認識させてくれたその実在なのを認めながら、その実在をめぐるあの人の思弁について、現実性のない屁理屈などとどうしておっしゃれるのですか。

そんな矛盾には陥っていない、DDの精神の習慣について言ったことは自分も承認する「全一体」の存在を対象にするものではない、と貴方が主張されたら、それは必ずや間違いでしょう。「無限者」をめぐる思弁を捨象すれば、あの人も「全一体」の存在とその帰結である習律状態についての思弁しかしてないこと、つまり貴方も賛同なさる思弁しかしてないことは明らかだからです。

しかし、もう一度そこに立ち帰れば、実に斬新で実り豊かなあの思弁の真実性を、つまり、あの人の著作が全篇それを扱っている（「無カラハ何モ生ジナイ」ので、「無限者」には実りがないからです）形而上学的・道徳的真理という二つの真理をお認めになる貴方が、承認なさらないどころか原理の内に現実性を欠くのを知っておられるあの人の「無限者」は、現実性のない屁理屈に耽り慣れた精神の最後の努力のように思われるなどとどうして主張されたのでしょうか。さらに、承認されるものを承認され、「無限者」は存在しないものとして、思弁の真実性に役立たぬものとして斥けられながら、貴方はどうしてあの人に、とりわけ真理をみつけたという思い込みから解き放たれよなどとおっしゃれるのですか。真理をみつけたことになるには、何があの人に欠けているのですか。それに依存するどんな現象を、あの人が真理によって説明しませんでしたか。おっしゃってください。私を満足させてください。この件は私が全責任を負います。貴方が注意を払ってくれないとあの人は思っており、私にもそう思われますが、私が相手なら貴方もおそらく注意を払ってくださるものと期待します。あの人を貴方に引き渡したのは私ですし、それは当人が知らぬ間にしたことですらありました。ですから、あの人に対して貴方がどういうお考えで、どういうやりかた、論じかたをなさるかについて、私はあの人に責任があるのです。

MRの相次ぐ三つの答についての感想

MR　侯爵殿、相対的または感覚的実在の非存在はその実在と切り離せないとはいえそれ自体として存在する、などと言う人にどう答えろとおっしゃるのですか。「光アレ」〔二七七〕です。

DD　「光アリキ、而シテ暗黒《クラキ》ハ之ヲ悟ラザリキ」〔二七八〕ですね。前にも言いましたし、また繰り返しますが、肯定的、相対的または感覚的実在を否定する実在は、その実在と切り離せないとはいえそれ自体として存在するのです。そのことは十分証明しましたし、MRにも今では実に明証的なはずですから、それについては言いません。

MR　「全一体」があれば、何物でもない〔無である〕「全一者」などどうして必要ですか。

DD　読んでよくよく考えたことが確かめられるように、ヴォワイエ侯爵殿がMRに自分の手で書き写してくれと言ったあの答の終わりの部分を、失礼ながらここでもう一度見てもらいましょう。そうすればMRも、何物でもない〔無である〕「全一者」が必要なのが分って、あの答を書き写すように言われたのも根拠がなくはなかったことをその時はおそらく認めるはずですよ。同じ問題であの答を見てくれとMRに言うのは、これで二度目か三度目です。

MR　完全な実在がある時に、非存在などなんの足しになれますか。

DD　もう一度言えば、形容詞抜きの非存在というのは不合理ですが、否定的実在が欠けたら完全な実在などありはしません。「無限者」は「有限者」と同じく存在しており、「有限者」を持ちながらもう一方を持たないというのは、そういうふうにしか持たないことです。「実在」を持つのではなく、「実在」の一つの相だけ持つことです。「無限な」、「永遠な」、「測り知れない」、「すべて〔全一者〕」、「無」などという、時と所を問わずどんな国語にもあって、われわれがたえず口にする単語が、MRにはただの音にすぎないというのは実におかしな話ですね。それにしても、これだけ私が答えたのに、私の言う否定的実在は実在の否定ではなく――そうだったら不合理でしょう――感覚的実在の否定だということがあの人に分らないのはどうしてでしょうか。なのに、自分が答を読んだことを疑われるのにあの人は驚いてるんですよ。

MR　私が「しかり」と言って「否」と言わないことはできないのですか。

DD　むろんできますし、できるどころか、「しかり」と言ったら同時に「否」とは言えません。でも、もし「否」がなかったら、「否」の材料がなかったら、貴方は「しかり」と言いますか。そんなことを思わず口走ったら、自分がまっさきに笑うでしょうよ。それでも、肯定的実在は否定的実在なしにはありえないのを認めずに、どうしてそれを笑えるのか言ってください。

MR　DDによると、「全一体」はその諸部分と同じ唯一の存在しか作らないものと見る時は、もう「全一体」ではなくて「全一者」ですね。ならば、あの人は「全一体」をその諸部分との関係性抜きで見ているわけです。

DD　ならば、私は「全一体」をその諸部分との関係性抜きでは見ていないわけです。そのように見た「全一体」はもう「全一体」ではなく、もう実在の肯定的な観点ではなく、それの否定的な観点だと言っていますから。私はここで、われわれのメセナ〔ヴォワイエ・ダルジャンソン侯爵〕がした答を繰り返しているだけです。でも、「繰り返さねばならない」とド・ヴォルテール氏も言ってますからね。

MR　体系を私が正しく理解したとすれば、それの発生は……云々。

DD　発生には喝采しますね、あんまり魅力はありませんけど。でも、うまく描かれた体系が、かといって理解された体系ではないんですから、MRには、描くほどうまく体系を理解するように努めてほしいですね。

MR　「無が神だ」とは言ってないとDDは主張します。そのとおりで、私の間違いでした。「神は無である、虚無そのものである」と言っているだけです。

DD　MRは好きなだけ冗談を言えばいいでしょうが、あの人がさせる排他的な仕方ではどちらも私が言っていないのが真実なことに変わりはないですよ。「神は無である、虚無そのものである」という命題には揣作では前段があり、説明も付いていて、神は「全一者」または「無」の観念から作られたとしても、同じように、「完全なもの」である「全一体」の観念と、法律状態にある人間の観念からも作られたことをそこで示しているのです。あの命題は分別のある人が思索の労を取ろうとしたら誰でも承認できるものですが、MRが好んでするように裸で示したらもう承認できず、反撥すら招くようになります。この問題では前の答をもう一度見てほしいのですが、「無が神だ」とは言ってないと私はその答で断言しました。私自身を使って私をやっつけるために、どうしてMRはあんなに不適切に私の言葉尻を捉えるのでしょう。あの答で私がちゃんと説明したのに、あの答と拙作が一致するのを見ているに相違ないのに。

MR　形而上学的世界が実に大きなものなのに異存はありませんが、その世界がわれわれの創作なのをゆめゆめ忘れないようにしましょう。

DD　私によると形而上学的世界とは「全一体」のことで、それ以上の何物でもありません。MRは「全一体」を承認しますから、「全一体」を承認するのもわれわれが創作した存在を承認するにすぎないわけです。私が創作した、とあの人はきっと言ってるのでしょう。あの人に「全一体」を認識させたのは私ですからね。したがって、MRは「全一体」を承認することで私が創作した存在を承認するわけです。ではどうして、「全一者」にも同じ名誉を与えないのですか、それも私が創作した存在とみなしてるのに。これがMRなのですよ、あの人が私を理解する仕方なのですよ。

MR　自然の内には自然なものしかありませんし、相対的または感覚的実在の否定はいかなる存在も持てません。形而上学的世界はわれわれが創作した存在だと言う時、あの人は私から百里《リュー》も隔たっているのです。

DD　それ以上の真実はありませんね。超自然的または形而上学的なものがあるのは自然の内ではありません。形而上学的なものとは関係性で見た自然そのものですから。相対的実在の否定があるのも自然の内ではありません。その否定は関係性抜きで見た自然そのもの〔一七九〕ですから。

MR　形而上学的世界は純粋に理念的または心内的《マンタル》なものですよ。

DD　ええ、でもそれは初源的な観念から来るのです。その観念は形而上学的世界そのもので、「実在」で、われわれ同様あらゆる存在の内に同じものとしてあって、知能と習得観念で展開されるためにある「知性」なのです。形而上学的世界をそんなふうに扱いながら、MRが「全一体」を承認するなんてお笑いですね。

MR　否定的実在は実在の否定で、非存在、非在でしょう。

DD　なんですって、形容詞抜きの、または端的に言った実在である否定的実在が実在の否定ですって？　それが否定するとMRがきっと考えてるのは感覚的実在のことでしょう。少なくともわれわれは、あの人にそう理解させたいんです。同じ問題へ二度と戻らないように、ようやくそう理解してくれるんでしょうか。正直に言って、我慢にも程がありますよ。

MR　DDは自分でも言ってますね、「テーゼ三――唯一の存在、唯一の原理、唯一の形而上学的真理である普遍的全体は道徳的真理を与える」と。これは、「全一者」または「無」が無用なこと、それどころか存在しないことを認めるんじゃありませんか。

DD　違います、MR。それを証明してあげるため、読み返されるならもう一度拙作を参照してください。それまではさしあたり、ヴォワイエ侯爵殿が書き写すように言ったあの答を参照してください。それでも知っていただきたいのは、「全一体」の認識はそれが証示するものによって道徳的真理を与えるとしても、その認識と、無用の長物だと貴方が言われる「全一者」の認識とが、道徳的虚偽を土台から打ち壊すことで、同じように道徳的真理を与えることです。われわれが自分を下敷にして、実在に関する自分の展開不十分な観念を下敷にして想像したような「神」を、それは打ち壊すわけですから。

御存知のように、われわれがいる不合理なもの〔宗教〕の内では、真理はその力を自分が打ち立てるものから引き出すだけでなく、自分が打ち壊すものからも引き出すべきですし、打ち壊すという点では「全一者」も「全一体」と共通しています。「全一者」は関係性のないものですから、自己の存在しか、「無限」、「永遠」、「測り知れなさ」等々の存在しか打ち立てませんけれど、そういうものについてわれわれが作り上げた観念をそれは打ち立てつつ打ち壊すのです、お望みならそれらを純化するのです。道徳的真理には、色々な観念が純化されて、神なるものが自分への反論としてもう使われないようにする必要がありましたから。

MR　普遍的全体は「唯一の存在、唯一の形而上学的真理で、道徳的真理を与える」――そこまでにすべきだと思います。その先まで行くのは虚しい屁理屈を捏ねることで、骨折り損ですよ。これが私の最後の言葉です。

DD　そこまでだったら、私としては大いに不満でしょうね。その場合は、MRがあんなふうに、私の形而上学的・道徳的真理を承認しながら、とりわけ真理をみつけたという思い込みを捨てよと私に忠告するのも根拠があることになってしまいます。でも、ヴォワイエ侯爵殿にも私にも実に不可解に思われたあの忠告について言えば、訳を聞かせてくれとこちらが頼んだのに、MRの返事にはその理由を言ったものが何も見当たりませんね。もう一度頼んでみましょう。私の道徳的真理は百パーセント新しくはないとあの人が主張する訳も。

MR　DDは「無」の存在の論証を参照させますけど、そんなものは何も見当たりませんでしたよ。

DD　それでもMRは、拙作も、私から寄せられたすべての答も読んだのでしょう。「全一体」の存在を承認するのでしょう。「全一体」の存在は必然的に「全一者」の存在を伴うのですよ。その存在の論証が「全一体」の存在の論証を伴うのと同じです。でも、あの人の弁解になるのは、「全一体」を承認しながら、自分が何を承認するかよく分ってないということですね。

MR　私としては、考えれば考えるほど、非存在の実在とか実在の非存在とかいうものを承認する気がなくなります。そんなのは歴然たる矛盾ですよ。

DD　そんな不合理を承認しないために、考える必要なんてありません。MRが否定的実在をそんなふうに見てるなら、それを斥けるのも意外ではありませんね。

MR　「全一者」または「無」の存在というのは、谷のない山みたいなものです。

DD　「全一者」を感覚的な物にたとえるのですね。まさかそんなことをするとは思いませんでしたよ。山があるのは必ず谷によってで、谷があるのは山によってです。でも、「全一者」はそれ自体によってあるのですから、山ではありません。

MR 但し、DDの思い違い――だとしてですが――は深遠な形而上学者の思い違いとみなします。

DD なんですって、それ自体としての実在を、「無限者」、「唯一」のもの、「全一者」の存在を打ち立てるのが、それも単純且つ目新しい方法で打ち立てるのが私の思い違いですって？ ああ、MR、そんなことを考えてるんですか。

MR 自己の諸部分との関係性抜きで見た「全一体」は矛盾だと認めるのは、「全一者」は矛盾だと認めることですよ。

DD 自己の諸部分との関係性抜きで見た「全一体」が、依然として、自己の諸部分との関係性で見たもののままだったら、それはそうでしょう。でも、そうなると私が明確に言ったように、その場合「全一体」は「全一者」になるのなら、それは真実でなくなりますよ。「全一者」は矛盾なんかではありません。ただ、「全一体」に対しては矛盾です。「全一体」の否定的反対物であるものとして、それを否定することで肯定するのですから。

MRは手紙のその項で、否定的実在とは現実性のない屁理屈に耽り慣れた精神の最後の努力だと前に言ったことの弁解に努めています。でも、弁解の仕方から判断すると、率直に非を認めた方がよかったと思いますね。証拠を出しましょう。これも一字一句MRの言葉です。「〈全一体〉はその諸部分との関係性抜きで見る時は〈全一者〉になり、それまでは肯定的実在だったのが、それを否定する実在になる、という抽象に引きずられて、DDはほかにも、そこから出てくる多くの抽象を承認します。そういうものが〈無〉に関するあの人の思弁を形作ります。現実性のない屁理屈に耽り慣れたあの人の精神と言ったのはそこからで、あの人の形而上学的・道徳的真理からではありません……」しかし、私はその抽象に引きずられて、ほかにも多くの抽象を承認したわけではありません。その抽象と、「無」に関する私の思弁とはまさに同じものだからです。でも、その抽象からはほかの抽象など出てきはしません。ですからMRは、訳を聞かせてくれと言われて不適切な弁解をしているのです。

MR DDはそういう抽象に耽って、それを真実とみなす習慣がついてるのですね。そんなものは真実の虚無、または虚無の真実にすぎませんけど。「無」または非在の存在、実在なき実在、否定的実在が存在するというのは、そういう習慣の最後の努力ですよ。これが私の考えです。

DD 非在の存在の実在を、実在なき実在をDDが承認すると思うなら、MRはDDをよほどの気違いと思ってるのでしょうね。でも、この人の迷いを解こうとしてあれほど言ったのに、この非存在がDDの言う否定的実在で、端的に言った存在である「全一者」または「無」が非在だと思うとは、MR自身もよっぽど善良な〔反語〕人なんでしょう。かたくなにそう思うかぎり、DDの言う真理または否定的実在は真実の虚無だとあの人が言うのも正しいでしょうが。

MR DDの思弁が不毛なのは、または生産性がないのは、全く矛盾しているから、矛盾だからにすぎません。

DD それにはヴォワイエ侯爵殿が実に見事に答えましたから、ここでは、「無」に関する私の思弁は「無カラハ何モ生ジナイ」という公理を裏付けていることだけ言っておきます。でも、それならどうして「無」を打ち立てるのですか。それは、「無」が存在するからです。また、「実在」の完全な観念を与えるには、事物の根底を申し分なく説明するには、「有限」なものや時間に劣らずわれわれがその観念を持つ「無限」なもの、「永遠」なものを認識させるには、「無」の存在を論証する必要があったからです。「無」は関係性のない存在ですから生産性はありませんが、生産性がなくても「全一者」なのです。「全一者」〔すべて〕と言えばすべてが言い尽くされるとはいえ、「全一者」を認識させない手がありますか。

MR 孤立した真理は間違いなく反真理にすぎません、現実性のない屁理屈にすぎません。

DD 否定的な真理は間違いなく孤立した真理ではありません。肯定的な真理と切り離せないからです。「屁理屈」という名が似つかわしいなら、現実性のない屁理屈だということも認めましょう。それは現実的なものではなくて、現実的または肯定的な真理の否定ですから。

MR 実に強情な奴だな、と貴方はおっしゃるでしょうか、侯爵殿。でも、検討すればするほど、否定的実在を「物ノ側デ」在る存在として承認できるとはますます思えなくなります。私に言わせれば、それは言語道断な不合理です。

DD すると貴方は、「否」と言わずに「しかり」と言えるので、「しかり」と同じく「否」があるのを、「無」の存在がもう一方〔全一体〕の存在に全く依存して、一方がなければ他方もありえないほどなのを認めないのですね、絶対に認めないのですね。なんとも残念です。それさえなければ、否定的実在も肯定的実在以上に承認するのに手間はかからず、どちらも同じく「物ノ側ニ」あることが貴方にも分るはずですから。でもその「ノ側デ」ですが、私がそれをもう一方の「ノ側デ」と、「精神ノ側デ」と区別しないことをおぼえておいでですか。そこで「精神」というのは、私個人の精神という意味でも貴方の精神という意味でもなくて、あらゆる存在に共通する精神、あらゆる存在が厳密に共通して持つすべてである精神という意味ですが。人間にあっては、私はそれを「悟性」、「知性」、「協力・一致した感覚」と呼んでいます。

そのことは貴方もきっと御記憶でしょう。そして私と同様、この二つの「ノ側デ」が同じものだということをお認めでしょう。貴方は私の形而上学的真理を承認されますが、両者が同じだということを私はそこで証示しているからです。私の形而上学的真理または「全一体」が「物ノ側ニ」あることも貴方はお認めでしょう……　でもここで、私はハタと立ち止まります。もしかすると、貴方はお認めでないかもしれませんから。私がそれを疑うのは、どう考えたらいいか分らないからです。或る時は、私が証示するままにその真理を、つまり現実に存在するものとしてのその真理を貴方は承認なさるのに、後ではそれを私が創作した存在としかもう見られないのですから。貴方の矛盾にほとほと困惑している私に、貴方とどんな論じかたをせよと言われるのですか。「物ノ側デ」存在するものとしてのその真理を、貴方は承認なさるのですか、なさらないのですか。承認なさるなら、その「ノ側デ」をどうして否定的真理には与えないのですか。実際、同じ真理を相反する二つの相で見た「しかり」と「否」というこの二つの真理が、一方なしに他方があるというのは矛盾なのですから。

承認なさらないなら、これはまた別の問題です。今まで何もしなかったかのように二人で始めからやりなおさなくてはいけませんし、私に何も認めないのを認めるという地点まで貴方は後退なさらなくてはいけません。認めるとさんざ告白なさった末にそんなことをするのはさぞかし大変でしょうが、真理はすべてに優先します。

「全一体」が貴方にしかるべく認識されていたら、「全一者」も同じく貴方に認識されないというのはありえないことでしたから、貴方が「全一者」を否認なさるのを見て、私は躊躇なく、貴方が「全一体」を認められるのは十分事情が分った上ではないのだと思ったわけです。それにしても、「物ノ側デ」へ戻れば、肯定的実在と否定的実在の間ですべき区別へ戻れば、良識があるなら、「全一体」と「全一者」に様々な観念を、様々な異なる観念を与えずにおけるでしょうか。それらは間違いなく色々な存在を、色々な異なる存在を与えるのですから。

なんですって、(私の思弁のイロハから、貴方はまたおさらいをさせるのですから）それ自体としても、拙作の全篇からしてもあまりにも真理で、それを貴方に思い出していただくのも恥ずかしいようなことを御自分に言い聞かせるのが、貴方のような人に容易ならない大仕事なのですか。それはこういうことです。物理的または個別的な諸存在は必然的に総和を作ること、その総和は必然的に普遍的総和であること、普遍的総和は必然的に、内に含むあれこれの個別的存在とは本性を異にすること、個別的諸存在の全部は必然的にその総和であり、同じく、すべての部分を含むその総和は必然的にそれらの部分の全体と等価で、それらの部分の全体もそれらの部分と等価なこと、その総和は、それの諸部分と区別して、それと諸部分とを相関的に見る時は「全一体」であること、またこの総和は、そのような区別がもはやされず、それとその諸部分とを同じ唯一の存在しかなさないものと見る時は「全一者」であり、この同じ唯一の存在は自分自身以外のあらゆるものを否定する「唯一」の存在で、したがってそれについては、「一」なる存在について肯定するもの、その存在が肯定するものを否定することしかできないこと、この総和は、その肯定的反対物である相、「全一体」という相で見た自己自身と切り離せず、したがってそれは、この後者の相の否定的反対物であること自体によって、その相を否定すること自体によってその相を肯定すること、「否」または「無限者」は「しかり」または「有限者」を否定すること自体によって必然的に肯定すること、です。「無限者」は「有限者」を否定しますから、必然的に「有限者」の観念を伴います。それを私は、「無限者」の側から「有限者」を肯定することと呼ぶのです。しかし、MRは「無限者」の存在を否定しますね。「オオ、醜怪ナル否定ヨ！」です。

今見取図を書いたこの総和の存在を、拙作の全篇が貴方に証明してあげたはずです。それを証明してあげたのは、肯定的および否定的な一般的集合名辞に私が結び付ける真実な観念、唯一真実な観念からでした。いずれもあまねく経験される、私が引き出す様々な帰結からでした。私が与えるその総和の認識を、神や物質や実在についてこれまで漠然と受けいれられてきたあらゆる観念に適用することからでした。あれこれの物ではなく森羅万象が呈するあらゆる現象を説明することからでした。その総和の存在を少しでも否定しようとしたら、われわれにはそれが認識できない等々と言おうとしたら、どうしても矛盾に陥るのを示すことからでした。なのに、その総和は相変らず貴方にとって私の観念にすぎない存在、私が創作した存在で、「物ノ側ニ」は存在しないのですね、少なくとも、貴方が特に抵抗されるその否定的な相では。私になんと言ってほしいのですか。二人一緒にどんな裁判を受けたいのですか。

もう推論はやめましょう、と貴方はヴォワイエ侯爵殿におっしゃいます。まるで、私にとってもう存在しないでください、とおっしゃるようなものです。あのかたが私を貴方に引き渡したのは、『自然について』の著者の内に推論家がみつかるのを期待したからにすぎないのですから。

MR　侯爵殿、「無《リアン》」、「空無論者《リエニスト》」という単語で実に器用な言葉遊びをなさってますね。私の「空無論《リエニスム》」が「無」への信仰になるのをお望みのようですが、貴方はまだ成功しておられません。私に「無」を信じさせるには、あらかじめ、「何も信じない」精神にいろんな加工を施して、「無」または「全一者」を信じる精神にしなくてはいけないのです。

DD　それほど言葉遊びをしてるわけではありません、MR。貴方もお認めになるでしょうが、「無」の存在を貴方に首尾よく納得させられたら、その時は、空無論とはその存在への信仰で、貴方がなさっているような今まで知られたあらゆる学説に対する賛同拒否ではないことが貴方にも論証されるはずだからです。その賛同拒否はたしかに、貴方がそれらの学説の何も信じておられないことを意味しますが、そういう無信仰は今問題の無信仰では絶対にありえません。貴方が前言を取り消される場合、もう何も信じないとおっしゃることはできますが、信じる前にそんなことを言ってはいけません。それでは、一度も信じなかったこと、一度も認識しなかったから一度も信じられなかったことをもう信じないと言うことになりますから。そんな言葉は正確を期す哲学者が口にするものではないことがお分りでしょう。

でも、貴方が言われる意味に取れば、貴方の精神は何も信じていないのですね。私たちが論争したのに、貴方が一見認めるかに見えたのに、相変らずそうなのですね。私の形而上学的真理を貴方がそんなふうにしか承認されないということは私も前から思っていました。今ではもう、その真理が貴方の目に、私が創作した存在、私個人の精神が作り上げたものと映っているのを疑いません。

それでも、これらの答が貴方に思い違いを確信させて、貴方個人の精神が空無論ばかり目指さずに、私の虚無論《ネアンティスム》の価値にも多少注意を払うようにさせられるといいのですが。

ヴォワイエ侯爵殿からロビネ氏への手紙（二）

拝啓、DDの最後の工作について貴方から漠然とした御返事を頂いたため、自作の補足にするつもりであの人が浄書したお二人の往復書簡を始めから取り出して、端から端まで読み直してみました。

白状しますが、あの人やイヴォン師や、同封の手紙をしたためたしごく開明的なかたと同様、私にも理解できません。否定的実在を、またしたがって自分の思弁の十全な真実性を認めてもらう理由をせっかくあの人が挙げたのに、今に至るまで反対を貫くなどということがどうしてできたのですか。

貴方の側に見られるのは（失礼ながら言わせてください）言葉だけですが、あの人はそれにたえず物を対置しています。貴方がことさら分ろうとしないといわれることを何度も繰り返すような立場に、貴方はあの人をたえず立たせておいでです。貴方はいつまでも否定また否定ですが、「私は〈否〉と言わずに〈しかり〉と言える」とか、「〈全一者〉は谷のない山、孤立した真理、なんの役にも立たぬ言語道断な矛盾だ」とか、その程度の力しかない理由のほか訳をおっしゃいません。

私が見るに、貴方はあの人と一歩歩くたびに躓かれます。あの人は助け起こしますが、いつでも無駄で、貴方が躓かなくなりはしません。あの人は貴方の思い違いを指摘して、指にも目にも触れられるようにしますから、本当なら、貴方は問題が分ってないということがそれで証明されて、貴方は問題が分るようになるはずです。しかし、貴方は自分の思い違いを役立てようとも、それを槍玉に上げるあの人を是とし貴方を非とするどんな帰結を役立てようともなさいません。あそこで認めることをここでは否定し、「全一体」の現実性を或る時は認めながら、次には、これはDDが想像したもので、「物ノ側デ」は存在しないと言ったりするところまで行かれます。これが推論することだったら、自分と一緒に推論する人とともに推論することだったら、私には何が何やら分らないと認めましょう。

貴方の思い違いの中でもいちばん強いもの、長く貴方を盲目にしてきたように見えるものは、否定的実在は非在、またはあらゆる実在の否定だと思われたことですが、DDのすべての答に基づいて、貴方も遅蒔きながら、あの人の原理では否定的実在は感覚的または相対的な実在の否定にすぎないのを認めなくてはなりません。さて、それを認めるべきなら、この本質的な点では貴方の思い違いがもはや起こりえないなら、どうして貴方は軽々しく、おそらくは皮肉をこめてこう書くだけで私への答になさるのですか。「私は回心しませんが、幾星霜を重ね髪も白くなったら、かくも崇高な思弁にまで身を高められようかと期待しております」などと。

究極のところ、DDの言う否定的実在はあらゆる実在の否定だと貴方はお思いなのですか、そうではないのですか。まだそうお思いなら、あの人の答を読んだ上でもどうしてそんなことがお出来なのですか。この点では間違いなく有無を言わさぬ答でしょう。また、もはやそうお思いでないなら、そのことに口を拭って万事そのままにしておくことがどうしてお出来なのですか。その時は、あの人との問題は全面的に様変わりするはずですが。思うに貴方は、この本質的な点で思い違いをされたのを認めて、それだけいっそうDDの思弁に深く思いをめぐらすか、それを認めないなら、認めない根拠があるのを示すか、どちらかになさるべきだったのです。私が貴方から待っていたのもそのことでした。私がそれに利害があるのを貴方も十分御承知なだけに、私はいっそう期待をこめて待っていたのです。もう一つ、私が貴方から待っていたのは、肯定的真理や、そこから直接・間接に帰結する道徳的真理を貴方が承認されたのは十分事情が分ってのことで、貴方が否定的真理を承認なさらないことからDDがその十分な認識を否定するのは根拠がなかったことを貴方が証明してくださることでした。しかし、それも虚しい期待に終わりました。

ここまで来れば、貴方があんなふうにお答えになるのを見て、問題の件にDDと私を置き去りにしようと肚を決めておられるのを見て、私がびっくりしたのは当然でなかったかどうか御判断ください。とにかく貴方は、心から真理を愛する者と私たちに自称されたのですし、これまでのことからも、私たちが貴方を説得するか、貴方が強情を張られる満足のいく理由――満足のいく理由があるとしたら――を教えてもらうか、そのどちらかをどれほど強く望んでいるかお分りのはずですから。

私たちと論争を始めてからの貴方のなさりかたは実に想像しがたいものですから、今はそれをひとまず忘れて、前から貴方に抱き続けてきた気持を思い出すだけにしましょう。

DDに筆を譲ります。あと数行、貴方に書きたいそうですから。

＊

拝啓、私が筆を執るのは、ヴォワイエ侯爵殿が見せてくださった貴方の前便の一つ前のお手紙にあった次の言葉に答えるためにすぎません。「……DDの大の論拠は、私に言わせれば誤謬推理にすぎません。肯定的なものは否定的なものなしにありうるか、存在は非在なしに存在できるか、とあの人が大真面目で私に質問するのを聞くと、いっそ、私は死んでないのに生きていられるかと訊かれた方がいいような気がします。」

「存在は非在なしにありうるか」などと貴方に質問したことはありません。非在というのは私によれば不合理で、矛盾、撞着だからです。お尋ねしたのは、肯定的存在はそれを否定する存在なしに、否定的存在なしに存在できるかということだけで、その存在というのは重ねて言えば非在ではありません。「唯一」の存在、それ自体による存在、端的に言った存在だからです。それが否定するのは存在ではないからです。そんなことをしたら自分自身を否定することになりますから。それが否定するのはもっぱら感覚的存在です。感覚的存在は純粋に相対的なものですが。ヴォワイエ侯爵殿が今注意されたように、貴方はいつもその点で思い違いをしておいでです。それを悟っていただこうと私たちがあれほどしたのに、まだそんな思い違いをしておられるとは、とりわけ想像を絶します。

私のものを読んで理解されたら、貴方もお分りになったはずです、今問題の件では感覚的なものから取った譬えがみな全くの不合理だということが。またその帰結ですが、死の内には生の否定などなく、生の内にも死の否定などないことが。したがって貴方は、いっそ「死んでないのに生きていられるか」と訊かれた方がいいなどとおっしゃらなかったでしょう。否定的存在は「全一者」であるものしかなく、その存在との比較の材料を「全一体」の内に探すのは、比較できないものを比較しようとすることです。

敬具

ロビネ氏からヴォワイエ侯爵殿への返事

拝啓、何事につけ貴方に御満足いただくことを私は衷心から望んでおり、それに成功するのに優る喜びはないはずですから、貴方が私に満足しておられないのをますます遺憾に存じます。間違いなく、私はDDの体系をまるで理解してないに相違ありません。最後のお手紙とあの人の手紙がかつてないほどそれを教えてくれました。あの人の言う否定的実在なるものが私には全然分りません。否定的存在は肯定的存在の否定で、なのに、肯定的存在は否定的存在なしには、つまり自分自身の否定なしには存在できないというのですね。それが私には分らないのです。でも同時に、私はDDの形而上学的知識も貴方のそれも十分高く買っておりますから、もっとくわしい情報を得るまで待つことにして、いつの日か、仕事が減ってゆとりが出来、おそらくは師の目の前で、この思弁をもっと詳細に勉強できるようになるのを願っております。貴方がそれに感じられる利害と真理の利害（私はこの二つを互いに切り離しませんから）からして、私もその時を早めるようにいたしましょう。いかに遠い先でも、その時を楽しみにしております。

ヴォワイエ侯爵殿からロビネ氏への返事

拝啓、私の最後の手紙に対する貴方の御返事は御返事になっていないのをお認めください。こうして、私を存在から遠ざけようとする貴方のなさりかた自体から、私は確信したしだいです。問題の件に貴方はなんの関心もお持ちでないということを。DDにしろ私にしろ、これで打ち切りにするのが一番なのだということを。それが私たちのした決断（二一九）です。

敬具

（二一九）　その決断が変更されないことを願ってやまない。実際、あのMRとはなんたる哲学者であろう！　読者に判定を願おう。

もうロビネ氏にかかずらわなくてもいいと思っていた時に、パリから届いた（二二〇）一通の手紙の写し

親愛なる侯爵のお加減をお知らせいただき、こんなに嬉しいことはありません。もう一世紀もその消息に接しておらず、とても心配していたところです。レ・ゾルム（一八〇）の集まりは四散したとばかり思っていました。貴方はモントルイユ（一八一）へ、侯爵は御用事へ、太っちょの神父《アベ》〔イヴォン師〕は想像力の錯乱と哲学的な譫妄へ、というふうに。蛇口《ロビネ》のようにお喋りばかりして私たち皆を虚仮《こけ》にしたロビネにド・ヴォワイエ殿が送られた最後の手紙を拝見して、私がどれほど喜んだか口では申せません。最近、あの男について、私は或る文人と実に面白い会話をしました。その人はロビネ氏と一緒に暮らした経験が長く、人柄もよく知っていて、その女出入りや濡れ事も全部摑んでいるそうです。私たちの文通のことを私は細大洩らさずその人に話しましたが、あの先生がその折に演じた役割にこの人は驚きもせず、いかにもあいつらしいな、何をやっても性格は変わらずに出るものだ、と言いました。貴方も勘づかれてあれほど何度も非難されたように、あの男は貴方の思弁を全然読んでいない、あるいは、貴方と或る種の言語を取り交すのに必要なだけしか読んでいない、読んでも間違いなく何も分っていない、そうにきまっているさ、と。

その文人が描いてくれたロビネというのは、哲学界の気障《きざ》男です。自分の容姿を偶像のように崇めて、両性的な女

性たちに持てるように、才人ぶりとギャラントリからなる訳の分らぬ言葉を作り上げた男です。作品の原稿の大周旋屋で、それを取り引きし、服を着せ替え、印刷会社で活字にさせる男です。『自然について』をしょっちゅう攻撃されたのに答えられないため、自分が書いたのではないのではと強く疑われている男です。本心を隠す徹底したとぼけ屋で、不誠実で、目的を達するために陰険な策を弄する危険な男です。こせこせして、堅固な逞しい精神には似合わない無数の些事に拘泥する男です。本当にこいつの作と確信できる書き物は断片ひとつ知られていない男です。企画する大編集書のため、あちこちから石を切り出す役をする人夫らに安値で仕事を割りふって、原稿が出来たら漆喰を塗り直し、上薬をかけ、彩色を施すのを生業《なりわい》にする男です。『百科全書』補遺の分厚い全七巻を今にも出そうとしており、善良な神父《アベ》〔イヴォン師〕のような質《たち》の物書き連中に一項目いくらで仕事をさせている男です。現にあの神父《アベ》は、この男のために下手くそな文章を書きなぐっているそうです。哀れな公衆よ、おんみはなんとたぶらかされていることか！

その手の哲学者が、貴方と正面から闘うためにレ・ゾルムへ顔を出そうとあえてしなかったのは、もう意外なことではありません。彼氏には危険が多すぎましたし、吹けば飛ぶような名声が危うくなるのを自分でも感じたわけです。はじめ筆戦をことわった慎重さは褒められるもので、どうせならそれを貫き、戦いなど全然しなければよかったでしょう。戦っても所詮、術策と不手際と不誠実しか示さなかったわけですから。今はもう、窮地を脱そうと思ったら、儀礼と呼ばれるお追従を言いながらそおっと身を引き、内容について答えるのを避けるしか手がないのです。

御本があの男の手の中にある間、彼氏が例によって写しを取らすということをしてなかったら、私は貴方を十分お仕合わせと思うでしょう。そのことを貴方は心配なさるべきです。理解できなかったため、そんな気が彼氏に起こらなかったら別ですが(三一)。

敬具

（三〇）ここにその手紙を掲げるのは、侯爵殿と私が知らずにどんな男を相手にしていたか、読者に分っていただくためである。

（三一）実際それは私として恐れる理由が十分にあることだが、

文通する前からあのロビネ氏を知っていたら、まさかこんなことにはならなかったろう。上記の手紙を受け取って私が最初に考えたのはあの往復書簡を燃やしてしまうことだったが、

あれも有益な解明を与えられるし、私の危惧自体もロビネ氏から私への関係一切が世に知られることを求めている、と傍《はた》から注意されたのである。

『百科全書』の形而上学者イヴォン師との文通

ここではまず、ヴォワイエ侯爵夫人とイヴォン師と私が一七七二年十月七日の夕食後にした討論のほぼ逐語的な報告から始めよう。生来のものでも陶冶されたものでもある非常な才気にたぐい稀な知性を併せ持たれるヴォワイエ侯爵夫人が、前々から同師と私の議論を耳に胼胝《たこ》が出来るほど聞いておられ、或る程度問題を御存知だったことを知っておかねばならない。

以下の記録を同師は翌日公の席で読み、正確且つ忠実なものと認めた。

ヴォワイエ侯爵夫人とイヴォン師とドン・デシャンの討論〔一八二〕

侯爵夫人　じゃあ、お二人の決闘を見る方法はもうないのですか。

DD　いやいや、せっかくしたお約束を破ってもなんにもなりません。私が〔一八三〕何をしようと、所詮、私の思弁が真実なこともありうるなどという考えは、神父さんの頭にけっして入らないでしょうよ。少なくとも入ってしかるべきでしょうけれど。

同師　絶対に入りませんな。

DD　ですから、いつまでも私に反対することばかり考えて、私を理解しようとはけっしてしないんですね。

同師　貴方を理解しなかったら、貴方に反対などしますか。

侯爵夫人　自己流に理解して、ちゃんと正しく理解しない人もよくいますけど、ドン・デシャンがなんと言っても、貴方がそういうかただとは思いませんわ。

同師　ごもっともです、侯爵夫人、形而上学を一生の仕事にしてきた者の知能を疑ってはいけません。

侯爵夫人　もちろんですわ。私だって、誰か形而上学者を抱える気を起こしたら、その時は貴方に白羽の矢を立てますよ。

〔一八四〕同師　それは名誉なことです、侯爵夫人。でも、私はドン・デシャンのように、存在の総和の上に自分の形而上学を築いたりはしませんがね。

DD　その総和はいまだかつて、それ自体でも、個々の存在との関係でも考察されたことはありません。真理を手に入れるにはもっぱらそれを考察すべきだったんですよ、神父さん。

『自然の体系』の著者もその他多くの人も、総体としての自然は「大いなる全体」で、それはわれわれが宇宙の内に観察する様々な物質や、それの様々な組み合わせ、多様な運動の集合から来ると言ってます。でも、その「大いなる全体」とは何でしょうか。それ自体でも、それを構成する諸存在との関係でも何でしょうか。配分的に取った諸存在と本性を異にするのでしょうか、しないのでしょうか。そういうことは彼らの誰も言いませんでしたし、言うこと、考察することを考えもしませんでした。彼らに反駁した者も同じです。

あの人たちが考察しなかったことを私は考察したんです。あの人たちが言わなかったことを私は言ったんです。今まで知られなかった本質的な真理が全部そこから出てきましたよ。私の哲学があらゆる哲学と違うのはその点です。

同師　そんなことは何の証明にもなりませんよ。

DD　これは事実で、証明として言うんじゃありません。それにどうやら、貴方はここで論理を欠いてるようですよ……

でも論理といえば、私が大の論理家で、拙作の論理は素晴しいと、貴方は口癖のようにおっしゃいますね。けれど、貴方に言わせると私の原理は間違いなんですから、私の仕事全体の内に貴方は真実なものを一言《ひとこと》もみつけるべきじゃないでしょう、〔一八五〕私ならそういう結論を出しますよ。原理が間違いで、すべてが私の論理の力でその原理から演繹されてたら、そこにあるものは全部間違いにちがいないことになりますからね。なのに、感心するような真理がそこに多々あると貴方も認めてらっしゃるでしょう。

同師　貴方は大の論理家だと私が言うのは無制限にではありません。たとえば貴方〔一八六〕の道徳、または道徳的真理ですけど、これは貴方の形而上学的真理から発するものではないでしょう。貴方はそこから発するとされて、それ以外の土台を持たせませんけれど。

侯爵夫人　ドン・デシャンの論理について割引きされたのは結構ですわ。これは貴方の論理の名誉にもなりますよ。

DD　神父さんは窮地を脱するために割引きする必要があったんです。私の論法で追いつめられていたからですよ。でも、そうなると私の論理は滅茶苦茶になります。私の道徳的真理が私の形而上学的真理から発しないとなると、どうしてもそうならざるをえませんから……　ああ、油断のならない神父さんですね、後からこんなに酷《むご》い形で取り上げるんだったら、人に論理を持たせたりするものでしょうか〔一八七〕。それに、私が自分の道徳的真理に肯定的な土台しか、私の形而上学的原理しか土台を持たせてないなんて言われるとは、一体私を理解したんでしょうか、いや、私のものを読みさえしたんでしょうか。それには否定的な土台〔一八八〕、正しく言えば間接的な土台もあって、それはこの原理が法律状態を打ち壊すことなのを、貴方が見落とすなんてありえたでしょうか。貴方は実にかたくなに、あらゆる明証性に抗《さから》って、法律状態に執着しておいでですが。

侯爵夫人　頑張って、神父さん。この人、怒り出しましたよ。非がある証拠です。

同師　奥様、『自然の体系』はお読みですね。さて、あの体系の作者に対してドン・デシャンが使う〔一八九〕理由は、まさしくこの人〔一九〇〕に対しても使えるものですよ。それだけ使ってこの人に反対してもいいです。

DD　でも、あの体系の作者に私はいかなる原理も与えませんけど、私には原理があるのを貴方も認めておいででしょう。

同師　間違った原理を持つのは原理を持たないことですからね。

侯爵夫人　本当ですか、神父さん。初耳だわ、そんなこと、想像もつかなかったわ。〔一九一〕もし不幸にも神と宗教が間違った原理だったら、人間は神と宗教の内に原理を持たないことになるんですね？

同師　その反論は今書いてる本で仮定して、それに答えるつもりです。

DD　〔一九二〕せっかく与えてくれていた論理という利点を私から取り上げた上で、今度は、これも与えてくれていた原理を持つという利点も取り上げるわけですか。でも、注意したらお分りだったように、一方で私は、〔一九三〕原理がある、それも実に多産な原理があると主張しながら、同時に他方では、原理などない〔一九四〕と主張してるんですよ。〔一九五〕この二つの主張は一方なしには他方もありえないので、互いに支え合っているんです。拙作で実に〔一九六〕よく論証されたこの支え合いの内に、私の原理に有利なものを何も御覧になれませんか。

同師　何のことやらさっぱり分りませんな。何をおっしゃりたいんです？

DD　じゃあ、私を理解するなんて言わないでください。〔一九七〕貴方の名誉のためにも、私のものを読んだとすら認めないでください。

同師　何ですって、貴方を理解してない？　私が理解しなかったら、誰が理解するんです？　奥様、御覧ください、この人は〔一九八〕子供でも自分の真理を見落とすことはありえないと自分で言ってるくせに、私が理解してるのを認めないんですよ。

DD　私が言ったのは、子供でも私の真理を見落とすことはありえないということじゃなくて、〔一九九〕自分と無縁な観念はなんでもはねつける、頭ではなくて文字どおり胼胝《たこ》のような多くの頭脳にくらべたら、子供の頭の方が私の真理は入りやすいということですよ。

同師　私の頭はそんなんじゃないと思いますがね。

DD　結構なことです。でも、貴方もお認めでしょう、まとまった全体に、〔二〇〇〕それも斬新な全体に自己の真実性があるような著作は貴方の頭にあまり向いてないってことを。その頭が最初に抱く観念が好意的でなかったら、著作は不幸なものですよ。

同師　私は原理を守ります。それだけで十分です。

DD　つまり、理解〔二〇一〕もしないのに〔ドン・デシャンの〕原理に対してそんな偏見をお持ちなので、原理の証拠も適用も帰結も展開も見たがらない、原理である存在〔全一体〕を証明し、自らもそれによって証明される原理ならざる存在〔全一者〕を何か〔二〇二〕に数えるということすらしたがらない、ということですね。

同師　もう一度言いますが、私は原理を守ります。〔二〇三〕あらゆる現象を説明するという貴方の原理を使ったって、子宮の内に子供がどうやって形成されるか分るようにはなりませんよ。

DD　貴方のおっしゃりかたは、ヴォルテールやその他多くの人と同じですね。みんな、形而上学的なものと物理的なものの境界が分らずに、われわれの打ち克ちがたい無知という自分の説を証明するため、いつでも物理的な現象を形而上学的な現象と同列に置くんです。神父さん、私の原理が説明するのは形而上学的な現象で、たとえばこういうものですよ。「なぜすべては多いか少ないかなのか、なぜ自然の内ではすべてが相対的なのか、なぜ完成または絶対はいかなる面でもそこに見られないのか、なぜ何物もそれ自体としてそこにないのか」というような。そういうことは私の原理で説明されますし、それが説明できるのはそういうことだけです。それは物理的な原理ではなくて、形而上学的な原理ですから。それに私の原理は、物理的または個別的な現象の説明はいつまでもなんら有益なものへ導けない、そういう現象は、月で起こること以上に目では見えない子宮の中で起こることのように人間から遠く隔たれば隔たるほど、その本性からしてますます人間には説明できず、ますます探るべきでもなくなることを論証してます。

同師　真理の発見はあらゆるものを説明するはずです。

DD　違います、神父さん。それが説明すべきなのは、本性からしてそれでは説明できないものがあるのはどうしてか、宇宙の細部がそれの対象からはみ出る下位の知識であるのはどうしてか、そういうものは人がそれと持つ関係性の多少に応じて多くまたは少なくしか絶対に捉えられないのはどうしてか、ということです。我らの哲学者〔啓蒙思想家〕たちは、人一倍知識があるわけでもないのに、真理が発見されれば物理的な現象も説明されると思ってますね。貴方もなさるように、そんな連中を嗤ってください。打ち壊すばかりで打ち立てようとしないその狂乱も、人間の法が神の法なしに存続できると思うその誤りも、寛容を説きながら同時に、寛容の対象物、つまり現に支配する様々な祭祀は非常識だなどと大声で言いふらすその矛盾した態度も。

同師　あの連中を嗤うことはお好きなだけしましょう。でも相変らず、貴方の原理が気がかりですね。

侯爵夫人　しっかりして、神父さん。不意を突かれないように気を付けて。私たち全員の代表選手として、貴方はここでこの人と闘ってるんですから。

同師　奥様、〔二〇四〕この人が出す自分の形而上学的原理の証拠を、それも唯一の証拠を御存知ですか。われわれは事物〔二〇五〕の根底について自分が概念するものだということですよ。〔二〇六〕こんなお見事な証拠をなんとおっしゃいます？

侯爵夫人　私にはとても貧弱に見えますけど。

DD　その物差しを自分に当ててみることですね、神父さん。私の形而上学的原理を証明するのは拙作の全篇で、それの唯一の証拠として貴方が出されるのはそれを人間に適用したものにすぎないのは異論の余地がないですから。

侯爵夫人　えっ？　原理を証明するのは全篇ですって？　それじゃあ、お二人の意見は合いそうもありませんわね。

同師　いやいや、奥様、この人の著作は何も証明していません。この人の原理は間違いだって申し上げたじゃありませんか。

侯爵夫人　作品全体も間違った原理の支えにはなれないわけですね？　これも想像できなかったことですわ。でも、ドン・デシャンの原理って何ですか。

同師　自分の頭の中にしかかつて存在しなかった形而上学的な諸存在を作り上げることです。

DD　形而上学的な諸存在を作り上げてなどいませんよ、神父さん。形而上学的な存在が一つあるのを証示していること、それだけです。

同師　ええ、一つですね。私もそう言いたかったんです。

侯爵夫人　で、その一つというのは何ですか。神父さん、もしかして、それは貴方じゃありませんの？　貴方は大形而上学者でいらっしゃるし、私もよく拝聴したように、もっぱら貴方のものである一つ〔二〇七〕の「貴方」をお持ちだとおっしゃってるでしょう？

同師　私というのは少なくとも一つの存在でしょう。でも、それの形而上学的存在というのは絵空事〔二〇八〕です。これはスコトゥス〔二〇九〕の言う普遍で、われわれ哲学者はそんなものを馬鹿にしてますし、良き哲学は総じてそれを永久に追放してしまいましたよ。

侯爵夫人　私たち〔二一〇〕よりよく知っていると言うこの素敵な推論家は、「スコトゥス」と呼ぶべきですわね。腹が立ったら、そこからCを削りましょう〔二一一〕よ。

同師　その名前はぴったりでしょうね。でも、Cを削ってはいけませんな。この人の著作には非常な才気が溢れてますから。

侯爵夫人　お優しすぎるわ、神父さんは。

DD　そうお優しくもないですよ、奥様。私の才気も、私の論理や私の原理〔二一二〕と同じことになるんでしょう。機会がありしだい、神父さんはさっそくそれを取り上げてしまいますよ。ただ、私をスコトゥス主義者にするのは許せませんね。私がそうでないのを知ってたら意地悪〔二一三〕ですし、そうだと思っているのなら、私の〔二一四〕ものを読んだ人にしては盲目的な攻撃ですから。

同師　そうおっしゃるのは、スコトゥスだって貴方のように、「無」が存在するというところまで絵空事を持って行かなかったからでしょう。

侯爵夫人〔二一五〕　えっ？　ドン・デシャンは「無」が何かだと言ってるんですか。神父さん、そんなことをお認めではないんでしょう？

同師　奥様が何かと呼ばれるのは何ですか。この人は、「無」が「全一者」で、無限、永遠、測り知れなさで、現実的に存在すると主張するんですよ。

DD　また勘違いしてますね、神父さん。「無」〔二一六〕が現実的に存在するなんて私はちっとも言ってやしません。私に言わせれば〔二一七〕、それは現実的な存在の、多かれ少なかれ現実的な存在の、一般的にも個別的にも感覚的なものの否定なんです。

同師　現実的に存在しなかったら、それは存在しないでしょう？

DD　これも貴方が出される帰結でしょう？　私のものを読んで写されたのにそんな帰結を出すなんて、しかも私を理解してると称するなんて、ほとほと感心しますよ。「全一者」〔二一八〕である「無」は、私の考えでは肯定的な実在を持たないんです、神父さん。それの実在は純粋に否定的なものなんです。

同師　そうそう、たしかに、純粋に否定的なものでしたね。でも、あらゆる実在を否定するものでしょう？

DD　自己の実在を除いてですよ、神父さん。しかし、私のものを読んでも写してもこのことがお分りでなかったら、「無」または「全一者」が感覚的実在の、「全一体」〔二一九〕と配分的に捉えたその諸部分の否定にすぎないことをここで分っていただけないでしょうね。実際、われわれが実にしょっちゅう口にする「無」という言葉で、われわれはいまだかつて、たとえば空《から》の瓶の中の酒の存在のように、あれこれの感覚的実在しか否定してないことも。

同師　奥様、これで分るようになりましたか。

侯爵夫人　ホッホッホ〔二二〇〕。でも、今から予測がつきますわ。自分との関係では神父さんと私は対等じゃないってドン・デシャンはきっと言いますよ。

同師　なぜです？

侯爵夫人　つまんないことですよ。貴方はこの人の著作を読んで写したのに、私は読み〔二二一〕も写しもしなかったからです。

同師　ええ、それはありえますね。でも奥様、「無」の存在なんて全然呑み込めないとお認めください。

侯爵夫人　ええ、食べてない食べ物と同じですわ。〔二二二〕神父さん、これでキマリじゃありません？

同師　そう、〔二二三〕キマリですね、奥様。この比喩は雷霆〔二二四〕のようです。ここまで来ても、この人の著作など信用してごらんなさい。

侯爵夫人　私もよくよく気を付けますわ。でも、神父さんはあの著作にそれくらいの注意しかお払いにならなかったようですけど、もしかすると、全然お払いにならなかった方がよかった〔二二五〕んじゃありませんの？　神父さんの時間のロスも、その方が少なかったでしょうし。

同師　時間をかけたのを後悔してはおりません。いいものもあちこちに見られ〔二二六〕ますし、それは利用させてもらいま〔二二七〕す。でも、自分の道徳的真理のことは、法律〔二二八〕状態のかわりに置こうとする習律状態のことはドン・デシャンが言わないでほしいですね。あんなものはまっぴらです。人間を獣以下にしますから。

侯爵夫人　本当《ほんと》ですか？　じゃあ気違いだわ、このドン・デシャンは！

〔二二九〕同師　そうじゃないんです、奥様、理解しがたいことですけど。

〔二三〇〕侯爵夫人　ああ、分りましたわ。ド・ヴォワイエ殿がこの人を長いこと気違いと思ってて、その後割引きしたのは間違いだったわけですね。

同師　今はいささか割引きしすぎておいでですね。ドン・デシャンが怒らないでほしいんですが。

DD　これ以上怒ったりしませんよ、神父さん。それでも、〔二三一〕人間を獣以下にするなんて言って、神父さんは私の習律状態を猛烈に誹謗しましたね。キリスト教的なやりかたじゃありませんな。驚きますよ、貴方みたいに善良なかたが……

侯爵夫人　神父さん、調子を落としちゃ駄目よ、この人の非難などほっときなさいな。

同師　あらゆる芸術、あらゆる高度な学問が、この人の習律状態には立ち入り禁止になるんですよ。それ、どう思われます、奥様？

侯爵夫人　いやだわ、ゾッとするわ、窓から放り出したいくらい。

DD　こんなに魔法がかかっていない、もっと友好的な目で私のものを読んだ人なら、道徳的悪が私の習律状態には立ち入り禁止になると言うでしょうね。〔二三二〕でも神父さんは、道徳的善だけ存在するはずのこの状態を、欠如という面からだけ見て喜んでるんですよ。その時は欠如が欠如でなくなることも、われわれの不幸な法律状態にあるいろんな利点が、実際は、その状態を構成してそれだけがその状態の存在を作り出し永続させる〔二三三〕根本的な欠陥によってのみそこにあるってことも〔二三四〕、一度として見ないんですね。その根本的な欠陥とは、「君のもの」、「私のもの」と〔二三五〕道徳的不平等です。これが、有用性からはみ出るあらゆる芸術、あらゆる学問の源で、今の社会状態に溢れるあらゆる不都合、あらゆる悪、あらゆる犯罪の源でもあるんです。

侯爵夫人　神父さんはお仕合わせな性分ね、〔二三六〕首をくらなくてもいいようなものしか御覧にならないんですもの。本当によかったわね。

DD〔二三七〕　だったら、〔二三八〕哲学になど手を出すべきじゃないんです。理解しないことを理解するなんて言うべきでもないんです。

同師　哲学は人それぞれですよ。私の哲学はみんなの哲学ですけど、初源的〔形而上学的〕な明証性を与えて人間たちの無知を根底から打破すると称する貴方の哲学は、誰の哲学でもありませんね。哲学者は全員私の味方、貴方の敵です。

侯爵夫人　貴方の味方？　でも、神父さんのお考えはそういう人と違うんでしょう？

同師　ええ、奥様、ドン・デシャンに反対する点を除いたら。

侯爵夫人　神や魂や、そこから出てくる一切を信じてらっしゃるの？

同師　信じるかって？　もちろんですよ、〔二三九〕反対すべきものは何もありませんからね。奥様、私は信者です、ソルボンヌ〔パリ神学大学〕のようには考えませんけれど。そのことを証明する本を今書いてますよ。ドン・デシャンの考えかたは実に斬新で、実に巧妙で、実に論理的ですが、私の考えることを打ち壊せません。私が自作で出す証拠をためしに攻撃したらいいでしょう。それを崩せるなら崩してほしいものです。

DD　あらかじめ崩されてますよ。結果はもう出ています。貴方は自分の筆に執着しすぎるので[二四〇]、それを見ることも認めることもたえてできないんでしょうが。

侯爵夫人　[二四一]さぞかし新機軸をお出しになるんでしょうね、神父さん？

同師　ええ、たしかに。証拠の立てかたがほかの人と違いますから。

侯爵夫人　なんだか鸚鵡みたいだわ。

同師　何のことです、奥様？

侯爵夫人　お分りになりません？　今までのところ、私たちの推理はみなほとんど、[二四二]お互いがお互いの鸚鵡にすぎなかったということです。

同師　分りました。でも、私は見せてやりますよ、『自然について』[二四三]やフレレ[二四四]その他のもののように[二四五]推理の面[二四六]で今持て囃されている本はみな、愚かで馬鹿な本だってことを。そんな本を私がどれほど軽蔑するか、奥様に分っていただけたら！

DD　いやいや、それは許しませんよ、神父さん。[二四七]「愚かな」とか「馬鹿な」とかいう言葉は貴方のおハコですが、ああいう本は貴方から軽蔑されるようなものじゃありません。無神論者は好きじゃないんで、私はその手の本のドン・キホーテになどなりはしませんけど、[二四八]それに匹敵する本を貴方がお書きになれるかどうか疑問です。

同師　そんなことを言われるとガックリきますね。ああいう本について言うことは、[二四九]ゆめゆめ文字どおりに取っちゃいけません。

DD　そこまでお人がいいと、こちらも闘う気がなくなります。間違ってました、許してください。

侯爵夫人　でも、今ドン・デシャンと闘ってるロビネさんがこの人の信者になったら、神父さんはなんておっしゃいます？

同師　そうはなりませんよ、間違いなく。

侯爵夫人　なぜですの？

同師　形而上学者が自分〔二五〇〕の体系を放棄することはけっしてないからです。

DD　いい告白ですね、神父さん。〔二五一〕よくなさいました、貴方にしては。

〔二五二〕侯爵夫人　ロビネさんの体系って、どんなものですの？

同師　本人がヴォワイエ侯爵殿に告白したところだと、「空無論《リエニスム》」ですね。

侯爵夫人　空無論？　何ですか、空無論って？

同師　何も信じないことです。

DD　既知の学説を何も信じないこと、そういうものをどれも信じないことですよ、神父さん。でも「無」を、否定的実在を信じないことじゃありません。本当に空無論なのは、「無」またはこの実在を信じることですからね。だから信念として、学説として取った——そう取るべきですけど——空無論とは、「何も《ア・リアン》」信じないことではなくて、「無を《ア・リアン》」信じることなんです。ロビネさんは「もう何も信じない」と言いましたけど、その「何も《（ア）・リアン》」という言葉で「否定的実在」を考えてたわけではありません。そんなものはこれっぽかしも認識したことがないんで、それを信じたためしなどなかったからです。「無」を信じて、その後信じなくなったのなら、もう「何も」信じないと言えるでしょうが、一度それを信じたら、明証性に強いられていつまでも信じるはずですよ。

同師　なんという言いかたです！　分りたい人は分るがいい！　私にはさっぱり分りませんな。

侯爵夫人　そのロビネさんがドン・デシャンの信者になることはけっしてないっておっしゃいますけど、それでもあの人は思弁の要点を承認してるんでしょう？　形而上学的、道徳的な真理を承認して、争うのは「無」の存在だけなんでしょう？

同師　それはそうです、奥様。その点で首尾一貫しないんですよ。ドン・デシャンが「全一体」と呼ぶこの人の形而上学的または肯定的な真理を承認したら、この人の否定的な真理、または「全一者」、または「無」の存在も承認しないでは済みませんからね。私だったら、ドン・デシャンの論理を知ってますから、この人には「二たす二は四」だということも認めないでしょうよ。

侯爵夫人　お分りですの？　ロビネさんの告白に神父さんの告白を合わせたら、ドン・デシャンの勝ちになるんですよ。そんなものを承認したら、神父さんもロビネさんもそれぞれ、ドン・デシャンに町を攻め落とされるんですよ。頭にくるわ。〔二五三〕それだったら、全部残らず譲ったらどうですか。とにかく、この人の言う「良識」は常識じゃないんだから。でも、そんな腹立たしい考えは脇に置いて、うちの羊たちに話を戻せば、そういうものの存在を信じると神父さんがおっしゃったのは、〔二五四〕私をからかったんだとお認めくださいな。

同師　違います、奥様。奥様も信じておられると確信しますが。

侯爵夫人　でも、そういうことがみな真実だと誰が貴方に言ったのですか。

同師　私の心がです、奥様。私の本をお読みください。それでも、どうしても認めざるをえませんけれど、侯爵殿のためにドン・デシャンの著作を写して、〔二五五〕これまで以上にその作品で自分が構成されるようになったこの一カ月というもの……

侯爵夫人　ドン・デシャンの作品で神父さんが構成される？〔二五六〕　じゃあ驚かないわ、ここ数日下剤をお呑みだったことも。

同師　ドン・デシャンの文体を使ってるんです。この人に言わせると、物体と、物体から区別されない精神は、たえず一方が他方によって構成される複合物にすぎないんですよ。でも侯爵夫人、率直に言って〔二五七〕一カ月前には、この人〔二五八〕の著作がこんなものだとは〔二五九〕とても想像がつきませんでした。持つべき観念を私は〔二六〇〕持っていませんでした。この人がする約束にこれっぽかしの根拠もあるなんて考えからは百里《リュー》も隔たっていましたからね。著作を写して理解した今は、ドン・デシャンがこんなものを作れたことにこれ以上ないほど驚いてますよ。

DD　私を理解してないとさっき申した時の驚きかたは、これの比じゃありませんでしたよ、神父さん。あの時どれほど興奮なさったか、おぼえておいでですか。でも、貴方はまだ、自分でお思いのほど理解してはおられませんね。もし理解なさったら（十全な確信に基づいて、あえてこう言わせてください）、きっと十全な賛同をお与えになって、世界が行くべき道を行くためにはすべてがこの書にかかっていた、つまりわれわれの無知が打破されることにかかっていたと判断なさるはずですから。

侯爵夫人　しかし〔二六一〕、あの著作には少なくとも明快さが欠けてません？　神父さんも今は、こんなに盛大にそれを持ち上げる気になってらっしゃるけど。晦渋だって言われてますわよ。

同師　いや、明快ですよ、奥様。一見晦渋に見えるかもしれないのは、ひとえに考えの斬新さのためです〔二六二〕。あらゆ〔二六三〕る困難に先手を打って、原理に基づいてそれを解消してますよ。私の〔二六四〕ように警戒しない多くの読者がたぶらかされそうな仕方でです。これは最も〔二六五〕巧妙で、最も首尾一貫した著作ですし、これ〔二六六〕以上よく原理を役立てることはできません。でも、その原理というのが私には呑み込めないんです。それに対しては、いつまでもこちらの重砲を向けますよ。その原理と自分の道徳的真理の間にドン・デシャンが架けた連絡橋も切断するつもりです。その橋を全く現実的と思っておられる侯爵殿御自身も、ミルトン橋みたいに宙に浮く橋だったとお認めになるような仕方で切って落としますよ。

DD　いやいや、ポン゠ヌフですよ、神父さん。勘弁してやってください。

侯爵夫人　さあ、ここまでにして、もう寝ましょう〔二六七〕。（同師は退席）当節の哲学屋とか、『百科全書』の形而上学者とか、ド・プラード〔二六八〕師の染物屋とかいうのは、ああいうものなんですか。

DD　ええ、奥様、あの人を見れば、ほかの者も大体〔二六九〕は十分見当がつきます。哲学というのも、連中にはまず、生きるため、または名をなすための一つの職業にすぎないんです。書いた〔二七〇〕ものから連中を哲学者などと思うのは間違いですよ。こちらであの善良な神父さんと御一緒して以来私には論証済みのことですけど、真理があの人の研究と興味と関心の対象でないのはお宅〔二七一〕の馭者と変わりないんです。一見、真理だけに携わるように見えますけどね。本から得た考えを紙の上にぶちまけて、いつもいつもぶちまけて、それを自分なりに消化はしますが、自分の頭で考えることも、自分よりましな考えができると想像することも思い付いたためしがないんですよ。奥様の前でもしょっちゅうするように、私の思弁についてあの人のヘマをとっちめることはいつだってできますし、こちらの推論で晩〔二七二〕から朝まであの人をやりこめられますけど、あの人の杜撰〔二七三〕な論理と「書物一辺倒」な能力が相手では、そんなことも無駄骨でしょうね。自分〔二七四〕らの「駄文」をゼロに還元して自分らの存在を打ち壊す思弁に対しては、頑強に抵抗するのがあの手の「へボ作家」全員の本質なんです。

侯爵夫人　あの人も、貴方のお考えが前よりはっきり見えかけてきたようよ。

DD　しょうがないのでそこまで来ただけです。その先まで行くかどうかは疑問〔二七五〕ですね。

侯爵夫人　おやすみなさい。それ以上分ってもらえなくても、哀れな神父さんを恨みっこなしですよ。

イヴォン師への返事

友〔ヴォワイエ・ダルジャンソン侯爵〕の返事をお伝えくださったお返しとして、この人がくれた手紙の写しをお送りせねばなりません。以下のようなものです。

「レ・ゾルム〔二七六〕から来た小包には、貴方が予告されていたロビネ氏への最後の回答が入っていると思いましたが、全然当がはずれました。出てきたのはイヴォン師が御苦労にも執筆した全三十ページの作品で、私を教育し、あの人の頭の固さについつい言った私の冗談を粉砕しようとしたものでした。中味は、貴方の思弁を知って以来、あの人が貴方にも私にも言ったり書いたりしてきたあらゆることの繰り返しです。貴方の思弁の内に、あの人はスピノザ主義に接木《つぎき》したスコトゥス主義しか、絵空事しか、言葉と論理の途方もない誤用しか、精神が作り上げた抽象的存在に理不尽にも現実性を与えたものしか見ておりません。あの人は〈全一体〉と〈全一者〉が大の苦手で、あれほど異論の余地なくそれの存在を証明する貴方の御本も、あの人にとっては全篇無いも同然です。貴方がされる〈全一体〉と〈全一者〉の定義すら、ごく上っ面《つら》しか理解していません。賭けてもいいですが、返事がわりに私が顔にぶつけてやる原理の連続の内にも、私がわざと持ち込む形而上学的バルバリスム〔不純正語法〕にしか気が付かず、それを一字一句貴方の学説と取るはずです。そういうものに気付いたら、さぞかし嵩《かさ》にかかって私をやっつけるでしょう。なんたる生徒だなどと言うでしょう。」

予測はまさに的中した、トリックは期待どおりの効果を上げた、と私は返信にしたためて、それを証明するために貴方のお手紙の言葉を写してやりました。あの人の「教理問答」と貴方がお呼びのものに続く個所で、そのまま引けばこういう言葉です。

「この長科白の内に御自分の学説があるのを、貴方もお認めになるべきです。貴方の忠実な信者がここでしたほど、教理問答を見事に繰り返すことはできますまい。でも愉快なのは、私もあの人同様に、あの人以上に貴方の学説を知っているのでないかのように、私に向かってそれを一語一語繰り返したことです。」

親愛なる神父さん、あれほど無知をまる出しにして窮地にはまりこんだ貴方が、それでもまだ、友の教理問答を愉快だなどと思うのですか。抱腹絶倒するのは私の方で、「反対物は互いに否定し合い肯定し合う」、「〈全一体〉は同時に形而上学的にも物理的にも道徳的にも存在する」等々を私の学説と受け取られたくせに、私が自分自身を理解するように私を理解すると称されるなんて実に結構なことですね。遅蒔きながらお認めになりますか、貴方の理解度は八歳の子供にも劣るのですよ。私を理解するために、貴方と同じだけの助力をその子が受けたとしての話ですが。私相手に学者然とした物言いなどされて、恥ずかしくありませんか。お送りくださった三十ページにのぼる貴方の抜萃には、ありえないことですが貴方がひとたび私を理解するようになったら、貴方を赤面させないものは一言《ひとこと》としてないのですよ。いちばん目立つ数々のヘマも脇へ置いて、私が答えるべきこと、答えるはずのことは次の点に尽きます。拙作で読まれたこと、繰り返し読まれたことに背を向けて、貴方がいつも「精神」という語を物理的な意味に、私個人の精神という意味に取っておられることです。私個人の精神とは実際には私の脳の繊維のはたらきにすぎませんが、「精神」という語は本当は形而上学的な意味に、お望みなら精神的な意味に取るべきなのです。それは私が定義するような「知性」という意味、つまり、われわれがすべての存在と共通に持つ「実在」という意味です。「精神」という語を物理的な意味に、本を作る貴方の精神とか、「知性」を展開する――それすらも――私の精神とかいう意味に取ろうと貴方が夢中になるのは、そこからいつでも、私が証示するような「実在」を否定しよう、そんなものを作るのは私の精神だけだと言って、なんとも滑稽にもそうしておられるように、この「実在」をヴェルギリウスの地獄やアルミダの宮殿と同列に置こうとするからにすぎないでしょう。〔二七七〕

人間の知能は人間の人間としての存在で、人間の物理的精神ですが、人間の「知性」は人間の根底的な存在で、人間の「在ルコトハシカジカデアルコトニ先立ツ」で、人間の形而上学的精神です。「知性」を展開し、それの内に「全一体」と「全一者」を見るのは知能の仕事で、貴方にも知能を持っていただきたいものです。貴方に言わせると、「在ルコトハシカジカデアルコトニ先立ツ」という公理は、神父である前に人間でなければならないと言うだけに限られるようですが、私の粗雑な良識によると、それは人間である前に在らねばならないと言うところまで行きます。実際、「実在」は人間としての存在に先立つもので、人間としての存在はどうしても「実在」を必要とします。この真理は、私が証示するあらゆる真理と同じく実に真理で馬鹿らしいほどです。

父と子、原理と結果、創造者と被造物などを私が論じると貴方が言われるやりかたは、私の流儀ではなくて貴方の流儀です。私は神父さんが好きですが、私にそんな論じかたをさせる時は嘲笑したくなります。さらにひどいのは、「全一体」と「全一者」に基づいて、またそれらの存在を支えるために私が何を展開しようと、そんなものを無視するかのように貴方が論じられて、私のものを読む前からそうなさっていたように、そういう存在は私の想像の産物だといつまでもおっしゃること、また、それらが存在する直接的な証拠を私が出しても、同じようにそれを無視して、これっぱかしの注意さえ払わないことです。しかし、嘲笑されてしかるべきなのは貴方ではなく、貴方に答えるなどという間抜けなことをする私の方です。とりわけ、貴方に宛てた「要約」の最後にある「手紙」の中で、私に反対するために絶対必要とされる条件を指示しておき、貴方はついぞそれを見ようとしませんでしたが、その条件は充たしようがないためそれ自体が私の思弁の真実性を証明するのを論証してあげたのに、それがあれほど無駄骨に終わったあとでは。

　その答とそこに含まれる条件をなんら考慮せずにあれほど多くの紙を貴方が字で汚されたとか、有神論者らの神を貴方がいつまでも私に対置なさるとかいうことがどうして起こりえたのでしょうか。まるで、私の思弁と同様にその神が論証を伴うかのようですが、実際は、有神論者が開明的であればあるほど、この神は彼らにとってますます不可解な存在になるのです。こうしたことについて、今日は当然ながら私に答えてくださるように要求します。私に反対なさるためのテーマは、私の方から作ってさしあげました。かたくなに私に異を立てたいというお気持が昂じた時はこのテーマを目の前に置いてほしいと、以来私は二十遍も申し上げてきました。なさるべきことは二つに一つです。もし方法がみつかったら、そのテーマにしたがって私に反対なさるか——私に言わせればそれは不可能ですが——、それとも、私に反対なさるべきなのはそのテーマにしたがってではないことをお示しになるか——これまた私に言わせれば不可能ですが——です。去る十月七日「夕食後」〔の討論の記録〕をお目にかけるのは、また御一緒する時まで待つことにしましょう。貴方と私、貴方の論理と私の論理の間で貴方に判定を仰ぐには、その記録しか要りません。さようなら《アディユ》、親愛なる神父さん、私の思弁に対する貴方の悪意か低能は〔神にではなく《ア・ディユ》〕悪魔にさらわれておしまいなさい。というのも、そのどちらかか、両方半分ずつにきまっているからです。でも悪意といえば、マルタン・ド・プラードの名で出た有名なテーゼの中で、不平等の野蛮な法は最も強いが故に最も正しいと呼ばれる、「最強ユエニ最正ト呼バレル、不平等ナルアノ野蛮ナ法」というのが真実として言われていたのではありませんか。もしそうでしたら、ド・プラード師の染物屋にペテン師だと言っておやりなさい。それでも、この人は相変らず道徳的〔社会的〕平等について私に異を立て、それを排斥し続けるでしょうが、かまわずいつまでも、ペテン師だと言ってやらねばならないでしょう。

（この返事は、前以上に私の思弁を検討しようと約束させる効果はあったが、あの善良な神父の頭の程を私は知りすぎているから、私の思弁が求めるような全面的な鋳直しなど期待してはいない。）

「犯罪の原因を指定して、可能なら犯罪を根絶する方法を指示せよ」という、一七七三年度の懸賞論題としてマントヴァ・アカデミーが発した問いをどう思うか、と尋ねた同じイヴォン師への返事

マントヴァ・アカデミーが発した実に特異な問いに申し分なく答えられるのは私の思弁だけだと思うので、かりに懸賞に応募する気があったら、私は自分の思弁の全体を以てするつもりです。それでも、私の思弁を御存知な誰かのために、自分ならその問いをどう解くか簡単に述べておきます。

異論の余地がないのは、犯罪は道徳的悪によってのみ存在すること、その悪の根本原因は人間たちの無知にあること、道徳的悪を根絶するにはどうしてもその無知を打破すべきこと、それを打破するのは、今まで展開されたことがなく、またそれのみが十分な明証性を伴う初源的〔形而上学的〕真理と道徳的真理を展開せずにはできないことです。

異論の余地がないのは、道徳的悪の二次的な原因が、われわれの人工的な諸情念の常に存在する源である道徳的〔社会的〕不平等と所有にあること、われわれの社会状態のそういう根本的な欠陥が存続するかぎり、また自然の欲望が、人工的な諸情念の結果としてわれわれが持ち込んだ人工的なものをことごとく剥ぎ取られて、それだけがわれ

われの情念とならないかぎり、道徳的悪が今後とも地上に存続することです。

異論の余地がないのは、道徳的〔社会的〕不平等と所有という欠陥が、われわれの無知と、当初は必然的だったわれわれの無経験から生まれたこと、機械的に形成された社会状態がそれらによってしか成長できなかったこと、それらが物理的〔身体的〕不平等の結果で、したがって、われわれの最初の状態だった未開状態の常に存在する証拠であること、人間的法律状態も神的と称する法律状態もそれらに支えられ、われわれの無知に支えられてのみ存続すること、この状態がそれらの力のすべてを作っており、したがって人間たちに必要なのは法律状態ではなく、習律状態、法なき社会状態であることです（法律状態を非とすることの最後の主張は、神の法をことごとく無に帰する、明証性の印璽のような初源的〔形而上学的〕真理を知ることで、十分に異論を許さぬものとなります）。

異論の余地がないのは、繰り返し言えば、道徳的〔社会的〕不平等と所有が道徳的悪の二次的原因として、われわれの社会状態に溢れるあらゆる統治とあらゆる犯罪の原因であること、それらの不都合、それらの犯罪の各々の原因にまで遡れば、それだけでいかなる疑念も残さなくなること、もう一度言えば「いかなる疑念も残さなくなる」ことです。この点を強調するのは、それに注意してほしいから、人間が邪悪なのはわれわれの忌わしい社会状態によるにすぎないことを遂に納得してもらいたいからです。

以上のことから、したがって、犯罪の原因は第一にわれわれの無知に、第二には、物理的〔身体的〕不平等から生まれた道徳的〔社会的〕不平等と所有にあり、犯罪を根絶する唯一かけがえのない方法は犯罪の原因を根絶することで、それには知と、道徳的〔社会的〕平等と、それだけはその時も残るであろうわれわれの理に適った欲望が向かうあらゆる財貨の共有をかわりに置くべきことになります。

これが疑いもなく、マントヴァ・アカデミーが問うている原因と方法です。それに欠けているのは展開だけで、私の思弁を述べた著作を作りなすのがまさしくその展開です。しかし、あのアカデミーはかくも哲学的な問題を提起した際、それを解くには事物の原理まで遡る必要があると考えていたのでしょうか。キリスト教的原理の破壊が、求める解答から結果しかねないのを見越していたのでしょうか。見越していたのだと思いたくもなります。そんな原理に足止めされず、原罪などどこ吹く風で、犯罪の原因は何かと問うている以上、その原理を無視しているわけですから。宗教の軛のもとにあるアカデミーが、それでもこんなに本質的な面でその軛をあえて振り払ったということがどうして起こりうるのでしょうか。その点は貴方の考察にお任せします。私は人間が犯す矛盾の一般的な理由を述べるだけで、それらの矛盾のあれこれにある理由を穿鑿したりする気がこれほどない者はおりませんから。

さようなら。これを貴方はお読みになるでしょうが、貴方にとってこれが単なる言葉以外のものだったら、私はびっくりするでしょう。それでも、貴方のお人の良さは好きですから、それにはキスをお送りします。

イヴォン師の二度の新たな攻撃に対するヴォワイエ侯爵殿の答

回答一

親愛なる神父さん、お書きになったものを精読しましたが、端から端まであまりにも間違いだらけで、あまりにも的はずれで、理解しようと努めるより反対しようと努めよう、学殖をひけらかして自分の考えを開陳しようという貴方の趣味にあまりにも沿ったものなので、お答えするとお約束してなかったらお答えもしないところです。

一、作ってあげたテーマでは、できるならほどいてほしい縫い目を提示しましたが、貴方はそれに取り組みもしませんでした。こちらはそれを求めていたのに、貴方にとってもそれをほどこうと努めることにすべてがかかっていたのに、です。思弁の全体を論理の傑作と認めるが、相対的な実在は除いてだ、と貴方は最後に言われます。だったら、その実在をほどいて残りのものから分離しようと努めるべきでした。そうすれば少なくとも一つの努力にはなったでしょう。貴方のまわりに書いた輪が貴方の論理に求めていた努力は、ほかにも山ほどあったのですが。

二、「予備考察」を読むだけで納得させるなどと、ドン・デシャンは一度も言ったことはありません。自作に「予備考察」を加えて、と言ったのです。

三、ドン・デシャンはどんな哲学者の筋金入りの錬金術師でもありませんから、哲学者たちを坩堝に入れたと貴方がおっしゃるのには全然根拠がありません。あの人の思弁をもっとよく御存知でしたら、絶対にそんなアイデアから出たものではありえなかったのが貴方にもお分りのはずです。あの人が読んだのは自分の内、貴方が読んだのは他人の内で、ですから学殖は貴方の方にあり、道理はあの人の方にあるのです。重ねて言いますが、道理だけが語るべきところで学殖などなんの役に立ちましょう。

四、問題の思弁をちゃんと把握するためには、「実在」の相反する二つの観点のみならず、そこから発する一切をちゃんと把握せねばなりません。作ってあげたテーマを読み返してください。

五、物理的諸存在がいかにして在るかドン・デシャンの思弁が教えてくれるのを、貴方は見落としておいでです。貴方が問うことをその思弁がいくら教えてくれても、まるで何もなかったかのように貴方はいつまでも問い続けます。貴方はいつもわざわざ事を難しくしようとして、この思弁の内に自然な形ですでに答がみつかったことをついぞ御覧になりません。こんな盲目ぶりの源は、あの思弁が神学的・哲学的なお喋りにことごとく終止符を打つため、あの思弁を承認したら今まで餌にしてきた食べ物を自分の精神が奪われずには済まないことを貴方が定めし垣間見られたからではないかお気を付けください。

六、貴方がお作りの子供たちにも何かの価値はあるかもしれませんが、ドン・デシャン以上に実在を作らないでください。あの人はそんなものを一つも作っておりません。二つの実在〔肯定的実在と否定的実在〕に基づいてあの人が立てる二つ〔全一体と全一者〕は、まさしく、宇宙を構成する諸存在が在ることをどう考えるかについて古今の哲学者たちに欠けていたものです。貴方は哲学者たちの説を御存知ですから、欠けていたことをお疑いではないでしょう。ならばこれを最後に、それらの実在とそこから帰結するものに注意を向けて、哲学者たちなど放っておきなさい。貴方が色々本を読まれたことに誰も異存はないのですから、わざわざ苦労してそれを証明してくださるには及びません。
七、この問題には、存在ではどれが先かも、論理的にはどれが先かもありません。「全一体」と諸部分はいつも一緒に存在しましたし、いつも一緒に存在するでしょう、「全一者」とともにです。健全な理性が言うのはそういうことです。
八、なんですって！　ドン・デシャンを読んで写したくせに、誰が諸存在を在らしめたかなどと訊くのですか。もう一度読んで写しなさい。それでも足りなければ、読み直し、写し直しなさい。
九、アリストテレスなど図書館で腐らせておけばいいのです。ここですることはありませんから。
十、「自然は私たちに難しい結び目を示します、云々。」なんですか！　条理のかわりに、いつでも言葉だけですか？　それどころか、どんな条理を言われても無視したり、正しく言えば一度もちゃんと考えず、まっすぐ見ることさえしないんですか？　ドン・デシャンがあんまり怒りっぽいのでよくお灸をすえたものですが、もっと僅かなことでも我慢しきれなくなるのは分ります。
十一、貴方の二枚目はドン・デシャンの断片で始まっています。まるで、あの人の著作が作る全体を小間切れに取り上げることが問題であるかのようです。自分に反対するために必要とされる条件について、あの人が作ってあげたテーマを読み直してください。そのテーマについて貴方は書くべきだったのです。「さあ、来るかどうか見に行きたまえ」と貴方も言っていましたね。
十二、有神論者の神について提起される異議を取り除く義務が自分にあると貴方が思わなかったのは、貴方の勝利にとって実に残念なことです。そういう異議を取り除いたら——取り除くのに、貴方にはなんの手間もかからないはずです——貴方はドン・デシャンをやりこめて、いつもあの人から貴方へときまっている推論の流れが、今度は貴方からあの人へと変わったでしょうから。
十三、創造とは時間なのに、貴方は、存在の面で創造より先行するものがあるというお考えから、創造以前に時間があると言われます。なんたる不合理でしょう！　また、創造者は被造物に先立って存在するとも言われます。父は子に先立って存在するからというのです。貴方がお気の毒でなりません。個別から一般へ結論を導くことはけっしてしない、と貴方は言っておいでですから。「全一体」がその諸部分に先立って存在しないのは、その諸部分が「全一体」に先立って存在しないのと同じで、「全一体」は諸部分によって存在し、諸部分は「全一体」によって存在するのです。これが母なる観念で、そこから人間たちが勝手に創造者と被造物をでっちあげたのでした。

十四、ドン・デシャンが様々な存在の間に関係性を立てるのは、それらの存在が関係性以外、比較以外のものではないほど本性からして相対的だからです。ドン・デシャンの著作であれほど言われたこの真理を拒んで、存在とその相対的な本質をいつでも二つのものにするとは、なんたる頭の固さでしょう！　一度も行かれたことのない単純なところへ、行く力があれば行ってください。

十五、お書きになったものを読み進むと、もう個別から一般への論結しか見られなくなります。形而上学的な問題では、そういう論結は必ず或る本性から別な本性の存在へという形になり、したがって不合理そのものなのです。

十六、ええ、貴方がお粗末と言われる論法は実際お粗末です、実にお粗末です。しかし、それは貴方の論法で、私たちの論法ではありません。自分のような仕方で私たちに論じさせるため、貴方はその論法を私たちに帰しているのです。

十七、「この世界は存在するために自己自身しか必要としなかったことを証明してください、そうしたら問題は全部決着がつくでしょう」と貴方は言われます。その証明は無神論者に求めるべきで、私たちに求めてはいけません。それでも、貴方が読む術《すべ》を知っておられたら御存知のはずのことを言ってあげますから、よくお聴きなさい。この世界は存在するために自分の諸部分を必要とし、逆にその諸部分も存在するためにこの世界を必要としたのです。それ自体によって存在するもの、存在するために自己自身しか必要としなかったものは、この世界とその諸部分とを集合的に捉えたもの、つまり「全一者」なのです。全く目新しいこの説明に基づいて、あの問題を解くためにはどうしても、存在するためにこの世界が自己自身しか必要としなかったのはいかにしてかが問われていたのを見てください。貴方にはそれが見られますまい。貴方もお認めのように、その時は問題は全部決着がつきますが、貴方は決着をつけるのがお好きでないからです。だいいち、単純なものをお目にかけているのに、そんなに混み入った考えを持たれるとは、なんという暗礁でしょう！

十八、「ドン・デシャンの考えの内で、なぜ、いかにしてこの宇宙が存在するのか教えてくれるものが一つでもあるでしょうか」と貴方は言われます。それは明らかだと私は時々刻々貴方に証明していますし、証明しない一瞬間とてありません。ドン・デシャンの全篇を見るようにと時々刻々言っています。でも、ここであまりによく分りますが、「あの著作は貴方のために出来ているのではない」のですね。

十九、なんですか！　諸存在の全体は、宇宙は、形而上学的に見るにせよ見ないにせよ、宇宙の起源を説明するになんの役にも立たないとは？　ああ、神父さん、そんなことを考えてるのですか。

二十、世界は時間の中で生まれた、または形成されたなどとドン・デシャンは一度として言いましたか。時間の中にあるのは貴方や私であって、時間である世界ではありません。言わせてもらえば、貴方は反対するおつもりのものをこれっぽかしも知らないのですね。

二十一、三枚目にある貴方の長科白は、一行ごとに今言ったことを証明しています。あれは純然たる見せびらかしです。私たちが見せてほしいのは、貴方ではなくて貴方の道理なのですよ。

回答二

作ってあげたテーマにやっと答えましたね。答える答えるといつも約束しながら、あんなに長いこと答えるのを避けてこられたテーマです。どんなふうになさったか見てみましょう。賛同するというだけの答でなかったら、やりかたは間違いにきまっていますが。

読んでまず目につくのは、反対しようとするいつもながらの熱意と、理解するのをいやがるいつもながらのお気持だけです。自分の知識と気取った言葉を連ねる才能をいつでも相手の顔に投げつけるあの物知りぶりだけです。そんなものが条理では毛頭なく、見るも哀れな理の空虚が内にあるのを証明する埋め草にすぎないことをついぞ御覧にならないのですね。ああ、貴方の論争相手のやりかたはそれと大違いで、貴方がけっして行かれない本題へいつも直行するのですよ。お送りくださった四ページ中、一ページ余りにもなる書き出しは全部余計です。推論の時間は貴重でしたから、見せびらかしになど使うべきではありませんでした。でも、完全無欠な明証性への賛同を拒んだら、貴方としてもほかにやりようがあったでしょうか。

幾何学者だとか、幾何学者と同列に置くことで貴方がドン・デシャンに与えたと称する名誉だとかに、この問題にとってどれだけの重要性がありましょう。あの人の学問はほかの学問の域からはみ出ますから、ほかの学問との比較などすべきだったでしょうか。道理もへちまもないのにとにかく貴方は闘いたがっておいででしたから、もう一度言えば、作ってあげたテーマにある縫い目をほどこうと努めることだけを目的となさるべきだったのです。

スピノザは自分の原理から帰結を引き出さず、引き出したのはほかの人でした。したがってスピノザは、自分の帰結が原理そのものであることをなんら証示しませんでした。あの人〔ドン・デシャン〕の原理に貴方が異を唱えたら矛盾に陥らざるをえませんが、あの人の方は自分の原理を把握するように貴方を持って行くため、自分の帰結を原理の証拠として出したのです。ですからそこであの人の帰結を攻撃すべきでした。帰結でないとして、したがって原理でもないとしてです。貴方に最初に求めていたこと、求めるべきだったこともそれでしたが、推論と呼ばれるものがよろずお嫌いな貴方はそれを回避されました。貴方には実に顕著なこの推論嫌いと、原理がその委細顛末すべての内に持つ証拠からして、ドン・デシャンはその原理の上《うわ》の空《そら》な検討から貴方を脱け出させ、原理をその委細顛末すべてによって、つまり矛盾律による以外の形で貴方に証明してあげようとしたのです。貴方のようなたぐいの推論家には、矛盾律はいつでも大の難事でしたし、これからも常にそうでしょうから。ですから、そんな検討から貴方を脱け出させようとしたことで、あの人が自分の原理の堅固さを疑ったなどと言わないでください。そんな言いかたは、そのために貴方が推論に使うべきだった数行を無駄にされただけに、ますますもってお粗末です。帰結を何でも選んで次から次へ攻撃せよと命じられているなどと、どこで御覧になったのですか。一つでも複数でも、そういう帰結を何か選んで取り上げてください。それが帰結でないこと、全然真理でないことを貴方が証明されたら、ドン・デシャンも非を認めて、貴方は町を攻め落とすでしょう。これ以上の見せ場があるでしょうか。

貴方はアーチの比喩を使われますが、この比喩はどう見ても考えた上のものではありません。ドン・デシャンの思弁は全体が要《かなめ》石であるようなアーチだからです。貴方はそれに同意しないかもしれませんが、これはドン・デシャンが証示していることで、ですから「物ニ即シテ」あの人に答えようと思ったら、見当はずれな比喩などではなく、貴方はそれを議論すべきでした。貴方の論理はなんという論理でしょう！

帰結がそれの原理だと言うのは不合理だと貴方は主張されますが、相変らずそれを証明しようとはされません。おっしゃるようなことを言う際にドン・デシャンがどんな理由に基づくかさえ貴方が御存知ないのは、ここで賭けてもいいことです。あの人のものを読む際、貴方はそれほど全然物を考えなかったわけで、あの人に反対なさる今も同じです。では、繰り返し言ってあげますが、帰結が原理と同じく普遍的なところではあの人が言ったことを全部言わねばならず、普遍的なものは一つしかない以上、原理も帰結も一つにすぎないというのがドン・デシャンの理由なのです。

「ドン・デシャンの思弁では、形而上学的真理も道徳的真理も相対的実在に基づく」と貴方は言われますが、なんという間違いでしょう！　その思弁では形而上学的真理と相対的実在が同じものなのも知らないのですか。

原理がいくつもあるかのように貴方は「それぞれの原理」などと言いますが、あの思弁が一つの原理しか立てないことも知らないのですか。その間違いが見られる長科白が対象とする問いへの答は以下のようなもので、本当なら貴方は自分で自分にそう答えるべきでした。原理と帰結は「同一」だから、原理は帰結なしにありえず、帰結も原理なしにありえないということです。両者を分けるのは展開だけで、原理は矛盾律により、帰結はあまねき経験によりと、それらは自己自身によって証明されますが、同時に原理は帰結により、帰結は原理によりと互いに証明され合うのです。

答えるべきテーマの前に貴方が何をすべきだったかなど、どうでもいいことです。そのテーマに、そのテーマに基づいて貴方は答えるべきだったのです。そのテーマの目的は、歯が立たなかった肯定的および否定的実在は脇へ置いて、疑念を持たれ歯が立たなかった直接的な手段とは違う方法で歯が立つように貴方を持って行くことでしたが、これは失敗でした。ただ、そこから一つ新しい方法が生じます。私がここで使うのもそれで、貴方が理解も推論もしていないのを論証的にお見せすることです。これは事実問題で、私はそれを守ります。こうして、問題はもう思弁そのものではなく、それを理解し論じる貴方のやりかたになります。この方法が貴方を誘《いざな》うのに成功しなかったら、ここで進退谷《きわ》まったのを貴方があえて認めなかったら、貴方のことをどう考えたらいいか私にはもう分らなくなるでしょう。私がここで言うことに注意してください。その間私は、問題を変えつつもそれとの関連を失わないこの方法を相変らず守りながら道を続けることにします。

ドン・デシャンの鎖には最初の環も最後の環もありません。それぞれの環の中に鎖全部がありますから、あそこで鎖を残しつつここで鎖を断ち切ったと思うのは馬鹿げています。作ってあげたテーマにしたがって、ここにもあそこにもいつも鎖を御覧になり、それとは違うあらゆる鎖を論じるような仕方でこの鎖を論じるのはこれを最後にやめてください。そうすれば、体系を全体として見たなどと自慢なさるのは不適当なことがお分りでしょう。

「実在があるのはなぜ、いかにしてか」を発見した際、ドン・デシャンはむろんその発見から帰結する考えを全部は思い浮かべていなかったでしょうが、その発見の内にあるものを全部探りましたし、そこにみつけたのがそれらの考えの全部でした。そういう考えはそこに本質的に含まれていたからです。あの人が貴方に作ってあげたテーマは、そういう考えが実際そこにあるかどうか見られる立場に貴方を置いていましたが、貴方はたわごとばかり言いたさにそれを拒まれました。たわごととは、問題に当てはめられないいろんな原理を開陳したり、「ニュートン、大ニュートン」を私たちの顔に投げつけたりすることです。こんなところへ引っ張り出されて、ニュートン自身もびっくりするでしょうが。

ドン・デシャンは「今度は自分が、攻撃者から自分の思弁を守るため、いやでも下りて行かねばなりません」などと貴方が言うとは、なんとお寒い話でしょう。自分を攻撃するために絶対必要な条件を貴方に提示するのが、下りて行くことなのですか。でも、それよりさらにお寒いのは、ドン・デシャンは自分の道徳的真理に免じて形而上学的真理を見逃してほしいと頼んでいるようだが、真理はあらゆる妥協の敵で、秋霜烈日で、同情心に動かされたりしないからそれはできぬ、などと貴方が言っていることです。こんなたわけたことを書くとは、それが条理であるかのようにそんなもので悦に入るとは、よっぽど愚かな高慢ちきでなければできません！

マネス〔二七八〕（マニ）の二原理や、それとほぼ同じですが神なるものと悪魔なるものという体系を使って貴方がどうにかこうにか説明する唯一の現象が善悪の起源ですが、ドン・デシャンの二つの原理はそれと同様でしょうか。この二つの原理は一つにすぎず、あの現象のみならず、真理に依存するあらゆる現象の真の説明を与えるのです。雷霆で打ちのめすと称する思弁について、なんという無知でしょう！　出された八つの条件の内で、貴方は勝手に六つまで頬かむりしていますが、そんなものを回答などと呼ぶのですか。しかし、貴方が答えるようにこちらも答える時は、省略するのはお目こぼしです。

貴方の最後の数行には笑うほかありません。道徳的真理は形而上学的真理に劣らず誤りで、前者で後者を支えるのは後者の証明として不十分だなどと言ってますね。判定を下す前に、この二つの真理の勉強をやり直してください。さようなら、親愛なる神父さん。でも、すでに言ったことに立ち戻れば、自分が理解も推論もしてないことをお認めなさい。そうでないと、貴方は嘘をついてない、誠意はあるとこれまでのように使徒よろしく信じるのもやめるほかありません。

ヴォワイエ侯爵殿からイヴォン師へのその他の答

回答一

親愛なる神父さん、前便では、貴方は理解も推論もしていない、貴方と私の間の問題は今やそれが本当かどうか議論することに帰着する、と申しました。

私が言ったことはくわしく述べた事実にあるのですから、私の目的がそこから動かぬことであるべきなのと同じく、貴方の目的もそこからけっして出ないことであるべきでした。でも、そういうことを貴方は何もされませんでした。事の内容にとびついて、例によってたわごとを言ったり、分りもしない思弁に悪態をついたりしただけです。

貴方の大部な応答が私に与えたのは、貴方が理解も推論もしてないこと、耳と論理を全面的に欠いていることをますます証明してくれるという印象だけでした。それに答えるという課題に私が取り組むには、あるいはドン・デシャンに取り組ませるには、私がすでに出した次の条件が付きます。私の側では、貴方が理解も推論もしてないことをくわしい事実によって証明してあげることに、また貴方の側では、私が間違っていることをできればそれで証明してくれるためそういう事実を議論することに、問題がそれぞれ帰着するならということです。貴方のようなとりとめのないお人にはこれはきっと辛い束縛でしょうけれど、貴方に道理を分らせようと思ったら私たちにはこれしか方法が残っていません。

反対したければまず理解し推論することから始めるべきで、貴方が理解も推論もしてないことをくわしい事実によって証明してあげると私たちが言っている以上、貴方としても問題の内容は措いて、もっぱらその事実だけに集中し、それにどう答えるか見るべきでした。このことに同意しないほど貴方が没論理だということはありえません。

ドン・デシャンの著作も貴方には効果がありませんでしたし、あの人が貴方に作ってあげたテーマも同じでした。それが一《いつ》に、貴方が今まで理解も推論もしなかったことから来るのは、私たち二人のどちらにとっても論証済みです。ですから今一度、事実問題であるこの条項を守って、真理への愛だけに導かれる分別のある人間として、また分り合うことが世界一たやすい問題として、その条項を議論するだけに限りましょう。われわれの訴訟を解決するのにそういう議論がいかに必要か、貴方もお感じに相違ありません。私の申し入れに御異存があったら（羞恥心をお持ちの貴方が、それを拒むことなどどうしてお出来でしょう）、貴方の応答に答える仕事はドン・デシャンにしてもらいましょう。貴方が同意されなかったり、同意された上で、私が書いてあげる環の中から少しでも出たりなさったら、私の目には貴方はもう、耳も論理も全面的に欠くただのお喋りでしかなくなるでしょう。ぎゅうぎゅうの目に遭わされる必要が貴方ほどおありの人はいませんし、私はここで、もう退却する場所も残らないほど貴方をそういう目に遭わせているのです。

この問題にひとたび決着がついて、非は貴方にあるとされたら（誠意と判断力が少しでもおありなら、貴方御自身も定めしそういう判定を下されるでしょうが）、その時は貴方もこの思弁を敬うことを学ばれるでしょう。貴方の無知は好んでそれを不合理扱い、非常識扱いして、道理もへちまもなく、この思弁について師の弟子に教えを垂れてやるなどと間抜けなことを言っていますが。

それでも、私たちの文体がどれほど問題に即しており、貴方の文体がどれほどそうでないか観察してください。想像力で書くべきなのは、理性で書くべき問題についてではありません。貴方の書きかただけでも、非は貴方にあるのを証明しています。

回答二

親愛なる神父さん、欲しいとおっしゃるくわしい回答をする前に、とりあえず貴方の前便にある次の言葉に急いでお答えいたします。何を書いているか貴方がよくお考えでないことを、その言葉はますます証明してくれます。

「私は師を理解してないと貴方が言われただけなら、ドン・デシャンと無縁の学説をあの人になすりつけたかどうかだけが問われる事実問題から私も動かなかったでしょう。しかし、付け加えて貴方は私が正しく推論してないとおっしゃいますから、私の推論はなんらかの学説を対象にするはずです。それがドン・デシャンの学説であれば、その学説について私が推論を誤っていると貴方が証明してくださるのは、貴方御自身が問題の内容にまた陥らずにはできないことです。」

たしかに、貴方の推論はドン・デシャンの学説を対象にしています。いかに見誤るにせよ、とにかくあの学説が標的だからです。しかし、貴方の推論があの学説を対象にするからといって、学説の問題にまた陥ってはいけないとか、あの学説をめぐる貴方の誤解に目をつぶってもなお、推論を誤っていると貴方に証明してあげてはいけないとかいうことになるのでしょうか。

たとえば、神が存在することを貴方が証明しなくてはならず、それをやってのけようとして最悪の論理を使うとします。その時は、神の存在という問題は措いて、もっぱらその論理の誤りだけ貴方にお見せすることができないでしょうか。その時は場を変えることができないでしょうか。そのことは貴方もきっとお認めでしょう。したがって、何を書いているかよく考えなかったこともお認めのはずです。

自分の論理が不備だとは証明されまいと言うことだけに立てこもられたら、貴方は問題のテーゼからはみ出すことになり、私はもう貴方を相手にしなくなります。このささやかな御注意を一助として、自分は果たして推論しているのか貴方が疑うようになってほしいものです。この御注意へのお答をお待ちします。貴方からいまだかつて得られなかったものがそのお答でようやく得られるといいのですが。それは、非は自分にあるという告白です。

付言させていただけば、お手紙の次の言葉にある障害物は実にひどいもので、虚偽もいいところです。「あの思弁はどうして有名哲学者たちに届かないのでしょうか。ドン・デシャンはあんなに何度も試みたのに無駄だったでしょう?」

この障害物は、貴方の応答に見られる別の障害物を思い出させます。誤りなのと同程度に侮辱的なもので、故郷で預言者だというドン・デシャンの持つ優越性〔二七九〕が私の精神の中で信用を落とすのを卑しくも狙ったものでした。でも、貴方が支えにされるその有名哲学者たちというのは誰ですか。ディドロですか。ディドロはドン・デシャンの形而上学的な部分しか読みませんでしたが、読んだものは高く買いました。それはダランベールですか。ヴォルテールですか。あの先生がたは形而上学的な部分も道徳的な部分も読むのを承諾しようとしませんでしたから、勘定には一切入れるべきではありません。それはロビネですか。この人がドン・デシャンに同意しないことは別として、彼氏が同意することを貴方が同意なさることに合わせたら、それこそドン・デシャンの完勝でしょう。貴方やロビネ氏にそんなことができるとしてですが。ですから、こんなお粗末な方法にしがみつくのはもうおよしなさい。それで貴方に恥をかかせるのは、こちらとしても喜ばしいことです。それにしても、私たちがする論争について御自分がいかに攻撃材料を与えているか、内容は措いて形式についてだけ貴方をやっつけられるような立場にどれほど私を置いているか御覧いただきたいものです。

回答三

私の質問はごく簡単なことだったのに、貴方は答えるのを回避されました。ここでもう一度繰り返します。「たとえば、神が存在することを貴方が証明しようと思われ、それをやってのけようとして最悪の論理を使うとします。その時は、神の存在という問題は措いて、もっぱらその論理の欠陥だけ貴方にお見せすることができないでしょうか。その時は場を変えることができないでしょうか。」

ここで神の存在というのは単なる譬えで、かわりに別の譬えを使ってもいいのが分らない人はいません。なのに貴方は分らず、分ろうともしませんでした。神の存在にとびつくため、それで「物ニ即シテ」答えるのを避けるためです。

貴方に言わせれば、私の質問の趣旨は逐語的に言うと以下のとおりです。「……ドン・デシャンがその思弁で有神論者たちの言う神の存在を無に帰そうとしたのは事実である。また攻撃者〔イヴォン師〕が、敵を打つのに使うあらゆる推論でこの問題を解明しようと大いに気を配るのも事実である。故に、事の内容に立ち入らずにもこの事実だけから、あの攻撃者が師の学説について誤解したこと、したがってそれをめぐる推論も全く誤っていることが証明される。」

　私の質問の趣旨だと言われるこの数行には、私の質問といささかでも関係のあるものは一語とてありません。その質問に答えるために使われる後続の数行も同じことです。その個所の全体的な目的は、貴方が持たれるべきだった目的と大違いです。貴方と私の間にあったのは、問題の内容に立ち入らずに貴方の論理の誤りをお見せできないかどうか議論することだけだったのですから。

　ここで誤解されたことは、「自分の論理が不備だとは証明されまいと言うことだけに立てこもられたら、貴方はテーゼからはみ出すことになり、私は貴方を嘲るでしょう」と私の手紙にあっただけにますますもって驚きです。それを言うだけではまだ不足だったらしく、貴方はわざわざ苦労して、自分が推論している証拠を出そうとされました。したがって、例のとおりとりとめのない形でですが問題の内容に立ち入ろうとされました。なすべきことにも、私の質問が課していたことにも背を向けてです。推論すると称する人がそんなことをやるとは想像を絶しなかったら、何が想像を絶するか教えてください。また、推論の欠如を私が貴方に非難する根拠があるのをこれ以上はっきり、これ以上論証的に私に証明してくださることが貴方に可能だったかどうかも教えてください。

「反対した学説の真の目的について誤解などしていなかった証拠を出」そうとわざわざ苦労するだけでは、貴方にはまだまだ不十分でした。しかしながら、私が求めた答では、貴方が理解しているかも推論しているかもなんら問題ではなかったのですし、問題であるべきでもなかったのです。問題はひとえに、ドン・デシャンの学説について貴方が推論を誤っていると証明してあげるのは、その学説の内容にまた陥らずにはできないと貴方が言われたのは正しかったかどうかということでした。こんなに特徴的な推論の欠陥があるのに、推論を鼻にかけることなどまだお出来ですか。

「ドン・デシャンからこちらへの推論は、有神論者たちの言う神の存在をこちらがあの人に証明してやらねばならないということです。あの人が反対するつもりなのは、まさにそのこと自体ですから」と貴方は言われます。ドン・

デシャンがそうであるほど、あるべきほど自分の思弁の真実性を確信している人の頭に、こんな推論が入り込んだためしも、入り込めたためしもありません。間抜けにもそれをあの人に帰する貴方は、全く言いようもないほど、あの人を全然理解してないことを証明しています。いつかは理解できるという希望すら私はなくしてしまいます。ドン・デシャンの弟子たちに思弁の仕方を教えてやるなどという貴方なのに。

しかし、「こちらからドン・デシャンへの推論は、神が存在することを証明してやることではありません……云々」と貴方は続けます。十四行にわたるその長科白は始めから終わりまで純然たる駄弁で、何もお答えすることはありません。そこで目に映るのはもっぱら、神の存在を証明するのを避けようと貴方が四苦八苦されていることです。もちろん、そんな証明を貴方に求めてはいないのですが。お手紙のもう一つの対象へ移りましょう。

私は哲学者を四人挙げました。ディドロとロビネとヴォルテールとダランベールです。そして、相変らず厄介なものは好んで振り落とす貴方の精神のしからしめるところですが、面倒なことになりかねない前の二人は措いて、後の二人に貴方はしがみつかれます。それも、どんなふうにするのでしょうか。以下のようにです。「あの二人の哲学者が全部読むのを承諾しなかったとしても、貴方とドン・デシャンはその理由を見抜くべきではなかったでしょうか。師の思弁ですべてが抗しがたい明証性に輝いていたら、四方から発するそういう光線の束のお蔭で、あの人たちもどうして永久に心がきまらなかったでしょうか。」あの二人の哲学者は読むのをけっして承諾せず、中の一人だけが伝聞によってか、もしかするとドン・デシャンの思弁をチラと一瞥しただけで、その思弁の内にスコトゥス主義の再来を垣間見る思いがするなどと言いました。ですから、この二人の哲学者を貴方が権威づけに使うのは間違いです。思弁の全体だけが納得させられるとドン・デシャンは書きもし、たえず言ってもきましたから、自分の思弁ではすべてが抗しがたい明証性に輝くとあの人が思っていると貴方が想定されたのも同じように間違いですし、支えになさる二人の哲学者があの思弁を深く掘り下げなかったという、その権威を弱める事実をゼロに見積るためにのみそんな想定をなさるのはさらに大きな間違いです。

お手紙の中で、今取り上げた個所に続く部分もみな、二カ月前になさった大部の応答と同じく、ドン・デシャンが書くのを引き受けてくれたくわしい回答で完全に粉砕されています。その回答は私の手もとにありますが、そこからも貴方が理解も推論もしていないのは火を見るよりも明らかです。貴方にその回答をお見せするつもりでしたが、ここで御返事する貴方の前便を拝見して、明証性そのものですら貴方をいつか屈服させられるという希望はほとんどなくなりました。

ドン・デシャンも私ともども、貴方の御成功と幸多き御帰還を祈っております。

回答四

「貴方にお答えするには、貴方の反論を引用して、それにじかに答えるという方法しかありません。ドン・デシャンもロビネ氏を相手にいつもそうしました」とお手紙にはあります。まさしくそれこそ、いつでも快く出頭するドン・デシャンがしてきたことです。私の目の前にある答も一字一句貴方がお求めのような回答ですし、答えるなら貴方もそうしてほしいと同じ答の中であの人が求めるような回答ですから。こういう方法をいつも使ってきたあの人には貴方にもそれを求める根拠があり、こういう方法を一度も使わなかった貴方にはそれを求める根拠がいささかもないことは貴方もお認めになるでしょう。

哲学者たちについてあんなに不誠実で真実性のない言い訳をなさるよりは、言い訳など一切なさらない方がましでしょう。でも、くだらないことです！　貴方の理性がぼろを出す、私が目当てにしていた場所をお見せしましょう。ドン・デシャンの思弁ではすべてが鎖をなしていると私が書いたことから、「ならば、その思弁の全体がそれへの確信を与えられると言うことには矛盾がある」と貴方は結論されます。一言《ひとこと》言わせてください。それで全部言い尽くされます。ドン・デシャンの思弁ではすべてが鎖をなしていることを、その思弁の全体でなければ何が論証できるのですか。また、確信がこの鎖に基づくなら、全体でなければ何がその確信を与えられるのですか。しかし、貴方はこんな屁理屈を捏ねます。「各部分がそれ自体として真実であるか、ほかのすべての部分とのつながりからのみ真実性を獲得するかです」などと。各部分はそれ自体として真実ではありますが、それが不毛でないためには、それになんの疑いも抱かれず、それの内にあるものが全部目に映るようになるためには、無知な人々にそれを展開してやらねばなりません。一つの真理から千もの真理を生まれさせ、十全な確信が結果として生じる諸々の真理のあの全体を形作るのは、まさしくこの展開なのです。

それでもまだ、屁理屈を捏ねるなら捏ねてください、わが親愛なる、みすぼらしい推論家よ。

回答五

教育の「計画書」をお送りくださり、有難うございました。よく出来た、賢明で人間的な理論です。実践がそれに応えるのを願っております。私に言わせれば、教育の要《かなめ》とはまさに、これまでずっと等閑に付されてきたものでしょう。だからこそ、まともな頭脳一つに対して出来の悪い頭脳が千も、首尾一貫した精神一つに対して教養人が千人も、判断力のある人一人に対して想像力のある人が千人も見られるのです。

先のお手紙に御返事するつもりでしたが、前便の次の言葉を読んでその気がなくなりました。「形而上学ほど虚しいものが何かに必要でしょうか、云々」とあります。これほどいろんな問題を論議してきたのに、われわれの無知にとって今まで謎だった一切を最もよく説明してくれる、間違いなく最も本質的な思弁について、貴方がこんなに軽々しく一刀両断なさるとは全くもって驚き入ります。貴方に対する私の努力がみな徒労だったのを貴方はますます証明してくださいます。「宇宙の内に生《なま》の物質と、偶然を首相として万事を行き当たりばったりに統治する宿命的な必然を見たがる者は誰でしょうか」ともあります。「そういう者」と、あとは懐疑論者と有神論者しか貴方の目には入らないのですね。とすると、「そういう者」とはきっと私たちのことでしょう。親愛なる神父さん、肩の痛みはお治しになるとしても、頭の病気を治してさしあげ、無神論者と私たちは大違いだと貴方に感じさせる仕事はしたい者がすればいいでしょう。

回答六

親愛なる神父さん、転んで打身をなさったが大事に至らなかったとのこと、これからも転ばぬようにお気を付けください。貴方のお体が貴方の精神をお手本になどされませんように。とにかく、倒れて起き上がろうとするたびに、もっとひどく倒れずには済まないような精神ですからね。今したほど自然に貴方の精神を褒めちぎるように強いるのは、貴方の前便と、とりわけ、貴方のコチコチの固い頭を打ち負かせるという捨てるに捨てられぬ私のやくざな希望です。「ドン・デシャンが私のために作ったテーマは、どこか逃げられそうな出口を探す臆病者を示すにきまっている」などと貴方が言われるのを聞いて、我慢できるものでしょうか。

あの人の答をもし御覧になったら、貴方が相手になさるのはどんな腰抜けなのかお分りになれましょう。貴方が言われる異議なるものをあの人が何ひとつ自分の目から隠したかどうか、貴方が間抜けにもお思いのようにそれらの異議が解消されていないかどうか、あの人がそんなものを馬鹿にして、自分の推論の強さを貴方の推論の弱さにたえず対置していないかどうかもお分りのはずです。

貴方はかたくななお気持から、それを見まいと定めしできるかぎりのことをなさるでしょうが、いやでもそれを見てしまわれましょう。そうでなければ、貴方は私にとってなんともはや想像を絶するかたです。

どうして私がそこまで決然としていられるのか、これほどはっきり貴方に断定することをどうしてドン・デシャンに帰せられるのか、御自分では貴方が想像できないことは遠く離れたここからでも分ります。でも、貴方の哲学的な自負など踏みつけにして、私に作用する道理と明証性が貴方にも作用するに任せれば、それは想像できましょう。しかも、これは保証してもいいですが、そんな必要が私にあったら、貴方やロビネの攻めかた、守りかたほど私を決然たらしめるのに寄与するものはないはずなのです。

親愛なる神父さん、貴方にキスを送ります。但し、貴方のひどい頭を打ち叩く権利を相変らず保留してですが。

回答七

まるで分ってないと私が主張することを、貴方はどうしても分っているとなさりたいのですね。そうですか、いいでしょう。でも折り合いを付けるため、貴方の方でも、お分りのことをなんら熟慮してないとお認めになりますか。これほど熟慮を欠くべきでないことで貴方がそれを欠くのを前便で拝見して、こんな痛み分けを提案しようと思い付いたしだいです。

今では賛同するあの思弁に対して、私がどれほど、また何年にわたって抵抗したかは御存知のとおりです。そのことを無視して、それを熟慮しようともせず、貴方は私の頭を、「最初に出会った哲学者が吹き込もうとすれば、どんな偏見にもすぐ撓む規則はずれの頭」などと言われます。この言葉を槍玉に上げるのは、貴方が往々にして熟慮を欠くのをいっそうよく感じていただくためにすぎません。

「この論争を私は一つの応答で終えるでしょう。そこでは、ひどい揚げ足取りしかそれを曇らせられないほどの明るさまで論争を持って行くつもりです」と貴方は言われます。ドン・デシャンがそれに答えた大部の応答を私に予告した際と同じおっしゃりかたですね。でも、きっと今までのところ、致命的な突きをくわすに値すると私たちをお思いでなかったのでしょう、そんなものを貴方は免除してくださいました。もしそうなら、これは大変な瞞着です。一撃で私たちを打ち倒せば、やたらチャンバラなどしないでも済んだはずですから。とはいえ、殺したい者に死を予告するというのは残酷なことです。待たせて苦しめたりせず、さっさと片付けた方がまだしも人間的ではないかと私には思われます。

おちょくる気かとおっしゃいますか。でも、どうして？　これは私の口調ではありません。そこで急遽調子を変えて、貴方に捧げてきた気持をまた更めて表明させていただきます。

回答八

親愛なる神父さん、お書きになった近代版アナクサゴラス〔二八〇〕たちへの反駁文は、喜んで読ませていただきます。しかし、私たちからどんな判断を貴方は期待できるでしょうか。私たちはいつも理性を、異なるすべての見解の間で中立のものと見ていますから。無神論者らの理性と貴方の理性の間の是非を判断するために私たちが理性を離れた位置に置けるものと貴方は想定しておいでですが、私たちは理性を認識しているのですから、そんなことは私たちにできるものではありません。貴方にそう見えないのは、この認識を貴方が欠き、それを想像すらできないからにすぎないのです。

「ドン・デシャンは最も厳密な意味で無神論者だと主張します」と貴方はおっしゃいます。そう主張なさるなら、それで結構です。ただ、誰かが最も厳密な意味で無神論者であるためには、厳密な意味での無神論者たちがいなくてはなりませんが、私たちの方は（誰にもそれぞれ主張がありますから）、厳密な意味でそうあることが可能なのは初源的〔形而上学的〕真理しかないと主張するのです。なぜかとお尋ねなら、厳密に存在するのは初源的真理しかなく、無神論、有神論等々のように真理だと思っているものはみな漠然たる一体系にすぎず、またそうでしかありえないからです。ここで申し上げるのは、いつでも厳密に推論する私たちとしては筋が通ったことですが、そういう推論の仕方がお分りでない貴方のようなかたにはなんとも異常に見えるでしょう。

「自分と無神論者たちの間にドン・デシャンが設ける違いは、この人の無神論をより許せるもの、もっともらしいもの、満足のいくものにするかどうか」と貴方は問うておられます。ドン・デシャンの思弁は無神論でも有神論でもなく、この両体系がそこで純化される坩堝ですから、間違いなくそこから、これは真理だという結果が生じます。そうなればもう、これは無神論より許せるもの、もっともらしいもの、満足のいくものかどうかなどもう問題にならなくなります。

貴方を真理へ獲得するため私はどんな労も惜しみませんが、失敗でしたね。でも、それだけいっそう人の頭脳というものがよく分るようになりましたし、またそれが面白いのです。敬具。

回答九

親愛なる神父さん、私の感想に対する前便でのお答は、分りもしない師〔ドン・デシャン〕の思弁を覆そうと三年来様々な形でたえず繰り返しておられることのリフレーンにすぎませんので、色々な関係性の秩序や、私の感想に盛られた種々の観念の意味を再度お目にかけることはもういたしません。例によって貴方は、逃げ道を作り一歩も譲るまいとして、ことさらにそれらを混同し改竄しておられますから。

今や私も師に劣らず、人間の悟性を悩ませ卑しめるあらゆる臆見が先入主としてある精神には、形而上学的真理への手がかりなど一つもありえないのだと確信するに至りました。それでも、この形而上学的真理の大いなる単純性は、われわれの偽りの社会状態から来る諸種の誤謬によってしか存在しえない詭弁家や詭弁を狼狽させるはずのものです。貴方も狼狽なさったからこそ、信じられないほど猛り狂って、大仰な名前や雲つくような用語の鎧兜で身を固め、論争に突入されたのでしょう。そんな名前や用語の明瞭な観念は持たないのに、それを単純に定義できないのに、正確ないかなる意味もそれに結び付けていないのに、さらには、自分でもそれを信じておらず、信じられもしないのに。

この思弁を深く考えて検討するのに不可欠な前提条件として、教育や学校で受け取ったあらゆる観念、書物や有名・無名の哲学者・神学者との付き合いから得た偏見などと一種の方法的離婚をする努力を自分に対してするようにと千遍も貴方に言ってきましたが、無駄な用心でした。知性とか、精神とか、最高存在とか、第一原因とか、第一観念とか、第一動者とか、さらには大小各種の道徳的従卒とかに護衛されて貴方はたえず登場されます。幻を集めた無力な軍勢、員数を揃えて空虚を充たすため見せびらかしに陳列される寄生虫の群で、そんなものを貴方が内心馬鹿にしないことはありえません。

そんな気構えの貴方が、この思弁の内に入口も出口もみつけられないのはなんら驚くべきことではありません。貴方はそこに、それを打ち壊すことこそがまさにこの思弁の目的であるような、絶対的に無縁な観念をよそから運び込まれます。流通するあらゆる説の奴隷と化した頭を持つ貴方が、説ならざるもの――「説」という名称を真理は排除しますから――を何か理解できるなどというのは、その無頓着を貴方が金科玉条とする侮蔑的な哲学者みなと同様に、道徳的真理と形而上学的真理を貴方が全くの錯乱とみなさないなどというのは、それこそ驚異に類することでしょう。

ですから貴方はひっきりなしに弾劾するのです、〔二八二〕スコトゥスの脳味噌から出てきた抽象物に対しても、「自然」という語に対しても、無限者に対しても、物理的なものの一部をなす道徳的なものに対しても、動物の発生の原因についても、われわれの感覚の原理についても、運動についても、諸器官についても、悟性についても。そういうものについては、「学校」〔スコラ学〕と書物と会話から仕入れたちっぽけな、通俗的な、間違った観念しかお持ちでないのに。最後の回答でもまたぞろ、こういうあらゆる対象について、なんとも不合理なことを五つ六つ口走っておられましたが、ここで槍玉に上げたら長くなりますし、それは余計なことでしょう。それに私は、貴方の身体的・精神的な造りとは本来相容れないために貴方には理解も把握もできないような問題については、議論を一切避けようと心に決めているのです。

親愛なる神父さん、自分の原理に基づいて私には分るのですが、貴方にあっては物を考える能力も食べ物を消化する能力と違いがないのですね。純然たるルーティン、貴方のいわゆる「私」も関知せず、どんな計画からも独立して行なわれる一つの習慣にすぎないのですね。

ですから私は白状します。形而上学的思弁をめぐる師と貴方の論争に際して私が目指した本当の目的を達するため、探し求める人を貴方の内にみつけたと思ったのは間違いでした。

私は議論を通じて形而上学的真理の上に新たな光を反射させ、その真理をいわば万人の手の届くところに置きたかったのです。純粋で力強い文法的な雄弁の支配力によって、錯誤と誤謬の解きがたい連鎖のため道に迷った人心が幾世紀来離れてしまった単純性へ更めて引き戻したかったのです。そのためには、反対者ないし新たな賛同者が要りました。このことに強い関心を持ち、おのれの蒙を啓きたいと心底思いつつ議論をし、さらに、自分の偽りの知識や最高に偽りの弁証法の奔流をも堰き止める堤防を一時的に築く勇気があるような人です。しかし、誠に理に適い、私の計画には誠に必要なそういう心構えではなくて、貴方が示されたのは無関心ないし先入観と、闘うためにはどんな形でも取りながらどんな形も保持しないカメレオン風の変身ばかりでした。それはあらゆる説を掲げるためで、しかも、自分を縛るのを恐れるあまり、「君ガ何ヲ言オウト言イ返スゾ」という自分に取っておいた自由を傷つけるのを恐れるあまり、どんな説にも自分を結び付けまいとする固い意志を伴っていたのです。

したがって、こんな論争からはもう有益なものは何も生じえないことが論証されてしまいました。貴方は気のないお付き合いでそれをなさっているにすぎず、論争は貴方にとって、紳士でありたいという欲望が求めるかに見えるかぎりは続ける子供っぽい遊びと化してしまいました。言葉に詰まることは絶対にないように立てたそのプランは、単語と文章と詭弁を並べる根気しか必要としませんが、その種のチャンバラには熟練した貴方のことですから、それに成功しないわけはありません。師の方は、私などよりずっと前から貴方の正体を見抜いていました。良心に負担をかけまいとして貴方が好んで想定するほど私が師の言いなりだったら、貴方も私も無駄にした時間はずっと少なくて済んだでしょう。

師の思弁の弱さ、虚しさを私も感じていると想定されて、貴方はそれを援用されますが、無駄なことです。私が何より確定的に感じるのは、同じ思弁を検討する際貴方はかたくなだということですから。

師に対して貴方がいつも取られたような方法を使えば、精神のどんな所産でも笑いものにできないものはありません。自分に有利な偽りの光のもとに置くために、原理と原理、原理と帰結をつなぐ絆や関係性を断ち切る権利を貴方は僭取されます。自分の言う意味に引き寄せるため、表現の意味するところを勝手に拡げたり狭めたりなさいます。そういう詭計の実例は千個もお目にかけましたが、それに頼るのを貴方はおやめになりません。何事にも同意しまいと決心しておられるのですね。貴方は師の言うことが分ってないと主張する根拠があるのはこういう理由からで、自分にそんな非難をするのは自分があの人のように考えないからにすぎないと貴方に請け合わせるような理由からではありません。純推論上の問題で、考えが違うから非難するなどというのは馬鹿げたことでしょう。

最後に申し上げます。貴方の大著〔二八二〕の「計画書」はたしかに受け取って、リヨンの大司教殿〔二八三〕へ私が自ら持参しました。できるだけ注意を払って私も二度読みましたが、この企ての広大な拡がりと、それを埋める作業の厖大さに恐れをなしました。こうもやすやすとどんな調子にも合わせ、宗教関係その他あらゆる見解の代弁者になられる才能には感心いたします。たしかに貴方の多産さの金字塔でしょうが、貴方の誠実さのと申す勇気はありません。ペルグラン司祭〔二八四〕の経済的な知恵を実に巧みにからかった二行の詩句〔二八五〕をここに当てはめないのは私にとっても至難のわざです。願わくば、貴方が実に器用に聖なる火を盗んでこられた神性が、かくも多くの見事なものを貴方に見させるその光源を末長く消さずにおいてくれますように。

さようなら、親愛なる神父さん。貴方のお役に立ちたい、貴方に御満足いただきたいという私の熱意はこれ以上ありえないほどです。それは貴方の回心と御壮健に寄せてきた、今後も常に寄せるはずの熱意に匹敵するものですから。心からのキスをお送りします。

回答十

親愛なる神父さん、いよいよ最後のお言葉ですね。師を相手にこれ以上悪用しないため、貴方は筆を擱く決心をされ、師にも永遠の別れを告げられます。その絶望の悲惨さたるやありません！　いかにもエロストラトス〔二八六〕の再来らしいものです。真理の神殿に火を放ち、神殿にも祭司にも雷を落とし、博したつもりの勝利を瓦礫の山の上で自慢したあげく、矢を何本か降らせるだけでこんなふうにリングを離れ、急にこそこそ闘技場から立ち去るのですね。その矢というのも実を申すと、オペラの中の雷やトッレの火炎〔二八七〕にしか似てないのですが。

お送りくださった感想は誤りで無力だと思いました。それが証明するのは貴方の無尽蔵な多産さのほか何もありません。師の思弁をめぐるあらかじめ決めておられた不従順と、学校や書物から受け取った見解をいつでも出発点になさろうとする機械的なかたくなさです。ソクラテスとかプラトンとかフィロストラトス〔二八八〕とか、古代のあらゆるビッグネームが貴方の頭脳を混乱させており、この状態は今後も永久に続くのでしょう。「アリストテレスハ友ナリ、サレド真理ハイッソウ友ナリ〔二八九〕」という通俗的な公理をたえず思い出していただかなくてはなりませんが、そんなことをしても前へは進めません。貴方はまたまた書物や偉人たちに立ち帰られます。貴方に言わせると、そういう偉人たちが出たあとでは、見るべきもの、発見すべきものはもう何もないのですね。親愛なる神父さん、病膏肓に入るとはこのことです、病気と気が付かない病気ですけれど。

師の思弁が分ってないという相も変わらぬ非難をするのも、もううんざりです。でもそれは確かな事実で、貴方が絶対それに同意されないのは、御自分でもあまりによく感じておられる理由からです。それについては、いくら貴方が屁理屈を捏ねても、私はけっして騙されません。それにしても、貴方に物理的な「私」を認めるのは、形而上学的な「私」を無慈悲に吹き消されたのを慰めるためにすぎないなどということを、貴方はどこから取ってきたのですか。相対的実在は著者の言う厳密な意味では物理的な「私」すら含まないなどということを、あの思弁のどこにみつけたのですか。あるがままの物理的な「私」を貴方に認めてあげるのは、あれほど誤解する相対的実在と貴方を和解さすためにすぎないなどというのは、貴方が勝手に想像したことではありませんか。非物質的な諸存在も知能と、人間の内で区別されるあらゆる道徳的属性を具えうるなどということを、誰が貴方に言ったのですか。たしかに貴方は発見にかけては並々ならぬ鋭敏さをお持ちですね。「唯一」の存在はいわば否定的な諸属性だけで構成されるとか、感覚的なもの一切と自己自身以外のあらゆる存在を否定する存在が一個の物質的存在で、その上しかも、貴方がとても大事になさるあの道徳的諸属性と両立できるものだとかいうのは、きっと啓示を受けて貴方が教わったことでしょう。スコラ的な唐人の寝言もいいところです！

貴方は猛然と抽象物にくってかかられます。形而上学的真理に対して貴方をあれほど不機嫌にしたのもその手のものので、それはもっともなことでもあります。なにしろ、「社会」、「諸民族」、「諸国民」、「人間」、「動物類」、「世界」、「宇宙」、その他一般的集合名辞が指示するものは、物質の内には全然存在せず、そんな抽象をして遊ぶ人の頭の中だけにしかない絵空事なのですからね。貴方によると、実際に存在するのは厳密に単純な存在だけ、分割されず分割できず絶対的な個物だけで、諸存在または諸部分の集合などというのはみな不合理で、傷ついた頭脳に浮かぶ夢なのですからね。貴方がなんと言われようと、ソクラテス、テオフラストス〔二九〇〕といった人たちもこの問題では貴方ほど有能だったと思うわけにはいきません。「全体」とか総体とかにそれを構成する諸部分に劣らぬ現実性を与えるのではないかと疑わせるような表現を、この人たちが思わずしてしまったこともしょっちゅうあるからです。実を言えば、貴方が一つの知性を認めるように、この人たちも一つの「世界霊魂」を認めましたが、それでも貴方と同じく、自分に理解できないことは知りませんでした。物理的なものについても道徳的なものについても貴方に負けないほど誤った観念を持っていて、何もかも混同していました。それでも、赦せる度合は貴方の方がこの人たちより劣ります。この人たちよりずっと多くの本を読むという慰めが貴方にはおありだったのですし、学校にも通われているからです。そんなわけで、形而上学の諸問題についても貴方には十分な備えがおありで、魂、精神、知性、非物質的実体、精神的世界などの地図も貴方は完璧に隈なく把握しておられます。部分的な観念、完全な観念、十全な観念等々の連鎖を論証することも、貴方にとっては文字どおり遊びです。特に秀でておられるのは衒学的な実体の様々な能力を展開することで、知性やら、知覚やら、理解やら、判断やら、感官が受け取って感覚の手で脳の貯蔵庫へ運ばれた種々の印象を保存する記憶やらに、貴方はこの上なく見事な隊伍を組んで分列行進をおさせになります。それもこれも、理性がお供を連れて登場するや、こういうものを理性の名誉たらしめるためです。お供というのは判別、検討、比較、選択、差別と無差別の自由、その他貴方がそれで供奉の行列をお作りになり、しんがりにアリストテレスの壮麗な存在論を置く沢山の美しいものたちですが。こういうたぐい稀な学識をお持ちの貴方が、空虚な師の思弁など一吹きで全部消散させるべき最高に深遠、最高に崇高な形而上学者でないわけがありましょうか。

で、貴方の精神的な「私」は？　それそれ、それこそ素晴しい発見なのです！　その「私」という言葉で何を考えるかお尋ねすべきでしょうか。お尋ねしたら、答は先刻用意されています。何性〔物の本質をなすもの〕でも質でも量でもないものだそうで、この強烈な光を支えるために、次には、貴方がそれで各人の精神的な「私」を構成するありとあらゆる道徳的性質がやって来ます。どうしたらいいでしょうか。矛盾しているとか、番《つがい》にならないものを番にして怪物を作っているとか言って貴方を非難すべきでしょうか。そんなことをしたら切りがないでしょう。一般的に取った道徳的なもの、または「メタ道徳的《モラル》」なものとは、正義・知恵・友情・憎悪等々のような、社会生活をする人間が持つ様々な関係性の総和、結果でしかなく、そうでしかありえず、したがって道徳的なものは物理的なものの一部をなすという一目《ひとめ》で分るほど明証的なことを貴方に向かって千遍も繰り返してきたではありませんか。それでも貴方は夢中になって、物質的なものとも物理的なものともどんな類似性も持つべきでないという貴方の精神的世界の矛盾の内に道徳的諸属性を入れ込もうとなさいます。そんなことをして、師の考えが分っていると、自分自身の考えが分っているとどうして思われたいのですか。それでは、あまりに多くの親切を同時に求めることになります。

そうです、親愛なる神父さん、形而上学的な知と形而上学的な実在は物理的なものと同一物にすぎないのです。その訳を聞くと、貴方は金切声を上げられます。貴方がお持ちのような胃にはこれはたしかに消化しにくいでしょうが、われわれとわれわれの感覚の対象とは一つにすぎず、われわれとわれわれのまわりにあるすべてのものは互いに互いを構成し合っているということが論証済みでなくなるわけではありません。私が冷たさや熱さの感覚を持つと、その時私は、そういう名称を与えられる諸物体または諸部分によって構成ないし変様されます。音がする物体も同じです。そういう物体が私のまわりの空気を振動させ、その振動が私の脳の繊維を振動させて、その時私の脳は、音を出す物体に揺り動かされ変様されたまわりの大気から構成されます。こうして、われわれは一個のヴァイオリンなのです。それも、貴方に冗談の種を提供するような意味ではなく、貴方がひっきりなしに持ち出される博士たちの本には載っていないため、貴方の注意力をも意志をも超え、だから貴方が非常な嫌悪を催すような意味でですが。その意味を、ここでこれ以上展開してお見せするのは無駄でしょう。要するに貴方にだけは、まわりの色々な物体から独立し、それどころか自然の全体からも独立して存在することが許されているわけでしょう。構成という構成を、能動的な意味でも受動的な意味でも貴方は嫌悪されるのですから。宇宙を成り立たせるすべての部分の名だたる調和も、それを得させる方法も、みつける術《すべ》が十分おありなのでしょう。魂が持つ観念や思考や感情をめぐる貴方の理論は全く奇妙なもので、それが書き込まれているのがどこにでもみつかるそうです。仕事は全部済んでいるわけで、貴方と同じく文章をうまく並べる術さえ知っていれば、それを繰り返すのに一文もかかりはしません。それに、純推論上の議論で権威に基づいてしか語らないというのは、なんと甘美な、なんと慰めになることでしょう！

同じ特性を共有する諸存在はその点では相互に似ており、それら全部を統合する総体の内で見る時は数的に同じものです。その時はもう、それらを制限し互いに差別化する属性は考慮されないからです。あらゆる個物は、それが構成する「全一体」の部分だということを共有しており、そういう一般的または形而上学的な相で見る時は数的に一つにすぎないと言うのが真実なのです。貴方は対象を種々の部分的観念に腑分けされますが、こんなに浅薄なことはありません。観念というのはみな完全なもので、自らがその像である対象を表現するかぎり、それが見ておらず表現もしていないほかの対象にとっては何物でもありません。それに、この比較はけっして、貴方が反駁するおつもりの命題にまで及ぶものではないのです。その命題では、部分的に見た事物などなんら問題ではないのですから。では、師の本質と異なる貴方の本質ということで、貴方は何を言いたいのでしょうか。貴方がお考えなのは形而上学的本質ではありませんから、貴方が御自分の精神にしか語りかけておられないのは明らかです。

師の思弁は、混乱しかなかったところに秩序を回復させ、それぞれのものをあるべき位置に戻し、否定的な普遍的存在にはそのあらゆる否定的属性を、肯定的な普遍的存在にはその肯定的属性を返してやり、そうすることで唯物論者と有神論者のあらゆる体系を和解させせます。否定的属性と肯定的属性は唯物論者も有神論者も混同してきたもので、その混同のひどさたるや、互いに分り合うことも自分自身と分り合うこともうできないほどです。貴方も朝から晩までそうしておられますが、それに気付くことすらありません。スピノザは無限に変様される一つの実体を第一原理に、自分の全体系の土台に据えることで、最初の第一歩から転落し粉々になってしまいました。無限と変様は矛盾すること、この二つは相容れず必然的に排除し合うことを見落としたのです。「無限者」とはそれ自体による存在で、自己自身以外のあらゆる存在を否定するもの、感覚的なものも関係もみな否定し、したがって変様も否定するものです。「有限者」、相対的存在とは様態にして基体であり、変様されたものでも変様でもありません。変様というのが当てはまるのは物理的または個別的な諸存在だけです。

唯物論者たちやその頭目スピノザのあらゆる不合理、理解を絶するひどい誤謬の数々が生じるのは、こういう出だしの間違いからです。貴方や貴方がかつがれる古今の大天才など、総じて有神論者たちも同様の歩みをして、肯定的および否定的な道徳的諸属性のあの怪物じみた組み合わせをいつも後に引きずって行きます。それは精神的・知性的と称する種々の幻や、無限に賢明な最高存在などを形作るためで、愚者を惑わし自らを欺こうとして貴方がたはそんなものを操り人形のように動かすわけです。貴方にせよ、クラーク〔二九一〕、ロック、デカルト、ニュートンにせよ、総じて何を発見しましたか。無限に義《ただ》しく賢明なああいう知性的存在でもって、貴方がたは何を説明しましたか。何もありません、全然何もありません。自分の言うことも分らない以上、そうならざるをえないのですが。道徳的な普遍的存在が統《す》べる自分の精神的・知性的・非物質的世界のまんなかから、貴方はお上品ぶって諸々の抽象を攻撃されますが、その普遍的存在というのも身の丈十五ないし二十ピエ〔一ピエは約三二・五センチだから、五、六メートルというところ〕の人間にすぎないのです。

ようやく人間までやって来ました。この驚くべき存在、宇宙の驚異、自然の王者、動植鉱物界一切の専制君主にして暴君、高名な同類たちの頭脳を六千年以上前から鍛えている謎めいた現象に辿り着きました。定義不能な神父さん、卑しい動物もみな互いが互いの原因であるように、人間についてもそれの原因・起源として人間自身を挙げるのを恥じない師を貴方が攻撃しておられるのに感謝します。形而上学的思弁が存在するすべてのもの、呼吸するすべてのものと人間を一緒くたにして、地上の君主の尊厳をそんなふうに穢すとは、なんと粗野で、なんと下手くそで、なんと不徳義な話でしょう！　町人貴族〔二九二〕の単純さがここで見事に蘇りますが、ただこの冗談は正確ではありません。ディオゲネス〔二九三〕が同類の人間をアテナイの柱廊の下に立たせた時は、相手の活動をはっきり見て、何をしているかよく知っていたからですし、それは男色家のソクラテスなど比較にならないほどだったからです。そこで私も、理性のない盲目的な原因は人間の原因たりえないという貴方の御意見に賛成します。人間という獣的で粗野で物質的で卑しい動物が、人間という巧みで器用で学問も才覚もあり、思考し推理し立論する別の動物を在らしめられないというのは、矛盾がなければ明瞭なことです。それの造りには解剖学者も哲学者も等しく驚くこんなに卓越した動物は、無限に純潔でありながら無限に多産な至高の知性と結合した純粋で強力な精神によって生みださせる方がはるかに真当《まっとう》でしょう。ああ、それなら私も賛成です。これこそ出来のいい作品といわれるもので、創造によらぬ無限で道徳的な普遍的存在と永遠の叡知がカップルになるとは、まさに人間にふさわしい起源です。それなら人間はその美質のすべて、その諸特典、とりわけ自然の全体に対する優越権が保たれます。自然はそもそも人間のためにだけ存在し、人間が最終目的なのですから。親愛なる神父さん、貴方の推論の仕方はまるで天使のようですね、まるで実体形相のようですね。実際、スコラ学万歳、「学校」万歳です！　書物万歳、書物を作り読む勇気がまだある人たち万歳です！　宇宙という広大無辺な機械のはたらきについて正確な観念が得られるのは、そういう名だたる源からしかないのですから。

師の思弁など千回も呪われよ、です。とにかくそれは、無限で測り知れず、独立で関係性がなく、すべての否定的属性を自らの内に統合する普遍的存在の真の定義を与えるのですから。またその否定的諸属性が、すべての肯定的属性からなる――それはあらゆる存在が個別にそうであるものの一般的な姿ですから――形而上学的・相対的な普遍的存在、つまり最初の原因、最初の結果、有限者、あらゆる面での最大と最少等々を決定づけるのですから。

またそれは、道徳的なものや道徳的諸属性について持つべき真実の観念を画定するのですから。それをするに際しては、貴方が実にうまく、実に巧みにおやりのように精神界または精神の世界にそういう属性を当てずっぽうにばらまくのではなく、それぞれの真の源へ遡り、社会生活をして物理的なものの一部をなす人間の約束事にそれを帰着させるのですから。またそれは、諸存在の発生を諸存在自体から、または形しか変化しない自然からあえて引き出し、物事を小口にしか、部分部分でしか、個別的存在という資格でしか見ないわれわれ〔人間〕に関してもそうするのですから。というのも、「自然」は、「全一体」は、「感覚的なもの」は、「形而上学的な普遍的存在」は常に同一だからです。それの内では、あらゆる部分相互間の作用と反作用の流れによって、すべてが互いに構成・分解し合うからです。その普遍的存在は主体、実体、「基体」――貴方には実に快い単語でしょう――であるように、姿、形、様態、偶有性、偶然性でもあるからです。

最後にそれは、第一原因について、無限と有限について、時間と永遠について、善悪の起源——それは純道徳的なもので、今の社会状態がそこから生まれた法律状態の最初の瞬間に明らかに起因するのですが——について、諸々の宗教について、諸々の祭祀と習俗について詭弁家たちが戦わせてきた虚しくもまた有名なあらゆる論争に終止符を打つのですから。

以上が、師の不合理な思弁に貴方が非難される罪状のほぼ全部で、そういう非難は誠にごもっともです。

親愛なる神父さん、師との絶縁状で、愛想がいいとは言えぬ「さよなら」を言っておられる貴方の最後の感想について私に下せる最も穏当な判断といえば、貴方はこれまで以上に師の思弁から遠ざかっておられるように見えるということ、師の言うことが分ってないという今まで何度も繰り返した非難を貴方が侮辱とお取りになるなら、最低限、師が自分自身分っているようには、また師の言うことを分るべきであるようには分ってないと言わざるをえないということ、この三年来貴方が書かれたものはみな時間とインクと紙を無駄にしただけだということです。この敗走の中で貴方を救い出せるものは唯一、何がなんだか分らない人には多分に不快なこの種のチャンバラを貴方が承諾なさった御親切だけでしょう。貴方が言われるローマの卜占官たちと同様、師と顔を見合わせて笑い出すことがえてして私にあったとしても、それはただ、才気も才能もないとは言えないのに世にも単純な思弁と闘って粉微塵にならざるをえなかった人が呈する喜劇のシーンを笑っただけだったのです。

「オオ、人間ノ哀レナル心ヨ。〔二九四〕」

Ⅱ　井戸の底から引き出した真理

真理トハナンゾヤ

わが同類なる人間たちへ

自然の謎の
得がたきこころを受け取られよ。
そのこころがわが目に神々から失わすものは、
みな、おんみらが利子付きで手に入れる。
自らの恥、法なる歯止めより我らを解き放つゆえ、
法がそこにて失うものは、
神々よりも王たちよりも多くをなしうる習俗が、
みな、あり余るほど手に入れる。

皆さんが各種の本にうんざりさせられるのは、私が差し上げる一冊の本がないから、もっとはっきり言えば、拙作がこれからいとも容易に展開して見せると法螺ではなく請け合うものを、皆さんが始めから十分自分自身に展開してこなかったからです。皆さんの大部分は字を読むのを習っておらず、習っていてもこういう本を読む勉強はしていないため、この本を読めないでしょう。そういう人を支配するごく僅かな部分だけが、この本の内容を学び、それが証示するものにしたがって身を処すというお手本を示すのでしょう。大多数の人には、この模範こそ間違いなく与えうる最善の教育で、拙作の内容を理解させる最良の方法でしょう。それが済んだら、ほかのあらゆる書物と同様、この

本も火にくべてしまうといいでしょう。字の読みかたを習うことなどもう問題にならないようにするためです。そんな勉強はわれわれの哀れな子供たちには実に辛いもので、われわれより道理を弁え、何を求められるのか分らぬ子供たちは、できるかぎりそれを拒むのですから。

拙作は実際、人類に捧げるべく作られた唯一の本で、皆さんの利益になるはずです。そのお返しに、今度は皆さんがこの本を私の利益にしてくれなくてはなりません。私が期待するように皆さんがそうしてくれたら、皆さんの蒙を啓くことにありうる危険から私は守られるでしょうし、不出来な頭の持ち主らも――われわれの間にそういう者がいることは率直に認めなくてはなりませんから――私を危険な作家に仕立てたり、私を苦しめたりするのに成功しないでしょう。危険分子にされるのは私としても実に悲しいことですし、苦しめられるのは他人を苦しめるのと同様に私の好まないことです。

拙作が皆さんと皆さんの子孫に得させられるかぎりの仕合わせを願いつつ、いかに些細なことでも十分解明されるためには必要な注意を、この本を読むことに払ってくださるようお願いします。あえて保証しますが、皆さんにとって真に本質的な唯一のことについて、この本は皆さんの蒙を啓いてくれるでしょう。時と所を問わないので皆さんの全部に等しく当てはまり、今は不完全にしか社会的でない皆さんを完全に社会的な存在ならしめられる唯一のことについてです。

これからお読みになる本には三つのものが含まれますが、それぞれに最大限の注意を払ってください。この「献辞」も一部をなす本題の「前置き」（一）と、本題と、そこから帰結する道徳です。私が望み求めるような注意を払ってくださったら、必ずや私たちは意見が一致するでしょう。そうなることは皆さんの得でもあります。そうでないと皆さんは、いつまでも自分の境遇を嘆きつつ、互いに文句を言いながら、今のままの状態を続けることになるのですから。皆さんの中の光り輝く部分、つまり、くすんだ部分を犠牲にして栄養と享楽を得ている部分は、私に向かってこう言うでしょう。「いやいや、僕は今の境遇に満足して暮らしてるよ。先々の境遇についても心配なんかしてないよ」と。

そう言われたら、こんなのは一時の言葉でそれ以上のものではないと答えます。

筆を擱くに先立って、二、三の考察をお伝えさせてください[二]。それをよくよく思索したら、お目にかける著作をますます興味深くして、それを読みそれを吸収することに一層の熱意を抱かせられるものです。道徳的な面ですら、成功裡に打ち壊すためには物事を根底的に捉えることがいかに必要かそれで分るでしょう[三]。

私たちは欠陥品、それもひどい欠陥品です。これは道理を弁えた人なら誰も拒めない道徳的な真理です。でも、それはどうしてでしょうか。理由は山ほど挙げられましたが、本当の理由が十分考察されたためしはありません。本当の理由はもっぱら、私たちがともに作る社会が欠陥品、それもひどい欠陥品だということにあります。そこから私の引き出す結論は、悪いのは人間たちではなく、人間たちの社会状態だということです。

人間たちは自分の最初の社会を、団結の最初の絆を歪んで作ることで、原初に罪を犯しました[四]（これが本当の原罪です）。私たちにある道徳的悪は全部、物理的悪もほとんど全部、もっぱらそこから来ています。私たちがその邪曲を担う父祖の罪もそこから来ます。

私たちの悪徳という悪徳をちゃんと分析してみれば、それがみな「君のもの」と「私のもの」を、身分の不平等を原理にしていること、したがってみな私たちの社会状態の欠陥から生まれることがはっきり分るでしょう。そこから私が出す結論は、そういう悪徳を根底から打ち壊すには、それらのすべてが発する根底的な欠陥であるものとしてそれの原理を打ち壊すべきだということです[五]。

しかし、欠陥品であるこの原理を認めた人もそこから先へは遡らなかったのですが、この原理も実は原理ではなく、帰結にすぎません。それは別の欠陥から発しており、その別の欠陥を打ち壊せば、その原理も必然的に打ち壊されるからです。その別の欠陥とは、未開状態から社会状態へ移る時の人間に健全な形而上学が欠けていたことでした[六]。

身分の不平等とか「君のもの」、「私のもの」とかいうような根底的な実践的欠陥が始めに存在しえたのはもっぱら形而上学的思弁の欠如のせいですし、それが永続化しえたのももっぱら不出来な同じ思弁のせいです[七]。不出来というのはつまり、その欠陥の支えとしてあって、それを維持するためにでたらめな裁可をどうしても与えざるをえなかったということです。その欠陥は自力では長く維持できなかったでしょうから。しかし、これは展開を要することで、それはこれからいたします。道徳はみな必然的になんらかの形而上学体系に基づいており、健全な形而上学のみが健全な道徳を与えられ実践させられるということを異論の余地のない原理として据えた上で（八）。

未開状態の人間はほかのあらゆる動物と同じく、どうしても形而上学的なものより物理的なものに、対象一般より対象個々に忙殺されていました。つまり、欲望を充たし生命と福利を保証する一時的な手段の方が、そういうすべての手段を決定的に容易にしうる唯一で永続的な手段より大きな関心事でした。唯一で永続的なその手段とは何だったでしょうか。事物の力も完成もそれの完全な団結と完全な平等にほかならず、したがって人間たちも、自らの安全、自らの福利、互いに対する、また他の種〔の動物〕に対する自らの力のために、相互の間の平等によって、あらゆる財貨の共有によって（九）団結を可能なかぎり完全にせねばならない、つまり自らの社会状態を、私たちがたえずするように別の社会状態を望むことなどたえてないようなものにせねばならないという深く掘り下げた認識こそがそれでした。

健全な形而上学のみが与えうるこの認識から出発すれば、またしたがってその他あらゆる形而上学的認識から出発すれば（ついでに言うと、一つの形而上学的認識をしかるべく持つならば、その他あらゆる形而上学的認識も必ず持つことになりますから）、人間は必然的におのが団結を、つまり同類たちとの社会を平等の上に築いたでしょう。この平等のみが、その団結を強力で完全にしえたのです。平等の欠如がそれを常に無力で不完全にしてきたのと同程度に（一〇）。

しかし、この認識から出発して同類たちとの団結にそういう土台を持たせるためには、どうしても事物の根底につき、形而上学の対象につき未開状態の人間が深く思索したのでなくてはなりませんでしたが、その後の人間たちにとって不幸なことに、そのような思索は人間たちがともに作った社会の結果でしかありえませんでした。そこからどういうことが起こったでしょうか。以下のようなことです。現在の瞬間と当面の必要に追われた人間は、始めに、熟慮反省を経ない社会を作ってしまったのです。社会というものが持てる堅固な唯一の土台、真なる唯一の裁可、つまり形而上学的真理を欠いた以上どうしても不完全な欠陥品であるような社会を形成してしまったのです。強い者は弱い者を従属させ、それに対するおのが優越と支配を維持しました。そこから、社会生活をする人間たちの不幸をいつの世にも作ってきた「君のもの」、「私のもの」と身分の不平等が生じました。そこから、毎日のように説かれる基本的なすぐれた道徳原理の実行を阻む大きな障害が生じました。そこから、習俗しか要らないところに法が生じました。

　この病気も始めは今ほどひどくなかったのですが、だんだん悪化し慢性化する一方でした。原因はもっぱら、ひとたび社会が作られ言語が形成されると、私たちが事物の根底について思索したこと、それも歪んだ思索をしたことにあります。強い者は自己の簒奪を権威づけるため、もしかすると弱い者もまっさきに強い者の御機嫌をとるため、自分好みの上っ面《つら》な思索に基づいてこんなことを言いました（二一）。「最高存在というものがあって、われわれは全員それに従属している。強い者は地上におけるその存在の似姿で、その存在のお蔭で君臨するから、われわれが強い者に従属するのがその存在の意志である。この意志にわれわれが服従するかしないかによって、その存在はわれわれに永遠の褒美をくれたり、同じく永遠の罰を下したりするだろう」と。そこから、自分にいっそうよく服従させ自分自身を崇拝させるために、われわれをその存在に服従させ、その存在に崇拝を捧げさせることが強い者の利益になりました。そこから、身分の不平等が神格化されました。そこから、上下の関係が神権的なものにされました。そこから、人間の法がもたらす多大の害悪が、その法が自力では長く自分を支えられないため、「神の法」と称するもののさらに大きな害悪で聖別されました。その自称「神の法」こそが、あらゆるものを駄目にしてしまったのです。それこそが、今の社会状態よりは未開状態の方がずっと好ましいようにしているのです。それこそが、われわれの傾向と矛盾するため、その矛盾の故にわれわれがみな顔に仮面をかぶっているため、われわれが健全な形而上学の松明でそんなものの漆黒の闇を照らさぬかぎり、いつまでもわれわれの最も残酷な暴君であり続け、いつまでもわれわれを互いに最も遠く分け隔てるはずなのです。またそこから、身分の不平等や「君のもの」、「私のもの」というわれわれの社会の根本的な欠陥があまりにも権威づけられたため、結果として生じたどんな不利益も、どんな不幸も、どんな犯罪も、強者に対する弱者の、富者に対する貧者のどんな企ても、そういう欠陥にはいまだかつて全く歯が立ちませんでした。さらに言えばそこから、そういう欠陥があまりにも権威づけられたため、そんなものが存続しないことは強者や富者の利益でさえあるのに、なおかつそれは存続しています。強者や富者の利益でさえあるという真理は、まともな精神の持ち主なら誰でもたやすく自分自身に証明してやれることで、追って証明してお目にかけます（一二）。

宗教というもの、習俗の真実ならざる裁可なるものはいずれも多大の害悪で、実に嘆かわしい結果しか生みだせませんでした。では、真実な裁可とは何でしょうか。まさしくそれはまだ知られていないもので、形而上学的真理がそれです。この真理はそれ自体によっても、様々な帰結によっても、ほかのあらゆる宗教とはなんと異なることでしょう（一三）。

今まで行なわれてきた宗教はみな、実際には「君のもの」、「私のもの」と身分の不平等を聖別することだけを目的としてきました。そんな目的はそれらの宗教を偽りにしかしえなかったということは言わないとしても、これこそ宗教がもたらした多大の害悪だったのです。その害悪は真の宗教によってしか、習俗への真の裁可によってしか、形而上学的真理によってしか打破できません。

宗教はみな基本的な道徳原理を実行するよう人間たちに命じ、互いに愛し合えとか、みんな兄弟であれとか言い、野心・欲得・妬み・嫉《そね》み等々を断罪します。でも、よくよく考えれば分るように、宗教は身分の不平等と「君のもの」、「私のもの」を一度聖別したからには、最初に立てられた人間の法（その法は宗教に助けられることから力を得、それに応えるため、逆に宗教を助けるのですが）を助けたからには、またその結果、われわれの理性と最も自然な傾向がたえずそれに対して抗議する様々な法と様々な犯罪を拵えたからには、本当の社会状態からわれわれを遠ざけたからには、みな道徳的な大原理や社会の基本的な法を命じながらも、そういうものの一般的な実行を阻む最大の障害となります。ここで「一般的な実行」と言うのは、宗教はいつでも一部の人たちにはそういうものを或る程度実行させますし、さらに人間一般に対しても、来世に約束する褒美とか、来世で受けると脅《おど》す罰とかによって、そういうものからの逸脱を少なくするからです。それらの賞罰はいつでも、現在のもので生身に感じられる現世の賞罰で支えられます。その支えがなかったら、効果は今よりさらに少ないでしょう。

宗教が命じる道徳的な大原理を実行したら人間たちは仕合わせになるだろうと言われます。それは認めますが、人間たちが一致してそれを実行するためには、どうしても宗教が打ち壊されねばなりません。形而上学的真理が宗教に取って代らねばなりません。そういう大原理が（宗教は明らかに、人間たちが一致してそれを実行するのを阻む障害ですから）〔宗教からではなく〕形而上学的真理だけから発さねばなりません。人間間の平等と財貨の共有は形而上学的真理から、ただそれだけから発するのです。

率直に言いますが、あらゆる宗教が身分の不平等と「君のもの」、「私のもの」を権威づけ、原初的なこの二つの欠陥を聖別することで、野心・欲得・妬み・嫉《そね》み等々のような悪徳に自ら糧《かて》を与えなかったら、宗教がみな一致して断罪するこういう悪徳は社会状態の内に知られているでしょうか。原初的なこの二つの欠陥から、明白な矛盾ですが宗教が断罪するその他諸々の悪徳や、宗教が招くあらゆる不都合、あらゆる犯罪が結果しないことはありえないのです。

あらゆる宗教は実のところ、われわれの社会状態にある根本的な欠陥を裁可するものにすぎません。自分が人類にもたらした害悪を宗教はできるだけ取り繕いますが、そんな弥縫策は害悪にくらべてなんと弱いものでしょう！　したがって、害悪を根元から打ち壊したらどれだけ得になるでしょう！

習俗に対する真の裁可とは、人間間の平等と財貨の共有がそこから発するもの、またしたがって、単純で一様な歩みや自然な欲望や健全な理性の光と対立する何かに人間たちを従属させるものがそこから何ひとつ発しえないようなものです。なぜなら、何事につけわれわれの歩みをこの上なくくたびれさせ、われわれを迷信と狂信の軛の下に置き、われわれの最も自然な欲望に反対し、われわれの理性とも矛盾を来たすああいう偽りの裁可はみな、まさに身分の不平等と「君のもの」、「私のもの」から発したのですから。

野心や欲得や精神の反抗が社会状態の内にいつでも存在してきたのも、人間たちがかなり一般的に他の人間から独立したものになろう（支配することでしかそうはなれませんでしたが）と常に試みてきたのも、あらゆるものをいつも自分自身に帰着させ、宗教の歯止めにできるだけ抵抗してきたのも、人間の法と自称「神の法」がわれわれの最も自然な欲望とわれわれの理性に加えた乱暴のせいでした。しかし、われわれの自然な欲望とわれわれの理性にそんな乱暴が加えられたのはなぜでしょうか。よくよく注意してほしいのですが、それは、身分の不平等と「君のもの」、「私のもの」を助長することがほかの方法ではできなかったからです。ですから、われわれが持つ人間と神の法は人間たちの野心と欲得を抑えるため、その精神を不動にするためにあるなどともう言ってはなりません。そうではなく、これらの法はわれわれの自然な欲望とわれわれの理性に乱暴を加えることで正反対のはたらきをするためにあるのです。それは、法がそういう第一の効果をそれでも上げているからだ、と言われるでしょうか。たしかに時にはそうでしょうし、それは私も認めました。でも、どうやってその第一の効果を上げるのですか。法が最初の目的どおりに、一度課せられた軛をわれわれが振り払ったり、法が加えた乱暴にわれわれが反抗したりするのをできるかぎり防ぐというのがその手段です。それにしても、この効果というのはなんと微々たるものでしょう。法の力はなんと弱いものでしょう。とにかく、道徳的悪は存在しているのですから。今見るほど過剰に存在しているのですから。一人一人個々にでは一般的にしか何もできないため、われわれがそれを嘆くのはしごく当然なのですから。

道徳的悪が存在するのは「君のもの」、「私のもの」と身分の不平等のせいにすぎないと感じた人はいつの時代にもいましたし、事はそれ自体によっても十分感じ取れるものですが、そういうのはいつも不毛な、追随されないたぐいの真理でした。健全な形而上学がないため、かような事態は天が望んだことではないかといつでも皆が疑ったからです。それゆえ今日、人間たちの幸福を阻む唯一の障害を消滅させ、「君のもの」、「私のもの」と身分の不平等を打ち壊すことで人々を仕合わせにすることに遂に成功するためには、これは天の意志だったのではなく、事態が変わるのを［人間たちが］大いに望むべきだということを見せてやらねばなりません。天の意志は形而上学に属しますが、人間が望むのは道徳に属します。

物事を小口でしか見ないというあまりに一般的な見かたをすれば、われわれが持つ人間の法と自称「神の法」の内には、われわれの悪徳を堰き止める堤防しか見られませんが、私が今したように物事を大口に見れば、根底的に見れば、その堤防の内にはわれわれの悪徳の原因そのもの、悪徳自体を裁可するものが見られ、その堤防がこうまで弱いのももう驚きではなくなります。

すでに証示したように、人間は社会状態の最良の形を社会状態の中でしか認識できなかったのですし、したがって、社会状態は形成された瞬間にはどうしても不完全でしたから、その結果、人間は欠陥のある社会を通ってしか道理に適った社会まで来られませんでした。ですから、おお、わが同類たちよ、道理に適った社会まで皆さんが一挙に来なかったからとて自己評価を落とすことはないのですし、そこへ来る唯一の手段は本書から受け取ってください。それに、皆さんがそこまで来ても来なくても、あらかじめお教えしますが、事物の根底にとっては、皆さんが形而上学的にそうであるものにとってはどうでもいいのです。そういう観点から見る時は、追ってお目にかけるように、事物は常にあるべきものなのですから。しかし、皆さんが形而上学的にそうであるものにとってはどうでもいいことも、皆さんが物理的にそうであるものにとっては、人類にとってはなんと重要なことでしょう！

思い出していただくために一言《ひとこと》で言えば、これらの考察の目的は、異論の余地のない以下のことを皆さんにお見せすることでした。それは、道徳的悪の根源は身分の不平等と「君のもの」、「私のもの」にあること、今の社会状態にあるこの二つの根本的な欠陥は健全な形而上学の欠如から生まれたもので、その欠如から来るもう一つの結果、つまり今まで行なわれてきたあらゆる宗教によって権威づけられ聖別されてきたこと、この二つの欠陥と、またしたがって道徳的悪の存在が永続化されたのはひとえにそのためであること、そこから、今まで行なわれてきたあらゆる宗教は欠陥品なのが証明されることです。この真理があらかじめ求めていたのは、もっぱら、私が今したように道徳的に論証されることで、宗教的な偏見がきわめて強力なだけに、それを首尾よく打破するにはいくら力を結集してもしすぎることはないだけに、また総じて、形而上学的な証拠がいくら単純でも、それよりは道徳的な証拠の方が皆さんには手近なだけに、そういう論証がますます必要だったわけです。

この道徳的な論証はあえて言えば目新しく、その種のもので真に堅固な証明はこれしかできないようなものですが、この論証を御覧の上でもしお望みなら、これらの宗教や個別にあれこれの宗教を攻撃する自由思想家的な哲学者〔啓蒙思想家〕たちの本をお読みになるのもいいでしょう。そういう本も皆さんには、それぞれが細部の証拠、小口の証拠になるでしょう。小口というのは、事柄の根底までは、この論証の真実性の根底までは行かないからです。しかし、もう一度繰り返しますが、この真理はあくまでも道徳的なものにすぎず、持てる力を十分持ちどんな疑いも残さぬためには、形而上学的真理とそこから帰結する習俗の紹介で支えられる必要があります。それをするのが本書の目的で、この道徳的真理も逆にそういうものの支えになるはずです（四）。

今お目にかけたように、道徳的な証拠で諸々の宗教を攻撃する時はもっぱら直接的な正面攻撃だけが可能ですが、追ってお目にかけるように、形而上学的な証拠でそれらを攻撃し根こそぎに破壊する時はもっぱら間接的な攻撃だけが可能です。もっとも、私がいずれするように、いかに超自然的に見えようと預言や奇蹟の内には自然なもの以外何もなく、何もありえないことを、そういう証拠を使ってお見せするなら別ですが。

終わりに、私ほどの博愛家はありえないのを保証いたします。

（一）私たちは真理からあまりに遠く隔たっているため、私たちを真理へ連れて行くためには多くの前置きが要ります。

（二）それらの考察は習俗から引き出される証拠、つまり、今まで行なわれてきた宗教はみな虚偽だという道徳的な論証でしょう。形而上学的な論証となると、これはその後に来るはずで、真の宗教を除外するもの、形而上学的真理を展開するものにほかならず、またそうでしかありえないでしょう。

（三）私がしようとするように底まで掘り下げなかったら、打ち壊そうと企てるのは気違い沙汰です。すべての悪弊が一緒に打ち壊されなければ、一つの悪弊はいつでも他の悪弊によってしか打ち壊せません。

（四）私の形而上学の中でいずれ御覧に入れるように、人間たちの最初の社会も人間たち自身も、厳密に正確な始まりは事物の始まりの内にしかありません。事物の始まりとは何かも、そこでお目にかけます。

(五) ここで問題なのは、われわれの習俗の鋳直しにあるはずの様々な困難を見ることではなく、この習俗が原初にどこで罪を犯したか見ることです。困難を解決するのに向いた唯一の手段の認識に到達するには、それしか方法がありません。私が書いたものを全部読まれた暁こそ、そういう様々な困難を見て、事情を知った上でその重さを量る時でしょう。

(六) この二つの状態が多かれ少なかれ相互に帰着し合い、したがってどちらも常に多かれ少なかれ動物たちの状態、とりわけ人間の状態だったことを、私の形而上学が間接的に論証するはずです。

(七) 形而上学的思弁のこの欠如というのは社会生活をしてない動物たちが必然的に持つ欠陥で、害悪としては最小のものです。追って御覧になるように、害悪として大きいのはその思弁をやりそこなうことです。

(八) 魂が死なないものか死ぬものかというような、道徳と無関係な教義があると思うのはなんたる不合理でしょう! 真実でない教義はみな、必然的に道徳を腐らせます。およそ宗教には、ほかの教義から独立した教義など一つとしてないからです。

(九) 身分の平等と財貨の共有がひとたび打ち立てられたら、人間は必然的にそれを守るでしょう。守らないどんな理由もないはずですから。野心・欲得・富への渇望・吝嗇、またしたがってこれらの悪徳がいつの世にも人類に氾濫させたありとあらゆる犯罪が存在するのは不平等と「君のもの」、「私のもの」のせいで、そこから戦争も牢獄も各種の仕置きも生じるのです。

(一〇) われわれの団結も、われわれがともに作る社会も不完全なのは、そんな団結など存在しない方が、未開状態があった方が千倍もましなほどです。それを疑ったら、われわれの社会状態の悲惨を狂ったほど見落とすことになるでしょう。人間嫌いの科白だと言われるでしょうか。違います、物事をいつもできるだけいい方に見たいと思う人間がそう言うのです。

(一一) こういう最初の思索がひとたび輪を描くと、強い者はいとも厳格な法によって、弱い者がその輪を踏み越えるのを禁じました。そこから、諸々の宗教があらゆる支配を支えるためにやって来たのです。そこから、いつの世にも王座を堅固ならしめたあの神聖な土台が生まれたのです。

(一二) この本質的な真理は、私の道徳の全体が直接にも間接にも証明するでしょう。それこそが、健全な形而上学の説明とともに、ここで私が証示する一切の十全な論証をなすはずです。

(一三) 誰でも祭祀を宗教の本質をなすものとみなし慣れているため、祭祀を一切排撃する形而上学的真理がどうして真の宗教たりうるのか容易に想像がつかないでしょう。それでも事実はそうなのです。追ってお見せするように、宗教というものはみな、その形而上学的真理自体を見誤り偽造し腐らせたものにほかなりませんから。しかし、形而上学的真理を宗教と呼ぼうが呼ぶまいが、それは関係ありません。

(一四) 形而上学的真理が展開されないと、諸々の宗教を非とする道徳的な証拠をいくら挙げても、私たちはどうしても疑いの内に取り残されます。私が今した論証ですら例外ではありません。

序文

「どんな仕方ででも、とにかく何か普遍的なものがある。」これは時と所を問わぬ一般的な真理であって、少しでも見識があればどんな人もそれには同意するはずで、思慮分別のある哲学者ならみな、大きな発見に達するためには、それがどんな仕方でか知るためにはもっぱらそこから出発すべきだと認めるはずである。

この真理が種々の個別的真理（私が個別的または物理的真理と呼ぶのは、一般的真理、形而上学的真理ではない一切である）、たとえば「ローマは存在する」という真理とは類を異にするのをわれわれは理解している。だから、われわれは類が異なる様々な真理を理解するのである。類が異なる様々な真理がかようなものとして存在しうるのは、または同じことだが、類が異なると理解されうるのは、互いに他のものによって、他のものとの比較によってにすぎず、したがって（またそこから、それらに与えられる種々異なる名が由来するが）形而上学的真理は物理的真理によって存在し、物理的真理は形而上学的真理によって存在する。お望みなら、一般的なものは個別的なものによって、個別的なものは一般的なものによって存在すると言ってもいい。

しかし、ここで先回りするのはやめよう。まだまだ引き出せるはずの同様に単純な他の様々な帰納によって、それの仕方を初端《しょっぱな》から展開しようとするのはやめよう。最初はまず、それの仕方を探らねばならないことを証示して、それに成功するのに必要な心構えは何かを述べ、本質的なあらゆる真理の認識はしかるべく行なったこの探求から発するのを示し、本書を首尾よく読むのに役立ちうるすべてのものを提示することから始めよう。本書の目的は疑いもなく、あらゆる目的の内でも人間たち一般にとって最も関心に値するものであるから。

私がそこから出発した真理は、問題のことがどんな仕方でかを認識させるものではない。ついでに言えば、その認識はみな持っているつもりで全然持たず、またそれがないと、そのものに含まれる種々の対象の根底について、人が毎日するような漠然とした推論しかできないようなものである。たとえば、アリストテレス以来、またアリストテレス以前からマールブランシュ〔二九五〕、ロック、コンディヤックに至るまでわれわれの形而上学なるものの大きな対象をなしてきた人間についてもそうである（一）。さて、この認識がわれわれに可能かどうか、賢明なピュロン派〔二九六〕の人に訊いてみよう。その人は定めし、何も知らないよと答えるだろうが、それが可能か可能でないか疑いつつも、この認識を得るためにされたありとあらゆる無駄な努力にもかかわらず、それを得ようと努めるのはいいし、努めて成功するのは誠に肝要なことだと思うと同意するだろう。ならば、そこから出発して探し求めよう。

しかし、何か普遍的なものがあると知るためにはほんの少し考えるだけで足りるなら、それの仕方を知るためにこれほど思索せねばならないのはどうしてか。それは、追って御覧に入れるとおり、理解するものを大ざっぱに把握すること、否定できない真理に同意することと、その真理の内にそこにあるすべてのものを、見たならば同じく同意せねばならぬすべてのものを正しく見て取ることとはどうしても違うからである。

だが、哲学者たちがいまだかつて自分自身に正しく展開できなかったもの、今日では底も岸もない深淵だと言っているものを、しかるべく自らに展開することにどうやれば成功できるのか。哲学者たちがあまり成功しなかったことを不可能という面からではなく、もっぱら極度の困難という面からだけ見て、自らにこう言い聞かせればいいのである。哲学者たちが自分の内に持っていて、皆がそれを読もうとした本は、自分も自分の内に持っているのだ、と。それを読む権利は自分にも哲学者たちと同様にあるのだ、と。物事は単純であればあるほどわれわれの手からすり抜けるもので、真理（問題のことがどんな仕方でかという認識は、真理そのものの認識だから）ほど単純なものはない以上、真理はとりわけわれわれの手からすり抜けざるをえなかったのだ、と。真理が被い隠されているのはたぶん極度に厚い雲のせいにすぎず、真理の認識に達するためにはどれほど厚い雲も、または同じことだがどれほど尊ばれる雲も一顧だにせず、そういう雲をことごとく突き抜けなければならないのだ、と。哲学者たちの試みが全部無駄になったのは、いつでもおそらく、そういう雲のいくつかを彼らが突き抜けなかったからだ、と。形而上学の諸体系とは関係なく、真理はいまだ井戸の底にあることに皆の意見が一致する以上、まるで論証済みであるかのようにそんな体系のどれをも当にすべきではないのだ、と。

　こういうやりかたをすればいいのである。物事を原理で捉えず、目的地から出発せず、解明すべき何かを背後に残すような哲学は、どれも漠として不毛なものだと判断すればいいのである。概して合理的な中間を選ぶ力が乏しい人間たちは、行き過ぎに陥ってしすぎたりしなさすぎたりするものだが、疑いもしすぎたりしなさすぎたりしなければいいのである。自分にしみついている刷り込みという刷り込みをほぼ同等のものとし、そんなものはどれもみな、決定的に目覚めたら無であることが明らかな一場の夢かもしれないとみなせばいいのである。そうしたら、私のものを読むのに必要な心構えが得られよう。それはとりもなおさず、自己の幸福のため万人が認識するのが望ましいものを、私にしたがって自らに展開するのに必要な心構えのことである。万人が認識するのが望ましいというのは、万人の好みに合って万人に等しく好適な習俗は真理の外にはないからだ。

　展開された真理によってこそ、または同じことだが健全な形而上学によってこそ、ひとたび言い当てられたら今まで人間たちに謎だったすべてのもののこころだと分るようなこころが得られる。これまでは一見かくも難しかった様々な問題の解答が得られる。存在と諸存在についても、実在と本質についても、精神と物質についても、無限のものと有限のものについても、永遠と時間についても、静止と運動についても、充満と空虚についても、可能なものと不可能なものについても、現実と外見についても、宇宙に漲る秩序と無秩序についても、善と悪についても、生と死についても、必然と自由についても、精神的なものと身体的なものについても、本有観念と習得観念についても、感覚とそれを惹き起こす対象の間の関係性についても、物質の可分性についても、無限順進についても、諸存在の生殖についても、「無」、虚無についても、延長についても、空間についても、重力についても、引力についても、あらゆる種類の美についても、矛盾したものや反対物についても、他の様々な真理の価値についても。われわれの内にある様々な矛盾の理由も分り、われわれの法、われわれの習俗、われわれの学問から、われわれの話す諸国語からでさえいまだかつてよく見えたとは思えないところも見られ、不合理なもの〔二九七〕〔宗教〕が地球の全面を被い尽くす深い闇から人が脱して、それを知らないがためソクラテスやテオフラストスのような人たちが長期にわたる研鑽のあげく、自分は何も知らないといみじくも言ったすべてのものが知られるようになり、それが認識されなかったため世界が今あるようなものであるすべてが認識され、我らの詩人の一人〔二九八〕が言った「私は誰か、どこにいるのか、どこへ行くのか、どこから引き出されたのか〔二九九〕」という詩句に含まれる諸問題が解決され、人々の間で最も権威のある諸身分も、生活条件の不平等も、「君のもの」、「私のもの」も、法も何であれ犯罪も、そういうものが存在するのはひとえにわれわれが真の原理を知らないからであることが納得され、さらには、今までされた甲斐なき努力に基づいて、明かすことはできないと今日不適切にも判断される一切が明かされるのである。

健全な形而上学とは、人間たちの口にも本にもたえず多かれ少なかれ顔を出しながら、自分が申し分なく理解するもの、その逆が矛盾するものを人間たちがいまだかつて十分展開しなかったために、顔を出すのも一瞬の閃きにすぎないような知である。この知は無数の形而上学的・道徳的格率の真の理由を教えてくれるが、そういう格率にわれわれはあまねく同意しつつも、それの真の理由を知らず、そのためこれらを何も産まぬ不妊の処女のようにみなしている。これらの格率はあまねき経験から汲み出したものなので、実際そうであるように万国共通の格率に相違ないことをこの知は論証してくれるが、かといってこれらの格率がこれまで十分掘り下げられたということが必然的なわけではなく、それらの基礎が何であるかもよく知られたためしがない。これらの格率は万代不易の格率である度合の多少に比例して、その正確さにも真実さにも常に多い少ないがあることをこの知はわれわれに見せてくれる。この知は、それにふさわしい言語が採用されたら、われわれの諸国語から不合理なもの〔宗教〕がそこへ自分の分として持ち込んだものが取り除かれたら、親から子へとたやすく伝えられよう。この知は実際、一般的集合名辞の、形而上学的諸存在を言い表わす用語の辞典にすぎず、そういう用語を人は常々口にしつつも、結び付けるべき正確な観念をそれに結び付けたことはないのである。この知がわれわれの側からの障害に出会うのは、全体はその部分より大きいというような、実際はこの上なく明証的でないものをこの上なく明証的だと思わせるあれこれの偏見を打破することにこの知の原理を応用することが問題の際ほど甚しい時はありえない。この知はおのが全貌を現わさぬかぎり、かような偏見や、それどころか自らの対象をなすものをめぐるどのような偏見をもしかるべく打破することはできない。この知はあの群をなす諸体系に代って人間たちに特別視されるべきだが、それはこれらの諸体系が、破壊を試みてきたとはいえ、いっそう堅固な建設をしなかった以上、実際には何も破壊しなかったからである。それらの体系をも、同じくそれに対置される体系をも、おしなべてこの知は斥けるが、かといってそのどれをも絶対的に虚偽として否定はしない。真理が顔をのぞかせぬ体系など一つとしてないからである。この知は人間たちに明示された場合、自由思想家が相手に対して勝ち誇る理由とはなっても、この相手も自由思想家に対して多くの面で勝ち誇る理由とならないようなものではない。この知はそれを所有する者に、形而上学と道徳の分野で今最高に持て囃される様々な本をも、みなことごとく、昼の光の中では輝きも消える煌めく燐光にようにみなさせる。この知は会話で扱われるより読まれることをはるかに多く求めるが、観念の結合は談話の中より紙の上での方がずっとみつかりやすいという理由による。互いに千里《リュー》も隔たった二人の人がそれぞれこの知を発見して公にしたら、この知は寸分違わない二つの著作を生みだすだろう。この知はわれわれの持つ種々の初源的観念を展開し、その展開から、最も望ましく人間たちが最も根本的に望む習俗へと結論づけることしか目的としないし、しえない。この知は健全な論理学、種々の大問題をめぐる最も純化された推論にほかならない。この知は最初見た時、これがそうだという希望をあまり抱かせないだろうが、それは、あれほど多くの偉人たちが虚しく探し求めてきたものを今時の人間がみつけたなどということはまずありえないという考えによる。これまで形而上学と呼ばれたものと比較されると、この知は本当の形而上学と認められるのに苦労するであろう。この知はその単純さ自体からして、これが探し求めているものだと思うのをためらわせるであろう。この知はあまりに理解しやすいため、一目《ひとめ》見ただけではどれだけの価値があるか、そのためどれだけ苦労したか評価されないであろう。この知は理解されてもまだ、どこへ行くのか見きわめられる必要があるが、自力でそれを見きわめることは少数の人にしかできないであろう。この知は歩んで行く中で多大の利得や広く崇められる諸々のものを無に帰す——そういうものを何かに数え、それにじかに反対することすらせずに——ため、おそらくは、そこから引き出された井戸の底へまた戻るのを覚悟せねばならないであろう。

これは、ひとたびしかるべく把握されたらその原理があらゆるものにたやすく適用され、適用されすぎることはありえないような知である。この知は証示するものにどんな制限も容れず、また、その逆が矛盾しないようなものは何ひとつ証示しない。この知は、不合理なもの——不合理という語は誤謬以上のものを意味する——とはもっぱら自らに関する一切の思い違いであり、誤謬とは何であれ自ら以外のものに関する一切の思い違いであるのを示す。この知は事物の個別性、つまり或る事物を他の事物と異ならせるものから取った一切の比較を拒む。この知をはっきり感じ取れるようにするためには、どうしても種々異なる面でそれを提示せねばならず、そこからして、この知にはひと続きの論述より断章的な考察の方がふさわしい。この知は一つ一つの面のもとにすべての面がよく見られるのに常に比例していっそうよく理解されようし、その帰結がよく把握されるのに常に比例していっそう高く評価されよう。この知以上に普遍的なものはないから、人間としてのわれわれ、同様の対象にいつも囲まれているわれわれというような個別的対象によってこの知が展開されることは至難であった。この知は本質的なことにつき、事物の根底につきわれわれ全員の意見を一致させるから、われわれがたえず互いに対してかぶり続け社会に多大の不利を招いている仮面を剥ぎ取れるのはひとりこの知のみである。こういう有害な仮面が存在するのは、われわれを統《す》べる不合理なもの〔宗教〕のせい、健全な理性の光がわれわれに命じる歩みと、われわれの法を産み落としたわれわれの闇がわれわれに命じた歩みとの間に見られる相反のせいにすぎない。

本書の力はもっぱらその全体にあり、したがってこれは全篇読むべきものだが、私が本書で目指すのは、われわれが誰しも心の内に持つ事物の根底の本性をめぐる認識を展開しつつ、それはまだこの展開のイロハなのを論証し、その論証から帰結する一つの社会システムを打ち立てることにある。なぜなら形而上学は、または同じことだが初源的原理をめぐる思弁はあらゆる道徳が拠って立つ土台である以上、やがてそうなるように形而上学がこれまでとこうも異なる観点から見られるようになれば、どうしても社会の新たな見取図が結果せざるをえないからである。

こうして、真理はそれを包む深い闇からまさに出てこようとしている。実際、真理が闇から出る出ないは、いまだかつて、事物の根底の本性をめぐる認識が展開されるか否かにしかかかっていなかったからである。真理に依存し、ベールも認めるようにいまだいかなる形而上学体系も説明を与えられなかったあらゆる現象が、真理の光で解明されようとしている。不幸にして今日、不合理なもの〔宗教〕は今あるあらゆる社会システムのあまりにも揺るぎない土台をなすが、それもやがて消滅して、社会システムが持てる唯一堅固な基礎に席を譲ろうとしている。この基礎の上に据えられれば、あらゆる社会システムはもはや一つのものでしかなくなるはずで、それは確実に、人間たちが憧れるあの平等・団結の状態であろう。真理の発見によってしかさような状態を享受できないことを人間たちは感じており、だからこそ真理に憧れるのである。

哲学者たちはその発見に達しようと無駄な努力をあまりにもし、偽りの体系によって、その発見に通じうる道の上にあまりにも多くの雲を拡げたため、形而上学の信用をすっかり失墜させてしまった。この学問が今日軽視されるかに見えることに私はあえて異議を申し立て、この学問についてされた無駄な努力や、この学問を暗くする雲についてこの学問を責めるのは当を得なかったと言うものである。そういう努力から本来結論すべきだったのは、その努力を成功裡にするのは実に難しいということにすぎず、それが不可能だということではなかった、とも。この学問に非難される難解さはこの学問自体から来るものでは全然なく、この学問をわがものにするにはせいぜい、幾何学的真理の連鎖を見るのに要する程度の注意を払えばよいのだ、とも。

それの外では人間たちがいつまでもあるべきものたりえない点というのは一つしかない。その点とは形而上学的真理である。様々な体系のもとでも、その点でないものはみな疑いでしかなく、またそうでしかありえない。人間たちは様々な体系に賛同しようと努め、賛同すると言い、そう思い込み、それのため自らの血を流すことまでするけれども、なおかつけっしてそれに賛同しておらず、一皮剥けばあるのは疑いだけである。だいたい、人が賛同できるのは真理だけだということが真実なら、真理だけが確信を与えられるということが真実なら、そんなものにどうして賛同できようか。

私がここで扱うような主題では、それ自体によっては持たない価値を自説に与えようとして哲学者たちが普通用いる種々の飾りも、言葉の上でのあの雄弁も、想像力のあの閃きも、学殖も期待してはならない。期待すべきはごく単調な言語であり、頻繁な繰り返しであり、正確さだけ旨とすべきなのでどうしても長くなる文であり、皮相な精神の持ち主が尻込みしかねぬ論述の無味乾燥さである。皮相な精神の持ち主というのは、著作の価値を文体の力強さまたは快さからしか判断しないあのきわめて多数の教養人のことだ。健全な哲学は赤裸な姿で登場するためにあり、それにとっては万人の経験だけが権威になりうるから、それにふさわしいのは最も単純で万人の手に最も届く表現しかない。私は教えるかぎりでしか気に入られまいし、納得させるかぎりでしか教えまい。

一般から個別へ、個別から一般への譬えは、われわれが持つ形而上学の書物の中でなんとも不合理に常用され、ふんだんに提供するイメージでそれらの本に詩的な輝きを添えるものだが、私の本はそんなもので株を上げはしないだろう。ここにあるのは想像の体系ではなく真理の発見で、この発見はさような譬えを絶対に拒むからである。健全な形而上学が自己の対象をなすものを感覚的な或る対象に譬えるのは、たとえば私がこの先するように人間個人に譬えるのは、ほかのあらゆる対象と絶対的に共有する面でその対象を見るのでなければできないことで、その場合は譬えも一般から個別へではなく、一般から一般へとなるわけである。

本質的な事柄につきどう考えるべきか証示することで、私はそれらについて考えられている一切を直接・間接に打ち壊すのだから、拙作をお読みになる人たちにここでもう一度お願いするのは、どんな体系、どんな信念を持つにせよ真理のためにはそれを犠牲にしようという賢明な心構えがそこから生まれるあの道理に適った疑いを抱いてほしいということである。拙作を読むことが実りを上げ、この発見の利益を分ち合えるようになるためには、それしか方法がない。この発見は公表されたら、人間たちを統《す》べる恣意的な法に対して、長期的にはおそらく、古今の哲学者のどんな書物もいまだかつてなしえなかったしなすはずもなかったことをするはずである。なぜなら、形而上学的・道徳的な諸種の真理がそれらの書物のあちこちに散在することはありえても、そういう真理はばらばらなこと自体によって力を欠き、必然的に疑問視され、不合理なもの〔宗教〕を大いに喜ばせているからだ。そういう真理を述べた者も、真理をはっきり感じ取らせる唯一の方法であるそれをしかるべく見るということがなかったため、不合理なものは下手な反対しかされないことでいつも得しているからだ。

真の形而上学的諸原理から生まれる道徳的諸帰結が、正しく言えば唯一の形而上学的真理が与えうる道徳的真理がちゃんと見て取られるのは、現在の社会状態で不合理なもの〔宗教〕に拠って立つ一切がしかるべく見られるかぎりでしかなく、その状態が形作る鎖の端から端まで目が届くかぎりでしかなく、我らの人間観察家《モラリスト》たちがいつもそうしているように、鎖の環が互いに独立するかのごとく或る時は一つの環だけ、或る時は別の環だけ見るということに止まらぬかぎりでしかなかろう。

〔修道士という〕自分の立場からしても、そうそう人に伝えられるものではない対象の性質からしても、見識のある心友の批評という、およそ物書きには常に必要な助けを私は欠いている。そこから、本書はそうありうるほどには言葉遣いが正しくもなく正確でもなく豊かでもないという結果になろう。そのことをあらかじめおことわりしておくのは、そこにみつかりかねぬ、いや間違いなくみつかるはずの欠点から、私が証示する種々の真理に不利な結論が出されないようにするためである。

真理が白日に晒されて議論されたら、見識も善意もある何人かのかたが、この真理をいっそうはっきり感じ取れるように、真理に包摂される種々の対象につき私に質問することを喜びとされたら、私もそれに答えることを同様に喜びとするはずで、私の原理は確実で異論の余地がないだけにそれはたやすいことであろう。これこそ、真理を被うヴエールを徐々に引き裂き、賛同者の数を増す最善の方法であろう。だが、それを自由に、公知のものとして行なうことができなくてはなるまいが、あるべき姿からかくも遠く隔たった物事の現状では、さようなことをいかにして期待できよう。

そうしようと心から望むかぎりでしか私を正しく理解することはないはずだし、対象の重要性と行く先を或る程度感じないかぎり、そうしようと心から望むこともありえない。また、対象の重要性を十分感じるには、まず最初にこの「序文」や、前段にも後段にもあるその他様々の「前置き」をよくよく胆に銘じて、本題とは全然またはほとんど無関係な単なる前菜《オードブル》のようにそれをみなさぬことが必要である。これらの「前置き」について深く考えれば考えるほど、それが本題にとってしごく本質的なものであるのが分るはずであるから。

私が論じる対象の内容について推論するか、そこへ導きうるものについて、それの「前置き」について推論するかの違いはきわめて大きい。それでも、この二つを混同しないほど、「前置き」だけが問題の時は事の内容まで行かないほど正確な論理を弁えている人に私はいまだほとんどお目にかかったことがない。しかしベールも言ったとおり、おそらく私にはベール以上にそう言う根拠があるとおり、正確な論理ほど人間に稀なものはなく、（二）これはベールの考察に私が付け加えることだが、人間たちにとって、いや哲学者にとってさえ考えるよりはるかに目新しい題目である種々の大問題を扱う時は特にそうである。論理の正確さの多少によって、精神の一見華々しい美質ではなく精神の生地の良し悪しによって、私のものを読み理解する能力の多少を私は判断する。だが、重ねて言えば、精神の正確さは、首尾一貫した精神はなんと稀なことか！

私の道徳体系は私の形而上学から帰結するもので、それに全面的に立脚している。だから、良識に則って論理的に正しくそれを扱うことは、前もって私の形而上学を扱ったのでなければ、それどころかこの形而上学は正確だと同意するのでなければできない。私と会話する人がほぼ全部そうしているのを経験するようにそれと違うやりかたをすれば、際限なく討論ばかりし、いつまでも分り合えないことになる。

拙作を読む中で困難を覚えることがあるやもしれないが、それにはあまり足を止めないでいただきたい。私の様々な所見は相互に説明し合い証明し合うものなので、最初は同意しにくく、または理解しにくく見えるものも、後ではそう見えなくなるはずであるから。真理というのはプロテウス〔ギリシャ・ローマ神話に登場する海の老人で、体をあらゆるものに変える力があるとされた〕のようなもので、色々な形のもとに姿を見せた上でしか、ほぼ後段でお目にかけるようなものとして現われた上でしか捉えられない。このプロテウスがひとたび捉えられたら、今日までああも晦渋な学問とみなされてきた形而上学も、あらゆる学問の内で最も明快なものと判断されるようになろう。

（一）　人間も他のもの以上に形而上学的対象であるわけではない。

（二）　論理学の規則を実によく知りながら、論理家としては全然失格ということもありうる。弁論術の規則を実によく知りながら、弁論家としては全然失格ということもありうるのと同じである。

予備的所見

形而上学の真実にして唯一の目的は、物理的な諸事物を大口で、一般的に、全体として見ることであり、それらの事物をすべてが厳密に共通して持つものにおいて、事物のそれぞれにつき等しく言えるものにおいて、どこでも同じであるそれらの基調において、それらがみな等しくそうであるものにおいて見ることであり、それだけが形而上学的な関係性であるそれらの一般的関係性を見ることであり、どれもみな事物をその差異において、色合いにおいて、個別的関係性において、それらがそう見えるものにおいて見ることしか目的とせぬ他の諸々の学問の圏域より上まで昇ることであり、事物の一般的関係性すらも越えて昇り、いかなる関係性も抜きにしてそれらを見ることであり、さらには、それより先までは遡れないほど、解明すべきものを背後に何も残さないほど、反対のものも矛盾するものも相互に帰着し合って、最も単純で最も自然な道徳的諸帰結しか与えないのが見られるほどの地点まで遡ることである。

「でも、それでは君は、真理の十全な認識が人間に得られると主張するのだな」と偏見は叫ぶであろう（一）。さよう、そのとおりである。追ってお見せするように、真理でないものはみな矛盾しているのだから、正しく言えばわれわれの側の実に甚しい思い違いにすぎないのだから（二）。また、われわれはそうと知らずにこの十全な認識を自分について肯定しており、そんなものをわれわれは持てないと証示する時ですらそうなのだから。そもそも、それを証示するというのは、十全な認識がわれわれにできる一つの真理を証示することを目的とするからである。

いずれ御覧になるとおり、真理が展開されることから結果するのは、様々の一般的真理、様々の形而上学的対象についてわれわれが十全な認識を持つことであり、また様々の個別的真理、様々の物理的対象についてわれわれが同様の認識を持てるというのは矛盾していることである。そのことを昔から知らなかったため、われわれは今日、明らかな矛盾ではあるが、真理は人間のために出来ていないなどと例外なしに言う。だが、そう言うことのどこに矛盾があるのだろうか。それは、真理が人間のために出来ているのを否定すること自体にある。それを否定するのは永遠な一つの真理を証示すると称さぬかぎりできないし、そう称するのは証示すると称するものを同時に否定せぬかぎりできないからである。

少し前、私は或る友人に以下のような手紙を書いた。

「御所望の『人間精神の無力に関する哲学論』〔三〇〇〕をお返しいたします。その本について君の意見を聞かせてくれと貴方はさらにおっしゃいますから、手短かにこう申しましょう。

この本で著者は、われわれは現世で真理を確実に認識できないということを原理として立て、矛盾とは言わないまでも妙な話だが、一つの真理によってその原理を証明している。つまり、なんらかの感覚的対象がわれわれにそう見えるとおりのものであることにわれわれは全面的な確信をいっときとして持てないの〔三〕を、一般的な経験から取った様々な理由によって証示し立証することでその証明をするのである。権威によってもそれを証明するが、かような問題では権威など学殖に属するもので、それ以上の何物でもない。ユエ氏〔三〇一〕にしても、学識はあれほどなくてももっと形而上学者だったら、次のことが分ったはずである。それは、健全な哲学が十分掘り下げられたら、つまりわれわれの初源的観念が、その逆は矛盾するものが展開されたら、結果としてわれわれは、様々な一般的真理の、様々な形而上学的対象（それだけが真理と呼ばれるものを構成するが）の十全な認識を持つということ、また、様々な個別的真理、様々な物理的対象についてわれわれが同様の認識を持てるというのは矛盾することである。そのことが分ったら、ユエ氏も、原理という肩書からして自分の原理に反対するような原理を立てはしなかったであろう。なぜなら、前述のとおり、この人の挙げる証拠は一つの真理だからである。たしかに、孤立した形で見れば、それだけ見るに止まれば、真理自体の内にそれを見なければ、この真理があらゆる一般的真理の中でピュロン主義〔三〇二〕へ最も導きやすいのは間違いない。だから、よくよく分析すればユエ氏の著作には最も筋金入りなピュロン派の著作、または同じことだが最も首尾一貫しない人の著作しかみつからない。しかし、この真理がピュロン主義へ最も導きやすいのはどうしてか。それは、われわれは感覚的対象について十全な認識を持たなければ、知性的対象についてはましてやそうだという、この真理が引き出すように誘う誤った帰結のせいである。

敬具

追伸——この手紙を書いてから後、私はたまたまとある会合に出ましたが、その席で或る人が思い付いて、自分は空無論者《リエニスト》だと言いました。それなら貴方も〔無ではなく〕何かなのですね、と私は言ってやりました。愉快な帰結ですね、とその人は答えました。そこで私はこう言い返しました。いやいや、愉快でなんかありませんよ、というより、その帰結に矛盾があるのはもっぱら、矛盾を含む貴方の命題のせいですよ。実際、自分が空無論者《リエニスト》なのを一つの真理として証示なさることは、貴方が何かなのを同時に肯定し否定しなかったらどうしてできますか——と。その人は私の応答をスコラ的な揚げ足取りと言い、話はそれっきりになりました。(四) この議論をどうかその人以上に役立ててください。人間はよくよく分った上で何かであるように出来ており、真理が手からすり抜けるのもそれを自らに展開するためしかるべきやりかたをしないからだということを疑わない一つの理由にしてほしいものです。」

私は打ち立てることによって打ち壊すだろう。直接的に打ち壊すことがあっても、対象は一般的な偏見以外の偏見ではないだろう。人間たちを分つ個別の諸体系、各種の教義・臆説・作り話についていえば、そういうものは真理を打ち立てることでのみ、人間たちがわれわれが全員等しく概念するものを展開することでのみ間接的に打ち壊すことしか私にはできないし、またその展開は、形而上学の対象、つまり形而上学的諸存在とわれわれが呼ぶものをいつの時代にも言い表わしてきた種々の用語に正確な観念を結び付けることにしかないであろう。前段でした形而上学の定義自体でも、私はすでにそれをし始めているのである。

(一) 真理を論証するに先立って、真理は人間のために出来ていないと思わせる偏見を打破することが肝要だった。

(二) こういう実に甚しい思い違いを、私は不合理なものと呼ぶ。

(三) なんらかの感覚的対象がわれわれにそう見えるとおりのものであることにわれわれが全面的な確信をいっときとして

持てないのは、追ってお見せするように、われわれも感覚的対象だからである。感覚的対象はそれをどう見るかによってしかかくかくのものではなく、またありえず、その見かたが絶対的に同じであることは一度もなく、またありえず、それは常に異なるからである。

(四) その人はもっと哲学者だったら、真理は相矛盾するものの内にあるのを知っていたら、自分は空無論者《リエニスト》であると同時に何かだと私に答えたはずである。

後続する考察のまえがき

我らの大詩人の一人〔三〇三〕は、人間たちがともに生きる仕方についてこう言っている。

禍《まが》々しい土牢の中で、
互いに助け合えるのに、互いに死闘を演じ合い、
縛られた鎖で撲り合う、そんな徒刑囚を見る思いがする〔三〇四〕。

この人の言うことは、十万にものぼる他の著作家が別の言葉で言ってきたことである。われわれがこれまで常にしてきたように、今でも常にしているようにほぼ全員が自分の境遇を嘆くことで、言葉こそ違え同じことをいつも言ってきたし今でもたえず言っていることは語らぬとしても。

そこから出発して私が言うのは、この病はもう十分に続いたから治すのが肝要だということであり、それを根治する方法は一つしかなく、その唯一の方法とは形而上学的真理を人間たちに知らしめることからなるということである。

深く掘り下げようとしたすべての人（そういう人がいるのは社会状態のお蔭である。その状態の外では、事物の根底について思索する動物などいないのだから）の内でも、今までのところ最も賢明だったのは、自分に欠ける光を待ちつつ疑うだけに自らを限った人だった。〔疑うのではなく〕肯定したり否定したり、打ち立てたり打ち壊したりした人は訳も分らずにそうしたため、彼ら以前に問題だったことはみないまだに問題であり続けている。彼らの多くがそのことで責められたのも、真理を打ち立てることによってのみ打ち壊す者を責めるのは不当なだけにますますもっ

て正当だった。そういう者を責めるのが不当なのは、真理とは人間たちの幸福にとって世界一肝要なもので、人間という〔動物の〕種《しゅ》は幸福になる手段をたえず垣間見ながらも、そこへ行き着けるほど十分よくはそれを見られないだけにいっそう不幸だからである。

私が書いたものを読んだ上で、私の与える事物の根底についての認識がどこへ導けるのか問うたら、それはよほど目先の利かない人であろう。しかし、そんな問いは間違いなく一般読者がするものではなかろう。この勝負を正しく判定できるのは一般読者だけであり、だから、この認識を持つにふさわしいのも、この認識を大いに役立てられるのも特に一般読者なのである。(一)

以下にお読みいただく「考察」が形而上学的真理を私が提示する第一の観点なのは、この観点がいちばん簡単でないからであり、簡単でないものからもっと簡単なものへ、またはもっと容易なものへと進むのが順序として正しいからである。次に私は「形而上学考」とそれに続く「道徳考」というタイトルで同じ真理を提示するはずだが、この第二の観点は実を言うと第一の観点の繰り返しにすぎず、第一の観点がひとたびちゃんと把握されたら、これは小説のように楽々と読めるであろう。またこの第一の観点も、そうするのが適当なように、それに後続しそれを説明する「謎のこころ」を読んだ上でもう一度読み返したら、ちゃんと把握するのも容易であろう。

また神のことか、と言われるだろうか。(二)さよう、でもこれは神のことなどもう問題でなくすためである。私について判定を下す前に、それどころか途々したくなるかもしれぬ反論にすら足を止める前に、お願いだから私が書いたものをしまいまで読んでほしい。

私が付ける註はあまりにもこれらの「考察」の支えになるから、同じ注意を払って読んでほしいと求めずにはいられない。(三)

(一) 公刊される前に読むか後に読むかで、拙作の効果にもなんたる違いがあるはずであろう！ 前に読めば、これはかなり弱いセンセーションしか起こせまいが、後に読めば、それから生じる議論のため、そんなに強いものは少ないほどのセンセーションを起こすだろう。またその議論は、一般読者が必ずや事柄に対して抱く関心から必然的に生じるだろう。拙作は人間たち個々のためより格段に多く人間たち一般のためにあるのだ。

（二）　いつの世にも神は問題だったし、いまだにそうである。神［の存在］を論証する作業は今も毎日のようにされている。われわれが神について十分明瞭な観念を持たない証拠である。

（三）　形而上学的・道徳的な様々の真理を読むための備えとして設けるのが適当と思った諸種の「前置き」はここで終わる（この写しには、それらの「前置き」の一部しかないが）。序文というものが普通読まれるような仕方でしかこれらが読まれなかったら、前へ進むためそこから引き出せた実りを引き出したことには到底ならない。

井戸の底から引き出した真理

――神についてわれわれが根本的に持つ観念に関する考察――

第一部

これらの「考察」の価値を人がよく感じ取るのは、そんな仕方では一度としてよく見たことはないけれども、物事を大口で見るのに比例して、これらの「考察」の契機となった偽りの諸体系をよく認識するのに比例して、良識を弁えた哲学者・神学者であるのに比例してでしかあるまい。形而上学的な考察などというと、これには最初尻込みするかもしれないが、意を決して読んでいただきたい。内容の単純さからして、これは形而上学と仲直りする一助ともなろうと期待している。とにかく形而上学というのは、あらゆる学問の内でもいちばん真実であるようにいちばん単純なものだし、この学問の目的(一)はいまだかつて正しく認識されたためしがないし、しかるべく扱われたこの学問がなくては、人間たちの間に本質的な一致など絶対にないからである。

（一） 形而上学の唯一の目的は物理的諸事物をその一般性において、すべての事物が絶対的に共通して持つものにおいて、どこでも同じであるその基調において見ることだが、一方、他の諸々の学問の目的はそれらの事物をその個別性において、相互に異ならせるものにおいて、その色合いにおいて見ることである。真理の展開とは形而上学の、また「形而上学的諸存在」とわれわれが呼ぶものを言い表わす種々の単語の正確な定義でしかない。

神なるものが、創造者たる神なるもの（二）が存在する明らかな証拠は、過去・現在を問わずいつの世にもみな一致して神なるものに与える諸属性の相違の内にみつかるのではないか？　以下は、その点をめぐる私の「考察」で、私がそれを述べるのは真実なのと同程度に目新しいものとしてである（三）。真理に到達しようとあんなに無駄な努力が重ねられた末だから、到達するには目新しいものが必要となる。自分が信奉したあれこれの体系とこれらの「考察」が一致しなかったら、そういう体系にはお気の毒様で、そんなことにはあまり注意を払わずに、もっぱらこの「考察」が真であるかないか、われわれがみな等しく概念するものの正確な展開であるかないか、互いに異なるすべての形而上学体系がそこで純化されうる坩堝（四）であるかないかを見るだけにせねばならない。これらの「考察」が真だと認められたら、それこそがすべての土台で、爾余のものを判断し異論の余地のない道徳を打ち立てるためにそこから出発すべき出点であることが分るだろうし、こうも単純な考察が何千世紀もの間されずにきたのも、責めるべきは手近なものをいつも遠くまで探しに行く人間たちの狂気だけであることが分るはずである。

（二）「神」という語と同様、「創造者」や「被造物」という語にも、結び付けるべき真の観念が結び付けられたためしがない。ここであらかじめそのことをおことわりするのは、目的を達しやすいように私も現に使うそれらの語に、今結び付けられる無考えな観念が結び付けられないようにするためである。しかし、それより正確などういう観念を結び付けるのか。それはこれらの「考察」の「謎のこころ」で、最後に見られよう。それでもここで言っておくのは、「創造者」、「被造物」というこの語が、互いに一方が他方によって存在する諸存在以外の何物も意味しないことである。被造物についてはそのとおりだと言われようが、それはあらゆる意味で創造者についても同じく真だと私は言うものである。

（三）これらの「考察」が目新しいと言うのは、もっと一般的に受けいれられている様々な観念を非常に目新しい仕方で解明するかぎりでにすぎない。真理はいつも、考えられるよりはるかに多く人間たちにその声を聞かせてきたからである。

（四）「真理」は既知のいかなる形而上学体系でもない。では何か。それらすべての体系を訂正し、「真の体系」に還元したものである。

II

神についてはいつでも、それは無限である、測り知れない、分割できない等々と、それは最高である、絶対的である、完全である等々とが、それは比較を容れないということと、それはわれわれが真に比較すべき点だということとが、それは永遠である、または同じことだが始めも終わりもないということと、それは始めであり終わりであるということとが同じように言われてきた。さて、神についてそういうことがいつでも同じように言われてきたのは、実際常にそうすべきだったように、神を相矛盾する二つの観点で、一方が他方を否定する二つの面で常に見てきたからでなかったら何に由来するのか。追って見るとおり、この二つの観点の間の矛盾こそ、存在する、存在しうる唯一の矛盾、厳密な意味での唯一の否定なのである。

III

単に神として見た神、つまり一切の創造に先立って見た神は、「無限な」というような否定的諸属性しか持たず持ちえず、または同じことだがいかなる肯定的属性も持たず持ちえない。そもそも、否定的諸属性とは肯定的諸属性を否定したもの、一切の肯定的属性の否定でなくて何だろうか。そういう神を定義するには、それについて「唯一の存在」である、つまり他のあらゆる存在の実在を否定する存在である（「唯一の」は否定的なもので、数によって存在する「一なる」は肯定的なものであるから）と言うのに優る方法はない。モーゼがしたように、それについて「在りて在るもの」と言うのに優る方法はない。この定義は純粋に否定的なもので、定義不能だということのほか何も意味しないのである。

IV

創造者として見た神は、「一なる」、「完全な」というような肯定的諸属性しか持たず持ちえず、つまり比較による諸属性しか持たず持ちえない。これらの属性は、その神の被造物がそれぞれ個別に(五)あらゆる面で、見かたによって(六)多くまたは少なくしかそうでなく、そうでありえぬもののあらゆる面での最大(七)であるものとしてその神を特徴づける。われわれが様々な存在について、多くまたは少なく無限だとか、多くまたは少なく永遠だとか、多くまたは少なく測り知れないとか言う習慣があるのもそこから来る。(八)〔三〇五〕

（五）　被造物は肉体の目にしか、別々に対象にはたらきかけ対象からはたらきかけられるものとしてのわれわれの感覚によってしか個別には存在しない。この個々的な実在は被造物の一般的実在から必然的に発するもので、この二重の実在は被造物そのものにほかならない。様々な事物と、それらが何であるか、または何に見えるか言えるすべてのこととの間にはいかなる相違もないからである。

（六）　「見かたによって」と言うのは、被造物は見かたによってしか多くまたは少なくありえないからである。厳密に多くまたは少なくあるとか、絶対的にそう見えるとおりであるとかわれわれのみなす被造物があるのも、それらを見るわれわれの見かたがほぼ同じなことから来るにすぎない。真なるものは事物の根底の内に、すべての事物が絶対的に共通して持つものの内に、形而上学的なものの内に、または同じことだが物理的なもの一般の内にある。しかも、被造物の内には絶対的に真なるものは何もなく、あるのは多くまたは少なく真なるものだけで、それはわれわれがそこへ持ち込むものによる。或る全体について、それが最大だ〔どんな部分より大きい〕と言われるようには、それが部分より良いとか美しいとか言われないのはどうしてか。それは、われわれが全員ほぼ同じ目を持つ以上、大小というような単純で顕著で捉えやすい、あらゆる物体に固有な性質についての方が、良さとか美しさとかいう性質についてよりわれわれがはるかに一致しやすいからである。良さや美しさという性質は、その本性からして、すべてにおいて到る所で、可能なあらゆる物体の内でまず目にとびこむ大小ほどには、われわれ一人一人にとってあらゆる物体に固有なものではないからである。「全体はその部分より大きい」という公理も、形而上学的真理のように無制限に真なのでは全然なく、全体は一般にその部分より大きく見えると言った方が正確であろう。われわれの幾何学的公理のすべてについても同様である。幾何学の対象が一見単純なため、われわれは一致してあの学問を他のあらゆる学問より確実とみなしているだけで、実際には、真に確実な学問は形而上学しかなく、形而上学しかありえない。形而上学の対象は単純そのものだからである。

（七）　創造者たる神について、それはこの神の被造物がそれぞれ個別に「あらゆる面で多くまたは少なく」しかないものの「あらゆる面での最大」だと言う時、私はこの神を中間とみなしている。そうするのが適当だが、これらの「考察」を再度読み直せばそのことが分るであろう。

（八）　創造者たる神についてそれは唯一のものだと言えるためには、唯一という言葉に或る肯定的な属性を付加せねばなるまい。たとえば、それは唯一完全な存在だというように。

V

単に神として見た神、一切の創造に先立ってわれわれとのいかなる関係性も抜きにして見た――そうなると、われわれはもう存在するものともみなされなくなるが――神は比較を絶する。その時はもう、その神を比較すべき対象も、その神を比較するという行為ができるものも一つとしてないからである。その神は永遠であり、(九) つまり始めも終わりもなく、なんなら一切の始まり、一切の終わりの否定と言ってもいい。その時は、始めと終わりを容れるものは何ひとつ存在するとみなされないからだ。その神は純粋に否定的な存在である。しかし、創造者として見た神は、単に神として見た神とは矛盾しており、また矛盾せざるをえない。その時にはわれわれは神を、われわれとの関係性によって、われわれとの比較によって、われわれの始めと終わり、アルファとオメガであるものとして、純粋に肯定的な存在であるものとして見ることしかできないからである。

(九) 「永遠なもの」という言葉で、常にあったし今あるし常にあるはずの存在を考えたら、「永遠な」という属性は肯定的な属性となり、それだけがいつの時にもあるものとして創造者たる神に当てはまるだろう。そのことをよく考えなかったがために、永遠について与えられる矛盾した二つの定義が同じことを言うと思われてきたのである。個別的な事物についてそれは永遠の内にあると言われるのは、永遠とは時間だという意味ででしかありえない。永遠とは時間の否定だという意味でそんなことを言ったら不合理だから。しかし、永遠を始めも終わりもないものと定義する時のようにそれを否定的に定義するや、永遠は必然的に時間の否定となる。

VI

肯定的存在についてはそれは始めと終わりだと言われ、個々の諸存在のように多くまたは少なく肯定的な諸存在についてはそれには始めと終わりがあると言われる。しかし、否定的存在が肯定的存在と区別されたことがないため、否定的存在が見られたのも多くまたは少なく肯定的な諸存在と矛盾するものとしてで、肯定的存在と矛盾するものとしてではなかった。また、そう言った方がもっと正確だったはずだが、この否定的存在についてそれは始めでも終わりでもないと言われるかわりに、それには始めも終わりもないと言われた。実を言うと、この二つは同じことを言っている。そもそも、始めも終わりもないというのは、肯定的存在のように始めであるわけでも終わりであるわけでもないということでなかったら、また、多くまたは少なく肯定的な諸存在のように始めであるわけでも終わりであるわけでもない、または始めがあるわけでも終わりがあるわけでもないということでなかったら何であろうか。(一〇)

(一〇) 注意してほしいのは、この「始め(commencement)」、「終わり(fin)」という語が「始めというもの(le commencement)」、「終わりというもの(la fin)」という語より意味が弱いことである。追って見るように、後の方は全面的に相対立する二つの一般的集合名辞で、全面的に相対立すること、または反対語であること自体によって、同じものしか言っていない。同じものとは、可能なあらゆる始め、可能なあらゆる終わりからなる複合物、つまり時間のことである。

VII

神を定義したのは人間たちで、彼らは欺きえないものに基づき、自らの最も純粋な観念に基づき、いわば互いに申し合わせてその定義をした。自らが一般的に承認すること、承認すべきだったことを人間たちが十分掘り下げなかったため朧げにではあるが、彼らの最も純粋な観念は、神を定義する仕方には矛盾した二つのものがあるといつも教えてきたのである。そこから否定的な諸属性は、そうとは知らずに、単に神として見た神に与えられた。またそこから、肯定的な諸属性は、関係性や比較による諸属性は、正しく言えば、かように見た神の内では一切の肯定的属性が否定された。またそこから、肯定的な諸属性は、関係性や比較による諸属性は、そうとは知らずに、創造者として見た神に、われわれとの、その他何であれその神の被造物との関係性や比較で見た神に与えられた。

VIII

しかし、これらの考察から何が結果するのか。そこからも、また後続の考察からも結果するのは、人間たちが古今を通じて抱いてきた(一一)神についての諸々の観念の解明であり、純粋な概念形成の内に光の元を持つこの解明から結果するのは、諸存在に先立って神なるものがあったし(一二)、その神に基づいて諸存在がある明らかな証拠である。この二つの真理は実にはっきり顔をのぞかせたため、人間たちの大部分からますます愛好されるようになった。そこからまた結果するのは、いつの世にも哲学者の間で、いや幾何学者の間でさえ問題になってきた無限についての認識で、その認識が得られたが最後、幾何学者は幾何学者でなくなるのである。(一三)さらにそこから結果するのは、物質の無限可分性、無限順進等々をめぐる「学校」〔スコラ学〕のお粗末な議論がことごとく瓦壊することである。(一四)

(一一)　神について皆が等しく持つ初源的な観念を十分展開しなかったため、人間たちはそれらの観念をたえず歪んで言い表わし、また歪んだ行動をしている。

(一二)　これを字義どおりに、つまり、諸存在がなかった時があったかのように取ってはならない。そんなことは矛盾している。だが、それ以外にどう取ればよいのか。これらの「考察」の「謎のこころ」が、創造者でない神と創造者たる神は何かを教えて、そのことを言うはずである。

(一三)　無限を見る幾何学者は、そうとは知らずに幾何学から出て形而上学へ入って行く。

(一四)　諸存在は分割可能で、極大から極少まで、極少から極大まで順進的である。つまり無限に至るまで、但し無限は除いて順進的である。無限は一切の可分性、一切の順進を否定するからだ。極大、極少とは何かは後段で分るはずである。

IX

しかし、これらの考察から無限の認識がいかにして結果するのか。理由はしごく簡単である。無限とは純粋に否定的な何かであり、一切の関係性、一切の比較を自己について否定するものであり、創造者たる神によって存在すると同時に必ず相互によっても存在する諸事物を否定するものであり、創造者として見た神自身をも否定するものであることが論証されるからだ。創造者として見た神自身を否定するというのは、そういう観点で見た神は、それによって諸存在が在るのと同じく、自らも諸存在によって在るからである。(一五) その場合、この神については諸存在との関係性、比較によってしか何も言えず、この神はそれら諸存在の完成であるから。さらに言えば、その場合、神と諸存在はもっぱら関係性、比較にすぎないのだから。

(一五) 諸存在によって在るものとしての神は、追って見るとおり複合的である。では、複合的でない存在、単純な存在とは何か。それは創造者でない神である。だが「単純」という属性は、われわれの諸国語では否定的な意味にも取れるし、肯定的な意味では、複合的でないものをも複合的な度合が最少のものをも等しく言い表わす。それは、われわれが肯定的存在と否定的存在をいまだかつて正しく区別しなかったからである。それを区別しなかったことがすべてを混乱させたのだ。「無限」という属性はあらゆる否定的属性の内でもわれわれの諸国語でいちばんはっきり否定的なもので、だから、事実そうであるようにいちばん広く使われるのである。

X

無限とは単に神として見た神、一切の創造に先立って見た神で、(一六) それ以外のものではない。重ねて言えば、そもそもこのように見た神とは、純粋に否定的な存在、それ自体による、つまり他のものによって在るのではない存在、独立していかなる関係性もいかなる比較もなく、存在理由として自分しか持たず、始めも終わりも容れず、原因でも結果でもなく、したがって肯定的なもの、多くまたは少なく肯定的なもの、他のものによって在るもの、依存・関係性・比較を含むもの、他のものの内に存在理由を持つもの、始めと終わりを容れるもの、同時に原因であり結果であるものを、つまり神とその被造物とを自己について否定する存在でなくて何であろうか。というのも、創造者として見た神とその被造物とはこのようなものだからである。(一七) その神は被造物によってしか、被造物はその神によってしか存在しえず、その場合神〔正しくは「被造物」であろう〕については、第一に神との関係でしか、第二には被造物相互の関係でしか何も言えないというのが真実であるから。この二重の関係は、一方は形而上学的または一般的、他方は物理的または個別的で、そういうものが存在することは常に或る程度まで認識されてきた。この二つは常に切り離しがたく、一方なしに他方はけっしてありえない。

（一六）　無限とは「唯一」のもの、他のあらゆるものの存在を否定するものであるから、そういうものは複数は存在しない。それぞれが無限と思われている三次元も一つの連続にすぎない、等々で、こうしたものはみな実のところ同一物にすぎないし、そうでしかありえない。

（一七）　被造物という言葉では、あらゆる面で創造者によって存在するものを考えており、それしか考えるべきではないが、同様に創造者という言葉でも、あらゆる面で被造物によって存在するものしか考えるべきでない。創造者によってしか被造物はなく、被造物によってしか創造者はない。読者の中には、真理がどれほど単純か知らないため、ここで私が言葉遊びをしていると本気で思う人もいるはずなのが目に見えるようである。だがそういう人も、「謎のこころ」が載っている最後まで来れば目が覚めよう、その前には覚めなくても。次の註はこの註を支えるものである。

XI

形而上学的な原因・結果も物理的な諸原因・諸結果も、関係性と比較以外のものではないし、ありえない。結果が原因によって存在するように、原因も結果によって存在する。でも、父は子によって存在するのではない、と言われよう。[一八]〔そうではない、〕その面で父が子の原因なのも、自分の結果たる子によるにすぎないからである。でも、父を単に子の原因とみなすだけに限らなければ、疑いもなく父についてそれは子によって存在するとは言えない、と言い返されよう。しかし、形而上学的にはそれでもそう言えるのである。但し、「多かれ少なかれ」という制限付きでだが、その点は遠からずお目にかけよう。

（一八）　創造者を被造物との関係で、被造物を創造者との関係で見られるのは、ただただ単純にである。そこからしたがって、両者はいかなる制限もなく互いに一方は他方の原因であり結果であり、もっぱらそれでしかない。

XII

創造者として見た神はその被造物の原因であり結果であり、逆に被造物も一般的には創造者の原因であり結果である。同じく、被造物は個別的には互いに多かれ少なかれ相互の原因であり結果である。ここで証示するこの真理は、普遍的な経験に、形而上学的な経験に支えられている。創造された事物の内には、同時にたえず原因であり結果であるのでないもの、または同じことだが惹き起こし惹き起こされ、生みだし生みだされないものは一つもないのをこの経験は見せてくれている。だが、このことになお一層の光を当てよう。

XIII

創造者たる神は常々、言うなれば子を生む父のように、家を建てる建築家のように、結果を生みだす原因のように思い描かれて、(一九)その父は生みだされたものではないと言われてきた（これは否定命題なので、思い描くことは全然できないが）。しかし、もっとよく考えたら、次のことが分ったはずである。第一に、生みだされたのでない父など考えられず、父親が生みだされたのでないというのは矛盾しており、時と所を問わぬ経験にも反すること、第二に、したがってその父にも誰か父親をみつけてやらねばならなかったこと、第三に、みつけてやるべきその父親は父が自分で生みだしたもの、父の被造物にほかならなかったことである。しかし、生みだされたのでない父親が存在するということが時と所を問わぬ経験に反していても、父親が子によって生みだされるということも同じくその経験に反する、と言われるだろう。それにはこう答えよう。この二つは同じでは全然ない、父親が子によって生みだされるというのは、一見逆の見かけが強くても、実はその経験に反していないのだ、と。なぜなら、創造されたあらゆる事物が多かれ少なかれ各々の事物の産出に与っており(二〇)、したがって、子を作りなす諸部分〔諸粒子〕も創造された事物の部分であるからには必然的に多かれ少なかれ、その際どんな形を取ったにせよ、父親の産出に与ったはずだということはその経験に適うからである。さて、認めぬわけにはいかないように個別的なものにもそういう事態が多かれ少なかれ存在するなら、一般的なものには同じ事態が最大限に、お望みなら全面的に存在することになる。最初の結果が最初の原因によって存在するように、最初の原因も最初の結果によって存在することになる。被造物が創造者によって存在するように、創造者も、それについて言えるどんなことも、もっぱら被造物によって存在することになる。原因なきものと仮定された第一原因について昔から感じられてきた種々の困難もそこから解決される。そういう困難が生じたのは、その第一原因は原因がなく結果でないと不合理にもしたがったからにすぎない。すでに述べたように、こんなことは矛盾している。また、そんなふうにしたがったのは、原因でも結果でもない存在と、原因であり結果である存在とを同時に概念しつつ、みんな検討もせずに、純粋な概念形成（二一）におけるこの最初の叫びだけに止まって、本来すべきだったようにこれら二つの存在を区別したことが一度もなく、いつでも両者を一緒くたにしてきたから、神なるものがあるのに同意するというたやすいことだけに自らを限って、同意するものをじっくり考えるということをしなかったからにすぎない。極度に複雑化したわれわれの考えかたや習俗のお蔭で、この世の事柄の内で単純なものほど通常われわれが最も把握しないから、単純そのものである形而上学的真理がかくも長く把握されなかったのも驚くことはないのである。

（一九）「父」という語で、私は神を考えている。創造されたのではないのに創造したと不合理にも言われるような神である。この言いかたは「父」という資格と矛盾する。だが、どうしてそんな言いかたがされるのか。それは、否定的存在と肯定的存在という人がその観念を持つ二つの存在がついぞ区別されず、両者がいつも一緒くたにされたからである。どんな仕方でやるにせよ、また、不合理なもの〔宗教〕と戦うため不合理なものの言葉を借りて語る時は曖昧な仕方でしかやれないのだが、私の目的はこの二つの存在の間にある違いをちゃんと証示すること、そのために、二つの内の一方は原因でも結果でもなく、もう一方は原因であり結果であり、正しく言えば最初の原因、最初の結果でそれ以上の何物でもないのを示すことである。この存在を定義するのにほかの面では使えるはずで、私も使うであろう他の相対立する一般的集合名辞は、どれも実は、原因が結果だとはけっして言えないからである。

（二〇）注意すべきだが、極大から極少（この絶対的両極は、追って見るとおり創造者たる神である）までの距離は極度だから、個々的に見た創造された諸事物の内には、或るものが他のものよりはるかに大きかったり大きくなかったりする外見がどうしてもあらざるをえない。いちばん大きくない外見の一つは、子がその父の産出に与ったということだ。しかし、そうであるのを厳密に否定できるどころか、厳密にはそれを肯定せねばならない。それは理解される真理、形而上学的真理だからである。目その他個々の感覚に否定の材料を提供するすべてについても同じことが言える。関係があるところ、厳密には否定も、なんらかの欠如もありえない。肯定の方は、物理的なもの、つまり個々的に見た創造された事物について以外はいつも厳密に行なわれる。以外はというのは、そういう事物については見かたによって多くまたは少なくしか何事も肯定できないからである。肯定の対立物として見た——われわれは考えもせずに、否定を普通そういう仕方で見ているが——否定は、厳密には否定ではなく、可能な最少の肯定である。厳密に否定なのは唯一、一切の創造に先立って見た神で、かように見た神の存在は、創造者として見た神の存在と同じく、厳密に肯定の対象なのである。

（一一）　私の文体では、事物の基調は純粋な概念の対象で、われわれがみな等しく概念するもので、形而上学的に取ったわれわれである。また事物の色合い、形、外見、表面は、われわれがみな多かれ少なかれ等しく見、聞き、感じ、味わい、触れ、想像するもので、物理的に取ったわれわれである。なぜなら、われわれはいかなるものとも同じく、同時に形而上学的にも物理的にも在るからだ。このことを見失ってはならない。

XIV

一切の創造に先立って見た神は生みだされたのではない存在で、「無」であり虚無そのものである。この定義に怖気づかないでほしい。それはかように見た神をどんな仕方でも否定はせずに肯定する。それはこの神について、関係性で存在するすべてのものの否定だと証示した際にすでに言ったこと以外何も言っていないのだから。実際、ほかの多くの単語と同じくわれわれが意味も分らずにしょっちゅう口にする「無」とか虚無とかいう単語も、われわれが見るすべての、想像するすべての、感覚個々で捉えられるすべての（一二）、それどころかわれわれが概念する相対的なものすべての、創造者として見た神とその被造物との否定でなくて何であろうか。そこから、ほかの多くの真理と同じく十分掘り下げられたことなしに受けいれられてきた、諸存在は無から引き出されるというあの真理が生じる。またそこから、空無論《リエニスム》のそれに至るまであらゆる体系は形而上学的真理に帰着し、この真理は後段でもっとはっきり見るように単に反対物のみならず、相矛盾するものをも統合するというもう一つの真理も生じる。

（一二）　われわれの感覚個々は、つながりのない、互いにばらばらな対象しかわれわれに示さない。それらの対象を全部が絶対的に共通して持つものにおいて、互いに申し分なく結び付けるものにおいて見るためには、形而上学的に見るためには、（思索しようとする時にわれわれがいつもすることだが）感覚の各々をできるだけ沈黙させて、全部の感覚を一緒に声を合わせて語らさねばならず、ばらばらだった感覚を統合せねばならない。基調では、それらはいつも声を合わせて語っている。われわれが持つ諸種の初源的観念はそこから来るし、そういう観念はすぐれて感覚なのである。しかし形の上では、それらの感覚はこの合唱に近づくことからなんと遠いことか！　互いに分り合わないからこそ、人間たちは事物の根底についてあんなに多くの違った考えかたを、正しく言えば違ったお喋りの仕方をするのである。だがそこから、不幸にも、人間たちの幸福に対するどれほどの障害が生じることか！じっくり考えた末に私がそれを見るように、人間たちがその障害をもしも一目《ひとめ》で見られたら、彼らはためらうことなく、道徳的悪も物理的悪のほぼ全部も、皆が等しく概念するものについて自分らが互いに分り合わないがために、自分の内にある真理を展開しなかったがために存在するにすぎないことに同意するであろう。自分の内にある真理と言ったが、さよう、真理がないところなどどこにあろう。追って御覧に入れるとおり、存在するすべては形而上学的に見れば真理そのものだからである。

XV

考えれば考えるほど、私が今した「無」の定義、虚無の定義はたしかにしごく正確だと判断していただけよう。「無」、虚無という言葉で否定自体を否定するもの、つまり、生みだされたのではなく創造者ではない神を否定するものを考えようとしたら矛盾したものを考えようとすることになり、二重否定的な観念をそれらの言葉に結び付けようとすることになるが、それは全く不合理であろう。しかし、全く不合理というのは単に言葉の上だけのことである。それは実際には、創造者でない神は「無」であり虚無そのものであることの十全な肯定となるはずだから。

XVI

私がするように、一切の被造物に先立って見た神は自分でないすべてのものの否定であることを論証するのは、この神は何かについて私のする展開を相対的なものと取れば、この神がその展開までも否定するのを論証することで、その論証はこの神が何かについての展開そのものなのである。

こう言われるかもしれない。しかし、創造者としての神と創造者でない神について君が与えるそういう観念は、この本質的な対象について疑う材料がもう残らないほど本当にそれの真の観念なのか、それについてわれわれが持つ本有観念（かりに本有観念というものがわれわれにあるとしたら）なのか、と。さよう、そのとおりである。なぜなら、われわれが根本的にそれ以外の観念を持てるというのも、われわれが誰しも必然的に持つ（そこからして、われわれは本有観念を、一般的観念を持つことになるが）[二三] のが否定的なものと肯定的なもの、「無」と何か、関係性なき存在、またはそれ自体による存在と関係性による諸存在という相矛盾したものの観念でないというのも矛盾することは全く明証的だからである。しかし、それらの観念の展開をひきつづきいっそう強力なものにしよう。また、（どんなたぐいの疑いも打破するためにはそれが重要なのだが）それらの観念の間にある関係性をよく見るように、それらの観念が互いに証明し合って、その関係性を事実肯定せずにはそれらの観念の一つを認めたり否定したりできないほどなのをよく把握するように、したがって、その観念をすべての観念と比較した上でなければ、それだけが私の形而上学を作りなす私の論理をよく見た上でなければいかなる観念にも反対しないようにと求めよう。

（二二）　われわれは同時に形而上学的にも物理的にも存在する。われわれの形而上学的な存在はわれわれの本有観念であり、われわれがそういう用語の意味も認識せずに「魂」、「思考」、「悟性」と呼ぶものであり、われわれの内でけっして死なないものである。また、われわれの物理的な存在はわれわれの習得観念、われわれの様々な思考であり、われわれが「われわれの体」と呼ぶものであり、生きていようと死んでいようとわれわれの内で外に現われる一切である。慣行の内では必然的でわれわれを欺く一因となるエゴイスムにもかかわらず、自分が存在するすべてのものからなる複合的な存在で、肉体の目にはすべてから切り離されているように見えても実際はすべてとつながっていると考えたら、われわれは自分を形而上学的にもそれぞれ別個の存在とみなしたり、またその結果、われわれとわれわれの知るもの、感じるものとが、われわれとわれわれの本有観念または習得観念、一般的観念または個別的観念とが同一物でないと思ったりする狂気には陥らないであろう。形而上学的に存在するとは、ここで私が証示するすべてを十分に知ることで、それを知ることが形而上学的に存在することにほかならない。私がここで証示することに関して物理的に存在するとは、私がそれを証示する仕方を多くまたは少なく知ること、私の言うことが多くまたは少なく分ることと、私がここで証示するもので多くまたは少なくあることである。火傷《やけど》をするのと、それを感じ、火傷をすると知ることとが同じであり、顔見知りの人のよく描《か》けた肖像を見るのと、その人の観念を同時に抱くこととが同じであるのと変わりない。だが、いかに多くの偏見が邪魔に入り、かくも単純な真理に抵抗を試みることであろうか！

第二部

〔否定的存在と肯定的存在という〕この二つの存在が在ることを十分証示し、第一の存在が第二の存在を否定することを十分論証するために、これまでは創造者でない神を扱ってきた。これからは創造者たる神を扱うだけにしよう。この神こそ、すべてにおいて到る所で存在する、道徳的な面でも物理的な面でも存在する、つまりこの世のあらゆる事物の内に存在するあらゆる面での両極と絶対的中間であるものとして、慣用的な形而上学の大の対象をなすのである。

I

創造者として見た神について、それは始めと終わり、原因と結果だと私は言ったが、それらの用語は最も一般的な意味に、正しく言えば相対立する一般的集合名辞として、相反するが相矛盾はしない(二四)用語として取っているし、取らねばならない。そういう用語は、可能なあらゆる始めとあらゆる終わり、可能なあらゆる原因とあらゆる結果から生じる結果を意味し、それ以外の何も意味しえない。このように見た神については、同様に(だが何よりも、全部読まないうちに怖気づいたりしないでほしい)、それは善と悪、秩序と無秩序、現実と外見、美と醜、団結と不団結、運動と静止、充満と空虚、最大と最少、その他あらゆる一般的・集合的対立物だとも言えないだろうか。一般的・集合的対立物というのは、その意味が認識されたためしはないが(二五)、様々な結果でしかなく、またありえず、一方は他方によってしか存在しえない以上、互いに否定し合うどころか、互いに肯定し合うようなものである。相対立する一般的集合名辞はみな絶対的な両極しか、両極限しか、絶対的に相反する両端しか表現せず表現しえないということが私の考えるように明証的なら、絶対的な両極は色々異なる名前を与えられても、いまだかつて最大と最少以外のものではなく、両者は互いに相通じ、必然的に一方が他方に帰着して一つにすぎなくなるほどだ（二六）ということが私の考えるように明証的なら、間違いなくそう言えるであろう。両極端は相通じるという通俗的な真理も、もとはそこから発している。

（二四）　矛盾があるのは、関係性なき存在と関係性による諸存在との間に限られる。それ以外に「矛盾」と名付けられるものはみな単なる相反にすぎず、絶対的な一方の反対物からそれの絶対的な反対物に至るまで多い少ないを容れる。それは両極で、どんな相で見られるにせよいまだかつて絶対的な最大と最少でしかない。この最大と最少は追って見るとおり一つにすぎず、一つでしかない以上、それらに含まれる事物についていて一般的に、どんな相で見ようとそれらは多かれ少なかれ同じものだと言っても、それらは多かれ少なかれ反対物だと言っても同じことである。しかし、それらの事物について一般的にはどう言おうと同じでも、個別的にはもう同じではない。その場合には、事物の間に見られる関係性や類似性や相同性の多少に事は依存するからである。

（二五）　相対立する一般的集合名辞で言い表わされるものが形而上学的な存在であることは合意されているが、それでも、本来ならすべてへ導くはずだったその合意は何物へも導かなかった。真なるものを垣間見ても、〔三〇六〕それだけに止まったのだ。「抽卓抜な以下のような一節を書いた著作家もそうだった。「抽象的な単語は使われれば使われるほど〔三〇七〕、その観念はますます一定しなくなる。誰もがそれを理解し、狭め、変えるからである。……最も理解されない単語を定義したかったら、最もよく使われる単語を定義すべきであろう。」真理の展開は、最も理解されず最もよく使われる単語の正確な定義にすぎない。

（二六）　いちばん狂っていない人がいちばん賢い人だとわれわれに言わせるのも、最少は最大に、最大は最少に帰着するというわれわれが心の内に持つ観念である。

II

絶対的な両極が一つにすぎないのは、それらの両極を異ならせるものは何もないという理由による。また、それらを異ならせるものが何もないのは、絶対的なものから絶対的なものへでは一切の相違がなくなるという理由による（二七）。お望みならこう言ってもいい。相違がまるっきりだと（二八）、関係性が極大から極少へだと、その場合には関係性が完全で十分なものとなり、それによって二つは必然的に同じものとなるのである。

（二七）　絶対的な最大が最少に帰着しなかったら、同じでない絶対的なものが二つあることになるが、それは矛盾している。

（二八）　全面的な相違を表わすこの言いかたの内に、真理がなんと顔をのぞかせたことか！　しかし、そのことがよく分るのは、これらの考察の謎のこころを知った時であろう。

III

悪は善の否定、空虚は充満の否定、等々と不適切にも言われるが、(二九)これらの絶対的な対立物または反対物は関係性によって存在し、関係性にすぎず、したがって一方は他方なしにはなんら存在しえない。というのも、関係性によって存在する以上、一方がなければ他方もないはずなのは全く明証的だからである。われわれの表現の仕方自体も、私が主張することを証明している。事物について、それは多くまたは少なく悪だと言おうと多くまたは少なく善だと言おうと、多くまたは少なく空虚だと言おうと多くまたは少なく充満していると言おうと、多くまたは少なく静止していると言おうと多くまたは少なく運動していると言おうと、われわれには同じことだからである。われわれのどんな国語でも、「多く」は「少なく」によって、「少なく」は「多く」によって言い表わされ、問題はそれに加える語にすぎず、語るものについて抱く観念の大小にすぎない。事物はそれを比較する物しだいで、より大きいともそれほど小さくないとも、より静止しているともそれほど運動していないとも、(三〇)より充満しているともそれほど空虚でないとも等しく言われるが、それは当然のことである。すでに証示したとおり、厳密な否定は一切の創造に先立って見た神以外のものではなく、またありえず、絶対的な両極はどんな名称を与えられようと、必然的に一方は他方に帰着し、一つにすぎないからである。

（二九）　死は生の否定ではなく、そうではありえない。では何か。生と死を最も一般的な意味に取れば、または同じことだが相対立する一般的集合名辞と取れば、死は生の最少であり、生そのものである。この一般的集合名辞は、個別的なあらゆる生とあらゆる死の、お望みならあらゆる始めとあらゆる持続とあらゆる終わりの結果を言い表わす。それほど一般的でない意味に、普通取るような意味に取れば、生と死という名辞はほとんど動物と植物にしか当てはめられないが、それはけっして肯定的なものではなく、見かたによって多くまたは少なく肯定的であるにすぎない。死の絶対的に確かな印《しるし》がありえないのもそこから来る。生きているとか死んだとか言われるすべてのものは、そう見えることしかありえず、生きているように見えても死んだように見えても、基調では常に他のすべての事物がそうであるものである。物理的なものは変わっても、形而上学的なもの、一般性における物理的なものは常に同じなのだ。われわれが一つの体と一つの魂を持ち、体は死んでも必ず他のものに変わり、魂は体の後まで生き残るというわれわれの観念もそこから来る。「生」と「死」というこれら相対立する個別的集合名辞について付け加えれば、「光」と「闇」という用語も同じく相対立する個別的集合名辞である。それらは自己の物理的・道徳的存在を、目やわれわれが漠然と「知能」と呼ぶものを持つものとしての動物からのみ得ているからである。それに反して、相対立する一般的集合名辞は関係性によって存在するすべてのものから自己の存在を得ており、正しく言えば、関係性によって存在するすべてのものに当てはめられる。しかし、われわれが漠然と「知能」と呼ぶものに話を戻して言えば、「知性的」という属性やそれに類する他の様々な属性を私が創造者たる神に与えないのは、そういう属性は人間が好んで私《わたくし》し、自分に象《かたど》って神と天使たちを作った際にそれにだけ分け与えたものだからである。自由、予見、摂理、叡知、慈愛、義、慈悲、復讐などという属性をここで思い出してもらえれば、それらがみな人間の刻印を帯びていることが分ろう。

（三〇）「多くまたは少なく運動している」、「多くまたは少なく静止している」と言うように、「多くまたは少なく生きている」、「多くまたは少なく死んでいる」と言わないのはどうしてか。それは、生と死が通常われわれにとって実にはっきり分離されており、相互に否定し合うようにわれわれにはあまりにも見えるため、それらは多い少ないを容れないとわれわれが考えてきたからである。その確信から、生と死についてわれわれが作り上げたあらゆる不合理な観念が結果した。生と死という二つの語は、たしかにわれわれが最もよく使うが最も理解していないものの内に入る。とはいえ、理解すればいつでもわれわれの得になったのだから、それは最もよく理解されるはずだと思われるであろう。しかし、それを正しく理解するためには、ほかのすべてを理解しなければならなかった。

IV

創造者として見た神について、それは無限とは言えないと私は言った。では有限なのだな、と言われるだろうか。

それにはまずこう答えよう。「無限」と「有限」は対立する二つの名辞、相反する二つの名辞では全然なく、一方が他方を否定し、無限が有限を否定するという意味で「相矛盾する」二つの名辞なのである。また、そこから出発して私は、創造者として見た神について、関係性によって、比較によって見た神について、それは創造された事物の内で有限な度合が最大および最少のものだと言う。[三一]「有限な度合が最大および最少」と言うのは、「有限」という語がわれわれの諸国語では、たとえば「終わり」という語が「始め」という語の内に対立語を持つようには対立語・反対語を全く持たないからである。またそれを持たないのは、「有限」という語に「無限」という語を対立させてわれわれが陥った不合理の帰結なのである。その不合理は、有限が無限の否定だなどと言うところまで言った。こうして、わざわざ槍玉に上げる価値すらほとんどないその意味によると、有限とは有限でなくないもの、お望みなら無限でないものということになり、二重否定ということになる。しかし、そんなものは一つの肯定にしかけっして相当しえず、有限しか意味しまい。

（三一）一般的にも個別的にも、創造された事物との関係で神とは何か私が言うのは、みな、神との関係で創造された事物についても、創造された事物個々との関係でその同じ事物についても等しく言えることである。なぜなら、一般的に取った創造された事物は、全体としては創造者と等しいからである。それらの事物と創造者とは互いに原因であり結果であると言ったことの内に、それは御覧になれたはずだが。

V

ほんの少しでも注意すれば、われわれに有限に見えるものも絶対的に有限なのでは全然なく、見かたによって多くまたは少なく有限なのが十分に分るし、またしたがって、そのものについてそれは有限だと厳密には言えないと判断することも十分にできる。それは有限だと厳密に言えるのは、有限者であるものについてだけ、お望みならそのものはそのものでも、他のあらゆるものとつながったものとして見た、[三二]比較によって見たそのものについてだけである。最後にお目にかけるように、比較抜きで見たら、そのものは否定的存在になるからだ。

（三二）　基調においては、多かれ少なかれ他のあらゆるものと接しつながっていないものは一つもない。その多い少ないが、「充満」とか「空虚」とかわれわれの呼ぶものを作っている。

VI

有限とは有限なすべてのものを言い表わす一般的集合名辞で、したがって創造者としての神に、中間として見た神に当てはまる。われわれもこれから神をそのように見ることになるが、慣習的にはべつに注意もせずいつもそう見ているのである。

VII

創造者として見た神は、等しく絶対的両極の双方であり、創造された事物の最大および最少であって、それが一般的に最大および最少にそうであるすべてのものの個別的な多少が創造された事物であるから、それは一方の極である以上に他方の極であるわけではなく、より多くもより少なくも一方より他方ではなく、（三三）絶対的両極の間の絶対的中間であり、両極と中間の三者は一つをなすにすぎない。いまだかつてすべてが十分掘り下げられはしなかったが、それは「最高《スムス》ト中間《メディウス》ト最低《ウルティムス》」だと言われた際にされたこの神の定義はそこから来る。この三という数が昔から実に神秘的とされたのも、このことと、ここでは言わないもう一つ別の真理から来る。（三四）また、神のみが自己自身と等しいという初源的な観念もそこから来る。（三五）神から神への関係は完全で十分な関係で、最大から最少への関係、最少から最大への関係にほかならず、それらの関係の完全性によって神は「一」なのであり、神だけが自己自身と等しいのである。

（三三）　私がここで絶対的中間を定義する仕方は、間違いなく、何であれ様々な個別的中間をわれわれが定義する仕方である。個別的中間をこのように、つまりわれわれがするように無制限に定義する場合、われわれが定義するのは個別的中間よりむしろ、それらがそこから発する絶対的中間である。この中間はわれわれが常に現前するものとして持ち、常にわれわれの内で、何であれ様々な個別的中間の真の比較点をなす。

（三四） ここで展開せずにもその真理を語ることはできるが、それをするには次のように言うだけに限ろう。創造者たる神が三つのものからなる「一」であるように、創造者でない神は三つのものからなる「唯一」のものだということである。われわれの三位一体の秘義の内に真理は極度に顔をのぞかせたとそこから結論せねばならない。

（三五） われわれは形而上学的または一般的であるすべてであって、物理的または個別的であるすべてのように多くまたは少なく見える。われわれの初源的・本有的・形而上学的または一般的な観念と純粋な概念形成も、われわれの二次的・習得的・物理的または個別的な観念と記憶もそこから来る。だが、この註や、同じことを言っている他の様々な註を読むことだけがすべてではない。とりわけ謎のこころを知った上でこの註を深く考え、それが言い表わす本質的な真理を十分吸収せねばならない。というのも、われわれがいつもしてきたように自分と自分が知るもの、認識するもの、感じるもの、想像するもの等々を区別することほどわれわれを欺くのに力を貸すものはないからである。事物の回想も、事物についてわれわれが持てる匂いその他あらゆる感覚も、多かれ少なかれわれわれの内に入り込んで、多かれ少なかれわれわれという複合物の一部をなす同じ事物の諸部分、諸粒子にすぎない。

VIII

神はわれわれの中心だとか、神は安息〔静止〕から出ずにすべてを動かすとか、「我ラハ神ノ内ニ生キ動キマタ在ルナリ」[三〇八]とか言う時、人は創造者たる神を絶対的中間として見ている。神は統一体として見られている以上、中間として見られているからである。神については、それは空間・延長・時間・自然・宇宙・物質だと言えるが、こういう用語は一般的集合名辞にほかならない。あるいは、神を中間として見るのをやめて、それは長さ・幅・奥行きという三つの次元、過去・現在・未来という三つの時であるとも言えるが、こういう単語はみな最も広い意味に取っている。

IX

絶対的両極であるものとして見た神は、完成・静止・運動・秩序・調和・平等・美・結合・真理[三六]等々の等しく最大であり最少である。簡潔に済ますため、「完成」という語にのみ足を止めよう[三七]。さて、等しく完成の最大であり最少であるとは、その一方である以上に他方でないということで、したがってただ単に完成だということである。完成の最大と最少の統一からは、完成しか結果しえぬからだ。

(三六) 属性としての真理と知としての真理とがある。知としての真理が存在するすべてのものであることは最後に分ろう。

(三七) 創造者たる神に私が与える種々の属性はみな、実は同じ属性にすぎず、創造者たる神そのものにすぎない。この神は、一つの面にすぎぬ千もの面で、個別的に取った創造された諸存在が多くまたは少なくしかそうでなく、そうでありえぬものが最大および最少に達したものである。

X

御覧のとおり、創造者たる神を絶対的中間であるものとして見る方が、絶対的両極であるものとして見るより単純だから、この神はいつもそのように見られてきた。このことは、一般にこの神が様々な統一のもとに見られることからも証明される。たとえばこの神について、それは「最高存在」、「最高の完成」、「いと高きもの」、「最高善」、「すぐれて秩序」、「全能なもの」(三八)、「絶対的支配者」、「美」、「現実」、「結合」、「真理」、「安定」、「安息〔静止〕」、「現在」だなどと言われる時がそうであり、創造された事物との関係から(三九)それについて常に言われたすべてのことが言われる時がそうである。すべてといってもただ、やはりその同じ関係から、この神についてそれはアルファでありオメガであり、始めであり終わりであると言う際に言われたことは例外である。唯一この観点では、神は絶対的両極であるものとして見られたからだ(四〇)。

(三八) 「全能なもの」とは、諸存在の内でもあらゆる面で最も可能な存在をしか意味しえない。この存在は現にあるものでしかありえず、それによって在る各存在はそう見えるものでしかありえない。「可能」、「不可能」という語は恣意的な語で、はっきり決定された意味を全然持たない。不可能なものとは、厳密に取れば矛盾するものなのである。

(三九) 個々の何か、つまり人間との関係で創造者たる神について語った場合、正確なことは何ひとつ言われなかった。たとえば、それは知性的だとか、善だとか、義だとか、慈悲深いとか、復讐するとか言われた時がそうである。

(四〇) 注意すべきは、始めと終わりという観点が他の様々な観点と同様に一致して承認されはしたものの、あらゆる観点の内で最も愛好されず、最も見られず、最も用いられなかったことである。さて、中間というものが両極の統一で、別々に取ったその両極より単純だからでなかったら、そのことはどこから来るのか。

XI

絶対的中間はわれわれが必然的に多かれ少なかれたえず志向するものだが、その志向は必然的に、多くまたは少なく絶対的な様々の中間を通じて行なわれ、絶対的中間がそれらを多くまたは少なく絶対的な中間たらしめるように、それらも絶対的中間を絶対的中間たらしめる。そこから、すでに述べた形而上学的と物理的、一般的と個別的という二つの関係が生じるが、それの一方が他方なしにはけっして存在しないことも先述のとおりである。この中間こそわれわれの共通の中心、われわれの本当の原型で、われわれが持つそれへの志向やそれとの関係はわれわれ自身にほかならず、それがあらゆる宗教の形而上学的な基礎なのである。(四一)

(四一) 絶対的中間である創造者たる神の内にあるすべては、道徳的にも物理的にも、多くまたは少なく絶対的な様々の中間からなる複合物である。またはお望みなら、創造者たる神についてそれは絶対的両極だと言う時、それは〔多くまたは少なく絶対的な〕様々の極からなる複合物であるし、さらにお望みなら、創造者たる神についてそれは両極と絶対的中間だと言う時、それは〔多くまたは少なく絶対的な〕様々の極と中間からなる複合物である。

XII

絶対的中間が絶対的両極より卓越するのはより単純なせいにすぎないが、この卓越性から、いつも口にされながら本当の理由が分らない他の多くの真理と同じく昔からずっと受けいれられながら一向に掘り下げられなかったああいう様々な真理が生じる。何事につけ極端を避けるべし、多すぎも少なすぎも等しく避けよ、何事でも中庸を守るべし、

「中間コソ最モ安全ニ歩メルトコロ」〔三〇九〕、万事程々にするのが幸福になるいちばん安全な方法、徳は中間にあり、等々といったものである。(四二) 絶対的中間が絶対的両極に対して持つ初源的な卓越性から、様々な中間が様々な極に対して持つ二次的な卓越性が発するからだ。

(四二)　われわれが物理的次元で中間を守るほど道徳的次元でも中間を守ることがわれわれの幸福にとって望ましかろう。物理的次元ではわれわれがごく自然に中間を守っているのが、少しでも目があれば誰にも見える。だが、〔道徳的次元で中間を守らないという〕われわれのこの欠陥はどこから来るのか。これからますますよく分るはずだが、それはもっぱら健全な形而上学がないことから、真理がないことから来る。真理はこれまでずっと井戸の底にあって、そこから今引き出されたばかりなのだ。だがここで、道徳的次元とは何かを言っておこう。人間は自分に象《かたど》って神を作った際、神について持つ単純な観念をそれ以上腐らせるものはありえないのを考えもせず、神を道徳的次元に置いてしまった。道徳的次元は物理的次元の一部をなすもので、その一部が特殊な次元とされたのは、それがわれわれにとって、社会生活をする人間を対象とする点で他の部分ときわめて異なったからにすぎない。社会生活をする人間とは、こんなに歪んだ形で人間が社会を作ったことから生じたすべてのもの、たとえば事物の根底についての思索とか、様々な学問や技芸とか、正邪の観念等々とかを言っている。色々な国語にあるすべての用語が道徳的な意味にも物理的な意味にも取れるのはどうしてなのか。それは、この二つの意味が実は同じものにすぎず、前述のように一方は他方の一部だからである。また、動物たちがわれわれのように形而上学者でも幾何学者でも学者でも芸術家でも人間観察家《モラリスト》でもないのはどうしてか。それは、彼らがともに社会を作ることはほとんどなく、ほとんど単独で暮らし、最も単純な必要を充たすことしか考えないからである。動物たちの状態の、または同じことだが未開状態の唯一の欠陥は社会が欠如していること、つまり、或る種《しゅ》に他の種に対する力を持たせその福利を保証することが唯一できる、正しく解されたあの団結が欠如していることである。「正しく解された」と言うのは、人間たちがともに社会を作って以来、彼らを結ぶ団結は全くはきちがえられており、彼らの不利にしかならず、人間たちにとっては未開状態の内に生きる方がはるかにましなほどだからだ。この正しく解された団結こそが、未開状態とわれわれの今の社会状態の間の中間の状態を与えるが、この中間の状態は形而上学的真理が人間たちに展開されることによって存在するはずで、またそれによってしか存在しえない。その単純な社会状態では、道徳的なものと物理的なものの違いも、われわれが今いる過度に複合的な状態よりずっと少なくなるであろう。

XIII

善と悪であるものとして、または同じことだが善の最大と最少、悪の最少と最大であるものとして見た神から、必然的に、あれほど探し求められた善と悪の起源が生じる。したがって、創造された事物にある諸々の善と諸々の悪が、秩序と無秩序が生じる。創造された事物は多くまたは少なく、創造者たる神がそうであるもので、この神を絶対的両極であるものとして見ようが、絶対的中間であるものとして見ようが、その点に変わりはない。但し、後者の見かたの方が単純なのはすでに論証したとおりで、また、なんらかのものを言い表わすには二つの名称を使うより一つだけの名称を使う方が単純だと考えささえすれば、誰でもたやすく自らに論証できる。これは何についても言えることだが、創造者たる神というようなあまねく用いられる思弁的な事物については特にそうである。

XIV

しかし、創造者たる神を絶対的中間であるものとして見ると、この神についてそれは悪であるとも善であるとも、無秩序であるとも秩序であるとも無差別に言えはしまいか、という質問が出るかもしれない。絶対的に言えばそのとおりである。しかし、この二つの相対立する一般的集合名辞はすでに証明したとおり互いに一方は他方に帰着し、同じものしか言っていないから、神についてはそれは善、最高善、秩序だと言う方が、悪、無秩序だと言うよりも適切である。それは、通常の慣用、万人の慣用では、神が常にいい意味に取る一般的集合名辞のもとに見られてきたし、常にそう見られねばならなかったという理由による。すでに述べたとおり、「少」より「大」、「大」より「少」と常に言われ常に言われるべきなのは、われわれが事物に結び付ける観念の大小に比例するのだから。そこからしたがって、創造者たる神については、前段で私がしたように、創造された事物のあらゆる面での最大としか言うべきでない。(四三)それが何かについて私がするこの展開自体からしてもそうである。この告白は一個の真理だから、その展開を強めこそすれ、想像されるかもしれないようにそれを弱めなどけっしてしない。(四四)また創造された事物については、それらはあらゆる面で、見かたによって多くまたは少なく、それらの最大がそうであるものだと言わねばならない。そう言うのは全くたやすいはずである。およそ道理を弁えた人で、あまねき経験に基づいて、見えるものの内には十分絶対的なもの、最大であるものは何もないのに同意しない者がどこにいようか。この最大はわれわれが常に現前するものとして持ち、常にわれわれの真の比較点となって、見えるものは何ひとつ十分にそれではなく、全き完成は何事につけそこにはみつからないと判断させるのである。

（四三）　悪魔を見る時は、創造者たる神を最少という相で見ている。その意味からすると、通常の慣用では、神は最少という相でも最大という相でもほとんど同程度に見られてきたと言うのが正しい。神と悪魔はマネス[三一〇]の言う二つの原理と同じく、われわれが心の内に持つ最大と最少の観念からのみ発している。しかし、真理を赤裸な姿で見るためには、いかに多くの作り話を遠ざけねばならないことか。

（四四）　創造者たる神とは何かの展開も、創造者でない神とは何かの展開すらも、相対的に見たすべての事物個々と同じく、見かたによって多くまたは少なくしか、創造者たる神がそうであるものたりえない。しかし、分別のある人たちにあっては、長い目で見れば大衆に模範を示すためにあるあの一握りの人々にあっては、「大」が「少」よりどれほど優位に立つはずであろうか！　そういう人たちは、昼なら昼だと一致してともに合意するのと同程度に、この展開をもし知ったら、それこそ真理の展開だと一致してともに合意せねばならず、おそらく合意するであろう。

XV

善と悪とは何を意味するか。完成の最大と最少のほか何も意味しない。さて、完成の最大と最少との統一からは、すでに御覧いただいたように完成しか結果しえず、したがって、正確に定義すれば神はあらゆる面で全き完成であり、何であれ様々なものの最上級、最大であり、最高善であるということしか結果しえない。当節の哲学者的詩人（ヴォルテール、ジュネーヴ版[三一一]〔著作集〕、第五巻、二〇七ページ）がプラトンに反対して、最高善などないのは最高の深紅がないのと同じだと言った[三一二]のは無考えなことを言ったのである。無考えというのは（それもこれも、健全な形而上学がないからだが）、個別的名辞と一般的集合名辞を一緒くたにしたからだ。一般的集合名辞はどんな国語にもあるもので、私だったらあの人よりもっとよくそれを役立てたろう。すべてを言い尽くす意志が、これらの「考察」を「こころ」[四五]のある謎にしない意志があったならだが。

（四五）　一音節の単語二つ〔Le Tout（全一体）とTout（全一者）〕からなり、これらの「考察」を私がそこへ導いて行く謎のこころが分ったら、一般的集合名辞の意味も、それがどれほど真理の言葉かも余すところなく分るであろう。

XVI

一般的集合名辞が正しく解されたことは不幸にして一度もないが、正しく解されたらそれだけが今日、われわれの習得観念を解明して、それを真実の調子に、われわれの本有観念の調子に合わせ、さらに、われわれの間に本質的な諸々の関係性を設けることができる。そういう関係性は事物の根底についての同じ考えかたから来るだけに、われわれを互いに今よりはるかに近づけ合い、われわれの団結の内に、われわれがともに作る社会の内に今より格段に多くの完成を持ち来らせよう。真理の認識がなければ、健全な形而上学から帰結する健全な道徳の認識がなければ、習俗への裁可はみな必然的にきわめて不完全なものだが、[四六]健全な道徳と健全な形而上学という二つは互いに証明し合うものなのである。

（四六）　人間たちが常に形而上学的真理の発見に憧れてきたのは、健全な道徳の実践へ到達するためでしかありえない。でも、その真理は人間に向かって論証できるかぎり、私が信じる教義の中で論証されている、と忠実なイスラム教徒や信心深いバラモンは言うであろう。私はそれにこう答えるだろう。これらの「考察」を〔井戸の底から〕引き出してごらん、そうしたら、君の教義が否定されるのではなく純化されること、真理が実際人間に向かって論証できるかぎり論証されることがそこに見られるはずだよ、と。

XVII

前述のとおり、これらの「考察」は一つの謎で、そのこころを示す必要がある。見抜けるように私もできるだけのことをしたとはいえ、(四七) それでもこのこころは見抜くには単純すぎるからである。そのこころを読んで、次に、そうするのが適当なようにこれらの「考察」をまた読み返したら、われわれが「神」と呼ぶものは何か今まで隠してきた帷がすっかり持ち上げられたことが、または同じことだが、始めでも終わりでもなく原因でも結果でもない存在と、始めであり終わりであり原因であり結果である存在とが、否定的存在と肯定的存在とが、一方は他方を否定することが証明されるとはいえ、果たして二つの存在なのか同じ存在なのかについて私の書き物を読む中で感じたに相違ない困惑から脱することが分るであろう。そのこころがひとたび認識されたら、またそれが私の形而上学の要点なのだが、あとはもう種々の展開をし、種々の説明を加え、種々の道徳的帰結を引き出すことしか残らないであろう。そういうのはこれらの「考察」に先立って書いた「形而上学考」と「道徳考」でしたことで、読者を退屈させるリスクを冒してそれを後段でもするはずである。私が証示しようとするのはみなしごく単純なもので、多かれ少なかれ明らかな繰り返しだけからなるし、そうでしかありえないからである。

(四七)　そのこころへ導くのに、これらの「考察」に優る方法は使えなかった。でも、なぜそれを最初から言わなかったのか、という反論があるかもしれない。答えれば、創造者でない神というような或る程度まで知られ受けいれられているものから出発して、これから知るもののような知られてもおらず、したがって受けいれられてもいないものへ来るのが適当だったからである。

これらの考察の謎のこころ

創造者たる神とその被造物は（一）、「全一体」とその諸部分とを別々に見たもの、単に諸部分との関係で見たかぎりでのいかなる個別的全体とも同様に、「全一体」はその諸部分によって、その諸部分は「全一体」によって存在するものとして見たものにほかならない（二）。

創造者でない神は「全一者」、つまり「全一体」とその諸部分とを一緒に見たもの、したがっていかなる関係性もなしに見たものにほかならない。

創造者たる神は「全一体」であり、「全一体」とは自らがそれの結果である諸部分を意味する。諸部分から「全一体」への、また諸部分相互の間の関係性と比較がそこから生じる（三）。

創造者でない神は「全一者」であり、「全一者」はすべてを意味し、部分を意味せず、「全一体」とその諸部分とを同時に意味し、「全一体のすべて」を意味する。別々に見た、関係性と比較で見た「全一体」およびその諸部分との矛盾がそこから生じる。

「全一体」と「全一者」について持つ観念を自分にちゃんと展開して見せるためには、まず、個々のいかなるものも捨象せずに事物の一般性を考えてほしい。そうすれば「全一体」が、つまり肯定的存在がみつかろう。それは、諸存在が自らによって在るのと同じく、自らも諸存在によって在り、自らを構成する諸存在とは諸存在の各々によってしか区別されない存在である。この存在が諸存在の全部であるように、諸存在の全部はこの存在だからである。そこから、つまりこの統一から、創造者たる神について私の言ったことが生じる。それは絶対的両極で、その両極は一つにすぎないということである（四）。

次に、個々のいかなるものをも捨象して事物の一般性を考えてほしい。そうすれば「全一者」が、つまり唯一の存在、自己自身による存在、無限で永遠で測り知れない存在がみつかろう。唯一だから他のあらゆる存在を否定する以上、それについては否定的なこと以外何も言えないような存在である[五]。

前記二つの観点の第一で見る時、事物の一般性は慣用的な形而上学を作り出す。なぜなら、何であれ個々のものの真の関係性について形而上学的に推論することは、そのものをこの一般性との関係で、またはお望みなら、それの完成でありあらゆる面での最大であるそれの初源的全体との関係で見るほかできないからである。同じく注意すべきは、何であれ個別的なものがそれの初源的全体と関係づけられるのは、そのものが同時に個々のいかなるものとも関係づけられ、多かれ少なかれ（「全一体」はこのようにしてある、注意されたし）他のすべてのものの中心であることなしにはできないことである。そのものの初源的全体が個々のあらゆるものから作られるように、個々のあらゆるものがそのものの初源的全体を作るのだから。そこから、それぞれのものは他のものの全体だということになる。この真理は、後段でお目にかけるさらに普遍的なもう一つの真理とともに、健全な形而上学の深みのすべてを、なんならわれわれがわれわれの「悟性」と呼ぶものの限界をなしている。しかし、追ってお目にかけるように、われわれの「悟性」は見かたによって有限だったり有限者だったり無限者だったりするから、こういう限界も「悟性」は持つと同時に持たない。どんなものについても、一本の藁についても同じことが言える。

第二の観点で見る時、事物の一般性は、それが否定そのもので虚無だという、「全一者」と「無」は同じものだ[六]という認識のほか何物へも導かない。だがこの認識は、ほかの面では不毛だが、真理の展開にとっては肝要なものである。私がした「無」、虚無の正確な定義をここで思い出してくだされば、「全一者」と「無」がいかにして同じものなのかはたやすく理解していただけようし、「それはすべてで、また無である」というわれわれの対句の中でも最強のものがあるのは真理の叫びのお蔭であることも分っていただけよう。実際あらゆるものは、それぞれのものでさえも、他のすべてのものとのつながりの中でいかなる関係性も抜きにして見れば、唯一それだけを見て、それだけの内にすべてを見れば、信心家や恋する男が神や愛人について「それは全世界だ」、「それは宇宙だ」、「それは私にとってすべてだ」、「それは私自身のすべてだ」と言うようにそのものについて言えば、まさにこのようにしてあるのである。私が述べたあらゆる真理の内でも最も深遠なものが、あらゆる真理を内に含む真理がそこから生じる。つまり、「底の底」では「全一者」にして「無」でないようなものは、知としての真理、形而上学的真理そのものでないようなものは、なんなら無限性、永遠性、測り知れなさそのものでないようなものは、同時に「全一者」で「全一体」で「全一体の部分」、「スベテ、全体、全体ノ部分」でないようなものは一つも存在しないということである。[七]

　われわれが創造者でない神と創造者たる神を作ったのも、この二つの相矛盾する存在から「神」と呼ぶ一つの存在だけを作ったのも、「全一者」と「全一体」についてのしごく無考えな観念からである。しかし、この二つの相矛盾する存在は、一方が他方なしにありうるだろうか。疑いもなくありえない。こうして、この二つの存在をただ一つの存在ならしめた観念の内にまで、真理の薄明かりは射している。しかし、真理の薄明かりといえば、われわれのあらゆる国語で実にはっきり示されている「全体〔全一体〕」と「すべて〔全一者〕」という二つの単語の違い以上にその明かりの強いものがあるだろうか。[八]

　しかし、私が註の中でどうしてか言わずに主張したように、創造者でない神が三つのものからなる「唯一」のものだというのはいかにしてか。それは、この神が同時に「全一者」で「全一体」で「全体の各部分」だから、「すべて」は「全一者」だからである。そこから、スピノザについて俗に言われる「唯一実体」という観念が生じる。この観念はいつの時代にも多くの人に受けいれられたものだが、一般化した対象、形而上学の対象に関する他のあらゆる観念と同様に展開は不十分だった。

　真理というかくも肝要なものを手にするために必要だったのは、もっぱら、最も単純でわれわれには実に身近な「全体〔全一体〕」と「すべて〔全一者〕」という一般的集合名辞の意味を正しく認識することだけだった。しかし、いかなる名辞について、人間たちがかつてその意味を認識したことがあるだろうか。私が言うのは、形而上学的存在を言い表わす用語のことだが。

今お読みいただいたものはことごとく、分別正しく哲学するためにはもっぱらそこから出発すべき出発点である。我らの哲学者〔啓蒙思想家〕らはみな、そこから出発しなかったがために、闇をしか拡げなかったし拡げられなかった。真理を探求すべく彼らは相互に刺激し合い、この私をも刺激したが、彼らの試みの成果といったらこんなものである。

真の原理に基づいて哲学する仕方を概観させ、また同時に、形而上学的真理が人間たちに知られ習俗への真の裁可として存在しうる唯一のものが認識された暁には存在するような社会状態を概観させるために、私は書類の中から以下の三つの断片(三一三)を選んでおいた(九)。お約束した「形而上学考」と「道徳考」より前に、それらの断片をお見せしよう。いささか形而上学の疲れを休め、もっとスムースに道徳へ話を持って行くためである。

(一)「創造者とその被造物」という語は、道理に則れば、前述のとおり互いに一方は他方によって在る存在のほか何も意味しえない。

(二)自己の部分より大きいと無制限に言えるのは、もっぱら、中間として見たこの全体、大いなる全体だけで、「全一体」と呼ばれる時がそうである。

(三)いかなる個別的全体もそうだが、「全一体」がその諸部分と区別されるのはもっぱら各部分による。

(四)「全一体」は絶対的両極である。それは同時にその諸部分の原因であり結果であり、始めであり終わりであるから。また、この絶対的両極は一つにすぎない。原因は結果であり、結果は原因であるから。またはなんなら、「全一体」はその諸部分のすべてであり、その諸部分のすべては「全一体」であるから。繰り返しになるが付け加えれば、「原因」と「結果」や「始め」と「終わり」という語では、さらには「充満」と「空虚」、「運動」と「静止」、「善」と「悪」その他あらゆる一般的対立語では、最大と最少しか、同一物しか、それを見る種々の観点が求めるのに応じて様々に言い表わされる「全一体」しか考えてはならない。

(五)唯一の存在に、「全一者」に、否定的でないような、あらゆる肯定的属性の否定でないような属性を一つでも与えたら、その時は、それはもう「全一者」ではなく「全一体」となろう。もう関係性なき存在、自己自身による存在ではなく、関係性による存在、他のものによる存在となろう。なんだ、それは肯定的に存在しないのか、と言われよう。さよう、それは存在するけれども、否定的にしか存在しないし、しえないのだ。「全一体」とは反対に、それは自分以外のものの存在を肯定しないし、しえないからである。

(六)「すべて」と「無」という二つの単語は、われわれの言いまわしでもしばしば手を携えて行く。

(七) ここで述べる様々な真理を正しく把握するために、基調で見た、形而上学的に見た事物とは、すべてが絶対的に共通して持つものにおいて見た事物であり、したがって、関係性で見るにせよ関係性抜きで見るにせよ、すべてが同じものだということを思い出してほしい。それらが異なるのは、われわれの感覚一つ一つによって、われわれの切り離された感覚によって、形而上学以外のあらゆる学問によってある場合にすぎない。

(八) 真理を発見したら、それを言い表わすために新たな言語を創造せねばなるまい、と或る哲学者は言った。そう語ったのは、盲人が色彩を語るようなものだった。われわれの諸国語で真理を言い表わすほどたやすいことはない。それは、真理が人間たち一般にいつも或る程度まで自らの声を聞かせることで、諸国語の形成にもきわめて貢献したお蔭である。

(九) 今日このごろ、われわれの目に映るのは『精神論』[三一四]の著者のような道徳面での改革家、あの自称「哲学者」〔啓蒙思想家〕ばかりである。彼らはわれわれの習俗の廃墟の上に、われわれの傾向にもっと合致しわれわれを幸福にするのにもっと適すると思う別の習俗を打ち立てようと試みている。しかし、今の習俗がそれの帰結である宗教を彼らは壊滅させないのだから、これほど狂った試みがどこにあろう！ 宗教の弊害を表面的を示し、宗教を笑いものにし、宗教に対して多量の精神的自由思想《リベルティナージュ》をぶちまけ、多量の寸鉄詩風、さらには歴史家風の矢を放ち、宗教の教義・預言・奇蹟を攻撃することが宗教を壊滅させることだと彼らは思っている。だが、精神的〔心証的〕論証が見られる「献辞」でも、今お読みいただいた形而上学的「考察」でも、〔彼らと違って〕私はいかに多くのことをしたと自負することか。

男女からなる或る個人的集まりでした講演

――学問・技芸・才能は人間たちに有害以上に有益かという問題について――

「学問は人間たちに有害以上に有益か」という問題は近時さかんに論議されましたが、私には、種々の大問題まで遡る必要がある、人々に論議されるその種のあらゆる問題と同じく、この問題も本来すべき形では議論されなかったように、それには程遠いように思われます。私見によれば、この問題を根本的に解決するには、これから私がするように人間たちを三つの観点から見る必要がありました。三つの観点とはつまり、人間たちがともに作れる社会状態が一般に含む両極と中間のことです(一)。

まず第一に、人間たちを未開状態で見なければなりませんでした。これは、当代の或る雄弁な人物〔三一五〕が聡明にもしたように、あったと仮定できる過度に単純な状態です。次いで、その状態を私たちの状態と比較して、二つの内どちらが幸福の総量がより多いはずか調べ、その検討を基にして、但し現に行なった、それも正しく行なったこの二つの状態の検討にのみ決定が基づいたような形で問題を決定せねばなりませんでした。この二つの状態が先に述べた両極です。その決定は比較された二つの状態だけを対象とするため、そんな決定が下されても問題が全面的に決定されることにはならないからです。ほかにも考察すべき状態が残っているわけですから。〔二つの状態の比較という〕この観点から見ると、問題は学問に不利な形で、あるいは同じことですが私たちの社会状態に不利な形で決定されたかもしれません。力の欠如、つまり団結と社会の欠如という欠陥だけ抱えた未開状態の方が一般に私たちの今の社会状態より好ましいというのは非常にありそうなことだからです。この命題は一目《ひとめ》見ただけでは反撥を招くかもしれませんが、自らの団結に由来する力を私たちがどれほどお互いに対して向けているか思い描いて、私たちの社会状態に犇《ひしめ》き合う、それも私たちの学問自体によって犇き合う各種の悪弊や悪徳を反省したら、それに反撥することはなくなりましょう。でも、私たちの学問によってというのはどうしてでしょうか。理由は、一つの学問、それこそ根本的な学問（形而上学）なのですが、それがよそでも論証したとおり常に曲解されてきたために、私たちの社会状態に昔から最悪の土台を与え、今でも日ごと与え続け、その結果、他の諸々の学問が、それを存在させる元になり自らもそれによって存在する私たちの必要と同じく過剰なほどにあるからです。

二番目に、人間たちを中間の状態で見なければなりませんでした。これは、昔からあまねく望まれつつも、おそらくはいまだかつて存在したことのない単純な状態です。どこで見かけても私たちがそれの描写を心から愛する状態、あれほど称えられたあの黄金時代、あのアストライア（二六）の治世、あの無垢の状態で、これは実のところ他の二つの状態を修正したものにほかなりません。この状態では人間たちがみな平等で（二）、社会生活をしながらも、たとえば着る物といったようなどうでもいい、重大な結果を招くおそれのない面でしか「君のもの」も「私のもの」も知りません。人間たちがともに作る社会も、私たちの社会に風靡する悪徳を、私たちの社会状態が私たちに有利であるよりはるかに多く不利であるように、あらゆる動物の中で人間がいちばん恐れるべきものは人間自身であるように明らかにしている悪徳を一つとして持ちません。正しく把握したこの観点から見れば、問題は躊躇なく、学問に不利な形で、または同じことですが私たちの今の社会状態に不利な形で決定されたでしょう。だいたい、平等と団結の状態では学問など何の役に立つでしょうか。そこでは人間たちも、自分と同様単純な必要だけに限られて、生まれた場所からじっと動かず、絶対必要な技術しか修得せず、よそへ移住することもないのです。そこにはただ一つの身分しかなく、そうなれば身分は身分でなくなるのです。そこには悪徳などないため、徳というものもないのです。そこでは平和への障害が全部なくなるため、必然的に変わることのない平和が支配するのです。そこでは、道徳的な面より物理的な面でずっと多く中間を守る私たちとは反対に、中間が物理的な面以上に道徳的な面で守られるのです（三）。そこには、あらゆる犯罪の源をなす法がなんら立ち入れないのです（四）。そこでは赤裸な真理が、語り口の派手な色どりとか、雄弁の飾りとか、詩句のハーモニーとかいったものを必要としないのです。そんなものが存在するのは真理がないから、今いる無理な状態の中で、自分自身から快く引き離される必要が私たちにあるからにすぎないのですから。そこでは、私たちの都会の、また民衆ないし子供でないすべての者の疫病神である退屈など起こりはしないのです。そこには都会などなくなり、(五)ただの村しかないのです。(だいたい、万人が無垢の状態で協力し合い、全員に共通の、したがってたやすくできる労働によって、質素で健康で安全で快適な生活をはかることにだけ従事するところで、どうして都会などあるでしょうか)。そこでは、私たちの間で愚かにもそうであるように、言語や推論が技術に還元されることはないのです。そこでは、現に行なわれるもののほか道徳というものを知らないため、道徳的な教訓を私たちが垂れることもないのです。そこには、事物の根底についての異なる考えかたから生じる、あまりにしばしば殺人的な論争も反感も憎悪も存在しないのです。それを知らないがために様々な考えかたが存在し、(六)また何であれすべての道徳的悪徳が存在するもの(その状態が存在するためには、これが絶対必要なのですが)(七)がそこでは知られているのですから。(八)そこでは読み書きできる必要すらないのです。そこでは、有益な知識を親から子へ伝えるのに慣習だけでこと足りるのです。(九)さらにそこでは、習俗も行動もあまりに単純で相互にコピイし合っているため、歴史の材料などこれっぽかしも提供することはないのです。その点では、不幸にも実にふんだんに歴史の材料を提供し、歴史のほぼ全部を人間の血で染める私たちの習俗や行動とは大違いですが。

三番目に、人間たちを未開状態の対極である私たちの今の社会状態で見なければなりませんでした。この状態は過度に複合物なもので、その欠陥により未開状態以上に今言った中間の状態から隔たっています。未開状態が欠如によるよりはるかに多く、今の状態は過剰による欠陥を抱えるからです。この観点から見ると、問題は必然的に問題のままであらざるをえません。この問題についてはそれほど、賛否両方の立場から多くのことが言えます。(一〇)なぜなら、その場合問題になるのは、私たちの現在の社会状態を、それと今比較した他の二つの状態とくらべることではなく、この状態の内にある種々異なる状態のすべてを相互にくらべることなのですから。そうなると決定を下すためには、あまりに不可能とは言わないまでもあまりに可能性の乏しい計算をしなくてはなりませんから、そんな計算を企てるのは狂気の極みでしょう(一二)。

しかし、一般的には決定できないことも個々的には決定できます。説明しましょう。私たちの相異なる、実に異なる今の社会のことごとくを見た場合、現にあるような私たちの社会状態の中で学問が人間たちに有害以上に有益かどうかは決定できません。その時は、漠然としか見られないはずだからです。しかし、あれこれの社会を個別的に見れば、そのことは決定できます。それでも、学問がたとえば有害以上に有益だと決定するためには、考察の対象となる社会が学問への好みを持つだけでなく、その社会の構成員のすべてが、幸にも私がその前で今語っているこの社会〔集まり〕のメンバーほど気質も性格も一致し、妬み・嫉《そね》みという恥ずかしい情念を容れない人でなくてはなりません。

そこで皆さん、学問は私たちの社会〔集まり〕には有害以上に有益だと私は決定を下します。その証拠は、皆さんの洗練された教養豊かな精神が私にもたらし皆さん相互にももたらす効用と楽しみにあります。自然の内では万事が関係性にあって、ほかの面でもよく釣合った社会〔集まり〕を同じ種類の精神と好みが支配すれば、その同じ種類の精神と好みは、より多くの快感を与えるのに比例して、より多産で変化に富むのに比例して、資源がより無尽蔵なのに比例して、ますますその社会には有利なのです。さて、私たちの今の習俗を見れば、文学の、芸術の、学問の、歴史の、才能のそれ以上にそうであるどんな種類の精神や好みがあるでしょうか。立ち止まってその真理を証明することはいたしません。それは私たち全員にあまりにはっきり感じられることですから、証明される必要などありません。それに、あれほど多くの高名な作家たちがその証明を成功裡にしてきましたから、教養豊かな精神のお蔭で皆さんが先刻御承知の証拠を振り返ってごらんになればいいのです……

知識や技芸や才能がなければ、民衆にも属さず、したがって民衆がする有益な労働にも携わらない人々の社会は、もはや、退屈しながら充たす卑しい必要にすぎません。それは弱い体で、自分をますます弱める種々の策によってしか生命を保てず、賭け事とか人の悪口とかいう滋養のない食べ物で、過度な御馳走や酒や色恋という危険なものを摂ることで栄養を補給するにすぎません。そこでは自由が粗野に堕し、繊細さはおしなべて追放され、才気は味気ない曖昧語法や単語のお粗末な誤用に身を売り、みな語るためにしか語りません。言語の不断の不節制で、そこからは何も出てきません。しかるべき人がそんなところで生活させられるとは不幸なもので、やがてすっかり嫌気がさしてしまいます。その気になればこの肖像をもっと先まで持って行けますが、それはみな、知識や技芸や才能や、紳士とか上流人士とか呼ばれるものを作りなす洗練もされ教養もあるあの精神に有利なものです。私たちの社会〔集まり〕のような個別の社会をくらべるべき真の比較点はこのような社会状態である以上、このような社会状態の描写ほど証明力のあるものはないのですから。しかし、この愛すべき才気溢れる集まりを構成される皆さん全部が私などよりずっとよく御存知でないどんなことを私の口から申せましょうか。

（一）　自然の内には両極と中間を持たないものはありません。

（二）　私の形而上学で論証したように、「全一体」の各部分は完全な平等を志向します。野心家が支配することを目指すのも、支配されないためにすぎません。人間たちの間で不平等がなくなれば、野心家ももういなくなるでしょう。

（三）　節度のある人を私たちがかなり一般的に高く買うのも、ここでかすかに描く中間の状態を私たちがみな志向するためです。

（四）　モーゼによれば、最初の犯罪が存在したのも最初の法のせいでした。

（五）　考えれば考えるほど、私たちの都会も、そこにある神殿、ルーヴル〔王宮〕、裁判所、アカデミー、学校、監獄等々のすべてでも私たちの習俗の欠陥から来る結果なのが分るでしょう。たわけた私たちは劇場へ何をしに行くのでしょうか。同類の人間たちに涙を流したり、その滑稽さを笑ったりするためです。しかし、私たちがあるべきようなものになったら、笑う材料も泣く材料もなくなるでしょう。なんだって、じゃあ君の言う中間の状態では、みんな笑いも泣きもしないのか、と言われるでしょう。そうです、それは笑いと涙という二つの痙攣的な状態の間にある中間の状態だからです。この状態は、どんな容貌に見られても必ず人に好まれるあの晴々した様子だからです。

（六）　人間たちは無垢の状態では皆が同じ単純な生きかたをし、同じ習俗を持つはずです。そこから、私たちの間でより寿命も若さもずっと長く持つだけでなく、外形、肉付き、容姿、顔立ちの違いも格段に少なくなるでしょう。女たちは男にとって全員ほぼ同じになり、男たちも女にとって全員同じになりますが、どちらもあの嫉妬深い愛情や狂おしい恋は知らないでしょう。そういうものは、男女を互いに相手の方へ赴かせる自然の欲望を私たちが自由に充たせないようにした、習俗の頽廃から来る障害物に源を持つにすぎません。

（七） 私たちの習俗に見られるあらゆる悪徳、私たちの社会状態にたえず見られるあらゆる不都合が、不合理なもの〔宗教〕、つまり事物の根底に関する私たちの無知に源を持つというのはあまりにも真実で、あまりにも例外を容れませんから、こと細かにそれを証明してやろうとなどするのは読者の知能な信用しないことでしょう。

（八） その状態は形而上学的真理が人間たちに知られることによってしか存在しえず、その真理によって必然的に存在するはずです。

（九） 私たちの書物はみな例外なく、事物の根底についての無知が私たちを陥らせた歪みのせいでしか存在しません。形而上学的真理が認識されたら、それは本という本を全部消滅させるでしょう。イロハから始まって、絶対必要な技術を対象とする本に至るまで。

（一〇） 好きなだけ賛成反対を容れる問題は、いつでも人間たちがとりわけ好んで論議するものです。それは切りがないために、いつでも会話の材料をふんだんに提供するからです。しかし、いつまでも繰り返されいつまでも効果の上がらぬこういう問題の議論は、人間たちがいかに浅薄皮相かをなんとよく証明していることでしょう！

（一一） 今存在するような道徳状態は、それに本来具わる単純性からあまりにも遠く隔たっていて、これほど複雑なものも、これほど計算が当てはまらぬものもこの世にないほどです。

『社会契約論』批判

『社会契約論』の著者は、人間は自由なものとして生まれたということを原理として立てるが、それを全く証明しておらず、この点は、人間の真の起源が論証され、（一）「自由」という語に結び付けるべき観念が十分画定されるまで（二）常に問題として残るであろう。だが、それがためには道徳論者や政治学者以上のものでなければならず、真に形而上学者でなければならない。この著者もそれに類する人々もその面ではお寒いかぎりで、対象を分別正しく扱うには形而上学者たる必要があることすら感じておらず、道徳を大口に扱う時、（三）原理で見ようとする時は特にそうだが、こと道徳ではっきり物が見えるのはもっぱら健全な形而上学の松明によるという異論の余地なき真理すら知らないほどである。

では、「真理」が井戸の底から出てこないかぎり道徳を扱うべきではないのだな、と言われるかもしれない。そのとおりである、そのもとに生を享けた宗教と統治と身分に則して果たすべき義務を人間たちにただ教えるだけに限るのでなければ。しかし、それがどれほど道理に適っていても、ここで言う著者たちはこのことをいつまでも理解したがるまい。理解したら筆が手から落ちるからである。打ち壊すために彼らは書かねばならないのだ。その点は、教養論者ないし形而上学者的な我らの哲学者〔啓蒙思想家〕のほぼ全員も同じである。みんな常に、解明すべき本質的な点を背後に残して、それでも常に前へ前へと進んで行く、常に打ち壊しているつもりで、まるで本質的な点がすでに解明されているかのように。（四）

人間は自由なものとして生まれたという原理は、この著者の考えでは、人間は原初には未開状態に、または同じことだがライオンや熊のような状態に生まれたという考えにしか基づかない。その状態に私も異を立てないが、ただ、孤立した人間が、団結によってしか、同類たちと作る社会によってしかありえないあの力を欠いた人間がほぼ四六時中恐怖に支配される状態を自由な状態と見ることがどういう根拠でできるのか。いやいや、「自由な」という言葉で著者が考えるのは、人間は他の人間たちから独立したものとして生まれた、自分の主人として生まれたということだ、と言われるかもしれない。そういう意味だということは私も承知しているが、しかし、常に恐れねばならない他の人間たちから生まれ、またそれに取り巻かれている人間にとって、そんな独立性はいまだかつて存在しえなかったという点で著者は誤っている。あの言葉を私が厳密に取ったのは、あんなに断定的な仕方でそれを人間に当てはめるべきでなかったことをよく感じさせるためにすぎなかった。

未開状態から或る種の社会状態へとこの著者は話を移すが、未開状態と同じくこの状態にも私は異を立てない。著者はまず、「契約」または「社会契約」と呼ぶその状態が解答を与えると言う次のような問題を立てる。「各構成員の一身と財産(五)とを、共同の力のすべてをもって防禦し、保護する結社形式を見出すこと、但し、この結社形式は、それによって各人がすべての人と結合しながら、しかも自分自身にしか服従せず、従前と同じように自由であるようなものでなければならない〔三一七〕。」しかし、その状態が様々の根本的欠陥を内に抱え、それが今あるほどの行き過ぎと狂気へ事態を導くことしかできなかったら、そんな状態を持ち出して何になるのか。そこからどういう有益な教えが生じうるのか。さて、まさしくこの状態はそうなのである。それは、何か満足のいくもの、有益なものをわれわれに教えるためにはその状態を完成した姿で見るべきだったのに、著者がそれをしなかったからだ。その状態をしかるべく見ていたら、その状態を破壊しかねず、実際にその状態が存在すれば必ずやそれを破壊するはずの様々な欠陥をそこから除去していたら、著者もその状態を他のいかなる状態より比較にならぬほど自由なものと認め、その状態をただ説明するだけで、ほかの状態がみんなどれほどたわけているか見せるに止めたであろう。しかし、そこまで来るにはどうしなければならなかったのか。その状態を唯一堅固な基礎の上に、真の形而上学的原理の上に立てられたものとみなし、ありとあらゆる個人所有を、つまり、かような状態を腐敗させて、不完全な民主制、貴族制、君主制ないし専制君主制へと頽落させる力が世界一あるものをそこから追放すべきだったのである。いずれもひどい欠陥品である社会状態のこういう様々な種類については、賢明な人ならただ呻きつつ黙さねばならない、それらを土台から掘り崩す唯一の手段を知らない時は。

果たして、この著者の言う社会契約は作中でもそのように頽落してゆく。そこから著者は、統治の様々な種類について長々と蘊蓄を傾け、その結果、本性的な欠陥から漠然たらざるをえない多くのことを語る材料を手に入れる。そういうことはいくらでも賛成反対を容れるもので、本質的なことを何ひとつ教えてくれず、いつもそうだったようにいつも問題にされるためにあり、（六）せいぜい悪しき統治を、それよりましと今日は思っても明日にはそう思えなくなる別の統治に首尾よく変えるため、武器を取って互いに虐殺し合うことへしかわれわれを導けない。人間たちにとって、道理に適った状態は一つしかないのである。したがって、何か確かなこと、満足のいくこと、有益なことをそれについて言える状態は一つしかないのである。そこへ移れば万人の利益になり、血を流さずにも万人がそこへ移れ、ひとたび移ればほかの状態などもう望まなくなる状態は一つしかないのである。私が言ったあの社会状態しかないのである。その状態はこの著者の言う社会契約とは考えられるよりはるかに異なるものなのだ。

その状態についてここで多くは述べない。それはすでによそでした。（七）ここではただ、その状態は形而上学的真理によってしか存在しえず、その真理が人間たちに知られたら必然的に存在するはずで、私がしたその真理の展開の中でもすでに証明したように、人間たちはみな根本的にこの真理について同じ観念を持つ、と更めて繰り返すだけにしておこう。

この著者はそれほど底まで掘り下げようとしなかったが、見るべきものは、達した地点まで自分を導くべきものは見ていたし、正しく見ていた。著者の肩を持って、きっとこう反論する人がいるだろう。人間たちが私の言う社会状態より著者の言う社会状態から出発したという方がきわめて本当らしいし、私のものは私も認めるようにそれ自身のほかいかなる状態へも導かない以上、『社会契約論』のような本を世に出すこともけっしてできなかったのだから、著者の言う社会状態を修正するために私のものをどうして持ち出すのか理由がよく分らない、と。それにはこう答えよう。この著者の精神はおそらく、実際にしたより深く掘り下げる方へは向かっていないのであろう。底まで掘り下げるのはしようと思えばできることではない。この人より遠くまで目が届かなければ、本質的ないかなるものも目に入らず、本質的ないかなるものへ、何か真に有益なことを教えられるいかなるものへ読者を導くこともできない。人間たちが私の言う社会状態より著者の言う社会状態から出発したという方がきわめて本当らしいし、私のものから出発したことなど一度もないと十分請け合えるとはいえ、（八）それでも著者が、自分の言う社会状態から出発して何か有益な作業を、人間たちを根本的に啓蒙できる作業をしたことにはならない。したがって、私は自分のものを持ち出すことで目的を達したのだ。それこそ、真の形而上学的原理に基づいて私のものから出発するか、それとも沈黙するか、どちらかにすべきだということを著者にもそれに類する人々にも理解させる唯一の方法だったからだ——と。おかしな二者択一だな、と言われよう。それは私も認めるし、またこの二者の間には中間が一つしか見当たらない。それは、すでに別の言葉で述べたとおり、世の説教師のような普通一般の道徳論者となって、通俗的には道徳をそう扱うように、世間に受けいれられた口調で小口に扱うだけに限ることである。

それでも、現に存在するような民主制や、貴族制、君主制、市民宗教などについて著者が書いた一切をどう思うか、という質問が出るかもしれない（どうしてもそこへ話が戻るだろう。私の批判は期待される批判と全然違うからだ）。著者には或る程度深みがあり、筆致は力強く、市民宗教の章は重大な結果をもたらしかねないが、この書についてそれ以上多く語るのは著者に非難した漠然・無益という欠陥に自ら陥ることになる、というのが私の考えである。この書について言うべき本質的なこと、この書を土台から打ち壊すことは以上に述べた。何物へも導かない言葉や物を御所望なら、書かれるかもしれぬ他のあらゆる批判を読めばいい。「良識」の歩みと常識の歩みは大違いである。（九）

（一） 関係性で見た人間の起源は他のあらゆる種《しゅ》の起源と根本的に異ならず、それは様々な種を部分とする「全一体」にほかならない。ほかの種と似ていない種、他のあらゆる種に帰着して、すべての種が同じ始めと同じ終わりを持つようにしない種は一つもない。私の形而上学で証示したように、この始めと終わりは絶対的両極で、相互に帰着し合い、一つをなすにすぎない。

（二） すべては必然的に現にあるもので、必然的に多くまたは少なく、そう見えるものである。この多少から人間は、自分が必然ならしめられる場合もあれば、自分が自由な場合もあると思うようになった。では人間は自由でないのか、と言われよう。人間は多くまたは少なく自由に見え、同様に多くまたは少なく必然ならしめられるように見えるが、自由を必然の対立物と取れば、どう言おうと同じである。

（三） 社会状態の基礎を対象にすることが、道徳を大口に扱うことである。

（四） 形而上学や道徳の大問題を扱う当節の大胆な書物はみな、我らの自由思想家たちからどんなに評価されても、健全な理性の目には、すでに制度化されているような教義や道徳を扱うカプチン会士の本ほどにも道理に適っていない。そういう書物をわれわれが天才の傑作とみなし、それをカプチン会士の本より好むのも、また高く評価するのも、もっぱらわれわれの内的な感覚から来る。自分は正しい道を歩んでいない、不合理な、したがって無理な状態にあるとこの感覚はたえずわれわれに叫んでおり、宗教や法や習俗をやっつける大胆さで、正しい道、歩むべき道をはっきり認識させてくれ自分をそこに立たせる一助になるという希望を持たせる書物を、われわれがおしなべて好むように、探し求めるようにさせるのである。だが、我らの哲学者〔啓蒙思想家〕というのはなんたる法螺吹きであろう！

（五） 不平等が支配すれば、社会状態は必然的に欠陥品、ひどい欠陥品である。また「君のもの」、「私のもの」があれば、財貨が共有でなければ、不平等が必然的に支配する。

（六） 民主制、貴族制、君主制の状態のどれが人間たちにいちばん有利かということは、昔からさんざ論議されてきた問題ではないか。お尋ねするが、この問題はいささかでも道理に立脚するだろうか。それでも、こういう漠然とした問題が学堂に人を集め、弁士たちが荘重にそれを論じるのを拝聴させる。弁士はいつもきまって、自分がその中に生きる政体に有利な決定を下す。この著者のようにそんな決定を下さぬ人がたまたまいたら、その人は追放されるが、その大胆さは感嘆の的になり、その本は争って読まれる。焚書にされる本の著者が大体において大変評判になるのは、ひとえにそのことと書きかたの腕前から来る。だがそんな本は、それを燃やす火と同じく、人類を仕合わせにすることはけっしてできない。

（七） この状態こそ、先の講演で言った「中間の状態」である。

（八） 私の言う社会状態から出発していたら、人間たちは必ずやそこにずっと留まったろう。いやはや、人間たちにとって、つまり彼らの幸福にとって、そこから出発したかしなかったかでなんという違いであろう！　われわれの形而上学は不合理で、その結果、われわれの習俗は狂っており、たわけている。そこから私が結論するのは、われわれの子供らが成長して、われわれの形而上学の調子に、われわれの宗教と習俗の調子に合わせせられるようになったとしたら、分別のつく年齢（l'âge *de* raison）に達したというより、理性の〔持つ〕年齢（l'âge *de la* raison）に達したと言う方がずっと正しいということである。

（九） 私見によると常識と「良識」の違いは、常識がわれわれ全部に共通して等しくそう「見える」ものを対象とし、「良識」がわれわれ全部にとって等しくそう「である」ものを対象とすることだ。常識からする大の真理とは幾何学的真理その他、われわれがあまねく一致して賛同する物理的真理であり、「良識」からする真理とは形而上学的真理や、それから帰結する道徳的真理である。

第三部　自筆稿

以下に訳出（全訳）する二つ（但し、第二のものは二篇の文章からなるので、それらを別々に数えれば三つになる）の文書の底本は、デローム編『（ドン・デシャン）哲学作品集』第二巻で「井戸の底から引き出した真理」の後に置かれたもので、「井戸の底から引き出した真理」と同じくダルジャンソン家の古文書の中からみつかったドン・デシャン自筆の原稿（これも同じく、今はポワティエ大学図書館に収められている）を活字に起こしたものである。自筆原稿であるからには筆記者の写し間違いがありえないという点で、これらのテキストは写本のテキストとはおのずと性格を異にするから、分量は少ないが、写本とは別に「自筆稿」という独立した部を設けて、それらの翻訳を別個に収めた。

或る道徳書から抜萃した政治的考察〔三一八〕

われわれの社会状態は分裂の状態だが、理由は、道徳的なあらゆる道理に反して、われわれが相互に異なるのみか極度に不調和な種々の身分に分れていること自体にある。

強い者が支配するだけで、始めに一人の頭《かしら》や一人の王が立てられただけで、人間たちを今あるほど途方もなく異なる身分へ持って行くにはこと足りた。習律状態の利点を、つまり皆が同じ身分であることの利点を法律状態の不都合を経験すること以外から知りえたら、人間たちはけっして王など持たなかったろう。王が立てられることからは、単に特殊な一つの身分が生じるだけでなく、異なる様々な身分への人間たちの分裂が生じるからである。この分裂は人間たちの弱さを作ることで王たちの強さを作るが、一方には教会〔聖職者〕、法服〔法官〕、剣〔軍人〕という法律状態の三つの楯と、他方には鋤〔農夫〕、竈〔職人〕、針〔庶民の女性〕が見られるようになると、その分裂の内にもはやいかなる関係性も見えなくなってしまう。

マキャヴェリがした「支配センガタメ分割セヨ」という政治的な勧めには抗議の叫びが上がったが、抗議して当然だったのは一《いつ》に、統治の根本原理が暴露されおおっぴらに格率とされるのは危険だからである。そういう原理は人間たちに教える道徳原理に反するが、人間たちがそのことを知らないのが支配にとって肝要であるから。

君主は王座の上に自分を維持しようと思ったら、つまり近隣諸国に対しても自分の臣民に対しても強力であろうと思ったら、どんなやりかたにせよ分裂を保つこと、自己の利益が求めるに応じてそれを増しさえすることがどうしても必要である。近隣諸国にせよ自分の臣民にせよ、互いに仲が良すぎると、君主の力と均衡するばかりかそれを破壊するおそれすらある一つの力が形成されるからである。だからとりわけ、身分の不平等によって臣民がみんな互いにばらばらで、みんなライヴァル同士で、それどころか互いに敵対し合っていなくてはならない。だが、それはわれわれの習俗の本質に属することで、おのずと行なわれるのである。

統治の道徳は人間たちに教える道徳ではありえない。それが証拠に、人間たちが教えられる道徳に従って、彼らの間に団結が支配したら、統治はもはや存在しえないであろう。しかし、人間たちはどうしてそれに従えよう。「政治的」という名でそれと区別される統治の道徳が、いつまでもなくならぬ障害となってそれを阻むからである。

君主たちの間の世界的な平和が語られて久しいが、各君主が近隣諸国だけ恐れることが可能であれば間違いなくそうなろう。しかし、君主は自分自身の臣民を恐れねばならない。臣民は本性的に、支配が多かれ少なかれ自分の負担であるのに応じて、支配されるのを常に多かれ少なかれ拒むものである。さて、そうであるなら、君主には臣民を服従させておく軍隊が要る。「但し、軍隊がその目的で維持されるように見えてはならない。」しかも、その軍隊は百戦錬磨でなければならないが、そのことは、有事の際に国内で使えるように、国外で戦《いくさ》の技《わざ》を学ばなければできない。こうして、君主はどうしても近隣諸国と戦争をしなければならない。その結果、戦争状態が常にわれわれの習俗であらねばならぬことになる。実際にも常にそうだったように。

兵隊は国家の防衛のためにあるけれども、国家の造りが防衛を必要としなかったら、国家は防衛の必要などあるまい。国家の造りとは主権でなくて何であろうか。

主権との関係で言うと、兵隊と司祭や司法官の外見上の違いは、司祭や司法官が主権者を自分の臣民から守り、兵隊が主権者を近隣諸国から守ることにある。だが、重ねて言えば、兵隊が主権者を近隣諸国から守るような立場にあって、もっぱらそのためにあるかのように見えるのも、実は主権者を自分の臣民から守るためにすぎない。こうして、兵隊も司祭や司法官と同じく実際は主権者を自分の臣民から守っているにすぎない。だから兵隊についても、見かけに基づく不適当な言いかたでなければ、民の安全と防衛のために存在するなどともう言ってはならず、剣〔軍人〕と教会〔聖職者〕と法服〔法官〕を実際は同じ役をする三つの身分としかもはや見るべきではなくなる。同じ役とはつまり、自分の臣民に対抗する、したがって剣と教会と法服自体にも対抗する主権者の力を作りなすことだ。剣と教会と法服はまた一般に、自分が主権者に与える力の最初の犠牲者、瞞着の最大の被害者と見ることもできる。主権者自身もおのが身分の犠牲者で、瞞着の被害者なのだが。

聖職や法官職が、われわれは臣民を主権者から、また主権者を臣民から等しく守っているのだと自慢しても無駄である。そこにあるのも見かけだけで、そんな見かけがあるのも主権者の力にとってそれが肝要だからである。われわれの法律状態と切り離しがたい悪弊の結果、その見かけは時として主権者の不利にはたらくとはいえ。

かようなものが大口に見た政治で、それを暴露することは私が持つような目的にしか許されえなかった。だが、この政治の理論がどこかに立てられているだろうか。いや、いない。ほかの多くのことと同様、われわれの習俗ではこれがなぜか分らずにおのずと行なわれ、この習俗の本質に属するのである。或る偉い大臣と私はそれを論じたことがあるが、その人はからっきし何も知らなかった。

スピノザの体系への単純・簡潔な反駁

スピノザの体系への単純・簡潔な反駁〔第一稿〕

スピノザの原理――「実体は一つしかなく、それが無限に変様される」

反　駁

部分があるからには全体があり、その全体はわれわれが「宇宙」、「物質」などと呼ぶものである。また「変様される実体」と呼べるものである。それの諸部分については、それの変様だと言えるのだから。

「全体」〔全一体。以下すべて「全一体」とする〕はそれの諸部分によってしか存在しえず、同じくそれの諸部分も「全一体」によってしか、また部分相互によってしか存在しえない。「全一体」がそれの諸部分から独立して、自己の存在の原因をほかに持つとしたら、それの存在には原因が二つあることになるが、そういうのは矛盾している。「全一体」は最初の原因であると同時に最初の結果で、こう言っても実はそれ以外のことを何も意味しないが、創造者であり被造物である。この二つは純粋に相対的なもので、一方は他方によってしか存在を持たず、持ちえず、一方は必然的に他方である。「全一体」とはすべての部分のことであるから。違いがあるのは「全一体」から各部分へで、その違いだけが「全一体」とあらゆる部分との形而上学的相違を作り、「全一体」が原因と結果であるように、またはお望みなら自己自身と区別されるようにするのである。

純粋に相対的な存在で、したがって自己自身によっては存在しない「全一体」は、諸部分の統一である。数ある自己の部分との関係では「一」なる存在である。さて、「一」である以上、それは「唯一」ではない。「唯一」とは、自己自身以外のあらゆる存在を否定する存在のことであるから。一方、「一」なる存在は自己以外の諸存在を肯定し、自己の部分の各々を肯定する。重ねて言えば、この存在はそれの部分のすべてだが、部分の各々によってそれらと異なる。それが「一」で「唯一」でないのはそのためである。宇宙とパリは二つのものだ。

「全一体」は変様される実体で、その実体は変様されるということ自体によって唯一の実体ではないし、ありえない。もう一度言うが、それは変様されるものとして、自己の諸部分ないし諸変様のあれこれ、たとえば地球とは異なるからである。この実体について、それは基体で部分ではなく様態しか持たないなどと言っても無駄であろう。それの様態はそれの部分で、それの部分はそれの様態である。だから、それを「全体」〔全一体〕と呼ぼうが「基体」と呼ぼうが同じことなのだ。それは様々な様態の統一である以上、なんなら「様態」と呼ぶことさえできる。そもそもこの実体は、それを構成する諸存在が複数形で持つ名前との関連で、その名前を単数形で持つ以外、正確ないかなる名前を持てようか。その実体はあらゆる面で、それを構成する諸存在ないし諸実体との関係性によってしか存在せず、それは、これらの諸存在がその実体との関係性と諸存在相互の関係性によってしか存在しないのと同じだからである。（一）形而上学的または一般的な全体が一つあり、物理的または個別的な全体が種々あるのはこの関係性のみによる。「全一体」と種々の全体または諸部分は関係性以外の、比較以外の何物でもない。

「一」なる存在、「全一体」または宇宙は、必然的に、可能なあらゆる部分ないし変様からなる複合物である。それは自己の存在をこれらの部分からしか受け取らず、これらの部分も自らと関連した存在しかそれに与えられない。「全一体」が自らと関連した存在しかこれらの部分に与えられないのと同じである。この関係から必然的に、部分相互間の関係、または同じことだが諸部分が互いに与え合う存在が生じる。しかし、「唯一」の存在は単純な存在で、複合なき、部分なき、変様なき存在である。関係性なしに存在し、自己自身によって存在し、したがって存在を与えも受け取りもせず、創造者でも被造物でもない存在である。創造者と被造物という二つの語は持ちうる唯一真実の意味に取っており、これまでも私はそういう意味に取ってきた。

「一」なる存在はそれを構成する諸存在ないし諸部分を肯定するという理由から、それについては肯定的なことしか何も言えない。また、「唯一」の存在は自分以外のあらゆる存在を否定し、「一」なる存在をも数ある諸存在をも、「全一体」をも諸部分をも否定するという理由から、それについては否定的なことしか何も言えない。「一」は肯定的、「唯一」は否定的である。

否定的なものとは肯定的なものの否定にほかならない。だから、それ自体によっては定義不能な「唯一」の存在について言えることはみな、「一」なる存在について言えることとすべての否定にすぎず、いつまでもそれでしかありえない。そう言うべきであるように、「一」なる存在についてそれは関係性によってある、それは時間である、有限者である、原因と結果である、始めと終わりである、静止と運動である等々と言うなら、もう一方についてはそれは関係性なしにある、それは永遠性である、無限性である、それは原因でも結果でもない、始めでも終わりでもない、静止でも運動でもない等々と言わねばならない（これらは「一」なる存在からの派生物である。様々の時、様々の有限物、様々の原因と結果であり、始めと終わりを持ち、静止または運動している等々の諸部分である）。

一般的にも個別的にも感覚的なものの、つまり「全一体」と諸部分の否定である存在は、「無」であり虚無そのものである。しかし、それは存在しないとそこから結論したら、なんと不合理なことか。それは「実在」であり、形而上学的真理そのものであり、端的に言った神であるから。

これだけ言えば、スピノザに反対して、実体には変様されるものと変様されないもの、「一」なるものと「唯一」のものと二つある、と結論するには十分と思う。お望みなら、形而上学的な「しかり」と「否」があると言ってもよい。「しかり」と「否」は互いに一方が他方なしには存在しえない。注意すべきだが、形而上学的な「否」は「しかり」を否定すると同時に、それを必然的に肯定するからである。それは矛盾そのものなのだ。

スピノザの原理は自らの内に自らの否定を含んでいる。この人は一つの実体しか立てないのに、その立てかたによって二つの実体を立てるからである。その二つとは「唯一」の実体と変様される実体だ。この二つの実体は事実存在するが、スピノザは最大の不合理を犯してそれを一つにしかしない。自分の考える実体は無限に変様されるとこの人は言うが、それもまたこの人の原理の不合理な点である。無限とは「唯一」という属性と同じく一切の変様の否定だからだ。無限者と有限者、「唯一」の存在と「一」なる存在とは形而上学的な二つの反対物で、この二つの反対物を知らなかったがために、真理はこれまでずっと井戸の底にあって、法が習俗のかわりをなすのである。

　形而上学的真理の展開によってのみ、または同じことだが正確な形而上学的文法によってのみ、ほかのあらゆる形而上学体系と同じくスピノザの体系も打ち壊せた。しかし、ここには抜萃でしかその展開がないことを見落としてはならない。「唯一」の存在、または端的に言った神(二)とは何かを正確に知る仕事が残っている。形而上学的真理を物理的なものへ、とりわけ道徳的なものへ適用するあらゆる仕事が残っている。道徳的なものこそ肝要だが、道徳的真理は形而上学的真理によってしか得られなかったからである。

(一)　肯定的な一般的集合名詞はみな「一」なる存在に当てはまり、否定的な一般的集合名詞はみな「唯一」の存在に当てはまる。真理の展開は、われわれも認めるように形而上学的存在を言い表わすこれらの名詞に観念を、正確な観念を結び付けることにあった。

(二)　「端的に言った神」と呼ぶのは、一切の創造を捨象して見た神である。神は時間の内に創造したと言う人は、神をこのように見られる立場にある。

スピノザの体系への単純・簡潔な反駁〔第二稿〕

スピノザの原理――「実体は一つしかなく、それが無限に変様される」

反駁

部分があるからには全体があり、その全体はわれわれが「宇宙」、「物質」などと呼ぶものである。また「変様される実体」と呼べるものである。それの諸部分については、それの変様だと言えるのだから。

「全体」〔全一体。以下すべて「全一体」とする〕はそれの諸部分によってしか存在しえず、同じくそれの諸部分も「全一体」によってしか、また部分相互によってしか存在しえない。「全一体」がそれの諸部分から独立して、自己の存在の原因をほかに持つとしたら、それの存在には原因が二つあることになるが、そういうのは矛盾している。「全一体」は最初の原因であると同時に最初の結果で、こう言っても実はそれ以外のことを何も意味しないが、創造者であり被造物である。（一）この二つは純粋に相対的なもので、一方は他方によってしか存在を持たず、持ちえず、一方は他方である。「全一体」とはすべての部分のことであるから。違いがあるのは「全一体」から各部分へで、その違いだけが「全一体」とあらゆる部分との形而上学的相違を作り、「全一体」が原因と結果であるように、またはお望みなら自己自身と区別されるようにするのである。（二）

純粋に相対的な存在で、したがって自己自身によっては存在しない「全一体」は、諸部分の統一で、「宇宙」〔原語の univers は、語源的には「一つをなすように集まった」の意〕という名を与えられるのもそのためである。それは数ある――追って見るとおり無限ではないが――自己の部分との関係では「一」なる存在である。さて、「一」である以上、それは「唯一」ではない。「唯一」とは、自己自身以外のあらゆる存在を否定する存在のことであるから。

一方、「一」なる存在は自己以外の諸存在を肯定し、自己の部分の各々を肯定する。重ねて言えば、この存在はそれの部分のすべてだが、部分の各々によってそれらと異なる。それが「一」で「唯一」でないのはそのためである。宇宙とパリは二つのものだ。

「全一体」は変様される実体で、その実体は変様されるということ自体によって唯一の実体ではないし、ありえない。もう一度言うが、それは変様されるものとして、自己の諸部分ないし諸変様のあれこれ、たとえば地球とは異なるからである。この実体について、それは基体で部分ではなく様態しか持たないなどと言っても無駄であろう。それの様態はそれの部分で、それの部分はそれの様態である。だから、それを「全体」〔全一体〕と呼ぼうが「基体」と呼ぼうが同じことなのだ。それは様々な様態の統一である以上、なんなら「様態」と呼ぶことさえできる。そもそもこの実体は、それを構成する諸存在ないし諸実体が複数形で持つ名前との関連で、その名前を単数形で持つ以外、いかなる名前を持てようか。その実体はあらゆる面で、それを構成する諸存在との関係性によってしか存在せず、それは、これらの諸存在がその実体との関係性と諸存在相互の関係性によってしか存在しないのと同じだからである。(三) 形而上学的または一般的な全体が一つあり、物理的または個別的な全体が種々あるのはこの関係性のみによる。「全一体」と種々の全体または諸部分は関係性以外の、比較以外の何物でもない。

「一」なる存在、「全一体」、物質または宇宙は、必然的に、可能なあらゆる部分ないし変様からなる複合物であり、それらの部分ないし変様はみな個々に、形而上学的に取れば多かれ少なかれ「一」なる存在である（物理的に取れば、多かれ少なかれ或るものは他のものがそうであるものだから）。「一」なる存在は自己の存在をこれらの部分からしか受け取らず、これらの部分も自らと関連した存在しかそれに与えられない。「全一体」が自らと関連した存在しかこれらの部分に与えられないのと同じである。この関係から必然的に、部分相互間の関係、または同じことだが諸部分が互いに与え合う存在が生じる。しかし、「唯一」の存在は単純な存在で、複合なき、部分なき、変様なき存在である。関係性なしに存在し、自己自身によって存在し、したがって存在を与えも受け取りもせず、創造者でも被造物である。

もない存在である。創造者と被造物という二つの語は持ちうる唯一真実の意味に取っており、これまでも私はそういう意味に取ってきた(四)。

「一」なる存在はそれを構成する諸存在、諸物体ないし諸部分を肯定するという理由から、それについては肯定的なことしか何も言えない。また、「唯一」の存在は自分以外のあらゆる存在を否定し、「一」なる存在をも数ある諸存在をも、「全一体」をも諸部分をも否定するという理由から、それについては否定的なことしか何も言えない。「一」は肯定的、「唯一」は否定的である。

否定的なものとは肯定的なものの否定にほかならない。だから、それ自体によっては定義不能な「唯一」の存在についても言えることはみな、「一」なる存在について言えることすべての否定にすぎず、いつまでもそれでしかありえない。そう言うべきであるように、「一」なる存在についてそれは関係性によってある、それは時間である、有限者である（私は「有限者」と言っており、「有限」とは言っていない）、それは原因と結果である、創造者と被造物である、始めと終わりである、静止と運動である、充満と空虚である、善と悪である、あらゆる面での最大と最少である、それは空間である、延長である等々と言うなら、もう一方についてはそれは関係性なしにある、それは原因でも結果でもない、創造者でも被造物でもない、始めでも終わりでもない、静止でも運動でもない、充満でも空虚でもない、善でも悪でもない、またはこれらすべてを意味するものではない、いかなる面でも最大でも最少でもない(五)、それは空間でも延長でもない等々と言わねばならない。これらは「一」なる存在からの派生物である。時間の内にあって、有限で、様々の原因と結果であり、そういう用語を使うなら様々の創造者と被造物であり、始めと終わりを持ち、静止または運動しており、充満したり空虚だったり、善であったり悪であったり、多くまたは少なくあったり、空間の内、延長の内にある等々の諸物体、諸部分である。

一般的にも個別的にも感覚的なものの、つまり「全一体」と諸部分の否定である存在は、「無」であり虚無そのものである。しかし、それは存在しないとそこから結論したら、なんと不合理なことか。それは「実在」であり、形而上学的真理そのものであり、端的に言った[六]神であるから。
これだけ言えば、スピノザに反対して、実体には変様されるものと変様されないもの、「一」なるものと「唯一」のものと二つある、と結論するには十分である。お望みなら、形而上学的な「しかり」と「否」があると言ってもよい。「しかり」と「否」は互いに一方が他方なしには存在しえない。注意すべきだが、形而上学的な「否」は「しかり」を否定すると同時に、それを必然的に肯定するからである。それは矛盾そのものだが、否定的な形而上学的反対物はそうであらざるをえない。

スピノザの原理は自らの内に自らの否定を含んでいる。この人は一つの実体しか立てないのに、その立てかたによって二つの実体を立てるからである。その二つの実体とは「唯一」の実体と変様される実体だ。この二つの実体は事実存在するが、スピノザは最大の不合理を犯して、事物の根底についての最も途轍もない間違いを犯してそれを一つにしかしない。この二つの実体は形而上学的な二つの反対物で、この二つの反対物、無限者と有限者の存在を知らなかったがために、真理はこれまでずっと井戸の底にあった。しかし、知に至ることは無知を通ってしかできなかったし、したがって（ここで道徳的なことを語れば）真実の習俗に至ることも偽りの習俗を通ってしかできなかったのだ。

スピノザも、無限とは「唯一」という属性と同じく一切の変様の否定であるのを知っていたら、実体についてそれは無限に変様されるとは言わなかったろう。しかし、スピノザは一つの体系を立てたかったのだ。二つの実体という体系を守った方がこの人としてもよかったはずである。その体系は真実で、説明されることしか求めていなかったのだから。この要求をはきちがえたために、これまで常に風靡してきて今ではかつて以上に風靡する破壊的な哲学が生まれた。そんな哲学は形而上学の面でも道徳の面でも何ひとつ打ち立てない。少なくとも満足のいくものを何ひとつ打ち立てない。

形而上学的真理の展開によってのみ、または同じことだが正確な形而上学的文法によってのみ、唯一の実体という体系を打ち壊すことも、不合理なもの〔宗教〕が持ち込んだすべてを除去して二つの実体という体系を純化することもできた。しかし、ここには抜萃でしかその展開がないことを見落としてはならない。唯一の存在、または端的に言った神とは何かを正確に知る仕事が残っている（全部言い尽くす気があったら、ここでも一言《ひとこと》でその知を与えられようが）。形而上学的真理を物理的なものへ、とりわけ道徳的なものへ適用するあらゆる仕事が残っている。道徳的なものこそ肝要だが、道徳的真理は形而上学的真理によってしか得られなかったからである。だが、この二つの真理の全面的な展開はどこにみつかるのか。それは手書きの或る著作の内に存在する。大部ではなく、二つの実体をひとたびちゃんと把握したら娯楽書に劣らずすらすら読めるものである。スピノザ主義へのこの反駁も同書を予告するためしたにすぎないが、この予告を受けて希望されるかぎりでしかその書は公にされまい。

道徳的悪と、したがって物理的悪のほぼ全部の打ち壊しが「真の体系」から必然的に帰結するようにスピノザの体系からも帰結したら、スピノザの体系からあのように悲しく忌わしい結論は引き出されなかったろう。このことに特別の注意を払っていただきたい。唯一の実体という体系からはいかなる道徳も出てこず、はきちがえた二つの実体という体系からは偽りの道徳しか出てこない(七)。真の道徳が出てくるのは、一《いっ》に、正しく解されたその体系からである。はきちがえた二つの実体という体系が必然的に引き連れてくる、これまで解決不能だった種々の困難がそれで解決されることは言わないとしても。そういう困難にはどれほどの力があることか。真理が勝つためには、それらの困難をいくら思い出してもしすぎることはないのである。

(一)「原因」と「結果」、「創造者」と「被造物」という語には物理的な観念が結び付けられてきたが、結び付けるべきは純粋に形而上学的な観念だった。

(二) そこからスピノザの原理に好意的な結論を引き出したら、追って見るようにそれは大間違いだろう。われわれがみな等しく心の内に持つ「全体」〔全一体〕の観念を私がここで展開するのも、事実存在する二つの実体をいっそうよく打ち立てるためにすぎない。

(三) 肯定的な一般的集合名詞はみな「一」なる存在に当てはまり、否定的な一般的集合名詞はみな「唯一」の存在に当てはまる。真理の展開は、われわれも認めるように形而上学的存在を言い表わすこれらの名詞に観念を、正確な観念を結び付けることにあった。付け加えれば、否定的な一般的集合名詞は肯定的なそれの否定にほかならない。「唯一」の存在は

「一」なる存在の、したがってまた数ある諸存在の否定なのである。

（四）　私は世に受けいれられた原理によって二つの実体を立てないように見えるが、間違えてはいけない。実際はそういう原理によって立てているのである。そうするように見えないのは、世に受けいれられた原理が漠然としか受けいれられず、深く掘り下げられたことがないのに対し、私がそれを説明しているからだ。考えれば考えるほど、私の言うことの真実性がますます分っていただけよう。しかし、世に受けいれられた原理と私の原理は一見異なるから、そのことをどれだけ考えねばならないことか！　私の原理はあまりにも単純で、それを展開するにも前言の繰り返ししかできないほどである。

（五）　静止と運動、充満と空虚、善と悪は形而上学的対立物で、今まで考えられてきたような形而上学的反対物ではない。両者の一方が他方の否定であるどころか、両者は互いに肯定し合うのだ。

（六）　「端的に言った神」と呼ぶのは、一切の創造を捨象して見た神である。神は時間の内に創造したということを教義とする人は、神をこのように見られる立場にある。重ねて言うが、私は世に受けいれられた原理しか用いていない。しかし、それらの原理は不合理なもの〔宗教〕の内にあまりにも没しているため、私が書いてもそうだとはほとんど分らないであろう。大の不合理、途轍もない間違いは、「端的に言った神」を創造者たる神なるものに仕立て上げ、また創造者たる神という純粋に形而上学的な存在を、「全一体」にほかならぬ存在を、一個の物理的・道徳的な存在に仕立て上げたこと、つまり宇宙を建てた建築家に仕立て上げ、それにわれわれの情念やわれわれの美徳・悪徳を持たせたことだ。悪魔というのはその神にほかならず、その神は本性からして形而上学的な二つの対立物だからである。創造者たる神に対するわれわれの関係性は「全一体」に対するわれわれの関係性で、それ以上の何物でもない。「全一体」こそがあらゆる面での完成なのである。だが、これはほかにも多くの展開をどれほど必要とすることか！

（七）　この偽りの道徳とは、法の支配下に暮らすすべての人間の道徳、とりわけ文明諸国民の道徳である。道徳的悪が存在するのは、事物の根底についての無知に起因するこの偽りの道徳のせいなのだ。

付属資料

以下に訳出（全訳）する二つの文書の底本は、デローム編『（ドン・デシャン）哲学作品集』第二巻の巻末にある計十四ページの「付録」で、現在ポワティエ市立図書館に所蔵されるドン・フォントノー関連写本群の内にあるドン・デシャン関係の二つの写本を活字に起こしたものである。二つの文書はいずれも無署名で、日付も付されず、筆者が誰かは今のところ分っていないが、いずれにせよ、ドン・デシャンの思想に対する同時代人の批判的意見を直接的に伝えるものとして少なからぬ資料的価値を持っている。たしかに、前段で訳出した「真理をめぐる我らの哲学者の何人かへの工作」に収められるロビネやイヴォン師との文通の中では、ドン・デシャンの思想に対するこの二人の異議や反論がかなり詳細に紹介されているが、ただ、それはあくまでドン・デシャン自身やその弟子のヴォワイエ・ダルジャンソン侯爵の口から間接的に語られたものであり、ロビネやイヴォン師の言葉をじかに伝えたものではないし、二人の発言の「引用」も忠実さ、客観性の程は定かでない。ドン・デシャンの思想に対する同時代人のまとまった批判を生《なま》のまま伝えた文書は、現在のところこの二点の写本しかないというのが実状である。なお、この二点の内、いかにも嘲笑的な第二の「〈真の〉と形容される体系の要約」は、どうやら、誰かから誰かに宛てた長い手紙の中からドン・デシャンに関係する個所だけを抜き出したものらしく、しかも、最後と思しき部分は写本からも欠落している。

一、自然の体系

私は「真理の体系」を理解したつもりです。あの体系の大胆さには感心します。カリフ〔マホメットの後を継ぐイスラムの国王〕のオマル〔三一九〕よろしく松明を手に、世界中の図書館という図書館に火を放ち、「聴け、わしが真理だ」と人々に言う著者の姿が目に浮かびます。私もできるだけ注意して聴きました。以下、多少の考察をあえて著者に呈するしだいです。

一、まずありえないことですが、こう仮定してもかまいません。新世界〔アメリカ大陸〕と旧世界のまんなかに広大な薪の山が二つ積まれて、貴方に説得された人間たちが法律も不動産登記書もそこへ投げ込んだと想定しましょう。国王たちは玉座から降り、司祭は祭壇から降りました。「お前なんかもう俺にはなんでもないよ」と夫は妻に、父は子に言いました。社会はことごとく解消され、思い出はことごとく消し去られ、意見はことごとく忘れられ、観念はことごとく消滅しました。同時に、世界の端から端までです。さらに、ありうることでも本当らしいことでもありませんが、社会的で文明的な人間が、十八世紀の人間が自然の揺籃《ゆりかご》へ逆戻りしました。貴方にお尋ねしますが、この惑星では人間の生存に必要な果実が自然には熟《な》らないのですから、最低限、互いに合意した農業関係の法律がいくつか要らないでしょうか。土地が共同で耕せることも、農産物が平等に分配できることも分りますし、イエズス会士もパラグアイ〔三二〇〕でプラトンの国家を一部実現しました。しかし、パラグアイにも法律はありますし、法の解釈者も番人もいます。財貨の共有も必要な法を前提とします。人間が畝を引き、家畜の群を連れ、狩りの采配を振るところでは、どこであれ、なんらかの社会秩序を、なんらかの形の経済運営を設けずにおれるならおいてください。

二、それ以上にありうることでも本当らしいことでもありませんが、さらにこう仮定しましょう。家畜を飼ったり魚を食ったり狩りをしたりする人間が、法律もなく取り決めもない生活を送り、ビーバーの共和国のように自然の衝動にだけ身を任すと想定します。それでも、人間の機械的なはたらきが無数の世紀にわたってずっと同じメカニズムにだけ局限されうるなどと貴方はお思いですか。未開人もビーバーに罠を仕掛けられるようになったのですから、ビーバーと違う暮らし、もっとましでもっと快適な暮らしをするという本性から来る必然性を負わされていないでしょうか。貴方の言われる習律状態で人間が立ち止まるはずの限界をあえて指定してごらんなさい。「完成能力」を持つこの動物がこれから先へは行かないとあえて宣告してごらんなさい。

三、緯度のいかん、風土のいかんを問わず人の住む範囲が拡がるのを貴方はきっとお望みでしょうね。貴方の体系ではその範囲に限界を設けられませんし、設けるべきでもありません。それは喜望峰から韃靼の尖端《さき》まで、マゼランの地〔南米の最南端〕からアシニボイン人〔三二〕の地まで、両大陸を被い尽くすでしょう。しかし、力の強弱、したがって専制と隷属は赤道からの度数によってきまります。不幸なカムチャツカの住人は必然的に、もっと肥沃な土地に住む隣りのシナ人に襲いかかるでしょうし、自然が韃靼人にシナ人より逞しい筋肉を与えたというどうにもならない理由から、シナ人は必然的に屈服してしまうでしょう。ですから、シナ人が五、六人組になって、北方の盗賊に対抗する防衛線を作り、技《わざ》で力を押し返さねばならないでしょう。「真理の体系」の作者にこれ以上言う必要はありません。

四、自分の言う習律状態では人間がみな似た者同士で容姿も等しく、いわば同じ一人の男、一人の女になると貴方はおっしゃいます。しかし、けっして嘘をつかない本が一冊あります。自然という大きな本です。その本の「カフィール人」〔アフリカの南東部に住む原住民〕と「グルジア女」のページを開いて、そこに載っている醜さと美しさの両極端を目にされ、次に、そのグルジアの美女がモロッコのサテュロス〔半人半獣の森の神〕のまんなかにいると想像して、貴方の言われる「道徳的〔社会的〕平等」の内にも最低限、女性の共有を阻むこういう障害はあるはずだとお認めください。どんなに行き届いた種馬牧場にも、怪物のように醜い馬は生まれます。おっしゃるような人間男女の牧場で、そういう怪物はどうなるのですか。

五、自然は地球の表面を多種多様にしました。ラプランド〔ノルウェー・スエーデン・フィンランドの北部地域〕の周辺には氷山を積み上げ、ヌビア〔アフリカ東北部〕の砂の中ではアフリカ人の肌を焼きます。エスキモーはマーモットのように無活動で、山なす雪の下にぼんなり暮らし、ナポリの住人はオレンジの木陰、花の絨毯の上で休みます。自然の内には一つだけのシステムなどなく、すべてを単一の原理に還元して、アルキメデスが岸からガリー船を動かしたといわれたように地球を操作しようとなどするのは天才の逸脱だと思います。

六、道徳的な面でも物理的な面でも、善と悪はわれわれのちっぽけな地球の必要な成分と思われます。おっしゃるような習律状態には、痛風も尿砂もシャム病〔黄熱病〕も破傷風も真性コレラも男子色情症も天然痘もその姉〔三二二〕もペストも、洪水、火山、等々、等々もなくなるとお思いですか。そこでは退屈など知られなくなるとお思いですか。退屈というのは魂のあらゆる病《やまい》の中でも、たぶんいちばんひどいものなのですが。いやいや、貴方の言われる平等状態でもおそらくそうはなれないほどの自由に浴する善良で平和で徳高いベルンの住人ですら、御多分に洩れず欠伸《あくび》をし退屈しているのです。平和と寛容と可能なかぎりの自由がもたらすはずのあの至福の状態にあるスイス人ですら、水のようなもので澱めば腐ってゆくのです。

七、社会の欠陥をやっつける実に見事な大演説を私は色々読んできました。その手のものはロンドンでもパリでもローマでも、ベルンですらも読みました。どんな国家、どんな国民にもヘラクレイトス〔三二三〕はいるものです。でもロンドン、ローマ、ベルンでは、特にパリでは、社会が言うに言われぬ魅力の数々を私に提供してくれました。汚れのない健全な魂を持っていれば、快く感じ考える材料はどこでもみつかるものです。

八、法律状態が協約による状態だったかどうかは知りませんが、何物も法律状態を打ち壊せないこと、それを改善するために天才たちが力を合わせねばならないことは知っています。間違いなく、ゴール〔今のフランス〕もドルイド僧の時代よりましですし、イギリスもアングロ＝サクソン人の時代よりましです。私が心から確信するのは、諸民族の幸福はいつでも人間精神の進歩に比例するはずで、ニュートンのような天分があったらスラ〔三二四〕もイタリアを血の海にはしなかったろうということです。勇気を持って、勇気を持って人々を啓蒙しましょう。人々が自己の存在の尊厳を感じれば感じるほど、それを隷属させることはますます難しくなるでしょう。アメリカの北部で今どんな場面が準備されているか御覧ください。哲学がそこに自由を保つはずです。

九、迷信は専制の手にある必要な武器だと貴方は主張されます。近時の迷信はそうでしょうが、陽気で気がきいた古代の迷信は違います。地上にかつて専制君主がいたとしたら、それはローマ皇帝たちでしたが、どんなローマ人でも彼らほど宗教的見解への軽蔑をひけらかした者はいませんでした。

十、根元から木を伐採するのではなく、枝葉にばかりかかずらっている、と貴方は哲学者〔啓蒙思想家〕たちを非難されます。しかし、哲学者たちはこう思っているのですし、またそれは正しいのです。最善は大体において善の敵だ、と。大きな禍からしか人々に得させられない仕合わせもある、と。ロンドンの壮麗さと規則的な町並は火事のお蔭にすぎず、パリがそういう代価を払って同様の規則性を持とうとしたら高くつきすぎる、と。問題は人間を森へ送り返すことではなく（人間は社会を好み社会を必要とするようになったのですし、その本性により必然的にそうならざるをえなかったのですから）、この社会を打ち壊すことではなく、それを改善することだ、と。この哲学者たちがさらに確信しているのは、近時の諸々の宗教は陰気なこと、不合理なことは別としても、個人に苦痛を与えることは別としても、良き立法が前進するのにいつでも反対するだろうということです。ニカイア宗教会議〔三二五〕からナント勅令の変更〔三二六〕に至るまで、それらの宗教が地上にもたらした身の毛のよだつ禍の数々を先入主なしに見てほしい、と哲学者たちは貴方に言います。われわれの不幸の何より豊かな源を涸らそうとなどするのは犯罪だと言い、崇高な著作の二十個所もで同じことを繰り返すのは、人間たちの誰より優しい友である人のすることでしょうか。古代の人の宗教は政治からも統治からも切り離され、一度としてそれを支えなどしなかったのを知らないのでしょうか。キケロですら、賢明で徳高いキケロですら演壇でローマの神々を茶化したこと、シチリアのディオドロス〔三二七〕が同時代の人にその信仰の滑稽さを暴露したこと、さらに、その信仰はただ滑稽にすぎなかったが、われわれの信仰は残虐なことを忘れたのでしょうか。わが家の果樹園にはたわわに実のなる果樹がありますが、庭師の怠慢から、悪臭を発する寄生植物《やどりぎ》が根元から生え、そこが蛇の巣窟になってしまいました。蛇がいくらシューシューいおうと、私は庭師の怠慢の埋め合わせをするつもりです。

それでは、あの体系に私たちは何を対置するのでしょうか。あんなに天才的ではないが、もっと役に立つものです。私たちはこう言うでしょう。一人一人による万人の至福ということが私たちの思弁の対象となるべきで、徳と真理の教えは幸福になる手段と異なりはしないのだ、と。また付け加えて、詭弁を弄さずに分りやすく言えば、これこそ本当の自然法というもので、それを観察する者にとっては、そこから生じる幸福がこの法を裁可するのだ、とも。これによってこそすべては解明され、「道徳的真理」は正確で精密な計算を容れるようになるのです。一言で言えば、一方では感覚的存在の物理的善と、他方ではこの存在と感覚的諸存在との間に自然が設けた関係とが、道徳に与えるべき土台を形成するのです。こういう考えに新味はありませんが、真実ならかまいはしません。

二、「真の」と形容される体系の要約

貴方に割ける時間があまり残っておらず、必要なかぎりの注意を払って「真の体系」を読み返すことも、まして型どおりの堅固な反駁をすることもできませんから、以下、その体系の要約を記すだけに止めます。要約といっても、手短かな批判となりましょう。できればもっとくわしく、もっと遺漏のない批判をいずれしたいものです、そんな批判に値するということが本当ならば。この要約はたった一回、それも何度となく中断しつつ読んだだけで作成したものですから、著作を正しく把握していなかったり、何か本質的な点を失念したりしている場合は、これをお渡しくださった貴方からその旨お知らせください。私がこの書を猫ばばするのに目をつむるようなお気持は、貴方にはきっとおありでないでしょうから。

「真の」と形容される体系の要約

自然の謎の
得がたきこころを受け取られよ。

これまで不合理ばかり、または誤謬ばかり主張してきた親愛なるわが同類たちよ、キリスト教徒よ、有神論者よ、無神論者よ、近時の哲学者〔啓蒙思想家〕よ、これから諸君の考えを修正し、諸君の偽りの体系を純化してやる。幸にも私の言うことが分ったら、諸君はやがて申し分なく蒙を啓かれよう。本題に入るに先立ってあらかじめ言ってお

くのが順当だが、「悟性」という言葉で私が考えるのは知性のこと、本有観念のこと、母なる観念のこと、協力・一致した感覚のこと、一言で言えば人間たちがあらゆる存在と共通して持つ実在の基調のことである。そこから、獣たちもそれなりに悟性を持ち、知性を持ち、人間以上の力を持つ以上、相互の間で社会を形成する能力もあるはずだということになる。諸君が獣を支配しなかったら、または存在するのをやめたら、だが。この真理を信じるためには、教育から来る偏見を一切捨てるだけでいい。私がこれから明かしてあげる真理という真理に兜を脱ぐためにもそうだ。

「全一者」、「全一体」という二つの語は、これから私がそれで諸君を啓発し、またやっつけるものだから、それを諸君によくよく分らせるのが肝要である。「全一体」という語で考えるのは宇宙の全体、物質、世界、自然であり、自己を構成する数ある諸存在による存在であり、関係性で見た実在であり、発端と終局、始めと終わり、原因と結果、運動と静止、充満と空虚、悪と善、秩序と無秩序、等々である。

「全一者」という語で考えるのは「それ自体としての実在」、つまり、ただ一つの同じ存在をしかなさないものと見た実在である。これは「唯一」の、したがって関係性なき存在だから、他の諸存在と区別できない。

この両者を混同しないように、これらの単語の正しい語尾変化を学んでほしい。「全一体、全一体の、全一体に」(*Le Tout, du Tout, au Tout*) と言い、「全一者、全一者の、全一者に」(*Tout*, de *Tout*, *à Tout*) と言うのである。このことを今しっかりと把握したまえ。それでも、よく分らないとて、めげることはない。先の方で、おそらくよく分るようになるだろう。

「全一体」は関係性によって在るから、つまり、自分の諸部分が自分によって存在するように自分も自分の諸部分によって存在するから、肯定的・絶対的な実在であり、それだけが唯一の有限者で、唯一の形而上学的存在である。「全一者」は関係性なき実在だから、否定的な実在にすぎない。真理がこうも長くみつからなかったのは、「形而上学的」という語の真の意味を人がこれまで知らなかったからである。それでも、これを森羅万象にのみ当てはめ、私が宇宙と名付ける存在に当てはめるのはいとも簡単なことだった。諸君もやがて、この存在を唯一の神と認めるであろう。神について、諸君はまだ名前しか知らない。
だから聴け、キリスト教徒よ、有神論者よ、哲学者よ。諸君がかくも久しく探している神は普遍的存在、形而上学的存在にほかならず、その普遍的存在が「全一体」なのである。重ねて言うが、「全一体」を「全一者」と混同してはならない。「全一者」と「無」は同じものであるから。私以前に、これほど見事な観念が一度として知覚されたことがあるか。それでもこれは真理そのものなのである。

私は空中楼閣を建てるつもりはなく、したいのはしっかりした土台を据えることである。だから、この上なく堅固で異論を許さぬ証拠を使って、今言ったことをこれから全部諸君に納得させてあげよう。だが、真理を納得させるに先立って、われわれは誰しもこの真理のためにあることを証明してあげるべきだと思う。

「神」が自らを理解するように神を理解するためには、それを完全で絶対的で永遠で測り知れない等々と理解せねばならない。さて、われわれが神をさように理解していることは間違いない。故に、われわれは神を神が自らを理解するように理解しており、故に、われわれは自己の本性の基調によって神なのであり、故に、真理はわれわれのためにあるのである。真理は神にほかならぬからだ。真理が神であるなどと諸君は考えたろうか。正しい論理とはどういうものか見るがいい。

同様に単純な推論によって（私が言うべきことはみなしごく単純だから）、今度は「全一体」が神であることを証明しよう。神という言葉で、諸君は普遍的で測り知れない、到る所にある存在を考えている。さて、宇宙は普遍的で測り知れない、到る所にあるものではないか。かくも堅固な論拠に接しても諸君が納得しなかったら、賭けてもいいがそれは、自分が創造した存在を実在化させると諸君が私を非難して、「全一体」が実在する存在だとは、感覚的な諸存在がそれの色合いをなす基調であるような存在だとは思わないからだ。そこで、このことを諸君に証明してやらねばなるまい。それをしないと、私の体系は全部崩れるからである。しかし、「全一者」と「無」が同じものなのを発見して私はいたく満足しているから、そのことを諸君に証明してやって自分の無知に仰天させるため、しばしの間

「全一体」のことは措くとしよう。

「無」は無限者にほかならず、無限者はすべてだから、故に「全一者」と「無」は同じものである。「無」が無限者なのを証明すればこの証拠は明証的だから、それをこれからするとしよう。存在というものは有限または無限としかみなせず、この両極は「全一体」か「無」かという二者に帰着する。さて、「全一体」は有限者だから、故に「無」は無限者なのである。この最後の論理の小前提は大前提と同様に明証的である。だいたい、作品があらゆる面で完成度を持つ時、それは fini〔「有限な」を意味する言葉だが、ここでは「完成した」の意〕だとわれわれも毎日言うではないか。また、「全一体」は普遍的な、したがって完全な存在だと前に言ったではないか。ならば、「故ニ」「無」は無限者だという帰結も認めてもらわねばならない。さて、「全一者」もまた無限者である。「故ニ」「全一者」と「無」は同じものなのである。正しい論理はなんと素晴しいものか！　だから、今しっかりと思い出してもらいたい。唯一の存在、「全一者」、「無」、虚無そのものというのは異なる四つの表現だが、それでも、創造者でない神という同じものしか言い表わしていないのである。というのも、知っておいてほしいが、神は異なる二つの観点から見れるのだ。一つは創造者たる神としてで、それは「全一体」であり、もう一つは創造者でないものとしてで、それは「全一者」または「無」または虚無である。しかし、その創造者でない神、その「全一者」または「無」、その唯一の存在はいかなる関係性も持たず、われわれにはいかなる効用もありえないから、そういうものは措いて、私が発見してあげた真の神へ、つまり「全一体」へ、あの唯一の普遍的・形而上学的存在へ話を戻し、それが存在として在ること、それが基調で、諸部分または感覚的諸存在はそれの「色合い」であることを証明しよう。

諸君の個々人とは、全体がその諸部分によって存在する一つの存在ではないか。それならどうして宇宙も一つの存在でないのか。これになんと言い返せるか。――こう言い返せる。宇宙の諸部分は一つの存在を形成するほど互いにつながっておらず、部分と部分の間には空虚があり、それがないと運動もないではないか、と。――諸君の個々人の色々な部分も動くではないか。動いても全体を形成するのに変わりないではないか。様々な天体はたえず運動しているとはいえ、それでも大気によって互いにつながっていないだろうか。なんという異議だ！　でも、賭けてもいいが、諸君がそんな異議を呈するのは、充満と空虚、運動と静止、「全一者」と「無」について真実の観念を持たないからにすぎない。聴いて学びたまえ。このような両極はみな最大または最少なのだ。最大が最少の相関物なのと同じく、充満は空虚の相関物、運動は静止の相関物、「無」は「全一体」の相関物なのだ。こんな考えを諸君はかつて抱いたことがあるか。それは私のために取っておかれたものだった。これまではずっと、空虚はあらゆる物体の否定だとか、静止は或る場所から他の場所へという物体のあらゆる移動の否定だとか、無はあらゆる存在の否定だとか思われてきたし、それが常に道理に合わない戯言《たわごと》を言わせてきたからだ。

でも、「全一体」が実在する普遍的な存在だったら、それがわれわれの認めるべき神だったら、その存在の、その神の組成の内に物質が入ってくるが、と諸君は言うだろう。むろんそうだ！　結構な異議ではないか！　物質から泥を作れるので、諸君も物質を馬鹿にするのではないか。まるで、泥には取り柄がないかのようだ。

われわれ個々人の或る部分が変調を来たし病気になると、それと関わりそれを部分とする個人は苦痛を感じる。普遍的存在もその部分の一つが変調を来たすとそうなるのか。——むろんそんなことはない。諸君にとって病気であるものも、その存在にとってはそうでないから。でも、そんなのは揚げ足取りで、私は好きでない。私に教えてもらいたかったら、こちらの言うことをよく聴きたまえ……　神とは何か諸君もこれではっきり分ったろうから、そこから出てくる様々な真理を見てほしい。

一、創造者でない神は創造者になろうとした時、モーゼがいみじくも言ったようにすべてを無から、または虚無から引き出した。つまり「全一者」から、創造者でない自己自身から引き出した。これ以上単純なことがあろうか。さて、この単純さこそ、私の体系が唯一「真の」ものなのを証明している。

二、創造者たる神としては、それは「全一体」である。つまり発端と終局、始めと終わり、空虚と充満、最少と最大、アルファとオメガである。これらの両極はみな中間がそれの統一だから、まともな幾何学者ならこう言わねばならない。発端対1は1対終局、始め対1は1対終わり、空虚対1は1対充満、無限者または「全一者」または「無」（それらは同じものである）対1は1対「全一体」である、と。私の言うことが分らなかったり、分っていても悪意のある幾何学者の内には、こう言う人がいるかもしれない。外項の二つの内の一方で第一のもの、たとえば無限者、「全一者」または「無」が0で表わされ、第二のもの、たとえば「全一体」がxで表わされるとしようか。すると、∷0∶1∶xという級数が得られるね。さて、xに0を掛けると0、1に1を掛けると1だから、その場合、外項の積は内項の積にならないね。だから、この比例、というより級数は誤りという結論が出るよ——と。……幾何学者の皆さん、皆さんの考えからすれば誤りでしょう。皆さんが半分しか形而上学者でないのがよく分りますね。私がさんざ言ってきたのに、「無」が何物かで0では表わせないか、0が何かの数値か、どちらかなのを感じないのですか。……〔以下は幾何学者たちの発言〕でも、もう一つあるよ。「無」は1以上を意味するか、1以下を意味するか、1に等しいかだろう。もし以上を意味するなら、「全一体」に何か1以上のものを掛ければ答は1以上になるよ。「無」を1以下の何かの数で表わすべきなら、「全一体」にその数を掛ければ答は1以下になるはずだよ。「無」は1で表わすべきだと君が言うなら、その時は1∶1∷1∶1に、つまり、1である「全一者」または「無」 対 1は、1 対 1である「全一体」に等しいことになるよ。常に無限者を意味する「無」または「全一者」または1と1の比が、1と「有限者」または「全一体」の比と等しくなるんだよ。そんなのは、最少対1が1対最大に等しいと言うのと滑稽さで甲乙ないね。最少はいつだって最大より少ないだろうから、最大イコール1に最少を掛ければ、答はいつも1以下のはずだよ。最少は正の数で、最大はそれの関数だからね。絶対的真理が問題の時は、近似値なんて許されないよ。「全一体」か「無」か、真か偽か、どっちかだ。君の言う「無」、君の言う空虚、君の言う静止が0で表わせなければ、あるいは0が1以上か以下の数値なら、どうしても外項を互いに掛け合わせた数は1以上か1以下になってしまうよ。また、その0が1という数値なら、無限者と有限者は同じものにならざるをえないんだよ。——おふざけですね、皆さん、分りますよ。重大な問題でふざけるなんて場違いですね。閑話休題。

それらの一次的〔形而上学的〕真理について私が諸君に言えたことは、これでほぼ全部である。これ以上言ったら、すでに述べたことを繰り返すか、目指す目的にとっては余計なことを何か言うか、どちらかにすぎなくなろう。そこで、二次的〔道徳的〕真理へ移るとしよう。諸君もホッとするだろう。

一、地獄を恐れるのはもうやめたまえ、天国を望むのはもうやめたまえ。それだけではない、死を恐れるのももうやめたまえ。すべては相対的で、「最大」が「最少」の相関物であるように、生も死の相関物にすぎないからだ。地獄を恐れるのをやめよと言うのは、そんなのは知性的で管理人でなんらかの法の作者で罰したり褒美をやったりする神なるものを承認する連中のためのこけおどしだからだ。私が今諸君に明かしてあげた神は、そんな神ではない。自分が形而上学者になれるから、推論できるから、知能があるから、悪と善を見分けられるから、褒美をやったり罰したりする気になるから、自分らの神も同じようなものだと諸君は思っている。知っておきたまえ。神とは「全一体」なのだ。それどころか多少は物質的なものなのだ。おそらくは精神も知能もなく、慈愛も悪意もないものなのだ。諸君が神のお蔭を蒙るのに劣らず、神も諸君のお蔭を蒙っているのだ。諸君が神によって存在するのと同じく、神も諸君によって存在するのだ。諸君が〔神と一体でなくなって〕離反しなければ、神は十分仕合わせなはずなのだ。諸君が離反できないなら、神も諸君を消滅させられないのだ。神は諸君によって存在するのだから。諸君を苦しめすぎたり、「すぎたり」とは言わず少しでも苦しめたら、神はきまって後悔するのだ。諸君はいろんな面で神なのだから、「神を理解するから」にせよ、神の部分であるからにせよ。

それだけではない。神は諸君の何を罰するのか、何に褒美をやるのか。道徳的善か、復讐の唯一の対象である道徳的悪か。追ってお目にかけるように、私の体系ではそんなものは存在しない。おそらく諸君は言うだろう。「天国もなく、期待すべき褒美もないとは悲しいことだ」と。しかし、はばかりながら答えよう。本題と関係ないので多くの理由をここでくだくだ言う気はないが、恐れるべき地獄がない方がずっと慰めになるのである。

二、そこから、われわれは幸福になりたかったら今の状態を変えるべきだということになる。そのためには、可能な様々な状態のちょっとした見取図を書いておかねばならない。

私は三つの状態を区別する。未開状態または団結なき不団結の状態と、法律状態という団結なき団結の状態と、習律状態という私が不団結なき団結の状態と名付けるものである。私ほど思弁的でない人だったら、未開状態または団結なき状態と、法律状態またははきちがえた団結の状態と、習律状態または本当の団結の状態と単に言ったろうが、これほど素敵なものに到達できるのはこの上なく深遠な思弁の末にすぎない。これら三つの状態のどれを諸君はいちばん好むはずか。それは未開状態ではあるまい。われわれはそれから始めつつも、それに嫌気がさしたからだ。それは法律状態でもあるまい。こいつはわれわれが今いる状態で、私がそこから引き出したい状態で、偉人、大立法者、聖者等々とわれわれの名付けるものがそれで非常に苦労した状態である。というのも、これがあらゆる状態の中でいちばん忌わしく、それ以上はありえぬほどわれわれを不幸にすることは請け合いだからだ。さあ、それならこれを私の提案する状態と、習律状態と取り替えたまえ。そんなことは不可能と諸君には思われるだろうが、私は十分可能だと保証するし、われわれの子孫たちなら、拙作のお蔭であらゆる偏見から脱し、そこへ到達するだろうと期待している。その状態の麗わしさに私は心底狂喜しているから、子孫の幸福のお裾分けに与れるほど自分も長生きしたいと思う。それでも、隠しごとをしてはいけない。その状態へ移るなら、あらかじめ強壮で逞しく生まれ、良き農夫、良き職人のような育ちかたをしていたいものである。白状するが、その種の人間こそくだんの状態でいちばん仕合わせなはずだから。

では、その習律状態とはいかなるものか。唯一不合理でない神だと私の告げる普遍的・形而上学的存在が本質からして結合なのと同じく、われわれも相互に一体化すべきであり、その統一から必然的に平等が生じる。人間たちよ、もはや支配することを求めるな、もはや臣下を持つな、もはや奴隷を作るな、妻に至るまで財貨をすべて共有にせよ。そうすれば、諸君のためにも自分のためにも私の望む状態が現出する。われわれの偏見さえなければ、それ以上たやすいことがどこにあろう。

さあ、寄ってきたまえ、有神論者よ、無神論者よ、哲学者よ、純粋に破壊的な天才たちよ。宗教に刃向かう諸君の努力はみな何に至るのか。君たちミュルミドン人〔三二八〕〔小人《こびと》〕があの雲つく巨人を倒すのか。知るがいい、かくも大きな名誉は、すべてを純化し修正する私にのみ取っておかれたものだ。有神論者よ、諸君は知性的で建築家で管理人で応報者で、神的と名付ける一定の法を作った神なるものを承認するが、諸君が承認するものは不合理ばかりだ。次に、君ら無神論者よ、哲学者よ、諸君は人間の法を承認するが、そうすることで打ち壊すつもりの宗教に力を貸している。

一、諸君は誰もみな、人類のために何ひとつしていない。種類のいかんを問わず自らの法で人類を従属させ、忌わしいものだと私の言ったあの法律状態の内に人類を放置するからだ。

二、諸君は宗教に力を貸している。自らの法で道徳的悪を強固ならしめているからだ。法がなければ道徳的悪は存在しまい。「法ガ違反者ヲ作ル」で、法がなければ罪もなく地獄もない。法があるかぎり、諸君はいつまでも震えおののく者にすぎないだろう。

　人間の法だけ承認しても、神の法に力を貸すことが分らないのか。神の法がなければ、人間の法も存続できまい。自分の法を神の権威で、啓示で支えなかった立法者が一人でもいたら挙げてほしい。だから知るがいい、道徳的悪は宗教から来るのではけっしてない。だから、宗教にあえて手を触れることなどもうするな。道徳的悪は諸君の法から来るのだ。だから、私を信じる気があったら、「幸福」になるために法をことごとく投げ捨てたまえ。「献辞」にあった〔神々から〕「永久に」〔失わすものは〕みな……云々〔以下欠〕

訳註

〔一〕 広く用いられる慨嘆の言葉。出典は、ローマの政治家・弁論家・哲学者だったキケロ（前一〇六―四三）の『カティリナ告発演説、一』。

〔二〕 自らの思想をより直截に述べた手稿（公刊を望んでいる）の存在を暗示している。

〔三〕 原語は théisme だが、本書の中でこの単語は二つの意味に使われている。一つは、一般に神の存在を認める立場を指し、その場合は神の存在を否定する「無神論」（athéisme）の反対語で、その意味でなら、およそ宗教を信じる者はみな「有神論」を奉じていることになる。この個所では、「有神論」という語をさような一般的意味で使っている。しかし、この単語には当時もう一つの意味があり、それは、啓蒙思想家の中で多数派をなす理神論者たち、とりわけヴォルテールなどが、とかく否定的・貶下的な響きを持つ「理神論」（déisme）という語のかわりに、肯定的な響きの強い「有神論」という語を自己の宗教観を指すために用いた際の意味である。その意味での「有神論」は、啓示宗教をおしなべて斥け、奇蹟・預言など理性を超えるとされる信仰箇条を否定して、ただ創造者としての神の存在とその摂理、それがする一般的な応報のみを承認する立場を指しており、それはたとえば、ヴォルテールが『哲学辞典』（一七六四年）中の「有神論者」の項でする次のような規定に見るとおりである。「拡がりをもち、成長し、感じ、反省する存在をすべて形成し、それらの種を永続させ、罪を罰するに軽く、徳に報いるに篤い、強力にして善良な至高存在、その実在を固く信じた人が有神論者である。有神論者は、神がいかに罰し、いかに慈しみ、いかに宥すかを知らない。というのは、彼は神がいかに行動するかを知っているとうぬぼれるほど向う見ずではないからである。しかし彼は神が正しく行動することを知っている。神の摂理にたいするもろもろの反論も彼の信仰をゆさぶることはない。……彼はこの摂理に服従する。彼に見えるのは摂理の結果と外観だけである。見える物によって見えない物を判断する彼は、この摂理があらゆる場所、あらゆる世紀におよぶ、と考えるのである。この原理に従って他の世界中の人びとと手を結ぶ有神論者はすべてたがいに反目する党派のいずれにも属さない。その宗教はもっとも古く、もっともひろまっている。なぜならば、神にたいする素朴な崇拝は世界中のあらゆる教説に先行したからである。有神論者が語る言葉はすべての民族に理解される。たとい民族相互間では理解しえないとしても。有神論者は北京からカイエンヌ〔南米の仏領ギアナの首邑〕にいたるまで友人をもっている、彼はすべての賢者を友とみなすからである。」（邦訳、法政大学出版局刊、三八五ページ、髙橋安光訳）本書で「有神論」という語が使われる場合も、多くはこのような第二の意味からで、とりわけ、「純粋有神論」、「我らの哲学者たち〔啓蒙思想家〕の有神論」のように限定的な言葉が付される場合には、例外なくこの語を第二の意味で使っている。訳者もはじめ、第一の意味で使う場合は「有神論」、第二の意味で使う場合は「有神論《テイスム》」とするなど、二つの意味での使用を表記上区別することも考えたが、両方の意味を掛けて原著者がこの単語を用いている場合もあるため、表記上区別することは断念した。

〔四〕 一七六〇年代後半にフランス政府が進めた僧院の統廃合政策を言う。著者が責任者だったベネディクト会サン＝モール派のモントルイユ＝ベレの小僧院もその際整理の対象に挙げられ、それを防ぐためドン・デシャンは一七六七年、六九年と再三パリに上京して有力者たちにはたらきかけたが、ダルジャンソン家の庇護もあって、この小僧院は廃止を免れた。

〔五〕この部分は、直訳すれば「自分自身への純然たる転換可能性により」。「転換可能性」（reversibilité）というのはカトリックの宗教用語で、聖人の功徳がその聖人の加護を求める人々に転換して帰せられ、来世でその人々への刑罰を軽減し、褒賞を増大させうることを言う。

〔六〕ルソーの『学問芸術論』（一七五〇年）を指している。

〔七〕もちろん、ルソーの『人間不平等起源論』（一七五五年）のこと。

〔八〕ジャック＝ベニーニュ・ボシュエ（一六二七―一七〇四）。十七世紀末のフランスのカトリック聖職者。ディジョン高等法院の弁護士の子で、一六五二年に司祭となり、メッスで助祭を務めた後、一六五九年にパリへ戻り、数々の説教や棺前演説により名説教師と謳われた。一六六九年にコンドンの司教に任命され、翌年には王太子の教育係となって、特に一六七二年から八〇年までは司教の任をも辞して王太子の教育に専心した。一六八一年にモーの司教となり、死ぬまでその職に留まった。十七世紀末のフランス・カトリック教会の指導者として、フランス教会の権利擁護や正統信仰の護持のために闘い、プロテスタントとの論争、教会合同をめぐるライプニッツらとの交渉、フェヌロンとの静寂主義《キュイエティスム》論争、聖書批評をめぐるリシャール・シモンへの攻撃など、多面的な闘争に明け暮れた。その説教や棺前演説は説教文学の傑作として、古典主義の一翼を担うものとされている。

〔九〕イギリス王チャールズ一世の王妃ヘンリエッタ＝マライア（フランス語読みではアンリエット＝マリ・ド・フランス）（一六〇九―六九）。フランス王アンリ四世の末娘で、同ルイ十三世の妹。一六二五年、チャールズ一世の即位直後にそれと結婚し、一六二八年以後、夫王に大きな影響力を及ぼしてカトリック教の禁圧を緩和させるなどし、国民の反感を買った。ピュリタン革命の原因を作った人物とされており、内乱が迫るや、一六四二年に大陸へ渡って、フランスやオランダで夫王のために武器や資金を調達し、一六四四年七月に実家であるフランスの宮廷へ亡命した。夫王は一六四九年にイギリスで処刑されたが、一六六〇年の王政復古で自分の子のチャールズ二世が即位するとイギリスへ戻り、その後、一六六五年に疫病を避けるためフランスへ移って、そのまま一六六九年八月三十一日にボワ＝コロンブで世を去った。

〔一〇〕一六六九年十一月十六日に行なわれたもので、ボシュエの棺前演説の中でも代表作の一つとされている。なお、ドン・デシャンが以下にするのはそれの引用というよりはパラフレーズで、細かい字句は演説の原文とやや相違している。

〔一一〕ヴォルテールのこと。プラトンを高く買わないヴォルテールの発言は少なくないので、ドン・デシャンがここで「最近」と言うのがどの発言を指すのかは不明だが、次註に挙げる『哲学辞典』（一七六四年）の言葉のほかに、『ルイ十四世の世紀』（一七五一年）の以下のような言葉も挙げておこう。「われわれの世紀がギリシャの最盛期にも優ることは、ロックだけでもそれを示す大きな実例となろう。プラトンからこの人までの間には何もない。この期間、われわれの魂のはたらきを詳述した人はいなかった。プラトンを全部知っているがプラトンしか知らない人は、僅かしか、それも不十分にしか知らないだろう。」（第三十四章）

〔一二〕 ヴォルテールの『哲学辞典』（一七六四年）、「善（最高善）」の項。その項の冒頭の言葉を引いておこう。「幸福とは、いくつかの快感からなる抽象観念である。推理より筆に長けたプラトンは、〈原型的世界〉、つまりは本源的世界、美・善・秩序・正義などの一般的観念〔イデア〕を考えた。さながら、〈秩序〉、〈善〉、〈美〉、〈正義〉などと呼ばれる永遠の存在があり、下界でわれわれの目に正しい、美しい、良いと見えるものは、かすかな写しとしてそれから派生するかのようだった。そこから、プラトンにしたがって、哲学者たちは最高善を探し求めてきた。化学者〔錬金術師〕たちが化金石を探すのと同じである。しかし、最高善など存在しないのは、最高の四角形や最高の深紅が存在しないのと変わりない。色々な深紅の色があり、色々な四角形があるけれども、さように呼ばれる一般的存在はないのである。こういう絵空事な推理の仕方が、長いこと哲学を駄目にしてきた。」

〔一三〕 啓蒙思想家たちの考えを著者がこのように理解しているのは、おそらく、彼らを自説へ獲得しようとする工作が不調に終わった結果としてであろう。その場合は、かなり有望だったルソーやディドロへの工作ではなく、全く相手にされなかったヴォルテールやダランベールへの工作の失敗がこうした発言の背後にあったと思われる。事実、この発言は、ダランベールやヴォルテールがした返事の言葉と多分に類似している。

〔一四〕 訳註〔四〕を参照。

〔一五〕 原語の trempe には、「気質」という意味と同時に、鉄の「焼き入れ」という意味があり、ここでは明らかに二つの意味を掛けて使っている。

〔一六〕 原語は mal moral で、人間の好ましからざる行為、つまり悪事や罪悪を言うが、ここではとりわけ、人間社会の悪しき習俗のことを考えている。

〔一七〕 原語は mal physique で、苦痛・悲哀・病気・死・災害（疫病・洪水・地震・飢饉・戦争等々）など、総じて好ましからざる事態を言う。

〔一八〕 懐疑論のことで、エリスのピュロン（前三六〇―二七〇頃）の名から来る。ピュロンはアレクサンドロス大王の東征に随《したが》ってインドまで行った古代ギリシャの哲学者で、懐疑派の祖。あらゆる命題について賛否の根拠が等しい重さを持つという確認から、判断停止（エポケー）と、それを通じて獲得される不動心（アタラクシア）を説き、その説は主としてセクストス・エンペイリコスを通じてルネサンス以後に継承された。懐疑論者が懐疑の必要を説くこと自体、一個の断定で、懐疑論の立場と矛盾するというのは、昔から言われ続けてきた反論だった。

〔一九〕 「欠ける」と「背く」は、原語では同じ manquer である。

〔一一〇〕　おそらく、ドン・デシャンと親しかった元陸軍大臣ダルジャンソン伯爵のことであろう。ダルジャンソン伯爵マルク＝ピエール・ド・ヴォワイエ（一六九六―一七六四）は、長く警視総監を務めたダルジャンソン侯爵マルク＝ルネ・ド・ヴォワイエの子で、外務大臣を務めて文筆家としても名をなしたダルジャンソン侯爵ルネ＝ルイ・ド・ヴォワイエの弟。パリ高等法院評定官（一七一九年）、警視総監（一七二〇年）、パリの地方長官（一七四〇年）などを経て、一七四三年に陸軍担当の国務書記官（陸軍大臣）となり、士官学校の創立、大砲の口径の統一、各地の要塞の補修などの功績を上げたが、国王の愛人ポンパドゥール侯爵夫人の画策によって一七五七年に失脚し、晩年の六年間は、ドン・デシャンがいたモントルイユ＝ベレに近いレ・ゾルムの館に蟄居を命じられていた。兄と同様、ヴォルテールや啓蒙思想家たちの友人で、『百科全書』も彼に捧げられており、科学アカデミー、碑文アカデミーの会員でもあった。

〔一一一〕　キリストの生涯、特にその受難や、聖人伝を主題にした芝居で、十五、六世紀に広く流行した。現在分っている作品は約百篇に上り、その内八十六篇は受難劇である。

〔一一二〕　ジャン＝フランソワ・エノー（一六八五―一七七〇）。フランスの法律家、文学者。徴税請負人の子で、はじめオラトリオ会の修道士だったが、一七〇二年に還俗して法曹界に入り、一七〇五年にパリ高等法院の評定官となり、一七一〇年から一七三一年まで同高等法院の予審部長官を務めた。一七五三年からは王妃の家の執事もしている。初期の啓蒙思想家たちと親しく、一七二〇年から一七三一年にかけて、「中二階《アントルソル》クラブ」という彼らの集まりはヴァンドーム広場にある彼の館で開かれた。作品では『フランス史要約年代記』（一七四四年）が最も有名だが、ほかに何篇かの悲劇、喜劇、バレーを書いている。シェイクスピアから感銘を受けて、フランスでも自国の歴史をテーマにした国民的な演劇を作るべきだと考え、その趣旨を盛った長い序文を付けて、自ら『フランソワ二世、歴史の場面』（一七四七年）を発表した。一七二三年以来、アカデミー・フランセーズの会員だった。

〔一一三〕　これもおそらくヴォルテールのことであろう。彼の『哲学辞典』（一七六四年）の「統治」の項には、たしかに次のような言葉がある。「一つならずの民族は新しい政体を願っているが、イギリス人は一週間ごとに大臣を変えようと思っても、統治形態を変えようとは思わない。」

〔一一四〕　訳註〔四〕を参照。

〔一一五〕　ジャン＝ジャック・ビュルラマキ（一六九四―一七四八）。スイスの法学者。ジュネーヴの生まれ。一七二三年から一七四〇年にかけてジュネーヴ大学の自然法の教授を務め、一七四〇年以後は同市の最高会議のメンバーだった。『自然法原理』（一七四七年）、『政法原理』（一七五一年）、『自然法・万民法原理』（一七六八年）などの著作は広く読まれて、各国の大学で法学の教科書に使われた。

〔一一六〕　百科全書派の一人でディドロの親友だったドイツ生まれの貴族ドルバック男爵（一七二三―八九）の主著で、フランス十八世紀の無神論的唯物論を最も体系的に展開した代表的著作。本書と同じ一七七〇年に、すでに故人だったジャン＝バティスト・ド・ミラボーの作と偽って出版された。本訳書と同じ法政大学出版局から、高橋安光、鶴野陵両氏による邦訳が刊行されているので、参照されたい。

〔一七〕このエピグラフは、「（彼ラハ）高ク挙ゲラレル」というクラウディアヌスの詩句の一節に「法ハ」という主語を付したもの。クラウディウス・クラウディアヌス（三七〇頃―四〇四）は古代ラテンの詩人で、ホノリウス帝のお抱え詩人だった人。この詩句は、テオドシウス帝の宰相として私腹を肥やし最後には暗殺された政治家ルフィヌスを非難した『ルフィヌス攻撃詩』の一節である。但し、クラウディアヌスのこの言葉には、さらに、「モット勢ヨク墜落スルタメニ」という続きがあり、全体として、「出世するのは、後《あと》でいっそうひどく失墜するためだ」という意味になっている。この下《しも》の句をドン・デシャンはわざと言い落としているが、クラウディアヌスのこの一節は名句として多くの読者が記憶しているはずのものだから、読者がこの下の句を各自で補うことを予想してそうしたのである。本書で法（具体的には、神の法とされる宗教）を持ち上げるのは最後的にそれを廃絶するため、ということをドン・デシャンはこのエピグラフで言外に言いたかったに相違ない。

〔一八〕ディドロの『哲学断想』（一七四六年）のエピグラフにも使われている言葉だが、出典は明らかになっていない。

〔一九〕訳註〔三〕を参照。

〔二〇〕ルソーのことであろう。ルソーが『人間不平等起源論』（一七五五年）で、家族という結合形態しかなかった社会状態の形成期を人類史上最も幸福な時期と考えていたことを言うものと思われる。なお、このような初期の社会状態が宗教を持つか否かを、ルソーも直接的には語っていない。

〔二一〕原語は foudres（雷）で、これはもともと、教会の下す破門宣告を言う。

〔二二〕聖ヨアンネス・クリュソストモス（三四七頃―四〇七）。キリスト教のギリシャ教父。アンティオキアの人で、「金口のヨハネ」の綽名で名説教家と謳われた。隠者として砂漠で四年を過ごした後、三八六年にアンティオキアで司祭となり、三九八年にはコンスタンチノープルの総大主教に任命されたが、峻厳な道徳家として宮廷の頽廃を攻撃したため、東ローマ帝国の皇后エウドキアに疎まれ、四〇三年に罷免、投獄され、一度は民衆蜂起のお蔭で呼び戻されたが、翌年再び流罪となり、コーカサスへ送られる途中で殉教した。その道徳的リゴリスムによって、古代教父の中でも富者への攻撃、私有財産制への批判など、総じて平等主義的志向の最も強い人で、近代社会主義の淵源の一つをキリスト教に見ようとする者には最大の論拠を与える教父だった。たとえば、次のような発言を参照。「神は始めから、或る者を貧しく、他の者を豊かに創られたわけではない。後者には隠れた財宝のみつけ場所を教え、前者にはいくら探してもみつからないように隠しておいたわけではない。万人に同じ大地を占有すべく与えられたのだ。大地がこのように万人共有のものなら、貴方の隣人が一片の土地も持たないのに、貴方が何アルパンも持っているのはどうしてか。父から譲られたのだ、と貴方は言う。では、貴方の父は誰から受け取ったのか。たぶん先祖からであろう。しかし、継承の筋を辿ってゆくと、いつも必ず始まりがある。そこでは、不正があらゆる所有の源をなしている。この不正な性格は、万人と財貨を共有しないかぎり消滅しえない。神はわれわれに太陽、星辰、諸天、地水火風、川を与えた。われわれはみなそれを共同で享受している。それらの内には、しまいこまれているものは一つもない。それらについては費消も訴訟沙汰もない。明らかに、神がこれらを共有ならしめた理由は、こうしたものの例によって、残りのすべてのものを共同で所有することを教えるためなのである。」（『テモテ前書講解』）「或る人々が万人のものを自分の所有にしようと図るからこそ、争い事や戦争が起こるのである。さながら、神が一致を置かれたところに、人間が〈君のもの〉、〈私のもの〉という味気ない言葉によって分裂を持ち込んだのを自然が憤っているかのように。これこそ不和の元であり、多くの心配事の源なのだ。」（同）「〈君のもの〉、〈私のもの〉という言葉は無意味で、いかなる実在も表わしていない。貴方が一軒の家を〈私のもの〉と呼んだところで、何も言ったことにはならない。実際、空気も大地もあらゆる住まいも創造主のものである。住まいを建てた貴方自身も、例外なくすべてのものも。」（『コリント前書講解』）

〔三三〕　サトゥルヌス（ギリシャ名クロノス）とレア（ラテン名オプス）はユピテル（ゼウス）の父と母。サトゥルヌスはイタリア、特にローマの農夫と葡萄作りの神で、ラティウムを治め、黄金時代を現出したとされている。

〔三四〕　もちろん、十七世紀中葉のピュリタン革命で、時のイギリス王チャールズ一世（一六〇〇―四九、在位一六二五―四九）が処刑された（一六四九年一月三十日）ことを言う。

〔三五〕　訳註〔四〕を参照。

〔三六〕　モリエール（一六二二―七三）の同名の喜劇（初演一六七〇年）の主人公。裕福な町人であるこのジュルダン氏は、貴族の肩書に憧れ、貴族的な教養を身につけようとして、音楽の教師、ダンスの教師、武術の教師、哲学の教師などにつくが、芝居の第二幕第四場にはこの哲学の教師とジュルダン氏との間に次のようなやりとりがある。ジュルダン氏は教師に、自分は或る貴婦人に惚れていて、恋文を書きたいのだが、代筆してくれないかと言う。教師は韻文で書くのかと問い返すが、「韻文」という単語を知らぬジュルダン氏は「違う」と答え、では散文かと訊かれると、「散文」という単語も知らないため「それでもない」と答える。教師が困って、韻文か散文かどちらかでしか書けないと言うと、ジュルダン氏は、今喋っているのはどちらかと訊く。これは散文だと教師が言うと、ジュルダン氏は感嘆して、「では、〈ニコル〔女中の名〕、スリッパを持って来てくれ、ナイト・キャップを持って来てくれ〉と言うのも散文ですか」と訊く。教師が「そうです」と言うと、ジュルダン氏は大声で次のように語る。「四十年以上も前から、私は知らずに散文を喋ってたんですね。教えてくださって、本当に有難うございます。」

〔三七〕　「物ノ側デノ（*a parte rei*）普遍」も「精神ノ側デノ（*a parte mentis*）普遍」も、ともにスコラ哲学用語。「普遍」とは、中世の標準的な論理学教科書として使われたポルフュリオス（二三二―三〇五）の『アリストテレス範疇論入門』以来、通常は類・

種・差異・特性・偶有性の五つを指すものとされている。これらの「普遍」（たとえば、個々の人間ではなく、種としての人間一般や、類としての動物一般）が存在するのか否か、存在するとすればどのようなものとしてかについては、中世のスコラ哲学で長く論争（「普遍論争」）が行なわれた。論争者の立場は、「普遍」が人間精神の外に物として実在すると考える「実念論」（ドゥンス・スコトゥス〔一二六四—一三〇八〕やスコトゥス派）、それは精神の内に概念としてのみ存在すると考える「概念論」（トマス・アクイナス〔一二二五—七四〕やトマス派）、「普遍」の存在を否定して、それは単なる名辞にすぎないと考える「唯名論」（ウィリアム・オッカム〔一三〇〇頃—四九頃〕など）に大別される。「物ノ側デノ普遍」というのはこの論争の中でスコトゥス派の実念論者が多用した言葉で、精神の外に物として実在する「普遍」を言い、「精神ノ側デノ普遍」というのはトマス派の概念論者が好んだ言葉で、精神の内に概念としてある「普遍」を言う。

〔三八〕自然が無数の部分からなることは自明だから、神と自然が同一物だとすると、神も部分からなることになる。

〔三九〕道徳的なものは人間という個別の種にのみ関わり、自然の内のすべての存在に関わるものではないから、普遍的即ち形而上学的なものではなく、個別的即ち物理的なものにすぎないというのである。

〔四〇〕少なくとも用語上は、ニュートン（一六四三—一七二七）の理論が受容される以前にフランスで有力だったデカルト（一五九六—一六五〇）の自然学（特に天文学）の渦動理論に準拠している。

〔四一〕神の遍在を述べた言葉、特に、「神は我らおのおのを離れ給うこと遠からず、我らは神の内に生き、動き、また在るなり」（使徒行伝、第十七章、二十七—二十八節）というくだりを参照。

〔四二〕「それ神の見るべからざる永遠《とこしえ》の能力《ちから》と神性とは造られたる物により世の創《はじめ》より悟りえて明らかに見るべければ……」（ロマ書、第一章、二十節）

〔四三〕「形而上学的善悪」とは個別的善悪の総和を言う。ライプニッツなどによると、「形而上学的悪」とは被造物個々の本質的な被制約性、たとえば人間は本性的に天使より劣り、天使は本性的に神より劣る、等々のことを言うが、著者の言う意味はそれとは異なる。

〔四四〕訳註〔二二〕を参照。

〔四五〕新約聖書のコロサイ書第三章二節にある「汝ラ、上ニアルモノヲ念《オモ》エ、地ニアルモノヲ念ウナ」という使徒パウロの言葉の後半部を変えたもの。

〔四六〕ドルバックの著作『自然の体系』の標題を念頭に置いている。この著作については訳註〔二六〕を参照。

〔四七〕ジャン＝バティスト・ド・ミラボー（一六七五—一七六〇）。フランスの文学者。パリの生まれ。はじめ軍人だったが、学問好きのため進路を変え、若い頃には一時オラトリオ会にいた。退会して、オルレアン公妃の秘書となり、後には公妃の末の娘二人の教育を任された。一七二四年にタッソーの叙事詩『エルサレム解放』の仏訳を出して大成功を収め、その業績により一七二六年にアカデミー・フランセーズの会員となった。同僚会員たちにその人柄を愛されて、一七四二年にはウットヴィル師の後任として同アカデミーの常任書記となり、一七五五年にデュクロと交替するまで在任した。作品にはアリオストの叙事詩『狂えるオルランド』の仏訳（一七四一年）などもあるが、こうした公刊書のほかにも、写本の形で広く読まれた『世界に関する古代人の意見』、『魂の本性に関する古代人の意見』、『ユダヤ人に関する古代人の意見』、『キリスト教分析』、『新約聖書の批判的検討』などの反宗教的地下文書の作者と目された。ドルバックの『自然の体系』（一七七〇年）も、十年前に死んだこのミラボーの作と偽って出版された。パリで歿。

〔四八〕　テオフラストス（前三七二頃―二八八頃）。古代ギリシャの哲学者。レスボス島エレソスの生まれ。アリストテレスの弟子で、その後継者だった。アリストテレス形而上学の難問を解明した『形而上学』、自然学の諸説を整理した『自然学の教え』、「植物学の祖」という綽名を生んだ『植物原因論』、『植物誌』、当代の社会相や人間のタイプを描いた『性格論』などがある。

〔四九〕　ヴォルテールの詩『リスボンの大災害についての詩』（一七五六年）の第二〇〇行。但し、ヴォルテールの原典では「私は誰か」ではなく「私は何か」である。

〔五〇〕　原語はl'universだが、これは「普遍」を意味するl'universelの写し間違いかと思われる。

〔五一〕　ヨハンネス・ドゥンス・スコトゥス（一二六四―一三〇八）。イギリス人のスコラ哲学者、神学者。フランシスコ会士で、パリ大学やオクスフォード大学で神学を修め、一三〇二年からパリで、一三〇七年からケルンで教えた。主意主義的な非決定論を主張して、トマス学派と対立した。トマス・アクイナスと並ぶスコラ神学の巨峰で、「精妙博士」と綽名される。ここでは、「普遍論争」（訳註〔三七〕を参照）におけるスコトゥスとスコトゥス派の実念論が念頭に置かれている。

〔五二〕　フランスのカトリック神学者・哲学者で、ソワソン、ついでアヴランシュの司教だったピエール＝ダニエル・ユエ（一六三〇―一七二一）の遺作『人間精神の無力に関する哲学論』のこと。ユエが死んだ翌々年の一七二三年にアムステルダムから最初の版が出、一七四一年にもロンドンで再刊された。十七世紀におけるフランス懐疑論の一つの到達点とも見られる作品だった。

〔五三〕　訳註〔一八〕を参照。

〔五四〕　啓蒙主義的なカトリック神学者で、『百科全書』に形而上学関係の項目を執筆したクロード・イヴォン師（一七一四―九一）のこと。くわしくは訳註〔六四〕を参照。

〔五五〕　イソップの寓話にもラ・フォンテーヌの寓話にもある「狐と葡萄」に登場する狐。高すぎて手の届かない所にある葡萄の房を、まだ熟れていないと言って、ことさら馬鹿にしたように装う。

〔五六〕　訳註〔五一〕を参照。

〔五七〕「すべてが無だった」の原語は Tout n'était rien. だが、これは不自然にこじつければ、「すべてが無でなかった」という意味になれなくもない。

〔五八〕訳註〔一二〕を参照。

〔五九〕アウグスティヌスの書簡十八、ケレスティヌス宛、より。

〔六〇〕訳註〔三六〕を参照。

〔六一〕言うまでもなく、フランスの代表的な啓蒙思想家の一人であるクロード＝アドリアン・エルヴェシウス（一七一五—七一）の著作で、一七五八年七月に刊行された。著者が生前に出した唯一の本だが、唯物論を説くとして教会筋から激しい非難を浴びせられ、パリ高等法院の手で焚書とされた。

〔六二〕訳註〔二六〕を参照。

〔六三〕訳註〔五四〕を参照。

〔六四〕クロード・イヴォン（一七一四—九一）。フランスのカトリック神学者。マメールの生まれ。僧籍に入ったのちパリに出て、啓蒙思想家たちと交わり、『百科全書』に「魂」、「無神論者」、「神」などの形而上学関係の項目を書き、ディドロのものとされた有名な「スピノザ哲学」の項も彼が執筆したものだったらしい。一七五一年にスキャンダルを起こしたド・プラード師のソルボンヌ提説のテーゼや、翌年の『プラード師の弁明』（三部からなり、第三部はディドロが執筆）は彼が書いたものともいわれる。この事件によりオランダへ亡命し、帰国後は教会の懐へ戻って、パリの大司教へ宛てたルソーの手紙への返事（『ルソー氏への手紙』、一七六三年）を著わし、クタンスの教会参事会員、ついでアルトワ伯爵の修史官に任命された。啓蒙主義的な神学者で、信教の自由を主張した『信教の自由を正しい限界内に置く』（一七五四—五五年）や、『哲学と宗教の一致』（一七七六年）、『哲学的宗教史』（二巻、一七七九年）などの著書がある。

〔六五〕ドン・デシャンの保護者でもあり、その思想的な弟子でもあったダルジャンソン侯爵マルク＝ルネ・ド・ヴォワイエ（一七二二—八二）のこと。同侯爵は、陸軍大臣（一七四二—五七年）を務めたダルジャンソン伯爵マルク＝ピエール・ド・ヴォワイエ（一六九六—一七六四、訳註〔二〇〕を参照）の子で、文筆家としても名高い元外務大臣（一七四四—四七年）のダルジャンソン侯爵ルネ＝ルイ・ド・ヴォワイエ（一六九四—一七五七）の甥に当たった。軍人貴族で、陸軍中将にまで進んだが、一七五七年に父が陸軍大臣を失脚したため昇進の道を絶たれ、一七六二年に現役を退いた。その翌々年には父の死によりダルジャンソン家のレ・ゾルムの館の当主となったが、この館はドン・デシャンが責任者を務めるモントルイユ＝ベレの小僧院と距離的に近いことから、ドン・デシャンと非常に親しくなり、ドン・デシャンは彼の秘書や館の執事のような仕事をして、しばしばレ・ゾルムに長期滞在し、とりわけ侯爵の留守中は館の一切を取り仕切った。侯爵は不遇のため時の政治に強い不満を抱く人だったが、反面、哲学的・思弁的なものへの関心が強く、ドン・デシャンの思想に心酔してその一の弟子となり、師の学説を要約した文書などを著わすとともに、ヴォルテールその他、時の有名思想家たちと師との間を取り持つ仲介者の役を演じた。また、『百科全書』の形而上学関係の項目を書いたクロード・イヴォン師（一七一四—九一、前註を参照）などをまわりに集め、哲学臭の強い集まりをしばしば館で催していた。

〔六六〕　思想家ジャン＝ジャック・ルソーとは別人の詩人ジャン＝バティスト・ルソー（一六七一—一七四一）。パリの生まれ。靴屋の子で、タラール元帥の庇護を受けて抒情詩人として名をなし、社交界にも出たが、尊大な性格のため評判は良くなかった。一七〇五年に碑文アカデミーの会員となり、一七〇七年にはアカデミー・フランセーズの会員選挙に立候補したが、対立候補のウダール・ド・ラ・モットを始めとする文人たちを中傷した匿名文書が彼のものとして市中に流布し、身の潔白を主張するため科学アカデミー会員のソーランをその文書の筆者として名指ししたことから、ソーランに対する名誉毀損の罪に問われて、一七一二年にパリ高等法院により永久追放を宣告された。この判決前からスイスに亡命していたルソーは、フランスの駐スイス大使ル・リュック伯爵に庇護され、この伯爵の伴をしてウィーンに滞在したりした後、ブリュッセルに居を移した。一七三八年に非公式にパリへ戻ったが、正式の帰国許可は遂に得られず、そのままブリュッセルへ戻って、同地で客死した。死後、ル・フラン・ド・ポンピニャンのオードで大詩人として讃美されるなど文名はとみに高まり、十八世紀人から当代最高の詩人として持て囃され、そのオード、歌謡詩、聖詩などは広く読まれたが、ロマン派以後は単なる技巧的な韻文作りとみなされるようになり、今ではほとんど忘れられている。

〔六七〕　旧約聖書の通俗的な要約本は少なくないが、ここで言うのはおそらく、十八世紀に非常に読まれ、また非常な物議を醸した『神の民の歴史』（一七二八—三一年）の著者ベリュイエのことであろう。イザーク＝ジョゼフ・ベリュイエ（一六八一—一七五八）はフランスのイエズス会士。ルアンの生まれで、一六九七年にイエズス会に入った。聖史を小説風に書いた『神の民の歴史、始めよりメシア来臨まで』（七巻、一七二八—三一年）で大当たりを取り、晩年にはその第二部『同、メシア誕生よりシナゴグの終わりまで』（四巻、一七五三年）、第三部『同、使徒書簡の解説』（二巻、一七五七年）をも出したが、本文で言われるのは第一部のことであろう。この大著は不謹慎な書きかたのため、ソルボンヌや数次の僧族会議、ローマ法王ベネディクトゥス十四世、同クレメンス十三世などに非難されたが、イエズス会はそれを擁護し、この書の可否について盛んな文書合戦が行なわれた。

〔六八〕　訳註〔四五〕を参照。

〔六九〕　訳註〔二六〕を参照。

〔七〇〕　王命検閲官で、ドン・デシャンが公刊した『当代の理性、特に《自然の体系》の著者のそれに反対する理性の声』（一七七〇年）の検閲に当たったジュネ師のこと。同師がドン・デシャンのパトロンでもあり弟子でもあったヴォワイエ・ダルジャンソン侯爵（訳註〔六五〕を参照）に送った同書の感想を述べた手紙が残っており、ここで引用されるのもその手紙と思われる。ドン・デシャンのこの書はジュネには全く理解不能だったらしく、「こんなに奇妙なものは読んだことがない」、「この著作は難解と支離滅裂と矛盾を織りなしたようなもの」で、読んでも何がなんだか分らなかったため、二人の職業的な形而上学者に検討してもらったが、「この二人も私同様、書いてあることが全く分らなかった」などと言っている。著者の狙いは「最も崇高な形而上学によって無神論者や理神論者をやっつける」ことにあり、その意図は結構なのだが、反駁の過程で彼らの誤りに自分も陥り、スピノザを批判しながら自らもスピノザ主義者になってしまっている、などとも言う。「人類の内には、実に奇妙な造りの頭があるものだ」というのがジュネの結論だった。

〔七一〕訳註〔三二〕を参照。

〔七二〕エクスの司教だったジャン＝ルイ・ド・フロマンティエール（一六三二―八四）のこと。この説教は十九世紀に出たミーニュ版『説教師全書』の第八巻にも収められているらしいが、そのテキストとここでの引用とは若干相違しているという。

〔七三〕一七三六年に発表されたヴォルテールの有名な詩で、文明や奢侈の利点を謳歌したもの。

〔七四〕『人間不平等起源論』の中で。

〔七五〕同。

〔七六〕この個所の原文は ils ne sont pas plus fondés à le dire で、直訳すれば「そう言うことに、より一層の根拠などありはしません」となるが、『当代の理性……に反対する理性の声』の対応個所（二五ページ）の原文は ils ne sont plus fondés à le dire（「そう言うことにもはや根拠などありはしません」）で、意味上はその方がはるかに自然だから、ここにある pas は誤記されたものと考え、無視して訳した。

〔七七〕訳註〔三三〕を参照。

〔七八〕訳註〔三六〕を参照。

〔七九〕原文は de l'extrême rigueur（「ひどく厳格そうに」）だが、『当代の理性……に反対する理性の声』の対応個所（六九ページ）は de l'extrême vigueur で、意味上もその方が自然だから、それに準拠した。rigueur は誤植であろう。

〔八〇〕この〔　〕内は原文が欠けているが、『当代の理性……に反対する理性の声』の対応個所（七三ページ）にしたがって補った。『理性の声』ではちょうど一行分で、それを写し落としたのであろう。これを補わないと、文章が成り立たない。

〔八一〕訳註〔三七〕を参照。

〔八二〕この〔　〕と次の〔　〕の部分は原文が欠けているが、『当代の理性……に反対する理性の声』の対応個所（七四ページ）にしたがって補った。『理性の声』のちょうど二行分を写し落としたのであろう。これを補わないと、文章が成り立たない。

〔八三〕マタイ伝、第十六章、十八節の言葉。邦訳の聖書（日本聖書協会訳）では「黄泉《よみ》の力」と訳されている。

〔八四〕ベルナール・ル・ボヴィエ・ド・フォントネル（一六五七―一七五七）。フランスの作家、思想家。ルアンの生まれ。コルネイユの甥で、法律を修めて弁護士となったが、すぐにこの道を放棄した。はじめ詩や喜劇、悲劇を書いたが成功せず、一六八三年の『新篇死者の対話』で文名を上げた。その後、コペルニクスやデカルトの天文学を上流人士用に解説した『世界の多数性に関する対談』（一六八六年）や、神託伝承を批判した『神託史』（一六八七年）によって革新的な思想家として名声を博し、「新旧論争」では近代派の側に立って『古代人・近代人に関する迂説』（一六八八年）を著わした。一六九一年にはアカデミー・フランセーズ、一六九七年には科学アカデミーの会員となり、一六九九年には科学アカデミーの常任書記に選ばれ、サロンの名士として知的な威信に飾られながら百歳まで生きた。ベールとともに啓蒙思想の最大の先駆者の一人とされている。

〔八五〕　ロマ書、第一章、二十節。

〔八六〕　エドワード・ヤング（一六八三―一七六五）。イギリスの詩人。一七三〇年以来、ハーファドシャのウェリンの牧師をし、はじめ悲劇や諷刺詩を発表したが、妻の死を契機にして書いた無韻詩形の宗教的教訓詩『嘆きの歌、生と死と永生についての夜想詩』（一七四二―四五年）で非常な好評を博した。これは夜陰や死の問題を沈鬱な調子で歌ったもので、後のロマン主義に通じるような情趣に溢れた作品だった。ル・トゥルヌールによる仏訳が『夜』の題で一七七〇年にパリから出版されており、ドン・デシャンもそれを読んだのであろう。引用されるくだりはその「第六夜、死の忘却」にある。

〔八七〕　バークリ（一六八五―一七五三）やヒューム（一七一一―七六）の哲学を考えているようである。

〔八八〕　「初等数学」（算術、幾何、代数、三角法）という用語が念頭に置かれている。

〔八九〕　原文には「充足できない」とあるが、『当代の理性……に反対する理性の声』の対応個所（九八ページ）には「充足できる」とあり、内容的にもその方がはるかに筋が通っているから、著者または筆記者の誤記と考えて修正した。

〔九〇〕　原文では、「生みだす」という動詞が三人称複数形（occasionment）で、それでは「ありとあらゆる悪が……不幸な法律状態を生みだす」という意味になるが、それでは論理的に不合理であり、この三人称複数形は三人称単数形（occasionne）の誤記に相違ないので、そのように修正して訳した。なお、『当代の理性……に反対する理性の声』には、このくだりの対応個所はない。

〔九一〕　訳註〔八四〕を参照。

〔九二〕　古くは、国王アンリ四世とその宰相シュリが十七世紀初頭に構想した反ハプスブルク家の欧州大同盟計画や、エムリク・クリュセの世界平和計画『キネアス再来』（一六二三年）などもあるが、ここでとりわけ考えているのはサン゠ピエール師（一六五八―一七四三）の『恒久平和計画』（一七一三年）のことであろう。

〔九三〕　フリードリヒ大王に捧げたヴォルテールの『自然法についての詩』（一七五二年）の第三部末尾。但し引用は正確でなく、「見る思いがする」の主語（邦訳では省略した）は「人は」となっているが、元の詩では「私は」、三行目の「撲り合う」も元の詩では「闘う」である。

〔九四〕　初版（一七五五年）での番号。完成版では註九。邦訳、岩波文庫、一四六―一五八ページ。

〔九五〕　「なんということだろう。社会を打ち壊し、私のものと君のもの〔所有権〕をなくしてしまい、森へ帰って熊といっしょに暮さなければならないだろうか。これは私の敵たちの流儀による結論だが、私は彼らにそういう結論をひき出す恥も残してやりたいが、同じくらいにその結論を予防したいのである。」（邦訳、岩波文庫『人間不平等起原論』、一五七ページ、本田喜代治・平岡昇訳）

〔九六〕　十八世紀フランスの劇作家プロスペル・ジョリヨ・ド・クレビヨン（息子の小説家クロード＝プロスペルと区別するため、通常「父クレビヨン」と呼ばれる）（一六七四―一七六二）の悲劇『ピリュス』（一七二六年四月初演）の第五幕、第一場の科白より。

〔九七〕　啓蒙思想家エルヴェシウス（一七一五―七一、訳註〔六一〕を参照）のこと。この言葉はエルヴェシウスの『精神論』（一七五八年）の序文にある。但し、これはエルヴェシウス自身の言葉ではなく、フォントネル（一六五七―一七五七）の『古代人・近代人に関する迂説』（一六八八年）からの引用である。

〔九八〕　キリスト教の説く「原罪」を考えている。

〔九九〕　ギリシャ神話中の人物。ゼウスと二番目の妻テミスの娘で、正義の女神ディケーと同一視される。黄金時代には人間の世を支配していたが、その後人類の悪が増大したため天上へ戻り、乙女座になったとされている。「星乙女」の意。

〔一〇〇〕　もちろん、ルソーの『学問芸術論』（一七五〇年）のこと。

〔一〇一〕　もちろん、『人間不平等起源論』（一七五五年）のこと。

〔一〇二〕　ラ・フォンテーヌの『寓話』、第四巻十八「年よりとその子どもたち」。そこでは次のように言われている。

……………………………………

団結していなければどんな力も弱い。

……………………………………

ある年よりは、死が招いているところへ行く時期が近づいたとき、
「愛する子どもたちよ」と言った（息子たちに語ったのである）、
「一緒にしばったこれらの槍が折れるかどうかためしてごらん。
これらをひとつにしているひもの意味を、あとでわたしは説明したい。」

……………………………………

一緒にたばねた槍は一本も折れなかった。

……………………………………

父親は槍を別々にして、苦もなく折ってしまう。

「見なさい」とかれはつづいて言った。「一致協力の結果を。力をあわせるのだ、子どもたちよ。たがいに愛し合い、仲良くするように。」

（邦訳、岩波文庫、上、一三六―一三七ページ、今野一雄訳）

…………………………

〔一〇三〕　一度は文明の恩恵に浴し、キリスト教徒になりながら、その後文明を捨てて元の未開状態へ戻ったホッテントット人については、当時、どうやら複数の事実または伝承が伝えられていたらしい。一つは、ケープタウンのオランダ人総督ファン・デル・ステルが一人のホッテントット人を幼時からキリスト教とヨーロッパ的習慣にしたがって育て、長じてはインドへ遣して会社の事務員に使ったが、このホッテントット人はその後ケープタウンへ戻ってから、ヨーロッパ風の服を脱ぎ捨てて同胞のもとへ逃げ去った、というもので、ルソーの『人間不平等起源論』（一七五五年）の註十六に紹介されている。ルソーの典拠はドイツの旅行家ペーター・コルベンの『喜望峰旅行記』（一七一九年、仏訳一七四一年）で、アベ・プレヴォ監修の『旅行記全書』第五巻（一七四九年）に収められたそれの抜萃が直接的な出典である。ドン・デシャンが『人間不平等起源論』に親しんでいたことからしても、彼の言う「ホッテントットの青年」の話はルソーが伝えるものであろうと思われるが、しかし、同種の話はルソーやコルベン以前から伝えられていた。訳者の知るかぎりでも、ピエール・ベール（一六四七―一七〇六）の『田舎の人の質問への答』第四巻（一七〇六年）、第十一章に以下のような話が載っている。一六八〇年代、チャールズ二世治下のイギリスに、アフリカから一人のホッテントット人が連れてこられた。イギリス人たちは彼を教育し、洗礼を施してキリスト教徒にした上、ホッテントット人たちを同化させるためその男を使おうとしてアフリカへ送り返したが、その男は同胞に対して影響力を揮うどころか、故国の土を踏むや忽ちヨーロッパ風の服を脱ぎ捨て、ヨーロッパの習慣も宗教も捨ててしまった――というものである。イギリスの神も悪くないが、神など全然ない方がずっといい、というのがその男の述べた理由だったとされている。但し、この話はベール自身が語るものではなく、そこに引用されるハーグの牧師（カトリックの修道士からの改宗者）N・ド・ヴァロンヌの『予定に関する改革派のための弁明の擁護』（一七〇二年）で語られているものである。ヴァロンヌの典拠は、ルイ十四世の大使としてシャムへ派遣されたシモン・ド・ラ・ルベールの『シャム王国について』（一六九一年）らしく、同種の話はタヴェルニエの旅行記にもあるとヴァロンヌは言っている。コルベンやルソーの伝える話とヴァロンヌやベールの伝える話はかなり相違するが、同じ話の伝えられかたが異なるのか、未開状態へ戻ったホッテントット人がもともと複数いたのかは知らない。

〔一〇四〕　この詩句は、エルヴェシウスの『精神論』（一七五八年）、第一話、第三章、原註九に挙げられていたものである。

〔一〇五〕　カシニはイタリア系フランス人の天文学者の一族だが、ここで特に考えているのは初代のジャン＝ドミニク（ジョヴァンニ＝ドメニコ）・カシニ（一六二五―一七一二）であろう。彼はボローニア大学から、一六六九年に招かれてパリへ移り、パリ天文台の初代台長となって、土星の環の「カシニの裂目」や土星の第三、第四、第五、第八の四衛星を発見し、月の自転に関する「カシニの法則」をも立てた。その子ジャック・カシニ（一六七七―一七五六）も父の後任としてパリ天文台長となり、地球の形状や星の自転をめぐる研究などを行なった。

〔一〇六〕　オギュゴスはギリシャ神話に登場するボイオティアの英雄で、その時代にボイオティアで最初の洪水があったとされる。

〔一〇七〕　デウカリオンもギリシャ神話の登場人物で、プロメテウスの子。ゼウスが人類の堕落に怒り、大洪水でそれを滅ぼそうとした時、父プロメテウスの忠告によって箱舟を作り、妻とともに九日九晩水の上を漂い、パルナッソスの山に着いたが、ほかの人間はみな亡んだといわれる。

〔一〇八〕　ファエトンもギリシャ神話の登場人物で、太陽神ヘリオスの子。なんでも望みを叶えてやると父に言われたため、父の戦車を御したいと願って許されたが、荒馬を制する力がなく、太陽は道をはずれて狂い回り、地を焼き払いそうになったので、ゼウスは雷霆でファエトンをエリダノス川に撃ち落としたという。つまり、ファエトンは大火を避けるために墜落させられたのであり、著者が言うように墜落したため大火が起こったのではない。

〔一〇九〕　フランス王ルイ十四世（一六三九―一七一五、在位一六四三―一七一五）。

〔一一〇〕　これは、第二巻、ノート三の「形而上学的・道徳的な謎のこころを当代の神学・哲学に適用す、問答による」を予告したものと思われる。この手稿はまさしく、「求めて与えられる説明」を述べたものであるから。

〔一一一〕　後段に訳出する第五巻、ノート六の「真理をめぐる我らの哲学者の何人かへの工作」を構成するもの。

〔一一二〕　訳註〔八〕を参照。引用されるくだりは、ボシュエが一六八六年一月二十五日にパリのサン＝ジェルヴェ教会で行なった『大法官ミシェル・ル・テリエ氏の棺前演説』から。

〔一一三〕　カトリック教会の「聖体の大祝日の祭式」にある聖トマス・アクィナスの詩。引用されるくだりは、その第十三節、第十九節、第二十節から。

〔一一四〕　ヴォルテールの有名な叙事詩で、一七二八年に発表された。十六世紀末の宗教戦争を背景に、フランス王アンリ四世の宗教的寛容政策を称えたものだった。引用されるのはその第十巻、四九二行。

〔一一五〕　古代キリスト教の異端派。アリウス（二五〇頃―三三六）はリビアの人で、アンティオキアのルキアノスに師事してオリゲネスの神学を学んだ。司祭となった後、キリストは神から生まれたのだから神と同一実体でも永遠でもないと主張して、三位一体説を奉じるアレクサンドリアの司教アレクサンドロスと争った。彼の説は三二五年のニカイア宗教会議で断罪され、彼とその一派はコンスタンティヌス帝によりイルリア地方へ追放された。後に追放を解除されたが、教会との和解の寸前にコンスタンチノープルで急死した。アリウス派の実質的指導者は、すでに三二八年に追放を解除されていたニコメディアのエウセビオスだったが、彼が進めた戦術は、ニカイア決定を骨抜きにするような信仰定式書を作り、皇帝の権威によってそれへの署名を強制し、署名を拒むニカイア派を叛徒として弾圧するというもので、事実、アリウス派に帰依したコンスタンティウス（二世）帝（在位三三七―三六一）のもとで正統のニカイア派は迫害され、その指導者アタナシウスも再三にわたって追放された。その後も、東方ではヴァレンス帝（在位三六四―三七八）がアリウス派に好意的だったが、西方ではヴァレンティニアヌス一世（在位三六四―三七五）の援助により正統派が勝利を収めた。その後、両派の妥協が成立して、法王ダマスス一世が三七七年に作成した信仰定式書に、翌年から翌々年にかけて東方の司教たちも署名し、最後に三八一年のコンスタンチノープル宗教会議でローマ帝国内の論争は正式に終止符を打った。しかし、アリウス主義はゴート族を始めとするいわゆる「蛮族」の間にも移入されていて、これらのゲルマン系諸民族はその後も長くこの説を奉じたが、彼らも徐々に正統信仰に改宗し、最後に残ったランゴバルディ族も七世紀の中葉には正統派に合流した。

〔一一六〕　出エジプト記、第十五章、十八節。原著にはヴルガタのラテン語文とその仏訳が併記されており、ここではそれを日本語に直訳した。邦語訳の聖書ではどれも訳文は違っており、たとえば日本聖書教会訳では「エホバは世々限なく王たるべし」となっている。

〔一一七〕　アメリカの哲学者アーサー・オンケン・ラヴジョイ（一八七三―一九七二）が一九三六年に出版した同名の本で、「存在の大いなる連鎖」という名のもとに見事に描き出した自然観。自然の諸存在は低次のものから高度のものまで、連続的な階梯をなしつつつながり合っているという考えかたで、プラトンや新プラトン主義に源があるようだが、自然の一体性を唱える十八世紀にはとりわけ広く見られる自然観だった。ドン・デシャンがここでとりわけ考えていたのは、かような自然観を誰よりはっきり打ち出した、『自然について』（一七六一―六六年）の著者ジャン＝バティスト＝ルネ・ロビネ（一七三五―一八二〇）だったと思われる。ロビネは彼の友人であり、一七六八年に発表した『自然について』の続篇は標題からして『存在の諸形式の自然な階梯に関する哲学的管見』というものだった。

〔一一八〕　ニコラ・マールブランシュ（一六三八―一七一五）。フランスのデカルト派哲学者。パリの生まれ。一六六〇年にオラトリオ会に入り、終生修道士として暮らした。一六六四年にデカルトの『人間論』を読んでデカルト思想に傾倒し、それとアウグスティヌス主義との結合を試み、機会原因説を打ち立てた。それは、すべての動力因は神であり、神の支配は単純・一様な法則によって行なわれ、被造物はただ機会原因としてこの法則を特殊化するにすぎぬとしたもので、デカルト主義のアキレス腱だった心身関係にもこの理論を適用して、「すべてを神において見る」という有名な命題を引き出した。デカルト主義の宗教化であると同時に、特に摂理問題では自然法則にすべてを帰する近代的な見解を打ち出した。一六九九年に科学アカデミーの名誉会員となり、一七一五年十月十三日にパリで死んだ。主著『真理の探求』（一六七四―七五年）をはじめ、『自然と恩寵を論ず』（一六八〇年）、『キリスト教的・形而上学的瞑想』（一六八三年）、『道徳論』（一六八四年）などがある。
〔一一九〕　もちろん、聖体のパンがイエス・キリストの体であるとするカトリック的な聖体観を当てこすったものである。
〔一二〇〕　フランスの数学者、物理学者、天文学者で、プロイセンのフリードリヒ大王に招かれてベルリン・アカデミーの院長を務めたピエール＝ルイ・モロー・ド・モーペルテュイ（一六九八―一七五九）が、ラテン語で書いた『形而上学開講論文、自然の普遍的体系について』（エルランゲン、一七五一年）で使った偽名。この書は翌一七五二年に、『自然の体系』という題でフランス語版が出た。
〔一二一〕　使徒行伝、第十七章、二十八節の「我らは神の内に生き動きまた在るなり」という句を若干変形したもの。
〔一二二〕　マルクス・アンナエウス・ルカヌス（三九―六五）。ローマの叙事詩人。セネカの甥で、コルドバに生まれ、ネロ帝の詩友として寵を受けたが、ネロ暗殺の陰謀に与したのが発覚して、ネロの命令により自殺した。共和制末期の内乱を描いた全十巻の『ファルサリア』を残している。ここに引用されるのは、その『ファルサリア』の第九巻、五八〇行。
〔一二三〕　ローマの詩人オヴィディウス（前四三―後一七頃）の『転身物語』、第二巻、一三七行。
〔一二四〕　一七五五年以来アカデミー・フランセーズの常任書記を務め、アカデミー内で「哲学者」陣営の支持者だったモラリスト、小説家、歴史家、語学者のシャルル・ピノ・デュクロ（一七〇四―七二）のこと。ここに紹介されるくだりは、デュクロの代表作『現代風俗論』（一七五一年）の第八章にある。
〔一二五〕　ヴォルテールの言葉。訳註〔一二〕を参照。
〔一二六〕　『人間知性論』、第一巻、第一章、第五節。
〔一二七〕　ジャック＝オーギュスト・ド・トゥー（一五五三―一六一七）。フランスの政治家、歴史家。パリの生まれ。パリ高等法院の首席長官だったクリストフ・ド・トゥーの子。はじめ聖職者となる予定で、パリのノートル＝ダム教会参事会員で後にシャルトルの司教となる叔父のニコラ・ド・トゥーに預けられた。フランスとイタリアの各地の大学で学んだ後、一五七六年にパリ高等法院の聖職者評定官となり、一五八一年にはプロテスタント指導者との交渉のためボルドーへ派遣されて、そこでモンテーニュを識った。一五八六年に聖職から去って訴願審査官となり、一五八八年には国王アンリ三世により国務顧問官に任命され、プロテスタント側のデュ・プレシ＝モルネらとともに、アンリ三世とナヴァール王アンリ（後のフランス王アンリ四世）の提携のため交渉に当たった。アンリ三世暗殺の報をヴェネツィアで聞くや、急ぎ帰国して新王アンリ四世に仕え、シュリとともにその最側近の顧問官として働き、一五九五年にはパリ高等法院の大審部長官となり、一五九八年のナント勅令の起草者の一人でもあった。アンリ四世の死後は、シュリの後を継いで、シャトーヌフ、ジャナンとともに三人の財務総監の一人となった（一六一六年）が、この仕事はあまり好みに合わず、パリ高等法院の首席長官になる夢が断たれたという失意も加わって、晩年は執筆活動に主として力を注いだ。著作にはラテン語の詩なども多いが、何よりもラテン語の巨大な史書『同時代史』が名高い。これは一五四三年から一六〇七年までのフランス史を書いたもので、一五九一年から執筆を始め、一六〇四年の第一部を皮切りに、一六〇八年の第四部まで順次出版され、最後の部分は死後の一六二〇年に公刊された。全百三十八巻、二折判《フォリオ》五冊となる。著者はカトリック教徒だったが、若き日に経験した聖バルテルミの虐殺を原体験として持つ宗教的寛容論者で、動乱の十六世紀を描く筆致はきわめて公正であり、またそれ故にこの書は一六〇九年にローマ教会の禁書目録に入れられもしたが、現在でもフランス史上最高の史書の一つとされており、十八世紀の一七三四年にはアベ・プレヴォ、デフォンテーヌらの手でフランス語に全訳された（四折判十六巻）。ほかに、同じくラテン語の『自伝』全六巻があり、これは『同時代史』の一六〇九—一四年版、一六二〇年版などに収められた後、一七一一年にそれだけ別個に『回想録』の題で仏訳され、十九世紀以後の色々な回想録叢書に収められた。

〔一二八〕ミシェル・ド・ノートルダム（ノストラダムス）（一五〇三—六六）。フランスの医師、占星術師。ユダヤ人の公証人の家に生まれ、一五二九年にモンペリエで医学博士となり、一五四七年以降、南フランスのサロンで開業して名医と謳われた。かたわら占星術師として名をなし、一五五〇年（または一五五三年）に『暦』を、一五五五年に『予言集』を公にした。カトリーヌ・ド・メディシスの信望を得て、晩年の一五六四年には国王付侍医の称号を与えられている。未来のあらゆる大事件を予言したとされるこの人物の名が、わが国でも一時流行したことは記憶に新しい。

〔一二九〕原語は genre だが、これは germe（胚種）の写し間違いかもしれない。

〔一三〇〕デカルト主義的な動物機械論を念頭に置いている。

〔一三一〕原語は rapports だが、これは ressorts（バネ）の写し間違いかもしれない。

〔一三二〕このクラヴサンの比喩は、ディドロが『ダランベールの夢』（執筆一七六九年、出版一八三〇年）で用いるものだった。邦訳、法政大学出版局刊『ディドロ著作集』、第一巻、二〇三—二〇六ページを参照。「われわれは感性と記憶を賦与された楽器だよ。われわれの感覚は、われわれの周囲の自然が弾奏し、時にはまた自分から弾奏する鍵盤のようなものだ」（二〇四ページ、杉捷夫訳）という言葉がある。但し、ドン・デシャンの「形而上学考」は全体として一七六二年以前に書かれていたはずで、この個所が晩年（一七七〇年以後）の加筆部分に含まれるか否かも不明だから、「私以前にもすでに言われた」という言葉が誰を指すかは今のところ決定しがたい。

〔一三三〕訳註〔八〕を参照。

〔一三四〕セネカの悲劇『トロイアの女たち』の四〇七—四〇八行。

〔一三五〕訳註〔一一八〕を参照。

〔一三六〕訳註〔三七〕を参照。

〔一三七〕　原文 la force qui donne l'union des choses は「事物の結合を与える力」という意味になるが、この意味は不合理で、関係代名詞 qui は que の誤記または誤植と思われるから、そのように修正して訳した。

〔一三八〕　「百科全書序論」の中で。邦訳、岩波文庫『百科全書』、四五ページ。

〔一三九〕　『哲学原理試論』（一七五九年）の第六章「形而上学」、および「説明」、第七節で。

〔一四〇〕　ジャン＝バティスト＝ルネ・ロビネ（一七三五―一八二〇）。フランスの哲学者。レンヌの生まれ。はじめイエズス会士だったが、程なく還俗した。オランダに滞在して、一七六一年にアムステルダムから『自然について』の第一巻を出し、これは一七六三年の第二巻、一七六六年の第三巻、第四巻と巻を重ねて、一七六八年には続篇として『存在の諸形式の自然な階梯に関する哲学的管見』も出た。この書の内容は唯物論的自然哲学を大胆に推し進めたもので、自然の一体性という観点から、鉱物や惑星などにまで生命と繁殖力を認め、一方、神については、万物の根源としてその存在は認めつつも、それの知性や道徳的諸属性をことごとく否定して、無神論ならぬ「神無論」（nihilithéisme）と評されるような特異な神観を主張した。この書は当然スキャンダル視されたが、あまりにも奇矯な説が多いため、当局もあえて追及はしなかったという。ロビネがこの著作を発表したのは二十代から三十代前半にかけてで、それ以後の彼は生活のため雑文家となり、多くのイギリス書を翻訳したり、英語やフランス語の文法書、仏英・英仏辞典を作ったりしたが、やがてオランダからブイヨンへ移り、一七七八年頃にはパリへ戻って、秘書として仕えた大臣アムロの口利きで、一七八〇年には王命検閲官に任命された。大革命期には郷里のレンヌに引退し、新思想や聖職者公民憲章を支持したが、死ぬ二カ月前に、正統のカトリック教会で死にたいという意志表示をしたという。著作の内重要なのは、前出のもののほか、『百科全書』の補遺（五巻、一七七七年）、『道徳・経済・政治・外交百科辞典』（三十巻、一七七七―八三年）、『憲法に関する国民議会の討論についての手紙』（三巻、一七八九年）、『美徳、詩形式の考察』（二巻、一八一四年）などである。一七六五年に『ヴォルテール秘密書簡集』を出してヴォルテールの怒りを買い、「偽造者」と罵られたりしたこともあった。

〔一四一〕　訳註〔六五〕を参照。

〔一四二〕　訳註〔六四〕を参照。

〔一四三〕　旧約聖書と新約聖書の言葉から、ヴルガタのラテン語文に基づいて合成したもの。「光アリキ」は創世記の第一章三節、「而シテ」以下はヨハネ伝福音書の第一章五節である。

〔一四四〕　この手紙は一七六一年四月二十二日頃のものと推定されている。ドン・デシャンはそこで「デュ・パルク」という偽名を使っていた。

〔一四五〕　一七六一年五月八日付。

〔一四六〕　一七六一年五月十五日頃のものと推定されている。

〔一四七〕　ローマの諷刺詩人デキムス・ユニウス・ユヴェナリス（五〇頃―一三〇頃）の「諷刺詩四」、九一行。

〔一四八〕　一七六一年六月二十五日付。

〔一四九〕　ヴェルギリウス『アエネーイス』の第四巻、六九一―六九二行。

〔一五〇〕　訳註〔八四〕を参照。

〔一五一〕　訳註〔五五〕を参照。

〔一五二〕　もちろん、啓蒙専制君主として名高いフリードリヒ二世（大王）（一七一二―八六、在位一七四〇―八六）のこと。ここで言われるダランベール宛の手紙は一七六四年八月のもの。

〔一五三〕　一七六一年七月十五日頃のものと推定されている。

〔一五四〕　ブランシュヴィック版では断章一九四。邦訳、河出書房刊『世界の大思想8、パスカル「パンセ」』、九三ページ、松浪信三郎訳。

〔一五五〕　ピエール・ベール（一六四七―一七〇六）の『歴史批評辞典』（一六九六年）、「スピノザ」の項。邦訳、法政大学出版局刊『ピエール・ベール著作集』、第五巻、六三八―七〇六ページ。

〔一五六〕　一七六一年八月十二日付。

〔一五七〕　一七六一年八月二十七日頃のものと推定されている。

〔一五八〕　一七六一年九月十二日付。但し、ルソーの書簡集に収められた実際の手紙と照合すると、ドン・デシャンの言うこの「返事」はルソーの複数の手紙から合成されたもので、前半はたしかに九月十二日付の手紙だが、会いに行きたいけれども「おしのび」では行けず、「家政婦」（ルソーの妻テレーズ・ルヴァスールのこと）のことも気がかりだし、体調も悪くて今は行けないと述べる後半は一七六一年十月十七日付の手紙の言葉である。九月十二日付の手紙と十月十七日付の手紙の間には、今は残っていないが、ドン・デシャンからルソーへの手紙が一通あったようで、そこでドン・デシャンはルソーに、会いたいという希望を更めて伝え、ルソーが自分に会いに来ることを提案したらしい。十月十七日付のルソーの手紙は、今はないその手紙に対する返事である。

〔一五九〕　ルソーの手紙の書き出しの部分を、ドン・デシャンは意図的にカットしている。それは著作の出版を非常に強く止めたもので、以下のような言葉からなる。「拝啓、前便であんなことをうかがうと、体が震えるほど御本の出版が心配になります。お止めする理由が前に十あったとしたら、今はそれが一万もあります。どれほど出版なさりたいかはよく分りますが、これほど分別のある貴方のことですから、そんなやりかたが実に無分別なのを御自分に否定なされますまい。そんなことをしたら生涯不幸になられると私はほとんど確信しています。よくよくお考えくださいといくらお勧めしても、しすぎることはありません。」このあと、「返事」にある「お持ちでない便宜を……」に続いている。

〔一六〇〕　訳註〔一五八〕でも述べたように、前の「返事」の後半は一七六一年十月十七日付のルソーの手紙にあるものである。十月十七日付のルソーの手紙のあと、二人の文通はしばらく途絶えたようで、その後、翌一七六二年の春に、ドン・デシャンが更めてルソーに手紙を送ったらしい。この手紙は残っていないが、次の説明にもあるように、ドン・デシャンは『エミール』についての問い合わせだったと言っている。ここで「返事」として掲げられるのは、ドン・デシャンのその手紙に対するルソーからの返信で、一七六二年五月二十二日付だった。

〔一六一〕　ドン・デシャンによるルソーとの文通の紹介は、このように一七六二年五月二十二日付のルソーの手紙で終わっているが、実際は最後にもう一通、ドン・デシャンからルソーへの手紙があった。それは、ルソーのこの最後の手紙に対する返信で、同年六月三日付のものである。ルソーが最後の手紙でドン・デシャンとの会見を諦めると述べたのを受けて、ドン・デシャンはこの返信で、自分もルソーと会うのを断念すると伝え、「ここで貴方にお目にかかることをもう期待しないことにします。残念です。その期待は楽しみでしたが、それをもう味わえないのですから」と書いていた。そして、この手紙が書かれたのと同じ一七六二年六月三日に、五月二十七日にオランダとパリで発売されていたルソーの『エミール』が官憲に押収され、ソルボンヌによる告発（六月七日）、パリ高等法院による有罪決定とルソーへの逮捕状発行（六月九日）と事態は急転回して、同じ六月九日午後、ルソーはそれまでいたモンモランシから逃亡し、流浪の生活に入った。こうして、二人の会見は決定的に不可能となったのである。文通もここで終わったらしい。

〔一六二〕「宿場長」（maître de Postes）というのは、旧政体下のフランスで、公共交通機関である駅馬車に駅馬を供給する各宿駅の責任者のことで、タイユ税の免除など種々の特権を持つ役職だった。但し、ここではもちろんその語を比喩的な意味で使っており、旅行中の貴人が各地の城で宿を提供されていたことから、城の主《あるじ》をそう呼んでいる。

〔一六三〕　訳註〔二六〕を参照。

〔一六四〕　シャントルーはトゥールの東、アンボワーズのすぐ南にあるトゥレーヌ地方の村で、そこにショワズール公爵の館があった。エティエンヌ＝フランソワ・ド・ショワズール公爵（一七一九―八八）は外相（一七五八―六一年）、陸相兼海相（一七六一―六六年）、外相兼陸相（一七六六―七〇年）などを務めた大政治家だったが、国王ルイ十五世の妾デュ・バリ伯爵夫人との不和のため一七七〇年に失脚し、このシャントルーの館に蟄居を命じられていた。この館はヴォワイエ・ダルジャンソン侯爵のレ・ゾルムの館と距離的に近かったため、ともに政治的不満分子だったこの二人はたちまち急接近して、二つの館の間には頻繁な往き来があった。

〔一六五〕　ヴォワイエ・ダルジャンソン侯爵の館。同じくトゥレーヌ地方のヴィエンヌ河畔にあって、位置はトゥールの南方、シャテルローのやや北だった。この館はパリからボルドー、ラ・ロシェルなどへ行く道筋にあったため、旅の要人・貴人の宿泊所としてさかんに使われ、ヴォワイエ・ダルジャンソン侯爵が留守の時は、ドン・デシャンが実質的な執事として接客に当たっていたらしい。

〔一六六〕 シモニデス（前五五六—四六八）。ギリシャの抒情詩人。ケオスの生まれ。各地を旅した後、アテナイに定住し、ペルシャ戦争下で国民的詩人として多くの詩を書いた。前四七六年頃、シチリアのヒエロン一世の客となり、その地で死んだ。ヒエロンから神とは何かと尋ねられ、はじめ一日（ヴォルテールは二カ月と言うが、誤りである）の猶予を求め、次には二日、次には四日とそれを倍々に増してゆき、理由を訊かれると、考えれば考えるほど分らなくなるからだと答えたという話が、キケロの『神々の本性について』で紹介されている。

〔一六七〕 ヒエロン一世（前四六七頃歿）。シチリア島シュラクサイの僭主。ゲラのデイノメネスの次男で、前四八五年にゲラの僭主となり、前四七八年に兄ゲロンが死んだため、その後を継いでシュラクサイの僭主となった。前四七四年にキュメでエトルリアの海軍を破り、イスキアにシュラクサイの植民地を作ったり、カタナをアエトナの名で再建するなどの業績を上げたが、文芸の保護者としても知られ、アイスキュロス、ピンダロス、シモニデス、クセノファネスなどを宮廷へ招いた。

〔一六八〕 フランスの国策貿易会社。元は、イギリス人の財政家ジョン・ローが一七一七年に設立したミシシッピ会社を母胎とし、一七一九年に、従来からあった東インド会社、シナ会社、セネガル会社を吸収して、インド会社と名を変えた。この会社はロー・システムの破綻により一七二一年に消滅したが、翌一七二二年三月に王命により再建され、一七三一年以後は旧インド会社の大きな仕事だったルイジアナの開発から手を引いて、もっぱらインド、セネガル、ギニア、ブルボン島などでの独占的な貿易活動（対象品目は香料のほか陶磁器、紙、漆、インドの織物、シナの絹織物など）に特化したが、イギリス東インド会社との競争に敗れ（一七六三年二月のパリ条約）、国内でも批判に晒されて、ヴォルテールのこの手紙が書かれた前年の一七六九年八月三日に独占権を失って消滅した。その後、一七八五年四月に国王ルイ十六世が「新インド会社」なるものを設立したが、さしたる活動は行なわず、大革命下の一七九四年四月に最終的に消滅した。

〔一六九〕 アウルス・ペルシウス・フラックス（三四—六二）。ローマの諷刺詩人。エトルリアの生まれ。ローマに出て、ストア派のコルヌトゥスに哲学を学んだ。『諷刺詩』六篇を書き、ストア派の立場から頽廃した世相を攻撃したが、第一篇以外は説教に近い。文章は難解を極める。

〔一七〇〕 『市民日誌、または国民精神クロニック』は、ニコラ・ボードー師（一七三〇—九二）が一七六五年十一月に、イギリスの『スペクテーター』をモデルにして発刊した雑誌。はじめ週刊だったが、一七六七年に同師が重農主義者となってからは月刊に変わり、以前の『農業・商業・金融新聞』に代って文字どおり重農学派の機関誌のような観を呈して、『道徳・政治科学理論文庫』を名乗り、ボードーのほかミラボー侯爵（一七一五—八九）などが編集に携わった。彼らが編集したのは一七六八年五月までで、その後はデュポン・ド・ヌムール（一七三九—一八一七）が編集に当たり、雑誌は一七七二年三月に発禁になるまで続いた。

〔一七一〕 シャルル・ド・マルグテル・ド・サン＝ドニ・ド・サン＝テヴルモン（一六一三—一七〇三）。フランスの文学者、社交人。サン＝ドニ＝デュ＝ガストの生まれ。はじめ軍人で、フロンドの乱では政府側につき、一六五二年に少将まで進んだ。ニノン・ド・ランクロなどのサロンに出入りしつつ文筆活動をし、アカデミー・フランセーズを諷刺した『アカデミストの喜劇』（執筆一六四三年、発表一六五〇年）などを著わしたが、『ピレネー和議に関するクレキ侯爵への手紙』（執筆一六五九年）という反政府文書が一六六一年に、失脚したフーケの家の家宅捜索で発見されたため、ルイ十四世の怒りを買ってイギリスへ亡命した。ロンドンのペストを避けてしばらくオランダにいた後、最終的にイギリスに定住し、マザラン侯爵夫人（マザランの姪）オルタンス・マンシニの親友としてそのサロンの中心となり、一六八九年にルイ十四世の勘気も解けたが再び故国へは戻らず、そのまま一七〇三年九月二十九日にロンドンで死んだ。ガッサンディを通じてエピクロスの影響を強く受けた自由思想家で、オランダにいた頃にはスピノザとも交わった。作品には上記のほかに『エピクロスの道徳について』（執筆一六八四年、発表一六八九年）、『共和国の各時代におけるローマ国民の様々な気質の考察』（執筆一六六三年、発表一六八四年）、『古今の悲劇について』（執筆一六七二年、発表一六九二年）、『ドカンクール元帥とカネー神父の会話』（執筆一六六九年、発表一六八六年）などがある。

〔一七二〕 エドマンド・ウォラー（一六〇六—八七）。イギリスの詩人、政治家。ハーファドシャのコールズヒルの生まれ。イートン校やケンブリッジで学んだ後、自ら言うところでは十六歳で下院議員となり、同時に宮廷にも出仕して、才気と詩人としての才能により国王ジェームズ一世に愛された。レスター公爵の娘ドロシー・シドニーに思いを寄せ、「サカリッサ」と呼ぶこの女性に宛てた抒情詩で名声を博した。一六四〇年に再び下院議員となり、長期議会ではじめ野党だったが、やがて王党派に転じ、「ウォラーズ・プロット」と呼ばれた王党派陰謀に加わったかどで一六四三年五月末に逮捕され、この事件では義理の兄弟が同年七月に絞首刑にされたが、彼自身は一年余り獄中にあった後、一六四四年十一月に罰金一万ポンドと国外追放に処せられた。そこでフランスへ亡命し、ルアン、ついでパリで生活したが、一六五二年にクロムウェルから帰国の許可を得てイギリスへ戻った。帰国後のウォラーはクロムウェルに取り入ってその寵を受け、クロムウェルの頌詩（一六五五年）を書いたり、一六五六年にはクロムウェルに国王と名乗るよう勧めたりした。一六五八年のクロムウェルの死に際しても、それを悼む詩を書いた。しかし、一六六〇年の王政復古後は、一転して新王チャールズ二世を歓迎する詩を書き、事実チャールズ二世、ジェームズ二世の二代の王にも愛されて、時々の権力者に取り入るこの節操のなさをジョンソンなどに批判された。一六六一年に下院に再選され、以後死ぬまで議席を持って、討論でも活潑に発言したが、陽気で才気に充ちた演説により喝采を博しはしたものの、政治的な影響力はさしてなかったようで、しかも、一六七七年に二度目の妻が死んでからは、ビーコンズフィールドの領地で過ごす時間が多かったらしい。「オスマン帝国倒壊の前兆」という詩をジェームズ二世に捧げたり、死の直前にも六篇からなる「愛」という長詩を書いたり、詩才は最後まで衰えなかった。当時、イギリスで最も有名な抒情詩人と謳われた人で、作品集はフランス亡命中の一六四五年にロンドンで出た三つの版が最初だが、一六六四年以後、十八世紀前半にかけて夥しい数の版が出た。イギリスにおけるサン＝テヴルモンの親友で、ウォラー、サン＝テヴルモン、生き返ったアナクレオン、そして自分の四人がロンドンで一堂に会するのを夢見たラ・フォンテーヌの詩なども残っている。一六八七年十月二十一日歿。

〔一七三〕　イギリス事情にくわしいヴォルテールのことだから、自ら誤解していたとは思えないが、このくだりは読者に誤解を与えるおそれがあるので、一、二注意しておきたい。第一は年齢の問題で、ヴォルテールとヴォワイエ・ダルジャンソン侯爵とではヴォルテールの方が二十八歳も年上だったが、サン＝テヴルモンとウォラーとでは逆にウォラーの方が七歳年長だった。第二は、サン＝テヴルモンとウォラーのこの会話はサン＝テヴルモンが死ぬ直前のものと思われかねないが、実際はそうではなく、サン＝テヴルモンが死んだ（一七〇三年）のはウォラーの死（一六八七年）より十六年も後だった。

〔一七四〕　聖ボナヴェントゥラ、本名ジョヴァンニ・ディ・フィダンツァ（一二二一七―七四）。イタリアのスコラ神学者。トスカナのパニョレージョの生まれ。一二四三年頃フランシスコ会に入り、パリ大学で学んで、一二四七年にはトマス・アクイナスと並んで同大学の神学教授となった。一二五七―七三年にはフランシスコ会の総会長を務め、一二七三年にはアルバノの司教、枢機卿となったが、翌年、リヨン宗教会議に法王特使として派遣されたまま、同市で死んだ。スコラ哲学全盛期の代表的な神学者の一人で、アウグスティヌス主義の主唱者として、プラトン主義の伝統を守りつつ、経験的な自然認識についてはアリストテレスをも取り入れ、同時に神との直接的合一を目指す神秘神学をも唱えた。「熾天使博士」と綽名される。

〔一七五〕　オルフェウスはもちろんギリシャ神話中の人物だが、オルフィック教の創立者とされて、『アルゴナウテス遠征譚』、『神統記』など多くの詩が彼に帰せられている。いずれも後代の偽作である。

〔一七六〕　イヴォン師のこと。訳註〔六四〕を参照。

〔一七七〕　創世記、第一章、三節。

〔一七八〕　訳註〔一四三〕と同じ。

〔一七九〕　原文は naturelle elle-même で、そのまま訳せば「自然なものそのもの」となるが、これは la nature elle-même（自然そのもの）の写し間違いと思われるので、そう修正して訳した。

〔一八〇〕　訳註〔一六五〕を参照。

〔一八一〕　正確にはモントルイユ＝ベレ。ロワール川中流の町ソーミュールの南南西にある村で、ドン・デシャンはその村にあるベネディクト会の小僧院（修道士四人）の責任者だった。

〔一八二〕　この三者討論の記録として本文に掲げたのは、「真理または真の体系」第五巻所収のテキストの全訳だが、「真理または真の体系」は全体として、ドン・デシャンの原テキストをドン・マゼが筆写したコピイである。討論記録にはもう一つ、ダルジャンソン家に伝えられた古文書の中に別のものがあり、こちらはドン・デシャン自身の筆蹟で、記録の原型、少なくともドン・マゼの写しより古いものと思われる。二つの記録を比較してみると、ドン・マゼの写しの方は原型に大幅な加筆・修正を施したものであることが分る。以下、日本語の訳文に影響するもののみに限って、両者の相違点を訳註で指示しておく。

〔一八三〕「私が何をしようと」は討論記録の原型にはない。

〔一八四〕この「同師」の科白、次の「DD」の科白、さらに次の「同師」の科白は討論記録の原型にはない。その次の「DD」の科白の内、冒頭の「これは事実で、証明として言うんじゃありません。それにどうやら、貴方はここで論理を欠いてるようですよ……でも、論理といえば」も原型にはない。また、この科白の残りの部分でも、「貴方」は原型では終始「神父さん」となっている。

〔一八五〕「私ならそういう結論を出しますよ」は討論記録の原型にはない。

〔一八六〕「貴方の道徳、または道徳的真理」は、討論記録の原型では「貴方の道徳」だけである。

〔一八七〕討論記録の原型では、この後に、「首尾一貫した頭脳を持たせたりするものでしょうか」という一句が入っている。

〔一八八〕「正しく言えば間接的な土台」は討論記録の原型にはない。

〔一八九〕討論記録の原型では、「理由」ではなく「武器」となっている。

〔一九〇〕討論記録の原型では、「この人」ではなく「ドン・D」となっている。

〔一九一〕以下、この「侯爵夫人」の科白の後半と、次の「同師」の科白は討論記録の原型にはない。

〔一九二〕討論記録の原型では、「せっかく」の前に「こうして、」という言葉が入っている。

〔一九三〕討論記録の原型では、「原理がある、それも実に多産な原理があると」ではなく「原理を持つと」となっている。

〔一九四〕討論記録の原型では、「ない」ではなく「持たない」となっている。

〔一九五〕討論記録の原型では、「この」ではなく「私の」となっている。

〔一九六〕「実によく」は討論記録の原型にはない。

〔一九七〕この一文は討論記録の原型にはない。

〔一九八〕討論記録の原型では、「子供でも自分の真理を見落とすことはありえないと」ではなく、「自分の真理はあまりにも真理で馬鹿らしいほどだとか、子供でもそれを見落とすことはありえないとか」となっている。

〔一九九〕討論記録の原型では、「自分と無縁な観念はなんでもはねつける、頭ではなくて文字どおり胼胝《たこ》のような多くの頭脳」ではなく、「偏見と不合理なもの〔宗教〕が支配して、もう頭ではなく文字どおり胼胝《たこ》であるほどの多くの頭脳」となっている。

〔二〇〇〕「それも斬新な全体に」は討論記録の原型にはない。

〔二〇一〕「理解もしないのに」は討論記録の原型にはない。

〔二〇二〕討論記録の原型では、「何かに数える」ではなく「見る」となっている。

〔二〇三〕「同師」の科白のこれ以下と、それに続く「DD」、「同師」、「DD」、「同師」、「侯爵夫人」の五つの科白は討論記録の原型にはない。

〔二〇四〕討論記録の原型では「でも、奥様」となっている。

〔二〇五〕「事物の根底について」は討論記録の原型にはない。

〔二〇六〕この一文は討論記録の原型にはない。

〔二〇七〕討論記録の原型では「独立した一つの〈貴方〉」となっている。

〔二〇八〕討論記録の原型では、この後に「最大の絵空事です」という一句が入っている。

〔二〇九〕訳註〔五一〕を参照。

〔二一〇〕討論記録の原型では、「私たちよりよく知っていると言う」ではなく、「私たちと言い合いをする」となっている。
〔二一一〕スコトゥスはScotと表記されている。そこからcを削ればSotとなり、これは「愚かな」、「愚か者」の意味である。
〔二一二〕「や私の原理」は討論記録の原型にはない。
〔二一三〕討論記録の原型では、「意地悪」ではなく「悪意」となっている。
〔二一四〕「私のものを読んだ人にしては」は討論記録の原型にはない。
〔二一五〕討論記録の原型では、この後に「たとえ御自分に不利になっても」という一句が入っている。
〔二一六〕討論記録の原型では、「〈無〉が」ではなく「〈無〉または虚無が」となっている。
〔二一七〕討論記録の原型では、以下、この科白の終わりまでは「それは現実的または感覚的な存在の否定なんです」となっている。
〔二一八〕討論記録の原型では、「〈全一者〉である〈無〉」ではなく「〈無〉または〈全一者〉」となっている。
〔二一九〕討論記録の原型では、これ以下、この科白の終わりまでは、「〈全一体〉の存在の否定にすぎないことをここで分っていただけないでしょうね」となっている。
〔二二〇〕討論記録の原型では、「ホッホッホ」ではなく「いいえ、神父さんと御同様です」となっている。
〔二二一〕ここは例外的に、討論記録の原型のテキストに従う。「真理または真の体系」第五巻のテキストでは、「私は」ではなく「貴方は」となっているが、それでは論理的におかしく、明らかに写し間違いと思われるからである。
〔二二二〕この一文は討論記録の原型にはない。

〔一二三〕「そう、キマリですね、奥様」は討論記録の原型にはない。
〔一二四〕討論記録の原型では、「雷霆のようです」ではなく「お見事です」となっている。
〔一二五〕討論記録の原型では、「よかった」ではなく「さらによかった」となっている。
〔一二六〕討論記録の原型では、「見られますし」ではなく「ありますし」となっている。
〔一二七〕討論記録の原型では、「もらいます」ではなく「もらいますから」となっている。
〔一二八〕「真理または真の体系」第五巻のテキストでは、直訳すれば「彼の〔言う〕法律状態」となっているが、討論記録の原型では「われわれの法律状態」となっている。
〔一二九〕ここでも例外的に、討論記録の原型のテキストに従う。「真理または真の体系」第五巻のテキストではこの科白が「DD」の科白とされているが、内容から見て、それを「同師」の科白とする原型のテキストの方が明らかに正しいので、それに拠った。
〔一三〇〕この科白と次の「同師」の科白は討論記録の原型にはない。さらに、その次の「DD」の科白の冒頭にある「これ以上怒ったりしませんよ、神父さん。それでも」も同じである。
〔一三一〕「人間を獣以下にするなんて言って」は討論記録の原型にはない。
〔一三二〕「その時は欠如が欠如でなくなることも」は討論記録の原型にはない。
〔一三三〕討論記録の原型では、「永続させる」ではなく「永続させた」となっている。
〔一三四〕討論記録の原型では、「ことも」ではなく「ことを」となっている。
〔一三五〕討論記録の原型では、「道徳的不平等」ではなく「道徳的または社会的不平等」となっている。
〔一三六〕討論記録の原型では、「首をくくらなくてもいいようなものしか」ではなく「魅力的な面からしか物事を」となっている。
〔一三七〕討論記録の原型では、この「DD」の科白の前に、次の二つの科白が入っている。
　「同師　でしょう、奥様？
　侯爵夫人　ええ、神父さん。」
〔一三八〕討論記録の原型では、「哲学」ではなく「哲学すること」となっている。
〔一三九〕討論記録の原型では、「反対すべきものは何もありませんからね」ではなく、「みんなと一緒に」となっている。
〔一四〇〕討論記録の原型では、「それを見ることも認めることも」ではなく「それを見ることが」となっている。
〔一四一〕討論記録の原型では、この科白は「新機軸をお出しになるんですか、神父さん？」となっている。
〔一四二〕「お互いがお互いの」は討論記録の原型にはない。

〔二四三〕　前段にもすでに登場したロビネの著作。ロビネについては訳註〔二四〇〕を参照。

〔二四四〕　ニコラ・フレレ（一六八八―一七四九）。フランスの学者。パリの生まれ。弁護士にしようとした親の意に抗《さから》って学問の道に進み、二十歳にしてすでに人文科学のあらゆる分野に親しんでいたという。ブーランヴィリエなどに嘱目されて、一七一四年から碑文アカデミーに登場し、同アカデミーでのデビュー作「フランス人の起源についての覚書」は、フランク族の起源をめぐる在来の説を覆すものとして非常な反響を呼び、フレレはそのため祖先への不敬のかどで数カ月バスティーユに投獄された。出獄して、一七一六年に同アカデミーの準会員となり、一七四三年からはその常任書記を務めた。年代学、地理学、東洋学、言語学、神話学、宗教学等々に通じた百科全書的な万能学者で、文学どおり碑文アカデミーの花形だったが、その生活は研究一筋で、アカデミーの会合にも自らの研究成果を発表するためにしかほとんど出席しなかったという。同アカデミーの紀要に載った夥しい数の覚書があり、死後の一七九六―九九年に全二十巻の全集がパリで出版されたが、その全集にも実際は執筆した覚書の半分程度しか収められなかった。なお、こういう学問的な著述のほかに、フレレは十八世紀に流布した多くの反宗教的地下文書の著者とされ、『トラシュブロスからレウキッペへの手紙』（刊行一七六八年）、『モイザード』（刊行一七六八年）、『キリスト教弁証論者の批判的検討』（刊行一七六六年）、『新約聖書の批判的検討』（刊行一七七七年）、『キリスト教分析』（刊行一七六七年）などがいずれもフレレのものと言われたが、『トラシュブロスからレウキッペへの手紙』以外はフレレのものではないらしい。本文中でフレレに言及されるのは、こういう反宗教文書の著者と目されたフレレのことを言うのであろう。

〔二四五〕　討論記録の原型では、「『自然について』やフレレその他のもののように」ではなく、「『自然の体系』の著者やフレレ、ロビネその他のもののように」となっている。

〔二四六〕　「推理の面で」は討論記録の原型にはない。

〔二四七〕　「〈愚かな〉とか〈馬鹿な〉とかいう言葉は貴方のおハコですが」は討論記録の原型にはない。

〔二四八〕　討論記録の原型では、「それに匹敵する」ではなく、「推理の面でそれに匹敵する」となっている。

〔二四九〕　「ゆめゆめ」は討論記録の原型にはない。

〔二五〇〕　討論記録の原型では、「一度信じた自分の体系」となっている。

〔二五一〕　討論記録の原型では、「よくなさいました、貴方にしては」ではなく、「いかにも貴方らしい」となっている。

〔二五二〕　この科白と、続く「同師」、「侯爵夫人」、「同師」、「DD」、「同師」、「侯爵夫人」、「同師」の七つの科白は討論記録の原型にはない。さらに、その後の「侯爵夫人」の科白も、最後の一文を除いて原型にはない。

〔二五三〕　「そんな腹立たしい考えは脇に置いて」は討論記録の原型にはない。

〔二五四〕　討論記録の原型では「私をからかったんじゃありません？」となっている。

〔二五五〕「これまで以上に」は討論記録の原型にはない。
〔二五六〕討論記録の原型では、「驚かない」ではなく「もう驚かない」となっている。
〔二五七〕この科白の始めからここまでは、討論記録の原型では「冗談は別にして、侯爵夫人」となっている。
〔二五八〕討論記録の原型では、「この人の」ではなく「ドン・デシャンの」となっている。
〔二五九〕討論記録の原型では、「とても想像が」ではなく「まるで想像が」となっている。
〔二六〇〕討論記録の原型では、「持って」ではなく「全然持って」となっている。
〔二六一〕討論記録の原型では、この「侯爵夫人」の科白は「ドン・デシャンの著作は明快ですか」という一文のみからなっている。
〔二六二〕この科白の始めからここまでは、討論記録の原型では「ええ、奥様、この上なく明快です」となっている。
〔二六三〕討論記録の原型では、「あらゆる困難に先手を打って」ではなく「あらゆる困難を見越して」となっている。
〔二六四〕討論記録の原型では、この一文が「驚くような仕方でです」となっている。
〔二六五〕討論記録の原型では、「最も巧妙で」の前に「最も斬新で、」が入っている。
〔二六六〕ここも例外的に、討論記録の原型のテキストに従う。「真理または真の体系」第五巻のテキストでは、「これ以上よく原理を役立てることはできません」ではなく「原理を役立てることさえできません」となっているが、それでは意味をなさないからである。原型のこの個所の原文はOn ne peut pas mieux tirer parti d'un principe.で、「真理または真の体系」の原文はOn ne peut pas même tirer parti d'un principe; だが、これは原型の mieux（これ以上よく）を même（さえ）と写し間違えたものと思われる。
〔二六七〕討論記録の原型ではこれ以下が別の科白とされており、「同、ドン・デシャンに。同師は退席」というト書きが入っている。科白は同じである。
〔二六八〕ジャン＝マルタン・ド・プラード（一七二〇―八二）。フランスのカトリック聖職者。カステルサラザンの生まれ。当時の開明的な聖職者の一人で、『百科全書』にも宗教・哲学関係の項目を執筆した。一七五一年十一月十八日、ソルボンヌにテーゼを提説したが、無神論的ないし理神論的なものとしてローマ法王に断罪され、パリ高等法院の追及を受けてオランダへ亡命した。ついでプロイセンのフリードリヒ大王のもとへ行き、王から年金を貰ったが、やがてスパイの嫌疑をかけられてシュレージエン地方へ追放され、そこで以前の説を撤回して、グロガウの教会の役員として死んだ。本文で「ド・プラード師の染物屋」と言われるのは、スキャンダルを起こした同師のテーゼは実はイヴォンが書いた、少なくとも彼が手伝ったと当時疑われていたことを当てこすったものである。
〔二六九〕「大体は」は討論記録の原型にはない。

〔二七〇〕 この一文は討論記録の原型にはない。

〔二七一〕 討論記録の原型では、「お宅の馭者と」ではなく「どこかの子供と」となっている。

〔二七二〕 討論記録の原型では、「晩から朝まで」ではなく「晩も朝も」となっている。

〔二七三〕 「杜撰な論理と」は討論記録の原型にはない。

〔二七四〕 これ以下、この科白の終わりまでは、討論記録の原型では「あの人は自分の説を捨てないでしょう。それほど対象に無関心で、それほど自分の知識に自信があって、それほど自分の〈駄文〉に執着してるからですよ」となっている。

〔二七五〕 討論記録の原型では、「大いに疑問ですね」となっている。

〔二七六〕 訳註〔一六五〕を参照。

〔二七七〕 アルミダはイタリアの叙事詩人トルクアート・タッソー（一五四四―九五）の叙事詩『エルサレム解放』（一五七五年）のヒロインの一人である妖女。主人公の十字軍士リナルドを歓楽ずくめの館に引き留めて、一時足止めするとされている。そこから、「アルミダの宮殿」、「アルミダの園」は歓楽の場を意味する代名詞ともなっている。

〔二七八〕 マネス（マニ）（二一六―二七六または二七七）。善悪二元論の代名詞とされるマニ教の教祖。北部バビロニアのマルディーヌーという村の生まれ。父のパーティクはパルティア王国の末流に当たるハマダンの君主で、自分も妻マリアムもアルサケス朝の血を引いていた。父は「沐浴者」と呼ばれる宗派に属していたらしいが、この派の実態は明らかでなく、グノーシスの一派「マンダイズム」であろうという推測もされている。マニも当然この派の教えを受けて育ったが、十二歳の時最初の啓示を受け、二四〇―二四一年から独自の布教を始めた。公的な布教活動を始めたのはインド（おそらくイラン東部から今のパキスタン一帯）で、そこに一年余りいた後、ペルシャからバビロニアへと布教の旅を続け、二四一年頃にはペルシャ帝国の首府クテシフォンで国王シャープール一世に謁見してその保護を受け、その後数年間同王のもとに留まって、シャープールの治世の三十年間（二四一―二七三年）にわたり、マニ教はサーサーン朝のペルシャ帝国で最も奨励された宗教だったらしい。シャープール一世は二七三年に死に、その後を継いだ息子のホルムズド一世も父のマニ教保護政策を継承したが、同王は在位一年で他界し、その弟のバハラーム一世が王位に即いた。しかしこの王は伝統的なゾロアスター教を保護したため、マニは宮廷から失脚し、官憲の厳重な監視下に置かれた。彼はすでに殉教を予感していたが、あえて王のいるベートラバトへ赴いてバハラーム一世に謁見し、迫害の停止を求めた。そして謁見の終わりに逮捕され、両手と両くるぶしに各三本、首に一本の鎖をかけられて、身動きできない状態で投獄され、二七六年一月十九日から二月十四日まで、別の記録では二七七年一月三十一日から二月二十六日まで呻吟した末、獄死した。王は彼の死を確かめるため、火のついた松明で彼の体を刺し通し、それから体を八つ裂きにして、首はベートラバトの市門に晒した。遺体の残りは弟子たちによりクテシフォンに埋葬された。

マニ教は東方へは中国にまで伝えられたが、西方への普及も早く、北アフリカ（その地にいた聖アウグスティヌスも若い頃はマニ教徒だった）、南イタリア、ローマ、ガリア、スペイン（プリスキリアヌス派）などローマ世界にも流入して、主にマルキオン派異端の地盤を受け継いだ。それに対する弾圧も激しく、ディオクレティアヌス帝は二九七年に有名なマニ教禁止令をアフリカ総督ユリアヌスに送って、マニ教文書の焚書と指導的マニ教徒の火刑、一般信者の財産没収を命じた。三八〇年にはテオドシウス帝もマニ教禁止令を出し、三八五年にはマクシムス帝がプリスキリアヌスを火刑に処している。東ローマ帝国のマニ教徒は五世紀末に皇帝の周囲にも庇護者を得て非常な勢力を持ったが、八四一年、皇后テオドラによる大弾圧で十万を超える死者を出し、百五十年にわたる抵抗の末、東ローマ帝国から追放され、一部はブルガリアへ逃れてボゴミル派を作った。その後、中世にもマニ教迫害は続けられ、一〇一七年にはオルレアンの十人の教会参事会員がマニ教の罪で火刑に処せられている。また、中世のカタリ派、アルビ派がボゴミル派を通じてマニ教の流れを汲むものだったことは更めて言うまでもない。

〔一七九〕「預言者は己《おの》が郷《さと》にて喜ばるることなし」というルカ伝第四章二十四節の言葉が背景にある。

〔一八〇〕 アナクサゴラス（前五〇〇頃―四二八頃）。古代ギリシャの哲学者。小アジアのクラゾメナイの生まれで、ペリクレスの友としてアテナイに長く住んだが、太陽は石にすぎないというその説がペリクレスの政敵により不敬罪に問われ、ランプサコスに去った。その哲学はイオニア学派の自然哲学を再建したもので、不生不滅の根源的物質として無数のスペルマ（種子）と、それを整理する原理としてのヌース（知性）を考えた。本文の「近代版アナクサゴラス」とは、自由思想家的な哲学者たちのことか。

〔一八一〕 訳註〔五一〕を参照。

〔一八二〕 このパラグラフの内容から見て、これはイヴォンが計画していた世界宗教史のことと思われる。一七七六年にその第一巻として、十二折判の『序論――哲学と宗教の一致、または十三期に分けた宗教史』がパリで刊行されたが、後続の巻は遂に出なかった。その後、一七七九年に、イヴォンはリエージュから八折判二巻の『哲学的宗教史』を刊行したが、これは三年前のこの『序論』と、一七六八年にアムステルダム（表記上。実際はパリ）から十二折判三巻で出した『教会史に関する一般的・理論的論説集』を多少手を入れて再刊したものだった。

〔一八三〕 当時のリヨンの大司教アントワーヌ・ド・マルヴァン・ド・モンタゼ（一七一二―八八）。アジャンの生まれ。僧籍に入って、一七四二年に国王の礼拝堂付司祭、一七四七年にオータンの司教となり、ついで一七五八年から死ぬまでリヨンの大司教を務めた。「ウニゲニトゥス」大勅書をめぐる教会内の紛争では、この大勅書に反対する「上訴派」に名を連ねてはいなかったが、思想的には隠れもないジャンセニストで、パリの大司教ボーモンと対立し、彼がオラトリオ会のヴァラ神父に執筆させた『神学綱要』（六巻、一七八二年）は法王庁により断罪された。司教区の典礼の改革も行なっている。『パリの大司教への手紙』（一七六〇年）、『《神の民の歴史》三部を断罪するリヨンの大司教の教書』（一七六二年）などの著作があり、文芸を愛して、一七五七年にはアカデミー・フランセーズの会員となった。

〔一八四〕 シモン＝ジョゼフ・ペルグラン（一六六三―一七四五）。フランスの詩人、劇作家。マルセイユの生まれ。マルセイユのセネシャル裁判所評定官の子で、はじめセルヴィト会の修道士としてムティエの僧院にいたが、やがてそこを出、艦隊付の司祭として海上生活をした。一七〇〇年に帰国してパリに住み、貧乏な一家の生活を支えるため詩作をし、最初の作品『一七〇四年の戦勝をめぐる王様への手紙』はアカデミーから賞を得た。前々からセルヴィト会は僧院に戻るよう彼に圧力をかけていたが、この受賞を機にペルグランは国王の内妻マントノン夫人に庇護されるようになったため、彼女の口利きでローマ法王から特別許可を貰って正式に同会から脱会し、さらにクリュニ会へ移ってパリに居住する許可も得た。以後、注文に応じて多くのマドリガル、哀歌、祝婚歌、墓碑銘などを量産し、さらには劇作にも手を出したが、パリの大司教ノアイユから聖務と詩作のいずれかを選ぶよう迫られ、結局後者を選んだため、聖務禁止の処分に付された。聖職を失ったペルグランは、庇護者たちの尽力で、『メルキュール』紙に劇評を書くのと引き換えに僅かな年金を手に入れた。劇作家としては、当たりを取った悲劇『ポリドール』（一七〇五年）、同『オデュッセウスの死』（一七〇六年）、喜劇『新世界』（出版一七二三年）、その続篇『愛と理性の離婚』（出版一七二四年）、三幕物の叙事的牧歌『忠実な牧人』（出版一七二六年）、悲劇『ペロペ』（一七三三年）、同『バジャゼ』（一七三九年）、同『カティリナ』（一七四二年）、喜劇『夫に恋する女』（一七四二年）などがある。多作だが誰からも尊敬されず、或る役者などは舞台上で彼の貧乏ぶりをからかい、観客も誰ひとりそれに抗議しなかったという。劇作のほかにも、『キリスト教詩集』（二巻、一七〇二年）、『霊的聖歌集』（二巻、一七〇五年）、説教集などがあり、ダビデの詩篇、ソロモンの箴言、果ては『キリストのまねび』までリュリ、ランベールやさらにはヴォードヴィルの曲に乗せた新趣向は当時人気があった。世の軽蔑を一身に集めた卑俗・滑稽な詩人聖職者で、前世紀のシャルル・コタン師（一六〇四―八二）と並び称される存在だった。

〔一八五〕 ペルグランが一七四五年に八十二歳という高齢で世を去った時、パリの市中に流布した「ペルグラン師の墓碑銘」という道化詩（ペルグランは食べすぎによる消化不良で死んだ、などと言っている）の、特に有名な次の二行のことであろう。

朝《あした》はカトリック、夕《ゆうべ》は偶像崇拝者、
昼食《ひる》のお代は祭壇から、夕食《ばん》のお代は劇場から。

〔一八六〕 エロストラトス（またはヘロストラトス）は前四世紀のエフェソスの名もなき住人。世の征服者と並ぶほどおのが名を不滅にしたいという一心から、大罪で名を上げようと思い立ち、前三五六年の或る夜（それは偶然、アレクサンドロス大王が産声を上げた夜だった）、世界の七不思議の一つとされた同市のアルテミス神殿に放火して焼失させた。エフェソス市はこの犯罪的な有名病患者の裏をかくため、「エロストラトス」という名を口にすることを永久に禁じ、違反者は死刑に処すと定めたという。

〔二八七〕「トッレの火炎」とは、「火山学者トッレの本（特にその図版）で見るだけのヴェスヴィオ火山の噴火」という意味であろう。ジャンマリア・デラ・トッレ（一七一三―八二）は、当時まだ存命していたイタリアの物理学者、博物学者。ローマの生まれ。十九歳でアウグスチノ会の修道士となり、ナポリの大神学校の教授として非常な名声を博し、ナポリ王カルロ七世（スペイン王カルロス三世）に招かれて、その図書館長、博物館長、王立印刷所長を務めた。ヨーロッパ中の学者たちとさかんに文通し、イギリスの王立協会《ロイヤル・ソサイエティ》、フランスの科学アカデミー、ドイツのベルリン・アカデミーなどの通信会員だった。イギリスから取り寄せたフリントグラスを自ら磨いて、顕微鏡の倍率を大幅に向上させ、それを使って血液（それは血球ではなく、環状の要素からなるとした）、乳糜、線維、神経、筋肉、脳などの観察、研究を行なった。同時に、ナポリに近いヴェスヴィオ火山の研究に打ち込み、何度も火口まで降りて調査をし、火山学の草分けとなった。その関係では、『ヴェスヴィオ山の二度の噴火の描写』（ナポリ、一七五四年）、『ヴェスヴィオ山の歴史と現象』（ナポリ、一七五五年）、その二つの『補遺』（ナポリ、一七五九年、一七六一年）、『一七六六年に起こったヴェスヴィオ山の火災』（ナポリ、一七六六年）、『原初から一七七〇年までのヴェスヴィオ山の歴史と現象の解説』（ナポリ、一七七〇年）、『一七七九年八月八日に起きたヴェスヴィオ山の第三十回の火災』（ナポリ、一七七九年）などの著作があり、とりわけ一七五五年の『ヴェスヴィオ山の歴史と現象』はこの火山に言及した著作家たちの目録まで添えた画期的な研究で、その第一補遺とともにペトン師による仏訳（パリ、一七六〇年）も刊行された。ヴォワイエ・ダルジャンソン侯爵もその仏訳を読んだか噂に聞いたかしていたのであろう。著作にはほかに、『一般的・個別的自然学』（ナポリ、一七四九年）、『物理学教程』（ナポリ、一七五三年）、『博物学新考』（ナポリ、一七六三年）、『一般的・個別的自然学要綱』（九巻、ナポリ、一七六七年）、『顕微鏡による新たな観察』（ナポリ、一七七六年）などがある。

〔二八八〕フィロストラトス（一七〇頃―二四五）。ギリシャのソフィスト。レムノスの生まれ。アテナイで雄弁術を教えた後、ローマへ行き、皇帝アレクサンデル・セヴェルスや皇后ユリア・ドムナの寵を受け、この皇后の依頼で代表作『テュアナのアポロニオス伝』を書いた。ほかに、『英雄伝』、『ソフィスト列伝』、『絵画書』、『書簡体論』、『書簡集』などがある。

〔二八九〕普通言われるのは「プラトンハ友ナリ、サレド真理ハイッソウ友ナリ」というもので、それの「プラトン」を「アリストテレス」に変えたもの。「プラトンハ……」の方は通常キケロが言ったものとされるが、出典は定かでなく、アリストテレスの『ニコマコス倫理学』の一節から想を得たものという説もある。後代では、エラスムス、セルバンテスなどにも用例がある。

〔二九〇〕訳註〔四八〕を参照。

〔二九一〕サミュエル・クラーク（一六七五―一七二九）。イギリス国教会の神学者、哲学者。ノーリジの生まれ。ケンブリッジ大学で学んで、ニュートンから強い影響を受けた。一七〇四―〇五年のボイル講演『神の存在と属性』は、神と徳と不死の観念を理性から導き出して、それを啓示によって基礎づけるという「合理的超自然主義」を主張して注目された。またニュートンを擁護して、自然哲学と宗教の原理につき、ライプニッツと手紙による論争を行なった。一七〇九年にアン女王からウェストミンスターのセント・ジェームズ教会の牧師に任ぜられたが、一七一二年に出した『三位一体の聖書的教理』はユニテリアン的傾向を非難された。一七二七年に友人のニュートンが死んだ時、それで空席となった造幣局長官に就任する話があったが、聖職者の資格とは相容れないとしてそれを辞退し、間もなく死んだ。ニュートンの思想を普及させた功績は大きいが、一方、主著『神の存在と属性』は一七二七年にピエール・リコティエの手で仏訳され（二刊本、刊行地アムステルダム）、フランスでも十八世紀に最もよく読まれた護教書の一つだった。

〔二九二〕　訳註〔三六〕を参照。

〔二九三〕　ディオゲネス（キュニコス派の）（前三二三歿）。古代ギリシャのキュニコス派（犬儒派）の哲学者。シノペの生まれ。同派の創始者アンティステネスの弟子で、諸所を放浪しながら教えたらしい。多くの奇行が伝えられており、「樽の中の哲人」として有名である。

〔二九四〕　ルクレティウス『物の本性について』、第二巻、一四行。

〔二九五〕　訳註〔一一八〕を参照。

〔二九六〕　訳註〔一一八〕を参照。

〔二九七〕　訳註〔四八〕を参照。

〔二九八〕　ヴォルテールのこと。

〔二九九〕　訳註〔四九〕を参照。

〔三〇〇〕　訳註〔五二〕を参照。

〔三〇一〕　ピエール＝ダニエル・ユエ（一六三〇―一七二一）。フランスの哲学者、カトリック神学者。二十歳にして大学者と謳われ、一六五二年にスエーデンのクリスティーナ女王の宮廷に招かれた。一六七〇年にフランス王太子の教育係補佐となり、一六七四年にはアカデミー・フランセーズに入会、その翌々年僧籍に入って、一六八五年にソワソンの司教、一六九二年にアヴランシュの司教に任命されたが、学問研究に専念するため一六九九年に司教を辞任し、イエズス会の僧院に引退した。著作は非常に多いが、比較宗教史的方法をキリスト教弁証論に適用して、フェニキア、エジプト、ペルシャなどの宗教もモーゼの教えから派生したと説いた『福音の論証』（一六七九年）や『理性と信仰の一致に関するオーネーの諸問題』（一六九〇年）、『デカルト哲学批判』（一六八九年）、懐疑論を宗教的弁証に利用した遺作の『人間精神の無力に関する哲学論』（一七二三年）などが重要である。

〔三〇二〕　訳註〔一一八〕を参照。

〔三〇三〕 ヴォルテールのこと。

〔三〇四〕 ヴォルテールのこの詩句は、前出の「道徳考」、第一部第九章の本文の中でも引かれており、出典はその個所に付した訳註〔九三〕ですでに指示した。但し引用は正確でなく、「見る思いがする」の主語（邦訳では省略した）は「彼は」となっているが、元の詩では「私は」、三行目の「撲り合う」も元の詩では「闘う」である。

〔三〇五〕 この文章は誤記か、筆写した者の写し間違いと思われる。「無限、」「永遠」というのは否定的な属性で多い少ないを容れないから、「多くまたは少なく無限」、「多くまたは少なく永遠」とは言えないというのがドン・デシャンの持論だからである。この文章は正しくは、「われわれが様々な存在について、多くまたは少なく完全だと言う習慣はあるが、多くまたは少なく無限だとか、多くまたは少なく永遠だとか、多くまたは少なく測り知れないとか言う習慣がないのもそこから来る」であろう。

〔三〇六〕 デュクロのこと。訳註〔一二四〕を参照。このくだりは、デュクロの代表作『現代風俗論』（一七五一年）の第八章にある。

〔三〇七〕 この個所の原文はchacun l'entendだが、デュクロの原著ではchacun l'étend（誰もがそれを拡げ）で、内容的にもむろんその方が良い。デュクロの文章を写した際か、この写本を筆写した際、または活字に起こした際に生じた誤りである。

〔三〇八〕 使徒行伝、第十七章、二十八節。

〔三〇九〕 オヴィディウス『転身物語』、第二巻、一三七行。

〔三一〇〕 訳註〔二七八〕を参照。

〔三一一〕 ジュネーヴのクラメール兄弟書店が刊行したヴォルテールの最初の大規模な著作集。一七五七年に十七巻本として出たのが最初で、一七六四年には二十一巻本として、一七六八―七八年には三十巻本として、一七七五年には四十巻本として版を重ねた。

〔三一二〕 訳註〔一二〕を参照。

〔三一三〕 それが、この「謎のこころ」と最後のスピノザ反駁との間にある三篇の短論文のことなのか否かは、正確には不明である。

〔三一四〕 訳註〔六一〕を参照。

〔三一五〕 ルソーのこと。

〔三一六〕 訳註〔九九〕を参照。

〔三一七〕 ルソー『社会契約論』、第一篇、第六章。邦訳、河出書房刊『世界大思想全集、社会・宗教・科学思想篇4』、一三二ページ、平岡昇・根岸国孝訳。

〔三一八〕 ドン・デシャン自身の「道徳考」のこと。この小論は全体として、「道徳考」の第一部、第一―第四章の抜萃である。

〔三一九〕 オマル・イブヌル・ハッターブ（五九一頃―六四四、在位六三四―六四四）。サラセン帝国の第二代正統カリフで、帝国の事実上の創建者。初代カリフのアブー・バクルの遺言によって即位し、シリア、ペルシャ、イラク、エジプトを征服して、東はアビシニア国境から西はリビアにまで至る一大帝国を築いたが、メディナの礼拝堂で奴隷により刺殺された。本文では、サラセン軍のエジプト征服の際にアレクサンドリアの大図書館が灰燼に帰したことが念頭に置かれている。

〔三二〇〕 南米のパラグアイでは一五八三年頃からイエズス会の宣教事業が展開されていたが、一六〇九年、スペイン王はこの地での宣教と原住民グアラニ人の開化の事業をイエズス会の宣教師らに独占的に委任し、併せてこの地での奴隷狩りを全面的に禁止した。そして翌年には、二人のイエズス会士の手によって原住民の最初の共同体が作られたが、一六一二年頃、モントヤ神父は、こうした多くのキリスト教的共同体を基礎とした、スペインの王権に直接帰属する共和国の創立を構想し、それに基づいてイエズス会士の支配する「グアラニ共和国」がこの地に作られた。従来、原住民は居所が一定しなかったり小部族に分れて暮らしたりしていたが、これがそれぞれ四千ないし八千の人口を持つ約三十の「帰順村」に集められ、最盛期には約十三万のグアラニ人がヨーロッパ人（もちろんイエズス会士を除く）からほぼ完全に隔離されて自給自足経済を営んだ。その内部体制は宣教師を指導者とする一種の神政的共産主義で、「私利私欲の成長は連帯の上に打ち立てられた共同体の宗教的・社会的頽廃を招く」が故に、私的所有は一切禁じられ、「垣も境界標も」なく、貨幣すら廃止された。共同体の成員は男女ともみな労働を義務づけられ（労働時間は多くて日に八時間）、生産物は公営の貯蔵庫へ納められて、そこから各家が必要に応じて品物を受け取った。当時南アメリカで工業らしい工業を持っていたのはこのグアラニ共和国ひとつだったと言われるほど、そのアウタルキーは完全なものだったらしいが、これはまたグアラニ語で行なわれる普通教育システムに支えられていたという。しかし、ヨーロッパではポルトガル、フランスについで一七六七年にはスペインでもイエズス会が禁止され、翌一七六八年にはそれがパラグアイにも波及した。この地のイエズス会宣教師たちは、スペインに反抗して戦争を企んだ（中の一人はパラグアイ王ニコラス一世と名乗ったとすら言われた）というかどで逮捕・投獄の上、ヨーロッパへ強制送還され、グアラニ人の共産主義国家はこうして百六十年の歴史を閉じた。十八世紀フランスの啓蒙思想家たちはイエズス会に対して総じて敵意を持っていたが、古来の共産主義ユートピアを実地に試みたようなこのパラグアイの実験にはみなひとかたならぬ興味を示し、それに熱狂的な讃辞を送った者も少なくなかった。

〔三二一〕 今のカナダ中南部のサスカチェワン州から、アメリカ合衆国中北部のモンタナ州の一帯にいたインディアンの一種族。狩猟をしつつ大平原を移動する非定住的な種族だった。なお、原著ではこの種族名がAssiniboilsと書かれているが、Assiniboinesが正しい。

〔三二二〕 天然痘はフランス語ではpetite vérole、直訳すれば「小梅毒」というから、その姉とは「小」を取った梅毒のこと。

〔三二三〕 ヘラクレイトス（前五四〇頃―四八〇頃）。古代ギリシャの哲学者。エフェソスの人。エフェソスの旧王家の出で、祭司職に携わり、エフェソスのアルテミス女神に著作を捧げた。散文で書いた『自然について』の断片が残っている。火を万物の根源とし、一切は不断の変化と生成の内にあり、対立物の闘争と統一がすべての基礎にあると説いた。難解な哲学者の代名詞とされ、暗鬱な調子から「泣く哲学者」(「笑う哲学者」デモクリトスとの対照で)とも綽名された。ここでは「悲観論者」の意味。

〔三二四〕 ルキウス・コルネリウス・スラ(前一三八—七八)。古代ローマの悪名高い政治家、将軍。はじめマリウスの部下としてユグルタ戦争やゲルマン人との戦争で功績を上げたが、前八八年にポントス王ミトリダテス六世討伐の指揮権をめぐってマリウスと対立、元老院をバックに彼を抑えて東征し、前八三年に帰国して独裁執政官となった。ローマの閥族派の代表者として、護民官の立法権・拒否権など民主的な制度の破壊に努め、そのため冷酷な恐怖政治を行なったが、前七九年に突然辞職して引退し、翌年に死んだ。

〔三二五〕 紀元三二五年の五月から七月にかけて小アジアのニカイアで開催された第一ニカイア宗教会議。ローマ皇帝コンスタンティヌス一世が招集したもので、同帝の臨席のもとに、全キリスト教圏から集まった二百二十人ないし二百五十人の司教たちが参加した。会議の主目的は、御子は父に従属するというアリウスの説をめぐる教会内の紛争を解決することにあり、結局、御子と父は同一実体であるとする三位一体説が信条として採択されて、アリウスとその支持者たちは破門・追放された。この会議はキリスト教会における最初の世界宗教会議だったが、ただ、ここで「ニカイア宗教会議から」と言うのは、必ずしもこの会議自体がもたらした直接的害悪だけを考えているのではなく、「キリスト教がローマ帝国の公認宗教となってから」と言うのとほぼ同義だと思われる。同じコンスタンティヌス帝がキリスト教を公認したのは、ニカイア宗教会議より十数年早い紀元三一三年だったが。

〔三二六〕 ナント勅令はもちろん、宗教戦争に終止符を打つためフランス王アンリ四世が一五九八年四月に発した勅令で、プロテスタンティズムはそれにより合法化されたが、八十数年後の一六八五年十月、国王ルイ十四世はこの勅令を廃止して、プロテスタンティズムを再び非合法化した。このテキストが書かれたと思われる頃にもその状態が続いており、プロテスタンティズムが再度合法化されたのはフランス大革命開始の前々年(一七八七年)にすぎなかった。なお、印刷されたテキストではここに réformation(「変更」と訳したが、元来は「改革」の意)という語が使われているが、これは révocation(「廃止」)の写し間違いかとも思われる。

〔三二七〕 シチリアのディオドロス。前一世紀のローマの歴史家。シチリアのアギュリウムの生まれ。前六〇—六三年頃に『図書館』と題する世界史を著わした。これはエジプト、インド、メソポタミアから始め、カエサルのガリア征服にまで至るもので、それ以前の多くの史書を忠実に採録している。一民族、一都市の歴史に止まらぬ全体的な世界史を初めて構想した人で、この書には歴史学、地理学、考古学、比較民族学などが渾然一体をなしており、神話の「科学的」解釈なども豊富に織り込まれていた。

〔三二八〕 ギリシャ神話に登場するテッサリアのフティアに住む民族で、元は蟻だったがゼウスの手で人間と化したのだとされた。

解説

解説目次

この解説中で、主として引用文の後に置かれる（　）内の数字は、本訳書でのページを言う。たとえば（100）とは、「本訳書一〇〇ページを参照」の意味である。また、（100、200）など数字が複数ある場合は、最初の数字が指すページに引用文そのものがあり、二つ目以下の数字が指すページにも、それと全く、またはほぼ同じ文章があることを示す。

一　写本の発掘

ドン・デシャンの紹介は、手稿の発掘の歴史から始めねばならない。

一八六二、六三年頃、ヴィクトル・クザン（一七九二―一八六七）門下の哲学者で当時ポワティエ大学文学部の教授だった（そして、一八七一年には穏健共和派の代議士となる）エミール・ボーシール（一八二四―八九）が、ポワティエ市立図書館で、同図書館の初代館長ユーグ・マゼ（一七四三―一八一七）の著作として分類された、内容的にきわめて興味深い一群の哲学的な匿名写本を発見した。ユーグ・マゼは大革命前にはドン・マゼと呼ばれるベネディクト会の修道士でサン゠シプリアン僧院に属し、その後ポワトゥー州の修史官を務めて、一七九二年にこの図書館が創設された際その館長に任ぜられた人だったが、くだんの写本は、マゼが死んだ一八一七年にその相続人から同図書館に売却された文書の中にあり、一七七五年という年代が記してあった。筆蹟は明らかにマゼ自身のもので、同図書館の目録がこの著作をマゼの作としていたのもそのためだった。内容は二冊に製本した三巻四冊のノートで、一冊目として製本したものは第一巻と第二巻、二冊目として製本したものは第五巻と銘打っていた。さらに第一巻は二冊のノートからなり、それぞれのノートの標題は、第一巻のノート一が「形而上学的・道徳的な謎のこころ」、第一巻のノート二が「四つのテーゼにまとめた形而上学的・道徳的な謎のこころの要約」、第二巻、ノート三が「形而上学的・道徳的な謎のこころを当代の神学・哲学に適用す、問答による」とあった。ノート六からなる第五巻は、「真理をめぐる我らの哲学者の何人かへの工作」という標題のもとに多くの手紙を収めたものだった。それらの手紙の内に、十八世紀中葉の陸軍大臣ダルジャンソン伯爵マルク゠ピエール・ド・ヴォワイエ（一六九六―一七六四）の子のダルジャンソン侯爵マルク゠ルネ・ド・ヴォワイエ（一七二二―八二）のものや彼宛のものが少なくないのを見て取ったボーシールは、トゥレーヌ地方にあるダルジャンソン家のレ・ゾルムの館の古文書（現在はポワティエ大学図書館に収められている）にまで調査の手を伸ばし、あの二冊の写本の著者が実はドン・マゼではなく、同じベネディクト会の修道士で写本の文中ではD・Dと略記されているドン・デシャンなる人物だったこと、ドン・マゼはただ、今は所在不明のオリジナル原稿かその写しを一七七五年に書き写したにすぎないことをすぐ突きとめるとともに、レ・ゾルムの館の古文書の中から、スピノザへの反駁文など、あの二冊には収められていないドン・デシャンの他の著作をも発見した。ボーシールはこれらの調査結果を、まず、ポワティエで発行されていた地方史関係の雑誌『西部好古家協会報』（Bulletin de la Société des Antiquaires de l'Ouest）の一八六三年第二・四半期号、一八六四年第三・四半期号、同第四・四半期号とたてつづけに発表し、一八六五年にはパリで『フランス哲学におけるヘーゲル主義の先行者たち。ドン・デシャン、その体系と学派。十八世紀の或る手稿と未刊の書簡による』（Émile Beaussire, Antécédents de l'Hégélianisme dans la Philosophie française. Dom Deschamps, son système et son école, d'après un manuscrit et des correspondances inédites du XVIIIe siècle, Paris, Germer Baillière, 1865）という全二百三十ページ余の単行本を出版した。ドン・デシャンの名を初めて後世に知らしめたのは、このボーシールの本である。訳者の知るかぎり、わが国では小樽商大図書館の「手塚文庫」に同書が一冊所蔵されているが、この本は今ではかなり稀覯書となっており、訳者自身もフランスの古書市場で同書をみつけ出すには十数年を要した（その本は、今では成蹊大学図書館の「ピエール・ベール研究文庫」に収められている）。

　ドン・デシャンとヘーゲルの間の影響関係（特に形而上学や歴史哲学の面での）はボーシール以後一つの問題として残されたもので、現代のヘーゲル学者でドン・デシャンの復権のため精力的に活動するジャック・ドント氏などもそれを必ずしも一笑に付せられないとしている（Jacques d'Hondt, Hegel et le siècle des Lumières, Paris, Presses Universitaires de France, 1974, pp. 169–183）が、ただ気を付けねばならないのは、ここでボーシールの言う「ヘーゲル主義」がヘーゲル左派やそこから出たマルクスなどをも含むかなり幅広い概念で、ヘーゲルをとかく社会主義と結び付けて考えがちな当時の風潮にボーシールも染まっていたこと、また、ボーシールがそのような意味での「ヘーゲル主義」や、さらにはドン・デシャンの思想への賛意や共感から筆を執っていたわけではなく、実際は逆に、恐るべき危険思想としてドン・デシャンの哲学を紹介していたことである。この書が書かれた第二帝政末期は、一方ではフランスのナショナリズム、特にドイツに対する敵対感情や対抗意識が高まった時期（五年後には普仏戦争が勃発する）で、また同時に、労働運動や社会主義・共産主義への敵意ないし恐怖が強まった時期でもあった。ボーシールの本もこの二つの風潮を明らかに反映して、ヘーゲルの思想を社会主義・共産主義の温床として攻撃するとともに、かような「危険思想」においてすらフランスはドイツの先輩であることを誇示しようとしたものだった。巻末の次の言葉は、それを示して余りある。「好んで発掘したこの途方もない体系の内に、われわれは何をみつけたか。歯に衣を着せず、というよりは恥ずかしげもなく提示された唯物論と共産主義、またそれらの土台をなすものとして、自らを〈開明的無神論〉と呼ぶ率直さを具えた汎神論だ。そんな学説での優先権など誇りにすることはなく、ヘーゲルがそれをわれわれから借りたのだとしても、その想定はヘーゲル自身と同様われわれの名誉にもならない」（同書、二三二ページ）。

このボーシールの書には一定の反響があったようだが、彼が行なった写本の最初の発見はいまだ部分的なもので（彼が発掘した写本は第二巻から第五巻へ、ノートでは三から六へとんでおり、事実、ドン・デシャンの形而上学と社会理論を最もまとまった形で述べた「形而上学考」と「道徳考」はそれに含まれていなかった）、その後を継いで調査・研究を続ける者も当面現われず、ドン・デシャンの手稿はその後も約四十年間、ポワティエの図書館とレ・ゾルムの館に眠り続けることとなった。ただ例外的に、すでに十九世紀末から、社会主義的思想の歴史をしらべる少数の研究家は、ボーシールによるドン・デシャン発掘の仕事を忘れなかった。パリ・コミューンの生き残りのブノワ・マロン（一八四一―九三）は、自らが発行していた『社会主義雑誌』（La Revue socialiste）に「ヘーゲル主義と進化説と無政府主義的共産主義の先駆け、十八世紀の或るベネディクト会士」という紹介論文（同誌、一八八八年、第八巻所載）を載せ、主著の社会主義概説書『全的社会主義』（Benoît Malon, Le Socialisme intégral, 1890–91）でもドン・

デシャンに触れたし、十八世紀の社会主義的思想について今でも古典としての価値を持つ克明な研究を著わしたアンドレ・リシュタンベルジェ（一八七〇―一九四〇）も、ボーシールの紹介に基づいてドン・デシャンに数ページを充てた（André Lichtenberger, Le Socialisme au XVIIIe siècle, 1895. 野沢協訳『十八世紀社会主義』法政大学出版局、三四五―三四七ページ）。訳者自身も、ドン・デシャンの存在を初めて知ったのはこのマロンやリシュタンベルジェの書を通じてだったから、間接的にはボーシールから恩恵を受けている。

一九〇七年、まだ若いロシアの女流研究家エレーナ・ザイツェーワ（一八八一―一九六七）がポワティエを訪れて、市立図書館のドン・マゼ関連文書の中から、かつてボーシールの目に触れなかったドン・デシャンの新たな手稿を発見した。この女性は、今はウクライナの首都であるキエフに生まれたユダヤ系ロシア人で、ベルリン大学（一八九九―一九〇三年）、ハイデルベルク大学（一九〇四―〇六年）で学び、一九〇七年四月に、イギリスの政治思想家ウィリアム・ゴドウィン（一七五六―一八三六）の研究でハイデルベルク大学から法学博士の学位を授与されていた。学位論文でもすでにドン・デシャンに言及していたザイツェーワは、あの修道士の手稿に直接触れるべく、学位を取るや早速ポワティエへ来たものと思われる。この時新たに発見された写本は製本されない四冊のノートからなり、その内容は、ボーシールが発掘した写本にもあったノート一「形而上学的・道徳的な謎のこころ」とノート二「四つのテーゼにまとめた形而上学的・道徳的な謎のこころの要約」の別の写し（やはりドン・マゼが筆写したものだが、筆写の年代は最初のノートの冒頭に挿入された小さな紙片に一七七二年と記されており、これはボーシールが発掘した写本の筆写年代一七七五年よりも三年早かった。なお、この二つのノートがボーシール発掘写本と重複することが、これらの手稿をドン・デシャンのものと同定する決め手になったらしい）に、ボーシール発掘写本には欠けていた第三巻ノート四の「道徳考」、第四巻ノート五の「形而上学考」を合わせたものだった。この二つの文書の発見は非常に重要なものだったが、いずれにせよこれで、ドン・デシャンの手稿の最大部分を占める、「真理または真の体系」という総題を付せられた文書類は全五巻、ノート六冊の完全な姿を現わすこととなった。但し、ザイツェーワのこの発見は図書館の目録の当該個所に彼女が挿み込んだ紙片によって確認されるだけで、発表はされなかったため、学界の共有財産となることはなかった。彼女は写本のコピイを取って、一九二〇年頃に十月革命後のロシアへ持ち帰り、ドン・デシャンのフランス語原典とロシア語訳とを同時に出版しようとしたが果たさず、結局、彼女の訳は遺稿として、死後の一九七三年にボリス・ポルシュネフらの手によってモスクワで出版された。ロシア語版出版の計画はその前にも一度あり、アゼルバイジャンの町バクー出身のナギエフという学者が一九二九年にやはりポワティエでドン・デシャンの手稿と手紙のコピイを取り、ロシア語版全集を準備した。しかし、ナギエフは帰国早々に死に（自殺らしい）、友人のワシリエフがその仕事を引き継いで、一九三〇年にバクーで全四巻中の第一巻（形而上学関係の著作を収めた）を出したものの、出版はその巻だけで打ち切られ、既刊のその巻もやがて書店から回収されてしまった。すでに始まっていた大粛清となんらかの関係があったのかもしれない。

部分的ながら、フランスで初めてドン・デシャンの手稿が公刊されたのは、ジャン・トマとフランコ・ヴェントゥーリが編集した『真の体系、または形而上学的・道徳的な謎のこころ』（Dom Deschamps 1716–1774, Le Vrai système ou le Mot de l'énigme métaphysique et morale, publié par Jean Thomas et Franco Venturi, Librairie Droz, 1939, collection 〈Textes Littéraires Français〉）（一九三九年）だった。トマとヴェントゥーリはポワティエ市立図書館で、三十年以上前にザイツェーワが発見していた「道徳考」と「形而上学考」の写本を、この先人の発見を知らずに、更めて自らの手で「再発見」していた。このトマ゠ヴェントゥーリ版は、二人が新発見と考える「道徳考」を中心として、それに、ボーシールが発掘した第一巻所収の文書中から「わが同類なる人間たちへの献辞」（八行の詩句）、「四つのテーゼにまとめた形而上学的・道徳的な謎のこころの要約」、「展開された真理の鎖」という三点を選んで加えたもので、手稿の最初の出版としては十分有意義な仕事だったが、刊行されたその年に第二次世界大戦が勃発したために、ほとんど読まれる暇もなかったらしい。この本はじき絶版になり、一九六三年に再版されたものの、それも今では絶版だという。

さて、ザイツェーワが発見し約三十年後にトマとヴェントゥーリが「再発見」したこの写本も、ボーシールが最初に発掘した写本と同じく、「真理または真の体系」という総題を付した文書群に属するものだったが、これまで知られているドン・デシャンの手稿にはもう一つ、分量的にははるかに小規模だが、「井戸の底から引き出した真理」という総題を掲げた別の文書群があった。これは、二部に分れて「道徳考」や「形而上学考」と結構が似た同名の長い著作を中心として、ルソーの『社会契約論』への批判などを含む計八点の文書からなり、ダルジャンソン家のレ・ゾルムの館に伝わる古文書類がポワティエ大学図書館に移管された際、その内容を調査した同図書館の主任司書ベルナール・デローム氏の手によって一九七一年十一月に初めて発見されたものである。これもドン・デシャンのオリジナル原稿ではなく、原稿かその写しを筆写した写本で、筆写の年代も筆記者の名前も記されていないが、ドン・デシャンの弟子で、彼の所属する小僧院があったモントルイユ＝ベレの城の持ち主だったボーシール・ド・ラ・シュヴァルリが筆写したのかもしれないとデローム氏は推測している。

これらの写本のほか、本訳書では「自筆稿」として別個に掲げたドン・デシャンのオリジナル原稿がダルジャンソン家の古文書中に二点残っており、「第一稿」と「第二稿」という二つの文書からなるその内のスピノザ反駁文はすでにボーシールによって発見済みのものだった。デローム氏が言うとおり、ドン・デシャンのオリジナル原稿やそれを書き写した写本が今後新たに発見される可能性もある。

手稿以外に、ドン・デシャンには生前合法的に出版した『時代精神についての手紙』（一七六九年）と『当代の理性、特に《自然の体系》の著者のそれに反対する理性の声、問答による』（一七七〇年）という二点の著作があり、それについては巻頭の「まえがきと凡例」でも言及したし、この解説の後段でも更めて触れる予定である。

＊

第二次大戦後のドン・デシャン再評価にきっかけを与えたのは、哲学者ジャン・ヴァール氏が一九六六年にソルボンヌでドン・デシャンについての講義を行ない、それが翌一九六七年に、『ドン・デシャンの開明的無神論についての講義』(Jean Wahl, Cours sur l'athéisme éclairé de Dom Deschamps. Studies on Voltaire and the Eighteenth Century, volume 52, Genève, Institut et Musée Voltaire, 1967)の題で出版されたことだった。同じ一九六七年には、手稿の一部のポーランド語訳がブローニスラフ・バチコ氏の手で刊行されているが、さらに決定的なのは、一九七二年一月末にポワティエでドン・デシャンに関する国際シンポジウムが開催され、その記録が一九七四年に、ヘーゲル学者ジャック・ドント氏監修の『ドン・デシャンとその形而上学』(Dom Deschamps et sa métaphysique. Religion et contestation au XVIIIe siècle. Ouvrage publié sous la direction de Jacques d'Hondt. Paris, Presses Universitaires de France, 1974)として出版されたことである。実際、一九六〇年代末から七〇年代前半にかけて、ドン・デシャンへの関心は高まりはフランスやベルギーでまさに目覚しいものがあった。彼が生前に発表した著書『時代精神についての手紙』(一七六九年)がアントワープで発行される雑誌『対話』(Dialoog, nr 5–6, 1969)に覆刻されたのは一九六九年、「道徳考」と並んで手稿の中心部分をなす「形而上学考」その他が同じ『対話』誌(nr 1–2, 1972–73)に、また「形而上学的・道徳的な謎のこころを当代の神学・哲学に適用す、問答による」がフランスの『十八世紀』誌(Dix-huitième Siècle, Nos 4–5, 1972–73)にそれぞれ発表されたのは、いずれも一九七二―七三年、アンドレ・ロビネ氏のドン・デシャン研究(André Robinet, Dom Deschamps, le maître des maîtres du soupçon, Paris, Éditions Seghers, 1974. なお、同書は一九九四年にJ. Vrin書店から再刊された)が出版されたのは一九七四年と、ドン・デシャンの発掘、紹介はこの時期に飛躍的に進んだ。理由は、たまたま一九七四年がドン・デシャンの歿後二百年に当たったという偶然的な事情のほかに、いわゆる「五月革命」(一九六八年)直後の知的雰囲気が大きく作用していたことは間違いなく、啓蒙思想への「左から」の批判者とも見られうるこの謎の思想家に熱い目差しがいっせいに注がれたのも自然であった。前述の国際シンポジウムの記録の帯に、当時の流行語「異議申し立て」(contestation)という単語が躍っていたのを、訳者も昨日のことのように覚えている。

もちろん、さような熱気は本来長続きするはずもなく、少なくともフランスに見るかぎり、一九七〇年代後半以後、ドン・デシャン関係の出版物は激減した。この退潮の何より大きな原因は「まえがきと凡例」の冒頭に触れた或る不幸な政治的偶然にあったが、副次的な理由としては、一九七二年のシンポジウムのプロモーターで、その席上でもドン・デシャンの生涯について唯一実証的な研究成果を発表し、その後、一九八九年に「ドン・デシャン、形而上学と革命」という博士論文によって学位を取った上、最後にはポワティエ大学の哲学科主任教授にまでなったピエール・メテ氏（一九三四―二〇〇〇）が、ドント氏の言葉を借りれば「分析するのは難しい様々な禁忌の結果」、その論文を遂に公表することもなく、公表を望みすらせずに、そのまま二〇〇〇年二月二十六日に世を去ったため、ドン・デシャン研究がかけがえのない主柱を奪われたという実際的な事情もあったらしい。いずれにせよ、一九七二年のシンポジウムの記録の「まえがき」で監修者ドント氏が「ドン・デシャンの全集が間もなく刊行される」と予告したにもかかわらず、その出版は遅れに遅れて、これまで発見されたドン・デシャンの哲学的手稿のすべてを活字に起こした全二巻の『哲学作品集』（Léger-Marie Deschamps, Œuvres philosophiques. Introduction, édition critique et annotation par Bernard Delhaume. Avant-propos de André Robinet. 2 volumes, Paris, Librairie philosophique J. Vrin, 1993）（但し、彼が生前に発表した二点の刊行書はそこに収められていないから、これは厳密には、「全集」はもとより「作品集」とすら言いにくいものだった）が前出のベルナール・デローム氏の手によってようやく上梓の運びになったのは実に一九九三年で、近刊を予告されてから二十年近くの歳月が流れていた。その四年後の一九九七年十月にポワティエの近くのショーヴィニでドン・デシャンをめぐる二度目のシンポジウムが開催されたが、参加する者の少なさを主催者が嘆いているとおり、そこにはもはや四半世紀前の第一回シンポジウムで見たような勢いはなかった。二〇〇一年に刊行されたこの第二回シンポジウムの記録『レジェ＝マリ・デシャン、啓蒙と忘却の間の哲学者』（Léger-Marie Deschamps, un philosophe entre Lumières et oubli, L'Harmattan, 2001）の題名にある「啓蒙と忘却の間」という言葉は誠に示唆的だが、ドン・デシャンは長く忘れられていたということなのか、すでに忘れられたということなのか、忘れられつつあるということなのか、その言葉の意味するところは定かでない。いずれにしろ、本訳書冒頭の「まえがきと凡例」の書き出しでも述べたとおり、不合理な様々の「禁忌」のため、あの哲学者が三たび封印されようとしていることは最低限確かなようである。

二　ドン・デシャンの生涯

ドン・デシャン（一七一六―七四）は、本名をレジェ゠マリ・デシャンといった。「ドン」はラテン語の Dominus（師）の略で、ベネディクト会、シャルトルー会などの修道士に付ける尊称である。

生まれは一七一六年一月十日、生地はブルターニュ地方の中心都市レンヌ、父のクロード・デシャンはこの町の執達吏で、母のエリザベート・ル・バイユは小間物屋をいとなんでいた。裕福ではないが貧乏というほどでもない下級官吏の家で、レジェ゠マリは九人の子供の内の第五子だった。

レンヌにあるイエズス会の学院で勉強したらしく、一七三三年九月、十七歳で、やはりレンヌにあるベネディクト会サン゠モール派のサン゠ムレーヌ僧院に入り、修道士となった。ただ、この僧院は「修練課程」（修道誓願前の試験期）のためだけのもので、その上の「神学課程」をどこで送ったかは分らない。いずれにせよ、翌一七三四年から一七四三年まで、トゥレーヌ、アンジュー両地方の僧院で修業を続けたらしい。一七四三年にはトゥールのマルムティエ僧院に、一七四五年には同じくトゥールのサン゠ジュリアン僧院におり、一七四三―四七年には同じ修道会のドン・ウソーの助手として、トゥレーヌ地方の古文書の発掘・編纂の仕事に携わった。その関係の手稿が、メーヌ゠エ゠ロワール県古文書館やパリの国立図書館に今も残っているという。一七四七年にその仕事から解放された後も、ドン・デシャンはさらに十年間トゥールにいたが、一七五七年にロワール川中流の町ソーミュールに近いモントルイユ゠ベレの小僧院（修道士四人）の責任者に任命され、終生その地位にあった。哲学的な体系構築の作業は二十五歳頃（一七四一年前後）から始まったようだが、おそらくトゥールでの最後の十年間が主としてそれに充てられたらしく、さらにモントルイユ゠ベレでもそれが続けられたものと思われる。

モントルイユ＝ベレの近くには、ダルジャンソン家のレ・ゾルムの館があり、当主は、一七四三年から一七五七年まで陸軍大臣を務めたダルジャンソン伯爵マルク＝ピエール・ド・ヴォワイエ（一六九六―一七六四）だった。この伯爵は、文筆家としても名高い元外務大臣（一七四四―四七年）のダルジャンソン侯爵ルネ＝ルイ・ド・ヴォワイエ（一六九四―一七五七）の弟に当たる人だったが、一七五七年に国王の愛人ポンパドゥール侯爵夫人の画策によって失脚し、レ・ゾルムの館に蟄居を命じられた。この失脚はドン・デシャンがモントルイユ＝ベレに赴任したのとほぼ同じ時期だが、それから七年後に伯爵は他界し、その子のダルジャンソン侯爵マルク＝ルネ・ド・ヴォワイエ（一七二二―八二）が館の当主となった。この侯爵は、ヴァンセンヌの要塞司令官、ポワトゥー＝オニス＝サントンジュ諸州の軍司令官などを務めて、一七六二年に陸軍中将で現役を退くまで軍人生活を送った人だが、父の失脚のため栄達の道を断たれ、時の政治に対して不平満々な、多分に懐疑的でシニカルな人物だったらしい。また反面、哲学的・思弁的なものへの興味が強く、『百科全書』の形而上学関係の項目を書いたクロード・イヴォン師（一七一四―九一）などを周りに集め、哲学臭の強い集まりをしばしば館で催していた。

ドン・デシャンがこの館へ出入りするようになったのは一七五九―六〇年頃からと推定されるが、とりわけ、伯爵の死によって息子の侯爵が当主となってからは関係がひときわ密になったらしい。侯爵はドン・デシャンの思想をはじめ受け付けなかったが、やがて心酔してその一の弟子となり、師の学説を要約した文書などを著わすとともに、ヴォルテールその他、時の有名思想家たちと師との間を取り持つ仲介者の役を演じるようになった。またドン・デシャンの方も、侯爵の秘書や館の執事のような役をして、しばしば長期間レ・ゾルムに滞在し、とりわけ侯爵の留守中は館の一切を取りしきった。一七七四年一月に病に倒れたのもこの館でのことだったが、自らの僧院で死ぬことを願ったドン・デシャンはレ・ゾルムからモントルイユ＝ベレへ運ばれ、終油の秘蹟を受けて、同年四月十八日から十九日にかけての夜にキリスト教徒として世を去った。享年五十八歳であった。そばに付ききりで、当時パリにいた侯爵のもとへほぼ毎日のようにドン・デシャンの病状を報告していた侯爵の主治医エローによると、死因は肝硬変だったらしい。

小僧院の責任者としてのドン・デシャンについては、地場産業（皮鞣し業や石灰の製造。ロワール川の支流アルジャントン川の港による葡萄酒や蒸溜酒の集散）の没落で住民（一七五〇年頃の人口は約千八百人）が極度に窮乏したモントルイユ゠ベレの活性化のため、ビール醸造業を興そうと試みたこと、規則を無視して幾家族もの住民を僧院の食事に与らせたのが非難の的になったこと、村の富裕な有力者たちと結び付く主任司祭と衝突して、特に一七六七—六八年頃にはその対立が村を二分するまでになり、ドン・デシャンが主任司祭の陣営から貧民や乞食の親玉のように見られたこと、また同じ頃、王権が進める僧院の統廃合によってモントルイユ゠ベレの小僧院も整理されかかり、それを防ぐべくドン・デシャンが一七六七年、六九年と再三パリへ行って有力者たちにはたらきかけた結果、とりわけダルジャンソン家の庇護のお蔭で小僧院が廃止を免れたことなどが伝わっているが、その程度の事件はむろん誰の生涯にもあるもので、田舎の修道士としてのドン・デシャンの一生は概して平穏なものと言ってよかった。

＊

生前、ドン・デシャンは二冊の本を公にしている。一つは一七六九年八月に出版した『時代精神についての手紙』、もう一つはドルバック（一七二三—八九）の『自然の体系』（一七七〇年）に対する反駁書として一七七〇年秋に出版した『当代の理性、特に《自然の体系》の著者のそれに反対する理性の声、問答による』だった。どちらも匿名で、前者はロンドン、後者はブリュッセルと刊行地を表記していたが、実際にはパリで出版されたらしい（少なくとも、第一作が確実にパリで印刷されたのは、第二作の「まえがき」で著者がその旨ことわっていることからも明らかである）。第一作がヴォルテール流の「純粋有神論」、第二作がドルバックに代表される無神論と標的こそ違え、いずれも啓蒙思想を非難・攻撃したもので、ギュスターヴ・ランソンの『近代フランス文学書誌提要』（一九〇九—一四年）がドン・デシャンのこの二作を「哲学〔啓蒙思想〕の敵。神学者・論戦家たち」という項に分類したのも故なしとしない。しかし、啓蒙思想を論難する本はカトリック陣営から当時夥しく出ていたから、そうしたものに埋もれて、これらはほとんど注目されることもなかった。

たまたま『時代精神についての手紙』を読んだディドロは、たぶんグリム（一七二三—一八〇七）の『文芸通信』に掲載の予定だったのであろう、怒りに任せて作者を「猛獣」、「人食い人種」と罵る激烈な攻撃文を著わした。それには次のようにある。「……しかし、この人は一貫していますし、馬鹿だろうと獰猛だろうと『……手紙』の作者を責めはしませんが、為政者たちがこんな愚かな作品の公刊を許可したのは許せません。……それだけの能力が自分にあると思う宗教熱心な愚か者に、宗教を擁護する仕事を誰彼かまわず委ねていいのでしょうか。宗教が最強の武器で攻撃されている今、子供がリングへ上ることが許されるでしょうか。……サルティーヌ殿〔当時の警視総監〕、あんな忌わしい『時代精神についての手紙』など発禁になさい。作者をつかまえて、フォーブール・サン＝タントワーヌのラザリスト監獄へ送り、愚かで無分別なため宗教と神の復讐者を名乗ろうなどと大それたことを考えたのをあらかじめ公に謝罪させた上、革鞭を二十発くわせなさい。いやむしろ、何もしないで無事放免しなさい。私の忠告は不寛容派がするものですが、私は不寛容派ではありません。」ドン・デシャンがダルジャンソン侯爵に送った一七六九年八月十四日付の手紙には『時代精神についての手紙』が「すでに印刷された」とあるから、この書は八月の前半に出版されたようだが、後述するように、おそらくその前月の同年七月にディドロはドン・デシャンと三度同席していたはずだから、ドン・デシャンと面識がなかったわけではない。しかし、たぶん八月後半にこの攻撃文を書いた段階では、あの書がドン・デシャンの作であることをディドロは知らなかったのであろう。それから程なく、八月三十日と、九月十四日の直前の二日間と二度にわたってこの二人は会い、かなり立ち入った意見交換をしているから、その折にディドロは、ドン・デシャンがくだんの書の作者であることも、またその真意をも知ったようである。その会談で彼がドン・デシャンから強い感銘を受けたことは追って述べるが、あの攻撃文が結局発表されずに終わったのもそのためかもしれない。啓蒙思想家の宗教攻撃は社会秩序の土台を危うくするというのが『……手紙』におけるドン・デシヤンの「表の論理」で、それ自体は反啓蒙派に通有の主張ではあったが、しかし同時に、宗教は不平等と私的所有に基礎を置く歪んだ社会体制の産物であり、宗教を打ち壊すにはそれの原因でありそれを支えとして必要とする社会体制そのものを打ち壊さねばならぬとする「裏の論理」がドン・デシャンにはあって、事情に通じた者が注意して読めば気付くように、『時代精神についての手紙』でも所々にそれが隠微な形で顔をのぞかせていた。ディドロと会った時、この修道士が直接語った自作の真意はそのことだったに相違ない。

「表の論理」と「裏の論理」の交錯、露出と隠蔽の微妙な戯れという点では、第二作『当代の理性、特に《自然の体系》の著者のそれに反対する理性の声、問答による』は第一作の比ではなかった。それは宗教の社会的役割という面のみならず、「自然法」の概念、「神」の観念、無神論の評価等々、取り上げられたほぼすべての問題についても言える。そもそも、この『……理性の声』は手稿の中の「真理または真の体系」の第二巻をなす「形而上学的・道徳的な謎のこころを当代の神学・哲学に適用す、問答による」の原型をなしたもので、いわばそれの「公表版」にすぎなかっただけに、そうなるのも当然であった。だがその結果、基本的に宗教擁護の書であるのは明らかながらも、この本は極度に晦渋な謎めいたものになり、著者独特の概念・用語に親しんでいない読者には全く理解不能な作品と化してしまった。この書の事前検閲を担当した王命検閲官のジュネ師がドン・デシャンのパトロンであり弟子でもあったダルジャンソン侯爵に送った感想文が今も残っているが、この神学博士は文中で、「こんな奇妙なものは読んだことがない」、「この著作は難解と支離滅裂と矛盾を織りなしたようなもの」で、読んでも何がなんだか分らなかったため、二人の職業的な形而上学者に検討してもらったが、「この二人も私同様、書いてあることが全く分らなかった」、作者は「最も崇高な形而上学によって無神論者と理神論者をやっつけ」ようとしており、その意図は良いのだが、反駁の過程で彼らの誤りに自らも陥り、スピノザを批判しながら自分もスピノザ主義者になってしまっている、などと述べた。「人類の内には、実に奇妙な造りの頭があるものだ」というのがジュネの結論で、文字どおり匙を投げてしまったことが窺われる。なお、ディドロはこの書も読んでいたらしく、ボーシールによると一八六四年当時、ルーヴル宮殿の図書館にはディドロが持っていた同書が所蔵されていて、それにはディドロの自筆で「著者ドン・デシャン」と記入されていたというが、それから七年後のパリ・コミューンの際の火災でこの本は焼失したため、今となってはそれを確かめる由もない。

*

しかし、公刊された著作はあくまでも著者の思想の一部を表現したものにすぎず、前述のとおり、ドン・デシャンはそれとは別に、自らの考えを存分に展開した夥しい量の手稿を残していた。それらは刊行を予定していたもののようだが、結局生前は刊行されず、まとめて活字に起こされたのは先にも述べたとおり一九九三年であった。それらの手稿の内訳もすでに紹介済みである。ドン・デシャンは一七六〇―六一年、四十四、五歳頃には自らの体系（彼の言う「真の体系」）を完成していたらしく、それに基づいて当時の有力な思想家たちに直接・間接にはたらきかけ、彼らを自説へ獲得しようと様々な試みを行なった。手稿の中の「真理または真の体系」の第五巻をなす「真理をめぐる我らの哲学者の何人かへの工作」は、彼が直接に、またはダルジャンソン侯爵を介して間接に行なったルソー（一七一二―七八）、ヴォルテール（一六九四―一七七八）、ロビネ（一七三五―一八二〇）、イヴォン師（一七一四―九一）などとの文通の記録である。

「ジュネーヴのルソー氏は、拙作を読むように仕向けるため私が最初に工作した人である。取りかわした手紙からも、二人の文通が相互の信頼で支えられかけていたのが分ろう。この人はすでに私の思弁の二つの〈献辞〉と〈序文〉を見て〔いた〕」(436)と第五巻冒頭の「お知らせ」で自ら述べているとおり、ドン・デシャンが最初にはたらきかけたのは、当時の思想家中で彼が最も尊敬するルソーであった。彼からルソーへの最初の手紙は一七六一年四月二十二日頃のものと推定されるが、そこでドン・デシャンは「デュ・パルク」という偽名を使い、すべてを説明しきる形而上学的真理が遂にみつかって、ほんの数時間で読める手稿の中で存分に展開されていると予告し、「井戸の底から引き出した真理」の「序文」と思われるものを同封した。それに対するルソーの返事は同年五月八日付のものだったが、すべてを説明するという相手の約束にいささか当惑した様子や、抽象的思弁に対する警戒心が窺われる。それ以後、ドン・デシャンからルソーへ（五月十五日頃）、ルソーからドン・デシャンへ（六月二十五日付）、ドン・デシャンからルソーへ（七月十五日頃）、ルソーからドン・デシャンへ（八月十二日付）と、二人の間には頻繁に手紙がやりとりされたが、八月十二日のルソーの手紙には、ドン・デシャンの体系を知りたいという強い興味が現われていた。それを見たドン・デシャンは、八月二十七日頃の手紙に二つの献辞（「真理または真の体系」の冒頭にある「わが同類なる人間たちへの献辞」と、「井戸の底から引き出した真理」の冒頭にある「わが同類なる人間たちへ」のことであろう）を同封し、相互の信頼が十分固まったと判断してか、ここで初めて本名を名乗り、手稿の出版の世話をしてほしいと婉曲に頼んだ。それに対するルソーの返事は九月十二日付だが、出版という言葉を聞いてルソーは文字どおり震え上がったようである。開口一番、強い言葉で断念を勧め、出版されたら生涯不幸になるとまで言った。そのあと、ドン・デシャンからルソーへ手紙が送られているようだが、それは残っていない。いずれにせよ、ドン・デシャンはその手紙でルソーに会いたいという希望を述べたらしく、それに対するルソーの返事（十月十七日付）には、自分の方でも会いたいと思っている、「人生というのはそういうことに使うためにしかない」(451)とあった。但し、自分は監視されているため、オシノビで行くのが難しいこと、一人で行く先を告げずに出て行ったら、十四年間仕えてくれた「家政婦」（妻のテレーズ・ルヴァスールのこと）が捨てられたと思うだろうこと、体調が思わしくないことなどを理由に、会見は当面困難だと言っていた。文通はここでしばらく休止したらしい。その後、翌一七六二年春にドン・デシャンからルソーへ手紙が送られているらしく、ルソーは同年五月二十二日付の返事で、冬の間に体調はかなり回復したが、やはり旅行は当分無理だと言っている。それに対するドン・デシャンの返事は六月三日付で、自分も会見を断念したとあった。そして、この手紙が書かれた当日に、官憲によって『エミール』が押収され、六月九日にはルソーへの逮捕状が発せられたため、ルソーはモンモランシから逃亡して流浪の生活に入ることとなり、二人の会見の望みは最後的に断たれたのである。

ヴォルテール、ロビネ、イヴォン師への「工作」については多くを語る必要はない。ヴォルテールに対しては、ドン・デシャンが一七七〇年十月に、ダルジャンソン侯爵を通じて『……理性の声』を送り、それに伴って、同侯爵からヴォルテールへ三通、ヴォルテールから同侯爵へ三通（同年十月十二日付、十一月六日付、十二月十四日付）の手紙が送られたが、最後まで懐疑論に閉じこもったヴォルテールは形而上学談義を拒み続け、侯爵の誘いには遂に乗らなかった。「（ヴォルテールは）もう長らく本を読む気がなく、疑うことしかしたがらない」[436]と、ドン・デシャンは「……工作」の冒頭で苦々しげに書いている。次にロビネだが、ドン・デシャンはかねて形而上学的色彩の濃い彼の哲学に着目しており、彼の主著『自然について』（第一巻一七六一年、第二巻一七六三年、第三巻と第四巻一七六六年）がまとめて再版された（一七六七年一月）直後の同年一月十八日にダルジャンソン侯爵へ送った手紙で、ロビネと接触したいという希望を伝えていた。あの書によるスキャンダルのため異国（オランダ、ついでブイヨン）で逃亡生活を送るロビネとの接触にはかなりの時間を要したらしいが、それから五年近くたった一七七一年の暮以後、ドン・デシャンとロビネの間で文通が行なわれた。一七七二年五月三日付のロビネの手紙からは、ダルジャンソン侯爵を介して彼がドン・デシャンの手稿を入手していたことが分る。二人の間ではかなりの量の手紙がやりとりされ、ロビネ自身の神観や自然観にドン・デシャンとかなり類似したものがあったところから、同侯爵をはじめドン・デシャンの周辺の者はその討論の結果ロビネが見事「回心」することに期待を寄せた。しかし、『百科全書』補遺の編集に携わるロビネがドン・デシャンの体系をこの辞典に掲載することを持ちかけはしたものの（「真理」を埋め草に使う気かと、ドン・デシャンは憤然たる態度で拒否したが）、「全一体」や「習律状態」までは認めるロビネも、「無」が実在するというドン・デシャンの主張には最後まで賛同せず、二人の哲学的討論は結局、ドン・デシャンからロビネへのあまりフェアーとは言えぬ人格攻撃を以て終わりを告げた。ダルジャンソン侯爵が催す哲学的な集いの常連で、それの「回心」にも同侯爵が情熱を燃やし、ドン・デシャン自身もその善良な人柄には親愛の情を抱いていたらしい

『百科全書』の形而上学者」(437)イヴォン師との間でも、一七七一年から七三年にかけて口頭と手紙（同侯爵の）による討論が行なわれ、もともと、「真理または真の体系」第一巻ノート二をなす「四つのテーゼにまとめた形而上学的・道徳的な謎のこころの要約」自体がこの開明的なカトリック聖職者のために書かれたものだったが、このイヴォン師に至っては、普遍的全体（全一体）が一つの存在として在るというドン・デシャンの思弁の出発点すら受け付けようとせず、ドン・デシャンの体系の内には「スピノザ主義に接木《つぎき》したスコトゥス主義〔実念論〕」(515)しか見なかった。二人の討論は一七七三年十月十七日にイヴォン師が打ち切りを通告して終わった。

「……工作」の巻に記録が残るはたらきかけの対象はルソー、ヴォルテール、ロビネ、イヴォン師の四人だけだが、ドン・デシャンのはたらきかけの範囲は実際にはそれよりはるかに広かった。そして、相手にもされなかった対ヴォルテールの場合はもとより、興味を掻き立てはしたものの遂に面談には至らなかった対ルソーの場合にくらべても、ディドロに対する「工作」は成功にずっと近い地点まで行ったと言えよう。

ドン・デシャンがディドロへのはたらきかけの意志を明確に持っていたことは、ダルジャンソン侯爵に送った一七六六年四月十一日付の彼の手紙に、「ルソーとエルヴェシウスの打診はしましたから、今度はディドロの打診をしたいと思います。お忘れなく」と述べられていたことからも分る。希望が叶えられたのは三年余りたってからだった。一七六九年の夏から秋にかけて、ドン・デシャンとディドロは最低五回会っていたらしい。ドン・デシャン側の資料から跡づけると、彼がダルジャンソン侯爵に送った一七六九年八月十三日付の手紙に「三度、それもちょっとの間しかディドロに会っていません。いつも喋りどおしで、他人《ひと》の話をほとんど聞かない人です」とあるところから見て、その手紙以前、おそらく同年七月中に二人が三回会っていたことは間違いない。また、同年八月二十九日付の同じダルジャンソン侯爵宛の手紙に「明日、才気喚発で実にお喋りなディドロと食事をします」とあるから、八月三十日にも二人は会ったはずである。さらに、九月十四日付のダルジャンソン侯爵宛の手紙には、「哲学者のディドロとまる二日過ごしました。一日はパリで、一日はサン゠クルーで。[*1] お互いに満足して別れました。あの人は最初、私を〈善人〉と呼んでいましたが、最後には〈先生〉と呼びました」とあり、八月三十日と九月十四日の間の二日間にわたって二人が会い、ドン・デシャンがそこで自己の思想をかなりの程度ディドロに明かし、相手を心服させたという印象を得たことが分る。この印象がけっして誤りでなかったことは、ディドロ側の資料からも裏付けられる。まず、一七六九年八月三十一日（ドン・デシャンと会った翌日）と日付を推定されている、ディドロから愛人ソフィ・ヴォランに宛てられた手紙の中に次のようなくだりがあった。「昨日はなんとも奇妙な夕食をしました。ほとんどまる一日、或る共通の友人の家で、お世辞にも糞信心家とは言えない二人の修道士と一緒に過ごしたのです。その一人は、斬新で大胆な考えに溢れた、実に新鮮で実に力強い無神論の論文の最初のノート数冊を読んでくれました。その学説があの人たちの回廊〔僧院〕の通説だと教えられて、私は大いに感じ入ったものです。しかも、あの二人の修道士は、その僧院の有力者でした。頭が良く、陽気で、誠実で、物知りです。意見がどうあれ、生活の四分の三を勉強に過ごしていれば、いつでも品行方正なわけで、無神論者のあの修道士たちも僧院切っての堅物なのは請け合いです。とても面白かったのは、あの唯物論の使徒が自然の永遠の秩序の内に法を裁可するものをみつけようとしてする努力でした。でも、貴女にはそれよりずっと面白いのは、この世で最も尊ばれるすべてのものを攻撃している自分の体系が罪のないもので、困った結果をなんら招かないとあの使徒が称するお人よしぶりでしょう。火刑に値しない文句は一つとしてないのに。」断片が残っている日付不明のモー夫人宛の手紙はさらに熱っぽい調子で書かれていたが、あるいは、「最後には〔私を〕〈先生〉と呼びました」とドン・デシャンが書いている、九月十四日以前の二日にわたる会見の直後にしたためられたものかもしれない。即ち、「ドン・デシャンという修道士が書き物を読んでくれましたが、あんなに激しく独創的なものをそうは知りません。未開状態から出発し、文明状態を通って到達する社会状態の構想です。文明状態の出口で、最も重要なものの虚しさをも人々は経験し、国王・僧侶・法官・法律・〈君のもの〉・〈私のもの〉・悪徳や徳という言葉があるかぎり人類は不幸だということを、遂に理解するというのです。文章は下手くそでも、あの書き物がどれほど私を喜ばせずにおかなかったか御判断ください。いきなり、自分がそのために生まれた世界へ運ばれたからです。家へ帰って私は、あの太ったベネディクト会士の原理と帰結をつらつら考え始めました。態度といい口調といい、全く老哲人といった趣の人で、目新しい思想と大胆な主張に溢れるその書き物の全篇を通じて、抹消すべき行は一つも見当たりませんでした。ダランベールもその書き物のことは知っていますが、私のようには考えませんでした。幾何学者は形而上学者として落第だからで、賭けが下手なのとまさに同じ理由によります。」ディドロがドン・デシャンの著作を直接に読み聞かされ、「原理」と呼ばれるその形而上学についても、「帰結」と呼ばれるその社会理論についてもかなりの知識を得て、それに並々ならぬ感銘を受け、とりわけ、ドン・デシャンが未来に思い描く「習律状態」、「神も主人もない」社会こそ「自分がそのために生まれた世界」だと感じたことが手に取るように分る。それならば、会見の最後でディドロがドン・デシャンを「先生」と呼んでもおかしくあるまい。しかし、ディドロのこの感激も長くは続かなかったらしい。あの修道士の言う無政府的平等社会は所詮、実現不能なユートピアだとディドロは思い直したようである。モー夫人宛の手紙で言うドン・デシャンとの会見が一七六九年九月のものとすれば、それから二カ月後の同年十一月二十日、ドン・デシャンの弟子のティボー・ド・ロンジュクールという軍人がダルジャンソン侯爵に以下のような手紙を送っていたからである。「ディドロに会いました。あの人の形而上学は、いと親愛なるD・D〔ドン・デシャン〕のものと同じです。同じというのは根底〔形而上学的部分〕についてだけで、道徳〔社会理論〕については、D・Dの道徳は不可能だ、つまり、事物の本性と人間の本性にかんがみてありえないと思っているからです。」

引用したディドロの手紙にも、ダランベール（一七一七―八三）がドン・デシャンの体系を或る程度知っていたことが語られているが、たしかに、ドン・デシャンとダランベールは、一七六七年夏にジョフラン夫人（一六九九―一七七七）邸の夕食会で会っていて互いに面識があったらしく、さらに、ダランベールはドン・デシャンの手稿も一部読まされていたらしい。ダランベールからダルジャンソン侯爵に送られた、一七六九年のものと推定される二通の手紙が残っているが、「私は意見を変えませんし、著者〔ドン・デシャン〕の意見を変えられるとも思いませんせん」という十一月二十二日付の手紙の言葉にも見るとおり、ダランベールの拒否の姿勢は固かった。彼が受け付けなかったのはドン・デシャンの形而上学的思弁で、「全一者」、「全一体」というあの修道士の形而上学は「物ノ側デノ普遍」(universalia a parte rei) というスコトゥス主義的実念論の焼き直しだとダランベールは感じたらしい。実在するのは個物だけだと思う、と彼はドン・デシャンとの立場の相違を述べているが、形而上学的論議を頭から受け付けなかったヴォルテールとも、また前出のイヴォン師ともきわめてよく似た反応だった。

すでに引用したドン・デシャンからダルジャンソン侯爵への一七六六年四月十一日付の手紙にも見るとおり、ルソーへのはたらきかけとディドロへのはたらきかけの中間の時期に行なわれたのがエルヴェシウス（一七一五―七一）への「工作」だった。エルヴェシウスはすでに一七五八年に主著『精神論』を公にしていたが、一七六四年の夏におそらくドン・デシャンと何度か会っていたらしい。同年十月七日付の手紙で、エルヴェシウスはドン・デシャンに、できれば原稿を読ませてほしいと言っており、自分も作品の出版を切望するが、内容から見て秘密出版がよろしかろうと勧めている。希望は叶えられたようで、それから間もなく書かれたものと思われる別の手紙には次のようにあった。「御高著のお送りくださった部分を、大変嬉しく拝読しました。力強い、大胆な思想に充ちております。御本の全部を拝見すれば、私見も申し述べられましょう。……よろしければ出版なさいますように。ただ、危ないことにならぬようお気を付けください。くれぐれも秘密になさることです。」その「部分」とは何を指すのか明らかでないが、いずれにせよ、エルヴェシウスを介して出版社を見つけ、あわよくばエルヴェシウス自身をも自説に獲得するというドン・デシャンの目論見は実現しなかった。ただ、ドルバック（一七二三―八九）からガリアニ師（一七二八―八七）に宛てられた一七六九年八月十一日付の手紙に、ヴォレの領地にいるエルヴェシウスのところで「聖ベネディクトゥスの服にうんざりしているベネディクト会士」に会ったという記述があり、アンドレ・ロビネ氏が推定するようにそれがドン・デシャンのことだとすれば、ドン・デシャンとエルヴェシウスとの付き合いはその後も続いていたことになる。

そのほか、ドン・デシャンは死ぬ前年の一七七三年に、レ・ゾルムに近いシャントルーにあるショワズール公爵の館に寄食していたジャン゠ジャック・バルテルミ師（一七一六―九五）のために、「真理または真の体系」の第一巻ノート一に含まれる「展開された真理の鎖」を書いたが、これが他者への「工作」の最後だったと思われる。バルテルミ師は十五年後に『若きアナカルシスのギリシャ旅行』（一七八八年）を著わして、文学史にもその名を残している。

こうして、かなり有望と思われた対ルソー、対ディドロ、対エルヴェシウスのものを始めとして、当時の有名思想家たちを自らの説に獲得し、彼らを「伝声管」として自己の思想を弘めよう、最低限彼らの口利きで自作を刊行しようというドン・デシャンの企図は、いずれも成果を見ずに終わった。また考えてみれば、かのヴォルテールを先頭に、「工作」対象に選ばれた人々はバルテルミ師など一部を除けばそれぞれに一家をなし、自己の思想をすでに確立していた思想家揃いだったから、一篇の著作を読ませることで彼らを一挙に帰依させられると思うこと自体、およそ現実ばなれしたことでもあった。いかにもユートピストらしい誇大妄想と言われてもいたしかたない。ドン・デシャンがなんと言おうと、読者としては、この修道士との長期にわたる討論に快く応じたロビネやイヴォン師の善意と優しさと忍耐力に感嘆せざるをえないほどである。

＊1　ボーシールの書でも、それに依拠したロート版『ディドロ書簡集』でも、この地名は「ヴェルサイユ」となっているが、ピエール・メテ氏の調べによると、この手紙の原本には「サン゠クルー」とあるそうなので、その指摘に従った。

＊

こうした有名思想家に対する獲得工作のほかに、ドン・デシャンはダルジャンソン侯爵やレ・ゾルムの館の集まりを通じるルートと、ベネディクト会サン゠モール派の同僚修道士たちを通じるルートという二つの経路で、自己の思想を徐々に弘めていったらしい。彼の手稿は秘密裡に回覧され、信奉者たちは思想的な一種の秘密結社を作っていたようである。ドン・デシャンが一七七一年十二月三十一日にダルジャンソン侯爵へ送った手紙でも触れられており、手稿の中核部分をなす「形而上学考」の或る註(434)にもその構想が述べられているが、この秘密組織は「見者教団」(Ordre des Voyants)といって、フリーメーソンをはじめ多くの秘密結社の例に洩れず、構成員は「入門者」と「正会員」の二段階に分かれ、正会員は「オマール」というイスラム用語で互いに呼び合っていたという。「オマール」は主にベネディクト会の修道士たちで、ドン・デシャンの手稿を筆写した前出のドン・ユーグ・マゼ(一七四三―一八一七)、モントルイユ゠ベレの小僧院長だったドン・ブリュネ、サン゠モール派の本拠であるパリのサン゠ジェルマン゠デ゠プレ僧院の図書係で、ドン・デシャンの死後、師の書類の整理にまっさきに取りかかったものの、荷が重すぎるとして中途で放棄したドン・ジャン゠サンソン・パテール(一七一九―九五以後)などの名が残っているが、中には、ド・コルモンや前記のティボー・ド・ロンジュクールといった貴族の若い将校などもいた。

一七七〇年、それまで外相、陸相、海相などを歴任して権力の絶頂にあったエティエンヌ゠フランソワ・ド・ショワズール公爵(一七一九―八八)が、国王ルイ十五世の妾デュ・バリ伯爵夫人(一七四三―九三)との不和が原因で失脚し、同じトゥレーヌ地方にあるシャントルーの館に蟄居を命じられた。シャントルーの館とダルジャンソン家のレ・ゾルムの館とは距離的に近く、ともに宮廷に対して不満を抱くダルジャンソン侯爵とショワズール公爵とはたちまちのうちに接近して、この二人を中心に、宮廷に敵対する一種の野党組織が形成された。これもまた二つの館を本部とする秘密結社の形を取り、軍管区の区分にしたがって全国をいくつかの「ナエバシー」(この名は、インドにおけるイスラムの太守の支配区から来る)に分け、海軍向けには二つの「水上ナエバシー」を置き、宮廷や、まだショワズールの影響が強く残る各省(特に陸軍省と海軍省)には秘密細胞が作られ、地方では「ディヴァン」(トルコの閣議の名から来る)と呼ばれる会員たちの秘密会議が定期的に開かれて、本部からの指令を実行し、暗号を使って互いに連絡し合った。この種の政治的秘密組織は、当時としてさほど珍しいものではなかったらしい。

ドン・デシャン自身はこうした政治的策動に直接関与してはいなかったようだが、彼を教祖とする前記の「見者教団」とこの政治的秘密組織は互いの構成員が或る程度重なり合ってもいたらしい。少なくとも、ドン・デシャンの一の弟子で政治的秘密組織の元締めの一人でもあるダルジャンソン侯爵を介して、政治的秘密組織の一部のメンバーはドン・デシャンの人物と学説を知っており、そこからなにがしかの感化を受けていたと考えられる。現に、この政治組織の一員で会内の名を「ナジドール」というゲエヌーなる貴族出の将校がダルジャンソン侯爵に送った日付不明の手紙には、「ドン・デシャンの大原則が自己放棄にあるというのが本当なら、私はあのかたの弟子の内に入ります」などとあるし、ドン・デシャンが死んだ直後の一七七四年五月十一日付で、この政治組織の南部「ナエバシー」（マルセイユ、エクス）の「ディヴァニスト」（集会員）たちからダルジャンソン侯爵に送られたくやみの手紙なども残っているが、その文面（ドン・デシャンを「〈ソレ自体ニヨッテ在ルモノ〉の著者」などと呼んでいる）からも、ドン・デシャンの学説の少なくとも一半を書き手たちが知っていたことが窺われる。さらに、それから七カ月後の一七七四年十二月に書かれたやはりゲエヌーからダルジャンソン侯爵への手紙によると、パリ近郊のパンタンにあったデルバール夫人のサロンで、或る夜、遊女たちを帰した上で出席者たちが全員起立し、「ショワズールへ！　ヴォワイエ・ダルジャンソンへ！　デシャン修道士へ！」と乾杯して、ロワール河畔を起点とするフランスの再生と全人類の再生について熱烈に語り合ったといわれる。

想像するに、晩年のドン・デシャンは、このダルジャンソン＝ショワズールの政治的陰謀組織に自ら加担はしないにせよ、それを利用して自己の思想の伝播を計っていたのかもしれない。それは、社会変革の担い手として彼が期待を寄せたのが社会的不平等の犠牲者である農民その他の一般大衆ではなく、自然からいっそう離れた生活を送るだけに本質的にはいっそう不幸だと考える貴族的支配層だったという、変革目標の極端な平等主義とは奇妙にも矛盾する戦術面でのエリート主義と或る意味で符合するものでもあった。

もちろん、そのような「全人類の再生」が所詮夢物語でしかなかったことは、あれから二世紀余を経た現在でも、全人類が依然として彼の言う「法律状態」（階級社会）のもとで呻吟しているという一事からしても明らかである。

「見者教団」は教祖が死ぬと間もなく消滅してしまい、一の弟子だったダルジャンソン侯爵も、師の後を継いで一七七四年、七五年とロビネやイヴォン師との手紙による論争を続けたあげく、やがて師の説を捨ててしまった。

三　ドン・デシャンの形而上学

1　謎のこころ、二つ

スピノザ（一六三二―七七）、マールブランシュ（一六三八―一七一五）、ライプニッツ（一六四六―一七一六）などにより数々の大形而上学体系が創出された十七世紀の後を受けるフランス十八世紀は、たとえばコンディヤック（一七一四―八〇）の『体系論』（一七四九年）などに典型的に見るとおり、壮大な形而上学体系への不信感が支配的で、数学・物理的・天文学・生理学・博物学等々の個別科学こそが人知の実際的な進歩を担い、人間の幸福にも確実に寄与すると広く信じられた時代であった。形而上学的思弁に対する不信やさらには軽蔑は、ドン・デシャンのはたらきかけに対するヴォルテール（一六九四―一七七八）やダランベール（一七一七―八三）の拒否的な態度にもよく表われていたが、中世以来のスコラ学の全般的な権威失墜を背景としたこの激しい逆風の中で、あえて「存在一般学」の旗を掲げて、真に独創的な形而上学体系を自ら創出し、さらに進んで、「形而上学的真理」から「道徳的真理」（社会理論）を導き出すことにより独自の社会システムまで構想した思想家は、フランス中西部の寒村でおよそ地味な生涯を送ったこの名もなき修道士を措いてなかった。彼をよく知るダルジャンソン侯爵の周囲では、ドン・デシャンは「形而上学の帝王」と名付けられていたようだが、あながち身贔屓ばかりとも言えない。「形而上学の唯一の目的は物理的諸事物をその一般性において、すべての事物が絶対的に共通して持つものにおいて、どこでも同じであるその〈基調〉において見ること」(582)で、一般性でなく個別性、「基調」でなくその上に浮かぶ「色合い」で見た物理的諸事物は、所詮、人それぞれで見えかたも異なる様々な像、様々な現象にすぎないが、それらを一般性において、「基調」において見る「形而上学というのは、あらゆる学問の内でもいちばん真実であるようにいちばん単純なもの」

で、「しかるべく扱われたこの学問がなくては、人間たちの間に本質的な一致など絶対にない」(582)というこの思想家の宣言的な言葉をまず第一に掲げておこう。

「真理または真の体系」の第四巻「形而上学考」を中心に、多くの文書で繰り返し述べられるドン・デシャンの形而上学説は、本訳書巻頭の「用語解説」でもすでに述べたとおり、「全一体」(Le Tout) および「全一者」(Tout) という二つの概念を軸とするものだったが、日常用語ではLe Toutは「全体」、Toutは「すべて」の意味で、これらはあらゆる国語で広く用いられる言葉だから、ドン・デシャンの形而上学はつまるところ、すべての人間が本有観念として持つ「全体」、「すべて」の観念を明確化し展開したものにすぎないとされた。「全一体」と「全一者」に関するドン・デシャンの定義的な説明をまず聴こう。「〈全一体〉という語で言わんとするのは宇宙の全体、宇宙、物質、世界、自然、自己を構成する数ある諸存在による〈一〉なる存在、関係性で見た実在、発端と終局、始めと終わり、原因と結果、運動と静止、充満と空虚、善と悪、秩序と無秩序などであり、〈全一者〉という語で言わんとするのはそれ自体としての実在、それ自体による実在、つまり、その時はもう諸存在と区別されぬ同じただ一つの存在しか作らぬものとみなされた、〈唯一〉の、したがって関係性なき存在、または前述のとおりそれ自体以外による存在を持たぬ存在であるものとしてみなされた実在である」(117-118)。集合的な自然、宇宙を言う「全一体」は、宇宙に存在する諸々の有限物の総和・総称であるゆえに「有限者」と名付けられ、「全一者」は他のいかなるものとも関係を持たず、したがっていかなるものによっても限定されないため「無限者」と呼ばれる。また、前者はおのが部分である諸存在から構成され、諸存在によってのみ初めて実在するものであるから、諸存在を肯定する「肯定的実在」であり、後者は自己以外のあらゆる存在を否定する「否定的実在」であるともされる。この二つは双方とも「諸存在の総和」(130)で、「同一存在の二つの相」(84、472)とも「二つの存在」、「二つの実体」(364、479)とも言われ、またこの二つの言いかたを統合して「同じ存在を相反する二つの相で見た二つの存在」(159)とも言われるが、いずれにせよこれが「〈実在〉の謎の二つのこころ」(153)をなしていた。

「唯一」の存在としての「全一者」と、部分である諸存在から構成された「一」なる存在としての「全一体」という対《つい》概念の発想源が、単一者としての神と、複合的な被造物（世界、物質）というキリスト教的な対概念にあったことを見るのはたやすい。ドン・デシャン自身も、自己の体系が宗教起源のものであるのを隠さなかった。「私がこの体系を汲み出すはずなのは宗教が持つ形而上学的な面そのものから」(76、245)、自分は神と物質という「世に受けいれられた原理」によって二つの実体を立てていないかに見えるが、実際はそういう原理によって立てており、ただそれを「深く掘り下げ」、「説明している」(643)にすぎない、この体系は「神学の言葉」、「神学的哲学の言葉」を「それだけが真実と言える仕方で解釈」(87、259)したものである、等々の発言が到る所で繰り返された。

問題はしかし、ドン・デシャンが「神学の言葉」をいかに「説明」し「解釈」し「掘り下げ」たかである。「何年にもわたる労苦の末にようやく引き出せた数々の真理」(433)を今語るとか、「何年も考えに考え、千枚以上の紙をまっ黒にした」(448)とか、ドン・デシャンは体系創出の苦労をあちこちで述べているが、彼が苦労したその説明、解釈とは何なのだろうか。

まず前提としてあるのは、神と物質という宗教的な二元説が、物質の外に無限の神が存在する（「外に」と「無限」は相容れぬはずだが）とか、精神的実体である神が物質に作用する（共通性のないものの間に作用・被作用の関係は成り立たぬはずだが）とかいう解きがたい困難を内包していることである(90、180)。創世記冒頭の記述に基づくキリスト教的創造説がかような困難を抱えることは古くから言われ続けてきたもので、ドン・デシャンにこの説の根本的な不合理を痛感させ、それの放棄を強く促したものが、形而上学的には（つまり、別の根本的不合理である道徳的次元の話を別とすれば）まさにそれらの困難であったことは、彼自身の以下のような発言からも窺われる。「四つのテーゼにまとめた形而上学的・道徳的な謎のこころの要約」の或る註にある言葉である。「神なるものの内にある種々の矛盾に目を留めて、そこからあえてそれの存在へも好奇の目を向けると、形而上学的にも道徳的にも解きがたい困難が色々とみつかり、そんなものでは実際には何も説明がつかないのを認めざるをえなくなる。……われわれ全員が内に宿す書物〔悟性のこと〕にこそ真理を探すようにと、若い頃から私を仕向けたのもあの作品〔旧約聖書〕だった」(198–199)。ドン・デシャンの体系はまさしく、神と物質というキリスト教的二元説を独自の仕方で組み替えることで、それらの困難を解消しようとしたものだったと思われる。その組み替えは「ユダヤ教徒やキリスト教徒でも分別のある人」が「みな反撥し、無神論へ転落するか嘲弄的な態度を取るかするようになる」(198–199)のを防ぐためだとドン・デシャンは言うが、その言明を疑う理由はない。いずれにせよ、この組み替えは、物質即ち自然・宇宙は被造物であるとともに「創造者たる神」でもある「全一体」にほかならぬとすることにより、そして次には、「それ自体としての神」、「無限の神」とは世界と本質的に無関係な「全一者」であって、それは「全一体」と異なる「実在」の別の相として別個に存在すると考えることにより、対概念の双方に及ぶ形で行なわれた。

2　「全一体」

「全一体」に関わる第一点については、神と被造世界との関係を建築家と建築物との関係になぞらえる通俗的な見かたをドン・デシャンは厳しく排した。神と物質世界を別個なものとするかような見かたはキリスト教的創造説が取るもので、それには前記の解きがたい困難が付き纏うからである。それらの困難を自らも感じていたに相違ないスピノザは、「神」と「自然」を同一化し、「自然」の内にある諸存在は思考であるとともに延長でもある「神」なる唯一実体の様態、変様であるとすることでそれらの困難を回避しようとしたが、「神」と「自然」の同一化という点ではたしかにスピノザと同じでも、ドン・デシャンの方向性は或る意味でスピノザと反対だった。この修道士の体系では、「能産的自然」たる神が「所産的自然」たる被造世界を産出するというのではなく、いささか粗雑な言いかたをすれば、通常卑しめられる「物質」が普遍的・根源的存在の地位へ「格上げ」され、それに便宜上「創造者たる神」という名が冠されたかのような印象を与える。「〈全一体〉の諸部分が物質で延長があり有限だ等々から、〈全一体〉は物質で延長で有限者だ等々と結論するのは正しい論結である。その場合、〈全一体〉の諸部分は、われわれがする形容の仕方にしたがって、すべてが共通に持つ面で、つまり形而上学的にしか見られない面で捉えられているから、これは一般から一般への論結である。しかし、それらの諸部分が特有のものとして持つ面で、たとえば道徳性とか知能とか円さとか白さとか、物理的にしか見られない面で捉えられる時は、もうそういうわけにはいかない。……有神論者らが物質を軽蔑し、物質の内に泥があるからといって物質を泥扱いし、自分が有限だからといって物質を有限だと言う（物質は有限者なのである）のは、この不合理な論結による。そんな論結をしなかったら、彼らも物質の内にあるがままの最高存在をみつけただろう」(175)という、卑しめられた「物質」の復権宣言とも取れる挑戦的な発言は示唆的である。「神と自然が一つであるのは疑いありません」(82)と言う時も、「神と物質〔は〕一つのものにすぎない」(89)と言う時も、「宇宙と神学の言う神とは……同一の存在にすぎない」(251)と言う時も、「神」という名がそもそも、ここでは「全一体」を指す便宜的な呼称であるのを考えれば、発言の力点は疑いもなく「神」にではなく、「自然」や「物質」や「宇宙」の側に置かれていた。そして、「全一体」としての神がそれと同一であるとされる「自然」、「宇宙」、「世界」、「物質」という同義語の中でも、ドン・デシャンが最も好んで用いたのは最も卑しめられる「物質」という用語だった。

　では、こうして立てられた「全一体」即ち自然、宇宙、物質とはどのようなものなのか。それが部分としての諸存在から構成される「一」（集合的な）なる存在であることも、物理的諸存在を個々の「色合い」とする、すべての存在に共通の「基調」である（ここでは、その「色合い」と「基調」がそれぞれ別個のものではないことに留意すべきであろう。「赤」と「深紅」が互いに別個のものではないのと同じである）ことも、すでに引いた文章で見た。自然、宇宙の内にある万物はみなこの自然によって、言い換えれば自然を構成するすべての存在によって生みだされるから、「全一体」はその内部にある諸存在の原因だが、しかし同時に、それらの部分から構成される全体として部分なしにはありえないから、またそれらの部分の結果でもある。「全一体」は「最初の原因にして最初の結果」と言われるのはそのためで、この点は次のような言葉で説明された。〈原因〉と〈結果〉の二つは相関的なもので、一方は他方によってしか存在できない。〈全一体〉は最初の結果によって最初の原因なのであり、同時に最初の原因と最初の結果を兼ねるのは、自らの結果から受け取る存在以外に存在を持たないからである。われわれは被造物によってしか創造者を認識せず、創造者は被造物によってしか存在しないが、逆に被造物も創造者によってしか存在せず、したがって両者は互いに一方が他方によって存在する」(198)。「〈全一体〉は最初の原因であると同時に最初の結果で、こう言っても実はそれ以外のことを何も意味しないが、創造者であり被造物である。この二つは純粋に相対的なもので、一方は他方によってしか存在を持たず、持ちえず、一方は必然的に他方である」(634)。創造者と被造物一般〔あれこれの被造物ではなく〕との同一性、便宜的に「創造者たる神」という言葉を使えばその神と自然＝物質との同一性をこれ以上明確に語った言葉はない。

「全一体」はこのように、一方では諸々の事物をその内部に生みだす唯一の根源的存在で、「唯一豊饒なこの実在から自然の一般法則が流れ出るわけですが、この一般法則から必然的に、個別的または物理的なあれこれの法則が流れ出ます」(90)と言われるが、さらに加えて、このことが「我らの無神論に対する神学の勝利」(90)をもたらすと付言されていることに注目せねばならない。その理由は、創造者と被造物一般、神と物質を同一のものとすれば、「物質とは別なものとしての神を対象とする種々の巨大な困難は……ことごとく十分解決され」、「物質の外にある無限の神なるもの、物質と本性を異にしながら物質に作用する神なるもの、時間の内に創造しながら時間など一切知らぬ神なるもの、等々――そんなものを〔そんなものは不合理だとして〕無神論者たちももう反論としてわれわれにぶつけるわけにはいかない」(90)からであるという。この発言は公刊された公教的著作『……理性の声』の一節だから、そこで言うほどこの理論の意図が護教的なものか否かは率直に言って疑問だが、少なくともこの理論がキリスト教的創造説の抱える種々の困難を回避するためのものだったことは信じてよかろう。

だが、また一方で、「全一体」はその内部にある諸存在との関係性なしにはありえぬ相対的実在で、それらの諸存在が共通して持つ一般的性質のほかいかなる性質も持ちえない。もしもそれ以外の性質を持てば、「全一体」と諸存在との関係性は断ち切られ、「全一体」は相対的な実在ではなく、一個の「独立」した存在と化してしまおう。さて、自然の内にある諸存在は、或るものは物理的に善きもの（たとえば健康）であり、或るものは物理的に悪しきもの（たとえば病気）である。或るものは生きているが、或るものは死んでおり、或るものは運動し、或るものは静止しており、或るものは内部が充満し、或るものは空虚を内に抱える。このことはとりもなおさず、物理的な善と悪、生と死、運動と静止、充満と空虚、同じく原因と結果、始めと終わり、秩序と無秩序、単純と複合、多と少等々の相対立する一般的集合名辞は「全一体」をみなそれぞれの面で言い表わしたものにすぎないことを意味している。「物質的存在または〈全一体〉は、創造者または原因として、物理的諸存在に一般的に当てはめられる様々な名称または属性を常に一般的に、形而上学的に取ります」(85)と言われ、さらに、「諸々の存在はこの〈全一体〉の形而上学的多少で、この多少から感覚的または物理的なあれこれの多少が生じるのです」(93)とも言われる。ただ注意すべきは、諸存在を肯定する「肯定的存在」である「全一体」の内にはおよそいかなる否定も欠如もない（この世に存在する唯一の否定は、後述する「全一者」から「全一体」とそれを構成する諸存在へのものだけだとされる）から、死は生の否定ではなく、ただ生の最少にすぎず、悪は善の否定ではなく善の最少、静止は運動の否定ではなく運動の最少、以下同様とされることである。「全一体」はこうしてあらゆる面での最大および最少であり、最大と最少は中間によって統一され、中間こそその完成だから、したがって「全一体」は形而上学的なあらゆる面での完成である。「〈神〉という名で普通するように、〈全一体〉……は現在・静止・秩序・調和・真理・美・現実・相同・団結・統一・善・完成等々だ」(379)と言われるのもそのためにほかならない。「全一体」即ち自然の内部ではすべてのものが不断に変化しているが、「全一体」そのものは不変不動であり、「全一体」が形而上学的にそうであるものを物理的に多くまたは少なく持つにすぎない自然の内の諸存在は、形而上学的中心であり完成点である「全一体」を常に志向している。「〈全一体〉の内にはもともとそれに関係づけられぬものはなく、〈全一体〉は、すべてが重力により種々の物理的中心〔たとえば、地球上の物にとっては地球〕へと引かれつつ、同じく重力によりそれへとたえず引かれる形而上学的中心である」(383)。われわれがたえず秩序を、幸福を、全き福祉を、最善を、また平等を目指すのもそのためであるとされた(379)。また、「全一体」は「真理」の完成点でもあるから、もっぱら「全一体」に関わる形而上学的真理は「それだけが絶対的・無条件的な真理」(121)であるが、一方、個別的諸存在に関わる物理的真理は「条件付きで、多かれ少なかれ相対的に真理であるにすぎない」(121)から、「物理的なものの内には厳密に論証されるものも論証できるものも一つとしてない」(130)と言われた。

以上が「全一体」をめぐる「真理」で、それにより、「今まで人間たちに謎だった一切の〈こころ〉」が得られ、「これまで解けなかった様々な問題の解決が得られる」(111)という。それに続いて、二十数点に及ぶこれまで未解決だった形而上学的な謎(但しそれは、たとえば潮の干満の原因というような物理的な謎のことではない)の主題が八行にわたって列挙されるが、それらを個々的に紹介する必要はなかろう。それはたとえば、運動は物質に本質的なものか否か、自然の内に真空(空虚)はあるか否か、悪は何故に存在するのか、といったようなもので、これらはいずれも当時さかんに論議されていた問題だった。相対的な多い少ないしか容れぬ諸部分・諸存在からなる「相対的実在」としての「全一体」を立てることで、ドン・デシャンがこれらの問題にいかなる解決を用意していたかを推量するのはたやすい。

「全一体」は万物がそれへと引かれる形而上学的中心で、われわれが全き秩序や幸福や平等を目指すのはそのためだという前掲の言葉からも、「全一体」の観念が形而上学の場にのみ自足するものではなく、形而上学から社会理論へおのずと流れ出るような性格のものだったことが窺われた。事実、形而上学的真理はけっして形而上学のみに終わるものではなく、道徳的真理を基礎づけることで人間の幸福を真にもたらすということを、ドン・デシャンはあらゆる著作で文字どおり飽くこともなく操り返した。ただ、形而上学から社会理論へのこの「移行」の問題については、彼の社会理論の核となる「習律状態」との関係から、項を更めて述べねばならない。

3　ドン・デシャンの自然観

先へ進む前に、ここでしばらく立ち止まって、「全一体」という語で言い表わされる自然の内部構造を著者がどのように見ていたかを一瞥せねばならない。厳密な意味では形而上学からややはずれるが、その点を素通りするわけにはいかない。

ドン・デシャンの自然観は、すでに見た「全一体」の一体性、統一性と、これもまたすでに見た、「全一体」の内には否定や欠如はどこにもなく、あるのは様々な性質の多い少ないにすぎないという形而上学的な二つの基本的観念から厳密に導き出されたものだった。前者の観念からまず出てくるのは、自然の内ではすべてのものがすべてのものを作るということである。自然の内の万物はみな「全一体」を存在の根拠とするが、「全一体」とはあらゆる存在の集合だから、これはとりもなおさず、個々のあらゆるものは宇宙にある他のすべての存在によって、丁寧に言えば他のすべての存在の部分＝粒子によって構成されるということである。「絶対的複合物である〈全一体〉の内では、あらゆるものが相互にたえず〔互いに互いを〕構成し合う。土は物理的基調が土である自らの様々な個体を構成し、土の様々な個体は互いに構成し合いつつ、反対に土〔地球〕を構成する。地球の構成にはあらゆる天体が同時に多かれ少なかれ、近いものから順に協力し、地球も逆にあらゆる天体の構成に多かれ少なかれ協力する」(389)というのは、「形而上学考」第二部の冒頭に置かれた宣言的な言葉だった。したがって、今いる人間一人一人の内には過去のすべての人間が生きている(391)ことにもなるし、極限的な例を使えば、地球と土星はいかに隔たっていても、地球上の人間は土星の諸粒子によっても構成され、また逆に、人間の諸粒子も土星の構成に与っている(399)（これは「粒子」を「分子」、「原子」に置き換えれば、現在から見てさほど奇矯な理論ではない）ということにもなる。現に、人間は望遠鏡を使って土星を観測するけれども、土星を「見る」とは、目という感覚器官を通じて土星の粒子が人間の構成に参入することだから、これは人間が部分的には土星「である」ことを意味するという。このように、「全一体」＝自然の内部は、あらゆるものがあらゆるものとつながり合う一つの広大な網目構造をなしていた。

「全一体」の統一性から引き出される第二の帰結は、自然の内ではすべてのものが基本的に同質で、他と全く異質なものはどこにも存在しないということである。したがって、動物・植物・鉱物も地水火風の四元素も互いに分け隔てられたものではなく、基調においては同一物で、異なるのは相対的な色合いにすぎないとされた。「形而上学考」の或る註は、「〈全一体〉を空気一般または同質の空気であるとみなした場合、他の諸元素や〈動物・植物・鉱物の〉三界は空気の変様にすぎず、異質の空気にすぎない。それは密度または稀薄度も多かれ少なかれまちまちで、極大から極少まであり、したがって可能なあらゆる形を取れる。ここでは光る天体、あそこでは光を通さぬ物体で、よそでは総じて流動的な物質である」(387)と言うが、別の註ではさらに直截に、「すべては動物、植物、または鉱物だと言ってもいい。この三界はそれぞれが他の二つに帰着して、三者の基調が同一なほどである。四元素についても同じことが言える」(392)とされた。

したがって、自然の内では或るものについて肯定することを他のものについて否定することはけっしてできない。人間について肯定することは「木の葉一枚、藁一本についてすら」(419)否定できず、人間は本質的には「アブラムシ一匹」(404)とも異ならない。アブラムシは動物、木の葉や藁は植物だが、同じことは無生物とされる鉱物にも押し拡げられる。なぜなら、「自然の内にはそれなりに生命を、物理的な魂を持たぬ物体は一つもなく」(403)、すべてのものはそれなりに感覚器官を具えている(404)からである。「植物や鉱物にわれわれが思考と感覚と記憶を与えないのは、われわれとそれらの間にある極度の物理的相違のせいで、それ以上の何物でもない。われわれにはわれわれなりにそういう能力があるように、それらにもそれらなりに同じ能力がある」(405)と言われる。それゆえ、「木も石も鉄も……おのが複合物についての思考と感覚と記憶を持」ち(406)、「われわれから見た無生物」(405)も運動し物を感じる。生殖も同じである。「全一体」は「生殖そのもの」(398)だから、生殖は自然の内に普遍的なもので、動物・鉱物を問わずあらゆる存在は多かれ少なかれ雌と雄からなる(399)とされた。

ブノワ・マロンが評価した「種の起源」に関する一見「進化論」的な見解も、実は、「全一体」の統一性と、諸存在（この場合は動物の種）を分け隔てる仕切りの撤廃という形而上学的な前提から出たものだった。ドン・デシャンによれば、キリスト教的な創造説が言うように今いる動物の種それぞれに固有の先祖、固有の始まりがあったわけではなく、「全一体」こそがあらゆる種の共通の始まり、共通の胚種で、いずれも「全一体」から発した様々な種は変異に変異を重ねて、互いに他の種から生まれ、また他の種に変わるのだとされた。それゆえ、たとえば人間も、長い時間の経過の内で、あるいは地球が蒙った種々の大変動を契機として、他の様々な種から変異した結果、今見るような形になったのであり、いずれ将来、地球を襲う新たな大変動によって亡びるはずで、その時は、多かれ少なかれ人間に似た他の種の動物がそこから生まれ、現在の人間に代って新たな地球を征覇することになるのだという。二、三、代表的な発言を挙げておこう。「あれこれの種がいつの時代にもあったとは言えないが、いつの時代にも様々な種があったとは言える。そういう種が変身に変身を重ねて、われわれの目に今存在するあれこれの種をもたらしたのだ。ほかのあらゆる個別的存在と同じく、人間の最初の起源も〈全一体〉にあるが、かといってそこから、いつの時代にも人間がいたという結論を出してはならない。それでは〈全一体〉を、つまり、可能なあらゆる種、あらゆる個体の形而上学的な類を一人の人間と化すからである。……種々な種は時がたつうちに通常著しい変質を蒙るもので、今ある多くの種も一億年前に存在した種から出たとはいえ、この先祖が再び現われたらそれとは似ても似つかないだろう。一億年など一瞬間にしか数えられない。今あるのとすべてがどれほど異なったか正しく感じ取るためには、十億を無数に重ねた数の世紀の間に可能な事態が惹き起こしうる一切を見ねばならない。天体が運行中にぶつかった衝撃とか、天体内部で起こる噴火とか、なんらかの異常な原因とかで生じたあらゆる大事故を見ねばならない。そして次には、そういう大事故があれこれの天体にその時いた種を突然滅ぼしたこと、またその滅亡が起こる際には、その滅亡自体から、滅ぼされた種と多かれ少なかれ似たほかの種が出てこざるをえないことを見ねばならない」（402-403）。「社会状態を「これから」形成できる者はもう野獣しか、とりわけ狩りをする野獣か、猿のように指のある野獣しかおりません。……ただ、野獣に社会状態を形成する力があるといっても、それは遠い彼方にある力で、ないも同然とどれほど言えないでしょうか。それはわれわれが自らの社会状態によって野獣に対抗する力を与えられており、われわれに対して力を持とうと野獣の方が何を試みても、それに自分の力をぶつけるからです。その点で事は間違いなく今あるような状態のまま、われわれの地球に何か大変動が起こるまで続くでしょう。その変動で万事が様変わりするかもしれません……」(229)。「地球を見舞う何か大きな事故によって人類が亡んだら、長期的に見れば別な種の動物が社会を作り、ほかの種より優位に立つでしょう」(231)。

最後に、奇蹟と預言をめぐるドン・デシャンの考察を簡単に見ておこう。奇蹟はかりに瞞着でなく、その事実が確かだとしても、いずれにせよ物理的結果であるから、同じく物理的な或る原因により、つまりは自然な因果関係によって惹き起こされたものでしかありえず、それの内には「自然なもの以外何もなく、何もありえない」(562)。なぜなら、どのように見るにせよともかく形而上学的存在である「神」なるものがそれと本性を異にする特定の物理的結果を生みだすために手を下すというのは、形而上学的存在がその資格を放棄して単なる物理的存在へと自ら頽落することを意味するからである。その事実がわれわれの目に超自然的と見えるのは、それを惹き起こした自然的・物理的な原因を単にわれわれが知らないからであるにすぎない。「何事もそれ自体として異常ではなく、われわれの目にほかよりそう見える事柄も、それを生みだした自然な原因がわれわれから隠されているため、われわれにとってそうであるにすぎない。この真理を知らなかったために……われわれはずっと、神異や預言でわれわれを欺こうとした連中に騙されてきたし、異常な出来事をいつでも神格化してきた」(394)、「われわれの間にある奇蹟と称するものは物理的な結果で、その原因も結果と同じく物理的なものである。それが超自然だと叫ばせるほどわれわれを驚かすのは、その原因がわれわれに隠されているかぎりでしかなく、われわれがそれを可能なものの内についぞ見ないかぎりでしか、また、自然の内には否定的な意味に取った不可能なものはないから、すべてが多かれ少なかれ可能なのをわれわれが知らないかぎりでしかない。形而上学的または超自然的な原因とされる神なるものによって、それとは本性を異にする結果、つまりあれこれの出来事やあれこれの存在を生みだささせる説ほど不合理なものはどこにもない」(180)とドン・デシャンは言った。次に預言についてだが、およそすべての出来事は起こった後ではみな必然であるとしても、起こる前にはみな多かれ少なかれ偶然であるから、神の予知、予定、摂理なるものはありえず(197–198)、神からその知を託された預言と称するものもありえぬとされた。そもそも、物理的な出来事は総じてみな見かけ、現象、像であって、見る者しだいで見えかたも異なり、絶対的にしかじかという起こりかたはないのであるから、もともと預言なるものは対象を欠くというのがこの修道士の考えだった(198、257)。奇蹟や預言の否定は十七世紀末以来のイギリス理神論このかた、自由思想家・宗教批判者たちが最も好んで取り上げるテーマの一つだったから、ドン・デシャンの奇蹟否定、預言否定は当時としてなんら目新しいものではなかったが、形而上学的、物理的という存在の階層構造を根拠としたその否定論の論法は明らかに彼独自のものだった。

4　ドン・デシャンの人間観

人間は自然の内の万物と同じくあらゆる物の粒子から構成される複合物であること、そもそも人間が感覚によって物を捉えるとは、対象物の粒子によって自己自身が構成されるのを意味すること、人間という動物の種は長い年月の内に他の様々な種から出てきたものであることなどは前段で見た。しかし、いずれ後段で触れねばならぬ人間の歴史や、社会が形成されて以後の「社会的人間」についてはしばらく措いても、動物の種の一つとしての「物理的人間」についてまだ触れ残した、またはあまりに簡略にしか触れられなかったいくつかの問題があるので、それらをここで列挙しておかねばならない。

A　第一は、「人間とは何か」という存在論的な問いに対する徹底した身体一元論的な解答である。ドン・デシャンによれば、人間とはその身体機構、肉・血・骨・繊維・神経からなる複合物であって、それ以外の何物でもない。この点をめぐる最も簡明な発言は、「形而上学考」第二部にある次のようなくだりであろう。「外部の諸部分〔諸粒子〕がわれわれの諸部分に作用することも、われわれの諸部分が相互に作用し合うことも疑う人はいない。我らの哲学の目にこの二重の作用が人間の全部を作りなしてこなかったのは、われわれが人間というものをこの作用から区別したため、この作用こそがわれわれの観念であり、思考であり、感覚であり、なんらかの能力であり、われわれ自身の全部であるというしごく簡単に見られることを見なかったためである。われわれは人間というものをその身体機構の外に探すことで、人間を人間の外に探してきた。肉と血と骨と繊維と神経からなるおのが複合物が、人間が現にあるものを百パーセント作っていること、人間の内で実際に存在するすべてであること、また感覚そのものであることをわれわれは理解しなかった。そうであれば、われわれの能力のすべてがわれわれにとって一つの神秘と化したのも不思議ではない」(411)。さらに数ページ先では、「われわれの内でも外でも、すべてはバネであり運動である」として、それらのバネと運動こそが「われわれの物理的諸能力のすべてであり、われわれの複合物のすべてである」(414)とされている。要するに、「人間」とは身体機構と、それがする種々の運動にすぎないのである。

B　しかし、人間の身体機構も独立してあるのではない。前段でもすでに述べたとおり、自然の内にあるそれぞれの存在は他のすべての存在の粒子によって構成されるから、人間の身体機構にも他のあらゆる物体の粒子が混合している。その混合からわれわれの感覚や観念が生じる。というよりも、感覚や観念はその混合自体なのである。「物体はたえず多かれ少なかれ相互に混り合うが、その合体がわれわれの内で起こって、その物体について持つあらゆる感覚を惹き起こす。……われわれが様々な物体の感覚と思い出を多かれ少なかれ持つのは、われわれが多かれ少なかれそれらの物体であるからにすぎず、われわれの諸器官を通じても、それらの物体に開かれている毛孔という毛孔を通じても、それらの物体がたえず多かれ少なかれわれわれの糧《かて》となるからにすぎない」(410)と言われるが、外部の物体の粒子がわれわれの身体機構に合体し混合することと、われわれがその物体について感覚や観念を持つこととは、厳密に言えば、原因・結果の関係にある二つの事実なのではなく、実は同じ一つの事実にすぎない。「物の感覚を持つということは、持つ感覚に比例してその物であるということだから、その物を多くまたは少なく見、多くまたは少なく判断するということは（実際われわれは、そういう仕方で常に物を見、物を判断しているが）、多くまたは少なくその物であるということで、それ以上の何物でもない」(413)、「物理的または配分的に捉えた感覚とは、常に他の物体によって構成され、逆に他の物体を構成してもいるわれわれの身体機構または物理的実在でなくて何だろうか」(148)と言われる意味もそこにある。それゆえ、感覚的な刺激に基づいて物を見る「私」、物を判断する「私」が身体機構とは別にあるわけではないから、「この真理は感覚とそれを惹き起こす対象を同一物とし、存在するかに見えるという意味での〈私〉なるものを破壊」(413)してしまう。「私」の破壊とはもちろん、身体と区別される「魂」など不要だということである(414)。すでに見たとおり、自然の内の万物はみなそれぞれに物理的な魂を持つとされるが、この「魂」という語を誤解してはならない。「物理的な魂とは生命であり」、われわれにおいては「われわれの身体機構を作りなす様々なバネのはたらき」であって、一般的に言えば「実は物体そのものにすぎない」(403–404)のである。

C 身体機構の様々なバネの作用は、外部との関係で起こるのみならず、われわれの身体内部の諸関係によっても起こる。それが脳の繊維の相互作用である時は、その相互作用が即「思考」である。「その作用が思考なのであり、思考とはその作用なのである」(415)。この点を説明するためドン・デシャンが好んで用いたのはクラヴサンの比喩で、それは手稿の三個所(147、162、415)に登場する。人間の脳の繊維は言うなればそれぞれがクラヴサンの鍵盤で、思考はその鍵盤が作動して発する音にすぎないということである。「われわれの〔脳の〕繊維というのはクラヴサンの鍵盤、われわれの思考というのはその鍵盤が作動したものにすぎない」(415)、「内部を見たわれわれの頭とクラヴサンとが一再ならず比較されるのはもっともなことだ」(162)などと言われた。言うまでもなく、この比喩はディドロが『ダランベールの夢』で使ったのが有名で、「ディドロのクラヴサン」とも呼ばれるものである。ドン・デシャンもそれを自らの創見とはしていなかった。「一再ならず」という言葉は彼以前にもそれの用例がいくつかあったのを示しているし、第一の引用文に先立つ「私以前にもすでに言われたように、但し原理を欠いたため推測でしか言われなかったように」(415)という言葉はそのことをいっそう明瞭に物語るが、ドン・デシャンがディドロからこの比喩を借りたか否かは明らかでない。第一の引用文は一七六一、二年以前に書き上げていたはずの「形而上学考」の内にあるから、かりにそれが一七七〇年以後にした加筆によるのではなく、当初からこの手稿にあったものなら、ディドロからの借用は考えられない。『ダランベールの夢』の刊行がずっと後の一八三〇年だったことは論外としても、ドン・デシャンとディドロが立ち入った意見交換を初めてしたのも一七六九年の八、九月だったからである。そればかりか、ディドロが『ダランベールの夢』を書き始めたのはドン・デシャンとこの意見交換をした直後だったから、逆にディドロがドン・デシャンからこの比喩を借りた可能性すらなしとはしない。このように、あの比喩の源泉《ソース》の問題は今後の解明に俟たねばならないが、あの比喩の言わんとすることは明らかだった。一言で言えば、思考する「魂」などなく、「われわれもわれわれの知能も物質の変様にすぎ」ない（417）ということである。

それに付随して、人間の「理性的霊魂」に固有とされる「自由意志」なるものも全くの虚妄として否定された。これは「不合理な観念」（367）で、さようなものが人間だけにあるとされたのは、「一、神なるものを信じるという不合理の結果、その神なるものに対して功罪を負う魂が自分にあるとしているから、二、相互作用によって、そのことを他のあれこれより欲し行なうようにわれわれを決定づけ、それを必然とする自分の身体機構の内的なバネがわれわれに見えないから、である」（197）と言われた。

D　もっとも、「われわれの観念や感覚と、それらの対象とは同じものである」（411）と言う際、それには説明が必要で、現にこの個所には、「但し、われわれがたとえば太陽について抱く観念が太陽だという意味ではなく、その観念は太陽の内で、われわれにとって太陽に属するもののすべてだという意味である」（411）という但し書が付いていた。ややや分りにくいこの但し書の内容は、「形而上学的予備考察」の或る註で次のようにも言い換えられた。「われわれが物理的対象を見るのは、その物理的対象の内で自分が見るものであるかぎり、その対象が自分自身の諸部分によってわれわれを構成するかぎり、したがって、〈見る〉とは〈見られる〉対象の内で自分が見るものであること、正しく言えば、部分的にはその対象によって構成されることであるかぎりでしかない。われわれは太陽ではないけれども、部分的には、太陽の内でわれわれに見える僅かなものなのである」（132）。「太陽を見る」という同じ例を使ってこのことをさらに平易に解説すればこういうことになろう。太陽を見る時、われわれはむろん太陽の全貌を見るのではない。見るのは太陽の表面、それもわれわれと向き合っている面だけであり、太陽の中心部などは見えない。太陽表面のわれわれと向き合っている面から発した粒子が目という入口を通ってわれわれの身体機構の中へ入り込み、われわれの体の粒子と混合して、われわれの身体を構成する一要素になるということ、言い換えればわれわれが部分的には太陽のその面と同一化することが、とりもなおさずわれわれが「太陽を見る」ということである。それによってわれわれは当然「太陽」の観念を抱くが、それはあくまでわれわれに見えたかぎりでの太陽であって、われわれの目に触れぬ太陽の中心部などは含まれない。われわれは自分に見えたかぎりでの太陽の観念を抱くことによって、逆に「われわれにとっての太陽」を自ら作り上げる。「すべての物体は自分らにとって、それについて自分らが知っているものにすぎない。つまり、その物体に属して、自分らを構成し今あるようなものにするのに協力するものにすぎない」(414)と言われ、「様々な物体が持つあれこれの存在は、われわれの各感覚個々から受け取るもの以外にならない」(148)と言われるのはそのためである。また、その物体が「受け取る」ものは当然人それぞれで異なるから、感覚で捉えられる物体はきまったありかたを一切持たず、「これらの物体がそれ自体として存在すると言うのはもとより、それらの持つ存在が絶対的または現実的だと言うことも不合理で、あまねき経験に反する」(148)ということになる。感覚的事物は所詮、見かけ、現象、像にすぎないと言われる理由もそこにある。こうして、われわれが事物について持つ感覚は、その事物がわれわれの身体機構の構成に客観的に参与することであると同時に、一方では逆に、われわれがそれによって対象となる事物を自ら作り上げ、主観的に構成することでもあり、こうした主観的構成の網目構造が自然の万物の間に行き渡っている。この認識論的な網目構造はもちろん、万物が万物を構成するというすでに見た存在論的な網目構造と全く同じもので、それの異なる相にすぎない。ドン・デシャンのこのような議論の内に、バークリ（一六八五―一七五三）、ヒューム（一七一一―七六）などイギリスの経験論者が得意とした認識批判が取り入れられていたことは見やすいが、しかし、ドン・デシャンはけっして唯我論には陥らなかった(414)。非物質論では唯一存在するとされた「私」が、ドン・デシャンではすでに跡形もなく打ち砕かれていたからである。いずれにせよ、このように見ることで「感覚とそれを惹き起こす対象の間の関係性という神秘が……説明される」（148、132）とドン・デシャンは言った。

個別的・感覚的な対象はこのように不確定で、それについての認識も純粋に相対的だが、それに反して、悟性（知性）による認識は唯一絶対的である。もともと感覚的認識においても、認識対象が人それぞれから受け取るものが同一であればあるほど、その認識はますます確実性を高めてゆくとされていた。認識対象はわれわれから受け取る存在しか持たないというのは悟性による認識も感覚による認識と同じだが、悟性による認識では、対象が受け取るものは誰からであろうと絶対的に共通している。なぜなら、先の「太陽を見る」の例で言えば、われわれが感覚により「われわれにとっての太陽」を主観的に構成するのは、太陽表面のわれわれに見える部分がそれから発した粒子でわれわれの身体機構を客観的に構成したからこそであり、その意味で、太陽がわれわれから「受け取る」ものは、実は太陽自身がわれわれに与えたものにほかならないが、悟性による認識の場合、それの対象は根源的存在としての「全一体」であって、これはもともと、人間のみならずおよそあらゆる存在に厳密に共通する「基調」であるから、認識対象である「全一体」が人それぞれから異なるものを「受け取る」ことはありえないのである（148−149）。感覚や観念がその対象と同一物であるように、悟性による認識もその対象と同一物だから、悟性によって認識する時、人はまさしく「全一体」と一体化し、「全一体」そのものとなる。存在論的には「全一体」は人間のみならずおよそあらゆる存在の「基調」で、人間はもともと「基調」においては「全一体」なのだが、悟性によって形而上学的に認識する時、人間は認識論的にも「全一体」そのものとなる。「全一体」に「神」という語を当てれば、人間は悟性によって認識することで神そのものとなるのである。悟性によって形而上学的に見れば「われわれは神である」（127）と言われる所以もそこにあった。

5 「全一者」

だが、ドン・デシャンの考える根源的な存在は、自然や物質を意味する「全一体」だけではなかった。「全一体」はたしかに「実在」の「基調＝底」(le fond) だが、「実在」にはそれとは別に「底の底」(le fin fond)（87、259）と言われるものがあった。冒頭でも見たとおり、それが「全一者」である。諸々の部分からなり、したがって諸部分、諸存在を肯定する「肯定的実在」である「全一体」は、いわば自らの陰画として、部分から構成されず、したがって諸部分、諸存在を否定し、もっぱらそれ自体によって在る「唯一」の存在、「否定的実在」としての「全一者」を伴っている。この「全一者」は純粋に否定的な存在であるから、「永遠な」、「無限な」、「測り知れない」等々の否定的な属性しか持たず、「全一体」が原因と結果、始めと終わりであるのに対して、それは原因でも結果でもなく、始めも終わりもないもの、運動と静止、充満と空虚、善と悪などを一切超越したものとされている。ここでもう一度、「全一者」に関する基本的な説明を見ておこう。「諸存在との関係で見た、創造者として見た存在〔全一体〕については肯定的なことしか、絶対的なことしか言えないとすれば、この関係性を抜きにして見た、創造者でないもの、または創造以前のものとして見た存在〔全一者〕については否定的なことしか言えません。われわれがそれに与える〈無限な〉、〈永遠な〉、〈測り知れない〉、〈分割できない〉、〈唯一の〉などという否定的な諸属性はそこから来ます。これらの属性は常に、創造者としての、諸存在と関係を持つものとしての存在に当てはまる属性を否定したものです」（87、259）。「〈全一体〉は諸部分を含意しますが〈全一者〉はそれを一切含意せず、〈全一者〉は感覚的なものの否定ですがもう一方はそれの肯定です。これらの真理に付け加えれば、われわれは〈全一体〉の内にあり、〈全一体〉は〈全一者〉の内にあります。われわれは時間の内、現在の内にあり、時間も現在も否定的に取った永遠の内にあります。われわれは有限者の内にあり、有限者は無限者の内にあります。われわれは一〔集合的な一〕なる存在の内にあり、一なる存在は唯一〔非集合的な一〕の存在の内にあります。以下同様です」（88、260）。すでに見たとおり、「全一体」と「全一者」は「諸存在の総和」という同一物の相反する二つの相、二つの顔で、自らの部分である森羅万象の方を向いたその存在の「表の顔」が「全一体」ならば、諸部分との関係なしにその存在がそれ自体を示す「裏の顔」が「全一者」だと言ってよい。「全一体」は肯定的存在として形而上学的な「しかり」、「全一者」は否定的存在として形而上学的な「否」とも言われるが、「しかり」がなければ「否」はなく、「否」がなければ「しかり」もないから、この二つはいずれも他を必要とする。しかし、「〈全一体〉は〈全一者〉の内にある」（「内」はもちろん空間的な意味ではないが）と言われるように、「裏の顔」としての「全一者」は「表の顔」としての「全一体」よりさらに本源的なものと考えられている。「基調＝底」に対する「底の底」という言いかたにもそのことは窺われるが、「全一体」が「創造者たる神」と呼ばれるのに対して、「全一者」が「それ自体としての神」、「創造以前の神」などと呼ばれるのがそのことをよく示している。

　しかしまた、「全一者」（Tout）は日常用語における「すべて」の意味だから、「ほかのあらゆる存在を否定する」（87、259）存在である。但し、「ほかのあらゆる存在」と言う内には、自己自身の別の相である「全一体」は含まれない。「全一者」は「全一体」をも否定するが、同時にそれを否定することによって肯定し、逆に「全一体」は「全一者」を無条件的に肯定する。「全一者」と「全一体」は互いに一方なしには他方がありえないものだから、それは当然と言ってよい。したがって、「全一者」が無条件的に否定するのは、「全一体」の部分をなす物理的・感覚的な諸存在に限られる。「全一者」とこれらの諸存在との間にはいかなる関係性もなく、「全一者」にとってこれらの諸存在は存在しない。「全一者」はそもそも、「全体〔全一体〕と諸部分を一緒にした」（88）もの、一緒にしてそれを唯一の存在として捉えたものであるから、「この観点からすると、もはや諸存在の間に区別は存在〔せず〕」（88）、諸存在は完全に消去されてしまうからである。しかし、「全一者」と物理的諸存在とのこの関係（「関係性なき関係」）は双方向的なものだから、「全一者」にとって物理的諸存在が存在しないということは、また逆に、物理的諸存在にとって、たとえば物理的に（形而上学的に、ではなく）見た人間にとって、「全一者」は、つまり「それ自体としての神」は存在しないということにもなる。そこから、「神はそれらの諸存在との関係で見られない場合、創造者または原因として見られない場合、単純にそのものとして、創造以前の神を神学がさようなものと見るように永遠の安らぎの内に独り存在するものとして見られる場合は、まさに無であり虚無そのものであるのです」(89、261)と言われた。

もちろんこの場合、「無」や「虚無」は実在性の否定ではなく、「全一者」は、「それ自体としての神」は「無」として厳然と存在している。それどころか、「底の底」という言葉も示唆するとおり、この「無」はあらゆる実在の根源ですらある。「諸存在も、それらの原型である創造者たる存在、原因である存在〔全一体〕すらも、無である神から、虚無そのものである神から引き出される」(89、260-261)のである。「無」または否定的実在を信じるこういう自己の立場をドン・デシャンは真の「空無論」(riénisme)(511、577、593)または「虚無論」(néantisme)(493)と呼んで、キリスト教神学の言う「無からの創造」や、世界が形成される前にあったとされる「渾沌《カオス》」の観念はいずれもこの真理を垣間見たのであるとした。「〈無〉・渾沌《カオス》・無限・測り知れなさ・永遠等々〔は〕同じもので、〈全一者〉で、〈唯一〉の存在として見た神だ」(158)と言われたのもそのためである。「神なるものは自分とは別の所から諸存在を引き出すのにそれを無から引き出すという今まで解決不能だった難問は、この神が無そのものであるのが分れば解決される」(156)とドン・デシャンは誇らしげに言った。

だが、この「無」は形而上学的思弁の行き止まりの地点だから、もはやその先へは行けない。人間は悟性によって、自己自身を含む万物を物理的ではなく形而上学的に見ることで、まず、あらゆる存在の共通の「基調」である「全一体」へと遡り、しかるのち、この「全一体」が同一存在の「裏の顔」として「全一者」＝無という別の相を持つことを認識すれば足りるのであり、この認識に達した上はもはや沈黙すべきなのである。「理性が行けるのは〈無〉が存在するという証明まで、否定的実在の証明まで――それも含めてですが――で、その先まで行けるということは矛盾しています」(261)、「〈全一者〉、〈無〉、〈無限者〉などは存在しますが、存在すると言うだけに止めるべきです。いかにして存在するか言おうとしたら、それは否定的にしか、〈全一体〉に当てはまる肯定的な諸属性を否定することでしか言えません」(471)などと繰り返し言われた。その意味で「無」は、「不毛な存在を認識すれば足りる」(473)ものであり、「関係性のない存在〔だ〕から生産性は〔ない〕」(489)のである。

こうして、この「全一者」論を先に見た「全一体」論と合わせれば、神は物質であり〈全一体として〉、また無である〈全一者として〉ということになる(261)。

「全一者」=無がそのように生産性なき不毛な存在であるにもかかわらず、ドン・デシャンがこれほどまでにそれを強調し、またそれにこだわったのは、この点こそが彼の言う「真の体系」の最も重要な鍵であり、そこにこそこの体系の独創性が存すると彼自身が考えていたからであろう。また、「長いこと私は、〈全一体〉の、有限者の存在を見ながらも、〈全一者〉の、無限者の存在は見なかった。それでも、〈実在〉をそれの諸部分と区別せずに見るほど簡単なことはなかったのだが、それほど簡単なことはなかったからこそ、そういう観点に私は立てなかったのである」(173)という言葉などからも、体系の創出に当たって彼がとりわけ苦労したのがほかならぬこの点だったことが窺われる。ドン・デシャンの「全一者」論がキリスト教神学に古代以来あった「否定神学」の伝統に依拠したものであったことは見やすいが、しかし肯定的な神と否定的な神とを同一物の表と裏として背中合わせにすることこそ、ドン・デシャンの体系の他に類を見ない全く独創的な点だった。もしも「全一者」論がなく、神と自然=物質を同一化する「全一体」論のみに限られていたなら、ドン・デシャンはせいぜいスピノザのエピゴーネンとしかみなされなかったであろう（それだけでも、「危険思想」と目されるのに十分すぎるほどではあったが）。

だが、事は独創性の有無には止まらない。ドン・デシャンが対決を迫られていたものは、一方では支配的なキリスト教的有神論、他方では啓蒙思想の最も急進的な（宗教的には）一翼として登場していたドルバック（一七二三—八九）流の無神論で、この対立する両者をともに打破して、自らの「真の体系」によりそれらを止揚することをドン・デシャンは目論んでいたが、その際、あらゆる体系を純化し統合する鍵となるはずだったのが、この無である神、否定的な神の観念であった。「一切の創造に先立って見た神は生みだされたのではない存在で、〈無〉であり虚無そのものである。……そこから、ほかの多くの真理と同じく十分掘り下げられたことなしに受けいれられてきた、諸存在は無から引き出されるというあの真理が生じる。またそこから、空無論《リエニスム》のそれに至るまであらゆる体系は形而上学的真理に帰着し、この真理は……単に反対物のみならず、相矛盾するものをも統合するというもう一つの真理も生じる」(593)とドン・デシャンは述べていた。ドン・デシャンとの手紙による論争の中で、「自分の言う否定的実在でほかの諸体系を純化して、DD〔ドン・デシャン〕がそれらを自分の体系へ組み込んでしまうのは知っています」(473)とロビネ（一七三五―一八二〇）が言ったのも、その点を正確に見て取っていたことを物語っている。

6 「神」観念の起源

これまでも見たように、「全一体」や「全一者」を語るためドン・デシャンはたえず「創造者たる神」、「創造者でない神」、「それ自体としての神」など、様々な修飾語を付けて「神」という単語を用いていたし、それを解説する訳者自身も、時には独断で「便宜的に」などという言葉を添えつつ、いささか無神経に同じ単語を使ってきた。自ら言うとおり、彼の意図したことが「神学の言葉」あるいは「神学的哲学の言葉」の再解釈であった以上、それは当然であり、やむをえないことではあったが、しかし、通常言われる意味での神と、彼の言う「全一体」、「全一者」の意味内容とは明らかに同一ではなかった。ドン・デシャン自身もむろんその不一致を前提にしており、「神」、「創造者」、「被造物」など宗教の慣用語を自らも用いるのは単なる方便にすぎないことを隠さなかった。「井戸の底から引き出した真理」の或る註は、そのことを次のように述べている。「〈神〉という語と同様、〈創造者〉や〈被造物〉という語にも、結び付けるべき真の観念が結び付けられたためしがない。ここであらかじめそのことをおことわりするのは、目的を達しやすいように私も現に使うそれらの語に、今結び付けられる無考えな観念が結び付けられないようにするためである」(583)。同じ手稿の別の註は、「不合理なものと戦うため不合理なものの言葉を借りて語る時は曖昧な仕方でしかやれない」(592)といささか弁解めいた言いかたをするが、ドン・デシャンの手稿では「不合理なもの」という語がほぼ例外なく「宗教」を指す言葉として用いられることを思い起こせば、この修道士のそもそもの狙いが「神学の言葉の再解釈」という目的から通常想像されるものとは遠く隔たっていたことが読み取れる。だが、一気にそこまで行く前に、この引用文で言われる「曖昧」さをまず取り除いておかねばならない。そのために必要なのは、ドン・デシャンの言う「全一体」や「全一者」が通常言われる意味での「神」とどの点で等しくどの点で異なるかを明確にすることであろう。「全一体」と「全一者」の意味内容については前段ですでに説明したから、ここではもっぱら、通常抱かれる「神」の観念がいかにして生まれたかをめぐる、これもまたドン・デシャン独自の説明に照明を当てねばならない。

まず大前提をなすのは、通常抱かれる「神」の観念が万人の心の内に本有観念としてある「全一体」（日常用語では「全体」）、「全一者」（日常用語では「すべて」）の観念から派生したものであり、その限りでは正当な根拠を持つことである。「展開された真理の鎖」の或る個所では、「自称〈神の法〉の知性的な原因は、肯定的および否定的実在〈全一体と全一者〉についてわれわれが持つ、〈そのもの自体である〉内的な観念だった」(135)と言われている。ここでは「神の法」（宗教のこと）と言うよりも、むしろ端的に「神」と言うべきであろうが、いずれにしろ、「そのもの自体である」観念という言葉から疑いを容れないように、「神」の観念の源をなす「全一体」と「全一者」の本有観念自体は全く誤りないものとされている。問題は、この誤りない観念がその後人間の手によっていかに歪められ、今一般に抱かれるような「神」の観念へと頽落したかである。ドン・デシャンによれば、その頽落を招いたものは、ともに宗教が責めを負うべき二つの根本的な不合理だった。

第一は、肯定的存在である「全一体」と否定的存在である「全一者」というこの二つの存在から、人間が肯定的属性と否定的属性をともに持つ単一の「神」なるものを作り上げたことである(154)。「神」は「無限に完全な」存在などと言われるのがそれで、厳密に言えば「完全」は肯定的な言葉で「全一体」にしか当てはまらないが、「無限」は否定的な言葉で「全一者」にしか当てはまらないから、「無限」は「完全」の否定であるにもかかわらず、このような言いかたが横行している(154-155)。こうした混淆によって、「それ自体としての神」が同時に「創造者たる神」となり、両者の合体から「世界を創った唯一の神」なる奇怪な観念が形成された。

それよりさらに重大な第二の不合理は、肯定と否定の混淆から生じたこの「神」なるものを人間が自分自身に象《かたど》って、自分自身の似姿として思い描いたこと、それを「別のわれわれ自身に仕立て上げた」(353)ことである。そうさせたのは人間の自己愛で、自らに執着するあまり、人間はそうとは知らず偶像崇拝に、自己偶像化に陥ったのであるとされた。次の言葉に見るとおりである。「たとえばパンの形〔キリスト教の言う「聖体」を指す〕など、あれこれの形のもとに神を崇める諸宗教は偶像崇拝をしているが、もっと単純に神を崇めて偶像崇拝をするとは思わぬ他の諸宗教もやはり偶像崇拝をしている。人間の様々な能力を具えた神を思い描き、そうとは知らずに神を人間と化すからである。それぞれの種には人類と同じく自分の種の〈全一体〉を作る権利があるはずだが、こんなたわけた権利をほかの種は行使しないので、われわれが代理でそれを行使して、多くの国がしたように動物、植物などの姿を神に与えた。……われわれが〈全一体〉を他のあれこれの姿より人間の姿のもとに表象するのも、それを植物より人間として生まれさせるのも、われわれが人間だからである。われわれは自分が執着する〈われわれ〉である以上、他のどんなものよりわれわれに執着するからである」(371–372)。

神を人間と化したとは、人間に具わる知能と道徳性を神に付与して、神を物理的・道徳的な存在、つまりは「人格神」としたことを言う。その結果、神はこの上なく「賢明」で「全知」で、すべての出来事を限りない「叡知」を以て配剤する「摂理神」とされ、またこの上なく善で、この上なく義《ただ》しく、この上なく慈悲深く、来世において善に報い悪を罰する「応報神」ともされた。言うまでもなく、ここで言われる「神」の性質は、人間に見られる諸々の徳性を人為的に極大化したものにすぎない。「全知」や「叡知」の基礎となる知能は、もともと人間の物理的な一性質である(他の動物も多かれ少なかれ知能を持つが)。一方、「善」、「義」、「慈悲」等々を含む道徳性の観念は、人間に本来具わるものではなく、人間が未開状態から脱して法の支配する社会状態へ移った時、その法に適合するか否かに応じて形作られた正邪、善悪、徳と悪徳の観念に基づくもので、「われわれの偽りの習俗によってのみ存在する観念」

(127)、「その習俗から写し取られた」(127–128)観念にすぎない。写し取られたものとはいえ、この「道徳的な神」は来世で行なうとする応報の約束と威嚇によって、法の支配を支える最強の手段となった。万人が等しく抱く「全一体」と「全一者」のそれ自体として正しい本有観念は、こうして相次ぐ頽落の果てに、今や抑圧の道具にすぎなくなった。「読者が〈神〉と呼び私が〈実在〉と呼ぶ存在の内に、物理的・道徳的な人間を見るのをもうやめてほしい」(130)と言われるのもそのためである。

最後にまとめとして、こういう頽落のプロセスを短く要約した一節を掲げておこう。それは次のようなものだった。「大の不合理、途轍もない間違いは、〈端的に言った神〉を創造者たる神なるものに仕立て上げ、また創造者たる神という純粋に形而上学的な存在を、〈全一体〉にほかならぬ存在を、一個の物理的・道徳的な存在に仕立て上げたこと、つまり宇宙を建てた建築家に仕立て上げ、それにわれわれの情念やわれわれの美徳・悪徳を持たせたことだ。悪魔というのはその神にほかならず、その神は本性からして形而上学的な二つの対立物だからである」(643)。いずれにせよ、「道徳性の観念と知能の観念がその語に結び付けられてきた……し、〈全一体〉の観念と〈全一者〉の観念がその語の内で混同されてきたから」、「〈神〉という語はわれわれの諸国語から除去すべきである」(159)とされた。自分が神を論じるのは「神のことなどもう問題でなくすため」だ(580)という発言も全く同じことを言っていた。

「全一体」の観念と「全一者」の観念を混淆した上、それに知能と、法の支配から生まれた道徳性とを結び付けたものが「神」なるものの観念であるなら、存在の基調としての不滅な実在(全一体)の観念と、身体機構の種々なバネから作られたのが不死なる「魂」の観念で、これもまた虚妄な点では「神」なるものの観念に劣らなかった。「われわれはけっして死なぬこの〈実在〉〈全一体〉から、また同時に、われわれの習得観念・思考・感覚である自分の身体機構の種々のバネから、体が死んでも生き残る魂なるものを作ったのだ」(139)と言われた。この魂の中では道徳的善の原理(神)と道徳的悪の原理(悪魔)がたえず相闘うとされているが、そもそも道徳的な善悪は法の支配によってしか存在しないから、この「魂」の観念もまた「法律状態」つまりは階級社会の所産であり、それ自体として真実な本有観念が不合理な社会によって歪められ頽落させられた結果であった。「自らの法律状態の結果として、また、けっして死なずすべてにおいて到る所にあり最大・最少の善——最少が〈悪〉と呼ばれるのですが——である形而上学的実在に関する十分展開されない考えの結果として、人間は体と別の魂を、現世では二つの原理がたえず闘う道徳的で不死の魂を自らに与えました。体のメカニズムもそれに力を貸しました」(273)と言われた意味もそこにある。「神」と「魂」をまとめて言えば、「〈形而上学的な私〉〈全一体〉と、同じくわれわれの〈物理的な私〉、つまりわれわれの身体機構の様々なバネからわれわれは魂なるものを作り上げ、〈形而上学的な私〉とわれわれの〈道徳的な私〉から形而上学的で道徳的な神なるものを作り上げた」(150)ということになる。

7 純化と統合

知能と道徳性を持つとされる「神」の観念は、同じ時代に、やがてドン・デシャンと手紙による論争を交えるジャン゠バティスト・ロビネ(一七三五—一八二〇)が『自然について』(一七六一—六六年)の第二巻(一七六三年)で antropomorphisme(擬人神観、神人同形論)として強く批判したものだった。知性的・道徳的な神は存在せず、神は単にあらゆる存在の根拠としてのみ在るというロビネの主張は、後に哲学史家ダミロン(一七九四—一八六二)から athéisme(無神論)ならぬ nihilithéisme(神無論)、「神ならぬ神の哲学」と評されたものだが、この「神無論」という言葉自体も、ドン・デシャンが自らの思想を呼んだ「空無論」(riénisme)、「虚無論」(néantisme)という語と並べて見ると興味深い。ドン・デシャン自身も「ロビネ氏にしろ、道徳的・知性的な神なるものを不合理として脇へのけておくすべての良識人にしろ……」(464)などと言っていたから、このロビネの主張をつとに熟知していたことは間違いない。ただ、ロビネのこの主張がピエール・ベール(一六四七—一七〇六)以来の「弁神論」をめぐる論議の延長上にあり、神と悪との関係についての思索の中で紡ぎ出されたものだったのに対し、ドン・デシャンにあっては、こうした擬人神観への批判が単に思弁的なものに止まらず、鋭い社会批判に裏打ちされ根拠づけられていた点でそれとは決定的に異なっていた。この点で示唆的なのは、「形而上学的・道徳的な謎のこころを当代の神学・哲学に適用す」の或る註にある「道徳的・知性的な神なるものを根拠にする時、神学は哲学からはみ出て、純然たる神学に、純然たる絵空事になります。それでも、あらゆる諸国民、わけても文明諸国民の習俗は、この絵空事に基づいているのです」(270)という言葉であろう。この発言は、擬人神観が単なる知的虚妄としてではなく、不合理な社会体制の精神的土台として攻撃されていたことを示している。「われわれが自分の道徳性を神に持たせたのは、神を偽りの道徳状態の原理たらしめるためにすぎなかった」(172)、「偽りで邪悪なわれわれの習俗……は神なるものの観念によってのみ存続するが、さて、それがこの観念によってのみ存続するなら、それがもはや存続せぬようにするためにはこの観念を打ち壊さねばならない」(200)、「偽りの社会状態の土台をなして、あまねく人間たちの幸福のためそれを打ち壊すことがかくも肝要な神なるものの観念」(173)などという言葉はさらにいっそう明瞭である。擬人神観に対するドン・デシャンの批判・攻撃がロビネのそれより格段に激しいのも、それが社会批判の一部をなしていたからであろう。

では、知性的・道徳的な人格神を立てるキリスト教的有神論をドン・デシャンは全面的に否定したのだろうか。明らかにそうではなかった。またもともと、「神学の言葉」の再解釈として自己の体系を作り上げ、現に、神と物質という キリスト教的二元説を組み替えて「全一者」、「全一体」の二元説を立てたドン・デシャンであってみれば、発想の源をなすキリスト教神学を全面的に否定することなど本来ありえなかったと言ってよい。「われわれの深い無知こそ常に、神学が安眠する枕でした」(213)というような神学批判の発言は文字どおり枚挙にいとまがないほど夥しくあるけれども、しかし同時に、神学の形而上学的な側面と物理的・道徳的な側面とをこの思想家が入念且つ厳密に区別していたことを見落としてはならない。形而上学的側面とは、「神」という「不合理で不正確な」(172)名のもとにであれ、とにかくそれが万物の根源である普遍的・形而上学的存在を立てていることで、その限りではキリスト教神学はあくまでも正しく、それが虚妄であり「絵空事」であるのは、その形而上学的存在を同時に物理的・道徳的な存在とし、つまりはそれを「人格化」して、世の建築家がするような「創造」のみか、「摂理」、「応報」等々の物理的・

道徳的な諸機能をそれに負わせたことにすぎない——というのがこの修道士の基本的な考えだった。したがって、不合理な社会体制がこの根源的存在に事後的に付加させた物理的・道徳的な性格をことごとく剝ぎ取って、この存在を本来の形而上学的性格にのみ還元すれば、それはおのずと「真理」に帰着するはずとされた。ここで「真理」というのが「全一体」と「全一者」の本有観念であることは言うまでもない。「自称〈神の法〉の感覚的な原因は法律状態のもとにある人間であり、徳と悪徳を持ち、十分展開されない自らの観念からおのれに象《かたど》った知性的・道徳的な存在を作り上げ、それを立法者たらしめた上、建築家で応報者たる神なるものに仕立て上げた人間だった。実際、その観念から、社会によって知性的にも物を考えるようにもなった人間が物理的・道徳的な面でそこへ持ち込んだ人間的なものを取り除けば、そこに見られるものはもう諸存在の総和、〈全一体〉と〈全一者〉、関係性による、または諸存在による実在と、関係性なしの、またはそれ自体による実在だけであろうし、それこそ私が展開するものなのである」(135−136)、「われわれの道徳性を剝ぎ取られてあるがままの存在に還元された神の内に、われわれは真の道徳状態の原理を持っている」(172)、「宗教の形而上学的トーン……は私のトーンで……、私は宗教の解釈者なのです。宗教を解釈することでのみ、私は枝葉の部分で宗教を打ち壊すのです」(224)などの言葉は、そのことを語ったものだった。「真理」は「神」なるものを打ち壊す(486)と言うドン・デシャンがまた一方では、形而上学的真理は「真の宗教」だと言った秘密もそこにあった。「井戸の底から引き出した真理」の献辞の中の或る註に見る次のような発言は誠に興味深いものである。「誰でも祭祀を宗教の本質をなすものとみなし慣れているため、祭祀を一切排撃する形而上学的真理がどうして真の宗教たりうるのか容易に想像がつかないでしょう。それでも事実はそうなのです。……宗教というものはみな、その形而上学的真理自体を見誤り偽造し腐らせたものにほかなりませんから。しかし、形而上学的真理を宗教と呼ぼうが呼ぶまいが、それは関係ありません」(563)。「真理」はあらゆる体系を純化する坩堝だとドン・デシャンはたえず言ったが、キリスト教的有神論にまず対象を限れば、その「純化」とはこのようなものだった。

　この項の最後に、いささか長いが、キリスト教的有神論へのこの賛否相半ばする立場をドン・デシャン自身がまとめて語った一節を掲げておこう。それは、前記のロビネとの手紙による論争の中で、神は存在せぬとなぜ公然と言わぬのかというロビネの質問に答えたもので、ドン・デシャンには珍しく、何がなし告白調の発言である。即ち、「それでは言いすぎになるからです。われわれは神というものをほとんど感覚的な面からしか、自分が不合理にも作り上げた物理的・道徳的な観念からしか見ませんが、われわれが神の内に持ち込んだわれわれ自身のもの、神をほぼ全部われわれ用にしているものを捨象すれば、神とは〈全一体〉と〈全一者〉、〈有限者〉または〈完全なもの〉と〈無限者〉なのですから。私はたしかに〈ワレワレノ物理的・道徳的ナ似姿トシテノ神ハイマサヌ〉とは言いますが、それ以上求めてはいけません。その点を別にすれば、私は〈神ハイマス〉と言うからです。それは関係性で見るか関係性抜きで見るかによって〈有限者〉、〈完全なもの〉にも〈無限者〉にも、〈一〉なるものにも〈唯一〉のものにも、〈全一体〉にも〈全一者〉にも、形而上学的に捉えた〈感覚的なもの〉にも〈無〉にもなる存在だ、と言うからです。その場合、〈神〉という語は不適切で、私がするように〈実在〉と言うべきなのは認めますが、無制限に神を否定はできないということが真実でなくなるわけではありません。私はどんな体系も否定せず、〈真の体系〉の坩堝であらゆる体系を純化するのですから」(478)。

だが、容易に見て取れるように、この発言の内には明らかな言い落としがあった。なぜなら、通常のキリスト教的有神論から擬人神観的要素を除去すれば、残ったものが即、ドン・デシャンの言う「真理」であるわけではないからである。これまで見た彼の様々な発言からも明らかなとおり、この不純物を除去した結果残るものは、せいぜい、直観に類する「全一体」（全体）、「全一者」（すべて）の本有観念か、もしくは、「創造者たる神」と「創造以前の神」というまだ展開されぬ生《なま》の観念しかないであろう。「形而上学的存在が本質的に存在する二つの相〔全一体と全一者〕……は……これまではせいぜい宗教の根本原理の内に垣間見られたにすぎませんでした」(93)とドン・デシャンは自ら言ったし、その「垣間見られたにすぎない」ものを存分に展開したのが彼の形而上学的思弁であったはずである。したがって、ここでは当然、それを展開し組織化した彼自身の理論的営為の内容が問われねばならず、宗教が持ち込んだ擬人神観的不純物をただ除去しさえすれば、理論的努力を俟つまでもなく「真理」が自動的にその全容を現わすかのような言いかたはどう見ても安易としか言えない。重要なのは彼自身がする展開と組織化の努力であって、その努力の果てに形成されたのが彼の言う「真理」、「真の体系」であったからには、この「真の体系」の内実そのものによってこそ、それによるキリスト教的有神論の「純化」なるものの質が決定されることにもなる。そして、この「真の体系」と言われるものが単に知性的・道徳的な「人格神」の観念を拒斥するだけに止まらず、そもそもの発想源だった「神」と「物質」というキリスト教的二元説を、「全一者」たる実在的な「無」と、創造者と被造物一般を兼ねる「全一体」たる、根源的存在としての「物質」という独自の二元説に組み替えるものだったのを思い起こせば、ここでキリスト教的有神論の「純化」と称するものが、実は、この有神論を紛れもなく或る種の無神論（追って見るが、彼自身もそれを「開明的な無神論」と呼んだ）へ変貌させるものだったことを見るのはたやすい。「有神論」という言葉にあくまでもこだわるなら、それには「無神論的有神論」という形容矛盾的な呼称しか充てられまい。

「真理」はあらゆる体系を純化するとドン・デシャンは口癖のように言ったが、「あらゆる体系」と言う際に何よりも考えていたのは一方ではキリスト教的有神論、他方では啓蒙思想の一翼として登場したドルバック（一七二三―八九）流の無神論だった。彼の一の弟子だったダルジャンソン侯爵（一七二二―八二）が師の代理として行なったイヴォン師（一七一四―九一）との手紙による論争の中で、「ドン・デシャンの思弁は無神論でも有神論でもなく、この両体系がそこで純化される坩堝です」(539)とより限定的に述べていたのは、師の意を正しく汲んでいたものと言えよう。

たしかに、ドルバックの主著『自然の体系』が出版された一七七〇年二月以後、公刊した著作でも生前未発表の手稿でもドン・デシャンがとりわけ激しく攻撃したのは「無神論の新たな法典」(43)と呼ぶこの本だった。同じ年の秋に公刊した第二の著作『当代の理性、特に《自然の体系》の著者のそれに反対する理性の声』も、それを母胎とした手稿「形而上学的・道徳的な謎のこころを当代の神学・哲学に適用す」も、『自然の体系』を主たる標的にしたものだったし、「形而上学考」、「道徳考」などそれ以前に書かれていた文書が一七七〇年以後に更めて手を入れられたのも、主な目的はこの書への批判・反駁を書き加えるためだった。

では、『自然の体系』に代表される当時の無神論に対するドン・デシャンの批判とはどのようなものだったのか。それを見るためにまず、この書の読後感を概括的に述べた一節を掲げて、そこで触れられる批判の論点のそれぞれを他の発言で補いつつさらに詳細に検討してゆこう。公刊された『……理性の声』にも手稿の「……当代の神学・哲学に適用す」にも、ドルバックをどう思うかという問いへの答として、ほぼ同じ言葉からなる以下のようなくだりがあった。「あらかじめ決めた理性という枠の中で、純粋有神論と無神論という我らの哲学者たちの二大体系を私は両方叩いているわけで、特殊にあれこれの作家を考えてはいませんが、『自然の体系』の著者を語れという御要望ですから、申しましょう。この人は先輩たちみなと同じく道徳的な面でも形而上学的な面でも原理を持たず、打ち壊すのがたやすいという不幸な事態を先輩たちと同様に利用しますが、先輩たちに輪をかけて手加減しません。また、原理を欠くことそれ自体のため有益なものを何ひとつ打ち立てず、作品は立派な道徳的格率や説教師そこのけの大演説が見られるとはいえ、危険だという非難を濯ごうとしていろんな理由を挙げているものの、百害あって益なしということにしかなれません」(69、240)。この発言から見て取れるのは、『自然の体系』の細部に関する種々の論評を別とすれば、大きく言って、形而上学的および道徳的な「原理」の不在ということと、ドルバックがとりわけ激しく行なう宗教攻撃の有害性ということが、ドン・デシャンのドルバック批判の主要な論点だったことである。ただ、宗教攻撃それ自体はべつだん無神論者に特有のものではなく、ヴォルテールをはじめ啓蒙思想家に通有のもので、ドルバックはただそれの最前衛だったにすぎないから、この点に対するドン・デシャンの批判を見るのは後段に譲り、ここではドルバック流の無神論に固有な（というよりも、とりわけ顕著で、且つ不合理な）形而上学的原理と道徳的原理の不在という点に話を限ろう。

A　まず形而上学的原理の問題だが、あらゆる場所で繰り返し言われたように、そもそもドン・デシャンにとって、「神」という普遍的・形而上学的存在を問題とする無神論の体系は、本質的に一個の形而上学体系でしかありえなかった（44、78、110、248）。したがって、その体系は「神」を否定するなら、当然「神」に代るべき別個の形而上学的存在を原理として立てねばならない。ドン・デシャンによれば、もともと「形而上学的」なものとは「物理的」なものの一般性を言う。『自然の体系』は「物理的世界と道徳的世界の法則」という副題を掲げるけれども、そこで言う「物理的世界の法則」とは自然の各部分に固有な物理的個別法則のことではなく、「様々な存在の一般的体系を網羅して、それらの存在のすべてに等しく共通する法則」（44、245）のことだから、彼の定義によると、かような「物理的一般法則」とはとりもなおさず形而上学的法則にほかならない。したがって、それを「自然法則」と言うなら、法則がそれから発する根源である「自然」という形而上学的存在について深く考察することが必要なはずだが、ドルバックはそれを一切しなかった。たしかに、『自然の体系』は或る個所で、総体としての自然を「大いなる全体」と呼んでいるが、それは単なる言葉だけで、この「全体」をなんら考究した形跡はない（80、248、501）（それどころか、『自然の体系』のあの個所は同書の作成に協力したディドロが書き加えたもので、ディドロ自身、直前の時期に意見交換をしたドン・デシャンからこの観念を仕入れたのではないかと、ドン・デシャンの研究家の間では疑われている）。必要なこの考究をドルバックがしなかったのは、宗教嫌いから、宗教の土台となる形而上学を忌避したためで、「宗教全体が形而上学に基礎を置くため、形而上学を斥けているにすぎない」（44、246）のである。こうしてドルバック流の無神論は、無神論者としては形而上学者なのに自分がそうなのを否定するほどそのことに無知な」（78、44、247）者のおよそ浅薄な思想、自然の体系を「根っこ」ではなく「枝葉で捉えた」（110）だけの表層的な理論に終わってしまった――というのがこの点をめぐるドン・デシャンの批判であった。次のくだりはその批判を纏めたものである。

「今日、無神論者らは形而上学の存在を否定している。まるで、無神論の体系が形而上学体系でないかのようである。自然の普遍的法則を、自分も絶対的と認める法則を彼らは〈物理的世界の法則〉と呼ぶが、まるで、あれこれの種に特有な法則を語るかのようである。そういう法則を彼らはなかなかうまく人間の諸能力に当てはめ、人間が実際には他の諸存在となんら異ならないのを示すが、これらの法則こそ人間が認識できる最も深いものだということを彼らは証示する。まるで、そういう法則が原理なしにもありうるかのようである。そういう法則には原理がないかのようである。あるいは、原理を認識するのは人間には不可能だということが論証されたかのようである。事物の根底に対するなんたる無知であろう！　自然の一般法則の内に二、三の形而上学的帰結しか持たず、なんとも無知な話だがそれを物理的原理として提示するような体系とは、またそれ自体によっては、信者たちの社会の内に不信者を作るという多大の悪しか行なえないような体系とは、なんという体系であろうか！」(184)

B　さて、法の支配する現行社会体制（法律状態）が、立法者であり応報者である人格神を立てる神学的形而上学によって支えられ裁可されるように、また、ドン・デシャンが未来に構想する平等社会（習律状態）が形而上学的な「真の体系」によって支えられ裁可されるはずであるように、およそいかなる社会システムもその道徳原理も、自らを支え裁可するなんらかの形而上学的原理を必要とする。それゆえ、形而上学的原理を欠くこのようなドルバック的無神論は、まさにそのことによって、いかなる道徳原理もいかなる社会システムも基礎づけられないものとされた。もちろん、無神論者個々がそれなりの道徳原理を持つことはありうるし、現にドルバック自身にも巧利主義的な道徳論や自由主義的な政治論があるにはあるが、こういう「どこにでもみつかるもの」(185)はその無神論自体から導き出されたわけではないから、所詮恣意的なもので、考慮に入れる必要はない。そもそもドン・デシャンによれば、「なんらかの道徳を持つためには、宗教もしたように実体を二つ認める必要があった。宗教はその二つの見かたを誤ったにすぎない。宗教によるこの二つの実体とは〈神〉と〈物質〉だが、〈真理〉によれば、それは形而上学的存在である〈物質〉〔全一体〕と、物理的存在である〈いくらかの物質〉または〈あれこれの物質〉である」(183)。このくだりでは（また、このくだりでだけは）、ドン・デシャンの形而上学の根幹をなす「全一体」、「全一者」の二元説が突然影をひそめて（ほかに第三の「それ自体による実体」〔全一者〕があると付言されているが）、形而上学的存在（全一体）と物理的存在（全一体の諸部分）という別の二元説にすり替えられており、こうした理論操作はいささか「御都合主義」的と言えなくもないが、いずれにせよここからは、スピノザ流の唯一実体説と同じく、形而上学的なものを否定してすべてを物理的なものに還元するドルバック流の無神論がいかなる道徳へも導かないとされたのは、総じて道徳なるものが形而上学的なものによる物理的なものの裁可に基づくと考えられていたからであるのが分る。二元説は一元説に優り、キリスト教的有神論は無神論に優るとされたのもそのためであった。「有神論が無神論に優る点は、二つの実体と呼ぶ二つの実在を垣間見たこと、その一方の内に関係づけの第一の対象を見たことです。その第一の対象に道徳性と知能を与えることで有神論が不合理に陥ったとしても、それは、われわれの法律状態と、無神論とも共通する無知が、必然的に、不合理であることを求めたからです」(278)とドン・デシャンは言った。

結論として、形而上学的原理を欠くがゆえにいかなる道徳原理も持てず、したがっていかなる社会の思想ともなれぬこの無知な無神論、原理なき無神論は、社会形成前の未開人が持った「機械的な哲学」(183)と変わらぬもの、それどころか「獣の哲学」(78、183、246)にすぎないものとされた。

だが、語調の激しさに惑わされてはならない。『自然の体系』に対するドン・デシャンの攻撃がいかに激烈でも、その批判の論点は、ドルバックの宗教攻撃を問題にしたものを除けば、以上に述べた二つの点だけに厳密に限られていた。無神論の無神論たるところである神の存在の否定自体を論難した言葉はそこには一言たりともなかったのである。論難の言葉がないだけではなかった。ドルバックが神を否定するのは「道理を語る」ことで基本的に正しいとすらドン・デシャンは言った。その点をはっきり語ったのは、「……当代の神学・哲学に適用す」の或る註で、それは次のような言葉からなるものだった。「神などいない、つまり道徳的な普遍的存在など、それに象《かたど》ってわれわれが道徳的存在として作られている最高存在などないと言うことは、信仰に反して道理を語ることです。でも、それによって同時に、普遍的存在など、形而上学的存在などないと言わんとしたら、これは道理に反する言いかたで、不合理を語ることでしょう」(239)。この発言は無神論の無神論たるところを根本的に是としたものだが、『自然の体系』そのものに対するドン・デシャンの態度も、実は、攻撃の激しさから予想されるほど否定一方のものではなかった。同じ「……当代の神学・哲学に適用す」の別の註は「その本〔『自然の体系』〕は悪書ですが、真実がいくつか見られるのを妨げません」(208)と言ったし、事実、この書を批判する数々のくだりの中にも、その主張を一定程度評価する言葉が多くの場合挿入されていた。それらは常に、ドルバックは形而上学的原理を欠くからせっかくの真実も無効に終わるという文脈の中で言われていたが、裏を返せば、形而上学的原理さえ具わるならそれらの局部的真実は「真の体系」の一部として真に生かされるであろうということでもある。二、三、代表的な発言を挙げておこう。「現今の哲学者たちの無神論は、物理的諸存在のそれと異なる一切の実在を否定して、それらの諸存在が厳密に共通して持つもの、つまり、それらのすべてに等しく固有な法則を時にはうまく展開し、さらに、そういう形而上学的法則（物理的法則ではありません。物理的法則とはあれこれの類、あれこれの種に特有な法則のことですから）を人間の諸能力にも当てはめることにあります。無神論者は人間から、他の諸存在とのあらゆる種差を絶対的に剝ぎ取ろうとしますから。しかし、そういう展開は原理を欠くため主要な現象の説明も物足りませんが、本当は土台として或る原理を持つべきで、それが欠けている以上、道徳面では永久に実りがなく、『自然の体系』の著者がする展開のようにいくらうまくいっても、打ち壊す力はなくなります」(77)。「無神論は唯物論とともに、思考するのはあれこれの仕方で組織された物質だといみじくも言うが、無神論が推測したこの真理を以てしても、〈物質〉とは何かが、また〈物質〉こそが〈悟性〉であり、つまり、可能なあらゆるありかたまたは組織のもとでも〈すべてにおいて到る所で同一な存在〉であることがよく分るわけではない」(184-185)。「人間はあらゆる点で他の諸存在と同じ本性のものだ、と無神論者たちが言うのは正しいのですが、そのことを論証するには、彼らがするよりずっと先まで遡らなくてはなりません」(250)（傍点、引用者）。つまり、神の存在を否定するという無神論の根本的な主張も、ドルバック的無神論の根幹をなす唯物論も、ドン・デシャンはともに承認していたということである。

このことはとりもなおさず、ドン・デシャンが一個の無神論者としてドルバック的な無神論と戦っていたことを意味する。ドン・デシャン自身そのことを少しも隠さず、自らが行なうドルバックへの攻撃を「無神論が無神論をやりこめる」(269)もの、「無神論者が無神論者たちをやっつける」(271)もの、などと呼んだ。そして、「無知」で「原理なき」ドルバック流の無神論と区別するために、この自らの無神論をあえて「開明的な無神論」と名付けたのである。「無知な無神論」は形而上学的原理を欠くから、神を破壊してもかわりに何も打ち立てられず、何も打ち立てられぬから実は破壊すらできないが、神のかわりに真の形而上学的原理（全一体）を立てる「開明的な無神論」は神の破壊、宗教の破壊を首尾よくなしとげられる、また、「無知な無神論」は形而上学的原理を欠くため、いかなる道徳も導き出さず、人間たちになんら有益なことをなしえないが、形而上学的真理から道徳的真理を導き出す「開明的な無神論」は、現在の不平等社会に代るべき平等社会の原理を打ち立て、人間たちを「地上の天国」へ導くから、これこそが人間を真に幸福ならしめられる。無力な破壊一方の「無知な無神論」と対比して「開明的な無神論」の優越性を述べたこの種の言葉は文字どおり枚挙にいとまがないほど多いが、ここでは、特徴的な二つのくだりを挙げるだけに止めよう。「〈開明的な無神論〉は危険などころか、人間たちが望みうる最も有利なものです。事物の根底に関する彼らの無知を打破し、道徳的真理とそれを実践する可能性を論証することで、人間たちを永久に幸福に、今まで不幸だったのと同程度に幸福にするはずなのですから。連続的な楽しみである幸福は、原理に基づく習律状態によってしか地上に存在できませんし、そういう状態へ連れて行けるのは、〈開明的な無神論〉だけなのです」(271)。「一目《ひとめ》見ただけでは、これは無神論の要約と思われるかもしれない。宗教というものがここでは全部打ち壊されているからだ。しかし、よく考えれば、そんなものではないことが分るはずである。道徳的・知性的な神というのは、たしかに他のあらゆる人間に優る一人の人間という観念しか与えないから、そんな神を私は打ち壊すけれども、それのかわりに、習俗の原理となる形而上学的な存在を打ち立てるからである。習俗もその場合、かような原理を欠いてわれわれを無知の内、人間的法律状態のもとに放置する我らの有神論におけるような恣意的なものではさらさらなく、まさに道徳的真理そのものとなる。われわれの無知を打破することによって、我らの無神論が与えることなど到底できぬ形而上学的・道徳的真理を与えるような思弁をあの手の無神論と混同するのは、私の言うことが分らないか、一切の正義に悖るか、どちらかであろう。我らの無神論がするように、この思弁もわれわれから天国の喜びと地獄への恐れを奪い去る。しかし、それについていかなる迷いもわれわれに残さないというのは、我らの無神論がやらないことである。さらに、疑いもなくこれが最も肝要なことなのに、これもまた我らの無神論がやらないし、やれもしないことがある。それは、我らの天国をそこしかできない場所で自らに与えるための唯一の道をこの思弁がわれわれに開いてくれることである。そこしかできない場所とは、この現世のことだ」(182–183)。

ドン・デシャンが行なうドルバック的無神論の「純化」とは、ほぼこのようなものだった。同じ名称で呼ばれるとはいえ、この「純化」が先に見たキリスト教的有神論の「純化」と逆の手続を踏むものだったことを見るのはたやすい。キリスト教的有神論が対象の場合、「純化」とはもっぱら、「法律状態」と呼ぶ不平等社会が持ち込んだ知性的・道徳的な「人格神」という不純物を剝離し除去して、キリスト教的有神論をその形而上学的骨格のみに還元することだったのに対し、ドルバック的無神論の「純化」とは、神の存在を否定するという無神論固有の性格のみならず、ドルバック的無神論の特徴をなすそれの唯物論的基盤をも全体として維持しつつ、ただそれに、「無知」な無神論には欠けている形而上学的原理を付加し注入することだった。もちろん、道徳原理は形而上学的原理からのみ生まれるという彼の前提からすれば、この「原理の注入」により、無神論は初めて実践的に実り豊かなものとなり、人間たちの幸福を真にもたらすと考えられていたことは言うまでもない。そして、この注入される「原理」が実はキリスト教的有神論の形而上学的骨格そのものだったことを考えれば、ドルバック的無神論の「純化」から生まれる「開明的な無神論」が言うなれば「有神論化された無神論」を意味していたことも明らかである。キリスト教的有神論を「純化」した結果である前述の「無神論的有神論」とこの「有神論的無神論」とは、もちろん全く同じものであった。

「純化」とはむろん、対象をそれ自体としては破壊することにほかならないから、この項で見たキリスト教的有神論とドルバック流の無神論という両面の敵に対するドン・デシャンの純化＝破壊作業は、まとめて言えば「無神論を神学によって叩き、神学を神学自身によって叩くこと」(264)と言われ、さらに別の個所では対象を無神論から啓蒙思想一般にまで押し拡げて、「今風靡する哲学〔啓蒙思想〕に反対して神学を支持する〔こと〕、それも、実際の狙いは神学によって今の哲学を打ち壊すと同時に神学そのものも打ち壊すことにあったとはいえ、見た目には神学に手を触れないような形でそうする」(204)ことであるとされた。

「形而上学的真理はその展開によってあらゆる形而上学体系を純化する。それも、あらゆる形而上学体系が、一見どれほど相対立していても、みなこの真理に帰着するのが見られるような形で純化する」(432)、それは「互いに異なるすべての形而上学体系がそこで純化されうる坩堝である」(583)、「〈真理〉はどんな体系も否定せず、あらゆる体系をもっぱら純化することで、それらを統合するのである」(181)、「私の思弁はどんな体系の反対物でもなく、どんな体系も否定せず、逆にあらゆる体系を自分の坩堝で純化することしかしませんから、あれこれの体系の反対物としてそれを特徴付けるような名前を持てません。たとえば、有神論との関係で無神論とか、非物質論との関係で唯物論とかいったものです。さて、私が言うような理由でそうした名前を持てないなら、〈真理〉、〈真の体系〉、〈真の学説〉のほかどんな比較名がそれに当てはまるでしょうか」(191)――自己の学説は既存のあらゆる体系を斥けるが、いかなる体系も全面的に否定はせず、逆にそれらの諸体系を純化し統合する、という趣旨の発言は、その気になればほかにいくらも挙げられよう(113−115、568など)。当時最も鋭く対立していたキリスト教的有神論とドルバック流の無神論という全く正反対な二つの体系について、彼の言う「純化」と「統合」がどのようなものだったかをこの項で具体的に見たが、対象はそのほか、スピノザ主義(当時の多くの人と同じく、ドン・デシャンもそれを無神論の一亜種と考えていた)にも、バークリ(一六八五―一七五三)流の非物質論等々にも当然ながら押し拡げられよう(ドン・デシャン自身はそれらに対する「純化」と「統合」の手続を詳述してはいないが)。これらの発言で多用される「坩堝」という語が物語るように、それは文字どおり「思想の錬金術」だった。

8　ドン・デシャンと「啓蒙」の宗教批判

ヴォルテールをはじめとして当時の啓蒙思想家たちが行なった宗教批判に対するドン・デシャンの態度は、一見すると否定一色に塗りつぶされているかのように見える。「哲学者」たちに対するこの面での批判を最もよく表わしているのは、「井戸の底から引き出した真理」の或る註をなす次のような言葉であろう。「今日このごろ、われわれの目に映るのは『精神論』の著者〔エルヴェシウス〕のような道徳面での改革家、あの自称〈哲学者〉ばかりである。彼らはわれわれの習俗の廃墟の上に、われわれの傾向にもっと合致しわれわれを幸福にするのにもっと適すると思う別の習俗を打ち立てようと試みている。しかし、今の習俗がそれの帰結である宗教を彼らは壊滅させないのだから、これほど狂った試みがどこにあろう！　宗教の弊害を表面的に示し、宗教を笑いものにし、宗教に対して多量の精神的自由思想《リベルティナージュ》をぶちまけ、多量の寸鉄詩風、さらには歴史家風の矢を放ち、宗教の教義・預言・奇蹟を攻撃することが宗教を壊滅させることだと彼らは思っている」(615)。その他、「今はやりの哲学体系〔啓蒙思想〕……〔は〕打ち壊すだけで何も打ち立てない」(6)、「代替物を持たない時は、習俗の土台〔宗教〕に手を付けないことがそれほどまでに肝要なのです」(27)などという言葉が到る所に氾濫するドン・デシャンの著作は、全体として「反啓蒙」、「宗教擁護」の色彩が濃く、特にその面を強調した二点の刊行書がランソンの手で「哲学〔啓蒙思想〕の敵。神学者・論戦家たち」の項に分類されたのも当然といえば当然だった。

だが、われわれはすでに、「無神論と〈真理〉〔ドン・デシャンの体系〕の共通点は一切の宗教を斥けることしかない」(115)、「宗教というものがここ〔ドン・デシャンの体系〕では全部打ち壊されている」(182)とドン・デシャンが語っていたことを知っている。そればかりでなく、啓蒙思想家の宗教批判を激しく攻撃するくだりにも、仔細に見れば、その批判自体は正当と認めるかのような文言が必ずと言っていいほど伴っていた。たとえば、「宗教には作り話や迷信や種々の不都合が見られるかもしれません。こういうものは宗教に反対して語り書く人たちに攻撃の手掛りをふんだんに与えるかに見えますが、実は、人間の手の中で見た宗教の本性に属するもので、宗教の存在を非とする力は全然ありません。それどころか、こういうものが宗教自身の本性に属するとしばし仮定しても、数多の不合理の集積にすぎぬ一個の恐ろしい不都合として宗教を見るところまで行っても……」(54)という言葉、公刊書に見るこの譲歩的仮定を手稿の中では断定に変えた「私は宗教を数多の不合理の集積にすぎぬ一個の恐ろしい不都合としか見ていません」(235)という言葉、宗教批判は「実に獲物の多い、実に易々たるものです」(70)という言葉、「打ち壊すものが沢山あるのを哲学者たちはよく見ており、もともとこれは見やすいものですが、事情を十分知らないのに、すべてを打ち立てるためにすべてを打ち壊すわけでもないのに打ち壊すのは大きな悪だということは見ていません」(244)という言葉、「不合理なものを不合理なもの自体によって打ち壊すことも適切だ」が、「当節の哲学のようにこの方法を濫用してはならない、「これは宗教を叩くいちばん安易なやりかたで、今の哲学はほとんどこれしか知りません」(216)という言葉などである。

宗教の不都合を認めるばかりか「宗教破壊者」をすら自負する者が「哲学者」らの宗教批判を攻撃するという一見矛盾したこの態度はどこから来るのか。これまで引いた文章の内にも解答のヒントはすでに見られたが、理由は明らかに二つあった。

第一は、ドルバック的無神論への批判と全く同じ内容だが、宗教の打ち壊しを図る「哲学者」らが、打ち壊す宗教に代るべき形而上学的原理をなんら持たないことである。代替物を持たない時は宗教を攻撃すべからずという前掲の文章で言われたその「代替物」とは、むろんこの形而上学的原理のことで、具体的には、ドン・デシャンが時に「真の宗教」とも呼ぶ自らの「真の体系」であった。この「真の宗教」を既存の宗教に取って替えることこそ「すべてを打ち立てる」ことで、「打ち立てる」がゆえに宗教破壊もその時は十全になしとげられる(97)が、一方、「哲学者」らの宗教攻撃はかような原理を欠くため、所詮は表層的な批判の域から出られず、「宗教を壊滅させ」

ることなど思いもよらない。形而上学を持たず、それを必要とも思わぬ「哲学者」らはただの「弾劾屋」にすぎないという痛烈な批判もそこから来た。「われわれの教義や、教義に基づくわれわれの習俗を弾劾しながら、その支点たるべき形而上学を持たず、形而上学がそれに必要だとすら思わないのは、ただ弾劾するためにのみ弾劾することである。だから、当今の哲学者の大半はいずれもただの弾劾屋で、それ以上の何物でもないとみなさねばならない」(443-444)。「私がしようとするように底まで掘り下げなかったら、打ち壊そうと企てるのは気違い沙汰です」(562)とも言われた。「開明的な無神論」がない時は、「どうしても神の法〔宗教〕が必要」(95)だからである。

いささか「夜郎自大」の感もあるこの第一の理由より客観性では明らかに優る第二の理由は、啓蒙思想家たちの宗教批判は宗教そのものの成り立ちや社会的役割に関する救いがたい無知に基づくとドン・デシャンが考えていたことだった。いずれ更めて触れることになるが、この修道士によれば、宗教はそもそも社会体制の産物で、人間が未開状態を脱して社会を形成した当初に、そこに現出した「人間の法」の支配を精神的に支えるべき「神の法」として、言い換えれば政治的支配の道具として捏造されたものにすぎなかった。それは、人格的な神の摂理や、その神が行なう死後の応報という虚妄な観念を万人に植え付けることにより「人間の法」の支配を内面化し補完するもので、この「神の法」がなければ「人間の法」は「強い者勝ち」という実態をさらけ出し、内面的な拘束力を失って立ち行かなくなるから、人間社会が法の支配する「法律状態」に留まるかぎり、宗教はこの状態を維持するため、つまりは社会の存立のため絶対必要とされたのである。こういう見かたからすれば、そもそも攻撃すべきは宗教ではなく、宗教を生みだし、支えとして宗教を必要とする現行の社会体制にほかならない。宗教を批判する啓蒙思想家たちが攻撃の鉾先を社会体制自体には向けず、いわば原因には手を触れずに結果をのみ攻撃すること、それはかりか、宗教を攻撃することで社会体制を護持すると錯覚すらしていることに、ドン・デシャンは「本末転倒」として激しい批判を浴びせた。「神の法をあらしめた人間の法を維持しつつ神の法を打ち壊そうなど思うのは絵空事の最たるものである。自由思想家である我らの哲学者〔啓蒙思想家〕たちは、人間の法を攻撃するかわりに神の法を攻撃するが、それは原因を攻撃するかわりに結果を攻撃することである」(136)、「宗教を人間たちが作ったものとしか見ない哲学者たちは、宗教を攻撃しながら人間の法を攻撃しないことで、あらゆる大間違いの内で最も法外な大間違いに陥っています。それでは、原因を温存しつつ結果を打ち壊そうとすることになるからです」(236)、「無神論者の哲学者たちは、神的法律状態の打ち壊しを試みる時、盲目にも、人間的法律状態を救い出すつもりでいます」(232)、「私は宗教を数多の不合理の集積にすぎぬ一個の恐ろしい不都合としか見ていません。宗教は人間的法律状態のそれでなかったら何の恐ろしい不都合なのですか。また、宗教がこの状態の一つの不都合でも、宗教は疑う余地のないように必然的な不都合なら、この状態を存続させておきながら宗教を打ち壊すどういう手段があるでしょうか。宗教と、したがって宗教が抱える様々な不都合の張本人であるこの状態を攻撃するのではなく、宗教とそれの不都合だけ攻撃するのはどうしてでしょうか。下品な表現を使えば、そういうのは投げつけられた石に咬みつく犬の役を演じることではないでしょうか」(235)などとドン・デシャンは言った。これらの発言はたしかに、彼の「哲学者」批判の白眉であった。

宗教の破壊と、宗教を必要とする社会体制の破壊とを、つまりは宗教革命と社会革命とを同時並行的になしとげようというこの修道士の基本的な訴えが発したのもそこからである。「支配というものを全体として打ち壊さずには、法律状態から習律状態へ移らずには、宗教を打ち壊すことはできません」(237)と言われた意味もそこにあった。だが、新たなものを打ち立てずには古いものも打ち壊せないのは、宗教についても社会体制についても同じであろう。今引いた文章でも「法律状態から習律状態へ移らずには」と言われていたように、ドン・デシャンにはたしかに「法律状態」に代えるべき「習律状態」という、法も宗教もない無政府的平等社会の展望があったから、「二つの革命」の同時遂行も説きえたわけだが、かような展望をもともと欠く「哲学者」らに同じことを要求するのは不可能としか言えない。またそもそも、ドン・デシャンの考えた「習律状態」は、形而上学的な「真の体系」から演繹される「道徳的真理」を具体化したものにほかならぬ以上、形而上学的原理を欠いた「哲学者」らが「法律状態」に代えるべきこういう新たな社会体制を展望することは、ドン・デシャン自身の論理によっても本来ありえなかったから、それを彼らに要求するのは無理な注文と言ってよい。「宗教を必然的に必要とするこの〔法律〕状態と闘うことにはその努力を向けず、宗教と闘うことにだけ向けるのは……道理も勇気もない振舞」(236)と彼が啓蒙思想家たちを責めたのは、いささか筋違いな非難だった。問題は勇気の有無ではなかったからである。

いずれにせよ、形而上学的真理も、そこから発する道徳的真理も持たず、したがって現行社会体制への根底的な批判を欠く「哲学者」らの宗教批判は、ドン・デシャンによればおよそ「啓蒙」の名に値するようなものではなく、所詮は不徹底な「半啓蒙」にすぎなかった。「この二つの真理を全面的に欠く我らの破壊的な哲学者たちに、ここで、神と諸々の宗教を倒そうとする自分らの試みがいかに無力で場違いで無益なものか、また、人間的法律状態を存続させておく以上、つまり、普遍的で道徳的な存在〔神〕も諸々の宗教もそれの結果である原因を存続させておく以上、自分らがいかに目的を達せられないか、成功から程遠いかを見てほしいものである。打ち壊すばかりで打ち立てないと哲学者らはいつも非難されてきたが、その非難に対置すべき理に適ったものをいまだかつて何も持たなかった。それは、前人未踏の目的地を目指す二つの真理が彼らには絶対的に欠けていたからである。この二つの真理がなければ彼らがしえたのは半啓蒙だけで、この二つの真理がなければ努力はみな無駄になるほかなかったのだ」(139–140)とドン・デシャンは言った。「打ち立てることなく打ち壊すため誠に正当にも危険なものとみなされる当代の哲学的半啓蒙」(107)など、この「半啓蒙」という語の用例はほかにもあったが、意味するところは同じだった。

このように、「半啓蒙」が真の「啓蒙」と異なるのは形而上学的真理とそれから発する道徳的真理を欠くことにあるなら、それを真の「啓蒙」へ高めるためには、欠けているこの二つの真理を注入するだけでよい。ドルバック流の「無知な無神論」が形而上学的原理の注入によって「開明的な無神論」へ「純化」されると期待されたのと同じである。ドン・デシャンがヴォルテールやルソーをはじめ当時の啓蒙思想家たちを自説へ獲得すべく様々な「工作」を行なったのも、目的は明らかにこの「注入」にあった。そして、ひとたびこの注入が成功し、「哲学者」らが形而上学的・道徳的な真理をわがものとしえたなら、その暁には、彼らが今する破壊作業、つまり宗教攻撃も、真の「啓蒙」

の一部として完全に正当化されるであろうとすらドン・デシャンは言った。当時の或る司教がする「哲学者」攻撃に言及して、彼が次のように述べていたのは示唆的である。「現代の哲学者たちは仲間の内でそれへの信仰が磐石な積極的教義を一つも持たない、一致するのは神の啓示を打ち壊すことだけで、かわりに何を置いたらいいか分っていない、とその司教は言います。論争相手の哲学者たちを非とする点では、この司教の言うとおりです。実際、彼らは打ち壊すことしかしてないのですから。しかし、哲学者たちが同時に打ち立てる術《すべ》を知っていたら、打ち壊すもののかわりに形而上学的・道徳的な真理を置くことができたら、彼らの側にこそ全面的に理があったでしょう」(225)。不平等社会の精神的支柱であるという宗教への根底的な批判を前提として、あくまで補助手段として用いるなら、「哲学者」らの宗教攻撃もそれなりに有益だという次のような発言などはさらにいっそう明瞭だった。「〔宗教の社会的役割に関する〕この道徳的な論証はあえて言えば目新しく、その種のもので真に堅固な証明はこれしかできないようなものですが、この論証を御覧の上でもしお望みなら、これらの宗教や個別にあれこれの宗教を攻撃する自由思想家的な哲学者たちの本をお読みになるのもいいでしょう。そういう本も皆さんには、それぞれが細部の証拠、小口の証拠になるでしょう。小口というのは、事柄の根底までは、この論証の真実性の根底までは行かないからです」(562)。こういう発言は、一見「反啓蒙」の論戦家と見えるドン・デシャンが、その実、最も強く弾劾する「啓蒙」の宗教批判に対してもきわめて含みの多い、賛否相半ばする態度を取っていたことを物語るものだった。そう言えば、「卑劣な奴をひねりつぶせ」というスローガンを掲げた反宗教の闘士、あのヴォルテールについてさえ、ドン・デシャンは一面では、「どんな作家もこの人ほど人間たちの蒙を啓こうと努力したことはない」(458)ときわめて肯定的な評価を下していたのである。

啓蒙思想家の宗教批判は社会体制の批判にまで深められていないというドン・デシャンの指摘は、この宗教批判はそれゆえ浅薄であり無益であるという結論の当否は別として、少なくとも現象的にはかなりの程度当たっていた。純粋有神論者のヴォルテールを中心とし、無神論者のドルバックを最前衛とする「哲学者」らの宗教攻撃は当時熾烈を極めていたが、この宗教攻撃が社会体制への根底的な批判と直結した例は、ヴォルテールの作成したごく不完全な抜萃でしか著作が知られていなかった田舎司祭のジャン・メリエ（一六六四―一七二九）を除けばほとんど皆無に等しかった。ドン・デシャンがこうした事態を宗教批判の不徹底さと見、それを「道理と勇気」の欠如として糾弾したことは先に目にしたとおりである。その糾弾が的はずれで、形而上学的・道徳的真理を欠く「哲学者」らがそもそも社会体制への根底的な批判にまで遡れるはずがなかったことはすでに述べたが、それはあくまでドン・デシャンの論理に即して言ったまでで、そこから離れて客観的に見れば、彼の言うこの「不徹底」さにはさらに根本的な或る理由が潜んでいたのに気付かざるをえない。それは、およそ宗教なるものの成り立ちとありかたについて、ドン・デシャンと「哲学者」らの間には越えがたい理解の相違があったことである。宗教は「法律状態」と呼ぶ不平等社会がその形成期に自らを支え裁可する「神の法」として偽造・捏造したもので、以来連綿と政治的支配の手段として存続してきたというドン・デシャンの宗教観は、いわば「体制還元論」とも呼ぶべきもので、宗教は単なる結果、社会体制こそがその原因という帰結へおのずと導くようなたぐいの考えだったが、大方の啓蒙思想家の宗教観は明らかにそれと異質だった。もちろん、啓蒙思想家の宗教観もけっして一様ではなかったが、宗教攻撃の最前衛に位置してドン・デシャン自身も論敵として最も強く意識していたドルバックに例を取り、この点をいささか説明しておかねばならない。

『自然の体系』（一七七〇年）よりむしろ、その前々年に出版された『神聖伝染』（一七六八年）などで集中的に語られたドルバックの意見によると、無知な人間たちが自分らに恵みも災厄も等しくもたらす諸種の自然現象に感謝・驚愕・恐怖等々の感情をこもごも抱き、それらの現象を惹き起こす未知の力を神として畏怖した人類史の初期に、一般人より知力にすぐれて自然現象の原因を或る程度察知でき、その知識に基づいて自然力を一定限度内で自ら操作する能力をも持つ一部の者が、神意の解釈者、さらにはそれの代行者と称して、社会の内に特殊な集団として登場したのであるという。そして、この集団が祭司、聖職者として権威を帯び、神の怒りを宥めたり神の恵みを得たりするのに必要とみなす諸種の祭祀を制定して一般大衆を精神的に支配したのが、そもそも宗教の起こりであった。この精神的権力は政治権力と別個に形成された時もあり、初代の立法者の内に両者が合体していた時もあるが、独自の祭司団の組織化によって、この教権は政治権力から自立したものとなり、爾来それが、或る時は政治権力と癒着し、或る時はそれと抗争しつつ、人類の歴史を織りなしてきたのだとされた。両者が癒着する時は政治権力自体が宗教的権力の奴隷と化して暴政にはしり、両者が抗争する時は宗教的権力が政治社会の内に分裂とえてして内乱を誘発して、往々政治権力の倒壊をすら招くというのが広く見られる図だったが、いずれにせよ宗教は、それを担う教権が世俗政治へ不当な介入をすることによって、政治社会を混乱させる最大の要因をなしてきたのだという。ヨーロッパ中世を貫く帝権と教権との長期にわたる抗争、宗教改革を起点として三十年戦争の終結にまで至る全ヨーロッパ規模の宗教的動乱、フランス一国に限っても十六世紀の酸鼻を極めた宗教戦争や、宗教的狂信者による相次ぐ二人の国王（アンリ三世とアンリ四世）の暗殺等々、誰もが知るヨーロッパの歴史を見れば、こうしたドルバックの宗教観に少なからぬ現実的根拠があったのは否定しがたい。無神論者である以上に反教権主義者だったドルバックの改革構想は、そこから当面、「信教の自由」の公認を突破口として、「啓蒙専制君主」の手により宗教の政治介入を強権的に遮断し、いわば「超自然」の排除によって世俗政治を世俗政治の手に取り戻すことへ向けられていた。「無神論者の哲学者たちは、神的法律状態の打ち壊しを試みる時……人間的法律状態を救い出すつもりでいます」(232)とドン・デシャンが述べたのも、そのことを正しく見て取ったからだった。宗教の廃絶と、宗教を必要とする社会体制そのものの廃絶との同時並行的な遂行などという戦略は、こういうドルバックの宗教観からはおよそ出てくるはずもなかったのである。長い目で見れば、宗教と政治の分離というドルバックの改革構想は、近代ヨーロッパの「政教分離」原則として歴史の内に実を結んだ。そして、「人間的法律状態」を宗教の手から「救出」するのではなく、それを宗教もろとも廃棄せよと説くよりラディカルなドン・デシャンの理論は、「反宗教闘争」を革命政府の課題として強権的に推し進めた二十世紀の「制度的社会主義」の試みの内に不幸な子孫を持ったのである。

四　ドン・デシャンの歴史哲学

1　人類史の三段階

動物の種の一つとしての人間、ドン・デシャン的な用語で言えば「物理的人間」のありかたについては前段で少し見たが、それとは別に、社会の内での人間のありかた、言い換えれば「道徳的」または「社会的」な人間をめぐるこの修道士の考えを検討する仕事が残っている。ただその前に、この作業の不可欠の前提として、人間が過去に辿った、また将来辿るべき歴史を彼がどのように見ていたかを一瞥しておかねばならない。

人類の起源の物理的詳細は、ドン・デシャンにとっても不明だった。不明というより、むしろ本来的に不確定とされた。前にも述べたとおり、動物の種はけっして固定したものではなく、あらゆる種は他の様々な種から発し、また他の様々な種に変わるものとされたから、人間という種も長い時間の経過の中で他の諸々の動物種から変異を重ねた結果として発生したに相違なく、始源にまで遡ればあらゆる種の共通の胚種である「全一体」から発したもので、起源について確実に言えるのはただそれだけであるとされたが、確実と言われるこの命題も、実のところ、他のあらゆる種と同じく人間も自然の産物であるという以上の何物も意味しなかった。「関係性で見た人間の起源は他のあらゆる種の起源と根本的に異ならず、それは様々な種を部分とする〈全一体〉にほかならない。ほかの種と似ていない種、他のあらゆる種に帰着して、すべての種が同じ始めと同じ終わりを持つようにしない種は一つもない」(625‐626)、「この〔人間の〕始まりは、〈全一体〉へ、形而上学的原理へ遡らぬかぎり厳密には決定しがたい。〈全一体〉が内に含み、〈全一体がそれらによって存在するように〉もともと〈全一体〉によって存在するすべての存在は、相互に一方は他方から出、一方は他方に帰着し、多かれ少なかれたえず互いに構成し合う。〈それらの全体〔全一体〕〉と同様、こういう諸存在も関係性にすぎず、比較にすぎず、現に与えるものしか、様々な現象、様々な像しか与えられない」(139)――こうした言葉は、一方では人間の形而上学的起源の確実性と、他方では物理的起源の不確実性、不確定性を両々語ったものだった。

人間の物理的起源はこのように厳密な意味では決定しがたいが、ただ最低限確かなのは、今からおよそ六千年前、人類の始祖である一組の男女が成長しきった大人の姿で、言語能力も具えて神の手から直接出てきたとするキリスト教的な創造説が荒唐無稽なことである。「大人になりきって、ちゃんと道徳を持ち、ちゃんと物を言う人間を神なるものの手から出てこさせることなどできたのは、ひとり不合理なもの〔宗教〕だけだった」(133)とドン・デシャンは歯に衣着せずに言ってのけた。「一人の男と一人の女が、法を受け取ってそれに従うために、大人になりきりちゃんと物を言う状態で神なるものの手から出てきた」というのは「不合理な教義」で、「世界の段取りが付けられるのをわれわれは一瞬にすぎぬ五、六千年の内に見ていますが、こんなものは、常に存在した時間または世界にくらべれば無にしか数えられません」(227)、「数千年来われわれがいる地点まで来るのには莫大な時間を要したように見えても、時間を出し惜しみすることはなく、数千世紀でもかけましょう。かかった時間など何程のこともありません」(228-229)と言われたのも同じである。

人間の起源に関するこの原則的な立場を簡潔にまとめた宣言的な一節を、この項の最後に掲げておこう。アダムとエバの創造神話を一笑に付し、人間は形而上学的存在による「物理的創造」というおよそ不合理な行為の結果生まれたのではなく、「全一体」即ち自然によって徐々に形成されたものであることをこれほど力強く語ったくだりはなかった。「四つのテーゼにまとめた形而上学的・道徳的な謎のこころの要約」の或る註に見るものである。「それ〔人間の起源〕は人間を生みだした種から種へと遡って、普遍的〈全体〔全一体〕〉まで行くのである。普遍的〈全体〔全一体〕〉こそあらゆる種の胚種で、始めと終わりで、過去・現在・未来に存在するあらゆる原因とあらゆる結果の最初の原因にして最初の結果なのだ。……この真理の内には、神なるものによって数千年前に生みだされた最初の人間とか最初の種《たね》とかいうものは一切見られない。しかし、それが見られないのは慶賀すべきことである。そんなものがあったら、真なるもの、単純なもののかわりに、いまだに不合理しか喰《くら》うものがなくなるからだ。宗教が言う意味で最初の人間がいたというのは、大衆にはしごく単純なことに見える。しかし、感覚的なものに身を委ね、絶対的なものなどないところに絶対的なものを欲しがる大衆は、自分が承認するこの最初の人間を宗教が生みださせる仕方についてはほとんど考えない。その仕方は真理が打ち立てる仕方と同じく知性的なものなのだが、人間の製作者を物理的にはたらく存在に仕立て上げることで、人はそこに感覚的なものを持ち込んでしまった。そしてこの感覚的なものが、いかに不合理であれ、人の心を虜《とりこ》にしてしまうのである」(164)。

人間という動物種の起源と同じく、人間社会の起源と歴史も宗教的虚構に頼ることなくそれ自体として究明されねばならないが、ただ、それに関するドン・デシャンの取り組みは、あくまでも一般的次元のものに限られていた。万有引力説をも吸収してそれを自己の理論の内に組み入れていたドン・デシャンが、なおかつ、数学・物理学に秀でていたにすぎぬニュートンよりは「針の発明者」の方が優るとして(33)、およそ個別科学の達成には限定的な意義しか認めず、存在一般の学たる形而上学をそれよりはるかに重んじたように、人間という個別存在に特有なものゆえ本来形而上学の対象とならぬ「歴史」についても、彼が明らかにしようとしたのは或る国、或る時代を対象とした「小口」の歴史ではなく、人間一般、少なくとも文明諸国民一般を対象とした「大口」の歴史で、それに要する手続も実証的な調査・研究ではなく、もっぱら哲学的な思索とされた。こうした姿勢を最もよく示すのは、社会や言語の起源を知るためには哲学者が地球上の各地を訪れて、未開な諸民族のありかたを実地に見聞する必要があると『人間不平等起源論』でルソーが述べたのに反対して、ドン・デシャンが、さような実地調査は全く不要で、理性による思索だけで十分だとした次のようなくだりであろう。「社会状態や言語の形成の内には自然なものしかありません。ジュネーヴのルソー氏がしたようにそこに神秘をみつけたのは、それを進歩の原因である始まりの内で見るのではなく、われわれには失われてしまった進歩の内で見ようとしたからです。でも、その始まりとは何でしょうか。それは動物のあらゆる種に存在する社会の胚種で、それが人間という種ではほかの種以上に成長したのです。この特殊な対象について言うべき哲学的なことはほぼ以上の内容で尽くされており、何ひとつ有益なものに行き着けぬ細部のいろんな思弁でそんなことを長々と論じようとするのは、ルソー氏がそうだったように、不思議など何もない所に不思議を見るという立場に自らを置くことです。あの著者は、人間の起源を知るためには哲学者たちが地球上を旅することがしごく肝要だとみなしていますが、自分自身がもっと哲学者でしたら、自分の理性の内でそんな旅はもう済んでいる、原初には未開状態が人間の状態だったという確信を得るには、オランウータンがわれわれの種であるかないかを健全な哲学が実験することなどどうでもいいと思ったでしょう」(228)。要するに、社会の起源や歴史をめぐるドン・デシャンの考察は、厳密には「歴史」と言うより、純粋に思弁的な「歴史哲学」に属するものだった。

以下、この修道士の歴史哲学を順次検討してゆくことになるが、まず最初に、それの基本的な骨格として、彼が独自に編み出した人類史の「三段階」説を見ておかねばならない。この三段階は、人間たちが過去に辿った、また将来辿るはずと考える道筋を示したもので、歴史はその道筋にしたがって法則的に進み、またそれ故にこの進行は不可逆的とみなされていた。その三段階とは「未開状態」、「法律状態」、「習律状態」という三つの「状態」で、第一は社会形成以前、第二と第三は社会形成以後に属し、またあらゆる文明国民にとって第一は過去、第二は現在、第三は展望される未来を意味する。それぞれの段階の詳細については追って述べねばならないが、まず最初に、三つの状態の基本的な特徴を一括して述べた簡潔な定式として、ほぼ同じ言葉で何度も繰り返し登場する文章を掲げておこう。「人間には次の三つの状態しかありません。未開状態または森の中の獣の状態と、法律状態と習律状態です。第一の状態は団結なき、社会なき不団結の状態、われわれが今いる第二の状態は団結の内での極端な不団結の状態、第三の状態は不団結なき団結の状態です。この第三の状態は、異論の余地なく、人間たちの力と幸福を可能なかぎり作れるはずの唯一の状態で〔す〕」(217、60、134、199)。

2　未開状態

まず第一に、社会が形成される以前に人間が置かれていた状態がある。この状態を指すのには「未開状態」（état sauvage）という語と、より一般的な「自然状態」（état naturel）という語が同義のものとして無差別に用いられるが、使用頻度は「未開状態」の方がはるかに高いのは、想像するに、一つには naturel（自然な）という語が多義的で誤解を招きやすいことと、また一つには、sauvage（未開な）という語が本来「森の」、「森に住む」を意味して、その段階での人間生活のありようを具体的に表わすと考えられていたからであろう。名称はともあれ、人間が社会的・道徳的な存在として神の手で直接創造されたという神話を斥けて人間社会の起源をそのものとして探るためには、一種の作業仮説として社会以前の状態をどうしても想定せざるをえないし、人間は他の様々な動物種から発したというドン・デシャンの形而上学的な前提からしても、人間の当初のありかたは他の野生動物のそれと基本的に同じだったとするのは当然だった。「社会状態へ移るには未開状態または自然状態を通るほかなかった」(133)と言われたのはそのためだし、「当代の或る雄弁な人物」と呼ぶルソーが「あったと仮定できる過度に単純な状態」として自然状態を想定したのは「聡明」(616)なことと評価されたのもそのためである。

だが、ドン・デシャンにとっても未開状態というのはあくまで作業仮説だったから、その状態を彼がどのようなものとして考えていたかは必ずしも明確でない。この状態の定義として言われる「団結なき不団結の状態」や「森の中の獣の状態」を厳密に解釈すれば、その状態での人間は森の中で個々ばらばらに生活し、生殖のためただ一時的に番《つがい》になるにすぎないか、せいぜい男女とその子供からなる小集団を作るだけのものだったとも考えられるが、一方では、「形成された言語を持つ前には、未開状態は人間にとって単なる寄り集まりの状態、社会が出来たての状態だった」(133)と言われているところを見ると、未完成とはいえ、社会に類するものは未開状態にもすでにあったと考えられていたようにも思われる。また、この二つの「未開」像を両立させるため、未開状態の内にも或る種の歴史的進化が考えられていたのかもしれないが、こうした点は一切不明である。ただ確かなのは、ルソーのようにこの未開状態を美化する気などドン・デシャンには全くなかったことだった。『人間不平等起源論』を高く評価したこの修道士が、なおかつ、ルソーが自然状態を理想化しそれへの回帰を説くかに見えるのを非として(もっとも、「ルソー氏が見たのは未開状態より、むしろ初期の社会状態だった」(304)と正しくも指摘していたが)、「氏の論説が持てるかぎりの価値を持つためには肝要な三つのものが欠けていたが」、その「第一は、未開状態の欠陥を、つまりその状態の弱みをなす団結または社会の欠如を見なかったことである」(303)と述べたのは、そのことを何よりもよく示していた。彼がせいぜい認めたのは、「団結と社会の欠如という欠陥だけ抱えた未開状態の方が一般に私たちの今の社会状態より好ましいというのは非常にありそうなこと」(616)、「こういう〔今の〕社会状態にくらべれば、人間たちの最初の寄り集まりの方があらゆる点で好ましいものであろう」(133)などの言葉に見るとおり、現行の不平等社会にくらべれば未開状態の方が「まだまし」といった程度のことで、こういう劣等比較から切り離して未開状態をそれ自体高く評価するということではなかった。

仮説としての未開状態にいささか不明確な点を残しながらも、ドン・デシャンがそのことをさして気にするようにも見えなかったのは、おそらく、彼の主要な関心事が未開状態のありかた自体ではなく、未開状態から社会状態への移行の問題にあったからであろう。さて、この移行を問題にする時には、何より先にまず打破すべき一つの根強い偏見があった。それは、社会や言語の形成を人間に特権的なものとみなし、他の動物にはない「理性」や「理性的霊魂」にそれを帰するという手前勝手な考えである。人間も人間以外の動物種も本質的には異ならず、それらの間には多い少ないの差しかないというドン・デシャンの形而上学的前提からすれば、かような俗見は全くの誤りで、社会を形成する能力と可能性はいかなる種の動物にも等しく具わっているとするのが正しかった。すでに引いた文章の中にあるものだが、「動物のあらゆる種に存在する社会の胚種……が人間という種ではほかの種以上に成長したのです」(228)というくだりはそのことを言ったものである。地球上の同じ区域に社会を作る動物の大きな種が同時に二つは存在しえず、人間が社会を作って他の種に対し圧倒的な優位を誇る現在は、自ら社会を作って人間と覇を争う余地は他の動物に全くないが、いずれ地球の大変動によって人間が亡びるなら、他のなんらかの種の動物がその時は社会を作り、人間に代って地球を制覇するだろう(231)という、これもすでに見た一節もそれに関連したものだった。

動物のあらゆる種に大なり小なり共有されるその「社会の胚種」が特殊に人間の内で目覚しい「成長」を遂げたのは、一つには集団を作る必要がそれを促したからであり、また一つには、有利な身体的条件がそれを可能にしたからであるとされた。「人間が社会状態へ導かれたのは団結の必要と体の有利な形、とりわけ十本の指のお蔭だった」(133)、「われわれのような造りの種《しゅ》が地上に見られるようになったのは長い時間をかけてのことで、ほかの様々な種の血を享けてのことにすぎませんが、われわれが必要に迫られて未開状態から、成文法が出来て以来のような社会度へと知らず知らずに移ったのは、自然から与えられた有利な体の造りと、特に十本の指の結果でした」(227)などという言葉はそのことを語ったものである。「団結の必要」や「必要に迫られて」とは、もともと他の野獣にくらべて体力も劣り、鋭利な牙や爪も欠く人間は、単独では容易に他の動物の餌食となり、身を守るには集団を作るほかなかったという事情を言ったに相違なく、「有利な体の造り」とは、二足歩行をすることで両手を自由に用いられたことを、また「十本の指」とは、それで道具を使いこなせたことを意味していたのは言うまでもない。偶然とも言えるそれらの条件に恵まれて、人間は初めて社会を作ったのである。

3　法律状態（その一）

だが、前節で見たのはあくまでも、他の種の動物との関係における人間の物理的な利点にすぎない。他の諸々の動物ではなく、ほかならぬ人間が社会を作り、集団の力によってこの地球を制覇したのはかような物理的利点があってこそだが、かといって、その人間社会が今見るようなものとして形成されたことがこうした利点によって直接説明されるわけではない。これらの利点を一般的な背景としつつ、その上で人間社会のありかたを具体的に決定したのは、他の種の動物との関係ではなくもっぱら人間たち相互の間の関係に関わるそれとは別個の原因だった。それは人間の人間に対する支配である。

その根は明らかに未開状態の内にあった。「全一体」と称する自然の内では、それを構成する物理的諸存在に運動・静止・充満・空虚・善・悪等々あらゆるものが常に多くまたは少なく配分されるから、これらの諸存在の間には常にあらゆる面で物理的不均等が支配している。原始的な「寄り集まり」を作る未開状態の人間たちの間でも同じであって、そこにも身体的な不平等が必然的にあり、腕力の強い者と弱い者、器用な者と不器用な者が必ず存在せざるをえなかった。他の種の動物と闘う狩猟の際にも、ほかの人間集団と闘う戦争の際にも、強い者や巧みな者がリーダーとなって集団を率いるのは全く自然なことだったが、そこから次第にこの関係が常態化し、強い者、巧みな者が持続的に他の人間たちを支配して、他の人間たちがそれに服従するという事態が生じた。支配と被支配のこの固定化・常態化をもたらしたのが、集団の全員を縛る規範として作り出された法である。この法の登場によって、未開状態に見られた人間たちの単なる「寄り集まり」は、初めて恒常的な「社会」として組織化された。これが未開状態に代る「社会状態」の始まりであり、また、その社会状態がもともと法の律する「法律状態」として形作られた所以でもあった。未開状態にも存在した人間同士の身体的不平等は、こうして法の手により社会的不平等として固定された。

社会状態、法律状態の誕生という人類史の決定的な画期を、ドン・デシャンは次のような言葉で描いている。「社会状態は、どのような観点からその始まりを見るにせよ、存在するには必ず、何人かの未開人が自分に従属させたほかの何人かの人間を指揮または誘導したということが必要でした。有利な体の造りから石と棒を使えたこととも相俟って、狩りをしたり二、三の種の動物と闘う必要があったりしただけで、そういう事態を現出させるには十分でした。今あるどんな強国もそこの臣民も、この最初の人間たちの子孫です。社会状態のこの始まりほど単純なものはありませんし、われわれの今の状態からでもこれほど理解しやすいものはありませんが、その一方、宗教が考え出した始まりはあまりにも不合理で理解を絶します」(227)。「個別的ななんらかの始まりでは、社会状態は必然的に法律状態、または同じことだが道徳的善悪、正邪のある状態だった。今日でもそうなのは、始めにそうだったからにすぎない。エバやパンドラの神話もそこから生じた。われわれの社会状態が道徳的または社会的不平等を持つのは、自己を構成するものとの関係で捉えた〈全一体〉または宇宙の諸部分の本質に属する物理的不均等〔身体的不平等〕、つまり、強い者の弱い者に対する、巧みな者の巧みでない者に対する支配力のせいである。この道徳的〔社会的〕不平等はわれわれの社会状態を作りなすもので、それが過度にまで推し進められた結果、数千年来この社会状態は、それ以上忌わしいものはありえぬような社会状態と化してしまった」(133)。「われわれを未開状態から社会状態へ移らせるには棒を使うだけでも十分でした」(228)と言われたのも同じ趣旨からで、ドン・デシャンは今も用いられる国王の笏杖や将校の指揮棒の内にこの原始的な棒の名残りを見ていたが、その棒は他の動物と闘う武器である以上に、他の人間たちを打ち据える支配の道具と考えられていたに相違ない。さらにこの支配・被支配の関係から、土地と諸々の財貨を支配者が優先的に所有する私有財産制度、十八世紀的な言いかたによれば「君のもの」、「私のもの」が生まれ、社会的不平等と私的所有の二つが法律状態の根幹をなすこととなった。

つまり、社会状態は法律状態として形成されたかぎり本質的に不平等なもので、「強い者勝ちが実定法の原理」(209)だったのである。「法律状態は協約状態ではけっしてなかった。それを形作ったのは力であり、維持しているのも力である」(311)という言葉も同じことを言っている。人間のあらゆる悲惨はかような法律状態に起因しており、「われわれの社会状態が抱えるあらゆる不都合と数知れぬ悪の源」は「人間の邪悪さ」ではなく、「われわれの社会状態のそもそもの欠陥の内、道徳的〔社会的〕不平等と所有の内」(61)にあるから、その意味で、キリスト教の教える「原罪」とは、実は、人間が未開状態から法律状態へ移行したことにこそあるとされた。「人間は未開状態から社会状態へ移ったという想定の内ですら或る初源的罪が考えられていることを、我らの哲学者たちは見るべきです。この想定では、その移行こそがわれわれを法律状態のもとに置いたことになり、それの邪曲を今われわれが担わされるそもそもの過誤ということになるからです」(65)、「善悪の知識の木というのは、それ自体によって善悪の知識を与えたその法にほかならぬことになりましょう。その場合、人間に無垢の状態を喪失させたのは、あるいは同じことですが善悪の認識を人間に与えたのは法への不服従ではなく、法そのものということになります。また実際、人間がその認識を持てたのは法による以外絶対にありえませんでした」(208–209)と言われたのもその考えを述べたものだった。こういう論理からすれば、その木に触れるなという神の命令も、法律状態に陥るなという警告であったとされた。「この木は哲学的な意味を示しています。これに触《さわ》るなという禁令は、道理に則れば、法律状態を避けよという警告しか意味しえないからです」(214、69)。人間を道徳的存在として、つまりはもともと法律状態のもとに創造したはずの神が、今さら法律状態を避けよなどと人間に警告するのはどう見ても不合理だったが、キリスト教の教義を無理やり合理化しようとする際にえてして陥るこのような細部の矛盾をドン・デシャンは意に介さなかった。

だが、強者の物理的力にもっぱら依拠するこれまで見たような支配は、実のところ人間の体にしか及ばぬもので、その内面にまでは及ばず、この支配を固定化するため作られた法もあくまで世俗的な「人間の法」にすぎなかった。かような法にのみ律せられる状態をドン・デシャンは「人間的法律状態」と呼んだが、これは法律状態の形成当初にほんの一時期存在したにすぎず、「人間の法」は一定の成長段階に達すると、やがて自らの支えとして「神の法」と称するもの、つまりは宗教を伴うようになり、それにより支配も単に人間たちの体のみならず、個々人の内面、その精神と心情にまで及ぶに至った。法律状態の完成形態とも言うべき「神的・人間的法律状態」がそこに現出して、今では人間社会がおしなべてこの状態にあるとされたのである。政治的支配の手段として道具として宗教が創出された経緯は、「道徳考」の或る個所で、「支配の野望ははじめ体にしか及ばなかったが、この唯一の目的を達しやすいように、その後宗教と法という手段を使って精神にまで及び、人間たちの隷属と不幸にはもはや欠けるものはなくなった」(304–305)と簡潔に語られているが、そのことをさらに丁寧に説明したのは、どちらも問答形式の『……理性の声』と「……当代の神学・哲学に適用す」のそれぞれの個所にほぼ同文で見られるくだりだった。いずれも「人間的法律状態は必然的に支えとして神的法律状態を必要とするのでしょうか」という問いへの答で、「……当代の神学・哲学に適用す」の文章を使えば、以下のようなものだった。「そうです。この状態〔人間的法律状態〕は、それがわれわれ〔人間〕から発していて、それの内には人間の手になるもの以外何もないことがわれわれに論証されたら存続できなくなるからです。そのような論証はひとたび与えられたら（本書では、すべてがそれを与えることを目指しています）、宗教という土台から人間的法律状態を掘り崩すでしょう。そうなると、自分を支えるためには物理的な力しか残らなくなり、この忌わしい支えは支えるものを打ち壊すことになりましょう。疑う余地のないようにその状態はこの〔物理的な〕力によって始まったとしても、人間たちをこの力に服従させることでその状態の伸張を助けるためにはどうしても宗教が必要でしたし、宗教を攻撃するのはその状態を攻撃することなのです。人間たちは人間の法だけで治めることができるという原理は、無神論者たちが証明もしてないくせに、証明したかのようにそれに基づいて宗教全体を打ち壊しているものですが、この原理が真実でありうるのは徒刑囚のように棒で打たれ鎖につながれた何人かにとってだけで、教養のある、文明化された、法の支配のもとで自由に暮らす人間たちにとってではありません。物理的な力だけでもたしかに何人かを奴隷にすることはできますが、すべての人間を奴隷にするためには、その力に〔別の〕或る力が加わらなくてはなりません。心情と精神を虜《とりこ》にするためには、人間たちをそれ自身に服従させることでその〔物理的な〕力に服従させるためには、物理的な力を裁可するものが必要なのです。この真理は健全な理性の目には全くの真理で、しかも、宗教はどんな攻撃を受けてもあらゆる時代に、あらゆる人間社会で存在したという事実によって実によく証明されますから、問題とされるべきではありますまい」（231–232、51–52）。

そこから、「神の法」と称する宗教の社会的役割も明らかとなる。「神の法」は本質的に「人間の法」の支えとしてあり、また「人間の法」は不平等と所有を固定化・恒久化するものにすぎないなら、宗教の基本的な役割もまさに、社会状態の根本的な欠陥であるその不平等と所有を自ら聖別し、いっそう強固ならしめることにしかない。「社会状態が成長と支配の一定段階に達し、言語がひとたび形成されると、成文法が出来る前にも、社会状態は必然的に人間の法の支えとして、神のものと想定される法を必要とした。それは、こういう法がそれに必然的に先立った人間の法と力を合わせて、この社会状態の根本的な欠陥をいっそう強固ならしめるようにするためだった。根本的な欠陥とは人間たちの無知と、道徳的〔社会的〕な不平等と、われわれの欲望が向かうなべての財貨に対する所有〔私有〕である。人間の法ももっぱらそういう欠陥を支えるために存在するのだが、物を考え始めた夥しい数の人間を抑え隷属させるにはそれだけでは足りなかったので、どうしても道徳的悪に神的な起源を与えなくてはならなかった。そんな悪は人間的法律状態のせいでしか存在せず、この状態こそが真の初源的罪なのを人間たちは知る由もなかったからである。そのことをもし知っていたら、人間たちは金輪際こんな法律状態に耐える気はなかったろう」(134-135)と言われたのは、宗教が果たすこの本質的な役割を述べたものである。しかし、ドン・デシャンがそこから導き出した帰結は多分に保守的なものだった。今あるような社会状態の内では、体制の支えである宗教をそれなりに敬わねばならぬとされたのも、宗教の法は世俗法の支えだから、「人間たちは宗教の法に従うも従わぬも自由ではない、というのは世俗法の本質に属します」(22)として、宗教的な不敬・瀆神などを世俗法が処罰するのは当然とされたのも、またすでに見たとおり、「人間の法」を攻撃せずに「神の法」のみを攻撃する啓蒙思想家の宗教批判の「浅薄」さが激しく糾弾されたのも、みなこの認識から出たものだったからである。

結論が保守的なだけではない。キリスト教の道徳的側面をドン・デシャンはけっしてかような社会的役割の「本質」のみに還元していたわけではなく、その思考はあくまで複眼的だった。なぜなら、キリスト教が一方では人間相互の平等や、所有欲とは根本的に対立する無私無欲を説き、現に、信徒個々が自己の財産を放棄して財貨の共有を共同体内で実現した初代のキリスト教徒や、それに倣った各修道会の創始者たちがそれを或る程度実践していたことは否定しがたいからである。不平等と所有に基づく法律状態の支えという宗教の本質的な役割に阻まれて、この精神が十分な効果を上げられず、実際には「施し」その他の手段によって不平等と所有の悪弊を軽減するだけに止まるとはいえ、この精神自体は明らかに、形而上学的真理から導き出される道徳的真理と彼が考えていたものともつながる良質な要素だった。要するに、ドン・デシャンによれば、キリスト教の道徳的側面は根本的な矛盾を抱えていたのである。こうした二面性を語るのは、『……理性の声』の或る註に見る次のような言葉だった。「神学自体に言わせても、人間が罪を犯さなかったら、万人が平等で財貨が共有され、人間が自然法のもとにいるというのが摂理の最初の目論見でした。宗教がたえずわれわれに説き続け、初代のキリスト教徒が模範を示してくれた平等と無私無欲もそこから来ます。それでも宗教は、平等と財産放棄を説くと同時に、道徳的不平等と所有の支えでもあります。でもそうなるのは、そうでしかありえないのは、法律状態の本性によるのです。宗教はそれ自体が法ですから、法を打ち壊すようには出来ていません。せいぜいやれるのは、人間たちが法の重荷に耐えるのを助け、相互の力でできるだけそれを軽くし合うように人々を持ってゆくことくらいです。聖ヨアンネス・クリュソストモスその他多くの公認著作家の口を借りて宗教が〈君のもの〉、〈私のもの〉に抗議するのも、それが生みだす悪という悪を見せつけるのも、それを打ち壊すためではありません。それを打ち壊したら、自分自身を打ち壊すことになるでしょうから。そうではなくて、できるだけそれの行き過ぎを減らし、それの伸張を食い止めるためなのです。以上が、宗教について人が持つべき正しい観念です」（61、218–219）。一言で言うなら、「道徳的不平等と所有を聖別することで宗教は自分が軽減しようとする悪の原因なのだ」（61、219）ということになる。宗教のこの二面性は「井戸の底から引き出した真理」の献辞の中でも、「宗教はみな基本的な道徳原理を実行するよう人間たちに命じ、互いに愛し合えとか、みんな兄弟であれとか言い、野心・欲得・妬み・嫉《そね》み等々を断罪します。でも、よくよく考えれば分るように、宗教は身分の不平等と〈君のもの〉、〈私のもの〉を一度聖別したからには、……本当の社会状態からわれわれを遠ざけたからには、みな道徳的な大原理や社会の基本的な法を命じながらも、そういうものの一般的な実行を阻む最大の障害となります」（558）というような言葉で言われたが、もっぱら「人間の法」の支えとして捏造されたはずの「神の法」の中に、たとえ無力とはいえ、かような「道徳的大原理」が現に含まれるのはなぜなのか、「宗教の形而上学」が「全一体」と「全一者」をめぐる万人共通の本有観念を源にすると言われたように、ここでもそれらの「大原理」をめぐる或る種の直観が万人にあり、「宗教の道徳」もその直観に基づくと考えられていたのかについては説明がない。ただ確かなのは、それ自体として良質なキリスト教のこの精神を十全に開花させ一般的に実行させるのは、法律状態とそれに固有の宗教ではなく、先の引用文中で「本当の社会状態」と呼ばれている「習律状態」と、それを可能にする形而上学的真理だと考えられていたことである。そのことをとりわけ明瞭に語っていたのは、先の引用文に後続する次のようなくだりだった。「宗教が命じる道徳的な大原理を実行したら人間たちは仕合わせになるだろうと言われます。それは認めますが、人間たちが一致してそれを実行するためには、どうしても宗教が打ち壊されねばなりません。形而上学的真理が宗教に取って代らねばなりません。そういう大原理が〔宗教は明らかに、人間たちが一致してそれを実行するのを阻む障害ですから〕〔宗教からではなく〕形而上学的真理だけから発さねばなりません。人間間の平等と財貨の共有は形而上学的真理から、ただそれだけから発するのです」(559)。こうして、宗教を根底的に破壊する「開明的な無神論」が同時に「宗教の形而上学」を純化し完成したものであったのと同じく、「宗教の道徳」もまた、形而上学的真理から導き出される道徳的真理と、それを実現する「習律状態」によって法律状態もろともに破壊され、破壊されることにより完成態に至るのだとされた。「習律状態」は「われわれが全員志向する状態で、或る程度まで初代キリスト教徒や修道会の創立者たちの精神でもあったあの財産放棄の精神にすっかり充たされた人間たちが、そこでは何も私有せず、互いの間ですべてを共有するような状態であろう」(294)という言葉が、そのことを何よりもよく示していた。

4　法律状態（その二）

ここで一つの疑問が生じる。法律状態がこのように不平等と所有を根幹とする不都合だらけなものであるなら、未開状態から出た人間がかような法律状態を通過せず、平等社会をただちに実現することはできなかったのか。ドン・デシャンによれば、それは明らかに不可能だった。たしかに、「未開状態から出る時にわれわれがもし真実から出発していたら、われわれの歩みも真実の帰結となって、法も犯罪も一切存在しなかったろう」(313)と言われたが、現実にはそうならなかった。理由は第一に、未開状態から法律状態への移行には、形成された権力により同一社会内での抗争が抑止されたこと、身体的に弱い者が強い者に虐げられずに済んだこと等々、個々人の安全と福利にとってそれなりの利点があり、法律状態はその当時の人間たちにとってけっして悪いものではなかったからである。そのため、人間たちはひたすら、新たに形成されたこの法律状態を強化したのだとされた。「社会状態は始めから立てかたがまずかったが、人間たちはそのことを知らず、社会状態をいいものと思っていた。この状態はわれわれには涸れることなき悪の泉だが、当時の人間にはそうではなかったからである。だから最初にした思索からも、この状態を強化できるもの、支配の土台となれ所有を聖別できるものしか引き出せなかった。そこから、神の法が人間の法の支えとしてやって来た。そして、ともに欠陥だらけなこの二つの始まりかたから、過去・現在に存在するありとあらゆる人間の法とありとあらゆる宗教が生まれ、そういうものがわれわれの習俗の内にこれほど途方もない多様性を持ち込んでいる」(313)。また第二の理由は、平等社会を実現するにはそれを根拠づける形而上学的真理を知らねばならず、また同時に、法律状態の悪弊を人々が実感せねばならないが、それらは二つながら法律状態の結果として初めて得られる認識で、未開状態から出たばかりの人間がそれを持つことなどありえなかったからである。法律状態の悪弊については言うまでもないから、形而上学的真理についての説明だけを見ることにしよう。即ち、「未開状態の人間はほかのあらゆる動物と同じく、どうしても形而上学的なものより物理的なものに、対象一般より対象個々に忙殺されていました。つまり、欲望を充たし生命と福利を保証する一時的な手段の方が、そういうすべての手段を決定的に容易にしうる唯一で永続的な手段より大きな関心事でした。唯一で永続的なその手段とは何だったでしょうか。事物の力も完成もそれの完全な団結と完全な平等にほかならず、したがって人間たちも、自らの安全、自らの福利、互いに対する、また他の種〔の動物〕に対する自らの力のために、相互の間の平等によって、あらゆる財貨の共有によって団結を可能なかぎり完全にせねばならない、つまり自らの社会状態を、私たちがたえずするように別の社会状態を望むことなどたえてないようなものにせねばならないという深く掘り下げた認識こそがそれでした。健全な形而上学のみが与えうるこの認識から出発……して同類たちとの団結にそういう土台を持たせるためには、どうしても事物の根底につき、形而上学の対象につき未開状態の人間が深く思索したのでなくてはなりませんでしたが、その後の人間たちにとって不幸なことに、そのような思索は人間たちがともに作った社会の結果でしかありえませんでした。そこからどういうことが起こったでしょうか。以下のようなことです。現在の瞬間と当面の必要に追われた人間は、始めに、熟慮反省を経ない社会を作ってしまったのです。社会というものが持てる堅固な唯一の土台、真なる唯一の裁可、つまり形而上学的真理を欠いた以上どうしても不完全な欠陥品であるような社会を形成してしまったのです」(556-557)。要するに、「事物の根底と可能なかぎり最善の社会状態をわれわれが思索するようになれたのも、もっぱら、われわれの不合理な考えかたと偽りの習俗のせいだった」(313)、「人間は社会状態の最良の形を社会状態の中でしか認識できなかったのですし、したがって、社会状態は形成された瞬間にはどうしても不完全でしたから、その結果、人間は欠陥のある社会を通ってしか道理に適った社会まで来られませんでした」(561)ということになる。

　これらの発言では明らかに、法律状態そのものの歴史的推移が暗黙の前提をなしていた。未開状態から出たばかりの人間が法律状態への移行を歓迎したのは、こうした形成期には法律状態の悪弊もまださほどでなかったからに相違ないし、現にドン・デシャン自身も、法を病気にたとえつつ、「この病気も始めは今ほどひどくなかったのですが、だんだん悪化し慢性化する一方でした」(557)と、法律状態の悪弊が時とともに募っていったことを述べていた。一般に、習俗が純朴で未開状態に近ければ近いほど、同じ法律状態でも人間に課せられる軛は相対的に軽く、人間の幸福度はそれだけ優るとされていたことは、たとえばカナダのヒューロン人やアフリカ南東部のカフィール人はいわゆる「文明人」よりもはるかに幸福と考えられていたことからも分る。もちろんそれには裏があり、かような民族は法律状態から脱する必要を文明人ほど感じておらず、また、脱するために必要な手段も欠くから、未来に展望される平等社会との距離は実は文明人以上に大きいともされたが、それは幸福の度合とはおのずから別の問題である。利点が即欠点、欠点が即利点となる、いかにもドン・デシャンらしい屈折した論理を立てたそのくだりをともかく見よう。「われわれが〈未開〉と呼ぶ諸民族の社会状態も、またわれわれの社会状態も、二つながらに欠陥を抱えているが、欠陥はわれわれの社会状態の方が彼らのより格段に大きい。それはわれわれが陥ったありとあらゆる行き過ぎのせいで、われわれが彼らの文明化を試みて成功したら、同じ行き過ぎに彼らも連れて行かれて非常な不幸に遭うだろう。それなら、ああいう民族の社会段階をこれほど過度に越えてしまったことでわれわれが果たして得したかどうか御判断願いたい。未開状態から文明化された今の社会状態へ来るまでの道のりの中で、われわれもかつてはああいう民族に似ていたのである。ヒューロン人やカフィール人のような民族は、習律状態との隔たりがわれわれより多いと同時に少ないが、われわれより隔たりが少ないからこそ隔たりが多いのである。それは、われわれがそれらの民族より隔たりが多いからこそ隔たりが少なく、習俗の純朴さと無知の安らぎの中でそれらの民族が持てるより千倍も多くの必要と到達手段を持って、彼ら以上に習律状態を志向するのと変わりない。それらの民族がわれわれの目に未開に見えるのは、われわれの技芸や学問を修めていないから、つまり、われわれほど途方もなく未開状態から隔たっていないからにすぎない。しかしそれらの民族にしても、こんなに未開状態から隔たったら、所有と不平等という欠陥をわれわれほど行き過ぎた程度まで推し進めずに済んだろうか。したがって、今なめるより千倍も多くの禍を背負《しょ》い込まずに済んだろうか。われわれはそれらの民族を馬鹿にするけれども、彼らの状態がわれわれの状態より不合理な度合がずっと少ないのは事実である。しかし、自分の国の農民をもわれわれはそれ以上に大目に見るだろうか」(306)。この発言は、「われわれの文明状態の狂気のすべて、おぞましさのすべてを痛感したら、それらの民族の誰かがわれわれの間で暮らした末、次にわれわれと訣別して元の民族へ戻るのに拍手を送らない者が、またわれわれの誰かがそれらの民族の習俗に馴染んでそれを守るのを非難する者が、われわれの間に一人でもいるだろうか」(307)という結びの激しい言葉へと続くが、語調の強弱は別として、文明の発達過程を人間の徳性や幸福の下落過程とみなすこのような考え自体は、ルソーの『学問芸術論』を思い起こすまでもなく、当時さして珍しいものではなかった。文書群「井戸の底から引き出した真理」に収められる「男女からなる或る個人的集まりでした講演　学問・技芸・才能は人間たちに有害以上に有益かという問題について」などは、まさにルソー以来はやりの論題をめぐるもので、「習律状態」の展望を除けば、その主張は基本的にルソーのそれと変わりなかった。

言うまでもなく、法律状態が最も高度に発展した「文明状態」は、この下落過程の終着点で、いわば人間が堕ちる所まで堕ちた状態だった。この言葉が指すのは、「文明国」と呼ばれる当時のヨーロッパ諸国の状態にほかならない。

文明状態の現状を描くドン・デシャンの筆致は文字どおり黒一色だった。典型的なのは、「道徳考」第一部第九節冒頭のくだりで、そこでは、「禍々《まが》しい土牢の中で／互いに助け合えるのに、互いに死闘を演じ合い、／縛られた鎖で闘う、そんな徒刑囚を見る思いがする」というヴォルテールの詩の一節を中に挟みつつ、次のように言われていた。「われわれがいるような社会状態とは、なんと恐ろしい状態であろう！　互いに暴虐を揮いやすいように、互いに喉を掻き切りやすいようにわれわれを互いに近づけるにすぎない団結とは、なんと不実な団結であろう！　そんな団結しかないために、地球の表面は盗賊行為の舞台と化した。……舞台は人間の血で一面染まり、同類ほど恐れるべきものはないという酷《むご》い立場にわれわれを日ごと立たせる。不幸な社会状態が背負《しょ》い込ませる精神的・肉体的なあらゆる禍、あらゆる苦労を通じて、たしかになにがしかの福利は得られ、後段で示すとおりそれはそうでしかありえないが、それらの福利も禍をますます強く感じさせ、享受できるはずの連続した福という仕合わせから自分がいかに隔たるかをいっそう痛感させるほか何の役に立とう。そういう福利をいくら持て囃しても、われわれは分別をはたらかせて自分の生涯を顧みる時、こんな人生を二度と送りたくない、生まれた甲斐がなかったと思う根拠があることに変わりはない」(302)。同じく第十五節の「法律状態が全盛期を迎えて以来、われわれは鎖につながれた漕役囚にも譬えられる。お互い同士辛い漕行を余儀なくさせ合い、しかも同時に、頭上にいつも振り上げられた棍棒によってそれを余儀なくさせられている、そんな漕役囚の群である。われわれが歩むのは王たちの棍棒の下だが、多くの面で王たちもわれわれの棍棒の下を歩んでいる」(312)という言葉も同一線上にあった。要するに、「われわれの社会状態〔は〕人間に可能なあらゆる状態の中で最悪」(307)のものなのであり、「文明諸国民の習俗は今あるよりも、数千年来あったよりも悪くはなれない」(310)、「法は個別的には、悪さの度合が相対的に少ない個々の習俗も常に作ってきたし、今も作っているとはいえ、長い目で見ると一般的には可能なかぎり最悪の習俗を作り出した」(310)のである。容易に見て取れるように、この「可能なかぎり最悪の習俗」という言葉は、かつてライプニッツが言った、この世界は「可能なかぎり最善の世界」だというテーゼを逆転させたものだった。ライプニッツの裏返しはそれだけではない。『弁神論』(一七一〇年)の哲学者は、人間世界を総体として見れば物理的悪も道徳的悪も物理的善、道徳的善をはるかに上回るというピエール・ベール(一六四七—一七〇六)の主張へのアンチテーゼとして、世界の全体においても人間個々の生活においても善の総量は悪の総量を上回り、だからこそ、いかに不幸な者も死ぬのを恐れ生に執着するのだと言っていた。以来、悪の総量は逆に善の総量を上回ることを数学的に証明しようとしたモーペルテュイ(一六九八—一七五九)一七四九年の『道徳哲学試論』)や、善の総量と悪の総量は厳密に均衡するとしたロビネ(一七三五—一八二〇)。一七六一年の『自然について』第一巻)などによって、善悪の総量をめぐる論議がさかんに行なわれたが、ドン・デシャンはこの問題でもライプニッツのテーゼを逆転させて、法律状態のもとでは、つまり現行世界では悪の総量が善の総量をはるかに上回るから、健全な判断力を持つならば、人は死を恐れるどころか、逆に死を願うはずだとした。「少しでも頭をはたらかせれば同意しない人はどこにもいないが、人間たちの社会は誰ひとり安全ではない森のようなもので、そこでは一般に悪の総量が善の総量よりはるかに上回り、したがって本来ならば、善の総量が悪の総量よりはるかに上回る状態では生が死よりも好まれるのと同程度に、そこでは死が生よりも好まれるはずなのである」(321)という発言がそれである。「真理をめぐる我らの哲学者の何人かへの工作」の中にその記録がある、ドン・デシャンとイヴォン師とダルジャンソン侯爵夫人との三者討論で、侯爵夫人がドン・デシャンのこういう現状認識を「首をくくりたくなるようなもの」(509)と評したのは、そこにこめられたいささかの揶揄も含めて誠に正鵠を射た批評だった。

ラディカルな改革を説く者の現状認識が、あるいは現状認識を表現するレトリックが、強度にペシミスティックなものとなるのは時代も洋の東西も問わないから、その後の歴史の中で同種のものに夥しく接してきたわれわれには、ドン・デシャンの描くこの暗黒の画幅に今さら驚く理由もないし、その一面性をあげつらう理由もないが、ただ、かような現状認識を導き出すその論理だけは明確にしておかねばならない。すでに再三見たように、ドン・デシャンによれば「全一体」の内ではすべてのものが必ず不均等に配分されるから、法律状態が不平等と所有に基づく「欠陥状態」だとしても、その内部には必然的に「悪さ」の度合の多い少ないがあり、相対的に他より幸福な者も不幸な者も存在せざるをえなかった。だからこそ、「法は個別的には、悪さの度合が相対的に少ない個々の習俗も常に作ってきたし、今も作っている」(310)のであり、「われわれの間には法律状態による不幸の度合が他より少ない者もいる」(310)のである。「欠陥状態」という法律状態の本質と、その状態の内にも必然的にある悪さや不幸の多少との関係は、ドン・デシャンの自然認識の内ですでに見た、諸存在の一般的・形而上学的「基調」と、その上に浮かぶ個別的・物理的な「色合い」との関係に等しかった。個別的・物理的な「色合い」を単なる表層的な現象とみなし、すべての存在を一般的・形而上学的な「基調」に還元することでドン・デシャンの「真の体系」が組み立てられていたように、ドン・デシャンの社会理論もまた、個別的には必ず常に存在する悪や不幸の相対的な多少ではなく、それらをすべて包含する法律状態の一般的本質へ遡ることでもっぱら組み立てられたのである。一言で言えば、それは徹底した本質還元論だった。「法の支配下では、ここはあそこより悪の度合が少ないということはあっても、一切合財が悪なのである」(310–311)という言葉が、そのことを何よりもよく示している。

「道徳考」の第一部が主としてそれに充てられる政治批判が著しく具体性を欠くことも、この本質還元論に起因していた。法律状態のもとにある文明諸国の統治の仕組み、社会構造、諸階層の布置と力関係等々、およそ政治学の主題たるべき諸問題に、ドン・デシャンは全く興味を示さなかった。それらは所詮表層的なことで、「基調」である不平等と所有が呈するただの「色合い」、現象と考えられていたのであろう。文明状態における社会の一般的な構造については、君主の下に聖職者と軍人という二つの基幹的な身分があって、前者は「天」、後者は「国防」という名目をそれぞれ欺瞞的に掲げつつ、実際には人民に対する精神的強制と物理的強制の装置としてもっぱら君主を支え、この二つの身分に次いで、法官・金融家など君主権に依存する他の身分が続き、農民・職人など真に有用な身分は最低の地位に置かれるという、第三節の以下のようなくだりで述べられていたに止まる。「主権との関係で言うと、兵隊と司祭の外見上の違いは、司祭が君主を自分の臣民から守り、兵隊が君主を近隣諸国から守ることにある。だが、重ねて言えば、兵隊が君主を近隣諸国から守るような立場にあって、もっぱらそのためにあるかのように見えるのも、実は君主を自分の臣民から守るためにすぎない。こうして、兵隊も司祭と同じく実際は君主を自分の臣民から守っている。だから兵隊についても、見かけに基づく不適当な言いかたでなければ、国防のためにのみ、民の安全のためにのみ存在するなどともう言ってはならず、教会〔聖職者〕も剣〔軍人〕も実際は同じ役をする二つの身分としかもはやみなすべきではなくなる。同じ役とはつまり、自分の臣民に対抗する、したがって教会と剣自体にも対抗する君主の力を作りなすことだ。……教会は、無知で隷属した人間の心情と精神を隷従させるためにあるというその武器の性質上、王座を守る軍隊の筆頭にある。体しか隷従させられない剣は第二位にある。兵隊は同僚の司祭に一歩譲るべきで、君主は司祭を第一に保護せねばならない。司祭も兵隊も実際には君主への御奉公という同じ仕事しかしておらず、聖職に入るのも軍隊に入るのも王に仕えるためである。……天というのは教会が君主に仕えるための仮面で、民の防衛というのは君主が剣に仕えられるための仮面である。人間たちにとってはあらゆる仮面の内で最も重要なこの二つの仮面こそが、民衆に対する教会と剣の力を作ると同時に、君主が自分の主たる力をこの二つの身分から引き出すようにし、この両身分が他の人工的身分より前を歩くようにする。他の人工的身分とは、法服〔法官〕や金融といった、この二つと同様に主権によってしか、われわれの法律状態によってしか存在しない身分である。君主という身分はそれ自体が人工的な身分だから、そこからどうしても、羊飼い・農夫・職人といった本当に役に立ち、道理に適った社会状態ではそれだけが存在するはずの身分は、ほかのあらゆる人工的身分の後しか歩むべきでなく、すべての身分の内で最低の、最も卑しい身分でなくてはならない。われわれのたわけた習俗の内では事実そうである」(292-293)。付随的に言えば、軍隊をもっぱら人民に対抗する「暴力装置」として一元的に理解するかような見かたは、その後豊かな未来を持つはずだったが、「国防」という目的を「仮面」とまで言い切った者は少なかった。

君主制、貴族制、民主制のどれが最良かという、遠くはアリストテレス以来、近くはモンテスキュー以来政治学の定番となっていた政体の優劣論にドン・デシャンが全く無関心なのも同じ理由から来た。「君主制的、貴族制的、民主制的統治などの内、どれがいちばんいいか」ということは「本質的に切りがなく、切りがないこと自体でくだらぬことを証明している」(36)問題だとして、「文明状態では、そのもとにいればほかの政体のもとにいるより人間たちが仕合わせだと断定することに道理があるような政体はありえません。少なくとも、自分の政体を手放してそれを採用するように国民を持ってゆくことに道理があるほど、それの持続を望むべきであるような政体はありえません」(37)とドン・デシャンは言い切った。こういう非本質的な問題については、生まれた国の政体を守っているのが最善で、むやみにそれを変えたがるのは野心か慢心か落ち着きのなさのせいであり、かりに変えても遠からずそれを後悔するのが落ちだとした(36、10)。ルソーの『社会契約論』を論評するに際しても、ルソーがそこでした政体論に彼は一切言及しようとしなかった(625)。彼にとって必要なのは、文明状態を「習律状態」に変えることにより不平等と所有を根こそぎ廃絶することであって、文明状態の内部でただ政体のみをいじる小手先の改革などではなかったのである。

だが、光は闇の底からのみ射す。法律状態、とりわけそれの最終段階である文明状態がいかに暗黒なものであろうと、この状態には一つだけ救いが、かけがえのない利点があるとされた。それは、この状態のみがより良い社会への移行の可能性を与えるということである。公刊された『……理性の声』の或る註は、未開状態と法律状態との優劣論という文脈の中で、法律状態は未開状態より優るという判断が「真実なのは、法律状態のみがわれわれを自然法状態〔習律状態〕へ導いて行けるかぎりでしかありません。それがなければ法律状態は異論の余地なく未開状態より悪いはずで、とりわけ文明人にはそうだからです」(66)と言ったが、晩年の手稿「展開された真理の鎖」の或る個所は、同じ文脈の中でとはいえ、このことをさらに明確な形で述べた。そこでは、法律状態は「それ以上忌わしいものはありえぬような社会状態」であるとした上で、「こういう社会状態にくらべれば、人間たちの最初の寄り集まり〔未開状態〕の方があらゆる点で好ましいものであろう」(133)としつつも、それに以下のような但し書が付けられていたからである。「但し、人間たちがこの社会状態によって、つまり、この社会状態が感じさせるより良い状態を考える必要によって、この社会状態によってしか持てなかったものを持たなかったならばである。それは即ち、こんな社会状態から脱して道理に適った社会状態へ移るという希望で、これは人間たちが思うほど絵空事ではない。この道理に適った社会状態を私は〈習律状態〉または平等状態、ないし真の道徳的自然法状態と呼ぶけれども、これは異論の余地なく未開状態より好ましいものである」(133―134)。

より良い社会へのこの移行を可能にする条件には、積極的なものと消極的なものとがあった。消極的な条件とは、前掲の引用文で「この社会状態が感じさせるより良い状態を考える必要」と言われたもので、要は、法律状態の諸種の不都合が広く人々に自覚され、人々がこの状態に倦み、それからの脱却を希求することである。神と人間の法のみが「熟慮反省の尽きせぬ源となるその不合理とその様々な不都合によって、われわれを……真理へ導いて行けた」(200)という言葉はそのことを言っていた。法律状態の諸悪を実際に経験せぬかぎり、それからの脱却を人々が希望することもありえないから、この消極的条件はもともと自明のものと言ってよい。

積極的な条件とは、法律状態に代るべきより良い社会、ドン・デシャンの用語を使えば「習律状態」の組織原理と見取図が明瞭な形で示され、法律状態からの脱却という漠たる希望に明確且つ具体的な展望を与えることだった。その作業は、「道徳的真理」とそれを根拠づける「形而上学的真理」の提示を通じ、それらの持つ二重の明証性の力によって行なわれるとされていた。「形而上学的・道徳的な明証性だけが、法律状態を習律状態に変えられるでしょう」(97)と言われ、「真理が存在しない時は、社会生活をする人間には人間的・神的法律状態が存在するのは必然だった。真理が存在するためには、その状態が必要だったし、その状態だけが真理へ導くことができた。……真理とそれの帰結である習律状態まで人間が来ることは、間違った様々な説や、法律状態の巨大で無数の不都合が必然的に促すはずの思索によるほか不可能だった。……真理と、一切の法、一切の不都合を排除する習律状態まで人間が来ることは今言った思索によるほかできなかったから、したがって、無知がどうしても知に先立たざるをえなかった。偽りの習俗と、その習俗からしか与えられない諸々の技術……からわれわれは出発せざるをえなかった。人間の法による隷属から来る無理な状態に置かれなければ、その状態から脱却することも、初源的〔形而上学的〕真理とそこから来る道徳的真理を手にすることもできなかった」(136–137)と言われたのもそのためである。要するに、より良い社会への移行を可能にするための条件は、消極的なものであれ積極的なものであれ、法律状態とその最終段階たる文明状態によってしか与えられなかったことになる。

この引用文で「真理」または「初源的真理」と呼ばれるものがドン・デシャンの立てた形而上学的な「真の体系」を指し、「道徳的真理」と呼ばれるものが「真の体系」の帰結とされる道徳原理を指すことは言うまでもないが、前段でいずれもすでに見た「形而上学的真理」と「道徳的真理」の内容を思い起こせば、以上のことはいっそう明瞭になるだろう。「道徳的真理」と呼ばれる平等社会の組織原理は一言で言えば「道徳的自然法」であり、これは「習律状態」が時として「自然法状態」、「道徳的自然法状態」と言い換えられることからも明らかだったが、「習律状態」でこそ余すところなく万人に実践されるというこの「道徳的自然法」とは、「人間はみな兄弟であれ」、「皆が平等に暮らし、平等に楽しめ」、「何物も私するな」、「自分がされたくないことは他人《ひと》にもするな」等々の内容からなり、キリスト教道徳に含まれる良質の部分として抽象的には（あくまでも）説教壇上から日々説かれ、初代のキリスト教徒や各修道会の創始者たちが或る程度まで実行すらしたものである。現実には、不平等と所有を根幹とする法律状態のもとで、宗教がもっぱらこの状態の支えとしてのみ存在する以上、「道徳的自然法」の十全な実践は所詮望むべくもないが、かような「自然法」が人間たちに提示されるのが「宗教の道徳」を通じてであることに変わりはない。宗教はもちろん法律状態の所産であるから、「人間たちは法律状態によってのみ自然法を認識することも、それを或る程度まで実践して、十全な実践を目指すこともできたのです」(62)、「自然法を人間たちが認識し希望するようにさせえたのは法律状態だけだったのです」(62)と言われた所以もそこにあった。「道徳的真理」を導き出すべき彼の言う「形而上学的真理」が、それ自体としては真実である「宗教の形而上学」を、「人格神」的不純物を除去することで純化したものと考えられていたこともすでに十分見たとおりである。このように、ドン・デシャンの掲げる「形而上学的真理」も「道徳的真理」も、二つながらに、法律状態が生みだした宗教を直接の母胎とし、この宗教に含まれる良質な要素を発展させた一種の完成態と目されたから、法律状態があってこそ、それらは初めて存在しえたものだった。もちろん、この「完成」は同時に宗教の徹底的な「破壊」であり、未来に構想される「習律状態」は史上初めて実現される「神なき社会」、「無神論者の社会」となるはずだったが。

いずれにせよ、本質的に「欠陥状態」でその中ではすべてが悪とみなされた法律状態、とりわけそれの悪弊が極まった文明状態は、にもかかわらず、というよりはそれゆえにこそ、自らを決定的に廃棄する「革命」の芽を内に宿しているのだとされた。闇が最も深まる時こそ暁は近く、矛盾の極限化が同時に矛盾の克服を可能にすると考える、以後の歴史に数知れずその実例が現われる思考の型を、ここに見て取るのはたやすいだろう。

「革命」という語は訳者が勝手に使ったのではなく、ドン・デシャンが自ら用いたものである。だが、彼の言う革命とは、基本的には別の革命を防止する一種の「予防革命」ないしは「対抗革命」で、革命に脅かされる現下の危機を打開する方策とされていた。

十八世紀後半、とりわけ一七七〇年代以後、それから二十年も経ぬうちに勃発する大革命の動乱がどのような人々に、またどのようなものとして予感されていたかを精査するのは難しい。ただ、間近に迫る大動乱を当時正しく感じ取っていた者が、時の進歩派である啓蒙思想家の陣営よりも、むしろ保守的な反啓蒙派の陣営に多かったのは自然であった。黙示録的な大動乱の予感とそれへの恐怖は「反啓蒙」の逆説的思想家ランゲ(一七三六―九四)などにひときわ強く見られたものだが、「右」からにせよ「左」からにせよいずれにしろ啓蒙思想への批判者・反対者だったドン・デシャンにも明らかに同様の予感があった。

迫り来るその革命の具体像についてドン・デシャンの考えは必ずしも一定してはいなかったが、ただ唯一不変なのは、宗教と統治、とりわけ前者に浴びせる「哲学者」らの激しい攻撃が革命を招来する元凶と目されていたことだった。「宗教においても統治においても最も嘆かわしい革命へとすべては向かって〔いる〕」(7)、「慧眼な人なら誰もが、宗教と習俗の面でも統治の面でもわれわれが今日革命に脅かされていることをいささかも疑いません。大衆は勘づいていませんが、その革命の主たる源は間違いなく現下の哲学的精神にあるでしょうし、また、その革命は異端をきっかけにした革命でもやれないほど多くの害を及ぼし、はるかに大きな激動を招くおそれがあります」(73)、「哲学的と言うより破壊的と言った方がはるかによいあの精神〔時代精神〕……がおのれの本性自体からしても、私たちを連れて行こうとする大変動の連続からしても、遂にはあらゆるものを覆すところまで行かざるをえないというのが、私たちにとっては全く自明なはず」(8)など、「間近に迫る革命」(73)を語ったドン・デシャンの言葉は少なくない。当時政府が進めていた僧院の統廃合政策すら、この革命の序曲とみなされていたほどだった(73–74)。

すでに見たとおり、「神の法」即ち宗教は「人間の法」即ち世俗的統治を支える不可欠の支柱で、宗教が倒れれば統治は立ち行かなくなるというのがドン・デシャンの不動の前提だったから、人間たちを相互につなぐ宗教の絆がなくなれば統治も倒れ、統治によってのみ一つのまとまりをなす社会状態もおのずと自壊せざるをえないという結論がそこから引き出されたのは自然であった。宗教がなければ「人間たちが地上で散り散りになって獣のような暮らしをするほかない」(16)と言われていたのは、明らかに社会の解体を述べたものだった。獣のような生活に戻るのは一見、未開状態への逆行であるかのようだが、未開状態から法律状態へという歴史の歩みは本来不可逆的なものだから、かような退化も厳密には未開状態への回帰ではない。法律状態の本質をなす支配と隷属、法的強制、またその土台をなす「強い者勝ち」の原則は一度獲得されたからにはけっして失われないから、革命がもたらすのは実は未開状態の再現ではなく（未開状態は法律状態より優るとされている以上、未開状態の再現は人間にとってむしろ仕合わせなはずである）、「強い者勝ち」の原則が法による歯止めを失って無際限に貫徹される「法律状態の内での未開状態」、つまりは最悪の無政府状態であろう。社会という箍が外れて人間たちが未開状態の単なる「寄り集まり」に解消されるというこのような革命観は、ランゲなどが思い描いた黙示録的な大動乱に近かった。

だが、その一方でドン・デシャンには、「哲学者」らの宗教批判、統治批判は法律状態という事の本質にまでは及ばないから、彼らが惹き起こす革命によっても不平等と所有を根幹とする法律状態そのものはなくならず、革命は結局、宗教と統治の単なる手直しに止まるだろうという、およそ黙示録とは程遠い、しごく限定的な見通しもあった。それを述べているのは次のようなくだりであろう。「今風靡するような哲学〔啓蒙思想〕は、宗教や習俗や統治の内に革命を惹き起こすことはたしかにできるが、その半啓蒙を以てしてはそれ以上のことは何もできない。無益であるとともに危険なものとして常に避けるべきその革命も、神的・人間的法律状態が存続して、その状態に起因する道徳的悪が色合いこそ違え同じ力を持って存在するのを妨げないはずであるから」[109]。この見通しにこめられた批判は、その後の歴史の中で「革命」派が「改良主義」にたえず浴びせ続けた批判とほぼ同質のものだった。

もともと啓蒙思想家の宗教攻撃に対するドン・デシャンの批判には、それを破壊一方のものとして糾弾するという側面と、それを「半啓蒙」と嘲ってその不徹底さを衝くという側面との二つがあり、ドン・デシャンの内部ではそれらがけっして矛盾するものではなかったことを先に述べたが、このような二つの異なる革命像も明らかにこれら二つの側面から発していた。第一の黙示録的な革命像は「啓蒙」の破壊性に対する攻撃の、第二の非黙示録的な革命像は「啓蒙」の不徹底さに対する攻撃の、それぞれ系をなしていたのである。

何をもたらすにせよ、いずれにしろ有害無益なこの革命を、神的・人間的法律状態を全面的に廃棄するより根底的な別種の革命によって予防し乗り越えるということが、ドン・デシャンの基本的な戦略だった。おのれの行なうことが結果的に革命になると彼が自ら認めたのはその個所である。即ち、「真理が人間たちに与えられると、それが革命を惹き起こすかもしれませんが、その革命はわれわれわれを脅かす革命を防いでくれるでしょうし、その時は絶大な善が大きな悪を回避することになるでしょう。この仕合わせな革命は一挙には起これませんが、真理が開示されて次から次へ人々に承認されてゆけば、人心はそれへと向かい、別の革命など望まなくなるでしょう」(270)。そして、「真理の認識」からは「宗教の破壊という必要不可欠な最初の変化」が「必然的に生じ」、「この破壊」が数多の「破壊を引き連れ」(283)てくるという言葉からは、この革命がまず宗教を廃絶する宗教革命として遂行され、次には、人間的法律状態を廃棄して完全な平等社会を実現する社会革命へ進むという道筋が脳裡に描かれていたことが分る。

五　ドン・デシャンの社会構想

1　形而上学的真理から道徳的真理へ

ドン・デシャンの社会理論が何から発想されたかは、実のところ明瞭でない。フランス中西部の寒村に住み、とりわけ下層の農民たちと強いつながりがあったらしいこの修道士が、自らの社会理論を創出するに当たっても、日々の経験の範囲内にあった伝統的な農村共同体のありかたなどから少なからぬ示唆を受けたであろうことは想像に難くないけれども、その点を実証的に跡づけることは今のところ不可能に近い。ただ、発想の源はともかく、彼の社会理論の最大の特徴をなし、同時代の他の思想家たちに類例を見ぬ際立った独自性をそれに付与していたものは、その理論が「初源的真理」、「真の体系」などと呼ばれる彼のきわめて個性的な形而上学から直接演繹されたものとして叙述されていたことだった。一般に、社会理論のみならず、それに基づく社会のありかたも本来自立したものではなく、それらは必ずなんらかの形而上学に依存するというのは彼の持論で、それは「習俗の唯一堅固な土台は健全な形而上学であり、真の教義である」(443)、「良いもの、道理に適ったものであるのを論証できる唯一の道徳とは、真の形而上学的原理から出てくる道徳である」(447)などの言葉でたえず言われたものである。その他、「道徳的真理は形而上学的真理の帰結である」、「〈習律状態〉は〈真の体系〉により裁可される」等々の発言が至る所で文字どおり飽くこともなく繰り返されたことは、ドン・デシャンがその点をいかに重視したかを物語っている。それの背景に、「神」なる普遍的・形而上学的存在に「人格神」という物理的・道徳的性格を付与する宗教の「偽りの形而上学」が、法律状態なる「偽りの社会状態」を裁可し支えているという現状認識があったことは更めて言うまでもない。「偽りの形而上学」を打破する「真の体系」はすでに確立されたから、次に必要なのは、その「健全な形而上学」の帰結として、法律状態に代る新たな「習律状態」の組織原理を導き出すことであった。

ここで復習しておけば、ドン・デシャンの「真の体系」とは、自然・宇宙の全体を意味する普遍的な「全一体」と、「実在」のそれとは異なる相をなす「全一者」という二つの概念を軸とするものだった。この二つの内、「それ自体としての実在」である「全一者」は個別の諸存在とはなんの関係性も持たないから、人間という個別存在に関わる道徳の場では全く不毛なものとしてこの際考慮の外に置いてよいが、自らの部分である諸存在との関係性によってのみ在るもう一方の「全一体」は、自らを構成する諸存在の統一体、完成態として、諸存在が等しく志向する普遍的な中心とされ、それの内部ではあらゆるものがつながり合って一体をなし、またあらゆるものが形而上学的「基調」においては同一物だとされていた。さて、道徳とはむろん宇宙にある諸存在のすべてに関わるものではなく、それが問題たりうるのは社会を作った諸動物、とりわけ人間に限られるが、人間が作るその社会は可能なかぎり普遍的な「全一体」の似姿となることで、また、社会における人間相互の関係性のありかたも「全一体」内部における諸存在相互の関係性のありかたを可能なかぎり模すことで、それぞれ完成点に達するのだとされた。宇宙にある諸存在が普遍的中心である「全一体」を志向するように、社会を作る人間もまずは個別的全体であるその社会を愛し、それを通じて普遍的全体である「全一体」を愛さねばならない、「全一体」の中ではあらゆる存在が一体をなすから、社会を作る人間も相互に一体とならねばならない、「全一体」の内の諸存在は本質的にはみな同一物で、相互の間にいかなる区別もないから、社会を作る人間の間にも男女の違い、年齢の違いなどの生物学的差異を除いていかなる相違もあるべきでなく、全員が完全に平等であらねばならない、等々の帰結が形而上学的真理から導き出される道徳的真理として立てられ、それが即、未来に実現される「習律状態」の組織原理となるとされた。要点だけを平易にまとめれば、形而上学から道徳・社会理論への論結は以上のような形で行なわれたのである。一言で言えば、彼の言う道徳的真理とは、形而上学的真理を「全一体」という普遍的全体から人間社会という個別的全体へ転写したようなものだった。

形而上学から道徳・社会理論へのこの論結は、ドン・デシャンにとってもきわめて重要な理論的結節点をなすもので、一七七二年に彼がイヴォン師のため「四つのテーゼにまとめた形而上学的・道徳的な謎のこころの要約」を著わした際も、その第三のテーゼはこの問題に充てられていた。それは、「形而上学的な唯一の存在、唯一の原理、唯一の真理である普遍的〈全体〔全一体〕〉は道徳的真理を与え、この真理は常に形而上学的真理を支え、またそれに支えられる」(151)というテーゼ自体を、「普遍的〈全体〔全一体〕〉が形而上学的な真理または原理であり、関係性の第一の、また真実の対象であるところから、存在するすべての感覚的なものはそれから直接発することになる。またしたがって、人間たちや社会を作る他のあらゆる種が互いの間に持つべき社会的関係性である道徳的〔社会的〕真理もそこから直接発することになる」(151)という言葉で一般的に説明した上で、それをいっそう具体化するため以下のように続けていた。「形而上学的原理が与える道徳的原理は、自分がされたくないことは他人《ひと》にもしないこと、他人を自分の臣下・下僕・奴隷にしないことなどを必然的に帰結とするはずだが、この原理は道徳的〔社会的〕平等ということで、何であれすべての財貨の共有を内に含む。さて、この原理はまさに、われわれの習俗がそれに拠って立つ道徳的〔社会的〕不平等という原理の反対物だし、この不平等という原理が異論の余地なく源となって、その不平等を支えるためにしか存在しない法律状態も、われわれの邪曲、および例外なくあらゆる道徳的悪も生じるのだから、形而上学的原理は道徳的〔社会的〕平等の内に真の道徳原理をわれわれに与えることになる。われわれは今生活する唾棄すべき社会状態から遂に脱したかったら、初源的〔形而上学的〕真理に基づいて首尾一貫したかったら、形而上学的にそうであるように道徳的〔社会的〕にも〈一〉なるものとなり、それぞれが、すべてを自分に帰着させよう、自分が中心であろうとするおのが志向を、もっぱら、同類たちの志向をもはや邪魔せず、それからもはや邪魔されないような共通の志向ならしめねばならない。さて、そういうことは道徳的〔社会的〕平等によってしか起こりえないから、われわれはあの形而上学的平等を、初源的秩序を、したがって健全な社会的理性を原理とするこの道徳的〔社会的〕平等に至らねばならない」(151–152)。

同じことは「形而上学的・道徳的な謎のこころを当代の神学・哲学に適用す」の中でも次のような言葉で述べられ

た。「社会生活をするすべての動物が同類たちと持つべき道徳的な関係性を正しく見るためには、どうしてもその関係性をあらゆる関係性の原理の内で、〈全一体〉の内で見ねばなりません。各存在は〈全一体〉の完成を、個別の諸存在を通じて、とりわけ同じ種のもののような自分に最も類似した諸存在を通じて目指すのです。さて、〈全一体〉は〈一〉なる存在ですから、したがって、同類たちと可能なかぎり最大の関係性を持ち最大の団結をして、〈全一体〉が形而上学の面でそうであるものを道徳の面で再現することが、社会生活をするすべての動物の完成に属します。社会状態が偽りの原理の上に形作られている今日には、以上の原理がとりわけ当てはめられるのは人間たちですが、そこで人間たちにこの原理を当てはめれば、人間たちは自分らを団結させるこの社会の内に、自分にとってこの社会を〈全一体〉の鮮烈な似姿に、知性的団結の、形而上学的像の感覚的な似姿にしうるすべてのものを、つまり社会状態としてこれ以上のものは望めないようにしうるすべてのものを注入すべきだということになります。〈団結ハ力ナリ〉で、形而上学的な統一・団結を源とするこの原理によってこそ、道理に適ったすべての社会状態は存在せねばなりません。今そうでなければ、そうならねばなりません。したがって人間たちは、一人一人が他の者に対して、また、自分らに害を与えたり必要になったりするかもしれぬ〔他の〕様々な種や自然力に対しては全員が、今は僅かしか持たぬ力を十分具えようと思ったら、精神的〔心証的〕な厳密さを以て一体となることを遂に考えなければならないのです」(275)。この一体化のためには社会的平等が必要とされ、またその平等を実現するにはあらゆる財貨の共有が必要とされることはすでに見た。平等と財貨の共有、この二つが即ち、打ち立てらるべき「習律状態」の組織原理であり、それは今ある法律状態の組織原理を完全に逆転させたものだった。

さらに簡略化して言えば、あるべき社会を律する形而上学的自然法とは、一、同類たちとの一体化を目指すこと、二、自己の原理たる「全一体」を愛すること、の二点に帰着するとされた。「社会的人間にとっては、われわれが不適切にも〈自然法〉と約《つづ》めて呼ぶ〈道徳的自然法〉を志向することが、つまり同類たちと一体化しようと目指すことが〈形而上学的自然法〉に属します。同じく、〈全一体〉という自己の原理を愛することも、つまり、たえずそれを

これは「神を愛し、隣人を愛せ」というキリスト教的な道徳律を脱宗教化したものだった。

志向することも、社会的人間にとって〈形而上学的自然法〉に属します」(214-215、58、332)。容易に見て取れるように、

2 移行の問題

法律状態から「習律状態」へ、不平等社会から平等社会への構造的大転換が「革命」の名で呼ばれることに同意したとはいえ、ドン・デシャンが構想したのは、あくまでも無血の、思想による革命、「明証性」による革命だった。「人間たちをこの状態〔法律状態〕から出させるにはただその蒙を啓くだけでよ〔い〕」(280)と言われた。

この革命は自らの発見した形而上学的・道徳的真理が世に弘まることでおのずと達成されるというのがドン・デシャンの確信だったからである。その真理を盛った自らの著作こそ人類を救う唯一の本で、あらゆる学問・技芸がこれまで存在したのも真に必要なこの真理が未発見だったからにすぎない、と彼は固く信じて疑わなかった。「拙作は実際、人類に捧げるべく作られた唯一の本で、……あえて保証しますが、皆さん〔人間たち〕にとって真に本質的な唯一のことについて、この本は皆さんの蒙を啓いてくれるでしょう。時と所を問わないで皆さんの全部に等しく当てはまり、今は不完全にしか社会的でない皆さんを完全に社会的な存在ならしめられる唯一のことについてです」(554)、「この真理がないからこそ、あらゆる雄弁が、あらゆる学殖が、あらゆる典拠が、また真に有用なものからはみ出るあらゆる学問、あらゆる技芸が存在するのである」(111)、「われわれの諸々の書物はただ一冊の本を必要としていた。その一冊とは、それらの書物が余計なもので、自分自身も、自分の手でひとたび人間たちの蒙が啓かれたら余計なものになることを証明するような本だった」(325)等々、自らが発見した「真理」のかけがえのない価値を彼が語った言葉は少なくない。著作を刊行することに彼があれほどこだわったのも、時の有名思想家たちを自らの説に獲得し、その口を通じて「真理」を世に弘めようと異常なまでの努力をしたのも、みなその確信から発したものに相違ないが、片田舎の僧院で多年にわたる辛苦の末、人類の歴史を一挙にして逆転させる救世の理論と考えるものを孤独の内に紡

ぎ出したこの修道士の立ち位置を思えば、この確信を「誇大妄想」と嘲るのは大人気なかろう。

この救世の理論がそれほど絶大な効力を持つと思われたのは、その「真理」が形而上学と道徳（社会理論）の両面で持つとされる明証性のためだった。彼が編み出した形而上学的な「真の体系」は万人が等しく持つ「全一体〔全体〕」と「全一者〔すべて〕」の本有観念をただ展開したものにすぎない以上、人間たちがそれを理解し受けいれる素地は本来あるし、また、この「真の体系」から導き出される平等と財貨の共有という道徳原理が万人にこの上ない利益をもたらすことは自明だから、形而上学的・道徳的真理はもともとすべての人間に受容されるように出来ている、とドン・デシャンは考えていた。「初源的〔形而上学的〕真理と道徳的真理が合体したら、それだけが初源的明証性と、人間たちの最大の利益が持つ明証性とをともにもたらせる。二つの真理が功を奏する可能性は、この二重の明証性から生まれる」(138)と言われたのもそのためである。救世の理論の明証性は文字どおり専制君主にも比せられる無敵の力を持ち、いかなる抵抗をも乗り越えて法律状態を「習律状態」に変えるはずであるとされた。「この明証性は専制君主のようなもので、公表され多少の時さえ与えられればどんな障害にも打ち克つ」(107、152、163)、「明証性は十分に開示されたら、それの持つ専制的な支配力と、人間たちの何より明らかな利益とを同時に味方につけるでしょう」(279)、「われわれの神的・人間的法律状態の存在が真理の明証性に耐えられるなどということに真実味はない」(166)など、「真理」の明証性が持つというまさに圧倒的な力は、手稿の随所に確信的な口調で述べられていた。ドン・デシャンが考えていたのは、当時多くの思想家が期待を寄せた「啓蒙専制君主」の独裁ではなく、非人格的な「思想」そのものが専制君主的な力を揮う「明証性の独裁」とも言うべきものだった。

革命の担い手の問題も、そこからおのずと決定された。理論の明証性はそれ自体いかに強力でも、理解されないかぎり力を発揮できないから、この革命は当然ながら、ドン・デシャンを著作を読んで「真理」を理解する能力のある者、彼の言葉を借りれば「教養人」が主導するものとされた。現代風に言えば「教養人」は「知識人」ということになろうが、彼が考えていたのは必ずしも少数の知的エリートのみではなかった。或る個所で「真理を把握して効果あらしめるように出来ている人間たち」、即ちその革命の担い手が「文人も含めて王侯から財務まで、法律状態から生じた種々の人工的身分を充たしている人間たち」（138）と言い換えられているところを見ると、その「教養人」とはどうやら、王侯、聖職者、軍人（貴族）、法官、金融家、文人等々、広く社会的支配層一般を指していたように思われる。意味範囲はともかくとして、「その明証性がひとたび白日のもとに開示され、それを把握する能力のある教養人たちに公然と議論されたら、それに抵抗しようとしても無駄であろう」（138）という言葉もすでに、この「教養人」の動向が革命の鍵となることを語っていたが、「われわれの中でその〔ドン・デシャンの〕本を人一倍必要とする者は、異論の余地なく教養人です。民衆という部類からはみ出て民衆を支配する人たちです」（280―281）、「私が書いたものを読み、われわれの不合理と諸悪の総体を一目《ひと》で見る能力のある人たちこそ、私がここで賛同を求める相手です。だいたいない、大衆を引っ張って習俗を変えさせられるのも、不合理なもの〔宗教〕に好き勝手に統治され、自分個人の悲惨しかまず目に入らず、それも一つずつ個別にしか見られないあの人間たちの群に手本を示せるのも、そういう人たちでなくて誰でしょうか。しかし、そういう人の賛同を私が求めるまでもありません。明証性には彼らも賛同を拒めませんから」（283）などという発言はそのことをいっそう明瞭に示していた。

さらに加えて、その「教養人」たちは互いに利害が分れ、相互に対立しているからこそ、一致して「真理」に抵抗することはありえず、誰かが音頭を取るまでもなく皆が異口同音に音頭を取り合い、こうしてこぞって「真理」の旗のもとへ馳せ参じるはずだとされた。これは、革命の見通しに関するドン・デシャンの非常識なまでの楽天主義を最もよく示す個所だから、いささか長いがそのくだりを引いておこう。「人間たちを法律状態から習律状態へ移らせられるのは教養人たちの協力だけで、そういう人を全員力を合わせてそれに協力させるため必要なのは、彼らを必ずや圧服する明証性の力でそうする必然性を課すことしかありません。しかし、そういう人は身分も習俗も性格もあまりにもまちまちで、あまりにも互いに切り離されているため、一緒に協力することなどできはしない、と言われるかもしれません。お答えすれば、だからこそ協力するはずなのです。なぜなら、そういう人は〔ばらばらなので〕互いに一致して自分の確信を隠蔽することはありえず、そもそもあらゆる道理に反するそんな一致が生じえない以上、彼らは真理に同意する必然性を互いに課し合い、その真理が自己の明証性によって彼らの全員に必然性を課し、こうして彼らは一緒に協力するはずなのですから。拒否する者がいたとしても、その連中には四方を取り囲む納得した人々に向かって自分の言い分を根拠づける義務がありますが、そんな連中もその言い分も皆が感じる憐みにどうして太刀打ちできましょう。互いに支え合う一次的〔形而上学的〕な明証性と二次的〔道徳的〕な明証性が与える明証性に対しては、一部の人間は抗《さから》えますが、人間たちは抗えません。人間たち（*les* **hommes**）を相手にして、一部の人間（*des* **hommes**）、つまり出来の悪いいくつかの頭など何でしょうか。しかし、習律状態まで来るには誰か一人が音頭を取って他の人を動かさなくてはいけないが、誰が音頭を取ってくれるのか、とさらに言われるかもしれません。〔お答えすれば、〕人間たちは一致して互いに音頭を取り合い、事はおのずと進むのです。またはお望みなら、異口同音に湧き起こる叫びが、すべての口から出る声があまねく音頭を取るのです。その声を呼び起こす誰かが真理には必要でしたが、しかしひとたび呼び起こされたら、その声は十分効果を上げるためもはや自己の明証性しか必要としません」（281-282）。

こうして革命は「教養人」、即ち支配層から発するが、「教養人」たちは大衆を率い、大衆も抵抗することなくそれに従い、結果として変革は全社会に及ぶというのがドン・デシャンの考える道筋だった。農民・職人などの民衆は生活に追われて物を考えず、そもそも字すら読めない者が多いから、あくまでも思想によるこの革命では到底能動的な役割を果たしえず、ただ導かれるがままになる受身な存在とされていた。「それらの教養人は羊に対する羊飼いのように、必ずや背後に大衆を引き連れて行き、大衆ももむろん反抗などしないだろう」（138）、「疑いもなく人間たちの四分の三は、その本を読んでそこに盛られた真理を自力で確信できる立場にはないでしょうが、しかし、食《は》む草をみつけるにはどこへ行くべきか、狼から守られるにはどうすべきかを羊の群が知る必要はありません。羊飼いが知っていれば十分で、この場合羊飼いとは、真理を把握する能力があり、それを実効あらしめることに最も利害関係のある人々です。あとの者は羊に当たりますが、その時ほど羊飼いの声が羊たちによく届くことはないでしょう」(281)などの言葉は、革命の「主体」としてはドン・デシャンが民衆になんの期待も寄せていなかったことを示している。彼の考える革命は徹底した「上からの革命」だった。

ただ、民衆がかように受身な役割しか与えられなかったのは、民衆への蔑視の結果ではなく、主観的にはむしろ羨望の結果だった。そもそも民衆には、革命などほとんど必要ではないのである。革命は法律状態の矛盾を一身に背負い、この状態を耐えがたく感じる人々がそれゆえにこそ起こすもので、「人間たちは概して、役に立つ身分より人工的な身分に属する方が不幸である」(289)以上、人工的な身分に属する支配層、「教養人」こそ革命を必要としているが、一方、習俗が純朴で自然に近く、法律状態の矛盾もさして感じない農民その他の民衆には革命を望むいわれなどほとんどないとされていた。ヒューロン人やカフィール人は習俗の純朴さ故に習律状態に近いが、だからこそ法律状態から脱する必要を痛感せず、結果として逆に習律状態から遠くにあるとされたのと同じ構図が文明国の一般民衆についても考えられていた。またその根底には、もともと心労（精神的苦痛）は飢えや疲労などの身体的苦痛より辛く、支配層に特有の退屈は民衆の過重な労働などより不幸だというドン・デシャンのいささか特異な幸福観があった。「退屈はわれわれの習俗から生まれた暴君である」(318)と言った彼は、だからこそ、「大衆は教養人ほど習俗を変える必要を感じていない。大衆の習俗は教養人の習俗より純朴で、退屈も嫌気もひどい心労もずっと少ないからである」(138)、「今の習俗のせいで味わうにすぎない心労を一切免じてくれるような習俗というのは、人間にとってなんという仕合わせであろう！　そういう心労は下層の民衆や農民よりわれわれがずっと多く味わうもので、こんなにひどく、こんなに夥しく、こんなに強く感じられる以上、われわれが実際には人間たちの中で最も不幸な部類なのになんの疑いも残さぬはずである。……われわれは彼らの生活をできるかぎり辛いものにしているが、それはそれとして、彼らはわれわれほど不幸ではなく、人間たちをそこへ誘《いざな》うのが私の目的である習俗の変更まで来る必要もわれわれほど感じていない」(320)とした。要するに、「民衆に対するわれわれの暴虐によって、民衆の幸福から何が奪い去られているかを私は残らず知っている。だがそのことは別として、法律状態のもとに自分が生まれ変わるとしたら、私は大領主、大親王、大王、または大天才に生まれるより、良き農夫、良き職人、それどころか良き日雇い労働者に生まれたい」(140)と言い切ったドン・デシャンだからこそ、およそ民衆の「革命性」などいささかも信じなかったのである。こうして、農民、職人などの民衆は社会の変革とほとんど無縁の位置に置かれたため、ドン・デシャンの考えるこの根底的な革命は、「教養人」が民衆を先導して行なう「上からの革命」の域をも超えて、実態としては、「教養人」が支配の座から自発的に下りて民衆の一員と化すという、支配層の一人相撲的な「自己革命」にすぎなくなった。

ここまで来れば、身分の不平等と「君のもの」、「私のもの」が「存続しないことは強者や富者の利益でさえある」(558)から、革命の日が到来すれば彼らも権力と富を進んで放棄するだろうとされたことにももはや驚くいわれはないが、ただ、革命のかような性格を端的に物語る極限的な事例として、国王たちのケースにだけは足を止めておこう。

言うまでもなく国王は支配の頂点に立つ者だから、支配層一般と同じく、それどころか他の者以上に実は不幸な存在とされた。彼らが「名だたる不幸者」と呼ばれ、革命によって王政が廃止されるのは国王自身にとっても仕合わせなこととされたのはそのためである。王政の消滅は「王たち自身にとっても、ああいう名だたる不幸者にとってもなんと仕合わせなことか！　善良な農夫でさえ、王の運命を羨んだら間違いだろう」(289)とドン・デシャンは「道徳考」第一部の冒頭で述べたが、後段の第十五節では国王の不幸の原因として臣民への隷属を挙げ、国王と臣民の関係は実際は相互依存で、臣民が国王に従属することは、裏を返せば国王自身が臣民に従属することであるとした。「主僕の弁証法」の先取りとも言えるそのくだりは、「われわれが歩むのは王たちの棍棒の下だが、多くの面で王たちもわれわれの棍棒の下を歩んでいる。自分の棍棒の下にわれわれを歩ますというのは、王たちにとってなんたる境遇、なんたる従属であろう！　王たちが臣民から独立しているというのは見かけで、相互依存が実態なのだ」(312)というもので、この節にはさらに、「王たちは概して、長い目で見れば間違いなく羊飼いより自分の状態に退屈している」(312)という註が付せられていた。退屈が法律状態の不幸の最たるものとされていたことを思い起こそう。それゆえ、革命の暁にはまず王たちに手を差し伸べて退位を促せばよく、王たちもそれを受けいれて自発的に玉座から下りるであろうとされたのは当然だった。「玉座から下りてわれわれと対等になるように、君主たちに手を差し伸べることを始めようではないか。平等状態と今の自分の状態を少しでもくらべてみたら、真理があらんかぎりの明証性を以てひとたび開示されれば拒んでも無駄なことが少しでも分ったら、君主たちもそれを拒みはしないだろう」(343)と言われた。

こうして、法律状態から「習律状態」へ移行するこの根底的な革命は、上は国王から下は末端の小役人まで、支配層、「教養人」の一人一人がこぞって自らの地位を放棄することにより、いかなる流血もなく平和裡に達成されるとされていた。この革命は本質的に何かを獲得するための革命ではなく、逆に喪失のため、自発的放棄のための革命だった。

「習律状態」へのこうした移行の展望が法外ともいうべき楽天主義に彩られていたことは見やすいが、その点を指摘し批判するのはあまりにも安易にすぎよう。むしろ考えるべきは、法律状態での人それぞれの人生は生きる価値すらないというドン・デシャンの極度に悲観的な現状認識と、それとは打って変わった極度に楽観的な変革の展望とは、前者があるが故に後者も生まれ、後者があるが故に前者の暗さにも耐えられるという意味で実は互いに相補的な関係にあり、ラディカルな改革思想にはほとんど常に、一見相矛盾するこの両面が分ちがたく含まれて、それが思想のラディカリスムを作りなすという事実であろう。その後の歴史に登場した数々の革命理論を思い起こせば、そのことは即座に納得されよう。ドン・デシャンのこの移行論は、近現代に続出するラディカルな改革思想の原型のようなものだった。

だが、移行の展望についていかに楽観的なドン・デシャンとはいえ、彼の言う「教養人」の全員が一人の例外もなく、自発的に「真理」を理解し受けいれると思うほど非常識にはなれなかった。「真理」の受容にも人により積極的・消極的の差はあるであろうし、受けいれを最後まで拒み通す者もいるであろうと当然彼は考えていた。「互いに支え合う一次的〔形而上学的〕な明証性と二次的〔道徳的〕な明証性が与える明証性に対しては、一部の人間は抗《さから》えますが、人間たちは抗えません」(281-282)という言葉などは、少なくとも少数の者は「真理」の受容を渋ったり拒んだりするであろうと彼が予期していたことを示している。かような者に対しては、社会の成員すべてによる暗黙の強制がはたらき、無理やり追随を強いることになるはずだった。先に見た国王の自発的退位を述べたくだりにある「拒んでも無駄なことが少しでも分ったら」という一句などには、君主に対してすら用いられるこの暗黙の強制が仄めかされていたし、「教養人」の全員が変革のため異口同音に音頭を取り合うという過度なほど楽天的な当のくだりで「彼らは真理に同意する必然性を互いに課し合い、その真理が自己の明証性によって彼らの全員に必然性を課し」(281)(傍点、引用者)と言われたのも、「真理」の明証性の「専制的な力」が現実には、人間たちの全員から全員に及ぶ相互強制を通じ、あるいは「人間たち」一般による「一部の人間」の圧服を通じてはたらくと考えられていたことを物語る。圧服されるその「一部の人間」は「出来の悪いいくつかの頭」(282)と言い換えられ、「その連中には四方を取り囲む納得した人々に向かって自分の言い分を根拠づける義務がありますが、そんな連中もその言い分も皆が感じる憐みにどうして太刀打ちできましょう」(281)と言われた。憫笑の的になるだけではない。「拒否する者がいたとしても、それは頭がおかしい人間にきまっており、そんな手合はみな一致して、われわれが狂人を監禁するのと同じように扱うでしょう」(284)と述べられているところを見ると、かような反対者の最後的な運命は精神病院での監禁となるらしかった。「真理」の明証性は正常な頭脳の持ち主なら必ず把握できるほど明らかだというドン・デシャンの前提からすれば、それを把握できない者は狂人だという結論が引き出されるのも自然ではあったが、しかし、一部少数者の不同意が「真理」の明証性の不足ではなく当人の頭脳の欠陥から来ることを客観的に証明する手立てはなかった。いずれにせよ、明証性の支配は人間たちの相互強制を通じ、最後的には少数の反対者を精神病院へ送ることで達成されるという革命論のこの部分は、ラディカルな改革思想にえてして潜む強度の抑圧性をはしなくも露呈したものにほかならなかった。

階級から政治党派へ、政治党派から指導者個人へと独裁の主体が縮小するにつれ、その独裁はますます苛酷なものになるというのが以後の歴史で証明されたことだが、ドン・デシャンの考える「明証性の独裁」とは、言うなれば、独裁の主体の縮小を指導者個人をも超えてさらに推し進め、それを完全に消失させたものだった。この独裁が個人の独裁よりさらに苛酷なものとなるはずだったのは想像に難くない。なぜなら、独裁の主体の消失とはその主体の無限拡散と同義で、文字どおり社会の全体が強制力を発揮して一部少数者を圧服するという形を取ったはずだからである。反対者の精神病院送りというのが二十世紀の「制度的社会主義」でも多用されたこの上なくおぞましい抑圧手段であったことを、ここで思い起こすまでもなかろう。

3　習律状態

ドン・デシャンが未来に思い描いた習律状態は、この解説文でもこれまでしばしば名前だけは登場したが、くわしい説明は与えられなかった。それはどのような社会なのか。

最も抽象的な定義は、人類史の三段階の最後をなす「不団結なき団結の状態」というものだが、定義とはいえそれよりやや具体的なのは、「道徳考」の第一部第五節にあるものであろう。そこでは習律状態を「道徳的〔社会的〕平等状態」と言い換えて、「それはわれわれが全員志向する状態で、或る程度まで初代キリスト教徒や修道会の創立者たちの精神でもあったあの財産放棄の精神にすっかり充たされた人間たちが、そこでは何も私有せず、互いの間ですべてを共有するような状態であろう」(294)と言っており、「四つのテーゼにまとめた形而上学的・道徳的な謎のこころの要約」の「追記」でも全く同じ言葉が繰り返された(187)。これでもいささか抽象的だが、ただ、習律状態が社会的平等と財貨の共有とを根幹とすること、またそれがキリスト教道徳の良質な部分を全面的に実践する社会と考えられていたことが浮かび上がってくる。

それよりやや具体的な説明は、先の「追記」の或る註にあった。「ここであらかじめ習律状態を自らに描いて見せようと思ったら、人間たちが都市を離れて、不都合もなく、法もなく、いかなる対立もなしに、田園生活と道徳的〔社会的〕平等と、女性の共有を含む財貨の共有がもたらせる、また必然的にもたらすはずの豊かさのすべて、健康のすべて、自分に有害となりかねないあらゆるものに対抗する力のすべて、安らぎのすべて、幸福のすべてを享受する様を想像してみればよい」(199)というくだりで、習律状態では人々が都市ではなく田園を舞台に、法的ないかなる規制もなく、あらゆる財貨と異性を共有しつつ、最高に健康で豊かな生活を送ると想定されていたことが分る。この未来生活は「道徳考」の第二部で詳細に語られたが、そこへ行く前の前段階として、それの要点を手際よくまとめたくだりが文書群「井戸の底から引き出した真理」の中に収められる或る講演の内にあるから、いささか長いが、それを紹介しておこう。

「これは、昔からあまねく望まれつつも、おそらくはいまだかつて存在したことのない単純な状態です。どこで見かけても私たちがそれの描写を心から愛する状態、あれほど称えられたあの黄金時代、あのアストライアの治世、あの無垢の状態で、これは実のところ他の二つの状態を修正したものにほかなりません。この状態では人間たちがみな平等で、社会生活をしながらも、たとえば着る物といったようなどうでもいい、重大な結果を招くおそれのない面でしか〈君のもの〉も〈私のもの〉も知りません。人間たちがともに作る社会も、私たちの社会に風靡する悪徳を、私たちの社会状態が私たちに有利であるよりはるかに多く不利であるように、あらゆる動物の中で人間がいちばん恐れるべきものは人間自身であるように明らかにしている悪徳を一つとして持ちません。正しく把握したこの観点から見れば、問題は躊躇なく、学問に不利な形で、または同じことですが私たちの今の社会状態に不利な形で決定されたでしょう。だいたい、平等と団結の状態では学問など何の役に立つでしょうか。そこでは人間たちも、自分と同様単純な必要だけに限られて、生まれた場所からじっと動かず、絶対必要な技術しか修得せず、よそへ移住することもないのです。そこにはただ一つの身分しかなく、そうなれば身分は身分でなくなるのです。そこには悪徳などないため、徳というものもないのです。そこでは平和への障害が全部なくなるため、必然的に変わることのない平和が支配するのです。そこでは、道徳的な面より物理的な面でずっと多く中間を守る私たちとは反対に、中間が物理的な面以上に道徳的な面で守られるのです。そこには、あらゆる犯罪の源をなす法がなんら立ち入れないのです。そこでは赤裸な真理が、語り口の派手な色どりとか、雄弁の飾りとか、詩句のハーモニーとかいったものを必要としないのです。そんなものが存在するのは真理がないから、今いる無理な状態の中で、自分自身から快く引き離される必要が私たちにあるからにすぎないのですから。そこでは、私たちの都会の、また民衆ないし子供でないすべての者の疫病神である退屈など起こりはしないのです。そこには都会などなくなり、ただの村しかないのです。（だいたい、万人が無垢の状態で協力し合い、全員に共通の、したがってたやすくできる労働によって、質素で健康で安全で快適な生活をはかることにだけ従事するところで、どうして都会などあるでしょうか）。そこでは、私たちの間で愚かにもそうであるように、言語や推論が技術に還元されることはないのです。そこでは、現に行なわれるもののほか道徳というものを知らないため、道徳的な教訓を私たちが垂れることもないのです。そこには、事物の根底についての異なる考えかたから生じる、あまりにしばしば殺人的な論争も反感も憎悪も存在しないのです。それを知らないがために様々な考えかたが存在し、また何であれすべての道徳的悪徳が存在するもの（その状態が存在するためには、これが絶対必要なのですが）がそこでは知られていないのですから。そこでは読み書きできる必要すらないのです。そこでは、有益な知識を親から子へ伝えるのに慣習だけでこと足りるのです。さらにそこでは、習俗も行動もあまりに単純で相互にコピイし合っているため、歴史の材料などこれっぱかしも提供することはないのです。その点では、不幸にも実にふんだんに歴史の材料を提供し、歴史のほぼ全部を人間の血で染める私たちの習俗や行動とは大違いですが」(617-618)。

習律状態についてこれ以上具体的な像を御所望ならば、「道徳考」の第二部を実際にお読みいただくほかないが、ただあらかじめ、この理想社会を可能ならしめる条件として、習律状態における道徳的悪と物理的悪の存在をめぐる著者の考えを明らかにしておかねばならない。現状では人間はたしかに邪悪な存在で、あらゆる犯罪が社会の全体に漲っているが、これは百パーセント「われわれの忌わしい社会状態によるにすぎない」(519)から、原因である不平等と私的所有を廃棄すれば犯罪も完全に一掃されるというのがドン・デシャンの確信だった。したがって、平等と財貨の共有に立脚する習律状態には道徳的悪はありえなかった。「人類からそれを支配するすべての道徳的悪徳を消し去り、最大の極悪人をも習律状態にふさわしい人間たらしめるには、道徳的〔社会的〕不平等と所有のかわりに道徳的平等と財貨の共有を打ち立てれば足ります。そもそも、ありとあらゆる極悪人や悪徳まみれの人間を作り出すのは、道徳的不平等と所有でなくて何でしょうか。原因が打ち壊されれば、結果も打ち壊されましょう」(283−284)と言われた所以である。しかし、物理的悪はそうはいかない。もともと、物理的な善と悪が諸存在に多くまたは少なく在るのは「全一体」と呼ぶ普遍的全体の本質に属することだから、いかに理想社会とはいえ、物理的悪はそこにも必然的に存在するはずだとされた。習律状態でも人間は病気にかかり、最後には必ず死ぬはずであり、地震、噴火、旱魃、洪水等々、人間に制御できない自然災害も必ず起こるはずである。しかし、戦争や飢餓の例を見るまでもなく、物理的悪も多くは社会的な原因による人災だから、道徳的悪が消滅すれば物理的悪も「八分の七」(194)がたはなくなるはずと考えられていた。宗教の言う虚妄の「天国」を斥けて、人間に可能な最善の状態を地上に思い描くかぎり、道徳的悪は消失しても物理的悪の八分の一は残るこのような状態しか想定されなかったのは自然だった。

たしかに、「道徳考」の第二部に描き出される習律状態での人間生活の種々相は、驚くほど具体的で、文字どおり微に入り細を穿っていた。そこの或る註では、「こんな細部にどうして立ち入るのか。本当の習俗とわれわれの習俗とのコントラストを十分感じてもらうためには細かい話が必要だからである」(348)と言われているが、いかにも楽しげなそれらの個所の筆致からは、単に読者を納得させるため必要という以上に、「社会生活をする人間の本当の状態」(349)をこと細かに思い描くことに著者自らが少なからぬ愉悦を感じていたことが窺われる。すでに見たとおり、習律状態は財貨も異性（男性にとっては女性、女性にとっては男性）もすべてが万人の共有となる完全な平等社会である。

そこでは何よりも、都市と都市文明が徹底的に破壊され、町々はすべて廃墟となる。書物という書物は、火をおこす焚き付けとしてすべて焼かれる（ドン・デシャン自身の本も、習律状態がひとたび実現した暁には不要となるから、まっさきに焼かれるという）(280)。学校も全廃され、「手本による教育」でない「口頭による教育」は形而上学的真理以外についてはなくなる。農器具、日用品などを作るため、誰にも従事できる初歩的な手工業は残るが、主要な仕事は農耕で、全住民が集団でそれに携わる。村落ごとに、人々は一棟の縦長の建物で共同生活を営み、一緒に食べ、一緒に眠り、男女は全く無差別に交わる（近親相姦のタブーもなくなる）。「家族」なるものは解体され、生まれた子供は全員の子として育てられる。こうして全員が同じ条件下で同じ生活を営むため、しだいに性格も容貌も男女それぞれ一色となり、「個性」なるものは消滅し、そこから異性の共有に対する障害もなくなる。死の恐怖は誰も感じないが、また逆に、死者を悼むこともなくなり、死体は動物の屍骸と同様に扱われる。その他、習律状態での衣食住の詳細、とりわけそこでの食物や家具、睡眠、入浴、暦や時計の全廃、武器、家畜、農耕、水利、金属使用、医療、言語、自然鑑賞等々の細目や、習律状態の人間は笑いも泣きもせず、いつも晴々した顔をしている(327)、習律状態の人間は習わずにも泳ぎができる(341)、習律状態の女性は妊娠せずにも乳が出、どの子にも、また老人にも、分け隔てなく乳をやる(332、333)などの面白いくだり、「習律状態の人間たちにとって、死は晴れた日の夕暮にすぎないだろう」(348)という美しい言葉に始まる「習律状態での死」をめぐる詳細などは、訳者の杜撰な要約によるより、じかにお読みいただくべきだろう。それゆえ、習律状態の具体像をこれ以上追うのはやめて、こうした理想社会の見取図について概括的な感想を一、二述べておかねばならない。

A　第一は、ドン・デシャンのこのような農本主義的理想社会は文明の進歩に逆行する反動的ユートピアなのか否かという問題に関わる。

たしかに、「われわれの都市とそれを構成するよろずのもの、神殿、ルーヴル〔王宮〕、要塞、兵器廠、裁判所、弁護士席、修道院、市場、銀行、商店、学校、塾、剣道場、馬場、精神病院、救貧院、監獄等々――そういうものの観念は彼ら〔習律状態の人間〕には一切存在しないだろう」(342)、「愛らしい女たちも、豪壮な宮殿も、見事な家具も、魔法のような庭も、大庭園も、広々した並木道も、凝った料理も、高価な宝石も、ガラス張りの馬車等々もなくなろう」(327)などの発言に見るように、彼が総じて都市と都市文明、または都市・農村を問わぬ貴族文化全般を破壊の対象と考えていたことは間違いない。彼が考える習律状態の人間は、みな例外なく田園で、主として農耕に携わるものとされていた。たとえばヴェルサイユ宮殿に十七世紀のフランス文明を代表させるように、時の文明の先端的な到達点を評価の基準にするならば、こうした農本主義は明らかに遅れたものと言ってよい。訳者自身も、冒頭の「まえがきと凡例」でドン・デシャンの社会構想を「退行的」と表現したのはそのためである。しかし、未開状態から法律状態へ、法律状態の内部でも素朴な原始的状態から最後の文明状態へと進む歴史の流れを不可逆的なものとして、その観点から、もはや帰らぬ自然状態をいたずらに理想化するとルソーを批判などしたドン・デシャンが、文明一般の廃棄という逆行的な主張をしたとは、およそ考えられぬほどの矛盾であろう。しかも、彼の考える習律状態は仔細に見れば、たとえば鉱山などなくなるとはいえ、法律状態の遺産として残された厖大な量の屑鉄を役立てる形で鉄の利用は存続し、所々に溶鉱炉があるとされたり(339)、各村に専門の医者が二人ずついるとされたりしているなど、文明の果実をことごとく手放したようなものでもなかった。想像するに、都市文明や貴族文化の全面的な一掃というのも、ドン・デシャンにとっては、農耕という社会の真に有用な基層の上に文明状態が堆積させた無用の付加物を取り除く単なる除去作業にすぎなかったのであろう。それゆえ、この作業が一般的に「進歩」か「反動」かを問う前に、そこで具体的に何が除去され何が残されるか、またその選択の基準は何かを少しく検討する必要があろう。

まず一例として、「美術品」、一般的には「文化財」の破壊という文化破壊《ヴァンダリスム》の最たるものとされる事項を見よう。「道徳考」の第二部第二節には、それを扱う以下のようなパラグラフがあった。「そういう生活状態へ入るためには、なんであれわれわれの書物、証書、書類などを焼き捨てるだけでなく、美術品などと呼ぶものも全部打ち壊さねばなるまい。たしかに犠牲は大きいだろうが、いたしかたない。もうなんの役にも立たず、子孫たちにわれわれの知能を証明することでわれわれの狂気を証明し、われわれの習俗を思い出させる一切から子孫たちを遠ざけるという彼らにとって有益な目的を損いすらする、そんな遺物を残しておいたとて何になろう。こんなことを言うと、人間たちの中でいちばん優秀と称する部分、教養人と呼ばれる部分の考えには抵触する。民衆から截然と区別され、民衆を支配して、生活の資も利便も奢侈も民衆から引き出しながら、民衆の理性よりずっと高級な理性が自分にあると思っているあの小部分である。だが、私が証示することはその部分も否定できないし、今問題の犠牲は私が証示することの帰結なのである」(324)。このパラグラフの後半で暗に言われたのは、美術品など珍重するのは民衆に寄生する少数の支配層のみで、さようなものは民衆の生活になんら役立たず、民衆もさようなものを必要としないということである。真に有用な身分である農民・職人たちのありかたや、彼らにとっての現実的な必要の有無が除去と残留とを分ける実際的な基準をなしていたことは、いかなる対象についても同じだった。この項の冒頭に見た二つのくだりで廃棄さるべきものとして列挙されたルーヴル宮殿から凝った料理や愛らしい女性に至る諸々も、総じて民衆とは縁もゆかりもないものか、かりに関係があるとすれば、裁判所・監獄・救貧院などのように彼らにとって脅威となるものだったことは一見して分る。書物がことごとく焼かれることも最悪の文化破壊《ヴァンダリスム》とされようが、それはもともと、識字率がきわめて低い当時の農民や職人にとって書物など無用の存在だったからだし、文書による教育が全廃され、読み書きなど教えられなくなるのも、「われわれの職人や農夫の場合と同じく、親が実地にすることが子供にはいつでも開かれた本になり、やりかたが改良されても、そんなことは書くまでもなく伝えられるからである」(324)と言われるとおり、さような実地教育が民衆の実践そのものだったからである。知識については一般に、「確かなのは、われわれの知識は民衆の知識の圏外へはみ出ればはみ出るほど……ますます空虚になることである。そこからして、われわれがこうまで知識を推し進めたのも、現にするようにそれをもっと先まで推し進めようとたえず努めるのも気違い沙汰だということになる」(315)と言われ、技術一般についてはさらに、「われわれの技術の内で彼らが保存するのは、ほぼ、われわれの農民や下層の民衆が生きるのに、われわれより仕合わせに生きるのに必要とするものだけに限られよう」(340)、「われわれは……純粋に役立つ技術、必要不可欠な技術から、あらゆる面で陥った行き過ぎのため存在するにすぎないような技術へと人間たちが移る前とほぼ同様のものになるだろう」(324)と言われた。要するに、民衆の生活に直接必要ない知識も技術もすべて放棄されるということだった。

反面、「純粋に役立つ技術」は全面的に活用され、それにより民衆の生活水準は著しく向上するとされていた。たとえば農業だが、土地が領主のものから農民自身のものになり、しかも全員が耕作に従事するため、「彼らが耕す土地は、われわれの耕す土地がそうであるより、ありうるより、ずっと地味が肥えていよう」(338)、「ライ麦しか取れない土地も耕作と肥料のお蔭で小麦の取れる立派な土地に変えられよう」(343)と言われ、今ある「多くの葡萄畑や広大な牧場」(342)が畑に変わることとも相俟って、住民は「とびきり滋養のある最良のパン」(343)をふんだんに供給されるという。生活水準の向上に伴って人口も増え、土地が供給できる富をも超えた人口は次々と新たな土地を求めて拡がるから、「人間はかつてなかったほど地球の表面の支配者とな〔る〕」(338)とされた。住民個々が薬草の知識や、簡単な外科手術なら自分で行なえるだけの技倆を具え、その上各村落には専門の医者が二人いること(346–347)、各共同住宅には内風呂があること(341)等々、生活向上を示す具体例は数限りない。さらに、「有益で必要なものならなんでも最大限に研究されるから、いつでも仕事の対象はあるだろう。研究しなければ対象はなくなるはずだが、なくなってはならないからだ」(344)と言われるように、有用な技術は更なる進歩すら見込まれていた。

ここまで来れば、ドン・デシャンがけっして文明の進歩一般に抗《さから》う反動的ユートピストではなかったことが分る。彼にとって重要なのは、進歩か逆行かということではなく、農民・職人などの民衆にとってそれが有用か無用かということだった。ニュートンよりも針を発明した者の方が優る(33)というすでに引いた発言なども、個別科学の軽視を示すと同時に、一方ではまた、真に有用な発明・発見を彼がきわめて高く買っていたことを物語る。ドン・デシャンが批判されてもいたしかたなかったのは、一般的な意味での逆行性や文化破壊《ヴァンダリスム》ということではなく、「純粋に役立つ技術」の開発にも有名無名なニュートンたちの存在が実は不可欠なのを見落としたその民衆的実用主義の視野の狭さにすぎなかった。

B ドン・デシャンを「無政府主義的共産主義の先駆け」として評価したブノワ・マロン以来、この修道士の社会構想はしばしば無政府主義と関係づけて考えられてきた。たしかに、権力も統治も支配もことごとく廃棄され、実定法も道徳も消滅して、それのかわりに人々が「皆が平等に暮らし、平等に楽しめ」、「自分がされたくないことは他人《ひと》にもするな」などを内容とする「道徳的自然法」とそれを体現する社会的習俗のみに律せられる彼の構想した習律状態は、無政府主義者が究極の理想とするものに近かったから、この構想を無政府主義と結び付けて考えるのも自然であった。しかし、かような見かたは現象的にはかなりの程度当たっていたとはいえ、理論の根底まで遡れば大きな誤解だったのを見るのはたやすい。なぜなら、無政府主義が近代的自由主義の或る種の極限形態で、無政府主義者がしばしば libertaire（絶対自由主義者）と自らを呼び、その語を自派の代表的機関紙の紙名としても用いたように、彼らが最高の価値を置くものが人間個々の政治的・社会的自由であったのに対し、およそ一世紀前のドン・デシャンには、個々人のさような意味での自由を獲得ないし擁護すべき価値として掲げる気など文字どおり一片もなかったからである。

実際、ドン・デシャンの手稿の全体を通読しても、そこに見る libre（自由な）、liberté（自由）という語の用例は、古代における「奴隷」の反対語である「自由人」を意味する一、二の場合を除けば、他はことごとく、「自由」と「必然」という神学的な対立構造の中で「自由意志」（いわゆる「無差別の自由」）という意味での。ついでに言えばドン・デシャンは、さような自由が人間にあるのを否定する決定論者だった）とそれの持ち主を意味するケースばかりだった。個々人の政治的・社会的自由という近代的な観念はそもそもこの修道士になかったという印象すら与える。かりにあっても、それは間違いなく、徹底的に排撃さるべき偽りの価値にすぎなかった。「……当代の神学・哲学に適用す」の或る註は、時代の自由主義的風潮を「人々を独立であるように仕向ける」精神と呼んで、それが本来の意図とは逆に権力による専制の契機となることへの危惧を述べていた。即ち、「今風靡する精神は人々を独立であるように仕向けますが、同時にまた、利己的であるように、自分の所有〔財産〕に執着するように仕向けます。そこから、この精神が形をなすのを権力が恐れる理由は全然なく、権力が自分の力を行使したくなったら、その力を使ってこんな精神を懲らしめ、さらには絶滅させる道が存分に開け放たれます。この精神は専制だと喚き立てますが、自分はどこまでやれるか認識する立場に権力を置くことで、専制を惹き起こすおそれが自分自身にあることを考えもしないのです」(278)。現下の自由主義的風潮が逆に専制を招き寄せるという論旨はいささか分りにくいが、いずれにせよ、著者の反個人主義、反自由主義の立場をこれほど明瞭に示した言葉はなかった。

刊行書まで探索の場を拡げれば、『時代精神についての手紙』中の「第二の手紙」の冒頭に、「思想の自由」を全面的に否定する特徴的なくだりがあった。それは、「人それぞれが好きなように考える自由を持つべし」というのを、「我らの哲学者たち」にある、「有神論という観念よりさらに奇妙な……観念」(19)としたものである。ドン・デシャンによれば、表現を伴わぬ「内心の自由」というのは求めるまでもなく誰にでもある以上、ここで要求されているのは「思想を表明する自由」、「言論の自由」に相違ないが、「法に合致しないのが分ったり、法に反対したりする考えを表明する」自由は、「法の支配のもとでは、約定に基づく外的な結果を持つことはできません」(19)とされていた。このように言うドン・デシャンが、プロテスタンティズムも一個の宗教だからとして、「プロテスタント教もフランスで自分のために自由を求めることはできます」(19)とプロテスタントの寛容に好意的な態度を示すのは矛盾と取れないでもないが、彼の思想が基調において反自由主義的なものであることに変わりはなかった。同じ著作の「第四の手紙」の或る註で、院外の大衆が示威行動で議会に圧力をかけるという「イギリス人の自由」を「放縦」として非難するビュルラマキ(一六九四―一七四八)に賛成している(40)ことなども同じであった。

更めて繰り返すまでもないが、それに反してドン・デシャンの掲げた価値は、「個人」に代るべき「普遍的全体」と、「自由」に代るべきその全体への「統合」だった。人間は本来、自然の全体を意味する「全一体」の一部で、その全体があってこそ自らも存在するから、諸存在の完成態たる全体を愛し志向することを形而上学的自然法によって義務づけられる。人間が相互に作る社会も可能なかぎりこの「全一体」の似姿たるべきものだから、社会の各成員もおのれの属する社会に完全に統合され、完全にそれの一部となりきらねばならない――というのがドン・デシャンの社会理論の骨子だった。彼の考える理想社会から社会的不平等や私的所有が、またそれとともに一切の権力、一切の支配が排除されたのも、それらが社会の成員の間に差別と分裂を持ち込み、彼らが一致して全体に統合されるのを妨げるからだった。個々人が社会の中で最大限の自律性を獲得することではなく、「個人」なるものが「普遍的全体」やそれを象《かたど》る「社会的全体」の内に吸収され溶解されて、もはや個としては存在しなくなることこそが、ドン・デシャンにとっては社会の内なる人間のあるべき姿だったのである。要するにそれは、独自の形而上学から導き出された厳密な意味での「全体主義」(この語につきまとう貶下的な意味は取り去って)の社会理論で、およそ近代の無政府主義とは真向から対立する思想だった。

C　歴史に登場する様々の理想社会像《ユートピア》を評価する尺度はあるのだろうか。あるとすれば、それはいかなるものだろうか。頭に浮かぶものはまず二つある。魅力的に見えることと、実現の可能性が高そうなことである。さて、この二つの尺度を採用すれば、ドン・デシャンの考えた習律状態に今つけられる評価の点数は至って低くならざるをえない。「魅力的」とは「住みよさそう」ということに帰着しようが、今の時代を生きるわれわれがドン・デシャンの思い描いた理想社会を住みよさそうと感じることはまずありえない。住民のすべてが同じ農業労働に携わり、鍛冶屋、医者などごく少数の例外を除いて社会的分業が廃されるため、職業選択の自由が一切なくなること、人間の個性がことごとく消滅して、容貌や性格も男女それぞれ一色となり、細部に至るまで画一的な生活を全員が送ること――このような習律状態のありかたは、個性と多様性を殊のほか重んじる現代のわれわれの目には、およそおぞましいものとしか映らない。それは文字どおり、「ユートピア」ではなく「逆ユートピア」そのものであろう。また実現可能性を尺度としても、およそ人間が私欲を捨てることなどありえぬとわれわれは考えるから、「真理」の明証性に促されて、いずれも自発的に国王は玉座から下り、富者や権力者は富や権力を手放すことで実現されるというこの習律状態はそもそも成立の基盤を欠くと判断するのが常識というものであろう。

だが、ユートピアに描かれる社会を住みよさそうと感じるか、住みにくそうと感じるかは、見る者によって異なるだろう。個人主義・自由主義の文化の中で育《はぐく》まれた今のわれわれの感性が、時代も国も超えた普遍性を持つなどと想像するのは滑稽だから、時代と国を異にすれば、この習律状態を住みよさそうな社会、魅力的な社会と受け取る感性もありえよう。現に、その画幅を目にしたディドロが、この社会こそ「自分がそのために生まれた世界」と一時的にせよ感激したことはすでに見たし、ドン・デシャンの手稿を読んで手紙や口頭で著者と論争を交したロビネとイヴォン師の二人を取っても、「あんなものはまっぴらです。人間を獣以下にしますから」(508)と後者が言うのに対して、「習律状態は限りなく気に入りました」(467)と前者は言い、この構想への反応は全く正反対だった。いや、こうした他者の感想を持ち出すまでもなく、そもそも著者のドン・デシャン自身が、それを住みよさそうな社会と感じたからこそ、その種々相を楽しげに微に入り細を穿って描き出したという厳然たる事実がある。それは、歴史と文化に規定された今のわれわれが受ける印象などユートピア評価の基準とはなりえぬことを示していよう。実現の可能性についても同じである。一般に、この可能性は社会の現状との落差に反比例するだろうから、それが最も高いユートピアはこの落差が最も少ないものということになり、極限化すれば、社会の現状そのものが最良のユートピアになるという滑稽な矛盾に陥ってしまう。

こうしていずれも失格となるこれら二つに代るべき「真実の尺度」を提出できる自信など、むろん訳者にあろうはずはない。ただ、かりに今、読者が受ける印象などとは無関係に、一つには、その社会構想が一定の原理に基づいてどれほど整合的に組み立てられているか、また一つには、そこに描き出される理想社会の画幅がどれほど詳細且つ具体的かという別の尺度を仮定するなら、ドン・デシャンの描く習律状態の画幅が、ユートピア作品が史上最も多く生産された当時としても出色と言えるほどすぐれたものであったことは疑いない。第一の点については、そもそもこの社会構想が、発想の源はともかく、少なくとも叙述の形態を見るかぎり、「初源的真理」と呼ばれる著者の形而上学体系から直接間接に演繹されたもので、「習律状態の人間は笑いも泣きもしない」(327)、「習律状態の人間は習わずにも泳ぎができる」(341)などいささか奇矯な部分をも含めて、それの細部はことごとく、著者の言う「形而上学的真理」とそれの帰結たる「道徳的真理」から、それなりの厳密さを以て論理的、整合的に導き出されていたことを考えねばならない。訳者がかつて或る場所で、この社会構想を「ユートピスムの極北」と評したのも、一定の原理から導き出せるかぎりの帰結を大胆に導き出したこの徹底性とラディカリスムの故である。この画幅の詳細さと具体性は更めて言うまでもない。唯一指摘できるこの構想の欠点は、そこに描かれるのが典型例とされる村落単位の一共同体の内部生活のみで、国中にも世界中にも無数にあるとされるそれらの共同体相互の間に必ずや生じるであろう調整の必要や、全体的な管理・運営の必要という、一歩誤れば平等社会を崩壊させかねぬ危うい問題を巧みに避けて通っていたことであろう。

ただ、著者の意図には全くそぐわぬことであろうが、この社会構想の整合性と具体性が高く評価さるべきなのは、あくまでも一個の理論的実験としてであって、それが現実的な政治の場に翻訳されなかったのは幸であった。澄明な「悟性」によって組み立てられたこの見取図も、利害と情念の渦巻く現実政治の場にひとたび投げ出されれば、文字どおり惨憺たる結果を招いたであろう。その場合、彼の考えた「明証性の独裁」は強度に抑圧的な「イデオロギー支配」に帰着したはずだし、これも彼自身想定した少数意見者の精神病院送りに至っては、国全体を「収容所列島」ならぬ「精神病院列島」と化したことであろう。これはあくまで著者が予想し是認したもののみに限ってのことだが、かような制限を政治がいとも無雑作に踏み越えないという保証など、どこにもありはしなかったのである。

六　ドン・デシャンと時代思想

1　ドン・デシャンとスピノザ

自然、宇宙、世界、物質とも言い換えられる「全一体」と、それの別な相である「全一者」とを根源的な存在とするドン・デシャンの形而上学は、当初からスピノザ主義の一亜種と目されていた。十八世紀末に主にドイツで「スピノザ復興」が見られるまで、とりわけフランスでは、超越神を否定するスピノザの哲学を最悪の無神論とみなす傾向が強かったから、そこで使われる「スピノザ主義」という語に多くの場合非難の意味がこめられていたのは当然だった。ドン・デシャンの刊行書『当代の理性、特に《自然の体系》の著者のそれに反対する理性の声』を検閲したジュネ師が、この著者はスピノザに反対しながら自らもスピノザ主義に陥ったという読後感を記したのも明らかに著者への批判としてだったし、ドン・デシャンの体系はスピノザ主義にスコトゥス主義的実念論を接木《つぎき》したものというイヴォン師の見解なども同じだった。ドン・デシャンからの最初の手紙に対する最初の返事でルソーが「それ〔ドン・デシャンの説〕について私が抱く混乱した観念を何か既知のもので言い表わすとしたら、スピノザの説と関係づけるところでしょう」(439)と書いたのは、なにぶん対象の明確な像も持たない者の発言ゆえ、明らかな非難の意図は感じさせないが、いずれにせよ、ドン・デシャンの形而上学に大まかな形であれ接した者がまず受ける印象はスピノザ主義との類縁性というものだったことをよく示している。たしかに、「神即自然」という単純化した命題だけにスピノザの哲学を還元すれば、ドン・デシャンの形而上学をスピノザ主義の一種とすることに全く根拠がなかったわけではない。それは、現在でも彼が広い意味でスピノザの流れを汲む思想家の一人と目される理由でもある。

しかし、「スピノザ主義者」がスピノザの体系の中心部分と目するものを継承して細部に一定の修正を施した人を意味するなら、ドン・デシャンは明らかにさような意味でのスピノザ主義者ではなかった。そもそも、スピノザ主義が無神論の代名詞とされていた当時にあって、しかもドン・デシャン自身が無神論を先頭とする反宗教的潮流への批判者と自己規定していた以上、そういうことは本来ありえなかったとすら言える。「神と自然が一つであるのは疑いありません」(82)（但し、ドン・デシャンが「神」という語を使う時、その意味内容にはよほどの注意を払わねばならないが）と公刊する著作の中でも言い切って、その意味では「神即自然」という命題を概括的には肯定したドン・デシャンも、実際には、この共通の基盤の上で、スピノザ主義への批判者・対抗者としてこの「無神論」を打破することをひたすら考えていたように思われる。数次にわたってスピノザへの反駁文をしたため（その内、たぶん最後に当たる二つの稿だけが今も残っており、それはこの訳書でも訳出した）、スピノザ攻撃に異常なほど執心したのもそのためであろう。以下、この二つの稿を中心として、その他の文書にも折にふれ登場するスピノザ批判でそれを補いつつ、彼がスピノザ主義にどのような攻撃を加えたかを概観しておこう。それは明らかに二つの点に帰着した。

A　第一は、神即ち自然が唯一の実体として在るというスピノザの説では、現に諸々の存在が在るのを説明できないということである。「唯一」は「多」を説明できぬというこの批判は、元来、前世紀末のピエール・ベールが『歴史批評辞典』（一六九六年）の「スピノザ」の項で行なって十八世紀フランスのスピノザ観を決定的に方向づけたスピノザ批判の中心をなすものだったが、ドン・デシャンも明らかにこのベールの批判を継承していた。ドン・デシャンによれば、そもそも「唯一」とは自己以外のすべてを否定する否定的な属性だから、「唯一」の存在から他の諸存在が生じるというのは本来ありえぬことだった。スピノザは、この「唯一」の実体が無限に変様して諸存在となると考えたが、ドン・デシャンに言わせれば「変様」とはすでに「他」を含意した概念だから、自己以外のものを否定する「唯一」の実体が様々に変様するというのも矛盾だった。こうした矛盾を解消するには、「唯一」や「無限」を属性とする否定的実在とは別に、変様する存在、「唯一」ではなく集合的な「一」なる存在という肯定的・複合的な実在を立てる以外になく、本来区別さるべきこの二つの実在をスピノザは混同し一緒くたにしたというのがドン・デシャンの考えだった。「スピノザの原理は自らの内に自らの否定を含んでいる。この人は一つの実体しか立てないのに、その立てかたによって二つの実体を立てるからである。その二つとは〈唯一〉の実体と変様される実体だ。この二つの実体は事実存在するが、スピノザは最大の不合理を犯してそれを一つにしかしない。自分の考える実体は無限に変様されるとこの人は言うが、それもまたこの人の原理の不合理な点である。無限とは〈唯一〉という属性と同じく一切の変様の否定だからだ」(637)とドン・デシャンは「スピノザの体系への単純・簡潔な反駁」の第一稿で言ったが、それでも言い足りないのか、第二稿では、「最大の不合理を犯して」にさらに「事物の根底についての最も途轍もない間違いを犯して」(641)という一句を付け加えた。彼の考える「二つの実体」がすでに見た「全一体」と「全一者」だったことも、また、ここで指弾されるスピノザの誤りなるものが、キリスト教で通常「無限に完全な神」(無限は「全一者」の属性、完全は「全一体」の属性であるのに)と言われるのと全く同種な「類の混同」とされていたことも更めて言うまでもない。集合的な「一」なる「全一体」を知らず、「全一者」たるべき「唯一」の実体を諸存在と直結させたというこの指摘はドン・デシャンのスピノザ批判の中心をなすもので、他の文書でも様々な形で繰り返された。「諸々の存在は無限な実体の変様だとスピノザは言いますが、これからお目にかけるように、その実体が一切の変様を否定すること、互いに区別されたものとしての基体も様態も、〈全一体〉もその諸部分も否定することを知りませんでした。有限者または〈全一体〉である実体が原理なのですから、無限な一つの実体しか知らないということ自体で、これは原理なき無神論者なのです。無限の実体は唯一の実体で、それ自身以外のあらゆるものを否定し、一切の複合を否定するのです」(91)、「スピノザ……は実体というものに無知だったため、不合理にも無限の実体を変様させるが、実体とは有限者または完全なものなのである」(153-154)、「スピノザはおのが実体を〈唯一〉の実体と呼んで、それを〈一〉なる実体と区別しないため、有神論者と同じ不合理に陥ってしまった。有神論者はこの二つの実体から、あるいは〈実在〉の相反するこの二つの観点から、〈神〉と呼ぶただ一つの存在を作り上げたわけだが。あの無神論者はおのが実体について、それは唯一で無限に変様すると言う。〈唯一〉、〈無限〉という語が一切の変様の否定であること、変様または諸存在は〈全一体〉または有限者の部分にほかならず、前述のとおり同時に様態でもあり基体でもある〈一〉なる実体を構成する数にほかならないことを知っていたら、そんなことは言わなかったであろう」(201)などの発言は、みな基本的に同じことを言っていた。

B　思弁的次元でのこの批判から、第二に、実践的次元での批判が導き出された。それは、スピノザの原理なき無神論からはいかなる道徳（社会理論）も帰結しないということだった。そもそも、あらゆる道徳は個別的諸存在と普遍的存在との、宗教用語を使うなら被造物と神との関係性を基礎としているが、スピノザが言うように実体が唯一とすれば、そこからはいかなる道徳も導き出されず、その説はいかなる社会体制の思想ともなりえぬというのがドン・デシャンの確信だった。普遍的存在を人格的存在と化す偽りの宗教的有神論が偽りの社会状態たる法律状態を根拠づけ、ドン・デシャン自身の真の形而上学体系が「真実の社会状態」たる習律状態を根拠づけるのに反し、スピノザ主義は原理を持たぬ他の無神論（たとえばドルバック流の）と同様、実践的には全く無益で無意味な思想だという結論が、そこからおのずと引き出された。「二つの実体〈神と物質〉という体系を守った方がこの人としてもよかったはずである。その体系は真実で、説明されることしか求めていなかったのだから」(641)とドン・デシャンが言い、さらに、「道徳的悪と、したがって物理的悪のほぼ全部の打ち壊しが〈真の体系〉から必然的に帰結するようにスピノザの体系からも帰結したら、スピノザの体系からあのように悲しく忌わしい結論は引き出されなかったろう。このことに特別の注意を払っていただきたい。唯一の実体という体系からはいかなる道徳も出てこず、はきちがえた二つの実体という体系からは偽りの道徳しか出てこない。真の道徳が出てくるのは、一《いっ》に、正しく解されたその体系からである」(642)と付け加えたのもそのためだった。

要するに、スピノザ主義は思弁的には不合理で実践的には何も生みださぬ(366)無益な理論にすぎないというのが、ドン・デシャンのスピノザ批判の骨子だった。神と自然の同一化というスピノザと共通の基盤の上に立つドン・デシャンの「真の体系」は、たしかに表面的に見れば、スピノザ主義から強い影響を受けながら、ただスピノザの言う

「唯一の実体」を「全一体」と「全一者」という二つに分割した「修正スピノザ主義」であるかのようにも思われるが、理論形成の源にまで遡れば、こういう表面的な印象は全くの誤りであるのが分る。自らの体系は「神学の言葉」をそれのみが真実な仕方で解釈したもの(87)と彼が随所で飽くこともなく繰り返し、また折にふれ「全一体」を「物質」、「全一者」を非物質的な「それ自体としての神」と規定すらした(166、153、180)ところを見ると、そもそも彼の形而上学体系は神と物質という宗教的二元説を独自の仕方で組み替えたものだったから、二つの実体を立てるというのはスピノザ主義の修正の過程で初めて浮上した問題ではなく、当初から彼の哲学的思弁の根幹をなすものだった。彼のスピノザ批判がスピノザの「唯一実体」説を思弁的な場でも実践的な場でも徹底的に打ち壊すことに向けられたのもそのためだったに相違ない。ドン・デシャンはもともと「スピノザ主義者」などではなかったのである。

2　ドン・デシャンとピエール・ベール

前代の思想家の中でも、スピノザとは対照的にドン・デシャンがきわめて好意的な目で見ていたのはピエール・ベール(一六四七―一七〇六)だった。

彼が一七六九年に公刊した『時代精神についての手紙』には、ベールとニュートンを比較した非常に興味深い一節があった。それは、およそ哲学者を作るのは「人間たちが考えたこと、したことをめぐるごく低次元な知識でも、散文ないし韻文で物を書く技術でも、感覚を言い表わし情念を表現する技巧でも、計算に関する種々の学問でも、自然学でもなく」、「形而上学と道徳〔社会理論〕」、換言すれば「自らの悟性に基づいて人間たちが何を考え何をなすべきかという認識」(32)だとして、次のように続けていた。「そういう認識がない時に哲学者を作れるものが何かあるとしたら、それはこの認識を得ようと努めること、または少なくとも、賢明で開明的な政治のような目をこの世の事物に向けることでしょう。しかし、我らの哲学者たちは正反対な道を通って哲学者たらんとしています。根本原理をみな打ち壊すこと以外に根本原理を持たず、俗人を上回る数学や自然学の知識で哲学者たらんとするのです。俗人には自分に必要な知識が全部具わっているので、その手の知識の価値は分らず、分るはずもないのですが。ベールやニュートンが哲学における彼らの花形になっているのもこういう事情から来ます。しかし、私もベールを哲学者の部類に入れますからこの人のことは言わないとして、連中がいくらニュートンを哲学者に仕立て上げ、その発見を人間たちの幸福をもたらせるかのように持て囃しても無駄でしょう。しばし正気に返った時には、彼らも必ず、ニュートンなどより針を発明した人の方が上だと思うものです」(32-33)。このくだりで「哲学者」という語が二様の意味で使われていたことを見るのはたやすい。文中で「我らの哲学者たち」と言われる際の「哲学者」とはむろん啓蒙思想家を意味するが、引用しなかった冒頭部分で「哲学者なるものを作るのは」と言われ、引用部分で「私もベールを哲学者の部類に入れます」と言われる際の「哲学者」とは、形而上学と道徳についての原理的な認識を持つか、持たぬ時にはそれを得ようと努める「真理探求者」の意味で、懐疑派が古来名乗った「探求者」(ζητητικοι, zététiques)と同義だった。ドン・デシャンの著作の中で、この語が啓蒙思想家を指す、彼自身の立場からすれば否定的な含みの多い意味でではなく、こういう肯定的な意味合いで用いられるケースはかなり稀だが、ともかくさような意味合いで、ベールはたしかに哲学者だが数学と自然学に擢でたにすぎぬニュートンは哲学者でないと言われたことは注目されてよい。ニュートンより針の発明者の方が優るという最後の一句も、明らかにヴォルテールらのニュートン崇拝を当てこすったものであろうが、それもここではベールに有利なこの比較を際立たせる装置として使われていた。

このくだりだけではない。「深く究めようとした人(そういう人の数は古来、考えるよりずっと少なかった)の中でも、いちばん道理に適っていたのは今までのところ、自分に欠ける光の訪れを待ちながら賢明に疑うだけに止めた人だった。……われわれを定言論者《ドグマティック》にすることに根拠がありえたのは、認識された真理だけだった。その認識を待つ間は、さしあたり賢明な懐疑しかあるべきではなかった」(108)、「万人が賢明なピュロン派であってほしいと私は思う。そうなれば、真理が障害に出会うこともなくなるだろうから」(123)、「真理が何より入りやすいのは〔賢明な〕懐疑が住まう頭だ」(431)等々、ドン・デシャンが「賢明な懐疑」、「賢明なピュロン主義」を推奨した発言は文字どおり著作の全篇に溢れていた(565、566、571、579)が、「ピュロン主義者」がほとんどベールの代名詞だった当時にあって、ドン・デシャンが「賢明な懐疑家」として何よりベールを考えていたろうことは想像に難くない。またそれは、ベールの『歴史批評辞典』(一六九六年)が鋭利な論理で古今のあらゆる形而上学体系を掘り崩す「批判的理性」の宝庫として当時殊のほか珍重されており、後にマルクスが「形而上学の死の歴史を書いた形而上学の歴史家」という称号をベールに贈る根拠となった事態とも完全に符合したものだった。現にドン・デシャン自身も、物質の無限分割、悪の起源等々の問題を考えていたのであろうが、「真理に依存し、ベールも認めるようにいまだいかなる形而上学体系も説明を与えられなかったあらゆる現象が、真理の光で解明されようとしている」(570)というような言葉で、既存の諸体系の無効を証明したベールの作業こそが「真の体系」の樹立にとって不可欠な前提条件をなしたことを進んで認めた。どうやらドン・デシャンは、ベールにその例を見たような「賢明な懐疑」を「真理」の建設に先立って必要な思想的「整地」作業とみなしていたようである。いかなる思想を持つにせよ真理のためにはそれを犠牲にするのも厭わぬ「道理に適った疑いを抱いてほしい」(571)と読者たちに「方法的懐疑」を切に求めたのもそのためであろうし、またピュロン主義を「賢明なピュロン主義」と独断論的なピュロン主義、「筋金入りのいやらしい」(431)ピュロン主義とに分け、「真理は人間用に出来ていない」としたピエール＝ダニエル・ユエ(一六三〇―一七二一。一七二三年の『人間精神の無力に関する哲学論』)に後者を代表させて、それに対しては、「真理は人間用に出来ていない」ことを一個の真理として唱えるのは矛盾だという、懐疑論に古代以来浴びせられてきた古典的な反駁を更めて呈したりした(122–130、576–577)のもそのためだったと思われる。要するに、自らの「真の体系」が登場する以前には、「真理」はいまだ井戸の底にあったから、さような闇の時代には、真理を求めつつすべてを疑うというベール的な態度こそが正しかったが、真理の発見を本質的に不可能とすることで真理の探求を放棄させる不可知論的なピュロン主義は排撃すべしということであろう。自らの体系こそ真理であると確信する者の立場からすれば、そう考えるのも自然であった。

ベールとドン・デシャンとの関係をあらゆる面で細部にわたって検証することは今は不可能だが、前節で見たようにドン・デシャンが異常なほど熱意を燃やしたスピノザ批判がベールの『歴史批評辞典』の「スピノザ」の項といかなる関連性を持つかを一例として検討してみよう。ベールの『辞典』のこの項は、ディドロの作と伝えられたが実はイヴォン師の筆になるらしい『百科全書』の「スピノザ哲学」の項にも剽窃としか言えぬ大幅な盗用をされ、十八世紀フランスのスピノザ理解に多大の影響を与えたものだったから、ドン・デシャンもかねがねスピノザ批判の「古典」としてこの項を精読していたに相違なかった。「形而上学考」の第一部第十節(374)に引用されるルカヌスの詩句(『ファルサリア』の第九巻五七八行にある小カトーの言葉)がベールの「スピノザ」の項、註(A)にも引かれており、ドン・デシャンがベールからこの引用句をたぶん借用したと思われることを、些細な点だがまず手始めに指摘しておこう。

ドン・デシャン自身も、スピノザを批判する際ベールのその項をたえず念頭に置いていたことを隠さなかった。「四つのテーゼにまとめた形而上学的・道徳的な謎のこころの要約」の「追記」を締め括る「イヴォン師への手紙」には、「スピノザの体系では現象は説明されませんし、これはベールが実に正当にもこの説に浴びせる非難なのです」(192)とあったし、「真理をめぐる我らの哲学者の何人かへの工作」に収められたルソーへの第三の手紙にも、「真理を発見したと本心から主張した哲学者が一人でもいたとは思われません。なぜなら、人一倍独断的なエピクロスやスピノザも含めて、哲学者たちはみなそれぞれ、真理に依存するあらゆる現象を自らの体系で説明しているわけではなく、解明すべき無数のものを後《あと》に残していることを、無知によるのでないかぎり自分に隠せなかったからです。これはベールがスピノザの体系にする非難です」(446)と述べられていた。

スピノザ主義は現象を、正確には単なる物理的現象ではなく形而上学的真理に依存する現象を説明できないとこう繰り返し言った時、その「現象」という語でドン・デシャンが具体的に何を考えていたかは必ずしも明確でない。ただ、ベールがそのことをスピノザに非難したと言うからには、事はベールのスピノザ批判の内容に関わる。スピノザの唯一実体説に対するベールの批判は「スピノザ」の項の註（N）で集中的に行なわれたが、それを総括する次の註（O）は、「この体系は二、三の困難から脱したかと思うと、それよりさらに説明のつかぬいくたの障害にはまりこんでしまう」（邦訳、法政大学出版局刊『ピエール・ベール著作集』、第五巻、六七四ページ、野沢協訳）としていた。少なくともベールに即して言えば、スピノザが解明せずに残した現象とは、ここで言われる「説明のつかぬ障害」と同じものと考えてよかろう。さて、この「障害」とは、註（N）で、スピノザが唯一実体の属性とした延長と思考の両面にわたり、都合六項目に分けて列挙されていた事柄である。各項目の見出しを並べればこうなる。「Ⅰ、相容れぬ様態は異なる基体を求む」（同六六五ページ）、「Ⅱ、神の不変性は延長の本性と相容れず、物質は部分への分割を現実的に蒙るものなること」（同六六五ページ）、「Ⅲ、人間の思考は互に相反するものなるがゆえに、神はそれらの内属基体たりえざること」（同六六七ページ）、「Ⅳ、人間の思考の邪悪さから引き出せる、上記のことの別の証拠」（同六六九ページ）、「Ⅴ、人間の悲惨から引き出せる、上記のことの別の証拠」（同六七〇ページ）、「Ⅵ、スピノザの仮説は彼の言動をおしなべて滑稽なものと化す」（同六七二ページ）。容易に見て取れるように、これらの障害はみな、スピノザの言う唯一実体では「多」を説明できず、ましてやその「多」の間の矛盾や対立を説明できぬということに帰着した。それを説明するためには、実体を多様な相対立する存在からなる複合物と考えるほかないが、それでは唯一実体説は根底から崩れるからである。スピノザ主義はこの反論を回避するため、唯一実体と諸存在との関係は全体と部分の関係ではなく基体とその変様の関係だとしたが、ベールによれば、部分を変様と言い換えたところで困難は解消されず、その基体は依然として複合的・集合的なものに止まるはずだった。それは次のような言葉で言われた。「この体系の大きな柱のひとつは〈部分〉という語と〈変様〉という語の違いなるものにあった……。しかし、こんな単語のとりかえが何かの役に立つと思っていたのか。部分という名をいくらでも避けるがいい。様態ないし変様という名をかわりにいくらでも使うがいい。それでどうだというのか。〈部分〉という語に結びつけられる観念がそれで消えるのか。それらの観念が〈変様〉という語に当てはめられないのか。物質を変様に分ければ、部分に分けるより相違のしるし・特徴がより実在的でなくなるのか。より明証的でなくなるのか。そんなのはみな幻にすぎない。物質という観念は依然として、複合的なもの、多くの実体の集合という観念なのだ」（同六六四―六六五ページ）。

ここでドン・デシャンへ戻ろう。彼のスピノザ批判もまた、唯一実体では「多」を説明できず、それは諸存在を実体の部分と言おうが変様と言おうが同じであるということから出発していた。「スピノザの体系への単純・簡潔な反駁」は第一稿でも第二稿でも全く同一の言葉を使って次のように述べている。「〈全一体〉は変様される実体で、その実体は変様されるということ自体によって唯一の実体ではないし、ありえない。もう一度言うが、それは変様されるものとして、自己の諸部分ないし諸変様のあれこれ、たとえば地球とは異なるからである。この実体について、それは基体で部分ではなく様態しか持たないなどと言っても無駄であろう。それの様態はそれの部分で、それの部分はそれの様態である。だから、それを〈全体〉〈全一体〉と呼ぼうが〈基体〉と呼ぼうが同じことなのだ」（635、639）。これは言うまでもなく、ベールのスピノザ批判の木霊であった。

もちろん、出発点は同じでも到達点は別である。唯一実体を否定するベールが読者を誘導しようとする所は、それぞれが個別の実体である諸存在が神の手により創造されたという正統キリスト教的な結論だったが、それに反して、ドン・デシャンがベールと全く同様のスピノザ批判から導き出したのは、自然とも物質とも言い換えられる普遍的全体、「全一体」はそもそも部分からなり部分によってのみ存在する複合的・集合的な存在で、それが被造物一般であるとともに「創造者たる神」でもあるという全く独自の主張だった。次の言葉はそれを述べたものである。「〈一〉なる存在、〈全一体〉または宇宙は、必然的に、可能なあらゆる部分ないし変様からなる複合物である。それは自己の存在をこれらの部分からしか受け取らず、これらの部分も自らと関連した存在しかそれに与えられない。〈全一体〉が自らと関連した存在しかこれらの部分に与えられないのと同じである。この関係から必然的に、部分相互間の関係、または同じことだが諸部分が互いに与え合う存在が生じる」（635、639）。

ドン・デシャンによれば、この「一」なる存在とは別に、「実在」にはもう一つ、「唯一」の存在というさらに本源的な相があり、この「〈唯一〉の存在は単純な存在で、複合なき、部分なき、変様なき存在である。関係性なしに存在し、自己自身によって存在し、したがって存在を与えも受け取りもせず、創造者でも被造物でもない存在である」(635-636、639-640)とされていた。これが彼の言う「全一者」であり、それは自己自身以外のすべてを否定する否定的存在なるがゆえに「無」とも「虚無」とも言い換えられた。さて、それとの関連できわめて興味深いのは、『歴史批評辞典』の同じく「スピノザ」の項、但し今度はその註(B)に、「万物の本源ならびに終局として或る種の〈空虚〉、〈実在的な無〉を措定する」(同六四九ページ)シナの仏教徒の秘教的な教えが紹介されていたことである。仏教徒と儒家との論争を語りつつこの「実在的な無」を解説するベールの記述の中には、次のような言葉があった。「無が万物の原理だと同派は説いていた……。しかし、無という言葉を厳密な意味にとっているとはどうしても思えない。これは私の想像だが、〈空《から》の箱には何もない〉と大衆が言うような意味に、彼らも無という言葉をとっているのではあるまいか。……第一原理から除去されるのは物質の中の粗いもの、感覚でとらえられるものだけかもしれない。とすると、孔子の弟子〔が〈無からは何も作られぬ〉と反論するの〕は〈論点相違〉と呼ばれる詭弁の罪を犯したことになる。〈無〉という言葉でいかなる存在も持たないものを考えていたが、相手は同じ言葉で、感覚でとらえられる物質の特性を全然持たないものを考えていたことになるからである」(同六五一ページ)。この言葉を、「無」は感覚的実在の否定にすぎないというドン・デシャンの次の言葉と並べてみよう。「〈無〉はあらゆる実在の否定と思われてきましたが、否定的な或る実在があるのですから、その実在の否定ではありえません。……したがって、それは感覚的実在の否定でしかありません。実際、〈無〉という言葉もわれわれが口にする時、感覚的なあれこれのものの否定しか言いません。壷の中に酒が無いとか、財布の中にお金が無いとか、部屋の中に家具が無いとかです」(88、260)。もちろん、「実在的な無」という同じ言葉を使っても、ベールの紹介するシナの仏教徒とドン・デシャンとではそれの意味内容が全く異なり、両者の間にあるのは単なる表現の類似性にすぎない。ただ、それにしても、この類似性にはそぞろ息を呑む思いがする。ドン・デシャンがベールの『辞典』の「スピノザ」の項を精読していたにちがいないことを思えば、自らの体系の「底の底」と言う「全一者」、「実在的な無」の観念を作り上げる際に、彼がその項の註（B）を思い起こし、それを参考にしなかったとは到底考えられない。このように、スピノザ批判の内容のみに止まらず、自らの体系の構築に当たっても、ドン・デシャンは明らかにベールの『辞典』、少なくともその「スピノザ」の項を一つの源泉《ソース》として用いたのである。

3　ドン・デシャンと啓蒙思想家

今回、翻訳の必要上ドン・デシャンの書き物を繰り返し読んで、訳者自身、かつて漫然と著作を読む中で抱いていたドン・デシャン像の根本的な修正を迫られた点がある。それはこの思想家が、著作の漂わす空気から想像しがちな世捨人的思索者とは全く違い、同時代の思想動向にきわめて敏感で、「哲学者」たちの著作も実に広く読み、そこから吸収すべきものを貪欲に吸収する、俗に言う非常な「勉強家」なのを知ったことだった。そう言えば、ヴォルテール流の「純粋有神論」を批判するドン・デシャンの発言は多いが、しかし一方では、「どんな作家もこの人ほど人間たちの蒙を啓こうと努力したことはない」(458)と、ヴォルテールの果たした役割を彼はきわめて高く評価していたし、著作に見るヴォルテールからの引用は夥しい数に上り、それもけっして反駁のための引用のみに限られるものではなかった。また、「〈全一体〉は諸存在の原型としてバウマン博士に垣間見られた。〈全一体〉は諸存在にとって関係性の最初の対象だから、これは実際そうであるものとして垣間見られたということである」(372)というさりげない註が「形而上学考」の第一部にあることは、モーペルテュイ（一六九八―一七五九）がバウマンなる偽名で発表したラテン語の『形而上学開講論文、自然の普遍的体系について』（一七五一年）かそのフランス語版『自然の体系』（一七五二年）が一つの源泉《ソース》としてドン・デシャンの自然観の形成に与ったらしいことを示している。それならば当然、この書への反駁を含むディドロの『自然の解釈について』（一七五三年）やその決定版『自然の解釈についての思索』（一七五四年）もドン・デシャンは知っていたはずである。たしかに自然観という一点に限れば、動物・植物・鉱物を問わず自然の万物に多い少ないはあれ知覚・知能・記憶・欲望などを等しく付与したモーペルテュイの考えはドン・デシャンのそれと少なからぬ類縁性を持つように見えるし、また同じことは、鉱物や惑星などにまで生命と繁殖力を与えたロビネ（一七三五―一八二〇）の『自然について』（一七六一―六六年）などについても言える。人間の脳の繊維をクラヴサンの鍵盤にたとえる「ディドロのクラヴサン」の比喩はドン・デシャンも再三用いており（147、162、415）、その譬えを含む『ダランベールの夢』（出版一八三〇年）の内容と、その書を書き出す直前にディドロがかなり立ち入った意見交換をしたドン・デシャンの思想との関係がきわめて興味深い問題として残されていることはすでに述べた。

　もっとも、ドン・デシャンがモーペルテュイに明示的な形で言及したのは今挙げた一個所のみであり、ディドロへの言及に至っては一度もない。ただ、彼の弟子のダルジャンソン侯爵がイヴォン師へ送った手紙の中で、「ディドロはドン・デシャンの形而上学的な部分しか読みませんでしたが、読んだものは高く買いました」（531―532）と述べている個所と、同じ手紙で侯爵がディドロ、ダランベール、ヴォルテール、ロビネの四つの名を挙げたのに対し、イヴォン師がその中からダランベールとヴォルテールだけを選び出し、「哲学者」らはドン・デシャンの説を認めていないと述べたのを見て、次の手紙で侯爵が、あとの二人をイヴォン師が故意に落としたのは、ディドロとロビネでは「面倒なことになりかねない」（534）からだとして、あの二人ならドン・デシャンを理解するだろうという期待を表明した個所と、いずれもダルジャンソン侯爵の筆になる二個所のみが手稿の内に見られるにすぎない。ロビネについてもほぼ同様で、「ロビネ氏にしろ、道徳的・知性的な神なるものを不合理として脇へのけておくすべての良識人にしろ」（464）という言葉で、擬人神観を斥けるロビネを評価したくだりと、当のロビネとの手紙による論争の中で「『自然について』の著者からは何かもっとましなものを期待していた」（469―470）と言うくだりと、イヴォン師との口頭による討論の中で、「私は見せてやりますよ、『自然について』やフレレその他のもののように推理の面で今持て囃されている本はみな、愚かで馬鹿な本だってことを」と言うイヴォン師を、「〈愚かな〉とか〈馬鹿な〉とかいう言葉は貴方のおハコですが、ああいう本は貴方から軽蔑されるようなものじゃありません」(510)という言葉でドン・デシャンがたしなめているくだりと、都合三つの言及例があり、いずれもドン・デシャンがロビネの主著を熟知して、その内容をかなり評価していたことを窺わせるが、それ以上の立ち入った指摘はない。ドン・デシャンがその「真の体系」を編み出すに当たって、あるいはモーペルテュイが、あるいはディドロが、あるいはロビネが、あるいはエルヴェシウス等々がそれぞれいかなる形で寄与したかを明らかにする仕事はことごとく今後の研究に俟たねばならないけれども、ただ一般的に、こういう同時代の思想の中に置き戻すことでドン・デシャンの哲学も初めて歴史的に正しく理解されるであろうことは間違いない。「我らの哲学者〔啓蒙思想家〕らは……真理を探求すべく……相互に刺激し合い、この私をも刺激した」(614)と、現にドン・デシャン自身が語っていたからである。

当時の思想家の中で、ドン・デシャンによる言及例が最も多かったのはルソーとドルバックだった。その内ドルバックは、そもそも刊行書『当代の理性、特に《自然の体系》の著者のそれに反対する理性の声』でも手稿の「形而上学的・道徳的な謎のこころを当代の神学・哲学に適用す」でも攻撃の主たる対象とされた者だったから、それへの言及例が多かったのも当然である。ドン・デシャンがドルバックとその唯物論的無神論をどのように評価したかは、彼の形而上学体系をしらべる中ですでに見たし、そこではドン・デシャンのドルバック評が必ずしも批判と攻撃一色に塗りつぶされていたわけではなく、部分的には肯定・賛同を含むものだったことも確認したから、ここではもっぱらルソーへの言及例だけ見ることにしよう。

ドン・デシャンが当時の思想家の内でルソーを最も尊敬していたことは、「真理をめぐる工作」の対象として「ジュネーヴのルソー氏」を、他の思想家たちより格段に早くまず第一に選んだことからも明らかである。また、彼の社会理論がルソーから決定的ともいうべき強い影響を受けていたことも一目瞭然であろう。彼が考えた「未開状態」はルソーの言った「自然状態」とほぼ同じで、明らかにルソーから借りてきたものだった(「団結の欠如」という「未開状態」の負の面を見落としたとルソーを批判はしたが）し、不平等社会の現状に対する批判も、ルソーが『人間不平等起源論』でしたものほど雄弁ではないが、内容はそれと全く同じだった。こうした借りがあったからこそ、彼はルソーを殊のほか高く買い、エルヴェシウスにも、ディドロにも、ヴォルテールにも先立ってまずルソーを獲得すべく努めたのだと思われる。並の「哲学者」よりルソーを高く評価するという発言は、公刊された『時代精神についての手紙』の中にもあった。それの「第一の手紙」で、ドン・デシャンは、純粋有神論という「単純な宗教」を説くヴォルテールが、反面、文明を謳歌し奢侈を讃美したことなどを念頭に置いてであろうが、「我らの哲学者たちが或る単純な宗教を説きながら、それに即応した習俗を説かないのは、なんとも首尾一貫しないことではないでしょうか」とした上で、「彼らの一人〔ルソー〕はこの〔現在の〕状態に反対する書を著わし、人間たちに持たせたいと思う宗教に劣らぬほど単純な習俗を人々に持たせようとしました（少なくともこの点では、我らの哲学者たちより首尾一貫していますし」(17)と述べた。また次には、「そして、……同僚たちがこぞって自分に反対するのを目にしています」(17)と、啓蒙思想家たちの間でルソーが孤立しているのを述べ、同情の意を表したのである。

引用文中、「この状態に反対する書」とあるのは、むろん『学問芸術論』（一七五〇年）のことだった。学問や技芸の進歩が習俗にむしろ有害であるというルソーのこの第一論文の主張がドン・デシャン自身の主張でもあったことは、文書群「井戸の底から引き出した真理」の内に収められた彼の講演「学問・技芸・才能は人間たちに有害以上に有益かという問題について」を一読すれば誰の目にも明らかである。ただ、自らの社会理論や歴史哲学の形成に当たってルソーの第一、第二論文から多大の影響を受けたドン・デシャンも、ひとたび自己の思想を確立した上では、これらの論文にも一定の批判を加えることを忘れなかった。そもそも学問や技芸は不平等社会を意味する「法律状態」の必然的な結果だから、学問や技芸への批判は「法律状態」への批判にまで深化されねばならないが、ルソーの第一論文は結果を攻撃するのみで原因を攻撃していない、つまりは現象的な批判の域に止まっている、と自己確立後のドン・デシャンは当然ながら言うはずだった。「道徳考」第一部の或る註に、「学問が習俗に有害なことをルソー氏は証明したが、学問を必要とする習俗の中でそんなことを証明したところで何になろう。この人が反対して立ち上がるべきだったのは、こういう習俗の根底に対してであって、結果に対してではなかった」(316)とあるのがそれである。また、「法律状態」を真に批判するためには、それを乗り越えるべき「習律状態」、つまり学問も技芸も本来必要とせぬ社会状態の展望を与えねばならないが、ルソーの論文はそれを欠いている、この展望を与えうるのはただドン・デシャン自身の社会理論しかないから、学問・技芸に対するルソーの現象的な批判が真に生かされるのはドン・デシャン自身の理論による、と言われたのも自然だった。「この人の論説は、不平等に関するもう一つの論説と同じく、私の書き物の内に土台が得られた今初めて有益になれるのである。われわれの習俗に毒づきながら、われわれの法律状態というそれの根底には手を触れない古今の多くの本についても同じことが言われる」(316-317)と同じ註でさらに付言されたのもそのためである。ただ、彼の立場からすればもっともなこういう批判にもかかわらず、ドン・デシャンはルソーへの好意は失わなかった。同じ註の中でも、学芸を攻撃しつつ自ら学芸を磨くのは矛盾だという起こりがちなルソー批判に反駁して、その点ではルソーを擁護したのもこの好意から出たものだったと思われる。「ここで指摘しておけば、有害とみなす学芸を自ら磨くのは筋が通らぬとルソー氏は非難された。しかし、この人も学芸を磨かなければ、学芸をそう見ることができたろうか。また、学芸をそう見ることから、学芸を磨くのは筋が通らぬと結論できようか」(317)という言葉に始まる、この長い註の最後のパラグラフは、もっぱらルソーをかような非難から守ることに充てられていた。ドン・デシャンはもしかすると、ここではルソーの背後に自己自身の姿を見ていたのかもしれない。

次に、先の引用文で「もう一つの論説」と呼ばれる『人間不平等起源論』(一七五五年)へ移ろう。ルソーの著作の中でも、ドン・デシャンが最大の影響を受けたのは明らかにこの第二論文だった。影響がとりわけ顕著に見られたのは、不平等社会、ドン・デシャンの用語で言えば「法律状態」の現状認識についてである。「道徳考」第一部第九節は「法律状態」の現に見る有様を描いたもので、そこでは「地球の表面は盗賊行為の舞台と化した。……舞台は人間の血で一面染まり……」(302)と、現状の悲惨を多分に誇張した言葉が連ねられているが、どうやらドン・デシャンは、それらの言葉がルソーの第二論文に見るのと同工異曲で、しかも文才の格段の差ゆえ、ルソーのものの方がはるかに訴える力が強いのを自ら感じたのであろう、こうした叙述を中途で打ち切り、ルソーの或る註を読者に参照させるに止めた。「われわれの悲惨を対象とした多くの書き物の中でも、ジャン゠ジャック・ルソーのあの『人間不平等起源論』の註七を見てほしい。そこでは、私がお見せできるよりよく、われわれの社会状態と結び付く不幸のすべてが見られよう」(302–303)というくだりは、現状の悲惨を迫真的に描く仕事はルソーに任せると言ったものである。ここで言う「註七」は初版での番号で、完成版では註九に当たり、不平等社会のありようを極度にペシミスティックな筆で描いたものだった。

　もちろん、同じ現状認識から出発してもその後の道は異なるから、この第二論文に対してもドン・デシャンは手放しの礼讃はしなかった。『不平等論』の欠陥とみなす三点を指摘したのもそのためである。三つの欠陥とは要約すれば、一、自然状態の負の面を見なかったこと、二、不平等社会における宗教の役割を看過したこと、三、あるべき社会状態を知らなかったこと、ということになるが、重要なくだりなので、それを述べたパラグラフを全文引用しておこう。即ち、「ルソー氏についてここで言っておくと、氏の論説が持てるかぎりの価値を持つためには肝要な三つのものが欠けていた（四番目の形而上学的真理については言わないでおこう。その四番目があれば、あとの三つも与えられたはずだが）。第一は、未開状態の欠陥を、つまりその状態の弱みをなす団結または社会の欠如を見なかったことである。第二は、あらゆる宗教がわれわれの団結の欠陥を聖別することしか目的とせず、またしえなかったのを見なかったことである。それを見ていたら宗教をことごとく斥けたはずだが、実際にするのは宗教を片手で倒し片手で起き上がらせることである。第三は、それがあれば第一と第二も与えられたはずだが、未開状態とわれわれの偽りの社会状態を見て取りながら、真実の社会状態を見なかったことである」(303)。この三つの内で最も重要なのは第三の欠陥で、それあるがためルソーは、現状の不幸を自然状態の幸福と対比することしかせず、あるべき社会の幸福とは対比できなかった、またしたがって、自然状態への回帰という不可能事を説くに止まり、未来における幸福の展望を示せないから、『不平等論』は結果として無益な作品にすぎなかった、ということになる。「しかし、そこではこの不幸が未開状態の幸福と対比して見られるにすぎないが、それでは十分というに程遠い。その不幸は本当の社会状態の幸福と対比して見なくてはならない。本当の社会状態とは不団結なき団結の状態で、その状態は疑いもなく、団結なき不団結の状態、未開状態より人間に限りなく有利なものである」(303)、「真実の社会状態を見なかったからこそ、この人は前記の註の末尾で仮定する反論をあれほど不十分にしか切り抜けられず、論説から引き出せる唯一合理的な帰結も未開状態へ帰れということになってしまう。しかし、そんなことが不可能なのは、結果として、この人は無益な作品しか作らなかったことになる。それどころか、持ち前の筆力でわれわれの習俗を描きながら、それに対する救済策を与えないことで、われわれの悲惨をいっそう加重したことにすらなる」(303)などの言葉は、この根本的な批判を述べたものだった。それはまた、「しかし、この人について言えば、同氏の不平等論はいかに雄弁でも、これ以上無益で悲しくなるものがあるでしょうか。始めにあったとして未開状態の存在を根拠なく仮定し、今日の私たちにはその状態へ戻ることはできないとするなら、未開状態に留まっていたら得したはずだと苦心惨憺して見せてくれたとて何になりましょう。我らの哲学者たちは不合理な度合が最少の場合にすら道理に適うとはまず言えないことを認めざるをえません」(17)という『時代精神についての手紙』の中での発言とも完全に符合していたのである。

こういう根本的な批判がありつつも、ドン・デシャンがルソーの第二論文を、「道徳的真理」を確立するための有益な礎石とみなしたことに変わりはなかった。極論すれば、自らの「習律状態」論と、また可能なら自らの形而上学を付加し注入することで『不平等論』はまさに真実の理論となると彼は考えていたようである。「この人〔ルソー〕がもしも習律状態を認識し、その認識に基づいて雄弁な作品ではなく良い作品を出していたら、私が与えるものとして残されるのは、その作品の支えとなる〔形而上学的〕真理だけ、一次的〔形而上学的〕理性だけであろう」(304)という或る註の言葉などはそのことをよく示している。これはまた、『不平等論』に見るルソーの現状批判から決定的な感化を受けながら、その上に未来の展望や、この展望を支えるべき独自の形而上学を含む総合的な一体系を構築した自らの知的営為の道筋を逆に照射した発言とも受け取れる。礎石たるべきものと比較した、新たに付加すべきものの夥しさを考えれば、当のルソーを手始めとして広く他者一般に自らと同じ道を辿らせるというこの見通しにさほどの現実性があったとは到底思われないが、いずれにしても、ドルバック流の「無知な無神論」に自らの形而上学を原理として付加し注入すればそれが「開明的な無神論」に変貌するであろうと予想したのと全く同種の、いかにも「剝離と付加の思想家」らしい考えだった。

だが、ルソーの著作の内でもドン・デシャンが高く評価したのはこの『学問芸術論』と『人間不平等起源論』のみだった。小説『新エロイーズ』（一七六一年）や、自らの死後に公刊された『告白』（一七八二―八九年）その他の自伝的作品はともかくとして、一七六二年に相次いで出版された『社会契約論』と『エミール』の二作に対する彼の反応は全く冷淡そのものだった。これには、ドン・デシャンの側にもルソーの側にもしかるべき理由があったと思われる。まずドン・デシャンの側で見れば、彼がルソーの第一論文、第二論文に接したのは自己の思想の形成期で、精神もその頃は外に向かって開かれていたのに対し、一七六二年の段階ではすでに彼の思想も確立されており、他者の思想を受容し活用する余地は乏しかったと考えねばならない。またルソーの側でその理由を見れば、『社会契約論』も『エミール』も『人間不平等起源論』とは違って根底的な体制批判の書ではなく、社会状態を動かしがたい前提としつつ、あるいは平等、自由、幸福という自然状態の諸価値をその中でいかに回復するか、あるいは、有害な影響を遮断する「消極教育」によって人間の自然的な善性をその中でいかに守護するかという道を探った、いずれも短射程の作品だったことがある。現行社会体制の廃絶をひたすら追求するドン・デシャンの目に、それが現実との妥協と映ったことは想像に難くない。

「ルソー氏の『エミール』は一つの体系にすぎず、われわれの社会状態の内では実行不可能な上に、この状態の外で実行されても、人間たちが今あるのとほぼ同じようになるのを防げるものを何も持たないという欠陥を抱えている。

同書のメリットも、この作家が物したほかの多くの著作のメリットも、われわれの習俗を変える極度の必要性を見させてくれることにある」[320]という「道徳考」第二部第二十節の誠にそっけない註が、『エミール』に関するドン・デシャンの唯一の言及例である。そもそも、あるべき社会では「文書による教育」も、形而上学的真理に関するもの以外の「口頭による教育」も全廃され、「手本による教育」しかなくなるとしたドン・デシャンが、いかに「消極教育」とはいえ現体制の中での教育の問題になど興味を示すはずはなかった。

『社会契約論』については、文書群「井戸の底から引き出した真理」の中に「『社会契約論』批判」という一文があるので、くわしくはそれをお読み願いたい。批判の主な論点は二つあり、第一は、ルソーが「〈契約〉または〈社会契約〉と呼ぶその状態……が様々の根本的欠陥を内に抱え、それが今あるほどの行き過ぎと狂気へ事態を導くことしかできなかったら、そんな状態を持ち出して何になるのか。そこからどういう有益な教えが生じうるのか」[623]という言葉が端的に物語るように、ルソーが社会契約によって樹立されると想定する社会も所詮は神と人間の法が支配する「法律状態」で、それは不可避的に頽落して今見るようなものになるはずだから、さような始源を仮定しても無意味だということである。またその批判の根底には、そもそも自然状態から社会状態への移行が人間たちの自由な協約によってなされるというルソーの想定は全くの虚妄で、「法律状態」でしかありえぬこの社会状態は昔も今も「強い者勝ち」の状態にすぎないという前提があったに相違ない。また論点の第二は、君主制、貴族制、民主制など種々の政体の優劣を論じるこの書の比較政体論的な部分は「いくらでも賛成反対を容れるもので、本質的なことを何ひとつ教えてくれず」[624]、要するにくだらぬものだということである。「法律状態」の中での諸政体の優劣の問題にドン・デシャンがもともと全く無関心だったのは、よそでもすでに見たことだった。

ルソー自身も、『社会契約論』と『エミール』がドン・デシャンから評価されるたぐいの作品でないのを十分知っていたようである。ルソーからドン・デシャンへ送られた最後の手紙（一七六二年五月二十二日付）には、「本当を言うと、この二作はほか〔第一、第二論文〕よりずっと落ちる」もので、「こんなものが貴方の哲学の目に触れるのを私は願っておりません。こういう惨めな状態のため、書類入れに残っているものを味噌も糞も利用するように強いられなかったら、私はおそらく発表したりしなかったでしょう」(453)とあった。『社会契約論』と『エミール』に対するルソーのこういう低い自己評価の言葉が、果たして本心だったのか、あるいは単にドン・デシャンに合わせただけのものだったのかは問うまい。いずれにしろ、ルソーとの往復書簡を「真理をめぐる我らの哲学者の何人かへの工作」に収めるに当たって、ドン・デシャンはルソーの手紙のこの個所にわざわざ次のような註を付けたのだった。「私の手紙からこの人はきっと、その二作は内容的に私の賛同を得られまいと判断したのであろう。その判断は正しかった」(454)。

ドン・デシャンはルソーへの或る手紙に、「書かれた御本は貴方の最大の名誉をなすもので、それを弾劾した小人たちも今ではそうしたことを恥じています」(446)と書いていた。社交辞令もあったろうが、この手紙の日付が一七六一年七月十五日頃と推定されることを考えれば、この言葉が儀礼的なものにすぎなかったとは思えない。だが、一七六一年七月には少なからず本心からさような言葉を口にしえたドン・デシャンも、『社会契約論』を読み『エミール』を読んだ一七六二年以後には、おそらくこうは言わなかったろう。社会的不平等と私的所有の全面的な廃絶による現体制の根底的な変革をひたすら追求するドン・デシャンにとっては、世に言う（十八世紀のことではない。二十一世紀の今現在のことである）「民主主義の古典」の説く、社会契約による「法律状態」の正統化など、所詮は安手の小手先芸でしかなかったのである。

（付記）　この解説では、一部で論じられるドン・デシャンとヘーゲルとの関係には一切触れなかった。ドン・デシャンを「ヘーゲルの先駆者」に見立てるのは、彼の写本を初めて発掘した十九世紀のエミール・ボーシールがまず言い出したことで、以来、ヘーゲルとの関係は今に至るまでこの思想家をめぐる主要な問題の一つと目されている。現在でも、ドン・デシャンの再評価にきわめて大きな貢献をしているジャック・ドント氏はフランス切ってのヘーゲル学者であるし、同氏や氏の流れを汲む若手の研究者たちなど、この問題に取り組む研究家は少なくない。だが、このドント氏にしても、ヘーゲルが実際にドン・デシャンの所説を知っていたと断定するまでには至っておらず、その可能性も一概に否定できないとしているにすぎない。時代も国も異にする（二人の間には生年で五十四年、歿年で五十七年の年代差があった）ヘーゲルがポワティエの図書館に眠るドン・デシャンの写本の内容をいかにして知りえたかはなかなか想像しにくいが、その点についで明確な証拠が出されるまでは、かりに形而上学や歴史哲学の面でドン・デシャンとヘーゲルとの間に所説の類似性がいかにあろうと、それは所詮、偶然の一致としか考えられない。さような一致でも、概念の自律的な発展の歴史を仮定する「哲学史」の対象とはなれるのであろうし、そのことにべつだん異を立てるつもりもないが、生身の思想家を置かれた歴史的状況の中で見ようとする、訳者が考えるような「思想史」の対象とはこれは到底なりえない。同じく偶然の一致にすぎないと思われる「ポル・ポト問題」と並んで、この「ヘーゲル問題」を訳者が一言《ひとこと》も語らなかったのはそのためである。

ドン・デシャン 哲学著作集 （全一巻）

2007年4月30日　　初版第1刷発行

著　者　ドン・デシャン
訳　者　野沢　協
発行所　財団法人　法政大学出版局
〒102-0073 東京都千代田区九段北3-2-7
電話03(5214)5540／振替00160-6-95814
製版・印刷　三和印刷
製本　鈴木製本所

Printed in Japan

ISBN 978-4-588-15047-0

著者

ドン・デシャン（Dom Deschamps）
本名レジェ=マリ・デシャン（Léger-Marie Deschamps）
1716–74．フランスのブルターニュ地方，レンヌで執達吏の子として生まれ，17歳でベネディクト会の修道士となり，1757年から，ロワール川中流の町ソーミュールに近いモントルイユ=ベレにある小さな僧院の責任者として平穏な一生を送った．生前，啓蒙思想を攻撃する２点の著作を公にしたが，それとは別に多くの哲学的手稿を書きためており，それを少しずつ当時の有名思想家らに見せて，彼らを自説に獲得しようとし，事実，ルソーやディドロに少なからぬ感銘を与えた．それらの手稿は19世紀中葉に初めて発掘され，1960年代から研究家たちの注目を浴びて，1993年に全体が活字化された．18世紀のフランスが生んだ最も独創的な形而上学者で，その社会構想はユートピスムの極北と言うべく，啓蒙思想を「半啓蒙」と評して，より根底的な社会変革を唱えたその思想は，啓蒙思想への「左からの批判」とも，また「ヘーゲル以前のヘーゲル」とも目されている．

訳者

野沢　協（のざわ きょう）
1930年鎌倉市に生まれる．東京大学文学部仏文科卒業．東京都立大学教授，駒沢大学教授を務める．主な訳書：P．アザール『ヨーロッパ精神の危機』〔第９回クローデル賞〕，B．グレトゥイゼン『ブルジョワ精神の起源』，A．リシュタンベルジェ『十八世紀社会主義』〔第19回日本翻訳文化賞〕，ジャン・カスー『1848年——２月革命の精神史』（監訳），『ディドロ著作集　全４巻』（共訳），『啓蒙のユートピア　全３巻』（監訳・共訳），『ピエール・ベール著作集　全８巻・補巻１』（全巻個人訳）〔第２回日仏翻訳文学賞・第34回日本翻訳文化賞〕，デ・メゾー『ピエール・ベール伝』，（以上の翻訳書は，法政大学出版局刊）ほか．

ピエール・ベール著作集 全八巻 補巻一

野沢 協／全訳・解説

近代の黎明、スピノザ、ライプニッツ、ロックらとほぼ時を同じうして、神学的形而上学の仮借ない解体作業によって全ヨーロッパを震撼させ、やがて来る啓蒙の思想家たちに巨大な武器庫をもたらしたピエール・ベールは、いまだに、語られること多く、知られることもっとも少ない哲学者の一人であろう。フランス十七世紀末の凄惨な新教徒迫害を背景に、権力と反権力の二重の圧迫下であらゆるドグマティスムに対する尖鋭な批判の刃を磨きあげ、理性と信仰の相克を徹底的に生き抜いたこの思想家は、同時に歴史批判の開拓者として独断と偏見の集積の中で事実の価値を教え、また宗教的寛容の旗手として「思想の自由」の歴史上に不滅の足跡を残した。ここに大作『歴史批評辞典』の中心的な項目を含むその主要著作を綿密な訳註と解説を加えて訳出し（いずれも本邦初訳）、フォイエルバッハが「あらゆる反ドグマティスムの論争家たちの弁証法的な〈ゲリラの首領〉」と評した「解体の哲学者」の全貌を初めて伝える。

第一巻	彗星雑考	746頁 (78.11.10)
第二巻	寛容論集	940頁 (79.12.31)
第三巻	歴史批評辞典 I	1364頁 (82. 3.30)
第四巻	歴史批評辞典 II	1434頁 (84.11.30)
第五巻	歴史批評辞典 III	1870頁 (87. 3.30)
第六巻	続・彗星雑考	1034頁 (89. 3.30)
第七巻	後期論文集 I	1716頁 (92.10.30)
第八巻	後期論文集 II	2336頁 (97. 3.31)
補　巻	宗教改革史論	2280頁 (04. 6.30)

（内容案内呈）